KB187201

진화심리학 핸드북

2

통합

THE HANDBOOK OF EVOLUTIONARY PSYCHOLOGY VOLUME 2 (2ND EDITION)

진화심리학 핸드북

2
통합

데이비드 M. 버스 편집 | 김한영 옮김

2nd Edition

The Handbook of **Evolutionary Psychology**

아카넷

5부 집단생활: 협력과 갈등 데이비드 M. 버스 · 대니얼 콘로이-빔

vi

집단생활: 협력과 갈등

데이비드 M. 버스 · 대니얼 콘로이–빔

호모사피엔스는 '사회적 동물'이라는 적절한 별칭으로 불려왔다. 그럴 이유는 충분하다. 집단생활은 인간 존재의 주요한 양식이다. 집단에는 생존과 번식에 없어서는 안 될 자원이 풍족하게 있다. 집단은 포식자와 다른 인간의 위협으로부터 안전과 보호를 제공한다. 집단에는 상호 간에 이로운 사회적 교환을 위한 잠재적 친구들이 거주한다. 집단에는 번식 가치가 있는 짝들이 있다. 그리고 집단에는 친족들이 함께 거주한다. 친족은 우리의 유전적 화물을 싣고 다니는 소중한 운반자로, 우리는 그들에게서 도움을 받을 수 있고, 그들에게 투자를 할 수도 있다. 동시에 집단생활은 번식과 관련된 소중한 자원을 놓고 벌어지는 경쟁을 심화시켜, 더 고독한 생명체라면 겪지 않을 갈등의 원천을 만들어낸다. 5부에 수록된 장들은 협력과 갈등에 초점을 맞춰 집단생활의 진화심리학에 나타나는 다양하고 복잡한 현상을 설명한다.

25장에서 레다 코스미디스와 존 투비는 방대한 연구들을 포괄적으로 검토한다. 그 가운데 상당수는 사회적 교환의 신경인지적 적응에 대해서 두 연구자와 제자들이 직접 수행한 것들이다. 그들은 이론상 그 같은 적응이 보유해야 하는 많은 설계 특징들을 밝히고, 영역—일반적인 장치로는 성공적인 사회적 교환에 필요한 그런 특수한 결과물이 나올 수 없다고 설득력 있게 주장한다. 그들은 웨이슨 선택 과제에 내용이 미치는 영향을 설명하기 위해 경합하는 이론들을 검토하고, 그 이론에 판결을 내리는 데 적합한 경험적 증거들을 정리한다. 두 저자는 심슨Simpson과 캠벨Campbell(이 책 1권, 3장)이 주장한 일종의 방법론적 다원주의를 선보이면서, 비교문화 연구, 인지심리학의 전통적 방법을 활용한 연구, 그리고 신경인지 기술을 활용한 연구를 기술한다.

개인 간 폭력과 살인을 다룬 마틴 데일리Martin Daly의 장(26장)은 먼저 번식 이익의 갈등을 진화적으로 보는 관점을 설명한다. 이 긴 생명력을 지닌 독창적인 전략은 바로 데일리와 그의 오랜 공동작업자인 마고 윌슨이 제창한 것이다. 이어 그는 폭력과 살인을 사회적 갈등의 시금석으로 사용하는 근거를 제시한다. 이렇게 폭력에 관한 핵심적인 통찰을 드러내면서도, 데일리의 초점은 그다지 폭력 그 자체를 설명하는 데에 맞춰져 있지 않다. 그의 중심적인 목표는 오히려 폭력의 양상을 사용해서 집단 생활하는 개인 간에 일어나는 진화적 이해관계의 근본적인 갈등을 밝혀내는 것이다. 그는 이 전략을 통해 새로운 과학적 발견을 이뤄낸다. 예를 들어, 일반적으로 친족은 혈연관계가 없는 개인에 비해 더 큰 이해의 일치를 공유하며, 친족 간에는 더 빈번하게 상호작용이 이뤄짐에도 그들 사이에 폭력이 발생하는 경우는 훨씬 적다. 다른 예로 내밀한 배우자의 경우, 함께 자식을 낳음으로써 유전적 이해관계가 한곳으로 수렴할 수 있다. 하지만 적어도 여섯 가지 근거에서, 이해관계의 갈등이 발생한다. 유전적 간통의 유혹, 더 나은 상대로 배우자를 교체하려는 유혹, 관계에서의 이탈, 그리고 상대의 비용으로 공동소유의 자원을 자신의 친족에게 제공하는 일이 그것이다(또한 Conroy-Beam, Goetz, & Buss, 2015를 보라). 내밀한 반려관계에서 이런 이해관계의 갈등이 일어날 때 폭력은 특히 더 빈번하게 발생한다.

앤 캠벨Anne Campbell의 장(27장)은 여성의 경쟁과 공격에 관한 이론과 연구를 개괄한다. 그녀는 여성의 경쟁과 공격의 기층에 자리한 근접 기제(호르몬, 생리적 성숙, 신경심리)와 궁극적 선택력을 모두 탐구한다. 그녀는 두려움이 남성의 경우보다 여성의 폭력적인 공격에 더 강력한 브레이크로 작동한다고 주장한다. 폭력적인 갈등에 돌입할 때 여성에게 더 큰 비용이 발생하기 때문이다(예를 들어, 비용은 당사자 여성뿐만 아니라 그 자식에게까지 부과된다). 하지만 오해해서는 안 된다. 캠벨은 여성의 경쟁에 수반하는 폭력이 덜 과시적이긴 해도, 상당히 격렬해질 수 있다고 주장한다. 예를 들어 여성은 최고의 짝을 차지하기 위해 경쟁하는데, 사회적으로 부과된 일부일처제 때문에 더 격한 형태를 띨 수 있다. 그녀는 라이벌을 따돌리고, 낙인찍고, 폄하하고, 배척하는 전술과 더불어, 외모(생식력의 단서)와 정절(부성 확실성의 단서) 역시 여성 간 경쟁에서 결정적인 무기가 될 수 있다고 주장한다. 전술이 실제 폭력으로 확대되는 경우는, 자원이 희박한 상황이나 잠재적 배우자 남성이 지나치게 부족한 상황(성비 불균형)처럼 쉽게 예측할 수 있는 맥락에서 발생한다. 간단히 말해, 캠벨의 탁월한 장은 여성 경쟁과 공격을 뒷받침하는 근본적인 적응, 적응의 설계에 성차가 발생하는 경위, 그리고 적응이 반응하는 배경과 생태적 변수를 자세히 분석해준다.

편견은 인간의 사회적 삶에 편재하는 특징으로 보인다. 어디서나 사람들은 누군가를 싫어하고 불신할 준비가 되어 있는 듯 보이며, 집단 내에서 그들을 차별하고, 그들이 외집단일 때는 전쟁을 불사한다. 스티븐 노이버그Steven Neuberg와 피터 드치올리Peter DeScioli(28장)는 걸출한 장을 통해, 집단의 내외부에서 발생하는 적응적 문제에 대처하도록 설계된 진화한 심리—위협 관리 시스템—를 탐구한다. 이런 편견은 현대의 환경에서 해악과 차별을 유발할 수 있으며, 그 때문에 저자들은 편견의 설계 특징과 편견이 새로운 세계에서 어떻게 작동하는지를 이해하는 일이 한층 더 중요해진다고 주장한다.

인간은 다른 어떤 종보다 연합적인 종이다. 우리는 집단을 형성하고, 타 집단과 자주 경쟁한다. 리더십과 전쟁을 다룬 도미닉 존슨Dominic Johnson의 장(29장)은 집단 대 집단 갈등에 초점을 맞춘다. 그는 전쟁을 배경으로 지도자 형질들, 혹은 전쟁에 활용됐을 만한 연합적 리더십의 심리가 어떻게 진화했는지에 대한 서로 다른 가설들을 개괄하고, 그와 관련된 경험적 증거를 살펴본다. 그는 리더십과 팔로우십의 형질들을 포함해서, 인간 심리의 진화에 전쟁이 중요한 선택력이었다고 강력히 주장한다. 이 주장은, 과거에는 상상할 수 없었던 형태로 치러지지만 과거와 동일한 심리적 적응을 활용하는 전쟁으로 몸살을 앓고 있는 현대 세계와 결정적으로 연관되어 있다.

집단생활은 우리 종의 특성이다. 집단생활은 협력을 통해 큰 이익을 안겨주고, 사회적 갈등을 통해 큰 비용을 부과한다. 결과적으로, 집단 내부의 상호작용을 위해서든 외집단을 상대하기 위해서든, 인간은 다른 인간을 다루는 일에 특화된 적응을 다수 진화시켰으리라고 합리적으로 예측할 수 있다. 요컨대, 이 장들은 집단생활을 위해 진화한 인간 심리의 복잡성을 밝히고, 다른 인간들 때문에 발생하는 문제들—협력과 갈등을 중심으로 벌어지는 온갖 도전들—과 씨름하기 위해 진화한 그 밖의 많은 적응을 발견할 수 있도록 길을 터줄 것이다.

참고문헌

Conroy-Beam, D., Goetz, C., & Buss, D. M. (2015). Why do people form long-term mateships? A gametheoretic model. *Advances in Experimental Social Psychology* (Vol. 51, pp. 1–39). New York, NY: Academic Press.

25장

사회적 교환을 추론하는 적응

레다 코스미디스 · 존 투비

나한테 뭔가를 주지 않는다면, 나도 그 사람한테 아무것도 안 줄 거예요. 내가 앉아서 뭘 먹고 있는데 그런 사람이 다가오면 이렇게 말하죠. "음, 있잖아. 난 당신한테 이걸 주지 않을 거야. 당신이 식량을 갖고 있을 때 하는 짓을 보면, 참 맘에 안 들어. 물론 네가 어쩌다 한 번이라도 내게 괜찮은 걸 줬다면, 나도 이걸 당신한테 줬겠지."

　　　　―『니사: 쿵족 여성의 삶과 말Nisa: The Life and Words of a !Kung Woman』에서,

　　　　　　　　　　　　　　　　니사Nisa, 쇼스타크Shostak, 1981, p. 89

[쿵족은] 물건을 그대로 보유하는 대신에 자신의 관대함과 우호적인 의도를 표현하는 선물로 사용해서 타인에게 우정의 징표로 보답할 의무를 지운다… 상호성의 과정에서 선물을 받은 사람은 받은 것과 똑같은 물건이 아니라 비슷한 가치를 지닌 다른 물건을 준다.

일런드의 지방은 아주 귀한 선물이다… 토마Toma는 이전에 타인에게 증여할 수 있는 일런드의 지방을 얻게 되었을 때, 재빨리 다른 사람들이 갖고 있는 물건 가운데 갖고 싶은 것을 훑어본 뒤 그 주인에게 특히 후한 선물인 일런드의 지방을 주었다고 말했다.

　　　　　　　　　　　　　　　　―마샬Marshall, 1976, pp. 366-369

5

니사와 토마는 수렵채집인으로, 1960년대에 보츠와나의 혹독한 칼라하리 사막에 거주했던 쿵산!Kung San족이었다. 이들의 생활방식은 지구상에 존재하는 산업화되고 경제적으로 발달한 여느 사회와도 달랐지만, 감정은 우리의 옆집에 거주하는 이웃들의 감정만큼이나 친숙하고 이해하기 쉬웠다. 쿵산!족은 수혜자가 다시 이익을 돌려줘야 한다는 조건으로 한 쪽이 다른 한 쪽에게 이익을 제공하는 사회적 교환을 실행한다(Cosmides, 1985; Cosmides & Tooby, 1989; Tooby & Cosmides, 1996). 인간의 사회적 교환은 암묵적일 수도 있고 가시적일 수도 있으며, 동시적이거나 순차적일 수도 있고, 즉시 이뤄지거나 뒤늦게 이뤄질 수도 있고, 양 당사자가 번갈아 할 수도 있고, 혹은 더 복잡한 구조를 따를 수도 있다. 하지만 어떤 경우든 사회적 교환은 사람들이 상호 이익을 위해 협력하는 방식이다. 경제학 연구는 가시적 합의를 거친 사회적 교환(교환 또는 거래라고 알려져 있다)에 초점을 맞추는 반면에, 생물학자와 인류학자는 흔히 **상호 이타주의**(Trivers, 1971), **상호성**, 또는 **보답**이라 불리는 암묵적이고 지연된 교환 사례에 더 주목한다. 우리는 어느 하위 유형에 속하는지와 관계없이, 상호 간에 조건부로 이익을 제공하는 사례들의 포괄적인 집합을 사회적 교환이라 지시할 것이다. 니사와 토마의 증언은 상호성의 기대가 암묵적이고, 호의의 대가를 한참 뒤에도 지불할 수 있는 사회적 교환의 상호작용을 보여준다. 우리와 마찬가지로 그들 사회에서도 주고받는 이익이 꼭 물리적인 사물의 형태를 취하지 않더라도 교환의 성립에는 문제가 없다. 용역(가치를 갖는 행위)도 괜찮다. 싸움을 응원하거나, 정치적 갈등 상황에서 상대를 지지하거나, 아픈 자녀를 돌봐주거나, 자신의 영역에서 사냥을 하거나 연못의 물을 길어가라고 허락하는 것도 호의를 제공하거나 갚는 방법이 될 수 있다. 사회적 교환 행동은 전 인류가 아주 오랜 옛날부터 해온 행동이다. 그렇다면, 어떤 인지능력이 사회적 교환을 가능하게 만드는 것일까?

지난 25년 동안 우리는 우리 조상이 지속적으로 실천해온 사회적 교환의 상호작용이, 사회적 교환의 추론에 특화된 인지 기제들을 선택했다는 가설을 탐구해왔다. 우리의 주장은 마치 열쇠와 자물쇠가 꼭 맞물리게끔 설계되어 있듯이, 사회적 교환을 추론하는 특화된 기제의 개념적 요소들과 소유 절차들 역시 사회적 교환 과정에서 진화적으로 반복 출현한 추상적인 관계를 반영하도록 진화했다는 것이다(Cosmides & Tooby, 1989).

우리가 진화심리학적 분석의 경험적인 힘을 탐구하고자 최초의 검증 대상으로 사회적 교환 추론을 고른 데에는 몇 가지 이유가 있다. 우선, 주제 자체가 본래 중요하기 때문이다. 교환은 인간의 모든 경제 활동에서 중심을 차지한다. 만약 우리 종이 무언가를 교환할 때 교환 그 자체를 위해 특화된 진화한 신경연산 프로그램을 사용한다면, 그 과정은 분명 알 만한 가치가 있다. 그렇게 진화한 프로그램은 경제 활동의 토대를 구성할 테고, 그 특수한 속성들은 모든 인간 사회에서 교환이라는 상호작용의 원리가 될 것이다. 그러니 만약 그런 프로그램이 존재한다면 조사하는 것이 마땅하다. 그런 기제를 발견하고 조사한다면 진화과학과 인지과학에 경제학적 토대가 형성되고, 동시에 경제학이 다른 자연과학들과 교차할 것이다. 또한 사회적 교환의 전문화는 (만일 그런 것이 존재한다면) 호의, 우정, 자기조직적인 협력 등 경제학의 외부, 즉 암묵적인 사회적 상호작용이라는 더 광범위한 범주의 기초가 되기도 한다.

사회적 교환에 사용되는 계산 절차를 조사한 데에는 또 다른 이유가 있었다. 사회적 교환 추론에는 검증을 통해 반박해야 할 반대 가설이 많이 있는데, 모두 전통적인 사회과학과 행동과학의 가장 핵심적인 가정에서 나온 것들이다. 인간의 정신을 빈 서판으로 보는, 이른바 표준사회과학모델의 관점이 그것이다(Tooby & Cosmides, 1992). 이 관점에 따르면 인간은 강력한 일반적 인지능력(지능, 이성, 학습, 필수적인 추론 능력 등)을 타고나는데, 이 능력이 인간의 사고와 행동을 대부분 설명해준다. 지금 다루는 사례에 대입해보면, 인간은 다른 온갖 일을 척척 해내는 능력과 정확히 똑같은 인지능력을 통해 사회적 교환을 매끄럽게 수행해야 한다. 우리가 일반 지능을 통해 인지, 학습, 또는 지적이고 이로운 행위들을 추론한다는 것이다. 이 가설은 그동안 신경과학자, 심리과학자, 사회과학자들이 인간 행동을 개념화할 때 중심적인 역할을 해왔지만, (물리학이나 생물학에서 중심적인 역할을 한 이론들과는 달리) 가능한 경험적 반증을 거친 적은 거의 없었다. 사회적 교환의 추론을 연구한다는 것은, 거의 모든 전통적인 연구자들이 빈 서판 가설을 무비판적으로 적용했던 영역(경제학과 사회적 행동)에서 빈 서판 가설을 검증해볼 기회였다. 게다가 그 검증 결과가 나오면, 진화심리학 프로그램이 인간 과학 전반에 폭넓고 근본적인 지형 변화를 일으킬 수 있는가 하는 일반적 사안에 대한 유력한 해답이 나올 수 있었다. 왜일까? 만일 대체로 합리적인 기제들이 존재하고 그것으로 의미를 지닌 모든 것을 설명할 수 있다면, 그런 기제는 분명 사회적 교환 추론도 간단하게 설명해줄 테기 때문이다. 무엇보다 사회적 교환은 언어나 시각 같은 다른 인지능력에 비하면 터무니없으리만치 단순하고, 상호 간에 이익이 되고, 본래 보상이 따르고, 경제적으로 합리적이며(Simon, 1990), 목표를 추구하는 능력의 결과로서 자연스럽게 발생해야 한다. 인공지능도 수단—목적 분석을 통해 목표를 추구할 수 있다면 사회적 교환을 수행할 수 있다. 실제로 유기체가 그처럼 강력한 일반적 이성을 갖추고 있다면, 사회적 교환을 위한 인지적 전문화는 필요하지 않을 것이다. 그럼에도 인간이 사회적 교환을 위한 적응적인 전문화를 갖추고 있다면, 이는 일반 지능의 기제(만약 그것이 존재한다면)가 상대적으로 미약하다는 점 그리고 자연선택은 그런 기능을 나눠서 하는 여러 종류의 인지능력을 인지과학자와 행동과학자가 예상했던 것보다 훨씬 다양하게 전문화시켰다는 점을 가리킨다.

셋째, 우리가 추론의 한 형태를 연구하기로 한 것은, 추론이 대개 내용—독립적이고 일반—목적을 추구하는 인지능력의 대표적인 사례로 간주되기 때문이었다. 또한 추론은 가장 인간적인 인지능력, 다시 말해 본능의 정반대 쪽에 자리하고 본능을 대신할 수 있는 것으로 여겨진다. 만일 모두의 예상과 달리 인간의 추론을 내용에 따라 특화되어 진화한 처리 절차들로 분할할 수 있다면, 적응적 전문화는 존재하지 않거나 이례적인 어떤 것이 아니라, 인간의 심리 구조에 광범위하게 퍼져 있는 전형적인 것일 가능성이 훨씬 높아진다. 추론은 진화론의 논쟁을 완전히 새로운 영역으로 도약시켜줄 가장 까다롭고, 가장 유용한 검증 사례다. 추론과 정반대로 동기(예를 들어, 성적 욕구)와 감정(예를 들어, 두려움)의 진화적 기원과 구성을 놓고 벌어지는 논쟁의 최종 결과는 의심의 여지 없이 명백하다(전통적인 학문 집단들은 승산도 없이 계속 저항전을 벌이고 있지만 말이다). 심지어 원칙상으로도, 빈 서판 가설에 근거한 처리과정을 통해서는 인간에게 발견되는 동기 및 감정 구조를 얻어낼 수 없다(Cosmides & Tooby, 1987; Tooby, Cosmides, & Barrett, 2005). 추론은 빈 서판 접근법으로 인간의 심리 구조에 도달하고자 하는 사람들이 모일 마지막 요새가 될 것이다.

넷째, 논리적 추론은 정밀한 형식적 연산을 분석할 수 있는 주제로, 이를 이용하면 우리는 영역—일반적 이론과 영역—특이적 이론으로부터 서로 상반되는 정밀한 예측을 끌어낼 수 있고, 그래서 결정적인 검증법을 고안하고 어떤 이론이 잠재적으로나 실질적으로 틀렸다는 것을 입증할 수 있다.

　우리가 사회적 교환이라는 영역을 택한 마지막 이유는, 진화적 게임이론(예를 들어, Maynard Smith, 1982)을 통해 새롭게 드러난 진화적 동역학이 인간의 뇌와 의식, 더 나아가 인간의 도덕적 추론을 빚어냈는지를 탐구할 기회가 될 수 있었기 때문이다. 만일 진화적 게임이론에서 모형화한 것과 같은 선택압이 인간의 심리 구조에 실질적 결과를 가져왔다는 것을 경험적으로 밝힐 수 있다면, 사회적 심리, 사회적 행동, 도덕성을 탐구하는 진화적 접근법의 토대가 될 수 있었다(Cosmides & Tooby, 2004). 당시에 사회과학자들은 대부분 도덕성을 생물학적 구조와 관계 없는 문화적 산물이라 여겼다. 그와 대조적으로 우리는 이론적 근거에 기초해서 도덕적·사회적 추론에 진화한 영역−특이적 문법이 존재할 것이라 생각했고(Cosmides & Tooby, 1989), 풍부한 경험적 사례를 적어도 하나—바로, 사회적 교환의 문법—는 확립할 수 있는지를 알아보고 싶었다. 사회적 교환 사례의 만족스러운 특징 하나는, 복제자 동역학과 게임이론에서 출발해서, 계산 구조의 세부적 측면, 구체적인 추론 수행 양상, 구체적인 문화 현상, 도덕적 직관, 도덕 철학의 개념적 뿌리로 이어지는 인과적 사슬을 한 단계씩 분명하게 추적할 수 있다는 것, 그럼으로써 진화심리학적 접근법의 광범위한 통합력을 일목요연하게 보여줄 수 있다는 것이다. 이 연구는 도덕적 추론과 더불어 도덕 감정과 도덕 관념의 진화심리학을 포괄하는 더 큰 프로젝트의 일부다(예를 들어, Cosmides & Tooby, 2004; Lieberman, Tooby, & Cosmides, 2003; 2007; Price, Cosmides, & Tooby, 2002; Tooby & Cosmides, 2010).

　다음 소개하는 내용은 25년간 이어진 이 연구 프로그램의 정점들 중 일부에 해당한다. 우리의 주장은 다음과 같다. 사회적 교환은 전 세계 모든 문화에서 살아가는 인간들의 삶에 구석구석 스며들어 있고, 조상들 사이에서도 수백만 년, 아니 수천만 년 동안 발생했다. 이는 사회적 교환의 상호작용이 역사적으로 반복 출현한 중요한 인간 활동이며, 전문화된 신경 적응이 선택될 만큼 충분한 시간적 깊이를 갖췄다는 뜻이다. 진화적 게임이론이 보여주듯이, 사회적 교환이 진화하고 존속하기 위해서는 그것을 유발하는 인지 프로그램이 반드시 엄격하고 복잡한 설계 명세를 따라야 한다. 우리는 복잡한 양상으로 분리된 기능적·신경적 구조를 발견했고, 그때마다 적응적 문제와 그 문제를 해결하는 방법이 너무 잘 들어맞은 나머지 사회적 교환 추론이 신경인지적으로 전문화되었다고 확신했다. 대표적인 예가 사기꾼을 탐지하는 서브루틴이다. 이 서브루틴은 조기에(3세에서 4세 사이에) 발달하고 모든 문화에서 나타나, 아마존의 수렵-원예 부족도 선진국의 시장경제에서 사는 성인만큼이나 안정적으로 사기꾼을 탐지한다. 사회적 교환이 유발하는 인간의 세부적인 추론 양상은 사회적 교환에 특화된 논리나 문법이 존재한다는 진화적 관점의 예측과 일치하고, 그래서 그런 추론 능력이 내용-독립적이고 목적-일반적인 추론 기제라고 설명하는 관점은 그럴듯하지만 틀렸다는 것을 입증해준다. 그 자체로 사회적 교환에 특화된 발달 과정이 존재해서 성인에게서 발견되는 신경인지적 전문화를 완성하는 것으로 보인다. 우리가 입증했듯이, 사회적 교환의 설계 내용, 개체발생의 시간표, 비교문화적 분포는 기존에 알려져 있는 어떤 영역-일반적 학습 과정에도 부합하지 않는다. 모든 것을 종합할 때, 설계 특이성, 조기 발달, 비교문화적 보편성, 신경 분리를 보여주는 데이터는 진화한 종-일반적 신경연산 전문화가 존재한다는 사실을 가리킨다.

요컨대, 사회적 교환의 추론을 유발하는 신경인지 시스템은 핑커Pinker(1994)가 말한 **인지적 본능**cognitive instinct이 존재한다는 것을 입증한다. 그 본능은 우리의 조상이 과거에 마주친 확실한 적응적 문제를 해결하기 위해 복잡하게 조직된 것이며, 정상적인 모든 인간에게 안정적으로 발달하고, 의식적으로 노력하거나 뚜렷한 교육을 받지 않아도 발달하며, 기저 논리를 의식적으로 인지하지 않은 채 가동되고, 정보를 처리하거나 지적으로 행동하게 해주는 더 일반적인 능력과 기능적으로나 신경적으로 구분된다. 우리는 이런 결론을 뒷받침해주는 증거와, 이전에 제기된 대안적인 부산물 가설을 제거하는 증거를 간략하게 검토할 것이다(보다 종합적인 논의를 위해서는 다음을 보라. Cosmides, 1985, 1989; Cosmides, Barrett, & Tooby, 2010; Cosmides & Tooby, 1989, 1992, 2005, 2008a; Fiddick, Cosmides, & Tooby, 2000; Stone, Cosmides, Tooby, Kroll, & Knight, 2002; Sugiyama, Tooby, & Cosmides, 2002.)

동물학적 관점과 문화적 관점에서 본 사회적 교환

매일 서로 접촉하면서 살면 언제 누구에게 도움이 필요한지를 알 수 있고, 언제 누가 도움을 줄 수 있는데도 도움을 주지 않는지를 추척할 수 있으며, 또 그럴 때 니 사의 말대로 미래의 도움을 철회할 수 있는 경우가 자주 찾아온다. 이런 조건에서는 상호성을 (즉시 실행하는 대신) 지연할 수 있고, 의무와 권리를 암묵적으로 이해하고 기억할 수 있으며, (물건 외에도) 도움을 주고받을 수 있다(Shostak, 1981). 하지만 사 람들이 어깨를 맞대고 사는 경우가 아니라면 사회적 교환은 대개 가시적인 합의를 체결하고, 이익을 동시에 교환하고, (친밀한 도움 행위보다는) 물건을 더 많이 거래하 는 형태를 띠게 된다. 합의를 가시화하는 것은 교환에 참여하는 양측이 일상적인 상 호작용에 근거해서 상대에게 무엇이 필요한지를 알 수 없기 때문이고, 물건을 거래 하는 것은 어느 쪽이든 상대가 도움이 필요할 때 마침 그 자리에 있기가 어렵기 때 문이며, 동시적으로 거래하는 것은 그래야 보답을 받지 못할 위험이 줄어들 수 있기 때문이다. 어느 쪽이든 상대가 미래에 도움을 줄 거라 믿을 이유가 없는 것이다. 따 라서 가시적인 거래나 동시적인 거래는 보통 사회적 거리를 나타내는 징후가 된다 (Tooby & Cosmides, 1996). 예를 들어 쿵족은 반투인들과 거래할 때 가죽을 내주고 칼이나 그밖의 다른 물건을 받는데, 같은 무리의 구성원들과는 그렇게 하지 않는다 (Marshall, 1976).

가시적인 거래와 연기되는 암묵적 상호성은 표면적으로는 서로 다르지만, 깊은 곳에서는 같은 구조를 공유한다. X가 원하는 일을 Y가 해주는 조건으로 X는 Y에게 이익을 제공한다. 인간인 우리는 사람들이 물건, 용역, 도움과 친절한 행동 등 서로 이익을 교환하는 것이 모두에게 이득이 될 수 있다는 점을 당연하게 받아들인다. 하 지만 동물학적 관점에서 사회적 교환은 그 존재를 설명할 필요가 있는 유별난 현상 이다. 우리의 사회적 교환 관계는 그 강도, 다양성, 복잡성 측면에서 인간이 영위하 는 사회생활의 가장 두드러진 특징으로, 우리를 다른 동물종과 분명하게 구분해준다 (Tooby & DeVore, 1987). 사실, 다른 종에게서는 사회적 교환의 확실한 사례를 찾기 가 어렵다. 광범위한 조사에도 불구하고 그런 사례가 보고된 종은 침팬지와 일부 원 숭이, 흡혈 박쥐 등 한줌에 지나지 않는다(비인간 연구결과에 대한 이와 대조적인 관점은

Dugatkin, 1997; Hauser, 2007을 보라).

관습은 진화한 심리적 적응의 구체적인 산물이 없더라도 널리 확산될 수 있다. 그렇다면 사회적 교환도 근래의 문화적 발명품일까? 알파벳 문자, 곡물의 경작, 아라비아 숫자 같은 문화적 발명품은 널리 확산되어 있긴 해도, 그 기원은 하나 혹은 몇몇 지역에 한정되고, 접촉을 통해 확산되며, 일부 문화에서는 고도로 정교해진 반면에 다른 문화에서는 아예 찾아볼 수도 없다. 그러나 사회적 교환은 이 양상에서 벗어난다. 사회적 교환은 과거와 현재의 기록된 모든 문화에 존재하고, 인간 생활에 예외 없이 나타나는 특징이며, 호의의 보답, 식량의 공유, 상호성에 입각한 선물 증여, 가시적인 거래, 그리고 폭넓은 도움 행위와 그 보답에 대한 암묵적 기대 등 다양하고 정교한 형식을 띤다(Cashdan, 1989; Fiske, 1991; Gurven, 2004; Malinowski, 1922; Mauss, 1925/1967). 구체적인 교환 방법이나 제도—시장, 주식 거래, 화폐, 쿨라 링Kula Ring—는 최근에 생겨난 문화적 발명품이지만, 사회적 교환 행동 자체는 그렇지 않다.

게다가, 증거에 따르면 사회적 교환은 적어도 호모 속만큼이나 오래되었으며, 어쩌면 그보다 훨씬 더 오래됐을 수도 있다. 고인류학의 증거는 해부학적으로 현대인이 진화하기 전부터 호미니드가 사회적 교환을 했으리라고 암시한다(예를 들어, Isaac, 1978을 보라). 게다가 침팬지 종이 상호성을 보인다는 사실(뿐만 아니라 일부 원숭이들에게서도; Brosnan & de Waal, 2003; de Waal, 1989, 1997a, 1997b; de Waal & Luttrell, 1988)에 비추어볼 때, 사회적 교환은 침팬지에서 호미니드 계통이 갈라져 나온 500만 년 전에서 700만 년 전으로 거슬러 올라갈 수도 있다. 간단히 말하면, 사회적 교환 행동은 우리의 계통이 진화해온 역사에서, 사회적 교환을 전담하는 복잡한 인지 장치가 선택의 손 아래 제 모습을 갖출 만큼 충분히 오랫동안 존재해왔다.

자연 선택은 적응적 문제—진화적으로 반복 출현하고, 잘 해결하면 번식도가 올라가는 문제—를 얼마나 잘 해결하는지에 기초해서 그 종이 보유한 설계 특성을 유지하고 폐기한다. 설계가 선택의 대상이 되려면 그것이 진화한 환경에서 종의 번식에 이로운 효과를 만들어내야 했다. 사회적 교환은 조상의 환경에서나 지금 환경에서나 이 문제를 성공적으로 해결하는 자들에게 명백히 이로운 효과를 안겨다 주었다(Cashdan, 1989; Isaac, 1978). 호혜적 협력과 그 이익이 사라진 삶은 갈등이 반발하고 가난과 사회적 고립이 만연하는 홉스적 악몽일 것이다. 하지만 사회적 교환이 이로운 효과를 만든다는 사실만으로는, 사회적 교환을 지탱하는 신경인지 시스템이 그 기능을 수행하기 위해 자연선택에 의해 설계되었다고 입증하기에 역부족이다. 사회적 교환이란 더 포괄적인 적응적 문제들 또는 다른 어떤 적응적 문제들을 해결하기 위해 설계된 체계의 부산물이라는 대립가설을 제외하기 위해서는, 적응과 그 기능 사이에 특수한 설계의 증거가 있는지를 평가할 필요가 있다(Williams, 1966).

그렇다면, 교환을 가능하게 하는 신경인지 장치는 정확히 어떤 성격을 갖고 있고, 그 기능을 위해 어떤 식으로 전문화되어 있을까? 사회적 교환은 동물학적으로 드문 현상이다. 그렇다면 자연선택은 사회적 교환에 관한 이해, 추론, 동기 부여, 참여를 전담하는 특화된 정보처리 회로를 인간의 뇌 속에 설계했을 가능성이 부상한다. 이렇게 볼 때 이 회로는 사회적 교환을 위한 신경인지적 적응이자, 그 기능을 위해 자연선택이 설계하고 진화시킨 인지적 본능이다. 이것을 **적응적 전문화 가설**adaptive specialization hypothesis이라 한다. 다른 대안 가설군은, 사회적 교환에 대해서 추론하고 이를 수행하는 우리의 능력은 다른 기능을 위해 진화한 신경인지 체계의 부산물이라는 가능성에 기초한다. 이 다른 기능도 특수한 기능일 수는 있다(예를 들어, 의무에 관한 추론). 하지만 대개 연구자들은 사회적 교환의 추론이 그보다 더 일반적인 기능—자발적 조건 형성, 논리적 추론, 합리적 의사결정, 혹은 다른 종류의 일반 지능—을 수행하기 위해 진화한 신경인지 시스템의 부산물 또는 발현이라고 예상한다. 우리는 이런 설명을 묶어 **일반적 합리성 가설**general rationality hypothesis이라 부른다.

일반적 합리성 가설은 너무나 강력하고, 자명하고, 우리의 과학 문화 속에 견고하게 자리 잡고 있기 때문에, 연구자들은 이를 하나의 과학적 가설로 취급하는 것조차 어려워하면서 모든 과학적 가설에 요구되는 반증가능성, 구체화, 형식화, 일관성, 증거의 의무를 면제해버린다. 예를 들어 에를리히Ehrlich(2002)는 증거를 조사하지도 않은 채 사회적 교환의 적응적 전문화 가설을 기각하면서, 사람들이 그저 사회적 교환을 하는 방법을 "알아냈다"라고 말하는 민속 이론이면 충분하다고 생각한다. 에를리히는 어떤 예측도 제시하지 않고, 그의 관점을 반증할 수 있는 어떤 가능한 검증 방법도 명시하지 않는다. 그와 유사하게 오르Orr(2003)도 증거 조사를 거부하면서, "단지 특정한 방식으로 행동하는 것이 이익이 되고, 충분히 큰 뇌를 가진 유기체가 그 방법을 추론한 것이다. 진화한 본능과 전문화된 모듈은 요점을 잘못 짚었다"(p.

18)라고 주장한다. 오르는, 진화심리학의 과학적 기준이 낮다고 비난하면서 통상 문헌에도 없는 주장을 제기하는 수법으로(이 경우에는, 분자생물학계의 어느 동료의 말을 이름도 밝히지 않고 인용해가면서) 자신의 주장을 포장한다.

이 논쟁의 문제는 일반적 합리성 가설이 대안적인 설명으로 제시되었다는 것이 아니다. 일반적 합리성 가설은 꽤 그럴듯해 보이는 (절망적으로 모호하긴 해도) 가설이다. 그래서 실제로 진화론자들의 사회적 교환 연구 프로그램은 출범하는 순간부터, 이 일반적 합리성 가설군에서 나올 수 있는 주요 예측을 최대한 구체화해서 반증하도록 설계되었다. 문제는 비평가들이 자신들이 선호하는 가설이 제대로 검증된 적이 없다는 사실을 감추고 위장하려 한다는 것이다. 자신들이 선호하는 가설이 마땅히 거쳐야 할 경험적 부담에서 자유롭고, 그저 일반적 합리성 가설을 언급하는 것만으로도 적응적 전문화 가설의 경험적 약점이 충분히 입증된다는 듯이 말이다. 이건 사실 도킨스Dawkins(1986)가 말한 개인적 경신에서 나온 주장argument from personal incredulity을 마치 그와 정반대인 양—즉 가설 검증의 높은 기준을 충실히 따르는 듯—써먹고 있는 셈이다.

물론 인지과학자가 보기에, 앞서 언급한 오르의 추측은 과학적 가설의 수준에 턱없이 못 미친다. '큰 뇌'라 해도 내부의 신경인지 프로그램을 통해서만 추론을 할 수 있다. 만일 오르가 추론 기제나 학습 과정을 구체적으로 제시했다면, 우리는 사회적 교환 추론의 관찰된 양상을 그 기제를 통해 예측할 수 있다는 주장을 경험적으로 검증했을 것이다. 하지만 그는 그러지 않았다. 하지만 다행스럽게도, 지금까지 (오르와 다르게) 많은 인지과학자들이 오히려 부산물 가설을 잘 공식화해서 제시해왔는데 그 가설들은 하나같이 적응적 전문화 가설과 다르게 예측한다. 게다가 잘 구체화된 이론이 없는 주제에 대해서도 우리는 일반적 합리성 이론으로부터 일반적인 예측을 도출해서 검증해볼 수 있다. 예를 들어, 문화적 변이의 가능한 양상 대 불가능한 양상, 친숙성 효과, 신경 분리의 가능한 양상 대 불가능한 양상 등이다. 실제로 우리는 각각의 부산물 가설을 하나씩 검증했다. 그 가운데 어떤 것도 지금까지 과학자들이 발견한 추론 수행 양상—이전까지는 알려지지 않았으나, 인간에게는 사회적 교환을 위해 설계된 인지신경 적응이 갖춰져 있다는 가설로 미리 예측할 수 있었던 양상—을 설명하지 못한다.

선택압과 예측할 수 있는 설계 특징들

어떤 체계가 구체적인 기능을 하도록 진화한 적응인지 아닌지를 검증하기 위해서는 반드시 설계상의 증거를 만들어야 한다. 첫 번째 단계는 적절히 명시한 적응적 문제를 해당 체계의 속성들이 잘 설계된 방식으로 해결한다는 점을 증명하는 것이다(Dawkins, 1986; Tooby & Cosmides, 1992, *Handbook*, 1권, 1장; Williams, 1966). 이를 위해서는 그 적응적 문제를 잘 명시한 이론이 필요하다.

예를 들어, 광학 법칙은 카메라와 눈의 속성을 제약한다. 즉, 반사된 빛을 이용해서 사물의 이미지를 2D 표면에(필름 혹은 망막)에 투사하는 정보처리 시스템이라면 반드시 몇몇 공학적 문제를 해결해야 한다. 일단 그 문제들을 이해하면 눈의 설계도 이해할 수 있다. 투명한 각막, 동공의 개폐를 조절하는 홍채의 신축력, 수정체의 형태, 망막에 존재하는 광반응 분자, 망막 세포의 해상도 등이 모두 그 문제의 해결책이다(카메라도 이에 해당하는 것들을 갖추고 있다). 눈의 설계를 제약하는 것은 광학이지만, 사회적 행동을 유발하는 프로그램 설계를 제약하는 것은 다른 행위자들의 행동이다. 더 정확히 말하자면, 다른 행위자들이 갖고 있는 행동−제어 프로그램의 설계 그리고 그 프로그램이 야기하는 상호작용의 적합도 결과가 제약 조건인 것이다. 그리고 이 제약은 진화 게임이론을 이용해서 분석할 수 있다(Maynard Smith, 1982).

진화적으로 안정된 전략ESS: evolutionary stable strategy은 다른 전략보다 더 뛰어나거나 다른 전략과 동등한 적합도 결과를 만들어내기 때문에 개체군 내에서 지속적으로 발생하는 전략(결정 규칙)이다(Maynard Smith, 1982). 인간의 사회적 교환을 인도하는 추론과 의사결정 규칙은 다른 대안과의 경쟁을 이겨내지 못했다면 존재하지 않았을 테니, 우리는 그런 규칙이 ESS를 실행한다고 예상할 수 있다.[1] 진화적 과정의 컴퓨터 시뮬레이션과 게임이론을 활용하면 어떤 사회적 교환 전략이 ESS인지를 확인할 수 있다.

1　만일 사회적 교환에 대한 추론과 의사결정을 제어하는 규칙이 ESS를 시행하지 않는다면, 그 규칙은 다른 어떤 적응의 부산물일 것이다. 그 다른 적응은 비ESS 형태의 사회적 교환을 부수적으로 만들어내느라 체계적인 적응도 비용을 떠안아야 하는데, 부수적으로 만들어내는 적응도 이익이 엄청나게 크지 않고서는 이 비용을 벌충하지 못할 것이다. 인간이 얼마나 많은 사회적 교환에 참여하는지 고려할 때, 이런 대안은 개연성이 낮다.

선택압이 선호하는 바에 따라 사회적 교환은, 상대방 유기체가 요구받은 방식으로 행동한다는 조건으로 그 이익에 대한 영수증을 상대방에게 발급해줌으로써 상대방 유기체의 행동을 공급자에게 이익이 되는 방식으로 변화시킬 수 있는 상황에서 이루어진다. 사회적 교환에서 개인들은 명시적으로나 암묵적으로 특별한 **사회적 계약**을 준수하기로 합의한다. 쉬운 설명을 위해, 사회적 계약을 다음 틀에 맞는 조건법칙(즉, 만약–그렇다면)으로 정의해보자. "만일 당신이 X가 제공하는 이익을 받아들인다면, 당신은 X의 요구를 들어줘야 한다"(X는 개인일 수도 있고 개인들의 집합일 수도 있다). 예를 들어, 토마는 같은 무리에 속한 사람들이 다음과 같은 사회적 계약 규칙을 인지하고, 암묵적으로 따른다는 것을 알았다. 만일 당신이 누군가로부터 일런드 지방이라는 후한 선물을 받는다면, 나중에 그에게 값진 것을 내줘야 한다. 니사의 말에도 사회적 계약이 표현되어 있다. 만일 당신이 미래에 내게서 음식을 받고 싶다면, 당신은 반드시 개인 Y여야 한다(이때 Y는 과거에 니사에게 기꺼이 식량을 나눠준 개인이다). 두 사람 모두 누군가로부터 이익을 받으면, 현재든 미래든 그 공급자에게 어떻게든 이익이 되는 방식으로 행동할 의무가 발생한다는 점을 인지하고 있다.

이처럼 양측이 상대방의 승낙을 조건으로 서로에게 이익을 제공하는 경우를 보통 게임이론가들은 반복적인 죄수의 딜레마로 모형화한다(Axelrod & Hamilton, 1981; Boyd, 1988; Trivers, 1971; 하지만 Stevens & Stephens, 2004; Tooby & Cosmides, 1996을 보라). 그 결과에 따르면, 협력자 행동이 진화적으로 안정되기 위해서는 그 행동이 반드시 몇 가지 특정 과제를 아주 잘 수행하는 프로그램에 의해 발생해야 한다(Cosmides, 1985; Cosmides & Tooby, 1989). 이제 우리는 그중 한 가지 조건에 초점을 맞추고자 한다. 바로 사기꾼 탐지다. **사기꾼**은 상호성을 지키지 않는 사람, 즉 사회적 계약이 명시하는 이익은 받아들이되 그 이익의 공급에 따른 요구조건은 충족하지 않는 사람을 말한다.

안정적이고 체계적으로 사기꾼을 탐지하는 능력은 반복적인 죄수의 딜레마 상황에서 협력이 ESS가 되는 데 반드시 필요한 조건이다(예를 들어, Axelrod, 1984; Axelrod & Hamilton, 1981; Boyd, 1988; Trivers, 1971; Williams, 1966).[2] 이를 확인하기

---

2 조건부 협력이 진화하는 데 사기꾼 탐지는 필수적이며, 이익의 제공에 비용이 들지 않는

위해, 사기꾼을 탐지하는 능력이 없어서 타인에게 무조건 이익을 제공하는 프로그램의 결말을 생각해보자. 무조건적인 조력자는 그들이 개체군 내에서 만나게 되는 비상호적인(이기적인) 설계의 적합도를 향상시킬 것이다. 하지만 비상호적인 설계가 도움을 받을 때 무조건적인 조력자는 도움의 비용을 회수하지 못한다. 다시 말해서, 조력자 설계는 망 적합도 비용을 부담하는 동시에, 도움을 갚지 않는 설계에 망 적합도 이익을 제공하는 것이다. 그 결과, 무조건적인 조력자 인구는 조력자가 제공하는 이익은 받지만 그에 보답하지는 않는 설계로부터 쉽게 침략당하고, 결국에는 경쟁에서 밀리게 된다. 무조건적인 도움은 진화적으로 안정된 전략이 아니다.

그와 반대로, **조건적인 도움**―호의에 보답하는 사람은 돕고, 보답하지 않는 사람은 돕지 않는 것―을 발생시키는 프로그램 설계는 비호혜적 설계 인구에 침입해서 그들을 물리칠 수 있다. 게다가, 조건적 도움의 설계 인구는 보답을 하지 않는 설계(사기꾼 설계)의 침략에 저항할 수 있다. 따라서 사기꾼 탐지 능력을 필요로 하는 조건적 도움은 ESS가 된다.

공학자는 늘 가능한 설계 해법을 생각하기 전에 먼저 과제를 분석한다. 우리도 그랬다. 우리는 ESS 분석을 수렵채집인의 행동 생태학에 적용함으로써, 정보처리 프

경우에도 마찬가지다(즉, 죄수의 딜레마의 수익 구조와 맞아 떨어지지 않는 상황이라도 그렇다; Tooby & Cosmides, 1996). 그런 경우, 조건에 따라 협력하도록 만들어진 설계는 상대가 언제 이익을 제공하지 않는지를 탐지할 필요가 있는데, 언제 파트너를 교체해야 할지 알 필요가 있기 때문이다. (죄수의 딜레마에서 그런 것처럼) 이 모델에서 파트너를 교체하지 못하는 설계는, 사기꾼을 탐지해서 자신을 속이지 않을 사람에게 미래의 협력을 집중시키는 설계보다 적합도가 떨어진다. 이때 적합도가 낮아지는 것은 파트너를 유지하는 데 따른 기회비용 때문이지, 파트너에게 이익을 제공하는 비용때문이 아니다. 사회적 교환을 규정하는 것이 비용 부담이 아니라 조건부 이익 제공이라는 것을 이해하지 못한 결과로, 지금까지 부적절한 실험과 논의가 심리학 문헌에 등장하곤 했다. 예를 들어, 요구조건에 비용이 많이 들지 않을 때도 여전히 사기꾼 탐지가 발생한다는 것을 보여주는 것(예를 들어, Cheng, Holyoak, 1989)은 사회적 계약 이론의 예측이지, 그에 대한 반박이 아니다(Cosmides, 1985; Cosmides & Tooby, 1989). 같은 이유로 사회적 계약 이론에는 쳉Cheng과 홀리오크Holyoak(1989)의 '사회적 교환'(요구조건의 충족에 어느 정도 비용이 따르는 물품의 이동이 일어난다)과 '사회적 계약'(요구조건의 충족에 비용이 들지 않을 수 있다)의 구분을 뒷받침할 근거가 존재하지 않는다. 그 이상의 논의를 위해서는 Fiddick, Cosmides, and Tooby (2000)를 보라.

로그램이 진화적으로 안정된 사회적 교환을 시행하기 위해서는 반드시 잘 해결해야만 하는 과제들을 구체적으로 명시할 수 있었다(Cosmides, 1985; Cosmides & Tooby, 1989). 필요한 계산에 대한 이 과제 분석, 즉 **사회적 계약 이론**의 과제 분석은 이 분야에서 무엇이 좋은 설계인지를 구체적으로 명시해준다.

사회적 계약 이론이 인간의 수행을 측정할 수 있는 좋은 설계의 기준이 되어주기 때문에, 다음과 같은 질문에 의미 있는 답이 나올 수 있다. "사회적 교환 추론을 발생시키는 그 프로그램은 해당 과제에 맞게 잘 설계되었는가?" 사회적 교환을 전담하게끔 잘 설계된 프로그램은 (과연 이런 프로그램이 존재한다면) 사회적 계약 이론이 명시하는 필수적인 계산들을 안정적으로, 정확하게, 경제적으로 실행할 수 있는 특징들을 갖추어야 한다(Williams, 1966).

우리는 사회적 계약 이론의 과제 분석을 통해서, 사회적 교환의 추론에 특화된 신경인지 시스템이라면 반드시 갖춰야 할 설계 특징을 예측해보았다(Cosmides, 1985; Cosmides & Tooby, 1989, 2008a). 다음 여섯 가지 설계 특징(D1-D6)이 그 목록에 들어 있었다.

D1. 사회적 교환은 상호 이익을 위한 협력이다. 이익의 공급으로 해석할 수 있는 있는 내용이 조건 법칙에 없다면, 해석 **절차**는 그 법칙을 사회적 계약으로 분류하지 말아야 한다. 사회적 계약의 적절한 의무와 자격에 관해 추론이 촉발되려면, 그 법칙은 요구조건을 충족한 자에게 이익에 대한 접근권을 한정하는 것으로 해석되어야 한다(이는 충분조건이 아니라 필요조건이다; Cosmides & Tooby, 1989; Gigerenzer & Hug, 1992).

D2. 사기는 사회적 계약을 위반하는 특수한 방식이다. 즉, 이익을 취할 자격이 없는데 이익을 취하는 것이다. 결과적으로, 인지 구조는 내용이 충실한 표상적 원시형들representational primitives로 부정하게 취득한 **이익**을 표현하고 이를 이용해서 **사기**의 개념을 정의해야 한다. 따라서 그 법칙에 잠재적 위반자에게 갈 이익이 명시되어 있으면 사기꾼 탐지를 위해 설계된 체계는 무엇을 찾아야 할지 모른다.

D3. 사기의 정의는 또한 어느 행위자의 관점을 취하는지에 따라 달라질 수 있다. 관점이 중요한 것은 어느 한 쪽이 이익이라고 보는 물품, 행위, 또는 상황을 다른 측

에서는 요구사항으로 보기 때문이다. 체계는 양 당사자의 관점에서 비용–편익 표상을 계산할 수 있어야 하고, 관점–상대적인 그 표상에 따라 사기를 규정할 수 있어야 한다.

D4. 조건적 도움을 위한 설계가 ESS가 되려면 다른 **설계들**과의 경쟁에서 지면 안 된다. 우연한 사고와 실수에서도 사기 피해자가 나올 순 있지만, 이것은 설계 차이의 표지가 아니다. 사기꾼 탐지 체계는 사기꾼, 즉 사기를 치도록 설계된 프로그램을 가진 개인을 찾아야 한다.[3] 따라서 의도적인 사기는 탐지 시스템을 작동시키는 강력한 자극이 되어야 하는 반면에, 실수는 미미한 자극이 되거나 아무런 자극도 되지 않아야 한다(개인을 사기 피해자로 만드는 실수는 진짜 실수가 아닐 수 있는 한에서만 의미가 있다).

D5. 사회적 교환에 대해 추론하는 능력이 목적–일반적인 학습 능력을 통해 습득된다는 가설에서는, 좋은 수행은 경험 및 친숙성과 함수관계에 있다고 필연적으로 예측한다. 이와 대조적으로 사회적 교환을 위해 진화한 시스템은, 사회적 계약의 추상적 구조가 잘 반영되어 있기만 하다면 사회적 교환의 상호작용이 아무리 낯설고 생소할지라도 그 상호작용을 인지하고 추론하도록 설계되어야 한다. 개인은 이전에 경험하지 못한 교환 상황이 발생해도 매번 그에 관해 추론할 수 있어야 하고, 사회적 계약의 틀에 부합하는 법칙은 아무리 낯선 상황이라도 사기꾼 탐지를 상당한 수준으로 수행해내야 한다.

D6. 사회적 계약에 관한 추론은 내용이 없는 형식 논리의 법칙을 따를 필요가 없다. 그 추론은 진화적으로 사회적 교환 영역에 맞게 재단된 내용–특이적인 적응적 논리를 따라야 한다(Cosmides & Tooby, 1989, 2008a에서 설명함).

---

3 **사기를 치도록 설계된 프로그램**은 지금의 원리를 더 일반화한 표현으로, 이 개념은 의도를 정신적으로 표상하는 인간 능력이나, 타인에게서 의도를 지닌 정신적 상태의 존재를 추론해내는 인간 능력을 반드시 필요로 하진 않는다. 속임수와 유사하다고 생각하면 이해에 도움이 될 수 있겠다. 날개가 부러진 것처럼 가장해서 포식자를 둥지에서 꾀어내는 새는 포식자를 기만하게끔 설계된 프로그램을 갖고는 있지만, 그와 관련된 인지 절차는 기만할 의도의 정신적 표상을 포함할 필요가 없다.

사기는 조건 법칙의 위반과 관계가 있지만, 이는 특정한 **종류**의 조건 법칙에 대한 특정한 **종류**의 위반이라는 점에 주의하자. 그 법칙은 반드시 **사회적 계약**의 틀에 맞는 법칙이어야 하고, 그 위반은 반드시 그 개인이 이익으로 간주하는 것을 의도적으로 취하면서도 요구조건은 충족하지 않는 위반이어야 한다.

형식 논리(예를 들어, 명제 계산)는 내용에 무감각하다. 표준 논리에서 규정한 **위반**의 정의는, 사회적 계약이든, 위협이든, 혹은 세계의 작동 원리에 대한 서술이든, 모든 조건 법칙에 적용된다. 하지만 이후에 살펴볼 것처럼, D1부터 D4까지 설계 특성이 의미하는 사기의 정의는 이 내용맹목적인 정의에 해당하지 않는다. 사회적 교환에서 사기로 간주하는 것은 내용에 상당히 민감하기 때문에, 영역−일반적으로만 위반을 정의하는 탐지 기제는 사기꾼 탐지 문제를 해결하지 못한다. 이는 사기꾼 탐지에 전문화된 프로그램이 존재한다는 것을 가리킨다. 그 영역−전문적인 구조 탓에, 이 프로그램은 작동을 위해서는 교환을 비롯한 사회적 규칙을 탐지하고, 그 의미를 해석하고, 그를 통해 제기되는 문제를 성공적으로 해결할 수 있도록 적절히 설계된 체계—**사회적 계약 알고리듬**—의 하위 요소로 기능해야만 한다.

조건 추론과 사회적 교환

정의상 당연히 상호성은 조건적인 사회적 행동이다. 즉, 당신은 **조건부로**(당신이 보답으로 요구한 행동을 상대방이 한다는 조건) 이익을 제공하기로 합의한다. 따라서 그 점을 이해하려면 조건 추론을 해야 한다.

사회적 교환에 참여하기 위해서는 조건 추론이 필요하기 때문에, 조건 추론에 대한 조사를 이용하면 사회적 계약 알고리듬의 존재를 검증할 수 있다. 뇌가 사회적 계약 알고리듬을 갖추고 있다는 가설은 추론 수행에 **내용**에 따른 분리가 발생한다고 예측한다. 어떤 조건 법칙이 사회적 교환을 명시할 때 그 규칙에 대해 적응적으로 추론하는 예리한 능력이 나타난다는 것이다. 이때 영가설은 인간의 뇌에는 사회적 교환을 위해 전문화된 것이 없다는 것이다. 이 가설은 추론이 내용−독립적인 과정에 의해 야기된다는 전통적인 가정의 당연한 귀결이다. 이 가설은 다른 내용과 비교할 때 사회적 교환이 특별히 촉발하는 향상된 조건 추론 수행은 존재하지 않는다고 예측한다.

조건 추론을 조사하는 표준적인 도구는 웨이슨 선택 과제Wason selection task로, 과제 수행자는 **만약 P이면, Q**의 형식을 갖춘 조건 법칙의 잠재적 위반을 찾아내야 한다(Wason, 1966, 1983; Wason & Johnson-Laird, 1972). 이 과제를 이용해서, 다음 질문에 답을 찾는 실험들이 광범위하게 이루어졌다.

- 우리의 마음에는 사회적 교환 추론에 전문화된 인지 장치(그와 더불어, 조건적 행동과 관련된 다른 적응적 영역 추론에 전문화된 또 다른 영역–특이적 장치)가 들어 있을까? 또는,
- 좋은 조건 추론을 유발하는 인지 장치는 일반적인가? 즉, 내용과 무관하게 잘 작동할까?

만일 내용과 무관하게 적절한 조건 추론을 유발하는 인지 장치가 인간의 뇌에 있다면, 우리는 조건 추론을 요구하는 과제에 능숙해야 한다. 예를 들어, 조건 법칙의 위반을 잘 탐지해야 한다. 하지만 웨이슨 선택 과제를 활용한 연구에서 사람들은 그렇지 못하다. 그림 25.1의 웨이슨 과제를 생각해보자. 만일 우리의 마음이 조건 법칙의 **논리적** 위반을 탐지하도록 전문화된 추론 절차를 갖추고 있다면, 정답(P를 고르시오, not-Q를 고르시오)은 직관적으로 명백해야 한다. 하지만 사람들에게 이 정답은 명백하지 않다. 여러 국가에서 이뤄진 연구들이 입증한 바에 따르면, 그림 25.1의 규칙과 같은 서술적(직설법) 규칙에 대해서 사람들은 추론을 잘 수행하지 못한다. 오직 5%에서 30%의 사람들만이 논리적으로 올바른 답을 내놓는데, 이는 일상생활에서 가져온 익숙한 용어를 사용할 때에도 마찬가지다(Cosmides, 1989; Manktelow & Evans, 1979; Sugiyama et al., 2002; Wason, 1966, 1983). 흥미롭게도, 논리적 추론 방법을 분명하게 가르쳐줘도 수행은 향상되지 않는다. 대학교에서 한 학기 동안 논리학 강좌를 완료한 사람도 그런 정식 훈련을 받지 않은 사람보다 좋은 결과를 내지 못한다(Cheng, Holyoak, Nisbett, & Oliver, 1986).

명제 논리 같은 형식 논리는 내용–일반적인 조건 추론의 좋은 설계가 무엇인지

에빙하우스Ebbinghaus병은 최근에 발견되어 아직 완벽하게 파악되지 않은 질환이다. 따라서 해당 질환을 접한 경험이 있는 의사들로 구성된 국제 위원회가 소집되었다. 위원회의 목적은 병의 증상을 규정하고 이를 진단할 수 있는 확실한 방법을 개발하는 것이었다.

에빙하우스병을 앓는 환자들은 코피, 두통, 이명 등 여러 다양한 증상을 겪는다. 병의 진단이 어려운 것은 환자가 발병을 하더라도 이 증상이 모두 나타나지는 않기 때문이다. 에빙하우스병의 권위자인 부크너Buchner 박사는 다음 규칙이 적용된다고 말했다.

> "만약 에빙하우스병이 있다면, 환자에게 건망증이 나타날 것이다."
> 만약　　　P　　　　그렇다면　　　　　Q

하지만, 부크너 박사가 틀렸을 수도 있다. 당신은 이 규칙의 위반에 해당하는 증상을 나타내는 환자가 있는지를 확인하고 싶다.

아래 카드는 당신의 병원을 방문한 환자 네 명의 기록이다. 각 카드가 한 명의 환자를 나타낸다. 카드의 한쪽 면에는 환자에게 에빙하우스병이 있는지 여부가 적혀 있고, 다른 면에는 환자에게 건망증이 있는지 여부가 적혀 있다.

부크너 박사의 규칙, "만약 에빙하우스병이 있다면, 환자에게 건망증이 나타날 것"이라는 규칙을 위반하는 사례가 있는지 확인하기 위해 확실히 뒤집어야 하는 카드는 무엇일까? 꼭 필요한 카드 말고 다른 카드를 뒤집어서는 안 된다.

에빙하우스병이 있다	에빙하우스병이 없다	건망증이 있다	건망증이 없다
P	P의 부정	Q	Q의 부정

그림 25.1 웨이슨 선택 과제. 웨이슨 과제는 만약 P라면 Q라는 형식의 어떤 규칙을 항상 포함한다. 참가자는 (각각) P, P의 부정, Q, Q의 부정 값이 적혀 있는 네 장의 카드를 볼 수 있다. 논리적 관점에서 보면, P와 Q의 부정의 조합만이 이 규칙을 위반할 수 있고, 따라서 정답은 P가 적힌 카드를 뒤집어 보고(뒷면에 Q의 부정이 적혀 있는지를 확인하기 위해), Q의 부정 카드를 뒤집어 보는 것(뒷면에 P가 적혀 있는지를 확인하기 위해)뿐이다. 하지만 조건 법칙이 서술적(직설법)이고 심지어 그 내용이 친숙할 때에도 정답을 고른 참가자는 많지 않았다. 예를 들어 위 문제의 정답('에빙하우스병이 있다'와 '건망증이 없다')을 고른 참가자는 26%에 지나지 않았다. 대부분 P만 고르거나, P와 Q를 고른다. (예시의 대문자 'P'와 'Q'는 참가자에게 제시된 문제에는 적혀 있지 않았다.)

살펴볼 수 있는 기준이 된다. 다시 말해서, 형식 논리의 추론 규칙은 철학자들이 추론의 주제와 무관하게 참인 명제로부터 참인 결론을 얻기 위해 구성한 것이다. 이 기준을 통해 인간의 수행 능력을 평가할 때면 좋은 설계의 증거가 거의 나오지 않는다. 70%에서 95%의 사람이 서술적인 내용의 조건 법칙을 가지고 문제를 풀 때 논리적으로 올바른 답을 내지 못하는 것이다. 그러므로, 인간의 마음에는 그 내용이 무엇이든 간에 모든 영역에 걸쳐 좋은 조건 추론을 이끌어내는 인지 장치가 구비되어 있다는 가설을 우리는 어렵지 않게 기각할 수 있다.

내용에 따른 분리

사람들은 다루는 내용이 서술적일 때 조건 법칙의 위반을 잘 탐지하지 못한다. 이 결과가 사회적 계약을 나타내는 조건 법칙에까지 일반화될 수 있을까? 아니다. 보통 만약—그렇다면 규칙의 위반을 탐지하지 못하는 사람이라도 사회적 계약 상황의 사기를 드러내는 위반이라면 간단하고 정확하게 위반을 탐지한다. 바로 이 양상—사회적 계약의 위반은 잘 탐지하지만 서술 규칙의 위반은 그렇지 못한—이 조건 법칙의 내용 차이 때문에 발생하는 추론 수행의 분리에 해당한다. 그리고 마음이 사기꾼의 탐지에 전문화된 추론 절차를 갖고 있다는 (초기) 증거가 된다.

더 구체적으로, 사회적 계약의 틀에 맞는 조건 법칙—"만일 당신이 이익 B를 취한다면, 요구조건 R을 충족시켜야 한다"(예를 들어, "만약 네가 내 차를 빌린다면, 너는 차에 기름을 넣어야 한다")의 위반을 찾아보라고 했을 때, 사람들은 이익을 받은(차를 빌린; P) 사람과 요구조건을 충족하지 않은(기름을 넣지 않은; Q의 부정) 사람을 곧잘 찾는다. 그 둘은 잠재적 사기꾼을 나타내는 경우다(그림 25.2A). 적응적으로 올바른 답은 참가자 대부분에게 한눈에 명백히 보이는 탓에, 참가자들은 대개 답이 저절로 튀어나오는 듯한 효과를 경험한다. 정규적인 훈련도 필요치 않다. 문제에 담긴 내용이 사회적 교환 상황의 사기꾼을 묻고 있는 경우에, 참가자는 문제가 간단하다고 느끼며, 수행도 극적으로 상승한다. 전반적으로 65%에서 80%의 참가자가 문제를 맞히는데, 이는 그런 종류의 과제에서 볼 수 있는 점수 중 가장 높다(개괄을 위해서는 Cosmides, 1985, 1989; Cosmides et al., 2010; Cosmides & Tooby, 1992, 1997, 2008a,

A.
자기 자동차가 없는 10대 청소년은 보통 부모의 차를 빌리게 된다. 차주는 차를 빌려주는 대신, 아이들에게 규칙을 제시했다.

"만약 내 차를 빌리면, 차에 기름을 채워야 해."

물론, 10대는 무책임할 때가 많다. 당신은 차를 빌린 아이들 가운데 규칙을 위반한 아이가 있는지 확인하고 싶다.
아래 카드는 차를 빌린 10대 청소년 네 명을 나타낸다. 카드 하나가 한 명을 나타낸다. 카드의 한쪽 면에는 아이가 어느 특정한 날에 차를 빌렸는지 여부가 적혀 있고, 다른 면에는 아이가 그날 기름을 넣었는지 여부가 적혀 있다.
아래 카드 가운데 10대 청소년이 "만약 내 차를 빌리면, 차에 기름을 채워야 해"라는 부모의 규칙을 위반한 경우를 확인하기 위해 반드시 뒤집어야 하는 카드는 어느 것일까. 꼭 필요한 카드가 아니라면 뒤집어서는 안 된다.

차를 빌렸다	차를 빌리지 않았다	기름을 채웠다	기름을 채우지 않았다

B.
마음은 사회적 계약을 이익과 요구조건의 표상으로 전환하고, 그 내용이 구체적이든 아니든, '자격이 있음'과 '의무가 있음' 같은 개념을 삽입한다.
마음이 위의 사회적 계약을 '파악하는' 방식은 볼드체로 표기되어 있다.

"만약 내 차를 빌리면, 너는 차에 기름을 채워야 해."
만약 네가 이익을 취하면, 너는 요구조건을 충족시킬 의무가 있어.

차를 빌렸다	차를 빌리지 않았다	기름을 채웠다	기름을 채우지 않았다
=이익을 받았다	=이익을 받지 않았다	=요구조건을 충족했다	=요구조건을 충족하지 않았다

그림 25.2 사회적 계약 규칙이 포함된 웨이슨 과제. (A) 사회적 계약 문제를 받은 참가자의 76%가 잠재적 사기꾼을 나타내는 P와 Q의 부정('차를 빌렸다'와 '기름을 채우지 않았다')을 골랐다. 그림 25.1의 서술 규칙을 풀 때는 26%만이 이 (논리적으로 올바른) 답을 골랐다. 위의 사회적 계약 규칙은 친숙한 소재를 포함하고 있지만, 사회적 계약의 내용이 친숙하지 않은 경우에도 마찬가지로 높은 수행이 나타난다. (B) 마음이 (A)의 사회적 계약을 표상하는 방식. 사회적 계약에 전문화된 추론 규칙에 따르면(형식 논리는 그렇지 않다), "만약 네가 이익을 취하면, 너는 요구조건을 충족시킬 의무가 있어"는 "네가 요구조건을 충족시키면, 너는 이익을 취할 자격이 있어"라는 뜻을 암시한다. 결과적으로, (A)의 규칙은 "네가 기름을 채우면, 내 차를 빌릴 수 있다"는 것을 암시한다(변환된 사회적 계약은 그림 25.4를 보라).

2008b; Fiddick et al., 2000; Gigerenzer & Hug, 1992; Platt & Griggs, 1993).

　형식 논리의 내용맹 통사론으로 볼 때, 차를 빌린 사람(P)과 기름을 넣지 않은 사람(Q의 부정)을 찾아내는 일은 그림 25.1의 질환-증상 문제에서 에빙하우스병에 걸린 사람(P)과 건망증이 없는 사람(Q의 부정)을 찾아내는 것과 논리적으로 동일하다. 하지만 시험을 치른 모든 곳(미국, 영국, 독일, 이탈리아, 프랑스, 홍콩, 일본의 성인; 에콰도르 키토의 취학아동; 에콰도르 아마존의 쉬위아르Shiwiar 수렵-원예민)에서 사람들은 사회적 교환 문제를 다른 종류의 조건 추론 문제와 동일하게 받아들이지 않는다(Cheng & Holyoak, 1985; Cosmides, 1989; Hasegawa & Hiraishi, 2000; Platt & Griggs, 1993; Sugiyama et al., 2002이 D5, D6을 뒷받침한다). 사람들의 마음은 사회적 교환의 내용을 다른 영역의 문제들과 구분하며, 사회적 교환을 추론할 때는 마치 그 내용을 이익, 비용, 의무, 자격, 의도, 행위자 등 표상적 원시형들을 가지고 번역을 하듯 추론한다(Figure 25.2b; Cosmides & Tooby, 1992, 2008a; Fiddick et al., 2000). 추론 문제는 그 내용이나 구조(명제 계산을 할 때 내용에 구애받지 않는 두 가지 범주인 전건前件과 후건後件을 포함해서)에 따라 무한히 많은 범주로 분류될 수 있다. 하지만 서로 현저하게 다른 문화들에서도 이와 동일한 정신적 범주화가 발생한다. 여러 문화에 걸쳐 내용에 따른 분리가 반복 출현하리라는 것은 이를 실제로 발견하기 전부터 사회 계약 이론의 적응주의적 분석을 통해 예측되었다.

　사회적 교환과 관련된 추론 문제에서 이렇게 좋은 수행 양상을 보이는 것은 마음이 사회적 교환 추론에 적합한 신경인지적 적응을 안정적으로 발달시킬 경우에만 예상할 수 있는 일이다. 하지만 더 많은 설계 증거가 필요하다. 잠시 후에 우리는 설계 특성 D1부터 D6까지를 검증하고자 진행된 실험을 검토할 것이다. D1부터 D6은 사회적 교환에 특화된 체계가 존재한다면 반드시 있어야 하는 특성들이다.

　우리는 사회적 교환에 적합한 좋은 설계의 증거를 만들어내는 일 외에도, 그런 체계의 속성들이 다른 적응적 문제의 해결책이나 우연의 산물이라면 잘 설명되지 않는다는 것을 입증해야 한다(Tooby & Cosmides, 1992, 이 책, 1권, 1장). 설계 특징을 검증하는 각각의 실험은 적응적 전문화 가설을 최소 하나 이상의 적응적 부산물 가설과 비교되도록 구성되었기 때문에, 부산물과 설계 특징의 영향을 나란히 논의한다. 우리가 곧 증명하겠지만, 사회적 계약과 관련된 추론 수행은 친숙성 효과로도, 내용과 무관한 형식 논리로도, 허락 도식permission schema으로도, 일반적인 규범 논리deontic logic로도 설명되지 않는다. 표 25.1은 검증을 거쳐 제거된 부산물 가설의 목록이다.

익숙하지 않은 사회적 계약도 사기꾼 탐지를 유도할까(D5)

개인은 교환 기회가 새롭게 발생할 때마다 매번 그 내용을 이해할 필요가 있고, 그래서 익숙하지 않은 사회적 계약 규칙에도 사회적 교환 추론이 작동한다고 예측했다(D5). 이는 사회적 계약 이론과, 추론 수행을 일반 학습 전략 더하기 경험의 산물이라고 보는 이론을 확실하게 구분해준다. 이런 기술 대 획득 이론에서 가장 자연스럽게 나올 수 있는 예측은, 수행이 친숙성과 함수관계에 있으리라는 것이다.

증거는 사회적 계약 이론을 뒷받침한다. 극히 낯선 사회적 계약에서도 사기꾼 탐지가 발동하는 것이다(그림 25.3a). 예를 들어 "어떤 남성이 카사바 뿌리를 먹는다면, 그는 반드시 얼굴에 문신을 해야 한다"는 규칙은, 관련된 사람들이 카사바 뿌리를 먹는 것을 이익으로 간주한다고 설명할 때(그러면 그 규칙은 문신을 하는 것이 그 이익을 얻을 수 있는 자격의 필수 조건이라는 것을 의미한다) 사회적 계약의 틀에 부합한다. 이런 맥락이 함께 제시되면, 유별나고 문화적으로 낯선 이 규칙도 상당히 친숙한 사회적 교환 규칙과 비슷하게 사기꾼 탐지를 잘 이끌어낸다. 또 다른 많은 낯선 규칙을 활용한 연구들도 이 놀라운 결과를 반복 검증했다(Cosmides, 1985, 1989; Cosmides & Tooby, 1992; Gigerenzer & Hug, 1992; Platt & Griggs, 1993).

친숙성 제거(B1)

내용에 따른 분리—사회적 계약 규칙에는 좋은 수행 능력을 보이지만, 서술 규칙에는 그렇지 않은 경우—는 시험 중인 규칙이 가진 친숙성과는 아무런 관련이 없다. 친숙성은 높은 수행을 끌어내는 데 필요하지도 않고 충분하지도 않다(표 25.1의 B1).

먼저, 친숙성이 높아도 그것이 서술 규칙의 좋은 수행으로 이어지지는 않는다 (Cosmides, 1989; Manktelow & Evans, 1979). 예를 들어, 그림 25.1의 에빙하우스병 문제는 현실 세계의 문맥 안에 익숙한 인과 관계(질환이 증상을 유발한다)가 내장되어

표 25.1 제거된 대안 (부산물By-Product) 가설

B1. 친숙성은 사회적 계약 효과를 설명할 수 있다.

B2. 사회적 계약의 내용은 단지 명제 계산(논리)의 추론 규칙을 활성화한다.

B3. 수익과 연관된 어떤 문제라도 논리적 위반의 탐지를 유도한다.

B4. 허락 도식 이론은 사회적 계약 효과를 설명할 수 있다.

B5. 사회적 계약의 내용은 단지 '분명한 사고'를 촉진한다.

B6. 내용−독립적인 규범 논리로 사회적 계약의 추론을 설명할 수 있다.

B7. 단일한 장치가 주관적 효용과 관련된 모든 규범 규칙에 작동한다.

B8. 관련성 이론은 사회적 계약 효과를 설명할 수 있다(또한 Fiddick, Cosmides, & Tooby, 2000을 보라).

B9. 표준 경제학 모델은 사회적 계약 효과를 설명할 수 있다.

B10. 통계적 학습은 사회적 계약의 추론을 유발하는 장치를 생성한다.

있다. 그럼에도 우리가 테스트한 111명의 대학생 가운데 26%만이 문제에서 논리적으로 옳은 답인 P와 Q의 부정을 골랐다. 만일 친숙성이 서술 규칙에 대한 뛰어난 수행을 유발하지 못한다면, 사회적 계약에 대한 뛰어난 수행을 설명하는 근거도 되지 못한다.

둘째, 익숙하지 않은 사회적 계약이 높은 수행 능력을 유도하는 것으로 보아, 친숙성은 위반 탐지를 이끌어내는 데 필요하지 않다는 것을 알 수 있다. 셋째(그리고 가장 놀랍게도), 문화적으로 낯설거나 상상의 사회적 계약에서 사기꾼을 탐지하는 사람들의 능력은 완벽하게 친숙한 사회적 계약에서와 똑같이 뛰어나다(Cosmides, 1985). 이는 일반−학습과 기술 습득에 의존하는 (대부분 친숙성과 반복에 의존하는) 모든 대립 가설에 난제가 된다.

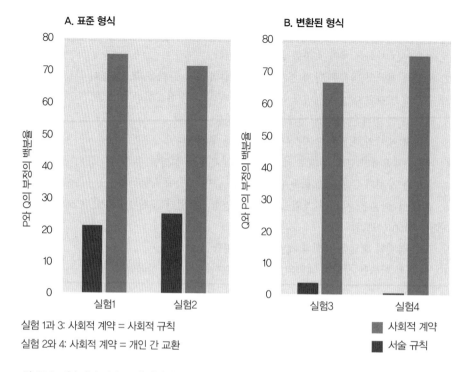

그림 25.3 익숙하지 않은 조건 법칙의 위반 탐지. 사회적 계약 대 서술 규칙의 경우. 위의 네 실험에서, 익숙하지 않은 동일한 규칙이 두 이야기 속에 담겨 있었는데, 하나는 그 규칙을 사회적 계약으로 해석하게끔 유도하는 이야기였고 다른 하나는 세계의 어떤 상태를 서술하는 규칙으로 해석하게끔 유도하는 이야기였다. 사회적 계약의 경우, 정답은 언제나 이익의 취득 카드와 요구조건의 불이행 카드를 고르는 것이다. (A) 표준적인 사회적 계약의 경우, 이는 논리적 범주 P와 Q의 부정에 해당한다. P와 Q의 부정은 또한 논리적으로 옳은 답이기도 하다. 사회적 계약일 때는 피험자의 70% 이상이 올바른 답을 고른 반면에, 그에 상응하는 서술 규칙에서는 25% 미만이 정답을 골랐다. (B) 변환된 사회적 계약에서 이익의 취득과 요구조건의 불이행 카드는 논리적 범주 Q와 P의 부정에 해당한다. 이는 논리적으로 올바른 답이 아니다. 그럼에도 사회적 계약 문제에서 참가자의 70%가 이 답을 골랐다. 그에 상응하는 서술 규칙 문제에서 같은 답을 고른 사람은 사실상 전무했다(그림 25.4를 보라).

형식 논리가 아닌, 적응적 논리(D3, D6)

앞에서 본 것처럼, 논리적으로 올바른 답이 나오게끔 사회적 계약 문제를 구성하는 것은 가능하다. 하지만 사회적 계약의 내용이 논리적 추론을 활성화화기 때문은 아니다.

사기꾼을 탐지하는 능력은 논리적 위반을 탐지하는 능력과 다르다(그 역도 마찬가지다). 따라서 사기꾼 탐지가 논리적으로는 틀린 답에 이르는 문제(그리고 논리적 위반은 탐지하면서 사기꾼은 탐지하지 못하는 문제를 만들 수 있다(그림 25.4를 보라). 그런 문제를 받을 때 사람들은 사기꾼을 찾고, 그 과정에서 논리적으로 틀린 답을 내놓는다(Q와 P의 부정).

관점 변화

앞에서 예측했듯이(D3), 마음이 자동적으로 사용하는 사기의 정의는 개인이 취하는 관점과 결부되어 있다(Gigerenzer & Hug, 1992). 예를 들어 다음의 사회적 계약을 고려해보자.

[1] 직원이 연금을 수령하기 위해서는, 반드시 회사에서 10년 이상 근속해야 한다.

이 규칙은 문제를 푸는 사람이 고용주 역할에 자신을 대입하는지, 아니면 직원 역할에 대입하는지에 따라 다른 답을 이끌어낸다. 고용주의 역할에 이입한 사람은 직원의 사기를 적발하기 위해 P와 Q의 부정의 사례를 조사한다(연금을 받는 직원; 10년보다 적게 일한 직원). 직원의 역할에 이입한 사람은 고용주의 사기를 잡아내기 위해 P의 부정과 Q의 사례를 조사한다(연금을 받지 못한 직원; 10년 이상 일한 직원). 만약 고용주가 직원을 속이는지를 확인하는 것이 목표라면, P의 부정과 Q가 정답이다. 하지만 이는 논리적인 정답이 아니다.[4]

사회적 교환에서 한 행위자에게 이익이 되는 것은 다른 이에게는 요구조건이 된다. 예를 들어, 직원에게 연금을 지급하는 것은 직원에게는 이익이지만 고용주에게는 충족해야 하는 요구조건(10년 이상의 근속기간과 교환되는 사항)이다. 두 행위자의 관점의 차이를 파악할 수 있으려면, 사회적 교환의 추론 규칙은 반드시 내용에 민감

---

4 게다가, 명제 계산에는 만약 B라면, C이다를 만약 C라면 B이다로 번역할 수 있는 추론 규칙이 포함되지 않고(즉, [1]을 [2]로 번역하는 규칙은 없다; 본문을 보라), 따라서 [2]에 논리적 위반의 정의를 적용해서는 직원 관점에서 본 답에 도달할 수 없다(Fiddick et al., 2000을 보라).

다음 규칙을 살펴보자.

표준 형식:

만약 당신이 그 이익을 취하면, 당신은 내 요구조건을 충족한다(예를 들어, 만약 내가 당신에게 50달러를 주면, 당신은 나에게 그 시계를 준다).

만약   P   그렇다면   Q

변환된 형식:

만약 당신이 내 요구조건을 충족하면, 당신은 그 이익을 취한다(예를 들어, 만약 당신이 나에게 그 시계를 주면, 나는 당신에게 50달러를 준다).

만약   P   그렇다면   Q

아래에 있는 카드에는 이 제안을 받은 4인에 관한 정보가 적혀 있다. 카드 한 장이 한 사람을 나타낸다. 카드 한 면에는 그 사람이 이익을 취했는지가 적혀 있고, 뒷면에는 그 사람이 요구조건을 충족했는지가 적혀 있다. 누가 규칙을 위반했는지를 알기 위해서 꼭 뒤집어야 할 카드(들)만을 가리켜보라.

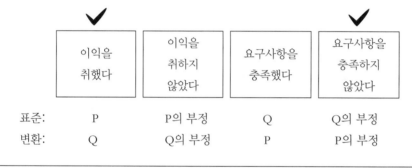

	이익을 취했다	이익을 취하지 않았다	요구사항을 충족했다	요구사항을 충족하지 않았다
표준:	P	P의 부정	Q	Q의 부정
변환:	Q	Q의 부정	P	P의 부정

그림 25.4 조건 법칙이 사회적 계약일 때 웨이슨 과제의 일반적인 구조.

사회적 계약은 사회적 계약의 용어(이익과 요구조건) 또는 논리학의 용어(전건과 후건; 여기서는 P와 Q로 표시됨)로 전환될 수 있다. 체크 표시는 사기꾼을 찾고 있을 때 올바른 답을 나타낸다. 표준 형식의 교환이든 변환된 형식의 교환이든 사기꾼 탐지 서브루틴은 이 답을 골라야 한다. 그 결과, 규칙이 변환된 형식으로 표현되어 있을 때 이 답은 논리적으로 틀린 답(Q와 P의 부정)이 되고, 규칙이 표준 형식으로 표현될 때에는 논리적으로 옳은 답(P와 Q의 부정)이 된다. 변환된 사회적 계약을 테스트해보면, 활성화되는 추론 절차가 논리적 위반이 아니라 사기꾼 탐지를 유도한다는 것을 알 수 있다(그림 25.3 B를 보라). 변환된 사회적 계약에서 논리적으로 옳은 답—P=요구조건의 충족과 Q의 부정=이익을 얻지 않음—은 사기꾼을 탐지하지 못한다는 점에 주목하라.

해서, 관련된 행위자에 따라 이익과 요구조건을 규정해야 한다. 하지만 논리적 절차는 계산하고 있는 명제의 내용에 무감각하기 때문에, 한 행위의 두 가치를 관련된 각 행위자에게 표상할 방법이 없다.

변환된 사회적 계약

이익의 위치를 선행절(P)에서 후행절(Q)로 옮기면, 적응적으로 올바른 사기꾼 탐지 반응이 논리적으로는 그른 것이 되는 사회적 교환 문제를 구성할 수 있다.

명제 논리(형식 논리)에 따르면, 만약 B이면 C이다는, 만약 C이면 B이다를 의미하지 않는다. 그러므로, "이익을 얻는다면, 요구조건을 만족시킬 의무가 있다"는 "요구조건을 만족시킨다면, 이익을 얻을 자격이 있다"는 의미를 내포하지 않는다. 하지만 사회적 교환에 전문화된 추론 규칙에서는 그와 같은 추론이 허용된다(Cosmides & Tooby, 1989). 결과적으로, (논리적인 추론이 아니라) 사회적 교환 추론은 위의 규칙 [1]을 다음의 의미로 해석한다.

[2] 만약 어떤 직원이 회사에서 10년 이상 근무했다면, 해당 직원은 퇴직금을 받을 수 있다.

당신이 사기를 치고 있는 직원이 있는지가 걱정되고, 또 규칙을 위반한 직원이 있는지 확인해달라는 요청을 받았다고 해보자. [2]와 [1]은 논리적으로 동등하지 않지만, 우리의 마음은 동일한 사회적 계약을 표현하고 있다고 해석한다. 따라서 당신은 사기꾼을 탐지하는 정신적 서브루틴를 가동해서 이익을 얻은 직원(퇴직금을 수령한)과 요구조건을 만족하지 않는 직원(근속 연수 < 10년)을 확인한다.

하지만 두 카드는 잠재적 사기꾼이 얻을 이익이 선행절에 있는지, 후행절에 있는지에 따라 서로 다른 논리적 범주에 포함된다(각각 표준 형식 대 변환 형식; 그림 25.4). 변환된 형식으로 표현된 규칙에서 "퇴직금을 수령했다"는 논리적 범주 Q에 해당하고, "10년 미만 근무"는 논리적 범주 P의 부정에 해당한다. 이 답은 퇴직금을 부당 수령한 직원을 정확하게 탐지하겠지만, 논리적으로는 부정확하다. 규칙이 표준 형식으로 표현될 때, 두 카드는 P와 Q의 부정에 해당한다. 표준 형식의 사회적 계약에서 사기꾼 탐지 서브루틴은 논리적 절차와 동일한 답을 내놓는다. 그 반응이 논리적으로 옳기 때문이 아니라, 그것을 통해 사기꾼을 탐지할 수 있기 때문이다.

[2]와 같은 변환된 형태의 사회적 계약을 접하자 압도적으로 많은 참가자들이 논리적으로는 그르지만 올바르게 사기꾼을 탐지하는 Q와 P의 부정을 선택했다(Figure 25.3b; Cosmides, 1985, 1989; Gigerenzer & Hug, 1992; D2, D6을 뒷받침한다). 더 나아가 참가자들의 답을 논리적 범주에 따라 분류할 때는, 표준적인 사회적 계약과 변환된 사회적 계약이 서로 다른 반응을 유도하는 것처럼 보인다. 하지만 참가자들의 답을 사회적 계약으로 분류할 때는, 두 형식이 모두 동일한 답을 끌어낸다. 사람들은 어떤 형식의 규칙에서나 이익을 취한 행위자와 요구조건을 만족하지 않은 행위자의 카드를 고른다.

이처럼 확실한 양상이 발생하는 것은 바로 사회적 교환 추론이 내용에 민감하기 때문이다. 사회적 교환 추론은 전건과 후건이 아니라, 행위자와 연관되어 있는 이익과 요구조건의 통사론에 반응한다. 논리적 절차는 변환된 사회적 계약에서는 사기꾼을 탐지하지 못한다. 논리적 절차의 추론 규칙은 내용맹이라서, P와 Q의 부정이 요구조건을 충족했으나 이익을 얻지 못한 잠재적 이타주의자(혹은 호구)에 해당할지라도 그 카드들을 확인하지 않을 수가 없다.

논리의 제거(B2, B3)

다음의 부산물 가설을 생각해보자. 사회적 계약과 서술 규칙의 분리는 사기꾼 탐지 장치에 의해 유발된 것이 아니다. 그보다는 인간의 인지 구조가 긍정 논법modus ponens과 부정 논법modus tollens처럼 내용과 무관한 논리적 추론 규칙을 적용하는 것이다. 이 논리적 규칙은 다른 유형의 내용에 의해서는 작동하지 않고 사회적 계약의 내용을 통해서만 작동하며, 그 때문에 사회적 계약 문제에서 P와 Q의 부정이 급증하는 것이다.

변환된 사회적 계약의 결과와 관점 변화 실험 결과는 이 가설을 걸러낸다. 올바르게 사기꾼을 탐지해낼 수 있다면 사회적 계약은 논리적으로 부정확한 답인 Q와 P의 부정을 끌어낸다. 이 재료의 통사론에 조건을 따지는 논리 규칙은 이 양상을 설명하지 못한다. 항상 참인 전건과 거짓인 후건(P와 Q의 부정)을 선택하고, 참인 후건과 거짓인 전건(Q와 P의 부정)은 절대로 선택하지 않기 때문이다.

때로는 휴면 상태에 있고 때로는 활성화되는 내용맹의 논리적 추론 규칙이 인간의 인지 구조에 포함되어 있는지에 관해서는 활발한 논쟁이 벌어지고 있다(예를 들어, Bonatti, 1994; Rips, 1994; Sperber, Cara, & Girotto, 1995). 이 문제에 대해 우리는 불가지론의 입장에 있다. 하지만 분명한 것은 그와 같은 규칙으로는 사회적 계약에 관한 추론을 설명하지 못한다는 점이다(추가적인 증거를 위해서는 Fiddick et al., 2000을 보라).

전담 체계인가 일반 지능인가

일반적인 논리적 추론에 손상이 발생해도 사회적 계약 추론은 유지될 수 있다. 조현병(정신분열병) 환자는 사실상 모든 종류의 일반 지능 검사에서 결함을 보인다 (McKenna, Clare, & Baddeley, 1995). 그럼에도 사기꾼을 탐지하는 능력은 온전하게 남아 있기도 한다. 말코비치Maljkovic(1987)는 조현병 양성 증상을 보이는 환자의 추론을 (정신질환을 앓지 않는) 입원 환자 대조군의 수행과 비교했다. 대조군과 비교했을 때 조현병 환자는 논리적 추론에 대한 더 일반적인 검사(비-웨이슨)에서 결함을 보였는데, 전두엽 기능 장애가 있는 사람이 전형적으로 드러내는 결함과 유사했다. 하지만 웨이슨 과제로 사기꾼을 탐지하는 능력에는 아무런 결함도 나타나지 않았다. 더구나 이 검사에서는 사실상 대조군과 차이가 없었고, 내용에 따른 분리 측면도 확연히 드러났다(또한 Kornreich, Delle-Vigne, Dubruille, Campanella, Noel, & Ermer, 근간을 보라). 이렇게 사회적 교환 추론이 선택적으로 보존된 것은 전담 체계가 그 추론을 관장하고, 보다 일반적인 추론을 담당하는 체계가 손상을 입는다 해도 제대로 작동한다는 생각과 일치한다. 이는 사회적 교환 추론이 정보를 처리하거나 지적으로 행동하는 더 일반적인 능력과 기능적·신경적으로 다르다는 주장을 추가적으로 뒷받침한다.

조건적 추론을 위해 전문화된 능력은 얼마나 많을까

자연 선택이 전문화된 추론 장치를 설계해야만 했던 조건 법칙은 사회적 계약뿐이 아니다(Cosmides, 1989). 사실, 뛰어난 위반 탐지는 다른 두 영역에서 도출되는 조건 법칙에 대해서도 발견된다. 바로, 위협과 예방 조치다. 이 세 영역에 걸쳐 나타나는 뛰어난 수행은 단일한 신경인지 체계에 의해서 유발되는 것일까, 아니면 기능상 별개의 체계에 의해서 유발되는 것일까? 만일 단일한 체계가 세 영역의 추론을 유발한다면, 우리는 사기꾼 탐지가 특수한 기능을 위해 진화한 적응의 성과라고 주장할 수 없게 된다.

생리학에서 복수의 적응적 전문화라는 개념은 드물지 않다. 신체는 많은 기관으로 이루어져 있고, 각각의 기관은 서로 다르게 기능하도록 설계되어 있다. 하지만 많은 심리학자들이 연산 기능과 관련된 경우에는 복수의 적응적 전문화라는 개념 앞에서 몸을 움츠린다. 실제로 인간 심리에 대한 진화적 접근법은 1920년대 초에 '본능'을 근거도 없이 증식하려다 실패한 적이 있다.

당시는 인지 혁명이 일어나기 전이라서, 뇌가 하는 일을 정보처리 용어로 기술할 수 있는 언어도 없었고, 표상과 처리과정의 구조를 밝혀낼 경험적 방법도 없었다. 이제 우리는 어떤 단일한 장치가 무슨 일을 해야 하거나 할 수 있는지를 선험적으로 주장하지 않고서, 두 영역에 관한 정보처리가 하나의 기제를 통해 이뤄지는지, 아니면 서로 다른 두 기제를 통해 이뤄지는지를 경험적으로 시험할 수 있다. 모든 적응적 문제가 저마다 독립된 전문화로 해결된다고 상상해서는 안 된다. 또한 모든 수행을 단 하나의 기제만 참조해서 설명하고자 하는 잘못된 노력으로 정보처리의 진짜 차이를 무시해서도 안 된다. 언젠가 아인슈타인이 말했듯이, "모든 것을 가능한 한 단순하게, 하지만 너무 단순하지는 않게" 해야 한다.

다른 사회적 영역과 관련된 조건적 추론

위협은 조건적 규칙을 명시하는데(만약 내가 요구한 일을 하지 않으면, 해를 입힐 거야), 위협을 가하는 사람이 두 가지 방식으로 규칙을 위반할 수 있다. 허세를 부리거나, 배신하는 것이다. 웨이슨 과제로 위협을 테스트하면 사람들은 허세와 배신을 잘 감지하는 것으로 나타난다(이때 사회적 교환 문제에서는 한 번도 나온 적이 없는 흥미로운 성차가 나타난다; Tooby & Cosmides, 1989). 하지만 이 위반은 사기의 정의에는 부합하지 않고, 따라서 사기꾼 탐지 기제는 이를 탐지하지 못한다. 즉, 사회적 계약에 관한 추론과 위협에 관한 추론이 각기 다른 두 기제에서 비롯된다는 알 수 있다. (지금까지, 두 영역의 추론이 단일한 기제를 통해 이뤄진다고 주장하는 이론이 제기된 적은 없다. 위협은 규범적이지 않다; 뒤에 나올 논의를 보라.)

예방 규칙을 위반해서 위험에 빠진 사람을 탐지하는 능력도 적응적으로 중요하다. 이 규칙은 "만약 누군가 위험한 활동을 한다면, 그는 반드시 예방 조치 R을 취해야 한다"(예를 들어, "만약 당신이 유독 가스를 다루는 일을 한다면, 방독면을 착용해야 한다.")는 일반적 형식을 갖추고 있다. 웨이슨 과제를 통해 확인했을 때, 예방 규칙에 있어서는 사람들이 잠재적 위반자를, 즉, 적절한 예방 조치를 취하지 않고 위험한 활동에 나서는 사람들을 찾아내는 데 아주 뛰어난 것으로 드러났다(예를 들어, 유독 가스를 다루는 일을 하면서 [P] 방독면을 착용하지 않은 사람 [Q 부정]. 실제로 서술 규칙과 비교했을 때, 예방 조치에 관한 문제의 수행은 확연히 높았고, 그 내용 효과의 강도는 사회적 계약에서 사기꾼을 탐지하는 경우와 거의 같았다(Cheng & Holyoak, 1989; Fiddick et al., 2000; Manktelow & Over, 1988, 1990, 1991; Stone et al., 2002).

위험과 예방 조치에 관한 추론을 적절히 수행할 수 있도록 설계된 체계는 사기꾼 탐지를 위해 설계된 체계와는 다른 특성을 갖추고 있을 텐데, 그 가운데 많은 것들이 이미 검증되고, 발견되었다(Fiddick, 1998, 2004; Fiddick et al., 2000; Pereyra & Nieto, 2004; Stone et al., 2002). 그렇다면, 인간의 인지 구조는 사회적 교환 문제에 관한 추론의 전문화처럼 위험에 대처하는 데 특화된 연산 기제를 포함하고 있을 테고, 이 장치는 예방 규칙의 위반을 적절히 감지할 것이다. 강박적인 걱정, 확인, 예방 조치를 유발하는 강박 장애는 어쩌면 이 예방 체계가 오작동한 결과일 수 있다 (Boyer & Liénard, 2006; COsmides & Tooby, 1999; Leckman & Mayes, 1998, 1999; Szechtman & Woody, 2004).

이에 대한 대안적 관점은 사회적 계약과 예방 규칙에 관한 추론이 단일한 기제를 통해 발생한다는 것이다. 어떤 이들은 사회적 계약과 예방 규칙을 모두 규범 규칙(즉, 의무와 자격을 구체화하는 규칙)으로 보고, 규범적인 조건절에 관해 추론하는 일반 체계가 존재하는 것은 아닌지를 묻는다. 구체적으로, 쳉Cheng과 홀리오크Holyoak(1985, 1989)는 사회적 계약과 예방 규칙이 둘 다 더 큰 범주의 문제에 작동하는 허락 도식을 통해 발생한다고 주장했다.[5]

허락 도식을 상정함으로써 그와 관련된 모든 결과를 설명할 수 있을까? 아니면 두 규칙이 그보다는 더 깐깐해서, 사회적 계약 따로 예방 규칙 따로 적응적 전문화를 상정하지 않으면 설명할 수 없는 것일까? 우리는 지금 최대한 단순한, 그러나 더 단순하지는 않은 모델을 찾고 있다.

사회적 계약 알고리듬인가 허락 도식인가? 허락 규칙 범주 안에서 분리 찾기 (D1, D2, D4)

허락 규칙은 일종의 조건 법칙이다. 쳉과 홀리오크(1985, 1989)에 따르면, 이 규칙은 사회적 목표를 달성하고자 하는 권위에 의해 부과되며, 개인이 행위를 취할 수 있는 조건을 명시한다. 쳉과 홀리오크는 영역-일반적인 학습 기제가 그런 사회적 규칙과 반복적으로 맞닥뜨리면서 네 가지 생산 규칙으로 이루어진(표 25.2를 보라) 허락 도식permission schema을 발생시킨다고 추정한다. 허락 도식은 다음 틀에 들어맞는 조건 법칙을 접할 때 추론을 발생시킨다. "행위 A가 이루어지기 위해서는, 전제조건 R이 충족되어야 한다."

사회적 계약은 이 틀에 들어맞는다. 사회적 교환에서 행위자는, 만일 당신이 그의 요구를 만족시킨다면 그로부터 이익을 취해도 좋다고 허락한다. 하지만 사회적 교환이 아니더라도 조건부로 행위가 허락되는 상황은 많다. 허락 도식 이론은 허락 규칙에 속하는 모든 상황, 즉 사회적 계약 전체보다 더 범위가 넓고, 더 일반적이고, 더 포괄적인 상황에서 모두 똑같이 뛰어난 수행이 나타날 거라고 예측한다(그림 25.5를 보라).

---

5 쳉과 홀리오크(1985)는 의무 도식을 주장하기도 하지만, 허락 도식과 의무 도식은 일반적으로 시험하는 규칙에 대해 서로 다른 예측을 내놓지 않는다(Cosmides, 1989; Rips, 1994, p. 413을 보라).

표 25.2

허락 도식은 네 가지 생산 규칙으로 구성된다.[a]

규칙 1: 만약 그 행위를 하려면, 전제조건을 충족해야 한다.[b]

규칙 2: 만약 그 행위를 하지 않을 거라면, 전제조건을 충족할 필요는 없다.

규칙 3: 만약 전제조건을 충족한다면, 그 행위를 해도 된다.

규칙 4: 만약 전제조건을 충족하지 않는다면, 그 행위를 해서는 안 된다.

a 쳉Cheng and 홀리오크Holyoak, 1985
b 사회적 계약과 예방 조치는 규칙1의 틀에 부합한다:
이익을 얻으려면, 반드시 요구조건을 충족해야 한다.
위험한 행위를 하려면, 반드시 예방 조치를 취해야 한다.

이 관점에서 보면, 사기꾼을 탐지하는 서브루틴을 갖추고서 사회적 계약 문제의 추론을 전담하는 전문화된 신경인지 체계는 존재하지 않는다. 이 가설에 따르면, 허락 도식은 모든 허락 규칙에 대해 적절한 위반 탐지를 유발하고, 사회적 계약은 허락 규칙의 부분집합이며, 따라서 사기꾼 탐지는 더 영역-일반적인 허락 도식의 부산물이다(Cheng & Holyoak, 1985, 1989).

그와 대조적으로, 적응적 전문화 가설은 사기꾼 탐지를 유발하는 추론 체계의 설계가 허락 도식의 설계보다 더 정밀하고, 기능적으로 전문화되어 있다고 주장한다. 사회적 계약 알고리듬은 허락 도식이 결여하고 있는 설계 특징, 예를 들어 이익과 의도에 대한 반응성 같은 것을 갖고 있을 것이다. 그러므로, 사회적 계약에서 이익(D1, D2) 그리고/또는 의도성(D4)을 제거할 때 만들어지는 허락 규칙은, 웨이슨 과제에서 뛰어난 위반 탐지를 끌어내지 못할 것이다.

셜록 홈스Sherlock Holmes라면, 우리가 찾고 있는 것은 짖지 않는 개라고 말할 것이다. 다시 말해서, 우리는 뛰어난 위반 탐지를 유발하지 **않는** 허락 규칙을 찾고 있다. 그것을 발견한다면 허락 도식 이론을 반증하게 된다. 사회적 계약 이론은 허락 규칙의 범주 **안에** 기능적 분리가 있다고 예측하는 반면에, 허락 도식 이론은 그렇지 않다.

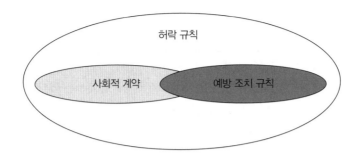

허락 규칙

사회적 계약   예방 조치 규칙

그림 25.5 허락 규칙의 범주는 사회적 계약과 예방 규칙보다 크고, 이 둘을 포함한다. 우리가 일상에서 마주치는 허락 규칙의 대다수는 사회적 계약도 아니고 예방 조치도 아니다(하얀 영역). 시민 사회의 규칙(예절, 관습, 전통), 관료제의 규칙, 기업의 규칙에 해당하는 대부분의 규칙은 이익에 대한 권리나 위험한 일에 대한 참여를 통제하지 않는 조건 법칙이다. 허락 도식 이론(표 25.2를 보라)은 모든 허락 규칙에서 뛰어난 수행을 예측한다. 하지만 하얀 영역에 속하는 허락 규칙은 사회적 계약과 예방 규칙이 그런 것처럼 높은 수준의 수행을 끌어내지 않는다. 신경심리학적이고 인지적인 실험 결과를 보면, 사회적 계약과 관련된 수행이 다른 허락 규칙(하얀 영역)과 분리되고, 예방 규칙과도 분리되며, 주관적 효용과 관련된 일반적인 규범적 규칙과도 분리되는 것을 볼 수 있다. 만일 사회적 계약과 예방에 관한 추론이 허락 규칙의 모든 영역에 적용되는 단일한 도식에서 비롯된다면 이런 분리는 불가능할 것이다.

이익이 없으면, 사회적 계약 추론도 없다: D1과 D2의 검증

사기꾼 탐지(D2) 그리고 사회적 교환을 해석하는 전문화된 추론 절차를 촉발시키려면, 규칙이 더 일반적으로 행위를 규제할 것이 아니라, 이익에 대한 접근을 규제할 필요가 있다. 이익을 제거하면 추론 수행 능력에 변화가 생길까?

사기꾼 탐지에는 이익이 필요하다(D1, D2)

사회적 교환은 각 당사자에게 다른 방법으로는 얻을 수 없는 이익에 접근할 수 있게 하는 기능을 한다. 따라서, 어떤 조건적 규칙이 사회적 계약임을 말해주는 중요한 한 가지 단서는 바라는 이익이 행위자의 통제 아래 있는 것이다. **이익을 취한다는 것은 사회적 계약의 틀 안에 존재하는 표상적 원시형들이다. 만약 이익 B를 취한다면, 요구조건 R을 충족시켜야 한다.**

허락 도식의 틀에는 사회적 계약의 알고리듬에 필요한 것보다 더 넓은 범위의 표상적 원시형이 들어온다. 예를 들어, **이익을 취한다**는 곧 **행동을 취한다**가 되지만, 행동을 취하는 경우가 전부 이익을 취하는 경우는 아니다. 결과적으로, 모든 사회적 계약은 허락 규칙이지만, 모든 허락 규칙이 사회적 계약인 것은 아니다. 예방 규칙 역시 허락 규칙으로 볼 수 있다(꼭 그래야 하는 것은 아니지만; Fiddick et al., 2000, 실험 2를 보라). 예방 규칙도 범위가 더 제한적이다. 위험한 행위는 행위의 부분집합이고, 예방 조치는 전제 조건의 부분집합이다.

주의할 점은, 사회적 계약도 아니고 예방 규칙도 아닌 허락 규칙이 존재한다는 것이다(그림 25.5를 보라). 개인이 할 수 있는 행위 중에는 이익이 되지도 않고(사회적 계약 이론), 위험하지도 않은(위험 관리 이론) 행위들이 있기 때문이다. 사실 우리는 일상생활에서 이런 규칙을 수도 없이 마주한다. 예를 들어, 행정적 규칙과 기업의 규칙은 그에 따른 이익(혹은 위험)은 제시하지 않은 채 개인이 따라야 하는 절차를 정해둔 경우가 많다. 만일 인간의 마음에 허락 도식이 갖춰져 있다면, 사람들은 그림 25.5의 하얀 영역에 속하는 규칙, 즉 사회적 계약이나 예방 조치에 해당하지 않는 허락 규칙의 위반도 잘 탐지해야 한다. 하지만 그렇지 않다. 사기꾼 탐지가 이루어지려면 이익이 걸려 있어야 한다.

몇몇 실험실에서는 웨이슨 과제를 사용해서 이익이 포함되지 않은(그리고 예방적이지 않은) 허락 규칙을 시험했다. 사회적 계약 이론이 예측한 대로, 이런 시험에서는 위반 탐지 수행이 높지 않았다. 예를 들어, 코스미디스와 투비(1992; 또한 Cosmides et al., 2010을 보라)는 노인(권위자)들이 법을 만들어 조건을 통제하고, 청소년들이 그 조건에 따라 특정한 행위를 하려면 허락을 받아야 하는 웨이슨 과제를 몇 가지 구성했다. 모든 과제에서 노인들이 만든 법은 허락 규칙의 틀에 부합한다. 연구자들이 시험한 허락 규칙은 한 가지 측면에서만 달랐다. 그 행위가 이익이 되느냐, 아니면 귀찮은 허드렛일이냐 하는 것이다. 조건이 갈리자 다음 두 규칙에 대한 수행이 다르게 나왔다.

[3] "밤에 외출을 하려는 사람은, 발목에 작고 붉은 화산암 조각을 묶어야 한다."
[4] "쓰레기를 밖에 내놓으러 나가는 사람은, 발목에 작고 붉은 화산암 조각을 묶어야 한다."

사기꾼 탐지 서브루틴은 부정하게 취득한 이익을 찾는다. 이익이 없으면 그 기능은 어떤 종류의 위반을 찾아야 할지 파악하지 못한다(D1, D2). 허락된 행위가 이익이 되는 일이었을 때(밤에 나간다)는 참가자의 80%가 정답을 제시했지만, 허드렛일이었을 때(쓰레기를 내놓는다)는 정답률이 44%에 불과했다(자세한 내용은 Cosmides et al., 2010을 보라). 그전부터 사회적 계약 이론은 이렇게 위반 탐지 수행이 극적으로 하락하리라고 예측했다. 게다가 이 결과는 허락 규칙만으로도 위반 탐지 기능을 작동시키기 충분하다는 허락 도식 이론의 핵심적인 예측을 빗나간다. 현재는 이익이 결여된 허락 규칙에서 위반 탐지가 잘 되지 않는다는 실험 결과가 적잖게 나와 있다(예를 들어, Barrett, 1999; Beaman, 2002; Cosmides, 1989, exp. 5; Fiddick, 2003; Manktelow & Over, 1991; Platt & Griggs, 1993; 관련 논의는 Cosmides & Tooby, 2008b를 보라).

이것은 내용에 따른 분리의 또 다른 예이지만, 이번에는 분리가 허락 규칙의 영역 안에서 나타났다. 사기꾼 탐지를 이끌어내려면, 허락 규칙은 반드시 이익에 대한 접근을 제한하는 것으로 해석되어야 한다. 이 결과는 사회적 계약 이론이 가정하는 표상적 원시형들에 심리적 실체가 있음을 뒷받침한다. 다시 말해서, 특별한 추론을 촉발시키는 데 필요한 표상은 허락 도식의 표상보다 더 내용-특이적이라는 것을 보여준다.

이익이 사회적 계약 해석을 촉발한다(D1)

방금 설명한 웨이슨 실험은 D1과 D2를 동시에 시험했다. 하지만 D1—허락 도식이 사회적 계약으로 해석되기 위해서는 이익이 필요하다는 주장—은 D2를 시험한 실험들과는 무관하게, 도덕적 추론에 관한 연구로부터 힘을 얻는다. 피딕 Fiddick(2004)은 피험자들에게 다양한 허락 규칙을 정당화해주는 것이 무엇인지, 그리고 어떤 경우에 개인이 그 규칙을 깨도 좋은지를 물었다. 규칙들은 표면적인 내용이 거의 비슷했고, 규칙의 해석에 변화를 주기 위한 방법으로 질문의 맥락을 활용했다. 그 결과, 이익이 포함되지 않은 허락 규칙(예방 규칙)은 이익에 대한 접근을 제한하는 허락 규칙(사회적 계약)과는 다른 판단으로 이어졌다. 사회적 계약 규칙을 정당화하는 경우에는, 사실보다는 사회적 합의와 도덕이 근거로 사용된 경우가 많았던 반면에, 예방 규칙을 정당화할 때에는 사회적 합의보다는 (독극물과 해독제에 관한) 사실이 거론되는 경우가 자주 나타났다. 또한 사회적 계약 규칙과 관련해서는 대부분의 참가자가 당사자가 규칙을 제정한 집단의 구성원이 아니라면 규칙의 위반을 받아들 일 수 있다고 여긴 반면에, 예방 규칙의 경우에는 어떤 집단에 속한 사람이든 규칙 을 지켜야 한다고 생각했다. 뿐만 아니라, 명시적인 교환 규칙은 규칙을 위반할 수 있는 조건에 대해서 상당히 구체적인 추론을 불러일으켰다. 이를테면 이익을 받았던 사람이라 해도 상호성의 의무에서 벗어날 수 있는데, **오로지 이익을 제공한 사람에 의 해서만** 그럴 수 있었다(즉, 의무는 집단의 지도자에 의해서나 수혜자 본인들의 합의에 의해 서는 무효화될 수가 없다). 이익 접근성을 규제하는 규칙에 대해서 참가자들이 내린 추 론은 사회적 계약 이론에 제시된 사회적 교환의 문법을 그대로 따랐다(Cosmides & Tooby, 1989). 하지만 예방 규칙에는 이 추론이 적용되지 않았고, 물론 적용되어서도 안 된다(또한 Fiddick et al., 2000을 보라). 또한 이익이 포함되었을 경우에는 누군가가 허락 규칙을 어기는 모습을 봤을 때 드는 감정 반응에 관한 추론도 예측할 수 있었 다. 다시 말해서, 피험자들은 누군가가 사회적 계약을 위반하면 노여움이 드는 반면 에 예방 규칙을 위반하면 두려움이 들 거라고 추론했다(Fiddick, 2004). 허락 도식 이 론으로는 허락 규칙의 영역에 속한 이런 분리 중 어떤 것도 예측하지 못한다.

의도적 위반 대 단순한 실수: D4의 검증

의도는 허락 도식 이론에서 아무런 역할도 하지 않는다. 어떤 상황이든 행위가 이 루어졌는데 전제조건이 충족되지 않았다면, 허락 도식은 위반이 발생한 것으로 감지 할 것이다. 그렇다면 사람들은 무심결에 일어난 위반인지 의도된 위반인지에 상관없 이 허락 규칙의 위반을 잘 탐지해야 한다. 반면에 사회적 계약 이론에서는 의도적인 위반을 찾는 기제가 있다고 예측한다(D4).

무조건적인 도움을 유발하는 프로그램 설계는 진화적으로 안정된 전략(ESS)이 아 니다. 조건부 도움이 ESS일 수 있는 것은, 무조건 조력해서는 얻을 수 없는 특수한 적합도 이점이 사기꾼 탐지에서는 나오기 때문이다. 사기꾼을 식별함으로써 조건부 협력자는 다른 프로그램 설계를 갖고 있어서 호의에 답례하지 않을 사람에게는 더 이상 값비싼 협력을 허비하지 않을 수 있다. 이 말은 곧, 원인이 되는 기질(속이는 기질)을 그 일을 한 사람(사기꾼)과 정확하게 연결시키는 것이 사기꾼 탐지 서브루틴의 진화적 기능이라는 뜻이다. 이는 단순히 받을 자격이 있는데도 보상을 받지 못했던 사례를 인지하는 것이 아니다. 사회적 계약의 위반이 유의미한 것은 사기 치는 성향이 있는 개인—우연이 아니라 설계상 사기를 잘 치는 개인—이 그 위반을 통해 드러나는 한에서다. 우연이나 그 밖의 단순한 실수 같은 요인으로 유발된 위반으로는 교환 파트너의 기질이나 설계가 폭로되지 않는다. 우연한 위반은 누군가가 속는 결과로 이어질 순 있지만, 그렇다고 사기꾼의 존재를 가리키지는 않는다.[6]

따라서 사회적 계약 이론은 단순히 사회적 계약의 위반을 찾는 것이 아니라 그것을 넘어서는 수준의 인지 전문화를 예측하게 한다. 사회적 계약을 우연히 위반한 경우에는 사기꾼을 탐지하는 서브루틴이 불완전하게 작동하는 반면에, 의도적인 위반일 때는 전면 가동될 것이다(D4).

사회적 계약의 분리

똑같은 사회적 교환 규칙이 주어졌을 때, 우리는 맥락상의 요소를 조작해서 위반의 성격을 의도적인 사기에서 무고한 실수로 둔갑시킬 수 있다. 예를 들어 한 실험에서는 잠재적인 규칙 위반자가 부주의하지만 악의는 없는 조건과, 규칙 위반자가 의도적으로 속임수를 사용해서 이득을 보는 조건을 비교했다. 의도의 차이는 수행에 근본적인 차이를 불러왔다. 의도적으로 속임수를 사용한 조건에서는 참가자의 68%가 올바른 답을 골랐고, 단순한 실수를 범한 조건에선 27%가 올바른 답을 골랐다(Cosmides et al., 2010; D4를 뒷받침하고, B1-B8의 부당성을 입증한다). 피딕(1998, 2004) 역시 동일한 결과를 얻었다(Gigerenzer & Hug, 1992가 맥락을 다르게 조작한 실험에서 그랬던 것처럼).

양쪽 시나리오 모두에서 규칙의 위반은 누군가가 속는다는 결과를 낳지만, 수

---

6 물론, 실수를 가장할 수 있다. 한 번의 실수로도 아주 큰 이익을 얻을 수 있는 만큼, 한 사람이 너무 많은 실수를 저지른다면 의심을 불러일으킬 것이다. 아직 검증된 예측은 아니지만, 우리는 사회적 계약 알고리듬이 이런 조건에 민감하리라 예상할 수 있다.

행이 높게 나온 쪽은 사기꾼이 속임수를 저지른 경우였다. 코스미디스 등(2010; 또 Barrett, 1999를 보라)은 무고한 실수를 저지르는 조건에서 수행이 낮게 나오는 것이 위반자의 의도가 결여되었기 때문인지(D4), 아니면 위반자가 자신이 저지른 실수로부터 이익을 취하는 데 실패했기 때문인지(D2; 사기꾼 탐지를 이끌어내기 위해서는 이익이 연관되어야 한다는 앞선 논의를 보라) 알아내기 위해서 일련의 매개변수 실험을 했다. 그들은 두 요인이 독립적으로 수행 하락에 기여하며, 하락폭은 동등하고 상가적임을 발견했다. 즉, (1) 위반자가 무고한 실수를 통해 이익을 얻거나, 혹은 (2) 위반자가 의도적으로 규칙을 위반하려고 했지만 그 과정에서 규칙에 제시된 이익을 얻지 못한 경우, 똑같이 수행 능력이 하락했던 것이다. 두 요인이 모두 빠진 시나리오(즉, 우연한 위반이 위반자에게 이익을 안겨주지 않은 시나리오)에서, 성적의 하락 수준은 어느 한 요인만 빠진 경우의 두 배에 육박했고, 사기꾼 탐지와 관련된 요인을 더 많이 제거할수록, 수행이 더 크게 하락했다.

실험 경제학자들은 협상 게임에서 의무 불이행(보답의 불이행)이 발생한 경우에, 참가자들이 고의로 자신을 속이려 했던 상대를 처벌할 가능성은, 상대가 그저 미숙해서 실수한 경우보다 2배 높다는 결과를 얻었다(Hoffman, McCabe, & Smith, 1998). 흥미로운 것은 사회적 교환을 유발하는 프로그램이 의도적인 사기와 실수를 구별할 줄 안다는 주장의 증거가 완전히 다른 두 방법에서 나와 하나로 수렴한다는 것이다.

예방 조치는 분리되지 않는다

예방 규칙에서는 다른 결과를 예상할 수 있다. 예방 규칙의 위반을 탐지하는 기제가 위험한 상황에 놓인 사람을 찾기 위해 설계되었다면, 의도는 중요하지 않을 것이다. 예를 들어 유독 가스를 다루면서 방독면을 착용하지 않은 사람은 방독면을 깜빡하고 집에 두고 왔든(우연한 위반) 일부러 두고 왔든(의도적 위반) 위험한 상황에 놓여있다. 즉, 위반 의도가 다르다는 것은 사회적 계약 추론에는 영향을 미치겠지만, 예방적 추론에는 영향을 미치지 않을 거란 얘기다. 피딕(1998, 2004)은 검사를 통해 이 예측을 입증했다. 예방 규칙은 규칙의 위반이 우연이든 의도적이든 상관없이 높은 수준의 위반 탐지를 끌어냈지만, 사회적 계약 문제에서는 우연한 위반이 의도적인 위반보다 수행이 더 저조했다. 예방적 추론과 사회적 교환 추론의 이 기능적 차이는 이 두 체계를 위해 제시된 서로 다른 적응적 기능에 기초해서 사전에 예측되었다.

허락 도식 이론(B4) 제거하기

위와 같은 결과들은 허락 도식 이론의 중심적인 예측에서 어긋난다. 허락 도식 이론에 따르면, (1) 모든 허락 규칙은 허락된 행위가 이익이 되는 일인지 허드렛일인지와 무관하게 높은 수준의 위반 탐지를 끌어내야 한다. (2) 모든 허락 규칙은 의도적으로 저지른 위반인지 우연히 발생한 위반인지와 무관하게 높은 수준의 위반 탐지를 끌어내야 한다. 두 예측 모두 빗나간다. 허락 규칙은 허락된 행위가 중립적인 행위이거나 (위험하진 않지만) 불쾌한 행위일 때에는 높은 수준의 위반 탐지를 끌어내지 못한다. 게다가 사람들은 사회적 계약에 해당하는 허락 규칙의 우연한 위반을 잘 탐지하지 못한다. 요컨대 위의 결과들은 마음에는 쳉과 홀리오크(1985, 1989)가 가정한 것과 같은 허락 도식이 담겨 있다거나 발달한다는 가설을 제거한다.

내용이 없는 규범 논리(B6) 제거하기

위의 결과들은 또한 사회적 계약에 대한 사기꾼 탐지가 내용이 없는 규범 논리에 의해 유발된다는 가설 B6를 반증하기도 한다(이 가능성에 대한 논의로는 다음을 보라. Manktelow & Over, 1987; Cosmides & Tooby, 2008a). 이 절에서 소개한 이익과 의도에 관한 테스트는 모두 규범 규칙을 포함하고 있었지만, 모든 실험이 높은 수준의 사기꾼 탐지를 유발하지는 않았다.

위의 결과들은 또한 이와 관련하여 "웨이슨 과제에서 나타난다고 추정되는 사기꾼 탐지 효과는 실은 재료에 의한 인공물"이라는 포더Fodor(2000, p. 29)의 주장을 무너뜨린다. 지나치게 포괄적인 이 결론은, 사기꾼 탐지의 증거는 통제 문제를 직설법의(즉, 서술적인) 조건 규칙으로 한 실험에서만 나온다는 (잘못된) 생각에 기초해서 예측한 것이다(참으로 이상한 실수다. 왜냐하면 그 주장은 규범 규칙을 통제 문제로 활용한 실험을 통해 반박되었고, 포더가 인용한 유일한 출처에도 그 실험이 제시되어 있기 때문이다: Cosmides & Tooby, 1992). 포더에 따르면, 유효하다고 규정된 규범적 조건 법칙에서 나온 추론은, 진위가 문제가 되는 규칙에 관한 추론보다 더 높은 확률로 사기꾼 탐지를 끌어낸다는 것이다(개인이 두 규칙에서 모두 규칙의 위반을 찾으라는 동일한 과제를 요구받는데도 말이다). 이 차이에 대해 포더는 매우 잘못된 설명을 늘어놓는다(다른 것은 제쳐두더라도, 포더는 자신이 설명해야 할 내용을 이미 당연한 것으로 여기고 있다; Cosmides & Tooby, 2008a, 2008b를 보라). 하지만 여기서는 포더의 추론을 논박하는 대신, 그의 인공물 설명이 앞서 관찰한 사기꾼 탐지의 결과를 설명할 수 있는지 살펴보도록 하자. 어차피 사회적 계약에 관한 추론과 그 밖의 규범적 조건 법칙에 관한 추론을 비교한 실험은 많이 있으니까.

포더에 따르면, 사람들이 (조건적으로) 해야 할 행동을 명시하는 규범적 규칙이라면 어떤 규칙에서든 높은 수준의 사기꾼 탐지를 발견하게 될 것이다(모든 규칙에서 추론이 모순율과 관련되어 있으므로). 앞서 기술한 모든 허락 규칙에는 정확히 이 속성이 있었고, 모두 유효하다고 규정되어 있었으며, 또한 모든 경우에 참가자들이 요구받은 일은 규칙에 **관해서** 추론하는 것이 아니라 규칙**으로부터** 추론하는 것이었다. 만일 포더의 인공물 가설이 옳다면, 그 모든 규칙에서 뛰어난 위반 탐지가 나왔어야 한다. 하지만 그렇지 않았다. 규범 규칙에 이익이 빠진 경우에는 위반 탐지가 형편없었다. 잠재적 위반자가 의도적으로 사기를 치지 않고 무고한 실수를 저지른 경우도 마찬가지였다. 사회적 계약 이론은 이 양상을 예측할 수 있지만, 뛰어난 위반 탐지를 끌어내는 데는 규범적인 조건 법칙만으로 충분하다는 포더의 가설은 그렇지 않다.

B5—사회적 계약이 뛰어난 수행을 유발하는 이유는 단지 우리가 그 규칙의 최종적 의미를 잘 이해하기 때문이라는 가설(예를 들어, Almor & Sloman, 1996)—역시 의도 대 우연의 분리로 즉시 제거된다. 양쪽 조건에 동일한 사회적 계약 규칙—똑같은 의미를 지닌 규칙—이 사용되었다. 따라서 만일 참가자가 의도가 있는 조건에서 규칙의 의미를 이해했다면, 우연히 위반이 발생한 조건에서도 이를 이해했어야 한다. 하지만 위반이 우연히 발생한 조건에서는 뛰어난 사기꾼 탐지가 발견되지 않았다. 사회적 계약의 최종적 의미를 이해하는 것은 사기꾼 탐지에 필요할 수는 있지만 (Fiddick et al., 2000), 우연을 도입한 결과는 그것으로는 충분하지 않다는 것을 보여준다.

요컨대, 이것으로는 도덕적 추론, 사회적 추론, 또는 규범적 추론이 특이적이라고 인정하기에 부족하다. 사회적 계약을 위한 설계의 특이성은 범위가 훨씬 좁다.

사회적 계약과 예방 조치의 신경심리학적 분리

사회적 계약과 마찬가지로 예방 규칙도 조건적이고, 규범적이며, 주관적 효용을 수반한다. 게다가 사람들은 사회적 계약의 사기꾼을 잘 탐지하는 것처럼 예방 규칙의 위반자도 잘 탐지한다. 이 때문에 어떤 이들은 사회적 계약과 예방 조치에 관한 추론이 더 일반적이고 단일한 기제에 의해 유발된다고 결론지었다(예를 들면, 허락에도 적용되거나 규범적 규칙에도 적용되거나, 주관적 효용과 관련된 규범 규칙에도 적용되는 일반적인 기제; Cheng & Holyoak, 1989; Manktelow & Over, 1988, 1990, 1991; Sperber et al., 1995). 이 단일 기제 이론들은 대부분 사회적 계약에 관한 추론과 규범적 허락 규칙에 관한 추론 사이에 존재하는 (앞서 논의한) 아주 엄밀한 기능적 분리로 인해 그 설득력이 약화된다. 하지만 모든 단일 기제 이론을 한꺼번에 보내버릴 진짜 강력한 검증법은 바로, 사회적 계약과 예방 조치 추론의 신경적 분리를 찾아내는 것이다.

기제는 하나일까 둘일까

만일 사회적 계약과 예방 조치에 관한 추론이 단일한 기제에 의해 유발된다면, 그 기제가 신경 손상을 입었을 때 두 종류의 규칙에서 모두 수행이 저하될 것이다. 하지만 두 영역의 추론이 기능적으로 분리된 두 가지 장치를 통해 유발된다면, 사회적 계약 알고리듬이 손상을 입어도 예방 조치에 관한 장치는 손상을 입지 않을 수 있을 테고, 그 역도 마찬가지일 것이다.

스톤Stone 등(2002)은 웨이슨 과제 종합검사법을 개발해서 사회적 계약, 예방 규칙, 서술 규칙을 시험했다. 사회적 계약과 예방 규칙은 정상적인 참가자로부터 똑같이 높은 수준의 위반 탐지를 끌어냈다(각각 70%, 71%의 정답률). 이들은 각 참가자마다 점수 차를 계산한 뒤 예방 규칙의 정답률에서 사회적 계약의 정답률을 감산했다. 정상적인 참가자의 경우에 점수 차는 0에 가까웠다(평균값=1.2%, 점수 차=11.5).

스톤과 동료들(2002)은 내측안와전두피질과 전측두피질 양측에 손상을 입은(그 결과 양쪽 편도체의 연결이 모두 끊어진) 환자 R. M.에게 동일한 웨이슨 과제 종합검사법을 시행했다. R. M.은 예방 조치 문제에서는 70%의 정답률을 기록했다. 정상적인 대조군과 거의 같은 점수였다. 하지만 사회적 계약 문제의 정답률은 31%였다. R.

M.의 점수 차(예방 문제 점수에서 사회적 계약 문제의 점수를 뺀 값)는 39%였다. 이 점수는 대조군(p < .005)이 기록한 평균 1.2%의 점수 차보다 표준편차가 2.7 더 크다. 다시 말해서, R. M.의 사회적 계약 추론은 큰 결함을 보였지만, 예방 규칙에 관한 추론은 정상이었다.

이중 분리double dissociation는 어떤 분리가 과제의 난이도 차이 때문에 나타난다는 대립설명을 제외하는 데에는 유용하지만(Shallice, 1988), 여기서 모든 과제의 난이도는 완벽하게 일치했다. R. M.에게 제시된 사회적 계약과 예방 규칙은 논리적으로 동일했고, 동일한 과제를 요구했으며, 정상적인 참가자에게는 똑같은 수준으로 어려웠다. 게다가 정상적인 대조군의 성적이 최고치에 이른 것도 아니었기 때문에, 천장효과를 통해 두 가지 유형의 문제에 있을 수 있는 난이도의 차이가 은폐된 것도 아니었다. 이번 경우에는 하나의 단일한 분리로도 기층의 정신적 구조에 관해 추론하기에 충분하다. R. M.의 분리는 사회적 교환에 관한 추론이 예방적 규칙에 관한 추론과는 다른 계산 체계를 통해 유발된다는 가설, 즉 두 개-기제 설명을 뒷받침한다.

이 종류의 시험으로는 기제의 해부학적 위치를 확증할 수 없지만, 다른 환자들을 대상으로 한 시험들은 전측두피질과 편도체를 연결하는 회로의 손상이 R. M.의 선택적 결함에 중요하다는 것을 보여주었다.[7] 최근에 기능적 영상fMRI 연구들도 사회적 계약 문제에 관한 추론이 예방적 추론과는 다른 뇌 영역을 통해 작동한다는 가설을 뒷받침하고, 측두피질 외에도 다른 영역이 관여한다는 사실을 가리켰다(Ermer, Guerin, Cosmides, Tooby, & Miller, 2006; Fiddick, Spampinato, & Grafman, 2005; Reis, Brackett, Shamosh, Kiehl, Salovey, & Gray, 2007; Wegener, Lund, Hede, Ramsøy, Baaré, & Paulson, 2004).

---

7 스톤Stone 등(2002)은 중첩되는 부분이 있긴 하지만 양상이 서로 다른 뇌손상 환자 두 명을 시험했다. R. B.는 양쪽 뇌에 걸쳐 R. M.보다 광범위한 안와전두 손상이 있었고 R. M.과 마찬가지로 전측두 일부에도 손상이 있었지만, 그의 우측 측두극은 거의 보존되어 있었다(따라서 양측 편도체의 단절이 발생하지는 않았다): 그의 점수는 예방 조치의 경우 85%였고, 사회적 계약의 경우는 83%였다. B. G.는 광범위한 양측 측두극 손상으로 (심각하진 않지만) 양쪽 편도체에 정보가 입력되는 데 문제가 있었지만, 안와전두피질은 완전하게 보존되어 있었다. 그는 두 종류의 문제를 100% 맞췄다.

단일 장치 가설의 제거(B6-B8; B1-B4)

지금까지 제시된 사기꾼 탐지에 관한 대안적 설명들은 모두 사회적 계약과 예방 조치에 관한 추론이 동일한 신경인지 체계에서 비롯한다고 주장한다. R. M.의 분리는 이와 같은 단일 기제 설명과 전부 불일치한다. 그런 설명으로는, 심적 논리(Rips, 1994), 심적 모델(Johnson-Laird & Byrne, 1991) 결정 이론/최적 데이터 선택(Kirby, 1994; Oaksford & Chater, 1994), 허락 도식 이론(Cheng & Holyoak, 1989), 관련성 이론(Sperber et al., 1995),[8] 주관적 효용과 관련된 모든 규범 규칙에 적용되는 체계를 의미하는 맹크텔로Manktelow와 오버Over(1991, 1995)의 관점이 있다. (적합성 이론에 반하는 추가적인 증거는 Fiddick et al., 2000; 맹크텔로와 오버의 이론에 반하는 추가적인 증거는 Fiddick & Rutherford, 2006을 보라.)

사실 다른 추론 이론들은 예방 조치와 사회적 계약 규칙을 구분조차 하지 않는다. 이 구분은 진화적으로 기능을 분석할 때에만 도출되고, 순전히 **내용**에 의거할 때에만 가능하다. 위의 결과들은 인간의 추론 체계 안에 범위가 아주 좁고 내용에 민감한 인지적 전문화가 있음을 가리킨다.

사회적 교환 추론의 조기 발달

아이들은 3세가 되면 무엇이 사회적 계약에서 부정행위로 간주되는지를 이해한다 (Harris & Núñez, 1996; Harris, Núñez, & Brett, 2001; Núñez & Harris, 1998a).[9] 해리스Harris와 누네스Núñez는 평가 과제를 이용한 실험을 통해 이를 반복해서 보여주었다. 제시된 인물이 규칙을 위반하는 경우를 고르는 과제였다. 가령 한 이야기에서 캐롤Carol이란 아이가 자전거를 타려고 한다. 그러자 엄마가 말한다. "만약 자전거를 타려면, 반드시 앞치마를 둘러야 해." 이 규칙은 아이가 임의적인 요구조건을 충족하

---

8 사회적 계약 추론을 설명하면서 관련성 이론이 가진 문제를 충분히 설명한 문헌으로는, Fiddick et al., 2000을 보라.
9 더 어린 아이들은 아직 시험하지 않았다.

는지의 여부에 따라 (자전거를 타는) 이익에 대한 접근을 규제한다. 이어 아이는 네 가지 그림(캐롤이 앞치마를 두르고 자전거를 타는 모습, 캐롤이 앞치마를 두르지 않고 자전거를 타는 모습, 캐롤이 앞치마는 둘렀지만 자전거는 타지 않는 모습, 캐롤이 자전거도 타지 않고 앞치마도 두르지 않은 모습)을 받고 그 가운데 캐롤이 나쁜 짓을 하는 그림을 골라야 한다. 영국의 3세 아이들이 올바른 그림(캐롤이 앞치마를 두르지 않고 자전거를 타는)을 고른 경우는 실험기간 내내 72%에서 83%였고, 4세 아이들이 올바른 그림을 고른 경우는 실험기간 내내 77%에서 100%였다(Harris & Núñez, 1996; Harris et al., 2001; Núñez & Harris, 1998a). 이 성적은 어머니와 맺은 사회적 계약이든, 두 아이가 서로 맺은 합의든 동일했다. 즉, 반드시 권위를 가진 인물이 부과한 규칙일 필요는 없었다. 아이들이 사회적 계약에서 이익의 취득은 조건적이고, 그래서 요구조건의 충족 여부에 달려 있음을 이해한다는 사실이 다양한 시험 결과로 드러났다. 아이들은 그저 요구조건이 충족되지 않은 사례만 찾는 것이 아니라, 이익을 취했으면서도 요구조건을 충족하지 않은 사례를 찾았다. 영국, 콜롬비아, 그리고 (사소한 단서가 붙지만) 네팔 시골 지역의 취학 전 아동들에게서도 동일한 결과를 얻을 수 있었다.

취학 전 아동의 수행은 다른 면에서도 성인과 유사했다. 성인과 마찬가지로, 취학 전 아동은 사회적 계약이 익숙한 내용이든 낯선 내용이든 좋은 성적을 올렸다. 의도가 중요한 것도 성인과 마찬가지였다. 누녜스와 해리스(1998a)는 (1) 인물이 이익을 취하는지 아닌지, 그리고 (2) 인물이 요구조건을 충족하지 못한 것이 우연한 일인지 의도적인 일인지를 달리했다. 아이들이 규칙을 위반한 인물이 잘못했다고 말할 확률은 규칙의 위반이 우연히 발생했을 때보다 의도된 일이었을 때 훨씬 높았다. 4세 아동의 경우, 사회적 계약의 의도적 위반이 나쁘다고 여긴 경우는 81%였고, 우연한 위반이 나쁘다고 여긴 경우는 10%였다. 3세 아동의 경우, 각각의 확률은 65% 대 17%였다. 아이들은 상호 교환의 결과와 그에 따른 감정을 연결지을 줄도 알았다. 교환에 대한 합의가 있었다고 하자 아이들은 사기의 피해자가 화가 나리라는 것을 이해했고, 교환이 완수되면 교환의 참가자가 모두 만족하리라고 생각했다(Núñez, 2011).

게다가 해리스와 누녜스(1996)가 시험한 아이들은 성인과 마찬가지로 사회적 계약과 서술 규칙 간의 분리를 드러냈다. 3세부터 4세 아동이 사회적 계약을 위반한 상황을 올바르게 고른 경우는 전체 대비 72%에서 83%였지만, 서술 규칙의 경우는 내내 40%에 불과했다. 5세 아이들은 사회적 계약 규칙을 다루는 웨이슨 선택 과제를 전부 풀 줄 알았다(Núñez & Harris, 1998b; 취학 전 아동의 웨이슨 과제 수행에 방해가 된 것은 아이들이 가진 능력의 문제가 아니라 과제 수행 과정의 제약이었다).[10]

사회적 교환 추론의 비교문화적 일관성과 비교문화적 분리

오래전부터 인지신경과학자들은 마음의 구조를 설명하는 일에 신경 분리가 유용하게 쓰일 수 있음을 잘 알고 있었다. 그런데 문화적 분리 또한 수렴적 증거의 유익한 출처가 될 수 있다. 각기 다른 문화에 속한 사람들은 개체발생적 경험이 서로 크게 다른데, 비교문화 연구에서는 개체발생적 경험의 차이가 심리 구조의 차이와 연관되어 있는지를 살펴볼 수 있기 때문이다.

대부분의 심리학자와 인류학자들은 높은 수준의 인지능력이 안정적으로 발달하는 우리의 진화한 종-전형적인 설계의 결과라기보다는, 일반 목적의 인지능력이 문화-특이적 활동을 통해 훈련된 결과라고 믿는다. 사기꾼 탐지 능력이 모든 문화에 걸쳐 잘 발달했으리라는 것은 진화적 설명에 기초한 검증 가능한 예측이다. 이 예측은 사기꾼 탐지 능력이 종-전형적이고 보편적으로 분포하리라고 가정한다. 더 정확히 말하자면, 사회적 교환이 ESS가 되기 위해서는 사기꾼 탐지가 필요하고, 사기꾼 탐지의 발달이 문화적 변이 때문에 저하되어서는 안 되며, 따라서 모든 문화에 고르게 나타나야 한다. 그와 반대로, 수행에서 ESS와 무관한 측면(예를 들어, 관대한 행위에 따르는 이익)의 발달은 모든 문화에 걸쳐 동일하게 선택되지 않고, 따라서 문화적

---

10 아직 확정적 실험이 이뤄진 것은 아니지만, 기존의 증거는 취학 전 아동이 예방 규칙의 위반도 이해한다는 것을 보여준다. 해리스와 누네스(1996)가 활용한 규칙은 순수한 사회적 규칙(그들이 사용한 용어에 따르면 '임의적인 허락'과 '교환')과 혼합된 규칙(사회적 계약으로도, 혹은 예방 조치로도 해석할 수 있는 규칙), 두 가지 범주로 나눌 수 있다. 혼합된 규칙은 예방 조치가 취해지는지를 조건으로 이익에 대한 접근을 제한했다. 예를 들면, 만약 밖에서 놀 거면, 반드시 코트를 입어야 한다(추위를 막기 위해). 커민스Cummins(1996)는 그보다 더 순수한 예방 규칙을 시험했지만, 그 맥락은 여전히 이익에 대한 접근의 제한을 포함했다(밖에서 놀기).

환경에 따라 변할 수 있다.

스기야마Sugiyama 등(2002)은 에콰도르 아마존 오지에 거주하는 수렵–원예 인구인 쉬위아르족을 대상으로 이 예측을 검증했다. 미국, 유럽, 홍콩, 일본 등에서는 이미 뛰어난 사기꾼 탐지 능력이 입증된 터였다. 하지만 선진 시장경제에 속한 성인은 아마존 오지에서 사냥을 하고 텃밭을 가꾸며 사는 사람들보다 더 자주 거래—특히 낯선 사람들과의 거래—에 참여한다. 익명성은 사기행위를 촉진시킨다. 시장은 각 개인이 경험하는 거래의 총량을 증가시킨다. 만일 진화된 전문화가 관여하지 않는다면, 즉 일반 목적의 처리과정이 반복적인 사기 경험을 통해 사기꾼 탐지 서브루틴을 유도한다면, 이 서브루틴은 경험이 부족한 비서양 세계에서는 발견되지 않을 수도 있다.

쉬위아르족은 지구상의 어떤 사람 못지않게 미국 대학생이 사는 문화와 다른 문화에서 성장하고 살았다. 그럼에도 쉬위아르족은 사기꾼을 찾는 웨이슨 과제에서 하버드대 학생들 못지않게 좋은 성적을 올렸다(그림 25.6). 사기꾼과 관련된 카드의 경우에, 쉬위아르 수렵–원예민의 수행은 하버드대생과 동일했다. 쉬위아르족이 하버드대생과 달랐던 점은 사기꾼과 무관한 카드, 즉 관대한 행위를 드러내는 카드에도 큰 흥미를 보인다는 것뿐이었다. (그들의 뛰어난 사기꾼 탐지가 그들이 모든 카드에 무차별적으로 흥미를 보였기 때문은 아니다. 논리 범주를 통제했을 때, 쉬위아르족이 사기꾼과 관련된 카드를 고를 확률은 그렇지 않은 카드의 2배가 넘었다; $p < .005$.) 요컨대, 진화한 기능을 수행하는 데 필요한 기제에는 문화 간 분리가 없었다. 유일한 '문화적 분리'는 ESS와는 무관한 수행 측면에만 존재했다.

사기꾼 탐지가 똑같이 나타난 것은 혹시 추론 수행 능력의 차이를 유발하기에는 쉬위아르족과 미국인 참가자의 사회문화적 경험이 너무나 유사해서 추론 수행에 차이가 나타나지 않은 것 때문이 아닐까? 전혀 그렇지 않다. 만일 그랬다면 두 인구는 사기꾼과 연관된 카드에서 그랬던 것처럼 사기꾼과 무관한 카드 앞에서도 동일한 수행을 보일 것이다. 그런 일은 일어나지 않았다.

이 연구는 우리가 알고 있는 연구 가운데, 전혀 다른 문화 집단들이 진화적으로 안정된 전략으로서 기능하는 인지적 적응과 관련된 추론 문제에서는 동일한 수행능력을 보이고, 동시에 ESS로서 기능하는 적응과 무관한 문제에서는 다른 수행을 보이는 유일한 연구다. 공통점이 전혀 없는 문화적 환경 사이에서 사기꾼 탐지 수행이 일관성 있게 나타난다는 사실은, 그 역할을 하는 뇌의 기제가 신경인지 체계를 안정적으로 발달시킨다는 점을 가리킨다. 즉, 신경인지 체계의 발달은 개체발생적 경험에 따른 독특한 변이를 완화하는 쪽으로 나아간다.

영역-일반적 학습이 사회적 교환의 전문화를 구축할까

앞서 검토한 경험적 증거는 사회적 교환 문제 추론이 그 기능에 특화된 성인의 신경인지 장치에 의해 발생한다는 주장을 강하게 뒷받침한다. 이 결론은 웨이슨 과제에서 나온 증거에 의해 뒷받침될 뿐 아니라, 실험 경제학 게임, 도덕적 추론 프로토콜, 감정 귀속 과제, 발달기 연구 등을 통해서도 뒷받침된다. 하지만 웨이슨 과제의 결과가 특히 흥미로운 것은, 그 과제가 정보 탐색을 요구하기 때문이다. 웨이슨 과제의 결과는 사기꾼의 존재를 밝혀낼 정보를 찾는 일에 협소하게 전문화된 서브루틴이 존재한다는 것을 가리킨다. 이 서브루틴은 사기의 존재를 무조건 밝혀주는(실수로 발생한 경우까지) 정보를 찾도록 설계된 것도 아니고, 허락 규칙의 위반이나 일반적인 위반을 밝히도록 설계된 것도 아니다.

하지만 이렇게 상당히 정밀하게 설계된 계산 전문화는 어떻게 만들어지는 것일까? 발달 기제가 있어서 영역−특이적이고 이 기능에 특화된 사회적 계약 알고리듬을 구축하는 것일까? 아니면 영역−일반적인 학습 기제가 사회적 계약과 관련된 전문화를 성인기에 구축하는 것일까?

만일 일반 목적의 학습 과정을 통해 사회적 교환을 위한 계산 전문화가 이뤄진다면, 우리는 그 전문화가 사회적 교환을 위해 진화한 적응이라고 주장해서는 안 된다. 대신에 사회적 교환의 전문화는 그와 종류가 다르고, 어쩌면 더 일반적일 수 있는 적응적 문제를 해결하도록 진화한 학습 기제의 산물이 될 것이다.

일반 목적의 학습 능력은 고려 대상이 아니다
성인의 마음에 나타나는 적응적 전문화의 증거는 종종 다음과 같은 반론과 마주

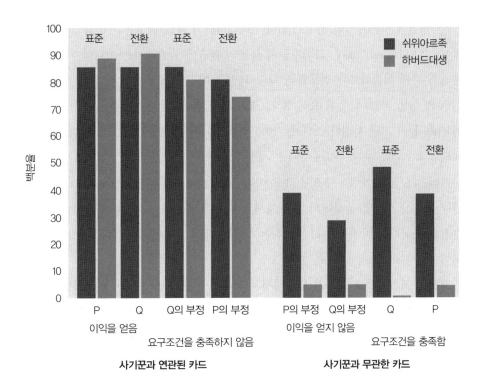

그림 25.6 수렵−원예민인 쉬위아르족과 하버드 학부생들의 표준 사회적 계약 문제와 변환된 사회적 계약 문제의 수행(참가자들이 각 카드를 고른 경우를 백분율로 나타냈다). 사기꾼과 관련된 카드(이익을 취하고, 요구조건을 충족하지 않은 카드)를 고르는 경우, 두 인구 사이에는 아무런 차이도 나타나지 않았다. 차이가 나타난 것은 사기꾼과 무관한 카드를 고를 때뿐이었다(쉬위 아르족은 관대한 행위나 공정한 행동을 드러내는 카드에 많은 관심을 보였다). 쉬위아르족이 사기꾼과 관련된 카드를 고르는 일에서 뛰어난 수행을 보인 것이 모든 카드에 무차별적으로 관심을 보였기 때문은 아니다. 논리 범주를 상수로 놓았을 때에도 쉬위아르족은 늘 사기꾼과 관련된 카드를 그렇지 않은 카드보다 더 자주 골랐다. 이는 표준적인 사회적 계약 대 변환된 사회적 계약의 성적 비교를 통해 확인할 수 있다(예를 들어, 카드 P는 표준적인 사회적 계약에서는 사기꾼과 연관되지만, 변환된 사회적 계약에서는 그렇지 않다; 그림 25.4를 보라).

한다. 성인이 가진 기제는 전문화되어 있지만, 그것을 구축한 장치는 그렇지 않으며, 성인의 전문화는 일반적 목적을 지닌 학습 과정을 통해 이뤄진다는 것이다(예를 들어, Elman et al., 1996; Gauthier & Tarr, 2002; Orr, 2003; Rumelhart & McClelland, 1986; 관련 논의는 Duchaine, 2001; Duchaine, Yovel, Butterworth, & Nakayama, 2006; Pinker, 2002; Tooby & Cosmides, 1992를 보라).

이 관점에는 근본적인 문제가 있다. 일반 목적의 학습 과정은 과학적으로 밝혀진 적이 없다(Gallistel, 2000). 과학자들이 동물의 학습에 깜깜해서는 아니다. 특수한 적응적 문제를 해결하도록 전문화된 학습 과정은 여러 종에게서 발견됐다. 사막 개미의 추측 항법, 쥐의 학습된 음식 혐오, 새의 천문 항법, 영장류의 뱀 공포, 인간의 언어 습득 등이 그런 사례다(Gallistel, 1990, 2000; Garcia, 1990; Garcia & Koelling, 1966; Mineka & Cook, 1993; Pinker, 1994). 사실 많은 이들이 고전적인 조건화조차도 일반 목적의 학습을 보여주는 주요 사례로 여기는데, 전혀 그렇지 않다(Staddon, 1988). 다변량 비정상 시계열 분석에서 나온 경험적 증거에 따르면, 그런 형태의 학습은 식량 수집과 포식자 회피에서 흔히 발생하는 특수한 계산 과제에 맞게 적응적으로 전문화되어 있다(Gallistel & Gibbon, 2000).

고전적 조건형성과 조작적 조건형성은 적응적 전문화이지만, 이 전문화된 기능들이 여러 영역에서 입력된 정보에 대해 작동하는 것은 사실이다(즉, 얼마간은 내용−일반적이다). 따라서 위의 질문을 다음과 같이 재구성해보자. 사회적 교환 추론을 위한 성인의 전문화는 고전적 조건형성이나 조작적 조건형성을 통해 습득되는 것일까?

조작적 조건형성과 고전적 조건형성의 근저에는 보상과 처벌에 따라 조건적으로 반응하는 능력이 있다(Gallistel & Gibbon, 2000; Staddon, 1988). 사회적 교환에는 그런 조건성이 수반된다. 내가 당신에게 이익을 제공하겠다고 제의하면, 당신은 내가 명시한 요구조건을 충족해야 한다는 조건이 따라붙는다. 내가 하필 그 요구조건을 부과한 것은, 당신이 요구를 충족할 때 그것이 어떤 방식으로든 내게 이익이 되리라는 희망에서다.

하지만 보상과 처벌에 그때그때 반응하는 능력은 한 종에서 사회적 교환이 발생하기에는 충분하지 않다. 고전적인 조건형성과 조작적인 조건형성은 모든 동물에게 일어날 수 있지만(Staddon, 1988), 사회적 교환을 하는 종은 드물다. 만일 고전적 그리고/또는 조작적 조건형성이 사회적 교환의 전문화가 이뤄지도록 만든다면, 사회적 교환은 여러 동물종에 널리 확산되어 있어야 한다. 사회적 교환이 그토록 드물다는 사실은, 그런 교환이 동물학적으로 흔한 행동−규제나 학습 과정의 결과가 아님을 의미한다.

동물의 왕국에서는 드문 일이지만, 다양한 비인간 영장류 종에서는 상호성이 발견된다(Brosnan & de Waal, 2003; de Waal, 1989, 1997a, 1997b; de Waal & Luttrell, 1988). 다른 영장류에게 상호성이 존재한다면 사회적 교환 행동은 언어가 없는 곳에서도 발생할 수 있다. 다시 말해서, 사회적 교환이 발달하기 위해서는 언어와 조건형성 기제가 동시에 존재해야 한다는 주장으로는 조건형성 이론을 구제하지 못한다.

표준 경제학 모델은 지금까지의 결과를 설명할 수 없다(B9)

상호성이 경제적인 측면에서 유리하다는 사실을 통해서, 사회적 교환 추론을 위해 신경인지 전문화가 발달하는 것을 설명할 수 있을까? 경제학적 민간 이론이 하나 있는데, 오르(2003, p. 18)는 그 내용을 아래와 같이 표현했다.

> 진화심리학자는 어떤 행동이 적응적 행동에 대한 예상과 아주 가깝다는 사실을, 그 행동이 진짜 생물학적 적응이라는 증거로 여기지 못할 수도 있다. 그리고 이 대목에서 우리는 또 다른 문제에 도달한다. 어떤 행동을 진화적으로 유리하게 만들어주는 그 논리가 동시에 그 행동을 '경제적으로' 유리하게 만들 수도 있기 때문이다… 요점은, 진화적인 고려와 경제적인 고려에서 동일한 예측이 나올 때, 다윈주의적 예측에 들어맞는다는 사실을 결정적인 증거로 볼 수 없게 된다는 것이다.

만일 경제학자에게 경제적 학습과 의사결정을 야기하는 계산에 관한 이론이 있다면 타당한 지적이었을 것이다. 하지만 그런 이론은 없다. 경제학자들은 경제적 추론이 어떻게 이뤄지는지 설명하지 못한 채, 호모에코노미쿠스Homo economicus(경제적 인간) 모델이 마치 그런 접근법인 양 그에 의존한다. 호모에코노미쿠스 모델에 따르면, 사람들은 마치 후보 행위들의 주관적 효용을 예상하고 그 값을 (아직 명시되지 않은 어떤 방식으로) 계산하는 신경인지 기제를 갖춘 것처럼 추론하고, 그중 개인적 효용을 극대화하는 행동을 고른다는 것이다(Savage, 1954).

호모에코노미쿠스 모델은 사람들이 사회적 교환을 비롯한 경제 게임에 참여할 때 내리게 될 의사결정의 내용을 상당히 정밀하게 예측한다. 하지만 오르의 추정과 반대로, 사회적 교환을 설명하는 진화적 기능 이론은 인간 행동을 이런 경제적 모델들과는 다르게 예측한다(Delton, Krasnow, Cosmides, & Tooby, 2011; Hoffman, McCabe,

& Smith, 1998). 지금까지 실험경제학이 내놓은 방대한 양의 실험결과를 통해서 우리는 사람들이 호모에코노미쿠스 모델의 예측대로 행동하는 경우가 거의 없다는 것을 알 수 있다. 참가자가 실험에 제시된 상황을 경험해보지 못한 탓에 나온 결과도 아니다. 상황에 숙련된 참가자들조차 해당 모델의 예측을 빗나간다(예를 들어, Fehr & Gächter, 200a, 2000b; Henrich et al., 2005; Hoffman et al., 2998; Krasnow, Cosmides, Pedersen, & Tooby, 2012). 예를 들어, 사회적 교환에 참여할 기회가 주어질 때, 사람들은 상대를 배신하면 더 큰 보상을 얻을 수 있는 상황에서도 정기적 · 체계적으로 협력하는 편을 택했다. 또한 참가자들은 자신이 직접 나서지 않을 때 더 큰 이익을 볼 수 있는 상황에서도 사기행위를 처벌했다. 즉, 단발성 죄수의 딜레마에서처럼, 자신의 의사결정이 효용을 극대화하지 않는 상황에서도 협력과 처벌에 나선 것이다 (Hoffman et al., 1998). 호프만Hoffman과 동료들은, 반복적인 상호작용이 어디서나 일어나고 단발성 상호작용은 드물게 일어나는 소규모 수렵채집인 무리에서 작동하도록 전문화가 설계되었다면 그런 반응을 기대할 수 있다고 주장한다(이 점을 뒷받침하는 행위자 기반 시뮬레이션을 위해서는 Delton et al., 2011; Krasnow, Delton, Tooby, & Cosmides, 2013을 보라). 앞서 말한 사회적 계약의 우발적 위반 대 의도적 위반을 다룬 실험 결과 역시 경제적 예측과 일치하지 않는다. 경제적 인간 이론은 의도가 아니라 상황의 보상 구조에 반응하는 기제를 예측하고, 사기는 우발적이든 의도적이든 항상 부정적인 보상을 만들어낼 거라고 예측한다. 그래서 효용을 극대화하기 위해 설계된 체계는 사기꾼이 아니라 사기행위를 탐지한다. 하지만 경험적 연구에서 나온 결과는 그와 다르다.

만일 합리적 이점이나 경제적 이점으로 어떤 것을 설명하고자 한다면 그것은 반드시 어떤 추론 과정을 지시해야 한다. 그런데 합리적인 경제적 행동을 설명하는 모델 중 가장 완벽하게 공리화된 모델마저도 사회적 교환(Hoffman et al., 1998)에서든 공공재 게임(Fehr & Gächter, 2000a, 2000b; Henrich et al., 2005; Kurzban, McCabe, Smith, & Wilson, 2001)에서든, 인간이 언제 협력하고 처벌하기를 선택하는지에 관한 사실을 예측하거나 설명하지 못한다. 사회적 교환의 추론과 행동이 이 표준 경제학 모델의 중심적인 예측과 상충한다는 점에서, 이 경제적 부산물 가설은 성인에게서 발견되는 신경인지 전문화의 특징이나 그러한 특징의 발달을 설명하지 못한다(B9의 제거). 이 실패에 비추어 많은 경제학자들이 사회적 교환에 대한 진화심리학의 설명과, 인간의 경제적 행동을 설명하는 데 존재하는 불확실성을 바탕으로 한 판단에 눈을 돌리고 있다(Gigerenzer & Selten, 2001; Hoffman et al., 1998; Romer, 2000).

통계적 학습과 내용이 없는 귀납 추론: 짖지 않는 다른 개들(B10)

베이시언 학습 기계, 다중 회귀를 연산하는 연결주의적 체계에다 우연성 계산기까지, 그간 귀납적 학습을 설명하는 다양한 이론이 제시되어 왔다. 어떤 이들은 상당히 영역-특이적인 귀납적 학습 체계를 가정하기도 하지만(예를 들어, Marcus, 2001; Staddon, 1988), 대부분은 그렇지 않다(예를 들어, Elman et al., 1996; Quartz & Sejnowski, 1997).

영역-일반적인 주장들은 심적 내용의 구조에 존재하는 내용맹의 귀납 추론 절차를 중시한다.[11] 그들은 외부 세계에 객관적으로 존재하는 양상으로부터 통계적 관계를 추출한다. 사실, 제약 때문에 그렇게 할 수밖에 없다. 세계는 통계적 학습 기제를 위해 필요한 내용의 출처에 지나지 않는 것이다. 그 결과, 우리는 짖고 있는 개를 보게 된다. 예를 들어, 20세기 시카고의 취학아동은 20세기의 시카고 도시지역을 살아가는 아이들이 무서워할 법한 것을 무서워해야 마땅하다. 전기 콘센트, 자동차, 거리, 뜨거운 난로 같은 것을 말이다. 아이들이 두려워하는 내용은 현대 세계에 존재하는 위험의 빈도와 통계적 분포를 반영한다. 내용과 무관한, 그러한 분포에서 유래된 정보를 바탕으로 작동하는 기제가 두려움을 구축하기 때문이다.

그와 대조적으로, 영역-특이적 학습 기제는 내용이 풍부하다. 이에 따르면 추론은 주어진 정보의 너머로 나아가고, 따라서 그를 통해 구축되는 심적 내용은 개인이 경험하는 외적 정보의 통계적 분포보다 풍부할 (아니면 그냥 다를) 것이다. 예를 들어, 시카고의 취학아동들은 뭐가 가장 무서운지를 묻는 질문에 사자, 호랑이, 야생 동물, '괴물'(무섭기는 하지만 특정할 수 없는 동물, 혹은 인간과 유사한 생명체), 뱀, 거미를

---

11 주의 편향(예를 들어, 얼굴에 대한 주의 편향)은 일부 영역-일반적 이론(예를 들면, Elman et al., 1996)에서 역할을 하기는 하지만, 그 수가 아주 적고, 결정적으로는 최후에 구성되는 (세계의 양상에서 비롯되는) 심적 내용을 포함하지 않는 듯하다.

꼽았다(Maurer, 1965). 아이들이 두려워하는 내용에는 조상 세계에나 출현하기 때문에 전혀 경험해본 적이 없는 위험의 통계적 분포가 반영되어 있다(Marks, 1987). 시카고 도시지역에 나타나는 위험의 통계적 분포는 반영되어 있지 않다. 현대의 개들은 짖지 않는다.

사람들은 이 글에서 논의한 속성들을 가진 사회적 계약 알고리듬을 안정적으로—3세가 될 무렵에는 분명히—발달시킨다. 이 속성들 덕분에 신경인지 체계는 조상 세계의 적응적 문제를 훌륭히 해결한다. 사기꾼을 밝혀낼 정보를 잘 찾아내는 것이다. 우리는 조상 시대의 이 문제를 잘 해결하는 좋은 설계가 있다는 것을 알고 있다. 내용에 따른 분리—기능상·신경상의 분리—는 수렵-채집인의 행동 생태에 ESS를 적용한 연구를 통해 발견되기 이전에도 충분히 정밀하게 예측되고 있었기 때문이다. 하지만 통계적 학습 이론은 이런 분리 양상을 (사전 예측은 고사하고) 현재의 정보에 기초해서 추리하지도 못한다.

통계적 학습을 가동시키는 설명적 변수는 경험, 반복, 그리고 그 결과인 친숙성이다. 만약 이 변수가 추론의 전문 기제를 발달시킨다면, 우리는 허락 규칙은 물론 서술 규칙의 위반 탐지에도 뛰어나서, 실제로 발견되는 것과는 다른 추론 전문화를 보게 될 것이다. 하지만 이번에도 현대의 개들은 짖지 않는다.

서술 규칙의 위반을 찾는 전문화는 어디에 있을까 서술 규칙은 희귀하고 이국적인 사건이 아니다. 서술 규칙은 세계의 작동 방식에 관한 주장으로, 일상의 대화에서 흔하게 등장한다(11월까지 기다렸다간 독감 예방주사가 동이 날 거야. 그녀는 매운 요리를 먹으면 시원한 맥주가 마시고 싶을 거야. 그 냄비를 쓰면 수프가 달라붙고 말거야. 표백제를 사용하면 옷이 새하얘질 거야). 행위는 틀린 정보보다 참인 정보에 근거할 때 성공할 확률이 높기 때문에, 그런 주장의 위반이 눈에 잘 띈다. 그와 일관되게, 사람들은 무엇이 위반인지를 알고 있다. 그래서 P가 일어나지만 Q는 일어나지 않는 상황이 서술 규칙을 위반한다고 말할 줄 안다. 이 점은 규칙이 추상적이거나 친숙하지 않은 상황에서도 마찬가지다(Manktelow & Over, 1987).

하지만 이 지식은 유효한 정보 탐색으로 전환되지 않는다. 사람들은 서술 규칙의 위반이 발생할 때 이를 인지하기는 하지만, 그런 위반을 밝힐 수 있는 정보를 **찾지**

는 않는다. 심지어 웨이슨 과제에서 정보를 찾아달라고 명시적으로 요구해도 그러지 않는다(그림 25.1의 설명을 보라; 관련 논의는 Fiddick et al., 2000; Cosmides & Tooby, 2008a를 보라). 다시 말해서, 인간은 서술 규칙의 잠재적 위반을 찾게 만드는 추론 전문화를 안정적으로 발달시키지 않는다. 사람들의 지식과 사람들이 탐색하는 정보의 분리는 서술 규칙에서는 발견되지만, 사회적 계약에서는 그렇지 않다. 서술 규칙은 어디에나 존재한다. 만일 어떤 유형의 규칙을 경험하는 것만으로도 통계적 학습이 정보 탐색의 전문화를 구축하기에 충분하다면, 우리는 서술 규칙을 활용한 웨이슨 과제에서도 사회적 계약을 활용한 경우만큼이나 뛰어난 위반 탐지를 관찰할 수 있어야 한다.

더군다나, **구체적인** 서술 규칙을 경험해도 위반 탐지 수행은 전혀 향상되지 않는다. 웨이슨 과제를 활용한 초기의 연구는 규칙, 관계, 또는 어떤 항목이 친숙할 때 서술 규칙의 위반 탐지 수행이 향상되는지를 알아보았다. 결과는 그렇지 않았다(Cheng et al., 1986; Cosmides, 1985; Manktelow & Evans, 1979; Wason, 1983). 게다가, 구체적인 규칙의 위반 사례를 반복적으로 경험한 뒤에도 그런 경험을 하지 않은 사람들보다 수행이 나아지지 않았다(Manktelow & Evans, 1979). 구체적 위반을 반복적으로 경험하는 것이 무용하다는 것은, 사회적 계약을 활용할 때 드러나듯 경험과 무관하게 높은 수행이 출현하는 것을 반영한다. 대학생은 음주를 제한하는 규정(예를 들면, 맥주를 마시려면 21세가 넘어야 한다)을 친숙하게 잘 알고 있으면서도 이를 주기적으로 위반하는데, 코스미디스(1985)는 그들이 친숙한 규칙의 위반을 탐지하는 능력이 카사바 뿌리나 문신에 관한 규칙처럼 완전히 생소한 규칙의 경우보다 나을 게 없다는 결과를 얻었다.

허락 규칙의 위반을 찾아내는 전문화는 어디에 있을까 사회적 계약 규칙이 허락 규칙 전체의 작은 부분집합에 불과하다(허락 규칙은 규범 규칙의 부분집합이고, 규범 규칙은 모든 조건 법칙의 부분집합이다)는 점을 고려할 때, 통계적 학습 이론이 실패하리라는 것은 훨씬 더 분명해진다. 유목화(상하의 위계적 관계)로 인해 인간은 사회적 계약보다 허락 규칙을 훨씬 더 많이 경험한다(범례, 그림 25.5). 쳉과 홀리오크(1985, 1989)는 이를 근거로 영역-일반적인 귀납 과정이 사회적 규칙 알고리듬이 아니라 그보다 더 추상적이고 포괄적인 허락 도식을 형성하고, 이 도식은 사회적 계약뿐만 아니라 예방 규칙, 그리고 조건적 허락을 제시하는 사실상 모든 사회적 규범에 작동한다고 주장했다. 하지만 신중한 실험 결과에 따르면 그들이 예측한 허락 도식은 존재하지 않는다.

그림 25.5의 흰색 영역(조건적 허락 규칙)에서 드러나는 형편없는 위반 탐지는 우리가 마주치는 모든 허락 규칙이 사회적 계약이거나 예방 조치라는 주장을 통해서는 설명되지 않는다. 우리 사회는 두 범주에 속하지 않는 조건적인 사회적 규범으로 가득하다(붉은 고기를 먹는다면, 음료는 레드와인을 마실 것이다. 밀파스가街에 산다면, 클리블랜드 초등학교에서 투표해라. 파란색 명세서가 다 차면, 철을 해서 캐비닛에 보관해라. 예를 들어 Cosmides et al., 2010, Exp 2.를 보라). 하지만 우리는 그런 규칙의 위반을 탐지하기 위해 특화된 정보 탐색 전략을 발달시키지 않는다.

부정적 보상을 탐지하는 전문화는 어디 있을까 통계적 학습 이론가들은 학습이 부정적인 보상에 대한 반응으로 발생한다고 대답할지 모른다(이와 관련한 주장으로는 Manktelow & Over, 1995를 보라). 이 관점은 사회적 계약에서 사기를 당해 발생한 것이든, 위험한 상황에서 예방 조치를 취하지 않아 발생한 것이든, 부정적인 보상이 발생하는 시점을 탐지하는 정보 탐색 전문화를 예측한다(Maktelow & Over, 1991, 1995).

피딕과 러더포드Rutherford(2006)는 그런 전문화가 존재하지 않는다는 것을 보여준다. 사회적 계약을 비롯하여 그와 관련된 규칙을 사용한 웨이슨 과제에서 정보 탐색은 어떤 결과가 부정적인 보상을 낳을지에 대한 참가자의 판단과는 아무 관계가 없다. 게다가, R. M.의 신경 분리(예방 규칙 위반을 탐색하는 기능은 보존되어 있고 사기꾼을 탐색하는 능력에는 손상이 있는 분리)를 보면, 마음에는 부정적 보상을 탐지하는 단일한 전문화가 없다는 것을 알 수 있다.

사기꾼이 아니라 사기를 탐지하는 전문화는 어디에 있을까 만일 부정적 보상이 통계적 학습을 촉발하되, 사회적 교환의 영역에서만 그렇다면 어떨까? (영역―일반적인 주장이라고 할 수는 없지만, 그건 제쳐두자.) 사람은 우연히나 고의로나 사기―사회적 교환에 대한 합의의 위반으로 부정적 보상을 떠안는 경우—를 당할 수 있다. 두 유형의 위반 모두 개인적 효용에 손해를 입히고, 둘 다 탐지하면 유용하고, 둘 다 교환의 참여자가 원하기도 하고 받을 자격도 있는 보상을 얻으려면 탐지할 필요가 있다. 게다가, 무고한 실수와 의도적인 사기는 둘 다 누군가가 속는 결과를 낳기 때문에, 통계적으로 누군가가 속는 상황은 사기꾼에게 속아 넘어가는 상황보다 빈번하게 발생한다. 따라서, 영역-제한적인 통계적 학습의 관점에서는 원인과 무관하게 속아 넘어가는 일을 찾아내는 정보 탐색 전문화가 발달한다고 예측한다. 공학자에게 이런 전문화는 간단한 일이다. 즉, 이익이 취해진 사례 가운데 요구조건은 충족되지 않은 사례를 무차별적으로 조사하는 기제라면, 우발적인 위반과 의도적인 위반을 모두 밝혀낼 것이다. 하지만 이런 전문화는 존재하지 않는다. 사람들은 사기가 의도되지 않았고 우발적으로 발생했다는 증거가 있을 때는, 사기 행위를 잘 탐지하지 못한다.

그와 대조적으로, 사기꾼의 착취에 저항하는 조건부 교환을 진화적으로 안정되게 (즉, ESS로) 만들어주는 것은 특별히 의도적인 사기꾼 탐지다. 사람들은 의도적인 사기를 탐지하는 데는 뛰어나지만 우연한 실수에서는 그렇지 못하다는 예측은 교환에 대한 진화적 과제 분석만이 내놓을 수 있는 예측이다.

통계적 학습에 영향을 미치는 변수들은 사기꾼 탐지의 발달에 영향을 미치지 않는다 사기꾼을 탐지하는 정보 탐색 전문화는 경험, 반복, 친숙성의 차이가 커도 안정적으로 발달한다. 예를 들어:

- 조숙한 수행은 적응주의 가설을 유지하는 데 필요조건도 아니고 충분조건도 아니다(Cosmides & Tooby, 1997). 하지만 내용이 없는 추론 학습에 관한 주장들을 평가하는 일과는 관련이 있다. 그런 주장들은 추론 기술이 유아의 경험을 반영해서 발달한다고 예측하기 때문이다(예를 들어, Markman, 1989). 앞에서 보았듯이 유아는 아주 어린 나이부터 사회적 교환 추론을 이해하는데, 이 사실은 사회적 계약 전문화가 개인의 경험을 바탕으로 내용-독립적인 절차에 의해 구축된다는 가설을 약화시킨다.
- 취학 전 아동은 여러 영역에서 추론의 정확성과 지속성이 그리 뛰어나지 못하

고, 심지어 경험을 많이 한 영역에서도 별반 다르지 않다. 예를 들어, 이 연령대에서는 너구리가 스컹크로 변할 수 있고, 꽃보다 데이지가 더 많고, 짧고 넓은 비커에 있던 액체를 높고 가는 비커에 부을 때 액체의 양이 변하고, 자신에게는 자매가 있지만 자신의 자매에게는 자매가 없다고 말하는 아이들이 꽤 된다(Boden, 1980; Carey, 1984; Keil, 1989; Piaget, 1950). 하지만 사회적 교환 추론으로 넘어오면 취학 전 아동들도 성인이 갖춘 전문 설계의 거의 모든 특징을 고스란히 보여준다.

- 어떤 아이가 다양한 영역에서 많은 경험을 했다고 한다면, 내용맹인 통계적 학습 기제가 어떻게 또는 어떤 이유로 그중 어떤 영역에서는 이른 나이에 일정한 추론 기술을 습득하게 하고 다른 영역에서는 그러지 않는지를 설명하기가 어렵다. 게다가 허락 규칙과 관련해서 상당한 경험이 있는 성인이, 더 일반적이고 따라서 더 흔한 범주인 허락 규칙의 위반 탐지 전문화를 발달시키지 못했다는 점을 고려하면, 3~4세 아동들이 보이는 정확한 사기꾼 탐지는 더욱 놀랍다.
- 사람들은 종종 문화적 경험을 도식 구축의 요인으로 거론한다. 하지만 거래와 사기 경험이 크게 차이나는 데도 불구하고, 쉬위아르족과 미국인 성인의 사기꾼 탐지에는 아무런 차이도 존재하지 않는다.

통계적 학습 요약 경험, 반복, 친숙성으로는 어떤 추론 기술이 발달하고 어떤 기술이 발달하지 않는지를 설명하지 못한다. 통계적 학습을 통해서 전문화가 발달해야만 설명이 가능해진다. 이와 대조적으로, 그 기능을 위해 설계된 발달 과정을 통해 사회적 계약 알고리듬이 구축된다는 가설은 발달과 관련된 다음 사실들을 일목요연하게 설명한다. 사기꾼 탐지는 크게 다른 여러 문화에서 일관되게 발달한다(다른 측면들은 분리를 보이는 반면에). 사회적 교환 추론 및 사기꾼 탐지는 조기에 발달한다. 이 일을 담당하는 기제는 경험이나 친숙성과 상관없이 매끄럽게 작동한다. 이 기능은 사기꾼을 탐지할 뿐, 다른 종류의 위반자는 탐지하지 않는다. 마지막으로 발달 과정은 허락 규칙처럼 더 포괄적인 범주에 대한 전문화가 아니라 사회적 계약에 한정된 전문화를 낳는다.

결론

어떤 유기적 체계가 진화한 적응이라고 주장할 수 있으려면 그 증거는 엄격한 기준에 맞아야 한다. 사회적 교환 추론을 유발하는 체계는 그런 기준을 충족한다. 사회적 교환 추론은 인지적으로나 신경적으로 다른 형태의 추론과는 엄밀하게 분리된다. 추론의 결과들이 드러내는 양상을 보면, 어떤 체계가 적절한 계산 특성들을 갖추고 있어서 진화적으로 안정된 조건부 도움(문화적으로 장려되는 무조건적 도움과 반대되는 형태)을 형성하기에 부족함이 없다는 것을 알 수 있다. 이 특성은 여기서 논의한 여섯 가지 설계 특징을 포함하지만 그것에만 제한되지 않으며, 여섯 가지 모두 사회적 계약 이론에 포함된 과제 분석을 통해 사전에 예측되었다(Cosmides & Tooby, 1992, 2008a, 2008b; 다른 특징은 Fiddick et al., 2000). 중요한 것은, 이 추론을 다른 어떤 기능이나 더 일반적인 추론을 위해 설계된 적응의 부산물로 봐서는 그 결과들을 설명할 수 없다는 점이다. 문헌에 제시된 모든 부산물 가설은 사회적 교환 추론을 잘 설명하는지를 검증받은 뒤에 제거되었다(표 25.1을 보라).

성인(그리고 취학 전 아동)의 사회적 교환 추론을 유발하는 계산 전문화의 설계는 그 전문화의 발달을 설명하고자 하는 모든 이론을 제약한다. 알려져 있는 영역-일반적 과정 가운데 어떤 것도, 특정한 설계 특징을 갖춘 사회적 계약의 전문화는 여러 문화에 걸쳐 안정적으로 발달하는 반면에 더 흔하게 마주치는 추론 문제에 관한 전문화는 전혀 발달하지 않는다는 사실을 적절히 설명하지 못한다. 더 나아가, 사회적 계약의 전문화는 현대 산업 사회보다 수렵채집인 조상이 살았던 소규모 집단의 생활 조건에 더 잘 적응한 형질을 갖추고 있다. 전문화의 개체발생기에는 세계에 대한 경험이 발달에 당연히 필요하겠지만, 사회적 교환 추론의 발달 과정은 영역-특이적인 과정이며, 자연선택이 조건부 도움에 적합한 ESS(진화적으로 안정된 전략)를 만들기 위해 설계한 것으로 보인다.

그 모든 결과—발달상의, 신경심리적인, 인지적인, 행동적인 결과—를 설명할 수 있는 가장 단순하고 엄밀한 설명은 인간의 뇌에는 사회적 교환에 관한 추론을 위해 설계된 신경인지적 적응이 있다는 것이다. 그 적응을 구축하는 발달 과정은 그 일을 하게끔 전문화되어 있기 때문에 이 전문화는 문화적 경험의 다양성이나 차이와는 무관하게 안정적으로 발달한다. 분명 복잡하고 보편적인 인간 본성의 한 요소인 것이다.

참고문헌

Almor, A., & Sloman, S. (1996). Is deontic reasoning special? *Psychological Review*, *103*, 374-380.

Axelrod, R. (1984). *The evolution of cooperation*. New York, NY: Basic Books.

Axelrod, R., & Hamilton, W. D. (1981). The evolution of cooperation. *Science*, *211*, 1390-1396.

Barrett, H. C. (1999, June). Guilty minds: How perceived intent, incentive, and ability to cheat influence social contract reasoning. 11th annual meeting of the Human Behavior and Evolution Society, Salt Lake City, Utah.

Beaman, C. (2002). Why are we good at detecting cheaters? A reply to Fodor. *Cognition*, *83*(2), 215-220.

Boden, M. (1980). *Jean Piaget*. New York, NY: Viking.

Bonatti, L. (1994). Why should we abandon the mental logic hypothesis? *Cognition*, *50*, 17-39.

Boyd, R. (1988). Is the repeated prisoner's dilemma a good model of reciprocal altruism? *Ethology and Sociobiology*, *9*, 211-222.

Boyer, P., & Liénard, P. (2006). Why ritualized behavior in humans? Precaution systems and action-parsing in developmental, pathological, and cultural rituals. *Behavioral and Brain Sciences*, *29*, 1-56.

Brosnan, S. F., & de Waal, F. B. M. (2003). Monkeys reject unequal pay. *Nature*, *425*, 297-299.

Carey, S. (1984). Cognitive development: The descriptive problem. In M. S. Gazzaniga (Ed.), *Handbook of cognitive neuroscience* (pp. 37-66). New York, NY: Plenum Press.

Cashdan, E. (1989). Hunters and gatherers: Economic behavior in bands. In S. Plattner (Ed.), *Economic anthropology* (pp. 21-48). Stanford, CA: Stanford University Press.

Cheng, P., & Holyoak, K. (1985). Pragmatic reasoning schemas. *Cognitive Psychology*, *17*, 391-416.

Cheng, P., & Holyoak, K. (1989). On the natural selection of reasoning theories. *Cognition, 33,* 285–313.

Cheng, P., Holyoak, K., Nisbett, R., & Oliver, L. (1986). Pragmatic versus syntactic approaches to training deductive reasoning. *Cognitive Psychology, 18,* 293–328.

Cosmides, L. (1985). *Deduction or Darwinian algorithms? An explanation of the "elusive" content effect on the Wason selection task* (Doctoral dissertation). Department of Psychology, Harvard University (UMI No. 86–02206).

Cosmides, L. (1989). The logic of social exchange: Has natural selection shaped how humans reason? Studies with the Wason selection task. *Cognition, 31,* 187–276.

Cosmides, L., Barrett, H. C., & Tooby, J. (2010). Adaptive specializations, social exchange, and the evolution of human intelligence. *Proceedings of the National Academy of Sciences, USA, 107,* 9007–9014. doi:10.1073/pnas.0914623107

Cosmides, L., & Tooby, J. (1987). From evolution to behavior: Evolutionary psychology as the missing link. In J. Dupre (Ed.), *The latest on the best: Essays on evolution and optimality* (pp. 277–306). Cambridge, MA: MIT Press.

Cosmides, L., & Tooby, J. (1989). Evolutionary psychology and the generation of culture: Part II. Case study: A computational theory of social exchange. *Ethology and Sociobiology, 10,* 51–97.

Cosmides, L., & Tooby, J. (1992). Cognitive adaptations for social exchange. In J. Barkow, L. Cosmides, & J. Tooby (Eds.), *The adapted mind* (pp. 163–228). New York, NY: Oxford University Press.

Cosmides, L., & Tooby, J. (1997). Dissecting the computational architecture of social inference mechanisms. In *Characterizing human psychological adaptations (Ciba Foundation Symposium #208)* (pp. 132–156). Chichester, England: Wiley.

Cosmides, L., & Tooby, J. (1999). Toward an evolutionary taxonomy of treatable conditions. *Journal of Abnormal Psychology, 108,* 453–464.

Cosmides, L., & Tooby, J. (2004). Knowing thyself: The evolutionary psychology of moral reasoning and moral sentiments. In R. E. Freeman & P. Werhane (Eds.), *Business, science, and ethics: The Ruffin series* (No. 4, pp. 93–128). Charlottesville, VA: Society for Business Ethics.

Cosmides, L., & Tooby, J. (2005). Social exchange: The evolutionary design of a neurocognitive system. In M. S. Gazzaniga (Ed.), *The new cognitive neurosciences, III.* Cambridge, MA: MIT Press.

Cosmides, L., & Tooby, J. (2008a). Can a general deontic logic capture the facts of human moral reasoning? How the mind interprets social exchange rules and detects cheaters. In W. Sinnott-Armstrong (Ed.), *Moral psychology* (pp. 53–119).

Cambridge, MA: MIT Press.

Cosmides, L., & Tooby, J. (2008b). When falsification strikes: A reply to Fodor. In W. Sinnott-Armstrong (Ed.), *Moral psychology* (pp. 143–164). Cambridge, MA: MIT Press.

Cummins, D. D. (1996). Evidence of deontic reasoning in 3-and 4-year-old children. *Memory and Cognition, 24,* 823–829.

Dawkins, R. (1986). *The blind watchmaker.* New York, NY: Norton.

de Waal, F. B. M. (1989). Food sharing and reciprocal obligations among chimpanzees. *Journal of Human Evolution, 18,* 433–459.

de Waal, F. B. M. (1997a). The chimpanzee's service economy: Food for grooming. *Evolution and Human Behavior, 18,* 375–386.

de Waal, F. B. M. (1997b). Food transfers through mesh in brown capuchins. *Journal of Comparative Psychology, 111,* 370–378.

de Waal, F. B. M., & Luttrell, L. (1988). Mechanisms of social reciprocity in three primate species: Symmetrical relationship characteristics or cognition? *Ethology and Sociobiology, 9,* 101–118.

Delton, A., Krasnow, M., Cosmides, L., & Tooby, J. (2011). Evolution of direct reciprocity under uncertainty can explain human generosity in one-shot encounters. *Proceedings of the National Academy of Sciences, USA, 108,* 13335–13340.

Duchaine, B. (2001). *Computational and developmental specificity in face recognition: Testing the alternative explanations in a developmental prosopagnosic* (Doctoral dissertation). Department of Psychology, University of California, Santa Barbara.

Duchaine, B., Yovel, G., Butterworth, E., & Nakayama, K. (2006). Prosopagnosia as an impairment to facespecific mechanisms: Elimination of the alternative hypotheses in a developmental case. *Cognitive Neuropsychology, 23,* 714–747.

Dugatkin, L. A. (1997). *Cooperation among animals: A modern perspective.* New York, NY: Oxford University Press.

Ehrlich, P. (2002). *Human natures: Genes, cultures, and the human prospect.* Washington, DC: Island Press.

Elman, J., Bates, E., Johnson, M. H., Karmiloff-Smith, A., Parisi, D., & Plunkett, K. (1996). *Rethinking innateness: Connectionism in a developmental context.* Cambridge, MA: MIT Press.

Ermer, E., Guerin, S., Cosmides, L., Tooby, J., & Miller, M. (2006). Theory of mind broad and narrow: Reasoning about social exchange engages TOM areas, precautionary reasoning does not. *Social Neuroscience, 1* (3–4), 196–219.

Fehr, E., & Gächter, S. (2000a). Cooperation and punishment in public goods experiments. *American Economic Review, 90,* 980–994.

Fehr, E., & Gächter, S. (2000b). Fairness and retaliation: The economics of reciprocity. *Journal of Economic Perspectives, 14,* 159–181.

Fiddick, L. (1998). *The deal and the danger: An evolutionary analysis of deontic reasoning* (Doctoral dissertation). Department of Psychology, University of California, Santa Barbara.

Fiddick, L. (2003). Is there a faculty of deontic reasoning? A critical re-evaluation of abstract deontic versions of the Wason selection task. In D. Over (Ed.), *Evolution and the psychology of thinking: The debate* (pp. 33–60). Hove, England: Psychology Press.

Fiddick, L. (2004). Domains of deontic reasoning: Resolving the discrepancy between the cognitive and moral reasoning literatures. *Quarterly Journal of Experimental Psychology, 57A*(4), 447–474.

Fiddick, L., Cosmides, L., & Tooby, J. (2000). No interpretation without representation: The role of domainspecific representations and inferences in the Wason selection task. *Cognition 77,* 1–79.

Fiddick, L., & Rutherford, M. (2006). Looking for loss in all the wrong places: Loss-avoidance does not explain cheater detection. *Evolution and Human Behavior, 27*(6), 417–432. doi:10.1016/j.evolhumbehav.2006.05.001

Fiddick, L., Spampinato, M., & Grafman, J. (2005). Social contracts and precautions activate different neurological systems: An fMRI investigation of deontic reasoning. *Neuroimage, 28*(4), 778–786.

Fiske, A. (1991). *Structures of social life: The four elementary forms of human relations.* New York, NY: Free Press.

Fodor, J. (2000). Why we are so good at catching cheaters. *Cognition, 75,* 29–32.

Gallistel, C. R. (1990). *The organization of learning.* Cambridge, MA: MIT Press.

Gallistel, C. R. (2000). The replacement of general-purpose learning models with adaptively specialized learning modules. In M. S. Gazzaniga (Ed.), *The new cognitive neurosciences* (pp. 1179–1191). Cambridge, MA: MIT Press.

Gallistel, C. R., & Gibbon, J. (2000). Time, rate, and conditioning. *Psychological Review, 107,* 289–344.

Garcia, J. (1990). Learning without memory. *Journal of Cognitive Neuroscience, 2*(4), 287–305.

Garcia, J., & Koelling, R. A. (1966). Relations of cue to consequence in avoidance learning. *Psychonomic Science, 4,* 123–124.

Gauthier, I., & Tarr, M. J. (2002). Unraveling mechanisms for expert object recognition:

Bridging brain activity and behavior. *Journal of Experimental Psychology: Human Perception and Performance, 28,* 431–446.

Gigerenzer, G., & Hug, K. (1992). Domain specific reasoning: Social contracts, cheating, and perspective change. *Cognition, 43,* 127–171.

Gigerenzer, G., & Selten, R. (Eds.). (2001). *Bounded rationality: The adaptive toolbox.* Cambridge, MA: The MIT Press.

Gurven, M. (2004). To give or to give not: The behavioral ecology of human food transfers. *Behavioral and Brain Sciences, 27*(4), 543–583. ID code: bbs00001257.

Harris, P., & Núñez, M. (1996). Understanding of permission rules by preschool children. *Child Development, 67,* 1572–1591.

Harris, P., Núñez, M., & Brett, C. (2001). Let's swap: Early understanding of social exchange by British and Nepali children. *Memory and Cognition, 29,* 757–764.

Hasegawa, T., & Hiraishi, K. (2000). Ontogeny of the mind from an evolutionary psychological viewpoint. In S. Watanabe (Ed.), *Comparative cognitive science of mind* (pp. 413–427). Kyoto, Japan: Minerva.

Hauser, M. D. (2007). *Moral minds: The nature of right and wrong.* New York, NY: Harper.

Henrich, J., Boyd, R., Bowles, S., Gintis, H., Fehr, E., Camerer, C., . . . Henrich, N. (2005). "Economic Man" in cross-cultural perspective: Ethnography and experiments from 15 small-scale societies. *Behavioral and Brain Sciences, 28,* 795–855. doi:10.1017/S0140525X05000142

Hoffman, E., McCabe, K., & Smith, V. (1998). Behavioral foundations of reciprocity: Experimental economics and evolutionary psychology. *Economic Inquiry, 36,* 335–352.

Isaac, G. (1978). The food-sharing behavior of protohuman hominids. *Scientific American, 238,* 90–108.

Johnson-Laird, P., & Byrne, R. (1991). *Deduction.* Hillsdale, NJ: Erlbaum.

Keil, F. (1989). *Concepts, kinds, and cognitive development.* Cambridge, MA: MIT Press.

Kirby, K. (1994). Probabilities and utilities of fictional outcomes in Wason's four-card selection task. *Cognition, 51,* 1–28.

Kornreich, C., Delle-Vigne, D., Dubruille, S., Campanella, S., Noel, X., & Ermer, E. (forthcoming). *Social exchange and precautionary reasoning are relatively spared in schizophrenic patients.*

Krasnow, M., Cosmides, L., Pedersen, E., & Tooby, J. (2012). What are punishment and reputation for? *PLoS ONE 7*(9), e45662. doi: 10.1371/journal.pone.0045662

Krasnow, M., Delton, A., Tooby, J., & Cosmides, L. (2013). Meeting now suggests we will meet again: Implications for debates on the evolution of cooperation. *Nature Scientific Reports, 3,* 1747. doi: 10.1038/srep01747

Kurzban, R., McCabe, K., Smith, V. L., & Wilson, B. J. (2001). Incremental commitment and reciprocity in a real time public goods game. *Personality and Social Psychology Bulletin, 27*(12), 1662–1673.

Leckman, J., & Mayes, L. (1998). Maladies of love: An evolutionary perspective on some forms of obsessivecompulsive disorder. In D. M. Hann, L. C. Huffman, I. I. Lederhendler, & D. Meinecke (Eds.), *Advancing research on developmental plasticity: Integrating the behavioral science and neuroscience of mental health* (pp. 134–152) Rockville, MD: U. S. Department of Health and Human Services.

Leckman, J., & Mayes, L. (1999). Preoccupations and behaviors associated with romantic and parental love: Perspectives on the origin of obsessive-compulsive disorder. *Obsessive-Compulsive Disorder, 8*(3), 635–665.

Lieberman, D., Tooby, J., & Cosmides, L. (2003). Does morality have a biological basis? An empirical test of the factors governing moral sentiments relating to incest. *Proceedings of the Royal Society B: Biological Sciences, 270*(1517), 819–826.

Lieberman, D., Tooby, J. & Cosmides, L. (2007). The architecture of human kin detection. *Nature, 445*(7129), 727–731. doi: 10.1038/nature05510

Malinowski, B. (1922). *Argonauts of the Western Pacific.* New York, NY: Dutton Press.

Maljkovic, V. (1987). *Reasoning in evolutionarily important domains and schizophrenia: Dissociation between content-dependent and content independent reasoning* (Unpublished honors thesis). Department of Psychology, Harvard University, Cambridge, MA.

Manktelow, K., & Evans, J. St. B. T. (1979). Facilitation of reasoning by realism: Effect or non-effect? *British Journal of Psychology, 70,* 477–488.

Manktelow, K., & Over, D. (1987). Reasoning and rationality. *Mind and Language, 2,* 199–219.

Manktelow, K., & Over, D. (1988, July). *Sentences, stories, scenarios, and the selection task.* First International Conference on Thinking. Plymouth, England.

Manktelow, K., & Over, D. (1990). Deontic thought and the selection task. In K. J. Gilhooly, M. T. G. Keane, R. H. Logie, & G. Erdos (Eds.), *Lines of thinking* (Vol. 1, pp. 153–164). London, England: Wiley.

Manktelow, K., & Over, D. (1991). Social roles and utilities in reasoning with deontic conditionals. *Cognition, 39,* 85–105.

Manktelow, K., & Over, D. (1995). Deontic reasoning. In S. E. Newstead & J. St. B. T. Evans (Eds.), *Perspectives on thinking and reasoning: Essays in honor of Peter Wason* (pp. 91–114). Hove, England: Erlbaum.

Marcus, G. (2001). *The algebraic mind: Reflections on connectionism and cognitive science*. Cambridge, MA: MIT Press.

Markman, E. (1989). *Categorization and naming in children*. Cambridge, MA: MIT Press.

Marks, I. (1987). *Fears, phobias, and rituals*. New York, NY: Oxford University Press.

Marshall, L. (1976). Sharing, talking, and giving: Relief of social tensions among the !Kung. In R. Lee & I. DeVore (Eds.), *Kalahari hunter-gatherers: Studies of the !Kung San and their neighbors*. Cambridge, MA: Harvard University Press.

Maurer, A. (1965). What children fear. *Journal of Genetic Psychology, 106*, 265–277.

Mauss, M. (1967). *The gift: Forms and functions of exchange in archaic societies*. New York, NY: Norton. (Original work published 1925)

Maynard Smith, J. (1982). *Evolution and the theory of games*. Cambridge, England: Cambridge University Press.

McKenna, P., Clare, L., & Baddeley, A. (1995). Schizophrenia. In A. D. Baddeley, B. A. Wilson, & F. N. Watts (Eds.), *Handbook of memory disorders* (pp. 271–292). New York, NY: Wiley.

Mineka, S., & Cook, M. (1993). Mechanisms involved in the observational conditioning of fear. *Journal of Experimental Psychology: General, 122*, 23–38.

Núñez, M. (2011). Natural psychologists and precocious negotiators: Early understanding of the emotional consequences of social exchange. *Journal of Evolutionary Psychology, 9*(4), 327–339.

Núñez, M., & Harris, P. (1998a). Psychological and deontic concepts: Separate domains or intimate connections? *Mind and Language, 13*, 153–170.

Núñez, M., & Harris, P. (1998b, July). *Young children's reasoning about prescriptive rules: Spotting transgressions through the selection task*. Paper presented at the XVth Biennial Meeting of the International Society for the Study of Behavioral Development, Berne, Switzerland.

Oaksford, M., & Chater, N. (1994). A rational analysis of the selection task as optimal data selection. *Psychological Review, 101*, 608–631.

Orr, H. A. (2003). Darwinian storytelling. *New York Review of Books, L*(3) 17–20.

Pereyra, L., & Nieto, J. (2004). La especificidad del razonamiento sobre situaciones de peligro. [Reasoning specializations for situations involving hazards and precautions]. *Revista Mexicana de Psicología, 21*(2), 167–177.

Piaget, J. (1950). *The psychology of intelligence*. (M. Piercy & D. E. Berlyne, Trans.) New York, NY: Harcourt.

Pinker, S. (1994). *The language instinct*. New York, NY: Morrow.

Pinker, S. (2002). *The blank slate*. New York, NY: Viking.

Platt, R., & Griggs, R. (1993). Darwinian algorithms and the Wason selection task: A factorial analysis of social contract selection task problems. *Cognition, 48*, 163–192.

Price, M. E., Cosmides, L., & Tooby, J. (2002). Punitive sentiment as an anti-free rider psychological device. *Evolution and Human Behavior, 23*, 203–231.

Quartz, S., & Sejnowski, T. (1997). The neural basis of cognitive development: A constructivist manifesto. *Behavioral and Brain Sciences, 20*(4), 537–596.

Reis, D., Brackett, M., Shamosh, N., Kiehl, K., Salovey, P., & Gray, J. (2007). Emotional intelligence predicts individual differences in social exchange reasoning. *Neuroimage, 35*, 1385–1391.

Rips, L. (1994). *The psychology of proof*. Cambridge, MA: MIT Press.

Romer, P. (2000). Thinking and feeling. *American Economic Review, 90*(2), 439–443.

Rumelhart, D., & McClelland, J. (1986). On learning the past tenses of English verbs: Implicit rules or parallel distributed processing. In D. Rumelhart, J. McClelland, & The PDP Research Group (Eds.), *Parallel distributed processing: Explorations in the microstructure of cognition* (Vol. 2, pp. 216–271). Cambridge, MA: MIT Press.

Savage, L. J. (1954). *The foundations of statistics*. New York, NY: Wiley.

Szechtman, H., & Woody, E. (2004). Obsessive-compulsive disorder as a disturbance of security motivation. *Psychological Review, 111*, 111–127.

Shallice, T. (1988). *From neuropsychology tomental structure*. Cambridge, England: Cambridge University Press.

Shostak, M. (1981). *Nisa: The life and words of a !Kung woman*. Cambridge, MA: Harvard University Press.

Simon, H. (1990). A mechanism for social selection and successful altruism. *Science, 250*, 1665–1668.

Sperber, D., Cara, F., & Girotto, V. (1995). Relevance theory explains the selection task. *Cognition, 57*, 31–95.

Staddon, J. E. R. (1988). Learning as inference. In R. C. Bolles & M. D. Beecher (Eds.), *Evolution and learning* (pp. 59–77). Hillsdale, NJ: Erlbaum.

Stevens, J., & Stephens, D. (2004). The economic basis of cooperation: Trade-offs between selfishness and generosity. *Behavioral Ecology, 15*(2), 255–261.

Stone, V., Cosmides, L., Tooby, J., Kroll, N., & Knight, R. (2002, August). Selective impairment of reasoning about social exchange in a patient with bilateral limbic system damage. *Proceedings of the National Academy of Sciences, USA, 99*(17),

11531–11536.

Sugiyama, L., Tooby, J., & Cosmides, L. (2002, August). Cross-cultural evidence of cognitive adaptations for social exchange among the Shiwiar of Ecuadorian Amazonia. *Proceedings of the National Academy of Sciences, USA, 99*(17), 11537–11542.

Tooby, J., & Cosmides, L. (1989, August). *The logic of threat.* Paper presented at the *Human Behavior and Evolution Society, Evanston, IL.*

Tooby, J., & Cosmides, L. (1992). The psychological foundations of culture. In J. Barkow, L. Cosmides, & J. Tooby (Eds.), *The adapted mind* (pp. 19–136). New York, NY: Oxford University Press.

Tooby, J., & Cosmides, L. (1996). Friendship and the banker's paradox: Other pathways to the evolution of adaptations for altruism. In W. G. Runciman, J. Maynard Smith, & R. I. M. Dunbar (Eds.), *Evolution of social behaviour patterns in primates and man. Proceedings of the British Academy, 88,* 119–143.

Tooby, J., & Cosmides, L. (2010). Groups in mind: Coalitional psychology and the roots of war and morality. In Henrik Høgh-Olesen (Ed.), *Human morality and sociality: Evolutionary and comparative perspectives* (pp. 191–234). New York, NY: Palgrave Macmillan.

Tooby, J., Cosmides, L., & Barrett, H. C. (2005). Resolving the debate on innate ideas: Learnability constraints and the evolved interpenetration of motivational and conceptual functions. In P. Carruthers, S. Laurence, & S. Stich (Eds.), *The innate mind: Structure and content.* New York, NY: Oxford University Press.

Tooby, J., &DeVore, I. (1987). The reconstruction of hominid behavioral evolution through strategic modeling. In W. G. Kinsey (Ed.), *Primate models of hominid behavior* (pp. 183–237). New York, NY: SUNY Press.

Trivers, R. (1971). The evolution of reciprocal altruism. *Quarterly Review of Biology, 46,* 35–57.

Wason, P. (1966). Reasoning. In B. M. Foss (Ed.), *New horizons in psychology* (pp. 135–151). Harmondsworth, England: Penguin.

Wason, P. (1983). Realism and rationality in the selection task. In J. St. B. T. Evans (Ed.), *Thinking and reasoning: Psychological approaches* (pp. 44–75). London, England: Routledge.

Wason, P., & Johnson-Laird, P. (1972). *The psychology of reasoning: Structure and content.* Cambridge, MA: Harvard University Press.

Wegener, J., Lund, T., Hede, A., Ramsøy, T., Baaré, W., & Paulson, O. (2004).*A neural basis for identifying social contract violators in humans.* Organization for

Human Brain Mapping 2004 Annual Meeting. Budapest, Hungary.

Williams, G. (1966). *Adaptation and natural selection*. Princeton, NJ: Princeton
University Press.

26장

개인 간 갈등과 폭력

마틴 데일리

이익 갈등을 바라보는 진화적 관점

이 장에서 나는 사익추구의 성격을 설명하는 견실한 이론이 있다면 갈등과 폭력에 관한 기본적인 사실들을 발견하고 해석하기가 용이해질 수 있으며, 그 일에 필요한 이론은 반드시 자연선택론에 기초할 것이라고 주장하고자 한다.

내가 말하는 갈등과 폭력에 관한 기본적인 사실이란 사회, 가족, 인구, 유행병, 동기부여의 측면을 말한다. 어떤 사람이, 누구와, 어떤 실질적인 문제를 두고 갈등을 벌일 수 있는가? 어떤 사안이 개인 간 불화의 강도와 폭력의 발생 가능성에 영향을 미칠까? 분명 이 질문에 대한 답은 구체적인 사회적 관계—낯선 사람, 동성의 라이벌, 부모-자식, 그 밖의 혈연관계, 연애 파트너, 잠재적 짝, 인척 관계 등—에 따라 달라지고, 또한 당사자들의 연령, 성, 사회적 지위, 재생산 이력에 따라서도 달라질 것이다. 내 생각을 말하자면, 이런 변수가 갈등에 영향을 미치는 방식은 행위자의 이익이 어디에 있는가에 대한 행위자 자신의 지각, 그리고 타인의 행동과 성향이 그 지각된 이익을 실현하는 일에 적대적인지 도움이 되고 있는지에 대한 지각의 결과라는 것이다.

우선 '이익'이 무엇을 의미하는지를 분명히 할 필요가 있다. 여기서 말하는 의미와 가장 유사한 사전적 정의는 당사자에게 돌아가는 '이점 혹은 혜택'이다(예를 들어, http://www.oxforddictionaries.com/definition/english/interest를 보라). 이익을 이렇게 정의하면 개인의 이익을 그 개인이 가진 대립유전자들의 상대적인 복제 성공도(간단히, '적합도')와 동일시하는 인기 있는 진화적 방정식이 빛을 발하지만, 또한 적합도 향상과 무관하게 개인의 이익을 그가 선호하는 상태와 동일시하는 보다 더 심리적인 해석도 타당성을 획득한다. 나는 '적합도 이익'이라는 용어로 전자의 진화적 의미를 지칭하고, '지각된 이익'(의식적 자각을 내포하지 않음)이라는 용어로 후자의 심리적 의미를 지칭할 것이다. 이 구분은 '기능'과 '원인'을 나눈 틴베르겐Tinbergen(1963)의 구분과 본질적으로 동일하다.[1]

원인/기능 구분은 쉽게 모호해진다. 예를 들어 '전략'은 여러 기능이 통합된 위계 구조 내에서 적응성이 높은 조건적 반응을 가리키는 아주 강력한 메타포라서, 이제 다윈주의자들은 그 말을 주로 이 기능적인 의미로 사용하고 있다(예를 들어, Shuster & Wade, 2003). 이른바 전략가들이 식물처럼 뇌가 없는 유기체일 때는 문제가 되지 않지만(예를 들어, DeJong & Klinkhamer, 2005), 전략은 원래 인과적 개념(게다가 의식적인 계획을 암시하는 개념)이고, 그래서 '번식 전략'이 조상의 적합도에 기여하는 목표를 추구하는 것이라기보다는, 말 그대로 적합도 추구를 의미한다고 사람들은 오해를 하곤 한다. '적합도를 극대화'하는 것으로 알려진 노력에 '무의식적'이라는 설명을 추가해서 의미를 명확히 밝히려 하기도 하지만, 혼란의 가능성이 제거되지는 않는다. 의식이나 의식의 부재는 여전히 근접 인과의 영역에서만 의미 있는 구분이 되기 때문이다.

원인과 기능을 세밀하게 구분하지 못할 경우에 두 가지 오류에 쉽게 빠진다. 첫째는 다윈주의를 갖추기만 하면, 유기체는 심지어 진화적으로 새로운 환경에서조차 적합도를 극대화하는 데 필요한 일은 무엇이든 할 것이라고 예상해도 된다는 생각이다. 시몬스Symons(1987, 1989, 1990)가 그런 사고에 일련의 비판을 제기했고, 아끼는

---

1 나는 요즘 많이 사용되는 '근접' 대 '궁극'이란 표현보다 틴베르겐의 용어를 선호한다. 전자는 원인과 기능이 둘 다 상대적으로 근접할 수도 있고 원위에 있을 수도 있다는 사실을 잘 드러내지 못하기 때문이다. 예를 들어, 식사에 상대적으로 근접한 기능은 열량 획득이고, 더 원위에 있는 기능은 번식이다.

소를 공격당한 다윈주의자들로부터 커다란 분노를 불러일으켰다. 하지만 그의 설득력 있는 분석은 아직까지 그 날카로움을 유지하고 있다. 적합도를 목표로 여김으로써 발생하는 두 번째 오류는, 진화적 설명이 적합도 결과를 얘기하니, 부적응 행동에는 '진화적이지 않은' 어떤 대안적 설명이 필요하다는 생각이다. 여기서 문제는, 부적응 행위는 물론이고 심지어 극단적인 정신병리학적 행위까지도 진화한 구조와 과정을 통해 모든 행동을 만들어내는 뇌/의식의 출력이라는 점이다. 우리는 부적응의 원인들을 진화적 사고방식으로 분류할 필요가 있다(예를 들어, Baron-Cohen, 1997; Williams & Nesse, 1991). 적응의 실패는 뇌손상과 정신이상에서 비롯될 수 있을 뿐 아니라, 현대적 환경과 적응의 불일치에서 비롯될 수도 있고, 행동이 대체로 성공적인 영역에서 발생한 불운으로 비롯될 수도 있으며, 다른 유기체가 행위자의 적응을 강탈한 데서 비롯될 수도 있고, 유전체 내의 불필요한 갈등에서 비롯될 수도 있다(Nesse, 이 책, 43장; Tooby & Cosmides, 이 책, 1장).

방금 소개한 인과관계의 요점은 **지각된 이해관계**와 **적합도 이해관계**가 종종 비슷해 보인다는 것을 부정하지 않는 것이다. 둘은 당연히 비슷하게 보인다. 후자의 목적을 이루기 위한 수단으로 선택이 전자를 조형했기 때문이다. 한정된 자원에 접근하려고 경쟁하는 비혈연 동성은 서로의 적합도에 위협이 되고, 따라서 상대를 라이벌로 대하기 쉽다. 아내의 간통은 남성의 기대 적합도에 손해를 입히기 때문에, 파트너의 성적 부정은 극도의 반감을 불러일으킨다(Shackelford, Goetz, LaMunyon, Pham, & Pound, 이 책, 1권, 15장). 하지만 유기체는 축어적 의미로 적합도를 추구하는 것이 아니라 단지 단서에 반응하면서, 조상 환경에서 예상되는 적합도 결과가 통계적으로 요약된 목표 상태를 추구한다는 점을 명심해야 한다. 스키너박스에 있는 쥐는 적합도 결과와 단절된 시상하부의 자극을 좇아 계속 그 행동을 할 테고, 정관절제술을 받은 남성도 성적 매력이 있는 여성을 계속 욕망할 것이다.

두 개체의 적합도 이익은 다양한 정도로 중첩되거나 대립할 수 있는데, 적합도 이익을 합치거나 갈라지게 하는 기본적인 원인들은 태곳적부터 계속 이어져 왔다. 따라서 개체 간 갈등과 관련된 진화한 심리는 그 갈등이나 공유가 발생하는 한정된 맥락 또는 환경에 반응할 뿐 아니라, 적합도 이해가 일치하는 정도를 진화적으로 믿을 만하게 가리키는 단서에도 반응한다는 작업가설은 합리적이다. 예를 들어, 두 당사자의 유전적 근연도는 적합도 이익이 중첩된 정도를 결정하는 가장 확실한 요소이므로 우리는 유전적 근연도의 단서가 긍정적인 사회적 반응을 이끌어낸다고 충분히 가정할 수 있다(예를 들어, DeBruine, 2002; Hames, 이 책 1권, 19장; Krupp, DeBruine, & Jones, 2011). 적합도 이익을 중첩시키는 요인이 하나 더 있다. 가까운 친족이 아닌 개체들이 유성생식을 하면 자신과 가까운 어린 혈연의 복지를 공통의 이해로 삼게 된다는 사실이다. 따라서 우리는 배우자 관계의 질과 배우자 관계를 통해 맺어진 인척 관계의 질에 자식이 영향을 미친다고 가정할 수 있을 뿐 아니라, 정절과 부성의 단서들이 감정적으로 강한 반응을 이끌어낸다고 충분히 가정할 수 있다(Shackelford, Goetz, LaMunyon, Pham, & Pound, 이 책).

폭력은 개인 간 갈등을 들여다볼 수 있는 창문이다

종내種內 폭력은 다양한 이유에서 진화학자들의 주목을 받아왔다. 직접적인 공격이 모험적인 경쟁 전술이라는 사실에 영감을 받은 학자들은, 동물이 많게든 적게든 그런 전술에 의존할 수밖에 없는 요인을 이론적·경험적으로 광범위하게 분석했다(Hardy & Briffa, 2013; Maynard Smith & Price, 1973). 게다가 인간의 기본적인 속성들이 진화한 소규모 비국가 사회에서도 볼 수 있듯이, 어떤 종 안에서는 종내 폭력이 사망의 주요 원인이 될 수 있기 때문에(P. L. Walker, 2001; R. S. Walker & Bailey, 2013) 그런 전술이 선택되어 발생한 영향은 조사해볼 이유가 충분하다. 하지만 이 주제에 대한 지금의 검토 그리고 고 마고 윌슨Margo Wilson과 공동으로 진행한 인간의 폭력에 대한 연구에는 다른 동기가 있다. 나는 폭력 그 자체에 잠재해 있는 진화적 중요성보다는, 폭력이 갈등을 분석하는 데 유용하게 활용될 수 있다는 사실, 그리고 다양한 관계에서 갈등의 강도를 좌우하는 요인에 대해 이론적으로 연역한 가설들을 어떤 방법으로 검증할 수 있을지에 초점을 맞췄다.

물론, 개인 간 갈등은 비폭력적인 갈등 표출을 통해 조사할 수도 있고, 그런 방법이 때로는 많은 것을 해명해주기도 한다. 하지만 그런 연구 프로그램은 타당성을 깎아내릴 잠재적 위협을 피하지 못한다. 갈등 행동의 직접적인 관찰 기회가 제한되어 있는 탓에 연구자는 그동안 설문지와 인터뷰에 크게 의존해왔는데, 이런 자기보고 방법을 통해 얻은 데이터는 사회적 바람직함, 자기표상, 자기정당화 문제가 두드러지는 영역에서는 어쩔 수 없이 회의적으로 해석해야 한다. 갈등전술척도CTS: Conflict Tactics Scales(Straus, 1979)라 불리는 자기보고 수단에 의존해서 친밀한 파트너나 가족 구성원 간의 폭력을 연구한 방대한 문헌을 볼 때면 깜박이는 경고등을 무시할 수 없다. CTS 응답자는 갈등 상황의 '행위'를 적어놓은 긴 목록을 받은 뒤 특정한 기간 내에, 보통은 설문 시점으로부터 1년 이내에 그와 그의 파트너 또는 다른 가족 구성원이 그 행위를 했는지를 긍정 혹은 부정한다. 이미 오래전에 명백해진 일이지만 이 평가는 신뢰도가 빈약하다. 예를 들어 친밀한 파트너 두 명이 모두 검사를 받을 때면, 서로의 행위에 대한 두 사람의 보고 사이에 나타나는 상관관계는 무시할 만한 수준일 때가 많다(R. P. Dobash, Dobash, Wilson & Daly, 1992; Jouriles & O'Leary, 1985; Szinovacz, 1983). 그러니 CTS 연구의 '결과'가 더 분명한 폭력의 사례를 연구한 결과와 자꾸 상충하는 것이나 그 결과가 명백히 타당하지 않은 것도 놀라운 일이 아니다. 친밀한 파트너 간 폭력에는 성차가 존재하지 않는다는 주장이 CTS에서만 유별나게 나타나기도 하고(검토와 비평은 R. P. Dobash et al., 1992), 젤레스Gelles와 해롭 Harrop(1991; Daly & Wilson, 2008을 보라)의 보고처럼 유전적인 부모와 양부모의 자녀에 대한 폭행 수준이 동일하다고 추정한 경우도 고개를 갸웃거리게 한다.

이 측정법의 타당성이 빈약한 것은 필시 편향된 자기표현의 결과일 것이다. 하지만 사람들이 모든 걸 솔직하게 밝히려 할 때도, 자신이 얽혀 있는 사회적 갈등을 정확히 묘사할 만한 반성적 능력이 있는지는 한번쯤 의심해봐야 할 문제다(Nisbett & Wilson, 1977; Wegner, 2002). 이런 이유로, 현재 다루는 영역에서 자기보고 데이터의 가치는 제한적이다.

행동경제학의 실험 방법은 참가자들이 배당금을 어떻게 배분할지를 결정하는 다양한 상황에서 구체적인 타인에게 얼마나 협조적으로 또는 경쟁적으로 행동하겠다고 선택하는지를 살펴볼 기회가 된다. 경제학 게임을 다룬 문헌은 지금까지 압도적으로 타인 그리고/또는 익명의 상대와 주고받는 상호작용에 집중해왔다(예를 들어, Plott & Smith, 2008을 보라). 하지만 이 방법을 응용해서, 다양한 관계에 놓인 상대를 대상으로 참가자의 '복지 맞거래 비율'을 연구(Cosmides & Tooby, 2013)할 수도 있다.

그렇지만 이 방법도 외적 타당성에 여전히 의문의 여지가 남는다. 비단 자기보고 연구에 혼란을 주입하는 자기표상 문제와 똑같지는 않더라도, 참가자가 자신과 가까운 사회적 파트너와 게임을 할 때면 실험 이후의 재분배를 생각해서 공동의 수익을 극대화하려는 마음을 쉽게 먹을 수 있기 때문이다.

따라서 개인 간의 결속 대 갈등을 탐구하는 연구는 비실험 연구의 한계에도 불구하고 법적 소송, 상속, 이혼, 폭력 등 현실 세계의 자연발생적인 갈등 표현에 기댈 수밖에 없다. 안타깝게도, 이런 표현 가운데 어떤 것도 갈등의 실제 분포를 완벽하게 중립적으로 들여다볼 수 있는 창이 되지는 못한다. 민사 소송을 하는 사람들, 혼인 신고와 이혼 신고를 하는 사람들, 유언 없이 사망한 사람들을 부분집합으로 삼아봤자 인간 의사결정자의 임의적인 표본으로 사용할 수 없고, 폭행으로 기소된 사람들도 실제 가해자의 임의적인 부분집합이 될 수 없다. 그런 이유에서, 마고 윌슨과 나는 초기에 **치명적인** 개인 간 폭력 연구에 마음이 끌렸다. 살인사건이 편향된 탐지와 기록에 저항력이 가장 큰 범죄라는 것은 범죄학자 사이에서는 자명한 얘기다. 지속적인 주의를 요하는 예외가 있긴 하지만, 대개 시신은 발견되고 사인도 밝혀진다. 예를 들어, 양부모 아동 학대가 양적 비대칭을 보이는 문제를 생각해보자. 윌슨, 데일리, 웨그호스트Weghorst(1980)는 미국에서 최초로, 양부모 한 명과 친부모 한 명으로 이루어진 가정에서 보고된 신체적 아동 학대의 비율과 양쪽 모두 친부모인 가정에서 보고된 비율을 추산해서 전자가 후자를 크게 앞선다고 발표했다. 하지만 양부모의 학대 행위는 발견하고 기록하기가 특별히 쉽다는 것을 우리는 어렵지 않게 상상할 수 있다. 그런 이유로 윌슨과 동료들(1980)은, 치명적이지 않은 학대 사건보다는 비교적 드물게 발생하는 살인 사건에서 가정 유형의 차이가 훨씬 크다는 사실을 지적하고 강조했다. 이 결과는 편향된 탐지에 의거한 설명과 뚜렷이 대립한다. 사망에 이르지 않은 학대 사건보다 사망으로 이어진 폭행 사건에서 양부모의 비율이 월등히 높다는 생각은 결국 확고한 사실임이 밝혀졌고, '신데렐라 효과Cinderella effects'—양부모 슬하에서 위험이 급증한다는 효과—가 사실이라는 확실한 증거가 되었다(Daly & Wilson, 2008).

혈연관계는 치명적인 폭력을 완화한다

사회진화론의 선도적 이론인 해밀턴(1964)의 포괄적합도 이론에 따르면 적합도 이익의 공유를 지탱하는 근본적인 토대는 가계로 연결된 친족관계다(Hames, 이 책, 1권, 19장). 그렇다면 명백한 가설이 튀어나온다. 지각된 이익도 그 관계를 따르고, 사회적 동기도 사실상 '족벌주의적'이라는 것이다. 친족은 포괄적합도의 운반자이기 때문에 동물은 가까운 친족을 소중히 여기고, 친족 확인에 어느 정도 신뢰성이 확보된다면 선택은 친족의 복지를 중시하는 쪽을 선호할 것이다. 뒤집어 생각하면, 우리는 비친족보다는 친족에게 해를 가하기가 더 어려울 것이다.

식민지배 시기에 나이지리아 중부에 사는 티브족Tiv의 살인을 연구한 보해넌 Bohannan(1960)의 문헌은 그런 족벌주의적 억제를 잘 보여준다. 티브족 사회는 철저한 부계 사회라 남성들의 일상적인 상호작용은 대부분 가까운 부계 친족들 사이에서만 이루어진다. 큰 성공을 거둔 남성은 많게는 20명의 아내를 둘 수 있는데, 모든 아내를 쉽게 지킬 수 있는 것은 아니고, 친족 남성(부계 친족) 사이에 극심한 경쟁이 벌어졌다. 하지만 보해넌은 일반적으로 친족관계가 가까우면 경쟁이 치명적인 결과로 이어지지 않는다는 사실을 밝혀냈다.

> 성인 남성의 83%가 서로 부계 친족인 공동체에서는 어떤 여성의 연인이 남편의 친족일 확률이 극히 높을 것이다… 남성이 아내의 연인을 살해한 여덟 건의 사례 중 단 두 건에서만 남편과 연인이 혈연관계였다. 현장 연구자라면 티브랜드Tivland에서는 남편의 친족과 여성 사이에 간통이 흔하게 일어난다는 것을 쉽게 알 수 있다. 티브족도 간통이 일어나지 않는다고 주장하지 않는다. 다만, 아내의 간통이 친족 남성들 간의 관계를 교란해선 안 된다고 주장한다. 사례가 그 주장을 입증한다(Bohanon, 1960, p. 42).

인류학자들은 부계 친족 남성들이 다른 가계와 경쟁하기 위해 정치적이고 군사적인 동맹을 맺는 경향을 당연히 잘 알고 있으며, 그런 연합을 '형제 이익 집단'이라 부른다(예를 들어, Göhlen, 1990; Otterbein, 1968). 샐린스Sahlins(1976)를 비롯한 반−다원주의자들은 이런 관습이 "생물학과는 아무런 관련이 없다"라고 주장해왔다. 이런 주장은 그저 저자들의 몰이해와 적대감을 입증하지만, 어떤 이들은 형제 이익 집단이 실질적으로 어느 정도까지 족벌주의적인지를 적절하게 묻는다. 씨족 소속과 부칭(patronym, 부계의 성)이 근연도의 대리물로서 얼마나 유용할까? 그리고 족벌주의의 사회적이고 심리적인 통제 영역에서 과연 용어상의 혈연관계가 근연도의 다른 잠재적 단서를 '축출'할까?

나폴리언 섀그넌Napoleon Chagnon이 베네수엘라의 야노마뫼Yanomamö 원예부족을 대상으로 한 연구를 통해 이 문제에 이례적으로 명확한 답을 내놓았다. '이로쿼이족Iroquois' 혈연 체계를 사용하는 야노마뫼족 안에서 동일한 남자 조상의 후손이자 항렬이 같은 남성들은 서로를 '형제'라 부른다. 하지만 그렇다고 해서 부계의 사촌과 '친형제'를 똑같이 대한다는 뜻은 아니다. 오히려 폭력적인 갈등 상황이 발생하면 단순한 친족 용어가 아니라 유전적 계보를 암송해가며 유전적 근연도를 추산하고 이에 따라 누가 누구의 편에 설지를 정한다(Alvard, 2009; Chagnon, 1981; Chagnon & Bugos, 1979). 친족이 공간상 함께 뭉치는 것도 같은 맥락에서다. 마을이 관리가 불가능해질 정도로 규모가 커지고, 주로 불륜 문제로 갈등이 발생하면 마을은 '분열'을 하는데, 각 남성은 규모가 더 작고 새롭게 양분된 두 마을 중 어느 쪽에 거주할지를 선택해야 한다. 야노마뫼족은 여러 세대에 걸쳐 사촌 간 혼인을 했기 때문에 사실상 모든 사람이 다른 모든 사람의 친척이고, 혈연관계가 중복된 경우도 많다. 그래서 특정한 사람들의 관계가 '정확히' 규정되어 있는지(따라서 그들이 서로 혼인할 자격이 있는지)가 논쟁의 대상이 되기도 하지만, 그럼에도 놀라운 사실은 같은 마을에 거주하는 쌍들의 평균적인 유전적 근연도가 마을이 분열한 뒤에 크게 상승한다는 것이다(Chagnon, 1981). 요약하자면, 야노마뫼족은 두 사람이 서로를 부를 때 사용하는 친족 용어만을 알고 있을 때 제3자가 추론할 수 있는 것보다 더 정확하게 서로의 근연도를 알고 있는 것처럼 행동하며, 바로 그 인식을 사용해서 타인을 보호하기도 하고 타인을 공격적으로 착취하기 위한 동맹을 형성하기도 한다.

가까운 친족과 달라붙어 있는 편이 현명한 것은 부족 사회에서 마을 간에 만성적으로 전쟁이 벌어지는 경우에 그치지 않는다. 힘든 시기에 가까운 친족은 구원이 될 수 있다. 재난 상황에서 사망률에 차이를 만들어내는 원인을 분석한 몇몇 연구자들은 사망률이 치솟는 상황에서 근접한 지역에 분포해 있는 친족의 밀도가 생존 확률을 결정하는 주요 요인이며, 어떤 경우에는 연령, 성별, 부유함보다 더 중요하다고 결론지었다(Grayson, 1993; 1996; McCullough & Barton, 1991). 다른 이유도 많겠지만 한 가지 이유는, 자신을 보호하거나 자신을 위해 복수해줄 친척이 없으면 살인의 희생자가 되거나 심지어 식인행위의 사냥감이 되기 때문이다.

현대의 대중사회에서는 혈연관계의 중요성이 분명히 감소했고, 그래서 족벌주의적 편향이 아직도 감지될 만큼 작동하고 있는지 궁금해 하는 사람도 있을지 모른다. 수십 년 전에 가족 폭력을 연구하기 시작한 마고 윌슨과 나는 가까운 혈연관계에서 폭력이 **일상적으로** 발생한다는 주장을 마주하고는 놀라움을 금치 못했다! 존속 살인과 자녀 살인의 충동이 인간 본성의 보편적 요소라고 확신하는 듯 보이던 정신분석가들뿐만 아니라, 숫자를 다루는 사회 과학자들도 한 배를 탄 것 같았다. 미국에서 가장 유명한 가족 폭력 연구자는 이렇게 말하고 있었다.

> 가족은 따귀에서부터 구타, 고문, 살인에 이르기까지 모든 유형의 폭력이 가장 빈번하게 일어나는 영역이다. 살인을 공부하는 학생이라면 누구나 한 가족 구성원에게 살해당하는 희생자가 다른 범주에 속한 살인자-희생자의 관계보다 더 많다는 사실을 잘 알고 있다… 사실 가족 내 폭력이 너무나 흔하기 때문에, 폭력이 가족 관계에서 적어도 사랑만큼이나 전형적인 요소라고 말한 것이다(Gelles & Straus, 1979, p. 188).

사실이라면 놀라지 않을 수 없다. 하지만 그렇지 않다. 사실, 가족 내 살인사건은 미국에서 상당히 드물게 발생하고, 다른 곳에서도 마찬가지다(Daly & Wilson, 1982).

우선 지나치게 광범위한 '가족'의 정의가 혼란을 조장하는 작은 원인이다. 볼프강 Wolfgang(1958) 이후로 희생자-살인자의 관계를 분류하는 주류 범죄학자들은 대체로 세 가지 범주만 인정한다. 낯선 사람, 지인, 가족 구성원. 진화적 관점에서 보면 엄청나게 안일한 이 분류가 반세기 동안 연구에 적용되었다. 현재 어떤 연구자들은 적어도 '내밀한' 파트너나 '낭만적' 파트너(거의 항상 '가족' 희생자의 대다수를 구성하는)를 '그 밖의 친척들'과 구분하기는 하지만, 아직도 후자의 범주에는 살인자의 자녀, 부모, 유전적 친족, 의붓관계, 인척 관계가 전부 포함된다(예를 들어, Kubrin, 2003). 이런 분류는 당연히 불만족스러울 수밖에 없다. 다양한 유전적 근연도는 물론이고 혈족 관계나 혼인 관계처럼 질적으로 구분되는 관계들을 뭉뚱그리고 있기 때문이다. 진화적으로 사고하는 이론가에게 그런 구분은 더없이 중요하다. 내밀한 파트너 간의 갈등은 다른 가족 구성원 간의 갈등과는 내용과 계기가 완전히 다르고, 유전적 친족 대 인척 관계의 갈등도 그러하며, 유전적 친족이라도 더 구체적으로 분류하면 갈등의 내용과 계기가 천차만별하다(Daly & Wilson, 1988a, 1988b).

하지만 무신경한 범죄학자들처럼 '가족'을 포괄적으로 정의한다 해도, 가족의 위험에 관한 젤레스와 스트라우스Straus의 주장은 명백히 잘못됐다. 가족 내 살인사건은 희생자-살인자 관계의 다른 모든 범주에서 일어난 살인사건보다 많지 않은 것이다. 미국에서든 전 세계에서든 낯선 사람에 의한 살인사건과 비친족 지인 간의 치명적 다툼이라는 두 가지 큰 범주에 속한 살인사건의 수가 가족 구성원 간의 살인사건 수를 각각 크게 앞선다. 예를 들어 2000년부터 2010년까지 FBI 데이터에 따르면, 미국에서 종결된 살인사건 중 혼인 상대와 유전적 친척으로부터 살해당한 희생자의 비율은 20%가 채 되지 않는 반면에, 낯선 사람으로부터 살해당한 비율이 약 1/4이고, 혈연관계가 없는 지인에게 희생된 경우가 절반 이상이었다(Puzzanchera, Chamberlin, & Kang, 2013). 게다가 이 수치마저도 가족 내 살인사건의 발생률을 부풀려 반영하는 측면이 있다. 살인사건의 40% 이상은 미제로 남아 있고 따라서 희생자-살인자 관계의 코드도 존재하지 않는데, 미제 살인사건은 집보다는 공공장소에서 일어난 경우가 월등히 많고 또한 피해자가 다른 범죄(특히 강도와 조직 폭력)의 결과로 희생되었다는 증거도 있기 때문에, 그만큼 종결된 사건과 비교할 때 낯선 사람과 지인이 벌인 사건일 가능성이 높다.

따라서 살인사건은 어떤 이들이 묘사하는 것보다는 가족적인 사건이 아니다. 그런데 어떻게 하면 이 문제를 더 깊이 다룰 수 있을까? 혈연관계가 치명적인 갈등의 감소와 관련이 있는지 그리고 어느 정도까지 관련이 있는지를 평가하기 위해서는 그와 혈연관계가 살인과 무관하다는 가정하에서 친척 희생자의 '예상' 발생률을 산출하는 일종의 합리적인 영가설 모델이 필요하다. 데일리와 윌슨(1982, 1988b)은 두 가지 방식을 통해 기준 발생률을 예상하는 문제와 씨름했다. 우선 그들은 디트로이트에서 희생자와 살인자가 한 가구에 거주했던 살인사건을 분석해서, 설문조사에 기반한 디트로이트 가구 구성 데이터로부터 다양한 관계 범주에 대해 각각 필요한 기댓값을 산출했다. 그 결과, 내밀한 파트너든 동거인 같은 비친족이든, 유전적 근친 관계가 없는 동거인 사이에 살인사건이 발생할 확률은 동거 중인 유전적 친족 사이에 살인사건이 발생할 확률의 10배가 넘었다.

데일리와 윌슨은 이 문제에 또 다른 방식으로 접근했다. 어떤 살인사건은 가해자가 복수라는 사실을 이용한 것이다. 논리는 이렇다. 우리는 비록 평균적인 개인이 친족 대 비혈연관계로 상호작용하는 기저율(기본 구성비율)을 알 수는 없지만, 만일 혈연관계가 갈등 대 결속에 미치는 영향이 없고 그래서 두 상호작용이 발생하는 빈도는 상호작용의 이용 가능성과 강도에 비례한다면, 함께 살인을 저지르는 이들 사이의 사회적 관계의 분포는 희생자—살인자 관계 분포와 비슷하리라고 가정할 수 있다. 이와 같은 영가설을 토대로, 우리는 공범들의 관계와 희생자—살인자 관계에 관해 우리가 찾을 수 있는 필요한 정보를 포함하는 모든 데이터 집합을 모았다. 그렇게 모인 표본에는 미국의 도시지역과 다수의 원예 또는 농경 사회 그리고 중세 후기 잉글랜드의 역사 기록이 포함됐다. 우리는 모든 사례에서 공범들의 평균 근연도가 살인자—희생자의 근연도를 크게 상회한다는 결과를 얻었다. 예를 들어, 미국 도시지역의 표본과 13세기 잉글랜드의 표본에서 공범 간의 평균 근연도는 0.08에서 0.09 사이였지만, 살인자—희생자 간의 근연도는 0.01에서 0.03 사이에 그쳤다.

보다 더 전통적인 사회에서는 형제 간 밀접도가 씁쓸한 아이러니로 귀결한다. 형제는 자연스러운 동맹이 될 수도 있지만, 밀접한 혈연관계 자체가 당사자들을 격렬한 경쟁에 몰아넣기도 한다. 가까운 혈연관계는 작위나 가족 농지를 청구할 수 있는 유일한 자격이지만, 비국가 사회에서처럼 방대한 가계 때문에 누가 누구와 혼인할 수 있고 없는지가 결정되는 곳에서는 형제가 모두 한정된 범위 내에서 혼인 상대를 찾을 수밖에 없다. 그러니 그런 사회에서 형제 살해 이야기가 많이 돌고, 카인과 아벨의 이야기 같은 기원 신화들이 있는 것도 놀랄 일은 아니다. 형제의 결속은 그런 사회적 구조의 압력을 이겨낼 수 있을까? 위에 설명한 분석에는 인도에서도 상당히 부계중심적인 네 부족의 표본이 포함되어 있었다. 바이슨—혼 마리아족Bison-Horn Maria, 빌족Bhil, 문다족Munda, 오라온족Oraon이었다. 보해넌이 연구한 티브족 사이에서와 같이 이 사회에서도 남성들이 일상적으로 벌이는 사회적 상호작용의 상대는 어쩔 수 없이 거의 다 자신의 일족이었다. 장자를 우선하는 토지 상속제도 때문에 형제들은 격렬한 라이벌이 되었고, 이를 증명하듯 이들 사회에서 형제 살해는 전체 살인의 약 10%를 차지했다. (이와 대조적으로, 살인사건 발생률이 낮은 일본 등 현대 국가에서 형제 살해의 비율은 전체 살인사건 중 약 2%에 해당하고, 미국의 경우에는 1%가 채 되지 않는다; Daly, Wilson, Salmon, Hiraiwa-Hasegawa, & Hasegawa, 2001). 하지만 그렇다 해도, 부계 인도 사회에서 남성이 가까운 남성 친족을 살해할 확률은, 반대로 치명적인 싸움이 벌어질 때 힘을 합쳐서 비혈연 남성이나 먼 친척 남성과 치명적인 싸움을 벌일 확률보다 상당히 낮았다. 이 네 사회에서 희생자―살인자 관계의 평균 근연도는 0.07인 반면에, 살인사건 공범들의 평균 근연도는 0.24였다.

데일리와 윌슨(1988b)은 인류학적 · 역사적 자료를 인용하면서, 형제 살해는 농경이 발명되어 토지 상속이 이루어진 뒤에야 문제가 되기 시작했다는 주장으로 논의를 맺었다. (그렇다면 우리는 수렵채집인의 민족지학에서 형제 살해 이야기를 한 건도 발견하지 못할 것이다. 하지만 1990년경에 토머스 헤들랜드Thomas Headland는 개인적인 대화 중에 우리의 이목을 끄는 유일한 사례를 제시했다.)

엄청나게 가치 있는 자리를 놓고 형제가 경쟁을 하는데, 부계 친족들은 한 사람에게 결정적으로 권력을 몰아줄 힘이 없다면, 형제 살해 유혹은 실제로 견딜 수 없을 만큼 커질 것이다… 봉건 사회에서는… 충성과 권력의 기반으로서 가신 서약이 최소한 일부분이라도 혈연을 대체했고, 그 결과 왕위를 놓고 형제가 경쟁을 벌이면 경쟁 세력들이 그 뒤에 포진했을 것이다. 이는 물론 형제 간의 우애가 압도당할 수밖에 없는 구조인데, 실제로 봉건 제국에서 왕족 가문의 역사는 형제의 피로 얼룩진 끝이 없는 이야기라 해도 과언이 아니다(Daly & Wilson, 1988b, p. 31).

하지만 족벌주의의 억제력이 과소평가되었다고 보이는 이유는, 왕위 계승을 놓고 벌어지는 봉건 사회에서도 족벌주의가 갈등을 억제하고 있었다는 증거가 새로 나왔기 때문이다. S. B. 존슨S. B. Johnson과 존슨Johnson(1991)은 오크니섬의 백작Earldom of Orkney Islands 지위를 주장하는 경쟁자들의 역사적 갈등을 분석해서 혈연관계가 가까우면 갈등이 명백히 완화되는 효과를 발견했다. 두 남성이 동시에 통치권을 주장했을 때, 형제는 거의 항상 지위에 따른 특전을 평화적으로 분할한 반면에, 먼 부계 친족 간에 벌어진 유사한 경쟁은 보통 살인으로 해결되었다. 던바Dunbar, 클락Clark, 허스트Hurst(1995)는 이 분석을 더 확장해서, 드물게 발생하는 부계 친족 살인은 그에 따른 상당한 혜택이 확실하게 보장된 맥락에서만 발생한다는 점에서 비친족 간의 살인과는 크게 다르고, 걸린 몫이 작은 경우에는 비교적 미미한 분쟁으로 끝나는 경우가 많다는 사실을 밝혀냈다. 잉글랜드의 왕위를 두고 벌어진 치명적 갈등을 분석한 결과도 비슷한 이야기를 전한다(S. B. Johnson & Johnson, 1991; McCullough, Heath, & Fields, 2006). 비록 가깝든 멀든 친족끼리 왕위 계승을 두고 전쟁을 벌이면 분명 한쪽이 죽고 끝이 나지만, 그럼에도 형제 살해, 부모 살해, 자녀 살해는 왕위를 갈망하는 이들이 '사촌을 제거'하는 데 바치는 열정에 비하면 많이 억제되어 있었다.

친밀한 파트너 폭력

이성 짝 사이에서 벌어지는 결속과 갈등의 원인은 그 관계에만 특별하다. 하지만 유전적 친족과 마찬가지로 그 이유는 결국 적합도 이익이 중첩된 데서 비롯한다. 유성 생식에서는 비혈연 짝들이 직접적합도(포괄적합도의 반대)의 가능성을 결합하는 상황이 만들어지고, 둘 사이에서 태어난 자식은 목표 공유의 강력한 원천이 된다. 부부가 일부일처제에 충실하고, 동시에 거리가 먼 방계 친족들에게 족벌주의적인 투자를 거의 또는 전혀 하지 않는다면, 그들이 공유하는 적합도 이익은 가장 가까운 비복제 유전적 친척과 공유하는 적합도 이익을 상회하게 된다(Alexander, 1987). 이 결과는 오랜 시간을 함께 보낸 부부는 취향, 야망, 세계관이 서로 닮아갈 때가 많다는 흔한 말을 편들기도 하고 설명해주기도 한다.

적합도 이익을 공유할 이유가 이렇게 확실함에도 불구하고, 짝의 결속은 쉽고도 빈번하게 흔들리곤 한다. 당신의 유전적 친족은 영원히 유전적 친족이고, 그가 어떤 배신행위를 해도 그의 번식으로 당신의 유전적 후손이 증대한다는 사실은 변하지 않는다. 아마 그래서 용서와 화해의 심리도 친구보다 친족에게 더 관대하게 적용되는 듯하다. 하지만 배우자 관계는 그렇지 않다. 만일 부부가 성적으로 일부일처제를 유지하지 **않는다면** 한 쪽의 적합도를 향상시키는 것이 체계상 다른 쪽의 적합도 이익을 손상시킬 수 있는데, 물론 그로 인해 불륜이나 간통과 관련된 문제들은 감정적으로 유난히 막강한 힘을 발휘한다(Gangestad, Thornhill, & Garver-Apgar, Chapter 14, 본 핸드북, 1권; Shackelford, Goetz, LaMunyon, Pham, & Pound, 이 책, 1권, 15장). 안타깝게도, 성적 충실성만으로 파트너 간 갈등을 제거할 수는 없다. 부부가 그들의 직접 적합도에 동등하게 기여하는 공동 자손의 복지에만 투자하는 인구라 하더라도, 다음 두 조건이 충족되지 않는다면, 여전히 선택은 본인은 게으름을 부리며 파트너에게 자녀의 양육비용을 최대한 부담하게 하는 부모를 선호할 것이다. 두 파트너 중 누구도 (예를 들어, 한 쪽이 사망할 경우에) 다른 상대와 재결합할 가능성이 전혀 없어야 하고, **동시에** 어느 쪽도 자원을 후손이 아닌 친족에게 돌려서 자신의 포괄적합도만 상승시킬 가능성이 전혀 없어야 한다. 쌍–결합을 통해 두 부모가 자녀를 양육하는 어떤 종도 이 조건을 만족시키기는 어렵고, 인간의 경우에는 더더욱 어렵다.

진화적 사고방식으로 배우자 관계를 분석하면 어느 정도 구분되는 갈등의 근거를 최소 여섯 가지 지적할 수 있다. 대부분은 일반인들이 생각해도 행복한 결혼에 가장 큰 위협으로 여겨지는 것들과 분명하게 일치한다.

1. 은밀한 짝외 수정. (간통 문제)
2. 이전 결합에서 태어난 의존적인 자식. (의붓자식 문제)
3. 방계 친족들에 대한 족벌주의적 지원. (인척 문제)
4. 파트너의 노력에 무임승차하고 싶은 마음. (게으른 배우자 문제)
5. 배우자풀(어장)을 관리하고 어쩌면 업그레이드까지도 하기를 바라는 마음. (변절 문제)
6. 주로 남성이 느끼지만 여성도 간혹 느끼는, 복수의 배우자를 두고자 하는 열망. (복혼 문제)

저도 모르게 남의 아이를 키우게 되는 간통의 위험이 성별상 비대칭인 것을 제외하고 나머지 문제들은, 반드시 동등한 힘을 발휘하진 않지만 원칙상 남녀 모두에게 적용된다.

살인으로 끝나는 부부 갈등은 대부분 어느 사회에서나 남성의 성적 질투가 부채질을 한다. 성적 질투라는 용어가 파트너의 부정과 유기(자녀 유기)에 대한 분노를 포괄한다면 말이다(Daly & Wilson, 1988b; Daly, Wilson, & Weghorst, 1982). 내가 아는 한에서 이 결론은 지금까지 반박된 적이 없다. 어떤 저자들은 과장된 얘기라고 주장하기도 했지만, 그들이 제시한 데이터는 항상 속 빈 강정에 불과했다. 예를 들어, 경찰은 배우자 살해 중 소수를 '질투'로 분류하고, 다수를 '말다툼'으로 분류하는데, 말다툼이란 분류어는 당연히 갈등의 본질에 대해 아무것도 말해주지 않는다. 이후의 저술들에서 우리는 이 문제를 '질투'가 아니라 '소유권' 문제로 규정하는 편을 선호했다. 그 이유는 남성이 아내를 소유물로 해석하고 그래서 아내의 (의심되는) 부정과 이혼하고자 하는 노력을 재산권 침해로 받아들이고 분노하는 경향에 초점을 맞추기 위해서였다(Wilson & Daly, 1992, 1996, 1998). 이렇게 개념화하자 진화심리학을 경계하는 수위가 그나마 낮았던 많은 페미니스트 학자들이 관심을 보이고, 학제 간 대화의 공간에 참여했다(예를 들어, Campbell, 2012; R. E. Dobash & Dobash, 2012; H. Johnson, 2012을 보라).

부부 관계에 대한 진화적 분석이 유용함을 갖추려면 설득력 있는 용어를 제시하는 것에 그치지 않아야 한다. 새롭고 유용한 가설을 만들어낼 수 있는 가능성을 과학자에게 열어주어야 한다. '의붓자식 문제'가 좋은 사례다. 부부의 자녀는 두 사람의 적합도 이익에 교집합을 만들어내고, 부부가 가진 자원을 이상적으로 사용하는 방법 같은 어려운 문제에서 합의를 조장하는 반면에, 이전 결합에서 태어난 자녀는 정반대 효과를 일으킨다(Daly & Wilson, 1996). 너무 명백한 가설처럼 보일 수도 있지만, 의붓자식의 존재가 이혼율의 상승과 관련이 있다는 것은 오래전부터 익히 알려져 있었음에도(Becker, Landes, & Michael, 1977; White & Booth, 1985), 의붓자식의 존재가 부부 간 폭력의 높은 발생률과 관련이 있는지를 평가한 연구는 데일리, 싱Singh, 윌슨(1993)이 처음이었다. 여성 보호소를 찾는 대다수 여성에게 이전 파트너와 자녀가 있다는 것을 처음 밝혀낸 것이다. 캐나다에서 진행된 후속 연구(Daly, Wiseman, & Wilson, 1997)에서 우리는, 그런 여성들이 남편에게 살해당할 위험이 현재 파트너와 자녀를 낳은 여성보다 훨씬 크다는 것도 발견했으며, 미국 표본을 활용한 연구에서도 이 결과를 반복 검증했다(Brewer & Paulsen, 1999). 한편 재클린 캠벨Jacquelyn

Campbell과 공동연구자들은 친밀한 파트너의 폭력이 치명적인 수준으로 확대될 위험을 평가하는 도구를 개발하고 있었다. 치명적인 폭력과 비치명적인 폭력의 위험 요인이 대체로 동일하기 때문에 보통 어려운 과제가 아니었다(Wilson, Johnson, Daly, 1995). 의붓가족 연구에서 나온 결과들을 토대로 연구자들은 이 측정 기준을 평가 항목에 포함시켰고, 결국 이 방법은 대단히 유용한 것으로 입증되었다. 현재까지 얻은 증거는, 한 여성이 이전부터 남성 파트너에게 신체적 폭력을 당하고 있다고 가정할 때, 현재까지 나온 증거에 따르면 남성이 결국 여성을 살해할지를 말해주는 통계적 예측 인자는 세 가지로 집약된다. 남성의 자살 위협 이력, 가정 내 총기 보유, 여성과 전남편 사이에서 태어난 자녀의 존재(Campbell, 2012; Campbell et al., 2003).

일반적인 요점이 하나 더 있다. 친밀한 파트너 살인을 연구하면, 다른 관점들에서 나온 가설과 대립하는 '진화적 가설'이 하나가 아니라는 것을 확실히 드러낼 수 있다. 그런 특권을 가진 가설은 거의 없다. 그 대신, 진화심리학자와 진화생물학자가 세운 가설이 똑같이 다윈주의적이면서도 서로 경쟁할 수 있으며, 실제로 자주 그렇게 경쟁한다. 30년 전만 해도 살인사건 발생률의 인구학적 양상을 관계-특이적으로 연구한 사례는 사실상 없었고, 연령이 위험성의 차이와 어떻게 연관되어 있는지 탐구한 사례도 없었다. 남성이 여성 파트너에게 매기는 가치는 번식 가치와 함수관계에 있다고 추론하면서(또한 지위가 높은 캐나다 남성이 '살인청부업자'를 고용해서 중년의 부인을 살해한 악명 높은 세 사건으로부터, 어쩌면 지나칠 정도로 큰 영향을 받아서), 나는 여성의 피살 위험이 폐경 직전이나 폐경기에 증가하리라는 가설을 세웠다. 계획을 세워 아내를 처리할 수도 있었고, 더 중요하게는 나이든 아내에게 심각한 위해가 될 수 있음에도 분노한 남성이 자제력을 발휘하지 못할 수도 있었다. 하지만 마고 윌슨은 젊고 번식 가치가 높은 아내일수록 큰 위험에 노출되어 있다고 예측했다. 남성이 아내에게 가하는 폭력은 통제하는 기능에 불과한데, 파트너가 라이벌 남성에게 특히 매력적으로 비춰져서 그녀가 변절의 유혹과 마주하기 쉬울 때, 남성 입장에서는 강압적인 통제력을 행사하려는 마음이 강해질 거라고 추론한 것이다. 명백한 승자는, 아내 살해가 전략적 살처분 때문이 아니고, 주된 기능이 없는 분노의 부산물이라 추정한 마고의 가설이었다. 캐나다에서 조사한 결과, 연령과 아내 살해 위험 사이에는 상당한 음의 상관성이 있었고, 폐경기의 위험성 증가는 낌새조차 없었다(Daly &

Wilson, 1988b; Wilson, Johnson, & Daly, 1995). 이 양상은 미국, 영국, 호주에서 반복 검증되었다(Mercy & Saltzman, 1989; Shackelford & Mouzos, 2005; Wilson & Daly, 2001).

초기 분석에서 데일리와 윌슨(1988b)은 친밀한 파트너 살해를 부르는 주요한 위험 요인을 하나 더 밝혀냈다. 바로 관습법적 혼인, 즉 사실혼 지위다. 사실혼 상태로 동거 중인 남녀의 경우, 파트너에게 살해당할 확률이 양측 모두 법적으로 혼인한 부부보다 훨씬 높았고, 이 결과 역시 다른 영어권 국가에서 반복 검증되었다(Mouzos & Shackelford, 2004; Shackelford & Mouzos, 2005; Wilson & Daly, 2001). 제기된 원인으로는 사회경제적 곤란, 헌신도가 높지 않아 갈등이 쉽게 발생한다는 점, 관습법적 결합에서 나타나는 높은 부정 발생률, 혼인신고를 하지 않고 동거 중인 남녀의 가정에 의붓자식이 있을 확률이 훨씬 높다는 점 등이 있다. 동거 중인 남녀의 위험이 중년일 때 뚜렷이 높아지는 연령 양상 또한 국제적으로 반복 검증되었는데, 여기서도 의붓가족 가설이 얼마간 확인된다. 하지만 놀랍게도, 법적인 혼인 관계와 관습법적 혼인관계에서 나타나는 살인사건 발생률의 명백한 차이는 미국에서 1990년부터 줄기 시작해서 2005년에는 완전히 모습을 감췄고(James & Daly, 2012), 캐나다에서도 똑같은 과정을 거쳤다(James, 2011). 제임스와 데일리(2012)는 다른 속성들에서는 두 유형의 혼인 관계가 비슷해진다는 증거를 발견할 수 없었다. 이 놀라운 변화의 원인은 친밀한 파트너 간에 벌어지는 살인사건 발생률 자체가 최근에 하락한 원인을 포함해서, 시간에 걸친 대규모 변화의 원인이 그렇듯 여전히 탐구의 대상으로 남아 있다. 앞으로 이 경향을 해명해줄 만족스러운 설명이 나온다면, 분명 파트너 갈등에 대한 진화적 이해가 그 속에 결정적인 요소로 포함되어 있을 것이다.

다른 관계에 존재하는 치명적 갈등

개인 간 관계의 다른 범주에는 저마다 특수한 갈등의 원천이 있고, 살인 위험 양상도 제각기 다르게 나타난다. 트리버스Trivers(1974)는 잘 알려진 부모−자식 갈등 이론을 통해서 부모가 왜 자식을 자기 자신만큼 사랑하지 않는지, 왜 모든 자녀들을 불균등하게 아끼는지를 밝혀냈다. 이 이론은 부모-자식 갈등에서 드러나는 강도의 변동성(변산도)이 양 당사자의 연령과 함수관계에 있음을 증명했으며, 이론에 담긴 통찰들은 어머니나 아버지의 자식 살해, 더 나아가 존속 살해가 연령에 따라 어떤 궤적을 그리는지를 조사한 연구들을 통해 뒷받침되어왔다(Daly & Wilson, 1998a; Wilson & Daly, 1994). 트리버스 이론은 부모-자식 갈등이 본질적으로는 동성 라이벌 관계의 문제라는 지그문트 프로이트Sigmund Freud의 악명 높은 이론과 대립할 때에도 빛을 발한다. 프로이트의 이론은 연역적으로도 타당하지 않은데, 인간 부모와 동성 자식은 짝을 두고 경쟁할 일이 거의 없는 데다, 아들은 프로이트가 가정한 것처럼 어머니를 욕망하지 않기 때문이다(Daly & Wilson, 1990a).

지금까지 가장 많은 살인사건을 일으킨 관계는 비친족 남성 라이벌 간의 살인으로(Daly & Wilson, 1988b, 1990b), 사건 자체를 이해하기 위해서 뿐만 아니라, 사건의 상당히 가변적인 발생률을 이해하기 위해서도 진화적 관점은 필수적이다. 이 주제는 우리를 비롯한 많은 연구자들이 다른 곳에서 광범위하게 다룬 문제라(Courtwright, 1996; Daly & Wilson, 1988b, 1990b, 1997, 2001, 2010; Eisner, 2003; Pinker, 2011; Wilson & Daly, 1985), 여기서는 더 논의하지 않을 것이다.

개인 간 갈등을 심화하거나 완화하는 변수를 주제로 적응주의적 가설을 검증하고자 살인을 '시금석'으로 삼을 때, 나와 공동 연구자들은 살인 자체가 치명적인 공격의 적응적 기능인지 아니면 그 행위가 조상 환경에서도 살인자의 적합도를 평균적으로 끌어내렸던 소수자의 비적응적 결과인지에 대해서는 불가지론의 입장을 취했다(예를 들어, Daly & Wilson, 1988b). 폭력성이 적응이라는 데는 의문의 여지가 없고, 폭력 행위의 강도가 우리의 진화한 심리에 따라 조절된다는 점 역시 의문의 여지가 없다(예를 들어, Sell, 2011). 인간의 마음에 살인을 위한 적응들이 담겨 있다는 이야기도 가끔은 그럴듯하게 들린다. 하지만 대부분의 살인이 지배와 강압을 위한 적응의 부산물이든 아니면 살인을 위한 적응의 반영물이든 상관없이, 관계의 특이성에 초점을 맞추는 진화적 갈등 이론은 살인 위험을 설명하는 가설의 귀중한 원천으로 남을 것이다.

버스(1999, 2000) 그리고 던틀리Duntley와 버스(2008, 2011)는 이런 불가지론적 입장을 비판했다. 살인은 많은 경우에 우발적인 '실수'라기보다 의도적인 행위이며, 사람들이 대개 극단적인 환경에 처하면—이를테면 자녀를 보호하기 위해서라면—살인을 할 수 있다고 말하고, 수많은 사람들이 살인 환상을 인정하기 때문에, 저자들은 살인이 다른 결과를 성취하기 위해 설계된 적응의 비적응적 부산물일 가능성이 낮다고 주장한다. 그들은 대신에 사람들이 자연 선택의 결과로 살인을 저지르고, 또 살해당하는 일을 피하는 관계-특이적인 심리적 적응을 갖추게 되었을 거라고 주장한다. 애석하게도, 살인이라는 특수한 기능을 위해 설계되었을 법한 심리적 측면을 확인하기는 쉽지 않다. 내가 보기에 환상, 의도, 그리고 살인 의향의 고백은 모두 논점에서 벗어나 있다. 살인 환상보다는 비디오 게임을 하고 싶다는 환상을 보고하는 남자 대학생이 훨씬 많지만(Kai, 미발표, Wilson, Daly, & Pound, 2009에서 인용), 비디오 게임을 위한 적응은 분명히 존재하지 않는다. 또한 상당히 많은 사람들이 자신이 좋아하는 TV프로그램을 보는 것에서부터 애완동물을 중성화하는 것에 이르기까지 자연 선택의 대상이 된 적 없는 수없이 많은 일을 하겠다고 의향을 표명하고 의도를 명확히 표출한다. 마지막으로 아내 살해와 의붓자식 살해처럼, 던틀리와 버스가 살인을 전담하는 '모듈'이 존재한다고 주장한 구체적인 관계에 대해서 말을 하자면, 나로서는 인간이 진화해온 소규모의 대면 사회에서 평균적으로 그런 살인이 적합도를 높여주었다거나, 한정적으로 진화한 심리 기제의 그럴듯한 후보가 될 만큼 충분한 빈도로 발생했다는 민족지적 증거를 발견할 수가 없다. 치명적인 폭력이 인간의 진화에서 분명 선택의 동인으로 작동했을 가능성, 그리고 살인자가 적합도 이점을 누려서 그것이 선택으로 이어질 수도 있었을 가능성(Chagnon, 1988)에는 나도 동의하지만, 대부분의 살인은 고사하고 단 한 건의 살인도 '살인 적응'(또한 Durrant, 2009를 보라)을 반영한다고 결론을 지을 수 있는 확실한 근거는 어디에서도 발견되지 않고 있다.

그리고 어떤 면에서 그건 중요하지 않다. 이 논쟁은 지금 다루고 있는 맥락에서 무시해도 좋은 이야기다. 이 논쟁의 해답이 무엇이든 간에 살인 위험의 양상을 파악하는 일에는 거의 무의미하기 때문이다. 살인이 주로 다른 적응의 부산물로 발생하든, 아니면 살인을 위해 설계된 적응의 직접적인 반영으로 발생하든, 우리는 성적 부정, 번식 가치, 혈연관계, 그 밖의 갈등 변수를 나타내는 단서들이 그런 효력을 갖고 있다고 생각한다. 새로운 증거와 아이디어가 등장해서 결국에는 이런 쟁점들을 시원하게 밝히고 해결해줄지 모른다. 하지만 우리가 이미 확신하고 있는 것은, 살인이 앞으로도 계속 개인 간 갈등에 관한 진화적 가설을 검증하는 데 필요한 데이터를 풍부하게 제공해주리라는 점이다.

참고문헌

Alexander, R. D. (1987). *The biology of moral systems*. New York, NY: Aldine de Gruyter.

Alvard, M. (2009). Kinship and conflict: The ax fight revisited. *Human Nature, 20*, 394-416.

Baron-Cohen, S. (Ed.). (1997). *The maladapted mind: Classic readings in evolutionary psychopathology*. Hove, England: Psychology Press.

Becker, G. S., Landes, E. M., & Michael, R. T. (1977). An economic analysis of marital instability. *Journal of Political Economy, 85*, 1141-1187.

Bohannan, P. (1960). Homicide among the Tiv of central Nigeria. In P. Bohannan (Ed.), *African homicide and suicide* (pp. 30-64). Princeton NJ: Princeton University Press.

Brewer, V. E., & Paulsen, D. J. (1999). A comparison of Canadian and U.S. findings on uxoricide risk for women with children sired by previous partners. *Homicide Studies, 3*, 317-332.

Buss, D. M. (1999). *Evolutionary psychology: The new science of the mind*. Needham Heights, MA: Allyn & Bacon.

Buss, D. M. (2000). *The dangerous passion: Why jealousy is as necessary as love and sex*. New York, NY: The Free Press.

Campbell, J. C. (2012). Risk factors for intimate partner homicide: The importance of Margo Wilson's foundational research. *Homicide Studies, 16*, 438-444.

Campbell, J. C., Webster, D., Koziol-McLain, J., Block, C. R., Campbell, D., Curry, M. A., &Xu, X. (2003). Risk factors for femicide in abusive relationships: Results from a multisite case-control study. *American Journal of Public Health, 93*, 1089-1097.

Chagnon, N. A. (1981). Terminological kinship, genealogical relatedness, and village fissioning among the Yanomamö Indians. In R. D. Alexander & D. W. Tinkle (Eds.), *Natural selection and social behavior: Recent research and new theory* (pp. 490-508). New York, NY: Chiron.

Chagnon, N. A. (1988). Life histories, blood revenge, and warfare in a tribal population. *Science, 239*, 985-992.

Chagnon, N. A., & Bugos, P. (1979). Kin selection and conflict: An analysis of a Yạnomamö ax fight. In N. A. Chagnon & W. Irons (Eds.), *Evolutionary biology and human social behavior: An anthropological perspective* (pp. 213–237). North Scituate, MA: Duxbury Press.

Cosmides, L., & Tooby, J. (2013). Evolutionary psychology: New perspectives on cognition and motivation. *Annual Review of Psychology, 64*, 201–229.

Courtwright, D. T. (1996). *Violent land: Single men and social disorder from the frontier to the inner city.* Cambridge, MA: Harvard University Press.

Daly, M., Singh, L. S., & Wilson, M. I. (1993). Children fathered by previous partners: A risk factor for violence against women. *Canadian Journal of Public Health, 84*, 209–210.

Daly, M., & Wilson, M. I. (1982). Homicide and kinship. *American Anthropologist, 84*, 372–378.

Daly, M., & Wilson, M. I. (1988a). Evolutionary social psychology and family homicide. *Science, 242*, 519–524.

Daly, M., & Wilson, M. I. (1988b). *Homicide.* Hawthorne, NY: Aldine de Gruyter.

Daly, M., & Wilson, M. I. (1990a). Is parent-offspring conflict sex-linked? Freudian and Darwinian models. *Journal of Personality, 58*, 163–189.

Daly, M., & Wilson, M. I. (1990b). Killing the competition. *Human Nature, 1*, 83–109.

Daly, M., & Wilson, M. I. (1996). Evolutionary psychology and marital conflict: the relevance of stepchildren. In D. M. Buss & N. Malamuth (Eds.), *Sex, power, conflict: Feminist and evolutionary perspectives* (pp. 9–28). New York, NY: Oxford University Press.

Daly, M., & Wilson, M. I. (1997). Crime and conflict: Homicide in evolutionary psychological perspective. *Crime & Justice, 22*, 251–300.

Daly, M., & Wilson, M. I. (2001). Risk-taking, intrasexual competition, and homicide. *Nebraska Symposium on Motivation, 47*, 1–36.

Daly, M., & Wilson, M. (2008). Is the "Cinderella effect" controversial? A case study of evolution-minded research and critiques thereof. In C. B. Crawford & D. Krebs (Eds.), *Foundations of evolutionary psychology* (pp. 381–398). Mahwah, NJ: Erlbaum.

Daly, M., & Wilson, M. (2010). Cultural inertia, economic incentives, and the persistence of "southern violence." In M. Schaller, A. Norenzayan, S. Heine, T. Yamagishi, & T. Kameda (Eds.), *Evolution, culture, and the human mind* (pp. 229–241). New York, NY: Psychology Press.

Daly, M., Wilson, M., Salmon, C. A., Hiraiwa-Hasegawa, M., & Hasegawa, T. (2001).

Siblicide and seniority. *Homicide Studies, 5,* 30–45.

Daly, M., Wilson, M., & Weghorst, S. J. (1982). Male sexual jealousy. *Ethology & Sociobiology, 3,* 11–27.

Daly, M., Wiseman, K. A., & Wilson, M. I. (1997). Women with children sired by previous partners incur excess risk of uxoricide. *Homicide Studies, 1,* 61–71.

DeBruine, L. M. (2002). Facial resemblance enhances trust. *Proceedings of the Royal Society B: Biological Sciences, 269,* 1307–1312.

DeJong, T., & Klinkhamer, P. (2005). *Evolutionary ecology of plant reproductive strategies.* Cambridge, England: Cambridge University Press.

Dobash, R. E., & Dobash, R. P. (2012). In honor of Margo Wilson: Working across disciplines to increase the understanding of violence against women. *Homicide Studies, 16,* 428–437.

Dobash, R. P., Dobash, R. E., Wilson, M. I., & Daly, M. (1992). The myth of sexual symmetry in marital violence. *Social Problems, 39,* 71–91.

Dunbar, R. I. M., Clark, A., & Hurst, N. L. (1995). Conflict and cooperation among the Vikings: Contingent behavioral decisions. *Ethology & Sociobiology, 16,* 233–246.

Duntley, J., & Buss, D. M. (2011). Homicide adaptations. *Aggression & Violent Behavior, 16,* 399–410.

Duntley, J. D., & Buss, D. M. (2008). The origins of homicide. In J. D. Duntley & T. K. Shackelford (Eds.), *Evolutionary forensic psychology: Darwinian foundations of crime and law* (pp. 41–64). Oxford, England: Oxford University Press.

Durrant, R. (2009). Born to kill? A critical evaluation of homicide adaptation theory. *Aggression & Violent Behavior, 14,* 374–381.

Eisner, M. (2003). Long-term historical trends in violent crime. *Crime & Justice, 30,* 83–142.

Gelles, R. J., & Harrop, J. W. (1991). The risk of abusive violence among children with nongenetic caretakers. *Family Relations, 40,* 78–83.

Gelles, R. J., & Straus, M. A. (1979). Family experience and public support for the death penalty. In R. J. Gelles (Ed.), *Family violence* (pp. 188–197). Beverly Hills, CA: Sage.

Göhlen, R. (1990). Fraternal interest groups and violent conflict management: A social-structural hypothesis. *Zeitschrift für Ethnologie, 115,* 45–55.

Grayson, D. K. (1993). Differential mortality and the Donner party disaster. *Evolutionary Anthropology, 2,* 151–159.

Grayson, D. K. (1996). Human mortality in a natural disaster. *Journal of Anthropological Research, 52,* 185–205.

Hamilton, W. D. (1964). The genetical evolution of social behaviour. I and II. *Journal of Theoretical Biology*, *7*, 1−52.

Hardy, I. C. W., & Briffa, M. (Eds.). (2013). *Animal contests*. Cambridge, England: Cambridge University Press.

James, B. (2011). *Recent trends in intimate partner homicide in North America: Cohabiting and married victims* (Unpublished MSc thesis). Department of Psychology, Neuroscience & Behaviour, McMaster University, Hamilton, Ontario.

James, B., & Daly, M. (2012). Cohabitation is no longer associated with elevated spousal homicide rates in the United States. *Homicide Studies*, *16*, 393−403.

Johnson, H. (2012). When feminism meets evolutionary psychology: The enduring legacy of Margo Wilson. *Homicide Studies*, *16*, 332−345.

Johnson, S. B., & Johnson, R. C. (1991). Support and conflict of kinsmen in Norse Earldoms, Icelandic families, and the English royalty. *Ethology & Sociobiology*, *12*, 211−220.

Jouriles, E. N., & O'Leary, K. D. (1985). Interspousal reliability of reports of marital violence. *Journal of Consulting & Clinical Psychology*, *53*, 419−421.

Krupp, D. B., DeBruine, L. M., & Jones, B. C. (2011). Cooperation and conflict in the light of kin recognition systems. In C. A. Salmon & T. K. Shackelford (Eds.), *The Oxford handbook of evolutionary family psychology* (pp. 345−362). New York, NY: Oxford University Press.

Kubrin, C. E. (2003). Structural covariates of homicide rates: Does type of homicide matter? *Journal of Research on Crime & Delinquency*, *40*, 139−170.

Maynard Smith, J., & Price, G. R. (1973). The logic of animal conflict. *Nature*, *246*, 15−18.

McCullough, J. M., & Barton, E. Y. (1991). Relatedness and mortality risk during a crisis year: Plymouth Colony, 1620−1621. *Ethology & Sociobiology*, *12*, 195−209.

McCullough, J. M., Heath, K. M., & Fields, J. F. (2006). Culling the cousins: Kingship, kinship, and competition in mid-millennial England. *The History of the Family*, *11*, 59−66.

Mercy, J. A., & Saltzman, L. (1989). Fatal violence among spouses in the United States, 1976−85. *American Journal of Public Health*, *79*, 595−599.

Mouzos, J., & Shackelford, T. K. (2004). A comparative cross-national analysis of partner killing by women in cohabiting and marital relationships in Australia and the United States. *Aggressive Behavior*, *30*, 206−216.

Nisbett, R. E., & Wilson, T. D. (1977). Telling more than we can know: Verbal reports on mental processes. *Psychological Review*, *84*, 231−259.

Otterbein, K. F. (1968). Internal war: A cross-cultural study. *American Anthropologist, 70*, 277–289.

Pinker, S. (2011). *The better angels of our nature: Why violence has declined*. New York, NY: Viking.

Plott, C. R., & Smith, V. L. (Eds.). (2008). *Handbook of experimental economics results* (vol. 1). Amsterdam, The Netherlands: Elsevier North Holland.

Puzzanchera, C., Chamberlin, G., & Kang, W. (2013). *Easy access to the FBI's Supplementary Homicide Reports: 1980-2011*. Retrieved from http://www.ojjdp.gov/ojstatbb/ezashr/

Sahlins, M. (1976). *The use and abuse of biology: An anthropological critique of sociobiology*. Ann Arbor: University of Michigan Press.

Sell, A. N. (2011). The recalibrational theory and violent anger. *Aggression & Violent Behavior, 16*, 381–389.

Shackelford, T. K., & Mouzos, J. (2005). Partner killing by men in cohabiting and marital relationships: A comparative cross-national analysis of data from Australia and the United States. *Journal of Interpersonal Violence, 20*, 1310–1324.

Shuster, S. M., & Wade, M. J. (2003). *Mating systems and strategies*. Princeton, NJ: Princeton University Press.

Straus, M. A. (1979). Measuring intrafamily conflict and violence: The Conflict Tactics (CT) Scales. *Journal of Marriage & the Family, 51*, 75–88.

Symons, D. (1987). If we're all Darwinians, what's the fuss about? In C. B. Crawford, M. F. Smith, & D. Krebs (Eds.), *Sociobiology and psychology: Ideas, issues, and applications* (pp. 121–146). Hillsdale, NJ: Erlbaum.

Symons, D. (1989). A critique of Darwinian anthropology. *Ethology & Sociobiology, 10*, 131–144.

Symons, D. (1990). Adaptiveness and adaptation. *Ethology & Sociobiology, 11*, 427–444.

Szinovacz, M. E. (1983). Using couple data as a methodological tool: The case of marital violence. *Journal of Marriage & the Family, 45*, 633–644.

Tinbergen, N. (1963). On aims and methods of ethology. *Zeitschrift für Tierpsychologie, 20*, 410–433.

Trivers, R. L. (1974). Parent-offspring conflict. *American Zoologist, 14*, 249–264.

Walker, P. L. (2001). A bioarchaeological perspective on the history of violence. *Annual Review of Anthropology, 30*, 573–596.

Walker, R. S., & Bailey, D. H. (2013). Body counts in lowland South American violence. *Evolution & Human Behavior, 34*, 29–34.

Wegner, D. M. (2002). *The illusion of conscious will*. Cambridge, MA: MIT Press.

White, L. K., & Booth, A. (1985). The quality and stability of remarriages: The role of stepchildren. *American Sociological Review, 50*, 689-698.

Williams, G. C., & Nesse, R. M. (1991). The dawn of Darwinian medicine. *Quarterly Review of Biology, 66*, 1-22.

Wilson, M. I., & Daly, M. (1985). Competitiveness, risk-taking and violence: The young male syndrome. *Ethology & Sociobiology, 6*, 59-73.

Wilson, M. I., & Daly, M. (1992). The man who mistook his wife for a chattel. In J. H. Barkow, L. Cosmides, & J. Tooby (Eds.), *The adapted mind: Evolutionary psychology and the generation of culture* (pp. 289-322). New York, NY: Oxford University Press.

Wilson, M. I., & Daly, M. (1994). The psychology of parenting in evolutionary perspective and the case of human filicide. In S. Parmigiami & F. S. vom Saal (Eds.), *Infanticide and parental care* (pp. 73-104). Chur, Switzerland: Harwood Academic Publishers.

Wilson, M. I., & Daly, M. (1996). Male sexual proprietariness and violence against wives. *Current Directions in Psychological Science, 5*, 2-7.

Wilson, M. I., & Daly, M. (1998). Lethal and nonlethal violence against wives and the evolutionary psychology of male sexual proprietariness. In R. E. Dobash & R. P. Dobash (Eds.), *Rethinking violence against wives* (pp. 199-230). Thousand Oaks, CA: Sage.

Wilson, M. I., & Daly, M. (2001). The evolutionary psychology of couple conflict in registered versus de facto marital unions. In A. Booth, A. C. Crouter, & M. Clements (Eds.), *Couples in conflict* (pp. 3-26). Mahwah, NJ: Erlbaum.

Wilson, M., Daly, M., & Pound, N. (2009). Sex differences and intrasexual variation in competitive confrontation and risk-taking: An evolutionary psychological perspective. In D. W. Pfaff, A. P. Arnold, A. M. Etgen, S. E. Fahrbach, & R. T. Rubin (Eds.), *Hormones, brain and behavior* (2nd ed., Vol. 5, pp. 2825-2852). San Diego, CA: Academic Press.

Wilson, M. I., Daly, M., & Weghorst, S. J. (1980). Household composition and the risk of child abuse and neglect. *Journal of Biosocial Science, 12*, 333-340.

Wilson, M. I., Johnson, H., & Daly, M. (1995). Lethal and nonlethal violence against wives. *Canadian Journal of Criminology, 37*, 331-361.

Wolfgang, M. E. (1958). *Patterns in criminal homicide.* Philadelphia: University of Pennsylvania Press.

27장

여성의 경쟁과 공격성

앤 캠벨

지난 25년은 공격성의 성차와 관련된 심리를 이해하는 분야에 혁명이 일어난 시기였다. 그전까지 이 차이는 이른 시기에 부모에 의해 사회화되고, 그런 뒤 사회에서 성별에 따른 노동 분업에 순응한 결과라는 것이 사회과학의 정설이었다. 성차가 초기에 나타나고, 보편적이며, 다른 종에게서 나타나는 것과 유사하다는 점은 무시되었다(Tieger, 1980). 데일리와 윌슨의 저서 『살인*Homicide*』(1988)이 출간된 덕에 사회과학자들은 다음과 같은 진화적 관점을 접하게 되었다. 유성 생식하는 종 전반에 걸쳐, 수컷보다 암컷의 부모 투자가 더 큰 탓에 유효성비가 수컷 쪽으로 치우치고, 가임기 암컷에게 접근할 권한을 두고 수컷의 경쟁이 심화된다는 내용이었다. 성공적인 수컷은 더 많은 상대와 교미하고, 더 많은 아들을 남겨 아버지의 공격적인 유전자를 물려준다. 이것이 최초의 틀이 되어 많은 연구가 수컷의 공격성을 입증했지만, 어떤 문제들은 여전히 미결로 남았다. 암컷은 성 내 경쟁에서 면제된 것일까? 만약 그렇다면, 암컷의 역할은 그저 수컷 유전자의 품질 관리자 역에 불과할까? 일부일처제는 언제, 어떻게 진화했을까(Henrich, Boyd, & Richerson, 2012)? 일부일처제는 양방향의 성선택과 경쟁에 어떤 영향을 미쳤을까(Clutton-Brock & Huchard, 2013)?

이 장에서 나는 이런 질문들을 다루고자 한다. 수컷의 구애 표현이 너무나 매혹적이고 그 공격성이 아주 포악한 탓에, 진화생물학자들은 최근 들어서야 암컷의 경쟁 형태에 주목하기 시작했다(Stockley & Campbell, 2013). 진화심리학자들은 성과 관련해서 행동의 성 차이를 조정하는 심리 기제들을 확인하는 일에 지대한 공헌을 하고 있다. 그 기제들 중 일부는 우리가 계통발생상의 사촌들과 공유하는 것들이고, 나머지는 표상적 사고, 뒤떨어지는 반사 반응에 대한 반성적 통제, 문화적 전파 능력을 갖춘 인간에게 고유한 것들이다.

암컷 공격성의 보상과 비용

공격성이 하나의 전략으로 진화하기 위해서는 반드시 보상이 비용을 초과해야 한다(둘 다 번식의 성공으로 측정된다). 오랫동안 사람들은, 암컷은 교미로 다툴 필요가 없기 때문에 싸워서 얻는 결과가 없고, 그러므로 암컷의 공격에는 보상이 따르지 않으리라고 추정했다. 하지만 교미는 번식 성공의 출발점에 불과하다. 자식은 스스로 번식할 수 있을 때까지 영양을 공급받고, 보호받아야 한다. 임신한 여성은 매일 300칼로리가 더 필요하고, 수유기에는 500칼로리가 더 필요하다(Institute of Medicine, 1990). 걸음마기의 아이가 고형식을 먹기 시작하면 하루에 1,300칼로리를 소모한다. 대부분의 영장류와 마찬가지로, 인간은 집단생활을 하는 종이라 식량은 경쟁이 필요한 자원이 될 수 있다. 게다가 어머니는 생태 환경의 위험, 영아를 살해할 수 있는 남성, 그리고 다른 여성의 위해로부터 자식을 감독하고 보호해야 한다. 이제 암컷 경쟁의 보상이 더 분명해진다. 종속적인 암컷보다는 지배적인 암컷이 자식을 먹이고 보호하기 쉬운 것이다. 높은 지위에 있으면 계급이 더 낮은 이들의 복종과 순종을 이끌어낼 수 있다. 지배적인 암컷 영장류는 종속적인 개체보다 자식을 더 빨리 낳고, 자식의 생존율도 더 높다(Pusey, Williams, & Goodall, 1997). 그렇다면 지배력과 지위를 얻기 위한 암컷들의 경쟁이 왜 수컷들의 경쟁만큼 분명하게 드러나지 않는지 한층 더 의아해진다. 암컷들의 위계는 주로 암컷을 중심으로 결속하는 종에서 한정적으로 나타나는데(Sterck, Watts, & van Schaik, 1997), 이들은 모계 혈통을 중심으로 조직되며, 서열은 싸움을 통해서라기보다는 상속으로 결정된다. 암컷이 지배력을 얻기 위해 목숨을 거는 일은 드물다(Chapais, 2002). 지배력은 상당한 보상을 주지만, 암컷의 경우에는 지배력을 위해 직접 전투를 벌이는 치열한 투쟁은 확실하게 선택되지 않았다. 아마 투쟁의 보상이 그보다 높은 비용으로 상쇄되었을 것이다.

　암컷의 공격성이 진화하는 것을 가로막은 비용 중 하나는 호르몬 작용이다. 테스토스테론은 흔히 수컷의 공격성과 연관되지만, 지배를 위한 경쟁과 훨씬 더 밀접하게 연관된다(Jonson, Leedom, & Muhtadie, 2012). 많은 종에서 수컷의 테스토스테론 수치는 번식기에 다른 개체의 도전에 반응해서 상승한다(Archer, 2006). 하이에나는 포유류 가운데 특이하게 암컷의 지배력과 공격성이 수컷과 비슷하거나, 수컷을 초과하기도 하는 종이다. 임신기에는 모체의 안드로겐 수치가 상승해서 암컷 태아를 남성화하는 자궁 환경을 만든다. 임신기의 안드로겐 수치는 지배적인 암컷이 더 높고, 태아의 안드로겐 노출 수준이 높을수록 이후에 더 높은 공격성을 보인다(French, Mustoe, Cavanaugh, & Birnie, 2013). 하지만 이 노출 때문에 암컷의 외음부가 남성화되는 나머지, 클리토리스는 길이 7인치, 직경 1인치에 이르게 되고 성체 암컷은 그 긴 통로로 1킬로그램의 새끼를 출산해야 한다. 부적응에 해당하는 이런 부작용 때문에 호르몬이라는 수단이 암컷의 지배력과 공격성을 적당히 진화하게 한 듯하다(Clutton-Brock, 2007). 테스토스테론은 면역 체계 약화라는 비용을 부과하기도 하는데(Schroderus et al., 2010), 이를 통해 수컷이 암컷보다 빨리 늙고, 빨리 사망하는 이유를 어느 정도 설명할 수 있다. 젊은 남성의 경우, 테스토스테론은 공격성과 위험 감수 수준에 영향을 미쳐서 외부 요인에 의한 사망을 증가시키기도 한다. 암컷에게 이 비용은 특히 중요한데, 아래에서도 주장하겠지만, 번식의 성공은 어머니의 생존에 달려 있기 때문이다.

　죽음(또는 심각한 부상)의 결과는 어느 성에게든 유리할 리 없다. 하지만 자식의 생존률로 측정되는 번식 성공에 부모의 죽음이 미치는 영향은 성별에 따라 다르다. 수컷이 죽으면 미래의 짝짓기 가능성이 사라지지만, 사망 시점까지 이뤄낸 번식 성공은 약화되지 않는다. 자식의 생존을 자식의 어머니에게 맡길 수 있기 때문이다. 아버지의 죽음은 자녀에게 비극으로 끝나지만, "어머니를 아주 이른 시기에 잃으면 그 결과는 정말로 파국적이다"(Sear & Mace, 2008, p. 5). 시어Sear와 메이스Mace(2008)는 18세기 중국에서부터 20세기 네팔, 부르키나파소, 뉴욕주에 이르기까지 다양한 인구를 대상으로 자식의 생존에 부모의 죽음이 미치는 영향을 조사했다. 모든 경우에 어머니가 생존하면 자녀의 사망 가능성이 낮아졌다. 어머니가 사망했을 때 자녀의 생존 확률은 2%에서 50%였다. 젖을 떼기 전에는 어머니의 생존에 따른 이익 효과가 더 컸다. 감비아 시골지역에서 어머니가 죽으면 자녀가 사망할 확률이 영아기에는 6.2배, 유아기에는 5.2배, 아동기에는 1.4배 더 높았다(Sear, Steele, McGregor, & Mace, 2002). 파바르Pavard, 개그넌Gagnon, 데스자르댕Desjardins, 헤이어Heyer(2005)는 매개 감염과 유전적 취약성의 가능성을 포함한 다양한 변수들 통제해서 17세기 퀘백의 데이터를 조사했다. 자녀가 신생아일 때 어머니가 사망한 경우, 신생아기 자녀의 사망 확률은 5.52배 증가했고, 자녀가 5세에서 15세 사이인 경우에는 이 비율이 1.27배로 떨어졌다. 어머니의 죽음이 미치는 영향은 다른 친척이 사망했을 때보다 그 효과가 항상 더 심각했다. 어머니가 자식의 생존에 중요하다는 사실은 암컷에게는 자신의 생명을 지켜야 하는 선택압이 더 크다는 것을 의미한다(Campbell, 2013). 공격성의 성차는 지배를 위해 경쟁하도록 수컷에게 가해진 선택압의 결과이자, 암컷에게 위험한 경쟁을 피하게 하는 선택압의 결과이기도 하다.

실험, 관찰, 성격 평가, 행동의 자기 보고와 동료 보고 등 다양한 기법을 활용해서 공격성의 성차를 연구한 수백 가지 연구 결과들은 분명한 양상으로 수렴한다. 더 위험하고 무모한 형태의 공격일수록 성차가 더 크게 나타나는 것이다. 비교문화적으로도 그렇다(Archer, 2009). 치고, 때리고, 차는 등의 신체적 행위는 효과크기가 d=0.59에서 d=0.91 사이에 있고, 욕하고 위협하는 등의 언어적 행위는 효과크기가 d=0.28에서 d=0.46 사이에 있다(Knight, Fabes, & Higgins, 1996; Knight, Guthrie, Page, & Fabes, 2002). 이야기를 퍼뜨리고, 배척하고, 낙인을 찍는 등의 간접적인 공격 행위는 공격자가 익명의 상태로 남아 결과적으로 보복 가능성이 줄어든다. 이때 성차는 무시해도 좋을 만큼 무의미한 수준, d=−0.02다(Archer, 2004).

근접 조정자와 근접 기제

모험적인 공격의 성차는 보상에 대한 유혹이 남성에게 더 크고, 남성의 접근 동기가 더 강하며, 근접 수준에서 **노여움**의 감정으로 표출되어서이기도 하지만, 여성이 비용에 더 민감하고, 회피 동기가 더 강하며, **두려움**을 통해 표현되는 결과일 수도 있다. 따라서 어느 한 감정이나 두 감정을 모두 경험하는 임계점의 성차는 공격성의 성차를 위한 근접 심리 기제를 대변한다.

노여움은 보편적 감정으로 모든 문화에서 확인되고, 생애 초기부터 관찰이 가능하다. 노여움은 목표 달성에 방해를 받고 있음을 신호한다. 그 목표는 존경일 수도 있고, 자원일 수도 있고, 생존일 수도 있다. 편재화laterlalization(대뇌 좌우의 기능 분화) 연구를 통해서 노여움이 접근 행동을 촉발한다는 사실이 분명하게 입증된 것은 아주 최근의 일이다. 진화심리학자들이 예상하듯이, 감정의 편재화는 유의성(기쁘거나 불쾌하거나)보다는 기능성(접근 또는 회피)의 관점에서 더 잘 이해할 수 있다. 연구 결과는 다른 접근 동기와 마찬가지로 노여움의 좌뇌 편재를 분명하게 보여준다(개괄을 위해서는 Carver & Harmon-Jones, 2009를 보라). 예를 들어, 하몬 존스Harmon-Jones와 시겔만Sigelman(2001)은 아무런 이유도 없는 모욕을 퍼부어 참가자들을 자극한 뒤 그들이 공격적으로 반응하도록 놔두었다. 모욕을 당한 참가자들은 좌측 전두의 활동이 대조군보다 훨씬 활성화됐고, 좌뇌 활성화의 강도는 보고된 참가자들의 노여움 및 공격성의 수준과 양의 상관관계가 있었다. 경두개 자기자극 검사법을 활용한 연구 역시 동일한 결론에 도달했다(d'Alfonso, van Honk, Hermans, Postma, & de Haan, 2000). 실험실을 벗어나서도 노여움은 접근 동기를 측정한 심리 측정 척도와 양의 상관관계가 있고, 회피 동기와는 음의 상관관계가 있다(예를 들어, Smits & Kuppens, 2005).

하지만 남성이 여성보다 더 많이 화를 낸다는 증거는 거의 없다. 아처Archer(2004)는 노여움과 관련된 항목을 심리 측정한 46개 연구를 메타분석한 끝에 성차가 없다는 결과를 얻었다. 미국에서 실시한 설문조사와 국제적인 설문조사에 따르면 양성 모두 일주일에 6회가량 화를 낸다고 보고하는데, 이는 노여움의 빈도에 성차가 없거나(Brebner, 2003; Fischer, Mosquera, van Vianen, & Manstead, 2004), 오히려 여성이 더 자주 노여움을 경험하는 것을 알 수 있다(Mirowsky & Ross, 1995). 실험을 통해 유발한 노여움의 강도는 성별에 따라 별 차이가 없고(Kring, 2000), 가상의 도발이나 기억된 자극에 반응한 노여움 역시 남성이 여성보다 크지 않다(Milovchevich, Howells, Drew, & Day, 2001). 간단히 말하면, 데이터는 여성이 화를 덜 내기 때문에 공격성에 성차가 존재한다는 설명의 타당성을 뒷받침하지 않는다. 또한 개념적 수준에서도 만족스러운 주장이 아니다. 여성이 노여움을 느끼는 임계점이 높다는 것은 공격적인 충돌을 피하도록 그들을 지켜줄 수는 있겠지만, 다른 형태의 위험한 행동을 하지 않도록 지켜주지는 않는 것이다. 그럼에도 여성이 남성보다 위험을 더 꺼린다는 것을 많은 증거가 뒷받침한다.

그와 대조적으로 양성이 두려움을 느끼는 빈도와 강도에 차이가 있다는 증거는 상당히 많다(Else-Quest, Hyde, Goldsmith, & Van Hulle, 2006). 두려움 시스템은 "위험을 탐지하고 생존 가능성을 극대화하는 반응을 만들어내도록 설계되었다"(LeDoux, 1998, p. 128). 극단적인 공포는 사람을 얼어붙게 만든다. 억제성 신경 연결망을 통해 두려움 체계가 선제적으로 활성화되어서 자칫 유기체를 해로운 상황에 몰아넣을 수 있는 행동상의 접근을 억제하는 것이다(Derryberry & Rothbart, 1997). 발달의 측면에서, 두려움은 남자아이보다 여자아이에게 일찍 발현되며, 성격 발달 과정을 장기적으로 추적한 대규모 연구에 따르면 남자아이보다는 여자아이들 쪽에서 두려움의 궤적이 상위 집단에 속하는 경우가 더 많았다(Cote, Tremblay, Nagin, Zoccolillo, & Vitaro, 2002). 성인의 경우에는 여성이 남성보다 두려움을 더 강하게 경험한다(Gullone, 2000). 국제적인 연구들에서는 공포의 빈도, 강도, 지속시간에 유의미한 성차가 존재한다는 결과가 나왔다(Brebner, 2003; Fischer & Manstead, 2000). 여성은 언어적으로든 비언어적으로든 남성보다 더 강하게 공포를 표현한다(Madden, Feldman Barrett, & Pietromonaco, 2000). 여성은 남성보다 더 정확하게 감정을 알아볼 수 있지만, 무엇보다 두려움을 해독할 때 훨씬 더 정확하게 알아본다(Hall, Carter, & Horgan, 2000). 신체적으로 위협하는 장면에 반응할 때 여성은 피부 전도성이 더 크게 증가하고 놀람 반사가 더 현저하게 나타난다(McMnis, Bradley, Berg, Cuthbert, & Lang, 2001). 여성에게 테스토스테론을 1회분만 주사해도 예상된 전기 충격에 대한 높은 놀람 반응이 유의미하게 저하된다(Hermans, Putman, Baas, Koppeschaar, & van Honk, 2006). 위의 결과들은 스트레스에 대한 시상하부 뇌하수체 축의 반응이 안드로겐을 통해 억제되고 에스트로겐을 통해 향상된다는 사실을 확증한 설치류 연구의 연장선상에 있다(Lund, Munson, Haldy, & Handa, 2004). 종합하자면, 이 결과들은 생식샘 호르몬으로 인해 수컷과 암컷에게서 두려움 체계가 서로 다르게 발달하고 기능한다는 것을 말해준다.

이 두려움의 성차가 남성이 여성보다 더 모험적인 결정을 내리는 이유를 설명해줄 수 있다. 성차는 위험이 생명을 좌우하는 것일 때 그리고 가상의 선택보다는 실제적인 위험 행동을 조사할 때 특히 두드러진다. 번즈Byrnes, 밀러Miller, 섀퍼Schafer(1999, p. 378)는 위험 감수 연구들을 검토한 뒤에, "선택지를 반성적으로 평가하는 인지적 처리과정보다는 두려움 반응이 위험 감수의 성차를 더 적절하게 설명해주는 듯하다"라고 결론짓는다. 여성이 남성보다 현실세계의 위험한 활동에 덜 참여하는 현상은, 일어날 수 있는 부정적 결과를 여성이 더 강하게 예상하고, 또 위험한 활동이 일으킬 결과의 심각성을 더 높게 평가한다는 점을 통해 가장 잘 설명이 된다(Harris, Jenkins, & Glaser, 2006; Wang, Kruger, & Wilke, 2009). 남성의 위험 감수와 달리 여성의 위험 감수는 그들의 위험한 결정이 유아에게 영향을 미칠 때 특히 감소한다(Fischera & Hills, 2012). 한 메타분석(Cross, Copping, & Campbell, 2011)에 따르면 여성과 남성의 보상 민감성에는 차이가 없지만, 처벌에는 여성이 남성보다 꾸준히 민감하다고 한다. 이 내용은 여성이 남성보다 부정적인 결과에 훨씬 민감하게끔 진화했다는 주장과 맞아떨어지는데, 그 민감성은 두려움의 임계점이 여성이 더 낮다는 것으로 드러난다. 상대적으로 낮은 임계점은 공격적인 행동에 직접적인 영향을 미친다. 두 가지 독립적인 메타분석 결과에 따르면, 여성은 동일한 객관적 상황을 더 위험하고 더 두려운 상황으로 평가하는데, 이 평가는 공격적인 행동에서 나타나는 성차를 상당 부분 설명해준다(Bettencourt & Miller, 1996; Eagly & Steffen, 1986). 두려움이 공격성의 브레이크로 작동하고, 여성의 브레이크가 남성보다 더욱 민감하게 위험에 반응하는 것이다.

위협에 대한 반응에 나타나는 성차의 신경심리학

우리는 기능적 자기공명영상을 이용해서 내적인 정동 상태(기분 상태)에 점점 더 접근하고 있다. 그런 연구의 주된 초점은 편도체, 측두엽에 위치한 아몬드 모양의 (10개 이상의 세포핵으로 이루어진) 피질하 구조물이다. 선구적인 연구에서 르두

LeDoux(1998)는 편도체를 두려움 감지와 연관 지었지만, 지금은 두드러진 사건이나 예상하지 못한 사건과 관련된 감정을 처리하는 것으로 생각하고 있다(Sergerie, Chochol, & Armony, 2008). 편도체의 역할은 생명 작용과 관련된 자극을 빠르게 탐지하는 것으로 보이는데(Sander, Grafman, Zalla, 2003), 특히 자극이 예상치 못한 것, 위협적인 것, 위험한 것이어서 즉각적인 반응이 필요한 경우에 그 역할이 나타난다(Adolphs & Spezio, 2006). 편도체의 외측핵에 들어오는 구심성afferent 감각 입력은 행동적이고 자율적인 내분비성 두려움 반응을 제어하는 중측핵의 출력 정보와 조화를 이룬다.

여성이 두려움을 더 크게 느낀다는 점을 고려할 때, 우리는 위협에 대한 편도체 반응이 여성에게 더 강하게 나타나리라고 예상할 수 있다. 메타분석에 따르면 위협에 노출될 때 여성은 대체로 변연계, 그중에서도 편도체가 특히 강하게 활성화된다(Stevens & Hamann, 2012; Whittle, Yucel, Yap, & Allen, 2011; 하지만 Sergerie et al., 2008을 함께 보라). 이 결과는 여성이 외부의 위협을 더 강하고, 더 지속적으로 감지한다는 것을 말해준다. 하지만 신경영상 연구는 대부분 한쪽 성만을 대상으로 하기 때문에, 메타분석의 결론은 서로 다른 자극에 대한 남성과 여성의 반응을 비교한 자료에 기초하고 있다.

많은 연구에서 연구자들은 두려움과 노여움의 표정을 '위협' 신호로 사용하고, 그로 인해 분석 과정에서 두 자극이 하나로 뭉개진다. 그렇게 하면 개인적인 위협(화난 표정을 보는 것)에 대한 신경적·감정적 반응과, 환경적 위험(두려워하는 표정을 보는 것)을 경계하는 반응이 제대로 구분되지 않는다. 그렇다면 사람들은 이 두 가지 사회적 메시지가 얼마간 독립된 회로를 활성화시킬 테고, 각 메시지에 양성이 다르게 반응하리라고 예상할 것이다. 남성과 여성은 두려워하는 얼굴(불특정한 국지적 위험을 암시하는 표정)을 볼 때는 비슷하게 반응할 것이다. 하지만 화난 얼굴(거친 공격을 암시하는 표정)은 남성에게는 적대감을, 여성에게는 두려움을 불러일으킬 것이다. 맥클루어 등McClure et al.(2004)은 화난 얼굴과 두려워하는 얼굴을 본 남성과 여성의 반응을 비교했다. 화난 얼굴을 볼 때 양쪽 편도체가 관여하는 정도는 상대적으로 여성이 더 컸는데, 이는 명백한 위협을 나타내는 (화난) 얼굴을 볼 때 여성이 남성보다 더 두려워한다는 것을 가리켰다. 고정된 기준선과 비교할 때, 여성의 '두려움 회로' 전체(편도체, 안와전두, 전측대상 피질)가 화난 얼굴에 반응해서 활성화되는 정도는 남성보다 유의미하게 컸지만, 두려워하는 얼굴을 볼 때는 남성과 비슷했다. 이와 대조적으로, 남성은 두 자극에 대해서 안와전두 영역(편도체가 아니라)의 활성화가 여성보다 덜 특이해지는 양상이 보였다. 그렇다면, 편도체의 활성화는 여성이 공격적인 위협에 대한 반응으로 느끼는 두려움과 더 밀접하게 연관되는 반면에, 남성은 일반적으로 '위협적인' 자극에 반응할 때 그만큼 차별화된 양상을 보이지 않는다는 주장이 어느 정도 힘을 얻는 셈이다.

이 해석의 문제(편도체는 두려움과 노여움이 나타난 얼굴 표정에 모두 반응할 수 있고, 그 활성화는 두 감정의 등록과 일치할 수 있다)는 생식 호르몬의 영향을 조사한 연구에서 더욱 분명해진다. 크기가 성적 이형인 다른 영역과 마찬가지로 편도체에는 성호르몬 수용체가 상당히 집중되어 있다. 한편으로, 이 집중은 두려움의 감소로 이어지는데, 한 연구에서는 내인성 테스토스테론 수치가 남성에 한해서만 화난 얼굴에 대한 편도체 반응성과 음의 상관관계를 보인다고 보고했다(Stanton, Wirth, Waugh, & Schultheiss, 2009). 다른 한편으로, 테스토스테론 수치는 위협에 반응하는 편도체의 활성 증가와 연결되어 왔고, 이 활성화는 노여움과 접근 동기를 반영하는 것으로 해석되어왔다. 양성 모두 내인성 테스토스테론 수치는 위협적인 자극에 대한 편도체 반응과 양의 상관관계를 보인다(van Wingen, Ossewaarde, Backstrom, Hermans, & Fernandez, 2011). 젊은 여성에게 테스토스테론을 주입했을 때 화난 얼굴에 대한 편도체 반응의 지속성이 증가했다(Hermans, Ramsey, & van Honk, 2008). 화난 얼굴과 무서워하는 얼굴에 대한 남성의 신경 반응을 명확히 밝히고자 한 연구에서는(Derntl et al., 2009), 두 얼굴에 대한 편도체 반응성이 유의미하게 구분되지 않았고, 실험 참가자의 내인성 테스토스테론 수치는 두 종류의 자극에 대한 편도체 반응에서 동등한 상관관계를 나타냈다.

이 연구의 대부분은 그 기저에 테스토스테론이 남성과 여성 모두에게 유사한 영향을 미친다는 미심쩍은 가정이 놓여 있다. 여성은 아니고 남성의 경우에만, 순환하는 테스토스테론은 태어나기 전에 안드로겐이 준비해놓은 뇌와 상호작용한다. 게다가, 테스토스테론의 효과는 성적 이형의 유전자 발현으로 인해 양성에 각각 다르게 작용할 수 있다. 테스토스테론이 한 성에서는 상염색체 유전자의 발현을 유발하면서도 다른 성에서는 그러지 않거나, 혹은 양성에 각기 다른 유전자를 발현시킬 수 있는 것이다. 검은눈방울새의 내측 편도체에 존재하는 651개의 유전자는 수컷과 암컷에서 서로 다르게 발현되었고, 테스토스테론을 주입하자 성별에 따라 유전자의 발현에 각기 다른 변화가 발생했다(Peterson et al., 2012). 많은 유전자가 상호 연관된 발현의 대상이고 어쩌면 공통으로 제어될 수 있으며, 그래서 이 기능적 모듈성을 통해 남성과 여성이 동일한 호르몬 환경에 대해서 다른 반응을 나타낼지도 모른다(Rosvall, 2013b). (공통의, 혹은 성중립적 효과를 가정하는 일의 위험을 드러내는 최근의 생생한 예가 펩티드 호르몬 옥시토신에 관한 연구에서 나온다. S. E. 테일러S. E. Taylor와 동료들[2000]은 옥시토신의 진정 효과가 위협에 대한 여성의 '보살핌과 어울림' 반응을 일으킨다고 주장했다. 이 주장은 실제로 옥시토신을 주입하면 불안을 완화하는 효과를 얻을 수 있다는 연구를 통해 뒷받침되었다[예를 들어, Kirsch et al., 2005]. 하지만, 그 연구의 실험대상은 남성이었다. 여성 참가자를 조사했을 때 옥시토신은 위협에 대한 편도체 반응성을 저하시키기는커녕, 오히려 증가시켰다[Domes et al., 2010; Lischke et al., 2012]). 추가적인 연구를 통해 두려움과 노여움의 신경회로를 조사하고, 일반적인 경로와 특수한 경로를 확인할 필요가 있다. 그렇게 하면 공격성의 성차에 대한 설명에 두 감정이 어떤 역할을 하는지, 그리고 두 감정과 관련된 활성화에 생식 호르몬이 어떤 영향을 미치는지를 조사할 수 있을 것이다.

자극에 접근하려거나, 자극을 회피하려는 근본적인 정서적 경향은 변연계에 위치하며, 많은 종에게 진화적 힘이 빚어준 '반사적인' 행동적 제어 체계의 일부로서 존재한다. 하지만 인간의 경우에 이러한 경향은 더 고차원적인 '반성적' 제어의 대상이다. 감정의 강도와 행동 반응은 전전두 피질, 특히 편도체와 직접 연결된 안와전두 OFC 영역을 통해 조절될 수 있다. 신경영상 연구자들은 충동적 공격성이 높은 사람에게서 편도체와 OFC 활동 사이에 음의 상관관계를 발견했다(Coccaro, McCloskey, Fitzgerald, & Phan, 2007). 참가자가 다른 사람을 공격하거나(Pietrini, Guazzelli, Basso, Jaffe, & Grafman, 2000), 해를 가하는 상상을 해보라는 지시를 받을 때면(Decety & Porges, 2011), OFC가 비활성화되는 모습이 나타났던 것이다. 전전두 피질의 조정자 역할을 받아들여서 연구자들은 해당 영역의 성차를 찾고자 했다. 여성은 복내측전두피질과 우측 OFC가 더 컸다(Welbourne et al., 2009). 88건의 연구를 메타분석한 연구자들은 부정적인 감정을 드러내는 얼굴 자극에 여성이 더 활발한 OFC 활동을 보인다고 보고했다(Stevens & Hamann, 2012). 이 결과는 여성이 부지중에 감정적 반응을 제어하는 데 더 뛰어날 수 있음을 가리킨다.

테스토스테론은 편도체와 전전두피질의 기능적 연결을 저하시키지만, 반면에 편도체와 뇌간의 연결에는 아무런 영향을 미치지 않는다(Manuck et al., 2010; Bos, Hermans, Ramsey, & Van Honk, 2012). (프로게스테론은 그와 정반대로, 편도체-전두피질의 연결성을 향상시킨다; van Wingen et al., 2008). 세로토닌(5-HT)은 PFC와 편도체 사이의 기능적 연결에 결정적인 역할을 한다. (편도체를 포함하는) 변연계에는 전전두피질 쪽으로 돌출한 5-HT 수용체가 빽빽하게 밀집되어 있다. (5-HT 수치를 감소시키는) 식이트립토판의 결핍은 전전두-편도체 신경회로 연결을 저하시키며, 특히 화난 얼굴을 볼 때 그렇다(Passamonti et al., 2012). 여성은 5-HT 운반체 가용성이 높은데, 이 운반체가 5-HT의 신경전달을 제어하기 때문에 세로토닌 기준선은 남성보다 여성이 더 높을 수 있다. 여러 연구자들이 편도체와 내측, 그리고 안와 PFC를 아우르는 영역에서 여성의 5-HT$_{1A}$ 수용기 밀도가 더 높다고 보고했다(Parsey et al., 2002). 이 영역의 수용기 밀도는 생애 동안의 공격성과 유의미하게 음의 상관관계를 보인다. 동물 연구에서도 5-HT 수용기 밀도는 테스토스테론과 음의 상관관계를 보인다. 비록 이 결과가 인간에게까지 반복 검증되진 않았지만, 공격성이 높은 남성의 경우 (여성은 그렇지 않지만) 높은 테스토스테론 수치와 낮은 5-HT 수치의 조합이 특징적으로 나타난다(Montoya, Terburg, Bos, & van Honk, 2012). 높은 테스토스테론과 관련된 세로토닌의 낮은 가용성, 혹은 낮은 섭취는 남성의 전전두 영역이 감정적인 행동을 잘 통제하지 못한다는 사실의 원인 중 하나일 수 있다.

양방향 선택, 여성, 경쟁

한때는 매혹적이지만 설명할 수 없는 예외로 여겨졌던 암컷의 경쟁과 공격은 이제 확실하게 입증된 사실이다(Stockley & Campbell, 2013). 그런데 암컷은 무엇을 위해 경쟁하는 걸까? 성선택의 전통적 모델은 그것이 교미일 리는 없다고 말한다. 일부다처제에서 이성에게 성적으로 접근하기 위해 경쟁을 해야 하는 것은 암컷이 아니라 수컷들이고, 따라서 수컷이 현란한 깃털(자신의 유전적 질을 좀 더 잘 알리기 위해)과 전투적 태도(라이벌 수컷을 좀 더 잘 저지하고 위협하기 위해)를 갖춘 것도 공연한 일이 아니다. 하지만 우리 인간을 대충 조사해봐도, 여성은 남성을 끄는 매력을 높이고자 화장품, 성형 수술, 독성 물질 주입, 다이어트, 의복 등에 상당한 에너지와 자원을 투입한다. 이 행동에서 우리는 양방향 성선택의 특징을 볼 수 있다. 남성과 마찬가지로 여성은 최고의 짝을 얻기 위해 적극적으로 경쟁하고, 이는 우리 종이 그간 생각해온 것보다 일부다처제와 더 멀다는 것을 가리킨다. 하지만 일부다처제가 수컷의 번식 성공을 불러올 최선의 전략이라면, 인간 남성은 왜 일부다처제를 포기하고 한 여자에게 헌신하면서 값비싼 부모 투자를 하는 것일까?

전통적인 베이트먼 모델에 따르면 임신기와 수유기의 여성이 짝의 범위에서 제외되기 때문에 유효성비가 남성편향적으로 형성되고, 그 결과 번식 가능한 여성에게 접근하려는 남성들이 치열하게 경쟁한다. 하지만 코코Kokko와 제니언스Jennions(2008)는 이 논리에 의문을 제기했다. 이들은 유효성비가 수컷에게 치우치면 더 격렬한 경쟁에 직면하는 수컷의 자녀 양육이 증가하는 방향으로 빈도–의존적인 선택이 형성될 거라고 주장한다. 요컨대, 수컷의 경쟁이 진화적 시간에 걸쳐 양의 피드백 순환을 만들어낼 논리적인 이유가 없다는 것이다. 수컷 경쟁이 더 격렬해질수록, 짝짓기 경쟁에서 은퇴를 하고 유아를 돌보는 수컷에게 선택의 이점이 돌아간다.

자녀 양육의 진화에 관한 설명은 자녀 양육을 통해 생존하는 유아의 수가, 그런 돌봄 없이도 생존하는 유아의 수와 미혼 남성이 수정시킬 수 있는 여성의 수를 곱한 것보다 클 때 자녀 양육이 출현한다고 예측한다(예를 들어, Clutton-Brock, 1991). 그동안의 주장에 따르면 인간에게 특히 자녀 양육이 중요한 것은 유아의 의존 기간이 긴 탓인데, 그렇다면 남성은 일부다처제보다는 부모 투자와 일부일처제를 통해 더 효과적으로 번식에 성공할 수 있다. 하지만 부모 투자가 자식의 생존을 향상시키지 않는다는 증거가 있다. 시어와 메이스(2008)는 수렵채집인과 식량 수집인의 인구 28곳을 대상으로 부모의 죽음이 미치는 영향을 조사했다. 그 가운데 68%에서 아버지의 죽음은 자녀의 생존에 아무런 영향을 미치지 않았다. 사례 가운데 32%에서는, 오히려 자녀의 생존을 향상시켰다. 이혼율이 낮고 아버지의 식량 공급 수준이 높은 볼리비아의 치메인족의 경우조차, 아버지의 이른 죽음은 자녀의 첫 번째 번식 연령, 완결출산량, 또는 생존 자식의 수에 아무런 영향을 미치지 않았다(Winking, Gurven, Kaplan, & Stieglitz, 2009). 식량 수집 인구 5곳에서 아버지 투자가 자녀의 생존이라는 측면에서 만들어내는 보상은 연속적인 짝짓기를 통해 얻을 수 있는 보상보다 작았다(Winking & Gurven, 2011). 인간이 진화한 환경과 유사한 생태에 남성이 자녀 양육을 하도록 만드는 긍정적인 성선택이 존재한다고 믿을 만한 확실한 근거는 없는 것이다. (그렇다고 현대 사회에서 부모 투자가 자녀에게 사회적, 감정적, 재정적 이익을 가져다주지 않는다는 말은 아니다; Geary, 이 책 1권, 20장을 보라).

부모 모두의 양육을 바라보는 다른 관점은 성선택보다는 남성과 여성의 성적 갈등에 주목한다. 그에 따르면 성적 갈등은, 어느 한 성에 유리한 유전자 기반 형질의 확산을 강화하는 성선택압이 다른 성의 역반응에 의해 조절되고, 제한되고, 반발을 받으면서 공진화를 할 때 발생한다(Arnqvist & Rowe, 2005). 성적 갈등은 주로 유전자 수준에서 연구되어 왔지만, 기본적인 전제—수컷과 암컷은 공진화적 군비경쟁에 얽매여 있다(이 개념 자체는 유전자복합체가 뒷받침한다)—는 표현형 행동으로 확장될 수 있다. 인간의 이족보행과 그에 따른 '미숙한' 신생아 출산은 어머니의 에너지 부담을 증가시켰다. 따라서 남성 파트너가 있다면 유리했을 텐데, 자식의 생존율을 향상시키기보다는 어머니의 부담을 완화해주기 때문이었다. 채집인 사회를 다룬 10종의 집중적인 연구를 종합한 데이터(Kaplan, Hill, Lancaster, & Hurtado, 2000)를 보면 전체 소비 열량의 60%(누카크족)에서 84%(아체족)를 남성이 공급하는 것으로 나와있다. 소비하는 열량의 절반 이상이 주로 남성 혼자 사냥해온 고기에서 나온다. 여성이 온전히 지고 있던 식량 공급의 부담을 남성이 덜어줌으로써, 여성은 더 용이하게 의존적인 자녀를 먹이고, 임신기와 수유기를 버티고, 보다 빨리 평상시의 주기로 돌아와 출산 간격을 단축할 수 있었다(Worthman, Jenkins, Stallings, & Diana, 1993). 따라서 영구적인 남성 협력자의 존재는 여성에게는 더없이 큰 이익이었고, 마침 여성은 협상 카드를 갖고 있었다. 아버지로서 기여할 의지가 있는 남성에게만 제한적으로 성적 접근을 허용했고, 이것이 문란한 관계를 좋아하는 남성의 성향에 대항하는 선택압으로 작동한 것이다. 남성의 높은 수요와 여성의 제한적인 공급으로 인해 섹스는 늘 여성이 거래할 수 있는 자원이었다. 여성은 유전적 질이 우수한 쌍외의 단기적인 짝을 얻기 위해 이 점을 활용할 수 있다(Gangestad & Simpson, 2000; Thornhill & Gangestad, 2008). 하지만 너무 많은 여성이 그런 전략을 추구하면, 시장이 여성에 대한 성적 접근권의 가치하락을 반영해서 결국 협상 무기로서 성적 접근권의 효용은 저하될 것이다. 실제로 성을 너무 쉽게 제공하는 여성에게 다른 여성들이 품는 적의는, 여성의 영향력이 사라지는 사태를 방지하게끔 하는 것일 수 있다(Baumeister & Twenge, 2002; Baumeister & Vohs, 2004). 아버지 투자는 여성의 양육 부담을 덜어줄 때 여성에게 장기적으로 최선의 이익이 된다.

부모 모두의 양육은 선택이 작용하기에 부족하지 않을 만큼 오래전에 시작됐을까? 신생아의 크기와 성인의 유골을 보면 그 시점은 호모Homo 계통이 시작된 150만 년 전에서 200만 년 전으로 거슬러 올라간다(Eastwick, 2009). 다른 고고학적 연구결과는 그 시점을 인간의 선배인 오스테랄로피테쿠스 아파렌시스Australopithecus afarensis 시기로 잡기도 한다(Reno, Meindl, McCollum, & Lovejoy, 2003). 선택은 자연이 선택한 형질보다 성이 선택한 형질에 더 빨리 작용한다. 다시 말해서, 성선택은 단 한 세대에 걸친 방향성 선택으로도 적합도-관련 형질의 평균값에 표준편차 0.37의 변동을 일으킬 수 있다고 추산된다(Courtiol, Pettay, Jokel, Rotkirch, & Lummaa, 2012). 아버지 투자를 하게끔 적응이 진화했다는 증거는, 쌍 결합한 남성이 아버지가 된 뒤에 테스토스테론 수치가 하향 조절된다는 것(Gray & Anderson, 2010), 그리고 아기가 태어난 이후와 아기와 상호작용하는 동안에 아버지(어머니뿐만 아니라)의 옥시토신 수치가 상승한다는 것에서 확인할 수 있다(Gordon, Zagoory-Sharon, Leckman, & Feldman, 2010).

부모 모두의 양육과 쌍 결합의 효과는 지대하다. 일부일처제는 남녀의 번식 결과를 더 평등하게 만들어 여성을 착취할 수 있는 남성의 힘을 저하시킨다. 홀랜드Holland와 라이스Rice(1999)는 자연 상태에서 일부다처제를 따르는 노랑초파리Drosophila melanogaster에게 일부일처제를 강제해서 이를 입증했다. 그들은 암수 개체들을 32세대에 걸쳐 한 곳에 수용했다. 일부다처제하에서 수컷은 비용을 전혀 부담하지 않고 냉혹하게 암컷을 착취할 수 있지만, 일부일처제가 부과되면 암컷에게 해가 되는(즉 암컷의 번식 잠재력이 발휘되지 못하게 막는) 것은 무엇이든 수컷 파트너에게도 똑같이 해가 된다. 여러 세대에 걸쳐 일부일처제가 이어진 뒤에 두 연구자는 그 효과를 조사했다. 일부다처제 대조군에 속한 암컷이 일부일처제 집단에서 온 '신입 수컷'과 짝짓기를 했을 때는 일반적으로 암컷에게 유해한 수컷 정액의 독성이 약화(수컷 정자 경쟁의 부작용)되어 암컷에게 이익이 돌아갔다. 거꾸로 일부일처제 아래 있다가 새롭게 일부다처제 수컷에게 돌아간 암컷은 수컷의 일부다처제와 공진화해온 암컷들에 비해 훨씬 높은 비율로 사망했다. 일부일처제를 강제로 부과한 결과, 수컷은 암컷 파트너에게 덜 착취적으로 행동했고, 그래서 일부일처제 암컷은 그에 저항하는 대응 전략을 진화시킬 필요가 없었던 것이다.

많은 종에서 일부일처제는 암컷이 공간적으로 분산되어 있어서 수컷 개체가 어쩔 수 없이 하나의 암컷과 결합해야 할 때 진화한다. 하지만 이 시나리오는 집단생활을 하는 인간에게는 해당되지 않는다. 대안적 모델은 다음과 같이 주장한다. 만일 여성이 쌍외 짝짓기를 기꺼이 포기하고 자원을 제공해주는 남성을 선호했다면, 그와 다른 조건에서는 번식 자체에 실패했을 서열이 낮은 남성이 주도하는 가운데 남성의 식량 공급이 증가했을 것이라고 말이다(Gavrilets, 2012). 서열이 낮은 남성이 엘리트 남성보다 수적으로 우세하기 때문에, 선택은 서열이 낮은 남성과 그들의 전략에 더 강하게 작동한다. 어느 한쪽 성이 상대에게 완벽히 충실해진다는 말은 아니다. 양성 모두 쌍외 교미를 통해 이득을 얻을 수 있기 때문이다. 여성은 '더 나은' 유전자를 얻고, 남성은 부성의 증가를 얻는다. 하지만 기본적으로 일부일처 짝짓기 시스템은 개체의 행동에 영향을 미쳐서, 범죄율 감소나 내집단 동맹 강화 같은 사회적 보상을 유발한다. 여성의 입장에서 보면 일부일처제는 성적 불평등과 가정 내 갈등을 완화하고, 자녀의 생존을 향상시킨다(Henrich et al., 2012).

이때 여성도 비용을 치른다. 성선택이 양방향으로 이뤄짐에 따라 선택혼 시장에서 질 좋은 남성을 확보하기 위해 동성 간 경쟁을 더 많이 치러야 하는 것이다. 여성 경쟁에 사용되는 화폐는 남성이 잠재적인 짝에게서 찾는 자질이다. 남성과 여성이 장기적 파트너에게서 찾는 장점은 많은 영역에서 서로 유사하다(Buss et al., 1990). 지능, 성적 매력, 신나는 성격, 창의력, 친근함, 유머 감각, 느긋한 성격, 건강, 신앙, 자녀를 원하는 마음, 친절함, 이해심 등의 자질에서, 당사자들이 수용할 수 있는 최저 백분위수에는 성차가 존재하지 않는다(Kenrick, Sadalla, Groth, & Trost, 1990).

남성과 여성은 일부일처제와 부모 모두의 양육으로 함께 묶여 있기 때문에, 양성 모두 그와 같은 배치가 요구하는 일상적인 협력과 타협에 도움이 되는 자질을 찾는 것이다. 하지만 여성보다는 남성이 젊음(Buss, 1989; Kenrick & Keefe, 1992), 신체적 매력(Buss & Schmitt, 1993), 몸매(Singh, 1993)에 더 높은 점수를 매긴다. 파트너 때문에 벌어지는 여성들의 동성 경쟁은 그런 자질을 광고하는 일에 집중된다. 남성들이 주로 운동 능력, 방탕함, 인기를 과장하며 경쟁하는 반면에, 여성은 주로 화장, 매니큐어, 인공 태닝, 딱 붙은 의상 등을 곁들여가며 외모로 경쟁한다(Cashdan, 1998; Buss, 1988). 이때 양쪽 모두 상대의 배신을 우려하지만, 성적 부정의 가능성에 특히 민감한 쪽은 남의 자식을 키울 위험을 안고 살아가야 하는 남성 쪽이다(Sagarin et al., 2012).

여성 경쟁이 간접적인 공격 또는 관계적인 공격[1]으로 확대될 때, 외모와 정절이 중요한 무기가 될 수 있다. 낙인찍기, 배척하기, 그 밖의 방법을 통해 타인을 사회적 상호작용에서 배제하는 행위가 여기에 포함되며, 이런 방법을 사용하면 물리적으로 직접 충돌할 필요가 없다. 이런 행위는 대상을 제거하거나 신체를 해치지 않지만, 상대에게 스트레스를 안기고, 그들의 평판과 사회적 지지를 훼손한다. 간접적인 공격의 결정적 요소는 가십을 이용해서 상대의 평판을 해치고 그들의 사회적 자본을 감소시키는 것이다(Owens, Shute, & Slee, 2000). 다른 여자의 외모를 겨냥한 경멸 가득한 논평은 여자들이 나누는 가십의 주제 가운데서 높은 자리를 차지하며(Duncan, 1999), 남성보다는 여성들 사이에서 라이벌의 평판을 떨어뜨리는 방법으로 자주 활용된다(Buss & Dedden, 1990). 이런 우회적인 공격은 특히 매력적인 젊은 여성에게 집중된다(Vaillancourt, 2013). 그중에서도 매력과 자신감에 찬 매력의 과시가 조합될 때 특히 공분을 일으키는 것 같다. 의복, 화장, 행실을 통해 자신의 매력이나 성적 특질을 광고하는 여성이 잦은 표적이 된다(Miller & Mullins, 2006). 이런 여자들은 두 가지 전선을 침범한다. 자신의 정당한 몫을 넘어 많은 남자를 매혹하고, 다른 여성에 대한 우월감을 표명하는 것이다. 이는 '무례함'으로 비쳐져서 다른 이들의 적개심에 불을 붙인다. 또한 여성은 경쟁자의 성적 평판을 손상시켜서 이득을 취할 수 있

---

1   relational aggression. 인간관계나 사회적 지위를 훼손해서 해를 가하는 행위(옮긴이).

으므로, '걸레', '갈보', '창녀' 같은 표현은 여성들 사이에 평판 싸움을 일으키는 강력한 원천이다(Campbell, 1995; 1999; Lees, 1993; Marsh & Paton, 1986). 이런 전술은 빈곤한 도심 지역의 여자 갱단에서든(Campbell, 1984; Ness, 2004) 대학생 사이에서든(Buss & Dedden, 1990; Milhausen & Herold, 1999) 빠짐없이 발견된다.

폭력으로의 점증적 확대: 생태적 조정자와 문화적 조정자

여성의 동성 간 신체적 충돌은 남성보다 덜 심각하고 더 드물지만, 그래도 없지는 않다. 미국에서 단순 폭행으로 체포된 이들 중 젊은 여성이 차지하는 비율은 33%, 가중 폭행의 경우는 24%에 달한다(Girls Study Group, 2008). 가중 폭행에 성별 격차가 더 큰 것은 젊은 여성이 부상을 일으킬 만한 행동을 덜하고, 무기를 사용할 확률이 낮다는 점을 반영한다. 그보다 몇 년 전에 실시된 설문조사에 따르면, 젊은 남성의 40.5%, 젊은 여성의 25.1%가 신체적 싸움을 벌였다(Grunbaum et al., 2004). 그리고 그보다 몇 달 전에 실시된 조사에 따르면, 젊은 여성의 60%가 다른 젊은 여성에게 모욕적인 표현을 사용했고, 50%가 상대에게 직접 욕을 했으며, 35%가 상대와 드잡이했다(Artz, Nicholson, & Magnuson, 2008). 여성 간 폭행은 15세에서 24세의 여성들 사이에서, 주로 친구와 지인 관계에서 가장 흔하게 발생하며, 가장 일반적인 공격 형태는 밀기, 밀치기, 붙잡기, 발 걸기, 손바닥으로 때리기, 차기, 주먹으로 때리기다(Campbell, 1986; Ness, 2004). 싸움의 원인은 젊은 남성과 직간접적으로 연관된 경우가 많은데, 크게 보면 세 가지 범주로 나뉜다. 첫째는 자신의 성적 평판을 방어하기 위해서다. 여성의 문란함에 관한 가십은 소문이 되어 결국 그 주인공의 귀에 들어가고, 소문의 주인공은 위협받은 자신의 정체성을 회복하기 위한 수단으로 상대를 공격한다. 싸움의 두 번째 원인은 잠재적 파트너를 두고 벌어지는 경쟁이다. 세계적으로 여성 간 싸움의 대부분을 일으키는 원인은 남성과 그들의 자원에 대한 접근권이다(Burbank, 1987). 세 번째로, 현재 파트너에 대한 소유권을 둘러싸고 질투가 폭발할 때 자주 갈등의 원인이 된다.

하지만 간접적인 공격이 노골적인 신체적 공격으로 확대될 확률은 무작위로 분포하지 않는다. 싸움은 생태적이고 인구학적인 요인들 때문에 가장 빈곤한 동네의 젊은이들 사이에서 집중적으로 일어난다. 남성과 여성의 연령−폭력 관계를 나타낸 곡선에서, 공격은 십대 초반에 상승하고 20대 중반에 하강한다. 남성 간 폭력은 여성보다 훨씬 더 일반적이지만, 두 성이 그려내는 곡선들의 형태는 예외 하나를 제외하고 아주 유사하다. 젊은 여성의 폭력이 남성보다 2년가량 먼저 정점에 이르는 것인데, 젊은 여성이 남성보다 2년 일찍 성적으로 성숙하는 현상과 일치한다(Campbell, 1995). 이른 초경은 여성의 공격성을 예고한다. 여성이 '빠르거나', '느린' 번식 속도에 맞게 발달하도록 유도하는 지역 환경의 단서에 반응해서 초경 연령이 결정된다는 예상은 생활사 이론에 근거한다. 자원 결핍, 높은 조기 사망률, 심리적 스트레스, 질 낮은 부모 투자, 아버지의 부재, 의붓아버지의 존재 등이 환경적 불확실성과 예측불가능성의 신호를 보내면, 적응적인 방식으로 성숙 시점이 앞당겨지고 번식이 가속화된다. 빈곤한 동네의 어린 여성은 여기 해당하는 위험 요인을 동시다발적으로 경험하곤 한다. 그런 여성들은 성적 이력을 더 일찍 시작해서 또래들보다 상당히 더 우세해진다. 게다가 나이가 더 많은 소녀들은 어린 경쟁자가 짝짓기의 장에 진입하는 것에 극히 민감하기 때문에, 어린 소녀들은 그로 인해 피해자가 되거나 보복을 당할 수 있다. 이른 시기에 초경을 하는 여성들은 범죄적이고 공격적인 행동에 연루될 가능성이 더 높고, 학대를 경험했거나(Negriff & Trickett, 2010) 혜택받지 못한 동네에 거주할 경우에는(Obeidallah, Brennan, Brooks-Gunn, & Earls, 2004) 그 가능성이 특히 높아진다.

유효성비는 잠재적인 짝의 가용성을 드러내는 지표다. 여성은 인접한 지역에서 파트너를 찾을 가능성이 가장 높은데, 그 지역의 남녀 비율이 일대일 이하로 떨어지는 정도에 따라 여성 간 경쟁은 증가한다. 남성의 사망률은 특히 15세에서 35세 사이에서 여성의 사망률보다 상당히 높다(Kruger & Nesse, 2006). 25세 남성의 사망률은 모든 원인을 합쳤을 때 여성의 3배에 달하고, 외부 원인으로 사망할 확률은 4배에 달한다. 도심 지역에서는 여성에 편중된 성비가 더 잘 나타난다(Edlund, 2005). 특히 미국 흑인 인구에서는 남성이 심하게 부족하다. 20~29세 흑인 남성의 사망률과 수감율이 높은 나머지(Tucker & Mitchell-Kernan, 1995), 백인의 경우 여성 100명당 남성 수는 99명인 데 비해 흑인의 경우에는 여성 100명당 남성이 85명에 지나지 않는다. 지역 내 남녀 비율이 일대일 이하로 떨어지면, 여성 간 경쟁은 증가한다. 이는 교섭에서 남성의 위치가 엄청나게 유리하다는 뜻이기도 하다. 보통은 자원이 풍부하고 상당히 매력적인 소수의 남성만이 성공적으로 일부다처제 전략을 추구할 수 있지만, 남성의 공급이 부족하면 시장 논리에 따라 남성이 결정권을 쥐게 되고, 결국 여성에게 '오로지 단기적인' 짝짓기 전략을 효과적으로 쓸 수 있게 된다(Campbell, 1984). 젊은 여성의 입장에서는 이상적인 상황과는 거리가 먼 일이겠지만, 수요와 공급의 법칙으로 그런 남성이 멋대로 할 수 있는 환경이 조성되면, 젊은 여성은 그에 맞춰서 자원-추출 전술을 조정하게 된다. 어느 젊은 여성의 조언처럼 말이다. "나는 여자한테 남자의 돈을 뽑아먹을 수 있는 만큼 뽑아먹으라고 말해요. 있는 대로 다요. 남자가 여자한테 썩은 개똥을 던지는 건 시간문제거든요… 챙길 수 있을 때 챙겨야죠. 지금 이 상황이 언제 끝날지는 절대 알 수 없으니, 할 수 있을 때 최대한 챙겨야 돼요… 남자들이 당신 거기에 질리면, 그대로 '안녕 자기' 하거든요. 아니, '내 삶에서 꺼져, 이 년아! 자, 다음 년!'이죠."(Taylor, 1993, pp. 97, 131).

남성들이 보유한 자원이 차이가 크게 나면 여성의 경쟁은 더욱 격렬해진다. 중산층의 젊은 여성에게는 직접적인 경쟁의 비용을 감수할 만큼 가치 있는 상대가 별로 없다. 그들에게 의사와 회계사는 신랑 후보로서 별 차이가 없다. 하지만 빈곤한 지역에서는 멋있는 친구의 절망적인 가난과 부잣집 아들의 과시적인 소비는 하늘과 땅 차이다. 물질적 자원에 대한 접근권이 탐낼 만하다는 것은 자원이 많은 남성을 얻기 위해 싸움을 벌일 만하다는 뜻이다. 젊은 여성이 남자의 아이를 낳으면 적대적 관계는 더욱 격해질 수 있다. 남녀 관계가 끝난 뒤라도 '아이 엄마'는 남자의 수입에 대해 권리를 요구할 자격이 있다고 느끼고, 그의 자원을 빼내갈 수 있는 라이벌 여성을 쫓아버릴 자격이 있다고 느낀다(Ness, 2004). 젊은 남성이 새로운 성적 상대를 선호하는 성향은 지속적으로 관계를 위협하는 요소이기 때문에(Symons, 1979), 젊은 여성은 매력적인 여자나 새로 유입된 여자에게 특히 민감하다. "그러니까, 만일 어떤 여자가 내 남자의 관심을 끌면, 그녀는 당신에게서 모든 걸 뺏어갈 거예요. 자기가 당신보다 낫다고 말하는 거나 마찬가지죠. 그러니까 콧대를 뭉개버려야 해요"(Ness, 2004, p. 40).

여성 폭력이 가장 흔히 발생하는 빈곤한 도심 지역에서는 문화적 규범이 여성의 폭력 사용을 지지한다(Leventhal & Brooks-Gunn, 2000). 빈곤한 지역에 거주하는 가족은 꾸준히 아버지의 역할을 맡아줄 사람이 없는 경우가 많아서 어머니(그리고 할머니)가 중추적인 역할을 한다. 어머니는 일상적인 생계 부담을 혼자 책임져야 하는 강인한 인물이다. 많은 어머니가 직접 싸움에 뛰어들고, 가족의 평판이 걸려 있는 경우에는 특히 더 그렇다. 어떤 어머니는 딸의 싸움에 적극 가담하기도 하는데, 그 과정에서 딸의 역할모델이자 동맹자가 된다(Ness, 2004). 딸이 행복하길 바라는 어머니의 염려는 싸움에 대한 관용(때로는 장려)으로 전환된다. 대부분의 어머니는 젊은 여자라면 "자신의 자리를 지킬" 줄 알아야 하고, 상대에게 "굴하지 않아야" 한다고 입을 모은다. 이곳에서는 여성의 강인함과 회복력이 여성성과 모순되는 것으로 여기지 않는다. 사실, 수동성은 이점이라기보다는 약점으로 간주된다. 어윈Irwin과 애들러Adler(2012, p. 319)가 지적했듯이, "여성의 강인함이 강조되기 때문에, 어린 여성이 지역 사회에 퍼져 있는 개념—여성의 회복력에 대한 이상화된 개념—에 부합하지 않을 때는 다른 소녀들의 존중을 잃고, 때로는 공격의 표적이 되기도 한다."

약한 여성이 공격의 표적이 된다고 할 때, 투쟁심의 한 가지 커다란 이점은 희생자가 되는 것을 피할 수 있다는 점이다. 젊은 여성들이 자신이 벌인 싸움에 관해 보고한 내용을 보면, 여성들은 상대가 '먼저 시작'했음을 강조하면서 자신의 공격이 자기방어였다고 주장한다. '먼저 시작'했다는 말은 물리적 공격을 가리킬 경우도 있지만, 더 흔하게는 소문을 퍼뜨리거나 언어적인 조롱을 가했다는 뜻으로, 이때 물리적 공격은 그런 도발에 적절하게 반응한 것이 된다. 물리적인 도발과 언어적인 도발은 경계가 유동적인데, 이는 자기방어와 평판 향상의 구분이 모호하다는 것을 반영한다. 많은 젊은 여성에게 공개적인 싸움에서 승리하는 것은 상대를 물러서게 하는 즉각적인 이득 이상을 안겨준다. 다시 말해, 싸움에서 승리하면 '미쳤다'거나 '보통이 아니'라는 평판이 퍼져나가서 다른 이들이 앞으로 공격할 생각을 못 하게 한다(Jones, 2004; Miller & Mullins, 2006). 평판을 높이려면, 상대방이 경멸적인 가십, 노려보기, 사회적으로 우월하고 거만한 태도('저밖에 없다고 생각하는' 듯한 태도)처럼 이쪽이 보기에 '무례'한 행동을 했을 때 거기에 두 배로 반응할 필요가 있다. 일단 평판이 확립되면, 저마다 자신의 평판을 향상시키려는 다른 이들에 맞서 그 평판을 지켜내야 한다. 강인한 여자가 할 법한 한 가지 반응은 선제적으로 보복을 감행하는 것이다. 이를 통해, 도전에 대한 민감성, 자기방어, 평판 향상, 선제공격이 서로를 강화하면서 되풀이되는 순환 과정이 전개된다. 대개 갈등은 자신의 지위를 향상시켜주는 탐낼 만한 남자와 계속 관계를 유지하고 공고히 하려는 것이지만, 그 동기에는 라이벌 관계, 질투심, 평판 관리 등이 복잡하게 혼재될 수도 있다. 어느 여성은 이렇게 설명한다. "나는 남자 같은 건 신경 안 쓰지만 그 여자애는 조져놓을 거예요. 그럴 만한 애니까요. 그년이 자청한 거나 다름없다니까요. 그러니까, 나는 남자애 때문에 싸우는 게 아니에요. 내가 그 여자애랑 싸우는 건 그년이 지가 뭐나 되는 것처럼 행동해서 그런 거라고요"(Ness, 2010, p. 84). 인상 관리 공격 이론들의 핵심에는 적절히 존중받을 권리가 자리하는데(Felson, 1978), 그 정도로 공개적인 무례는 분노와 공격을 일으키는 흔한 원인이다. 도심의 어린 여성이나 다른 여성들이나 모두 똑같다(Ness, 2010). 어린 여성들의 싸움은 다양한 영역에서 개체의 위상에 도전받는 것으로 촉발되지만, 여성의 매력과 정숙함을 헐뜯는 것 역시 모든 곳에서 갈등을 일으키는 강력한 원인이다.

젊은 여성의 언어적인 공갈과 허세를 그들이 겁이 없다는 징표로 받아들여선 안 된다. 희생자가 되는 일을 피하기 위해서는 두려움을 통제하고, 두렵다는 표현을 억제할 필요가 있는데, 이는 민족지학 보고서에 반복적으로 등장하는 주제다. 필라델피아("내가 만약 싸움을 겁내는 것처럼 보인다면, 어떤 여자는 언제든 나를 자기 맘대로 대해도 된다고 생각할 거예요"[Ness, 2004, p. 38])든, 글래스고("다른 사람에 대한 두려움을 내비치면, 그들은 당신 위에 올라가서 당신을 밟고 다닐 거예요. 당신이 두려움을 보인 상대는 늘 당신에게 돌아오죠"[Batchelor, Burman, & Brown, 2001, p. 130])든 그 사실은 변치 않는다. 이런 지역사회에서 성장할 때, 두려움은 자신이 약하다고 신호하는 감정이 되므로, 젊은 여성은 반드시 그 표현을 억누를 줄 알아야 한다.

요약과 결론

근접 심리 수준에서 말하자면, 증거가 입증하듯이 여성의 낮은 공격 수준은 남성보다 온화한 기질 때문도 아니고(여성은 남성만큼이나 자주, 격렬하게 분노를 경험한다),

충동의 성차 때문도 아니다. (여성도 충동적으로 행동할 수 있고 실제로 그렇게 행동하지만, 그런 행동이 잠재적으로 위험한 결과를 가져올 때는 그렇게 행동할 가능성이 낮아진다; Cross et al., 2011). 정확히 말하자면, 남성보다 여성이 두려움을 더 크게 느끼고, 이것이 노골적인 공격을 억제하는 것이다. 여성의 높은 위험 민감성은 준임상적·임상적 불안이 더 높고, 위험 회피가 더 강력하고, 자극 추구가 더 낮은 것으로도 드러난다. 궁극적인 진화 차원에서, 두려움 임계점의 조정에 존재하는 성차는 자식의 생존 보장에 어머니가 아버지보다 더 중요하다는 점을 통해 예측할 수 있다. 번식 문제에서 여성은 양적이 아닌 질적 전문가다. 여성의 번식 결과는 오랫동안 생식을 할 수 없는 임신기와 수유기로 인해 제한되고, 몸의 노화보다 한참 먼저 찾아오는 폐경 때문에 번식 결과를 낼 수 있는 기간이 또 한 번 단축된다. 아기가 부모에게 의존하는 기간이 길고 힘겨운 탓에, 각 자식에 대한 여성의 투자는 수년에 걸쳐 측정된다. 그럼에도 인간 여성은 영장류 가운데 유별나게 출산 간격이 짧기 때문에 의존적인 자녀를 한 번에 한 명 이상 돌봐야 한다. 이런 난관을 돌파하기 위해서는 도움이 필요한데, 이와 관련해서 나는 조상 여성이 자식의 유전적 다양성과, 자원을 공급하는 아버지의 도움을 맞거래했다고 주장해왔다. 아버지 양육은 일부다처 전략을 포기해도 좋을 만큼 자식의 생존을 크게 향상시키지는 않기 때문에, 남성의 성선택을 통해 아버지 양육을 설명하기에는 문제가 있다. 좀더 그럴듯한 다른 시나리오를 소개하자면, 여성이 자식에게 투자할 의지가 있는 남성에게만 배타적으로 성적 접근을 허용하는 성적 갈등의 결과로서 부모 모두의 양육이 이뤄지게 됐다는 것이다. 하지만 부모 모두의 양육과 일부일처제로 양방향의 성선택이 출현했다. 남성은 점점 더 장기적인 파트너를 까다롭게 골랐고, 그에 반응해서 여성은 남성을 매혹할 수 있는 자질을 광고하기 위해 다른 여성과 경쟁을 벌였다. 그렇다고 해서, 여성이 출생 집단을 벗어나 이주했음에도 불구하고, 아니 바로 그 때문에 어머니가 다른 여성과 강한 결속을 맺고 상호 협력했다는 사실을 부정하는 것은 아니다. (그런 결속이 '협력 번식'의 증거인지 아닌지는 그 용어를 어떻게 정의하느냐에 달려 있다. 협력 번식을 하는 대부분의 종에서는 하나의 암컷 개체가 공격적으로 번식을 독점하는데[Young & Bennett, 2013], 이는 인간의 방식과 분명히 다르다. 다른 연구자[예를 들어, Mace, 2013]는 자식에게 조력자[예를 들어, 자매, 할머니]들의 유전적 이익이 걸려 있다는 이유에서, 이 용어를 혈연선택과 효과적으로 상호 교환되는 것으로 여긴다). 자원이 극단적으로 부족한 조건에서는 유전적으로 무관한 여성들의 상호 호혜가 어디까지 가능한지 지독한 시험을 치렀을 것이다. 어머니와 아버지도 유전적으로 무관하지만 자식에게 유전적으로 공동 투자를 한 사이이므로 일부일처제의 오랜 역사는 양성에 감정 결속을 위한 호르몬과 신경의 적응들을 빚어놓았다(De Boer, Van Buel, & Ter Horst, 2012). 암컷 경쟁의 극단성과 가시성은 상호 연결된 생태적·문화적 요인에 의해 조정된다. 가혹한 환경은 생활사의 속도를 다시금 미세조정해서, 남성의 경쟁과 마찬가지로 여성의 경쟁도 증가시킨다. 다시 말해서, 지리학적으로 구분되는 여러 지역의 성별 폭력발생률의 상관관계는 0.90을 초과한다(Campbell, 1999). 여성의 공격을 수용하는 사회적 관용은 그런 환경 조건에 맞게 조정되고, '여성성' 개념에는 강인함, 회복력, 두려움에 대한 대외적 부정 등이 포함된다.

지난 몇 년 동안 진화생물학자들 사이에서 암컷 경쟁에 대한 관심이 크게 증가해 왔다(예를 들어, Rosvall, 2013a; Stockley & Bro-Jørgensen, 2011). 이들의 통찰에 더해서 점차 진화심리학자들도 표상적으로 사고하고, 상징적 언어를 사용하고, 문화적 전파를 하는 우리의 능력과 함께, 우리 종 내부에서 벌어지는 경쟁을 이해하고자 하는 아주 특별한 도전에 나서고 있다(Benenson, 2014; Ficher, Garcia, & Chang, 2013; Vaillancourt, 2013). 하지만 인간의 이 모든 놀라운 능력은 정서적 적응이라는 오래된 층위와 상호작용하면서 그 적응에 봉사하고, 다른 종들과 공유하며, 자연선택과 성선택이라는 보편 원리에 의해 형성된 것들이다.

참고문헌

Adolphs, R., & Spezio, M. (2006). Role of the amygdala in processing visual social stimuli. *Progress in Brain Research*, *156*, 363-378.

Archer, J. (2004). Sex differences in aggression in real world settings: A meta-analytic review. *Review of General Psychology*, *8*, 291-322.

Archer, J. (2006). Testosterone and human aggression: An evaluation of the challenge hypothesis. *Neuroscience and Biobehavioral Reviews*, *30*, 319-345.

Archer, J. (2009). Does sexual selection explain human sex differences in aggression? *Behavioral and Brain Sciences, 32,* 249–311.

Arnqvist, G., & Rowe, L. (2005). *Sexual conflict.* Princeton, NJ: Princeton University Press.

Artz, S., Nicholson, D., & Magnuson, D. (2008). Examining sex differences in the use of direct and indirect aggression. *Gender Issues, 25,* 267–288.

Batchelor, S. A., Burman, M. J. & Brown, J. A. (2001). Discussing violence: Let's hear it from the girls. *Probation Journal, 48,* 125–134.

Baumeister, R. F., & Twenge, J. M. (2002). Cultural suppression of female sexuality. *Review of General Psychology, 6,* 166–203.

Baumeister, R. F., & Vohs, K. D. (2004). Sexual economics: Sex as a female resource for social exchange in heterosexual interactions. *Personality and Social Psychology Review, 8,* 339–363.

Benenson, J. F. (2014). *Warriors and worriers: The survival of the sexes.* New York, NY: Oxford University Press.

Bettencourt, B. A., & Miller, N. (1996). Gender differences in aggression as a function of provocation: A metaanalysis. *Psychological Bulletin, 119,* 422–447.

Bos, P. A., Hermans, E. J., Ramsey, N. F., & van Honk, J. (2012). The neural mechanism by which testosterone acts on interpersonal trust. *NeuroImage, 61,* 730–737.

Brebner, J. (2003). Gender and emotions. *Personality and Individual Differences, 34,* 387–394.

Burbank, V. (1987). Female aggression in cross-cultural perspective. *Behavioral Science Research, 21,* 70–100.

Buss, D. M. (1988). The evolution of human intrasexual competition: Tactics of mate attraction. *Journal of Personality and Social Psychology, 54,* 616–628.

Buss, D. M. (1989). Sex differences in human mate preferences: Evolutionary hypotheses testing in 37 cultures. *Behavioral and Brain Sciences, 12,* 1–49.

Buss, D. M., Abbott, M., Angleitner, A., Biaggio, A., Blanco-Villasenor, A., BruchonSchweitzer, M. . . . Yang, K.-S. (1990). International preferences in selecting mates: A study of 37 societies. *Journal of Cross Cultural Psychology, 21,* 5–47.

Buss, D. M., & Dedden, L. A. (1990). Derogation of competitors. *Journal of Personal Relationships, 7,* 395–422.

Buss, D. M., & Schmitt, D. P. (1993). Sexual strategies theory: An evolutionary perspective on human mating. *Psychological Review, 100,* 204–232.

Byrnes, J. P., Miller, D. C., & Schafer, W. D. (1999). Gender differences in risk taking: A meta-analysis. *Psychological Bulletin, 125,* 367-383.

Campbell, A. (1984). *The girls in the gang.* Oxford, England: Blackwell.

Campbell, A. (1986). Self report of fighting by females. *British Journal of Criminology, 26,* 28-46.

Campbell, A. (1995). A few good men: Evolutionary psychology and female adolescent aggression. *Ethology and Sociobiology, 16,* 99-123.

Campbell, A. (1999). Staying alive: Evolution, culture, and women's intrasexual aggression. *Behavioral and Brain Sciences, 22,* 203-252.

Campbell, A. (2013). *A mind of her own: The evolutionary psychology of women* (2nd ed.). Oxford, England: Oxford University Press.

Carver, C. S., & Harmon-Jones, E. (2009). Anger is an approach-related affect: Evidence and implications. *Psychological Bulletin, 135,* 183-204.

Cashdan, E. (1998). Are men more competitive than women? *British Journal of Social Psychology, 37,* 213-229.

Chapais, B. (2002). The role of alliances in social inheritance of rank among female primates. In A. Harcourt & F. B. M. De Waele (Eds.), *Coalitions and alliances in humans and other animals* (pp. 29-59). Oxford, England: Oxford Science Publications.

Clutton-Brock, T. H. (1991). *The evolution of parental care.* Princeton, NJ: Princeton University Press.

Clutton-Brock, T. (2007). Sexual selection in males and females. *Science, 318,* 1882-1185.

Clutton-Brock, T. H., & Huchard, E. (2013). Social competition and selection in males and females. *Philosophical Transactions of the Royal Society B: Biological Sciences, 368,* 20130074.

Coccaro, E. F., McCloskey, M. S., Fitzgerald, D. A. & Phan, K. L. (2007). Amygdala and orbitofrontal reactivity to social threat in individuals with impulsive aggression. *Biological Psychology, 62,* 168-178.

Cote, S., Tremblay, R. E., Nagin, D., Zoccolillo, M., & Vitaro, F. (2002). The development of impulsivity, fearfulness and helpfulness during childhood: Patterns of consistency and change in the trajectories of boys and girls. *Journal of Child Psychology and Psychiatry and Allied Disciplines, 43,* 609-618.

Courtiol, A., Pettay, J. E., Jokela, M., Rotkirch, A., & Lummaa, V. (2012). Natural and sexual selection in a monogamous historical human population. *Proceedings of the National Academy of Sciences, USA, 109,* 8044-8049.

Cross, C. P., Copping, L. T., & Campbell, A. (2011). Sex differences in impulsivity: A meta-analysis. *Psychological Bulletin, 137*, 97–130.

d'Alfonso, A. A. L., van Honk, J., Hermans, E., Postma, A., & de Haan, E. H. F. (2000). Laterality effects in selective attention to threat after repetitive transcranial magnetic stimulation at the prefrontal cortex in female subjects. *Neuroscience Letters, 280*, 195–198.

Daly, M., & Wilson, M. (1988). *Homicide.* New York, NY: Aldine de Gruyter.

De Boer, A., Van Buel, E. M., & Ter Horst, G. J. (2012). Love is more than just a kiss: A neurobiological perspective on love and affection. *Neuroscience, 201*, 114–124.

Decety, J., & Porges, E. C. (2011). Imagining being the agent of actions that carry different moral consequences: An fMRI study. *Neuropsychologia, 49*, 2994–3001.

Derntl, B., Windischberger, C., Robinson, S., Kryspin-Exner, I., Gur, R. C., Moser, E., & Habel, U. (2009). Amygdala activity to fear and anger in healthy young males is associated with testosterone. *Psychoneuroendocrinology, 34*, 687–693.

Derryberry, D., & Rothbart, M. K. (1997). Reactive and effortful processes in the organization of temperament. *Development and Psychopathology, 9*, 633–652.

Domes, G., Lischke, A., Berger, C., Grossmann, A., Hauenstein, K., Heinrichs, M., & Herpertz, S. C. (2010). Effects of intranasal oxytocin on emotional face processing in women. *Psychoneuroendocrinology, 35*, 83–93.

Duncan, N. (1999). *Sexual bullying: Gender conflict and pupil culture in secondary schools.* London, England: Routledge.

Eagly, A. H., & Steffen, V. J. (1986). Gender and aggressive behavior: A meta-analytic review of the social psychological literature. *Psychological Bulletin, 100*, 309–330.

Eastwick, P. W. (2009). Beyond the Pleistocene: Using phylogeny and constraint to inform the evolutionary psychology of human mating. *Psychological Bulletin, 135*, 794–821.

Edlund, L. (2005). Sex and the city. *Scandinavian Journal of Economics, 107*, 25–44.

Else-Quest, N. M., Hyde, J. S., Goldsmith, H. H., & Van Hulle, C. A. (2006). Gender differences in temperament: A meta-analysis. *Psychological Bulletin, 132*, 33–72.

Felson, R. B. (1978). Aggression as impression management. *Social Psychology, 41*, 204–213.

Fischer, A. H., & Manstead, A. S. R. (2000). The relation between gender and emotions in different cultures. In A. H. Fischer (Ed.), *Gender and emotion: Social psychological perspectives* (pp. 71–94). Cambridge, England: Cambridge University Press.

Fischer, A. H., Mosquera, P. M. R., van Vianen, A., & Manstead, A. S. R. (2004).

Gender and culture differences in emotion. *Emotion, 4,* 87–94.

Fischera, D., & Hills, B. (2012). The baby effect and young male syndrome: Social influences on cooperative risk-taking in women and men. *Evolution and Human Behavior, 33,* 530–536.

Fisher, M. L., Garcia, J. R., & Chang, R. S. (Eds.). (2013). *Evolution's empress: Darwinian perspectives on the nature of women.* New York, NY: Oxford University Press.

French, J. A., Mustoe, A. C., Cavanaugh, J., & Birnie, A. K. (2013). The influence of androgenic steroid hormones on female aggression in "atypical" mammals. *Philosophical Transactions of the Royal Society B: Biological Sciences, 368,* 20130084.

Gangestad, S. W., & Simpson, J. A. (2000). The evolution of human mating: Trade-offs and strategic pluralism. *Behavioral and Brain Sciences, 23,* 573–587.

Gavrilets, S. (2012). Human origins and the transition from promiscuity to pair-bonding. *Proceedings of the National Academy of Sciences, USA, 109,* 9923–9928.

Girls Study Group. (2008). *Violence by teenage girls: Trends and context.* Washington, DC: U.S. Department of Justice, Office of Juvenile Justice and Delinquency Prevention.

Gordon, I., Zagoory-Sharon, O., Leckman, J. F., & Feldman, R. (2010). Prolactin, oxytocin, and the development of paternal behavior across the first six months of fatherhood. *Hormones and Behavior, 58,* 513–518.

Gray, P. B., & Anderson, K. G. (2010). *Fatherhood: Evolution and human paternal behavior.* Cambridge, MA: Harvard University Press.

Grunbaum, J. A., Kann, L., Kinchen, S., Ross, J., Hawkins, J., Lowry, R., . . . Collins, J. (2004, May 21). Youth risk behavior surveillance—United States, 2003. *Morbidity and Mortality Weekly Report Surveillance Summary, 53* (2), 1–96.

Gullone, E. (2000). The development of normal fear: A century of research. *Clinical Psychology Review, 20,* 429–451.

Hall, J. A., Carter, J. D., & Horgan, T. G. (2000). Gender differences in nonverbal communication of emotion. In A. H. Fischer (Ed.), *Gender and emotion: Social psychological perspectives* (pp. 97–117). Cambridge, England: Cambridge University Press.

Harmon-Jones, E., & Sigelman, J. D. (2001). State anger and prefrontal brain activity: Evidence that insultrelated relative left-prefrontal activation is associated with experienced anger and aggression. *Journal of Personality and Social Psychology, 80,* 797–803.

Harris, C. R., Jenkins, M., & Glaser, D. (2006). Gender differences in risk assessment:

Why do women take fewer risks than men? *Judgment and Decision Making Journal,* *1,* 48–63.

Henrich, J., Boyd, R., & Richerson, P. J. (2012). The puzzle of monogamous marriage. *Philosophical Transactions of the Royal Society B: Biological Sciences, 367,* 657–669.

Hermans, E. J., Putman, P., Baas, J. M., Koppeschaar, H. P., & van Honk, J. (2006). A single administration of testosterone reduces fear-potentiated startle in humans. *Biological Psychiatry, 59,* 872–874.

Hermans, E. J., Ramsey, N. F., & van Honk, J. (2008). Exogenous testosterone enhances responsiveness to social threat in the neural circuitry of social aggression in humans. *Biological Psychiatry, 63,* 263–270.

Holland, B., & Rice, W. R. (1999). Experimental removal of sexual selection reverses intersexual antagonistic coevolution and removes a reproductive load. *Proceedings of the National Academy of Sciences, USA, 96,* 5083–5088.

Institute of Medicine (1990). *Nutrition during pregnancy: Report of the Committee on Nutritional Status During Pregnancy and Lactation.* Washington, DC: National Academy Press.

Irwin, K., & Adler, C. (2012). Fighting for her honor: Girls' violence in distressed communities. *Feminist Criminology, 7,* 350–380.

Johnson, S. L., Leedom, L. J., & Muhtadie, L. (2012). The dominance behavioral system and psychopathology: Evidence from self-report, observational and biological studies. *Psychological Bulletin, 138,* 692–743.

Jones, N. (2004). It's not where you live, it's how you live: How young women negotiate conflict and violence in the inner city. *Annals of the American Academy of Political and Social Science, 595,* 49–62.

Kaplan, H., Hill, K., Lancaster, J., & Hurtado, A. M. (2000). A theory of human life history evolution: Diet, intelligence, and longevity. *Evolutionary Anthropology, 9,* 156–185.

Kenrick, D. T., & Keefe, R. C. (1992). Age preferences in mates reflect sex differences in human reproductive strategies. *Behavioral and Brain Sciences, 15,* 75–133.

Kenrick, D. T., Sadalla, E. K., Groth, G., & Trost, M. R. (1990). Evolution, traits and the stages of human courtship: Qualifying the parental investment model. *Journal of Personality, 58,* 97–116.

Kirsch, P., Esslinger, C., Chen, Q., Mier, D., Lis, S., Siddhanti, S., . . . Meyer-Lindenberg, A. (2005). Oxytocin modulates neural circuitry for social cognition and fear in humans. *Journal of Neuroscience, 25,* 11489–11493.

Knight, G. P., Fabes, R. A., & Higgins, D. A. (1996). Concerns about drawing causal inferences from metaanalyses: An example in the study of gender differences in aggression. *Psychological Bulletin, 119*, 410-421.

Knight, G. P., Guthrie, I. L., Page, M. C., & Fabes, R. A. (2002). Emotional arousal and gender differences in aggression: A meta-analysis. *Aggressive Behavior, 28*, 366-393.

Kokko, H., & Jennions, M. D. (2008). Parental investment, sexual selection and sex ratios. *Journal of Evolutionary Biology, 21*, 919-948.

Kring, A. M. (2000). Gender and anger. In A. H. Fischer (Ed.), *Gender and emotion: Social psychological perspectives* (pp. 211-231). Cambridge, England: Cambridge University Press.

Kruger, D. J., & Nesse, R. M. (2006). An evolutionary life-history framework for understanding sex differences in human mortality rates. *Human Nature, 17*, 74-97.

LeDoux, J. (1998). *The emotional brain*. London, England: Weidenfeld and Nicholson.

Lees, S. (1993). *Sugar and spice: Sexuality and adolescent girls*. London, England: Penguin.

Leventhal, T., & Brooks-Gunn, J. (2000). The neighborhoods they live in: The effects of neighborhood residence on child and adolescent outcomes. *Psychological Bulletin, 126*, 309-337.

Lischke, A., Gamer, M., Berger, C., Grossmann, A., Hauenstein, K., Heinrichs, M., ... Domes, G. (2012). Oxytocin increases amygdala reactivity to threatening scenes in females. *Psychoneuroendocrinology, 37*, 1431-1438.

Lund, T. D., Munson, D. J., Haldy, M. E., & Handa, R. J. (2004). Androgen inhibits, while oestrogen enhances, restraint-induced activation of neuropeptide neurones in the paraventricular nucleus of the hypothalamus. *Journal of Neuroendocrinology, 16*, 272-278.

Mace, R. (2013). Cooperation and conflict between women in the family. *Evolutionary Anthropology, 22*, 251-258.

Madden, T. E., Feldman Barrett, L., & Pietromonaco, P. R. (2000). Sex differences in anxiety and depression. In A. H. Fischer (Ed.), *Gender and emotion: Social psychological perspectives* (pp. 277-300). Cambridge, England: Cambridge University Press.

Manuck, S. B., Marsland, A. L., Flory, J. D., Gorka, A., Ferrell, R. E., & Hariri, A. R. (2010). Salivary testosterone and a trinucleotide (CAG) length polymorphism in the androgen receptor gene predict amygdala reactivity in men. *Psychoneuroendocrinology, 35*, 94-104.

Marsh, P., & Paton, R. (1986). Gender, social class and conceptual schemas of aggression. In A. Campbell & J. Gibbs (Eds.), *Violent transactions: The limits of personality* (pp. 59–85). Oxford, England: Blackwell.

McClure, E. B., Monk, C. S., Nelson, E. E., Zarahn, E., Leibenluft, E., Bilder, R. M., . . . Pine, D. S. (2004). A developmental examination of gender differences in brain engagement during evaluation of threat. *Biological Psychiatry, 55,* 1047–1055.

McManis, M. H., Bradley, M. M., Berg, W. K., Cuthbert, B. N., & Lang, P. J. (2001). Emotional reactions in children: Verbal, physiological and behavioral responses to affective pictures. *Psychophysiology, 38,* 222–231.

Milhausen, R. R., & Herold, E. S. (1999). Does the sexual double standard still exist? Perceptions of university women. *Journal of Sex Research, 36,* 361–368.

Miller, J., & Mullins, C. W. (2006). Stuck up, telling lies, and talking too much: The gendered context of young women's violence. In K. Heimer & C. Kruttschnitt (Eds.), *Gender and crime: Patterns in victimization and offending* (pp. 41–66). New York, NY: New York University Press.

Milovchevich, D., Howells, K., Drew, N., & Day, A. (2001). Sex and gender role differences in anger: An Australian community study. *Personality and Individual Differences, 31,* 117–127.

Mirowsky, J., & Ross, C. E. (1995). Sex differences in distress: Real or artefact? *American Sociological Review, 60,* 449–468.

Montoya, E. R., Terburg, D., Bos, P. A., & van Honk, J. (2012). Testosterone, cortisol, and serotonin as key regulators of social aggression: A review and theoretical perspective. *Motivation and Emotion, 36,* 65–73.

Negriff, S., & Trickett, P. K. (2010). The relationship between pubertal timing and delinquent behavior in maltreated male and female adolescents. *Journal of Early Adolescence, 30,* 518–542.

Ness, C. (2004). Why girls fight: Female youth violence in the inner city. *Annals of the American Academy of Political and Social Science, 595,* 32–48.

Ness, C. (2010). *Why girls fight: Female youth violence in the inner city.* New York, NY: New York University Press.

Obeidallah, D., Brennan, R. T., Brooks-Gunn, J., & Earls, F. (2004). Links between pubertal timing and neighborhood contexts: Implications for girls' violent behavior. *Journal of the American Academy of Child Psychiatry, 43,* 1460–1468.

Owens, L., Shute, R., & Slee, P. (2000). "Guess what I just heard!": Indirect aggression among teenage girls in Australia. *Aggressive Behavior, 26,* 67–83.

Parsey, R. V., Oquendo, M. A., Simpson, N. R., Ogden, R. T., van Heertum, R., Arango, V. & Mann, J. J. (2002). Effects of sex, age, and aggressive traits in man on brain serotonin 5-HT1A receptor binding potential measured by PET using [C-11] WAY-100635. *Brain Research, 954*, 173-182.

Passamonti, L., Crockett, M. J., Apergis-Schoute, A. M., Clark, L., Rowe, J. B., Calder, A. J., & Robbins, T. W. (2012). Effects of acute tryptophan depletion on prefrontal-amygdala connectivity while viewing facial signals of aggression. *Biological Psychiatry, 71*, 36-43.

Pavard, S., Gagnon, A., Desjardins, B., & Heyer, E. (2005). Mother's death and child survival: The case of early Quebec. *Journal of Biosocial Science, 37*, 209-227.

Peterson, M. P., Rosvall, K. A., Choi, J-H., Ziegenfus, C., Tang, H., Colbourne, J. K., & Ketterson, E. D. (2013). Testosterone affects neural gene expression differently in male and female juncos: A role for hormones in mediating sexual dimorphism and conflict. *PLoS ONE, 8*(4), e61784.

Pietrini, P., Guazzelli, M., Basso, G., Jaffe, K., & Grafman, J. (2000). Neural correlates of imaginal aggressive behavior assessed by positron emission tomography in healthy subjects. *American Journal of Psychiatry, 157*, 1772-1781.

Pusey, A., Williams, J., & Goodall, J. (1997). The influence of dominance rank on the reproductive success of female chimpanzees. *Science, 277*, 828-831.

Reno, P. L., Meindl, R. S., McCollum, M. A., & Lovejoy, C. O. (2003). Sexual dimorphism in *Australopithecus afarensis* was similar to that of modern humans. *Proceedings of the National Academy of Sciences, USA, 100*, 9404-9409.

Rosvall, K. A. (2013a). Intrasexual competition in females: Evidence for sexual selection? *Behavioral Ecology, 22*, 1131-1140.

Rosvall, K. A. (2013b). Proximate perspectives on the evolution of female aggression: Good for the gander, good for the goose? *Philosophical Transactions of the Royal Society B: Biological Sciences, 368*, 1631.

Sagarin, B. J., Martin, A. L., Coutinho, A., Edlund, J. E., Patel, L., Skowronski, J. J., & Zengel, B. (2012). Sex differences in jealousy: A meta-analytic examination. *Evolution and Human Behavior, 33*, 595-614.

Sander, D., Grafman, J., & Zalla, T. (2003). The human amygdala: An evolved system for relevance detection. *Review of Neuroscience, 14*, 303-316.

Schroderus, E., Jokinen, I., Koivula, M., Koskela, E., Mappes, T., Mills, S. C., . . . Poikonen, T. (2010). Intraand intersexual trade-offs between testosterone and immune system: Implications for sexual and sexually antagonistic selection. *American Naturalist, 176*, E90-E97.

Sear, R., & Mace, R. (2008). Who keeps children alive? A review of the effects of kin on child survival. *Evolution and Human Behavior, 29*, 1-18.

Sear, R., Steele, F., McGregor, A. A., & Mace, R. (2002). The effects of kin on child mortality in rural Gambia. *Demography, 39,* 43–63.

Sergerie, K., Chochol, C., & Armony, J. L. (2008). The role of the amygdala in emotional processing: A quantitative meta-analysis of functional neuroimaging studies. *Neuroscience and Biobehavioral Reviews, 32,* 811–830.

Singh, D. (1993). Adaptive significance of female physical attractiveness: Role of waist to hip ratio. *Journal of Personality and Social Psychology, 65,* 293–307.

Smits, D. J. M., & Kuppens, P. (2005). The relations between anger, coping with anger, and aggression, and the BIS/BAS system. *Personality and Individual Differences, 39,* 783–793.

Stanton, S. J., Wirth, M. M., Waugh, C. E., & Schultheiss, O. C. (2009). Endogenous testosterone levels are associated with amygdala and ventromedial prefrontal cortex responses to anger faces in men but not women. *Biological Psychology, 81,* 118–122.

Sterck, E. H. M., Watts, D. P., & van Schaik, C. P. (1997). The evolution of female social relationships in nonhuman primates. *Behavioral Ecology and Sociobiology, 41,* 291–309.

Stevens, J. S., & Hamann, S. (2012). Sex differences in brain activation to emotional stimuli: A meta-analysis of neuroimaging studies. *Neuropsychologia, 50,* 1578–1593.

Stockley, P., & Bro-Jørgensen, J. (2011). Female competition and its evolutionary consequences in mammals. *Biological Reviews of the Cambridge Philosophical Society, 86,* 341–366.

Stockley, P., & Campbell, A. (2013). Female competition and aggression: Interdisciplinary perspectives. *Philosophical Transactions of the Royal Society B: Biological Sciences, 368,* 1631.

Symons, D. (1979). *The evolution of human sexuality.* New York, NY: Oxford University Press.

Taylor, C. (1993). *Girls, gangs, women and drugs.* East Lansing: Michigan State University Press.

Taylor, S. E., Klein, L. C., Lewis, B. P., Gruenewald, T. L., Gurung, R. A. R., & Updegraff, J. A. (2000). Biobehavioral responses to tress in females: Tend-and-befriend, not fight-or-flight. *Psychological Review, 107,* 411–429.

Thornhill, R., & Gangestad, S.W. (2008). *The evolutionary biology of human female sexuality.* Oxford, England: Oxford University Press.

Tieger, T. (1980). On the biological basis of sex differences in aggression. *Child Development, 51,* 943–963.

Tucker, M. B., & Mitchell-Kernan, C. (Eds.). (1995). *The decline in marriage among African Americans: Causes, consequences and policy implications.* New York, NY: Russell Sage Foundation.

Vaillancourt, T. (2013). Do human females use indirect aggression as an intrasexual competition strategy? *Philosophical Transactions of the Royal Society B: Biological Sciences, 368*, 1631.

van Wingen, G. A., Ossewaarde, L., Backstrom, T., Hermans, E. J., & Fernandez, G. (2011). Gonadal hormonal regulation of the emotion circuitry in humans. *Neuroscience, 191*, 38–45.

van Wingen, G. A., van Broekhoven, F., Verkes, R. J., Petersson, K. M., Bäckström, T., Buitelaar, J. K., & Fernández, G. (2008). Progesterone selectively increases amygdala reactivity in women. *Molecular Psychiatry, 13*, 325–333.

Wang, X. T., Kruger, D. J., & Wilke, A. (2009). Life history variables and risk-taking propensity. *Evolution and Human Behavior, 30*, 77–84.

Welbourne, B. L., Papademetris, X., Reis, D. L., Rejeevan, N., Bloise, S. M., & Gray, J. (2009). Variation in orbitofrontal cortex volume: relation to sex, emotion regulation and affect. *Social Cognitive and Affective Neuroscience, 4*, 328–339.

Whittle, S., Yucel, M., Yap, M. B. H., & Allen, N. B. (2011). Sex differences in the neural correlates of emotion: Evidence from neuroimaging. *Biological Psychology, 87*, 319–333.

Winking, J., & Gurven, M. (2011). The total cost of father desertion. *American Journal of Human Biology, 23*, 755–763.

Winking, J., Gurven, M., Kaplan, H., & Stieglitz, J. (2009). The goals of direct paternal care among a South Amerindian population. *American Journal of Anthropology, 139*, 295–304.

Worthman, C. M., Jenkins, C. L., Stallings, J. F., & Daina, N. L. (1993). Attenuation of nursing-related ovarian suppression and high fertility in well-nourished, intensively breast-feeding Amele women of lowland Papua New Guinea. *Journal of Biosocial Science, 25*, 425–443.

Young, A. J., & Bennett, N. C. (2013). Intra-sexual selection in cooperative mammals and birds: Why are females not bigger and better armed? *Philosophical Transactions of the Royal Society B: Biological Sciences, 368*, 1631.

28장

편견
집단생활에서 지각된 위협을 관리하기

스티븐 L. 노이버그 · 피터 드치올리

    사람들은 외국인에게 자주 편견을 갖는다. 사람들은 비만인 사람, 신체장애가 있는 사람, 또는 노인에게도 편견을 갖는다. 사람들은 조현병이 있는 사람과 젊은 외집단 남성에게도 편견을 갖는다. 사람들은 사회 복지의 도움으로 살아가는 사람과, 너무나 부유해서 그들 자신은 물론이고 그들의 자손까지 그런 혜택에 기댈 필요가 없는 사람에게도 편견을 갖는다. 사람들은 남성 동성애자에게, 종교적 근본주의자에게, 무신론자에게, 이런저런 정당이나 지지단체의 구성원에게 편견을 갖는다. 영국의 에세이스트 찰스 램Charles Lamb이 『불완전한 공감Imperfect Sympathies』에 쓴 것처럼, 인간은 '편견 꾸러미'다(Lamb, 1821).

    왜 그럴까? 전통적인 이론에서는 편견, 고정관념, 차별은 단순한 내집단-외집단 분류, 자존감을 키우려는 욕망, 권위주의적 가치, 죽음에 대한 두려움, 억압적인 행위를 정당화할 필요성 등 다양한 근접 과정에서 나온 결과라고 가정한다. 이 장에서 보겠지만, 사람들이 타인에 대해 생각하고 행동하는 방식은 그런 접근법으로는 예측할 수 없다.

    편견을 이해하기 위해서는 더 깊이 있는 이론적 틀, 즉 진화심리학의 틀이 필요하다고 우리는 주장한다. 진화심리학의 관점에서는 편견, 선입견, 차별적 행동을 인간의 사회성이 지목하는 위협을 관리할 수 있도록 기능적으로 조직화된 전략이라고 파악한다.

우리 조상에게 삶은 호락호락하지 않았다. 식량은 부족할 때가 많았고, 어디서 얻을지 예측할 수 없었으며, 채취하고 지키기도 쉽지 않았다. 포식자와 병원체 때문에 부상을 입고, 불구가 되고, 목숨을 잃기도 했다. 그런 역경에 맞서서, 다른 이들과 협력하는 개인은 혼자 독립적으로 활동하는 개인에 비해 더 큰 번식 이점을 누릴 수 있었다(Campbell, 1982; Richerson & Boyd, 1995). 따라서 인간의 사회성에는 위험 속에서 안전을 확보하고 험난한 환경에서 기회를 찾는 진화한 적응들이 반영되어 있다(Brewer, 1997; Brewer & Caporael, 1990; Leakey, 1978).

하지만 인간의 사회성은 비싼 대가를 치를 수도 있다. 다른 이들과 가깝게 지내기 때문에 전염병에 노출되는 일이 증가하고, 절도와 폭력을 당할 기회도 많아진다. 협력에 공헌하는 사람은 노력을 착취하기만 하는 타인의 무임승차에 취약하다. 사회생활의 이익과 비용을 관리하는 일반적인 방법은 차별적인 사회성, 즉 사회적 파트너를 신중하게 선택하는 것이다(Kurzban & Leary, 2001). 우리가 사회적 제휴의 대상을 결정하는 방식은 결코 임의적이지 않다. 우리는 비용보다 이익을 더 많이 제공하리라 암시하는 단서를 드러내는 이를 선호하는 경향이 있다. 우리는 친족으로 보이고, 협력적으로 보이고, 믿어도 좋을 법한 파트너, 자신의 노력을 우리의 노력과 조화시키고, 미래에 수월하게 상호작용할 수 있는 상대를 선택한다(개괄을 위해서는 다음을 보라. Kurzban & Neuberg, 2005; Neuberg & Cottrell, 2008). 자신의 연합에 포함시킬 사람을 고르고 그렇지 않을 사람을 배제하는 일은 차별의 한 형식이다. 앞으로 논의하겠지만, 잠재적으로 높은 비용을 발생시킬 사회적 파트너를 발견적으로heuristically 식별하게 하는 많은 단서들이 우리 시대에도 수많은 사회적 편견의 토대를 형성한다.

하지만 여기서 우리는 두 종류의 과정에 집중하고자 한다. 첫째, 우리는 개인이 (1) 적합도를 위협하거나 그럴 위험이 있는 상대를 식별하고 (2) 그런 상대에게 대응할 때 위협을 완화하고 생존 기회를 높이도록 반응하게 하는 진화한 심리 기제들을 탐구할 것이다. 바로 이 행동유도성 관리 체계들affordance management systems[1](Gibson,

---

1   affordance: 행동 유도성, 행위 유발성, 제시성.

1979; McArthur & Baron, 1983; Neuberg, Kenrick, & Schaller, 2010, 2011; Zebrowitz & Montepare, 2006)이 낙인, 편견, 차별에 크게 기여한다. 둘째, 사람들은 내집단 동맹을 만들어서 다른 집단 구성원들이 가하는 위협에 대응하는데, 우리는 동맹에 기반한 과정이 편견과 집단 간 갈등에 미치는 영향을 탐구할 것이다. 우리는 이 분석을 확장해서, 특히 전쟁과 이민 문제에서 뚜렷이 표출되는 외국인에 대한 편견을 이해하고자 한다. 마지막으로, 우리는 편견과 내집단 갈등을 완화하는 노력에 진화적 접근법이 미치는 영향을 논의할 것이다. 그 과정에서 우리는 진화적 접근법이 편견이라는 새로운 현상을 확인하고 이미 알려진 현상의 밝혀지지 않은 미묘한 문제들을 예상함으로써 사회심리학적 · 사회학적 전통에 도전하는 모습을 보게 될 것이다.

편견, 고정관념, 차별의 근저에 있는 진화한 위협-관리 심리

행동유도성-관리 이론에 따르면, 편견, 고정관념, 차별은 인간이 진화하는 동안에 반복 출현한 번식 적합도 위협을 관리하는 반응이다(Schaller & Neuberg, 2012). 다른 모든 행동유도성-관리 체계와 마찬가지로, 위협-관리 체계들도 한 틀을 공유한다. 환경에서 나온 단서는 발견적으로 (그리고 불완전하게) 특정한 위협을 암시한다. 이렇게 지각된 위협은 그 위협을 관리하도록 설계되어 그 위협과 기능적으로 관련되어 있는 일련의 인지, 감정, 행동 성향을 끌어낸다.

이 관점에는 몇 가지 중요한 의미가 있는데, 자세히 설명하면 다음과 같다. (a) 질적으로 다른 심리 체계들이 각기 다른 위협을 관리하도록 진화했을 것이다. (b) 위협에 따라 이를 알리는 정보의 종류도 달라진다. (c) 단서를 통해 활성화된 각각의 개별 체계는 특정한 인지 및 신념(즉, 고정관념), 감정(즉, 편견), 행동 성향(즉, 차별)으로 이루어진 질적으로 다른 편견 증후군에 관여한다. 따라서, 서로 다른 집단들이 서로 다른 위협을 가한다고 지각된다면, 그 집단들은 각기 다른 편견 증후군의 표적이 될 것이다. (d) 위협 관리 체계는 비싼 실수를 피하도록 편향되어 있어서, (작은 위협이 아니라) 큰 위협을 지각하는 쪽에 너무 치우쳐 있고, 결과적으로 사람들은 실제로 아무런 위협도 되지 않은 개인을 지나치게 차별한다. 그리고 (e) 편견 증후군의 적용은 구체적인 위협에 대해 개인이 느끼는 취약성에 따라 달라진다. 사람들이 서로 다른 위협에 자신이 취약하다고 느낀다면, 제각기 다른 편견과 차별 형태를 사용할 것이다.

진화한 심리는 어떤 위협에 맞춰져 있을까

적합도란 누군가의 유전자가 다음 세대에게 전달되는 정도를 말한다. 이 관점에서 볼 때, 우리 조상이 그들의 (그리고 친족의) 신체적 안위, 필요한 자원(예를 들어 식량)을 습득하는 능력, 건강 등에 가해질 위협의 단서들에 주파수를 맞추는 기제는 적응적이었을 것이다. 실제로, 진화적 접근법을 채택한 연구들은 대부분 신체적 폭력이나 질환으로 타인을 위협한다고 느껴지는 이들에 대한 편견에 초점을 맞춰왔다(Schaller & Neuberg, 2012).

우리 조상들이 연합 행동에서 이익을 얻었기 때문에 사람들은 연합의 자원(예를 들면, 영토 접근권)과 연합의 온전한 기능—즉, 연합을 유효하게 하는 사회적 구조—에 가해지는 위협들을 감시한다. 효율적인 연합체는 개별적인 노력을 조직하고 집단의 자원을 배분하는 데 꼭 필요한 신뢰, 상호성, 공통의 가치관, 사회화 관습, 권력 구조를 드러낸다(예를 들어, Brown, 1991). 그 결과 사람들은 이런 집단 구조들을 위협하는 자들을 경계할 것이다(Neuberg, Smith, & Asher, 2000).

위협 탐지

누군가가 우리의 안전, 건강, 자원 등을 위협할 것이라고 우리는 어떻게 예상할 수 있을까? 타인의 병원체나 위해 의도를 직접 지각하기는 불가능하다. 대신에 사람들은 (미약하게라도) 위협과 상호 관련된 단서—형태, 행동, 평판의 특징—에 의존할 것이다.

위협은 저마다 질적으로 다르기 때문에—예를 들어, 신체적 안전을 위협하는 것은 공정한 거래를 위협하는 것과 다르다—각기 다른 위협을 암시하는 단서들도 서로 구별되는 경우가 많을 것이다. 예를 들어, 폭력의 위협은 해를 가할 능력(예를 들어, 우람한 상체 근육, 남성성, 무기의 존재)과 해를 가할 의도(예를 들어, 화난 표정, 불길한 접근, 남성성, 외집단의 특징이 드러나는 신체 형태, 언어, 피부색, 의복; 예를 들어,

McDonald, Asher, Kerr, & Navarrete, 2011; Navarrete, McDonald, Molina, & Sidanius, 2010; Navarrete, Olsson, Ho, Mendes, Thomsen, & Sidanius, 2009; Sell, Tooby, & Cosmides, 2009)를 (불완전하게) 암시하는 특징을 통해서 단서를 얻을 수 있다. 건강에 대한 위협은 병원체와 연결되는 특징(예를 들어, 신장의 기능부전, 얼굴의 흉터, 극단적인 저체중이나 비만;Kurzban & Leary, 2001; Oaten, Stevenson, & Case, 2011; Park, Faulkner, & Schaller, 2003; Schaller, Park, & Faulkner, 2003; Tybur, Lieberman, Kurzban, & DeScioli, 2013)과 병원체 접촉을 증가시키는 특징(예를 들어, 규범적인 위생법과 요리 기술의 결여)을 통해서 단서를 얻을 수 있다. 집단의 온전성integrity에 대한 위협은 가령 집단의 단체 행동에 기여할 의지가 없다거나(예를 들어, 신뢰할 수 없어 보이거나, 다른 연합의 구성원처럼 보이는 얼굴 형태; Yamagishi, Tanida, Mashima, Shimoma, & Kanazawa, 2003; Zebrowitz, Voinescu, & Collins, 1996), 혹은 기여할 능력이 없음을 암시하는 특징(예를 들어, 신체적·정신적 장애를 드러내는 신체적 특질과 행동)을 통해 단서를 얻을 수 있다. 간단히 말하면, 각기 다른 위협은 각기 다른 단서를 통해 암시된다.

위협 지각과 고정관념: 정확한 게 최고지만, 그렇지 않더라도 뒤늦게 후회하기보다는 안전한 게 낫다

만일 사회적 지각이 위협과 기회를 관리하도록 설계된 것이라면, 단서와 행동유도성의 지각된 결합은 실제의 결합을 강하게 반영할 것이다. 사실, 많은 고정관념이 무의미하지 않을 정도로 정확하다(Jussim, Cain, Crawford, Harber, & Cohen, 2009; Swim, 1994). 물론 고정관념이 완벽하게 대상을 진단하지는 않지만, 어느 정도는 대상과 통계적으로 관련되어 있기 때문에 무언가를 지각하는 사람이 고정관념을 활용하면 더 정확한 추론을 하게 되어 더 많은 것을 예측할 수 있다(그것이 고정관념의 대상인 개인에게 해가 되더라도). 예를 들어, 젊은 남성은 경쟁적이라는 고정관념을 갖고 있다는 것은 남성성과 젊음이 통계적으로 경쟁심과 상호 연관되어 있음을 암시한다. 고정관념의 내용에 관한 수많은 연구들이 진행되었지만, 진화적 접근법을 활용해 그 내용이 좀 더 사리에 맞게 된 것은 아주 최근의 일이다(Neuberg & Sng, 2013).

예를 들어, 사회심리학 문헌에서 성과 연령에 대한 고정관념을 바라보는 전통적인 방식을 생각해보자. 고정관념에 따라 사람들은 남성(과 젊은 사람)은 경쟁적이고 행위자적인 존재로, 여성(과 나이든 사람)은 공동체적이고 배려심이 많은 존재로 볼 것이다(예를 들어, Eagly & Steffen, 1984; Hummert, Garstka, Shaner, & Strahm, 1995). 게다가, 이러한 성과 연령의 고정관념이 다른 종류의 고정관념과 무관하다고 개념화 한다. 하지만 최근의 연구에서는 사람들이 실제로 갖고 있는 고정관념이 그보다 훨씬 더 미묘하다고 말한다.

생활사 관점(Kaplan & Gangestad, 2005; Stearns, 1976)으로 예측할 수 있듯이, 남성과 여성이 삶의 주요 과제(성장, 학습, 짝짓기, 양육 등)를 달성하는 수단은 나이가 들어감에 따라 달라진다. 예를 들어, 부모 투자의 차이(Trivers, 1972)로 인해서 경쟁심의 성차는 (양육보다는) 짝짓기가 우선시되는 시기에 더 커진다. 다음으로, 경쟁은 주로 성 내 경쟁이라서, 자신과 같은 성의 (비교적 젊은) 성인들에게 집중된다. 만일 사회적 지각자의 과제가 다른 사람들이 제기한 위협과 기회를 관리하는 것이라면, 고정관념은 그런 미묘한 차이—즉, 성과 연령이 상호작용해서 전략적 행동을 추진하는 방식 그리고 다른 사람들의 전략적 행동이 대개 특수한 대상에만 집중된다는 사실—에 주파수가 맞춰져 있을 것이다.

실제로 그렇다(Sng, Williams, & Neuberg, 2015). 사람들은 성과 연령의 고정관념을 따로따로 갖고 있는 것이 아니라, 구체적인 형태를 띠고 상호작용을 하는 '성연령 SexAge' 고정관념들을 갖고 있다. 게다가 사람들은 일반적 형질(예를 들어, '남성은 경쟁적이다')의 형식으로 고정관념을 갖기보다는 **지향적 고정관념**directed stereotypes—고정관념화된 행동이 누구를 향해 있는지를 설명하는 고정관념(예를 들어, '남성은 젊은 남성에게 경쟁적이다')—을 갖는다. 고정관념은 전통적인 문헌이 주장하는 것보다 더 복잡할 뿐 아니라, 가끔은 그런 기존 이론에 반한다. 예를 들어, 실제로 사람들은 여성이 남성보다 덜 경쟁적이라는 고정관념을 갖고 있다기보다는, 여성이 젊은 남성보다는 젊은 여성에게 더 경쟁적이라고 (정확하게) 믿는다.

사회적 지각은 불완전한 단서에 의지하기 때문에 오류 발생은 불가피하다. 모든 오류는 잠재적으로 높은 비용을 치르게 하지만, 어떤 오류는 다른 오류보다 더 큰 비용을 부과한다. 사회적 지각자는 가장 비싼 번식 적합도 비용을 치르게 될 추론의 오류를 줄이도록 편향되어 있는데(Haselton & Buss, 2000; Haselton & Nettle,

2006), 화재 경보기에 비유하면 쉽게 이해할 수 있다(Nesse, 2005). 화재 경보기가 긍정 오류[2]의 경향을 띠도록 편향되게 설계되어 있는 것처럼, 진화한 위협-탐지 시스템도 (잠재적으로 치명적인) 위협을 놓치기보다는 위협이 없는 경우에도 위협이 있는 것으로 간주하는 오류를 저지르게끔 설계되어 있다. 편견과 관련해서 이 말은 사람들이 타인의 위협을 과잉지각하도록 편향되어 있다는 뜻이다.

실제로는 아무런 위험도 없는 많은 사람과 집단이 이렇게 해서 위험한 대상으로 지각되곤 한다. 예를 들어, 병원체에 감염되면 흔히 체형과 동작이 변하기 때문에, 극도로 비만하거나, 팔다리를 통제하지 못하거나, 신체가 비정상적일 때 그 사람은 실제로는 위험하지 않아도 (무의식적으로) 병원체 위험으로 지각될 수 있다. 이와 마찬가지로, 조상 시대에 사람들은 다른 집단 구성원들의 복지에는 무관심했기 때문에, '외집단성'의 표지—예를 들어, 이상한 억양이나 생소한 의례—를 지닌 사람은 실제로는 들어가려 하는 집단에 상당한 투자를 했다 해도 믿을 수 없는 사람으로 지각될 수 있다. '후회하는 것보다는 안전한 게 낫다'는 원칙이 그런 개인과 집단을 지각하고 그들에 대한 편견을 규정할 때 현대인의 마음에서도 여전히 작동한다(Schaller & Neuberg, 2012).

다른 지각된 위협, 다른 편견, 다른 행동

어떤 위협을 완화하는 행동이라도 다른 위협은 거의 완화하지 않을 수 있다. 물리적 충돌은 사기당한 돈을 돌려받는 데는 도움이 될 수 있지만 병을 가진 개인으로부터 병원체가 퍼지는 것을 막지는 못한다. 각기 다르게 지각되는 위협에 대처하기 위해 각기 다른 행동 루틴이 진화했다고 생각할 만한 이유가 충분하다.

감정은 기능적인 위협-관련 행동을 추진하는 데 결정적인 역할을 한다. 두려움, 역겨움, 노여움은 하고 있는 활동을 차단하고, 주의를 집중시키고, 위협에 대처하는 행동을 활성화하는 경보 역할을 한다. 예를 들어, 큰 물체가 빠르게 다가오는 것을 지각하면 우리는 두려움을 느끼면서 위험을 인지하게 되고, 생리 체계는 순간적으로 에너지를 분출시키고 대근육에 혈액을 보낸다. 이 같은 반응 덕분에 우리는 싸우

---

2 거짓을 참으로 잘못 판단하는 것(옮긴이).

거나 도망칠 준비가 되고, 그렇게 해서 포식 위협을 떨쳐낸다. 반면에, 시체 썩는 냄새를 맡을 때 우리는 역겨움을 느끼고, 비강이 수축하고, 몸을 돌리고, 물리적 거리를 두게 된다. 이 모든 조합이 감염 질환에 노출될 위험을 줄여준다. 요약하자면, 각기 다른 위협은 각기 다른 감정의 경보기를 울리고, 그와 함께 인지, 생리 반응, 행동 루틴의 기능적 증후군들을 유발한다(Izard, 1991; Plutchik, 1980; Roseman, Wiest, & Swartz, 1994; Tooby & Cosmides, 1990).

어떤 이들은 사람들이 서로 다른 범주에 속하면 반응도 아주 다를 것이라고 예측하는 것 같다(Cottrell & Neuberg, 2005). 예를 들어, 많은 미국인이 이슬람 근본주의자를 신체적 안전에 대한 위협으로 지각하기 때문에 그들과 마주칠 때 두려움과 불신을 나타낸다. 안면 기형은 질환의 (무의식적인) 단서이기 때문에 사람들은 역겹다고 반응하고, 기억된 질환 개념들을 은연중에 활성화하면서 신체 접촉을 피한다. 상호성은 사기에 취약하기 때문에 사람들은 누군가가 정당한 지분보다 많이 챙기는 것 같으면 화를 내고(예를 들어, 복지 수혜자), 그들을 게으르고 이기적이라고 고정관념화하고, 복지나 조세 축소 같은 정책을 주장한다. 가치를 공유하면 집단 내에서 조정과 사회화를 쉽게 할 수 있기 때문에, 공유된 가치에서 벗어나는 행위는 경멸, 역겨움, 노여움, 부도덕하다는 비난, 그 개인을 배제하고 권한을 박탈하는 차별적 행동을 유발한다. 실제로 연구 결과를 보면, 지각된 위협, 감정 반응, 기능과 관련된 차별 행동이 한 줄로 연결되어 있음을 알 수 있다(예를 들면, Cottrell & Neuberg, 2005; Cottrell, Richards, & Neuberg, 2015; Cottrell, Richards, & Nichols, 2010).

편견을 설명하는 전통적인 이론(예를 들어, 내집단-외집단, 사회적 정체성과 그 밖의 자존감 이론들)은 서로 다른 집단에게 질적으로 다른 편견이 존재하는 이유를 설명하지 못한다. 그런 관점에서는 편견을, 집단과 그 구성원을 뭉뚱그려 바라보는 무차별적이고 일반적인 태도—단순한 유의성valence[3]—로 간주하고, 조작해왔다. 즉, 우리는 타인을 좋아하거나 싫어하고, 호의적으로 보거나 나쁘게 본다는 식인데, 그런 실험에서는 참가자가 각 집단을 얼마나 '따뜻하게' 또는 '차갑게' 느끼는지 '온도'를 측정하고, 각 집단을 '호의적으로' 표현한 진술 대 '비호의적으로' 표현한 진술에 어떻

---

3 誘意性. 심리적 요구에 응하는 사물에 끌리거나 반발하는 성질(옮긴이).

게 반응하는지를 모으고, '좋은' 자극 대 '나쁜' 자극과 집단을 암묵적으로 어떻게 결합하는지를 보고서 편견을 평가한다. 하지만 단지 유의성이 아니라 구체적인 감정의 측정값을 평가해보면, 사람들은 느낌과 믿음이 뒤섞인 결을 드러내고, 그 질감은 대상 집단—심지어 전통적인 유의성 측정법에서는 비슷한 반응을 유발하는 집단들—에 따라 꽤 다르다는 것을 알 수 있다(예를 들어, Brewer & Alexander, 2002; Cottrell & Neuberg, 2005; Esses, Haddock, & Zanna, 1993; Fiske, Cuddy, Glick, & Xu, 2002; Mackie, Devos, & Smith, 2000). 그런 연구결과와 함께, 타 집단이 가한다고 지각되는 다양한 위협이 저마다 다른 감정 그래프의 윤곽을 예고한다는 사실은 낙인, 편견, 고정관념, 차별을 설명해온 전통적인 이론에 근본적으로 의문을 제기한다.

맥락에 따른 편견 징후군: 기능적 유연성

진화한 위협-관리 체계는 번식 적합도를 향상시키기도 하지만, 가동비가 발생할 수 있다. 차별 행동을 하면 신진대사 비용이 들고, 다른 목표를 추구할 잠재적 기회를 놓칠 수 있으며, 차별 상대와 미래에 협력할 기회를 잃을 수도 있다. 게다가 사람에 대한 차별은 충돌로 이어져서 부상을 당할 수 있고 평판, 관계, 연합에 손해가 될 수도 있다. 위협-관리 체계는 기본적으로 예상 이익이 그로 인해 발생할 수 있는 피해를 상회할 때 작동해야 한다.

환경의 특징과 개인의 기질적 관심사로 인해 취약성이 높다고 느껴질 때는 이 같은 비용-편익 비교가 더욱 유익할 것이다. 위협-관리 체계는 명백한 위협의 단서—외부적이든 내부적이든—에 민감할 테고, 취약성이 낮을 때와는 달리 취약성이 꽤 높아 보이면 어떻게든 위협을 완화하려 할 것이다. 현재까지 많은 증거가 그런 형태의 기능적 유연성을 입증했다.

예를 들어, 자신을 보호하는 문제에 대해 생각해보자. 과잉경계, 투쟁-도피를 위한 준비, 두려워서 타인을 회피하는 반응의 비용을 고려할 때, 자기보호 기제는 눈앞의 단서가 보통 이상의 위험을 가리킬 때에만 작동할 것이다. 실제로 실험들이 입증하듯이, 위험에 대한 지각을 활성화하면 지각자는 잠재적 위협을 놓치지 않도록 인지 과정과 정서적 과정이 폭넓게 변한다(Neuberg & Schaller, 2014). 예를 들어, 폭력에 취약하다고 지각하는 정도가 높아지면, 외집단의 젊은 남성이 짓고 있는 중립적인 표정에 노여움을 더 많이 느끼고, 소속 집단을 쉽게 구분할 수 없는 사람을 보고 외집단 구성원으로 분류할 가능성이 높아진다(Maner et al., 2005; Miller, Maner, & Becker, 2010). 게다가 어두운 방(물리적 공격에 더 취약하다는 단서)에 있는 것만으로도 순간적인 큰 소리에 놀라는 반응의 강도가 높아지며(Grillon, Pellowski, Merikangas, & Davis, 1997), 북아메리카의 백인과 아시아인은 어두운 방에 있을 때 흑인이나 이라크인을, '적대감'이나 '범죄자' 같은 위험 개념과 결부시키는 정형화된 연결이 더 강하게 활성화된다(Schaller, Park, & Faulkner, 2003; Schaller, Park, & Mueller, 2003). 이 효과가 기질적으로 세계를 위험한 곳으로 보는 이들, 특히 자신이 폭력에 취약하다고 여기는 이들에게 주로 나타난다는 사실은 많은 것을 시사한다. 게다가, 이러한 위협-관련 개념들의 활성화는 외집단 표적(내집단 표적과는 달리)과, 신체적-위협에 대한 고정관념(똑같이 부정적이지만 위협이 되지는 않는 정형들, 가령 게으르고 무식하다는 고정관념과는 달리)에서만 특수하게 나타난다. 이런 미묘한 차이를 볼 때, 위협 관리 체계는 기능에 집중한다는 것을 확실히 알 수 있다.

전염병 단서에 대한 반응에서도 그런 기능적 유연성이 분명하게 드러난다. 자신이 감염병에 특히 취약하다고 느끼거나, 병원체의 존재가 부각되는 상황에 놓여 있을 때, 질병-회피 편견들이 쉽게 활성화된다. 예를 들어, 질병의 우려가 현저할 때 사람들은 손상되었거나 기형적인 얼굴에 더 큰 주의를 기울인다(Ackerman, Becker, Mortensen, Sasaki, Neuberg, & Kenrick, 2009; Miller & Maner, 2012). 기질적이든 상황적이든 질병을 염려하는 사람들은 또한 다음과 같은 사람에게서 질병의 단서를 보고 더욱 부정적으로 반응한다. 얼굴이 비대칭인 사람(Little, DeBruine, & Jones, 2011; Young, Sacco, & Hugenberg, 2011), 심하게 과체중인 사람(Kenrick, Shapiro, & Neuberg, 2013; Park, Schaller, & Crandall, 2007), 낯선 외집단에 속해 있는 사람(Faulkner, Schaller, Park, & Duncan, 2004; Navareete, Fessler, Eng, 2007; 개괄을 위해서는 Schaller & Neuberg, 2012를 보라).

참고할 수 있는 연구가 그보다 적긴 하지만, 다른 위협-관리 체계들도 기능적으로 유연하게 편견을 사용한다는 증거가 존재한다. 예를 들어, 자원 부족에 대한 염려가 현저할 때 사람들은 타인들을 분류해서 상대적으로 애매해 보이는 개인들(즉, 한눈에 봐도 혼혈인 사람들)을 내집단에서 제외하고(Rodeheffer, Hill, & Lord, 2012), 경제적 경쟁에 대한 염려가 현저해지면, 고정관념상 강력한 경제적 경쟁자로 자리 잡은 집단에 대한 편견이 특히 강해진다(Butz & Yogeeswaran, 2011). 또한 사회화에 대한 염려가 현저해지면, 집단의 가치관을 위협하는 것으로 보이는 타 집단에 대한 편견이 특별히 두드러진다. 사회화의 맥락(예를 들어, 초등학교, 종교 기관; Saad, 1996)에서 이성애자가 남성 동성애자를 생각할 때 그들에 대한 편견이 특히 강해지는 것도 같은 이치다.

따라서, 위협–관리 체계들과 그 기능적인 편견 증후군들은 구체적인 위협의 단서를 드러내는 표적을 특정하게 겨냥한다는 것, 그리고 사람들이 문제의 위협에 취약하다고 지각하는 상황에서는 특히 더 그렇다는 것을 알 수 있다.

중간 요약

이상과 같이 간략하게 검토한 결과는 편견과 고정관념화에 관한 전통적인 이론에 중대한 이의를 제기한다. 전통적인 접근법들에는 사람들이 실제로 보유하고 있는 미묘한 심리를 선험적으로 설명해줄 개념적 구조가 결여되어 있다. 하지만 사람들은 각각의 집단이 제기하는 듯 보이는 구체적인 위협에 기초해서 각 집단에게 각기 다른 고정관념, 편견, 차별적 성향을 적용한다. 이 반응들은 사람들이 특정한 위협에 취약하다고 느낄 때 더욱 강화된다. 마지막으로, 아주 다른 집단들(남성 동성애자, 비만인)에 대한 사람들의 반응이 유사한 것은, 그 반응이 적어도 부분적으로는 동일한 위협–관리 체계에서 나오기 때문이다. 전통적인 이론과 달리 우리가 여기서 인상 깊게 조명한 접근법에서는 이상과 같은 결과들을 예측한다.

지금까지는 개인이 다른 개인에게서 느끼는 위협을 관리하고자 할 때 사용하는 진화한 심리에 초점을 맞췄다. 그 위협 가운데 어떤 것은 타인이 외연합out-coalition─다른 연합에 속해 있지만 공동의 이익을 위해 동맹 관계를 유지하면서 공통의 이익을 위해 일하고, 동맹에 속하지 않은 이들과 분쟁이 발생할 때는 동맹자를 지지하는 개인들의 집단─에 속해 있음을 가리키는 단서로 추론된다. 원칙상 연합 외집단(외연합)의 구성원은 일반적으로 내가 속한 집단(연합)보다 그가 속한 집단(연합)에 더 많이 투자한 사람이고, 따라서 개인이 보기에 다른 연합에 속한 구성원은 더 믿기 어렵고, 물리적 충돌을 일으킬 의향이 더 크다고 고정관념화하는 것도 이치에 어긋나지 않는다. 이제 우리는 연합의 구성원들이 **연합 구성원으로서** 어떻게 상호작용하고, 그럼으로써 어떻게 집단 대 집단 갈등의 가능성이 생겨나는지를 탐구하고자 한다.

동맹에 기초한 편견과 갈등

집단을 이루고 사는 동물이라면 나눌 자원이 제한된 상황에서 다른 집단 구성원과 옥신각신할 일이 많다. 따라서, 사회적 동물은 집단의 자원을 위해 경쟁을 할 때 싸움 전략을 사용한다. 동시에, 갈등은 높은 비용을 유발한다. 싸움은 신체적 부상을 입거나 귀중한 협력 관계를 해칠 위험이 있다. 따라서 동물에게는 자원 접근성을 증가시키면서 동시에 부상 위험과 협력 관계의 손상 가능성을 모두 낮출 수 있는 전략이 필요하다.

동물의 싸움에 관해서는 진화심리학의 방대한 이론적·경험적 문헌이 존재한다 (Arnott & Elwood, 2009; Dawkins, 1976; Maynard Smith, 1982; Parker, 1974). 연구의 대부분은 싸움의 참가자가 싸우거나(매) 도주하기(비둘기)를 택하는 매-비둘기 게임에 집중되어 있다. 각 참가자는 자신이 싸우기로 결정하고 상대가 도주하기로 결정할 때 가장 큰 보상을 얻지만, 둘 모두 싸우기로 결정한다면 가장 큰 비용을 치르게된다. 이 연구는 몇 가지 폭넓은 결론을 가리킨다. 우선, 진화는 전면적인 공격이나 전면적인 순종보다는 싸움과 도주의 신중한 조합을 선호한다. 두 번째로, 전투 능력이 비대칭적일 때 더 강력한 갈등 당사자는 싸우려 들 것이고 더 약한 갈등 당사자는 도주하려 들 것이다(다른 요인들이 동등할 때). 세 번째로, 동물은 전투 능력과 상관없는 다른 비대칭성을 활용해서 갈등을 해결하기도 하는데, 이를테면 어느 참가자가 자원을 먼저 발견했는지, 혹은 먼저부터 소유하고 있었는지가 그에 속한다.

싸움은 일종의 **협력** 게임이다(Schelling, 1960). 싸움 참가자들은 누가 자원을 차지해야 하는지에 대해서는 서로 동의하지 못하지만, 한편으로는 가급적 싸움의 비용을 피해야 한다는 공통의 이해관계를 갖고 있다. 따라서 싸움의 당사자들은 갈등이 교착상태에 빠지거나 더 큰 싸움으로 확대되는 경우를 방지할 수 있도록 그들의 결정을 조정하는 데 도움이 될 만한 정보나 신호에 주의를 기울일 것이다. 여기에는 상대적 위압성을 드러내는 단서, 이전의 싸움 전적, 복종과 지배를 드러내는 의사소통 표현 등이 포함된다.

많은 사회적 동물에서 이와 같은 개별적인 전략의 결과로 선형적인 계층구조가 탄생한다(Boehm, 1999; Krebs & Davies, 1993). 개체는 자신이 어떤 구성원을 쓰러뜨리고 더 낮은 지위를 부여할 수 있는지, 어떤 개체를 이길 수 없어 더 높은 지위를 내줘야 하는지를 학습한다. 그러면 지위가 높은 개체는 자신의 지배력을 표현하기만 해도 분쟁에서 승리할 수 있고, 지위가 낮은 개체는 복종을 표현함으로써 갈등 확대와 추가적인 자원 손실을 피할 수 있다. 이런 의사소통 전략이 지속되는 까닭은 신호를 송신하는 쪽과 수신하는 쪽 모두가 갈등의 비용을 낮출 수 있기 때문이다. 지위가 낮은 개체는 해당 집단에서 살아가는 데 따른 잠재적 이익의 대부분을 어쩔 수 없이 포기해야 하기 때문에, 그런 조정안으로 인해 상당히 불리한 입장에 놓인다. 개체들이 이런 곤경을 피하게끔 설계된 적응이 있다면 진화는 그런 적응을 선호할 것이다. 인간을 비롯한 소수의 사회적 동물은 더 강력한 개체에게 지배당하는 문제에 대처하는 새로운 적응을 진화시켜왔다. 바로, 동맹을 맺는 것이다.

집단-기반 계층구조의 진화

애초에 연합은 더 강력한 개인에게 지배당하는 적응적 문제를 타개하기 위해 설계된 것이다. 몇몇 약한 개체가 팀을 이루면 더 강력한 단일 개체에게 우위를 점할 수 있다. 비대칭적 싸움과 동일한 논리가 연합체의 힘에도 적용된다. 단일한 개체가 팀을 이룬 개체들에게 밀릴 때는 한발 물러서는 것이 이득이 된다.

집단 내에서 연합이 결성되면 새로운 적응적 문제가 출현한다. 강력한 연합체에게 지배를 당하는 것이다. 이 곤경을 해결하는 방법은 그에 대응해서 연합을 결성하는 것이다. 그런 식으로 연합은 더 많은 연합을 낳고, 결국 집단의 모든 구성원이 여러 팀으로 갈라지게 된다(Snyder, 1984). 게다가 작은 연합이 다른 작은 연합과 규합해서 힘을 키울 수 있기 때문에, 결국 집단은 몇 개의 거대한 연합으로 구성되게 된다. 개체들은 다른 연합의 구성원과 교차로 동맹을 맺어서 애초의 연합 안에서 자신의 영향력을 키울 수 있으며, 그로 인해 복잡하게 얽힌 연합망이 만들어진다. 이 복잡성 때문에 연합은 응집력 있는 고정된 집단이라기보다는 서열화된 충성의 직조망에서 발생하는 것이라고 개념화하는 편이 더 정확하다(DeScioli & Kurzban, 2009; 2011; 2013; DeScioli, Kurzban, Koch, Liben-Nowell, 2011).

일단 연합이 결성되면, 개체로 싸울 때와 똑같은 문제—값비싼 싸움을 피해야 하는 문제—를 겪게 되고, 그래서 연합은 전력 평가, 전력 과시, 지배와 복종 신호, 임의적인 비대칭성이나 관습의 사용 등 기존과 유사한 전술을 활용할 수 있다. 그 결과, 개체들의 계층구조와 유사한 집단-기반 계층구조가 형성된다. 집단-기반 계층구조가 존재하면 특별한 형태의 내집단 편견과 차별의 무대가 펼쳐진다.

사회적 우위 이론과 연합 편견

사회적 우위social dominance 이론에서는 집단-기반 계층구조의 진화를 통해 집단-기반 형태의 편견, 차별, 억압을 설명할 수 있다고 주장한다(Pratto, Sidanius, & Levin, 2006; Sidanius & Pratto, 1999). 이 관점에서 볼 때, 연합은 개인들의 편파적 행위, 제도적 차별, 신화의 정당화를 통해서 자신의 규모, 집단의 영역, 타 집단보다 우월한 힘을 널리 광고한다(Pratto et al., 2006). 개인의 분쟁과 마찬가지로 지위가 높은 집단과 지위가 낮은 집단은 지배 신호와 복종 신호를 사용할 때 양쪽 다 이득을 얻는데, 그렇게 하면 폭력적인 충돌의 비용을 피할 수 있기 때문이다(Sidanius & Pratto, 1993). 이 지배 도식 때문에 지위가 낮은 집단에 속한 개체는 이용 가능한 자원에서 더 작은 몫을 차지한다. 게다가 지위가 높은 집단의 억압이 극단으로 치달을 수도 있다. 역사적으로 노예제가 널리 시행된 것이 그런 경우다.

그렇다면 이 관점에서 볼 때, 어떤 편견은 연합 결성을 위해 진화한 인지적 적응으로 시작한다. 우리는 동맹자를 지지할 때 그들의 적보다는 우리의 동맹자에게 유리한 편견과 차별을 드러낸다. 심지어 낯선 사람과 논쟁이 벌어졌을 때 가족이나 친구 편을 드는 것도 이런 의미에서 편견에 해당한다.

사회적 우위 이론은 연령, 성, 그리고 임의적 요소들에 근거한 세 가지 유형의 집단-기반 계층구조에 주목한다(Pratto et al., 2006). 연령 체계에서 성인들은 하나의 연합체로서 아이들에 대해 비대칭적인 힘을 갖고 있다. 성 체계에서 연합으로 뭉친 남성은 여성에 대해 비대칭적인 힘을 갖고 있다. 임의적 요소의 체계에서 사람들은 인종, 국적, 정치 이념, 종교 같은 임의적 구분에 따라 경쟁하는 연합들을 구축한다.

사회적 우위 이론가들은 역사적으로 가장 해로운 편견과 차별 행위는 바로 이런 임의적인 남성 집단이 다른 남성 집단을 지배하기 위해 이용했던 편견과 차별이라고 주장한다(Pratto et al., 2006). 그들은 나아가 이 성 차이를 부모 투자 이론으로 설명할 수 있다고 주장한다. 이는 남성의 판돈이 크다는 것, 즉 수컷 간 경쟁에서 수컷은 암컷들보다 더 격렬하게 싸운다는 것을 의미한다(McDonald, Navarrete, & Sidanius, 2011; McDonald, Navarrete, & van Vugt, 2012; Pratto et al., 2006). 이 설명에서 특히 중요한 것은, 약한 집단을 억압하기 위해서 지배 집단이 임의적일 수도 있는 연합적 제휴를 안정화하는 수단으로 **신화의 정당화**를 이용한다는 것인데, 그런 신화에는 지위가 낮은 집단을 비하하는 고정관념이 들어 있다.

임의적 요소에 기초한 편견이라는 개념은 연합 결성의 불확정성과 불안정성을 보여주는 게임이론 모델에 잘 부합한다(Von Neumann & Morgenstern, 1944). 이 모델에서 개인은 다른 팀보다 우세한 지위를 얻기 위해 팀을 결성하려 하는데, 그 동기에서는 집단을 분할할 수 있는 경우의 수가 너무 많아진다. 또한 연합을 결성한 뒤에도 개인은 다른 연합으로 갈아탈 유인에 자주 부딪히고, 심지어 어떤 경우에 이런 갈아타기는 무한히 일어날 수도 있다. 인간은 인종, 억양, 심지어 임의적인 꼬리표—예를 들어, 셔츠 색깔—등 다양한 단서를 적응적으로 유연하게 바꿔가면서 연합 소속의 이력을 추적하는데, 이런 심리 기제를 갖춘 덕분에 그와 같은 이론적 논리의 게임에 잘 맞는 것으로 보인다(Knzler, Shutts, DeJesus, & Spelke, 2009; Kurzban, Tooby, & Cosmides, 2011; Pietraszewski, Cosmides, & Tooby, 2014).

일반적인 연합-기반 편견

연합은 불안정하고 쉽게 바뀌는 경향이 있지만, 개인들은 특수한 이해관계로 얽혀 있기 때문에 특수한 종류의 연합을 결성하고 비교적 안정적으로 유지할 가능성이 높아진다. 아마 이해관계의 공유를 가능하게 하는 가장 중요한 생물학적 원천은 가족 관계일 것이다. 친족은 적합도 이익을 확실히 공유하고(Hamilton, 1964), 혈연 선택은 비친족과의 갈등에서 친족을 돕는 적응을 선호한다. 이 심리 기제는 비친족에 대항해서 친족을 지지하도록 진화한 편견—족벌주의—으로 볼 수 있는데, 인간과 비인간 동물 모두에게서 발견된다(예를 들어, Cheney & Seyfarth, 2007; Silk, 2002).

인종적 편견은 진화한 친족-기반 연합 편견의 연장일지 모른다. 사람들이 인종적 차이와 민족적 차이를 유전적 근연도가 낮다는 단서로 받아들일 가능성도 있다. 우리 조상은 삶의 범위 안에서 '인종적으로' 다른 개인과 마주칠 일이 거의 없었기 때문에, 인종에 초점을 맞춘 편견은 생길 기회가 거의 없었고, 선택될 기회도 거의 없었다(Kurzban et al., 2001). 하지만, 경쟁하는 연합들 사이에 존재하는 눈에 띄는 차이—서로 다른 신체적 외양, 언어나 억양, 문화적 인공물과 관습 등으로 드러나는 차이—는 존재했을 테고, 그런 차이들을 기반으로 해서 개인은 차이를 드러내는 특징에 민감한 연합 심리를 진화시켰을 것이다. 그렇다면 '인종'을 나타내는 특징들은 차이의 상위단서supercue로 기능할 수 있고, 친족-기반 연합 심리가 그것을 발견적으로 활용해서 이른바 인종적 편견(그리고 차별 행위)을 야기할 수 있다.

연령과 성 역시 특수한 이해관계를 중심으로 집단을 형성할 수 있는 잠재적 요인이다. 생활사 전략(Kaplan & Gangestad, 2005)과 부모-자식 갈등(Trivers, 1974)은 연령이 다른 개인들에게 체계적으로 다르게 진화한 선호를 빚어주었을 것이다. 예를 들어, 자식은 종종 부모가 제공하고자 하는 것보다 더 많은 자원을 뽑아내려고 한다. 부모는 잠재적으로 협력해서 자식의 자원 추출 노력을 억누르고, 이 과정에서 이기적인 연령주의를 드러낼 수 있다. 예를 들어, 아이들이 부모에게 복종해야 한다는 성인들의 합의는 자녀의 자원 요구를 제한하기 위한 전략으로 이해할 수 있다. 성의 경우에, 부모 투자 이론과 성선택(Trivers, 1972)은 남성과 여성이 다양한 영역에서 서로 다른 선호를 갖고 있다고 암시한다. 잠재적으로 양성은 이성의 비용으로 자신의 이익을 증진시키기 위해 동맹을 맺고 공모할 수 있으며, 이 과정에서 이기적인 성차별주의를 드러낼 수 있다. 예를 들어, 남성과 여성은 짝짓기 전략의 차이로 인해서 장기적인 관계 바깥에서 벌어지는 성적 활동—예를 들어, 성매매와 포르노그래피—을 다르게 바라볼 수 있다.

인종, 성, 연령 편견을 단순히 내집단-외집단 연합의 관점으로 설명한다면 설득력이 부족할 것이다. 연구를 통해 밝혀졌듯이, 연합-기반 편견을 (다른 성/연령 범주에 비해) 가장 자주 사용하는 동시에 그런 편견의 주제가 되는 범주는 젊은 남성이다. 게다가, 교차하는 범주—성 × 연령 × 인종—에 있는 특별한 고정관념은 그 범주가 연상시키는 구체적인 위협 및 기회와 밀접하게 연결되어 있다(Neuberg & Sng,

2013; Sng, Williams, & Neuberg, 2015). 따라서 위협-관리와 연합의 동역학을 모두 합친 종합적인 방법으로 접근하는 것이 특히 유익할 것이다.

그 밖의 특수한 이해 집단으로는, 표면상 가치에 근거한 집단들—즉, 사람들이 어떤 목표를 추구해야 하고 어떻게 행동해야 하는지와 관련하여 포괄적인 지향성에 근거한 집단들—이 포함된다. 가치는 그 자체로는 추상적인 것 같지만, 종종 구체적인 규칙, 법률, 사회 정책을 만들거나 유지하는 근거로 작용해서 다른 사람들의 행동을 실질적으로 제약한다. 예를 들어, 정당은 사회의 자원을 분배하는 방식, 규칙 위반자를 통제하는 방식 등을 두고 서로 경쟁하는 연합이다. 또 다른 예로, 종교 집단들은 정당과 비슷한 문제를 두고 경쟁하지만, 또한 집단 구성원이 추구하는 성적 전략을 통제하려는 경향도 있다(Weeden & Kurzban, 2013). 행동주의적 종교 집단들이 다른 종교 집단에 대한 편견을 강하게 드러내고 극단적인 형태로 갈등을 벌이는 것도 놀라운 일은 아니다(Neuberg et al., 2014).

외국인에 대한 편견: 전쟁, 이입immigration, 이출emigration

외국인이란 초점 집단과의 접촉이 거의 또는 전혀 없는 사람을 말한다. 다른 환경에서 온 사람과 접촉하게 되면, 사람들은 기존 지역의 면역 체계가 대비하지 못한 병원체에 노출될 수 있다. 실제로 이주의 역사는 새로운 인구가 유입될 때 병원체의 독성이 얼마나 강력한지를 보여준다(Diamond, 1997; Dobson & Carter, 1996; Ewald, 1994). 게다가 외국인은 해당 지역의 위생 관습에 익숙하지 않은 경우가 많아서 종종 기존의 거주자들을 위험에 빠뜨린다. 연구 결과에 따르면, 외국인과 거리를 두려는 바람과 내집단을 선호하는 성향은 자신이 질병에 가장 취약하다고 느끼는 사람들에게서 특히 두드러진다(Faulkner et al., 2004; Navarrete et al., 2007).

위에서 논의한 연합의 추론은 외국인에 대한 편견에도 적용된다. 내집단 관계라면 협력과 갈등의 균형이 필요한 반면에, 진짜 외국인은 처음부터 경쟁자로 보이는 경우가 많고 그래서 협력할 일이 거의 없다. 진화의 역사 전체에서 외국인과의 상호작용은 주로 대립이었다. 비인간 영장류에게 집단 간 조우는 대부분 폭력적이었고(예를 들어, Southwick, Siddiqi, Farooqui, & Pal, 1974; Wilson & Wrangham, 2003), 수렵채집인을 다룬 민족지학 연구도 그와 유사한 집단 간 폭력성을 보여준다(예를 들어, Chagnon, 1992; Eibl-Eibesfeldt, 1974; Ferguson, 1984; Haas, 1990; Kelly, 1995; Robarchek, 1990). 남성은 조상 시대에 외집단 개인들과 더 자주 마주쳤고(예를 들어, Goodall, 1986; Hasegawa, 1990), 그로 인해 집단 대 집단 폭력성이 더 강하다고 예상할 수 있다(Carpenter, 1974; Chagnon, 1988; Cheney, 1986; Wilson & Wrangham, 2003). 이 생각을 입증하듯, 남성은 집단과 집단이 조우하는 상황을 (여성보다) 더 위협적으로 지각하고(Pemberton, Insko, & Schopler, 1996), 다른 집단에 대해 더 강한 편견을 품는다(예를 들어, Sidanius, Cling, & Pratto, 1991). 게다가 사람들은 외집단 남성에 대한 학습된 공포 반응을 지우기까지 특히 오랜 시간이 걸린다(Navarrete et al., 2009). 요컨대, 외집단 연합 구성원에 대한 강력한 편견은 주로 남성이 갖고 있는 동시에 남성에게 겨누어진 것들이다.

그렇다면 이주민이 현지 인구로부터 종종 강한 반감을 일으키고, 때로는 폭력까지 유발하는 이유를 보다 쉽게 이해할 수 있다. 이주민은 건강, 자원, 신체적 안전, 가치관에 이르기까지 **여러** 면에서 위협적인 존재로 여겨진다. 하지만, 중요한 것은 모든 이주민이 똑같이 적대적 시선을 받지는 않는다는 점이다. **주관적으로** 이국적인—낯설다는 단서가 보이는—사람이 더 큰 반감을 불러일으킨다(Schaller & Abeysinghe, 2006). 반면에 신체적으로 친숙해 보이고, 현지 언어를 쓰고, 현지의 관습에 맞게 행동하는 이주민은 덜 위협적인 사람으로 여겨진다. 게다가 위협—관리 체계의 유연성을 반영할 때, 상대적으로 번성한 시기에 이주를 하면 거주민들이 덜 취약하고 그 결과 이주민에 대한 적개심도 약할 것이라고 예상할 수 있다.

이 관점은 또한 이주민 집단에 대한 반감이 다음 세대에 이르러서는 약화되는 이유를 말해준다. 이주민의 자녀는 현지어를 배우고, 현지의 문화적 관습을 받아들이고, 현지의 가치관에 따라 생활하므로, 그에 해당하는 위협의 단서를 더 이상 내보이지 않는다. 아일랜드인이 1840년대에 미국에 처음 왔을 때는 폭력적이고, 질병을 옮기고, 자원을 빼앗고, 가톨릭 교황에게 충성을 하는 이들로 간주되었고, 그로 인해 강한 사회적 오명을 안고 살았다. 거의 200년이 지난 오늘날 아일랜드인이라는 사실이 위협으로 비치는 경우는 거의 없으며, 미국인은 민족을 불문하고 아일랜드의 수호 성인을 기리는 성 패트릭 축일을 기념한다.

물론, 외국인 집단은 일시적으로나 그 이상으로 거주민들과 잘 지낼 줄 안다. 어느 사회에서나 개인들은 동맹을 형성해서 공동의 이익을 더 효과적으로 추구하는데, 이 현상은 외국인들이 연합한 사회에서도 보편적이다. 게다가 사람들이 '외국인 애호xenophilic'—내집단 구성원보다 외집단 구성원을 선호하는 성향—를 갖게 되는 상황도 있다. 예를 들어, 인간을 비롯한 몇몇 사회적 동물에서 역사적으로 암컷은 다른 집단의 짝을 찾기 위해 출신 집단을 떠난다. 여성 족외혼의 진화적 논리는 근친상간 회피를 가리키지만, 왜 낯선 여성이 낯선 남성에 비해 사회적 오명에 시달리는 경우가 더 적은지 그리고 왜 암컷이 수컷보다 외부에서 온 개체에게 더 개방적인지를 설명해주기도 한다. 또한 희귀한 물품 거래, 영토 출입권 같은 상호 이익의 기회에 기초해서 이질적인 집단 사이에 호의적인 결속이 발전할 수도 있다. 그렇긴 해도, 진화한 기본 성향에 따라 사람들은 자기 집단 안에서는 외국인을 상당히 경계한다.

편견 완화와 편견에 맞서기

우리 시대의 편견이 진화한 심리에서 비롯되었다고 해서 편견을 바꿀 수 없다는 얘기는 아니다. 오히려 그 반대다. 지금까지 보았듯이, 위협-관리 체계는 기능적으로 유연하게 작동하며, 구체적인 편견은 특정할 수 있는 상황에서 발생하고 그렇지 않은 상황에서는 발생하지 않는다. 여러 문화에서 많은 사람이 편견을 강하게 비난하고 반대하는데, 이렇게 편견에 반대하는 행동 역시 인간의 진화한 심리에 한쪽 뿌리가 닿아 있다. 진화적 접근법은 유해한 편견을 완화하는 노력에 활력을 불어넣는다.

위협-관리 접근법에서 얻을 수 있는 주요한 원칙은, 특정한 위협에 대한 취약성을 완화하면 그와 관련된 편견을 줄일 수 있다는 것이다. 예를 들어, 샬러Schaller와 아비싱헤Abeysinghe(2006)는 스리랑카의 신할라족이 인구수를 추정하는 데 사용하는 지리학적 참조틀을 교체해서—즉, 타밀족에게 수적으로 밀린다는 느낌을 정반대 느낌으로 전환시켜서―(일시적으로나마) 그들의 편견을 완화하고 평화적인 해결책을 선호하게 만들었다. 그와 유사하게, 황Huang과 동료들은 질병을 우려하는 사람들에게 손 세정제나 독감 주사를 제공해서 이주민, 비만인, 신체장애자에 대한 편견을 (일시적으로나마) 완화했다(Huang, Sedlovskaya, Ackerman, & Bargh, 2011).

두 번째 중요한 원칙은, 여러 편견과 싸울 때는 서로 다른 조치가 필요하다는 것이다. 앞서 언급한 황 등(2011)의 연구에서, 감염을 완화하는 조치는 모든 편견을 완화시키지 못하고, 단지 전염병과 관련된 편견을, 전염성 질병에 특히 취약하다고 느끼는 개인에게서만 완화시켰다. 위협―기반 접근법을 채택하면 왜 어떤 조치는 효과적인데 다른 조치는 그렇지 못한지를 이해할 수 있다(보다 포괄적인 논의는 Schaller & Neuberg, 2012를 보라).

진화적 접근법에서 나올 수 있는 세 번째 아이디어는, 사람들에게는 자신이 마주하는 편견에 대항하도록 설계된 적응이 있을 수 있다는 것이다. 다시 말해서, 편견을 만들어내는 인간의 능력이 보편적이듯, 편견에 맞설 심리적 능력도 보편적이다. 인간은 라이벌 집단을 억압하고 예속시키기만 하진 않는다. 지배 집단의 구성원 가운데 일부는 지위가 낮은 집단에게 권리를 제공하고 그들을 해방시키고자 노력한다. 예를 들어, 1833년에 대영제국에서는 지배 집단의 구성원들이 노예제 철폐령을 제정해서 제국 전역에서 억압받던 집단을 해방시켰다. 따라서 편견의 심리학적 이론은 차별의 동기와 차별에 반대하는 동기를 모두 해명해야 한다.

이 현상을 설명할 수 있는 방법 하나가 연합의 근본적인 불안정성에서 나온다. 연합 내부에서 자신의 위치를 강화하고자 할 때 개인은 연합 외부의 개인과 교차 동맹을 맺을 수 있다. 연합 구성원은 내분에서 자유롭지 않은데, 교차 동맹은 연합 내부의 분쟁에서 이점이 될 수 있다. 인간은 잠재적인 교차 동맹자를 알아보는 인지적 적응을 갖고 있을지 모르고, 그래서 억압받는 집단 구성원들의 복지를 증진하고자 힘을 쓰는지도 모른다.

또 다른 가능성은, 인간에게는 점점 강화되는 동맹―구축을 분산시키도록 설계된 반편견 적응이 있다는 것이다. 각 개인이 편파적인 편들기 전략을 추구하면 그로 인해 연합의 수가 증가하고 동맹에 기초한 의무도 증가해서 결국 분쟁이 계속 확대되다가 폭발하는 단계에 이를 것이다. 대신에 만일 분쟁의 구경꾼들이 공평한 편―결정 전략을 통해 조정에 나선다면 분쟁이 억제될 것이다. 실제로 도덕적 인지능력이 바로 이 기능을 하도록 적절히 설계된 것으로 보인다(DeScioli & Kurzban, 2013). 도덕적 인지능력은 사람들이 저지르는 잘못된 행위를 계산해서, 자신의 연합 소속이나 정체성과는 별개로 편을 결정할 수 있는 근거를 마련해준다. 도덕적 편들기는 분쟁을 벌이는 양측의 행위가 얼마나 잘못되었는지 각자의 강도를 계산하는 일과, 가장 잘못된 행위를 저지른 개인에 대립하는 편에 서는 일로 이루어져 있다. 중요한 것은, 도덕적 편-결정 전략을 채택한다 해도 편견을 통한 편-결정이 제거되지는 않고, 다만 편을 결정하는 인간의 전략에 새로운 방안이 하나 늘어난다는 점이다. 개인이 어떤 전략을 사용할지는 각 접근법의 비용과 이익을 계산한 결과에 달려 있다. 사람들은 자기가 부여하는 가치에 따라 각기 다른 전략을 추구하는데, 편견과 반편견 행동에 개인적·문화적 변이가 존재하는 이유도 거기에 있을 것이다.

결론

악의적인 편견의 폐해는 역사가 시작된 이래로 인간 사회를 병들게 해왔고, 지금도 그런 작용을 계속하고 있다. 진화적 관점에서 볼 때 편견을 설명하는 유명한 접근법들에는 몇 가지 큰 한계가 있다. 그 설명들은 편견의 기저에는 특별한 심리적 욕구나 경향이 있다고 가정한다. 집단 분류, 사회적 정체성, 자존감, 권위주의적 가치관, 죽음에 대한 두려움, 집단적 지위의 정당화 등이 그것이다(예를 들어, Adorno, Frenkel-Brunswik, Levinson, & Sanford, 1950; Fein & Spencer, 1997; Jost & Banaji, 1994; Schimel et al., 1999; Tajfel, 1969; Tajfel & Turner, 1986). 이런 설명은 불가피하게 왜 인간이 그런 심리적 형질을 갖추게 되었는지, 그리고 왜 그런 형질이 그런 특별한 행동을 유발하는지와 같은 질문을 촉발한다. 뿐만 아니라 이 장에서 검토한 증거가 말해주듯이 인간의 편견, 고정관념, 차별의 형식은 전통적인 이론으로는 예측할 수 없는 수준의 유연성과 복잡성을 보인다.

반면에 진화적 접근법에서는, 편견의 기저에 존재하는 심리적 체계는 조상 시대에 출현했던 위협(예를 들어 폭력, 질병 등)과 기회(예를 들어 협력, 동맹)를 추적하고,

그런 위협과 기회를 관리하기 위해 편견—그리고 반편견—행동을 활용하고, 이를 통해 개인의 적합도를 향상시키도록 설계된 상당히 정교한 계산 체계라고 주장한다. 이 접근법은 전통적인 이론이 미치지 못하는 곳으로 멀리 나아가 경험적 연구를 기반으로 정교한 가설들을 만들어낸다.

무엇보다 중요한 것은, 편견이 개인의 이익을 위해 설계되었다는 가설은 결코 편견의 희생자와 사회에 가해진 해악을 변명하지 않는다는 것이다. 진화한 형질은 선하고 장려할 만한 것이라거나 어쨌든 그렇게까지 비난할 필요는 없다고 생각하는 자연주의적 오류는 반드시 경계해야 하며, 특히 일반 독자는 이 점에 각별히 유의해야 한다. 진화의 산물 중에는 부적당하거나 값비싼 적응도 수없이 많다. 맹독을 주입하는 독사의 송곳니가 그렇고, 무스의 날카로운 뿔이 그렇고, 인간의 질투와 살인 동기가 그렇다(Buss, 2006). 편견이 진화한 적응이라면 오히려 우리는 그 해로운 행동을 더 많이 우려해야 한다. 편견이 그저 천진하고 무지한 편향에서 비롯된 것이 아니라, 유동적이고, 이기적이고, 대체로 무의식적인, 진화한 전략의 산물이라는 뜻이기 때문이다. 그렇게 거대한 적을 앞지르기 위해서는 진화의 설계 중에서도 가장 교묘하고 마키아벨리적인 놈에 대비한 영리한 이론이 필요하다.

참고문헌

Ackerman, J. M., Becker, D. V., Mortensen, C. R., Sasaki, T., Neuberg, S. L., & Kenrick, D. T. (2009). A pox on the mind: Disjunction of attention and memory in processing physical disfigurement. *Journal of Experimental Social Psychology*, *45*, 478–485.

Adorno, T. W., Frenkel-Brunswik, E., Levinson, D. J., & Sanford, R. N. (1950). *The authoritarian personality*. New York, NY: Harper & Row.

Arnott, G., & Elwood, R. W. (2009). Assessment of fighting ability in animal contests. *Animal Behaviour*, *77*, 991–1004.

Boehm, C. (1999). *Hierarchy in the forest*. Cambridge, MA: Harvard University Press.

Brewer, M. B. (1997). On the social origins of human nature. In C. McGarty & S. A. Haslam (Eds.), *The message of social psychology: Perspectives on mind in society* (pp.

54—62). Cambridge, MA: Blackwell.

Brewer, M. B., & Alexander, M. G. (2002). Intergroup emotions and images. In D. M. Mackie & E. R. Smith (Eds.), *From prejudice to intergroup relations: Differentiated reactions to social groups* (pp. 209—225). New York, NY: Psychology Press.

Brewer, M. B., & Caporael, L. R. (1990). Selfish genes vs. selfish people: Sociobiology as origin myth. *Motivation and Emotion, 14,* 237—242.

Brown, D. E. (1991). *Human universals.* New York, NY: McGraw-Hill.

Buss, D. M. (2006). *The murderer next door.* New York, NY: Penguin.

Butz, D., & Yogeeswaran, K. (2011). A new threat in the air: Macroeconomic threat increases prejudice against Asian Americans. *Journal of Experimental Social Psychology, 47,* 22—27.

Campbell, D. T. (1982). Legal and primary-group social controls. *Journal of Social and Biological Structures, 5,* 431—438.

Carpenter, C. R. (1974). Aggressive behavioral systems. In R. L. Holloway (Ed.), *Primate aggression, territoriality, and xenophobia* (pp. 459—496). New York, NY: Academic Press.

Chagnon, N. A. (1988). Life histories, blood revenge, and warfare in a tribal population. *Science, 239,* 985—992.

Chagnon, N. A. (1992). *Yanomamö: The last days of Eden.* New York, NY: Harcourt Brace.

Cheney, D. L., (1986). Interactions and relationships between groups. In B. B. Smuts, D. L. Cheney, R. M. Seyfarth, R. W. Wrangham, & T. T. Struhsaker, (Eds.), *Primate societies* (pp. 267—281). Chicago, IL: University of Chicago Press.

Cheney, D. L., & Seyfarth, R. (2007). *Baboon metaphysics.* Chicago, IL: University of Chicago Press.

Cottrell, C. A., & Neuberg, S. L. (2005). Different emotional reactions to different groups: A sociofunctional threat-based approach to "prejudice." *Journal of Personality and Social Psychology, 88,* 770—789.

Cottrell, C. A., Richards, D. A. R., & Neuberg, S. L. (2015). *A threat-based approach to understanding the intergroup milieu: Textured threat perceptions, prejudices, and discriminatory inclinations in the interethnic matrix.* Unpublished manuscript, New College of Florida.

Cottrell, C. A., Richards, D. A. R., & Nichols, A. L. (2010). Predicting policy attitudes from general prejudice versus specific intergroup emotions. *Journal of Experimental Social Psychology, 46,* 247—254.

Dawkins, R. (1976). *The selfish gene.* Oxford, England: Oxford University Press.

DeScioli, P., & Kurzban, R. (2009). The alliance hypothesis for human friendship. *PLoS ONE, 4*, e5802.

DeScioli, P., & Kurzban, R. (2011). The company you keep: Friendship decisions from a functional perspective. In Krueger, J. I. (Ed.), *Social judgment and decision making* (pp. 209–225). New York, NY: Psychology Press.

DeScioli, P., & Kurzban, R. (2013). A solution to the mysteries of morality. *Psychological Bulletin, 139*, 477–496.

DeScioli, P., Kurzban, R., Koch, E. N., & Liben-Nowell, D. (2011). Best friends: Alliances, friend ranking, and the MySpace social network. *Perspectives on Psychological Science, 6*, 6–8.

Diamond, J. (1997). *Guns, germs, and steel.* New York, NY: Norton.

Dobson, A. P., & Carter, E. R. (1996). Infectious diseases and human population history. *Bioscience, 46*, 115–126.

Eagly, A. H., & Steffen, V. J. (1984). Gender stereotypes stem from the distribution of women and men into social roles. *Journal of Personality and Social Psychology, 46*, 735–754.

Eibl-Eibesfeldt, I. (1974). The myth of the aggression-free hunter and gatherer society. In R. L. Holloway (Ed.), *Primate aggression, territoriality, and xenophobia* (pp. 435–457). New York, NY: Academic Press.

Esses, V. M., Haddock, G., & Zanna, M. P. (1993). Values, stereotypes, and emotions as determinants of intergroup attitudes. In D. M. Mackie & D. L. Hamilton (Eds.), *Affect, cognition, and stereotyping: Interactive processes in group perception* (pp. 137–166). San Diego, CA: Academic Press.

Ewald, P. W. (1994). *Evolution of infectious disease.* New York, NY: Oxford University Press.

Faulkner, J., Schaller, M., Park, J. H., & Duncan, L. A. (2004). Evolved disease-avoidance mechanisms and contemporary xenophobic attitudes. *Group Processes and Intergroup Relations, 7*, 333–353.

Fein, S., & Spencer, S. J. (1997). Prejudice as self-image maintenance: Affirming the self through derogating others. *Journal of Personality and Social Psychology, 73*, 31–44.

Ferguson, R. B. (1984). *Warfare, culture, and environment.* Orlando, FL: Academic Press.

Fiske, S. T., Cuddy, A. J., Glick, P., & Xu, J. (2002). A model of (often mixed) stereotype content: Competence and warmth respectively follow from perceived status and competition. *Journal of Personality and Social Psychology, 82*, 878–902.

Gibson, J. J. (1979). *The ecological approach to visual perception.* Boston, MA: Houghton

Mifflin.

Goodall, J. (1986). *The chimpanzees of Gombe*. Cambridge, MA: Belknap Press.

Grillon, C., Pellowski, M., Merikangas, K. R., & Davis, M. (1997). Darkness facilitates acoustic startle reflex in humans. *Biological Psychiatry, 42*, 453–460.

Haas, J. (1990). *The anthropology of war*. New York, NY: Cambridge University Press.

Hamilton, W. (1964). The genetic evolution of social behaviour. *Journal of Theoretical Biology, 7*, 1–52.

Hasegawa, T. (1990). Sex differences in ranging patterns. In T. Nishida (Ed.), *The chimpanzees of the Mahale mountains* (pp. 99–114). Tokyo, Japan: University of Tokyo Press.

Haselton, M., & Buss, D. M. (2000). Error management theory: A new perspective on biases in cross-sex mind reading. *Journal of Personality and Social Psychology, 78*, 81–91.

Haselton, M. G., & Nettle, D. (2006). The paranoid optimist: An integrative evolutionary model of cognitive biases. *Personality and Social Psychology Review, 10*, 47–66.

Huang, J. Y., Sedlovskaya, A., Ackerman, J. M., & Bargh, J. A. (2011). Immunizing against prejudice: Effects of disease protection on outgroup attitudes. *Psychological Science, 22*, 1550–1556.

Hummert, M. L., Garstka, T. A., Shaner, J. L., & Strahm, S. (1995). Judgments about stereotypes of the elderly: Attitudes, age associations and typicality ratings of young, middle-aged, and elderly adults. *Research on Aging, 17*, 168–189.

Izard, C. E. (1991). *The psychology of emotions*. New York, NY: Plenum Press.

Jost, J. T., & Banaji, M. R. (1994). The role of stereotyping in system-justification and the production of false consciousness. *British Journal of Social Psychology, 33*, 1–27.

Jussim, L., Cain, T. R., Crawford, J. T., Harber, K., & Cohen, F. (2009). The unbearable accuracy of stereotypes. In T. Nelson (Ed.), *The handbook of prejudice, stereotyping, and discrimination* (pp. 199–228). Mahwah, NJ: Erlbaum.

Kaplan, H. S., & Gangestad, S. W. (2005). Life history theory and evolutionary psychology. In D. M. Buss (Ed.), *The handbook of evolutionary psychology* (pp. 68–95). Hoboken, NJ: Wiley.

Kelly, R. L. (1995). *The foraging spectrum: Diversity in hunter-gatherer lifeways*. Washington, DC: Smithsonian Institution Press.

Kenrick, A. C., Shapiro, J. R., & Neuberg, S. L. (2013). Do parental bonds break anti-fat stereotyping? Parental work-ethic ideology and disease concerns predict bias against heavy-weight children. *Social Psychological and Personality Science, 4*, 723–731.

Kinzler, K. D., Shutts, K., DeJesus, J., & Spelke, E. S. (2009). Accent trumps race in guiding children's social preferences. *Social Cognition, 27,* 623–634.

Krebs, J. R., & Davies, N. B. (1993). *An introduction to behavioral ecology* (3rd ed.) Oxford, England: Blackwell Scientific.

Kurzban, R., & Leary, M. R. (2001). Evolutionary origins of stigmatization: The functions of social exclusion. *Psychological Bulletin, 127,* 187–208.

Kurzban, R., & Neuberg, S. L. (2005). Managing ingroup and outgroup relationships. In D. Buss (Ed.), *The handbook of evolutionary psychology* (pp. 653–675). Hoboken, NJ: Wiley.

Kurzban, R., Tooby, J., & Cosmides, L. (2001). Can race be erased? Coalitional computation and social categorization. *Proceedings of the National Academy of Sciences, USA, 98,* 15387–15392.

Lamb, C. (1821, August). Imperfect sympathies. London Magazine, 152–156.

Leakey, R. E. (1978). *People of the lake: Mankind and its beginnings.* New York, NY: Avon.

Little, A. C., DeBruine, L. M., & Jones, B. C. (2011). Exposure to visual cues of pathogen contagion changes preferences for masculinity and symmetry in opposite-sex faces. *Proceedings of the Royal Society B: Biological Sciences, 278,* 2032–2039.

Mackie, D. M., Devos, T., & Smith, E. R. (2000). Intergroup emotions: Explaining offensive action tendencies in an intergroup context. *Journal of Personality and Social Psychology, 79,* 602–616.

Maner, J. K., Kenrick, D. T., Becker, D. V., Robertson, T., Hofer, B., Delton, A. W., . . . Schaller, M. (2005). Functional projection: How fundamental social motives can bias interpersonal perception. *Journal of Personality and Social Psychology, 88,* 63–78.

Maynard Smith, J. (1982). *Evolution and the theory of games.* Cambridge, England: Cambridge University Press.

McArthur, L. Z., & Baron, R. M. (1983). Toward an ecological theory of social perception. *Psychological Review, 90,* 215–238.

McDonald, M. M., Asher, B., Kerr, N., & Navarrete, C. D. (2011). Fertility and intergroup bias in racial and minimal group contexts: Evidence for shared architecture. *Psychological Science, 22*(7), 860–865.

McDonald, M. M., Navarrete, C. D., & Sidanius, J. (2011). Developing a theory of gendered prejudice: An evolutionary and social dominance perspective. In R. M. Kramer, G. J. Leonardelli, & R. W. Livingston (Eds.), *Social cognition, social identity, and intergroup relations: A festschrift in honor of Marilynn B. Brewer* (pp. 189–220). New York, NY: Psychology Press Festschrift Series.

McDonald, M. M., Navarrete, C. D., & van Vugt, M. (2012). Evolution and the psychology of intergroup conflict: The male warrior hypothesis. *Philosophical Transactions of the Royal Society B: Biological Sciences, 367,* 670−679.

Miller, S. L., & Maner, J. K. (2012). Overperceiving disease cues: The basic cognition of the behavioral immune system. *Journal of Personality and Social Psychology, 102,* 1198−1213.

Miller, S. L., Maner, J. K., & Becker, D. V. (2010). Self-protective biases in group categorization: Threat cues shape the psychological boundary between "us" and "them." *Journal of Personality and Social Psychology, 99,* 62−77.

Navarrete, C. D., Fessler, D. M. T., & Eng, S. J. (2007). Elevated ethnocentrism in the first trimester of pregnancy. *Evolution and Human Behavior, 28,* 60−65.

Navarrete, C. D., McDonald, M. M., Molina, L. E., & Sidanius, J. (2010). Prejudice at the nexus of race and gender: An out-group male target hypothesis. *Journal of Personality and Social Psychology, 98*(6), 933−945.

Navarrete, C. D., Olsson, A., Ho, A., Mendes, W., Thomsen, L., & Sidanius, J. (2009). Fear extinction to an out-group face: The role of target gender. *Psychological Science, 20,* 155−158.

Nesse, R. M. (2005). Natural selection and the regulation of defenses:Asignal detection analysis of the smoke detector principle. *Evolution and Human Behavior, 26,* 88−105.

Neuberg, S. L., & Cottrell, C. A. (2008). Managing the threats and opportunities afforded by human sociality. *Group Dynamics: Theory, Research, and Practice, 12,* 63−72.

Neuberg, S. L., Kenrick, D. T., & Schaller, M. (2010). Evolutionary social psychology. In S. T. Fiske, D. Gilbert, & G. Lindzey (Eds.), *Handbook of social psychology* (pp. 761−796). Hoboken, NJ: Wiley.

Neuberg, S. L., Kenrick, D. T., & Schaller, M. (2011). Human threat management systems: Self-protection and disease avoidance. *Neuroscience and Biobehavioral Reviews, 35,* 1042−1051.

Neuberg, S. L., & Schaller, M. (2014). Evolutionary social cognition. In M. Mikulincer & P. R. Shaver (Series Eds.) & E. Borgida & J. A. Bargh (Vol. Eds.), *APA handbook of personality and social psychology: Vol. 1. Attitudes and social cognition* (pp. 3−45). Washington, DC: American Psychological Association.

Neuberg, S. L., Smith, D. M., & Asher, T. (2000). Why people stigmatize: Toward a biocultural framework. In T. F. Heatherton, R. E. Kleck, M. R. Hebl, & J. G. Hull (Eds.), *The social psychology of stigma* (pp. 31−61). New York, NY: Guilford Press.

Neuberg, S. L., & Sng, O. (2013). A life history theory of social perception: Stereotyping at the intersections of age, sex, and ecology (and race). *Social Cognition*, *31*, 696–711.

Neuberg, S. L., Warner, C. M., Mistler, S. A., Berlin, A., Hill, E. D., Johnson, J. D., . . . Schober, J. (2014). Religion and intergroup conflict: Findings from the Global Group Relations Project. *Psychological Science*, *25*, 198–206.

Oaten, M., Stevenson, R. J., & Case, T. I. (2011). Disease avoidance as a functional basis for stigmatization. *Philosophical Transactions of the Royal Society B: Biological Sciences*, *366*, 3433–3452.

Park, J. H., Faulkner, J., & Schaller, M. (2003). Evolved disease-avoidance processes and contemporary antisocial behavior: Prejudicial attitudes and avoidance of people with physical disabilities. *Journal of Nonverbal Behavior*, *27*, 65–87.

Park, J. H., Schaller, M., & Crandall, C. S. (2007). Pathogen-avoidance mechanisms and the stigmatization of obese people. *Evolution and Human Behavior*, *28*, 410–414.

Parker, G. A. (1974). Assessment strategy and the evolution of fighting behaviour. *Journal of Theoretical Biology*, *47*, 223–243.

Pemberton, M. B., Insko, C. A., & Schopler, J. (1996). Memory for and experience of differential competitive behavior of individuals and groups. *Journal of Personality and Social Psychology*, *71*, 953–966.

Pietraszewski, D., Cosmides, L., & Tooby, J. (2014). The content of our cooperation, not the color of our skin: An alliance detection system regulates categorization by coalition and race, but not sex. *PLoS ONE*, *9*(2), e88534. doi:10.1371/journal.pone.0088534

Plutchik, R. (1980). *Emotion: A psychoevolutionary synthesis*. New York, NY: Harper & Row.

Pratto, F., Sidanius, J., & Levin, S. (2006). Social dominance theory and the dynamics of intergroup relations: Taking stock and looking forward. *European Review of Social Psychology*, *17*, 271–320.

Richerson, P., & Boyd, R. (1995, January). The evolution of human hypersociality. *Paper for Ringberg Castle Symposium on Ideology, Warfare, and Indoctrinability, Ringberg, Germany*.

Robarchek, C. (1990). Motivations and material causes: On the explanation of conflict and war. In J. Haas (Ed.), *The anthropology of war* (pp. 56–76). Cambridge, England: Cambridge University Press.

Rodeheffer, C. D., Hill, S. E., & Lord, C. G. (2012). Does this recession make me look Black? The effect of resource scarcity on categorization of biracial faces. *Psychological Science*, *23*, 1476–1478.

Roseman, I. J., Wiest, C., & Swartz, T. S. (1994). Phenomenology, behaviors, and goals differentiate discrete emotions. *Journal of Personality and Social Psychology, 67,* 206–221.

Saad, L. (1996, December). *Americans growing more tolerant of gays.* Retrieved from http://www.gallup.com/poll/news/961214.html

Schaller, M., & Abeysinghe, A. M. N. D. (2006). Geographical frame of reference and dangerous intergroup attitudes: A double-minority study in Sri Lanka. *Political Psychology, 27,* 615–631.

Schaller, M., & Neuberg, S. L. (2012). Danger, disease, and the nature of prejudice(s). In J. Olson & M. P. Zanna (Eds.), *Advances in experimental social psychology* (Vol. 46, pp. 1–55). Burlington, VT: Academic Press.

Schaller, M., Park, J. H., & Faulkner, J. (2003). Prehistoric dangers and contemporary prejudices. *European Review of Social Psychology, 14,* 105–137.

Schaller, M., Park, J. H., & Mueller, A. (2003). Fear of the dark: Interactive effects of beliefs about danger and ambient darkness on ethnic stereotypes. *Personality and Social Psychology Bulletin, 29,* 637–649.

Schelling, T. C. (1960). *The strategy of conflict.* Cambridge, MA: Harvard University Press.

Schimel, J., Simon, L., Greenberg, J., Pyszczynski, T., Solomon, S., Waxmonsky, J., & Arndt, J. (1999). Stereotypes and terror management: evidence that mortality salience enhances stereotypic thinking and preferences. *Journal of Personality and Social Psychology, 77,* 905–926.

Sell, A., Tooby, J., & Cosmides, L. (2009). Formidability and the logic of anger. *Proceedings of the National Academy of Sciences, USA, 106,* 15073–15078.

Sidanius, J., Cling, B. J., & Pratto, F. (1991). Ranking and linking behavior as a function of sex and gender: An exploration of alternative explanations. *Journal of Social Issues, 47,* 131–149.

Sidanius, J., & Pratto, F. (1993). The inevitability of oppression and the dynamics of social dominance. In P. Sniderman & P. Tetlock (Eds.), *Prejudice, politics, and the American dilemma* (pp. 173–211). Palo Alto, CA: Stanford University Press.

Sidanius, J., & Pratto, F. (1999). *Social dominance: An intergroup theory of social hierarchy and oppression.* New York, NY: Cambridge University Press.

Silk, J. B. (2002). Kin selection in primate groups. *International Journal of Primatology, 23,* 849–875.

Sng, O., Williams, K. E. G., & Neuberg, S. L. (2015). Rethinking sex stereotypes: Affordance management meets life history theory. Under review.

Snyder, G. H. (1984). The security dilemma in alliance politics. *World Politics*, *36*, 461–495.

Southwick, C. H., Siddiqi, M. F., Farooqui,M. Y., & Pal, B. C. (1974). Xenophobia among free-ranging rhesus groups in India. In R. L. Holloway (Ed.), *Primate aggression, territoriality, and xenophobia* (pp. 185–212). New York, NY: Academic Press.

Stearns, S. C. (1976). Life-history tactics: A review of the ideas. *The Quarterly Review of Biology*, *51*, 3–47.

Swim, J. K. (1994). Perceived versus meta-analytic effect sizes: An assessment of the accuracy of gender stereotypes. *Journal of Personality and Social Psychology*, *66*, 21–36.

Tajfel, H. (1969). Cognitive aspects of prejudice. *Journal of Social Issues*, *25*, 79–97.

Tajfel, H., & Turner, J. C. (1986). The social identity theory of intergroup behaviour. In S. Worchel & W. G. Austin (Eds.), *Psychology of Intergroup Relations* (pp. 7–24). Chicago, IL: Nelson-Hall.

Tooby, J., & Cosmides, L. (1990). The past explains the present: Emotional adaptations and the structure of ancestral environments. *Ethology and Sociobiology*, *11*, 375–424.

Trivers, R. (1972). Parental investment and sexual selection. In B. Campbell (Ed.), *Sexual selection and the descent of man, 1871-1971* (pp. 136–179). Chicago, IL: Aldine-Atherton.

Trivers, R. L. (1974). Parent-offspring conflict. *American Zoologist*, *14*, 249–264.

Tybur, J. M., Lieberman, D., Kurzban, R., & DeScioli, P. (2013). Disgust: Evolved function and structure. *Psychological Review*, *120*, 65–84.

Von Neumann, J., & Morgenstern, O. (1944). *Theory of games and economic behavior*. Princeton, NJ: Princeton University Press.

Weeden, J., & Kurzban, R. (2013). What predicts religiosity? A multinational analysis of reproductive and cooperative morals. *Evolution and Human Behavior*, *34*(6), 440–445.

Wilson, M. L., & Wrangham, R. W. (2003). Intergroup relations in chimpanzees. *Annual Review of Anthropology*, *32*, 363–392.

Yamagishi, T., Tanida, S., Mashima, R., Shimoma, E., & Kanazawa, S. (2003). You can judge a book by its cover: Evidence that cheaters may look different from cooperators. *Evolution and Human Behavior*, *24*, 290–301.

Young, S. G., Sacco, D. F., & Hugenberg, K. (2011). Vulnerability to disease is associated with a domainspecific preference for symmetrical faces relative to symmetrical non-face stimuli. *European Journal of Social Psychology*, *41*, 558−563.

Zebrowitz, L. A., & Montepare, J. (2006). The ecological approach to person perception: Evolutionary roots and contemporary offshoots. In M. Schaller, J. A. Simpson, & D. T. Kenrick (Eds.), *Evolution and social psychology* (pp. 81−113). New York, NY: Psychology Press.

Zebrowitz, L.A., Voinescu, L., & Collins, M.A. (1996). "Wide eyed" and "crooked-faced": Determinants of perceived and real honesty across the life span. *Personality and Social Psychology Bulletin*, *22*, 1258−1269.

29장

전쟁의 리더십
진화, 인지, 군사적 지능 가설

도미닉 D. P. 존슨

루비콘강을 건넌 것은 로마군이 아니라 카이사르다.

−나폴레옹 보나파르트Napoleon Bonaparte

서문

기원전 401년, 소小키루스Cyrus the Younger는 자신의 형이자 라이벌인 아르타크세르세스 2세Artaxerxes II를 공격하기 위해 페르시아 원정을 떠난다. 쿠낙사 전투에서 키루스가 전사하고, 이어진 평화 협정에서 그의 부사령관마저 속임수에 빠져 다른 장군들과 수많은 하급 지휘관과 함께 살해당한다. 잘 알려진 것처럼, 살아남은 그리스의 병사들―'만인대the Ten Thousand'―는 이역만리의 적지 한가운데에서 무엇보다 지도자 없이 고립되었다. 병사들은 전투를 치르면서 자유를 향해 놀라운 행군을 했고, 크세노폰Xenophon(기원전 4세기/1989)이라는 병사는 그 이야기를 역사로 기록했다. 전하는 바에 따르면 그들이 무사히 돌아온 비결은 절망적 상황에서 자생적으로 발생한 리더십이었다. 군대는 크세노폰을 비롯한 지도자들을 직접 '선출'하고, 민주적인 방식으로 수많은 결정을 내렸다. 모든 역경을 헤치고, 만인대는 머나먼 원정을 떠난 뒤 1년 만에 고향으로 돌아왔다.

리더십은 수천 년 동안 사람들을 매혹시킨 주제다(Hogan & Kaiser, 2005; King, Johnson, & van Vugt, 2009; Tecza & Johnson, 인쇄 중; van Vugt, 2006). 우리 인간도 강력한 계층구조(Mazur, 2005; van Vugt & Tyber, Chapter 32, 이 책)를 형성하는 유인 원—더 일반적으로는 사회적 포유류—이라는 사실을 생각하면 놀랄 일도 아니다. 우리는 인간 사회에서 리더십을 조사할 때 과거의 지도자들을 찾아보고 영감을 얻는다. 크세노폰의 이야기가 놀라운 것은 현대 사회에서 역사적인 사회에 이르기까지 우리에게 너무나 친숙하고, 더구나 군사적인 맥락에서는 특히 더 친숙한 하향식의 계층적 리더십과는 완전히 반대이기 때문이다. 더욱이 크세노폰의 이야기는 병사들이 역경을 헤치고 생존할 수 있었던 결정적인 요소가 민주적 리더십이었다고 넌지시 말한다. 하지만 무엇보다도 '행군하는 공화국'이라는 개념이 매력적인 것은, 현대인이 진화한 홍적세의 사회와 똑같은 소규모 수렵채집인 사회도 필시 평등주의적이었고, 유력한 지도자를 두고 따르지 않아서일 것이다. 하지만 그들도 치명적인 집단 간 갈등을 겪었다.[1] 따라서 크세노폰은 인간의 전쟁 리더십을 출현시킨 기원의 중요한 측면들을 상징적으로 들려주는 듯하다.

전쟁 리더십의 자연사

우선 리더십과 전쟁은 어떤 배경에서 진화했을까? 다른 동물들, 우리의 영장류 친척들, 그리고 초기 인간 사회에 공통으로 존재하는 더 광범위한 협력/갈등의 양상은 무엇일까? 그리고 인간의 리더십과 전쟁은 어떤 측면에서 특별할까?

---

[1] 이 장에서 나는 **전쟁**의 정의를 "한 집단의 구성원들이 다른 집단의 구성원들을 상대로 조직적이고 치명적인 폭력을 가하는 행위"(Ferguson, 2012, p. 2232)로, **리더십**의 정의를 "공동의 목표를 달성하기 위해 사회적 영향력을 발휘하는 과정"(van Vugt & Ahuja, 2011, p. 24)으로 규정하되, 전쟁이 '조직적'이라는 것과, 목표가 '공동'의 것이라는 점에 대해서는 판단을 유보하고자 한다.

자연 속의 리더십과 전쟁

우리의 생리적·심리적 기제들 가운데 많은 것이 홍적세를 지나 훨씬 더 이전으로 거슬러 올라가고, 모든 영장류, 모든 포유류, 그리고 수많은 척추동물에게 구비되어 있다. 이 근본적인 현상들은 전쟁 및 리더십과 관련이 있을 수는 있지만, 그와는 다른 이유로 진화했다. 예를 들어, 투쟁-도피 반응, 계층구조, 군집 행동을 생각해보자. 이런 조상의 형질들은 의문의 여지 없이 전쟁의 리더십과 팔로워십followership에 영향을 미치지만, 전쟁을 위한 적응은 아니다. 이와는 다른 문제로 우리는 **특별히 전쟁에 대처하도록 진화한** 리더십과 팔로워십이 있는지, 아니면 더 일반적으로 집단 간 갈등에 대처하도록 진화한 형질이 있는지를 살펴봐야 한다.

집단적 움직임은 개미, 메뚜기, 물고기, 조류, 영양 등 하등동물을 포함한 다양한 종에서 분명하게 나타난다(Couzin, Krause, Franks, & Levin, 2005; King et al., 2009). 하지만 그런 형질들이 엄밀한 의미에서 리더십의 사례라고 할 만한 증거는 부족하고(대부분 자기-조직화하는 개별 행동으로 보인다), 싸움에 전문화된 것이라는 증거도 부족하다. 대부분의 동물이 싸움을 벌이고, 집단들 사이에서 많은 싸움이 발생하지만, 사실은 조직적이지도 않고 우두머리가 지휘하는 것도 아니다. 일부 동물이 타 집단을 상대로, 일제히 치명적인 폭력을 가한다는 의미에서 전쟁과 비슷한 일을 벌이기는 한다. 특히 개미, 사자, 늑대가 그렇다(Wrangham, 1999a). 특히 그런 갈등은 많은 것이 걸려 있는 특정한 개체가 주도하고, 다른 개체들이 그 뒤를 따르곤 한다. 예를 들어, 집단과 집단이 조우할 때면 주로 새끼가 있는 암컷 사자—잃을 것이 많은 개체—가 침입자에게 접근하는 대오를 이끈다(McComb, Packer, & Pusey, 1994). 하지만 동물계에는 리더십과 전쟁의 선례가 있다고 해도 기본적인 수준에 지나지 않으며, 어떤 경우에도 그 둘—전쟁과 리더십—의 조합은 결여된 것으로 보인다.

영장류의 리더십과 전쟁

모든 영장류 집단의 두드러진 특징으로 강력한 계층구조를 빼놓을 수 없다. 심지어 갈등 상황에서도 아니, 특히 갈등 상황에서 리더십의 싹이 엿보인다. 예를 들어 수컷 침팬지는 우두머리 수컷을 쫓아내기 위해 연합을 결성하고, 우두머리 수컷은 싸움이 벌어지면 현상 유지를 위해 약한 개체들과 편을 이루기도 한다(de Waal,

1998). 하지만 이런 현상은 집단 내부의 맥락에 속한다. 영장류에게도 집단 간 갈등의 리더십을 나타내는 증거가 있을까? 많은 영장류가 소란스럽고 격렬한 집단 간 싸움을 벌이지만, 싸움은 보통 지휘자가 없고 치명적인 수준에 이르지도 않는다 (Manson & Wrangham, 1991). 침팬지는 영장류 가운데 치명적인 집단 간 갈등을 벌이는 독특한 종으로, 작은 무리가 이웃 집단 구성원에게 기습을 가하곤 한다(Wilson et al., 2014; Wrangham, 1999a). 이런 공격은 의도적인 것으로 보이지만(몸을 숨긴 채 영토의 경계를 넘는다), 치명적인 기습을 '지휘'하거나 시작하는 개체가 있는지는 확실하지 않고, 있다고 해도 데이터가 제한적이라 확인이 불가능하다. 다만 서열이 높은 수컷 그리고/또는 더 많은 것(지위나 자식 등)이 걸려 있는 개체가 침입자에게 접근하고, 영역의 경계를 순찰하고, 기습을 시작할 가능성이 크다는 징후는 어느 정도 존재한다(Boehm, 2001, pp. 27-29; Gilby, Wilson, & Pusey, 2013; Wilson, Hauser, & Wrangham, 2001). 하지만 그것이 사실로 판명된다고 해도, 다른 맥락들과 구분되지는 않는다. 식량 수집이나 사냥을 할 때처럼 서열이 높은 개체가 먼저 행동을 하긴 하지만, 다른 개체들이 자신을 따르도록 만들지는 못하는 것이다. 계층제와 집단 간 공격의 연원은 분명 포유류 조상들에게 뿌리를 두고 있지만, 전쟁의 리더십에 관해서라면 우리는 인간에게 눈을 돌려야 한다.

소규모 인간 사회의 리더십과 전쟁

비인간 동물의 사례가 흥미로운 것은 (a) 집단행동에 리더십이 꼭 필요하지는 않고 (b) 치명적인 집단 간 공격이 인간 특유의 현상은 아니라고 말해주기 때문이다. 이런 공통점도 중요하긴 하지만, 동물과의 비교는 인간의 리더십, 특히 전쟁 리더십이 어떤 면에서 **다른지**를 비춰준다(표 29.1). 특히 두 가지 중요한 속성이 동물과 인간을 가른다. 먼저, 인간의 리더십이 특별한 것은 정교한 **인지**를 수반하기 때문이다. 예를 들어, 지도자와 추종자 모두 마음 이론, 언어, 미래 계획, 전략 수립을 활용한다. 둘째, 인간의 리더십이 특별한 것은 정교한 **사회 조직** 때문이다. 예를 들어, 대규모 집단, 노동 분업, 지휘 계통, 그리고 집단 간 동맹을 통해 리더십과 **팔로워십**의 범위가 확장된다. 이 두 종류의 특징 때문에 전쟁 수행이 가능해지고 확대되며, 동시에 리더십의 필요성과 효용이 증가한다. 실제로 퍼거슨Ferguson은 "부족 전쟁은 사회

표 29.1 맥락별 전쟁 리더십의 주요 유사점과 차이점

	동물	영장류	소규모 사회	족장 사회	과거	현재
전쟁 전담 지도자	없음	없음	없음	있음	있음	있음
자발적 참여	있음	있음	있음	가변적	가변적	가변적
지도자의 이익	있음	있음	있음	있음	있음	가변적
전투원의 이익	있음	있음	있음	가변적	가변적	가변적
지도자의 비용	있음	있음	있음	가변적	가변적	가변적
전투원의 비용	있음	있음	있음	있음	있음	있음
참여 성별	모두	주로 수컷	남성	남성	남성	주로 남성
군대 규모	소수*	수십	수십에서 수백	수백에서 수천	수만	수백만
군사제도	없음	없음	없음	있음	있음	있음

* 단, 개미는 수백 마리가 전투에 가담하기도 한다.

적 복잡성과 정치적 위계의 증가와 연결되어 있는 대단히 정교한 조직과 관습을 보여준다"(Ferguson, 2012, p. 2232)라고 결론지었다. 따라서 리더십—개인적이든 구조적이든—은 전쟁의 진화와 깊이 관련되어 있다. 더 넓게 볼 때 인간의 진화라는 게임에 늦게 출현했지만 말이다.

자급자족 경제와 전쟁 리더십 우선, 리더십의 일반적인 맥락을 살펴보자. 홍적세의 인간 진화를 가장 잘 보여주는 모델은 수렵채집인 사회—20여 명으로 이루어진 반+유목 혈연 군집사회—다. 이 사회는 상당히 평등주의적이어서, 구성원들이 모두 동등한 권리를 갖고, 사유 재산이 거의 없거나 전혀 없으며, 뚜렷한 지도자가 없다는 데 많은 문헌이 의견을 같이한다(Boehm, 2001; Lee & Daly, 2004). 편차가 있긴 하지만, 수렵채집인은 적어도 우리의 영장류 조상이나, 규모가 큰 족장 사회, 왕국, 그 뒤에 출현한 문명사회보다 **훨씬** 더 평등하다. 소규모 수렵채집인의 공통적인 특징은

"우두머리나 족장이 통치하는 부락 사회에서보다 리더십이 덜 형식적이고, 여론의 제약을 더 쉽게 받는다는 것이다. 군집 사회의 리더십은 권위에 의한 명령이 아니라 본보기를 따르는 경향이 있다. 지도자는 설득할 수는 있되, 명령하지는 못한다"(Lee & Daly, 2004, p. 4). 예를 들어, 칼라하리의 쿵족과 탄자니아의 하드자족은 "지도자가 아예 없거나, 극히 제한된 권위를 가진 일시적인 지도자만 존재한다"(Gowdy, 2004, p. 391).

물론 지배 관계와 권력 투쟁은 존재한다. 이런저런 형태의 리더십은 인간의 보편성인 듯하다(Brown, 1991; van Vugt, 2006). 하지만 소규모 사회는 지나치게 권력을 휘두르는 개인을 견제하고, 권위를 특정한 전문 영역에 한정하는 사회적 장치를 갖고 있다(Boehm, 2001). 팀 잉골드Tim Ingold는 이렇게 표현했다. "권력의 차이를 제거하는 일은… 권력 그 자체를 제거하는 일과는 다르다. 수렵채집인은 평등주의적이긴 하지만, 권력과 권력의 효과에 일반적으로 큰 중요성을 부여한다. 그들에게 권력은 무언가에 대한 권력이 아니며, 권력의 효과도 본질상 위압적이지 않다. 그보다 권력은 신체적 강인함, 기술, 지혜 같은 형태로 존재하고, 이런 자질 한두 가지로 널리 알려진 개인을 중심으로 사람들을 끌어모아서 관계를 만들어낸다"(Ingold, 2004, p. 404). 진화심리학 문헌에서 이 현상을 다룬 학자들은 지배보다는 주로 지위, 명망, 조정의 역할에 관심을 집중했다(Henrich & Gil-White, 2001; Price & van Vugt, 2014; van Vugt & Tybur, 이 책 32장). 잉골드는 명망 개념에 주목한다. 명망은 "수렵채집인의 생활방식과는 완전히 동떨어진 경쟁과 과시를 암시하기 때문"이다. 그러면서도 그는 명망이 "권력의 작동 원리가 강압이 아니라 매혹이라는 점을 드러낸다. 집단 사회에는 지도자[혹은, 적어도 리더십의 사례]가 존재하지만, 지도자와 추종자의 관계는 우위가 아닌 신뢰에 근거한다"(Ingold, 2004, p. 404)라고 인정한다.

비록 비형식적이고 미약하다 해도 그런 리더십은 갈등과 전쟁의 영역에 충분히 이식될 수 있다. 뛰어난 사냥꾼이 사냥 문제에 대해서 조언을 하거나 식량 수집 원정을 지휘할 수 있듯이, 숙련된 전투원도 집단 간 갈등에 대해서 조언을 하거나 습격을 지휘할 수 있다(Boehm, 2001). 습격은 대개 자발적으로 이루어지고, 많은 사람들의 논의를 거치는 경우가 많다. 경험이 더 많거나 동기가 더 강한 개인이 공격 행동을 지지하고, 전략을 제안하고, 싸움을 시작할 수 있다. 하지만 수렵채집인 사회에는 아직 진짜 전쟁 지도자가 존재하지 않는다.

보엠Boehm에 따르면 규모가 더 큰 부족 사회에도 "불화 해결을 시도하는 원로회가 있기도 하지만, 그런 불화는 모두 갈등의 당사자들이 철저히 자율적으로 해결한다. 상호 파괴적인 갈등을 중단시키는 강압적인 중앙집권적 권력은 존재하지 않는다. 마찬가지로 전쟁과 평화를 결정하는 중앙집권적 권력은 존재하지 않는다"(Boehm, 2001, p. 97). 대신에 부족들은 주로 합의를 통해 결정을 내린다. 관련 문헌을 검토한 퍼거슨도 "더러 예외는 있지만, 부족 전쟁은 합의와 자발적인 참여에 의존한다"(Ferguson, 2012, p. 2233)라고 결론지었다. 예를 들어, 뉴기니 고지대에 사는 마에엥가족Mae Enga은 참가에 제약이 없는 토론을 오랫동안 진행해서 라이벌 집단을 대규모로 공격할지를 결정하는데, 이 자리에서는 모든 사람이 발언권을 얻는다. '빅맨'은 합의된 결정을 요약하고 확인할 뿐, 논의에는 간섭하지 않는다(Meggitt, 1977).

계획은 계획이고, 싸움은 싸움이다. 평시에는 언제, 어디서, 무엇을, 어떻게 해야 할지를 결정하느라 많은 시간을 들여 사람들의 견해를 들을 수는 있지만, "싸움이 한창인데 집단 전체가 모여 다음 행동을 논의하기는 어렵다"(Boehm, 2001, p. 97). 물론, 이것이 바로 군사사에 항상 등장하는 전투 리더십combat leadership이라는 친숙한 문제다(van Creveld, 1985). 어렵긴 하지만 전투 중 리더십은 현대전에서와 마찬가지로 소규모 사회에서도 가끔 시도되는 일이다. 케냐의 메루족은 '신중한 계획'에 따라 소떼를 급습했는데, "특수한 대형을 이루어 이동하고, 공격했다. 습격을 조직한 사람이 명령을 내렸지만, 행동 방침을 두고 논란이 발생할 때는 대원들이 지도자를 바꿀 수도 있었다"(Ferguson, 2012, p. 2232). 마에엥가족의 경우에는 전투가 한창인 상황에서 경험이 풍부한 '전투 지도자'가 최전방에서 공격을 주도하는 일과 측면에서 작전을 지휘하는 일을 번갈아 수행했다(Meggitt, 1977, p. 68). 여러 집단이 동맹을 맺고 함께 싸울 때에는 미리 전략을 수립하고, 전투 중에 여러 집단을 조정하는 (늘 효과적인 건 아니지만) 역할이 '최고 수령'에게 주어진다.

'전투 중의 행동을 처벌할 권한이 부재한' 상황에서 전사들이 자발적으로 참여하거나 자의에 따라 참여하지 않을 수도 있기 때문에, 지도자가 기대하고 성취할 수 있는 일은 제한적이라고 지적한다. 다른 연구자들도 연합 간 갈등에 강제성 문제가 있다고 강조한다. 부상이나 죽음을 무릅써야 할 때가 있다는 점에서, 약한 강제성은 집단행동의 가장 큰 문제라 할 수 있다(Tooby & Cosmides, 1988). 하지만 전면적이거나 직접적이지 않더라도 전투 중의 행동에 대한 처벌이나 사회적 결과가 아예 없는 것은 아니다. 예를 들어, 매튜Mathew와 보이드Boyd(2011)에 따르면, 동아프리카의 투르카나족은 전쟁에서 겁을 먹거나 이탈을 하면 제재 조치를 취하거나, 체벌을 하거나, 더 큰 집단에 벌금을 물게 한다. 더 나아가 두 연구자는 이런 형벌 체계가 없다면 전쟁을 하는 집단행동은 불가능하다고 주장한다. 하지만 위험이 충분히 낮고 이익이 충분히 높다면, 처벌이 없어도 개인의 참전을 독려하기에는 부족함이 없을 것이다(Chagnon, 1988; Johnson & MacKay, 2015; Manson & Wrangham, 1991; Tooby & Cosmides, 1988).

상당히 많은 문헌이 소규모 사회의 민족지학을 다루고, 전쟁에 대한 논의와 분석도 많지만, 전쟁 리더십의 역할을 다룬 문헌은 찾아보기 어렵다. 그런 내용이 나올 경우에도, 거기에 담긴 통찰은 수렵채집인, 원예민, 유목민의 사례(사회-생태학적 배경이 상당히 다를 수 있음에도)를 결합한 경우가 많다. 소규모 사회들의 전쟁 리더십에 관한 기존의 문헌이나 이론 대신에 나는 토착민의 전쟁을 검토한 문헌에서 반복 등장하는 공통적인 특징들을 열거하고자 한다(예를 들어, Ferguson, 2012; Gat, 2006; Keeley, 1996; LeBlanc & Register, 2003; Otterbein, 1989; Turney-High, 1949; Wrangham & Peterson, 1996).

- 전쟁 지도자는 강하지 않고, 때로는 분명하게 드러나지도 않는다.
- 전쟁 지도자는 다른 활동 영역에서 사람들을 주도하거나 영향력을 쥔 지도자와 공존한다.
- 전쟁 지도자는 명망, 지위, 웅변에 의존하고, 본보기를 통해 지지를 얻는다.
- 참여는 자발적이다(강한 기대나 사회적 영향이 있을 수 있지만).
- 야심에 찬 전사는 종종 하고 싶은 대로 하고, 멋대로 습격을 시작한다.
- 습격은 지도자가 아니라 벼르던 사람이 주도할 수도 있다(예를 들어, 친족의 원한을 갚거나 전에 당한 도둑질에 복수하기 위해).
- 전쟁 지도자는 동맹의 씨앗을 뿌리거나 결속을 다지는 데 종종 중요한 역할을

하는 사람이다(부족 간 혼인, 축제, 협상 등을 통해서).

- 전쟁 지도자는 전쟁과 그 주변에서 벌어지는 활동으로부터 개인적 이익을 얻는 경향이 있다(예를 들어, 전리품, 토지, 자원, 경쟁자 제거, 지위, 여성 등).

이 목록은 소규모 사회에서 발견할 수 있는 전쟁 리더십의 특징을 임시로 그러모은 것처럼 보일 수 있지만, 실은 다음과 같은 공통분모를 갖고 있다. (a) 전쟁 리더십은 존재하지만, 제한적이다. (b) 전쟁 지도자는 보통(항상이 아니라) 전투에 참여하다. (c) 전사는 통제하기가 쉽지 않다. (d) 전쟁 지도자는 명망과 지위에 의존하고, 또 그로부터 이익을 얻는다(크세노폰처럼).

부족사회 및 그 이후로의 이행과 전쟁 리더십 소규모 자급자족 사회에서 제한적이었던 전쟁 리더십은 사회적 복잡성이 증가하자 이내 중요해지고 전문화되었다. 전 세계의 원주민 사회 186개를 대상으로 한 표준비교문화표본Standard Cross-Cultural Sample(Murdock & White, 1969)은 다양한 형태의 사회에서 리더십과 전쟁이 어떻게 공변화하는지를 전쟁, 정치 조직, 리더십의 변수와 연동해서 보여준다(Ross, 1983a; Tuden & Marshall, 1972). 이 조사의 핵심적인 결과는 세 가지로 요약할 수 있다. (a) 전체 사회 중 53%에는 즉석 공동체 이상의 정치 조직이 없었고(이른바 비국가 사회), 29%에는 권위적인 지도자가 한 명밖에 없었다(Tuden & Marshall, 1972); (b) (일반적인 차원의 리더십의 역할을 암시하는) 정치적 복잡성과 계층구조의 강화는 사회적·경제적 복잡성, 더 큰 사회, 그리고 더 높은 수준의 '대외적인'(외집단과의) 전쟁과 상관관계가 있다(Ember, 1962; Roes & Raymond, 2003; Ross, 1983b); 하지만 (c) 대외적인 전쟁이 정치권력의 집중, 전문화, 중앙집권화와는 상관관계를 보이지 않았다. 즉, 전쟁을 많이 할수록 리더십의 구조는 커졌지만, 더 권위주의적인 지도자는 나타나지 않았다(Ross, 1983a).

이 결과들이 모든 유형의 사회에 존재하는 일반적인 양상을 밝혀주긴 하지만, 그보다는 인간 사회가 발전함에 따라 전쟁 리더십이 어떤 동역학에 따라 변하는지가 더 중요할 것이다. 우리 인간이 자급자족하는 소규모 집단에서 위계와 서열이 확실하고 규모가 더 큰 족장 사회로 넘어가자 상황은 곧 크게 변했다. 사실, 전쟁과 전쟁 리더십은 바로 이 이행에 직접적인 역할을 했을지 모른다. 초기의 전쟁을 연구하는 학자들은 평등주의적인 사회에서 위계 사회로 넘어갈 수 있었던 이유가 상당 부분 전쟁 지도자가 전쟁 이후나 휴전기에 명성을 얻고 권력을 쥐게 된 덕분이라고 말한다(Ferguson, 2012; LeBlanc & Register, 2003). 소규모 사회에서 우리는 리더십이 활동 영역에 따라 확실하게 제한되는 것을 보았고, "사람들이 그런 상황적 권위를 확대해서 타인에 대한 일반적인 통제 수단으로 변환하지는 못했음"(Endicott, 2004, p. 416)을 확인했다. 하지만, 전쟁 지도자는 특별한 사례가 되었을지 모른다. 다른 영역의 지도자와 달리, 자신의 권력, 자원, 충성스러운 전사, 동맹을 이용해서 자신의 위치를 공고히 하고, 그에 따른 이익을 친족에게 물려줄 기회가 있었기 때문이다(Boehm, 2001; Gat, 2006; LeBlanc & Register, 2003). 이 과정은 여러 세대에 걸쳐 일어날 수 있고, 정착 문화와 노동 분업 같은 추가적인 조건이 변수가 될 수도 있지만, 결국 만인의 왕으로 등장한 사람은 다른 유형의 지도자가 아니라 전쟁 지도자였을 것이다. 홍적세 수렵채집인에게 전쟁이 중요했는지 아닌지와 무관하게, 이후에 인간의 사회적·문화적 조직이 발달하는 과정에서 전쟁 지도자는 특별히 중요한 역할을 했을 것이다.

소규모 사회에서 전쟁이나 리더십이 얼마나 중요한지에 대해서는 논쟁이 이어지고 있지만, 부족사회가 부상한 시기에 들어서면 누구도 전쟁이나 리더십의 중요성을 의심하지 않는다. 리더십은 절대적이지 않고 심지어 '구조적인' 리더십 지위(예를 들어, 상속된 지위)에 머물러 있으며, 권력은 여전히 제한적이다. 예를 들어, 퍼거슨은 "전쟁 문제를 결정할 때 그런 지도자들의 말은 상당히 중요하다. 하지만 족장은 대개 권력이 아니라 영향력을 행사한다"(Ferguson, 2012, p. 2237)라고 결론지었다. 그럼에도 부족사회는 격렬한 전쟁, 전문적인 무인, 강력하고 때론 강압적이기도 한 전쟁 지도자의 시대였다. 이 특징들은 인간 사회가 왕국, 문명, 제국으로 발전할 때마다 매번 새로운 고점을 찍었다. 물론, 역사 시대에는 더욱 친숙하게 들리는 이야기가 되었다.

그렇다면 흥미롭게도, 평등주의는 광대한 진화의 역사에서 이례적인 현상이 된다. 영장류를 비롯한 대부분의 사회적 포유류는 전제적이다. 한 개체나 연합이 다른 모두를 지배한다. 인간은 이와 같은 조상의 양상에서 방향을 바꿔 평등주의로 진입했지만, 이후에 다시 조상의 양상으로 돌아갔다. 평등주의로 나아간 우리 진화의 행로는 아주 중요할 수 있는데, 홍적세의 대부분 동안에 평등주의가 유지되었다면, 우리의 인지, 행동, 사회 조직도 그에 맞게 적응했을 터이기 때문이다. 하지만 농경이 발명되자 즉시 강력한 계층구조가 돌아왔고, 인간은 모든 역사에 걸쳐 전제적이 되었다(Betzig, 1986; Diamond, 1998). 민주주의가 확산되고 군주제와 독재정권이 무너진 것은 지난 몇 십 년 사이의 일이고, 지금 이 순간에도 그 과정은 보편적으로 완결되거나 보편적으로 성공하지 못했다. 서양의 여러 민주주의 사회를 비롯한 전 세계에 부패가 만연하고 있으며, 가장 덜 부패한 사회에서조차 민주주의적인 감독과 제도에도 불구하고 개인들은 여전히 권력과 지위를 놓고 경쟁을 벌인다(Ludwig, 2002; Robertson, 2012; Shenkman, 1999).

전쟁 리더십의 진화가 오늘날에 남긴 유산

토머스 칼라일Thomas Carlyle은 "세계의 역사는 위대한 인물들의 전기에 지나지 않는다"라고 선언했다. 혹자는 그가 말한 전기를 위대한 전쟁 지도자의 전기로 바꿔 말하고 싶을 것이다. 성서 시대, 고전기 이전, 그리스로마 시대, 중세, 현대의 역사는 대부분 지휘하고, 싸우고, 제국을 정복한 자들의 이야기가 아닌가? 물론 이 말은 분명 과장이다. 하지만 또한 전적으로 부인할 수 없는 사실인 만큼, 우리 진화과학자들은 역사 속의 전쟁 리더십을 중요한 연구 주제로 삼아야 한다. 진화가 인간의 행동에 남긴 유산은 무시할 수 없기 때문이다. 역사가들은 수 세기에 걸쳐 전쟁에 관한 우리의 이해를 상술하고 수정해왔지만, 전쟁의 여러 특징은 시대를 뛰어넘어 작동하는 인간 본성의 특성들을 가리키므로, 진화심리학은 정치적·경제적·사회적 복잡성을 꿰뚫고 그 현상을 설명해야 한다. 권력 투쟁, 친족들의 족벌주의, 집단 간 갈등, 텃세 공격, 다양한 인지 편향이 그것들이다(Betzig, 1986; Gat, 2009; Johnson & Toft, 2014; Tetlock, 1998; Thayer, 2004). 따라서 진화적 관점에서 본 역사 속의 전쟁 리더십은 새롭게 연구할 때가 무르익은 주제라 할 수 있는데(Johnson, 2004; Mazur, 2005; McDermott, 2007; Rosen, 2004), 그에 관한 연구는 (a) 시대와 무관한 전쟁 리더십의 보편적 특징, (b) 진화한 형질이 현대전의 지도자에게 역효과를 불러일으키는 불일치의 문제(van Vugt, Johnson, Kaiser, & O'Gorman, 2008)에 빛을 비출 수 있다. 하지만 현대전에 진화의 유산이 미친 영향을 탐구하기 위해서는 먼저 현대의 전쟁과 과거의 전쟁이 갖고 있는 공통점과 차이점에 주목할 필요가 있다.

군사적 지평선: 현대전은 무엇이 다른가

현대전은 터니-하이Turney-High(1949)가 '군사적 지평선'이라 부른 것을 통해 과거의 전쟁과 대조해보는 것이 유용하다. 터니-하이는 현대전과 구분되는 '원시적' 형질들을 다양하게 개괄했는데, 특히 낮은 수준의 병력, 자원, 훈련, 지휘 및 통제, 무기, 전문성, 전략을 집중 조명했다. 세부 사항을 놓고 논란을 벌일 수는 있지만, 인류 역사의 어느 시점을 지나면 전쟁은 수많은 전문 병사들이 엄격한 지휘 체계에 따라 행동하는 군사화된 노력으로 변모한다. 오늘날 전쟁의 이 모든 특징은 소규모 사회들이 치른 전투와는 큰 차이가 있다. 현대전의 규모, 복잡성, 위계, 기술, 의사소통, 목적 등은 전쟁뿐 아니라 군사적 리더십까지도 완전히 다른 종류의 활동으로 변모시킨다(Gat, 2006; van Creveld, 1985). 하지만 완전히 다른 것은 아니다.

우선, 오늘날의 군대는 규모가 엄청나지만, 모든 시대에 걸쳐 반복되는 특징이 있다. 어느 전투에서나 '최전선'에서 활동하는 소규모 부대의 역할로, 오늘날에는 소대—12명 정도의 병사로 이루어진 부대—수준에서 활발히 지속되고 있다. 소대는 함께 살고, 훈련하고, 싸우는 굳게 결속한 팀으로, 적을 죽이고 살아남기 위해서는 반드시 서로 의지해야 한다(Rielly, 2000). 물론 이 부대의 지도자는 과거와 똑같은 본질적인 문제와 마주한다. 본보기를 보임으로써 소규모 집단을 이끌고, 존경심을 얻고, 치명적인 공격에 맞서도록 구성원들에게 동기를 부여하는 것이다. 따라서 이 낮은 수준에서, 전쟁의 사회적 맥락은 과거와 거의 동일할 것이다.

둘째, 군사 기술과 무기의 발전이 큰 주목을 받고는 있지만, 그런 혁신은 대체로 피아 양측에 모두 주어지는 이점이다. 무기를 획득하는 시점에는 다소 차이가 있을 수 있지만, 일반적으로 보면 결국 양측은 군비경쟁에서 상대를 따라잡게 되는데, 이는 진화적 군비경쟁과 마찬가지로 군비경쟁에서도 서로가 상대적으로 동일한 위치에 있음을 의미한다(Cohen, 2007; Dawkins & Krebs, 1979; Rosen, 1991). 결국 진정한 경쟁적 우위는 기술이 아니라 오래된 인간적 변수에서 발생한다. 전략, 사기, 기강, 그리고 무엇보다 리더십이 중요하다. 심지어 핵무기도 대부분 억제력과 허세를 왔다갔다하는 거대한 게임의 심리적 문제에 불과한 것으로 드러났다(Freedman, 2003; Schelling, 1960). 기술의 놀라운 발전에도 불구하고, 일반적으로는 인간적 변수, 구체적으로는 군사적 리더십이 여전히 전쟁의 결정적 요소이자, 승패를 가르는 변수로 남아 있다(Cohen, 2002; Rosen, 1991).

따라서 규모나 기술—현대전의 가장 뚜렷한 두 가지 특징—이 모든 시대를 아우르는 전쟁 리더십의 중요성을 약화시키지는 못한다. 하지만 좋은 지도자의 자질은 무엇일까? 손자孫子와 카를 폰 클라우제비츠Carl von Clausewitz는 일반적으로 모든 시대를 통틀어 가장 위대한 두 전략가로 여겨진다. 두 사람은 많은 부분에서 한 목소리를 내지만, 리더십의 가능성과 필요조건에 대해서는 생각을 달리한다(Handel, 2001; Sun Tzu, 2009; von Clausewitz, 1832/ 1976). 진화적 관점에서 이 차이를 바라보면 몇 가지 놀라운 통찰에 이를 수 있다(표 29.2).

표 29.2 전쟁과 리더십을 바라보는 손자와 클라우제비츠의 견해 차이

	각자가 판단하는 중요성	
	손자	클라우제비츠
지능	필수적	과대평가되었다고 판단함
기만	결정적	중요하지 않음
급습	결정적	중요하지 않음
통제력	높음	낮음
전투원의 비용	있음	있음
결과	예측 가능	예측 불가능
	⇓	⇓
이상적인 군사 지도자	이성적, 계산적	직관적 천재
진화적 유사성	급습	전투
적용 분야	원시적/고대의 전쟁	현대적/최근의 전쟁

진화적 관점에서 놀라운 것은 손자가 중요하게 본 핵심 특징들—기만, 급습, 결과의 예측 가능성—이 원시 전쟁의 습격과 밀접하게 관련된다는 점이다(예를 들어, Wrangham 1999a, 1999b를 보라). 그와 대조적으로, 예측 불가능성과 혼란을 강조하는 클라우제비츠는 현대전의 전투와 더 밀접하게 관련된다. 이 점이 그 자체로 흥미로운 것은 고대전과 현대전, 동양의 전략과 서양의 전략의 근본적 차이를 암시하기 때문이다(손자는 기원전 500년경 중국에서 집필했고, 클라우제비츠는 1800년대 프러시아에서 집필했다). 하지만 가장 주목할 만한 차이는 리더십에 나타난 결과다. 손자는 이상적인 지도자를 계산적이고, 이성적이며, 기존의 지능과 군사적인 힘에 근거해 결정을 내리는 능력을 갖춘 사람으로 그려낸다. 반대로, 클라우제비츠는 급습의 효율성을 의심하고 예측 불가능성과 '마찰'(상호작용하는 부분들이 기대한 대로 기능하지 않는)의 문제를 강조하고, 그에 따라 전쟁의 안개 속에서 좋은 판단을 내리기 위해서는 나폴레옹 같은 직관적인 '천재'(놀라운 정신력과 여러 작업을 동시에 수행하는 능력을 갖춘 천재, van Creveld, 1985)가 필요하다고 주장한다. 요점은, 고대의 전쟁은 홍적세의 비대칭적인 습격을 효과적으로 이끄는 지도자(손자의 유형)를 선호하지만, 그런 지도자는 현대전의 문제에는 잘 대응하지 못한다는 것이다. 클라우제비츠가 묘사한 것처럼 현대전에서는 복잡한 대규모 군대가 느리게 움직이고, 어느 한쪽을 전멸로 몰아넣는 무질서한 야전이 주를 이루기 때문이다.

심리적 편향: 전쟁 리더십에 관여하는 판단과 의사결정 편향

정치과학과 국제관계의 주요한 연구 영역 중 하나는, 의사를 결정할 때—특히 위기와 전쟁의 시기에—인간의 심리가 어떤 역할을 하는지다(Leve, 1983; McDermott, 2004a; Post & George, 2004; Sears, Huddy, & Jervis, 2003; Tetlock, 1998; Vertzberger, 1990). 역사적인 저서 『국제 정치의 지각과 오지각*Perceptions and Misperceptions in International Politics*』을 통해 로버트 저비스Robert Jervis(1976)는 심리학의 '인지 혁명'에 의존해서 외교, 억제, 갈등의 다양한 수수께끼를 새롭게 설명했다. 이 문헌이 주로 사회심리학과 행동 경제학에 의존했다면, 요즘 학자들은 판단과 의사결정 편향의 진화적 기원에 관심을 쏟고 이를 통해 자주 참신한 예측을 제시한다(Johnson & Toft, 2014; Lopez, McDermott, & Petersen, 2011; McDermott, Fowler, & Smirnov, 2008;

표 29.3 전쟁에서 리더십에 영향을 미치는 중요한 심리적 편향

편향	영향	보기	참조
전망 이론	손실에 직면했을 때 모험을 지향하는 성향	쿠바 미사일 위기	Haas, 2001; Levi and Whyte,1997
내집단/외집단 편향	외집단에 대한 가치 절하와 비인간화	르완다 학살	Fiske, 2002; Staub and Bar-Tal, 2003
자기과신	승리 가능성이나 승리로 얻을 이익에 대한 과대평가	1차 세계대전	Blainey, 1973; Johnson and Tierney, 2011
인지 부조화	자신의 믿음과 일치하도록 데이터를 왜곡	2003년 이라크 전쟁	Cooper, 2007; Festinger, 1957
귀인 오류	다른 세력의 행동을 악의적인 것으로 가정	냉전	Gilbert and Malone, 1995; Larson, 1997
유추	새로운 문제를 과거의 사건에 끼워 맞추려는 경향	베트남	Khong, 1992; May, 1973

주 (1) 모든 편향은 지위고하를 막론하고 정치 지도자(전쟁의 시작 여부를 결정하는 지도자), 군사 지도자(전쟁 방법을 결정하는 지도자), 행정 지도자(전쟁의 재원을 마련하고 유지할 방법을 결정하는 지도자)를 포함한 모든 지도자에게 영향을 미칠 수 있다. (2) 위의 편향은 과거에는 적응적이었지만, 오늘날에는 부적응적일 수 있다. 애초에 기능과 적응을 유발했던 계기가 현대의 사회적·물리적 배경과 맞지 않기 때문이다(이 편향은 성공보다는 실패로 이어진다).

Rosen, 2004; Thayer, 2004). 리더십과 전쟁에는 많은 인지적, 행동적 편향이 관여하지만(예를 들어, Kagel & Roth, 1995; Kahneman, 2011; Sears et al., 2003; van Vugt & Ahuja, 2011에서 찾아볼 수 있다), 여기서는 표 29.3을 통해 몇 가지 중요한 예를 요약하고, 본문에서는 연구자들이 (a) 전쟁에 관한 지도자의 결정에 영향을 미치는 것으로 제시하고, (b) 진화적 토대를 갖고 있다고 주장하는 '큰 문제'를 세 가지만 상술하고자 한다.

전망 이론 갈등에 관한 의사결정에 영향을 미치는 한 가지 중요한 심리 현상은 전망 이론이다. 결과가 불확실한 상태에서 결정을 내릴 경우에 사람들은 잠재적인 긍

정적 결과들('이득의 영역')을 놓고 결정을 할 때는 위험을 회피하지만, 잠재적인 부정적 결과들('손실의 영역')을 놓고 결정을 할 때는 모험을 지향한다. 사람은 본래 손실 가능성에 직면했을 때 더 무리하게 도박을 하는 경향이 있다(Kahneman & Tversky, 1979; McDermott, 1998).

전망 이론은 1941년 일본의 전쟁 결정, 1962년 쿠바의 미사일 위기 같은 주요한 역사적 사건, 그리고 베트남 전쟁에서처럼 패배를 받아들이기보다는 전쟁을 확대하는 경향을 설명하는 데 이용되었다(Haas, 2001; Levi & Whyte, 1997; Levy, 2000, 2003; McDermott, 1998, 2004b; Taliaferro, 2004).

우리가 특히 관심을 기울이는 문제는 전망 이론의 기저에 있는 선호가 진화에서 발원했을 가능성이 있다는 것이다(McDermott et al., 2008). 자원이 풍족하고 위험이 드물 때 유기체는 기대 효용에 관한 표준 경제학 모델이 예측하는 대로 위험한 결정을 피할 것이다. 하지만 기아를 비롯한 여러 위험들이 생존을 위협할 경우에, 선택은 동물이 확실한 죽음을 기다리기보다는 위험하더라도 삶의 기회를 얻고자 무리하게 행동하는 편을 선호할 수 있다. 그 결과가 꼭 기대 보상(예를 들어, 식량)의 극대화로 이어지는 것은 아니다. 하지만 그렇게 하면 다윈주의적 적합도가 극대화된다. 따라서 진화적 관점에서 우리는 지도자들이 언제, 어떤 이유로 전쟁에 대해서나 전쟁 중에 위험한 의사결정을 내릴지를 새롭게 예측할 수 있다.

내집단/외집단 편향 인간의 판단과 의사결정에 영향을 미치는 심리적 편향의 긴 목록 가운데 가장 강력하고 광범위한 편향이 바로 '내집단/외집단' 편향이다. 많은 경험적 증거에 따르면 사람들은 (a) 재빨리 자신을 내집단과 동일시하고(설사 그들이 임의적인 집단의 낯선 자들이라 하더라도), (b) 자신이 속한 집단의 수행과 자질을 체계적으로 과대평가하고, (c) 타 집단의 수행과 자질을 체계적으로 과소평가한다(Fiske, 2002; Fiske & Taylor, 2007; Hewstone, Rubin, & Willis, 2002; Tajfel, 1974).

내집단/외집단 편향은 전쟁의 다양한 측면과 관련지어져 왔다. 보스니아와 르완다에서 벌어진 학살(Staub & Bar-Tal, 2003), 냉전기에 미국과 소련이 보여준 적에 대한 지각(Larson, 1997; Silverstein, 1989)이 대표적이고, 국가들이 왜 본래부터 서로를 적대하는지를 설명하는 영향력 있는 이론들도 이 개념을 적용해왔다.

내집단/외집단 편향도 진화에서 발원한 것으로 보인다(Haselton & Nettle, 2006; Sidanius & Kurzban, 2003, 또한 Kurzban & Neuberg, 2005를 보라). 인간이 진화할 때, 혈연에 기반한 친숙한 내집단은 구성원들에게 안전, 자원, 사회적 교환을 제공한 반면에, 외집단과 접촉하는 경우에는 착취, 부상, 죽음의 위험이 따랐다. 따라서 자연선택은 내집단 애착과 외집단 회피를 강하게 선호했을 것이다. 다시 한번 진화적 관점 덕분에 우리는 지도자들의 내집단 편향이 언제, 어떤 이유로 전쟁에 불을 지피거나 영향을 미칠지를 새롭게 예측할 수 있다.

자기과신 정신적으로 건강한 모든 사람, 그중에서도 특히 남성들이 다양한 영역에서 자기과신 편향을 체계적으로 드러낸다. 특히 사람들은 (1) 자신의 능력을 과대평가하고, (2) 사건에 대한 자신의 통제력을 과대평가하고, (3) 위험에 대한 자신의 취약성을 과소평가한다. 여러 연구에서 반복 검증된 이 세 가지 현상을 하나로 묶어 '긍정적 착각'이라 부른다(Sharot, 2011; Talyor & Brown, 1994).

자기과신은 과도한 야심, 무모한 외교, 자신의 힘에 대한 과대평가, 적과 전쟁 비용에 대한 과소평가를 부추기는데, 역사가와 정치과학자들은 오래전부터 이 편향을 전쟁의 한 원인으로 지목해왔다(Ganguly, 2001; Howard, 1983; Johnson, 2004; Johnson et al., 2006; Johnson, McDermott, Cowden, & Tingley, 2012; Lebow, 1981; Stoessinger, 1998; White, 1968). 전쟁의 원인을 가리키는 이정표와도 같은 두 책—25년의 시간차를 두고 이 주제를 연구한 저서들—은, 모든 역사를 통틀어 전쟁 전야에 항상 반복된 강력한 현상으로서 자기과신(혹은 '거짓 낙관')에 주목했다(Blainey, 1973; Van Evera, 1999). 예를 들어 자기과신은 1914년에 전쟁을 금방 승리로 이끌 수 있다는 유럽 국가들의 예상(Johnson & Tierney, 2011), 베트남전에 대한 미국의 예상(Tuchman, 1984), 그리고 종전 후 이라크 재건이 얼마나 힘든지를 얕잡아본 부시 행정부의 결정에 일조했다(Woodward, 2005). 잭 레비Jack Levy는 이렇게 결론지었다. "모든 오지각 가운데, 전쟁으로 이어지는 과정에서 결정적인 역할을 하는 주된 요인은 바로 적의 능력을 과소평가 하는 것이다"(Levy, 1983, p. 83).

여기서도 최근의 연구가 자기과신의 진화적 기원을 밝혀준다(Johnson, 2004; Johnson & Fowler, 2011; Nettle, 2004). 자기과신이 적응적일 수 있는 것은 그런 편향이 야심, 결단력, 인내, 억제력, 허세의 그럴듯함을 높여줄 뿐 아니라, 그렇게 자기실현적인 예언을 하면 실제로 과장된 확신에 힘입어 성공 가능성이 올라가기도 하기 때문이다(Nettle, 2004; Taylor & Brown, 1994; Trivers, 2011). 어떤 저자들은 결단력, 허세, 그리고 기회의 활용이 중요하기 때문에 자기과신이 전쟁에서 적응적이라고 명확히 밝혔다(Johnson, Weidmann, & Cederman, 2011; Wrangham, 1999b). 흥미롭게도, 판 퓌흐트van Vugt(2006)가 밝혀낸 바에 따르면, 특히 잠재적 이득이 크고 불확실성이 높을 때, 리더십은 대담성, 위험 감수, 그리고 조정 문제 해결의 주도권 쟁취와 경험적 연관성을 보인다. 우리의 진화적 모델에서는 정확히, 걸려 있는 몫이 크고 불확실성이 높을 때 자기과신이 더 잘 출현했다(Johnson & Fowler, 2011). 따라서 심리학자와 군사평론가가 입을 모아 지적하듯이, 어느 정도 대담한 확신은 성공적인 리더십의 필수 요소일 수 있다(Baumeister, 1989; von Clausewitz, 1832/1976). 이번에도 진화적 관점에 힘입어 우리는 언제, 어떤 이유로 지도자의 자기과신이 전쟁 전이나 전쟁 중에 나타날지를 새롭고 검증 가능한 방식으로 예측할 수 있다.

전쟁 리더십을 위해 진화한 형질이 있을까

위에서 우리는 현대의 전쟁과 리더십에 영향을 미칠 수 있는 진화한 심리의 다양한 일반적 형질들을 살펴봤다. 그렇다면 우리에게 정말 전쟁 리더십을 위해 특별히 진화한 형질(표 29.4)이 있는지를 묻는, 공론에 가깝지만 귀중한 가치가 있는 질문이 남겨졌다. 내가 '공론에 가깝다'고 한 것은 (a) 우리에게 어떤 종류든 리더십을 위해 진화한 형질이 있다는 개념 자체도 아직 새로운 연구 분야에 속해 있고(Price & van Vugt, 2014; van Vugt, 2006; van Vugt & Ahuja, 2011), (b) 앞서 살펴봤듯이 전쟁 리더십은 소규모 사회에서는 드물고 제한적이기 때문에, 전쟁 리더십 그 자체를 위해 특수하게 진화한 형질을 예상해야 하는지조차 불분명하며, (c) 이 가능성을 검증한 실험 연구도 몹시 드물기 때문이다.

지배, 지위, 연합, 공격성, 싸움을 위한 진화적 적응을 다룬 연구는 상당히 많았지만(Buss, 1996; Buss & Shackelford, 1997; Daly & Wilson, 1988; Duntley & Buss, 2011; Henrich & Gil-White, 2001; Kurzban, Tooby, & Cosmides, 2001; Lopez et al., 2001; Mazur, 2005; Tooby & Cosmides, 1988, 2010; van Vugt & Tyber, 이 책 32장;

표 29.4 전쟁 리더십에 관한 진화적 가설

가설	함의	증거	참고문헌
인간에게는 전쟁 리더십을 위해 진화한 형질이 있다	군사 리더십을 위해 진화한 형질	시작 단계	군사 지능 가설 (이 책의 29장)
인간에게는 리더십을 위해 진화한 형질이 있다 (전쟁으로 이어질 수 있다)	리더십을 위해 진화한 형질	성장 단계	van Vugt and Ahuja, 2011
인간에게는 연합을 위해 진화한 형질이 있다 (리더십으로 이어질 수 있다)	전사를 위해 진화한 형질	강함	Tooby and Cosmides, 1988
인간에게는 현대전의 리더십에 영향을 미치는 진화한 형질이 있다	지도자 위치에 있는 사람들에게 맡겨진 의무와 함께 전반적인 삶을 위해 진화한 형질(심리적 편향들을 포함한다)	강함	Rosen, 2004

Wrangham, 1999a), 전쟁 리더십과 확실히 연관 지을 수 있는 진화한 형질을 다룬 연구는 거의 없다. 한 가지 문제는, 대부분의 진화심리학이 모든 사람에게 적응적이고 따라서 모든 사람에게 보편적으로 나타나는 형질을 다룬다는 것이다. 지도자가 될 수 있는 사람은 그 정의에 따르면 아주 일부(사실상, 극소수)에 지나지 않으므로, 리더십의 형질은 너무 많은 사람들이 갖추고 있거나 표현해서는 제대로 기능하지 않는 모종의 빈도−의존적 선택에 의해 진화할 수밖에 없을지 모른다(van Vugt, 2006). 그리고 실제로 일부 연구자들은 지도자가 어떤 성격 유형, 심지어 특별한 성격 장애를 가진 사람들을 극단적으로 대표한다고 지적하기도 했다(Ghaemi, 2011; Ludwig, 2002; Nettle, 2001). 또 다른 설명은, 우리 모두 리더십(과 추종자성)의 형질을 갖추고 있지만, 상황이나 환경에 따라 그것이 다르게 표현된다는 것이다(Price & van Vugt, 2014; Spisak, O'Brien, Nicholson, & van Vugt, 2015). 이와 같은 두 가지 가능성—형질 대 상태 논쟁—은 모두 개연성이 있지만, 진화적 관점에서 추가로 조사할 필요가 있으며(van Vugt, 2006; van Vugt & Ahuja, 2011), 특히 전쟁 리더십의 맥락에서 자세히 연구할 필요가 있다.

하지만 우리에게 발판이 돼주기에 충분히 흥미로운 연구들이 있다. 최근에 발표된 진화심리학 문헌으로 가장 놀라운 결과 중 하나는, 동물의 신체적 특질이 선호와 행동을 예고해준다는 것이다. 예를 들어, 실험과 경험적 연구에서는 일반적으로 사람들이 선호하는 지도자는 남성이고, 나이가 많고, 신뢰할 만하고, 키가 크고, 자신의 집단에서 나온 지도자라는 것이 밝혀졌다(Todorov, Manisodza, Goren, & Hall, 2005; van Vugt & Ahuja, 2011; van Vugt & Spisak, 2008). 하지만 상황에 따라 선호는 달라진다. 변형한 얼굴을 이용해서 조작 연구를 했을 때 피험자들은 다른 유형의 시나리오보다 집단 간 위협과 전쟁이 있는 시나리오에서 특정한 리더십 특성(나이가 더 많음, 남성 등)을 더 선호했다(Spisak, 2012; Spisak, Dekker, Krüger, & van Vugt, 2012). 이 결과는 위기가 닥친 시기에 사람들이 더 공격적이고 권위주의적인 지도자를 선호하거나 수용할 수 있다는 현실 세계의 관찰 결과와 일치한다(Boehm, 2001; McCann, 1992). 하지만 이 연구들은 결국 리더십보다는 **팔로워십**을 설명하거나, 적어도 주어진 조건에서 사람들이 어떤 지도자 유형을 원하는지를 설명하는 '인지 모델'에 해당한다. 그런 지도자가 어떤 방식으로 결정하고 행동할지, 그리고 결과적으로 그들이 성공할 수 있는지에 대해서는 여전히 확신하기 어렵다.

몇몇 연구에서는 리더십과 직접 관련되어 있거나, 적어도 더 지배적인 개인과 직접 관련되어 있는 형질을 겨냥했다. 예를 들어, 애런 셀Aaron Sell과 동료들은 남성의 근육량을 통해서 일상적인 맥락과 외교 정책의 맥락에서 힘의 효용성에 관한 그들의 믿음을 예측할 수 있다는 결과를 얻었다(Sell, Hone, & Pound, 2012; Sell, Tooby, & Cosmides, 2009). 힘이 더 센 남성은 싸움에 의존하고 싸움을 지지할 가능성이 높은데, 타인의 자원을 빼앗고, 타인을 매혹시키고, 힘으로 누르고, 억제하는 능력이 더 크다는 것을 고려할 때 이 생각은 진화적으로 타당하다. 지도자를 대상으로 한 연구에서는 지배력과 관련된 얼굴 특징을 통해서 미군 사관생도들이 졸업한 이후에 도달할 계급을 예측할 수 있었고(Mueller & Mazur, 1996), 미국 대통령들의 성취 충동을 예측할 수 있었다(Lewis, Lefevre, & Bates, 2012).

분명 지배dominance가 리더십과 갈등에 얼마간 역할을 한다는 연구결과는 흥미롭지만, 명망과 사회적 조정도 그만큼 중요하거나 더 중요한 역할을 한다는 사실이 밝혀졌다(Cheng, Tracy, Foulsham, Kingstone, & Henrich, 2013; Price & van Vugt, 2014;

van Vugt, 2006; van Vugt & Tybur, 이 책 32장). 하지만 그런 특성들이 전쟁 리더십을 위한 적응인지를 검증하기 위해서는 많은 연구가 필요하다. 하지만 마지막 절에서는 진화한 형질 중 적어도 하나는 전쟁 리더십과 명백하게 관련되어 있을 것이라고 주장하고자 한다. 그 형질은 근력이 아니라 지능에 있다.

군사 지능 가설

전쟁은 생사가 걸린 복잡한 활동으로, 다른 모든 조건이 같다면 더 치밀하게 준비되고, 견고하게 조직되고, 원활하게 조정되는—즉, 잘 지휘되는—편이 승리를 가져간다. 여기서 나는 '군사 지능 가설MIH: Military Intelligence Hypothesis'을 제시하고자 한다. (a) 집단 간 갈등은 인지적으로 까다로운 적응적 문제이고, (b) 그 문제의 해결이 적합도에 중요했으며, (c) 결국 인간 지능의 진화에 도움이 되었으리라는 가설이다. 다시 말해서, 인간의 뇌가 어느 정도는 상대를 죽이고, 자기의 목숨을 부지하는 수많은 방식에 맞게끔 연마되었다는 것이다(또한 Duntley & Buss, 2011; Thayer, 2004). 따라서, 군사 지능 가설은 험프리Humphrey와 던바의 '사회적 뇌 가설'(Dunbar, 2003; Humphrey, 1986)과 대조되는 일종의 '반사회적 뇌 가설'로, 인간의 인지능력은 집단 내부의 경쟁과 협력(뿐만)이 아니라, 집단 간 갈등에서 비롯된 적응적 과제에서 더 큰 영향을 받았다고 생각한다. 인간의 뇌가 비대칭적으로 크게 진화한 것과 신진대사 비용이 높은 것은 과학의 커다란 수수께끼다. 하지만 집단 사이에 치명적인 전쟁이 빈발하는 환경에서 생존하고 승리해야 한다는 잔인한 문제는 그리 인기 있는 이야기는 아닐지 몰라도, 이 퍼즐의 중요한 조각일 수 있다.

그런 인지가 발달하면 지도자와 병사를 막론하고 어느 개인에게나 도움이 되겠지만, 군사적 지능의 진정한 강점은 (지도자의 조정을 통해) 다수의 개인이 다 같이 영리하게 행동하도록 조직하는 것이지, (조정되지 않은 독립적인 행위를 통해) 개인이 각자 영리하게 행동하게끔 하는 것이 아니기 때문에, 그런 지능은 무엇보다 전쟁 리더십에 가장 유력하게 적용된다. 전투에서 하나로 훈련된 집단은 각 부분의 합보다 놀라울 만큼 강력하다(Johnson & MacKay, 2015).

지지 증거

군사 지능 가설은 종간 비교 결과와 일치한다. 동물계에서 치명적인 집단 간 갈등은 드물게 발생하는 일로, 그런 갈등이 벌어지는 종은 주로 높은 지능을 가진 사회적 포유류에 한정된다. 영장류 가운데는 침팬지가 특히 그렇고, 육식 동물 가운데는 늑대가 그렇다(Manson & Wrangham, 1991; Wrangham, 1999a; 개미는 흥미로운 예외에 해당한다). 단순히 **연합** 형성만 하더라도 영장류, 갯과 동물, 돌고래처럼 지능이 높은 동물에 한정되어 나타난다(Harcourt & de Waal, 1992). 따라서 폭넓게 비교해보면, 인간이 놀라운 수준의 지능을 갖고 있고, 동시에 놀라운 수준의 전쟁을 치르는 것도 우연이 아닐지 모른다. 하지만 이 주장의 내용은 넘치는 지능이 전쟁을 낳는다는 것이 아니다. 그보다는 전쟁이 요구하는 것들이 지능을 (증폭시키거나) 낳는다는 것이다.

군사 지능 가설은 또한 고고학적 증거와도 일치한다. 연구자들은 홍적세의 호미니드 두개골 175개를 조사한 끝에, 인구밀도를 기준으로 삼을 때 두개골 용적량의 차이를 가장 잘 예측할 수 있다는 결과를 얻었다. 이 결과는 뇌의 진화에 여러 요인이 기여할 수 있지만, 우선적으로 뇌의 진화를 추동하는 것은 다른 인간과의 경쟁이라는 점을 가리킨다(Bailey & Geary, 2009). 다른 연구자들은 인구압(가용 자원에 맞게 통제된 인구 밀도)이 전쟁의 수준과 상관관계가 있다는 결과를 얻었다(Kelly, 2013). 고도의 인지능력을 갖춘 호모사피엔스가 레반트와 유럽 지역에 오랫동안 자리 잡고 살았던 네안데르탈인을 빠르게 대체한 것도 우연이 아닐 수 있다(Gat, 1999).

전쟁의 인지적 도전

군사 지능 가설의 기본적인 초점은 전략이 인지에 요구하는 과제들—치명적이고 예측할 수 없는 적과 상호작용하는 과정에서 무엇을 해야 할지를 계획하는 복잡한 도전—이다. 하지만, 전쟁 리더십에 필요한 요건은 그보다 훨씬 광범위하며, 다양한 인지적 도전들이 포함된다(표 29.5). 물론 표에 기록된 많은 형질은 (전쟁뿐만 아니라) 개인 간 상호작용과 집단 내부의 상호작용에도 적응적이고, 그래서 사회적 두뇌 가설에도 부합한다. 그럼에도 이런 형질이 전쟁에 적용될 때 특별히 중요해지는 것은 세 가지 이유에서다.

표 29.5 고도의 인지능력을 요구하는 집단 간 갈등의 영역

영역	의의	인지적 요구
동맹	제삼자 지지자의 확보와 유지	조망 수용, 마음 이론
협력	전사의 동원과 유지	사기꾼 탐지, 강제
조정	전사와 지지자의 이익과 목표를 조정	진취성, 문제-해결
기만	급습의 성공, 의도 숨기기	허세, 연기, 은폐
외교	비용 부담을 피하면서 이득 취하기	교섭, 조망 수용, 인내
지능	적의 강점, 취약점, 의도 예상하기	정보의 수집과 이해와 종합
설득	지지 세력의 규합	추론, 도덕화, 수사학, 웅변
전략	군사력 운용 계획, 배치, 활용	불확실성에 대처하는 능력, 상호작용, 빠른 의사결정, 교묘함, 예측
무기	군비 경쟁에서 앞서 나가기	도구의 설계, 제작, 활용

첫째, 전쟁의 문제들은 더 어렵다. 전쟁은 주로 내집단보다 외집단을 상대하고, 특별한 적응적 과제를 내놓는다. 이를테면 전쟁에서는 잘 알지 못하는 사람들의 행동을 예측해야 하는데, 이는 아는 사람의 행동을 예측하는 것보다 더 어렵다. 전쟁에 나선 사람은 상대의 강점, 자원, 예비 전력, 동맹 협정 등에 대해 제한된 정보를 처리해야 한다. '적을 아는 것'은 전쟁의 고전적인 과제다.

둘째, 전쟁의 문제들은 **판돈이 크다.** 전쟁은 엄청난 비용과 사망률로 이어질 수 있는 동시에 엄청난 이득(전리품, 토지, 자원, 라이벌 제거, 지위, 여성)을 안겨줄 수도 있다. 모든 참가자──승자와 패자──에게 막중한 적합도 결과가 따른다. 그러므로, 전쟁이 우리의 진화사에서 드문 일이었다 할지라도, 인간은 강한 선택압 아래서 전쟁을 활용하거나 피해야만 했을 것이다.

셋째, 전쟁의 문제들은 **곳곳에 스며들어 있다.** 평화로운 시기에도 마찬가지다. 집단 간 갈등의 위험은 상존하기 때문에, 실제로 전쟁이 일어나지 않을 때에도(혹은 바로 그렇기 때문에) 정교한 인지능력이 필요한 동시에 다윈주의적 적합도에 큰 영향을 미치는 과제와 도전이 무수히 발생한다. 가령 요새 구축, 사회 조직, 동맹 결성, 신

호법, 억제, 전략 수립, 자원 분배, 전쟁 준비, 물자 비축, 훈련, 무기의 설계와 제작, 정보 수집, 비상 대책 수립 같은 것들이다. 전쟁에 대비한 조직, 준비, 훈련이 엉망인 집단(그리고 그에 속한 개인)은 더 잘 준비된 경쟁자의 손에 고통을 겪었을 것이다. 따라서 우리는, 평화적인 시기에 전쟁을 염두에 두고 수행하는—그래서 실제로 전쟁의 결과에 영향을 미치는—수많은 활동에서 또 다른 선택압이 발생하여 군사 지능을 빚었으리라 예상할 수 있다.

연합 심리의 확장

군사 지능 가설은 인간 지능이 진화하는 과정에서 전쟁이 행한 역할을 지나치게 강조하는 것처럼 보일 수도 있다. 하지만 (a) 인간의 지능을 추동한 요인들이 상호 배타적인 것은 아니고, (b) 민족지학적·고고학적 인구에서 전쟁 사망률이 높다는 사실(약 15%; Bowles, 2009)에 비추어볼 때 전쟁의 승패를 가르는 적응이 강력한 선택압을 받았으리라 생각할 수 있으며, (c) 사실, 군사 지능 가설은 인간의 지능이 전쟁에서 담당한 역할에 관해서 존 투비와 레다 코스미디스가 과거에 제기한 주장의 논리적인 연장이라 할 수 있다. 투비와 코스미디스(1988)는 널리 인용되지만 결코 출판된 적이 없는 논문을 통해서, 연합 공격이 놀라운 것은 단지 그런 공격이 인간에게 중요하기 때문만이 아니라, 다른 동물들에서는 나타나지 않는 희귀한 현상이기 때문이라고 지적했다. 코끼리물범, 사슴, 고릴라 등 많은 종의 경우에는 수컷 한 마리가 집단의 모든 번식을 지배한다. 더 작은 수컷들은 만일 힘을 합친다면 쉽게 우두머리를 쫓아내고 전리품을 나눌 수 있다. 하지만 그런 일은 일어나지 않는다. 투비와 코스미디스는 연합 공격에는 동맹을 결성할 수 있을 만한 수준으로 협력이 필요하고, 또 그런 협력을 유지할 수 있는 정교한 인지 장치가 필요한 탓이라고 말한다. 다른 동물들은 대부분 그런 정교한 정신적 능력을 갖추지 못했기 때문에, 연합과 동맹의 커다란 기회가 그들 앞에서 닫혀버린 것이다(앞서 살펴본 것처럼, 연합은 오직 소수의 선택된 종에서만 발견되었으며, 그런 종은 침팬지, 늑대, 돌고래와 같이 지능이 높은 종들이다). 그런 이유로 투비와 코스미디스는 인간이 연합 결성을 위해 독특한 심리적 형질을 진화시켰다고 말한다(Kurzban et al., 2001; Tooby & Cosmides, 2010; van der Dennen, 1995; Wrangham, 1999a).

그 형질이 무엇일까? 목숨과 사지를 잃을 위험이 내재되어 있음을 감안할 때, 연합 공격이 시도할 만한 일이 되려면 두 가지 특징이 존재해야 한다. (1) 어느 정도 합리적인 순이익 발생 가능성과, (2) 무임승차자의 탐지와 제재가 그것이다. 투비와 코스미디스(1988)는 주로 비대칭적인 습격을 벌이는 홍적세의 조건에서는 이득이 크고 비용이 낮아서, 저울추가 어렵지 않게 전쟁을 선호하는 쪽으로 기울어질 거라고 주장했다(Johnson & MacKay, 2015; Manson & Wrangham, 1991; Wrangham, 1999a와 마찬가지로). 하지만 더 큰 문제가 남아 있다. 이탈자를 식별하고 협력을 강제하는 일이다. 누가 그런 치안 비용을 부담할까? 저자들은 전쟁에 더 많은 것이 걸려 있는 특정한 개인이나 그 밖의 사람들에게 강제력을 위임해서 이 문제를 해결했을 거라고 말한다. (그들이 이 문제를 상상했던) 평등한 개인들로 구성된 연합 집단에서 그런 일이 정확히 어떻게 이뤄지는지는 알기 어렵지만, 리더십이 그 간극을 메울 수 있음을 우리는 쉽게 알 수 있다. 지도자는 전쟁의 결과에 많은 것이 걸려 있을 뿐 아니라, 강제의 비용도 낮은 사람이다(지도자가 가진 물리적 힘, 권위, 지위, 친족 결속, 동맹 등을 고려할 때).

투비와 코스미디스는 연합 공격이 큰 이익을 낼 수 있는 결정적인 조건과 그 일을 성취하기 위해 넘어야 하는 진화적 장애물들을 확인했다. 하지만 협곡처럼 입을 벌리고 있는 이 집단행동 문제를 건너 전쟁이라는 비옥한 땅에 이르기까지는 아마 리더십이 도움이 됐을 것이다. 요컨대, 지능이 효율적인 전쟁 리더십에 기여하는 여러 가지 이점, 집단 간 갈등 때문에 발생하는 높은 사망률, 그리고 연합 전쟁의 인지적 과제를 모두 고려할 때, 전쟁은 그 자체로 인간 뇌의 팽창과 정교화에 기여했을 것이다.

결론

인간의 진화사에서 전쟁이 차지하는 중요성은 여전히 논쟁거리지만, 그래도 전쟁은 인간의 사회 조직, 행동, 인지에 묵직한 선택압을 가했을 가능성이 높다. 소규모 사회에서 나타나는 전쟁의 형태와 빈도는 다양하지만, 동시에 상당히 일관된 양상들도 나타나서, 공통된 적응적 문제와 그 문제의 공통된 해결책을 가리킨다. 한 가지 중요한 해결책은 조정과 리더십이었을 것이다. 조정과 리더십이 없을 때 승리는 멀고 죽음은 가까워진다. 하지만 설령 전쟁 지도자가 먼 옛날에 일시적이거나 미약하게 영향을 미쳤다고 해도, 진화심리학은 여전히 현대전의 리더십에 대해서 할 말이 많다. 이 장에서 나는 서로 크게 다른 두 갈래 통찰을 다루었다. (1) 인간은 다양하게 진화한 기질과 편향을 갖추고 있고(그 가운데 상당수는 이 책의 다른 부분에 기술되어 있다), 그 기질과 편향은 (다른 종류의 결정에도 영향을 미칠 수 있는 것과 마찬가지로) 지도자가 전쟁에 대해서 결정을 내리고, 어떻게 싸울지를 결정하는 데 크고 중요한 영향을 미친다는 것과, (2) 인간은 리더십과 팔로워십의 형질을 진화시킨 듯하고, 그중 일부는 분명 집단 간 갈등과 전쟁에 적응한 결과일 수 있다는 것이다. 그리고 그 형질 가운데 하나가 지능 그 자체라는 가설이 성립한다.

이것이 현대전에 주는 교훈은 뭘까? 지난 몇 세기 동안 전쟁이 일어나면 주로 국가와 제국의 제도화된 대규모 군대가 충돌했다. 반면에 21세기에 들어서는, 한시적으로 느슨하게 조직된 비국가 행위자를 상대로 비대칭인 전쟁을 수행하는 경우가 더 많아졌다(Kilcullen, 2010; Strachan & Scheipers, 2011). 이 소규모 세력도 지도자가 없는 것은 아니지만, 훨씬 더 탈중앙화되어 있다. 진화적 관점에 기초한 새로운 연구에서는 이렇게 탈중앙화된 조직은 더 큰 유동성과 빠른 적응의 측면에서 느리고 육중한 서양의 군사 조직보다 유리하다고 주장한다(Johnson, 2009; Sagarin et al., 2010). 이라크와 아프가니스탄에서 서양의 군대는 민간인의 옷을 입고 비관습적인 수단을 활용하는 식별 불가능한 적 때문에 새로운 군사적 도전에 직면했고, 사전에 수립한 교전수칙은 즉시 무너졌다. 게다가, 미군처럼 크고 복잡한 조직 내에서는 변화를 도모하기가 쉽지 않았고, 변화를 제도화하기란 더더욱 어려웠다. 그 대신 다른 해결책이 빛을 발했다. 현장을 지휘하는 개별 지도자가 군사 기구의 제약 속에서 자신의 대응 능력을 보여준 것이다. 고위 장교 가운데서도 특히 페트라이우스 Petraeus 장군은 새로운 세대의 "적응적 지도자"(Wong, 2004)가 필요하다고 외쳤다. 그는 이렇게 설명했다. "유연하고 적응적인 지도자를 대체할 수 있는 것은 어디에도 없다. 끊임없이 위기 상황에 대처하고, 거의 훈련받지 않은 임무를 수행해낸 지휘관들, 그중에서도 특히 젊은 지휘관들이 우리가 이라크에서 거둔 성공의 열쇠였다"(Broadwell, 209). 인간적 요인과 리더십은 크세노폰과 만인대에게 그랬듯이, 그리고 어쩌면 태곳적부터 이어진 모든 인간 사회의 전사들에게 그랬듯이, 우리 시대의 전쟁에도 여전히 중요한 요소다.

손자와 클라우제비츠 이래로 전략이론가들은 전쟁의 리더십이 얼마나 어려운지를 꾸준히 강조해왔다. 그 영역은 우연성, 불확실성, 혼란이 지배한다. 그래서 로렌스 프리드먼Lawrence Freedman은 이렇게 경고한다. "전략이 과학이 아니라 예술이라는 점을 절대 잊어서는 안 된다"(Freedman, 2007, p. 369). 하지만 만일 전쟁이 인간의 진화사에 중요하게 작용했다면, 자연선택은 아군을 조정하고 적군을 (목숨을 부지하면서) 사살하는 일에 도움이 되는 인지적·행동적 전략을 선호했을 것이다. 예나지금이나 모든 도구 가운데 가장 중요한 것은 효율적인 리더십이다. 진화심리학이 제공하는 과학적 틀을 채택할 때 우리는 진화한 심리적 편향들이 (다른 모든 사람에게 그렇듯) 전쟁 지도자에게 미치는 영향을 꿰뚫어보고, 더 나아가 전쟁 '예술'에서 리더십이 담당하는 역할을 이해하게 된다.

참고문헌

Bailey, D. H., & Geary, D. C. (2009). Hominid brain evolution: Testing climatic, ecological, and social competition models. *Human Nature, 20,* 265–279.

Baumeister, R. F. (1989). The optimal margin of illusion. *Journal of Social and Clinical Psychology, 8,* 176–189.

Betzig, L. (1986). *Despotism and differential reproduction: A Darwinian view of history.* New York, NY: Aldine.

Blainey, G. A. (1973). *The causes of war.* New York, NY: Free Press.

Boehm, C. (2001). *Hierarchy in the forest: The evolution of egalitarian behavior.* Cambridge, MA: Harvard University Press.

Bowles, S. (2009). Did warfare among ancestral hunter-gatherers affect the evolution of human social behaviors? *Science, 324,* 1293–1298.

Broadwell, P. D. (2009, April 21). Leadership, Petraeus style. *Boston Globe,* p. A11.

Brown, D. E. (1991). *Human universals.* New York, NY: McGraw-Hill.

Buss, D. M. (1996). *The murderer next door: Why the mind is designed to kill.* London,

England: Penguin.

Buss, D. M., & Shackelford, T. K. (1997). Human aggression in evolutionary psychological perspective. *Clinical Psychological Review, 17*, 605–619.

Chagnon, N. A. (1988). Life histories, blood revenge, and warfare in a tribal population. *Science, 239*, 985–992.

Cheng, J. T., Tracy, J. L., Foulsham, T., Kingstone, A., & Henrich, J. (2013). Two ways to the top: Evidence that dominance and prestige are distinct yet viable avenues to social rank and influence. *Journal of Personality and Social Psychology, 104*, 103–105.

Cohen, E. A. (2002). *Supreme command: Soldiers, statesmen, and leadership in wartime.* New York, NY: Free Press.

Cohen, E. A. (2007). Technology and warfare. In J. Baylis, J. J. Wirtz, C. S. Gray, & E. Cohen (Eds.), *Strategy in the contemporary world: An introduction to strategic studies* (pp. 141–159). Oxford, England: Oxford University Press.

Cooper, J. (2007). *Cognitive dissonance: 50 years of a classic theory.* New York, NY: Sage.

Couzin, I. D., Krause, J., Franks, N. R., & Levin, S. A. (2005). Effective leadership and decision-making in animal groups on the move. *Nature, 433*, 513–516.

Daly, M., & Wilson, M. (1988). *Homicide.* New York, NY: Aldine de Gruyter.

Dawkins, R., & Krebs, J. R. (1979). Arms races between and within species. *Proceedings of the Royal Society B: Biological Sciences, 205*, 489–511.

de Waal, F. B. M. (1998). *Chimpanzee politics: Power and sex among apes.* Baltimore, MD: Johns Hopkins University Press.

Diamond, J. (1998). *Guns, germs and steel: A short history of everybody for the last 13,000 years.* London, England: Vintage.

Dunbar, R. I. M. (2003). The social brain: Mind, language, and society in evolutionary perspective. *Annual Review of Anthropology, 32*, 163–181.

Duntley, J. D., & Buss, D. M. (2011). Homicide adaptations. *Aggression and Violent Behavior, 16*, 399–410.

Ember, M. (1962). The relationship between economic and political development in nonindustrialized societies. *Ethnology, 2*, 228–248.

Endicott, K. L. (2004). Gender relations in hunter-gatherer societies. In R. B. Lee & R. Daly (Eds.), *The Cambridge encyclopedia of hunters and gatherers* (pp. 411–418). Cambridge, England: Cambridge University Press.

Ferguson, B. R. (2012). Tribal warfare. In G. Martel (Ed.), *The encyclopedia of war* (pp. 2232–2244). Hoboken, NJ: Wiley-Blackwell.

Festinger, L. (1957). *A theory of cognitive dissonance.* Stanford, CA: Stanford University Press.

Fiske, S. T. (2002). What we know about bias and intergroup conflict, problem of the century. *Current Directions in Psychological Science, 11,* 123–128.

Fiske, S. T., & Taylor, S. E. (2007). *Social cognition: From brains to culture.* New York, NY: McGraw-Hill.

Freedman, L. (2003). *The evolution of nuclear strategy.* Basingstoke, England: Palgrave Macmillan.

Freedman, L. (2007). The future of strategic studies. In J. Baylis, J. J. Wirtz, & C. S. Gray (Eds.), *Strategy in the contemporary world: An introduction to strategic studies* (pp. 356–370). Oxford, England: Oxford University Press.

Ganguly, S. (2001). *Conflict unending: India-Pakistan tensions since 1947.* New Delhi, India: Oxford University Press.

Gat, A. (1999). Social organization, group conflict and the demise of Neanderthals. *Mankind Quarterly, 39,* 437–454.

Gat, A. (2006). *War in human civilization.* Oxford, England: Oxford University Press.

Gat, A. (2009). So why do people fight? Evolutionary theory and the causes of war. *European Journal of International Relations, 15,* 571–599.

Ghaemi, S. N. (2011). *A first-rate madness: Uncovering the links between leadership and mental illness.* New York, NY: Penguin Press.

Gilbert, D. T., & Malone, P. S. (1995). The correspondence bias. *Psychological Bulletin, 117,* 21–38.

Gilby, I. C., Wilson, M. L., & Pusey, A. E. (2013). Ecology rather than psychology explains co-occurrence of predation and border patrols in male chimpanzees. *Animal Behaviour, 86,* 61–74.

Gowdy, J. (2004). Hunter-gatherers and the mythology of the market. In R. B. Lee & R. Daly (Eds.), *The Cambridge encyclopedia of hunters and gatherers* (pp. 391–398). Cambridge, England: Cambridge University Press.

Haas, M. L. (2001). Prospect theory and the Cuban Missile Crisis. *International Studies Quarterly, 45,* 241–270.

Handel, M. I. (2001). *Masters of war: Classical strategic thought.* London, England: Routledge.

Harcourt, A. H., & de Waal, F. B. M. (Eds.). (1992). *Coalitions and alliances in humans and other animals.* Oxford, England: Oxford University Press.

Haselton, M. G., & Nettle, D. (2006). The paranoid optimist: An integrative evolutionary model of cognitive biases. *Personality and Social Psychology Review, 10,* 47–66.

Henrich, J., & Gil-White, F. (2001). The evolution of prestige: freely conferred status as a mechanism for enhancing the benefits of cultural transmission. *Evolution and Human Behavior, 22,* 1–32.

Hewstone, M., Rubin, M., & Willis, H. (2002). Intergroup bias. *Annual Review of Psychology, 53,* 575–604.

Hogan, R., & Kaiser, R. B. (2005). What we know about leadership. *Review of General Psychology, 9,* 169–180.

Howard, M. (1983). *The causes of war and other essays.* Cambridge, MA: Harvard University Press.

Humphrey, N. (1986). *The inner eye.* London, England: Faber & Faber.

Ingold, T. (2004). On the social relations of the hunter-gatherer band. In R. B. Lee & R. Daly (Eds.), *The Cambridge encyclopedia of hunters and gatherers* (pp. 399–410). Cambridge, England: Cambridge University Press.

Jervis, R. (1976). *Perception and misperception in international politics.* Princeton, NJ: Princeton University Press.

Johnson, D. D. P. (2004). *Overconfidence and war: The havoc and glory of positive illusions.* Cambridge, MA: Harvard University Press.

Johnson, D. D. P. (2009). Darwinian selection in asymmetric warfare: The natural advantage of insurgents and terrorists. *Journal of the Washington Academy of Sciences, 95,* 89–112.

Johnson, D. D. P., & Fowler, J. H. (2011). The evolution of overconfidence. *Nature, 477,* 317–320.

Johnson, D. D. P., & MacKay, N. J. (2015). Fight the power: Lanchester's laws of combat in human evolution. *Evolution and Human Behavior, 36,* 152–163.

Johnson, D. D. P., McDermott, R., Barrett, E., Cowden, J., Wrangham, R., McIntyre, M., & Rosen, S. (2006).

Overconfidence in wargames: Experimental evidence on expectations, aggression, gender and testosterone. *Proceedings of the Royal Society B: Biological Sciences, 273,* 2513–2520.

Johnson, D. D. P., McDermott, R., Cowden, J., & Tingley, D. (2012). Dead certain: Confidence and conservatism predict aggression in simulated international crisis decision-making. *Human Nature, 23,* 98–126.

Johnson, D. D. P., & Tierney, D. R. (2011). The Rubicon theory of war: How the path to conflict reaches the point of no return. *International Security, 36,* 7–40.

Johnson, D. D. P., & Toft, M. D. (2014). Grounds for war: The evolution of territorial conflict. *International Security, 38,* 7–38.

Johnson, D. D. P., Weidmann, N. B., & Cederman, L.-E. (2011). Fortune favours the bold: An agent-based model reveals adaptive advantages of overconfidence in war. *PLoS ONE, 6*, e20851.

Kagel, J. H., & Roth, A. E. (Eds.). (1995). *The handbook of experimental economics.* Princeton, NJ: Princeton University Press.

Kahneman, D. (2011). *Thinking, fast and slow.* London, England: Allen Lane.

Kahneman, D., & Tversky, A. (1979). Prospect theory: An analysis of decisions under risk. *Econometrica, 47*, 263–291.

Keeley, L. H. (1996). *War before civilization: The myth of the peaceful savage.* Oxford, England: Oxford University Press.

Kelly, R. L. (2013). From the peaceful to the warlike: Ethnographic and archeological insights into huntergatherer warfare and homicide. In D. P. Fry (Ed.), *War, peace, and human nature: The convergence of evolutionary and cultural views* (pp. 151–167). New York, NY: Oxford University Press.

Khong, Y. F. (1992). *Analogies at war: Korea, Munich, Dien Bien Phu, and the Vietnam Decisions of 1965.* Princeton, NJ: Princeton University Press.

Kilcullen, D. (2010). *Counterinsurgency.* New York, NY: Oxford University Press.

King, A. J., Johnson, D. D. P., & van Vugt, M. (2009). The origins and evolution of leadership. *Current Biology, 19*, 1591–1682.

Kurzban, R., Tooby, J., & Cosmides, L. (2001). Can race be erased? Coalitional computation and social categorization. *Proceedings of the National Academy of Sciences, USA, 98*, 15387–15392.

Kurzban, R., & Neuberg, S. (2005). Managing ingroup and outgroup relationships. In D. Buss (Ed.), *The handbook of evolutionary psychology* (pp. 653–675). Hoboken, NJ: Wiley.

Larson, D. W. (1997). *Anatomy of mistrust: U.S.-Soviet relations during the Cold War.* Ithaca, NY: Cornell University Press.

LeBlanc, S., & Register, K. E. (2003). *Constant battles: The myth of the peaceful, noble savage.* New York, NY: St. Martin's Press.

Lebow, R. N. (1981). *Between peace and war: The nature of international crisis.* Baltimore, MD: Johns Hopkins University Press.

Lee, R. B., & Daly, R. (Eds.). (2004). *The Cambridge encyclopedia of hunters and gatherers.* Cambridge, England: Cambridge University Press.

Levi, A. S., & Whyte, G. (1997). A cross-cultural exploration of the reference dependence of crucial group decisions under risk: Japan's 1941 decision for war. *Journal of Conflict Resolution, 41*, 792–813.

Levy, J. S. (1983). Misperception and the causes of war: Theoretical linkages and analytical problems. *World Politics, 36*, 76–99.

Levy, J. S. (2000). Loss aversion, framing effects and international conflict. In M. I. Midlarsky (Ed.), *Handbook of war studies II* (pp. 193–221). Ann Arbor: University of Michigan Press.

Levy, J. S. (2003). Applications of prospect theory to political science. *Synthese, 135*, 215–241.

Lewis, G. J., Lefevre, C. E., & Bates, T. (2012). Facial width-to-height ratio predicts achievement drive in US presidents. *Personality and Individual Differences, 52*, 855–857.

Lopez, A. C., McDermott, R., & Petersen, M. B. (2011). States in mind: Evolution, coalitional psychology, and international politics. *International Security, 36*, 48–83.

Ludwig, A. M. (2002). *King of the mountain: The nature of political leadership*. Lexington: University Press of Kentucky.

Manson, J., & Wrangham, R. W. (1991). Intergroup aggression in chimpanzees and humans. *Current Anthropology, 32*, 369–390.

Mathew, S., & Boyd, R. (2011). Punishment sustains large-scale cooperation in prestate warfare. *Proceedings of the National Academy of Sciences, USA, 108*, 11375–11380.

May, E. R. (1973). *Lessons of the past: The use and misuse of history in American foreign policy*. Oxford, England: Oxford University Press.

Mazur, A. (2005). *Biosociology of dominance and deference*. Lanham, MD: Rowman & Littlefield.

McCann, S. J. H. (1992). Alternative formulas to predict the greatness of U.S. presidents: Personological, situational, and Zeitgeist factors. *Journal of Personality and Social Psychology, 62*, 469–479.

McComb, K., Packer, C., & Pusey, A. (1994). Roaring and numerical assessment in contests between groups of female lions, *Panthera leo*. *Animal Behaviour, 47*, 379–387.

McDermott, R. (1998). *Risk-taking in international politics: Prospect theory in American foreign policy*. Ann Arbor: University of Michigan Press.

McDermott, R. (2004a). *Political psychology in international relations*. Ann Arbor: University of Michigan Press.

McDermott, R. (2004b). Prospect theory in political science: Gains and losses from the first decade. *Political Psychology, 25*, 289–312.

McDermott, R. (2007). *Presidential leadership, illness, and decision making*. Cambridge, England: Cambridge University Press.

McDermott, R., Fowler, J. H., & Smirnov, O. (2008). On the evolutionary origin of prospect theory preferences. *Journal of Politics, 70*, 335—350.

Meggitt, M. (1977). *Blood is their argument.* Palo Alto, CA: Mayfield.

Mueller, U., & Mazur, A. (1996). Facial dominance of West Point cadets as a predictor of military rank. *Social Forces, 74*, 823—850.

Murdock, G. P., & White, D. R. (1969). Standard cross-cultural sample. *Ethnology, 8*, 329—369.

Nettle, D. (2001). *Strong imagination: Madness, creativity and human nature.* Oxford, England: Oxford University Press.

Nettle, D. (2004). Adaptive illusions: Optimism, control and human rationality. In D. Evans & P. Cruse (Eds.), *Emotion, evolution and rationality* (pp. 193—208). Oxford, England: Oxford University Press.

Otterbein, K. F. (1989). *The evolution of war: A cross cultural study.* New Haven, CT: Human Relations Area Files Press.

Post, J. M., & George, A. (2004). *Leaders and their followers in a dangerous world: The psychology of political behavior.* Ithaca, NY: Cornell University Press.

Price, M. E., & van Vugt, M. (2014). The evolution of leader-follower reciprocity: The theory of service-forprestige. *Frontiers in Human Neuroscience, 8*, 1—17.

Rielly, R. J. (2000). Confronting the tiger: Small unit cohesion in battle. *Military Review, 80*, 61—65.

Robertson, I. H. (2012). *The winner effect: How power affects your brain.* London, England: Bloomsbury.

Roes, F. L., & Raymond, M. (2003). Belief in moralizing gods. *Evolution and Human Behavior, 24*, 126—135.

Rosen, S. P. (1991). *Winning the next war: Innovation and the modern military.* Ithaca, NY: Cornell University Press.

Rosen, S. P. (2004). *War and human nature.* Princeton, NJ: Princeton University Press.

Ross, M. (1983a). Political decision making and conflict: Additional cross-cultural codes and scales. *Ethnology, 22*, 169—192.

Ross, M. (1983b). Socioeconomic complexity, socialization and political differentiation. *Ethos, 9*, 217—247.

Sagarin, R., Alcorta, C., Atran, S., Blumstein, D., Dietl, G., Hochberg, M., . . . Vermeij, G. (2010). Decentralize, adapt and cooperate. *Nature, 465*, 292—293.

Schelling, T. C. (1960). *The strategy of conflict.* Cambridge, MA: Harvard University Press.

Sears, D. O., Huddy, L., & Jervis, R. (2003). *Oxford handbook of political psychology.*

Oxford, England: Oxford University Press.

Sell, A., Hone, L., & Pound, N. (2012). The importance of physical strength to human males. *Human Nature, 23*, 30–44.

Sell, A., Tooby, J., & Cosmides, L. (2009). Formidability and the logic of human anger. *Proceedings of the National Academy of Sciences, USA, 106*, 15073–15078.

Sharot, T. (2011). *The optimism bias: A tour of the irrationally positive brain.* New York, NY: Pantheon.

Shenkman, R. (1999). *Presidential ambition: Gaining power at any cost.* New York, NY: Harper Collins.

Sidanius, J., & Kurzban, R. (2003). Evolutionary approaches to political psychology. In D. O. Sears, L. Huddy, & R. Jervis (Eds.), *Handbook of political psychology* (pp. 146–181). Oxford, England: Oxford University Press.

Silverstein, B. (1989). Enemy images: The psychology of U.S. attitudes and cognitions regarding the Soviet Union. *American Psychologist, 44*, 903–913.

Spisak, B. R. (2012). The general age of leadership: Older-looking presidential candidates win elections during war. *PLoS ONE, 7*, e36945.

Spisak, B. R., Dekker, P. H., Krüger, M., & van Vugt, M. (2012). Warriors and peacekeepers: Testing a biosocial implicit leadership hypothesis of intergroup relations using masculine and feminine faces. *PLoS ONE, 7*, 30399.

Spisak, B. R., O'Brien, M. J., Nicholson, N., & van Vugt, M. (2015). Niche construction and the evolution of leadership. *Academy of Management Review, 40*, 291–306.

Staub, E., & Bar-Tal, D. (2003). Genocide, mass killing, and intractable conflict. In D. O. Sears, L. Huddy, & R. Jervis (Eds.), *Oxford handbook of political psychology* (pp. 710–751). New York, NY: Oxford University Press.

Stoessinger, J. G. (1998). *Why nations go to war.* New York, NY: St. Martin's.

Strachan, H., & Scheipers, S. (Eds.). (2011). *The changing character of war.* Oxford, England: Oxford University Press.

Sun Tzu. (2009). *The art of war.* New York, NY: Classic Books.

Tajfel, H. (1974). Social identity and intergroup behaviour. *Social Science Information, 13*, 65–93.

Taliaferro, J. W. (2004). *Balancing risks: Great power intervention in the periphery.* Ithaca, NY: Cornell University Press.

Taylor, S. E., & Brown, J. D. (1994). Positive illusions and well-being revisited: Separating fact from fiction. *Psychological Bulletin, 116*, 21–27.

Tecza, A., & Johnson, D. D. P. (in press) The evolution of leadership. In R. A. Scott & S. M. Kosslyn (Eds.), *Emerging trends in the behavioral and social sciences.* Hoboken,

NJ: Wiley.

Tetlock, P. E. (1998). Social psychology and world politics. In D. Gilbert, S. Fiske, & G. Lindzey (Eds.), *Handbook of social psychology* (pp. 868–912). New York, NY: McGraw Hill.

Thayer, B. A. (2004). *Darwin and international relations: On the evolutionary origins of war and ethnic conflict.* Lexington: University Press of Kentucky.

Todorov, A., Mandisodza, A. N., Goren, A., & Hall, C. C. (2005). Inferences of competence from faces predict election outcomes. *Science, 308,* 1623–1626.

Tooby, J., & Cosmides, L. (1988). The evolution of war and its cognitive foundations. *Institute for Evolutionary Studies Technical Report #88-1.*

Tooby, J., & Cosmides, L. (2010). Groups in mind: The coalitional roots of war and morality. In H. Høgh-Olesen (Ed.), *Human morality & sociality: Evolutionary & comparative perspectives* (pp. 191–234). New York, NY: Palgrave MacMillan.

Trivers, R. L. (2011). *Deceit and self-deception: Fooling yourself the better to fool others.* London, England: Allen Lane.

Tuchman, B. W. (1984). *The march of folly: From Troy to Vietnam.* New York, NY: Knopf.

Tuden, A., & Marshall, C. (1972). Political organization: Cross-cultural codes 4. *Ethnology, 11,* 436–464.

Turney-High, H. H. (1949). *Primitive war: Its practices and concepts.* Columbia: University of South Carolina Press.

van Creveld, M. (1985). *Command in war.* Cambridge, MA: Harvard University Press.

van der Dennen, J. M. G. (1995). *The origin of war: The evolution of a male-coalitional reproductive strategy.* Groningen, The Netherlands: Origin Press.

Van Evera, S. (1999). *Causes of war: Power and the roots of conflict.* Ithaca, NY: Cornell University Press.

van Vugt, M. (2006). Evolutionary origins of leadership and followership. *Personality and Social Psychology Review, 10,* 354–371.

van Vugt, M., & Ahuja, A. (2011). *Selected: Why some people lead, why others follow, and why it matters.* New York, NY: Harper Business.

van Vugt, M., Johnson, D. D. P., Kaiser, R. B., & O'Gorman, R. (2008). Evolution and the social psychology of leadership: The mismatch hypothesis. In C. L. Hoyt, G. R. Goethals, & D. R. Forsyth (Eds.), *Leadership at the crossroads: Leadership and psychology* (Vol. 1, pp. 267–282). New York, NY: Praeger Perspectives.

van Vugt, M., & Spisak, B. R. (2008). Sex differences in leadership emergence during competitions within and between groups. *Psychological Science, 19,* 854–858.

Vertzberger, Y. Y. I. (1990). *The world in their minds: Information processing, cognition, and perception in foreign policy decisionmaking*. Stanford, CA: Stanford University Press.

von Clausewitz, C. (1976). *On war*. Princeton, NJ: Princeton University Press. (Original work published 1832).

Wendt, A. (1999). *Social theory of international politics*. Cambridge, England: Cambridge University Press.

White, R. K. (1968). *Nobody wanted war: Misperception in Vietnam and other wars*. New York, NY: Doubleday.

Wilson, M. L., Boesch, C., Fruth, B., Furuichi, T., Gilby, I. C., Hashimoto, C., . . . Wrangham, R. W. (2014). Lethal aggression in *Pan* is better explained by adaptive strategies than human impacts. *Nature, 513*, 414–417.

Wilson, M. L., Hauser, M. D., & Wrangham, R. W. (2001). Does participation in intergroup conflict depend on numerical assessment, range location, or rank for wild chimpanzees? *Animal Behaviour, 61*, 1203–1216.

Wong, L. (2004). *Developing adaptive leaders: The crucible experience of Operation Iraqi Freedom*. Carlisle, PA: Strategic Studies Institute, U.S. Army War College.

Woodward, B. (2005). *State of denial*. New York, NY: Simon & Schuster.

Wrangham, R. W. (1999a). The evolution of coalitionary killing. *Yearbook of Physical Anthropology, 42*, 1–30.

Wrangham, R. W. (1999b). Is military incompetence adaptive? *Evolution and Human Behaviour, 20*, 3–17.

Wrangham, R. W., & Peterson, D. (1996). *Demonic males: Apes and the origins of human violence*. London, England: Bloomsbury.

Xenophon. (1989). *Anabasis*. Loeb Classical Library. Bury St Edmunds, Suffolk, England: St. Edmundsbury Press.

6부

문화와 조정

대니얼 콘로이-빔 · 데이비드 M. 버스

집단의 중요성은 집단생활의 심리학을 다루는 데만 두 파트(부)가 필요하다는 점으로 여실히 드러난다. 6부의 장들은 우리 종의 독특한 집단적 성격에서 비롯된 적응들에 초점을 맞춘다. 집단생활은 우리 종에게 상당한 이익과 비용을 안겨주지만, 그와 함께 우리를 많은 문제에 노출시키기도 한다. 예를 들어, 믿음과 행위를 조정하는 문제, 지식을 축적하고 전달하는 문제, 자기 자신과 타인과 집단의 힘을 확인하고 이용하는 문제 등이다. 이런 문제로부터 도덕성, 평판, 편견, 그리고 어쩌면 문화까지 발생하는데, 모두 진화심리학의 첨단 주제들이다. 6부의 장들은 과거에는 거의 다뤄지지 않았던 심리의 영역들로 성큼 들어갔으며, 언젠가는 진화심리학이라는 더 넓은 토대 위에 든든하게 박힌 기둥이 될 것이다.

문화적 진화cultural evolution—문화적 변이를 낳고, 선택적으로 폐기하고, 선택적으로 유지하고, 그 결과 오랜 시간에 걸쳐 생각, 발명품, 가치, 믿음, 인공물, 제도에 점증적 변화를 일으키는 과정—를 자세하게 조사하지 않고서는 진화심리학을 어떻게 논한다 해도 결코 완전하지 않을 것이다. 마치에이 추덱Maciej Chudek, 마이클 무투크리슈나Michael Muthukrishna, 조 헨릭Joe Henrich은 이 만만찮은 과제에 도전해서, 문화적 진화가 발생하는 과정을 하나의 장에 훌륭하게 담아냈다(30장). 저자들은 유전자와 엄격한 복제자에 의존하지 않고서도 문화가 진화할 수 있다고 주장한다. 저자의 주장에 따르면, 인간에게 사회적 학습이라는 엄청난 능력이 진화하고 이를 통해 문화적 학습 능력이 생긴 덕분에 우리 종은 결정적인 문턱을 넘어서 진정한 문화적 종이 될 수 있었다고 한다. 저자들은 몇 가지 진화한 심리적 적응—예를 들어, 순응적 전달conformist transmission, 신뢰도 향상 표현credibility-enhancing displays—에 기초해서 문화가 진화하는 과정을 명확히 밝힌다. 그런 뒤 유전자–문화의 공진화를 논의하며 장을 마무리한다. 이 결정적인 장은 '문화적 동물'인 우리 자신의 인간적 요소들이 미래에 어떻게 될지를 예측하게 해주는 개념의 로드맵이 될 것이다.

인간은 또한 '도덕적 동물'이라 불리기도 하는데, 그럴 만한 이유가 충분하다. 롭 커즈번Rob Kurzban과 피터 드치올리는 도덕성을 주제로 걸출하고 독창적인 장을 썼다(31장). 이 장은 도덕적 판단—사람들이 타인의 행위를 옳거나 그르다고 판단하는 방식—에 초점을 맞춘다. 도덕적 판단의 복잡한 인지심리는 특히 도덕적 분노나 도덕적 혐오 같은 도덕 감정과 단단히 엮여 있다. 이런 감정이 들면 뒤이어 도덕을 위반한 것으로 보이는 사람을 처벌해야 한다는 충동이 종종 고개를 든다. 결정적으로, 커즈번과 드치올리는 도덕적 판단에는 그동안 제대로 인정받지 못한 중요한 적응적 기능이 있다는 가설을 세운다. 도덕적 판단이 편–결정을 이끌어서, 사회적 갈등의 시기에 어느 연합에 가입할지를 정하게 한다는 것이다. 도덕적 편–결정 가설은 새로운 예측을 잔뜩 만들어낸다. 이 가설은 아마 향후 10년 안에 도덕성에 관한 사고를 완전히 바꿔놓을 것이다.

도덕성이 집단 내부의 동맹 문제와 조정 문제를 해결하는 한 가지 수단이 된다면, 계층화에 대한 적응은 또 다른 해결 수단이 된다. 마크 판 퓌흐트와 조슈아 타이버 Joshua Tybur(32장)는 지위 서열을 다룬 탁월한 장을 통해, 지위 서열의 복잡성은 그와 관련된 여러 심리적 적응을 깊이 알아야만 이해할 수 있다고 주장한다. 저자들은 그런 적응을 탐구하는 도구로 진화적 게임이론을 활용하고, 이어 호르몬, 체격, 언어적 지표와 비언어적 지표를 다룬 뒤, 불안, 수치심, 노여움, 우울 같은 감정들과 지위의 연관성으로 이동한다. 다음으로는 지위 투쟁의 성차 그리고 남녀의 지위 심리와 관련된 그 밖의 요소들을 탐구하고, 마지막으로 리더십의 진화심리학을 다루면서 '명망을 위한 봉사' 가설을 통해 지도자와 그 추종자들이 각자 얻을 수 있는 적응적 이익을 설명한다. 지위 서열은 보편적인 현상이고, 지위 서열에서의 위치와 번식 자원은 불가분의 관계에 있기 때문에, 이 장은 이 분야에서 새로운 발견들이 나올 새로운 영역을 열어젖힐 것이다.

그런 영역 가운데 하나인 평판을, 팻 바클레이Pat Barclay가 깊이 있게 탐구한다(33장). 개체에게 평판이 따르는 종은 인간만이 아니지만, 인간 고유의 언어능력으로 인해 평판은 이례적인 중요성을 갖게 된다. 지위 서열과 마찬가지로, 인간은 평판 문제를 다루는 다양하고 복잡한 적응을 보유하고 있을 공산이 크다. 여기에는 자신의 평판을 일궈나가는 능력, '정보 전쟁'이라도 치르듯 타인의 평판에 영향을 미치거나 이를 조작하는 능력, 심지어는 정보의 출처에 따라 정보의 가치를 의심하는 능력 등이 포함된다. '가십'은 때로는 시간을 보내는 사소하고 한가한 방법으로 여겨지지만, 바클레이는 가십이 평판을 조작하는 중요한 형식이라고 주장한다. 인간은 협력자(이익을 제공하는 능력과 의지)로서의 평판을 개발하기도 하고, 공격자(비용을 부과하는 성향)로서의 평판을 개발하기도 한다. 바클레이의 장 역시, 대단히 중요하지만 대체로 간과되고 있는 사회적 평판이라는 분야에 결정적으로 중요한 적응주의적 기준을 세움으로써 미래의 대담한 연구자들에게 새로운 영역을 펼쳐 보인다.

크리스틴 르게어Cristine Legare와 레이첼 왓슨-존스Rachel Watson-Jones는 의례를 주제로 훌륭한 장을 기고했다(34장). 의례는 인간의 다양한 문화에서 조정 문제를 해결하는 독특한 방식이다. 저자들은 의례가 필수적인 기능을 한다고 주장한다. 집단 구성원을 확인하고, 집단에 대한 헌신을 보증하고, 집단 내부의 협력(도움 행동)을 용이하게 하고, 집단 내부의 응집력을 강화하고, 결정적으로 집단이나 연합의 행위를 조정하는 것이다. 이들은 어린이 표본과 성인 표본에 대한 경험적 연구들을 독창적으로 조합해서, 의례의 기원을 진화적으로 보는 관점은 물론이고 발달적으로 보는 관점까지 제공한다. 그 과정에서 저자들은 민족지학적 인류학 연구와 실험적 연구에서 두루 건져 올린 중요한 통찰들을 통해, 배척이 아이들의 의례, 과잉모방, 순응성에 미치는 영향을 설명한다. 그동안 의례의 중요성을 간과해온 심리학에서 이 장은 미래의 연구자들에게 새로운 길을 열어줄 것이다.

아라 노렌자얀Ara Norenzayan(35장)은 뛰어난 통찰력을 바탕으로 종교의 진화를 진화심리학적으로 분석한다. 저자에 따르면 종교는 문화적으로 다양한 형태를 띠는 보편적인 현상으로, 이 현상을 가장 잘 이해하는 방법은 종교를 일련의 인지적 적응의 부산물에서 나온 합성물로 보는 관점과 종교를 하나의 독립된 적응—예를 들어, 협력을 위한 값비싼 신호—으로 보는 관점을 결합하는 것이라 한다. 그는 종교가 표준적인 다윈주의적 선택을 통해서라기보다는 오히려 문화적 진화를 통해, 즉 수백, 수천, 수백만 개인들 간의 대규모 협력 문제를 해결하도록 스스로 진화해왔다고 주장한다. 저자의 종교 이론, 특히 '큰 신Big Gods'이 출현한 것을 대규모 협력 문제를 해결하기 위한 문화적인 방안으로 파악하는 관점은 적응주의적 관점, 부산물 이론, 문화적 진화를 종합하고 있다는 장점이 있다.

집단 선택을 둘러싸고 현재 진행되고 있는 논쟁을 다룬 스티븐 핑커Steven Pinker의 날카로운 기고문은 상당히 강한 어조로 끝을 맺는다(36장). 글의 제목—집단 선택의 가짜 매력—만 봐도 그가 설명의 방안으로서 집단 선택에 품고 있는 회의가 얼마나 큰지를 알 수 있다. 핑커는 요즘 학자들이 쓰는 '집단 선택'의 여러 가지 의미를 나열하는 것으로 글을 시작한다. 그 의미는 선택의 구체적인 형태에서부터, 집단과 관련된 온갖 행동들, 그리고 아주 덧없는 사회적 상호작용까지도 '집단'으로 규정하는 특이한 계산법을 사용해서 유전자 선택을 재기술하는 것에 이르기까지 천차만별하다. 핑커는 '집단 선택'의 수많은 용례 때문에 대혼란이 일어나서 집단이나 집단생활과 조금이라도 연관된 것들이 모두 '집단 선택'의 인과 과정으로 귀속되고 있다고 설득력 있게 주장한다. 몇몇 핑커의 주장에 동의하지 않는다고 공표한 이론가도 있지만, 그럼에도 핑커가 제안한 해결책은 반드시 진지하게 고려해볼 필요가 있다. "집단생활, 집단 경쟁, 집단 규범, 집단 관습, 사회적 연결망, 문화, 사심 없음, 친절함, 동정심, 이타주의, 도덕성, 배타성, 부족주의, 연합 공격 등의 느슨한 유의어로서 '집단 선택'이란 용어의 사용을 중단하자는 것이다." 핑커의 글은 진화 과학에 몸담은 사람이라면 누구나 읽을 필요가 있다.

30장

문화적 진화

마치에이 추덱 · 마이클 무투크리슈나 · 조 헨릭

여러분과 나는 아주 유별난 짐승이다. 아프리카의 영장류에 불과했던 우리의 조상은 농업이 시작되고, 도시가 들어서고, 산업 기술이 발달하기 훨씬 전부터 전 지구로 퍼져나갔다. 채집인 인간은 어떤 포유류보다도 커다란 생태적 성공을 거둬, 북극의 얼어붙은 툰드라에서부터 호주의 메마른 사막에 이르기까지 지구상 대부분의 생태계에 터를 잡았다. 그런데 우리 인간은 이처럼 엄청난 생태적 성공이 의아하리만치 몸이 약하고, 느리고, 나무를 잘 타는 것도 아니다. 어떤 성년 침팬지와 싸운다 해도 이길 수 없고, 달려오는 대형 고양잇과 동물을 따돌리지도 못한다. 식용 식물과 독성 식물을 구분하지도 못하고, 소화기관에 해독 능력이 있는 것도 아니다. 그러니 음식을 조리하지 않고서는 생존할 수 없는데, 선천적으로 불을 지피는 능력(또는 조리 능력)이 있는 것도 아니다. 신생아는 위험할 정도로 덜 자란 채 태어나서, 두개골조차 다 여물지 않았다. 여성은 사망에 이르기 한참 전에 번식을 중단하지만(폐경), 그럼에도 성적 수용 능력은 생애 주기 내내 이어진다. 하지만 아마 그중에서도 가장 놀라운 것은, 우리 인간은 그리 똑똑하지 않으며, 생물종으로서 우리가 거둔 성공도 지적 능력 때문이 아니라는 점이다(Henrich, 근간).

너무 회의적이라고? 당신과 당신의 친구 19명에게 아무 장비도 주지 않고 중앙아프리카의 이투리Ituri 숲에 떨어뜨려 놓은 다음, 코스타리카의 카푸친 원숭이 20마리와 생존 경쟁을 붙인다고 생각해보라. 6개월 뒤에 돌아와 생존자 수를 세는 것이다. 어느 편에 돈을 걸 텐가? 글쎄, 당신은 화살, 그물, 안식처를 만드는 법을 알고 있는가? 어떤 식물이 독이 있는지(그런 식물은 아주 많다) 알고 있는가? 물론 성냥 없이 불을 지필 수는 있겠지. 아닌가?

당신의 팀은 질 것이다. 제아무리 두개골이 크고 지적 능력이 뛰어나도 말이다. 하지만 채집인으로 생존하는 법—우리 조상이 믿을 수 없으리만치 다양한 환경을 헤쳐나간 것처럼—을 깨우치기 위한 것이 아니라면 대체 이 큰 뇌는 어디에 쓸모가 있단 말인가?

실제로 이런 실험과 맞닥뜨린 인간들은 여러 차례 무력하게 패배했다. 불운한 사고로 낯선 환경에서 표류한 유럽인 탐험가들은 대개 혼란에 빠졌고, 많은 사람이 죽음을 맞았다. 역사를 통해 북극, 남아메리카와 아프리카의 열대림, 호주의 사막, 그리고 북아메리카의 해안에서 조난당한 이들의 사례를 찾아볼 수 있다(Henrich, 근간). 별수 없이 수렵채집인이 되어야 했던 유럽인들은 식량을 찾지 못했고, 식용 식물과 독성 식물을 구분하지 못했다. 사냥을 하지도 못했고, 식수를 찾지도 못했고, 위험을 피하거나 불을 피우지도 못했으며, 도구나 안식처, 혹은 배를 만들지도 못했다. 반면에, 채집인은 똑같은 환경에서 그와 같은 '도전'(그들에겐 '일상')을 몇 세기 동안이나 일상적으로 극복하며 살아왔다.

19세기에 있었던 불운한 모험 가운데, 현지의 채집인들이 1000년 가까이 살아왔던 바로 그 땅에서 극지방 탐험대로 영국 역사상 최고의 장비를 갖춘 팀의 전원이 사망한 프랭클린Franklin 탐험대의 사례도 있고(Boyd, Richerson, & Henrich, 2011), 호주의 오지로 떠나기 전에 만반의 대비를 하고 상당한 장비를 갖췄지만, 식물의 독을 해독하는 원주민의 기술을 알지 못해 사망한 버크Burke와 윌스Wills의 모험도 있다(Henrich & McElreath, 2003). 알렉산더 피어스Alexander Pearce를 비롯한 여덟 명의 유럽인이 겪은 고난을 생생하게 그려낸 영화, 〈반 디멘스 랜드Van Diemen's Land〉(2009)를 볼 수도 있다. 1822년에 이들은 호주의 태즈메이니아Tasmania 섬에 있는 감옥에서 탈출했다. 혹독한 환경을 만나 배가 북극에서 얼어붙어 버린 프랭클린이나, 중부 호주의 황량한 사막에서 조난당한 버크와 윌스와는 달리, 이들은 강철 도끼로 무장하고 초록이 넘치는 숲에서 단 3개월을 지냈을 뿐이다. 하지만 배를 채우는 방법으로,

바로 그 생태 환경에서 최소 3만 5000년을 살아온(Cosgrove et al., 2010) 원주민들의 식량을 훔치거나 서로를 잡아먹는 법, 두 가지밖에 찾지 못했다.

고도의 기술을 갖춘 교육받은 탐험가들이 겪은 곤혹과 우리 종의 어마어마한 생태적 성공을 어떻게 합치시킬 수 있을까? 우리 개개인은 너무나 유약하고, 새로운 생태 환경에 처할 때면 더없이 무력한데, 어떻게 우리 조상은 석기만 들고서 거의 전 지구를 휩쓸었을까?

우리가 그토록 유별난 것은 우리가 **문화적으로 진화한 종**이기 때문이다. 우리처럼 문화에 중독된 종은 없다. 여러분과 나는 한 사람이 다른 사람에게 전달하고, 세대에서 다음 세대로 넘어가며 축적될 수 있었던 수많은 문화적 비결에 의지한다. 그런 비유전적 정보를 빼놓는다면, 다른 종에 비할 때 우리는 꽤나 한심한 종이다(Boyd et al., 2011; Henrich, 근간).

우리는 문화적 종의 존재와 행동에 관한 진화적 설명이 필요하다. 더 정확한 설명을 내놓고자 하는 과학적 사업이 지난 30년 동안 급격히 진전했다. 우리는 이 장을 통해 여러분도 문화적 진화라는 영역을 새롭게 이해할 수 있길 바란다. 한 종이 어떻게 문화적인 종으로 진화하는지, 문화는 어떻게 진화하는지, 문화적 진화는 유전적 진화와 어떻게 상호작용하고, 또 가끔은 어떻게 유전적 진화를 추동하는지가 그 내용이다.

문화적 종이란 복잡한 행동을 빚어내는 정보를 사회적인 방식으로 세대 간에 전달하게끔 진화한 종을 말한다. 문화적 종과 그렇지 않은 종을 가르는 결정적인 역치는 **점증적인 문화적 진화**다. 이 역치는 탈사회적이거나 비문화적인 개인이 그의 지적 능력과 무관하게 생애 전체에 걸쳐 고안할 수 있는 행동보다, 전달을 통해 축적된 행동이 더 복잡하고, 정교하고, 적합하게 조정되어 있는 지점을 말한다(Boyd & Richerson, 1996). 아무리 똑똑한 개인이라도 오늘날 우리가 사는 세계를 혼자 재창조해낼 수는 없다. 사회적으로 축적되는 문화적 적응은 그동안 우리 종에게 너무나 중요했던 나머지, 문화적 적응이 유전적 적응을 일으켜 뒤따르게 했을 정도다(Laland, Odling-Smee, & Myles, 2010; Richerson, Boyd, Henrich, 2010).

진화를 연구하는 사람으로서 우리가, 역치를 넘어 **점증적인 문화적 진화**에 진입한 종을 이해하기 위해서는 문화적 정보가(생태, 진화, 심리에 더하여) 어떻게 시간에 따라 변화(진화)하는지를 설명하는 이론이 필요하다. 이를 위해서는 다음과 같은 질문에 이론적으로 타당하고 경험적으로 입증된 답을 확보해야 한다.

1. 문화는 진화할 수 있을까? 진화라는 개념이 유전자와 아주 다른 대상에도 적용될 수 있을까?
2. 문화적 종은 어떻게 진화했을까? 현존하는 비인간 유인원과 유사한 종이 어떻게 해서 그렇게 상당히 적응적이면서도 비유전적인 행동 목록을 보유하게 되었고, 다른 종들은 왜 그러지 못했을까?
3. 문화적 종에게는 어떤 종류의 심리적 적응이 필요할까? 그 적응은 문화적 진화에 어떤 영향을 미칠까?
4. 유전자는 어떻게 문화적 진화에 적응할까? 도구, 불, 언어, 동식물에 관한 지식 같은 문화적 진화의 산물들이 과연 우리의 유전적 진화와 심리적 적응이 형성되는 과정에 영향을 미쳤을까?

이제 질문에 대한 답으로 뛰어들어보자.

문화는 진화할 수 있을까? 유전자나 복제자 없이도 진화가 가능할까?

이제 진화나 적응에는 불연속 형질, '복제자', 낮은 돌연변이율, 수직전달, 무작위 변이가 필요하지 않다는 점이 명백해졌다(Henrich & Boyd, 2002; Henrich, Boyd, & Richerson, 2008). 유전자는 진화하지만, 그렇다고 진화하는 모든 것이 유전자와 비슷한 방식으로 진화하지는 않는다. 유전적 진화는 정보가 변하고 축적되는 한 방법일 뿐이다. 현재 수많은 형식적 수학 모델이 문화가 어떻게 진화하는지, 또 문화의 진화가 언제, 어떤 식으로 유전적 진화와 비슷한—그리고 다른—모습을 보이는지 설명하고 있다.

진화적 적응에는 세 가지 기본적인 요구조건이 있다. (1) 개체가 변이할 것, (2) 해당 변이의 유전이 가능할 것(정보 전달의 발생), (3) 일부 변이가 다른 변이보다 더 잘 살아남고 더 멀리 확산될 것. 유전자에는 이런 특징들이 있고, 그래서 진화하고 적응한다. 문화 역시 세 가지 요구조건을 모두 충족하지만, 방식은 다르다. 세균의 유전자처럼 문화적 정보는 부모에게서 자녀에게로 전해지지 않고 수평적으로 퍼져나간다. 문화적 진화를 설명하는 형식적 모델은 개체가 행동을 어떻게 습득하는지—타인에게서 배웠는지, 스스로 학습했는지(예를 들어, 시행착오를 통해), 혹은 유전적으로 부호화된 반응인지('유발된 문화')—를 설명하고, 그런 다음에는 집단유전학, 역학疫學, 통계학, 정보통신학 등에서 얻은 수학적 기법을 활용해서 표현형—행동, 동기, 믿음 등—의 분포가 시간의 흐름에 따라 어떻게 변화하는지를 탐구한다.

여기에 유전자와 닮은 점은 없다. 우리가 인간의 학습에 대해서 알고 있는 것을 감안할 때, 이 모델은 문화를 다루기 위해 만들어진 것들이다. 가장 초기의 모델들조차도 문화적 진화와 유전적 진화의 차이에 초점을 맞췄다. 연속 특성(예를 들어, 적절한 창의 길이)의 전달은 또래로부터 '수평적으로' 학습되거나, 부모가 아닌 연장자로부터 '비스듬하게' 학습된다(Cavalli-Sforza & Feldman, 1973). 보이드Boyd와 리처슨Richerson(1985)의 논문에 포함된 38개의 서로 다른 모델들을 보면, 대략 절반은 문화적 특성을 연속적인(불연속이 아닌) 것으로 보고서, 매개변수로 모형화한 전달 충실성으로 탐구하고(따라서, '복제'를 가정하지 않는다), 또한 많은 모델이 인지 편향이 학습에 미치는 영향 그리고 개인의 학습이 문화적 진화 및 유전자—문화 진화에 미치는 영향을 고찰한다.

형식적 모델을 이해하기 위해 예를 들어보자. 젊은 사냥꾼이 최적의 화살 길이를 알아내려고 한다고 가정해보자. 그(혹은 그녀)는 공동체에서 가장 뛰어난 사냥꾼 세 사람이 사용하는 화살의 길이를 눈여겨본 뒤, 그 평균을 구한다.

복제가 일어났을까? 아니다. 하지만 복제는 문화적 진화에 꼭 필요하거나 유용한 개념이 아니다.

유전된 것이 있을까? 있다. 학습자는 화살을 발명하거나 완전히 새롭게 화살의 길이를 결정한 것이 아니다. 화살이나 그 길이는 사회적 학습을 통해서 다른 이들로부터 유전된 것이다. 새로운 세대의 표현형(화살의 길이)은 그들의 '문화적 부모'(가르침을 준 이들)의 표현형과 상관관계를 갖게 될 것이다.

선택이 이뤄졌을까? 그렇다. 학습자는 최고의 사냥꾼 셋을 골라 가능한 화살 길이의 범위를 제한했다. 이는 선택적인 문화 전달이다.

선택의 작용은 늘 가변적일까? 그렇다. 지금처럼 아주 간단한 모델이라도 사냥의 성공률에 변동이 생기며, 개인이 불완전한 모방자인 이상 화살의 길이는 계속 변할 테고 학습자는 그 가운데 일부를 그저 선택적으로 모방할 것이다.

적응적 진화가 존재할까? 많은 조건에서, 존재한다. 모두가 이 방식으로 학습하고, 사냥에 적합한 최선의 화살 길이가 존재한다고 가정할 때, 결국 화살 길이는 그것으로 수렴될 것이다. 이처럼 표현형(예를 들어, 행동과 기술)이 점점 더 환경에 잘 부합하도록 변하는 적응 형태는 유전적 변화나 지적 능력을 요구하지 않는다. 공기 역학의 마음 모델을 구축하거나, 다양한 사냥감 유형에 따라 화살 길이별로 비용-편익 분석을 하는 사람이 없어도 적응이 일어난다.

이후에 우리가 논의할 최신 연구에서는 인간이라는 문화적 종의 적응한 마음들을 살펴보면서, 문화적 정보가 어떻게 진화하는지를 알아보고자 한다. 하지만 이 점을 제대로 이해하기 위해서는, 애초에 문화적 진화를 가능하게 하는 인지 적응을 먼저 이해할 필요가 있다.

우리는 어떻게 문화적 종으로 진화했을까

많은 사람이 '진화적' 또는 '생물학적' 설명과 '문화적' 설명이 여전히 대립한다고 생각한다. '본성 대 양육'인 것이다. 하지만 지금 논의하는 접근법에서는 문화적 설명도 진화적 설명의 한 유형일 따름이다. 1985년에 보이드와 리처슨은 다음과 같은 질문들로 다윈주의의 우산을 넓혀 '문화적' 설명을 덮을 수 있게 했다. 어떤 조건에서 자연선택은 개인의 탐구나 유전적 적응보다 사회적 학습을 선호하는가? 자연선택은 어떤 방식으로 인간의 심리를 빚어서 타인의 생각, 신념, 가치, 동기, 실행을 가장 효과적으로 터득할 수 있게 하는가? 우산이 활짝 펴진 덕분에 사회적 학습을 포함하는 설명('문화적 설명')들이 비문화적 가설들과 함께 하나의 인식론적 틀 안에 조화롭게 공존할 수 있다. 사회적 학습이 어떤 현상을 설명하는 요소 중 하나임을 인정한다 해도, 유전적으로 진화한 심리적 측면이 그 설명의 중요한 요소가 아니라는 뜻은 아닐 것이다.

　신경과학을 통해 여지없이 명백해진 것처럼, 우리의 뇌는 유전자와 문화, 둘 모두를 통해 형성된다. 서로 다른 사회에서 성장하면서 문화적으로 다르게 진화한 사회적 규범, 제도, 기술을 학습하고 또 헤쳐나가다 보면, 각양각색의 신경학적 반응과 호르몬 반응이 일어나(Han et al., 2013; Kitayama & Uskul, 2011; Na & Kitayama, 2012; Nisbett & Cohen, 1996), 서로 다른 지각, 판단, 동기, 행동이 만들어진다. 문화적 진화는 단기적인 측면에서는 발달에, 장기적 측면에서는 유전자에 영향을 미쳐 우리의 생명 작용을 빚어낸다. 유전자 외에도 수많은 것들이 우리의 생명 작용에 영향을 미치는 것이다(Henrich, 근간).

문화 수용력은 언제, 어떻게 진화했을까? 문화적 학습이 유전적으로 적응적이 되는 것은 언제일까?

　많은 이론적 작업이 과연 문화적 학습이 유전적 적합도를 높여주는지, 그렇다면 그 시점은 언제인지를 탐구한다. 인구의 대다수가 비사회적인 학습자일 때 선택은 소수의 문화적 학습자를 선호할까? 자주 그렇다. 비사회적 학습이 녹록지 않고 환경이 크게, 하지만 너무 심하지는 않게 변동할 때, 문화는 적응적이다.

　이 답을 뒷받침하는 수학적 추론은 더러 미묘하기도 하지만(Aoiki & Feldman, 2014; Boyd & Richerson, 1985; Hoppitt & Laland, 2013; Nakahashi, Wakano, & Henrich, 2012), 결론의 논리는 이해하기 쉽다. 만일 비사회적이고 개인적인 학습(예를 들어, 시행착오를 통한 학습)이 쉽고 효과적이라면, 타인을 면밀하게 관찰(문화적 학습)하느라 신진대사 에너지와 주의력을 사용하는 것은 낭비가 된다. 또한 환경이 크게 변하지 않는다면, 많은 신진대사 비용을 들여 뇌가 타인을 면밀하게 관찰하고, 그들의 목표를 추론하고, 행동을 모방하는 등의 능력을 갖추게 하는 유전자보다는 환경에 직접 적응한 유전자가 더욱 효율적으로 적응적 행동을 만들어낼 것이다. 반대로 환경의 변화가 너무 커서 각 세대마다 완전히 새로운 도전을 마주해야 한다면, 부모 세대의 행동, 전략, 실행은 모방할 가치가 없어지고, 비사회적 학습이나 유전적 프로그래밍이 최선의 방책이 될 것이다.

　이와 같은 이론적 통찰은 인간 행동의 경험적 관찰에도 잘 맞아떨어진다. 우리는 개인적으로 시도하는 실험이 어렵거나, 비싸거나, 결과가 모호할 때 타인의 행동에서 더 큰 영향을 받는다(Caldwell & Millen, 2010; Morgan, Rendell, Ehn, Hoppitt, & Laland, 2012). 신생아들조차 모호한 자극과 마주칠 때면 성인들을 사회적으로 참조한다(Kim & Kwak, 2011). 진화적 모델들을 토대로 우리는 인간의 학습에 관한 이론들을 세워왔다.

왜 인간은 특별히 문화적 종이 되었으며, 왜 고작 지난 몇백만 년 사이에 그 일이 벌어진 것일까(Henrich, 근간; Henrich & Tennie, 검토 중)? 진화적 모델이 제시하는 한 설명에서는, 최근에야 비로소 (a) 환경이 너무 예측하기 어려워진 탓에 유전자가 따라가지 못하게 되었고, (b) 적합도와 관련된 도전들이 지나치게 어려워져서 각 개인이 쉽게, 비사회적으로 재정복할 수 없게 되었으며, (c) 마침 어떤 종에게 적당한 인지적 전적응이 있어서 이것이 충실도가 높은 문화적 학습을 촉발했다고 말한다. 얼음-핵 증거에 따르면 우리의 혈통이 침팬지로부터 분리되기 시작한 500만 년 전부터 지구 기후(이와 함께 호미니드 서식지)의 변화가 극심해졌다고 하는데(Potts, 1998; Richerson & Boyd, 2000; Shultz, Nelson, & Dunbar, 2012와 비교하라), 이는 위의 설명과 일치한다.

인간이 문화적인 종이 된 시점을 규명해주는 증거는 많지 않지만, 고고학적 발견들은 우리가 적어도 180만여 년 전부터 개인이 발명하거나 비사회적으로 숙달하기 어려운 기술들에 의지해왔다는 것을 보여준다(증거의 개괄을 위해서는 Henrich, 근간을 보라). 우리의 호미니드 조상들은 전문적인 기술을 통해 제작한 아슐기Acheulean 석기를 사용해왔는데, 이 석기는 다른 도움 없이 처음부터 만들어내기가 어렵다(Stout & Chaminade, 2012). 우리 시대에 건강한 교육계층 성인들에게 해당 석기의 완성된 견본을 주고 시간제한 없이 똑같은 것을 만들어보라고 해도, 아슐기의 숙련된 석기 제작자나 우리 시대의 전문가가 만든 것 같은 석기를 제작하진 못한다(Geribàs, Mosquera, & Vergès, 2010). 오늘날에도 여전히 석기를 사용하는 몇 안 되는 사회에서는 숙련도를 쌓기 위해 다년간 도제 생활을 하면서 사회적으로 기술을 습득한다(Stout et al., 2002). 이는 우리의 혈통이 이미 180만 년 전부터 사회적 학습에 의지했음을 시사한다.

이론과 관찰 모두 지구 기후의 변화가 500만 년 전부터 극심해졌고, 선택을 통해 여러 종이 사회적으로 학습한 정보에 의지하게 되었다고 말한다. 하지만 사회적 학습에 크게 의지하며 이를 충실하고 꾸준하게 활용해서 **점증적인 문화적 진화의 임계점**을 돌파하고 문화적 종으로 변모한 것은 인간이 처음이었다. 몇몇 연구자들은 고대 조상의 사회 조직(예를 들어, 쌍 결합)과 집단 규모에 그 열쇠가 있다고 주장하지만 (Burkart, Hrdy, & van Schaik, 2009; Chapais, 2008; Henrich, 근간), 하필 우리 종이 임계점을 넘어서게 된 이유는 이제 막 학문적 관심을 끌기 시작했다.

문화적 종의 심리학

학자들은 이러한 이론적 기반에서 출발해 자연선택이 문화적 종의 심리를 형성하는 방식을 자세히 연구하고 있다. 이들은 형식적인 진화 이론과 신중한 경험주의를 엮어, 문화적 학습자들이 누구로부터 배우고(모범 편향) 무엇에 주의를 기울여야 하는지(내용 편향) 결정할 때 어떤 단서를 활용하는지 규명한다.

어떤 일이 됐든 남들보다 그 일에 뛰어난 사람이 있게 마련이고, 자연선택은 더 뛰어난 모범을 모방하는 문화적 학습자를 선호한다. 영유아들이 학습하는 방식을 연구하면 두 가지 문화적 학습 편향 가운데 어떤 방식이 조상들에게 적응적이었는지에 관한 가설을 검증할 수 있을 것이다.

기술, 성공, 명망

학습자가 기술이 뛰어난 모범(저 남자의 창이 가장 멀리 날아간다)을 쉽게 발견할 수 있다면, 선택은 모범으로부터 배우고자 하는 편향을 선호할 것이다(개괄을 위해서는 Chudek, Heller, Birch, & Henrich, 2012). 이를 뒷받침하듯 아이들은 사물의 이름, 인공물의 기능, 심지어 인과적 특성을 배울 때에도 뛰어난 모범을 우선적으로 모방한다. 아이들은 (a) 기술이 뛰어난 사람이 친숙한 유치원 선생님보다 낯선 경우에도, (b) 일주일이 지난 후에도 여전히, (c) 기술이 뛰어난 모범이 이상하고 비관습적인 행동을 하거나(Scofield, Gilpin, Pierucci, & Morgan, 2013) 처음 듣는 억양을 구사해도 (Corriveau, Kinzler, & Harris, 2013), (d) 기술이 뛰어난 모범이 고의로 자신을 속이더라도(Liu, Vanderbilt, & Heyman, 2013) 그를 모방한다. 유아들조차 이전에 무능한 모습을 보인 쪽보다는 뛰어난 모습을 보인 성인을 모방하는 경향이 있다(Chow, Poulin-Dubois, & Lewis, 2008; Zmyj, Buttelmann, Carpenter, & Daum, 2010). 또한 유아들은 새로운 환경에 처했을 때 어머니보다는 이제 처음 만난 능력 있는 사람에게서 사회적 단서를 구하는 경향이 있다(Kim & Kwak, 2011; Stenberg, 2009).

어린아이들도 자신감이 가득한 이들에게 배우기를 더 좋아한다(개괄을 위해서는 Chudek, Brosseau, Birch, & Henrich, 2013). 흥미롭게도 의무적으로 증거성 표지를 활용하는 언어—정보의 출처를 문법적으로 드러내는 언어(가령, 터키어)—를 사용하는 아이들은 어린 나이에도 기술적 단서에 더 잘 반응하는데(Lucas, Lewis, Pala, Wong, & Berridge, 2013), 이는 문화적 정보 자체가 문화적 학습의 편향을 만들어낼 수 있음을 말해준다.

하지만 때로는 기술의 차이를 판별하기가 쉽지 않다. 하다못해 오늘날에도 최신 유행하는 식이요법이 건강에 좋은지 나쁜지 알기가 쉽지 않다. 많은 사람이 자신은 그 답을 안다고 믿고 있지만, 수십 년에 걸친 연구에도 불구하고 어떤 식단이 건강에 가장 좋은지는 불분명하다. 그러니 이런 의사결정 과정이 선사시대의 조상들에게 얼마나 어려웠을지는 쉽게 짐작할 수 있다. 하지만 기술의 차이를 파악하기 어려울 때라도 성공의 자취를 쫓아가면 좋은 결정을 내릴 수 있다(Henrich & Gil-White, 2001). 더 많은 아내, 더 큰 재산, 더 많은 친구 등 삶의 더 긍정적인 결과를 얻은 이들을 모방하는 것이다. 이는 어린아이들이, 철저하게 운 때문이라 하더라도 긍정적 결과를 얻은 개인을 선호한다는 연구 결과와 부합한다(Olson, Dunham, Dweck, Spelke, & Banaji, 2008).

성공의 차이를 평가하기가 어렵거나, 비싸거나, 오랜 시간이 걸릴 수 있지만, 아이들은 지금 당장 학습 방법을 결정해야 한다! 다행히, 또래의 학습 선택을 모방하는 방법('명망 편향')이 있다. 이 발상을 깊이 있게 다룬 연구로는, 헨릭과 길화이트 Gil-White(2001)를 보라. 이와 관련된 통찰들에 따르면, 아이들은 모르는 사람들이 누군가에게 더 열심히 주목하고 있는 것을 보면 그에게서 배우는 경향이 더 높고(증거에 대한 개괄을 위해서는, Chudek et al., 2012를 보라), 그리고 성인들에게 가상의 사냥용 화살촉을 설계하게 했을 때, 특히 문제 해결에 어려움을 겪는 상황에서는 명망 있는 모델(다른 사람들에게 주목을 받은 적이 있는 사람)과 성공한 모델(더 좋은 결과를 낳은 석기의 제작자) 양쪽을 우선적으로 모방한다(Atkisson, O'Brien, & Mesoudi, 2012)고 한다.

자기-유사성, 나이, 성별, 민족성

물론, 가장 숙련된 모범을 고르는 것이 전부는 아니다. 자신에게 특히 잘 맞는 모범이 있는 것이다. 세 살짜리 아이라면 50세의 행동을 모방하기보다는 네 살짜리 아이를 통해 자신을 둘러싼 생태에 적합한 행동—세 살짜리의 성공에 필요한 기술—을 배우게 마련이다. 다양한 영역에서, 어린아이들은 자신과 나이가 같거나 약간 나이가 많은 또래에게서 배우는 편을 선호한다(개괄을 위해서는 Shutts, Banaji, & Spelke, 2010). 14개월에서 18개월 사이의 아기들조차도 성인을 통해 익힌 행동보다는 세 살짜리 아이에게서 본받은 행동을 더 잘 기억해낸다(Ryalls, Gul, & Ryalls, 2000). 유아들의 학습 선호도에 동성 편향이 강하게 존재한다는 사실도 분명하게 밝혀졌다(Shutts et al., 2010; Wolf, 1973). 한편, 성인은 자신과 같은 신념을 공유하는 이들로부터 더 쉽게 사회적 영향을 받는 것으로 보인다(Hilmert, Kulik, & Christenfeld, 2006).

진화 중인 문화적 집합체가 존재하면 그로부터 민족성, 즉 상징적인 표지를 갖는 집단이 생겨날 수 있다(McElreath, Boyd, & Richerson, 2003). 일단 당신의 적합도가 문화적으로 전달되는 상호작용 전략에 의존하고, 모든 또래의 적합도 역시 그에 의존하면, 지역적인 규범이 결정적으로 중요해질 수 있으며(Chudek & Henrich, 2011), 인간이 임의적인 신호(억양, 의복 양식, 문신, 신체 훼손 등)를 사용해서 동족을 우선적으로 확인하고, 그들과 상호작용하고, 그들로부터 배운다는 것도 일리 있는 얘기가 된다. 사실, 상호작용이 사회적 규범의 지배를 받으면 어떤 것이든(Henrich & Henrich, 2007) 임의적 신호(예를 들어, 사투리)와 그들의 행동 사이에 정확히 그런 종류의 인종적 상관관계를 자연스럽게 발생시킬 수 있다(Efferson, Lalive, & Fehr, 2008). 최근의 발달 심리학 연구에 따르면, 영유아들은 다른 사람의 억양에 세심하게 주의를 기울이며, 친숙한 억양을 구사하는 사람들과 교류하고 그들에게서 배우는 것을 선호한다(개괄을 위해서는 Kinzler, Corriveau, & Harris, 2011을 보라).

순응적 전달

오늘날 대부분의 사람들은 살면서 '등교'라는 역사적으로 기이한 현상을 겪는다. 우리는 세계 곳곳의 다른 지역에서 성장했지만, 다들 7세 무렵에는 혈연관계가 없는 동갑의 또래들로 이루어진 작은 사회에 의무적으로 출석해야 했다. 또래들은 한 명 한 명이 진화한 문화적 학습자로, 저마다 세계를 이해하고자 노력하고, 또 무엇을 입고, 어떻게 행동하고, 누구와 친해지고, 어떻게 시간을 쓸지 등에 대해서 헤아릴 수 없이 많은 결정을 내린다. 그렇다면, 여러분도 이미 순응적 전달(사람들은 가장 흔한 행동을 우선적으로 채택한다)을 몸소 충분히 경험했을 테고, 심지어 반순응성(가장 흔한 행동을 우선적으로 피한다)도 경험했을 것이다.

문화적 진화의 가장 단순한 영가설 모델은, 학습자들이 (말하자면 일찍 일어난다거나 하는 등의 특정 영역에서) 또래나 부모의 신념과 행동을 면밀하게 관찰한 뒤 그 가운데 하나를 무작위로 골라 학습한다고 가정한다. 이 모델은 누군가가 어떤 문화적 변이를 고를 확률은 이전 세대에서 그 변이가 나타나는 빈도와 동일하다고 말한다. 자연스레 질문이 떠오른다. 가끔은 인구 내 빈도보다 더 많이 혹은 더 적게 문화적 변이를 채택하는 것이 득이 되진 않을까? 만일 그렇다면 다른 조건이 모두 동일할 때 인간의 심리는 순응 또는 반순응에 적응했을 수 있다. 널리 퍼져 있는 순응적 편향은 우리가 역사 속에서 발견하리라 예상하는, 장기적이고 광범위한 문화적 진화의 양상에 뿌리 깊은 영향을 미친다.

미묘한 차이를 지닌 이론적 분석들은 순응적 전달이 과연 이득이 되는지, 만일 그렇다면 이득이 되는 시점이 언제인지에 계속 주목해왔다. 일부 모델들은 순응적 전달이 만연해 있을 거라고 주장하는 반면에(개괄을 위해서는 Nakahashi et al., 2012; Perreault, Moya, & Boyd, 2012를 보라), 다른 모델들은 더 한정된 범위를 가리킨다(Eriksson, Enquist, & Ghirlanda, 2007).

심리학자들이 넓은 의미로 '순응성'을 연구해온 역사는 짧지 않지만, 좁은 의미로 문화적 진화와 관련된 순응성의 증거, 즉 학습 확률이 문화적 변이의 빈도와 어떤 함수관계로 변하는지에 관한 증거가 축적되기 시작한 것은 아주 최근이다. 연구자들은 저마다 연구를 통해서, 어떤 개인들은 순응적 학습을 이용하고(Efferson, Lalive, Richerson, McElreath, & Lubell, 2008; Morgan et al., 2012; Toelch, Bruce, Meeus, &

Reader, 2010), 그 밖의 다양한 전략(가령, 빈도 정보를 완전히 무시하는 방법[Efferson, Lalive, Richerson, et al., 2008]) 중에서는 빈도가 가장 빠르게 증가하는 전략을 모방하면서(Toelch et al., 2010) 시연자의 절대 수가 증가하면 사회적인 정보에 더 많이 의존하는 것(Perreault et al., 2012의 이론과 일치한다)을 관찰했다.

신뢰도 향상 표현CREDs: Credibility-Enhancing Displays 가설(CREDs; Henrich, 2009)

당신이 홍적세의 청년이라고 상상해보자. 당신은 빅 브루스Big Bruce가 훌륭한 사냥꾼이고, 아주 부자이며, 부인도 여럿이고, 모두가 그에게 관심을 기울인다는 것을 알아차린다. 무언가가 브루스를 성공으로 이끌었다. 하지만 그게 정확하게 뭘까? 그가 사용하는 창? 사냥하는 장소? 사냥하러 나가는 시간? 머리를 면도하는 방식? 혹은 그가 숭배하는 신들인가? 이를 알아내긴 어렵기 때문에, 선택은 브루스의 모든 것을 모방하는 편을 선호한다. 이 논리를 통해 우리는 오늘날에 이르기까지 스포츠나 음악계의 스타들이 등장하면 우유, 향수, 속옷의 판매량이 늘어나는 이유를 알 수 있다(Chudek et al., 2012).

하지만 우리가 명망 있는 사람이나 성공한 사람을 맹목적으로 모방한다면 그들은 쉽게 우릴 이용할 수 있다. 브루스가 자신에게 고기의 절반을 바치는 것이 성공의 비결이라고 말할 수도 있는 것이다. 신뢰도 향상 표현 가설(CREDs; Henrich, 2009)에서는 이런 이용을 방지하게끔 진화한 대비책이 있다고 말한다. 우리는 행동으로 뒷받침되지 않는 주장을 의심한다는 것이다. CREDs는 신앙 전달의 양상을 이해하게 해준다. 말로만 믿음을 드러내는 부모보다는 매주 예배에 참여하고 자선기금을 내는 부모의 아이들이 신앙을 갖는 경우가 더 많다(Lanman, 2012). 실험 결과가 말해주듯이, 성인 참가자들은 다른 사람이 믿음이 아니고서는 설명될 수가 없는 값비싼 행위를 목격하면, 높은 비용을 감수하고 새로운 믿음에 헌신한다(Willard, Norenzayan, & Henrich, 2015).

문화적 학습 기제가 현실 세계에서도 중요할까

명망과 자기 유사성 편향을 입증하는—특히 진화심리학 연구자들에게 중요한—가장 두드러진 증거는 베르테르 효과Werther effect(Phillips, 1974)라고 알려진 자살 모방 현상이다. 1774년에 독일의 작가 괴테Goethe는 『젊은 베르테르의 슬픔』을 발표했다. 소설의 주인공은 응답받지 못한 사랑의 슬픔 때문에 총을 쏴 자살한다. 이후 젊은 남성들의 자살 모방이 한참 이어졌고, 그로 인해 소설은 이탈리아, 라이프치히, 코펜하겐에서 금서가 되었다. 그 이후로 유명인의 자살이 널리 보도될 때면 이를 모방한 자살이 급증했는데(Colman, 2004; Mesoudi, 2009), 이때 자살을 하는 사람은 유명인과 비슷한 사람이고 자살 방법도 그와 유사하다는 것이 미국, 독일, 일본 등지에서 입증되었다. 자살 모방은 명망 효과 또는 성공 효과를 분명히 보여주는 것 외에도, 모방자들은 그들의 모델과 성별, 민족성이 일치하고 그들보다 조금 어린 경향이 있다. 통계적 분석에 따르면 자살을 감행한 이들 가운데 대다수가 원래는 자살할 사람이 아니었다. 그랬다면 유명인이 자살하고 나서 몇 달 후에 자살률이 상대적으로 떨어져야 하는데, 그러지 않았던 것이다(Henrich & Henrich, 2007에 포함된 검토를 보라).

진화적 관점에서 자살한다는 것, 게다가 겉으로만 닮았을 뿐 알지도 못하는 타인을 따라 자살한다는 것은 얼핏 보기에 설명하기 어려운 부적응처럼 보인다. 하지만 이 심란한 양상은 인간이 못 말리는 문화적 종인 것을 알면 좀 더 이해하기 쉽다. 우리는 문화적 학습을 하고자 하는 심리를 갖추고 있으며, 그 심리는 평균적으로는 더 나은 모델과 더 많은 적응적 정보를 가려내고, 또 우리에게 그런 정보를 습득하게 한다. 설사 그 정보로 촉발된 행동이 단기적으로 개인에게 높은 비용을 초래한다 해도 말이다. 슬프게도, 그런 인지 기제가 비극적인 실수를 낳기도 한다.

무엇을 학습할 것인가(내용-함유 기제들)

모든 문화적 정보가 동등하진 않기 때문에 어떤 정보는 무시하고 다른 정보에 집중할 필요가 있다. 자연선택은 적합도와 관련된 정보에 주의를 기울이게끔 우리를 조율했을 것이다. 여기에는 식물, 친족, 위험, 짝짓기, 불, 평판, 사회적 규범, 사회적 집단 구성에 관한 정보들이 포함된다. 사실, 주류 진화심리학이 연구한 심리적 적응 중 많은 것들이 풍부한 인지적 구조를 제공하고 문화적 정보를 습득하게 해서 우리가 내용 편향이라 부르는 것들을 만들어낸다.

예를 들어 아이들은 동물에 관한 정보에 예민하게 주의를 기울일 뿐 아니라, 어떤 정보를 기억 속에 저장할지도 까다롭게 결정한다. 배릿Barrett과 동료들은 다양한 사회에서 아이들이 특히 위험한 동물에 관한 사회적 정보를 기민하게 습득한다는 사실을 증명했다(Barrett & Broesch, 2012). 우리는 어떤 동물이 위험하다는 말을 들으면 잘 기억하는 경향이 있으며, 아이들이 실수할 때에는 동물이 위험하다고 가정하는 쪽으로 실수를 하는 경향이 있다(Barrett & Broesch, 2012; Broesch, Henrich, & Barrett, 2014).

그때 정보는 인지적으로 체계화되어 계층으로 분류되는데, 어떤 종이나 동물에 관한 정보는 범주에 근거한 귀납 추론을 통해 확률론적으로 다른 종에게까지 확장된다. 특정한 애완용 앵무새의 뼛속이 비어 있다는 것을 알게 되면, 다른 앵무새도 전부 뼈가 비어 있을 거라고 쉽게 추론하고, 어쩌면 모든 새가 뼈가 비었다고 추론할 수도 있다. 문화적 학습과 민간생물학적 인지가 조합하면 소규모 사회의 성인들에게 가치 있는 적응적 지식을 엄청나게 제공한다. 하지만 문화적 입력물이 없으면, 이 인지 장치는 서양의 도시 인구에서 그렇듯 녹이 슬어 오작동을 일으키기 시작한다(Atran, Medin, & Ross, 2004; Medin & Atran, 2004).

마찬가지로, 유아가 식물에 반응하는 것을 연구한 최근의 조사들에 따르면, 우리는 1살 무렵에 이미 식물을 조심스럽게 접근해야 하는 특별한 대상으로 인지하고(Wertz & Wynn, 2014), 그것이 먹을 수 있는 것인지에 관한 정보에 특히 민감하다(Wertz & Wynn, 인쇄 중). 보이는 건 거의 전부 입에 넣는 것처럼 보이는 유아들도 식물과 마주했을 때는 멈칫하고서 다른 사람이 맛보거나 먹는 모습을 본 뒤에야(a CRED) 입에 넣는다.

문화적 학습의 또 다른 주제 영역에서 진행된 연구 사례를 다음과 같이 축약해보았다.

평판 정보: 메수디Mesoudi, 휘튼Whiten, 던바(2006)는 타인의 잘못이나 추문에 관한 가십성 정보가 연구실의 소셜네트워크에서 다른 주제보다 충실하게 전달된다는 점을 입증했다.

불: 페슬러Fessler(2006)는 다양한 증거를 통해 아이들의 심리가 불에 주의를 기울이고 학습하도록 미세 조정되어 있을 수 있다고 주장했다.

규범: 토마셀로Tomasello와 그의 동료들은 실험을 통해 어린아이들은 특히 타인의 행동 규칙을 파악하고 이를 사회의 규범적 명령으로 해석하는 데 익숙하며, '규범을 위반'하는 인형에게 자발적으로 그런 명령을 강요한다(Schmidt, Rakoczy, & Tomasello, 2011; Schmidt & Tomasello, 2012).

내용 기제에 집중함으로써 문화적 진화는 주류 진화심리학과 중요한 연결고리들을 맺고 있다. 예를 들어, 인간의 짝 선호를 다룬 많은 연구에서는 모든 사회에 나타나는 안정적인 양상들뿐 아니라, 인구별로 존재하는 흥미로운 변이와 시간에 걸친 역사적 변화를 입증했다(Buss, Shackelford, Kirkpatrick, & Larsen, 2001; Henrich, Heine, & Norenzayan, 2010). 이와 일치하는 현상으로 점차 늘어나는 증거에 따르면, 인간은 개인에게 짝 가치를 부여할 때뿐 아니라 헤어스타일이나 의복 같은 속성에 짝 가치를 할애할 때에도, 앞서 말한 편향된 문화적 학습 형태를 사용한다(Henrich, 근간; Little, Jones, DeBruine, & Caldwell, 2011; Zaki, Schirmer, & Mitchell, 2011의 검토를 보라). 물론 그렇다고 해서 짝 선호가 온전히 문화적으로 학습된다는 뜻은 아니다. 다양한 사회마다 풍부하고 안정적인 선호가 존재하는 데다, 짝 선호의 변이는 문화적 학습과 별개의 요인에서 비롯될 수 있기 때문이다. 하지만 여기에서 우리는 진화심리학이 문화적 진화를 완전하게 포용한다면 인간의 본성과 다양성을 더 완전하게 설명할 수 있다는 것을 보기 시작한다.

마지막으로, 교육은 새로 부상하고 있는 중요한 연구 영역으로, 문화적 전달의 다른 한 면이라 할 수 있다(Fogarty, Strimling, & Laland, 2011). 교육에 진화적으로 접근하는 노력은 이미 소규모 사회에서 중요한 통찰들을 생산해내기 시작했다(Kline, Boyd, & Henrich, 2013).

문화적 진화

지금까지 우리는 진화심리학의 핸드북을 읽는 독자라면 이미 잘 알고 있을 과학의 영토를 탐험했다. 우리는 자연선택이 우리의 현대적인 마음을 어떻게 조상들이 마주했던 특히 중대한 도전, 즉 문화적 학습이라는 도전을 헤쳐나가게끔 적응시켰을지를 질문했다. 이제 우리는 다음 질문을 통해 더 흥미진진한 단계로 나아갈 것이다. 진화한 우리의 심리를 고려할 때, 문화 그 자체는 어떻게 진화할까? 연구자로서 우리는 인간이 수십 년, 수백 년, 수천 년에 걸쳐 개인과 세대 사이에 정보를 전달하는 방식을 어떻게 기술하고, 모형화하고, 검증하고, 이해할 수 있을까?

문화적 진화가 적응을 구축한다

문화적 적응은 우리 주변에 가득하지만, 이해하기는커녕 눈으로 보기도 쉽지 않다. 미터법 같은 몇몇 사례에서는 신중한 결정을 내리는 영리한 마음들이 우리의 총체적인 문화를 연마시켜주었다. 하지만 우리가 습득한 행동—신발 끈을 묶는 방식, 방향을 알려주는 방식, 심지어 컬러스펙트럼을 나누는 방식(Deutscher, 2011)—은 대부분 여러 세대에 걸쳐 정보를 학습하고, 잊고, 적용하고, 전달해온 수백만의 편향된 마음들이 역동적으로 형성한 것이다. 이런 동역학은 개인적인 삶과는 비교할 수 없이 거대한 규모로 작동하고, 따라서 유전적 진화와 마찬가지로, 육안으로는 지각하기가 어렵다.

하지만 이러한 과정들의 결과가 더러는 소중한 순간에 놀랄 만큼 분명한 모습으로 우리 앞에 나타난다. 예를 들어, 현대 과학의 렌즈를 통해 소규모 사회를 연구하는 인류학자들은 문화적으로 습득되는 관습을 목격하는데, 어떤 관습은 지역 환경의 고유한 문제에 더할 수 없이 적합한데도 정작 당사자들은 그저 '우리의 관습'이라고 말한다(Henrich, 2002; Henrich & Henrich, 2010). 이것을 어떻게 설명해야 할까? 각 문화의 역사에는 오래전에 존재가 사라진 현자 무당들이 신중하고 비밀스럽게 빚어낸 놀라운 전통이 가득하다고 추정할 수밖에 없는 것일까?

인간의 추론능력에 존재하는 결함들을 고려하면 다행히 그럴 필요는 없다(Henrich, 근간). 성공 편향, 명망 편향, 순응적 편향, CREDs, 내용 편향, 집단 간 경쟁 등의 기제들이 있어서 그 과정이 왜, 어떻게 일어나는지 또는 그 문화의 관행이나 전통이 왜 효과적인지 이해하지 않아도 문화적 정보가 세대를 지나면서 개선되고 통합될 수 있다.

문화적 진화가 선호와 사고를 형성한다

문화를 수동적인 것으로 오해하지 말자. 그런 생각은 우리의 편향된 마음이 세대 간에 귓속말로 전하면서 왜곡해온 메시지일 뿐이다. 문화가 우리의 마음을 빚기도 하지만, 우리의 마음이 문화를 빚기도 한다.

이런 경우를 생각해보자. 다른 유인원들처럼 인간은 매운 고추를 혐오하는 기호를 갖고 태어난다. 하지만 혐오를 유발하는 내용 편향에도 불구하고 신세계의 많은 인구들은 요리의 필수적인 재료로 고추를 비롯한 강한 향신료를 사용한다. 빌링Billing과 셔먼Sherman(1998)은 다양한 향신료의 항균 특성과 함께 전 세계의 요리법을 대규모로 조사했다. 연구진은 그 사이에서 강한 연관성을 발견했다. 음식의 부패로 감염 위험이 큰 기후의 사회에서는 음식에 항균성 향신료를 상당히 많이 첨가했다.

이 사회들은 어떻게 그런 편리한 적응적 요리 기호를 갖게 되었을까? 개인들이 식물의 독성이 주는 나쁜 맛보다 질병을 물리치는 가치가 더욱 크다는 점을 알고서, 선천적인 혐오감을 극복하고 향신료를 식단에 포함시켰다고 생각하기는 어렵다. 대다수의 개인은 그저 어릴 때 여러 음식을 맛보고 타인의 식단을 모방한다. 어떤 음식의 맛은 유전자(단 음식에는 글루코스가 포함되어 있다)와 문화(고추는 유전적 성향으로는 별로지만 항균에 도움이 된다)의 조합으로 결정된다. 하지만 어떻게 문화가 유전적으로 부호화된 우리의 성향을 무효화할 수 있을까?

실험들을 통해 밝혀진 바에 따르면, 유아들은 음식에 관한 의사결정과 선호를 또래로부터 쉽게 차용하며(Birch, 1987; Duncker, 1938), 그렇게 습득한 기호를 개인적인 음식 선호순위와 대외적 행동에 반영한다. 신경과학에서 나온 증거가 이 결과와 일치한다. 즉, 문화적 모델을 관찰하는 행위는 학습자가 혼자 있는 상황이라도 그를 더 즐겁게 해주거나 그가 더 열망할 만한 무언가를 관찰하는 쪽으로 치우친다(Zaki et al., 2011). 우리가 가진 증거들은 문화적 학습이 와인, 남성, 음악에 대한 선호나 기호를 변화시키도록 우리의 뇌를 변형시킨다고 말해준다(Henrich, 근간, 16장의 검토를 보라).

이 사례에서 드러났듯이 우리 입맛의 문화적 적응과 조정은 인구 수준에서 장기적으로 일어나는 진화의 결과이며, 위에서 설명한 적응적 학습 편향에 의해 유도된다. 여러 세대에 걸쳐 많은 사람이 자기보다 더 건강하고 더 성공적인 또래에게 배우려하다 보면, 인구 전체의 음식 기호와 요리법은 점차 더 적응적으로 변해갈 것이다. 때로는 이와 동일한 과정에서 음식과 관련된 금기가 만들어지기도 한다. 헨릭과 헨릭(2010)이 이 과정의 세부내용을 채워넣었다. 피지에서 해양의 독성으로부터 임신부를 보호하는 일련의 적응적인 생선 요리 금기가 그 지역의 환경적 도전에 어떻게 대처하면서 축적되었는지 조사한 것이다.

선호 외에도, 여러 사회에서 발견되는 풍부한 증거들을 보면 겉으로는 기본적인 심리 영역에 속한 것처럼 보이는 인구별 변이를 확인할 수 있다(Henrich, Heine ,et al., 2010). 여러 문화는 다음과 같은 것들에서 차이를 보인다. 시각적 환영에 대한 민감성, 공정함의 개념, 처벌의 동기, 도덕성, 소유 효과, 공간적이고 민간생물학적인 추론 능력, 순응성, IQ, 수중 시력, 분석적 사고. 일부 사례에서 이런 심리적 차이들은 주크박스에 동전을 넣으면 흘러나오듯 서로 다른 환경적 단서에 적응적으로 반응한 결과지만, 그 단서의 강도는 거의 언제나 제도와 기술 등 문화적으로 구축된 환경에 의해 결정된다. 이러한 (비유전적인) 심리적 차이들이 어떻게, 왜 발생하고 유지되는지에 대해 이론을 구축할 때, 문화적 진화는 진화에 근거한 접근법을 제공해준다(Henrich, Ensminger, et al., 2010; Hruschka & Henrich, 2013; Leibbrandt, Gneezy, & List, 2013; Nisbett & Cohen, 1996).

사회적 차이를 기록하는 일이 그저 나비를 채집하듯 이루어질 필요는 없다(이를 위해서는 문화적 심리학을 보라). 문화적 진화의 관점을 활용한다면 문화적 차이의 양상을 다원주의적 틀 안에서 이론화할 수 있다.

사회성이 문화적 진화에 미치는 영향

인구의 사회성—규모와 상호연결성—역시 점증적인 문화적 진화 과정에 영향을 미친다. 인구가 많으면 기술과 문화가 더 복잡해지는 경향이 있다(Edinborough, 2009; Kline & Boyd, 2010; Powell, Shennan, & Thomas, 2009). 인구가 줄어들면 문화와 기술의 복잡성도 감소하는 것으로 보인다(Boyd et al., 2011; Henrich, 2004). 그 이유를 문화적 진화 모델(Aoki, Lehmann, & Feldman, 2011; Kobayashi & Aoik, 2012; Lehmann, Aoki, & Feldman, 2011; Powell et al., 2009)이 설명해준다.

각 사회마다 기술은 다르게 분포한다. 이를테면 브루스는 다른 사람들보다 활을 더 잘 만든다. 이때 사람들은 명망 편향과 성공 편향에 따라 브루스를 모방한다. 평균적으로 모방자의 대다수는 브루스만큼 기술이 향상되진 못하지만, 인구가 많을수록 그보다 나은 사람이 나타날 확률은 높아진다. 상호연결성이 높은 인구에서라면 사람들은 더 나은 모델을 만나 가장 뛰어난 사람에게서 배울 확률이 높아지고, 많은 사람에게서 종합적인 통찰과 기술을 배울 수 있다. 인구가 줄면 브루스처럼 기술이 뛰어난 사람의 수도 감소하고, 적응적 학습 편향에도 불구하고 평균적으로 세대가 변함에 따라 오랫동안 축적된 비법이나 고도의 기술도 더 쉽게 사라진다. 최근에 두 연구팀은 연구실 실험을 통해 그와 같은 예측을 확증했다(Derex, Beugin, Godelle, & Raymond, 2013; Muthukrishna, Shulman, Vasilescu, & Henrich, 2013). 이런 심리학 스타일의 연구실 실험으로 장기적인 문화적 진화를 연구한다면 많은 통찰을 얻을 수 있다.

문화적 부적응

점증적인 문화적 진화에 진입한 뒤로 우리는 믿기 어려울 만큼 다양한 환경에서 살아갈 수 있었고, 결국 지구를 지배하는 종이 될 수 있었다. 하지만 유전적 진화가 항상 완벽한 해결책으로 이어지지 않듯이—줄달음 선택(공작의 꼬리)[1]에서부터 과거에는 적응적이었던 형질(겸상 적혈구), 흔적 기관(사랑니)에 이르기까지—문화적 진화 역시 문화적 부적응으로 이어질 수 있다.

문화적 줄달음 진화는 안일한 학습자들이 임의적인 표지를 통해서 상대의 명망을 확인하고 그로부터 배우길 선호하는 경우에, 그것이 더 강력한 표지를 위한 군비경쟁으로 이어지면서 발생한다. 보이드와 리처슨(1985)은 폴리네시아의 문신 시술을 예로 든다. 폴리네시아의 문신 시술은 현대의 문신 시술소가 가진 이점을 갖지 못해 아주 고통스럽고 위험하기 때문에, 한 번에 한 뼘 정도밖에 할 수 없었다. 한번 시술할 때마다 8일에서 12일 정도 감염이나 열병으로부터 회복할 기간이 필요했으며, 자

---

1 '줄달음 선택runaway selection' 또는 '폭주 선택'은 진화가 도저히 실용적이지 못한 방향으로 이루어지는 것이다. 이를테면 공작 수컷이 걷잡을 수 없이 풍성하고 화려해진 것처럼, 처음에는 별로 대단치 않은 것에서 시작했다가 갑자기 고삐가 풀리면서 그 방면으로 빠르게 진화하는 것을 말한다(옮긴이).

첫 잘못하면 치명적인 결과로 이어졌다. 문신은 비용도 아주 비싼데, 첫 문신을 하려면 6개월 정도 시간을 내야 하고, 그동안 시술자와 그의 가족에게 거처와 식량을 제공해야 했다. 어떻게 해서 이런 부적응적인 관습이 진화했을까?

비싸고 위험한 문신이 명망의 표지가 되자 사람들이 문신이 있는 사람을 모방할 확률이 높아졌고, 문신을 하는 사람이나 받는 사람도 문화적 모델로 선호되었다. 사람들이 명망을 얻기 위해 경쟁하면서 문신은 더 크고 정교해졌으며, 줄달음 과정에서 위험과 비용도 증가해서 개인은 식량, 거처, 그리고 다른 즉각적인 적응적 이익에 쓸 수 있는 자원을 점점 더 많이 문신에 투입했다. 빈곤한 사람들이 경제적으로 감당할 수 있는 수준을 넘어 사치품이나 모조품 구입에 돈을 사용하는 이유도 이와 비슷한 과정으로 설명할 수 있다.

우리의 규범 심리(Chudek & Henrich, 2011)—규범을 인지하고, 내면화하고, 모방하는 경향—는 적응적, 중립적 규범은 물론이고 부적응적 규범조차도 쉽게 분별하지 못한다. 아무리 비싼 행동이라도 평판, 신호 보내기, 값비싼 처벌 같은 기제들이 작동하면 그 행동이 타인이나 집단에 기여하는지와 무관하게 유지될 수 있다. 실제로 일부 문화에서는 적지 않은 부적응적 전통이 안정화되어 있다. 뉴기니인New Guineans은 사망한 친척의 뇌를 먹고 치명적인 뇌질환인 쿠루병에 걸리며, 일부 아프리카와 중동 지역에서는 여아의 음핵을 절제한다(Durham, 1991, Edgerton, 1992).

문화적 진화가 부적응적인 관습을 만들고 유지시키는 방식은 앞으로 연구할 내용이 많은 영역이다. 그와 관련한 초기의 통찰로는, 비효율적인 의학적 치료법이 확산되는 이유(치료법의 사용을 중단하는 경우가 빈번해도 너무 오랫동안 사용된 치료법이기 때문에 그만큼 모방될 기회도 많다[Tanaka, Kendal, & Laland, 2009])를 비롯해서 평생의 금욕, 현대 의학보다 기도에 의존하는 경우, 자살행위처럼 보이는 전쟁이 어떻게 확산되는지(Henrich, 2009)를 다룬 연구, 그리고 부적응적인 관습을 더 쉽게 형성하는 망 구조(Yeaman, Schick, & Lehmann, 2012)에 관한 연구가 있다.

집단 간 경쟁이 문화적 진화를 조형한다

우리는 앞서 학습 편향에 대해 논의했다. 개인 수준의 선택이 인구 수준의 결과를 낳게 되는 명망 편향, 성공 편향, 순응주의자 편향 등이 그것이다. 하지만 가끔은 경쟁하는 인구들 사이에 존재하는 문화적 차이가 문화적 진화에 강한 영향을 미칠 수 있다. 보통 문화적 집단 선택이라 불리는 이 과정은 우리의 도덕적 감각과 친사회적 동기의 발생을 이해하는 데 특별히 중요할 수 있다.

생물학자들은 '유전적 집단 선택'에 회의적인 경우가 많고, 심리학자들은 논쟁을 지배하는 고도의 기술적이고 수학적인 성격에 종종 혼란스러워한다(Henrich, 2012을 보라). 다음은 어쩔 수 없이 너무 단순하게 요약한 설명이다. 집단 내부에서 작동하는 자연선택은 보통 개인이 협조적으로 행동하게끔 하는(즉, 비용을 들여서 다른 구성원에게 이익을 주는) 유전자를 제거한다. 단기적으로 협조적인 집단은 다른 집단보다 경쟁에서 앞서 나가더라도, 협조적인 개인은 집단 내에서 불리한 위치에 놓인다. 집단 간 경쟁에서 이 불리함은 보통 쉽게 제거된다. 이주가 아주 낮은 비율로 발생하더라도 상호작용하는 집단들이 유전적으로 빠르게 유사해짐에 따라 집단 간 경쟁의 유전적 중요성이 약화되기 때문이다. 생물학자들은 이런 이유로 유전적 집단 선택에 회의적이다.

문화적 집단 선택은 이야기가 완전히 다르다. 유전적 진화와 달리 문화적 집단 선택에는 다양한 기제가 인구 간의 형질 변이를 유지시킨다. 간략하게만 살펴봐도, 언어 장벽, 순응적 편향, 명망, 민족 중심주의적 편향, 평판, 신뢰도CREDs, 처벌, 규범 심리 등이 그와 관련이 있다. 집단 간 변이가 유지된다는 것은 집단 간 경쟁이 발생할 때 특정한 생각, 규범, 가치, 제도, 관습이 다른 것들보다 선호된다는 뜻이다. 이주자의 자녀는 부모의 유전자를 갖고 있으면서도 새로운 공동체의 문화적 특성을 채택하기 때문에, 많은 상황에서 문화적 집단 선택이 그럴듯해 보이는 반면에 유전적 집단 선택은 그렇지 못하다. 또한 문화적 진화와 집단 간 경쟁은 친사회성, 규범 준수, 수치심의 심리 기제를 선호하면서 유전자에 순전히 집단 내부적인 선택압을 가할 수 있다(Chudek & Henrich, 2011; Chudek, Zhao, & Henrich, 2013).

벨Bell, 리처슨, 매컬리스McElreath(2009)의 경험적 연구가 이 이론적 예측을 확증한다. 전 세계적으로, 집단 간 문화적 변이의 총량은 집단 간 유전적 변이의 총량보다 훨씬 크다는 것이다. 이는 문화적 집단 선택이 문화적 진화를 이끄는 주요한 힘일 수 있다는 것을 진화이론가들에게 확신시켜주는 매우 강력한 증거다.

더 나아가 문화적 진화의 형성에서 집단 간 경쟁의 중요성은 실험 연구, 현장 조사, 역사적 사례, 고고학적 연구들의 풍부한 조합을 통해서도 뒷받침된다. 최근에 이루어진 검토로, 리처슨과 보이드(2005), 리처슨 외(2014), 헨릭(근간)을 보라.

종교의 문화적 진화

종교는 진화론의 난제다. 초자연적 믿음, 신앙, 의례는 가변적이지만 보편적이며, 믿음과 관습에 값비싼 헌신을 요구해서 종종 우리의 논리적 일관성과 직관적 예상을 깨뜨린다(Atran & Norenzayan, 2004; Boyer, 2001). 이처럼 비싸고, 자주 적합도를 떨어뜨리는 믿음과 관습을 진화적 관점에서 순전히 유전적으로 해명하기란 쉽지 않다. 하지만 우리 종은 (적어도) 두 가지 계열의 유산—유전적 유산과 문화적 유산—을 가지고 있으므로, 우리는 앞서 논의한 문화적 진화의 기제들을 통해 종교라는 진화의 수수께끼를 풀어나갈 수 있다.

종교의 문화적 진화에는 (a) 내용 편향, (b) CREDs, (c) 문화적 집단 선택이 관여한다(Atran & Henrich, 2010; Norenzayan, 2013). 우선, 우리의 마음 능력 이론은 마음의 능력들이 충실도 높은 문화적 학습을 위해 진화했을 것으로 보기 때문에, 초자연적 존재에 대한 믿음을 선호한다(Atran & Norenzayan, 2004). 인지과학자들은 가령 영혼 같은 종교적 행위자들은 '최소한 반직관적'이며, 그래서 더 쉽게 기억되고 재전달된다고 주장한다(Norenzayan, Atran, Faulkner, & Schaller, 2006). 이것이 종교의 내용 편향이다. 따라서 안정적으로 발달하는 **마음의 특성**을 참고하지 않고서는 종교를 설명할 수 없다.

하지만 (아직까지는) 순수하게 내용에 기초한 접근법으로는 왜 다른 사람들은 그렇지 않은데 어떤 사람들은 특정한 초자연적 행위자나 행위자들을 믿고 헌신하는지를 전혀 설명하지 못한다. 민간전승은 최소한 반직관적이라는 이유에서 널리 확산될 수 있지만, 그렇다고 사람들이 반드시 민간전승에 깊이 헌신하는 것은 아니다. 마찬가지로 기독교인들도 시바Shiva나 제우스Zeus의 개념을 완전하게 받아들일 수 있지만, 그렇다고 그들을 믿지는 않는다(Gervais, Willard, Norenzayan, & Henrich, 2011). 적절한 이론이라면 신앙이나 헌신적인 믿음의 존재를 설명해야 한다. CREDs가 이 퍼즐에 한 가지 해결책을 제공한다(Henrich, 2009). 자신이 속한 공동체의 구성원과 부모가 자기희생적인 값비싼 과시행동(제물을 바치고, 단식을 하고, 기도를 하고, 자선 목적으로 기부를 하고, 금욕하고, 예배처럼 시간을 잡아먹는 의식을 치르는 등)을 한다면, 그 모습을 보는 관찰자는 그와 같은 관습의 기저에 주목해서 거기에 놓인 믿음에 깊이 헌신하게 된다. 신도에게 값비싼 희생을 요구하는 신은 더 효과적으로 전파되는데, 남들의 값비싼 희생을 보고 학습자들이 신념을 강화하기 때문이다.

마지막으로 왜 현대 세계의 신들은 종종 (비)도덕적 행동을 하는 사람들에게 보상과 처벌을 내리는 일에 관심을 가질까? 왜 수렵채집인의 신들은 대체로 약하고, 엉뚱하고, 도덕에 관심이 없을까? 마지막 퍼즐 조각은 집단 간 경쟁이다. 협력을 강화하고 집단 간 경쟁의 성공을 선호하는 초자연적 믿음과 의례는 몇 세기에 걸쳐 우선적으로 번성한다. 소규모 사회에서는 작고 자주 비도덕적인 신들이 일반적인 데 반해, 거대하고 도덕화한 신(야훼Yahweh와 알라Allah 같은 신)의 등장은 익명이지만 친사회적인 개인들로 이루어진 대규모 사회가 진화하는 데 중요한 역할을 했다(Atran & Henrich, 2010; Norenzayan, 2013). 오늘날 수많은 실험으로 입증된 바에 따르면, 작고 비도덕적인 신을 믿는 사람이나 무신론자와는 달리 거대하고 도덕적인 신을 섬기는 종교의 신자들은 같은 종교를 믿는 낯선 사람들에게 친사회적인 행동을 한다(Atkinson & Bourrat, 2011; Norenzayan & Shariff, 2008). 문화적 집단 선택을 통해 우리는 시공간에 퍼져 있는 종교들 사이에서 그 변이를 이해할 수 있다.

문화-유전자 공진화

이제 문화적 진화가 특히 지난 1만 년 동안 유전적 진화를 빚어왔다는 사실은 의심의 여지가 거의 없다. 유전체 내의 특정한 유전자들이 양성 선택이 문화적 관습의 결과라는 것을 증명해준다는 것도 확인되었다. 문화적 진화가 만들어낸 압력에 의해 선택된 유전자의 예로는 우유 섭취를 위한 유전자(유당분해효소지속증; LCT유전자), 알코올 처리 유전자(알코올 탈수소효소, ADH), 파란 눈 유전자(HERC2)가 있고, 뇌 성장, 다양한 식품 기호 등이 있으며, 병원체 내성과 연관된 수많은 유전자는 말할 것도 없다(Laland et al., 2010; Richerson et al., 2010).

이를 근거로 일부 연구자들은 호모 속의 기원까지 거슬러 올라가는 수십만 년 전, 어쩌면 수백만 년 전부터 문화적 진화가 인간 계통의 유전적 변화를 추동해왔다고 주장한다(Henrich & McElreath, 2003; Herrmann, Call, Hernández-Lloreda, Hare & Tomasello, 2007). 문화적 뇌 가설Cultural Brain Hypothesis 또는 문화적 지능 가설Cultural Intelligence Hypothesis 등으로 다양하게 불리는 이 생각은 다음과 같다. 문화적 진화는 도구 제작, 동물 추적, 식물 재배, 불 지피기, 요리, 안식처 구축에 관한 지식과 기술을 포함하는 유례없이 광범위한 문화적 비결을 발생시켰으며, 그로 인해 최근에 인간의 진화를 추동한 결정적인 선택압이 생겨나고 유전자와 문화 간에 자기촉진적 상호작용이 일어나서 진화적 시간으로는 비교적 짧은 기간에 인간 두뇌가 급격히 팽창했다는 것이다. 일단 문화가 축적되기 시작한 뒤로, 선택은 점점 더 사용 가능한 문화적 정보를 습득하고, 조직하고, 저장하고, 재전달하기에 적합한 뇌를 선호하게 되었을 것이다. 하지만 뇌가 더 커지고 문화적 학습에 더 숙달됨에 따라, 문화적 진화도 그에 반응하여 학습자가 사용할 수 있는 적응적 정보의 종류를 확장했을 것이다. 학습 능력이 향상될수록 문화가 더 빠르게 진화하고 문화적 정보의 종류가 많아진 것이다. 문화적 뇌 가설은 큰 뇌가 일반화된 지능이나 개인적인 문제 해결 또는 마키아벨리적인 기만이나 전략을 위해서가 아니라 문화적 학습을 위한 것이라고 주장한다.

문화의 중요성은 인간 계통에 발생해서 나선형으로 이루어져 온 문화-유전자의 자기촉진적 공진화의 너머에도 영향을 미치는 듯하다. 연구자들은 또한 사회적 학습이 영장류의 뇌, 집단 규모, 사회성, 생활사를 어떻게 빚어냈을지에 대해서도 숙고했다(van Schaik & Bukart, 2011; van Schaik, Isler, & Burkart, 2012). 이 가설상의 유전자-문화 공진화 과정을 다룬 이론적 모델들은 영장류에게서 관찰되는 뇌 크기, 집단 규모, 소아기의 관계에서 경험적(즉, 경험적) 양상을 이끌어내는 데 성공했다(Muthukrishna, Chudek, & Henrich, 2015).

유전자-문화 공진화는 인간을 영장류목 안에 깔끔하게 위치시키는 동시에 우리의 고유한 진화적 궤적을 설명해준다.

결론

진화적 관점에서 인간을 이해하기란 쉽지 않다. 우리는 이미 사라진 환경에 적합하게끔 갈고 닦인 수많은 심리적 적응과 형질을 갖추고 있을 뿐 아니라, 진화한 문화적 종으로서 진화하는 정보를 다뤄야 하는 상당히 복잡한 두 시스템의 상속자이기도 하다. 정보 시대의 다른 발견들이 대부분 그렇듯이, 인간을 진화적 종으로 다루는 진화 과학은 위대한 사상가의 정신에서 유별나게 솟아난 것이 아니다. 그보다 진화 과학은 다양한 배경을 가진 생물학자, 인류학자, 경제학자들이 양적으로 전례 없이 쏟아낸 수많은 연구들이 교차하며 합쳐진 결과였고, 지금도 여전히 그렇다. 앞서 인용된 연구들이 증명하듯, 심리학자들은 이처럼 중대한 발견의 길목에서 핵심적인 역할을 한다. 우리가 보기에 이러한 접근법은 발달심리학, 사회심리학, 문화심리학, 진화심리학의 흥미진진한 일련의 연구들을 다원주의의 광대한 우산 아래 통합하고 결합시킨다. 문화적 진화를 탐구하는 최신 과학은 우리 종의 기원에서부터 현재에 이르기까지, 또 우리 종에게 문화적 학습이 유전적으로 진화하기 시작한 순간부터 문화적 진화가 우리 주변에 만들어낸 매혹적인 현상들—거대하고 도덕화하는 신을 믿는 종교와 시장, 규범적인 일부일처제, 민족성, 계급제도, 기술적 변화 등—에 이르기까지 그 모든 것을 아우르는 귀중한 지식과 이해를 차근차근 쌓아나가고 있다.

참고문헌

Aoki, K., & Feldman, M. W. (2014). Evolution of learning strategies in temporally and spatially variable environments: a review of theory. *Theoretical Population Biology*, *91*, 3–19.

Aoki, K., Lehmann, L., & Feldman, M. W. (2011). Rates of cultural change and patterns of cultural accumulation in stochastic models of social transmission. *Theoretical Population Biology*, *79*(4), 192–202.

Atkinson, Q. D., & Bourrat, P. (2011). Beliefs about God, the afterlife and morality support the role of supernatural policing in human cooperation. *Evolution and Human Behavior*, *32*(1), 41–49.

Atkisson, C., O'Brien, M. J., & Mesoudi, A. (2012). Adult learners in a novel environment use prestige-biased social learning. *Evolutionary Psychology, 10*(3), 519.

Atran, S., & Henrich, J. (2010). The evolution of religion: How cognitive by-products, adaptive learning heuristics, ritual displays, and group competition generate deep commitments to prosocial religion. *Biological Theory, 5*, 18−30.

Atran, S., Medin, D. L., & Ross, N. (2004). Evolution and devolution of knowledge: A tale of two biologies. *Journal of the Royal Anthropological Institute, 10*(2), 395−420.

Atran, S., & Norenzayan, A. (2004). Religion's evolutionary landscape: Counterintuition, commitment, compassion, communion. *Behavioral and Brain Sciences, 27*(6), 713−730.

Barrett, H. C., & Broesch, J. (2012). Prepared social learning about dangerous animals in children. *Evolution and Human Behavior, 33*(5), 499−508.

Bell, A. V., Richerson, P. J., & McElreath, R. (2009). Culture rather than genes provides greater scope for the evolution of large-scale human prosociality. *Proceedings of the National Academy of Sciences, USA, 106*(42), 17671−17674.

Billing, J., & Sherman, P. W. (1998). Antimicrobial functions of spices: Why some like it hot. *Quarterly Review of Biology*, 3−49.

Birch, L. L. (1987). Children's food preferences: Developmental patterns and environmental influences. *Annals of Child Development, 4*, 171−208.

Boyd, R., & Richerson, P. J. (1985). *Culture and the evolutionary process*. Chicago, IL: University of Chicago Press.

Boyd, R., & Richerson, P. J. (1996). Why culture is common but cultural evolution is rare. *Proceedings of the British Academy, 88*, 77−93.

Boyd, R., Richerson, P. J., & Henrich, J. (2011). The cultural niche: Why social learning is essential for human adaptation. *Proceedings of the National Academy of Sciences, USA, 108* (Suppl. 2), 10918−10925.

Boyer, P. (2001). *Religion explained: The evolutionary origins of religious thought*. New York, NY: Basic Books.

Broesch, J., Henrich, J., & Barrett, C. (2014). Adaptive content biases in learning about animals across the lifecourse. *Human Nature, 25*(2), 181−199.

Burkart, J. M., Hrdy, S. B., & van Schaik, C. P. (2009). Cooperative breeding and human cognitive evolution. *Evolutionary Anthropology, 18*(5), 175−186.

Buss, D. M., Shackelford, T. K., Kirkpatrick, L. A., & Larsen, R. J. (2001). A half century of mate preferences: The cultural evolution of values. *Journal of Marriage and Family, 63*(2), 491−503.

Caldwell, C. A., & Millen, A. E. (2010). Conservatism in laboratory microsocieties:

Unpredictable payoffs accentuate group-specific traditions. *Evolution and Human Behavior, 31*(2), 123–130.

Cavalli-Sforza, L. L., & Feldman, M. W. (1973). Models for cultural inheritance. 1: Group mean and within group variation. *Theoretical Population Biology, 4*(1), 42–55.

Chapais, B. (2008). *Primeval kinship: How pair-bonding gave birth to human society.* Cambridge, MA: Harvard University Press.

Chow, V., Poulin-Dubois, D., & Lewis, J. (2008). To see or not to see: Infants prefer to follow the gaze of a reliable looker. *Developmental Science, 11*(5), 761–770.

Chudek, M., Brosseau, P., Birch, S., & Henrich, J. (2013). Culture-gene coevolutionary theory and children's selective social learning. In M. Banaji & S. Gelman (Eds.), *The development of social cognition.* New York, NY: Oxford University Press.

Chudek, M., Heller, S., Birch, S. A., & Henrich, J. (2012). Prestige-biased cultural learning: Bystander's differential attention to potential models influences children's learning. *Evolution and Human Behavior, 33*(1), 46–56.

Chudek, M., & Henrich, J. (2011). Culture-gene coevolution, norm-psychology and the emergence of human prosociality. *Trends in Cognitive Sciences, 15*(5), 218–226.

Chudek, M., Zhao, W., & Henrich, J. (2013). Culture-gene coevolution, large-scale cooperation and the shaping of human social psychology. In R. Joyce, K. Sterelny, & B. Calcott (Eds.), *Signaling, commitment, and emotion.* Cambridge, MA: MIT Press.

Coleman, L. (2004). *The copycat effect: How the media and popular culture trigger the mayhem in tomorrow's headlines.* New York, NY: Simon & Schuster.

Corriveau, K. H., Kinzler, K. D., & Harris, P. L. (2013). Accuracy trumps accent in children's endorsement of object labels. *Developmental Psychology, 49*(3), 470.

Cosgrove, R., Field, J., Garvey, J., Brenner-Coltrain, J., Goede, A., Charles, B., . . . O'Connell, J. (2010). Overdone overkill—The archaeological perspective on Tasmanian megafaunal extinctions. *Journal of Archaeological Science, 37*(10), 2486–2503.

Derex, M., Beugin, M.-P., Godelle, B., & Raymond, M. (2013). Experimental evidence for the influence of group size on cultural complexity. *Nature, 503*(7476), 389–391.

Deutscher, G. (2011). *Through the language glass: Why the world looks different in other languages.* New York, NY: Random House.

Duncker, K. (1938). Experimental modification of children's food preferences through social suggestion. *The Journal of Abnormal and Social Psychology, 33*(4), 489.

Durham, W. H. (1991). *Coevolution: Genes, culture, and human diversity.* Palo Alto, CA: Stanford University Press.

Edgerton, R. B. (1992). *Sick societies: Challenging the myth of primitive harmony.* New York, NY: Simon & Schuster.

Edinborough, K. (2009). Population history, abrupt climate change, and evolution of arrowhead technology in Mesolithic south Scandinavia. In S. J. Shennan (Ed.), *Pattern and process in cultural evolution* (pp. 191–202). Berkeley: University of California Press.

Efferson, C., Lalive, R., & Fehr, E. (2008). The coevolution of cultural groups and ingroup favoritism. *Science, 321*(5897), 1844–1849.

Efferson, C., Lalive, R., Richerson, P. J., McElreath, R., & Lubell, M. (2008). Conformists and mavericks: The empirics of frequency-dependent cultural transmission. *Evolution and Human Behavior, 29*(1), 56–64.

Eriksson, K., Enquist, M., & Ghirlanda, S. (2007). Critical points in current theory of conformist social learning. *Journal of Evolutionary Psychology, 5*(1), 67–87.

Fessler, D. M. (2006). *A burning desire: Steps toward an evolutionary psychology of fire learning.* New York, NY: Springer.

Fogarty, L., Strimling, P., & Laland, K. N. (2011). The evolution of teaching. *Evolution, 65*(10), 2760–2770.

Geribàs, N., Mosquera, M., & Vergès, J. M. (2010). What novice knappers have to learn to become expert stone toolmakers. *Journal of Archaeological Science, 37*(11), 2857–2870.

Gervais, W. M., Willard, A. K., Norenzayan, A., & Henrich, J. (2011). The cultural transmission of faith: Why innate intuitions are necessary, but insufficient, to explain religious belief. *Religion, 41*(3), 389–410.

Han, S. H., Northoff, G., Vogeley, K., Wexler, B. E., Kitayama, S., & Varnum, M. E. W. (2013). A cultural neuroscience approach to the biosocial nature of the human brain. *Annual Review of Psychology, 64*, 335–359.

Henrich, J. (2002). Decision-making, cultural transmission and adaptation in economic anthropology. In J. Ensminger (Ed.), *Theory in economic anthropology* (pp. 251–295). Walnut Creek, CA: AltaMira Press.

Henrich, J. (2004). Demography and cultural evolution: How adaptive cultural processes can produce maladaptive losses: The Tasmanian case. *American Antiquity*, 197–214.

Henrich, J. (2009). The evolution of costly displays, cooperation and religion: Credibility enhancing displays and their implications for cultural evolution. *Evolution and Human Behavior, 30*(4), 244–260.

Henrich, J. (2012). Too late: Models of cultural evolution and group selection have already proved useful. *The false allure of group selection*. Retrieved from http://edge. org/conversation/the-false-allure-of-groupselection

Henrich, J. (forthcoming). *The secret of our success: How learning from others drove human evolution, domesticated our species, and made us smart*. Princeton, NJ: Princeton University Press.

Henrich, J., & Boyd, R. (2002). On modeling cognition and culture. *Journal of Cognition and Culture, 2*(2), 87–112.

Henrich, J., Boyd, R., & Richerson, P. J. (2008). Five misunderstandings about cultural evolution. *Human Nature, 19*(2), 119–137.

Henrich, J., Ensminger, J., McElreath, R., Barr, A., Barrett, C., Bolyanatz, A., . . . Henrich, N. (2010).

Markets, religion, community size, and the evolution of fairness and punishment. *Science, 327*(5972), 1480–1484.

Henrich, J., & Gil-White, F. J. (2001). The evolution of prestige: Freely conferred deference as a mechanism for enhancing the benefits of cultural transmission. *Evolution and Human Behavior, 22*(3), 165–196.

Henrich, J., Heine, S. J., & Norenzayan, A. (2010). The weirdest people in the world? *Behavior and Brain Sciences, 33*(2/3), 1–23.

Henrich, J., & Henrich, N. (2007). *Why humans cooperate: A cultural and evolutionary explanation*. New York, NY: Oxford University Press.

Henrich, J., & Henrich, N. (2010). The evolution of cultural adaptations: Fijian food taboos protect against dangerous marine toxins. *Proceedings of the Royal Society B: Biological Sciences, 277*(1701), 3715–3724.

Henrich, J., & McElreath, R. (2003). The evolution of cultural evolution. *Evolutionary Anthropology: Issues, News, and Reviews, 12*(3), 123–135.

Henrich, J., & Tennie, C. (under review). Cultural evolution in chimpanzees and humans. In M. Muller, R. Wrangham, & D. Pilbream (Eds.), *Chimpanzees and human evolution*. Cambridge, MA: Harvard University Press.

Herrmann, E., Call, J., Hernández-Lloreda, M. V., Hare, B., & Tomasello, M. (2007). Humans have evolved specialized skills of social cognition: The cultural intelligence hypothesis. *Science, 317*(5843), 1360–1366.

Hilmert, C. J., Kulik, J. A., & Christenfeld, N. J. (2006). Positive and negative opinion modeling: The influence of another's similarity and dissimilarity. *Journal of Personality and Social Psychology, 90*(3), 440.

Hoppitt, W., & Laland, K. N. (2013). *Social learning: An introduction to mechanisms, methods, and models*. Princeton, NJ: Princeton University Press.

Hruschka, D. J., & Henrich, J. (2013). Institutions, parasites and the persistence of in-group preferences. *PloS ONE*, *8*(5), e63642.

Kim, G., & Kwak, K. (2011). Uncertainty matters: Impact of stimulus ambiguity on infant social referencing. *Infant and Child Development*, *20*(5), 449–463.

Kinzler, K. D., Corriveau, K. H., & Harris, P. L. (2011). Children's selective trust in native-accented speakers. *Developmental Science*, *14*(1), 106–111.

Kitayama, S., & Uskul, A. K. (2011). Culture, mind, and the brain: Current evidence and future directions. *Annual Review of Psychology*, *62*, 419–449.

Kline, M. A., & Boyd, R. (2010). Population size predicts technological complexity in Oceania. *Proceedings of the Royal Society B: Biological Sciences*, *277*(1693), 2559–2564.

Kline, M. A., Boyd, R., & Henrich, J. (2013). Teaching and the life history of cultural transmission in Fijian villages. *Human Nature—An Interdisciplinary Biosocial Perspective*, *24*(4), 351–374.

Kobayashi, Y., & Aoki, K. (2012). Innovativeness, population size and cumulative cultural evolution. *Theoretical Population Biology*, *82*(1), 38–47.

Laland, K. N., Odling-Smee, J., & Myles, S. (2010). How culture shaped the human genome: Bringing genetics and the human sciences together. *Nature Reviews Genetics*, *11*(2), 137–148.

Lanman, J. A. (2012). The importance of religious displays for belief acquisition and secularization. *Journal of Contemporary Religion*, *27*(1), 49–65. doi:10.1080/135379 03.2012.642726

Lehmann, L., Aoki, K., & Feldman, M. W. (2011). On the number of independent cultural traits carried by individuals and populations. *Philosophical Transactions of the Royal Society B: Biological Sciences*, *366*(1563), 424–435.

Leibbrandt, A., Gneezy, U., & List, J. A. (2013). Rise and fall of competitiveness in individualistic and collectivistic societies. *Proceedings of the National Academy of Sciences, USA*, *110*(23), 9305–9308.

Little, A. C., Jones, B. C., DeBruine, L. M., & Caldwell, C. A. (2011). Social learning and human mate preferences: A potential mechanism for generating and maintaining between-population diversity in attraction. *Philosophical Transactions of the Royal Society B: Biological Sciences*, *366*(1563), 366–375.

Liu, D., Vanderbilt, K. E., & Heyman, G. D. (2013). Selective trust: Children's use of intention and outcome of past testimony. *Developmental Psychology*, *49*(3), 439.

Lucas, A. J., Lewis, C., Pala, F. C., Wong, K., & Berridge, D. (2013). Social-cognitive processes in preschoolers' selective trust: Three cultures compared. *Developmental*

Psychology, *49*(3), 579.

McElreath, R., Boyd, R., & Richerson, P. J. (2003). Shared norms and the evolution of ethnic markers. *Current Anthropology*, *44*(1), 122–130.

Medin, D. L., & Atran, S. (2004). The native mind: Biological categorization and reasoning in development and across cultures. *Psychological Review*, *111*(4), 960–983.

Mesoudi, A. (2009). The cultural dynamics of copycat suicide. *PloS ONE*, *4*(9), e7252.

Mesoudi, A., Whiten, A., & Dunbar, R. (2006). A bias for social information in human cultural transmission. *British Journal of Psychology*, *97*(3), 405–423.

Morgan, T., Rendell, L., Ehn, M., Hoppitt, W., & Laland, K. (2012). The evolutionary basis of human social learning. *Proceedings of the Royal Society B: Biological Sciences*, *279*(1729), 653–662.

Muthukrishna, M., Chudek, M., & Henrich, J. (2015). *The Cultural Brain Hypothesis: The evolution of brain size and the rise of a cultural species*. Manuscript in preparation.

Muthukrishna, M., Shulman, B. W., Vasilescu, V., & Henrich, J. (2013). Sociality influences cultural complexity. *Proceedings of the Royal Society B: Biological Sciences*, *281*(1774), 20132511.

Na, J., & Kitayama, S. (2012). Will people work hard on a task they choose? Social-eyes priming in different cultural contexts. *Journal of Experimental Social Psychology*, *48*(1), 284–290.

Nakahashi, W., Wakano, J. Y., & Henrich, J. (2012). Adaptive social learning strategies in temporally and spatially varying environments. *Human Nature*, *23*(4), 386–418.

Nisbett, R. E., & Cohen, D. (1996). *Culture of honor: The psychology of violence in the South*. Boulder, CO: Westview Press.

Norenzayan, A. (2013). *Big gods: How religion transformed cooperation and conflict*. Princeton, NJ: Princeton University Press.

Norenzayan, A., Atran, S., Faulkner, J., & Schaller, M. (2006). Memory and mystery: The cultural selection of minimally counterintuitive narratives. *Cognitive Science*, *30*(3), 531–553.

Norenzayan, A., & Shariff, A. F. (2008). The origin and evolution of religious prosociality. *Science*, *322*(5898), 58–62.

Olson, K. R., Dunham, Y., Dweck, C. S., Spelke, E. S., & Banaji, M. R. (2008). Judgments of the lucky across development and culture. *Journal of Personality and Social Psychology*, *94*(5), 757.

Perreault, C., Moya, C., & Boyd, R. (2012). A Bayesian approach to the evolution of social learning. *Evolution and Human Behavior*, *33*(5), 449–459.

Phillips, D. P. (1974). The influence of suggestion on suicide: Substantive and theoretical implications of the Werther effect. *American Sociological Review*, 340−354.

Potts, R. (1998). Variability selection in hominid evolution. *Evolutionary Anthropology: Issues, News, and Reviews, 7*(3), 81−96.

Powell, A., Shennan, S., & Thomas, M. G. (2009). Late Pleistocene demography and the appearance of modern human behavior. *Science, 324*(5932), 1298−1301.

Richerson, P. J., Baldini, R., Bell, A., Demps, K., Frost, K., Hillis, V., . . . Zefferman, M. (2014, October 28). Cultural group selection plays an essential role in explaining human cooperation: A sketch of the evidence. *Behavioral and Brain Sciences*, 1−71. [Epub ahead of print]

Richerson, P. J., & Boyd, R. (2000). Climate, culture and the evolution of cognition. In C. M. Heyes (Ed.), *The evolution of cognition* (pp. 329−345). Cambridge, MA: MIT Press.

Richerson, P. J. and Boyd, R. (2005). *Not by genes alone: How culture transformed human evolution.* Chicago, IL: University of Chicago Press.

Richerson, P. J., Boyd, R., & Henrich, J. (2010). Gene-culture coevolution in the age of genomics. *Proceedings of the National Academy of Sciences, USA, 107*(Suppl. 2), 8985−8992.

Ryalls, B. O., Gul, R. E., & Ryalls, K. R. (2000). Infant imitation of peer and adult models: Evidence for a peer model advantage. *Merrill-Palmer Quarterly (1982-)*, 188−202.

Schmidt, M. F., Rakoczy, H., & Tomasello, M. (2011). Young children attribute normativity to novel actions without pedagogy or normative language. *Developmental Science, 14*(3), 530−539.

Schmidt, M. F., & Tomasello, M. (2012). Young children enforce social norms. *Current Directions in Psychological Science, 21*(4), 232−236.

Scofield, J., Gilpin, A. T., Pierucci, J., & Morgan, R. (2013). Matters of accuracy and conventionality: Prior accuracy guides children's evaluations of others' actions. *Developmental Psychology, 49*(3), 432.

Shultz, S., Nelson, E., & Dunbar, R. I. M. (2012). Hominin cognitive evolution: Identifying patterns and processes in the fossil and archaeological record. *Philosophical Transactions of the Royal Society B: Biological Sciences, 367*(1599), 2130−2140.

Shutts, K., Banaji, M. R., & Spelke, E. S. (2010). Social categories guide young children's preferences for novel objects. *Developmental Science, 13*(4), 599−610.

Stenberg, G. (2009). Selectivity in infant social referencing. *Infancy, 14*(4), 457−473.

Stout, D., Bril, B., Roux, V., DeBeaune, S., Gowlett, J., Keller, C., . . . Stout, D. (2002).

Skill and cognition in stone tool production: An ethnographic case study from Irian Jaya 1. *Current Anthropology*, *43*(5), 693–722.

Stout, D., & Chaminade, T. (2012). Stone tools, language and the brain in human evolution. *Philosophical Transactions of the Royal Society B: Biological Sciences*, *367*(1585), 75–87.

Tanaka, M. M., Kendal, J. R., & Laland, K. N. (2009). From traditional medicine to witchcraft: Why medical treatments are not always efficacious. *PloS ONE*, *4*(4), e5192.

Toelch, U., Bruce, M. J., Meeus, M. T., & Reader, S. M. (2010). Humans copy rapidly increasing choices in a multiarmed bandit problem. *Evolution and Human Behavior*, *31*(5), 326–333.

van Schaik, C. P., & Burkart, J. M. (2011). Social learning and evolution: The cultural intelligence hypothesis. *Philosophical Transactions of the Royal Society B: Biological Sciences*, *366*(1567), 1008–1016.

van Schaik, C. P., Isler, K., & Burkart, J. M. (2012). Explaining brain size variation: From social to cultural brain. *Trends in Cognitive Sciences*, *16*(5), 277–284.

Wertz, A. E., & Wynn, K. (2014). Thyme to touch: Infants possess strategies that protect them from dangers posed by plants. *Cognition*, *130*(1), 44–49.

Wertz, A. E., & Wynn, K. (in press). Selective social learning of plant edibility in 6-and 18-month-old infants. *Psychological Science*.

Willard, A., Norenzayan, A., & Henrich, J. (2015). *Do as I do, not as I say: Experimental tests of credibility enhancing displays*. Manuscript in preparation.

Wolf, T. M. (1973). Effects of live modeled sex-inappropriate play behavior in a naturalistic setting. *Developmental Psychology*, *9*(1), 120.

Yeaman, S., Schick, A., & Lehmann, L. (2012). Social network architecture and the maintenance of deleterious cultural traits. *Journal of the Royal Society Interface*, *9*(70), 848–858.

Zaki, J., Schirmer, J., & Mitchell, J. P. (2011). Social influence modulates the neural computation of value. *Psychological Science*, *22*(7), 894–900.

Zmyj, N., Buttelmann, D., Carpenter, M., & Daum, M. M. (2010). The reliability of a model influences 14-month-olds' imitation. *Journal of Experimental Child Psychology*, *106*(4), 208–220.

31장

도덕성

로버트 커즈번 · 피터 드치올리[1]

서문

크렙스Krebs(2005)는 『핸드북』 초판의 이 장에서 "도덕적인 행동과 비도덕적인 행동을 일으키는 기제가 어떻게 진화하는지를 설명"(p. 747)하고자 했다. 『핸드북』의 이 판에서는 지난 10년간 도덕성을 둘러싼 학문적 변화를 반영해서 도덕적 행동보다는 도덕적 **판단, 믿음, 동기**를 불러일으키는 기제들의 진화된 기능을 설명하고자 한다.

이 차이는 결정적이지만 동시에 미묘하고, 간과하기 쉽다. 한 연구에서는 이렇게 묻는다. 사람들이 도덕적으로 옳다고 판단하는 행동, 즉 이타적이고 정직하고 공정하다고 판단하는 행동을 어떻게 설명할 수 있을까? 그와 아주 다른 어느 연구에서는 이렇게 묻는다. 왜 인간이 애초에 어떤 행동을 도덕적이거나 부도덕하다고 판단하는지를 어떻게 설명할 수 있을까?

도덕적인 행동에 초점을 맞출 때 크렙스는 가장 탁월한 발자취를 따랐다. 다윈 (1871)은 도덕성을 다룬 두 장에서 **이타주의적 행동**에 관한 설명을 전개하면서 공감

---

1 원고를 준비하는 동안 더없이 귀중한 도움을 준 클레어 라이더Claire Ryder에게 감사를 표하고 싶다.

은 도덕성의 '주춧돌'로 사람들에게 남을 돕도록 추동한다고 주장했다. 다윈은 집단선택을 근거로 자신의 설명을 구축했다. 도덕적 행동의 선택은 집단 간 경쟁에서 성공을 불러왔기 때문이란 것인데, 이 견해는 이후에 오랫동안 쇠하고(Williams, 1966) 흥하기를(Haidt, 2012) 거듭했다.

지난 20년간 도덕심리학 연구는 특히 슈웨더Shweder, 로진Rozin, 하이트Haidt(예를 들어, Haidt, Koller, & Dias, 1993; Shweder, Mahapatra, & Miller, 1987) 같은 학자들의 주장을 통해 다윈, 크렙스 같은 연구자들이 도덕 심리학의 핵심 문제로 여겼던 질문, 즉 왜 인간은 타인에게 이익을 주는가의 너머로 논의를 확장시켰다. 예를 들어, 하이트는 여러 문화에서 도덕 문제는 이타주의뿐 아니라 성적 관습, 순수함에 대한 직관, 권위 존중 같은 삶의 다른 영역들도 포함한다고 강조했다.

그러자 이 확장은 '도덕적' 행동에 대한 새로운 설명으로 이어졌다. 예를 들어 하이트(2012)는 도덕성을 둘러싼 수많은 행동을 설명하기 위해 혈연선택(Hamilton, 1964), 상호 이타주의(Trivers, 1971), 병원체 회피 이론을 끌어들였다. 중요한 것은, 이런 설명이 계속해서 도덕적 행동에 초점을 맞추고 있다는 점이다. 혈연선택 이론은 왜 사람들이 가까운 친척에게 이익을 주기 위해 설계된 체계를 갖고 있는지를 설명한다. 상호성 이론(Axelrod & Hamilton, 1981; Fehr, Fischbacher, & Gächter, 2002; Nowak & Sigmund, 2005; Trivers, 1971)은 왜 사람들은 이전에 자신(혹은 간접 상호성의 경우엔 다른 이들)을 도왔던 이들을 돕도록 설계된 체계를 갖추게 되었는지 설명한다. 병원체 회피 이론은 사람들이 박테리아와 바이러스에 노출되는 일을 회피하도록 설계된 기제를 갖게 된 이유를 설명한다.

비록 이 이론들은 여러 가지 도덕적 행동을 탁월하게 설명하고 있지만, 우리는 이 이론들이 설명하지 않는 것에 주목할 필요가 있다. 예를 들어, 병원체 회피의 선택적 이점은 개인이 부패하는 동물의 사체를 피하는 이유를 설명해주지만, 그것만으로는 한 개인이 병원체 노출의 책임자로서 다른 개인이 처벌받아야 한다고 믿게 되는지를 설명하지 못한다. 많은 유기체들이 병원체에 저항하게끔 설계된 적응을 갖고 있는 반면에, 인간은 자신이 회피하는 행동을 저지르는 타인을 판단하고, 그런 행동이 '잘못된' 것이라 믿고, (적어도 일부 사례에서는) 그런 행동을 저지른 사람에게 **해를 입히고 싶은 욕구**(즉, 처벌하고 싶은 욕구)를 느낀다.

이번 장의 남은 부분에서는 인간 심리의 이러한 특징들을 설명하는 데 초점을 맞출 것이다. 판단, 믿음, 동기에 관한 설명은 『핸드북』 초판이나 관련 이론들과 단절되기는커녕, 그 해명과 꼭 맞아떨어진다. 무엇이 나쁜 일이고 처벌을 받아야 하는 일인지에 대한 사람들의 믿음을 설명한 다음에는, 왜 사람들이 그렇게 판단되는 행동을 하지 않기로 결정하는지를 추가로 설명할 것이다. 바로, 다른 사람들이 자신을 처벌해야 한다고 느끼게 되는 일을 피하기 위해서다.

도덕적 현상: 도덕성 분할하기

역사를 통틀어서 도덕적 믿음은 사람들에게 혼전 섹스, 마법, 종교적 믿음의 승인, 과학 연구 같은 행동을 한 다른 사람을 투옥하고, 고문하고, 사형하고자 하는 욕구를 불러일으켰다. 도덕성은 여전히 혐오 범죄, 대량 투옥, 테러리즘을 부추긴다(Atran, 2010). 낙태를 향한 도덕적 비난은 해마다 4만 7,000명의 여성을 죽음에 몰아넣고, 안전한 낙태를 불법화해서 수백만 명에게 큰 상해를 입힌다(World Health Organization, 2011). 2012년에 미국의 사법 당국은 반동성애 혐오 범죄가 1,318건 발생했다고 보고했다(Federal Bureau of Investigation, 2012). 마약을 향한 도덕적 비난은 대량 투옥과 조직범죄를 향한 자금 투자 등 '전 세계의 개인과 사회에 참담한 결과'를 가져왔다(Global Commission on Drug Policy, 2011). 그보다 작은 규모에서 사람들의 도덕적 판단은 친밀한 개인들의 관계를 깨뜨릴 수 있다. 도덕적 올바름이 친구들 간의 타협을 침식하는 경우가 그런 예다.

이런 파괴적인 도덕적 현상은 인간에게만 나타난다. 이와 대조적으로, 이타주의, 자녀 양육, 정직한 소통, 일부일처 짝짓기, 재산에 대한 존중, 공격성 억제 등 일반적으로 도덕적으로 옳다고 판단하는 여러 행동은 비인간 동물 종에게서도 폭넓게 관찰할 수 있다(Davies, Krebs, & West, 2012). 중요한 것은, 비인간 동물 종에 속한 개체들은 명확한 도덕적 판단을 하거나, 도덕적 규칙을 서로 전달하거나, 어떤 규칙이 최선인지 논쟁하거나, 규칙의 위반자를 처벌하거나, 공정한 판단을 옹호하지 않는다는 점이다. 이때, 분류군 전체에 걸쳐 도덕적 판단과 도덕 규칙의 체계는 없어도 사람들이 '도덕적'이라고 판단하는 행동의 원인은 다수 존재한다.

게다가, 도덕적 판단을 하는 인간의 능력이 반드시 체계적으로 도덕적 행동으로까지 이어지지는 않는다(Kurzban, 2010). 도덕적 위선을 다룬 연구에서는 자신도 도덕적으로 잘못됐다고 판단하는 행동을 사람들이 자주 한다는 것이 밝혀졌다(Batson & Thompson, 2001). 일련의 실험에서는 불쾌한 일을 해야 하는 상황이 되면, 도덕적으로 최선의 방법은 동전 던지기로 결정하는 것이라 말했으면서도 참가자의 대부분은 자신이 직접 나서기보다는 타인에게 그 일을 하게 했다(Batson & Thompson, 2001). 그와 유사하게, 발달 연구에서는 타인의 거짓말에 대한 아이들의 도덕적 판단이 자기 자신의 거짓말 행동과는 무관하다는 결과가 나왔다(Talwar, Lee, Bala, & Lindsay, 2002). 요컨대, 도덕적 행동과 도덕적 판단 사이에는 서로 다르게 진화한 기능을 가리키는 이중의 분열이 존재하고, 더 나아가 도덕적 판단이 가장 특별하면서도 가장 이해가 덜 된 주제임을 알 수 있다.

물론, 연구자에 따라 '도덕성'을 여러 가지로 정의할 수 있다. 하지만 우리는 '도덕성'을 이타주의, 상호성, 공정성, 정직, 일부일처제, 싸움, 양육, 흑마술, 초자연적 믿음, 냉동 보존, 흡연 등 인간이 도덕화할 수 있는 모든 행동으로 정의하는 것이 가치 있다고는 보지 않는다. 마찬가지로 친사회적 행동이나 논제로섬 행동 같은 너무나 포괄적인 정의는 근본적으로 모든 사회적 행동을 포함시켜 도덕성을 사회성과 등치시킨다. 따라서 우리는, 도덕적 판단과 도덕적으로 판단되는 행동을 날카롭게 구분한 칸트Kant(1785/1993)나 무어Moore(1903) 같은 도덕 철학자를 따라, 보다 엄밀한 과학적 정의를 선호한다. 이 관점에 따르면 진화한 도덕적 적응은 다양한 행동의 도덕적 가치를 연산하는 인지 프로그램이되, 그 자체로 행동을 만들어내는 체계는 아니다.

이 장에서 지금부터는 '도덕성'이라는 용어를 사용할 때, 다양한 문화에서 사람들이 어떤 행동을 '옳다'나 '잘못되지 않았다'와 대립하는 의미에서 '잘못되었다'로 판단한다는 사실을 가리키는 말로 사용하고자 한다. 우리의 관심은 이 '도덕 감각(도덕 관념)'을 설명하는 데 있는데, 제임스 Q. 월슨James Q. Wilson(1993)은 도덕 감각을, 도덕적 연속체(스펙트럼)에 들어오는 타인의 행동들에 대한 사람의 경험이라고 정의했다. 이 절의 남은 부분에서는 도덕성 이론이라면 반드시 설명해야 하는 도덕적 믿음과 판단의 경험적 특징들을 검토하고자 한다.

피해와 이타주의 너머로

도덕성 연구에서 결정적 진전을 이룬 것이 있다. 도덕적 판단의 초점이 그저 피해를 방지하고 이타주의를 촉진하는 데만 맞춰져 있지 않다는 생각이다. 이 생각을 명확히 입증하는 기록이 있다. 인류학적 기록은 섹스, 음식, 폭력, 의사소통, 재산, 거래, 마법, 초자연적 믿음 등에 대해 놀랄 만큼 다양한 규칙이 있음을 보여준다. 예를 들어, 최근에 이란에서는 현재 처벌할 수 있는 위법 행위인 개의 소유가 과연 부도덕한 일인지 논쟁이 벌어지기도 했다(Fassihi, 2011).

슈웨더, 머치Much, 마하파트라Mahapatra, 박Park(1997)은 인도의 부바네스와르에서 참가자들을 대상으로 여성이 남편과 함께 쌀밥을 먹는 것, 아들이 아버지를 이름으로 부르는 것, 과부가 생선을 일주일에 두 번 먹는 것처럼 그들이 도덕적 위반으로 지각하는 행위에 대해서 인터뷰했다. 이 행동을 비롯한 30여 가지 행동들이 왜 도덕적으로 잘못되었는지를 묻자, 참가자들은 그런 일들이 미치는 피해뿐 아니라, 위계, 의무, 신성, 순수함, 그리고 그 밖의 여러 가지 문제를 거론했다.

더 나아가 하이트(2001)는 사람들이 피해를 우려해서 도덕적 판단을 내렸다고 주장할 때조차도, 그것이 판단의 진정한 이유라기보다는 **사후**에 급조된 정당화인 경우가 많다는 것을 입증했다. 하이트는 참가자들에게 아무런 해를 끼치지 않는 도덕적 위반 행위를 제시하고 왜 그 행위가 도덕적으로 잘못됐는지 물었다. 많은 참가자가 구체적인 피해를 언급했다. 이제 연구진은 참가자에게 그런 피해가 가상적으로 배제된 상황을 상상해보라고 요청했다. 모든 피해가 제거되어 더 이상 이유를 설명할 수 없게 되었을 때에도(이른바 도덕적 말문 막힘moral dumbfounding 현상), 많은 참가자들이 기존의 도덕적 판단을 유지했다. 테틀락Tetlock(2000)도 유사한 절차를 통해 동일한 결과를 얻었다. 장기 매매 같은 사안에서 잠재적 피해가 만족스럽게 제거된 뒤에도 참가자들은 비난을 멈추지 않았다. 비슷한 연구에서는 위반 행위(개고기를 먹는다거나, 국기로 화장실 청소를 하는 등의 행위)를 향해 드러내는 도덕적 판단의 가혹함은 피해에 대한 참가자 본인의 평가로는 예측할 수 없다는 결과가 나왔다(Haidt et al., 1993; Haidt & Hersh, 2001).

하이트(2012)의 **도덕 기반 이론**moral foundations theory은 도덕적 규칙들의 다양성을 설명하고자 한다. 하이트는 각각의 기반—공정성, 충성심, 권위, 신성함, 그리고 물론, 피해—에 자녀 양육, 상호성, 연합, 계층, 오염 물질 같은 적응 문제를 동기로 부여한다.

좋은 도덕성 이론은 도덕적 규칙의 내용이 보이는 다양성을 해명할 필요가 있다. 동시에, 좋은 이론이라면 도덕의 영역들을 가로지르는 도덕적 인지의 여러 공통된 특징들을 설명할 수 있어야 한다. 예를 들어, 왜 서로 다른 영역에 속한 위반 행위를 모두 매한가지로 '잘못됐다'고 판단하는 것일까? 무신경함, 부당함, 불충함, 불복종, 불순함 등 제각기 특수한 명칭을 부여하지 않고 말이다. 모든 영역에서 잘못은 고발, 죄책감, 비난, 소문, 처벌, 공평함 등과 관련이 있다. 이 속성들이 도덕화 과정—도덕과 관계없는 행동이 도덕적 위반 행위로 변질되는 과정—에서 공통적으로 발견된다(Rozin, 1999). 로진(1999)은 흡연이나 육식 같은 행동의 도덕화는 금지, 격노, 검열, 과잉 정당화, 내면화, 촉진된 사회적 학습 같은 일련의 심리적 특징과 관련되어 있다고 주장한다.

비결과주의

도덕적 판단에 대한 설명은 분명 그런 판단의 폭넓은 경험적 양상을 설명해야 한다. 그 가운데 가장 중요한 양상은 도덕적 판단이 종종 **비결과주의적**nonconsequentialist 이라는 것이다(Sinnott-Armstrong, 2006 참조). 다시 말해, 경험적(즉, 경험적) 수준에서 어떤 행동이 잘못됐다는 사람들의 판단은 그 행위의 (실제적, 직접적, 혹은 의도된) 결과와 관련된 믿음에만 근거하지 **않는다**(Hauser, 2006). 구체적으로, 도덕적 판단은 의무적이며, 그저 의도한 결과만이 아니라 행위자가 선택한 행동에 더 민감하다.

가장 흔한 경험적인 예가 사람들의 도덕적 직관을 시험할 때 사용하는 트롤리 문제Trolley Problem에서의 판단이다(Grrene, Sommerville, Nystrom, Darley, & Cohen, 2001; Mikhail, 2007). 달리는 트롤리가 이대로 멈추지 않는다면 선로 위에 있는 다섯 사람은 죽게 된다. 하지만 인도교 위에 있는 가방 멘 남자를 밀어서 선로 위로 떨어뜨리면, 그는 죽지만 트롤리는 멈출 수 있다. 사람들의 도덕적 직관이 결과주의적이라면, 사람들은 가방을 멘 남자를 떨어뜨리는 쪽이 다섯 명 대신 한 명이 죽게 되니 도덕적으로 옳다고 판단할 것이다. 그러나 정반대로, 다양한 문화에서 압도적으로 많은 참가자가 가방을 멘 남자를 미는 것은 잘못된 일이라고 판단한다(Hauser, 2006). 비결과주의의 유사한 증거가 금기 맞거래(Tetlock, 2003)와 가치 보호(Baron & Spranca, 1997)에 관한 연구에서도 발견된다. 이 영역의 연구 결과는 도덕적 인지가 결과에만 집중하는 것이 아니라, 금지된 행동들에 특별히 맞춰져 있음을 보여준다.

비결과주의에 대한 이와 같은 관찰이 중요한 것은 그 내용이 도덕적 판단에 관한 유력한 설명들과 충돌하기 때문이다. 예를 들어, 이타주의 모델은 결과에 우선적으로 초점이 맞춰져 있다고 예측한다. 가령, 혈연선택 체계는 좋은 결과(즉, 포괄적합도의 극대화)를 내는 쪽으로 행동을 유도한다고 예상할 수 있다. 그리고 실제로도 많은 유기체들이 한 가까운 친척에게 더 큰 이익을 주기 위해 다른 가까운 친척(형제자매, 자식)을 일상적으로 해치거나 살해한다(Mock, 2004). 그와 정반대로, 84%의 사람들이 한 명의 형제를 밀어 다섯 명의 형제를 살리는 것은 잘못된 일이라 응답했다(Kurzban, DeScioli, & Fein, 2012). 비록 적지 않은 참가자(47%)가 그게 잘못이긴 해도 자신은 한 명을 밀 거라고 답했지만 말이다. 만일 도덕적 판단이 혈연선택에 따라 설계되었다면, 사람들은 한 명을 미는 일을 잘못으로 판단하지 않고 오히려 도덕적이라고 판단할 것이다. 비결과주의적 판단은 다른 종류의 설명을 가리킨다. 도덕적 판단 체계는 행동이 어떤 결과를 불러오는지가 아니라, 행동이 어떻게 완결되는지에 주목한다. 이 사실은 아래 논의에서처럼 도덕적 판단이 조정 문제를 해결하고 있을 가능성을 가리킨다(DeScioli & Kurzban, 2013).

판단은 복잡하고, 암묵적이고, 가변적이다

어떤 이들은 도덕적 판단을 단순한 휴리스틱의 산물로 파악하지만(Baron, 1994; Gigerenzer, 2007; Sunstein, 2005), 다른 연구자들은 도덕적 판단은 행동과 맥락의 다양한 특징에 반응하는 복잡한 판단이라는 것을 발견했다. 미하일Mikhail(2007)은 앞서 논의한 트롤리 문제로 돌아가서, 도덕적 판단이 행동의 특수한 구조적 특징에 체계적으로 의존한다는 결과를 얻었다. 예를 들어, 인도교 사례에서 가방을 멘 사람은 트롤리를 멈춘다는 목적의 수단으로 사용된다. 하지만 선로 변경 사례에서 그의 죽음은 부수적 효과이며, 대다수의 참가자들은 선로를 변경해서 다섯 명을 살리고 한 명을 죽게 하는 일이 도덕적으로 허용할 만하다고 판단한다. 도덕적 판단은 다양한 도덕 위반 행위에 대해 수단과 부수적 효과의 차이를 추적한다(DeScioli, Asa, & Kurzban, 2012).

큰 관심을 받는 또 다른 중요한 차이는 행위와 누락의 차이다. 조금 혼란스럽게도, 사람들은 만일 어떤 결과가 행위가 아닌 무행위의 결과라면, 결과와 의도가 일치한다 하더라도 덜 잘못된 것으로 평가한다. 예를 들어, 사람들은 해독제가 필요한 사람에게 약을 주지 않는 것이 누군가를 독살하는 것보다 덜 잘못한 것이라고 판단한다. 두 가지 행위의 의도가 모두 상대의 죽음에 있다 해도 말이다(Cushman, Young, & Hauser, 2006). 이 효과는 다양한 도덕 영역에서 동일하게 발생한다. 예를 들어, 실험 참가자들은 행위를 통한 식인 행위를 무행위(즉, 인육인 걸 안 뒤에도 고기를 뱉지 않는 짓)를 통한 식인 행위보다 도덕적으로 더 나쁘다고 평가한다(DeScioli, Asao, & Kurzban, 2012).

도덕적 판단은 행동의 이런 차원을 추적하지만, 참가자들은 자신의 변덕스러운 도덕적 판단 뒤에 놓인 요인들을 제대로 설명하지 못한다(Haidt, 2012). 실제로 하이트와 그 밖의 연구자들은 도덕적 심리 판단이 의식적이고 명료하게 이뤄지기보다는, (항상은 아니지만) 자주 은연중에 직관적으로 이뤄진다고 주장했다. 그렇다면, 도덕적 판단의 원천은, 최소한 가끔은, 감정 체계를 포함하는 무의식 체계에 있다. 이 점을 고려해서 특히 미하일(2007)은 복잡하고 무의식적인 계산을 수반하는 한에서, 도덕적 판단을 자연 언어에 비유한다.

마지막으로 도덕적 판단의 핵심적인 특징은 행위가 시간과 문화에 따라 서로 아주 다르게 도덕화된다는 점이다(Haidt, 2012; Roizin, 1999; Shweder et al., 1987). 아마도 이 가변성은 서로 다른 두 문화에서 정반대의 행동을 도덕화하는 사례를 통해 가장 투명하게 드러날 것이다. 예를 들어, 서양의 독자들은 타인의 자원을 탈취하는 사람이 가해자가 되는 재산권 제도에 익숙하다. 탈취가 도덕화된 것이다. 하지만 어떤 도덕적 체제에서 재산권은 누가 그 물건을 습득했느냐가 아니라 물건의 필요성을 우선시한다. 증여의 거부가 도덕화되는 것이다. 예를 들어, 피스크Fiske(1992)는 사람들이 더 절박한 이들과 자원을 공유해야 한다고 일반적으로 기대하는 공동체적 공유 관계를 논의했다. 더 일반적으로 말해서, 한 문화에서 도덕화된 행동의 범주는 다른 문화의 구성원들에게 상당히 이상하게 보이는 경우가 많다. 음식 금기, 의복 규제, 성 풍습에서 그런 예를 무수히 볼 수 있다.

요컨대, 다양한 문화에서 도덕 규칙은 어느 정도 유사성이 있지만—정당한 이유 없는 의도적으로 가해하는 행위는 빈번하게 도덕화된다—다른 한편으로는 엄청난 가변성이 존재한다.

처벌

일단 도덕적 판단이 이뤄지면 감정과 동기가 단계적으로 뒤를 잇는다. 특히 도덕적 위반은 노여움과 역겨움을 일으키고(Rozin, Lowery, Imada, & Haidt, 1999), 일반적으로는 행위자가 처벌받아야 한다는 직관을 불러일으킨다(Robinson & Kurzban, 2007; Wiessner, 2005). 처벌 욕구는 도덕적 판단의 기능을 엿보게 해준다. 예를 들어, 도덕적 판단이 그저 상호작용의 파트너를 고르기 위해 만들어졌다면(Baumard, André, & Sperber, 2013), 사람들이 위반자를 그저 피하는 데 그치지 않고 처벌을 바라는 이유가 분명하게 설명되지 않는다.

게다가 비용을 부과하려는 동기가 중요한 것은, 그 동기 때문에 잠재적인 비용이 발생하기 때문이다. 다른 사람에게 해를 끼치는 일은 차후에 피해자와 그 동맹자들의 보복을 불러오기 때문에(예를 들어, Knauft, 1987), 처벌 동기는 반드시 당사자에게 돌아오는 어떤 이익으로 상쇄되어야 한다.

확실하게 입증된 처벌 동기의 다른 특징 세 가지도 잠재적으로 중요하다. 첫째, 가해자를 처벌해야 한다는 욕구는 상당히 흔하지만, 자기가 직접 처벌하기는 바라지 않는다. 실험실 증거에 따르면, 처벌 행동이 신중하게 익명으로 이뤄질 때 사람들은 높은 비용이 드는 처벌에 가담하지 않는데(Kuzban & DeScioli, 2013), 이는 평판에 이익이 되지 않는다면 처벌 동기 그 자체는 존재하지 않는다는 것을 가리킨다(Kurzban, DeScioli, & O'Brien, 2007). 이를 통해 (타인을 대상으로 도덕 규칙을 어긴 것이 아니라) 자신에게 해를 입힌 사람을 벌하고자 하는 복수심과 도덕적 처벌을 구분할 수 있다(McCullough, Kurzban, & Tabak, 2013).

둘째, 다양한 문화에서 위반 행위를 처벌하는 방식에는, 비공식적 처벌(Hess & Hagen, 2002; Kaplan & Hill, 1985; Wiessner, 2005)에서부터 산업 사회의 복잡하고 문화적으로 고도화된 경찰 및 사법 체계에 이르기까지 커다란 가변성이 존재한다. 셋째, 아마 두 번째 특징과 연관된 것일 텐데, 어떤 행동이 처벌을 받는지—그리고 얼마나 큰 처벌을 받는지—에는 엄청난 편차가 존재하지만, 다양한 도덕적 위반의 상대적인 심각성과 그에 따른 합당한 처벌 강도에는 폭넓은 합의가 존재한다(Robinson & Kurzban, 2007).

중립성

진화한 사회적 행동의 두드러진 특징으로 **편파성**favoritism이 있다. 편파성은 친족(Hamilton, 1964), 우선적인 상호작용 상대(Trivers, 1971), 연합 구성원(Harcourt & de Waal, 1992), 동족(Gil-White, 2001) 등과 관계가 있다. 편파성을 통해 유기체는 자신에게 더 큰 이익을 가져다주는 상대에게 사회적 노력을 집중한다.

이런 맥락에서 도덕 심리의 한 특징인 중립성은 의문을 불러일으킨다. 여기서 우리가 말하는 **중립성**은 한 개인이 어떤 행위자의 도덕적 잘못을 판단할 때 그 행위자의 정체성(예를 들어, 혈연관계, 내집단, 민족성)을 고려하지 않고 **공평하게 판단한다는** 뜻이다. 그렇다면 중립성이란 차별적인 행동을 유도하기 위해 이타주의 체계가 흔히 사용하는 바로 그 기준을 무시한다는 뜻이 된다(또한 Shaw, 2013을 보라).

물론 경험적 데이터는 타인의 행동을 도덕적으로 판단할 때 **모든** 사람이 **항상** 공평하다는 극단적인 주장을 뒷받침하지 않는다. 하지만 사람들이 때로는 공평하다는 보다 제한적이고 온건한 주장을 뒷받침한다. 즉, 사람들은 도덕 규칙의 위반이 문제가 될 때면 때로는 자신의 소중한 관계에 손상을 입히기도 한다. 예를 들어 한 연구에서는 미군 병사—일반적으로 충성도가 매우 높은 집단—의 절반 이상이 같은 부대원이 파견지에서 민간인을 상대로 폭력을 저지른다면 이를 보고할 의향이 있다는 결과가 나왔다(Morgan, 2007).

실험실에서 나온 증거도 이와 비슷한 내용을 가리킨다. 리버만과 린케Linke(2007)는 기존의 사회적 결속과 도덕적 판단의 관계를 살펴본 보기 드문 연구를 통해서, 사람들은 타인의 도덕적 잘못을 판단할 때 집단 구성원 관계나 심지어는 혈연관계에도 의지하지 않는다는 결과를 얻었다. 친족이라 더 약한 처벌을 기대하긴 했지만, 낯선 사람과 마찬가지로 엄격한 판단을 내린 것이다.

일반적으로, 도덕적 판단에서 공평성이 공통적으로 중시된다는 사실—안대를 두른 정의의 여신을 통해 알 수 있듯이—은 도덕적 판단을 둘러싼 퍼즐인 동시에 단서이기도 하다. 관계에 따라 타인을 서로 다르게 대하는 적응들—신의, 상호성, 혈족주의 등—에 비추어볼 때 도덕적 공평성은 설명이 필요한 중요한 속성이다.

도덕적 판단은 갈등을 조정한다

도덕적 판단의 경험적 양상들을 보면, 그 토대가 되는 심리 기제는 친족을 이롭게 하거나, 집단의 결속을 강화하거나, 병원체를 피하는 등의 기능을 하지 않는다는 것을 알 수 있다. 대신에 우리는 다른 기능을 통해 이러한 양상을 가장 잘 설명할 수 있다고 주장하고자 한다. 바로 분쟁 상황에서의 편-결정이다(DeScioli & Kurzban, 2009, 2013).

사회생활에서 사람들은 지위, 자원, 짝을 놓고 갈등을 빚는다. 이런 갈등을 바라보는 구경꾼들은 종종 편을 들 수밖에 없으며, 양쪽에서 모두 지지를 요구할 때는 더더욱 그렇게 된다. 비인간 동물의 경우 몇 가지 예외가 있지만, 편을 결정하는 적응 문제는 존재하지 않는다. 어떤 경우에는 단지 갈등의 규모가 양자의 문제 이상으로 커지지 않기 때문이다. 즉, 많은 동물 종에서 개체들은 편을 이루지 않는다(Harcourt, 1992). 그렇지 않은 종일 때, 주변에 있는 구경꾼들이 개입을 할 때면 늘 친족의 편을 들고(예를 들어, 개코원숭이; Seyfarth & Cheney, 2013, 2012), 따라서 까다로운 편-결정 문제는 자주 발생하지 않는다. 보다 드물게 비친족을 지원하기도 하는 종으로는 침팬지, 마카크원숭이, 돌고래가 있다(Connor, 2007; de Waal, 1982; Schülke, Bhagavatula, Vigilant, & Ostner, 2010).

인간의 갈등은 종종 양자 이상의 문제로 확대된다. 구경꾼들은 오랜 친구 관계에 충실할 때도 있지만, 연합 안에서 융통성 있게 편을 바꾸기도 한다(Kurzban, Tooby, & Cosmides, 2001). 그래서 갈등이 일어날 때 갈등의 관찰자들—앞으로는 '제삼자'라고 부르겠다—은 자신이 가담할 편을 고르게 되는데, 이때 그들은 편을 결정하는 특정한 기준을 사용해야 한다.

제삼자가 편을 결정하는 한 가지 방법은 지배성에 근거하여 갈등 상황에서 우세한 편에 서는 것이다. 우리는 이를 편승band-wagon 전략이라 부른다. 결정 체제가 이렇다면, 선형적인 지배 계층에서와 같이 가장 우위에 있는 개인이 모든 갈등에서 승리하고 권력을 독점할 것이다(예를 들어, Holekamp, Sakai, & Lundrigan, 2007). 비록 인간의 일부 사회집단은 폭군을 정점으로 엄격하게 계층화되어 있지만, 대부분은 그렇지 않다(Boehm, 1999).

인간이 편을 결정하는 두 번째 방법은 기존 관계의 강도에 근거하여 더 가까운 친족, 친구, 집단 구성원을 지지하는 것이다. 즉, 당파성이나 편파성에 근거한 편−결정이다. 경험적 수준에서 사람들은 편파성을 자주 보이지만, 중요한 것은 늘 그렇지는 않다는 점이다. 편파성에서 벗어나는 경우는 드물지만, 편파성이 이타주의 이론에서 하는 중심적인 역할을 고려하면 상당히 흥미롭다. 이타주의 이론과는 달리, 제삼자는 가끔 친구가 아닌 낯선 사람을, 가족이 아닌 친구를, 자국민이 아닌 외국인의 편에 선다. 이런 일이 발생하는 경우는, 예를 들어 가까운 개인이 먼 개인에게 고의로 부당하게 해를 가했을 때다.

동맹에 근거하여 편을 결정하면 비용이 큰 싸움으로 확대될 수 있다(Snyder, 1984). 주기적으로 갈등이 발생하고 그때마다 제삼자가 자신과 가까운 사람을 지지하는 세계를 상상해보라. 갈등을 빚은 두 사람은 누구나 자신의 가족과 친구가 있을 테니, 결국 싸움은 우열을 가리기가 힘들 것이다. 동물의 경쟁을 다룬 문헌에서 나온 중요한 발견에 따르면, 양편이 호각세인 분쟁은 더 확대될 가능성이 아주 높은데, 어느 한 편이 힘에서 크게 뒤진다면 물러서는 방법이 최선일 수 있는 반면에 이런 경우엔 어느 쪽도 그 방법을 택하지 않기 때문이다(Arnott & Elwood, 2009; Davies et al., 2012; Enquist & Leimar, 1983; Mesterton-Gibbons, Gavrilets, Gravner, & Akçay, 2011; Parker, 1974). 싸움의 확대가 이런 비용을 초래할 수 있기 때문에, 이 비용을 줄여준다면 다른 방식들이 개입할 수도 있다.

구경꾼은 싸움이 확대되는 것을 피하기 위해 다른 모든 사람과 같은 편을 지지할 수 있다. 즉, 편들기 결정을 조정하는 것이다. 조정 문제는 도로 위에서 충돌을 피하거나, 동거인과 가구를 옮기거나, 한 장소에서 모임을 치르거나, 거래 가격을 흥정하는 등 수없이 다양한 사회적 상황에서 발생할 수 있으며, 연구자들은 이 종류의 문제를 집중적으로 연구해왔다(Camerer, 2003; Schelling, 1960; Thomas, DeScioli, Haque, & Pinker, 2014).

조정에 도달하는 한 가지 방법은 모두가 공공의 신호에 맞춰 결정을 내리는 것이다(Schelling, 1960). 이 조정 전략을 **상관 평형**correlated equilibrium이라 부른다(Aumann, 1974). 상관 평형을 가장 흔하게 사용하는 예는 신호등이다. 특정 불빛의 색이 '진행' 또는 '정지'를 의미할 때 이러한 평형이 선택되었다면 개별 운전자는 불빛의 색을 보고 최선의 결정을 내릴 수 있다. 조정 게임에서, 만일 다른 참가자들이 임의의 다른 신호에 따라 결정을 내릴 것 같으면, 각 참가자는 그 신호에 따라 결정을 내리고 평형을 유지할 때 이득을 얻는다.

드치올리와 커즈번(2013)은 갈등 상황에서 구경꾼이 편을 결정할 때 이 조정 기능에 도덕적 내용이 적용된다고 주장했다. 도덕적 인지가 일련의 행동에 도덕적 잘못이라는 속성을 부여하고, 그래서 사람들은 어떤 행동이 도덕적으로 잘못된 것이고 잘못의 크기는 어느 정도인지에 대해 다투고 합의하고자 하는 충동을 느낀다. 도덕에 근거한 편-결정 전략을 채택하면 분쟁이 발생할 때 도덕적으로 가장 잘못된 행위를 저지른 개인과 대립하는 편에 서게 된다. 이 결정 규칙에 따르면 관찰자는 친구나 친척과 대립할 수도 있는데, 그 비용은 반드시 다른 제삼자들과 함께 편을 드는 이익으로 상쇄되어야 한다.

이 전략이 효과를 내려면, 갈등이 발생할 때 어떤 결정을 내릴지에 대하여 제삼자들이 (명시적으로든 암묵적으로든) 사전에 합의를 해야 한다. 여기서 중요한 것은, 신호등 사례와 마찬가지로 잠재적인 제삼자들 사이에 사전 합의가 이루어져 있다면, 합의에서 벗어나는 결정을 내릴 때 큰 비용을 치러야 한다는 점이다. 그가 속한 편은 합의를 따르는 편에게 수적으로 크게 밀리기 때문이다. (제삼자는 그럼에도 친구나 친척을 지지하기로 결정할 수 있다. 최종 결정은 관련된 모든 비용과 이익에 달려 있다.)

중요한 것은, 도덕적 편들기가 편승 전략이나 동맹 전략 같은 여러 조정 평형 가운데 하나일 뿐이라는 점이다. 제삼자가 각자 고를 수 있는 최선의 전략은 다른 사람들이 어떻게 편을 결정하는지에 달려 있는데, 이는 계층(예를 들어, 파시스트 정권)이나 충성(예를 들어, 민족 분쟁)을 우선시하는 집단에서는 도덕성의 중요성이 작아지는 이유를 설명해준다. 예를 들어, 극단적으로 계층화된 사회에 속한 사람들은 당국의 지시를 받으면 아무렇지 않게 도덕 규칙을 위반해서 살인이나 대량학살 같은 부도덕한 행위를 수행한다. 마찬가지로, 민족 분쟁이 발생하면 사람들은 동족의 지지에 힘입어 살인이나 강간처럼 평상시에는 부도덕하다고 여겼을 행동을 저지른다. 이런 사회적 상황에서는 구경꾼들이 권력이나 충성심을 편-결정의 최우선 근거로 삼아 조정에 나서기 때문에, 도덕 규칙을 고수하거나 도덕의 위반자를 비난할 동기가 약해진다.

게다가 도덕적 신념의 기능은 말하자면 협력이 아니라 반대로 조정이기 때문에, 행위의 결과가 도덕적 신념에 중심적이어야 할 특별한 이유가 없다. 만일 다른 사람이 모두 행위 X를 하는 사람이 '잘못됐다'고 판단한다면, 그와 마찬가지로 행위 X가 그와 관련된 모든 사람을 이롭게 하는 경우에도 이를 잘못이라 판단하는 것이 최선의 전략일 수 있다. (사실, 이를 드러내는 사례는 적지 않다. 더 많은 내용에 대해서는 '도덕적 내용에 관한 갈등과 합의'라는 제목의 절을 보라). 이와 유사하게, 신호등 사례에서처럼 사람들은 거의 모든 것에 대해 그것이 '잘못'된 것이라고 사전에 합의할 수 있고, 조정 기능도 문제없이 잘 이뤄질 수 있다. 수없이 다양한 음소의 조합이 '소'(즉, 동물)를 의미할 수 있듯이, 어떤 특정한 단어가 '소'를 지칭한다고 모든 사람이 (대체로) 똑같은 믿음을 갖고 있다면, 어떤 음소의 조합이 그 동물을 의미하는지의 문제는 그리 중요하지 않은 것이다.

이 주장은 행동이 아니라 믿음을 설명한다는 점에 주의하자. 기존의 도덕 규칙— 훔치지 말라—을 위반하는 타인의 행동을 목격하면, 그 행동은 '잘못'된 것이며 그의 반대편에 서야 한다는 믿음(판단)이 발생한다.

조정이 도덕적 현상을 설명한다

도덕적 표상의 구성요소

다른 제삼자들과 같은 편이 되려면 예측을 해야 한다. 역동적 조정 모델은 도덕적 판단—특정 행동이 '잘못'이라고 범주화하는, 비의지적으로 발생하는 표상(믿음)—에는 다른 관찰자들이 어떤 편에 설지를 예측하는 기능이 있다고 주장한다.

이 표상의 한 가지 핵심적인 측면은 (적어도) 두 명의 행위자, 즉 **가해자**—'잘못된' 행동을 저지른 행위자—와 **피해자**—잘못된 일을 당한 행위자—로 이루어져 있다는 것이다(Gray & Wegner, 2009; Gray, Young, & Waytz, 2012). 도덕적 표상은 가해자에 반대하고 피해자를 지지하는 행동을 반드시 유발한다. 피해자의 이 본질적인 역할 때문에 기이한 사례가 발생하기도 하는데, 가해자와 피해자가 동일한 자살의 경우가 그렇다. 게다가 사람들은 잘못이라는 판단을 하고 나면 필요에 따라 피해자를 발명해내는 것처럼 보인다(DeScioli, Gilbert, & Kurzban, 2012).

그러므로 도덕적 판단은 타인의 편-결정 행동을 예측하고, 그에 더하여 타인과 같은 결정을 내리도록 행동을 유도하는 기능을 한다. 가해자를 처벌해야 한다는 동시발생적인 동기는 또 다른 기능상의 요구를 충족한다. 다른 제삼자들에게 자신은 가해자와 대립하는 편에 섰으며 그에 대한 공격을 지지한다는 신호를 전달하는 것이다. 이 생각에 의존하면, 다양한 소셜미디어에 댓글을 달아 노여움이나 역겨움을 표현하는 것에서부터 분노에 찬 시위에 이르기까지 왜 사람들이 타인의 행동에 도덕적 비난을 열심히 표명하는지를 이해할 수 있다(Tooby & Cosmides, 2010). 이런 신호 외에도, 가해자에 대한 처벌 의지를 전달하는 일—예를 들어, 실제로 처벌하는 행동—은 훨씬 더 확실한 지지의 신호가 된다. 이때 도덕적 처벌은 제삼자 조정을 용이하게 하는 값비싼 신호가 된다고 이해할 수 있다.

공평성과 비결과주의

도덕적 판단을 조정 장치로 보면 공평성이 설명된다. 도덕적 판단이 가해자나 피해자와의 관계에 의존할수록 다른 제삼자들—다른 충성심을 가진 사람들—과의 조정이 그만큼 어려워지는 것이다. 도덕적 판단이 효과를 내기 위해서는 다른 사람들의 도덕적 판단과 조율되어야 한다. 이때 개인은 분쟁 당사자와의 관계가 아니라, 당사자의 행위 자체에 근거해 판단을 내려야 한다. 신호등의 예를 들자면, 설사 빨간불을 그냥 지나치는 걸 좋아한다 하더라도 빨간불이 '진행' 신호라고 믿는 것은 이로울 게 없는데, 조정은 개인의 선호와 무관하게 모든 운전자에게 합의를 요구하기 때문이다. 이 합의, 즉 행동을 편향되지 않게 지각하는 것이 공평성의 본질이다. 그렇다고 사람들이 타인의 행동을 평가한 뒤에 항상 공평하게 행동한다는 말은 아니다. 리버만과 린케(2007)의 연구와 관련하여 앞에서 논의했듯이, 관찰자는 친구와 낯선 사람이 저지른 행동을 똑같이 잘못된 것으로 평가할 수는 있지만, 그럼에도 두 사례에 다르게 반응해서 낯선 사람에 대한 처벌은 지지하면서도 친구와 친척의 처벌은 지지하지 않을 수 있다. 제삼자는 공평성을 지켜 얻는 이익과 관계에서 발생하는 비용을 저울질할 것이다. 같은 맥락에서 피터슨Petersen(2013)은 친구가 적은 사람은 중립성을 지키는 데 따른 비용이 낮고, 문제를 더 쉽게 도덕화시킨다는 결과를 얻었다.

조정 기능은 비결과주의적 판단을 설명해준다. 조정에는 판단의 결과가 타인의 판단에 어떤 영향을 미치는지와 무관하게, 다른 사람들과 똑같은 표상이 필요하기 때문이다. 사람들의 판단이 결과보다 행동의 특징에 따라 추동된다면—트롤리 문제의 결과들이 보여주듯이—사람들은 서로 비슷한 판단을 내리는 것이 유리하다. 그렇다 해도 의도된 결과는 도덕적 판단에 영향을 미칠 수 있다. 실제로 그런 경우가 많다(Robinson & Darley, 1995). 하지만 무엇이 '잘못'인지를 구체화하는 목적이 (피해 줄이기가 아니라) 조정이기 때문에, 의도된 위해가 잘못을 판단하는 단 하나의 기준일 필요는 없고, 실제로도 그렇지 않다(예를 들어, Haidt, 2012; Mikhail, 2007; Tetlock, 2003).

그와 관련하여, 갈등을 효과적으로 해결하기 위해서는 도덕 규칙에 관한 집단의 어휘—'잘못'으로 판단하는 그 행동들—에 갈등을 유발할 수 있는 모든 행동이 포함되어 있어야 한다. 그런 행동에는 위해, 재산, 계약, 섹스, 지위 등과 관련된 것들이 있다. 기술이 변함에 따라, 가령 전자 재산권이나 인터넷 감시에 관한 규칙과 법안 같은 새로운 도덕 규칙이 만들어지는 이유도 이 필요조건으로 설명이 된다.

도덕적 내용에 관한 갈등과 합의

다양한 도덕 규칙이 똑같이 잘 작동해서 편들기를 조정할 수도 있지만, 도덕 규칙이 사회집단 안의 다양한 사람에게 아주 다른 결과를 안겨줄 때도 있다. 예를 들어, 어떤 개인이 복수의 짝을 추구하는 짝짓기 전략을 사용한다고 할 때, 이들은 문란함이나 일부다처제에 반대하는 도덕 규칙에 의해 일부일처제를 추구하는 사람들보다 불리한 위치에 놓일 수 있다. 도덕적 인지에는 지역의 규칙이 자신에게 유리하게 작용할 수 있도록 자신의 이해관계에 부합하는 도덕 규칙을 옹호하는 적응이 있을 수 있고, 그로 인해 도덕 규칙을 둘러싼 싸움과 논쟁이 발생할 수 있다(Kurzban, Dukes, & Weeden, 2010; Tooby & Cosmides, 2010; Weeden, 2003; Weeden & Kurzban, 2014).

역사는 그와 관련된 생생한 예로 가득하다. 로빈슨Robinson과 에이스모글루 Acemoglu(2012)는 중세 베네치아에는 코멘다commenda라는 특별한 계약 덕분에 일부 사람들이 부유해지고 영향력을 높일 수 있었다고 주장한다. 이들은 일단 지위를 확보하고 나자 다른 사람들이 성장해서 자신의 권력에 대항하지 못하도록 코멘다 사용을 금지했다. 형법 학계는 오랫동안 이와 같은 과정을 잘 알고 있었으며, '갈등 모델'에서는 "자신이 가진 가치가 국가의 강압적인 권력을 통해 합법화되고, 지지받기를 바라는 기득권 집단들 간의 투쟁이 항상 진행되고 있다"라고 말한다(Thomas, Cage, & Foster, 1976, p. 110).

디지털 음악은 이를 분명하게 드러내는 현대의 사례라 할 수 있다. 음악인들은 자신이 만든 상품을 복제하는 일이 도덕화되고 처벌받아야 이익을 얻는다. 소비자들은 반대 입장이다. 이 동기의 대립을 통해 우리는 메탈리카Metallica와 음반사가 사용자 대 사용자 파일 공유 서비스인 냅스터Napster(지금은 폐쇄된)를 상대로 소송을 제기했던 이유를 즉시 이해할 수 있다.

갈등이 항상 명백한 것은 아니다. 예를 들어 위든Weeden(2003)은 낙태의 도덕성을 둘러싼 갈등은 사실상 성 전략 간의 대리전이라고 주장했다. 더 단기적인 짝짓기 전략(Buss, 2006)을 추구하는 사람들은 문란함을 촉진하는 관습이 도덕화되고, 금지되고, 처벌받게 되면 타격을 입는다. 위든(2003)은 이 논리를 낙태에 적용해서, 짝짓기 노력의 비중을 높이고 양육 노력의 비중을 줄이는 전략을 추구하는 사람들이 낙태에 찬성할 가능성이 높다는 결과를 얻었다. 반대로 일부일처 전략을 추구하는 사람들은 낙태에 반대할 가능성이 높았다. 사람들은 자신의 도덕적 관점을 자유 개념이나 종교적 문헌을 들어 정당화하지만, 위든은 생활사적 변이가 낙태에 관한 사람들의 입장을 만들어낸다고 주장한다.

도덕적 편들기가 늘 갈등으로 이어지는 것은 아니며, 때로는 어떤 행위가 부도덕한지에 관한 합의를 끌어내기도 하는데, 어떤 규칙은 모든 사람에게 거의 똑같은 영향을 미치기 때문이다. 예를 들어 의도적인 신체적 위해를 처벌하는 규칙은 신체적 피해를 입을 수 있는 모든 사람—따라서, 모든 사람—을 보호하고, 그래서 거의 모두에게 동등한 이익을 준다. 이처럼 다른 조건이 같다면 최소한의 갈등을 일으킬 것으로 예상되는 규칙을, 드치올리와 커즈번(2013)은 규칙의 공평한 효과에 근거해서 롤스적Rawlsian이라 부른다. 과연 일부 규칙의 롤스적 성격을 반영하듯, 도덕적인 내용과 관련하여 비교 문화적 공통점이 상당히 많이 존재한다. 정당한 이유가 없는 의도적 살인을 둘러싼 규칙이 대표적이다(Mikhail, 2009).

이렇게 갈등과 합의가 뒤섞여 있다면 여러 문화에 걸쳐 도덕 규칙의 주제와 변주가 존재할 것이다. 갈등이 있는 곳에서는 변이가 상당하다. 영향을 받는 사람이 많고, 그 사람들이 조정을 통해 자신의 이해관계를 관철하려고 하기 때문이다. 합의가 이루어진 곳에서는 일부 도덕 규칙들이 널리 채택되어 비교 문화적인 주제들이 나타난다.

앞서 설명한 역동적 조정 모델은 어떤 문화가 어떤 도덕 규칙을 채택할지에 대해서는 거의 예측을 해주지 않는다. 임의적인 다수의 평형이 존재하기 때문에 변이를 설명하기 위해서는 또 다른 이론이 필요하다. 하이트와 동료들이 제시한 도덕 기반 이론(MFT; Haidt, 2012)에서 한 가지 설명을 들을 수 있다. 이 이론에 따르면, 도덕적 내용을 도덕성의 여섯 가지 기본적인 내용 영역(위해/보살핌, 공평함/상호성, 내집단/충성심, 권위/존중, 순수함/신성함, 자유/억압)으로 나누고 각각의 영역에 부여한 평점의 불일치를 통해 도덕적 내용의 불일치를 유용하게 파악할 수 있다고 한다. 예를 들어, 미국에서 민주당 지지자는 자율성, 개인의 권리, 공평함의 개념에 높은 평점을 부여하고, 공화당 지지자는 순수함에 더 높은 평점을 매긴다(예를 들어, Graham, Haidt, & Nosek, 2009).

도덕 기반 이론에 따르면, 서로 다른 집단의 구성원들은 여러 근거 중에서 자신들이 더 중요하게 여기는 가치를 반영하는 도덕적 체제를 그들의 사회에 도입하고자 노력한다. 이렇게 강조점이 서로 다를 때 각 집단은 공통의 도덕적 헌신을 중심으로 더 잘 뭉칠 수 있다(Haidt, 2012). 도덕 기반 이론에서는 도덕적 헌신이 전략적이라기보다는 대안적 규범들의 집합이며, 이 대안적 규범을 중심으로 형성되는 연합과 동맹에는 다양한 도덕 기반에 대한 강조의 차이가 반영되어 있다고 본다.

만일 역동적 조정 이론이 믿음과 동기를 옳게 설명하고 있다면, 도덕적 순응도 어느 정도 설명된다. 보이드와 리처슨(1992)이 입증했듯이, 행위자들이 X를 저지른 사람을 처벌(즉, 비용을 부과)하는 세계에서는, 처벌을 피하기 위해 X를 하지 않기로 하는 선택이 존재할 것이다. 믿음을 배신하면 처벌을 받는 사회적 세계에서는 처벌을 상쇄할 만큼 큰 보상이 주어지지 않는다면 사람들은 믿음을 배신하지 않을 것이다. 따라서 그런 배신은 '잘못'이라는 믿음이 존재하고 배신한 사람을 처벌할 동기가 존재한다면, 신용trustworthiness이 부분적으로 설명된다.

역동적 조정 모델은 도덕 규칙을 넓은 평형 공간에 퍼져 있는 점들로 파악함으로써—문화적 진화 연구(Boyd & Richerson, 2005)를 반영함으로써—도덕심리학 연구와 문화적 진화 연구를 연결 짓는다. 만일 도덕 규칙이 (협력이 아니라) 편-결정 판단의 조정을 위한 것이라면, 역사적으로 흔한 사례들에서처럼 집단들이 이익-파괴 규칙에서 평형을 이루는 모습을 발견하는 것도 놀라운 일은 아니다(Diamond, 2005; Robinson & Acemoglu, 2012). 같은 맥락에서, 집단은 서로 경쟁하기 때문에 '나쁜'(즉, 총합한 결과가 이익/복지를 파괴하는) 규칙을 가진 집단은 평균적으로 '좋은' 규칙을 가진 집단보다 불리한 위치에 놓이게 된다. 이 동역학은 왜 좋은 규칙이 흔한지, 그리고 왜 시간이 지날수록 더욱 흔해지는지 설명해준다.

도덕 감정

역사적으로 도덕성 연구는 친사회적 행동에 집중했기 때문에 연구자들은 공감, 동정, 죄책감 같은 '도덕적 감정'에 초점을 맞췄다. 그 기원은 일찍이 애덤 스미스Adam Smith(1759)의 『도덕감정론Theory of Moral Sentiments』으로 거슬러 올라가며, 한 세기가 더 지난 후에 다윈도 동정심에 초점을 맞추고서 같은 이론을 전개했다. 오늘날의 접근법들도 이 강조를 얼마간 유지하고 있다. 예를 들어 하이트(2003)는 관련 행동의 친사회성과 개인의 이익을 두 축으로 하는 좌표 위에 도덕 감정을 표시한다.

그와 대조적으로, 이 절의 기본 주제인 도덕적 비난에 관한 연구에서는 타인의 행위를 판단할 때 드는 두 가지 감정, 노여움과 역겨움에 초점을 맞춘다(Hutcherson & Gross, 2011).

노여움(화)

도덕적 위반을 목격하면 흔히 노여움과 분노가 촉발된다(Rozin et al., 1999). 일반적으로 노여운 감정은 개인에게 공격의 동기를 부여하고 공격을 준비시킨다. 그렇다면, 왜 도덕적 판단이 노여움 및 공격성과 밀접하게 연관되어 있는가 하는 의문이 고개를 든다.

도덕적 영역의 바깥에서 사람들은 자신이나 동맹자나 친척이 해를 입었을 때 화를 낸다(Fessler, 2010; Srivastava, Espinoza, & Fedorikhin, 2009). 이렇게 피해에 반응하는 기능적 논리는 단순하다. 노여움은 억제 수단 기능을 하거나(McCullough, Kurzban, & Tabak, 2013; Tooby & Cosmides, 2008), 재조정 기제로 작동한다(Sell, Tooby, & Cosmides, 2009). 만일 A가 피해를 입었을 때 그에 대응해서 보복하리라는 것을 B가 안다면, B는 그러한 후속 비용을 부담하지 않기 위해 되도록이면 A에게 해를 가하지 않을 것이다(McCullough et al., 2013). 한편 재조정 기능에는 다른 사람들이 미래에 덜 해로운(또는 더 이로운) 행위를 하도록 협박을 하는 것이 필수적이다(Sell et al., 2009의 논의를 보라).

하지만 아무런 피해가 발생하지 않아도 누군가가 도덕 규칙을 어기면 사람들은 화를 낸다(DeScioli & Kurzban, 2009; Haidt, 2012; Rozin et al., 1999). 게다가 그 위반이 그나 동맹자에게 직접 영향을 미치지 않을 때도 그런 일이 발생한다. 인간이 화를 내는 범위가 자신이 입은 피해뿐 아니라, 도덕적으로 금지된 행위를 하는 사람이 가하는 추가적인 자극에까지 반응하도록 확장되어 있는 것이다. 단순한 노여움과 마찬가지로 도덕적인 노여움 역시 가해자에 대한 공격성을 유발한다. 하지만 이때 공격성의 동기는 가해자를 향한 직접적인 공격이 아니라, 남들이 가해자에게 공격하는 것을 지지하기 위함이다. 위에서 설명한 역동적 적응 모델에 따르면, 도덕적 위반에 대한 노여움으로 유발되는 행동은 일종의 신호다. 자신이 그 행동을 잘못으로 판단했으며, 따라서 가해자와 대립하는 편에 서겠다고 알리는 것이다. 적절한 조건이 갖춰질 때 이는 가해자에게 비용을 부과하는 행동으로 발전한다(Kurzban et al., 2007).

도덕적 판단과 노여움의 밀접한 연관성은 이타주의 모델과는 잘 들어맞지 않는다. 이타주의 모델들은 노여움이 아닌 공감에 의존한다. 오히려 도덕적 분노는 가해자에 대한 공감을 감소시킨다(Decety, Echols, & Correll, 2010). 이때 한 가지 합리적인 가능성은, 이렇게 공감이 감소하면 위반자에게 해를 입히는 것을 쉽게 지지할 수 있다는 것이다. 역사적으로 인간은 자신과 다른 초자연적 믿음을 가진 사람들(Levy, 1993)이나 통념에 어긋나는 성행위를 한 사람들(Appiah, 2010)을 처형했다. 이처럼 대중이 별다른 해를 끼치지 않는 위반 행위에 대해 가혹한 처벌까지도 지지했던 사례들을 통해 분명히 알 수 있듯이, 공감의 약화는 상당히 강력한 요소가 될 수 있다(Levy, 1993). 이런 견해는 이타주의 모델과 상충하는 반면에, 가해자를 향한 공격성이 중요한 역할을 하는 편들기 모델에는 잘 들어맞는다.

역겨움

타이버, 리버만, 커즈번, 드치올리(2013)의 생각을 좇다 보면 도덕적 역겨움을 둘러싼 두 가지 문제를 구분하게 된다. 첫 번째 문제는 왜 근친상간과 특정한 음식 먹기처럼 역겨움을 유발하는 다양한 행동이 비교 문화적으로 흔하게 도덕화되는가 하는 것이다. 두 번째 문제는 도덕적으로는 잘못되었지만 전통적인 의미로 '역겹지'는 않은 행동들—아기에게서 사탕을 훔치는 행동—이 왜 현대에는 역겹다는 언어를 유발하는가다.

우리는 역겨움의 중심적 기능이 병원체와 근친교배의 비용처럼 겉으로 드러나지 않는 위험을 피하기 위한 것이라고 주장하는 이전의 연구를 따른다(Tybur, et al., 2013). 이 관점에서 역겨운 행위의 도덕화는 특히 까다로운 문제다. 도덕화는 어떤 행동을 할 의욕을 꺾어놓는다. 하지만, 역겨운 행위는 대개 사람들이 애초에 하고 싶어 하지 않는 것들이다. 역겨운 행위는 보통 적합도에 해롭기 때문에 사람들은 그런 행위를 피하려 하는데, 아마 사회집단이 그런 행위를 도덕화하지 않은 경우라도 마찬가지일 것이다.

하이트(2007, 2012)는 이 의문에 한 가지 답을 제공했다. 역겨운 행동의 도덕화가 사람들을 협력 집단으로 '묶는다'는 것이다. 그는 집단 내부의 사람들이 "신성한 가치를 중심으로 모인다"(p. 31)라고 주장하면서, 역겨운 행위를 비롯한 다양한 행위의 도덕화가 사람들을 통합하고 단결시킨다고 말한다.

이 수수께끼를 풀 수 있는 두 번째 답은 타이버 등(2013)이 제시한 것으로, 여러 문화에서 관찰되는 도덕 규칙은 앞서 논의했듯이 누가 도덕 규칙을 지지하기(혹은 반대하기) 위해 기꺼이 싸우려 하는가에 달려 있을 수 있다는 생각이 그 기초에 놓여 있다. 일반적으로 사람들은 자신이 원하는 일을 금지하는 규칙에만 반대한다. 그런데 사람들은 대체로 역겹게 느껴지는 행위를 하고 싶어 하지 않으므로, 역겨운 행위를 도덕화하는 규칙은 별다른 저항을 받지 않고, 이런 이유로 그런 규칙이 성행할 수 있다는 것이다.

경험적 수준에서 역겨움을 유발하면 도덕적 판단이 영향을 받는 것으로 보인다. 같은 행위라도 역겨운 냄새를 맡은 참가자들은 그 행위를 대조군보다 더 도덕적으로 잘못되었다고 판단한다(Schnall, Haidt, Clore, & Jordan, 2008). 미각과 관련해서도 유사한 연구 결과가 있다(Eskine, Kacinik, & Prinz, 2011). 특히 흥미로운 것은, 이성 형제에게 성적 역겨움을 느끼게 하는 단서를 통해서 타인의 근친상간에 반대하는 판단도 예측할 수 있다는 점이다(Lieberman, Tooby, & Cosmides, 2003, 2007).

이 절의 두 번째 질문은 왜 도덕적으로 잘못된 행위가 역겹다는 언어로 묘사될 때가 많은가 하는 것이다. 경험적 수준에서 사람들은 가령 맹인의 물건을 훔치는 행위처럼, 병원체나 섹스와 관계가 없는 잘못된 행위를 가리켜 '역겹다'라고 표현한다. 마찬가지로, 실험 대상에게 그들을 '역겹게' 만드는 행위를 꼽아달라고 하면, 도덕 규칙을 어기는 행위들을 지목한다(Curtis & Biran, 2001; Haidt, McCauley, & Rozin, 1994; Haidt, Rozin, McCauley, & Imada, 1997; Tybur, Leberman, & Griskevicius, 2009).

그 이유는 아직도 논쟁거리다. 예를 들어 허처슨Hutcherson과 그로스Gross(2011)는 도덕적 역겨움에는 위협적인 사람을 '표시'하는 기능이 있다고 주장한다. 타인의 행위에 역겹다는 딱지를 붙이면 미래에 그 행위를 하는 사람을 쉽게 피할 수 있다는 것이다. 이와 대조적으로 타이버와 동료들(2013)은 역겨움의 언어가 조정 기능을 돕는다고 주장한다. 이들은 역겨움의 일반적인 표현이나 역겨움과 관련된 은유를 사용하는 일이 제3의 관찰자들에게 자신이 특정한 행위나 그 행위자에게 반대한다는 신호를 전달함으로써 그 개인에게 반대하는 제삼자들의 조정을 촉진한다고 설명한다. 앞으로의 연구는 도덕적으로 잘못이라고 지각된 행위들이 왜 '역겹다'는 언어를 유발하는지 그 가능한 원인들을 알아낼 필요가 있을 것이다.

요약

감정은 도덕성 연구에 점차 깊이 통합되어왔다. 이 영역의 연구를 더 어렵게 하는 것이 있다. 노여움과 역겨움의 감정은 종종 밀접하게 관련되어 있으면서도 확실한 상관관계를 보이지 않는다는 사실이다(Russell & Giner-Sorolla, 2013). 경험적으로 사람들은 도덕적 위반에 대한 강한 감정적 반응을 자주 보고하는데, 그 위반 행위가 자신이나 친척 또는 동맹자에게 해를 입히지 않는 경우에도 그렇게 보고한다. 그렇다면, 물론 그 세부적인 맥락이 결정에 중요한 영향을 미치긴 하지만, 이런 감정은 가해자에 대한 제재를 집행—혹은 지지—하게 하는 동기를 부여하는 것으로 보인다.

결론

우리는 도덕성 진화에 관한 학문을 **행동**과 **믿음**, 두 갈래로 구분하면 편리할 수 있다는 소견으로 이 장을 시작했다. 인간은 '도덕적'이라는 딱지가 붙을 수 있는 **행동**을 무수히 한다. 많은 이타적인 행위에 그런 딱지가 붙는다. 이와 관련되어 있으면서도 뚜렷이 다른 질문이 특별한 종류의 믿음 또는 마음 표상을 둘러싸고 존재한다. 이를테면 많은 사람이 같은 부모 아래에서 태어난 형제자매가 성관계를 맺는 일을 잘못된 일이나 부도덕한 일이라고 믿는다.

사람들이 왜 그렇게 **행동하는가**에 대한 설명은 사람들이 왜 그렇게 **믿는가**에 대한 설명과 다를 수 있다. 『핸드북』 초판에서는 사람들이 특정한 방식으로 행동하는 이유를 설명함으로써 도덕성을 구체화했다. 크렙스(2005)는 상호성, 혈연선택, 집단 선택 같은 설명들을 언급했다. 마찬가지로 하이트(2012)도 이 설명들에 의지해서 진화론 안에 도덕 기반 이론을 정립했다.

그와 달리, 여기서는 도덕적 **믿음**을 설명하는 이론들을 다뤘다. 상호성과 혈연선택 같은 이론은 (친사회적) 행동을 설명하기에는 좋지만 도덕적 잘못에 대한 판단을 설명하기에는 적합하지 않은데, 이 유력한 설명을 보완하기 위해서는 또 다른 생각들이 필요하다. 다행히 지난 20년 동안 우리는 도덕심리학 연구에서 비치는 빛을 볼 수 있었고, 도덕성이라는 항상 까다로운 문제에 빛을 비춰주는 새로운 개념적 도구들을 손에 넣을 수도 있었다. 하지만 논쟁은 계속되고 있으며, 도덕적 비난을 촉발하는 인지 체계의 기능이나, 도덕적 비난이 유발하는 인간의 행동들에 대해 앞으로 많은 연구가 더 이뤄져야 한다는 것 또한 명백하다.

참고문헌

Appiah, K. A. (2010). *The honor code: How moral revolutions happen*. New York, NY: Norton.

Arnott, G., & Elwood, R. W. (2009). Assessment of fighting ability in animal contests. *Animal Behaviour*, *77*, 991−1004.

Atran, S. (2010). *Talking to the enemy*. London, England: Penguin.

Aumann, R. J. (1974). Subjectivity and correlation in randomized strategies. *Journal of Mathematical Economics*, *1*, 67−96.

Axelrod, R., & Hamilton, W. D. (1981). The evolution of cooperation. *Science*, *211*, 1390−1396.

Baron, J. (1994). Nonconsequentialist decisions. *Behavioral and Brain Sciences*, *17*, 1−10.

Baron, J., & Spranca, M. (1997). Protected values. *Organizational Behavior and Human Decision Processes*, *70*, 1−16.

Batson, C. D., & Thompson, E. R. (2001). Why don't moral people act morally? Motivational considerations. *Current Directions in Psychological Science*, *10*, 54−57.

Baumard, N., André, J.-B., & Sperber, D. (2013). A mutualistic approach to morality: The evolution of fairness by partner choice. *Behavioral and Brain Sciences*, *36*, 59−122.

Boehm, C. (1999). *Hierarchy in the forest*. Cambridge, MA: Harvard University Press.

Boyd, R., & Richerson, P. J. (1992). Punishment allows the evolution of cooperation (or anything else) in sizable groups. *Ethology and Sociobiology*, *13*, 171−195.

Boyd, R., &Richerson, P. J. (2005). *The origin and evolution of cultures*. New York, NY: Oxford University Press.

Buss, D. M. (2006). Strategies of human mating. *Psychological Topics*, *15*, 239−260.

Camerer, C. (2003). *Behavioral game theory*. Princeton, NJ: Princeton University Press.

Connor, R. C. (2007). Dolphin social intelligence: complex alliance relationships in bottlenose dolphins and a consideration of selective environments for extreme brain size evolution in mammals. *Philosophical Transactions of the Royal Society B: Biological Sciences, 362*, 587–602.

Curtis, V., & Biran, A. (2001). Dirt, disgust, and disease: Is hygiene in our genes? *Perspectives in Biology and Medicine, 44*, 17–31.

Cushman, F. A., Young, L., & Hauser, M. D. (2006). The role of reasoning and intuition in moral judgments: Testing three principles of harm. *Psychological Science, 17*, 1082–1089.

Darwin, C. (1871). *Descent of man, and selection in relation to sex*. New York, NY: Appleton.

Davies, N. B., Krebs, J. R., & West, S. A. (2012). *An introduction to behavioural ecology* (4th ed.). Hoboken, NJ: Wiley.

de Waal, F. B. M. (1982). *Chimpanzee politics*. Baltimore, MD: Johns Hopkins University Press.

Decety, J., Echols, S., & Correll, J. (2010). The blame game: The effect of responsibility and social stigma on empathy for pain. *Journal of Cognitive Neuroscience, 22*, 985–997.

DeScioli, P., Asao, K., & Kurzban, R. (2012). Omissions and byproducts across moral domains. *PLoS ONE, 7*, e46963.

DeScioli, P., Gilbert, S., & Kurzban, R. (2012). Indelible victims and persistent punishers in moral cognition. *Psychological Inquiry, 23*, 143–149.

DeScioli, P., & Kurzban, R. (2009). Mysteries of morality. *Cognition, 112*, 281–299.

DeScioli, P., & Kurzban, R. (2013).A solution to the mysteries of morality. *Psychological Bulletin, 139*, 477–496.

Diamond, J. (2005). *Collapse: How societies choose to fail or succeed*. New York, NY: Penguin.

Enquist, M., & Leimar, O. (1983). Evolution of fighting behaviour: Decision rules and assessment of relative strength. *Journal of Theoretical Biology, 102*, 387–410.

Eskine, K. J., Kacinik, N. A., & Prinz, J. J. (2011). A bad taste in the mouth: Gustatory disgust influences moral judgment. *Psychological Science, 22*, 295–299.

Fassihi, F. (2011, July 18). A craze for pooches in Iran dogs the morality police. *Wall Street Journal*.

Federal Bureau of Investigation. (2012) *Hate crime statistics 2012*. Retrieved from http://www.fbi.gov/about-us/cjis/ucr/hate-crime/2012

Fehr, E., Fischbacher, U., & Gächter, S. (2002). Strong reciprocity, human cooperation, and the enforcement of social norms. *Human Nature*, *13*, 1–25.

Fessler, D. M. (2010). Madmen: An evolutionary perspective on anger and men's violent responses to transgression. In M. Potegal, G. Stemmler, & C. Spielberger (Eds.), *International handbook of anger* (pp. 361–381). New York, NY: Springer.

Fiske, A. P. (1992). The four elementary forms of sociality: Framework for a unified theory of social relations. *Psychological Review*, *99*, 689–723.

Gigerenzer, G. (2007). *Gut feelings: The intelligence of the unconscious*. New York, NY: Viking Press.

Gil-White, F. (2001). Are ethnic groups biological "species" to the human brain? *Current Anthropology*, *42*, 515–553.

Global Commission on Drug Policy. (2011). *Report of the Global Commission on Drug Policy*. Retrieved from http://www.globalcommissionondrugs.org/wp-content/themes/gcdp_v1/pdf/Global_Commission_Report_English.pdf

Graham, J., Haidt, J., & Nosek, B. A. (2009). Liberals and conservatives rely on different sets of moral foundations. *Journal of Personality and Social Psychology*, *96*, 1029.

Gray, K., & Wegner, D. M. (2009). Moral typecasting: Divergent perceptions of moral agents and moral patients. *Journal of Personality and Social Psychology*, *96*, 505–520.

Gray, K., Young, L., & Waytz, A. (2012). Mind perception is the essence of morality. *Psychological Inquiry*, *23*, 101–124.

Greene, J. D., Sommerville, R. B., Nystrom, L. E., Darley, J. M., & Cohen, J. D. (2001). An fMRI investigation of emotional engagement in moral judgment. *Science*, *293*, 2105–2108.

Haidt, J. (2001). The emotional dog and its rational tail: A social intuitionist approach to moral judgment. *Psychological Review*, *108*, 814–834.

Haidt, J. (2003). The moral emotions. In R. J. Davidson, K. R. Scherer, & H. H. Goldsmith (Eds.), *Handbook of affective sciences* (pp. 852–870). Oxford, England: Oxford University Press.

Haidt, J. (2007). The new synthesis in moral psychology. *Science*, *316*, 998–1002.

Haidt, J. (2012). *The righteous mind*. New York, NY: Vintage Books.

Haidt, J., & Hersh, M. A. (2001). Sexual morality: The cultures and emotions of conservatives and liberals. *Journal of Applied Social Psychology*, *31*, 191–221.

Haidt, J., Koller, S. H., & Dias, M. G. (1993). Affect, culture, and morality, or is it wrong to eat your dog? *Journal of Personality and Social Psychology*, *65*, 613–628.

Haidt, J., McCauley, C., & Rozin, P. (1994). Individual differences in sensitivity to disgust: A scale sampling seven domains of disgust elicitors. *Personality and Individual Differences, 16*, 701−713.

Haidt, J., Rozin, P., McCauley, C., & Imada, S. (1997). Body, psyche, and culture: The relationship between disgust and morality. *Psychology and Developing Societies, 9*, 107−131.

Hamilton, W. (1964). The genetic evolution of social behaviour. *Journal of Theoretical Biology, 7*, 1−52.

Harcourt, A. H. (1992). Coalitions and alliances: Are primates more complex than non-primates? In A. H. Harcourt & F. B. M. de Waal (Eds.), *Coalitions and alliances in humans and other animals* (pp. 445−471). New York, NY: Oxford University Press.

Harcourt, A. H., & de Waal, F. B. M. (1992). *Coalitions and alliances in humans and other animals.* New York, NY: Oxford University Press.

Hauser, M. D. (2006). *Moral minds.* New York, NY: HarperCollins.

Hess, N. C., & Hagen, E. H. (2002). *Informational warfare.* Unpublished manuscript.

Holekamp, K. E., Sakai, S. T., & Lundrigan, B. L. (2007). Social intelligence in the spotted hyena (Crocuta crocuta). *Philosophical Transactions of the Royal Society B: Biological Sciences, 362*, 523−538.

Hutcherson, C. A., & Gross, J. J. (2011). The moral emotions: A social-functionalist account of anger, disgust, and contempt. *Journal of Personality and Social Psychology, 100*, 719−737.

Kant, I. (1993). *Grounding for the metaphysics of morals* (J. W. Ellington, Trans.) Indianapolis, IN: Hackett. (Original work published 1785).

Kaplan, H., & Hill, K. (1985). Food sharing among ache foragers: Tests of explanatory hypotheses. *Current Anthropology, 26*, 223−245.

Knauft, B. M. (1987). Reconsidering violence in simple human societies: Homicide among the Gebusi of New Guinea. *Current Anthropology, 28*, 457−500.

Krebs, D. (2005). The evolution of morality. In D. M. Buss (Ed.), *The handbook of evolutionary psychology* (pp. 747−771). Hoboken, NJ: Wiley.

Kurzban, R. (2010). *Why everyone (else) is a hypocrite: Evolution and the modular mind.* Princeton, NJ: Princeton University Press.

Kurzban, R., & DeScioli, P. (2013). Adaptationist punishment in humans. *Journal of Bioeconomics, 15*, 269−279.

Kurzban, R., DeScioli, P., & Fein, D. (2012). Hamilton vs. Kant: Pitting adaptations for altruism against adaptations for moral judgment. *Evolution and Human Behavior, 33*, 323−333.

Kurzban, R., DeScioli, P., & O'Brien, E. (2007). Audience effects on moralistic punishment. *Evolution and Human Behavior, 28*, 75–84.

Kurzban, R., Dukes, A., & Weeden, J. (2010). Sex, drugs and moral goals: Reproductive strategies and views about recreational drugs. *Proceedings of the Royal Society B: Biological Sciences, 277*, 3501–3508.

Kurzban, R., Tooby, J., & Cosmides, L. (2001). Can race be erased? Coalitional computation and social categorization. *Proceedings of the National Academy of Sciences, USA, 98*, 15387–15392.

Levy, L. W. (1993). *Blasphemy: Verbal offense against the sacred, from Moses to Salman Rushdie*. New York, NY: Knopf.

Lieberman, D., Tooby, J., & Cosmides, L. (2003). Does morality have a biological basis? An empirical test of the factors governing moral sentiments relating to incest. *Proceedings of the Royal Society B: Biological Sciences, 270* (1517), 819–826.

Lieberman, D., & Linke, L. (2007). The effect of social category on third party punishment. *Evolutionary Psychology, 5*, 289–305.

Lieberman, D., Tooby, J., & Cosmides, L. (2007). The architecture of human kin detection. *Nature, 445*, 727–731.

McCullough, M. E., Kurzban, R., & Tabak, B. A. (2013). Cognitive systems for revenge and forgiveness. *Behavioral and Brain Sciences, 1*, 1–15.

Mesterton-Gibbons, M., Gavrilets, S., Gravner, J., & Akçay, E. (2011). Models of coalition or alliance formation. *Journal of Theoretical Biology, 274*, 187–204.

Mikhail, J. (2007). Universal moral grammar: Theory, evidence and the future. *Trends in Cognitive Sciences, 11*, 143–152.

Mikhail, J. (2009). Is the prohibition of homicide universal? Evidence from comparative criminal law. *Brooklyn Law Review, 75*, 497–515.

Mock, D. W. (2004). *More than kin and less than kind*. Cambridge, MA: Harvard University Press.

Moore, G. E. (1903). *Principia ethica*. New York, NY: Barnes & Noble.

Morgan, D. (2007, May 4). *U.S. Marines unlikely to report civilian abuse: Study*. Reuters.

Nowak, M. A., & Sigmund, K. (2005). Evolution of indirect reciprocity. *Nature, 437*, 1291–1298.

Parker, G. A. (1974). Assessment strategy and the evolution of fighting behaviour. *Journal of Theoretical Biology, 47*, 223–243.

Petersen, M. B. (2013). Moralization as protection against exploitation: Do individuals without allies moralize more? *Evolution and Human Behavior, 34*, 78–85.

Robinson, A. D., & Acemoglu, R. (2012). *Why nations fail*. New York, NY: Crown.

Robinson, P. H., & Darley, J. M. (1995). *Justice, liability, and blame: Community views and the criminal law*. Boulder, CO: Westview Press.

Robinson, P. H., & Kurzban, R. (2007). Concordance and conflict in intuitions of justice. *Minnesota Law Review, 91*, 1829–1907.

Rozin, P. (1999). The process of moralization. *Psychological Science, 10*, 218–221.

Rozin, P., Lowery, L., Imada, S., & Haidt, J. (1999). The CAD triad hypothesis: A mapping between three moral emotions (contempt, anger, disgust) and three moral codes (community, autonomy, divinity). *Journal of Personality and Social Psychology, 76*, 574–586.

Russell, P. S., & Giner-Sorolla, R. (2013). Bodily moral disgust: What it is, how it is different from anger, and why it is an unreasoned emotion. *Psychological Bulletin, 139*, 328–351.

Schelling, T. C. (1960). *The strategy of conflict*. Cambridge, MA: Harvard University Press.

Schnall, S., Haidt, J., Clore, G. L., & Jordan, A. H. (2008). Disgust as embodied moral judgment. *Personality and Social Psychology Bulletin, 34*, 1096–1109.

Schülke, O., Bhagavatula, J., Vigilant, L., & Ostner, J. (2010). Social bonds enhance reproductive success in male macaques. *Current Biology, 20*, 2207–2210.

Sell, A., Tooby, J., & Cosmides, L. (2009). Formidability and the logic of human anger. *Proceedings of the National Academy of Sciences, USA, 106*, 15073–15078.

Seyfarth, R. M., & Cheney, D. L. (2012). The evolutionary origins of friendship. *Annual Review of Psychology, 63*, 153–177.

Shaw, A. (2013). Beyond "to share or not to share": The impartiality account of fairness. *Current Directions in Psychological Science, 22*, 413–417.

Shweder, R. A., Mahapatra, M., & Miller, J. G. (1987). Culture and moral development. In J. Kagan & S. Lamb (Eds.), *The emergence of morality in young children* (pp. 1–83). Chicago, IL: University of Chicago Press.

Shweder, R. A., Much, N. C., Mahapatra, M., & Park, L. (1997). The "Big Three" of morality (autonomy, community, and divinity), and the "Big Three" explanations of suffering. In A. M. Brandt & P. Rozin (Eds.), *Morality and health* (pp. 119–169). New York, NY: Routledge.

Sinnott-Armstrong, W. (2006). Consequentialism. *Stanford Encyclopedia of Philosophy*. Retrieved from http://plato.stanford.edu/entries/consequentialism/

Smith, A. (1759). *The theory of moral sentiments*. London, England: A. Millar, A. Kincaid, & J. Bell.

Snyder, G. H. (1984). The security dilemma in alliance politics. *World Politics, 36*, 461–495.

Srivastava, J., Espinoza, F., & Fedorikhin, A. (2009). Coupling and decoupling of unfairness and anger in ultimatum bargaining. *Journal of Behavioral Decision Making, 22,* 475–489.

Sunstein, C. (2005). Moral heuristics. *Behavioral and Brain Sciences, 28,* 531–543.

Talwar, V., Lee, K., Bala, N., & Lindsay, R. C. L. (2002). Children's conceptual knowledge of lying and its relation to their actual behaviors: Implications for court competence examinations. *Law and Human Behavior, 26,* 395–415.

Tetlock, P. E. (2000). Coping with trade-offs: Psychological constraints and political implications. In S. Lupia, M. McCubbins, & S. Popkin (Eds.), *Elements of reason: Cognition, choice, and the bounds of rationality* (pp. 239–263). Cambridge, England: Cambridge University Press.

Tetlock, P. E. (2003). Thinking the unthinkable: Sacred values and taboo cognitions. *Trends in Cognitive Science, 7,* 320–324.

Thomas, C. W., Cage, R. J., & Foster, S. C. (1976). Public opinion on criminal law and legal sanctions: An examination of two conceptual models. *Journal of Criminal Law and Criminology, 67,* 110–116.

Thomas, K. A., DeScioli, P., Haque, O. S., & Pinker, S. (2014). The psychology of coordination and common knowledge. *Journal of Personality and Social Psychology, 107,* 657–676.

Tooby, J. & Cosmides, L. (2008). The evolutionary psychology of the emotions and their relationship to internal regulatory variables. In M. Lewis, J. M. Haviland-Jones, & L. F. Barrett (Eds.), *Handbook of emotions* (3rd ed., pp. 114–137). New York, NY: Guilford Press.

Tooby, J., & Cosmides, L. (2010). Groups in mind: The coalitional roots of war and morality. In H. Høgh-Olesen (Ed.), *Human morality and sociality: Evolutionary and comparative perspectives* (pp. 91–234). New York, NY: Palgrave MacMillan.

Trivers, R. L. (1971). The evolution of reciprocal altruism. *Quarterly Review of Biology, 46,* 35–57.

Tybur, J. M., Lieberman, D., & Griskevicius, V. (2009). Microbes, mating, and morality: Individual differences in three functional domains of disgust. *Journal of Personality and Social Psychology, 97,* 103–122.

Tybur, J. M., Lieberman, D., Kurzban, R., & DeScioli, P. (2013). Disgust: Evolved function and structure. *Psychological Review, 120,* 65–84.

Weeden, J. (2003). *Genetic interests, life histories, and attitudes towards abortion* (Unpublished doctoral dissertation). University of Pennsylvania, Philadelphia.

Weeden, J., & Kurzban, R. (2014). *The hidden agenda of the political mind.* Princeton,

NJ: Princeton University Press.

Wiessner, P. (2005). Norm enforcement among the Ju/'hoansi Bushmen:Acase of strong reciprocity? *Human Nature, 16*, 115−145.

Williams, G. C. (1966). *Adaptation and natural selection*. Princeton, NJ: Princeton University Press.

Wilson, J. Q. (1993). *The moral sense*. New York, NY: Free Press.

World Health Organization. (2011). *Unsafe abortion: Global and regional estimates of the incidence of unsafe abortion and associated mortality in 2008* (6th ed.). Geneva, Switzerland: Author.

32장

지위 서열의 진화적 토대

마크 판 퓌흐트 · 조슈아 M. 타이버[1]

먹을 것이 없어 굶주리는 괴로움이 이웃의 새 차를 보며 시기하는 괴로움보다 더 크다고 누가 장담할 수 있겠는가. ─ J. K. 갤브레이스J. K. Galbraith

로마 제국의 수도는 당시 세계에서 가장 큰 도시 지역이었다. 로마는 민주주의 국가였지만 계급 체계는 정교했고, 사회적 지위는 누구나 알 수 있도록 분명했다. 로마의 의복인 토가는 지위의 훌륭한 상징이었다. 로마의 자유 시민만이 토가를 입을 수 있었다. 외국인, 노예, 그리고 망명 시민조차 사람들 앞에서 토가를 입을 수 없었으며, 또한 로마 시민이 토가를 입지 않고 사람들 앞에 나서는 것은 금기였다. 시민 계급의 사회적 지위는 토가의 종류에 따라 다시 세세하게 표시되었다. 공식 행사에서 대다수의 로마 남성과 원로원의 평의원은 무늬가 없는 하얀 토가, 비릴리스를 입었고 공직에 출마한 정치인들은 표백을 해서 눈이 부시도록 하얀 토가, 캔디다를 입었다. 하얀 토가의 가장자리에 넓은 자색 띠를 두른 프라에텍스타는 성직자와 고관만이 입을 수 있었다. 마지막으로 색이 밝고 화려한 자수 장식이 있는 토가, 픽타는

---

1 이 장의 이전 판을 읽고 논평해준 빌렘 프랑켄후이스Willem Frankenhuis, 마이클 프라이스 Michael Price, 리처드 로네이Richard Ronay와 익명의 검토자들에게 감사를 전한다.

개선장군이 로마의 거리를 행진할 때 입거나 황제나 집정관이 검투사 시합 같은 특별한 행사에 입고 나올 수 있었다(Baker, 2010).

로마만 특별히 지위 구분을 강조한 것은 아니었다. 크든 작든, 부유하든 빈곤하든, 산업 사회든 자급자족 사회든, 모든 인간 사회에는 지위 서열이 존재한다. 인류학자 도널드 브라운Donald Brown(1991)은 지위 서열이 모든 인간 문화에 보편적이라고 기록했고, A. P. 피스크A. P. Fiske는 관계 모델 이론을 통해 계층을 인간의 사회적 관계에 존재하는 보편적이고 핵심적인 수준으로 개념화했다. 언뜻 보기에는 평등주의적으로 보이는 채집 사회조차 지위 서열이 나눠져 있으며, 로마와 마찬가지로 지위가 높은 개인은 특별한 이익을 누린다. 예를 들어, 파라과이의 채집 토착민인 아체족의 성인 남성은 고기를 얻기 위해 많은 시간과 에너지를 투자한다. 어떤 의미에서 사냥이 그들의 직업이고 고기가 그들의 수입인 것이다. 그런데 그들은 노동의 실질적인 결실을 장기적으로 저장할 수 없기 때문에 부동산 재벌이나 증권사의 간부, 국가 원수가 누리는 자본의 축적과 그에 따른 지위 상승을 누릴 수 없다. 고기는 집단 구성원들에게 비교적 평등주의적인 방식으로 공유된다. 하지만 실질적인 자원 면에서 평등주의가 지배해도 이는 사냥 실적에 근거한 지위의 축적을 막지 못한다. 무리에서 가장 뛰어난 사냥꾼은 명망을 쌓는데, 이에 따라 그들에겐 혼외관계가 허용되고 평균적인 사냥꾼보다 더 많은 자녀를 낳을 수 있다(Hill & Kaplan, 1988). 아체족, 하드자족, !쿵족, 치메인족 등 다른 수렵채집 사회에서도 사냥 기술과 번식 성공 사이에 비슷한 연관성이 존재한다고 보고되었다(von Rueden, 2014).

지위 서열은 인간 사회 전반에 공통적으로 나타날 뿐 아니라, 비인간 사회에도 만연해 있다(Ellis, 1995). 널리 인용되는 사례가 닭들이 부리로 쪼는 순서다. 닭 여러 마리가 맨 처음 한자리에 모이면, 우선 먹이 경쟁을 하면서 서로를 쫀다. 하지만 오래지 않아 집단 내에는 모든 닭이 자신의 지위를 아는 단순한 선형적 계층—A가 B를 쪼고, B가 C를 쪼고, A, B, C는 모두 D를 쪼는 등—이 나타나고 쪼는 순서에 따라 어떤 닭이 먼저 먹이를 먹을지가 결정된다. 또한 여러 영장류(인간과 아주 밀접한 종) 사이에서도 계층이 암컷에 대한 접근을 결정한다. 침팬지, 보노보, 고릴라, 히말라야원숭이 사이에서는 수컷의 서열과 번식 성공 간에 양의 상관관계가 존재하는데, 상관성의 강도는 (a) 자원의 예측 가능성, (b) 자원을 독점할 수 있는 능력, (c) 지배자를 견제하는 연합의 형성 능력 같은 사회생태적 조건에 따라 달라진다(Boehm, 1999; Ellis, 1995).

인간 집단과 비인간 집단 어디에나 존재하는 지위 서열의 성격과 지위 서열상의 위치에 따른 적합도 결과(예를 들어, 식량과 짝에 대한 접근)를 고려할 때, 자연선택은 지위 서열 속에서 살아갈 수 있도록 전문화된 심리 기제를 선호할 공산이 크다. 이 장은 그런 기제를 여러 측면에서 탐구하고자 한다. 첫째, 핵심 개념들을 정의할 것이다. 둘째, 지위 투쟁이라는 보편적 성향이 진화할 수 있도록 작용했을 선택압에 대해 논의할 것이다. 이때, 단순한 게임이론 모델의 논리를 부분적으로 적용할 것이다. 셋째, 개인들이 자신의 상대적인 지위와 지위 도전에서 승리할 가능성을 평가해서 지위 향상과 지위 손실을 관리하는 데 사용하는 근접 기제들—행동, 형태학, 호르몬, 정서 체계 등—을 검토하고, 이를 통해 지위 투쟁의 성차를 살펴본다. 마지막으로 인간 집단에만 볼 수 있는 특수한 고위직, 즉 리더십의 출현을 살펴볼 것이다.

정의

우리는 커민스Cummins(2005)가 말한 대로, **지위**를 경쟁적인 상황에서 자원에 먼저 접근할 수 있는 권한을 결정하는 사회 계층 안에서의 개인의 위치로 정의한다. 나아가 우리는 지위 서열을 **지배성과 명망**에 기초해서 구분한다(Henrich & Gil-White, 2001; 사회심리학자 매기Magee와 갈린스키Galinsky[2008]는 **권력과 지위**라는 용어로 두 개념을 지칭한다). 지배력 중심의 계층 구분—비인간 영장류에서 일반적인 구분법—에서 개인은 협박, 위협, 힘의 과시를 통해 자원에 대한 우선적인 접근 권한을 얻는다. 반면에 명망은 다른 이들의 목표 달성을 도운 개인에게 자유롭게 부여되는 지위다. 명망 있는 개인(예를 들어, 중요한 기술이나 지식을 가진 개인)은 그 답례로 자원에 대한 우선적인 접근 권한을 얻는다(Hill & Kaplan, 1988). 최근에 사회심리학자들이 탐구하고 있는 권력 개념은 주로 계층상 위치에 따른 자원의 통제력을 통해 타인의 결과에 영향을 미치는 능력을 가리킨다(Keltner, Grunfeld, & Anderson, 2003; Magee & Galinsky, 2008). 마지막으로, 지위 서열과 의사결정 계층은, 특히 인간에게는 두 가지가 하나로 통합되어 나타날 때가 많지만, 양자를 구분하는 것이 유용하다(van Vugt, 2006). 리더십은 의사결정 계층에 존재하는 특수한 위치를 가리키는데, 이 위치에 있는 개인은 집단의 의사결정에 불균등한 영향력을 발휘하고, 그 대가로 자원에 대한 우선적인 접근 권한을 얻는다(Price & van Vugt, 2014; van Vugt, 2006).

지위를 바라보는 진화심리학의 관점

다음 사항들을 고려할 때 인간은 지위 투쟁과 상승을 위해 진화한 특수한 심리 기제를 갖춘 것으로 보인다. (a) 지위 서열은 현대와 과거에 관찰된 모든 인간 사회에 존재하고, (b) 지위 서열은 비인간 영장류뿐 아니라 다른 동물들에서도 관찰되고, (c) 지위 서열에서 개인의 위치는 성 파트너 등 적합도 관련 자원에 접근할 수 있는 권한에 영향을 미친다. 이 기제들은 (a) 개인이 지위 서열 안에서 자신의 자리를 끌어 올리도록 부추기고(지위 향상), (b) 지위의 이점을 적합도 이익으로 전환하고(지위 자본화), (c) 지위 서열에서 타인의 위치를 평가하고 관찰하며(지위 평가), (d) 사회 계층상의 지위에 이득이나 손실 등 변화가 발생할 때 이를 관리하고 그에 대처한다(지위 관리). 이 기제들은 호르몬, 인지, 감정, 행동 체계의 협응적 상호작용으로 드러나며, 반드시 의식적으로 촉발되지는 않는다.

진화심리학의 한 접근법에서는 지위의 심리 체계가 조상 환경에서 평균적으로 적응적인 행동을 만들어낸 자극−반응 기제의 형태를 취하고, 그 방식은 조건적('~하면 ~한다if-then') 결정 규칙과 같다고 추정한다(Gigerenzer & Goldstein, 1996; Tooby & Cosmides, 2005). "이익이 비용을 상회할 때에만 다른 개인의 지위에 도전한다"는 식의 조건적 규칙은, "누구의 지위에나 도전한다"라는 결정 규칙보다 당사자에게 나은 수익을 안겨준다. 복수의 선택 기제가 모여 이런 종류의 모듈형 지위 심리학을 만들어냈을 것이다. 몇몇 진화 이론에서는 계층을 개인들 각자가 이해관계를 추구한 결과로 보고, 지위 차이의 근거는 개인 간 경쟁에 있다고 강조한다. 진화생물학자 조지 윌리엄스George Williams(1966)는 이렇게 말했다. "지배−종속 계층은… 기능적 조직이 아니라 식량, 짝 등의 자원 경쟁에서 각 개인이 만들어낸 타협의 통계적 결과다. 각각의 타협은 적응적이지만, 그 통계적인 총체는 그렇지 않다"(p. 218). 반면에 다른 진화이론가들은 지위 차이의 기능성이 개인과 집단 양측 모두를 위한 것일 수 있다고 강조한다. 누군가에게는 안정적인 계급 집단 내에서 낮은 지위에 있는 편이 불안정한 집단에서 높은 지위에 있는 것보다 나을 수 있다는 것이다(Caporael, 1997; Ronay, Greenaway, Anicich, & Galinsky, 2012). 그에 따르면 인간의 사회적 계층은 다양한 층위(예를 들어, 집단과 개인; Wilson, van Vugt & O'Gorman, 2008을 보라; Pinker, 36장, 이 책과 비교해볼 것)에서 선택이 작용한 결과일 수 있다.

게임이론과 지위

지위 투쟁은 번식 성공을 높여준 덕분에 선택된 사회적 전략으로 개념화할 수 있다. 진화적 게임이론에서 나온 통찰을 적용하면 이를 설명할 수 있는데, 이 이론은 여러 전략들이 다윈주의적 방식으로 경쟁을 벌이는 게임을 통해 사회적 상호작용을 모형화한다. 진화적 게임이론은 경제적 게임이론과 유사한데, 다만 유전자가 그 행위자이고 대안 전략과 대립하는 전략을 몸속에 구현하고 있다는 점이 다르다. 전략, 그리고 개별 유기체 안에서 그 전략을 발달시키는 유전자는, 적합도 관련 상황에서 자신의 우월한 결정 규칙에 힘입어 인구 속에서 확산되며, 반대로 열등한 전략은 인구에서 도태된다.

우리는 지위의 상호작용을 서로 다른 사회적 전략의 치킨 게임으로 모형화할 수 있는데(그림 32.1), 진화생물학에서 유명한 매-비둘기 게임과 유사하다. '치킨'이란 이름은 두 차가 마주본 채로 충돌할 때까지 질주하는 게임에서 따온 것이다. 두 운전자 중 하나가 방향을 틀지 않으면 함께 충돌해서 모두 사망한다. 하지만 한 명이 방향을 틀고 다른 한 명은 그대로 달린다면, 방향을 튼 운전자는 치킨(겁쟁이)이 된다. 그러므로, 이 게임의 기본 원리는 양쪽 참가자가 상대에게 항복하기를 원하지 않고, 동시에 두 참가자가 모두 양보하지 않으면 가능한 최악의 결과가 발생한다는 것이다. 지위의 상호작용에는 치킨 게임의 특징이 있어서, 참가자들에게는 지위에 도전하거나(모험) 지위에 맞서기를 피하는(양보) 두 가지 전략이 있다고 추정할 수 있는데, 이는 각각 매 전략과 비둘기 전략에 해당한다. 도전자는 언제나 회피자에게 승리하고 지위를 얻을 수 있다. 따라서 모험 전략의 추구는 당신의 지위를 받아들일

	양보	모험
양보	2, 2	1, 5*
모험	5, 1*	−1, −1

(게임 참가자 1)

그림 32.1 치킨 게임: 지위 게임

주.　　보상은 행위자 1과 2 각자에게 돌아간다. 양보와 모험은 서로 대안이 되는(유전자로 보강되는)게임 전략이다. 게임의 균형 상태는 별표로 표시한다

준비가 되어 있는 양보 유형이 주변에 많을 때 효과적이다. 하지만 모험가들이 인구 내에 많아지면—지위 경쟁에서 얻은 자원을 적합도로 전환하므로 많아질 수밖에 없다—그들끼리 상호작용하는 일도 많아진다. 이들의 상호작용은 양측 모두에게 부정적인 결과를 가져온다(그림 32.1). 모험가가 많은 인구에서는 격렬한 경쟁을 피하는 개인이 승승장구할 수 있다. 양보하는 사람은 모험가에게 자원을 내줘야 할 수도 있지만, 값비싼 전투를 피하고, 다른 양보하는 사람과 상호작용을 하면서 많은 결실을 얻는다. 그렇게 해서 인구 안에 양보 유형이 급증한다. 일정한 조건하에서, 시간이 흐르면 인구는 모험 전략과 양보 전략의 절충적인 평형에 이르러, 두 전략이 비슷한 기대 번식 성공을 누리게 된다. 이는 빈도−의존 선택의 전형적인 사례다(Buss, 2009; Maynard-Smith, 1982).

　지위 게임의 기본 원칙을 잘 뒷받침해주는 것이 동물 연구다. 수컷의 체격 차이가 큰 오랑우탄을 생각해보자. 볼 주머니가 있는 수컷은 체격이 크고, 큰 소리를 질러 자신의 영역으로 암컷을 유혹해 들인다. 볼 주머니가 없는 수컷은 작고 약하며, 자신의 영역도 없다. 이들의 전략은 큰 수컷을 피하면서 암컷이 보호 없이 남겨질 때를 기다려 짝짓기 기회를 노리는 것이다(Harrison & Chivers, 2007). 이는 수컷 오랑

우탄 개체군 안에 두 가지 전략이 일정한 빈도로 유지되면서 공존할 수 있는 이유를 설명해준다. 이와 유사하게, 모험과 양보 전술을 나타내는 짝짓기 전략이 오징어, 연어, 딱정벌레에게서도 관찰되었다(Hunt & Simmons, 2001).

모험—양보가 조합되었을 때 이를 게임 평형이라 부른다. 일단 상호작용이 평형 상태에 안착하게 되면, 행위자는 전략을 바꿔도 더 나은 결과를 얻을 수 없기 때문에 평형 상태가 그대로 유지될 가능성이 크다(이를 '진화적 안정 전략ESS: evolutionarily stable strategy', 또는 경제학과 정치과학에서는 내시Nash 평형이라 부른다). 그렇게 이 게임은 모험—양보 상호작용의 평형 상태를 이용할 수 있는 적응들을 선택하고, 그에 따라 잠재적으로 안정적인 지위 서열을 만들어낸다. 이 모델이 지위 서열의 형성에 미치는 영향은 다층적이다. 첫째, 두 전략이 상호작용할 때 모험의 이익은 양보의 경우보다 크고, 양보하는 사람은 늘 모험가의 의견을 따른다. 둘째, 모험가와 상호작용할 때에는 양보를 하는 편이 낫다(특히 모험가가 지위 경쟁에서 승리할 가능성이 높다면). 셋째, 모험—양보 유형이 만나 상호작용했을 때의 수익은 모험 유형끼리만 만나거나 양보 유형끼리만 만났을 때의 수익보다 높다. 그런 이유로, 모험가와 양보하는 사람으로 구성된 집단은 동종만으로 이루어진 집단보다 더 큰 수익 총량을 만들어내는 경향이 있다. 집단 간 경쟁의 맥락에서라면 이 동역학은 지위 전략이 혼재되어 있는 집단을 선호할 것이다(경험적 증거는 Ronay et al., 2012를 보라).

치킨 게임 분석은 지위 적응들과 인간의 진화한 지위 심리를 들여다볼 수 있는 렌즈로, 잠재적 가치가 크다. 우선, 왜 인간이 지위를 향상시키기 위해 분투해야 하는지 보여준다. 그로 인해 자원에 대한 접근 권한이 달라지기 때문이다(Frank, 1985). 둘째, 집단 내에서 지위를 얻기 위한 도전이 끝없이 이어지지 않고, 집단이 상대적으로 안정된 지위 서열(게임 평형)에 도달하는 과정을 보여준다. 셋째, 사회심리학과 성격심리학의 근본적인 문제들, 예를 들어 개인의 표현형 특질(그 '사람' 식이다)은 어떻게 그들이 놓인 상황과 상호작용하는가 라는 질문에 유용한 분석틀을 제공해준다(Kenrick & Funder, 1988; Lewin, 1946; Reis, 2008과 비교해보라). 물리적인 힘이나 가치 있는 기술처럼 지위에 도전하기 위한 표현형 질이 부족한 개인은 지위 경쟁에 따른 비용 부담을 피해야 한다.

넷째, 이 지위 전략들은 조건적이어야 한다. 지위에 도전하는 성향이 있는 개인이라도 더 강력한 상대나 죽을힘을 다해 경쟁하는 상대를 만났다면 양보 전략으로 전환하는 편이 낫다. 이 가운데 후자의 경우는 동물 연구를 통해 기록된 바와 같이, 자신의 영역을 지키는 개체는 침입해 들어온 개체보다 더 치열하게 싸우게 마련이라는 **영역 이점 효과**를 설명해준다. 다섯째, 우리는 낮은 지위와 높은 지위의 상대적인 수익에 따라 지위 대립의 강도에 편차가 존재하리라고 예상한다. 예를 들어 도전에 따른 상대적인 이익은 여성의 경우보다 남성의 경우가 훨씬 크기 마련인데, 이를 통해 흔히 관찰되는 지위 투쟁, 위험 감수, 지배의 성차를 설명할 수 있다(van Vugt, Hogan, & Kaiser, 2008). 마지막으로, 게임은 집단 간의 지위 도전에도 통찰을 제공해준다. 이때, 경쟁할 질이 부족한(예를 들어, 수나 자원이 열세인) 집단이 다른 집단에게 양보한다면 안정적인 집단 간 계층이 발생할 것이다. 게임 분석은 왜 개인들이 지위가 높은 집단과 자신을 더 많이 동일시하는지, 또 왜 비용을 감수해가면서 자기 집단의 위치를 상승시키려 하는지(Tajfel & Turner, 2004)를 설명해주고, 이를 통해 집단 간 과정들에 대한 사회심리학의 토대를 형성해준다.

이 게임은 지나치게 알뜰한 만큼 여러 방면에서 자연스럽게 한계에 부딪힌다. 치킨 게임은 지위 도전으로 발생하는 비용의 성격(예를 들면, 물리적 비용이나 심리적 비용 등)을 알지 못하고, 지위 상호작용의 기저에 자리한 근접 기제에 대해서도 말해주지 않는다. 예를 들어, 개인은 어떻게 서로에게 자신의 표현형 특질을 알리고, 또 어떤 특질을 알리는가 하는 것이다. 우리는 그 신호에 거짓이 없으리라고 가정하지만, 실제 지위 상호작용의 신호는 허위로 꾸며낸 것일 수 있다(예를 들어, 구직 면접을 볼 때 낮고 굵은 목소리를 낸다거나). 마지막으로, 게임은 지위 싸움이 지배력에 근거한 것인지, 명망에 근거한 것인지, 혹은 그 둘의 조합에 근거한 것인지 알지 못한다(예를 들어, 과학자와 종합 격투기 선수는 아주 다른 방식으로 지위 경쟁을 벌인다).

진화한 지위 기제

지위와 호르몬

테스토스테론 인간 연구와 비인간 동물 연구는 집단 내 지위 서열의 발생, 발달, 유지를 용이하게 하는 근접 기제 중 하나로 호르몬을 제시한다. 남성호르몬 테스토스테론(T) 수치는 인간과 비인간의 표본 모두에서 개체의 안정적인 지위와 관련이 있고(Archer, 1996; Ellis, 1995; Sapolsky, 1990), 나이, 성별, 크기 같은 다른 변수들에만 기인하지 않는다. 동성 경쟁—짝에게 접근하기 위해 같은 성끼리 벌이는 경쟁—이 벌어진 뒤에 평균적으로 승자는 테스토스테론 수치가 상승하고, 패자는 감소한다. 이 양상은 직접적인 신체적 경쟁, 비신체적 경쟁, 연구실에서 진행한 실험적 경쟁, 자연 조건에서의 경쟁에서 모두 관찰되었다(예를 들어, 레슬링; Gladue, Boechler, & McCaul, 1989; Mazur & Booth, 1998; Mazur, Booth, & Dabbs, 1992). 테스토스테론 수치의 변화는 집단 간 지위 경쟁의 결과, 대리적으로 발생하기도 한다. 1994년 피파 월드컵에서 브라질과 이탈리아의 결승전이 벌어지는 동안 연구자들은 이기고 있는 팀을 응원하는 사람들의 테스토스테론 수치는 상승하고, 지고 있는 팀을 응원하는 사람의 테스토스테론 수치는 감소한다는 연구결과를 얻었다(Bernhardt, Dabbs, Fielden, & Lutter, 1998). 지위와 테스토스테론의 관계는 양방향으로 나타나기도 해서, 테스토스테론 수치의 변화가 사회 계층 내 위치 변화를 유발하기도 한다. 예를 들어, 생물학자들이 서열이 낮은 소에게 테스토스테론을 투여하자 그 소는 계층적 위치가 상승했고, 다시 테스토스테론 수치가 제자리로 돌아오자 계층적 위치도 하락했다(Bouissou, 1978).

테스토스테론의 변화가 번식의 결과로 전환되는 경위는 확실하지 않다. 한 가능성은 T 수치의 상승이 개체가 모험/도전 전략을 채택하도록 부추긴다는 것이다(Archer, 1996와 비교해보라). 테스토스테론과 지배/공격 행동을 연관 지을 수 있는 증거는 격렬한 동성 경쟁이 벌어지는 남성 교도소의 수감 인구와 비수감 인구에서 모두 발견된다(Mazur & Booth, 1998). 또한 테스토스테론은 개체가 명망 싸움을 벌이도록 자극한다. 실험 참가자에게 소량의 테스토스테론을 투여하자, 위약을 투여한 대조군에 비해 경제 게임에 더 많은 돈을 투입했지만 이 효과는 자금의 투입이 명성에 이익을 가져다줄 때로 국한되었다(Eisenegger, Naef, Snozzi, Heinrichs, & Fehr, 2010).

테스토스테론과 지위의 연관성은 테스토스테론에 의해 촉진되는 에너지 맞거래를 고려할 때 그 성격을 드러낸다. 예를 들어 엘리슨Ellison(2003; Ellison & Ellison, 2009)은 테스토스테론이 수컷의 번식 노력을 제어하는 호르몬이라고 개념화한다. 발달기에 치솟는 테스토스테론 수치는 돌출된 눈썹 부위와 큰 턱, 깊은 목소리, 큰 근육 같은 '남성적' 형질을 만들어내는데, 이런 남성적 형질은 물리적인 싸움을 비롯한 지배력 경쟁에서 유용하고, 또한 갈등의 중재를 비롯한 명망 경쟁에서도 유용하다(von Rueden, 2014). 따라서 경쟁에서 승리한 뒤에도 높은 테스토스테론 수치는 짝짓기 노력에 할당되고 있는 에너지가 전반적으로 상승했다는 신호가 될 수 있다. 만일 테스토스테론이 구애 표현을 관장하는 심리 기제에 자극을 줄 수 있다면, 동성 경쟁에서 성공에 이어 테스토스테론 수치가 상승할 때 개체는 자신의 승리를 번식 기회로 전환할 수 있다(지위의 자본화).

지위 경쟁에 뛰어들면 테스토스테론 생산과 관련된 에너지 측면에서나(예를 들어, Muehlenbein & Bribiescas, 2005), 테스토스테론 수치의 상승이 다른 도전자와의 싸움을 부추겨서 동종에게 직접적인 도전을 받는다는 측면에서 큰 비용을 치르게 될 수 있다. 이런 비용을 고려하면, 회피 전략을 추구하는 개체 입장에서는 높은 지위에 있어서 빈번하게 도전받는 상황을 조심해야 한다. 조지프스Josephs, 셀러스Sellers, 뉴먼Newman, 메타Mehta(2006)의 연구가 이 가설을 뒷받침해준다. 이들은 경쟁을 조작해서, 테스토스테론 수치가 낮은 개인은 높은 지위(즉, 경쟁의 승자)에 위치할 때, 그리고 테스토스테론 수치가 높은 사람을 낮은 지위(즉, 경쟁의 패자)에 위치할 때 심장박동이 빨라지고 인지 수행 능력 평가 결과가 저조해지는 등 상대적으로 더 많이 흥분하는 양상을 관찰했다. 그 밖에도 경쟁에서 패한 뒤 테스토스테론 수치가 증가한 이들은 똑같은 상대와 다시 겨루길 원했고, 경쟁에서 패한 뒤 테스토스테론 수치가 감소한 이들은 재대결을 피하고자 했다(Mehta & Josephs, 2006).

코르티솔과 세로토닌 테스토스테론만 지위 서열에서의 위치를 제어하는 것은 아니다. 코르티솔 역시 지위 서열상의 위치가 변할 수 있는 상황이나 사건에 반응하며 오르내린다. 코르티솔의 수치를 순간적으로 올라가게 하는 상황은 종종 주관적으로 '스트레스가 심한' 경험이다. 테스토스테론과 마찬가지로 코르티솔도 다양한 생리적 체계에 공급될 에너지의 배분을 제어하는 기능을 한다. 하지만 테스토스테론과 달리 코르티솔의 수치 변화는 응급 상황에서 우선순위가 낮은 생리적 비축물로부터 글루코스를 뽑아내서 유기체에 순간적으로 강한 에너지를 공급하는 기능을 한다(Ellison & Ellison, 2009). 사회경제적 지위가 낮은 성인과 아이들은 사회경제적 지위가 높은 이들에 비해 일반적으로 높은 코르티솔 수치를 보이는데, 이는 일상적으로 더 빈번하게 스트레스 요인에 노출된다는 뜻이다(Kapuku, Treiber, & Davis, 2002; Marmot, 2004). 결혼한 부부 사이에서는 상대방의 지배성에 대한 지각과 부부 상호작용 시의 혈압 반응도 사이에 상관관계가 나타난다(P. C. Brown, Smith, Benjamin, 1998). 조직 내에서 지위가 낮은 관리자는 지위가 높은 관리자에 비해 코르티솔의 기준선이 높다(Sherman et al., 2012). 이런 관계의 인과적 방향은 분명하진 않지만, 지위가 낮은 개코원숭이는 코르티솔 수치가 지속적으로 높은 수준을 보인다는 사폴스키Sapolsky(1990)의 연구결과와도 일치한다. 이 효과를 설명하는 한 가지 해석은 필요한 자원이 부족할 때 코르티솔이 지위가 낮은 데서 오는 스트레스를 완충해준다는 것이다(그림 32.1을 보라).

마지막으로, 높은 지위는 높은 세로토닌 수치와 연관되어왔다. 신경전달물질인 세로토닌은 중추신경계에서 주로 발견할 수 있는데, 행복과 웰빙(안녕 또는 좋은 삶)의 감정과 관련이 있다고 여겨진다. 영장류 연구에서는 집단 내에서 개체의 사회적 계층이 상승하면 세로토닌 수치도 상승한다는 결과를 얻었다(Sapolsky, 1990). 버빗원숭이를 대상으로 한 실험에서는 사회적 서열이 높은 수컷이 서열이 낮은 개체에 비해 혈중 세로토닌 수치가 거의 두 배에 달한다는 것이 밝혀졌다(Raleigh, McGuire, Brammer, & Yuwiler, 1984). 세로토닌과 지위의 인과관계는 과학자들이 건강한 자원자 10명에게 시탈로프람(세로토닌 계열의 약물)을 투여한 실험으로 분명하게 입증되었다. 자원자들에게 약을 투여한 뒤 이들을 관찰한 사람들은 이들을 지배적인 위치에 있는 사람으로 더 많이 평가했고, 그 정도는 위약을 투여한 대조군에 비해 유의미하게 높았다(Tse & Bond, 2002). 당연히 사람에게 사용하는 항우울제와 항불안제(예를 들어, 프로작)는 뇌 안의 세로토닌 수치를 높이는 기능을 한다. 분명 세로토닌은 개인의 집단 내 지위를 보여주는 체내의 단서라 할 수 있다.

지위와 체격

계층 안에서 높은 위치를 점하려는 경쟁 그리고 지위를 얻고 궁극적으로 짝을 얻기 위한 경쟁에서 신체의 크기와 힘이 유리하다면, 최소한 수컷의 경우에는 질이 높은 개체가 체격도 클 것이라고 예상할 수 있다(Kokko, Brooks, McNamara, & Houston, 2002, 체격이 부분적으로 테스토스테론의 영향을 받는다는 점에 주의하라). 신체적 위압성은 동성 경쟁이 벌어질 때 명백한 이점을 가져다주며, 비인간의 지위는 거의 확실하게 예측해준다. 체격이 큰 개코원숭이 수컷은 작은 수컷보다 높은 서열을 차지하고(Johnson, 1987), 거미(Taylor, Hasson, & Clark, 2001)와 가재(Pavey & Fielder, 1996)도 큰 개체가 양자 대결에서 승리할 가능성이 높다.

인간(남성)은 두 가지 방법을 통해 체격을 높은 지위로 전환한다. 첫 번째는 동성의 경쟁자들 사이에서 일련의 과시를 통해서 신체적 우위를 드러내는 것이다. 평균적으로 덩치가 큰 남성이 덩치가 작은 남성에게 승리하며, 덩치가 큰 개인이 계층의 정상에 오르곤 한다. 자연히, 이 과정에 반드시 물리적인 싸움이 수반되지는 않는다. 개인의 몸집은 경쟁에서 승리할 가능성을 드러내는 정보로 이용될 수 있는데, 대결은 실제 싸움보다는 이 정보에 근거해서 결말이 나는 경우가 많고, 이를 통해 당사자 모두 각자가 부담하는 비용을 줄일 수 있다(지위 평가). 이런 점에서 몸집은 동성 간 경쟁력을 드러내는 단서로 간주할 수 있으며, 그래서 도전할 상대와 따를 상대를 결정할 때 결정적인 정보가 된다. 최근의 발달 연구들에 따르면, 인간 유아는 채 한 살이 되기도 전에 물리적으로 크기가 큰 대상이 물리적으로 작은 대상과의 지배력 다툼에서 승리할 거라고 예상한다(Thomsen, Frankenhuis, Ingold-Smith, & Carey, 2011). 따라서 몸집이 큰 개인은 좀처럼 도전을 받지 않는다는 이유로 지위 경쟁을 쉽게 피할 수 있다(그림 32.1을 보라).

두 번째는 체격을 명망의 표지로 활용하는 방법이다. 인류학 연구는 신체적으로 더 강한 사람이 집단에 식량을 더 잘 조달하고, 적대적인 외집단으로부터 집단을 더 잘 보호하고, 집단 내부의 분쟁을 더 잘 해결한다고 말한다(von Rueden, 2014). 나아가 몸집이 명망의 지표인 건강, 지능, 정치적 영향력과 연결된다는 증거도 있다(Blaker & van Vugt, 2014). 신장은 소득(Judge & Cable, 2004), 군 계급(Mazur, Mazur, & Keating, 1984), 직장 내 권한(Gawley, Perks, & Curtis, 2009)을 비롯해서 지위와 관련된 여러 변수들과 관련이 있다. 뿐만 아니라 사업 분야에서 관리직에 있는 사람은 평균적으로 관리직이 아닌 사람보다 키가 크다(Egolf & Corder, 1991; Murray & Schmitz, 2011). 명망 있는 미국의 과학 분야 교수들은 일반 대중보다 키가 큰 경향이 있고, 미국 대통령 선거에서조차 키가 큰 후보가 이길 확률이 훨씬 높다(McCann, 2001; Stulp, Buunk, Verhulst, & Pollet, 2013). 또한 키가 크면 사회적 계층에서 위로 이동하기가 용이하다는 증거도 있다. 형제자매를 대상으로 한 연구에서는 키가 큰 형제자매가 평균적으로 더 좋은 교육을 받는다는 결과가 나왔다(Bielicki & Waliszko, 1992). 여러 언어들도 몸집과 지위의 연관성을 반영하는 것처럼 보인다. 전통 사회와 현대 사회를 막론하고 여러 문화에서 지도자와 지위가 높은 이들을 '큰 인물'로 지칭하는 경우가 많다(van Vugt & Ahuja, 2011).

최근에 한 실험에서는 사람들이 키가 큰 남성과 여성 관리자를 더 뛰어난 지도자로 지각한다는 것과 사람들이 신장을 타인의 지위를 확인하는 단서로 활용한다는 사실이 밝혀졌다(Blaker et al., 2013). 그런데 키가 큰 남성은 더 지배적이고 더 지적이고 더 건강한 사람으로 지각된 반면, 키가 큰 여성은 더 지능적으로만 보였다. 이 발견은 몸집이 양성 모두에게 지위 이익을 주지만, 여성보다는 남성이 신체적 위압성을 통해 더 큰 이익을 누린다는 사실을 가리킨다.

그 밖의 다른 형질들도 개인이 신체적 위압성을 이용해서 지위를 높일 수 있는 수단이 된다. 몇몇 연구의 보고에 따르면, 지방이 없는 근육질의 몸(체내에 약간의 전류를 흘려 측정하며, 신체적 강인함의 대리물로 사용된다)과 남녀의 소득에 양의 상관관계가 존재한다고 한다(Böckerman, Johansson, Kiiskinen, & Heliövaara, 2010). 또한 남성의 신체적 강인함을 통해서, 쉽게 화를 내는 성격과 목표 성취를 위해 공격적인 전략을 사용할 가능성—따라서 모험 전략을 더 빨리 채택할 가능성—을 예측할 수 있다(Sell, Tooby, & Cosmides, 2009). 3세 아이의 체격은 아이가 11세가 되었을 때의 공격성과 무뚝뚝함을 예측할 수 있는데, 이는 신체적 강인함과 관련된 전략이 생애 초기에 미세 조정된다는 점을 시사한다(Ishikawa, Raine, Lencz, Bihrle, & Lacasse, 2001). 그리고 신체적으로 강한 남성은 강한 사람들에게 유리하게 만들어진 사회 규범을 지지한다. 예를 들어, 프라이스Price, 강Kang, 던Dunn, 홉킨스Hopkins(2011)는 신체적으로 더 강한 남성일수록 사회적 계층과 지위의 불평등을 더 강하게 선호한다는 것을 입증했다. 이와 유사하게, 피터슨, 츠나이서Sznycer, 셀Sell, 코스미디스Cosmides, 투비Tooby(2013)는 남성의 상체 근력을 보면 그들에게 유리한 자원 재분배 정책을 지지할 가능성이 높은 것을 예측할 수 있다고 결론지었다. 가난한 남성의 상체 근력은 부의 재분배를 강하게 지지하는 성향을 예고한 반면에, 부유한 남성의 상체 근력은 부의 재분배를 약하게 지지하는 성향을 예고했다.

동성 경쟁에서 유리할 수 있는 다른 형질들도 높은 지위에 도움이 된다. 얼굴의 남성성—돌출된 턱, 육중한 눈썹 부위 뼈, 얼굴 근육 등—은 군 장교로서의 성공을 예고하는데, 실제로 더 빠른 계급 승진과 사관학교에서 석차가 높고 더 빨리 승진하는 것과 관련이 있다(Mueller & Mazur, 1996). 얼굴의 남성성과 계급 조직에서의 성공이 관련되어 있다는 것은 남성적인 얼굴을 가진 개인이 채택하는 전술(지배력 전술)의 결과일 수도 있고 지도자로 지배력 있어 보이는 얼굴을 선호하는 성향(명망 선호)의 결과일 수 있다. 특히 후자의 경우는 전쟁 상황에서 사람들은 지배력이 더 많이 드러나는 얼굴의 지도자에게 투표한다는 사실로 뒷받침된다(Spisak, Dekker, Krüger, & van Vugt, 2012).

마지막으로 신체적 매력도 지위가 높은 개인에게 주어지는 긍정적인 사회적 결과—예를 들어, 더 많은 데이트 상대와 친구, 더 많은 재산—를 예고해준다(Roszell, Kennedy, & Grabb, 1989). 대학교의 남학생 사교클럽과 여학생 사교클럽을 대상으로 한 연구에서, 신체적 매력이 큰 개인은 학생 조직 내에서 더 중요하고 지위가 높은 사람으로 지각되는 경우가 많았다(Anderson, John, Keltner, & Kring, 2001; Kalick, 1988). 하지만, 신체적 매력은 여성보다 남성 사이에서 더 강하게 사회적 지위를 예고했는데, 이는 매력적인 여성은 짝을 찾는 경쟁에서는 유리할 수는 있어도 지도자 위치에 오르기 위한 도전에서는 꼭 그렇지 않다는 점을 시사한다.

지위의 언어적, 비언어적 지표

신체적 자본을 높은 지위로 전환하는 것 외에도 인간은 다양한 행동 전략을 통해 자신의 지위를 전달한다(의도적으로 그렇게 하는지는 두고 봐야 하지만). 악수를 생각해보자. 악수는 서양 세계 어디에서나 볼 수 있는 인사 예절로, 특히 남성들이 처음 대면할 때 자주 사용한다. 악수를 통해 전달되는 악력 같은 단순한 요소도 타인의 지위를 파악하는 방법으로 효과적일 수 있다. 사회적으로 지배적이고 외향적인 사람은 악수를 더 강하게 한다(Stewart, Dustin, Barrick, & Darnold, 2008). 또한 지위가 높은 사람은 더 개방적이고 편안한 자세를 취하면서 얼굴에는 감정적인 표정을 적게 드러낼 가능성이 높으며, 특히 지위가 낮은 사람과 상호작용할 때는 더 적게 웃는다(Ketelaar et al., 2012). 실험실 연구에 따르면, 미세하게 무례하고 규범을 위반하는 사람을 본 참가자들은 그들이 더 과감하고, 강하고, 권력이 있고, 통제력이 있다고 평가했다(van Kleef, Homan, Finkenauer, Gündemir, & Stamkou, 2011). 아가일 Argyle(1994)은 비언어적 행동을 통한 상호작용을 다룬 문헌들을 검토한 뒤에, 지배력이 있는 개인들은 가슴을 편 채 곧게 서고, 시선이 분명하고, 저음의 목소리로 말하고, 손짓을 더 많이 한다고 결론지었다.

낮은 목소리도 체격 및 높은 테스토스테론 수치와 관련이 있는 만큼 개인의 지위에 관한 정보를 드러낼 수 있다. 저음의 목소리는 지위 및 직업적 성공과 관련이 있다(Puts, Hodges, Cárdenas, & Gaulin, 2007). 실제로, 미국 주식 거래소에 상장된 기업의 CEO들을 조사한 최근의 한 연구에서는, 저음을 가진 CEO가 더 많은 돈을 벌고, 목소리 높이가 25% 낮으면 연봉이 18만 7,000달러 상승한다는 것을 보여주었다(Mayew, Parsons, & Venkatachalam, 2013). 또한 남성은 지위가 낮은 다른 남성에게 말을 걸 때 목소리의 음을 낮추는데, 이는 목소리의 음높이가 신체적 경쟁 상황에서 자신의 지배력을 주장하는 데 이용될 수 있음을 말해준다(Puts, Gaulin, & Verdolini, 2006). 마지막으로, 지위가 높은 사람과 지위가 낮은 사람의 언어적 표현이 다를 수 있다. 사람들은 분명하고, 크고, 자신 있게, 직접적으로 말할 때 더 중요하고 명망 있는 사람으로 보이는 반면에, 더 부드럽게 말하고 불안하게 킥킥대며 말을 많이 하는 사람은 지위가 낮은 사람처럼 보인다(S. T. Fiske, 2010). 뿐만 아니라 지위가 높은 사람은 자신이 대화를 시작하는 경우가 많고, 능숙한 영역으로 자주 논의를 전환하며, 대화할 때 다른 화자의 말을 끊을 확률이 높다(Godfrey, Jones, & Lord, 1986; Mast, 2002). 마지막으로, 감정의 표현도 지위의 차이를 전달한다. 화를 표현하는 구성원은 슬픔을 드러내는 이들보다 더 높은 지위에 있는 사람으로 지각된다(Tiedens, 2001).

지위의 변화와 감정

인간은 지위 서열에서의 위치 변화에 대처하기 위해 일련의 감정 체계를 진화시켰을 가능성이 높다(Tooby & Cosmides, 2008). 개인이 지위 경쟁에서 승리해서 부상하게 되면(그림 32.1의 좌측 하단 칸), 행복, 고양감, 자부심을 느낀다(Cheng, Tracy, & Henrich, 2010; Tracy & Robins, 2007). 반대로, 지위를 잃으면(그림 32.1의 우측 상단 칸) 사회적 불안, 수치, 분노, 우울증 같은 감정이 상승한다(Gilbert, 1990). 게다가 똑같은 행동이라도 그 행동의 지위 결과에 따라 아주 다른 정동적 느낌(기분)을 불러일으킬 수 있다.

대중 강연을 예로 들어보자. 이 장을 읽는 독자들도 수없이 겪어봤겠지만, 교수가 학부생을 대상으로 연구 발표를 할 때는 동료들과 보다 명망 있는 인사들이 참석한 국제 학회에서 똑같은 내용을 발표할 때보다 불안감이 덜하다. 짐작건대, 이 차이는 불안이 두 집단에 대한 좋은 발표 대 나쁜 발표의 서로 다른 지위 결과를 반영한다. 학생들 앞에서 발표를 망치는 일은 학계 동료 집단 앞에서 발표를 망치는 것만큼 지위 결과에 큰 영향을 미치지는 않는다. 불안은 물론이고 심지어 불안을 느끼리라는 전망에도 투비와 코스미디스(2008)가 논의한 일종의 기능적 예측과 시뮬레이션의 효과가 반영되는 듯하다. 즉, 실제로 지위를 잃는 부정적 효과를 시뮬레이션하면(즉, 불안을 느끼면) 사람들은 지위 손실이 발생할 법한 상황을 피하거나, 경쟁에서 승리하기 위해 더 많은 노력을 투자하게 된다. 이와 유사하게, 가령 도덕적 위반 같은 것을 저질러서 명성을 잃었을 때에도 사람들은 수치심을 느낀다(Giner-Sorolla & Espinosa, 2011; Haidt, 2003; Tracy & Robins, 2006). 반대로 사람들은 자신이 이겼어야 하는 지위 경쟁에서 패배하면 분노를 느낄 수 있으며, 이 분노는 복수나 재대결을 원하도록 부추긴다. 마지막으로, 오랜 기간 지위의 손실(예를 들어, 실직)을 경험한 뒤라면 우울을 느낄 수 있는데, 이는 다시 지위 경쟁에 참여할 만큼 충분한 자원을 얻기 전까지 어떤 지위 경쟁이든 일시적으로 피하게 만든다. 하지만 새 직장을 찾거나 새로운 관계를 시작해서 지위 경쟁 싸움에 재진입하기 위한 자본을 갖춘 시점에 도달하면 우울한 증상은 중단된다(Gilbert, 1990).

다른 감정들도 이와 비슷하게 지위 다툼 이후에 나타나는 경쟁의 결과, 개인의 지위, 경쟁자의 지위(그림 32.1)에 따라 개인의 행동을 유도한다. 지위 다툼에서 승리해서 지위가 높아진 개인은 아마도 패자가 패배를 받아들이는 방식, 또는 경쟁을 하기 전에 패자가 도전한 방식에 따라 지위가 낮은 사람에게 동정심을 느끼거나 경멸을 느낄 수 있다. 반대로, 승자의 반응에 따라 지위가 낮은 개인은 패배가 정당하다고 느낄 때 승자에게 존경을 표할 수도 있고, 시기를 느껴서 다음 경쟁에서 더 큰 노력을 하게 될 수도 있다.

지위 투쟁의 성차

모든 포유류가 그렇듯 남성과 여성은 번식 잠재력이 다르다. 여성은 자식에게 더 큰 투자를 하고(예를 들어, 임신과 출산 시에 들이는 시간과 에너지를 통해), 수정이 가능한 기간도 남성에 비해 제한적이다. 그러나 남성은 자식에 대한 최저 의무 투자량이 비교적 낮고, 한 번의 수정이 일어난 뒤에도 (다른 상대와) 더 많은 자식을 만들 수 있으며, 생애의 더 긴 기간 동안 번식능력이 유지된다(Trivers, 1972). 결과적으로 남성은 번식 결과의 상한선이 더 높은 반면에, 번식 결과는 여성의 번식 결과보다 편차가 더 큰 경향이 있다(Bateman, 1948; Brown, Laland, & Bogerhoff Mulder, 2009). 최저 의무 투자량의 차이는 짝짓기 전략의 성차(예를 들어, 성 전략 이론; Buss & Schmitt, 1993)뿐 아니라, 공격성(Archer, 1996; Wilson & Daly, 1985)에서부터 성희롱에 대한 역겨움 경험(Tybur, Lieberman, Kurzban, & DeScioli, 2013)에 이르는 숱한 성차를 설명하는 이론적 근거가 된다. 또한 이 성차는 심리적 지위 체계에도 진화한 성차가 있을지 모른다고 암시한다.

수컷의 번식 결과는 암컷의 번식 결과보다 더욱 가변적이다. 하지만 어떤 수컷이 더 많은 자식을 생산할까? 앞서 논의했듯이 많은 종에서 지위가 높은 수컷이 더 많은 자식을 얻는다(Ellis, 1995). 한 가지 극단적인 사례가 미국과 멕시코의 서쪽 해안에 서식하는 북방코끼리물범이다. 수컷은 번식기가 시작되기 전부터 지배 경쟁을 벌이는데, 승자는 암컷을 독점하고 패자는 번식기 동안 짝짓기에서 배제된다(Blaker & van Vugt, 2014). 앞서 언급한 게임이론 모델(그림 32.1)을 활용하면, 이는 모험 대 양보의 상대적인 수익 차이가 암컷의 동성 간 상호작용보다 수컷의 동성 간 상호작용의 경우에 훨씬 크다는 뜻이 된다. 이것은 수컷이 지위 경쟁을 통해 얻는 혜택이 암컷의 경우보다 훨씬 크다는 뜻이다. 경쟁에 달려 있는 번식 이익이 훨씬 크기 때문이다.

수컷의 지위와 번식 성공의 관계는 인간에게도 똑같이 나타나는데, 아즈텍, 잉카, 메소포타미아 문명 같은 초기의 복잡한 사회에서 특히 강했다(Betzig, 1993). 이들 사회에서는 여성에 대한 접근이 엄격하게 통제되어, 지위가 낮은 남성보다 지위가 높은 남성이 여성에게 훨씬 더 많이 접근할 수 있었다. 수렵채집 사회는 더 평등주의적이어서 지위에 따른 번식 왜곡이 확실히 더 적었지만, 그럼에도 최고의 사냥꾼과 정치 지도자들은 더 많은 혼외정사를 즐겼다. 실제로 현대의 치메인족—볼리비아 저지대의 채집 민족으로, 쌍 결합 규범이 있다—사이에서 지위가 높은 남성(지배력도 강하고, 명망도 높은 남성)은 지위가 낮은 남성보다 혼외정사를 더 많이 한다(von Rueden, Gurven, & Kaplan, 2011). 현대 산업 사회도 똑같다. 페루스Perusse(1993)는 남성 직원들의 직급과 성적 기회의 연관성을 조사했다. 자기보고 데이터에 따르면 상위 직급에 있는 직원들이 혼외정사를 더 많이 했다. 거리의 갱단에 속한 젊은 남성들은 평범한 또래들보다 성관계를 더 많이 하고 친구들 사이에서의 지위도 더 높은 것으로 보고되었다(Palmer & Tilley, 1995). 2차 세계대전에 참전한 미국 병사들 가운데 전쟁 영웅이 되어 귀국한 군인들—명예훈장 추서자—은 훈장을 받지 못한 참전군인보다 더 많은 자녀를 얻었다(Rusch, Leunissen, & van Vugt, 2014). 수컷이 높은 지위를 번식 성공으로 전화시키는 경향은 워낙 일반적이어서 오직 그것만을 지칭하는 밧세바Bathsheba 증후군이라는 용어가 따로 있을 정도다(D. C. Ludwig & Longenecker, 1993).

지위, 짝짓기, 남성의 심리

지위 경쟁의 결과를 고려할 때, 남성은 자신의 지위 목표에 도달하고자 더 값비싼 전략도 마다하지 않을 것이다. 이런 전략에는 지배 과시(예를 들어, 신체적인 싸움; Archer, 2009)가 흔히 동반되는데, 평상시라면 사소했을 위협—자신의 안전이나 눈앞의 자원보다는 오로지 지위와 관련된 위협—에 반응하여 과시행동을 할 때가 많다(M. Wilson & Daly, 1985). 게다가 지위 위협에 대한 공격적인 반응은 다른 남성—또 다른 동성 경쟁자—이 주변에서 경쟁 결과를 지켜볼 때 더 많이 나타난다(Griskevicius et al., 2009). 뿐만 아니라 남성은 연합을 이뤄 라이벌 집단 남성들과 싸우는 것으로 지위를 획득하기도 한다. 남성은 집단 간 경쟁이 없을 때보다 경쟁이 존재하는 상황에서 집단에 더 많이 기여하는 반면에, 여성은 그렇지 않다(van Vugt, de Cremer, & Janssen, 2007). 또한 남성은 여성보다 집단 간의 접촉이 더 공격적이고, 집단 간의 폭력 행위가 벌어질 때 이를 응원하거나 직접 참여할 가능성이 높다(남성 전사 효과; van Vugt et al., 2007). 마지막으로, 남성은 사회적 지배 지향성에서 더 높은 점수를 기록하는데, 이 점수는 사회에서 집단들 간의 지위 차이와 자원 접근성의 차이에 찬성하는 정도를 측정한다(Pratto, Sidanius, Stallworth, & Malle, 1994). 이 성차의 방향성은 다양한 문화에서 고정적으로 나타나며, 스웨덴이나 네덜란드처럼 비교적 평등해 보이는 사회에서도 예외 없이 나타난다. 집단 간 공격은 특히 지위가 낮은 남성들이 선호하는 전술로, 싸움을 통해 지위를 상승시키고, 그렇게 해서 더 많은 자원에 접근할 수 있기 때문이다(Chagnon, 1990; McDonald, Navarrete & van Vugt, 2012; Navarrete, McDonald, Molina, & Sidanius, 2010).

남성은 또한 성적인 짝을 유혹할 때 명망 전술을 사용한다. 실험실 연구에서 남성 참가자 집단이 공공재 게임을 하는 동안 매력적인 여성이 그 모습을 보고 있다면, 참가자들은 관객이 전혀 없거나 남성 관객만 있을 때보다 더 많은 돈을 집단 기금에 기부했다(van Vugt & Iredale, 2013). 뿐만 아니라, 남성은 혼자이거나 남성 일행이 있을 때보다 여성 일행이 있을 때 걸인에게 더 많은 돈을 적선한다(Iredale, van Vugt, & Dunbar, 2008). 마지막으로, 낭만적인 동기로 남성과 여성을 준비시킨 뒤 타인을 돕는 것과 관련된 질문을 하자, 남성은 영웅적이고 지위를 향상시키는 형태의 도움 행동을 하겠다고 대답했다(예를 들어, 물에 빠진 사람을 직접 뛰어들어 구하는 등; Griskevicius et al., 2007). 반면에 여성은 낭만적인 동기로 준비된 이후에 더 보수적이고, 위험이 작은 도움 행동(예를 들어, 자원봉사)을 선택했다. 다리가 덜덜 떨리는 밧줄 다리를 건너는 가상의 환경에서, 남성은 다른 남성 참관자가 있을 때보다 여성 참관자가 지켜보고 있을 때 다리를 더 빠르게 건넌다(Frankenhuis, Dotsch, Karremans, & Wigboldus, 2010). 마지막으로, 현재의 파트너에게 더 많이 헌신한다고 자기보고한 남성이 파트너에게 더 적게 헌신하는 남성들보다 위험을 더 적게 감수한다(Frankenhuis & Karremans, 2012).

지위와 여성의 심리

만일 남성의 지위가 여성(가령, 짝이 될 여성)에게 돌아갈 이익을 암시한다면, 선택은 지위에 매력을 느끼는 짝짓기 심리를 여성에게 부여할 것이다. 짝 선호도에 관한 버스(1989)의 획기적인 비교 문화 연구에 따르면, 어떤 문화에서든 연애 대상을 평가할 때에는 여성이 남성보다 지위와 관련된 형질(예를 들어, 돈버는 능력, 야망)에 높은 비중을 둔다. 실험실 연구에서 여성은 지배적인 남성에게 더 큰 성적 관심을 표하지만, 남성은 지배적인 여성에게 큰 성적 관심을 드러내지 않는다(Sadalla, Kenrick, & Vershure, 1987). 제한된 예산을 사용해서 [각 속성을 구입하는 식으로] '짝을 조립'해보라고 하면, 남성보다 여성이 지위와 자원을 우선시한다(Li, Bailey, Kenrick, & Linsenmeier, 2002). 남성이라고 여성이 가진 선호를 모르는 것은 아니다. 남성은 연애 상대를 찾기 위한 개인 광고를 낼 때 여성에 비해 자신의 지위와 자원을 광고할 가능성이 높다(Pawlowski & Dunabar, 1999).

지위를 선호하는 여성의 짝 선호에는 지위가 높은 남성이 제공할 수 있는 직접적인 이익(즉, 보호와 자원)와 간접적인 이익(즉, 상속 가능한 질)이 모두 반영되어 있을 것이다. 전자는 명백히 사실인데, 여성은 단기적인 성적 파트너보다 장기적인 짝을 찾을 때 사회적 지위와 자원을 더 우선한다(Li & Kenrick, 2006). 후자 역시 사실로 보인다. 예를 들어, 앞서 기술했듯이 지배적인 얼굴 구조를 좋아하는 여성의 선호도는 수정 능력이 정점에 있을 때 가장 높으며(Johnston, Hagel, Franklin, Fink, & Grammer, 2001; Penton-Voak & Perrett, 2000), 남성이 보이는 동성 간 경쟁 행동에 대해서도 그때 선호도가 가장 높게 나타난다(Gangestad, Simpson, Cousin, Garver-Apgar, & Christensen, 2004). 뿐만 아니라, 여성 참가자가 오직 단기적인 성적 파트너로서 남성의 매력을 판단할 때에도 그런 선호가 자주 관찰된다(이론적인 개괄을 위해서는 Thornhill and Gangestad, 2008를 보라; 최근의 메타분석을 위해서는 Gildersleeve, Haselton, & Fales, 2014를 보라). 데이터상으로 분명한 그림이 드러난다. 여성은 지위, 자원, 남성의 형태적 · 사회적 지배 과시를 선호하는데, 직접적 이익과 간접적 이익 모두와 관련이 있다.

성차에 관해 마지막으로 언급할 점은, 남성과 여성은 지위를 얻기 위해 서로 다른 전술을 활용한다는 것이다. 한 연구에서는 남성과 여성에게 아주 다양한 지배 행위가 사회적으로 얼마나 바람직한지를 평가하게 했다(Buss, 1981). 연구의 주요 결론에 따르면, 남성은 '자신의 길을 스스로 헤쳐 나간다'거나 '누군가의 부탁을 들어줘야 할 때 불평한다'와 같이 자기중심적이고 지배적인 행위에 더 많이 공감했다. 여성은 '여러 공동체와 교내 활동에 적극적으로 참여한다'거나 '위원회 회의에서 필요한 역할을 맡는다'처럼 더 친사회적이고 명망 있는 행위에 더 많이 공감했다.

리더십의 진화심리학

마지막 절은 집단 내부에 존재하는 특수한 계층적 지위인 리더십에 초점을 맞추고자 한다. 대다수의 인간 사회에서 지도자는 상당한 명망을 누리고, 그와 관련된 이익으로 지도자의 자리는 특히 매력적이 된다(van Vugt, 2006). 하지만 리더십의 동역학은 복잡해서, 모두가 지도자의 자리를 바라는 것도, 모든 지도자가 비슷한 지위를 누리는 것도 아니다. 진화생물학자들은 리더십에 지속적으로 관심을 기울여 왔고, 이 복잡한 문제를 풀어내는 일에 전념한 문헌도 갈수록 풍부해지고 있다(예를 들어, King, Johnson, & van Vugt, 2009). 예나 지금이나 리더십은 사회과학의 인기 있는 주제였지만, 전통적으로 그 문헌들은 사람들이 지도자의 등장을 왜 받아들이는지, 왜 비용을 감당하면서까지 지도자 역할을 맡으려고 하는지와 같은 근본적인 문제는 다루지 않았다(Gillet, Cartwright, & van Vugt, 2011). 우리는 프라이스와 판 퓌흐트(2014)를 따라 이 주제를 지도자와 추종자 간의 호혜적 교환으로 본다. 지도자가 집단 활동을 성공적으로 조정할 때 지도자 개인에게 지위와 명망의 이익이 돌아가는 것이다.

명망을 위한 봉사

인간 사회는 지도자를 상당히 존경하고, 좋아하고, 찬양한다. 넬슨 만델라Nelson Mandela와 모한다스 간디Mohandas Gandhi가 대표적이다. 하지만 비인간 영장류 집단에서 높은 지위에 있는 개체는 전혀 그렇지 않아서, 지배적인 수컷(알파)은 공포의 대상이며, 비인간 동물의 내적 상태를 의인화하는 위험을 무릅쓰고 말하자면, 지위가 낮은 개체에게는 혐오의 대상이다(King et al., 2009; van Vugt, 2006). 또한 인간 집단의 지도자는 비인간 알파 영장류만큼 자원을 독점하지 못한다. 여기서 결정적인 의문이 고개를 든다. 만일 인간 지도자가 비인간 영장류 우두머리처럼 자원에 대한 권리를 독차지하지 못하고, 오히려 집단에 너무 많은 자원을 투자해야 한다면, 왜 지도자는 그런 자리를 원하고 받아들이는 것일까? 이에 관해서는 명망을 위한 봉사 이론(Price & van Vugt, 2014)이 퍼즐을 푸는 데 도움이 된다.

인간의 리더십은 지도자와 추종자들의 자발적인 상호 합의가 필요하다는 특징이 있다(Trivers, 1971과 비교하라). 이런 상호 동역학에 따라 지도자는 자신의 전문 지식, 기술, 교육, 개인적인 위험, 시간을 추종자들이 제공하는 명망과 교환한다. 이 동역학은 지도자와 추종자의 권력 차이가 작을 때 가장 잘 작동한다. 즉, 지도자가 자신의 자리를 활용해서 추종자들을 착취할 기회가 제한되어 있을 때를 말한다. 지도자와 추종자의 권력 차이가 큰 상황에서는 명망이 아니라 지배력에 근거한 지위 서열이 잘 만들어진다(van Vugt, Hogan, & Kaiser, 2008). 게다가, 지도자에게 명망을 이익으로 주는 경우에는 추종자들 사이에서 집단적인 행동 문제가 발생할 수 있다. 지도자를 따르지 않으면서 집단에 대한 그의 공헌에서 이익만 취하는 것이 더 싸기 때문이다. 이 무임승차자 문제를 잘 해결할 수 있다면, 그 집단에서는 좋은 리더십이 싹튼다.

다양한 관찰 결과가 명망을 위한 봉사 개념을 뒷받침한다. 먼저, 채집 사회에서 지도자 자리에 오른 개인은 전문 기술(예를 들어, 사냥, 정치적 영향력)을 대외적으로 과시해서 그 자리를 얻은 경우가 많다. 아마존의 슈아르족은 사회집단에 가장 가치 있는 봉사를 하는 사람으로 지각된 개인을 집단의 지도자로 선호하고, 가장 크게 존경한다(Price, 2003). 이와 비슷하게 실험실 실험에서도 집단에 이익을 주겠다는 의지—와 능력—를 보여준 사람이 더 높은 지위를 얻는다(Anderson & Kilduff, 2009; Hardy & van Vugt, 2006; Willer, 2009). 마지막으로, 지도자 역할을 수임해서 얻은 지위 이익은 자주 번식 성공으로 전환된다(von Rueden, 2014).

둘째, 서양 사회에서 지도자의 중요한 덕목으로 여기는 특성에는 지능, 포부,

꾸준함, 의사소통 능력, 설득력, 공정성, 윤리적인 결정 능력이 들어 있다(Judge, COlbert, & Ilies, 2004). 이 자질은 전통 사회의 추종자들도 가장 중요하게 꼽는 지도자의 특성이다(Tooby, Cosmides, & Price, 2006; von Rueden, 2014). 추종자들이 지도자에게 기대하는 것에 비교 문화적인 일관성이 있는 것이다(Den Hartog, House, Hanges, Ruiz-Quintanilla, & Dorfman, 1999). 의사소통 능력과 언변은 사회적 조정을 용이하게 하고, 높은 지능은 아마 더 나은 결정과 연관될 터이며, 공정함은 지도자의 착취를 막아준다(van Vugt et al., 2008).

명망을 위한 봉사 이론에 부합하는 세 번째 관찰 결과는 지도자가 추종자에게 부과할 수 있는 비용과 관련된 문제에 기초하고 있다(Padilla, Hogan, & Kaiser, 2007). 시간이 지나면서 지도자의 권력이 쌓이고 지도자가 자원을 독점하기 시작하면 지위 서열 내에서 지도자의 자리가 명망에 근거한 위치에서 지배력에 근거한 위치로 이행할 수 있다. 비교적 동등한 권력을 지닌 파트너들로 이루어진 상호 이익의 관계에서, 개인이 상대를 잘 대우하는 것은 어느 정도는 상대를 잘 대우하지 않으면 그가 관계에서 떨어져 나가 다른 곳에 자원을 바칠 수 있기 때문이다(van Vugt, Jepson, Hart, & de Cremer, 2004). 개인들이 집단적 행동을 조직하고 자원을 분배하는 일 때문에 지도자에게 더 많이 의존할수록, 그들은 관계에서 떠나기가 어려워진다. 따라서, 지도자가 추종자를 잘 대우해야 얻을 수 있는 보상분도 그만큼 감소한다. 집단의 규모와 인구밀도가 증가하고 어쩌면 가장 중요하게는 인구의 이동성이 하락하면, 지도자는 더 쉽게 권력을 쌓을 수 있고 지도자—추종자 관계도 지배하고 착취하는 관계로 이행될 수 있다. 이 경향은 비판, 임금 상한제, 지도자 교체 등 권력의 남용을 억제할 수 있는 균형 유지 장치가 없을 때 더욱 심해진다(Boehm, 1999; van Vugt & Ahuja, 2011). 심리학 문헌은 이처럼 권력의 성격이 전환될 때의 결과를 강조하는데, 권력의 증가는 공감 능력을 저하시키고(Galinsky, Magee, Inesi, & Gruenfeld, 2006), 권력의 남용을 증가시킨다고 한다(Kipnis, 1972). 더 나아가 일화적인 보고에 따르면, 정치계와 경영계의 높은 지도자 중에는 어두운 성격 3인방을 갖춘 남성—마키아벨리즘, 나르시시즘, 사이코패스의 조합—이 많다고 한다(Babiak & Hare, 2006; A. Ludwig, 2002).

결론

우리는 진화적 관점에서 지위를 분석하여 심리학 문헌에 다양하게 기여하고자 했다. 우선 많은 문헌에서 종종 지위와 대체할 수 있는 의미로 사용되는 권력, 지배력, 명망, 리더십 같은 구성개념들에서 지위를 구분해냈다. 두 번째로, 지위 서열과 의사결정 계층을 개념적으로 구분했다. 세 번째로, 적응주의의 렌즈를 통해서 인간의 지위 투쟁 아래에 놓인 기원, 기능, 발달, 심리 기제를 고찰하고, 간단한 게임이론 모델로 지위 경쟁을 파악해서 지위를 더 잘 이해할 수 있도록 토대를 보강했다. 그 과정에서, 지위를 알리고, 지위를 평가하고, 지위의 변화에 대처하고, 지위를 번식 기회로 전환하는 진화한 심리 체계를 구분했다. 네 번째로, 지위 서열과 더 효과적으로 협상하고자 하는 사람들에게 호르몬, 신체적 형질, 감정이 할 수 있는 역할을 살펴보았다.

우리는 지위와 관련된 여러 주제를 폭넓게 다루고자 노력하긴 했지만, 아직 해결되지 않은 큰 문제들이 기초에 놓여 있어서 범위상 제약이 있었던 것도 사실이다. 무엇보다, 우리는 다양한 인간 사회들 그리고 인간과 비인간 사회의 지위 서열 사이에 존재하는 가변성의 원인들을 조사하지 않았다. 그럼에도 어떤 사회(그리고 어떤 종)가 다른 사회보다 더 계층적인 것은 분명하다. 이론가들은 (a) 자원을 독점하기가 어렵고, (b) 생존을 위해서는 자원을 반드시 공유해야 하고, (c) 개인이 쉽게 집단을 떠날 수 있고, (d) 개인들이 연합을 형성해서 지배자를 끌어내릴 수 있을 때, 계층화가 약화된다고 주장한다. 앞으로의 연구는 지위 서열의 형성 과정에서 균형 유지 기제가 갖는 중요성을 조사해야 한다(Cashdan, 1983; Plavcan, van Schaik, & Kappeler, 1995). 뿐만 아니라 게임에 대해서도 더 많은 연구가 이루어질 수 있다. 치킨 게임에 대한 논의에서 우리는 두 가지 다른 표현형을 넌지시 가리켰다. 하지만 인간의 성격은 대단히 가변적인데(Buss, 2009; Nettle, 2006), 이 가변성에는 부분적으로 두 가지 지위 전략과 비슷하게 빈도에 의존해서 성격을 선택하는 과정이 반영되어 있을지 모른다. 앞으로의 연구는 유전적인 성격 변이가 지위 경쟁 행동과 얼마나 관련되어 있는지를 검증해야 한다(Verweij et al., 2012와 비교할 것). 여성의 지위 투쟁에 관한 논의도 제한적이었다(여성의 지위를 심도 있게 다룬 논의를 위해서는 Campbell, 이 책,

27장을 보라). 여성의 동성 경쟁을 기술하는 문헌은 한창 축적되고 있지만(예를 들어, Benenson, 2013; Campbell, 1999, 2013; Grant & France, 2001; Hess & Hagen, 2006; Pusey, Wiliams, & Goodall, 1997), 여성−여성 경쟁이 승자와 패자에게 미치는 영향을 설명하거나 궁극적으로 여성−특이적 지위 서열에서 지위 상승이 가져다주는 적합도 이익을 설명하기 위해서는 더 많은 연구가 필요하다. 다른 계열의 연구에서는 인간의 생애 전반에 걸친 지위−투쟁 경향과, 나이가 많은 개인과 젊은 개인이 지위 향상을 위해 펼치는 서로 다른 전략을 더 깊이 조사해볼 수 있겠다(Wilson & Daly, 1985). 이런 질문들의 답을 찾는다면 인간의 지위 심리를 밝히고, 지위 서열의 진화적 토대에 관한 의문들을 해결하는 데 큰 도움이 될 것이다.

참고문헌

Anderson, C., John, O. P., Keltner, D., & Kring, A. M. (2001). Who attains social status? Effects of personality and physical attractiveness in social groups. *Journal of Personality and Social Psychology, 81*(1), 116.

Anderson, C., & Kilduff, G. J. (2009). Why do dominant personalities attain influence in face-to-face groups? The competence-signaling effects of trait dominance. *Journal of Personality and Social Psychology, 96*(2), 491.

Archer, J. (1996). Sex differences in social behavior: Are the social role and evolutionary explanations compatible? *American Psychologist, 51*(9), 909.

Archer, J. (2009). Does sexual selection explain human sex differences in aggression? *Behavioral and Brain Sciences, 32*(3−4), 249−266.

Argyle, M. (1994). *The psychology of interpersonal behaviour.* London, England: Penguin UK.

Babiak, P., & Hare, R. D. (2006). *Snakes in suits: When psychopaths go to work.* New York, NY: Regan Books/Harper Collins Publishers.

Baker, S. (2010). *Ancient Rome: The rise and fall of an empire.* London, England: BBC Digital.

Bateman, A. J. (1948). Intra-sexual selection in Drosophila. *Heredity, 2*(Pt. 3), 349−368.

Benenson, J. F. (2013). The development of human female competition: Allies and adversaries. *Philosophical Transactions of the Royal Society B: Biological Sciences,*

368(1631), 20130079.

Bernhardt, P. C., Dabbs, J. M., Jr., Fielden, J. A., & Lutter, C. D. (1998). Testosterone changes during vicarious experiences of winning and losing among fans at sporting events. *Physiology & Behavior, 65*(1), 59−62.

Betzig, L. (1993). Sex, succession, and stratification in the first six civilizations: How powerful men reproduced, passed power on to their sons, and used power to defend their wealth, women, and children. In L. Ellis (Ed.), *Social stratification and socioeconomic inequality* (Vol. 1, pp. 37−74). Westport, CT: Praeger.

Bielicki, T., & Waliszko, H. (1992). Stature, upward social mobility and the nature of statural differences between social classes. *Annals of Human Biology, 19*(6), 589−593.

Blaker, N. M., Rompa, I., Dessing, I. H., Vriend, A. F., Herschberg, C., & van Vugt, M. (2013). The height leadership advantage in men and women: Testing evolutionary psychology predictions about the perceptions of tall leaders. *Group Processes & Intergroup Relations, 16*(1), 17−27.

Blaker, N. M., & van Vugt, M. (2014). The status-size hypothesis: Physical correlates of social status. In J. Cheng, J. Tracy, & C. Anderson (Eds.), *The psychology of status* (pp. 119−138). New York, NY: Springer.

Böckerman, P., Johansson, E., Kiiskinen, U., & Heliövaara, M. (2010). The relationship between physical work and the height premium: Finnish evidence. *Economics & Human Biology, 8*(3), 414−420.

Boehm, C. (1999). *Hierarchy in the forest: The evolution of egalitarian behavior.* Cambridge, MA: Harvard University Press.

Bouissou, M. F. (1978). Effects of injections of testosterone propionate on dominance relationships in a group of cows. *Hormones and Behavior, 11*, 388−400.

Brown, D. E. (1991). *Human universals.* Philadelphia, PA: Temple University Press.

Brown, G. R., Laland, K. N., & Borgerhoff Mulder, M. (2009). Bateman's principles and human sex roles. *Trends in Ecology & Evolution, 24*(6), 297−304.

Brown, P. C., Smith, T. W., & Benjamin, L. S. (1998). Perceptions of spouse dominance predict blood pressure reactivity during marital interactions. *Annals of Behavioral Medicine, 20*(4), 286−293.

Buss, D. M. (1981). Sex differences in the evaluation and performance of dominant acts. *Journal of Personality and Social Psychology, 40*, 147−154.

Buss, D. M. (1989). Sex differences in human mate preferences: Evolutionary hypotheses tested in 37 cultures. *Behavioral and Brain Sciences, 12*(1), 1−49.

Buss, D. M. (2009). How can evolutionary psychology successfully explain personality and individual differences? *Perspectives on Psychological Science, 4*(4), 359–366.

Buss, D. M., & Schmitt, D. P. (1993). Sexual strategies theory: An evolutionary perspective on human mating. *Psychological Review, 100*(2), 204.

Campbell, A. (1999). Staying alive: Evolution, culture, and women's intrasexual aggression. *Behavioral and Brain Sciences, 22*(2), 203–214.

Campbell, A. (2013). The evolutionary psychology of women's aggression. *Philosophical Transactions of the Royal Society B: Biological Sciences, 368*(1631), 20130078.

Caporael, L. R. (1997). The evolution of truly social cognition: The core configurations model. *Personality and Social Psychology Review, 1*(4), 276–298.

Cashdan, E. A. (1983). Territoriality among human foragers: Ecological models and an application to four Bushman groups. *Current Anthropology, 24*, 47–66.

Chagnon, N. A. (1990). Reproductive and somatic conflicts of interest in the genesis of violence and warfare among tribesmen. In J. Haas (Ed.), *The anthropology of war* (pp. 77–104). Cambridge, England: Cambridge University Press.

Cheng, J. T., Tracy, J. L., & Henrich, J. (2010). Pride, personality, and the evolutionary foundations of human social status. *Evolution and Human Behavior, 31*, 334–347.

Cummins, D. (2005). Dominance, status, and social hierarchies. In D. M. Buss (Ed.), *Handbook of evolutionary psychology* (pp. 676–697). Hoboken, NJ: Wiley.

Den Hartog, D. N., House, R. J., Hanges, P. J., Ruiz-Quintanilla, S. A., & Dorfman, P. W. (1999). Culture specific and cross culturally generalizable implicit leadership theories: Are attributes of charismatic/transformational leadership universally endorsed? *Leadership Quarterly, 10*, 219–256.

Egolf, D. B., & Corder, L. E. (1991). Height differences of low and high job status, female and male corporate employees. *Sex Roles, 24*(5–6), 365–373.

Eisenegger, C., Naef, M., Snozzi, R., Heinrichs, M., & Fehr, E. (2010). Prejudice and truth about the effect of testosterone on human bargaining behavior. *Nature, 463*, 356–359.

Ellis, L. (1995). Dominance and reproductive success among non-human animals. *Ethology and Sociobiology, 16*, 257–333.

Ellison, P. T. (2003). Energetics and reproductive effort. *American Journal of Human Biology, 15*(3), 342–351.

Ellison, P. T., & Ellison, P. T. (2009). *On fertile ground: A natural history of human reproduction*. Cambridge, MA: Harvard University Press.

Fiske, A. P. (1992). The four elementary forms of sociality: Framework for a unified theory of social relations. *Psychological Review, 99*(4), 689.

Fiske, S. T. (2010). Interpersonal stratification: Status, power, and subordination.

Handbook of social psychology.

Frank, R. H. (1985). *Choosing the right pond: Human behavior and the quest for status.* New York, NY: Oxford University Press.

Frankenhuis, W. E., Dotsch, R., Karremans, J. C., & Wigboldus, D. H. J. (2010). Male physical risk taking in a virtual environment. *Journal of Evolutionary Psychology, 8,* 75–86.

Frankenhuis, W. E., & Karremans, J. C. (2012). Uncommitted men match their risk taking to female preferences, while committed men do the opposite. *Journal of Experimental Social Psychology, 48,* 428–431.

Galinsky, A. D., Magee, J. C., Inesi, M. E., & Gruenfeld, D. H. (2006). Power and perspectives not taken. *Psychological Science, 17*(12), 1068–1074.

Gangestad, S. W., Simpson, J. A., Cousins, A. J., Garver-Apgar, C. E., & Christensen, P. N. (2004). Women's preferences for male behavioral displays change across the menstrual cycle. *Psychological Science, 15*(3), 203–207.

Gawley, T., Perks, T., & Curtis, J. (2009). Height, gender, and authority status at work: Analyses for a national sample of Canadian workers. *Sex Roles, 60*(3–4), 208–222.

Gigerenzer, G., & Goldstein, D. G. (1996). Reasoning the fast and frugal way: Models of bounded rationality. *Psychological Review, 103*(4), 650.

Gilbert, P. (1990). Changes: Rank status, and mood. In S. Fischer & C. L. Cooper (Eds.), *On the move: The psychology of change and transition* (pp. 33–52). New York, NY: Wiley.

Gildersleeve, K., Haselton, M. G., & Fales, M. R. (2014). Do women's mate preferences change across the ovulatory cycle? A meta-analytic review. *Psychological Bulletin, 140*(5), 1205–1259.

Gillet, J., Cartwright, E., & van Vugt, M. (2011). Selfish or servant leadership? Evolutionary predictions on leadership personalities in coordination games. *Personality and Individual Differences, 51,* 231–236.

Giner-Sorolla, R., & Espinosa, P. (2011). Social cuing of guilt by anger and of shame by disgust. *Psychological Science, 22*(1), 49–53.

Gladue, B. A., Boechler, M., & McCaul, K. D. (1989). Hormonal response to competition in human males. *Aggressive Behavior, 15*(6), 409–422.

Godfrey, D. K., Jones, E. E., & Lord, C. G. (1986). Self-promotion is not ingratiating. *Journal of Personality and Social Psychology, 50*(1), 106.

Grant, V. J., & France, J. T. (2001). Dominance and testosterone in women. *Biological Psychology, 58*(1), 41–47.

Griskevicius, V., Tybur, J. M., Gangestad, S. W., Perea, E. F., Shapiro, J. R., &

Kenrick, D. T. (2009). Aggress to impress: Hostility as an evolved context-dependent strategy. *Journal of Personality and Social Psychology, 96*(5), 980.

Griskevicius, V., Tybur, J. M., Sundie, J. M., Cialdini, R. B., Miller, G. F., & Kenrick, D. T. (2007). Blatant benevolence and conspicuous consumption: When romantic motives elicit strategic costly signals. *Journal of Personality and Social Psychology, 93*(1), 85.

Haidt, J. (2003). The moral emotions. In R. J. Davidson, K. R. Scherer, & H. H. Goldsmith (Eds.), *Handbook of affective sciences* (pp. 852–870). New York, NY: Oxford University Press.

Hardy, C. L., & van Vugt, M. (2006). Nice guys finish first: The competitive altruism hypothesis. *Personality and Social Psychology Bulletin, 32*(10), 1402–1413.

Harrison, M. E., & Chivers, D. J. (2007). The orang-utanmating system and the unflangedmale: A product of increased food stress during the late Miocene and Pliocene? *Journal of Human Evolution, 52*(3), 275–293.

Henrich, J., & Gil-White, F. J. (2001). The evolution of prestige: Freely conferred deference as a mechanism for enhancing the benefits of cultural transmission. *Evolution and human behavior, 22*(3), 165–196.

Hess, N. H., & Hagen, E. H. (2006). Sex differences in indirect aggression: Psychological evidence from young adults. *Evolution and Human Behavior, 27*(3), 231–245.

Hill, K., & Kaplan, H. (1988). Tradeoffs in male and female reproductive strategies among the Ache: Part 1. In L. Betzig, P. Turke, & M. Brogerhoff Mulder (Eds.), *Human reproductive behaviour: A Darwinian perspective* (pp. 277–289). Cambridge, England: Cambridge University Press.

Hunt, J., & Simmons, L.W. (2001). Status-dependent selection in the dimorphic beetle Onthophagus taurus. *Proceedings of the Royal Society B: Biological Sciences, 268*(1484), 2409–2414.

Iredale, W., van Vugt, M., & Dunbar, R. (2008). Showing off in humans: Male generosity as a mating signal. *Evolutionary Psychology, 6*, 386–392.

Ishikawa, S. S., Raine, A., Lencz, T., Bihrle, S., & Lacasse, L. (2001). Autonomic stress reactivity and executive functions in successful and unsuccessful criminal psychopaths from the community. *Journal of Abnormal Psychology, 110*(3), 423.

Johnson, J. A. (1987). Dominance rank in juvenile olive baboons, Papio anubis: The influence of gender, size, maternal rank and orphaning. *Animal Behaviour, 35*, 1694–1708.

Johnston, V. S., Hagel, R., Franklin, M., Fink, B., & Grammer, K. (2001). Male facial attractiveness: Evidence for hormone-mediated adaptive design. *Evolution and*

Human Behavior, 22(4), 251–267.

Josephs, R. A., Sellers, J. G., Newman, M. L., & Mehta, P. H. (2006). The mismatch effect: When testosterone and status are at odds. *Journal of Personality and Social Psychology, 90*(6), 999.

Judge, T. A., & Cable, D. M. (2004). The effect of physical height on workplace success and income: Preliminary test of a theoretical model. *Journal of Applied Psychology, 89*(3), 428.

Judge, T. A., Colbert, A. E., & Ilies, R. (2004). Intelligence and leadership: A quantitative review and test of theoretical propositions. *Journal of Applied Psychology, 89*(3), 542.

Kalick, S. M. (1988). Physical attractiveness as a status cue. *Journal of Experimental Social Psychology, 24*(6), 469–489.

Kapuku, G. K., Treiber, F. A., & Davis, H. C. (2002). Relationships among socioeconomic status, stress induced changes in cortisol, and blood pressure in African American males. *Annals of Behavioral Medicine, 24*(4), 320–325.

Keltner, D., Gruenfeld, D. H., & Anderson, C. (2003). Power, approach, and inhibition. *Psychological Review, 110*(2), 265–284.

Kenrick, D. T., & Funder, D. C. (1988). Profiting from controversy: Lessons from the person-situation debate. *American Psychologist, 43*(1), 23.

Ketelaar, T., Koenig, B. L., Gambacorta, D., Dolgov, I., Hor, D., Zarzosa, J., . . . Wells, L. (2012). Smiles as signals of lower status in football players and fashion models: Evidence that smiles are associated with lower dominance and lower prestige. *Evolutionary Psychology, 10*(3), 371.

King, A. J., Johnson, D. D., & van Vugt, M. (2009). The origins and evolution of leadership. *Current Biology, 19*(19), R911–R916.

Kipnis, D. (1972). Does power corrupt? *Journal of Personality and Social Psychology, 24*, 33–41.

Kokko, H., Brooks, R., McNamara, J. M., & Houston, A. I. (2002). The sexual selection continuum. *Proceedings of the Royal Society B: Biological Sciences, 269*(1498), 1331–1340.

Lewin, K. (1946). Action research and minority problems. *Journal of Social Issues, 2*(4), 34–46.

Li, N. P., Bailey, J. M., Kenrick, D. T., & Linsenmeier, J. A. (2002). The necessities and luxuries of mate preferences: Testing the tradeoffs. *Journal of Personality and Social Psychology, 82*(6), 947.

Li, N. P., & Kenrick, D. T. (2006). Sex similarities and differences in preferences for short-term mates: What, whether, and why. *Journal of Personality and Social Psychology, 90*(3), 468.

Ludwig, A. (2002). *King of the mountain: The nature of political leadership.* Lexington: Kentucky University Press.

Ludwig, D. C., & Longenecker, C. O. (1993). The Bathsheba syndrome: The ethical failure of successful leaders. *Journal of Business Ethics, 12*(4), 265–273.

Magee, J. C., & Galinsky, A. D. (2008). Social hierarchy: The self-reinforcing nature of power and status. *The Academy of Management Annals, 2*(1), 351–398.

Marmot, M. (2004). *Status syndrome.* London, England: Wiley.

Mast, M. S. (2002). Dominance as expressed and inferred through speaking time. *Human Communication Research, 28*(3), 420–450.

Mayew, W. J., Parsons, C., & Venkatachalam, M. (2013). Voice pitch and the labor market success of male chief executive officers. *Evolution and Human Behavior, 34,* 243–248.

Maynard Smith, J. (1982). *Evolution and the theory of games.* Cambridge, England: Cambridge University Press.

Mazur, A., & Booth, A. (1998). Testosterone and dominance in men. *Behavioral and Brain Sciences, 21*(3), 353–363.

Mazur, A., Booth, A., & Dabbs, J. M. Jr. (1992). Testosterone and chess competition. *Social Psychology Quarterly,* 70–77.

Mazur, A., Mazur, J., & Keating, C. (1984). Military rank attainment of a West Point class: Effects of cadets' physical features. *American Journal of Sociology,* 125–150.

McCann, S. J. (2001). Height, societal threat, and the victory margin in presidential elections (1824–1992). *Psychological Reports, 88*(3), 741–742.

McDonald, M. M., Navarrete, C. D., & van Vugt, M. (2012). Evolution and the psychology of intergroup conflict: The male warrior hypothesis. *Philosophical Transactions of the Royal Society B: Biological Sciences, 367,* 670–679.

Mehta, P. H., & Josephs, R. A. (2006). Testosterone change after losing predicts the decision to compete again. *Hormones and Behavior, 50*(5), 684–692.

Muehlenbein, M. P., & Bribiescas, R. G. (2005). Testosterone-mediated immune functions and male life histories. *American Journal of Human Biology, 17*(5), 527–558.

Mueller, U., & Mazur, A. (1996). Facial dominance of West Point cadets as a predictor of later military rank. *Social Forces, 74*(3), 823–850.

Murray, G. R., & Schmitz, D. J. (2011). Caveman politics: Evolutionary leadership preferences and physical stature. *Social Science Quarterly, 92,* 1215–1235.

Navarrete, C. D., McDonald, M. M., Molina, L. E., & Sidanius, J. (2010). Prejudice at the nexus of race and gender: An outgroup male target hypothesis. *Journal of Personality and Social Psychology, 98*(6), 933.

Nettle, D. (2006). The evolution of personality variation in humans and other animals. *American Psychologist, 61*(6), 622.

Padilla, A., Hogan, R., & Kaiser, R. B. (2007). The toxic triangle: Destructive leaders, susceptible followers, and conducive environments. *The Leadership Quarterly, 18*(3), 176–194.

Palmer, C. T., & Tilley, C. F. (1995). Sexual access to females as a motivation for joining gangs: An evolutionary approach. *Journal of Sex Research, 32*(3), 213–217.

Pavey, C. R., & Fielder, D. R. (1996). The influence of size differential on agonistic behaviour in the freshwater crayfish, Cherax cuspidatus (Decapoda: Parastacidae). *Journal of Zoology, 238*(3), 445–457.

Pawlowski, B., & Dunbar, R. I. M. (1999). Impact of market value on human mate choice decisions. *Proceedings of the Royal Society B: Behavioral Sciences, 266*, 281–285.

Penton-Voak, I. S., & Perrett, D. I. (2000). Female preference for male faces changes cyclically: Further evidence. *Evolution and Human Behavior, 21*(1), 39–48.

Perusse, D. (1993). Cultural and reproductive success in industrial societies: Testing the relationship at the proximate and ultimate levels. *Behavioral and Brain Sciences, 16*(2), 267–283.

Petersen, M. B., Sznycer, D., Sell, A., Cosmides, L., & Tooby, J. (2013). The ancestral logic of politics: Upper body strength regulates men's assertion of self-interest over economic redistribution. *Psychological Science, 24*, 1098–1103.

Plavcan, J. M., van Schaik, C. P., & Kappeler, P. M. (1995). Competition, coalitions and canine size in primates. *Journal of Human Evolution, 28*(3), 245–276.

Pratto, F., Sidanius, J., Stallworth, L. M., & Malle, B. F. (1994). Social dominance orientation: A personality variable predicting social and political attitudes. *Journal of Personality and Social Psychology, 67*(4), 741.

Price, M. E. (2003). Pro-community altruism and social status in a Shuar village. *Human Nature, 14*, 191–208.

Price, M. E., Kang, J., Dunn, J., & Hopkins, S. (2011). Muscularity and attractiveness as predictors of human egalitarianism. *Personality and Individual Differences, 50*, 636–640.

Price, M. E., & van Vugt, M. (2014). The service-for-prestige theory of leader-follower relations. In S. Colarelli & R. Arvey (Eds.), *The biological foundations of organizational behavior* (pp. 169−202). Chicago, IL: Chicago University Press.

Pusey, A., Williams, J., & Goodall, J. (1997). The influence of dominance rank on the reproductive success of female chimpanzees. *Science, 277*(5327), 828−831.

Puts, D. A., Gaulin, S. J., & Verdolini, K. (2006). Dominance and the evolution of sexual dimorphism in human voice pitch. *Evolution and Human Behavior, 27*(4), 283−296.

Puts, D. A., Hodges, C. R., Cárdenas, R. A., & Gaulin, S. J. (2007). Men's voices as dominance signals: Vocal fundamental and formant frequencies influence dominance attributions among men. *Evolution and Human Behavior, 28*(5), 340−344.

Raleigh,M. J., McGuire, M. T., Brammer, G. L., & Yuwiler, A. (1984). Social and environmental influences on blood serotonin concentrations in monkeys. *Archives of General Psychiatry, 41*(4), 405.

Reis, H. T. (2008). Reinvigorating the concept of situation in social psychology. *Personality and Social Psychology Review, 12*(4), 311−329.

Ronay, R., Greenaway, K., Anicich, E. M., & Galinsky, A. D. (2012). The path to glory is paved with hierarchy when hierarchical differentiation increases group effectiveness. *Psychological Science, 23*(6), 669−677.

Roszell, P., Kennedy, D., & Grabb, E. (1989). Physical attractiveness and income attainment among Canadians. *The Journal of Psychology, 123*(6), 547−559.

Rusch, H., Leunissen, J., & van Vugt, M. (2014). *Sexual attraction to male warriors* (Unpublished manuscript). VU University, Amsterdam, The Netherlands.

Sadalla, E. K., Kenrick, D. T., & Vershure, B. (1987). Dominance and heterosexual attraction. *Journal of Personality and Social Psychology, 52*(4), 730.

Sapolsky, R. M. (1990). Adrenocortical function, social rank, and personality among wild baboons. *Biological Psychiatry, 28*, 862−878.

Sell, A., Tooby, J., & Cosmides, L. (2009). Formidability and the logic of human anger. *Proceedings of the National Academy of Sciences, USA, 106*(35), 15073−15078.

Sherman, G. D., Lee, J. J., Cuddy, A. J. C., Renshon, J., Oveis, C., Gross, J., & Lerner, J. (2012). Leadership is associated with lower levels of stress. *PNAS, 109*, 17903−17907.

Spisak, B. R., Dekker, P. H., Krüger, M., & van Vugt, M. (2012). Warriors and peacekeepers: Testing a biosocial implicit leadership hypothesis of intergroup relations using masculine and feminine faces. *PLoS ONE, 7*(1), e30399.

Stewart, G. L., Dustin, S. L., Barrick, M. R., & Darnold, T. C. (2008). Exploring the handshake in employment interviews. *Journal of Applied Psychology, 93*(5), 1139.

Stulp, G., Buunk, A. P., Verhulst, S., & Pollet, T. V. (2013). Tall claims? Sense and nonsense about the importance of height of US presidents. *The Leadership Quarterly, 24*(1), 159–171.

Tajfel, H., & Turner, J. C. (2004). The social identity theory of intergroup behavior. In J. Jost & J. Sidanius (Eds.), *Political psychology: Key readings. Key readings in social psychology* (pp. 276–293). New York, NY: Psychology Press.

Taylor, P. W., Hasson, O., &Clark, D. L. (2001). Initiation and resolution of jumping spider contests: Roles for size, proximity, and early detection of rivals. *Behavioral Ecology and Sociobiology, 50*(5), 403–413.

Thomsen, L., Frankenhuis, W. E., Ingold-Smith, M., & Carey, S. (2011). Big and mighty: Preverbal infants mentally represent social dominance. *Science, 331*(6016), 477–480.

Thornhill, R., & Gangestad, S. W. (2008). *The evolutionary biology of human female sexuality.* New York, NY: Oxford University Press.

Tiedens, L. Z. (2001). Anger and advancement versus sadness and subjugation: The effect of negative emotion expressions on social status conferral. *Journal of Personality and Social Psychology, 80*(1), 86.

Tooby, J., & Cosmides, L. (2005). Conceptual foundations of evolutionary psychology. In D. M. Buss (Ed.), *The handbook of evolutionary psychology* (pp. 5–67). Hoboken, NJ: Wiley.

Tooby, J., & Cosmides, L. (2008). The evolutionary psychology of the emotions and their relationship to internal regulatory variables. In M. Lewis, J. M. Haviland-Jones, & L. F. Barrett (Eds.), *Handbook of emotions* (3rd ed., pp. 114–137). New York, NY: Guilford Press.

Tooby, J., Cosmides, L., & Price, M. E. (2006). Cognitive adaptations for *n*-person exchange: The evolutionary roots of organizational behavior. *Managerial and Decision Economics, 27*(2–3), 103–129.

Tracy, J. L., & Robins, R. W. (2006). Appraisal antecedents of shame and guilt: Support for a theoretical model. *Personality and Social Psychology Bulletin, 32*(10), 1339–1351.

Tracy, J. L., & Robins, R. W. (2007). Emerging insights into the nature and function of pride. *Current Directions in Psychological Science, 16*(3), 147–150.

Trivers, R. (1972). Parental investment and sexual selection. In B. Campbell (Ed.), *Sexual selection and the descent of man, 1871-1971* (pp. 136–179). Chicago, IL: Aldine-Atherton.

Trivers, R. L. (1971). The evolution of reciprocal altruism. *Quarterly Review of Biology*, 35–57.

Tse, W. S., & Bond, A. L. (2002). Serotonergic intervention affects both social dominance and affiliative behavior. *Psychopharmacology, 161*, 324–330.

Tybur, J. M., Lieberman, D., Kurzban, R., & DeScioli, P. (2013). Disgust: Evolved function and structure. *Psychological Review, 120*, 65–84.

van Kleef, G. A., Homan, A. C., Finkenauer, C., Gündemir, S., & S tamkou, E. (2011). Breaking the rules to rise to power: How norm violators gain power in the eyes of others. *Social Psychological and Personality Science, 2*(5), 500–507.

van Vugt, M. (2006). Evolutionary origins of leadership and followership. *Personality and Social Psychology Review, 10*, 354–371.

van Vugt, M., & Ahuja, A. (2011). *Naturally selected: Why some people lead, why others follow, and why it matters.* New York, NY: HarperCollins.

van Vugt, M., de Cremer, D., & Janssen, D. (2007). Gender differences in cooperation and competition: The male warrior hypothesis. *Psychological Science, 18*, 19–23.

van Vugt, M., Hogan, R., & Kaiser, R. B. (2008). Leadership, followership, and evolution: Some lessons from the past. *American Psychologist, 63*(3), 182.

van Vugt, M., & Iredale, W. (2013). Men behaving nicely: Public goods as peacock tails. *British Journal of Psychology, 104*, 3–13.

van Vugt, M., Jepson, S., Hart, C., & de Cremer, D. (2004). Autocratic leadership in social dilemmas: A threat to group stability. *Journal of Experimental Social Psychology, 40*, 1–13.

Verweij, K. J., Yang, J., Lahti, J., Veijola, J., Hintsanen, M., Pulkki-Råback, L., . . . Zietsch, B. P. (2012). Maintenance of genetic variation in human personality: Testing evolutionary models by estimating heritability due to common causal variants and investigating the effect of distant inbreeding. *Evolution, 66*(10), 3238–3251.

von Rueden, C., Gurven, M., & Kaplan, H. (2011). Why do men seek status? Fitness payoffs to dominance and prestige. *Proceedings of the Royal Society B: Biological Sciences, 278*(1715), 2223–2232.

Von Rueden, C. (2014). The roots and fruits of social status in small-scale human societies. In J. Cheng, J. Tracy, & C. Anderson (Eds.), *The psychology of status* (pp. 179–200). New York, NY: Springer.

Willer, R. (2009). Groups reward individual sacrifice: The status solution to the collective action problem. *American Sociological Review, 74*, 23–43.

Williams, G. C. (1966). *Adaptation and natural selection: A critique of some current evolutionary thoughts.* Princeton, NJ: Princeton University Press.

Wilson, D. S., van Vugt, M., & O'Gorman, R. (2008). Multilevel selection theory and major evolutionary transitions: Implications for psychological science. *Current*

Directions in Psychological Science, 17(1), 6–9.

Wilson, M., & Daly, M. (1985). Competitiveness, risk taking, and violence: The young male syndrome. *Ethology and Sociobiology, 6*(1), 59–73.

33장

평판

팻 바클레이

서론

진화과학자들은 유기체의 평판이 그의 사회적 성공과 번식 성공에 영향을 미칠 수 있다는 결론에 점점 더 다가서고 있다. 유기체 가운데 인간만 평판이 있는 건 아니다. 이제 행동생태학자들은 비인간 동물이 관찰과 개인적 경험을 함께 활용해서 누구에게 도전하고, 누구를 피하고, 누구와 짝짓기 할지를 결정한다는 것을 알고 있다 (예를 들어, McGregor & Peake, 2000). 인간이 평판에 유독 크게 의존하는 것은 사건을 직접 관찰하지 않은 이들에게까지 정보를 전달할 수 있는 언어가 있기 때문이다 (Smith, 2010). 평판의 편재성 때문에 그 요인들은 인간 진화에서 중요한 선택력으로 작용한다.

평판은 인간 행동의 진화에 어떤 영향을 미쳤을까? 내가 펼칠 주장은, 인간에게서 발견되는 고도의 비친족 협력에 평판이 최소한 부분적으로 영향을 미쳤고, 폭력의 진화에도 영향을 미쳤다는 것이다. 유기체는 그가 타인에게 이익을 주거나 비용을 부과할 의지와 능력이 있다고 남들이 믿을 때 그로부터 이익을 얻는다. 그런 믿음을 주는 유기체라면 협력의 상호작용 상대로는 좋겠고, 경쟁에서는 피하고 싶을 것이다. 두 가지 모두 과거에는 물론이고 어쩌면 현재까지도 사회적 성공과 번식 성공에 영향을 미치는 요소일 것이다. 그런 유기체는 다른 개체들보다 더 좋은 파트너이자 더 힘든 경쟁자이고 남들에게도 그렇게 비친다. 나는 평판이 인간의 협력과 갈등의 진화에 어떤 영향을 미쳤는지를 증거와 함께 검토할 것이다. 평판이 진화에 미친 영향을 더 잘 이해하기 위해서는, 우선 평판이 무엇인지, 왜 중요한지, 그리고 유기체는 다른 개체에 대해서 어떤 정보를 쫓는지를 규명할 필요가 있다.

평판이란 무엇인가

어떤 영역에서 한 유기체에게 평판이 있다는 것은 그 유기체에게 어떤 형질이 있다고 다른 개체들이 믿는다는 것을 말한다. 평판은 구체적인 형질에만 붙는다. 즉, 당신에게 그 형질이 있거나 없다고 다른 개체들이 믿는 것이다. 그런 형질은 신체적일 수도 있고(예를 들어, 몸이 탄탄하다거나, 싸움을 잘한다거나), 기질적일 수도 있고(예를 들어, 정직하다거나 충직하다거나 근면하다거나 싸우기를 좋아한다거나), 사회적일 수도 있고(예를 들어, 강한 동맹이 있다거나), 이것들의 조합일 수도 있다. 다양한 형질에 관한 평판들은 서로 다르고, 분리될 수 있다. 예를 들어, 누군가가 농구를 잘한다는 평판은 그가 싸움꾼, 협력자, 근면한 일꾼, 거짓말쟁이, 주정뱅이, 또는 연인으로서 갖고 있는 평판과는 다르다. 똑같은 유기체가 이런 형질에서는 뛰어나지만 저런 형질에서는 뒤처질 수 있는 것이다. 형질은 서로 겹치기도 한다. 누군가의 어떤 형질에 관한 평판은 개념상 연관된 다른 영역으로 일반화될 수 있는데, 어떤 형질의 소유로 다른 형질의 소유를 예측할 때는 더욱 그렇다. 예를 들어, 정직성과 협력 의도는 같은 기저 심리에서 유래하므로, 누군가가 정직하다는 평판은 타인과의 협력 의지에 관한 다른 사람들의 믿음에도 영향을 미친다. 전반적으로 '평판이 좋다'는 것은 대다수의 사람들이 그 사람의 여러 관련된 형질들을 좋게 본다는 것을 의미한다.

개인의 평판은 절대적이거나 객관적이지 않다. 평판은 그저 남들의 마음에 존재하는 것이다. 각 사람은 개인적인 경험과 관찰, 물리적이거나 행동적인 단서, 타인에게서 전달받은 정보(가십)를 활용해서 자신을 제외한 모든 타인의 다양한 형질에 대해 자신만의 인상을 만들어내야 한다. 그 인상은 정확하거나 부정확할 수 있고,

사람에 따라 오해나 편향이나 그 밖의 다른 상호작용에 의존할 수 있다. 예를 들어, 내 동맹원은 내가 속한 연합의 구성원들 사이에서는 정직한 사람으로 받아들여지지만, 다른 동맹에서는 부정직한 사람으로 받아들여질 수 있다. 다른 동맹이 편향된 탓일 수도 있고, 그의 행동을 잘못 해석한 탓일 수도 있으며, 어쩌면 그가 라이벌 연합을 대할 때는 실제로 부정직하기 때문일 수도 있다.

따라서 가장 단순하게 '평판'을 정의하자면, 평판은 다른 개체들의 믿음, 즉 관련된 관객들이 가진 평균적인 믿음의 단순한 기능이다. 더 복잡하게는, 다른 개체들의 생각에 관한 지각, 즉 다른 개체들이 그 개체를 어떻게 보는지에 대한 믿음에 의존해서 평판을 정의할 수 있다. 하지만 이렇게 복잡한 정의는 마음 이론을 가진 종이 대상일 때나, 다수의 관찰자가 전부 그 개체에 대한 믿음을 평가할 기회가 있을 때, 혹은 관객들이 대체로 동의할 수 있을 때로 국한되는 탓에, 평판 연구의 범위가 제한될 수밖에 없다. 이 제한 때문에, 더 일반적이라는 이유에서 가장 단순한 정의가 바람직하다.

평판은 왜 존재하는가

타인이 당신에게 어떻게 행동했는지 기억하는 일에는 분명한 이점이 있다. 타인이 다시 그 일을 되풀이할 가능성이 얼마나 되는지를 평가할 수 있는 것이다. 그러면 이익이 될 법한 사람에게 접근하고, 비용을 초래할 사람은 피할 수 있다. 하지만 직접적인 상호작용에는 싸움에서 패하거나 상대에게 속는 등 잠재적인 비용이 따른다. 이때 상대와 직접 상호작용하기 전에 그들이 어떤 일을 할지 예측할 수 있다면 도움이 되는데, 그 상대와 제삼자들의 상호작용을 관찰하는 것이 좋은 방법이다 (Dabelsteen, 2005).

많은 연구에 따르면, 비인간 동물은 유용한 정보를 얻기 위해 다른 개체들의 상호작용이나 의사소통을 '엿듣는다'(McGregor & Peake, 2000). 예를 들어, 샴투어鬪魚, Betta splendens 암컷과 수컷은 다른 수컷이 싸우는 모습을 관찰해서 전투 능력을 평가하고, 그런 뒤 그 개체에 접근하거나 그 개체를 피한다(Doutrelant & McGrefor, 2000;

McGregor & Peake, 2000; Oliveira, McGregor, & Latruffe, 1998). 암컷 박새Parus major는 수컷-수컷 상호작용의 결과를 경청한 뒤 짝외 교미에 적합한지 평가하기 위해 승자에게 먼저 접근한다(Otter et al., 1999; Otter et al., 2001). 성 경험이 있는 암컷 메추라기Coturnix japonica는 이전에 공격적인 모습을 보였던 수컷은 피한다(Ophir, Persaud, & Galef, 2005). 산호초에 사는 자리돔은 청소부 물고기와 고객 물고기의 상호작용을 관찰해서 그 청소부 물고기와 관계를 맺을지 결정한다(Bshary, 2002; Bshary & Grutter, 2006). 이 사례들은 분류학적으로 다양한 비인간 종이 다른 개체와 어울리거나 경쟁할 때의 이익과 비용에 관한 중요한 정보를 얻기 위해 다른 개체의 상호작용—협력하는 상황이든 갈등하는 상황이든—을 관찰한다고 밝혀진 몇 안 되는 예에 불과하다. 또한 이 사례들은 다른 개체들의 조우를 관찰하면 관찰자의 이후 행동이 변하고, 이 변화에 따라 관찰된 개체의 적합도가 달라진다는 것을 보여준다.

인간은 타인들의 관찰을 종합해서 관찰에 대한 의존을 확대한다. 언어가 있는 덕분에 우리는 타인의 과거 행동을 전해들을 수 있고(가십을 통해), 그 정보를 이용해서 그가 우리에게 이익을 주거나 비용을 부과할 능력과 의지가 얼마나 되는지를 평가한다. 이렇게 사회적으로 전달되는 평판이 흔히 말하는 '평판'이지만, 이는 타인과 제삼자의 상호작용에 근거해서 그의 행동을 예측하는 보다 일반적인 사례가 연장된 것에 불과하다. 과거의 행동을 전해들은 사람은 자신이 직접 관찰하지 못한 사건에 접근할 수 있다. 실제로 대화의 대부분은 사회적 주제에 관한 것이며(Dunbar, 2006), 이런 주제에 관한 대부분의 대화에서는 발화자나 다른 사람의 행동 및 경험 정보가 교환된다(Dunbar, Duncan, Marriott, 1997). 언어를 이용할 때 평판은 직접적인 관찰에만 의존하는 것보다 더 효과적으로 행동을 형성할 수 있다(Dunbar, 2006; Smith, 2010). 정보를 퍼뜨리는 능력은 '관객'의 규모를 효과적으로 증가시킬 수 있고, 따라서 행동의 적합도 결과도 규모가 커질 것이다(Nowak & Sigmund, 2005).

타인의 상호작용에 주의를 기울이는 일에는 시간, 에너지, 그리고 인지적 비용이 든다(Peake, 2005). 관찰을 통한 학습은, 개인적인 강화와 처벌을 통한 학습이 요구하는 것 이상의 인지능력을 필요로 한다. 정보의 전달은 부정확할 수 있다. 아이들이 '귓속말 전달' 게임을 할 때처럼 변형되거나, 누군가 자신의 이익을 위해 고의로 정보를 조작할 수 있기 때문이다. 유기체는 상호작용을 하는 상대에 따라 다르게 행동하기도 한다. Y를 상대할 때 X가 보이는 행동은 X와 Z의 상호작용을 가리키는 단서로 불완전하다(Krasnow, Cosmides, Pedersen, & Tooby, 2012). 그럼에도 정보에 통계적 예측의 능력이 있는 한, 제삼자의 상호작용을 관찰하거나 타인의 과거 행동, 능력, 전반적인 행동 경향에 관해 사회적으로 전달된 정보를 활용하면 이익이 될 수 있다.

자신의 평판과 타인의 평판에 영향 미치기

다른 개체들이 눈으로 직접 보거나 제삼의 개체에게서 들은 내용에 영향을 받는다고 생각하면, 자신이 그들에게 보이는 방식에 영향을 미치는 것은 당사자에게 도움이 된다. 자신의 평판을 '관리'하는 것이다. 여기에 타인의 정신 상태를 인지하는 능력(마음의 이론)은 필요하지 않다. 그저 관객의 존재를 인지하는 능력과 관찰되고 있을 때 다르게 행동할 수 있는 진화된 또는 학습된 결정 규칙만이 필요하다.

많은 종에서 개체들은 자신과 관련된 관찰자가 보고 있을 때 행동을 달리한다. 예를 들어 수컷 샴투어는 관객의 존재와 관객의 성별에 따라 공격성 표현에 차이를 주고, 버빗원숭이는 어린 새끼를 대할 때 새끼의 어머니가 보고 있다면 더 다정해지며, 수컷 사랑앵무새는 자신의 짝이 보고 있지 않을 때 짝외 파트너에게 더 오랫동안 구애한다(모두 Matos & Schlupp, 2005가 검토). 청소부 물고기는 다른 잠재적 고객이 관찰하는 동안 더 열심히 청소(예를 들어, 상대를 덜 문다)하며(Bshary & Grutter, 2006), 관찰하는 개체가 상당히 탐나는 고객일 때 특히 더 그렇다(Bshary, 2002). 청소부 물고기는 속임수를 쓸 수도 있어서, 욕심나는 고객이 관찰할 때에는 그 고객을 꾀기 위해 더 친절하게 행동하는데, 그 목적은 오직 그 상대의 착취뿐이다(Bshary, 2002). 귀뚜라미에서부터 개구리, 명금류, 갯과 동물에 이르는 많은 종이 싸움에서 이긴 후에 승리 과시행동을 하는 것도 자신의 성공을 관객에게 널리 알리는 기능을 하는 것으로 보인다(Bower, 2005). 싸움에서 진 영장류가 자주 자신의 공격성을 서열이 낮은 집단 구성원에게 분출하는 것은 서열이 높은 개체에게 지긴 했지만, 자신이 아직 만만치 않다는 것을 과시하는 기능을 할 것이다(Kazim & Aureli, 2005). 인간의 경우, 관찰의 효과가 너무나 전방위적이라 심리학의 모든 영역이 관찰의 효과를 이해하는 데 바쳐질 정도이며(예를 들어, 사회적 촉진 현상,[1] 인상 관리), 또한 연구자들도 관찰이 연구 결과에 어떤 영향을 미치는지를 고려해서 아주 신중하게 접근해야 한다(예를 들어, 요구 효과, 사회적으로 바람직한 반응).

비록 인상 관리에 마음 이론이 필요하진 않지만, 마음 이론은 유기체가 관찰자가 무엇을 알고 있는지에 따라 자신의 인상 관리를 조정할 수 있도록 해주기 때문에 전략적 복잡성이 배가한다. 고도로 사회적인 유기체라면 자신이 관찰당하는지를 확인하는 심리 기제뿐 아니라 잠재적 관객의 특성, 평판 측면에서 그 관객들의 가치, 자신의 행동이 자신을 바라보는 관객들의 시각을 변화시킬 가능성 등을 확인하고, 자신의 바람직하지 못한 행동이 노출되지 않도록 관객을 피하는 방법과 관련된 심리 기제를 갖추고 있을 것이다(Barclay, 2013).

평판은 자주 다른 개체와의 암묵적인 비교를 수반한다. 어떤 개체는 다른 개체보다 더 강하거나, 더 억세거나, 더 친절하거나, 더 협조적이다. 따라서 유기체는 자신의 평판을 다른 개체와 비교해보고 그에 맞춰 행동하는 심리 기제도 갖추고 있을 것이다(Barclay, 2013). 예를 들어, 자신의 경쟁자가 다른 개체들에게 자신보다 더 관대해 보일까? 만일 그렇다면, 그와 경쟁하기 위해 더 관대하게 행동하는 게 나을까, 아니면 경쟁자의 평판을 공격하는 게 나을까?

자신의 평판을 조작하는 것이 이로운 만큼, 자신의 동맹과 경쟁자에 대한 관객의 지각을 조작하는 것 또한 이득이 된다(Hess & Hagen, 2006). 가십은 오로지 타인의 명성에 영향을 미쳐서 자신의 동맹을 실제보다 더 나아 보이게 하고 경쟁자는 더 나쁘게 보이도록 하려는 것이라 할 수 있다. 그렇다면 사람들이 동맹은 좋게 보이게끔 해주고, 경쟁자는 나쁘게 보이게끔 할 수 있는 주요 영역의 정보를 가장 쉽게 확산시키리라고 예측할 수 있다(예를 들어, Buss & Dedden, 1990). 정보의 조작 가능성을 고려해서 사람들은 정보를 전해준 출처의 수와 가십을 전달해준 사람의 이해관계 같은 단서를 이용해 가십의 진위를 평가한다(Hess & Hagen, 2006; Sommerfeld, Krambeck, & Miliski, 2008).

---

1 다른 사람들이 있을 때, 잘하는 과제를 더 잘하게 되는 현상을 말한다(옮긴이).

평판의 종류

사회적 상호작용의 이익과 비용은 상호작용의 상대 그리고 협력하는 상황인지 경쟁하는 상황인지와 같은 상호작용의 종류에 달려 있다. 어떤 사람은 타인에게 이익을 주는 능력이 뛰어나거나(예를 들어, 훌륭한 사냥꾼) 그럴 가능성이 높은(예를 들어, 정직한 협조자) 반면에, 어떤 이들은 이익을 주는 능력과 의지가 약하다. 어떤 사람은 그런 이익을 꾸준히 제공하고(예를 들어, 충직한 파트너), 다른 이들은 그렇지 않다. 어떤 사람은 타인에게 비용을 부과하는 능력이 크거나(예를 들어, 뛰어난 싸움꾼), 그럴 가능성이 높은(예를 들어, 늘 화가 나 있는 사람) 반면에, 어떤 이들은 비용을 부과할 능력과 의지가 약하다. 이 모두가 추적할 만한 중요한 정보다.

어떤 유기체든 다른 개체로부터 이익을 얻을 수 있는 상황을 찾아 나서면 도움이 된다. 좋은 협조자는 대개 접근할 만한 가치가 있다. 나쁜 협조자는 보통 그렇지 않다. 충직한 파트너는 불충하거나 남을 잘 속이는 파트너보다 오랫동안 이익을 준다. 다른 개체들은 단기적·장기적으로 이익을 줄 능력과 의지가 저마다 다르기 때문에, 유기체들은 누가 이익을 줄 능력이 있고, 의지가 크고, 이용할 수 있는지를 항상 추적할 것이다.

많은 증거에 따르면 인간은 세 가지 자질에 근거해서 타인을 판단한다. **능력, 경향, 가용성**이다(Barclay, 2013가 검토). 협조적인 파트너의 가치는 이 세 가지 특성과 함수관계에 있다. 최고의 협조적인 파트너는 타인을 도울 능력이 있고, 그럴 마음이 크고, 쉽게 도움을 얻을 수 있는 사람이다. 이 가운데 어디에도 해당하지 않는 사람이 가장 나쁜 파트너다. 중간 수준의 파트너는 세 가지 특성이 중간 수준이거나, 하나는 뛰어나지만 다른 면은 낮은 사람이다(예를 들어, 능력은 있지만 마음이 없는 사람). 여기에 기초해서 예상하자면, 유기체는 이런 정보를 항상 추적하고, 협조적인 파트너로서 도움을 줄 능력과 의지와 가용성이 있다는 평판이 있는 사람에게 접근해서 먼저 도움을 줄 것이다. 그런 형질들을 의식적으로 추적하거나, 그런 형질이 파트너 선호에 영향을 미친다는 것을 인식할 필요는 없다. 사람들이 연애 파트너를 찾을 때 MHC 유전자형을 의식적으로 추적하지 않는 것과 같다(예를 들어, ALvergne & Lummaa, 2009). 우리의 근접 심리 기제들(예를 들어, 감정)이 우릴 대신해서 추적해준다.

유기체는 또한 타인에게 부과받을 비용이 이익을 상회하는 상황을 피해야 한다. 예를 들어, 경쟁에서 이길 것 같으면 자원을 두고 갈등을 빚을 가치가 있지만, 패배할 것 같으면 대개 그럴 가치가 없다. 권력이 막강한 사람의 배우자에게 구애를 하면 큰 위험이 따르는 반면에, 약한 사람의 배우자나 배우자가 없어서 보복당하지 않을 사람이라면 구애에 따른 비용이 적을 것이다. 타인은 비용을 부과할 능력과 의지가 저마다 다르기 때문에, 유기체는 누가 비용을 부과할 능력이 가장 뛰어나고, 의지가 강하고, 가능한 조건에 있는지 추적하면서 이 형질들에서 점수가 높은 사람들과 충돌하기를 피할 것이다(Daly & Wilson, 1988; Sell, Tooby, & Cosmides, 2009).

다음으로는 (이익을 제공하는) 협력의 평판에 초점을 맞추고, 그와 함께 (비용을 부과하는) 공격성의 평판도 얼마간 살펴보고자 한다. 이 범위를 초과하는 특수한 사례도 존재한다. 예를 들어, 어떤 사람들은 짝과 동맹자에게 헌신적이고 충실하다는 평판을 갖고 있다. 하지만 궁극적으로는 이런 사례도 이익 제공과 비용 부과라는 일반적인 기본 원칙을 드러낸다. 이런 경우, 짝에게 충실하지 않다는 평판은 그 평판의 주인공과 어울릴 때 장기적으로 이익이 박하다는 점을 시사한다. 짝짓기와 그 밖의 사회적 관계를 위해 파트너를 결정하는 행동에는 이와 비슷한 많은 원칙이 기저에 존재한다(Barclay, 2013). 이렇게 한 영역의 평판에 적용되는 많은 원칙이 다른 영역의 평판에 적용된다.

협력의 평판

인간은 생존과 사회적 성공을 위해 타인의 협력에 크게 의존하는 만큼 우리가 협력과 관련된 타인의 평판을 추적하는 것도 놀라운 일은 아니다. 평판은 최소 세 가지 형태로 전달된다. 간접 상호성, 이익 제공 능력의 신호, 이익 제공 의지의 신호다. 하나씩 논의해보자.

간접 상호성

죄수의 딜레마 게임으로 협력의 진화를 타진한 액슬로드Axelrod(1984)의 획기적인 컴퓨터 시뮬레이션 그리고 팃포탯(눈에는 눈, 이에는 이) 전략에서 입증된 조건부 협력자의 성공은 **직접 상호성**의 좋은 사례다. 즉, 사람은 과거에 자신을 도왔던 사람이나 앞으로 자신을 도울 가능성이 높은 사람을 돕는다. 조건부 협력자는 돕는 사람을 돕고 그래서 상호 협력의 장기적인 보상을 수확하는 반면에, 비협력자에게 오랫동안 이용당할 수 있는 상황은 거부한다. 수학적 모델과 컴퓨터 시뮬레이션이 오랫동안 보여준 내용에 따르면 가장 성공적인 전략들에는 조건부로 도움을 주고받고자 하는 의지가 반드시 포함되어야 하며, 사람들은 이전에 자신을 도운 적이 있는 사람을 더 잘 도와준다고 많은 증거들이 증명한다.

그러나 인간은 직접적인 상호성을 넘어 개인적으로 자신을 도운 적이 없는 사람이나 상호성을 나눌 가능성이 없는 사람에게도 도움을 준다. 도움 행위는 도움의 직접적인 수혜자뿐 아니라 이를 관찰하거나 전해들은 이들로부터 도움을 받는 식으로 보상이 이뤄지기도 한다. 이것을 **간접 상호성**이라 부른다(Alexander, 1987; 개괄을 위해서는 Nowak & Sigmund, 2005). 간접 상호성은 타인을 도운 사람이 좋은 평판을 얻고, 그에 따라 관찰자로부터 도움을 받을 가능성이 올라갈 때 정상적으로 기능한다. 도움 주기를 거부한 사람은 나쁜 평판을 얻고, 그에 따라 도움이 필요할 때 거부당할 가능성이 높다.

베데킨트Wedekind와 밀린스키Milinski(2000)는 실험 참가자들에게 타인에게 기부할 수 있는 기회를 주고, 기부(혹은 기부하지 않음)의 내용을 다른 사람들에게 대외적으로 공개했다. 참가자들은 과거에 타인에게 기부한 적이 있는 사람들에게 더 높은 확률로 돈을 기부했다. 기부에 직접 보답할 기회가 없도록 실험이 설계되어 있었는데도 그와는 무관했다. 뒤이은 실험들에서도 사람들은 더 관대한 사람에게 더 많이 기부했다(Milinski, Semmann, Bakker, & Krambeck, 2001; Seinen & Schram, 2006; Semmann, Krambeck, & Milinski, 2004; Wedekind & Braithwaite, 2002). 사람들은 타인에 관한 개인적 경험과 사회적 정보에 근거해서 기부를 한다(Roberts, 2008; Sommerfeld, Krambeck, Semmann, & Milinski, 2007). 누군가에 대해 긍정적인 말을 들을수록, 그에게 기부할 가능성이 더 높아진다(Sommerfeld et al., 2008). 현장 연구에 따르면, 사람들은 타인의 협력과 관련된 소문을 이야기하고 이것이 '실질적인 경제적 결과'로 이어진다(Fessler, 2002; Kniffin & Wilson, 2005). 예를 들어 고기를 잘 나누는 사냥꾼은 집단의 다른 구성원으로부터 고기를 받을 가능성이 높다(Gurven, Allen-Arave, Hill, & Hurtado, 2000). 물론, 식량을 잘 나눠주는 사람의 안녕에 집단 구성원들의 이익이 걸려 있기 때문일 수도 있다(Barclay & van Vugt, 2015).

사람들이 타인의 협력성에 주목한다는 점을 고려할 때, 다른 사람들이 지켜보는 동안에 더 협조적으로 행동하는 것은 이득이 된다. 수많은 연구에서 나타났듯이, 실험실에서 관찰자가 지켜볼 때 화폐 게임에서의 기부 행동(예를 들어, Barclay, 2004; Hardy & van Vugt, 2006; Hoffman, McCabe, Schachat, & Smith, 1994; Milinski, Semmann, & Krambeck, 2002; Rege & Telle, 2004), 자원봉사 의지(Bereczkei, Birkas, & Kerekes, 2007), 기후 변화 교육에 대한 기여(Milinski, Semmann, Krambeck, & Marotzke, 2006), 투표 참가(Gerber, Green, & Larimer, 2008), 가상의 세금 기부(Coricelli; Joffily, Montmarquette, & Villeval, 2010) 같은 다양한 영역에서 '좋은 행동'이 증가한다. 또한 사람들은 남들이 그들에 관한 소문을 이야기하는 것 같으면 더 잘 협조한다(Feinberg, Willer, & Schultz, 2014; Piazza & Bering, 2008). 이 관찰 효과는 공공재 기부(Milinski, Semmann, & Krambeck, 2002; Panchanathan & Boyd, 2004), 책임감 있는 소비(Barclay, 2012; Griskevicius, Cantú, & van Vugt, 2012), 기후 변화를 막기 위한 싸움(Milinski et al., 2006) 등 다양한 상황에서 협력을 증진하는 데 활용될 수 있다. 관찰되는 상황에서 기부를 더 많이 하는 행동은 전략적으로 이루어질 때도 있지만(Barclay & Willer, 2007; Semmann et al., 2004), 관찰자가 존재할 때 공감과 죄책감 등의 협력 감정을 더 강하게 느낄 수도 있다. 후자의 가능성에 대해서는 앞으로 더 많이 연구할 필요가 있다.

간접 상호성은 무엇이 상호성에서 가치가 있는(혹은 가치가 없는) '좋은'(혹은 '나쁜') 행위인지에 따라 다양한 유형이 존재한다(Nowak & Sigmund, 2005에서 검토). 어떤 모델에서는 모든 사람을 가리지 않고 돕는 일이 좋은 일로 간주되어 그의 평판을 끌어올린다('이미지 점수'). 다른 모델('입지 전략')에서는 이탈자를 돕는 것이 그의 평판을 증진시키지 않고, 오히려 도울 '가치'가 없는 사람을 돕는 '나쁜' 일로 보인다. '이미지 점수'는 '입지 전략'의 다양한 변이보다 진화적으로 안정적이기가 어려운데, 이탈자를 분간해도 보상이 주어지지 않기 때문이다(Ohtsuki & Iwasa, 2004, 2006, 2007). 하지만 요즘 나오고 있는 실험 증거에 따르면 사람들은 입지 전략보다는 이미지 점수 올리기를 사용한다고 한다(Milinski et al., 2001). 이는 아마 이탈자를 저버리는 일이 정말 '정당화'될 수 있는지를 확인하기가 어렵고(또한 Barclay, 2006를 보라), 그런 태만 행위가 도덕적인 안목을 드러낼지 아니면 누군가를 속이기 위한 값싼 변명으로 보일지 구분하기 어렵기 때문일 텐데, 이는 앞으로 연구해볼 만한 주제다.

이익 제공 능력의 신호

어떤 행위는 수행하는 것 자체가 쉽지 않아서, 전문 능력을 가진 사람들이 해야 좋은 결과를 얻는다. 예를 들어, 움직이는 배에서 뛰어내려 150kg짜리 초록바다거북을 잡으려면 강한 힘과 민첩성이 필요하다. 협응력이 떨어지는 사람은 거북을 잡기 어렵다. 억만장자는 보통 사람이라면 파산해버릴 만큼 많은 돈을 기부할 수 있다. 수영을 잘하는 사람은 세찬 강에 뛰어들어 물에 빠진 아기를 구할 수 있지만, 수영을 잘 못하는 사람은 익사하고 만다. 이런 행위는 어떤 사람에게는 더 간단하거나 비용이 덜 들기 때문에, 그 행위의 수행자에 관한 정보가 딸려 다닌다. 만찬에서 거북이 고기를 함께 나누는 능력은 그가 강하고 민첩한 사냥꾼임을 알리는 믿을 만한 신호가 되고(SMith & Bliege Bird, 2000), 빌 게이츠Bill Gates의 1억 달러 기부는 그가 엄청난 부자라는 믿을 만한 신호이며, 강에 뛰어들어 아기를 구하는 것은 그가 수영을 잘한다는 믿을 만한 신호다. 이처럼 그런 행위는 개인의 민첩성, 강함, 부, 그리고 다른 질에 관한 정보를 전달하는데, 이는 모두 타인에게 이익을 제공하는 능력을 시사하는 바람직한 사회적 파트너의 덕목이다.

이 모든 행동은 신호의 비용이 신호의 정직성을 지속시키기 위해 사용되는 값비싼 신호 행위 이론(Grafen, 1990; Zahavi, 1977)의 예시다. 강하고, 민첩하고, 부유하게 보이는 일은 누구에게나 이익이 될 테지만, 어떤 행위는 그에 필요한 자질을 갖고 있지 않은 사람이 애써 적합도 비용을 감수할 만큼 가치 있지는 않다(Gintis, Smith, & Bowles, 2001; Searcy & Nowicki, 2005). 예를 들어, 내가 어떻게든 1억 달러를 빌려 자선단체에 기부할 수 있다 해도, 파산에 따른 비용은 내게 돌아올 명성의 이익을 엄청나게 상회한다. 그런 기부는 그런 비용이 대단치 않은 빌 게이츠에게나 가치 있다. 다른 예시를 통해서도 비슷한 주장을 할 수 있다. 성공이 예상되는 사냥(그리고 그에 따른 평판)은 뛰어난 사냥꾼에게는 시간을 들이고 위험을 감수할 가치가 있지만, 나쁜 사냥꾼에게는 그렇지 않다. 또한 익사 위험이 낮은 사람이라야 아기를 구한 영웅이라는 평판이 익사 위험을 감수할 만큼 가치가 있을 것이다. 따라서, 비용(혹은 잠재적 비용; Getty, 2006)은 필요한 자질을 갖지 못한 사람을 단념시키고, 그렇게 해서 해당 행위는 누군가의 자질을 정직하게 알리는 신호가 될 수 있다. 관객은 그런 신호를 주의 깊게 살피고 유용한 정보를 얻을 때 이익을 얻는다. 이번에도 역시, 우리가 의식적으로 비용과 이익을 평가한다거나, 타인에게서 의식적으로 그런 신호를 추적한다는 뜻은 아니다. 우리의 감정(예를 들어, 공포, 허세, 공감)이 그렇게 하는 것이다.

값비싼 신호 행위 이론은 호화로운 만찬(Boone, 1998), 통 큰 자선(Harbaugh, 1998), 대형 동물 사냥(Hawkes & Bliege Bird, 2002; Smith & Bliege Bird, 2000), 헌혈(Lyle, Smith, & Sullivan, 2009) 같은 다양한 종류의 사치스러운 도움 행위를 설명하는 데 적용되어왔다. 이 사례들은 모두 부, 정치적 인맥, 신체 능력, 또는 건강을 필요로 하며, 이 요소는 모두 타인에게 이익을 제공할 수 있는 행위자의 능력과 관계가 있다. 이런 행동에는 직접적인 번식 이점이 따른다. 예를 들어, 훌륭한 사냥꾼은 실력이 나쁜 사냥꾼보다 더 많은 자녀를 낳는데(Smith, 2004), 여기에는 다른 남성의 아내와 낳은 자녀도 포함된다(Hill & Kaplan, 1988). 물론, 그런 신호 행위에 따른 이익은 짝을 유혹하는 상황에만 해당하지 않는다. 사람들은 그런 능력을 가진 이들을 동맹자로 더 자주 선호하거나 경쟁자로서 더 많이 기피할 것이다(Smith & Bliege Bird, 2000).

위의 예시는 모두 자원이나 능력의 신호로서 과시적인 관대함을 포함하고 있다. 하지만 관대함과 무관한 신호도 적지 않다. 과시적인 소비와 여가 생활은 100년 넘게 부의 신호로 여겨졌다(Veblen, 1899/1994). 신체적 능력은 운동 능력을 과시하거나 스포츠 경기에서 승리해서 신호할 수 있고, 지적 능력은 재치, 어휘, 문제 해결 등을 통해 신호할 수 있다(Barclay, 2013). 사실, 관대함을 포함하지 않은 수단으로 신호하는 것이 관대함을 통해 신호하는 것보다 더 흔하다고 말할 수 있다. 관대함을 통한 신호는 그의 성격에 대한 정보도 실어나르는데, 이는 이익이 되는 반면에 한 가지 행위를 통해 하나 이상의 특성을 나타냄으로써 '신호가 희석'될 위험이 있다. 앞으로의 연구에서는 언제 사람들이 관대함을 통해 자신의 형질을 신호하는지, 그리고 그런 신호가 눈에 띄는 소비처럼 관대하지 않은 수단에 의존한 신호만큼 효과적인지를 조사할 필요가 있을 것이다.

이익 제공 의지의 신호

만일 누군가가 과거에 당신을 도운 적이 있다면 그는 미래에도 당신을 도울 가능성이 높다(André, 2010). 이는 이미 확립된 관계 너머로도 일반화된다. 한 집단 내에서 협조적인 사람은 다른 집단에서도 협조적인 경향이 있다는 것이다(Kurzban & Houser, 2005). 이 점이 친화성 같은 안정적인 성격 형질의 근거가 된다. 친절함은 모든 상황으로 일반화된다. 타인을 돕는다는 평판이 있는 사람은 기본적으로 타인에게 이익을 제공할 의지가 있음을 알리는 셈이다. 비슷하게, 헌신에 대한 평판이 있는 사람은 파트너에게 이익을 제공하려는 자신의 의지를 알리는 데 성공한 것이다(McNamara & Houston, 2002).

그런 신호의 정직성은 어떻게 지속될까? 앞 절에서는 능력의 신호가 정직성을 유지하는 것은 과도한 관대함이 불러올 수 있는 높은 비용을 통해서라고 설명했다(Gintis et al., 2001). 이와 반대로 도움 의지를 드러내는 신호는 대개 비용이 크지 않고, 누구나 할 수 있다. 다른 사람과 시간을 보내거나, 누군가를 어루만지거나, 무료 급식소에서 자원봉사하는 데는 부나 운동 능력이 필요하지 않다. 그런 행위는 누구에게나 똑같은 시간을 비용으로 부과한다. 이때 정직성은 비용의 차이가 아니라 이익의 차이를 통해 지속된다. 즉, 이후의 협력적인 상호작용들을 마다하고 시간 A에 사람을 속일 의도를 갖고 있다면, 시간 B에 협력하는 일은 무가치할 것이다(André, 2010; Bolle, 2001; Ohtsubo & Watanabe, 2009; Smith & Bliege Bird, 2005). 신호의 정직성은 다음 두 조건이 함께 충족되는 한 유지될 것이다. 공개적인 도움의 비용이 (a) 타인을 '빼먹는' 즉각적인 이익보다 큰 동시에 (b) 상호 협력의 장기적 이익보다 작을 때. 전자의 조건에서는 사기꾼이 굳이 협조적으로 보일 필요가 없어지고, 후자의 조건에서는 장기적인 협조자들이 기꺼이 도울 의지가 있다는 것을 널리 알림으로써 보상을 얻는다. 이렇게 신호의 정직성은 비용의 차이가 아니라, 사기꾼과 협력자에게 돌아가는 장기적 이익의 차이를 통해 유지된다(Barclay & Reeve, 2012; Grafen, 1990).

당연히 사람들은 공개적인 도움이 마치 도움 제공자의 미래의 신뢰도를 알려주는 것처럼 취급한다. 사람들은 자선단체나 공익단체에 돈을 기부한 사람에게 더 많은 돈을 위탁하고(Albert, Güth, Kirchler, & Maciejovsky, 2007; Barclay, 2004, 2006; Keser, 2003), 타인에게 더 많은 돈을 준 사람과 우선적으로 어울린다(Barclay & Willer, 2007; Feinberg et al., 2014). 결국 좋은 명성을 가진 사람은 상당한 이익을 본다. 사업 분야를 살펴보면 이베이eBay, 아마존Amazon, 트립어드바이저TripAdvisor 등 많은 곳에서 온라인 평판 시스템을 볼 수 있다. 이 시스템은 판매자가 좋은 평판을 쌓기 위해 설계한 것으로, 정직한 회사에 직접적 이익을 가져다준다(Frank, 2004). 협력적이라는 평판은 가치가 매우 커서 훌륭한 사업체를 팔 때나(Pfeiffer, Tran, Krumme, & Rand, 2012), 어쩌면 자식에게 물려줄 때를 위해서라도 유지할 만한 가치가 있다.

공개적인 도움: 간접 상호성인가, 협력 의도의 값비싼 신호인가

도움 행동을 간접 상호성으로 보든 협력 의도의 값비싼 신호로 보든, 거기서 나오는 예측은 많이 중첩된다. 예를 들어, 두 이론 모두 유기체는 관찰되는 동안에는 더 협조적이고, 평판에 더 신경을 쓰며, 평판을 향상시키려 한다고 예측한다. 사실, 두 이론은 서로 분리되는 것도 아니다. 즉, 상호성 자체를 미래에 기꺼이 돕겠다는 신호로 볼 수도 있다(André, 2010). 간접 상호성은 단지 다른 유기체가 미래에 협력할 확률을 평가하는 시도와, 스스로 협력의 의지를 드러내고자 하는 그 자신의 경향이 결합한 결과일 수 있다. 도덕적 판단에 대해서도 비슷한 주장이 제기되고 있다. 사람들이 행위의 도덕성을 판단할 때 실은 어쩌면 행위자가 좋은 사람이자 미래의 협력자일 확률을 평가하는 것일 수 있다(Pizarro, Tannenbaum, & Uhlmann, 2012; Tannenbaum, Uhlmann, & Diermeier, 2011).

일부 진화심리학자들(예를 들어, McCullough, Kurzban, & Tabak, 2013; Sell et al., 2009)은 우리가 타인의 행위를 관찰하는 목적이 그가 우리에게 적용하고 있는 '복지 맞거래 비율WTR: welfare trade-off ratio'을 가늠하는 것이라고 주장한다. 즉, 그들이 자신의 복지와 비교해서 우리의 복지에 얼마나 가치를 두는지를 평가한다는 것이다.

어떤 행위는 높은 WTR(즉, 행위자가 우리의 복지에 큰 가치를 둔다)을 암시하고, 어떤 행위는 낮은 WTR(즉, 행위자가 우리를 가치 있게 생각하지 않는다)을 암시하며, 어떤 행위는 마이너스의 WTR(즉, 행위자가 우리의 죽음에 가치를 둔다)을 암시하기도 한다. 현재 간접 상호성이라고 보고 있는 것이 그저 사람들이 타인의 복지 맞거래 비율을 평가해서 미래에 협력할 법한 사람과 긍정적인 관계를 새롭게 시작하거나 유지하려는 행동일 수 있다는 뜻이다. 미래의 이론가와 경험주의자들은 간접 상호성이 단지 그런 과정의 결과이고 그래서 각기 다른 행위가 행위자의 미래의 협력을 각기 다르게 예측하게 해주는지를 검증할 필요가 있다.

경쟁적 도움

사람들은 동맹, 친구, 짝 같은 사회적 파트너에게 이익을 제공하는 능력과 의지가 저마다 다르다. 유기체가 자신과 상호작용할 상대를 고를 수 있다면, '최고'의 파트너를 두고 시장과 비슷한 경쟁이 벌어진다(Noë & Hammerstein, 1994, 1995). 좋은 파트너를 끌어들이는 최고의 방법은 자신이 좋은 파트너가 되는 것이고, 따라서 각각의 유기체는 자신의 파트너에게 이익을 제공할 능력과 의지가 큰 것처럼 보이는 것이 이득이 된다. 많은 사회적 경쟁은 자신의 능력을 선보이는 일이지만(예를 들어, 스포츠), 한편으로는 관대함을 이용해서 경쟁을 할 수도 있다. 즉, 더 많은 사회적 파트너 그리고/또는 양질의 파트너를 매혹하기 위해 서로 자신의 관대함을 경쟁할 수 있는 시장 기반의 인센티브가 있는 것이다. 이와 같은 '경쟁적 이타주의' 혹은 '경쟁적 도움' 과정에서 중요한 것은 그저 친절하게 보이는 것이 아니라, 경쟁자보다 더 친절하게 보이는 것이다(Barclay, 2004, 2011, 2013; Barclay & Willer, 2007; Roberts, 1998; van Vugt, Roberts, & Hardy, 2007).

사회적 파트너를 두고 경쟁하는 일은 짝을 두고 경쟁하는 일과 비슷하다. 동일한 많은 원칙이 두 종류의 경쟁에 적용되는 것이다(Barclay, 2013). 사실, 성 성택은 개체의 적합도가 타인의 행위와 결정에 달려 있는 사회적 선택의 구체적 사례일 뿐이다(West-Eberhard, 1979, 1983). 지금 우리의 사례에서 개인은 마치 연애 관계를 위해 경쟁하듯, 비낭만적인 관계를 위해 경쟁한다. 사회적 파트너를 두고 벌어지는 경쟁은 더 높은 수준의 관대함을 향한 '줄달음runaway' 과정으로 이어져서(McNamara, Barta,

Frohmage, & Houston, 2008; Nesse, 2007), 추가로 파트너를 매혹하는 일의 한계 비용이 한계 이익을 초과하는 수준에 이를 수 있다(Barclay, 2011, 2013).

실험적 증거를 보면, 사람들이 타인의 파트너 결정에 영향을 미치는 수준까지 자신의 관대함을 적극적으로 끌어올린다는 것을 알 수 있다. 예를 들어 실험실 실험에서 사람들은 타인들이 관찰하는 동안에는 더 많은 돈을 기부하는데(예를 들어, Hardy & van Vugt, 2006; Rege & Telle, 2004), 기부액이 가장 커지는 경우는 관찰자들이 참가자들 가운데서 미래에 상호작용할 사람을 고를 때다(Barclay, 2004; Barclay & Willer, 2007; Sylwester & Roberts, 2010). 후자의 연구 결과에 따르면, 사람들은 그저 친절하게 보이려고만 하는 것이 아니라, 경쟁자보다 더 친절하게 보이려고 적극적으로 노력한다. 사람들은 기부액으로 관찰자의 파트너 선정에 영향을 미칠 수 있다면 경쟁적으로 더 많은 금액을 환경 기금에 기부하는데, 이 효과는 오직 관찰되기만 하는 경우의 효과를 넘어선다(Barclay & Barker, 준비 중).

게다가 다른 연구에서는, 실험실 과제(Hardy & van Vugt, 2006; Willer, 2009)에서나 인류학 연구(Price, 2003)에서나 더 관대한 사람이 더 높은 지위를 얻는 것으로 드러났다. 사치스러운 도움은 짝과 사회적 파트너를 얻기 위해 경쟁하는 방법일 수 있다. 대형 동물 사냥이나 대규모의 자선 활동, 그리고 성대한 만찬을 여는 등의 인류학적 사례들은 모두 타인보다 관대한 사람이 되기 위한 경쟁으로 해석할 수 있다(Barclay, 2013; Boone, 1998; Harbaugh, 1998; Hawkes & Bliege Bird, 2002; Smith & Bliege Bird, 2000).

공격성의 평판

인간은 비친족 협력뿐 아니라 공격성도 탁월하게 활용한다. 비국가 사회에서는 목숨을 앗아가는 갈등이나 그렇지 않은 갈등 모두 흔한 일로, 많은 사람이 다른 사람의 손에 목숨을 잃는다(Chagnon, 1997; Daly & Wilson, 1988; Pinker, 2011; Puts, 2010). 폭력 때문에 비용이 발생하는 경우가 많다는 점을 고려할 때, 도전을 피하는 게 상책인 상대를 알아두는 것은 분명 도움이 된다. 따라서 유기체는 다른 개체의 공격성을 말해주는 평판을 예의 주시하며 추적할 것이다.

비용을 부과하는 능력과 의지

누구에게 도전할 가치가 있고, 누구를 피하는 게 좋은지를 유기체는 어떻게 알수 있을까? 어떤 개인이 다른 개인에게 비용을 부과할 의지와 능력이 크다면, 그/그녀에게 도전하는 것은 위험한 일이다. 유기체는 개인적 경험 또는 행동적 표현이나 체격 같은 적절한 단서를 이용하거나(Sell et al., 2009), 전반적으로 위험을 감수하거나 갈등을 일으키려는 다른 개체의 의지를 관찰하거나(Fesller, Tiokhin, Holbrook, Gervais, & SNyder, 2014; Johnstone & Bshary, 2004), 다른 개체의 싸움 결과를 관찰하거나(McGregor & Peake, 2000), 또는 위 사례들과 관련된 정보를 전해 들음으로써(즉, 전달된 평판을 통해) 이를 가늠할 수 있다.

마틴 데일리Martin Daly와 마고 윌슨Margo Wilson(1988)은 인간의 공격성을 다룬 중요한 저서, 『살인Homicide』을 통해 여러 환경에서 만만하지 않다는 평판, 즉, 모욕을 당했을 때 상대에게 비용을 부과할 의지와 능력이 있다는 평판의 중요성을 요약한다. 저자들이 제시한 증거를 완전히 요약하는 것은 이 장의 범위를 넘어서는 일이지만, 자주 인용되는 구절을 재인용하는 것은 충분히 가치 있을 듯하다.

> 남성은 주변 사람들에게 '만만하게 굴어도 되는 부류'와 '건드리면 큰일 나는 부류'로 나뉜다. 말이 곧 행동을 의미하는 사람과 허세만 가득한 사람, 여자 친구에게 수작을 걸어도 아무 문제가 생기지 않는 사내와 웬만하면 엮이고 싶지 않은 사내가 있는 것이다(Daly & Wilson, 1988, p. 128).

남들이 비용을 부과하는 능력에 대해 사람들은 정확히 어떤 정보를 평가하고 전달할까? 신체적 능력, 지적 능력, 정치적 인맥은 모두 남을 돕거나 다치게 할 수 있다. 나는 "이익 제공 능력의 신호"라는 절에서 파트너에게 이익을 제공하는 능력을 타인에게서 추론하는 다양한 형질에 대해 논의했다. 그 형질들 가운데 여럿 혹은 대부분이 비용 부과 능력에도 적용될 수 있다. 똑같은 평판이 동맹을 끌어들이는 데나 경쟁자를 물리치는 데 모두 유용한 것이다. 예를 들어 누군가의 운동 능력은 신체적인 이익을 제공하는 능력의 신호가 될 수도 있고, 신체적인 비용을 부과하는 능력의 신호가 될 수 있다. 앞으로의 연구는 관객이 언제, 왜 특정한 신호에 주의를 기울이는지 알아내기 위해, 개인의 평판에 이익이 되거나 비용을 부과하는 두 가지 능력의 상대적 중요성을 규명해야 할 것이다.

어떤 과시 행위는 위압적이라는 평판을 향상하거나 복구하도록 설계된 것일 수 있다. 많은 동물이 싸움에서 이긴 뒤에 승리를 과시하는 행위를 하는데, 이를 통해 싸움을 직접 관찰하지 않은 이들에게 그들의 성공—그리고 그에 부합하는 위압성—을 널리 알릴 수 있다(Bower, 2005). 운동선수가 승리한 뒤에 취하는 자세에도 이런 과시 기능이 있다는 주장도 있다(Matsumoto & Hwang, 2012). 또한 많은 영장류가 공격성의 방향을 다른 곳으로 전환하는 모습을 보인다. 싸움에서 진 개체가 계층 내에서 지위가 낮은 개체를 공격하는 것인데, 여기에는 자신이 아직 만만한 상대가 아니라는 신호를 보내 다른 개체의 도전을 차단하는 잠재적 기능이 있다(Kazim & Aureli, 2005). 싸움의 의지만으로도 위압적이라는 신호를 보낼 수 있다. 강건한 개체일수록 싸움의 비용이 적은 탓에 그런 개체일수록 더 쉽게 싸움에 나설 수 있기 때문이다 (Benard, 2013; Johnstone & Bshary, 2004).

인간의 공격성은 분명 평판을 얻을 수 있는 기회에서 영향을 받는다(Benard, 2013; Daly & Wilson, 1988; Felson, 1978; Frank, 1988가 검토). 예를 들어, 남성은 어떤 도발에 직면했을 때 관객이 없는 경우보다 있는 경우에 더 폭력적으로 응수할 확률이 높다(Felson, 1978이 검토). 학교, 술집, 혹은 어디서든 싸움을 목격해본 사람이라면 그리 놀랍지 않을 것이다. 실험실 실험이 입증하듯이, 평판을 얻을 기회가 있다면 사람들은 자신의 강한 경쟁력을 전달하기 위해 자원을 놓고 더 빈번하게 타인에게 도전한다(Benard, 2013). 게다가 수많은 연구를 통해서, 사람들은 '체면을 잃지' 않을 수 있다면, 즉 겁쟁이라는 평판을 얻지 않을 수 있다면 공격적인 대립 상황에서 물러날 확률이 더 높다는 점이 밝혀졌다(Daly & Wilson, 1988; Felson, 1978이 검토). 실험실 실험에서 지위 동기는 남성이 면대면 갈등에 더 쉽게 돌입하게 만들고, 여성은 간접적 공격에 더 쉽게 나서게끔 만든다(Griskevicius et al., 2009). 또한 평판은 협상에도 관여한다. 사람들은 미래에 더 나은 협상을 하기 위해, 설사 **지금** 비이성적인 행동을 하는 한이 있더라도 '강인한 협상가'라는 평판을 얻고자 한다(DeClerck, Kiyonari, &

Boone, 2009; Frank, 1988; Nowak, Page, & Sigmund, 2000; Yamagishi et al., 2009).

강인하다는 평판은 협조적이라는 평판과 대립하는 것처럼 보일 수 있다. 사람들이 협력에 가치를 둔다면, 상당히 공격적인 사람은 피하지 않을까? 이 두 가지 자질—타인에게 이익을 제공하는 자질과 비용을 부과하는 자질—은 각기 다른 상황에서 저마다 가치가 있다. 사회적 교환이 활발하고 중앙집권화된 행정 당국이 개인 간의 갈등을 제한하는 환경이라면 전자가 사회적 성공에 더 중요할 것이다. 반대로 제한된 자원을 두고 격렬한 경쟁이 벌어지는 환경이라면 후자가 더 중요할 것이다. 사람들이 동맹을 맺어 다른 동맹과 공격적으로 경쟁하는 환경이라면 두 가지 모두 중요하다. 궁극적으로 최고의 파트너는 이익을 제공하는 능력과 비용을 부과하는 능력이 모두 뛰어나고, 동시에 선택적으로 자신의 이익을 챙기고 경쟁자에게 비용을 부과할 의지가 높은 사람이다.

평판의 힘 이용하기

사람들이 평판에 크게 신경 쓰는 것을 고려할 때, 우리는 이 점을 이용해서 친사회적 행동을 촉진하고 반사회적 행동을 저하시킬 수 있다(Barclay, 2012). 예를 들어, 지위와 좋은 평판을 생각하게 된 사람들은 자비로운 결정을 내리고(Griskevicius et al., 2007), 환경친화적인 제품을 더 많이 구입한다(Griskevicius, Tybur, & vna den Bergh, 2010). 사람들은 익명의 상황에서보다 남들이 관찰하고 있을 때 환경을 더 잘 보존하고(Milinski et al., 2006), 환경 문제에 경쟁적으로 더 많은 돈을 기부한다(Barclay & Barker, 준비 중). 사람들은 타인들이 상당한 협력을 했다는 말을 전해 들었을 때 모금 행사에서 더 쉽게 돈을 내고(Shang & Croson, 2006), 에너지 사용을 줄이고(Allcott, 2011), 호텔 수건을 재사용한다(Goldstein, Griskevicius, & Cialdini, 2007). 어떤 상황에서는 평판의 기회를 제한하는 것이 예를 들어, 공격적인 보복과 갈등의 확산을 막는 데 유용할 것이다.

평판의 가짜 단서조차도 행동을 변화시키는 데 효과적일 수 있다. 관찰은 평판의 한 요소로 사람의 눈을 찍은 사진(관찰하고 있다는 것을 가리키는 가짜 단서)을 이용하면 실험실 게임에서 참가자들이 더 많은 돈을 기부하고(Burnham & Hare, 2007; Haley & Fessler, 2005; Mifune, Hashimoto, & Yamagishi, 2010), 커피를 마신 뒤 '양심 계산대'에 더 많은 돈을 놓고(Bateson, Nettle, & Roberts, 2006), 쓰레기를 더 잘 치우고(Ernest-Jones, Nettle, & Bateson, 2011; Francey & Bergmuller, 2012), 슈퍼마켓에서 더 많은 자선금을 내고(Ekström, 2011), 자전거를 덜 훔치는(Nettle, Nott, & Bateson, 2012) 것으로 나타났다. 하지만, 가짜 단서의 효과는 일시적일 수 있다. 사람들은 재빨리 눈 이미지에 적응해서(Sparks & Barclay, 2013), 실질적인 결과가 뒤따르지 않는 언어적 처벌을 결국 무시한다(Sparks & Barclay, 준비 중). 미래의 사회공학자가 가짜 단서에 영원히 의지한다면 현명치 못하다는 말을 들을 것이다. 적어도 가끔은 실질적인 기회를 부여해서 평판의 이익과 비용을 발생시켜야 한다.

평판을 이용하면 이익을 얻을 수는 있지만 몇 가지 위험이 따르기도 한다. 바클레이(2012)가 다음과 같은 제약 조건과 미지수를 확인했다. 중요한 순서대로 보면, (1) 평판 이익이 도움 비용을 반드시 상회해야 한다. (2) 평판의 단서가 다른 상황 요인들보다 반드시 강해야 한다. (3) 사람들은 평판의 비정보적 단서에 익숙해진다. (4) 모두가 평판에 가치를 부여하진 않는다. (5) 평판은 장기적인 측면에서만 보상한다. (6) 외적인 혜택이 내적 동기를 '몰아낼' 수 있다. (7) 평판은 공격 같은 부정적인 행동을 촉진할 수 있다. (8) 평판은 조작될 수 있다. (9) 평판의 혜택을 공개적으로 밝히면 협력자들에게 돌아갈 이익이 감소할 수 있고, 따라서 협력이 약해질 수 있다. 평판을 이용하는 수단이 검증된 것이 아니라면 이와 같은 제약 조건들을 이해하고 극복하는 것이 중요하다.

미래의 방향: 더 포괄적인 평판의 과학을 향해

진화연구자들은 평판의 힘과 협력 및 갈등의 진화에 평판이 미친 영향을 연구해서 많은 것을 알아냈다. 하지만 많은 진전에도 불구하고 평판의 진화와 동역학에 관해서는 여전히 많은 것들이 미지의 상태에 남아 있다. 앞으로 조사할 만한 내용을 정리해보았다.

평판의 더 광범위한 역할: 다른 현상에는 평판이 얼마나 근본적인 역할을 하고 있을까? 예를 들어, 로버트 프랭크Robert Frank(1988)는 그의 고전『이성 안의 열정Passions Within Reason』에서 감정이 미래의 의도를 드러내고, 꾸며내기 쉽지 않은 신호인 이유를 궁극적으로 평판에 의존해서 설명한다. 오츠보Ohtsubo와 와타나베Watanabe(2009)는 사과가 그 비용 때문에 협력 의도를 알리는 효과적인 신호일 수 있다고 주장한다. 다른 연구자들은 종교의식이 동료 신자들을 향해 협력 의도를 드러내는 값비싼 신호로 기능한다고 주장하면서 평판을 그 근거로 삼았다(Sosis, 2004). 그렇다면 이런 질문도 가능하다. 외국인 혐오는 내가 (오직) 내집단 구성원들에게 헌신할 것임을 그들에게 알리는 신호이고, 그 신호의 정직성은 외집단 구성원과의 파트너 관계를 포기하는 기회비용을 통해 유지되는 것일까? 도덕적 판단은 어떤 사람의 믿음—또 그런 이유에서 미래의 행동—을 관객 구성원들에게 광고하는 한 가지 방법일까? 이렇게 궁극적으로 평판에 의존하는 현상에는 다른 어떤 것이 있을까?

근접 기제: 어떤 근접 심리 기제가 과거에 평판이 미친 영향 때문에 선택되었을까? 그 평판은 타인을 향한 진정한 염려(예를 들어, Barclay, 2013을 보라)나 오직 평판만 생각하는 의식적인 염려에 얼마나 영향을 미쳤을까? 평판 효과는 원인이 되는 감정 자체의 증가를 통해 유발될 수 있을까? 예를 들어, 관객의 존재에 반응해서 진정한 공감이나 화가 증가하면 그로 인해 조력이나 공격이 증가할까?

서로 다른 평판들의 상호작용: 이익을 제공한다는 평판이나 비용을 부과한다는 평판, 또는 이익을 주는 능력에 관한 평판이나 그럴 의지가 있다(없다)는 평판처럼, 서로 다른 유형의 평판은 어떻게 상호작용할까? 어떤 형질에 관한 평판은 당사자의 다른 특성에 관한 평판에 어떻게, 그리고 왜 영향을 미칠까? 한 행동이 여러 형질의 신호를 보낸다면, 너무 많은 영역의 신호가 서로 '희석'될 위험은 없을까? 능력 있는 파트너 대 의지가 있는 파트너, 또는 파트너에게 이익을 제공하는 능력과 비용을 부과하는 능력이 모두 있을 때, 최적의 균형은 무엇일까? 그리고 그런 상황은 사람들이 타인에 관해 추적하고 전달하는 정보의 종류와 그 과정에 어떤 영향을 미칠까?

세부 사항: 어떤 행동이 어떤 형질을 신호할까? 각각의 행위는 행위자에 관한 정보를 얼마나 유용하게 전달하고, 관객은 그 정보에 얼마나 의존할까? 이 정보는 행위자의 일반적인 행동에서 파생한 부산물로서 수동적으로 전달되는 것일까('단서'), 아

니면 그 행동을 수행할 때 정보 가치를 고려하게끔 진화한 행위자가 그 정보를 적극적으로 전달하고 과장하는 것일까('신호')?

각기 다른 행위들의 정보 가치: 평판에 영향을 미치는 신호의 정직성에 영향을 미치는 것은 무엇일까? 예를 들어, 정확히 왜 시간 A에서의 조력이 시간 B에서의 조력을 예고할까? 다시 말해, 왜 안정적인 개인차라는 것이 존재할까? 만일 신호의 정직성이 비용을 통해 유지된다면, 거기에는 어떤 종류의 비용들이 포함될까(예를 들어, 수행비용 대 기회비용, Barclay & Reeve, 2012). 유전적 자질 같은 안정적인 형질의 값비싼 신호에 대해서는 이론적 연구가 많이 있다. 하지만 의도나 미래 행동의 신호에 대해서는 연구가 활발하지 못했다.

평판의 새로운 환경, 가소성, 중요성: 오늘날의 세계에서 평판은 조상 환경에서의 평판과 어떤 차이가 있을까? 그 효과는 어떨까? 예를 들어, 우리 중 대다수는 이제 모든 구성원의 대소사를 꿰고 있을 만큼 규모가 작고, 결속이 긴밀한 사회에 살지 않는다. 이런 변화가 명성의 중요성을 약화시킬까? 사람들은 평판의 역할 변화에 얼마나 적응할 수 있을까? 또한 평판에 기초해서 진화한 우리의 감정이 지금도 예전처럼 적응적일까?(Barclay & van Vugt, 2015). 인터넷이 이 차이를 상쇄시켜줄까? 사람들은 평판의 어떤 가짜 단서에 금세 익숙해지고(예를 들어, 눈 사진; Sparks & Barclay, 2013), 어떤 가짜 단서의 효과가 오래 이어질까?

기본 형질의 새로운 환경, 가소성, 진화한 단서: 어떤 단서들은 조상의 환경보다 현대의 환경에서 정보력이 덜할까? 그렇다면, 사람들은 그런 단서에 어떻게 대응할까? 예를 들어, 현대의 환경에서 조력 의도를 드러내는 정치인의 감정적 수사는 과거에 규모가 작고 평판에 기초했던 무리에서보다 그 신뢰성이 작을 텐데, 그래도 사람들은 여전히 유효한 단서로 받아들이는 것처럼 보인다. 어느 선까지 사람들은 계속해서 조상 시대의 단서에 의존하거나, 반대로 어느 단서에 의존할지를 정하면서 적응적 가소성을 보여줄까?

새로운 행동, 단서, 신호 다루기: 애초에 특정한 행동은 어쩌다 특정한 형질을 신호하게 되어서 사람들이 타인의 평판에서 그런 행동을 추적하게 되었을까(Panchanathan & Boyd, 2004)? 예를 들어, 환경 보호 같은 행동은 어떻게 좋은 성격의 신호가 되거나, 간접 상호성의 체계 안에서 가치를 인정받게 되었을까(Barclay,

2012)? 그러기 위해서는 성격 형질과 주어진 행동 사이에 애초부터 상관관계(예를 들어, 선한 사람들은 다른 이유 없이 환경을 보살피게 된다)가 존재해야 하는 걸까? 그러면 관객들이 그 상관관계를 알아차리고, 그러면 행위자가 그것을 과장해서 적극적인 신호로 만드는 걸까?

관객의 의심: 관찰되는 동안 사람들이 행동을 달리한다면, 이것은 누군가의 대외적 행위를 보고 추론할 수 있는 정보에 어떤 영향을 미치게 될까? 관객은 어떤 경우에 다른 관객들의 수와 성격에 의존해서 타인의 행위에서 받은 인상을 조정할까? 예를 들어, 관객은 알려지지 않은 관대함과 비교할 때 공개적인 관대함을 얼마나 의심해야 할까? 사람들이 다양한 행위가 평판에 미치는 영향을 깨닫게 되면, 어떤 일이 벌어질까? 예를 들어, 협력자가 도움 행위를 통해 이익을 얻게 된다는 것을 알면 사람들이 협력자를 덜 믿게 될까(Barclay, 2012)? 만일 그렇다면, 순환 문제가 발생한다. 의심은 밖으로 드러날 도움의 수준에 영향을 미치고, 이는 다시 관객의 의심에 영향을 미치며, 이 과정이 피드백 순환을 이룬다. 이 문제를 어떻게 해결할 수 있을까?

이상은 평판을 이해하는 과정에 남아 있는 질문 중 일부에 지나지 않는다. 평판의 과학은 이제 막 시작된 참이고, 우리는 이런 질문에 대해 더 많은 이론적, 경험적 조사가 이루어지기를 고대해야 한다. 결국 우리는 '사람들은 관찰되는 동안 더 선하다'보다 훨씬 더 미묘한 예측이 나오기를 기대해야 하고, 정확히 언제, 어떤 상황에, 누구에게, 얼마나 더 선해지는지 그리고 관객은 정확히 어떻게 반응하는지 수량화할 수 있기를 바라야 한다.

결론

많은 사회적 동물의 삶에서 평판은 중요한 요소다. 인간은 언어를 통해 정보를 전달하는데, 이 능력 덕분에 사건을 직접 관찰하지 못한 사람도 정보에 접근할 수 있고 그로 인해 평판이 더욱 중요해졌다. 각자의 평판은 타인이 그를 대하는 방식에 영향을 미쳐서 실질적인 적합도 결과를 낳는다. 동맹자에게 이익을 제공하고 경쟁자에게 비용을 부과하는 능력이 뛰어난 것처럼 보이면 그 유기체는 이익을 얻는다. 따라서 유기체가 다른 개체보다 더 나은 평판을 위해 경쟁하는 과정에서 높은 수준의 협력이 선택되고, 마찬가지로 높은 수준의 공격성—그리고 두 가지를 표현하는 외양의 조작—이 선택된다. 이 과정은 어떤 유기체에게든 일어날 수 있지만, 특히 인간과 큰 연관성이 있는 것은 언어 때문에 다른 종보다 우리 종에게 평판이 더욱 중요해졌기 때문이다. 과거에 이런 선택압의 결과로 인간은 타인의 평판을 추적하고, 자신의 평판을 확인하고, 평판 결과를 위해 행동을 조정하고, 정보를 조작해서 자신을 더 나은 사람으로, 라이벌을 더 나쁜 사람으로 보이게 하는 전문화된 심리 기제를 갖추게 되었을 것이다. 우리의 일상생활과 인간 행동의 진화에 평판이 하는 역할을 이해한다면 우리는 더 효과적으로 평판의 힘을 활용하여 긍정적인 변화를 끌어낼 수 있다.

참고문헌

Albert, M., Güth, W., Kirchler, E., & Maciejovsky, B. (2007). Are we nice(r) to nice(r) people? An experimental analysis. *Experimental Economics*, *10*, 53–69.

Alexander, R. D. (1987). *The biology of moral systems*. New York, NY: Aldine de Gruyter.

Allcott, H. (2011). Social norms and energy conservation. *Journal of Public Economics*, *95*, 1082–1095.

Alvergne, A., & Lummaa, V. (2009). Does the contraceptive pill alter mate choice in humans? *Trends in Ecology and Evolution*, *25*, 171–179.

André, J.-B. (2010). The evolution of reciprocity: Social types or social incentives? *The American Naturalist*, *175*(2), 197–210.

Axelrod, R. (1984). *The evolution of cooperation*. New York, NY: Basic Books.

Barclay, P. (2004). Trustworthiness and competitive altruism can also solve the "tragedy of the commons." *Evolution & Human Behavior*, *25*, 209–220.

Barclay, P. (2006). Reputational benefits for altruistic punishment. *Evolution and Human Behavior*, *27*, 325–344.

Barclay, P. (2010). Altruism as a courtship display: Some effects of third-party generosity on audience perceptions. *British Journal of Psychology*, *101*, 123–135.

Barclay, P. (2011). Competitive helping increases with the size of biological markets and invades defection. *Journal of Theoretical Biology, 281*, 47–55.

Barclay, P. (2012). Harnessing the power of reputation: Strengths and limits for promoting cooperative behaviours. *Evolutionary Psychology, 10*(5), 868–883.

Barclay, P. (2013). Strategies for cooperation in biological markets, especially for humans. *Evolution & Human Behavior, 34*(3), 164–175.

Barclay, P., & Barker, J. (in preparation). Greener than thou: Competitive helping results in higher contributions to environmental charities.

Barclay, P., & Reeve, H. K. (2012). The varying relationship between helping and individual quality. *Behavioral Ecology, 23*(4), 693–698.

Barclay, P., & van Vugt, M. (2015). The evolutionary psychology of human prosociality: Adaptations, mistakes, and byproducts. In D. Schroeder & W. Graziano (Eds.), *The Oxford handbook of prosocial behavior* (pp. 37–60). Oxford, England: Oxford University Press.

Barclay, P., & Willer, R. (2007). Partner choice creates competitive altruism in humans. *Proceedings of the Royal Society B: Biological Sciences, 274*, 749–753.

Bateson, M., Nettle, D., & Roberts, G. (2006). Cues of being watched enhance cooperation in a real-world setting. *Biology Letters, 2*, 412–414. doi: 10.1098/rsbl.2006.0509

Benard, S. (2013). Reputation systems, aggression, and deterrence in social interaction. *Social Science Research, 42*, 230–245.

Bereczkei, T., Birkas, B., & Kerekes, Z. (2007). Public charity offer as a proximate factor of evolved reputationbuilding strategy: An experimental analysis of a real-life situation. *Evolution and Human Behavior, 28*, 277–284.

Bolle, F. (2001). Why to buy your darling flowers: On cooperation and exploitation. *Theory and Decision, 50*, 1–28.

Boone, J. L. (1998). The evolution of magnanimity: When is it better to give than to receive? *Evolution and Human Behavior, 9*, 1–21.

Bower, J. (2005). The occurrence and function of victory displays within communication networks. In P. McGregor (Ed.), *Animal communication networks* (pp. 114–126). Cambridge, England: Cambridge University Press.

Bshary, R. (2002). Biting cleaner fish use altruism to deceive image-scoring client reef fish. *Proceedings of the Royal Society B: Biological Sciences, 269*, 2087–2093.

Bshary, R., & Grutter, A. (2006). Image scoring and cooperation in a cleaner fish mutualism. *Nature, 441*, 975–978.

Burnham, T. C., & Hare, B. (2007). Engineering human cooperation: Does involuntary neural activation increase public goods contributions? *Human Nature, 18*, 88–108.

Buss, D. M., & Dedden, L. A. (1990). Derogation of competitors. *Journal of Social and Personal Relationships, 7*, 395–422.

Chagnon, N. (1997). *Yanomamö* (5th ed.) Belmont, CA: Wadsworth.

Coricelli, G., Joffily, M., Montmarquette, C., & Villeval, M. C. (2010). Cheating, emotions, and rationality: An experiment on tax evasion. *Experimental Economics, 13*, 226–247.

Dabelsteen, T. (2005). Public, private or anonymous: Facilitating and countering eavesdropping. In P. McGregor (Ed.), *Animal communication networks* (pp. 38–62). Cambridge, England: Cambridge University Press.

Daly, M., & Wilson, M. (1988). *Homicide.* New York, NY: Aldine de Gruyter.

DeClerck, C. H., Kiyonari, T., & Boone, C. (2009). Why do responders reject unequal offers in the Ultimatum Game? An experimental study on the role of perceiving interdependence. *Journal of Economic Psychology, 30*, 335–343.

Doutrelant, C., & McGregor, P. K. (2000). Eavesdropping and mate choice in female fighting fish. *Behaviour, 137*, 1655–1669.

Dunbar, R. I. M. (2006). Gossip in evolutionary perspective. *Review of General Psychology, 8*, 100–110.

Dunbar, R. I. M., Duncan, N. D. C., & Marriott, A. (1997). Human conversational behavior. *Human Nature, 8*, 231–246.

Ekström, M. (2011). Do watching eyes affect charitable giving? Evidence from a field experiment. *Experimental Economics, 15*, 530–546.

Ernest-Jones, M., Nettle, D., & Bateson, M. (2011). Effects of eye images on everyday cooperative behavior: A field experiment. *Evolution and Human Behavior, 32*, 172–178.

Feinberg, M., Willer, R., & Schultz, M. (2014). Gossip and ostracism promote cooperation in groups. *Psychological Science, 25*, 656–664.

Felson, R. B. (1978). Aggression as impression management. *Social Psychology, 41*(3), 205–213.

Fessler, D. M. T. (2002). Windfall and socially distributed willpower: The psychocultural dynamics of rotating savings and credit associations in a Bengkulu village. *Ethos, 30*, 25–48.

Fessler, D. M. T., Tiokhin, L. B., Holbrook, C., Gervais, M. M., & Snyder, J. K. (2014). Foundations of the Crazy Bastard Hypothesis: Nonviolent physical risk-taking enhances conceptualized formidability. *Evolution and Human Behavior, 35*, 26–33.

Francey, D., & Bergmuller, R. (2012). Images of eyes enhance investments in a real-life public good. *PLoS ONE, 7*, 1–7.

Frank, R. H. (1988). *Passions within reason.* New York, NY: Norton.

Frank, R. H. (2004). *What price the moral high ground? Ethical dilemmas in competitive environments.* Princeton, NJ: Princeton University Press.

Gerber, A. S., Green, D. P., & Larimer, C. W. (2008). Social pressure and voter turnout: Evidence from a largescale field experiment. *American Political Science Review, 102,* 33–48.

Getty, T. (2006). Sexually selected signals are not similar to sports handicaps. *Trends in Ecology and Evolution, 21,* 83–88.

Gintis, H., Smith, E. A., & Bowles, S. (2001). Cooperation and costly signaling. *Journal of Theoretical Biology, 213,* 103–119.

Goldstein, N. J., Griskevicius, V., & Cialdini, R. B. (2007). Invoking social norms: A social psychology perspective on improving hotels' linen-reuse programs. *Cornell Hospitality Quarterly, 48,* 145–150.

Grafen, A. (1990). Biological signals as handicaps. *Journal of Theoretical Biology, 144,* 517–546.

Griskevicius, V., Cantú, S., & van Vugt, M. (2012). The evolutionary bases for sustainable behavior. *Journal of Public Policy and Marketing, 31,* 115–128.

Griskevicius, V., Tybur, J. M., Gangestad, S. W., Perea, E. F., Shapiro, J. R., & Kenrick, D. T. (2009). Aggress to impress: Hostility as an evolved context-dependent strategy. *Journal of Personality and Social Psychology, 96*(5), 980–994.

Griskevicius, V., Tybur, J. M., Sundie, J. M., Cialdini, R. B., Miller, G. F., & Kenrick, D. T. (2007). Blatant benevolence and conspicuous consumption: When romantic motives elicit strategic costly signals. *Journal of Personality and Social Psychology, 93*(1), 85–102.

Griskevicius, V., Tybur, J. M., & van den Bergh, B. (2010). Going green to be seen: Status, reputation, and conspicuous conservation. *Journal of Personality and Social Psychology, 98*(3), 392–404.

Gurven, M., Allen-Arave, W., Hill, K., & Hurtado, A. M. (2000). "It's a Wonderful Life": Signaling generosity among the Ache of Paraguay. *Evolution and Human Behaviour, 21,* 263–282.

Haley, K. J., & Fessler, D. M. T. (2005). Nobody's watching? Subtle cues affect generosity in an anonymous economic game. *Evolution and Human Behaviour, 26,* 245–256.

Harbaugh, W. T. (1998). What do donations buy? A model of philanthropy based on prestige and warm glow. *Journal of Public Economics, 67,* 269–284.

Hardy, C., & van Vugt, M. (2006). Nice guys finish first: The competitive altruism hypothesis. *Personality and Social Psychology Bulletin, 32,* 1402−1413.

Hawkes, K., & Bliege Bird, R. (2002). Showing off, handicap signaling, and the evolution of men's work. *Evolutionary Anthropology, 11,* 58−67.

Hess, N. H., & Hagen, E. H. (2006). Psychological adaptations for assessing gossip veracity. *Human Nature, 17*(3), 337−354.

Hill, K., & Kaplan, H. (1988). Tradeoffs in male and female reproductive strategies among the Ache: Part 1. In L Betzig, M. Borgerhoff Mulder, & P. Turke (Eds.), *Human reproductive behaviour: A Darwinian perspective* (pp. 277−289). Cambridge, England: Cambridge University Press.

Hoffman, E., McCabe, K., Schachat, K., & Smith, V. (1994). Preferences, property rights, and anonymity in bargaining games. *Games and Economic Behavior, 7,* 346−380.

Johnstone, R. A., & Bshary, R. (2004). Evolution of spite through indirect reciprocity. *Proceedings of the Royal Society B: Biological Sciences, 271,* 1917−1922.

Kazim, A. J. N., & Aureli, F. (2005). Redirection of aggression: Multiparty signalling within a network? In P. McGregor (Ed.), *Animal communication networks* (pp. 191−218). Cambridge, England: Cambridge University Press.

Keser, C. (2003). Experimental games for the design of reputation management systems. *IBM Systems Journal, 42,* 498−506.

Kniffin, K. M., & Wilson, D. S. (2005). Utilities of gossip across organizational levels: Multilevel selection, free-riders, and teams. *Human Nature, 16,* 278−292.

Krasnow, M. M., Cosmides, L., Pedersen, E. J., & Tooby, J. (2012). What are punishment and reputation for? *PLoS ONE, 7*(9), e45662.

Kurzban, R., & Houser, D. (2005). Experiments investigating cooperative types in humans: A complement to evolutionary theory and simulations. *Proceedings of the National Academy of Sciences, USA, 102,* 1803−1807.

Lyle, H. F. III, Smith, E. A., & Sullivan, R. J. (2009). Blood donations as costly signals of donor quality. *Journal of Evolutionary Psychology, 4,* 263−286.

Matos, R. J., & Schlupp, I. (2005). Performing in front of an audience: Signallers and the social environment. In P. McGregor (Ed.), *Animal communication networks* (pp. 63−83). Cambridge, England: Cambridge University Press.

Matsumoto, D., & Hwang, H. S. (2012). Evidence for a nonverbal expression of triumph. *Evolution and Human Behavior, 33,* 520−529.

McCullough, M. E., Kurzban, R., & Tabak, B. A. (2013). Cognitive systems for revenge and forgiveness. *Behavioral and Brain Sciences, 36,* 1−58.

McGregor, P. K., & Peake, T. M. (2000). Communication networks: Social environments for receiving and signalling behaviour. *Acta Ethologica, 2,* 71-81.

McNamara, J. M., Barta, Z., Frohmage, L., & Houston, A. I. (2008). The coevolution of choosiness and cooperation. *Nature, 451,* 189-192.

McNamara, J. M., & Houston, A. I. (2002). Credible threats and promises. *Philosophical Transactions of the Royal Society B: Biological Sciences, 357,* 1607-1616.

Mifune, N., Hashimoto, H., & Yamagishi, T. (2010). Altruism toward in-group members as a reputation mechanism. *Evolution and Human Behavior, 31,* 109-117.

Milinski, M., Semmann, D., Bakker, T. C. M., & Krambeck, H.-J. (2001). Cooperation through indirect reciprocity: Image scoring or standing strategy? *Proceedings of the Royal Society B: Biological Sciences, 268,* 2495-2501.

Milinski, M., Semmann, D., & Krambeck, H.-J. (2002). Reputation helps solve the "tragedy of the commons." *Nature, 415,* 424-426.

Milinski, M., Semmann, D., Krambeck, H.-J., & Marotzke, J. (2006). Stabilizing the earth's climate is not a losing game: Supporting evidence from public goods experiments. *Proceedings of the National Academy of Sciences, USA, 103,* 394-3998.

Nesse, R. M. (2007). Runaway social selection for displays of partner value and altruism. *Biological Theory, 2*(2), 143-155.

Nettle, D., Nott, K., & Bateson, M. (2012). "Cycle thieves, we are watching you": Impact of a simple signage intervention on bicycle theft. *PLoS ONE, 7,* e51738.

Noë, R., & Hammerstein, P. (1994). Biological markets: Supply and demand determine the effect of partner choice in cooperation, mutualism and mating. *Behavioral Ecology & Sociobiology, 35,* 1-11.

Noë, R., & Hammerstein, P. (1995). Biological markets. *Trends in Ecology & Evolution, 10,* 336-339.

Nowak, M. A., Page, K. M., & Sigmund, K. (2000). Fairness versus reason in the Ultimatum Game. *Science, 289,* 1773-1775.

Nowak, M. A., & Sigmund, K. (2005). Evolution of indirect reciprocity. *Nature, 437,* 1291-1298.

Ohtsubo, Y., & Watanabe, E. (2009). Do sincere apologies need to be costly? Test of a costly signaling model of apology. *Evolution and Human Behavior, 30,* 114-123.

Ohtsuki, H., & Iwasa, Y. (2004). How should we define goodness? Reputation dynamics in indirect reciprocity. *Journal of Theoretical Biology, 231,* 107-120.

Ohtsuki, H., & Iwasa, Y. (2006). The leading eight: Social norms that can maintain cooperation by indirect reciprocity. *Journal of Theoretical Biology, 239,* 435-444.

Ohtsuki, H., & Iwasa, Y. (2007). Global analyses of evolutionary dynamics and exhaustive search for social norms that maintain cooperation by reputation. *Journal* of *Theoretical Biology*, *244*, 518—531.

Oliveira, R. F., McGregor, P. K., & Latruffe, C. (1998). Know thine enemy: Fighting fish gather information from observing conspecific interactions. *Proceedings of the Royal Society B: Biological Sciences*, *265*, 1045—1049.

Ophir, A. G., Persaud, K. N., & Galef, B. G. (2005). Avoidance of relatively aggressive male Japanese quail (Coturnix japonica) by sexually experienced conspecific males. *Journal of Comparative Psychology*, *119*, 3—7.

Otter, K. A., McGregor, P. K., Terry, A. M. R., Burford, F. R. L., Peake, T. M., & Dabelsteen, T. (1999). Do female great tits (Parus major) assess males by eavesdropping? A field study using interactive song playback. *Proceedings of the Royal Society B: Biological Sciences*, *266*, 1305—1309.

Otter, K. A., Stewart, I. R. K., McGregor, P. K., Terry, A. M. R., Dabelsteen, T., & Burke, T. (2001). Extra-pair paternity among Great tits (Parus major) following manipulation of male signals. *Journal of Avian Biology*, *32*, 338—344.

Panchanathan, K., & Boyd, R. (2004). Indirect reciprocity can stabilize cooperation without the second-order free rider problem. *Nature*, *432*, 499—502.

Peake, T. M. (2005). Eavesdropping in communication networks. In P. McGregor (Ed.), *Animal communication networks* (pp. 13—37). Cambridge, England: Cambridge University Press.

Pfeiffer, T., Tran, L., Krumme, C., & Rand, D. G. (2012). The value of reputation. *Journal of the Royal Society Interface*, *9*, 2791—2797.

Piazza, J., & Bering, J. M. (2008). Concerns about reputation via gossip promote generous allocations in an economic game. *Evolution and Human Behavior*, *29*, 172—178.

Pinker, S. (2011). *The better angels of our nature: Why violence has declined*. New York, NY: Viking.

Pizarro, D. A., Tannenbaum, D., & Uhlmann, E. (2012). Mindless, harmless, and blameworthy. *Psychological Inquiry*, *23*, 185—188.

Price, M. E. (2003). Pro-community altruism and social status in a Shuar village. *Human Nature*, *14*, 191—208.

Puts, D. (2010). Beauty and the beast: Mechanisms of sexual selection in humans. *Evolution and Human Behavior*, *31*, 157—175.

Rege, M., & Telle, K. (2004). The impact of social approval and framing on cooperation in public good situations. *Journal of Public Economics*, *88*, 1625—1644.

Roberts, G. (1998). Competitive altruism: From reciprocity to the handicap principle. *Proceedings of the Royal Society B: Biological Sciences*, *265*, 427—431.

Roberts, G. (2008). Evolution of direct and indirect reciprocity. *Proceedings of the Royal Society B: Biological Sciences, 275*, 173–179.

Searcy, W. A., & Nowicki, S. (2005). *The evolution of animal communication: Reliability and deception in signaling systems.* Princeton, NJ: Princeton University Press.

Seinen, I., & Schram, A. (2006). Social status and group norms: Indirect reciprocity in a helping experiment. *European Economic Review, 50*, 581–602.

Sell, A., Tooby, J., & Cosmides, L. (2009). Formidability and the logic of human anger. *Proceedings of the National Academy of Sciences, USA, 106*(35), 15073–15078.

Semmann, D., Krambeck, H.-J., & Milinski, M. (2004). Strategic investment in reputation. *Behavioral Ecology and Sociobiology, 56*, 248–252.

Shang, J., & Croson, R. (2006). The impact of social comparisons on nonprofit fundraising. *Research in Experimental Economics, 11*, 143–156.

Smith, E. A. (2004). Why do good hunters have higher reproductive success? *Human Nature, 15*, 343–364.

Smith, E. A. (2010). Communication and collective action: Language and the evolution of human cooperation. *Evolution and Human Behavior, 31*, 231–245.

Smith, E. A., & Bliege Bird, R. (2000). Turtle hunting and tombstone opening: Public generosity as costly signaling. *Evolution and Human Behavior, 21*, 245–262.

Smith, E. A., & Bliege Bird, R. (2005). Costly signalling and cooperative behaviour. In H. Gintis, S. Bowles, R. Boyd, & E. Fehr (Eds.), *Moral sentiment and material interests: The foundations of cooperation in economic life* (pp. 115–148). Cambridge, MA: MIT Press.

Sommerfeld, R. D., Krambeck, H.-J., & Milinski, M. (2008). Multiple gossip statements and their effect on reputation and trustworthiness. *Proceedings of the Royal Society B: Biological Sciences, 275*, 2529–2536.

Sommerfeld, R. D., Krambeck, H.-J., Semmann, D., & Milinski, M. (2007). Gossip as an alternative for direct observation in games of indirect reciprocity. *Proceedings of the National Academy of Sciences, USA, 104*, 17435–17440.

Sosis, R. (2004). The adaptive value of religious ritual. *American Scientist, 92*, 166–172.

Sparks, A., & Barclay, P. (2013). Eyes increase generosity, but not for long: The limited effect of a false cue. *Evolution & Human Behavior, 34*, 317–322.

Sparks, A., & Barclay, P. (in preparation). Condemnation alone does not sustain long-term cooperation, but tangible punishment does.

Sylwester, K., & Roberts, G. (2010). Cooperators benefit through reputation-based partner choice in economic games. *Biology Letters, 6*, 659–662.

Tannenbaum, D., Uhlmann, E. L., & Diermeier, D. (2011). Moral signals, public outrage, and immaterial harms. *Journal of Experimental Social Psychology*, *47*, 1249–1254.

van Vugt, M., Roberts, G., & Hardy, C. (2007). Competitive altruism: A theory of reputation-based cooperation in groups. In R. Dunbar & L. Barrett (Eds.) *The Oxford handbook of evolutionary psychology* (pp. 531–540). Oxford, England: Oxford University Press.

Veblen, T. (1994). *The theory of the leisure class*. New York, NY: Penguin Classics. (Original work published 1899).

Wedekind, C., & Braithwaite, V. A. (2002). The long-term benefits of human generosity in indirect reciprocity. *Current Biology*, *12*, 1012–1015.

Wedekind, C., & Milinski, M. (2000). Cooperation through image scoring in humans. *Science*, *288*, 850–852.

West-Eberhard, M. J. (1979). Sexual selection, social competition, and evolution. *Proceedings of the American Philosophical Society*, *123*, 222–234.

West-Eberhard, M. J. (1983). Sexual selection, social competition, and speciation. *The Quarterly Review of Biology*, *58*, 155–183.

Willer, R. (2009). Groups reward individual sacrifice: The status solution to the collective action problem. *American Sociological Review*, *74*, 23–43.

Yamagishi, T., Horita, Y., Takagishi, H., Shinada, M., Tanida, S., & Cook, K. S. (2009). The private rejection of unfair offers and emotional commitment. *Proceedings of the National Academy of Sciences, USA*, *106*(28), 11520–1523.

Zahavi, A. (1977). Reliability in communication systems and the evolution of altruism. In B. Stonehouse & C. Perrins (Eds.), *Evolutionary ecology* (pp. 253–259). Baltimore, MD: University Park Press.

34장

의례의 진화와 개체발생

크리스틴 H. 레가레 · 레이첼 E. 왓슨–존스

의례는 인간 행동의 보편적 특징이다(Boyer & Liénard, 2006; Whitehouse, 2000, 2004). 민족지학 기록은 이국적이고 겉보기는 이상해 보이는 의례 행동으로 가득하다(Humphrey & Laidlaw, 1994; Whitehouse, 1995). 래파포트Rappaport(1967, 1984)가 묘사한 뉴기니 챔바가Tsembaga족의 돼지 도살 의례를 살펴보자. 이 의례의 중심에는 자원을 두고 경쟁을 벌이고 경계를 넘으면 보복을 하는 집단들의 간헐적인 전쟁이 자리한다. 이웃한 집단들은 대체로 확장된 혈연관계망으로 동맹을 결성해서 전투를 지원한다. 전쟁을 시작하기에 앞서 이들은 조상에게 전투 의도를 알리기 위해 다양한 의례를 수행한다. 만일 협상을 통해 평화적인 합의에 이르지 못하고 긴장이 높아지면, 이들은 '전투의 돌'을 높이 매달아서 전투를 도울 조상과 동맹자에게 보답을 약속한다. 높이 걸린 돌은 전쟁 동안에 수많은 금기를 지킬 것을 알리기도 한다. 예를 들어, 몇몇 종류의 동식물을 먹어선 안 된다는 금기가 발효되고, 집단의 구성원들은 더 이상 적의 구성원과 얽혀서는 안 된다(적을 바라보는 것도 금지된다).

돼지 도살은 이 의례 주기의 결정적인 특징이다. 챔바가족에게 돼지는 상당히 가치 있는 동물로, 의례가 아니라면 도살하지 않는다. 의례 주기가 시작되면 돼지 두 마리를 조상에게 바치는 제물로 죽여 밤새 요리한다. 전투의 날이 밝으면 전사들은 그 가운데 한 마리를 먹고, 이때부터 여성과 사회적으로나 성적으로 관계하는 것을 금하는 금기가 발효된다. 남성은 돼지를 구운 불에서 나온 재를 몸에 칠하는데, 혼령들에게 "머리로 들어와 불처럼 타오르며 [전사를] 힘, 분노, 그리고 복수의 열망으로 가득 채워달라고 호소하는 행위라고 정보 제공자는 말한다"(Pappaport, 1984, p. 134). 검은 재는 전사들의 얼굴을 덮어 전장에서 얼굴을 분간할 수 없게 만들기도 한다. 전쟁은 몇 주에서 몇 달까지 이어지는데, 그동안 갖가지 의례를 수행하거나 사상자가 늘어나는 바람에 전투는 자주 중단된다.

전투는 대체로 참전 집단들이 휴전 협정을 맺으면서 끝이 난다. 휴전이 체결되면 두 집단은 각자의 지역으로 돌아가 룸빔(해당 지역의 관목)을 심고, 전투를 도와준 조상에게 바칠 돼지를 추가로 잡는다. 모든 남성이 몸에서 재를 씻은 뒤 룸빔 위에 손을 얹고 나서 관목을 땅에 심는다. 이 행동의 이유는 집단과 그들의 땅에 각 개인이 더 강하게 결합하기 위해서다. 휴전 기간은 전시에 도움을 준 조상과 동맹자에게 빚을 갚는 시간이며, 많은 금기도 효력이 지속된다. 대체로 휴전 기간은 축제(카이코 kaiko)에 쓸 돼지를 충분히 도살할 때까지 이어진다(그동안 룸빔은 땅에 그대로 심어놓는다). 축제에 충분한 돼지가 공급되면 룸빔이 뽑히고 금기가 해제된다. 대략 1년간 이어지는 돼지 축제주기에 챔바가족은 동맹 집단을 초대하고 선물을 증여한다. 동맹자들이 방문한 동안에 남자들은 밤새도록 함께 군무를 춘다. 함께 춤을 추기 위해 동맹 집단에서 온 남성의 수를 보고 챔바가족은 차후의 전투에서 지원받을 수 있는 양을 예상한다. 돼지 축제가 종료되는 시점에는 해당 집단이 키우던 돼지는 거의 다 도축되고, 카이코를 마무리할 때는 고기 가운데 일부를 의식 절차에 따라 찢어버린 울타리를 통해 동맹 집단에게 넘겨준다. 휴전이 체결되지 않았을 경우에 패배한 집단은 정복당하고 영토를 빼앗기며, 살아남은 이들은 이웃한 동맹 집단 속에서 거주하게 된다(이런 경우에는 새 집단에서 소속을 확실히 하기 위해 특정한 의례를 치러야 한다).

이와 같은 의례가 인간의 사회적 집단에서 기능을 한다면, 그 기능은 어떤 것일까? "이 문제는 새로운 외양을 하고 나타난 친숙한 '합리성 문제'로, 오래된 포도주가 새 병에 담겨 나타난 셈이다"(Sax, 2010, p. 4). 대중 과학 담론과 의례 연구에서는 하나 같이 의례를 비효율적이거나, 비합리적이거나, 순전히 관습적인 것으로 해석한다. 의례는 신성한 믿음을 드러내고, 느낌과 감정의 내적 상태를 표현하고, 신학적인 사고나 사회적 관계를 상징화하고, 정신물리학적인 상태를 불러일으키곤 한다 (Csordas, 2002; Ruffle & Sosis, 2003; Sax, Quack, & Weinhold, 2010; Shore, 1996). 그 럼에도 의례는 인간의 문화에서 중요한 사회적 기능을 한다.

의례는 물리적 인과율의 관점에서는 명료하지 않게 보이는 사회적으로 규정된 집 단의 관습이다(Legare & Souza, 2012). 의례는 '사회적으로 규정된 질서를 적극적으 로 묵인한 행위'의 결과이며, 따라서 개인적인 혁신의 산물일 수가 없다. "의례의 기 이한 매력은 극소수의 다른 인간 활동이 그렇듯, 행위자가 행위의 입안자인 동시 에 입안자가 아니라는 점에 있다"(Humphrey & Laidlaw, 1994, p. 5). 의례를 어떤 믿 음(예를 들어, 의례 행위에 참여하면 바라는 결과를 얻을 수 있다)의 맥락에서 설명할 때 조차도, 의례 행위와 결과 사이에 직접적인 인과 관계를 예상하는 경우는 드물다 (Schoejdt et al., 2013). 인간은 의도를 읽어내는 데는 전문가이기 때문에, 누군가 (의 례) 행동의 섬세한 과정을 치르는 모습을 보면, 연속된 행동의 특징들(즉, 반복, 걸음 의 수, 시간의 정확성)에 의도한 결과를 만들어내는 잠재력이 있으리라는 인상을 받게 된다. 설사 그 결과를 만들어내는 기본적인 기제가 감지할 수 없거나, 초자연적이거 나, 단지 알 수 없는 것이라 해도 말이다(Legare & Souza, 2012, 2014).

그동안 의례에 반복되어 나타나는 특징들을 정의하기가 어려웠던 것은 의례 형 식의 복잡성과 다양성 때문이다(Rappaport, 1999). 전 세계에서 나타나는 의례의 다 양성으로 인해 의례의 특징이 사회적 인지와 행동에 미치는 원인과 결과를 자신 있 게 일반화하기가 어려웠다. 심리학과와 인류학과가 역사적으로 분리되었던 점도 의 례가 인류학의 독점 영역으로 남는 데 일조했다(Bruner, 1996). 의례는 우선 인류학 의 렌즈를 통해 연구되어왔기 때문에, 최근에 이르기까지 거의 전적으로 질적 방법 론을 통해서만 연구되었다. 그 결과 의례 형식의 다양성에 관해서는 상당한 통찰을 얻을 수 있었지만, 질적 방법론만을 사용한 탓에 의례가 인간의 인지와 행동에 미치 는 영향을 확실한 인과적 추론으로 정립하는 데 제한이 있을 수밖에 없었다(Rossano, 2012).

의례의 사회적 기능을 다룬 새로운 실험 연구들이 나온 덕분에 사회적 집단인지의 진화 및 개체발생과 의례의 관계를 새로운 시각에서 들여다볼 수 있게 되었다. 역사 적으로 인간 사회에서 비친족 비율은 점차 증가해왔다. 사회집단 내에 비친족이 증가할 때, 의례는 사회적 친밀감과 물리적인 근접의 필요성을 줄여주면서 집단의 응집력을 유지할 수 있게 해준다. 우리의 주장은, 의례에 참여하는 능력은 우리 심리에 미리 준비되어 있지만, 인간이라는 종에서 의례는 문화적으로 상속되는 대표적인 행동 특징이라는 것이다. 의례의 구조와 기능은 문화적 진화 과정을 통해 선택되고 전달된다.

이번 장의 첫 번째 목표는 의례가 인간 집단에서 수행하는 사회적 기능을 기술하는 것이다. 우리는 의례가 집단 구성원을 확인하고, 집단을 향한 그들의 헌신을 보증하고, 연합과의 협력을 가능하게 하고, 집단의 응집력을 유지시킴으로써 집단생활과 관련된 적응적 문제를 해결하는 데 일조한다고 주장하고자 한다. 다양한 사회과학 분과에서 나온 연구 결과들이 입증하듯이, 의례는 집단행동의 가장 큰 과제 중 하나인 조정과 협력을 촉진한다. 이와 마찬가지로 우리는 의례의 구조가 시간이 흘러도 높은 충실도를 유지하면서 문화적으로 전달되는 방식을 심리학적으로 설명할 것이다. 다음으로 우리는 사회적 배제와 지위 손실의 위협이 발달기에 의례 참여를 부추긴다고 암시하는 증거를 살펴볼 것이다. 마지막 절에서는 의례 인지의 개체발생을 심리학적으로 설명할 것이다. 의례와 집단적 과정을 조사한 이전의 연구들은 성인 표본(Sosis, 2000, 2003, 2005; Sosis & Alcorta, 2003; Sosis & Bressler, 2003)과 수학적 모델(Henrich, 2009)에 초점을 맞춰왔다. 우리는 어린이들이 집단 고유의 의례를 학습하는 기제 그리고 집단 구성원의 행동을 해석할 때 사용하는 단서들을 조사한 최신 연구를 검토할 것이다(Herrmann, Legare, Harris, & Whitehouse, 2013; Watson-Jones, Legare, Whitehouse, & Clegg, 2014). 이 계통의 연구에서 나온 이론과 연구 결과를 조합하면 의례와 사회적 집단인지의 진화 및 개체발생 연구에 새로운 길이 열릴 것이다.

사회적 집단행동에서의 의례의 기능

응집력 있는 집단에서 살면 적응적 문제를 쉽게 해결할 수 있다(Buss, 1990; Buss & Kenrick, 1998). 집단생활을 하면 포식의 위험이 감소하고(Shultz, Noe, McGraw, &

Dunbar, 2004; van Schaik, 1983), 자식을 조직적으로 보육할 수 있고(Hawkes, 2014; Kaplan, Hill, Lancaster, & Hurtado, 2001), 기술 혁신이 용이하다(Reader & Laland, 2002). 영장류 평균보다 큰 뇌(Byrne & Whiten, 1988; Dunbar, 1998)와 종-특이적인 문화적 복잡성(Boyd, Richerson, & Henrich, 2011)은 집단생활의 요구에 적응한 결과다(Cosmides & Tooby, 1992; Kurzban & Neuberg, 2005). 개인의 적합도는 조직적으로 문제를 해결할 수 있는 심리 기제가 있고, 사회적 응집력이 증가할 때 이익을 얻는다(Dunbar & Scultz, 2007). 예를 들어, 타인의 의도를 이해하는 능력, 사회관계를 추적하는 능력, 동맹과 연합을 형성하는 능력은 모두 내집단 구성원들과의 협력에 도움이 된다(Brewer, 2007; Dunbar & Shultz, 2010; Kurzban, Tooby, & Cosmide, 2001; Tomasello, Carpenter, Call, Behne, & Moll, 2005). 또한 협력의 진화는 사회적 교환 안에서 일종의 기만전술을 선택했다. 개인이 자신의 이익을 위해 타인의 지각을 전략적으로 변화시키는 것이다(McNally, Brown, & Jackson, 2012; McNally & Jackson, 2013). 대규모 사회성은 소규모 사회성을 진화시킨 것과 같은 행동 성향을 통해 촉진되었다(Jordan et al., 2013).

비친족뿐 아니라 친족과의 협력도 인간의 사회적 집단생활을 결정하는 핵심적인 특징이다(Mathew, Boyd, van Veelen, 2013; Rekers, Haun, & Tomasello, 2011; Wobber, Heermann, Hare, Wrangham, & Tomasello, 2014). 하지만 친족 간의 협력은 비친족 간의 협력과 다르게 작동하리라 생각할 만한 근거가 있다. 개인은 포괄적합도 원칙에 근거해서 자신과 유전자를 공유한 개인들과 협력하게끔 적응했고, 따라서 다른 조건이 모두 같다면, 유전적 근친도가 가까울수록 협력(도움 행동)에 더 많이 참여한다(Hamilton, 1964). 비친족 집단 구성원과의 협력이 진화한 것은 상호 이타주의와 상리공생 등 교환 관계를 추적하는 심리적 적응을 통해 설명할 수 있다(Axelrod & Hamilton, 1981; Trivers, 1971). 개인은 오랜 시간에 걸쳐 교환 관계를 추적하고, 이를 통해 선택적으로 내집단 구성원과 협력한다.

큰 집단에서 생활하면 양자 간 상호 교환과는 다른 적응 문제들이 발생한다. 단체 행동을 위한 집단 구성원들의 조정, 무임승차의 최소화, 공통의 목표를 위한 집단 헌신의 강화, 경쟁 집단을 향한 구성원의 이탈 방지 등이 그것이다. 따라서 서로 협력하는 능력은 목표 지향적인 동맹들의 연합에 참가하기 위한 필요조건이긴 해도 충분조건은 아니다(Tooby, Cosmides, & Price, 2006). 이렇게 비친족으로 이루어진 큰 집단생활에서 발생하는 적응적 문제에는 따로 심리 기제가 진화할 필요가 있다(Chudek & Henrick, 2010; Chudek, Zhao, & Henrich, 2013). 우리는 의례가 (a) 집단 구성원을 확인하고, (b) 집단에 대한 헌신을 증명하고, (c) 사회적 연합체들과의 협력을 용이하게 하고, (d) 사회집단의 결합을 강화함으로써, 집단생활과 관련된 적응적 문제를 해결한다고 주장한다.

사회 시스템 내에서 의례가 어떻게 기능하는지 설명하기 위해 우리는 래파포트(1967, 1984)가 기술한 뉴기니 챔바가족의 돼지 도살 의례 주기를 참조할 것이다. 이어지는 절에서는 챔바가족의 전쟁 의례 주기를 사례로 삼아 의례의 사회적 기능을 증명할 것이다. 또한 어떻게 동일한 행동이 의례의 맥락 안에서 복수의 기능을 수행하는지를 설명할 것이다.

의례는 집단 구성원을 확인한다

의례는 집단 구성원임을 나타내는 실용적이면서도 심리적으로 강력한 표지를 제공해서 내집단 구성원을 확인할 수 있게 해준다. 이 표지는 누가 협력할 확률이 높고, 누가 무임승차할 확률이 높은지를 구분해주는 중요한 정보를 준다(Cosmides & Tooby, 2013; McElreath, Boyd, & Richerson, 2003). 그 수를 좀 더 높게 추정하는 이들도 있지만(McCarty, Killworth, Bernard, Johnsen, & Shelley, 2000), 인간은 대략 150명 내외의 집단 구성원을 꾸준히 추적할 수 있으며(Dunbar, 1992), 내집단 구성원과의 상호작용을 우선하는 선호는 진화적으로 안정된 듯 보인다(McElreath et al., 2003). 의례는 공유된 믿음과 행동을 증명한다. 타인이 자신과 똑같은 행동과 가치를 공유한다는 것은 그가 믿을 만한 상호성의 상대임을 시사한다. 따라서 집단 구성원의 표지는 '행동 유형'의 표지가 된다는 점에서 협력적인 상호작용을 용이하게 한다(McElreath et al., 2003, p. 127). 의례는 흔히 특별한 의사소통 체계, 즉 '언어'를 동반하고, 그렇게 해서 어린이(Kinzler, Dupoux, & Spelke, 2007)와 성인(Pietraszewski & Schwartz, 2014a, 2014b) 모두에게 말의 억양으로 집단 구성원을 확인하는 것과 상당히 유사한 기능을 할 수 있다. 집단 구성원을 확인하는 일은 또한 누구를 모방할지를 결정하고 지위 서열을 추적하는 데에도 매우 중요한 역할을 한다(Henrich, 2009).

챔바가족이 쓰는 마링Maring어 사용 인구 안에서 의례가 어떻게 정체성의 표지로 활용되는지를 예를 통해 살펴보자. 래파포트(1984)가 언급하듯이, "룸빔을 둘러싼 의례에는 챔바가족을 인접 집단과 구분하는 또 하나의 기준이 있다"(p. 19). 챔바가족의 경우에 이웃 집단과 구분되는 의례의 특징은 식목 의례의 시기이다. "이런 의례 가운데 어떤 것들을 조정하고 다른 것들에 함께 참여하거나 배타적으로 참여하는 모습을 통해 챔바가족이 다른 어떤 집단과도 구분되는 단일한 신자 집단이라는 것을 확인할 수 있었다"(p. 19). 이 의례는 미래의 상호작용에서 신뢰할 수 있는 집단 구성원들을 확인시켜준다. 한편, 집단 구성원의 표지는 집단-특이적 목적에 기여하지는 않으면서 집단 소속의 이익을 얻고자 하는 이들에게 부당하게 사용될 수 있다. 따라서 집단에 대한 헌신을 증명하는 의례는 잠재적인 무임승차자의 편취를 물리치는 강력한 기제로도 작동할 것이다.

의례는 집단에 대한 헌신을 증명한다

수행할 능력과 수행에 드는 시간의 측면에서 비쌀 것으로 간주되는 행동에는 두 가지 기능이 있다. 신호 발신자가 속한 집단이나 그 믿음에 대한 헌신을 알리는 믿을 만한 신호로 기능하는 동시에, 신뢰도를 향상하는 과시 행동으로서 어린이를 비롯한 타인에게 그런 헌신을 문화적으로 더 잘 전달하는 기능을 한다. 값비싼 신호 이론(Irons, 2001; Zahavi, 1975)과 비슷한 맥락에서, 의례는 집단에 대한 헌신을 알리는 신호로서 꾸며내기 힘든 또는 정직한 신호의 역할을 한다. 예를 들어, 집단 내에 값비싼 의례의 양이 많을수록 그 집단은 오래 유지된다(Sosis & Bressler, 2003). 마찬가지로 몬스마Monsma(2007)는 의례 참여가 자원 기부와 양의 상관관계에 있다고 증명했다.

의례를 값비싼 신호로 보는 이론과 같은 맥락에서, 헨릭(2009)은 값비싼 의례가 신뢰도 향상 표현(CRED)으로 기능한다고 주장한다. 신뢰도 향상 표현은 개인이 내집단 가치에 헌신하고 있음을 보여주는 증거가 된다. 신뢰도 향상 표현이 중요한 것은 말로 표현된 믿음과 헌신은 기만에 속수무책이기 때문이다. 그에 따라 인간은 언어적인 헌신보다는 행동적 헌신을 우대하는 인지 기제를 진화시켰을 것이다. 의례는 신뢰도 향상 표현으로서 집단에 대한 행동적 헌신을 입증하는 결정적인 증거다. 시간, 에너지, 비용, 고통, 희생의 측면에서 높은 비용이 들어갈 때 의례는 집단의 가치에 대한 헌신의 신호로 유효하다(Lanman, 2012; Whitehouse, 1996; Xygalatas et al., 2013).

챔바가족의 경우, 집단에 대한 헌신을 증명하는 일이 중요하다는 것은 전쟁이 시작되고 지속되는 내내 의례적 금기들이 강제된다는 사실을 통해 명백하게 드러난다. 예를 들어, 전사들은 상당한 개인적 비용을 감수해가면서 금기를 지킨다. 전투가 벌어지는 기간에는 어떤 액체도 입에 댈 수 없고, 소금에 절인 돼지고기를 섭취해야 하며, 사회적으로나 성적으로 여성과 교류해서도 안 된다. 이와 비슷하게, 공동체 구성원에게도 여러 종류의 음식 섭취가 제한된다(예를 들어, 덫을 놓아 유대목 동물을 잡아서도 안 되고, 장어를 먹어서도 안 된다). 또한 경쟁 집단의 영역에 진입하거나, 그 집단의 구성원과 대화하거나, 그들의 땅에서 자란 식량을 섭취하거나, 심지어 그들을 바라보는 것도 금기시해서 경쟁 집단을 공식적인 적으로 못박는다. 집단 갈등이 계속되는 동안 이런 금기를 통해 집단 구성원들은 평소의 행동을 포기하는 개인적인 비용을 감수하면서 헌신을 증명한다.

또한 이들은 카이코 기간에 돼지를 도살하는 값비싼 의례를 통해 동맹 집단들에게 지속적인 보호와 협력을 장려한다. 자신들이 키우는 돼지를 도살함으로써 조상과 동맹자에게 싸울 힘을 보탤 수 있다면 기꺼이 그 비용을 부담할(돼지를 통해) 의지가 있음을 신호하는 것이다.

의례는 연합과의 협력을 촉진한다

의례는 개인이 집단에 헌신한다는 신호를 발함으로써 내집단 구성원들과의 협력 행동에 기여한다(Sosis, 2000, 2005; Sosis & Alcorta, 2003; Sosis & Bressler, 2003). 협력은 조건부여야 하며, 집단행동에는 반드시 개인에게 이익을 줄 상리공생이 포함되어야 한다(Cosmides & Tooby, 2013). 이스라엘 키부츠에서 거주하는 남성들에게서 그 증거를 볼 수 있다. 공공의 종교의식에 참여하는 종교적인 남성은 세속적인 남성보다 경제 게임에서 협력할 확률이 더 높다고 연구 결과가 말해준다(Ruffle & Sosis, 2003). 브라질의 종교적 전통인 칸돔블레Candomble의 지지자들 가운데 강한 종교적 헌신을 보고한 사람들은 경제 게임에서 관대하게 행동할 확률이 높았고, 다른 집단 구성원의 협력을 얻을 확률도 높았다(Soler, 2012).

무임승차(결과에 헌신하지 않고서 집단의 목표가 성취될 때 이익을 얻는 행위)와 변절은 집단행동에 딸린 잠재적인 문제다(Cosmides & Tooby, 2013). 생태 환경과 사회 환경은 여러 방면에서 불투명하고 불확실하기 때문에, 어떤 상황에서든 가장 적합한 행동을 결정할 때 인간은 사회적 학습 편향을 활용해서 집단 내에서 가장 흔하게 목격할 수 있는 행동에 순응한다. 순응적 전달은 사회집단 내에서 협력과 처벌을 안정화한다(Chudek & Henrich, 2011; Henrich & Boyd, 2001). 고기를 공유해서 동맹 집단과 결속을 강화하는 등 챔바가족의 의례 주기는 대부분 협력을 촉진하고 연합을 강화하는 방향으로 나아간다. 동맹자들은 의례에 참가함으로써 챔바가족과 상호성의 규범이 같다는 것을 증명하고, 그렇게 해서 미래에도 협력 사업에 초청될 수 있다. 챔바가족은 또한 의례 주기에 잠재적 변절자를 탐지하는 수단을 갖고 있다. 싸움 첫날의 전날 남성들은 돼지 두 마리를 혼령들에게 바치고 '연기 여인smoke woman'과 함께 점을 치는 의식을 치른다. 이 여성은 적들 가운데 다음날 싸움에서 그들이 쉽게 죽일 수 있는 사람을 지명한다. 이때 지명된 적 집단의 구성원은 대개 그 샤먼의 '싸움 꾸러미'(적 집단의 남성이나 그 아버지의 '잔해'—인간의 피부 조각과 머리카락—가 들어 있는 가방)에 들어 있는 물건의 주인이다. 래파포트(1984)는 잔해의 주인인 남성은 이전에 그의 내집단 구성원들에게 어떤 적대감을 불러일으킨 경우가 대부분이라고 보고한다. 이런 일이 발생하는 것은 보통 그 남성이 마법사로 의심받고 있기 때문이고, 또한 "집단에서 승인한 특정한 행동 방식에서 크게 벗어나서, 은밀하지만 보편적이지 않은 반감을 불러일으켰기" 때문이다(p. 131). 싸움 꾸러미는 집단의 규범을 지지하지 않고, 탐욕스럽고, 무임승차 확률이 높은 구성원을 처벌할 수단을 제공하고, 또 무임승차의 유혹을 느낀 이들을 단념시키는 기능을 한다. 마지막으로, 집단적으로 무임승차자를 찾아내고 처벌함으로써 집단의 응집력이 증가한다. 집단의 응집력은 협력 문제를 해결해서 집단의 목표를 성취하는 데 필수 조건이다.

의례는 집단의 응집력을 높인다

집단에 대한 헌신을 증명하고 내집단 구성원을 확인하는 것 외에도 의례는 사회집단을 응집하는 기제로 기능하고 사회집단의 수명을 연장한다. 전통적인 민족지학과 사회학 이론에서는 의례가 개인 간의 결속(Burkheim, 1915; Turner, 1969)과 공통의 믿음(Geertz, 1973)을 촉진한다고 본다. 의례가 믿음과 연결되는 경위는 점차 양적 방법론을 통해 탐구되고 있는 흥미로운 연구 영역이지만, 이를 전부 논의하는 것은 이 장을 넘어서는 일이다. 최근의 증거에 따르면 의례는 공통의 경험을 통해 누군가를 그 집단의 다른 구성원들과 '융합'시켜주는 기제라고 한다(Atkinson & Whitehouse, 2011; Swann, Gomez, Seyle, Morales, & Huici, 2009; Swann, Jetten, Gomez, Whitehouse, & Bastian, 2012). 집단과 긴밀하게 융합한 개인은 집단과의 '일체감'을 느끼고, 그래서 자신을 위해 행동할 때와 똑같이 집단을 위해 행동한다 (Swann et al., 2012). 또한 의례는 개인적 희생이 필요한 공통의 경험에 구성원을 끌어들임으로써 집단의 응집력을 강화한다(Atkinson & Whitehouse, 2011; Whitehouse, 1995, 2000, 2004; Whitehouse & Lanman, 2014). 동작이 일치하는 행동만으로도(심지어 합창까지도) 집단 구성원들과 연결되어 있다는 느낌과 협력이 증가한다고 말한 자기보고 결과가 있으며, 경제 게임에서는 집단 구성원을 향한 신뢰가 증가했다 (Wiltermuth & Heath, 2009).

집단 구성원 및 가까운 동맹 집단과 집단 활동을 하는 것은 챔바가족 의례의 두드러진 특징이다. 전쟁 기간에 각종 금기를 준수하며 다 함께 희생을 해서 집단의 목표에 헌신하고 있음을 증명한다. 카이코 기간에 추는 군무 역시 집단의 응집력을 증폭시키는 동작 일치 활동이다. 민족지학 연구와 실험 연구가 꾸준히 이루어지고 있으므로 언젠가는 의례 활동이 집단의 응집력을 높여주는 기제가 해명될 것이다. 아마도 의례가 집단에 대한 헌신을 표현하기 때문에 이런 종류의 활동이 더욱 충실하게 세대에서 세대로 전달될 것이다.

의례의 문화적 전달

문화적 집단이 오랫동안 응집력을 유지하기 위해서는 집단의 믿음, 가치, 관습을 상당히 충실하게 전달하는 기제가 반드시 존재해야 한다(Liénard & Boyer, 2006). 의례가 충실도 높은 모방을 조장하고 개인의 혁신을 버텨낼 수 있는 이유는 사회적으로 명문화되어 있고 물리적 인과관계의 관점에서는 해석되지 않기 때문이라는 것이 우리의 주장이다(Legare & Souza, 2012, 2014). 이 때문에 의례는 충실도 높은 문화적 전달에 더없이 적합하다(Legare & Herrmann, 2013).

챔바가족의 의례 주기에 포함된 여러 의례적 요소가 인과적으로 불투명한 것은 의례주기가 충실도 높은 세대 간 재생산에 기여하는 특성이다. 예를 들어, 챔바가족의 의식주기에 포함된 수많은 의례가 '정교하고 이국적'(Rappaport, 1984)이었지만, 의례 참가자들은 대개 의례 절차의 의미를 확실하게 설명하지 못했다. 의례를 연구하는 인류학자들은 의례가 왜 그런 방식으로 진행되는지를 의례 참가자들이 분명히 설명하지 못하고 단지 이전에 했던 방식을 그대로 따르는 거라고 답하는 경우가 많다고 자주 지적한다(Bloch, 2005; Boyer, 2001; Sperber, 1975; Whitehouse, 2012). 또한 의례는 인과적으로 불투명하기 때문에 사람들을 의례의 의미를 상징주의, 초자연적 존재, 은유에 근거해서 생각한다(Whitehouse, 2004, 2013).

의례는 어떻게 진화했을까? 한 가지 가능성은 집단적 의례가 적응적 능력의 결과가 아니라 진화한 인지 구조의 부산물이고 따라서 자연선택에 의해 그것이 진화한 과정에서 나온 간접적 결과물이라는 것이다(Boyer, 2001). 리에나르Liénard와 보이어Boyer(2006, p. 825)에 따르면 "집단적 의례는 대체로 위험-예방 시스템을 활성화한다. 이 시스템과 그 입력 양식을 고려하면, 위험-예방 시스템을 활성화시키는 상호작용 양상은 아마 상당한 주의를 요구하고, 또 한편으로 직관적인 설득력을 갖추었을 것이다. 이런 관점에서 의례는 상당히 성공한 문화적 '장치'로 파악할 수 있으며, 문화적 진화 과정에서 이 장치들이 반복적으로 출현하는 것은 (1) 목격자에게 얼마나 쉽게 이해되는지, (2) 다른 진화적 이유로 인간에게 존재하는 동기 체계와 인지 과정을 얼마나 깊숙한 곳까지 건드려 활성화시키는지와 함수관계에 있다고 볼 수 있다." 선택적인 사회적 학습 편향처럼 집단생활에 적응한 심리 기제는 자연선택을 통해 진화했고, 문화적 진화 과정을 통해 선발되었을 것이다. 집단생활에서 행동이 생겨나고, 그런 뒤 점증적으로 진행되는 문화적 진화 과정에 의해 선택되는 것이다 (Liénard & Boyer, 2006).

의례는 집단생활에서 발생한 문제를 해결하기 위한 문화적 적응으로, 안정적으로 발달하는 인간의 사회적 집단 인지의 특징들을 토대 삼아 구축된다. 여기서 의례의 요소들이 적응적 문제를 다룰 수 있게끔 통합되고 다듬어지는 과정에 관한 흥미로운 질문이 고개를 든다. 의례는 문화적으로 진화해서 이 적응적인 적합도를 갖게 되었을까(독침 대롱과 카약처럼), 아니면 사기꾼-탐지 기제나 입덧처럼 유전적으로 진화한 인지 기제일까?

우리의 주장은 의례의 구조적 복잡성이 유전적 진화의 선택이 아니라 문화적 진화의 선택에서 나온 결과라는 것이다. 예를 들어, 다양한 인간 집단의 의례들이 결속, 응집, 협력을 촉진하는 일에서 동일한 효과를 발휘하는 것 같지는 않다. 그보다는 의례가 사회집단의 적응적 문제를 해결하는 방식은 집단 내부에서나 집단 사이에나 서로 다른 경우가 많다. 그 효과와 문화적 성공 여부에 나타나는 차이 때문에 개인들로 이루어진 집단에는 가공되지 않은 재료가 제공되고, 그들은 각기 다른 사회적 목표를 달성하는 데 더 효과적인 것들을 선호하고 취사선택할 수 있다.

순응적 편향 같은 진화한 문화적 학습 편향들은 여러 세대에 걸쳐 작동하면서 의례의 형식을 지역의 환경적 과제에 적응시킬 것이다. 예를 들어, 점을 치는 의례를 통해 사냥꾼은 사냥 전략을 효과적으로 무작위화하고(Moore, 1957), 도박사의 오류를 극복할 수 있다(Henrich et al., 2001). 이 일은 그저 같은 집단에서 사냥을 더 잘하는 사람을 모방하기만 해도 가능하다. 하지만 집단 간 경쟁도 의례를 빚어내는데, 집단 간 경쟁에서 성공과 결속을 높여주는 집단적 의례가 생겨나는 것이다(Henrich, 2009). 이 과정은 여러 세대에 걸쳐 진행되며, **문화적 집단 선택**이라는 이름을 갖고 있다(Richerson & Boyd, 2005). 의례의 문화적 진화는 언어가 진화하는 방식과 유사하게 작동하는 것일 수 있다. 인간은 언어를 위한 인지적 장치를 진화시켰지만, 모든 언어의 어휘는 문화적 선택 과정을 통해 진화를 거듭한다. 실제로, 최근의 세밀한 양적 연구에 따르면, 언어의 복잡성과 의사소통 효율성에 상당한 편차가 존재한다(Deutscher, 2005).

의례가 사회집단의 윤활유 역할을 하기 위해서는 집단 내 개인들이 집단적 행동에 참여해서 자신의 결속과 지위를 강화할 동기가 있어야 한다. 다음 절에서는 의례 인지의 기저에 존재하는 동기적 기제로서, 사회적 배제 위협을 살펴보고자 한다.

동기적 기제: 사회적 배제와 집단 친화성

공동의 집단 의례는 대개 위험을 다루고, 피하고, 완화하는 것과 관련이 있다. 지각된 위협을 다루는 일은 많은 개인적 의례 행동의 공통된 주제이기도 하다(Boyer & Liénard, 2006). 챔바가족의 의례 주기를 통해 입증된 것처럼, 의례는 흔히 폭력, 불행, 위험한 활동과 연관된다. 마술적인 의례는 위험한 환경과 활동에서 오는 스트레스에 대처하는 수단으로 보이고, 통제 불가능한 것을 통제하고 있다는 느낌을 준다는 견해도 있다(Malinowski, 1925/1948). 실제로, 최근의 증거는 집단-특이적인 의례에 참여하면 위험 환경에서 오는 스트레스를 완화하는 데 도움이 된다는 것을 가리킨다. 예를 들어, 소시스Sosis(2007)는 기도의 암송이 전쟁 스트레스에 대처하는 이스라엘 여성에게 큰 도움이 된다는 결과를 얻었다. 흥미롭게도, 일시적인 처방으로서 의례가 제공하는 이익 가운데 가장 강력한 요소는 바로 인구 내에서 기도 암송이 유발하는 힘과 공동체 의식이었다(Sosis & Handwerker, 2011). 그 반대쪽에서 최근에 르게어와 수자Souza(2014)는 무작위성(통제의 결여)이 주입되었을 때 의례의 효과를 더 잘 지각한다는 증거를 제시했다.

다양한 집단적 의례가 지각된 위협을 피하기 위해 조정된 권위적이고 경직된 행동 양상을 수반한다. 위협을 지각하면 경고 신호를 보내 그에 대처하는 방향으로 자원을 집중할 수 있게 설계된, 가령 '위험 예방 시스템'(Boyer & Liénard, 2006) 같은 정신적 보안 시스템이 활성화되는 것으로 보인다. 활성화된 보안 시스템은 보안-관련 행동을 유발하는데, 의례는 그런 행동의 하나일 수 있다. 집단적 의례에서, 의례 규칙을 따르지 않아서 발생할 수 있는 잠재적 위험(즉, 도덕적 위협, 사회적 배제, 혹은 부정적 결과)에 대한 두려움은 위험 경계 시스템을 활성화시킬 수 있다(Liénard & Boyer, 2006).

일반적으로 암암리에 적합도를 위협하는 것들(예를 들어, 뱀, 거미, 대형 육식동물, 위험한 사람, 낯선 사람, 사회적 배제, 오염물)은 내집단의 규범적 이데올로기를 강하게 지지하게 한다고 알려져 있다(Navarrete & Fessler, 2005; Navarrete, Kurzban, Fessler, & Kirkpatrick, 2004). 적합도를 위협하는 것들과 환경적·사회적 단서가 반복적으로 연결되면 연합 중심의 사고와 동맹을 만들어야 한다는 암묵적인 목표가 형성될 것이다. 개인의 적합도를 위협하는 것들에 대처하고자 할 때 집단의 지원이 있으면 유용하기 때문이다. 위협을 지각하면 연합 중심의 사고가 준비되고, 사람들은 사회집단과 조정을 이룰 수 있도록 조정된 심리 체계를 통해 내집단 이데올로기를 엄격하게 고수해야 한다는 생각을 적극 지지하게 된다(Navarrete & Fessler, 2005). 우리의 주장은 내집단 이데올로기에 대한 높은 승인이 집단의 결속을 강화하고 집단 구성원들과의 우호 관계를 증진하는 수단으로 활용된다는 것이다.

집단 구성의 중요성 때문에 선택은 집단 소속을 강화하는 수단으로서 친화적 행동을 잘하는 개인을 선호해왔다(Chartrand & Bargh, 1999; Lakin & Chartrand, 2003; Lakin, Chartrand, & Arkin, 2008; Pickett, Gardner, & Knowles, 2004). 이처럼, 사회적 배제, 혹은 배척의 위협은 특히 친화적 노력의 증가로 이어질 수 있다(Williams, 2007; Williams & Nida, 2011). 배척 위협을 예상하고 그에 대처하는 기제를 가진 개인은 그런 기제를 갖지 않은 이들에 비해 유리했다. 오류 관리 이론(Haselton & Buss, 2000)에서 예상하듯이, 이 같은 종류의 배척-탐지 시스템은 위협을 과잉탐지를 하게끔 조정될 수 있는데, 이는 배척 위협이 존재하지 않는 상황에서 이를 오지각하는 것이 위협이 존재할 때 아예 이를 지각하지 못하는 것보다 비용이 훨씬 적기 때문이다(Kerr & Levine, 2008; McKay & Efferson, 2010; Spoor & Williams, 2007). 그저 집단 구성원 자격을 유지하는 것도 중요하지만, 집단 내에서 지위를 획득하는 것이 그보다 더 중요할 수 있다. 지위가 높은 개인은 보통 자원과 번식 기회를 더 많이 얻기 때문이다(Betzig, 1986; Buss, 2012). 의례는 사회집단에 대한 소속을 입증하는 증거가 된다. 의례를 통해 사회집단의 가치에 투자한다는 것과 사회적 규범을 지지한다는 것을 드러낼 수 있고, 때로는 집단 내 지위를 상승시킬 수도 있기 때문이다.

이렇게 해서 개인은 집단 특이적 의식에 참여하고 정확히 재연하고자 하는 동기를 갖게 된다. 이 동기가 의식적이고 의도적일 필요는 없다. 사실, 수많은 연구가 가리키는 바에 따르면 개인은 의식적으로 지각하지 못한 채 친화 행동을 한다(개괄을 위해서는 Chartrand & Lakin, 2013을 보라). 사람들은 의도하지 않고 타인의 행동을 흉내 낸다. 일치 행동 또는 자동 흉내를 하는 것이다. 자동 흉내는 상호작용하는 상대들 사이에 긍정적인 영향을 배가한다. 실험 참가자들은 연합 관계에 있는 사람이 자신을 흉내 낸 경우, 비교 조건에 속한 사람들에 비해 그 상대를 더 좋아하고, 상호작용이 부드럽게 진행되었다고 보고했다(Chartrand & Bargh, 1999). 게다가 의식적으로든 무의식적으로든 친화를 맺어야 한다는 목표를 제시받으면, 실험 참가자들은 자동 흉내를 더 많이 했다(Lakin & Chartrand, 2003). 또한 사람들은 내집단 구성원들로부터 사회적 배제를 겪은 이후에는 자동 흉내를 늘린다(Lakin et al., 2008).

따라서 자동 흉내에는 사회적 기능이 있을 수 있다. 자동 흉내의 가장 분명한 목표는 목적에 관해서 의사소통하고 이를 조정하는 것일 것이다. 예를 들어, 자동 흉내는 집단 구성원들 사이에 사회적 친화의 필수적 단서가 전달되게 함으로써 행위의 조정을 용이하게 하는 등(Lakin, Jefferis, Cheng, & Chartrand, 2003), 사회적 접착제로 기능할 수 있다. 일치 행동을 하는 성향은 친화를 촉진하고, 그 역도 성립한다. 그 결과 자동 흉내와 친사회적 태도에 선순환이 발생해서 집단 구성원 간의 협력에 기여한다(Heyes, 2013).

성인을 대상으로 하는 사회과학 분과 전반에 걸쳐, 사회적 집단 인지와 사회적 집단행동에서 의례가 중요한 역할을 한다는 증거들 그리고 의례 참여를 유발하는 동기적 기제가 존재한다는 증거들이 모이고 있지만, 발달의 관점에서 의례가 학습되고 집단에 대한 태도에 영향을 주는 과정에 대해서는 이제 막 연구가 이루어지고 있다. 다음 절에서 우리는 의례 인지의 개체발생에 관한 새로운 실험 연구들을 살펴보고자 한다.

의례 인지의 개체발생

의례 행동의 발달은 아동기에 나타나는 문화적 학습의 개체발생을 이해하는 데 중요할 뿐 아니라(Herrmann et al., 2013; Watson-Jones et al., 2014), 인간의 사회적 인지가 어떻게 진화했는지를 이해하는 데도 중요하다(Brewer, 2007; Caporael, 1997; Kurzban, & Neuberg, 2005; Richerson & Boyd, 2005). 의례 인지의 개체발생을 이해하기 위해서는, 우선 사회적 범주화와 사회적 집단 인지를 뒷받침하는 인지 체계의 발달을 살펴봐야 한다. 사회적 집단 인지는 인간의 개체발생 초기에 발달하며, 발달상의 특권을 갖고 있다(Killen & Rutland, 2011). 어린아이들은 사회적 범주들을 안정적이고 불변하는 심리적 본질로 본다(Gelman, 2009; Gelman, Heyman, & Legare, 2007; Hirschfeld, 1996; Rhodes, 2012; Rhodes & Gelman, 2009). 인간의 사회적 범주화 경향은 너무나 강력해서, 그저 임의적인 집단에 넣기만 해도 성인(Billig & Tajfel, 1973; Diehl, 1990; Tajfel, 1970; Tajfel, Billig, BUndy, & Flament, 1971; Tajfel & Turner, 1979, 1985)과 아동(Abrams & Rutland, 2008; Dunham, Baron, & Banaji, 2008)은 내집단 편향을 갖는다. 예를 들어, 어린아이가 새로운 사회집단에 들어가면(즉, 티셔츠 색깔이 같은 집단 등), 내집단 상호성, 내집단을 향한 긍정적인 행동 귀인, 내집단 구성원 선호를 예상한다(Dunham, Baron, & Carey, 2011). 또한 어린아이들이 내집단 구성원들과 우선적으로 상호작용한다는 증거가 있다(Kinzler et al., 2007).

협력 노력이 이루어지도록 행동을 조정하고자 할 때 아이들은 모방(Kalish, 2005)과 사회적 학습(Heyes & Frith, 2014)을 통해 사회집단의 규범과 관습을 학습하고 지지해야 한다. 어린아이라 할지라도 자신이 부여받은 지위, 규칙, 도덕률을 암묵적으로 받아들이고 타인들도 그렇게 하리라고 기대한다(Diesendrcuk & Markson, 2011). 또한 아이들은 규칙을 위반하는 일이 발생하면 규범적 수준에서 즉시 저항한다(Rakoczy, Warneken, & Tomasello, 2008). 4세 무렵이면 아이들은 관습과 관련된 지식을 내집단 구성원들에게만 선택적으로 적용한다(Diesendruck, 2005). 집단 내에 자리 잡은 어린아이들은 집단 구성원들이 관습적인 방식(관행, 전통, 예절)에 따라 행동하리라 기대하고, 관습적인 규칙을 도덕 규칙과 구분할 줄도 안다(Killen & Rutland, 2011; Smetana, 2006; Turiel, 1998).

유아들도 사회집단 구성원이 서로 비슷하게 행동하리라고 기대하며(Powell & Spelke, 2013), 외집단보다 내집단 구성원을 더 잘 모방한다(Buttelmann, Zmyj, Daum, & Carpenter, 2013). 유년초기의 충실도 높은 모방을 조사한 문헌에 따르면, 모방은 규범적 행동 부호화(Kenward, Karlsson, & Persson, 2011; Keupp, Behne, & Rakoczy, 2013), 소속감(Over & Carpenter, 2012), 배척 탐지(Lakin et al., 2008; Over & Carpenter, 2009; Watson-Jones et al., 2014) 같은 사회적 기능들을 진화시켰다고 한다.

진화한 선택적 사회 학습 기제들은 사회적 관습성을 탐지하고, 문화적 전달의 한 기제인 충실도 높은 모방을 촉진하도록 조율되어 있다(Legare, Wen, Herrmann, & Whitehouse, 2015). 점차 풍부해지고 있는 연구가 입증하듯이, 아이들은 고도로 전문화된 문화적 학습자로, 순응을 통한 집단 소속의 잠재적 지표인 충실도 높은 모방에 최적화되어 있다(Herrmann et al., 2013). 예를 들어, 어린아이들이 타인의 행동을 과잉모방 또는 과잉복사한다는 증거가 이제는 상당하다(Nielsen & Tomaselli, 2010; Over & Carpenter, 2009, 2012). 과잉모방은 인간만의 독특한 성향이다. 퍼즐 상자에서 보상을 얻어내야 할 때 어떤 행위가 그와 인과적으로 무관하다는 것이 명백할 때에도, 침팬지는 해당 행위를 생략하는 반면에 아이들은 시연자의 모든 행동을 충실하게 복제한다(Horner & Whiten, 2005).

따라서 과잉모방은 어떤 사건의 인과적 구조에 필요한 것들만 모사하는 것보다 더 빠르게 중요한 기술들을 사회적으로 학습할 수 있게 해주는 인간의 적응적 전략일 수 있다. 과잉모방은 효율성의 비용을 감수할 만큼 적응에 상당히 효과적인 사회적 학습 전략일 수 있다(Flynn & Whiten, 2008; McGuigan, Whiten, Flynn, & Horner, 2007; McGuigan & Whiten, 2009; Whiten, Custance, Gomez, Teixidor, & Bard, 1996; Whiten, McGuigan, Marshall-Pescini, & Hopper, 2009). 과잉모방 경향은 '불확실하다면 전부 복사하기'라는 사회적 학습 전략과 일치한다(Toelch, Bruce, Newson, Richerson, & Reader, 2014). 이 주장은 오류 관리 이론(Haselton & Buss, 2000)과 유사한데, 오류 관리 이론에 따르면 불확실한 상황에서 충실도 높게 모방을 하지 않을 때의 비용은 충실도 낮게 모방함으로써 노력을 줄이는 이익을 상회한다. 아이들은 어떤 행동을 모사해야 한다는 것을, 그 행동의 목적과 의도의 성격으로부터 추론해낸다(Horner & Whiten, 2005). 이 주장의 기본 논리는 이중 대물림dual inheritance 이론과 일치한다. 예를 들어 값비싼 정보 가설에 따르면, 세계가 적어도 어느 정도 불확실(혹은 불투명)하지 않다면 자연선택은 모방을 선호하지 않았을 것이라 한다(Richerson & Boyd, 2005).

과잉모방은 과다한 요소나 자동적인 인과 부호화에 인과적 효력을 과잉귀속시키는 것으로 해석되기도 한다(Lyons, Young, & Keil, 2007; Lyons, Damrosch, Lin, Macris, & Keil, 2011). 이 해석은 모방의 사회적·규범적 기능을 강조하는 모방 이론으로부터 도전을 받아왔다(Kenward et al., 2011; Nielsen, 2012; Over & Carpenter, 2012). 사실, 인과적 추론 능력의 초기 발달과 복잡한 능력을 증명하는 심리학적 증거가 상당함에도 불구하고(Baillargeon, Li, Gertner, & Wu, 2011; Carey, 2009; Gopnik & Schulz,

2007; Keil & Wilson, 2000; Legare, 2012, 2014; Legare, Gelman, & Wellman, 2010), 사람들이 학습하고 해석해야 하는 것들은 대부분 물리적인 인과율의 이해가 아닌 사회적 관습성에 근거하고 있다.

따라서 어린아이들은 충실도 높은 모방과 관련된 사회적·상황적 단서에 상당히 민감하다(Herrmann et al., 2013; Watson-Jones et al., 2014). 예를 들어, 아이들은 합의와 동시성에 관한 단서, 그리고 관습성의 잠재적 표지에 민감하다(Chudek, Heller, Birch, & Henrich, 2012; Claidère & Whiten, 2012; Corriveau, Fusaro, & Harris, 2009; Corriveau & Harris, 2010; Pasquini, Corriveau, Koenig, & Harris, 2007). 또한 중요한 지식을 새롭게 습득할 수 없는 순전히 사회적인 상황에서 집단적 합의에 잘 순응하는 모습을 보여준다(Schmidt, Rakoczy, & Tomasello, 2011). 예를 들어, 아이들은 집단의 합의에 순응하려고 자신의 정확한 의견을 숨긴다(Haun & Tomasello, 2011). 헨릭과 그의 동료들은 이처럼 초기에 발달하는 능력에 기초해서 초기에 발달하는 '규범 심리'가 의례 인지의 필수적인 전제조건, 즉 행동의 관습성 추론을 뒷받침한다고 주장했다(Chudek et al., 2013; Chudek & Henrich, 2010).

게다가 아이들은 문화적 학습자로서 신뢰도 향상 표현에 민감하다(Henrich, 2009). 예를 들어, 쳄바가족의 의례 금기를 목격하고 고수하는 아이는 그 내집단의 사회적 범주화와 관련된 정보를 사용해서, 그것이 동맹과 집단 연합이 현저하고 중요한 혼란의 시기에 고수해야 할 사회적 관습이라고 추론한다.

우리의 주장은 아이들과 성인들이 의례 행동을 충실도 높게 모방하는 것은 내집단 친화의 수단이며, 구성원 자격을 위협하거나 사회적 배제가 예고되면 집단적 의례에 참여할 동기가 증폭된다는 것이다. 증거에 따르면, 어린아이들은 배척의 위협에 상당히 민감하고(Over & Carpenter, 2009; Watson-Jones et al., 2014), 내집단으로부터 사회적으로 배척당한 경험이 있는 아이들은 외집단에서 배척당한 경험이 있거나, 내집단이나 외집단에 받아들여진 경험이 있는 아이들보다 내집단 의례를 더욱 충실하게 모방한다. 이 연구들은 어린아이들이 사회적 배척의 위협을 마주하면 사회적 집단의 구성원들과 다시금 친화를 맺기 위한 행동 전략으로 '친화적 모방'을 이용할 수 있다고 말한다.

요컨대, 이른 시기에 발달하는 사회적 인지능력이 의례 인지가 발달할 수 있는 토대가 된다. 어린아이들은 사회적이고 상황적인 단서를 이용해서 어떤 행위가 관습적인지를 판단하고, 그 행위를 충실도 높게 모방하고자 시도하는 데 능숙하다(Herrmann et al., 2013; Watson-Jones et al., 2014). 또한 아이들은 집단 구성원들과 친화를 맺는 수단으로서 의례를 모방하고자 하는 동기도 강하다.

결론

의례가 심리학적 관점과 진화적 관점에서 충분히 연구된 것은 아니지만, 한 곳으로 수렴하며 발전하고 있는 인지과학(Legare & Souza, 2012; 2014; McCauley & Lawson, 2002; Rossano, 2012), 사회심리학(Norton & Gino, 2014; Vohs, Wang, Gino, & Norton, 2013), 인지 및 진화인류학(Atran & Henrich, 2010; Boyer & Liénard, 2006; Bulbulia, 2004; Henrich, 2009; Humphrey & Laidlaw, 1994; Ruffle & Sosis, 2007; Shore, 1996; Whitehouse, 2011)은 의례 연구를 새로운 방향으로 이끌었다. 인간의 사회적 행동에 의례가 맡은 기능을 다룬 최신 실험 연구는 문화적 전달과 사회적 집단 인지의 발달에서 의례가 하는 역할을 새로운 눈으로 통찰하고 있다.

의례는 사회집단 안에서 네 가지 핵심적인 기능을 수행하는데, 각각의 기능은 우리 종의 초사회성untrasociality과 관련되어 있는 협응적·협력적 집단행동의 문제를 해결하는 데 일조한다. 의례는 (1) 집단 구성원 자격의 안정적인 표지가 되어주고, (2) 집단에 대한 헌신을 증명하고, (3) 사회적 연합체들과의 협력을 가능하게 하고, (4) 사회집단의 응집력을 향상시킨다. 의례는 사회적으로 규정되고 인과관계가 불투명하기 때문에 시간의 경과에 따른 충실도 높은 문화적 전달에 최적화되어 있다. 우리는 또한 사회적 배제의 위험과 집단 친화성이 의례 참여를 부추긴다는 증거를 제시했다.

마지막으로, 우리는 의례 행동의 심리적 토대를 인지 발달에 근거해서 설명했다. 의례 인지의 개체발생을 살펴본다면, 일반적으로 사회적 집단 인지가 출현하는 과정을 더 잘 이해할 수 있고, 시간에 따라 충실도 높은 문화적 전달이 이루어지는 과정을 독창적으로 통찰할 수 있다. 우리는 의례를 행하는 능력이 인간의 고유한 성향으로, 인간 심리에 준비되어 있고 문화적으로 상속되는 종-특이적 행동이라고 주장한다.

참고문헌

Abrams, D., & Rutland, A. (2008). The development of subjective group dynamics. In S. Levy & M. Killen (Eds.), *Intergroup attitudes and relations in childhood through adulthood* (pp. 47–65). Oxford, England: Oxford University Press.

Atkinson, Q. D., & Whitehouse, H. (2011). The cultural morphospace of ritual form: Examining modes of religiosity cross-culturally. *Evolution and Human Behavior, 32*(1), 50–62.

Atran, S., & Henrich, J. (2010). The evolution of religion: How cognitive by-products, adaptive learning heuristics, ritual displays, and group competition generate deep commitments to prosocial religions. *Biological Theory: Integrating Development, Evolution, and Cognition, 5*, 18–30.

Axelrod, R., & Hamilton, W. D. (1981). The evolution of cooperation. *Science, 211*, 1390–1396.

Baillargeon, R., Li, J., Gertner, Y., & Wu, D. (2011). How do infants reason about physical events? In U. Goswami (Ed.), *The Wiley-Blackwell handbook of childhood cognitive development* (2nd ed., pp. 11–48). Oxford, England: Blackwell.

Betzig, L. L. (1986). *Despotism and differential reproduction: A Darwinian view of history*. Livingston, NJ: Transaction.

Billig, M., & Tajfel, H. (1973). Social categorization and similarity in intergroup behavior. *European Journal of Social Psychology, 3*(1), 27–52.

Bloch, M. (2005). *Essays on cultural transmission*. Oxford, England: Berg.

Boyd, R., Richerson, P. J., & Henrich, J. (2011). The cultural niche: Why social learning is essential for human adaptation. *Proceedings of the National Academy of Sciences, USA, 108*, 10918–10925.

Boyer, P. (2001). *Religion explained: The evolutionary origins of religious thought*. New York, NY: Basic Books.

Boyer, P., & Liénard, P. (2006). Why ritualized behavior? Precaution systems and action parsing in developmental, pathological and cultural rituals. *Behavioral and Brain Sciences, 29*, 595–650.

Brewer, M. (2007). The importance of being we: Human nature and intergroup relations. *American Psychologist, 62*(8), 728−738.

Bruner, J. (1996). *The culture of education.* Cambridge, MA: Harvard University Press.

Bulbulia, J. (2004). The cognitive and evolutionary psychology of religion. *Biology and Philosophy, 9*(5), 655−686.

Buss, D. M. (1990). The evolution of anxiety and social exclusion. *Journal of Social and Clinical Psychology, 9*(2), 196−201.

Buss, D. M. (2012). The evolutionary psychology of crime. *Journal of Theoretical and Philosophical Criminology, 1*(1), 90−98.

Buss, D. M., & Kenrick, D. (1998). Evolutionary social psychology. In Gilbert, D. T., Fiske, S. T., & G. Lindzey (Eds.), *The handbook of social psychology* (4th ed., pp. 982−1026). New York, NY: Oxford University Press.

Buttelmann, D., Zmyj, N., Daum, M., & Carpenter, M. (2013). Selective imitation of in- versus out-group members in 14-month-old infants. *Child Development, 84*(4), 422−428.

Byrne, R. W., & Whiten, A. (Eds.). (1988). *Machiavellian intelligence.* Oxford, England: Oxford University Press.

Caporael, L. R. (1997). Vehicles of knowledge: Artifacts and social groups. *Evolution and Cognition, 3,* 39−43.

Carey, S. (2009). *The origin of concepts.* Oxford, England: Oxford University Press.

Chartrand, T., & Bargh, J. (1999). The chameleon effect: The perception-behavior link and social interaction. *Journal of Personality and Social Psychology, 76*(6), 893−910.

Chartrand, T. L., & Lakin, J. L. (2013). The antecedents and consequences of human behavioral mimicry. *Annual Review of Psychology, 64,* 285−308.

Chudek, M., Heller, S., Birch, S., & Henrich, J. (2012). Prestige-biased cultural learning: Bystander's differential attention to potential models influences children's learning. *Evolution and Human Behavior, 33,* 46−56.

Chudek, M., & Henrich, J. (2010). Culture-gene coevolution, norm-psychology, and the emergence of human prosociality. *Trends in Cognitive Sciences, 15*(5), 218−226.

Chudek, M., Zhao, W., & Henrich, J. (2013). Culture-gene coevolution, large-scale cooperation and the shaping of human social psychology. In R. Joyce, K. Sterelny, & B. Calcott (Eds.), *Signaling, commitment, and emotion* (pp. 425−457). Cambridge, MA: MIT Press.

Claidière, N., & Whiten, A. (2012). Integrating the study of conformity and culture. *Psychological Bulletin, 138,* 126−145.

Corriveau, K. H., Fusaro, M., & Harris, P. L. (2009). Going with the flow: Preschoolers prefer nondissenters as informants. *Psychological Science, 20,* 372−377.

Corriveau, K. H., & Harris, P. L. (2010). Preschoolers (sometimes) defer to the majority in making simple perceptual judgments. *Developmental Psychology, 46*(2), 437−445.

Cosmides, L., & Tooby, J. (1992). Cognitive adaptations for social exchange. In J. H. Barkow, L. Cosmides, & J. Tooby (Eds.), *The adapted mind: Evolutionary psychology and the generation of culture* (pp. 163−228). Oxford, England: Oxford University Press.

Cosmides, L., & Tooby, J. (2013). Evolutionary psychology: New perspectives on cognition and motivation. *Annual Review of Psychology, 64,* 201−229.

Csordas, T. J. (2002). *Body/meaning/healing.* New York, NY: Palgrave Macmillan.

Deutscher, G. (2005). *The unfolding of language.* New York, NY: Henry Holt and Company.

Diehl, M. (1990). The minimal group paradigm. *European Review of Social Psychology, 1*(1), 263−292.

Diesendruck, G. (2005). The principles of conventionality and contrast in word learning: An empirical examination. *Developmental Psychology, 41,* 451−463.

Diesendruck, G., & Markson, L. (2011). Children's assumption of the conventionality of culture. *Child Development Perspectives, 5,* 189−195.

Dunbar, R. I. M. (1992). Neocortex size as a constraint on group size in primates. *Journal of Human Evolution, 22,* 469−493.

Dunbar, R. I. M. (1998). The social brain hypothesis. *Evolutionary Anthropology, 6,* 178−190.

Dunbar, R. I. M., & Shultz, S. (2007). Evolution in the social brain. *Science, 317,* 1344−1347.

Dunbar, R. I. M., & Shultz, S. (2010). Bondedness and sociality. *Behaviour, 147,* 775−803.

Dunham, Y., Baron, A. S., & Banaji, M. R. (2008). The development of implicit intergroup cognition. *Trends in Cognitive Science, 12*(7), 248−253.

Dunham, Y., Baron, A. S., & Carey, S. (2011). Consequences of "minimal" group affiliations in children. *Child Development, 82*(3), 793−811.

Durkheim, E. (1915). *The elementary forms of religious life.* London, England: Allen & Unwin.

Flynn, E., & Whiten, A. (2008). Cultural transmission of tool use in young children: A diffusion chain study. *Social Development, 17*(3), 699−718.

Geertz, C. (1973). *The interpretation of cultures.* New York, NY: Basic Books.

Gelman, S. A. (2009). Essentialist reasoning about the biological world. In A. Berthoz &

Y. Christen (Eds.), *Neurobiology of "Umwelt": How living beings perceive the world* (pp. 7–16). Berlin, Germany: Springer-Verlag.

Gelman, S. A., Heyman, G. D., & Legare, C. H. (2007). Developmental changes in the coherence of essentialist beliefs about psychological characteristics. *Child Development, 78*, 757–774.

Gopnik, A., & Schulz, L. (Eds.). (2007). *Causal learning: Psychology, philosophy, and computation*. Oxford, England: Oxford University Press.

Hamilton, W. D. (1964). The genetic evolution of social behavior, I and II. *Journal of Theoretical Biology, 96*, 647–682.

Haselton, M., & Buss, D. M. (2000). Error-management theory: A new perspective on biases in cross-sex mind-reading. *Journal of Personality and Social Psychology, 78*(1), 81–91.

Haun, D., & Tomasello, M. (2011). Conformity to peer pressure in preschool children. *Child Development, 82*, 1759–1767.

Hawkes, K. (2014). Primate sociality to human cooperation. *Human Nature, 25*(1), 28–48.

Henrich, J. (2009). The evolution of costly displays, cooperation, and religion: Credibility enhancing displays and their implications for cultural evolution. *Evolution and Human Behavior, 30*, 244–260.

Henrich, J., & Boyd. R. (2001). Why people punish defectors: Weak conformist transmission can stabilize costly enforcement of norms in cooperative dilemmas. *Journal of Theoretical Biology, 208*, 79–89.

Henrich, J., Rapporteur, W. A., Boyd, R., Gigerenzer, G., McCabe, K. A., Ockenfels, A., & Young, H. P. (2001). What is the role of culture in bounded rationality? In G. Gigerenzer & R. Selten (Eds.), *Bounded rationality: The adaptive toolbox* (pp. 343–360). Cambridge, MA: MIT Press.

Herrmann, P. A., Legare, C. H., Harris, P. L., & Whitehouse, H. (2013). Stick to the script: The effect of witnessing multiple actors on children's imitation. *Cognition, 129*, 536–543.

Heyes, C. (2013). What can imitation do for cooperation? In K. Sterelny, B. Calcott, B. Fraser, & R. Joyce, (Eds.), *Cooperation and its evolution* (pp. 313–332). Cambridge, MA: MIT Press.

Heyes, C., & Frith, C. (2014). The cultural evolution of mind-reading. *Science, 334*, 1243091. doi:10.1126/science.1243091

Hirschfeld, L. A. (1996). *Race in the making*. Cambridge, MA: MIT Press.

Horner, V., & Whiten, A. (2005). Causal knowledge and imitation/emulation switching in chimpanzees (*Pan troglodytes*) and children (*Homo sapiens*). *Animal Cognition*, *8*, 164–181.

Humphrey, C., & Laidlaw, J. (1994). *The archetypal actions of ritual: A theory of ritual illustrated by the Jain rite of worship*. Oxford, England: Clarendon Press.

Irons, W. (2001). Religion as hard-to-fake sign of commitment. In R. M. Nesse (Ed.), *Evolution and the capacity for commitment* (pp. 292–309). New York, NY: Russell Sage Foundation.

Jordan, F. M., van Schaik, C. P., Francois, P., Gintis, H., Haun, D. B. M., Hruschka, D. H., . . . Wiessner, P. (2013). Cultural evolution of the structure of human groups. In P. J. Richerson & M. H. Christiansen (Eds.), *Cultural evolution: Society, technology, language, and religion*. Cambridge, MA: MIT Press.

Kalish, C. W. (2005). Becoming status conscious: Children's appreciation of social reality. *Philosophical Explorations*, *8*, 245–263.

Kaplan, H., Hill, K., Lancaster, J., & Hurtado, A. M. (2001). A theory of human life history evolution: Diet, intelligence, and longevity. *Evolutionary Anthropology*, *9*(4), 156–185.

Keil, F. C., & Wilson, R. A. (Eds.). (2000). *Explanation and cognition*. Cambridge, MA: MIT Press.

Kenward, B., Karlsson, M., & Persson, J. (2011). Over-imitation is better explained by norm learning than by distorted causal reasoning. *Proceedings of the Royal Society B: Biological Sciences*, *278*, 1239–1246.

Kerr, N. L., & Levine, J. L. (2008). The detection of social exclusion: Evolution and beyond. *Group Dynamics, Special Issue: Evolutionary Approaches to Group Dynamics*, *12*(1), 39–52.

Keupp, S., Behne, T., & Rakoczy, H. (2013). Why do children overimitate? Normativity is crucial. *Journal of Experimental Child Psychology*, *116*, 392–406.

Killen, M., & Rutland, A. (2011). *Children and social exclusion: Morality, prejudice, and group identity*. Hoboken, NJ: Wiley.

Kinzler, K. D., Dupoux, E., & Spelke, E. S. (2007). The native language of social cognition. *Proceedings of the National Academy of Sciences, USA*, *104*, 12577–12580.

Kurzban, R., & Neuberg, L. (2005). Managing ingroup and outgroup relationships. In D. Buss (Ed.), *The handbook of evolutionary psychology* (pp. 653–675). Hoboken, NJ: Wiley.

Kurzban, R., Tooby, J., & Cosmides, L. (2001). Can race be erased? Coalitional computation and social categorization. *Proceedings of the National Academy of*

Sciences, USA, 98(26), 15387–15392.

Lakin, J., & Chartrand, T. (2003). Using non-conscious behavioral mimicry to create affiliation and rapport. *Psychological Science, 14*, 334–339.

Lakin, J. L., Chartrand, T. L., & Arkin, R. M. (2008). I am too just like you: The effects of ostracism on nonconscious mimicry. *Psychological Science, 14*, 334–339.

Lakin, J. L., Jefferis, V., Cheng, C. M., & Chartrand, T. (2003). The chameleon effect as social glue: Evidence for the evolutionary significance of non-conscious mimicry. *Journal of Nonverbal Behavior, 27*, 145–162.

Lanman, J. A. (2012). The importance of religious displays for belief acquisition and secularization. *Journal of Contemporary Religion, 27*(1), 49–65.

Legare, C. H. (2012). Exploring explanation: Explaining inconsistent evidence informs exploratory, hypothesistesting behavior in young children. *Child Development, 83*(1), 173–185.

Legare, C. H. (2014). The contributions of explanation and exploration to children's scientific reasoning. *Child Development Perspectives, 8*(2), 101–106.

Legare, C. H., Gelman, S. A., & Wellman, H. M. (2010). Inconsistency with prior knowledge triggers children's causal explanatory reasoning. *Child Development, 81*(3), 929–944.

Legare, C. H., & Souza, A. (2012). Evaluating ritual efficacy: Evidence from the supernatural. *Cognition, 124*, 1–15.

Legare, C. H., & Souza, A. (2014). Searching for control: Priming randomness increases the evaluation of ritual efficacy. *Cognitive Science, 38*(1), 152–161.

Legare, C. H., Wen, N. J., Herrmann, P. A., & Whitehouse, H. (2015). Imitative flexibility and the development of cultural learning. *Cognition, 142*, 351–361.

Liénard, P., & Boyer, P. (2006). Whence collective rituals? A cultural selection model of ritualized behavior. *American Anthropologist, 108*, 814–827.

Lyons, D. E., Damrosch, D. H., Lin, J. K., Macris, D. M., & Keil, F. C. (2011). The scope and limits of overimitation in the transmission of artefact culture. *Philosophical Transactions of the Royal Society B: Biological Sciences, 366*(1567), 1158–1167.

Lyons, D. E., Young, A. G., & Keil, F. C. (2007). The hidden structure of overimitation. *Proceedings of the National Academy of Sciences, USA, 104*(50), 19751–19756.

Malinowski, B. (1948). *Magic, science and religion*. Garden City, NY: Doubleday Anchor. (Original work published 1925).

Mathew, S., Boyd, R., & van Veelen, M. (2013). Human cooperation among kin and close associates may require third-party punishment. In P. J. Richerson, &M.H. Christiansen (Eds.), *Cultural evolution: Society, technology, language, and religion.*

Cambridge, MA: MIT Press.

McCarty, C., Killworth, P. D., Bernard, H. R., Johnsen, E., & Shelley, G. (2000). Comparing two methods for estimating network size. *Human Organization, 60*(1), 28–39.

McCauley, R. N., & Lawson, E. T. (2002). *Bringing ritual to mind: Psychological foundations of cultural forms.* Cambridge, England: Cambridge University Press.

McElreath, R., Boyd, R., & Richerson, P. J. (2003). Shared norms can lead to the evolution of ethnic markers. *Current Anthropology, 44*, 122–130.

McGuigan, N., Whiten, A., Flynn, E., & Horner, V. (2007). Imitation of causally opaque versus causally transparent tool use by 3-and 5-year-old children. *Cognitive Development, 22*(3), 353–364.

McGuigan, N., & Whiten, A. (2009). Emulation and "overemulation" in the social learning of causally opaque versus causally transparent tool use by 23-and 30-month-olds. *Journal of Experimental Child Psychology, 104*(4), 367–381.

McKay, R., & Efferson, C. (2010). The subtleties of error management. *Evolution and Human Behavior, 31*(5), 309–319.

McNally, L., Brown, S. P., & Jackson, A. L. (2012). Cooperation and the evolution of intelligence. *Proceedings of the Royal Society B: Biological Sciences, 279*(1740), 3027–3034.

McNally, L., & Jackson, A. L. (2013). Cooperation creates selection for tactical deception. *Proceedings of the Royal Society B: Biological Sciences, 280*(1762), 1–7.

Monsma, S. V. (2007). Religion and philanthropic giving and volunteering: Building blocks for civic responsibility. *Interdisciplinary Journal of Research on Religion, 3*(1), 1–28.

Moore, O. K. (1957). Divination—A new perspective. *American Anthropologist, 59*, 69–74.

Navarrete, C. D., & Fessler, D. M. T. (2005). Normative bias and adaptive challenges: Arelational approach to coalitional psychology and critique of Terror Management Theory. *Evolutionary Psychology, 3*, 297–325.

Navarrete, C. D., Kurzban, R., Fessler, D. M. T., & Kirkpatrick, L. A. (2004). Anxiety and intergroup bias: Terror management or coalitional psychology? *Group Processes and Intergroup Relations, 7*(4), 370–397.

Nielsen, M. (2012). Imitation, pretend play, and childhood: Essential elements in the evolution of human culture? *Journal of Comparative Psychology, 126*(2), 170.

Nielsen, M., & Tomaselli, K. (2010). Overimitation in Kalahari Bushman children and the origins of human cultural cognition. *Psychological Science, 21*(5), 729–736.

Norton, M. I., & Gino, F. (2014). Rituals alleviate grieving for loved ones, lovers, and lotteries. *Journal of Experimental Psychology: General, 143*(1), 266-272.

Over, H., & Carpenter, M. (2009). Priming third party ostracism increases affiliative imitation in children. *Developmental Science, 12*(3), F1-F8.

Over, H., & Carpenter, M. (2012). Putting the social into social learning: Explaining both selectivity and fidelity in children's copying behavior. *Journal of Comparative Psychology, 126*, 182-192.

Pasquini, E., Corriveau, K. H., Koenig, M., & Harris, P. L. (2007). Preschoolers monitor the relative accuracy of informants. *Developmental Psychology, 43*, 1216-1226.

Pickett, C. L., Gardner, W. L., & Knowles, M. (2004). Getting a cue: The need to belong and enhanced sensitivity to social cues. *Personality and Social Psychology Bulletin, 30*, 1095-1107.

Pietraszewski, D., & Schwartz, A. (2014a). Evidence that accent is a dedicated dimension of social categorization, not a byproduct of coalitional categorization. *Evolution and Human Behavior, 35*(1), 51-57.

Pietraszewski, D., & Schwartz, A. (2014b). Evidence that accent is a dimension of social categorization, not a byproduct of perceptual salience, familiarity, or ease-of-processing. *Evolution and Human Behavior, 35*(1), 43-50.

Powell, L. J., & Spelke, E. S. (2013). Preverbal infants expect members of social groups to act alike. *Proceedings of the National Academy of Sciences, 110*(41), E3965-E3972. doi:10.1073/pnas.1304326110

Rappaport, R. (1967). Ritual regulation of environmental relations among a New Guinea people. *Ethnology, 6*(1), 17-30.

Rappaport, R. (1984). *Pigs for the ancestors.* New Haven, CT: Yale University Press.

Rappaport, R. (1999). *Ritual and religion in the making of humanity.* Cambridge, England: Cambridge University Press.

Rakoczy, H., Warneken, F., & Tomasello, M. (2008). The sources of normativity: Young children's awareness of the normative structure of games. *Developmental Psychology, 44*(3), 875-881.

Reader, S. M., & Laland, K. N. (2002). Social intelligence, innovation, and enhanced brain size in primates. *Proceedings of the National Academy of Sciences, USA, 99*(7), 4436-4441.

Rekers, Y., Haun, D. B., & Tomasello, M. (2011). Children, but not chimpanzees, prefer to collaborate. *Current Biology, 21*(20), 1756-1758.

Rhodes, M. (2012). Naïve theories of social groups. *Child Development, 83*(6), 1900-1916.

Rhodes, M., & Gelman, S. A. (2009). A developmental examination of the conceptual structure of animal, artifact, and human social categories across two cultural contexts. *Cognitive Psychology, 59,* 244–274.

Richerson, P. J., & Boyd, R. (2005). *Not by genes alone: How culture transformed human evolution.* Chicago, IL: University of Chicago Press.

Rossano, M. J. (2012). The essential role of ritual in the transmission and reinforcement of social norms. *Psychological Bulletin, 138,* 529–549.

Ruffle, B., & Sosis, R. (2003). Religious ritual and cooperation: Testing for a relationship on Israeli religious and secular kibbutzim. *Current Anthropology, 44,* 713–722.

Ruffle, B. J., & Sosis, R. (2007). Does it pay to pray? Costly ritual and cooperation. *The BE Journal of Economic Analysis & Policy, 7*(1), Article 18.

Sax, W. S. (2010). Ritual and the problem of efficacy. In W. S., Sax, J. Quack, & J. Weinhold (Eds.), *The problem of ritual efficacy.* Oxford, England: Oxford University Press.

Sax, W. S., Quack, J., & Weinhold, J. (2010). *The problem of ritual efficacy.* Oxford, England: Oxford University Press.

Schmidt, M. F. H., Rakoczy, H., & Tomasello, M. (2011). Young children attribute normativity to novel actions without pedagogy or normative language. *Develop mental Science, 14*(3), 530–539.

Schoejdt, U., Sørensen, J., Nielbo, K. L., Xygalatas, D., Mitkidis, P., & Bulbulia, J. (2013). Cognitive resource depletion in religious interactions. *Religion, Brain, and Behavior, 3,* 39–55.

Shore, B. (1996). *Culture in mind: Cognition, culture, and the problem of meaning.* Oxford, England: Oxford University Press.

Shultz, S., Noe, R., McGraw, W. S., & Dunbar, R. I. M. (2004). A community-level evaluation of the impact of prey behavioral and ecological characteristics on predator diet composition. *Proceedings of the Royal Society B: Biological Sciences, 271,* 725–732.

Smetana, J. G. (2006). Social-cognitive domain theory: Consistencies and variations in children's moral and social judgments. In M. Killen & J. G. Smetana (Eds.), *Handbook of moral development* (pp. 119–154). Mahwah, NJ: Erlbaum.

Soler, M. (2012). Costly-signaling, ritual and cooperation: Evidence from Candomble, and Afro-Brazilian religion. *Evolution and Human Behavior, 33*(4), 346–356.

Sosis, R. (2000). Religion and intra-group cooperation: Preliminary results of a comparative analysis of utopian communities. *Cross-Cultural Research, 34,* 70–87.

Sosis, R. (2003). Why aren'twe all Hutterites? Costly-signaling theory and religious behavior. *Human Nature, 14*, 91−127.

Sosis, R. (2005). Does religion promote trust? The role of signaling, reputation, and punishment. *Interdisciplinary Journal of Research on Religion, 1*, 1−30.

Sosis, R. (2007). Psalms for safety: Magico-religious responses to threats of terror. *Current Anthropology, 48*, 903−911.

Sosis, R., & Alcorta, C. (2003). Signaling, solidarity, and the sacred: The evolution of religious behavior. *Evolutionary Anthropology, 12*, 264−274.

Sosis, R., & Bressler, E. (2003). Cooperation and commune longevity: A test of the costly signaling theory of religion. *Cross-Cultural Research, 37*, 211−239.

Sosis, R., & Handwerker, P. (2011). Psalms and coping with uncertainty: Religious Israeli women's responses to the 2006 Lebanon War. *American Anthropologist, 113*(1), 40−55.

Sperber, D. (1975). *Rethinking symbolism.* Cambridge, MA: Cambridge University Press.

Spoor, J. R., & Williams, K. D. (2007). The evolution of an ostracism detection system. In J. P. Forgas, M. Haselton, & W. von Hippel (Eds.), *The evolution of the social mind: Evolutionary psychology and social cognition* (pp. 279−292). New York, NY: Psychology Press.

Swann, W. B., Gomez, A., Seyle, D. C., Morales, J. F., & Huici, C. (2009). Identity fusion: The interplay of personal and social identities in extreme group behavior. *Journal of Personality and Social Psychology, 96*(5), 995−1011.

Swann, W. B., Jetten, J., Gomez, A., Whitehouse, H., & Bastian, B. (2012). When group membership gets personal: A theory of identity fusion. *Psychological Review, 119*(3), 441−456.

Szechtman, H., & Woody, E. (2004). Obsessive-compulsive disorder as a disturbance of security motivation. *Psychological Review, 111*(1), 111−127.

Tajfel, H. (1970). Experiments in intergroup discrimination. *Scientific American, 223*, 96−102.

Tajfel, H., Billig, M. G., Bundy, R. P., & Flament, C. (1971). Social categorization and intergroup behavior. *European Journal of Social Psychology, 1*, 149−177.

Tajfel, H., & Turner, J. C. (1979). An integrative theory of intergroup conflict. In W. G. Austin & S. Worchel (Eds.), *The social psychology of intergroup relations* (pp. 33−47). Monterey, CA: Brooks-Cole.

Tajfel, H., & Turner, J. C. (1985). The social identity theory of intergroup behavior. In S. Worchel & W. G. Austin (Eds.), *Psychology of intergroup relations* (pp. 7−24). Chicago, IL: Nelson-Hall.

Toelch, U., Bruce, M. J., Newson, L., Richerson, P. J., & Reader, S. M. (2014).

Individual consistency and flexibility in human social information use. *Proceedings of the Royal Society B: Biological Sciences, 281*(1776), 20132864.

Tomasello, M., Carpenter, M., Call, J., Behne, T., & Moll, H. (2005). Understanding and sharing intentions: The origins of cultural cognition. *Behavioral and Brain Sciences, 28,* 675–735.

Tooby, J., Cosmides, L., & Price, M. E. (2006). Cognitive adaptations for *n*-person exchange: The evolutionary roots of organizational behavior. *Management Decision Economics, 27,* 103–129.

Trivers, R. L. (1971). The evolution of reciprocal altruism. *The Quarterly Review of Biology, 46*(1), 35–57.

Turiel, E. (1998). The development of morality. In W. Damon (Series Ed.) & N. Eisenberg (Vol. Ed.), *Handbook of child psychology: Vol. 3. Social, emotional, and personality development* (5th ed., pp. 863–932). New York, NY: Wiley.

Turner, V. (1969). *The ritual process: Structure and anti-structure.* Piscataway, NJ: Transaction.

van Schaik, C. P. (1983). Why are diurnal primates living in groups? *Behaviour, 87,* 120–144.

Vohs, K. D., Wang, Y., Gino, F., & Norton, M. I. (2013). Rituals enhance consumption. *Psychological Science, 24*(9), 1714–1721.

Watson-Jones, R. E., Legare, C. H., Whitehouse, H., & Clegg, J. M. (2014). Task-specific effects of ostracism on imitative fidelity in early childhood. *Evolution and Human Behavior, 35*(3), 204–210.

Whitehouse, H. (1995). *Inside the cult: Religious innovation and transmission in Papua New Guinea.* Oxford, England: Oxford University Press.

Whitehouse, H. (1996). Rites of terror: Emotion, metaphor and memory in Melanesian initiation cults. *Journal of the Royal Anthropological Institute,* 703–715.

Whitehouse, H. (2000). *Arguments and icons: Divergent modes of religiosity.* Oxford, England: Oxford University Press.

Whitehouse, H. (2004). *Modes of religiosity: A cognitive theory of religious transmission.* Walnut Creek, CA: Alta Mira Press.

Whitehouse, H. (2011). The coexistence problem in psychology, anthropology, and evolutionary theory. *Human Development, 54*(3), 191–199.

Whitehouse, H. (2012). Ritual, cognition, and evolution. In R. Sun (Ed.), *Grounding the social sciences in the cognitive sciences* (pp. 265–284). Cambridge, MA: MIT Press.

Whitehouse, H. (2013). Towards an integration of ethnography, history and the cognitive science of religion. *Anthropology in Theory: Issues in Epistemology,* 222.

Whitehouse, H., & Lanman, J. A. (2014). The ties that bind us: Ritual, fusion, and identification. *Current Anthropology*, *55*, 674–695.

Whiten, A., Custance, D. M., Gomez, J. C., Teixidor, P., & Bard, K. A. (1996). Imitative learning of artificial fruit processing in children (*Homo sapiens*) and chimpanzees (*Pan troglodytes*). *Journal of Comparative Psychology*, *110*(1), 3–14.

Whiten, A., McGuigan, N., Marshall-Pescini, S., & Hopper, L. M. (2009). Emulation, imitation, over-imitation and the scope of culture for child and chimpanzee. *Philosophical Transactions of the Royal Society B: Biological Sciences*, *364*(1528), 2417–2428.

Williams, K. D. (2007). Ostracism. *Annual Review of Psychology*, *58*, 425–452.

Williams, K. D., & Nida, S. A. (2011). Ostracism: Consequences and coping. *Current Directions in Psychological Science*, *20*(2), 71–75.

Wiltermuth, S. S., & Heath, C. (2009). Synchrony and cooperation. *Psychological Science*, *20*(1), 1–5.

Wobber, V., Herrmann, E., Hare, B., Wrangham, R., & Tomasello, M. (2014). Differences in the early cognitive development of children and great apes. *Developmental Psychobiology*, *56*(3), 547–573.

Xygalatas, D., Mitkidis, P., Fischer, R., Reddish, P., Skewes, J., Geertz, A. W., . . . Bulbulia, J. (2013). Extreme rituals promote prosociality. *Psychological Science*, *24*(8), 1602–1605.

Zahavi, A. (1975). Mate selection—A selection for a handicap. *Journal of Theoretical Biology*, *53*, 205–214.

35장

종교의 기원

아라 노렌자얀

인간 심리와 문화적 진화의 두 가지 수수께끼

세계에서 가장 오래된 것으로 알려진 종교 사원은 괴베클리 테페Göbekli Tepe로, 터키 남동부의 황량한 언덕 정상에 1만 1,500년 전에 세워진 이후로 지금까지 자리를 지키고 있다. 사원은 인간의 형태로 된 육중한 석주들로 이루어져 있는데, 원형으로 배치된 석주에는 영양, 전갈 등이 부조되어 있다(Schmidt, 2010). 고고학자들이 단서를 발굴하고 그 의미에 대해 토론하고 있지만, 아직 답을 찾지 못한 질문이 많이 남아 있다. 누가 이런 기념비적인 종교 유적을 건설했을까? 어떻게, 왜?

부지에서 식물 재배나 동물의 가축화와 관련된 증거는 거의 발견되지 않았다. 따라서 이곳이 농경 시대 이전에 식량 징발자들(또는 수렵인과 채집인)이 건설하고 점유했으리라 보는 것이 타당하다. 괴베클리 테페는 사람들이 주기적으로 모여 신을 경배하고 의례를 치르는 초기의 국제적 중심지였을까? 괴베클리 테페는 답을 내주기보다 의문을 더 많이 제기하면서 인간의 심리와 인간 문명의 가장 깊은 곳에 위치한 두 가지 수수께끼를 드러내 보인다. 인간 사회는 비교적 작고 기동성 있는 채집인 집단에서, 어떻게 협력의 적인 익명성을 극복하고 대규모 사회로 확장됐을까? 또한 거대한 다신교와 일신교 같은 세계 종교들은 어떻게 문화적으로 전파되어 세계인들의 마음을 식민지화했을까? 장기적으로는 거의 모든 종교 운동이 실패했음에도?

대규모 협력의 수수께끼

심리학에 속하는 첫 번째 수수께끼는, 대규모 협력이다. 진화사의 대부분 동안 인류는 비교적 규모가 작은 채집인 무리를 이루고 살았다. 하지만 오늘날 인류의 대다수는 대개 혈연관계가 없는 낯선 사람들과 광범위한 협력 집단을 이루고 살아간다. 완전히 낯선 사람들이 생계, 경제적 교환, 거처, 상호 방어를 위해 일상적으로 서로에게 의존하고 있다(Seabright, 2014). 두 가지 추가적인 사실을 고려하면 수수께끼는 더 미궁으로 빠져든다. 협력의 확장은 약 1만 2,000년 전인 충적세에 시작됐고[1](농경에 기반한 정착이 출현한 시기), 그 정도의 협력 강도와 범위는 계통발생적 연속성에도 불구하고 인간에게서만 발견된다는 것이다(Chudek & Henrich, 2011).

대규모의 협력은 진화생물학을 통해서는 두 가지 형태의 이타주의 가운데 하나로 설명할 수 있다. 하나는 혈연관계, 즉 유전적 친척 간의 도움에 근거하고(Hamilton, 1964), 다른 하나는 낯선 사람들과의 정기적인 상호작용에서 나타나는 상호 이타주의에 근거한 것이다(Axelrod, 1984). 하지만 낯선 사람들로 이루어진 확장된 집단의 협력은 이 중 어느 쪽으로도 쉽게 설명되지 않는다. 집단의 규모가 증가하면 두 가지 형태의 이타주의는 모두 고장이 나고 만다. 낯선 사람과 조우할 확률이 훨씬 커진 상황에서 친족끼리 협력할 기회는 급격히 감소한다. 무임승차자를 처벌하는 제도나 타인과의 협력을 장려하는 문화적 규범 등 다른 안전장치가 없다면, 상호 이타주의 역시 기능하지 않을 것이다. 그렇다면 규모가 작은 채집 무리의 생활에 맞춰 미세 조정된 성격과 본능을 가진 인간의 마음이 어떻게 전에 없던 수준으로 집단의 규모를 확장할 수 있었을까? 인간 협력의 영역은 어떻게 그렇게 극적으로, 그렇게 급격히 '확대'될 수 있었을까?[2]

---

1 나는 용이한 설명을 위해 중동에서 최초로 인간 집단의 확대가 시작된 시점인 1만 2,000 년 전을 사용했다(또한 Diamond, 2005를 보라). 하지만, 인간의 인구는 서로 다른 지역에서 서로 다른 시기에 팽창했고, 인간 집단의 규모와 사회적 복잡성은 홍적세에도 변동을 거듭했다.

2 일부 진화론자는 대규모 협력이란 진화적 관점에서 보면 '커다란 실수'라고 주장하고 그에

세계 종교의 수수께끼

두 번째 수수께끼는 문화적 진화에서 나오는 것으로, 우리가 오늘날 전 세계에서 목격하고 있는 종교적 믿음과 실천의 기이한 문화적 분배와 관련이 있다. 언제나 종교는 활발하게 증식하고, 성장하고, 돌연변이를 일으키고, 사멸한다. 하지만 종교적 사상과 실천은 넘치도록 생성됨에도 그 생명력은 저마다 현저한 차이를 보인다. 사실, 새로운 종교 집단은 우후죽순으로 탄생하지만, 대부분은 사멸하고 강력한 소수의 종교만이 살아남아 번성한다. 이 과정의 결과로 오늘날 인류의 대다수는, 끝까지 살아남아 '세계 종교'의 지위를 얻은 몇 안 되는 종교를 신봉한다. 만일 당신이 기독교, 이슬람, 유대교, 힌두교, 불교의 신자이거나 그와 관련된 전통들의 어떤 후손도 믿지 않는다면, 당신은 한때는 앞날을 알 수 없는 문화적 실험이었으나 현재는 이례적으로 성공한 종교 운동의 상속인인 셈이다.

잠시나마 존재했던 거의 모든 종교 운동이 결국에는 사회적 응집력, 인구학적 안정, 문화적 영향을 침식하는 수많은 내적, 외적 위협에 굴복했다. 따라서 세계 종교들이 3중의 성공—인구학적 성장, 지리적 확장, 역사적 지속—을 거둔 것은 설명을 간절히 바라는 놀라운 사실이다. 소시스(2000)는 이 점을 설명한 획기적인 연구에서, 110년의 시간대를 설정해 19세기 미국의 종교적, 세속적 유토피아 공동체 200여 개의 안정성을 분석했다. 종교적 공동체의 평균 수명은 25년에 지나지 않았다. 10개 중 9개는 80년 이내에 해체됐다. 세속적 공동체는 그보다 훨씬 나빠서, 평균 6.4년 간 존속했고, 20년이 채 되지 않아 10개 중 9개가 사라졌다. 만일 종교적 공동체가 대부분 1세기 안에 무너진다면, 어떻게 소수의 종교 운동은 끈질기게 버티고, 전 지구로 뻗어 나가 지리와 언어와 민족이 다양하기 이를 데 없는 사람들을 통합할 수 있었을까? 문화적 진화—그 자체로 진화가 빚은 인간의 뇌들이 상호작용해서 만들어낸 산물—가 어떻게 진화한 심리의 다양한 측면을 이용해서 낯선 사람들로 이루어진 세계적 공동체를 건설했는지를 보여주는 매력적인 사례 연구가 바로 우리 눈앞에 있는 것이다.

대한 설명을 회피한다(Burnham & Johnson, 2005; Dawkins, 2006). 이 주장의 한계에 대해서는 다른 글에 자세히 논의되어 있다(예를 들어, Richerson & Boyd, 2005).

해법의 개요

이 장에서 나는 잠재적 해법—두 수수께끼가 중요하게 연결되어 있다고 보는 생각—의 설명적 범위를 탐구하고자 한다. (책 한 권으로 된 더 완전한 설명은 Norenzayan, 2013을 보라; 또한 Norenzayan et al.[인쇄 중] 및 관련 평론을 보라.) 이 진화의 시나리오에서 종교적 믿음과 행동은 종교와 무관하게 발생하고 그에 선행하는 인지 구조의 진화적 부산물로서 등장한다. 일단 그런 일이 발생하면, 문화적 진화가 급격히 펼쳐질 수 있는 무대가 마련된다. 즉, 비유전적이고 사회적으로 전달되는 믿음과 행동이 점증적으로 변화하고(Chudek, Muthukrishna, & Henrich, 30장, 본권; Richerson & Christiansen, 2013), 이 과정에서 상호 관련된 일련의 종교적 관념과 행동이 대규모 협력과 공진화하면서 발전하는 것이다. 이 주장은 종교의 기본 요소들을 '사회적 연대'로 보는 과거와 현재의 설명들을 통합하고 확장하며(Durkheim, 1915; Haidt, 2012; Sosis & Alcorta, 2003; Wilson, 2002), 유전적 진화와 문화적 진화에 동시에 기초한 다원주의적 틀 안에 그 설명들을 놓는다.

분명히 말하지만, 이 견해는 대규모 협력이 종교와 무관하게 발생할 수 없다고 주장하지 않는다. 또한 도덕성의 규모와 무관하게 종교가 그런 협력에 꼭 필요하다고 주장하는 것도 분명 아니다. 세계 종교는 그 믿음−의례 집합체를 통해 도덕의 영역을 확장했지만, 다른 과정이나 제도 역시 그런 효과를 발휘할 수 있다. 종교는 도덕적 행동에 꼭 필요한 것도 아니고, 유일하게 그런 효과를 발휘하는 것도 아니다(Norenzayan, 2014). 공감, 수치, 노여움 같은 도덕 감정의 전구체는 그 진화적 기원이 고대로 거슬러 올라가며(de Waal, 2008), 반사회적 행동에 대한 반감은 종교적 관습에 노출되거나 영향을 받기 이전인 언어습득 이전의 아기에게서도 나타난다(Hamlin, Wynn, & Bloom, 2007).

요점은, 어떤 믿음, 행동, 규범, 제도가 사회적 응집력과 협력을 향상시킬 수 있다면 그것은 문화적 집단이 문화적 진화 과정에서 경쟁 상대들을 물리쳐서 입지를 높일 수 있게 해준다는 것이다. 대규모 협력으로 이어질 수 있는 경로는 많이 존재한다. 어떤 경로는 종교적 믿음과 실천을 통하고, 다른 경로는 신성하거나 초자연적인 존재와 무관한 제도, 규범, 실천을 통한다. 진화 과학에서 이 중요한 이론적 발달을 통합하려면 다음과 같은 것이 필요하다. (1) 종교를 다루는 인지과학에서 나온 통찰,

(2) 진화한 문화적 학습 전략으로 뒷받침되는 문화적 진화. 이어지는 글에서 나는 이 통합을 기술하고, 이 문화적 진화/인지적 부산물이라는 틀에서 나온 다양한 가설의 증거를 분야별로 검토하고, 대안이 되는 진화 이론들의 차이와 유사성을 간략히 살펴보고, 마지막으로 앞으로의 연구에 필요한 눈에 띄는 질문을 제시하고자 한다.

문화적 진화/인지적 부산물의 분석틀

종교적 믿음과 행동은 일반적인 인지능력에 뿌리를 두고 있다. 이 능력은 다양한 초자연적 직관을 낳는데, 이 직관들이 문화적 진화의 표적이 된다. 여기서 나는 그에 해당하는 두 가지 통찰을 요약해서 제시하고, 거기서 나온 종합을 설명하고자 한다.

종교적 믿음과 행동을 뒷받침하는 인지 편향

종교와 관련된 중요한 인지능력 하나는 정신화(마음의 이론) 능력으로, 이를 통해 사람들은 다른 마음의 존재와 내용을 탐지하고 추론할 수 있다(Epley & Waytz, 2010; Frith & Frith, 2003). 또한 이 능력은 종교적 믿음의 기초가 되는 두 가지 핵심적인 직관을 이끌어낸다. 마음이 몸과 따로 움직일 수 있다는 마음/몸 이원론이 그 하나고 (Bloom, 2007; Willard & Norenzayan, 2013), 모든 사람, 사물, 사건은 목적이 있어 존재한다는 목적론이 다른 하나다(Banerjee & Bloom, 2013; Kelemen, 2004). 신자는 정신화 능력을 빌려서 신을 인간처럼 목표, 믿음, 열망을 가진 탈신체화된 존재로 대한다(Barrett, 2004; Bering, 2011; Epley, Waytz, & Cacioppo, 2007; Guthrie, 1993). 종교적 사고가 일반적인 정신화 능력을 차용한다는 부산물 이론을 보강하듯, 신에 대해 생각하거나 신에게 기도를 하면 마음 이론과 관련된 뇌 영역이 활성화되고 (Schjoedt, Stødkilde-Jørgensen, Geertz, & Roepstorff, 2009), 자폐성 장애의 경우처럼 정신화 경향이나 정신화 능력이 저하하면 신에 대한 믿음이 감소한다(Norenzayan, Gervais, & Trzesniewski, 2012).

이를 비롯한 여러 인지 편향의 작용으로 종교적 사상이 인간의 마음에 타당하고 설득력 있게 비치고, 제한된 동시에 다양한 직관, 믿음, 행동이 전 세계에서 반복적으로 발생한다(Atran & Norenzayan, 2004). 일단 초자연적 존재에 대한 직관과 의례-행동 복합체가 자리를 잡으면, 다른 일반적인 직관 및 믿음과 공진화한다(Legare, Evans, Rosengren, & Harris, 2012). 이때, 이런 믿음과 행동의 변이에 문화적 진화가 작용하기 시작하고, 어떤 변이가 다른 변이보다 더욱 성공적으로 퍼져나갈 수 있는 무대가 마련된다.

성공한 종교 운동은 문화적 진화 과정의 산물이다

왜 소수의 종교 운동이 다른 문화적 경쟁자들을 제치고 퍼져나갔는가와 같은 의문은 문화적 진화의 틀로 답할 수 있다. 이 절에서는 문화적 진화가 왜 세계 종교의 문화적 지배를 이해하는 데 중요한지를 간략하게 설명하고자 한다. 문화적 진화에 관한 더 깊이 있는 논의와 문화적 학습을 위해 진화된 능력에 대해 흥미를 느낀 독자라면 추덱과 동료들의 연구를 참조해도 좋을 것이다(본권, 30장; 또한 Richerson & Christiansen, 2013을 보라).

문화적 종인 인간은 타인에게서 중요한 정보를 얻어낸다. 이를 위해 인간의 뇌에는 진화한 문화적 학습 편향이 갖춰져 있고, 이를 통해 제2의 상속 체계를 운용할 수 있다. 유전적 진화와 유사하게 작동하고 그와 함께 상호작용하는 문화적 진화 과정이 그것이다(Richerson & Boyd, 2005). 이와 같은 문화적 학습 편향에는 내용 편향이 있어서 마음 표상의 어떤 측면들에 전달상의 이점을 부여하는데, 예를 들어 어떤 생각은 다른 생각보다 선천적으로 더 잘 기억되고, 주의를 끄는 힘이 더 강하다(Sperber, 1996). 게다가, 다른 진화된 문화적 학습 기제들도 다수의 의견 또는 생각인지에 따라(순응적 편향), 그리고 숙련된 기술을 갖추었거나 성공한 사람이 가진 의견 또는 생각인지에 따라(명망 편향) 학습자가 차등적으로 단서에 주의를 기울이게끔 편향을 일으킨다. 하지만 타인으로부터의 학습을 통해 얻는 적합도 이익은 상대에게 속거나 잘못된 정보를 받아들일 수 있는 취약성을 통해 상쇄된다(이른바 나쁜 교사 문제). 그래서 대개 인간의 마음은 인식론적 경계심(Sperber et al., 2010), 즉 그런 조작으로부터 자신을 지킬 수 있는 일련의 선호를 갖추고 있다. 문화적 학습자의 진화한 편향에서 한 가지 중요한 해결책을 볼 수 있는데, 바로 문화적 모델이 자기가 광고

하는 믿음에 진심으로 헌신하는가의 단서에 주의를 기울이는 것이다. 문화적 학습자는 문화적 모델이 신뢰도 향상 표현, 즉 CREDs(Henrich, 2009)를 할 때 그로부터 더 쉽게 영향을 받는다. 이는 기본적으로 말보다 행동이라는 생각과 일맥상통하며, 그렇게 CREDs가 이루어지면 문화적 전달 과정이 한쪽으로 치우치게 된다.

종교적 표상의 내용 편향은 지금까지 가장 큰 관심을 받아왔지만(예를 들어, Boyer, 2001), 실은 세 종류의 문화적 학습 편향이 모두 종교적 믿음과 관습의 전달에 중요한 역할을 한다. 예를 들어, 종교 집단에서는 신에 대한 믿음이 문화적인 영향을 통해 전달되고 신자들이 종교적 위선을 특히 경계하는데 이런 집단을 개종시킬 때 CRED는 중요한 역할을 한다. 문화적 전달이 세계 종교의 지배를 설명하는 데 중요한 역할을 하는 데에는 또 다른 이유가 있다. 유전적 진화에 비해 문화적 진화의 압력은 상대적으로 짧은 시간에 강한 효과를 만들어낸다(Richerson & Boyd, 2005). 게다가 문화적이고 역사적인 가변성과 문화적으로 전달되는 집단별 차이(Henrich, Heine, & Norenzayan, 2010)도 문화적 진화의 중요한 초점이다. 따라서 문화적 전달은 비교적 짧은 눈금이라 할 수 있는 1만 년에서 1만2,000년 사이에 일부 인간 집단에서 발생한 격렬한 변화를 설명하는 데 도움이 될 것이다.

떠오르는 종합 이론

종교의 인지과학과 문화적 진화의 인지과학에서 얻은 통찰을 결합하면, 한편에 사회의 규모와 복잡성이 있고, 반대편에 사회적 결속을 강화하는 일련의 종교적 요소가 있는 공진화 과정이 그려진다. 이 절에서는 점차 막강해지는 큰 신Big Gods, 즉 강력하고 간섭하는 초자연적인 감시자가 존재해서 팽창하는 집단의 도덕성에 관심을 기울이는 종교적 관습에 초점을 맞춘다. 하지만 분명한 것은, 이것이 사회적 규모의 팽창에 저마다 제 역할을 하는 상호 연관된 종교적 요소 중 하나에 불과하다는 점이다. 정작 중요한 개념은, 큰 신과 이들을 지지하는 관습이 '자연 종교'의 이른 문화적 변이 중 친사회적 행동—협력, 신뢰, 자기희생 같은 특징들—을 촉진하는 변이들이었다는 것이다. 그런 특징은 다른 문화적 변이들, 즉 인간사에 간섭하는 전지적 능력과 권력이 제한적이고 도덕성에도 무관심한 신을 믿는 종교들을 경쟁에서 밀쳐냈다. 결과적으로 거대한 신과 초자연적 처벌을 믿는 그 밖의 믿음들은 사치스러운 충성심 표현과 강한 친사회적 의례와 관습에 힘입어, 협력하면서 팽창하는 집단들로 퍼져나갔고 이른바 세계 종교(Norenzayan, 2013)의 성행으로 이어졌다. 이 종교들은 이처럼 신성한 결속으로 익명의 타인들을 묶어 초자연적 감시자가 감독하는 허구적인 도덕 공동체를 조직해냈다(Graham & Haidt, 2010; Haidt, 2012).

모든 문화와 역사에 걸쳐 큰 신에 대한 헌신이 큰 집단과 함께 출현한다

앞서 개괄한 추론은, 모든 문화와 역사에 걸쳐 큰 신을 비롯한 믿음과 행동이 대규모 집단과 서로 에너지를 주고받으면서 함께 출현했다는 경험적 주장에 따른 것이다. 사회의 규모가 커지면, 신은 더 강력해지고 도덕적으로 더 깊이 관여한다. 그렇다면, 거대한 신의 성행과 집단의 규모 사이에는 긍정적인 상관관계가 관찰되어야 한다. 다음 절에서는 이 가설을 증명하는 인류학적 증거와 역사적 증거를 살펴보고자 한다.

모든 문화의 작고 큰 신들: 인류학적 증거

채집 사회와 그 밖의 소규모 사회에서 사람들은 매우 다양한 협력 문제들과 씨름해야 한다. 따라서 그들은 식량 공유, 자식의 보육, 혈연관계, 혼인, 위험성의 균일화, 상호 방어 등 폭넓은 영역에 적용할 수 있는 그 지역의 정교한 도덕 규범을 따른다(Powell, Shennan, & Thomas, 2009). 그럼에도 민족지학적 증거가 말해주듯이, 이들 사회에서 펼쳐지는 다양하고 풍요로운 협동 생활 속에서 신은 그저 작은 역할을 맡고 있다.

실제로 동아프리카의 하드자족(Marlowe, 2010)과 칼라하리의 산족(Marshall, 1962) 같은 가장 작은 식량 수집 집단에서 신과 혼령은 전지전능하지도 않고 도덕에도 관심이 거의 없다. 그 밖의 소규모 사회도 사정이 비슷해서, 대체로 신은 도덕성과 단절되어 있다(예를 들어, Purzycki, 2011). 어떤 신들은 자신에게 바쳐진 의례와 제물에는 만족해도 사람들이 서로 어떻게 대하는지에는 거의 신경 쓰지 않는다.

이와 같은 민족지학적 관찰 결과는 소규모 사회의 사회적 동역학을 고려하면 이치에 닿기 시작한다. 소규모 사회에 속한 사람들은 제한된 조건에서 낯선 사람과 얽히긴 하지만, 보다 일반적인 것은 면대면 상호작용이며, 이렇게 투명한 사회에서는 사회적 주목에서 벗어나기가 쉽지 않다. 물론, 현대의 식량 수집인과 조상 시대의 식량수집인의 문화적 특성은 상당히 다양해서 함부로 일반화하기는 어렵다(Kelly, 1995). 그럼에도 식량 수집인 집단이 우리에게 말해주는 것이 있다면, 그것은 종교와 도덕성의 연관성이 사실 인간의 역사에 걸쳐 문화적으로 출현했고, 그 시점은 상당히 최근이었으리라는 것이다.

인류학적 기록을 양적으로 분석한 결과는 이 생각에 부합한다. 가장 작은 인간 사회가 더없이 복잡한 최대 규모의 사회로 이행하면서, 비교적 드물었던 간섭하는 초자연적 감시자도 점차 흔해지고, 서로 거의 연관되어 있지 않던 도덕성과 종교도 점차 긴밀히 얽히게 되었다(Johnson, 2005; Roes & Raymond, 2003). 이러한 비교문화적 양상에는 논의가 필요한 중대한 사안들이 포함되어 있긴 하지만(예를 들어, Atkinson, Latham, & Watts, 인쇄 중; Norenzayan, 2014을 보라), 이 결과는 경제적 불평등, 인구 밀도, 선교 활동과의 접촉 등 집단 규모 및 종교와 공변화하는 몇 가지 변수들을 통제해서 얻은 것이다. 또한 간섭하는 큰 신이 특히 성행하는 곳은 물이 부족한 곳(Snarey, 1996), 그리고 농경 사회와 가축을 기르는 곳(Peoples & Marlowe, 2012)이었다. 이런 양상에 대한 한 가지 해석은 간섭하는 신과 그와 관련된 관습이, 집단의 생존이 무임승차를 억제하는 집단의 능력에 많이 의존하는 조건에서 확산되기 쉽다는 것이다. 다른 연구들에서는 이를 보완하는 기능으로 의례의 형식에 문화적 전환이 일어난다는 결과가 밝혀졌다. 즉, 사회가 더 커지고 복잡해지면, 의례는 일상화되어 공동의 교리를 전달하고 강화하는 데 기여한다(Atkinson & Whitehouse, 2011). 초자연적인 처벌, 저주와 구원, 천국과 지옥, 업보 등의 개념은 현대 종교에는 흔한 특징이지만, 소규모 문화에서는 상대적으로 드물게 나타난다.

집단과 더불어 커지는 신: 역사 기록에 대한 매우 짧은 개관

이 인류학 연구결과들은 큰 신과 일상화된 의례가 농업 생산에 더 많이 의존함에 따라 복잡한 대규모 인간 사회와 공진화했다는 고고학적 증거 및 역사적 증거와 하나로 수렴한다(예를 들어, Marcus & Flannery, 2004; Whitehouse & Hodder, 2010). 문자화된 역사 기록을 해석하기는 쉽지 않고 격렬한 논쟁으로 이어질 수도 있지만, 일단 이를 해석해보면 대규모 협력, 의례의 고도화, 큰 신, 도덕성의 관계가 더욱 명백해진다. 도덕성에 관심을 기울이는 신은 이른바 축의 시대Axial Age(기원전 800-300년) 이전에는 등장하지 않았다는 주장도 있다(예를 들어, Baumard & Boyer, 2014). 하지만 바빌론Babylon이나 이집트Egypt(Assmann, 2001; Bellah, 2011)처럼 축의 시대 이전에 존재했던 많은 문화에서도 사회가 커지고 복잡해지면서 사람들이 신적인 영감에서 나온 공공의 도덕적 기준을 발달시켰다는 증거가 있다. 바빌론의 함무라비 법전(기원전 1772년)이 그 예로, 이 법전은 바빌론의 수호신 마르두크Marduk에 대한 두려움과 정의의 신 샤마시Shamash의 힘에서 영감을 얻은 것이다(Bellah, 2011). 이 주제와 관련된 많은 역사 연구들이 아브라함 계통의 종교에 초점을 맞춘다. 예를 들어, 라이트Wright(2009)는 제한적이고 변덕스럽고 부족적인 전쟁 신—가나안의 만신전에 있던 여러 신 가운데 하나—이, 세계 최대의 두 종교 공동체가 믿는 단일하고, 지고하고, 도덕적인 아브라함 계통의 신으로 바뀌는 점진적인 진화를 문헌상의 증거로 입증해낸다.

고도로 조직화된 그리스 도시 국가들과 로마 제국에는 탈도덕화된 변덕스러운 신들만 존재했던 것으로 묘사되곤 한다(예를 들어, Baumard & Boyer, 2014). 하지만 새로운 연구에서는 점차 이 견해를 반박하는 추세다. 그리스 도시 국가의 대중은 신이 인간과 유사하다고 믿었지만, 이것을 인간의 도덕성에 무관심했다고 혼동해서는 안 된다. 그리스의 신들은 비싼 제물을 요구하고 정교한 의례를 끌어냈을 뿐 아니라, 맹세를 하고 공공의 도덕성을 뒷받침하는 데에도 적극적으로 힘을 썼다(Mikalson, 2010, pp. 150-168). 그리스 도시 국가에서 관찰되는 이 양상은 로마 제국의 신들에서는 더 분명하게 나타난다(Rives, 2007, pp. 105-131). 예를 들어, 기원전 2세기와 1세기에 델로스Delos—중요한 해양 무역 거점—의 헤르메스Mercury와 헤라클레스Hercules 숭배는 초자연적인 감시와 신의 처벌에 의존해서 원거리 무역 관계에서 발생하는 협력의 딜레마를 극복했다(Rauh, 1993).

중국 역시 도덕적인 신이 없거나 종교 자체가 없는 것으로 묘사되곤 한다(예를 들어, Ames & Rosemont, 2009). 여기서도 새로운 연구는 다른 의견을 제시한다(Clark & Winslett, 2011; Slingerland, 2013). 중국 문명이 중동이나 유럽 문명보다 훨씬 일찍 종교적 도덕성을 대신하는 세속적인 대안을 발달시켰다는 주장도 있지만(예를 들어, Sarkissian, 인쇄 중), 문자 기록이 현존하는 가장 오래된 중국 사회가 숭배한 신들에는 왕가의 조상들을 비롯해 다양한 자연적인 신과 문화적인 영웅들이 포함되어 있고, 이들은 모두 지고의 신인 '상제'의 지배 아래에 있었다. 왕가의 통치 능력은 하늘에서 받은 '권한'을 보유한 직접적인 결과였으며, 이 권한의 보유는—적어도 기원전 1000년경까지는—도덕성과 연결되어 있고 값비싼 제물을 비롯한 의례의 의무를 철저하게 준수하는 것과도 연결되어 있다고 여겨졌다. 표면적인 행동이든 정신적인 삶이든, 의무적인 규범을 제대로 지키지 못할 때는 초자연적인 처벌이 떨어졌다(Eno, 2009).

민족지학, 고고학, 역사에서 나타나는 이 양상은 큰 신을 믿는 친사회적 종교가 크고 복잡한 사회와 함께 등장했음을 가리키는 증거가 된다. 우리는 이 과정이 모 아니면 도의 현상이 아니라는 점에 주목할 필요가 있으며, 오히려 그 과정이 수많은 중간 단계로 이루어진 점진적인 과정이라는 것을 민족지학의 기록과 역사적 기록이 동시에 보여준다고 할 수 있다. 예를 들어, 피지Fiji 같은 족장제 사회의 집단들은 식량수집 사회의 집단보다 규모가 더 크고 계층화되어 있는데, 이들의 신은 식량 수집 사회의 신보다 더욱 강력하고 도덕에 관심을 두지만, 규모가 훨씬 큰 국가 사회보다는 강도가 덜하다(McNamara, Norenzayan, & Henrich, 인쇄 중). 게다가 물론, 이 관련성이 인과관계를 대신하는 것은 아니다. 적어도 고고학과 역사의 데이터 중 일부는 크고 친사회적인 사회가 그저 그 사회의 이미지에 따라 크고 친사회적인 신을 상상했다고 보는 대안 가설에 부합한다. 여기서 살펴보는 이론적인 분석틀 역시 그런 가능성과 모순되지 않는다. 인과관계의 경로는 어느 방향을 취할 수 있고(따라서 두 요소가 함께 등장했다는 주장도 가능하다), 각 요소의 중요성은 서로 다른 장소와 역사적인 시기에 따라 달라질 수 있다(Atkinson et al., 인쇄 중; Watts et al., 2015). 하지만 이 분석틀은 점점 더 도덕화하고 간섭하는 신 개념과 그와 관련된 관습에서 출발하여 협력으로 날아가는 중요한 인과적 화살 하나가 존재한다는 주장에 의존하고 있다. 다음으로는 이 인과적 가설을 검토하고, 그 과정의 이면에 놓인 심리 기제를 탐구하고자 한다.

대규모 협력 문제의 종교적 해법

대규모 협력 때문에 발생하는 중요한 문제 가운데 하나는 익명성의 위협이다. 집단의 규모가 커짐에 따라, 익명성이 협력의 끈들을 침식한다. 이와 일관되게, 연구는 검은 안경을 쓰거나 조명이 어둑한 방에 앉아 있을 때처럼 자신이 익명이라고 착각할 수 있는 상황에서도 이기심과 부정행위가 튀어나온다는 것을 밝혀냈다(Zhong, Bohns, & Gino, 2010). 카메라나 관객 등 사회적 감시 장치가 존재하면 정반대 효과가 나온다. 은연중에 인간의 눈처럼 보이는 그림에만 노출되더라도 낯선 사람에게 선한 행동을 하고 싶어진다(Bateson, Nettle, & Roberts, 2006; Haley & Fessler, 2005).[3] 속담에서 말하듯이, "지켜보고 있을 때는 다 착한 사람"인 것이다. 그러므로 대규모 협력에서 발생하는 문제와 성공적으로 싸워온 많은 문화가 "하늘에서 지켜보는 눈", 즉 눈길 닿지 않는 곳이 없고 인간의 도덕성에 특별한 주의를 기울이는 깐깐한 신의 개념에 안착한 것은 매우 타당한 일이다(Norenzayan, 2013). 사람들은 도덕성에 주의를 기울이고 벌을 내리는 신이 자기를 보고 있다고 생각하면, 설사 혼자 있을 때도 더 선하게 행동한다.

위로부터의 압력

여기에서는 이 가설을 뒷받침하는 쪽으로 수렴하는 일련의 실험 증거를 조명하고자 한다(더 세부적인 내용은 Norenzayan, Henrich, & Slingerland, 2013을 보라). 경제 게임은 협력 연구에서 친사회적 행동을 측정하는 프리즘으로 사용된다. 예를 들어, 독재자 게임에서는 익명의 참가자 두 명이 일회성 상호작용에 참여한다. 참가자 1은 진짜 돈을 받은 뒤, 이를 참가자 2와 어떤 비율로 나눌지 결정해야 한다. 참가자 2는 참가자 1이 할당한 금액을 받고, 게임은 끝난다. 헨릭, 엔스밍거Ensminger 등(2010)은 전 세계에 걸쳐 있는 15개 식량 수집인, 목축인, 원예민 사회에서 협력 경향을 예측

---

3 사회적 감시가 없으면 친사회적 행동도 없다는 뜻은 아니다. 완전한 익명의 상황에서도 친사회적 행동의 잔재는 얼마간 남아 있게 마련이다(예를 들어, Gintis, Bowles, Boyd, & Fehr, 2003를 보라). 이 역시 중요하긴 하지만, 그렇다고 사회적 감시하에 있을 때 친사회적 행동이 증가한다는 관찰 결과를 바꾸지는 못한다.

하는 광범위한 인구학적 변수와 다른 요인들을 통제한 뒤, 전지적이지 않고 도덕에 관심이 없는 지역적인 신에 대한 신앙과 아브라함 계통의 '큰 신'에 대한 신앙을 비교한 결과, 큰 신에 대한 믿음이 있을 때 더 큰 액수를 나눠준다고 예측할 수 있다는 결과를 얻었다.

헨릭과 동료들의 연구는 이 퍼즐의 중요한 조각 하나를 찾아냈다. 큰 신이 있는 종교를 믿으면 (범위가 한정된 지역적인 신을 믿는 종교에 비해) 낯선 사람에게 실제로 친사회적 행동이 증가한다는 것을 입증한 것이다. 하지만 이 연구로 인과관계가 결정적으로 입증되는 것은 아니다. 최근에 종교적 프라이밍priming(마음의 준비 또는 마중물) 실험에서 이 주제를 다뤘다. 캐나다에서 진행한 연구에서 우리는 단어 게임을 한다는 명목으로 일부 참가자에게 그들이 의심하지 않도록 몰래 신을 상기시키는 말들을 끼워 넣었다. 두 번째 참가자들은 종교적인 내용이 없는 단어들로 같은 게임을 했다. 마지막으로 세 번째 집단은 세속적인 감시 장치를 상기시키는 단어들로 게임을 했다. 단어 게임을 마친 뒤 모든 참가자가 독재자 게임을 했다(Shariff & Norenzayan, 2007). 신을 믿는다는 자기보고 결과는 관대함과 관련이 없었다. 하지만 신을 상기시키는 장치는 관대함에 안정적으로 영향을 미쳤다. 비노출 집단은 일반적으로 이기주의를 드러냈다. 참가자 대부분이 할당받은 전액을 차지한 것이다. 신에 노출된 집단의 반응은 대체로 공정했다. 중요한 점은, 세속적인 준비가 종교적인 준비와 비슷한 효과로 이어졌다는 것이다. 이로써 세속적 기제도 낯선 이들에 대한 선한 행동을 고무시킬 수 있음이 밝혀졌다.

종교적 프라이밍에 대한 실험 결과 25건을 대상으로 최근에 메타분석을 시행했더니, 종교적 프라이밍이 친사회적 행동에 미치는 효과가 안정적으로 나타났고 심리학계의 출판 편향을 보정한 뒤에도 효과는 그대로 유지되었다(Shariff, Willard, Andersen, & Norenzayan, 2015). 실험실에서 발견되는 종교적 프라이밍 효과는 현실 세계에서도 관찰할 수 있다. 그 한 예가 '일요일 효과'다. 한 연구는 몇 주 동안 이어진 온라인 자선기금 모금에 사람들이 어떻게 반응하는지를 살펴보았다. 기독교인과 비신자가 기부를 할 확률이 일요일을 제외하면 거의 같았지만, 일요일에 기독교인이 기부할 확률은 비신자보다 3배 높았다(Malhotra, 2008).

이 실험 결과를 종합하면, 종교적인 프라이밍의 이면에 놓인 기제에 관해서 중요한 몇 가지 결론에 이를 수 있다. 먼저, (초자연적인 처벌에 대한 불신보다는) 초자연적인 처벌에 대한 믿음이 도덕적 위반의 감소와 더 강하게 연관되고, 반면에 초자연적인 자애(이런 것이 있다는 가정하에)에 대한 믿음은 정반대 효과를 일으킨다(Shariff & Norenzayan, 2011; Shariff & Rhemtulla, 2012). 둘째, 신자들이 처벌의 의무를 신에게 전가하기 때문에, 처벌하는 신에 대한 믿음은 무임승차자에 대한 처벌 행동을 감소시킨다는 증거가 있다(Laurin, Shariff, Henrich, & Kay, 2012). 셋째, 반응 시간을 분석한 결과, 신자들은 신이 규범적인 행동에 대해 알고 있는 것보다 위반 행동에 대해 더 많이 알고 있다고 직감한다(Purzycki et al., 2012). 넷째, 종교적인 프라이밍은 평균적으로 비신자에게는 안정적인 효과를 일으키지 않는다(Shariff et al., 2015). 마지막으로, 낯선 사람에 대한 관대함을 증가시키는 이 종교적 준비는 신자들에게 사회적 감시하에 있다는 지각도 증가시킨다(Gervias & Norenzayan, 2012a).

이를 비롯한 여러 결과를 통해서 우리는 처벌을 내리는 초자연적인 감시자를 믿을 때 낯선 사람을 향한 친사회성이 증가할 수 있음을 알게 된다. 이 결과는 애초에 친사회적인 개인이 자연스럽게 친사회적인 신의 개념을 상상한다거나, 또는 종교적 프라이밍이 자애로움에 관한 생각을 불러일으켜서 관대함 같은 자애로운 행동을 고무시킨다는 견해와 상충한다(Norenzayan et al., 2013). 또한 종교적 프라이밍 효과는 낮은 수준의 연상 또는 문화적 지식의 결과이며 그런 수준의 연상이나 문화적 지식은 종교적 사회화와 무관하게 모두에게 일반화할 수 있다는 증거와도 충돌한다.

종교적 협력을 강화하는 다른 기제들: 극단적 의례, 동시성, 절제, 허구적 혈연관계, 그밖의 것들

문화적 진화의 논리에서 볼 때, 역사적 시기 중에 대규모 협력을 촉진하는 해결책들이 꿰맞춰진다. 그러므로 세계 종교에서는 초자연적인 감시와 한곳으로 수렴해서 협력 효과를 일으키는 수많은 다른 기제들(그리고 그 세속적인 계승자와 경쟁자들)이 있을 것이다. 물론 이 기제가 특별히 종교에만 존재하는 것은 아니다. 요점은, 문화적으로 성공적인 종교는 이런 기제에 의존해서 사회적 결속을 촉진한다는 것이다. 그런 기제로는 극단적 의례의 참여(Xygalatas et al., 2013), 동시적인 움직임과 음악, 즉 시간적으로 일치하는 집단적 움직임(McNeill, 1995; Wiltermuth & Heath, 2009), 절제를 함양해서 이기심을 억제하게 하는 관습(McCullough & Willoughby, 2009); 허구적 혈연관계(Nesse, 1999); 출산율을 높이는 문화적 관습(Blume, 2009; Kaufmann,, 2010) 등이 있다. 조사가 필요한 다른 기제들도 많이 있을 것이다. 한정된 지면을 고려하여 여기서는 극단적 의례를 조명하고자 한다.

세계 종교는 극단적 의례를 자주 치러서 집단의 친사회성을 고무시키고 사회적 결속을 쌓는다. 자이갈라타 등Xygalatas et al.(2013)은 모리셔스에 거주하는 힌두교도들이 타밀족의 전쟁 신인 무루간Murugan에게 바치는 극단적 종교 의례, 카바디Kavadi에 참여하고 또 그것을 목격하는 경험에 친사회적 효과가 있는지를 조사했다. 그들은 타이푸삼Thaipusam 축제의 맥락에서 이 의례를 거행하는데, 그 내용은 머리카락을 밀고 가벼운 짐을 지는 온건한 수준에서부터, 며칠간 금식을 하고, 꼬챙이로 살을 뚫고, 금속 못 위를 걷는 등의 극단적인 수준까지 다양하다. 고통을 크게 느낄수록 참가자는 더 많은 돈을 기부한다. 게다가 이에 참여하는 것 못지않게 이 격렬하고 고통스러운 의례를 목격하기만 해도 사원에 익명으로 기부하는 금액이 증가한다. 이는 카바디처럼 극단적인 의례를 통한 숭배가 그저 참여자에게만 작동하는 헌신 장치가 아니라 문화적 전염성을 가진 믿을 만한 과시행동(즉, CRED)이라는 것을 시사한다.

종교적 협력은 집단 간 갈등과 불신에 따라 형태를 갖추고 또 그에 기여한다

낯선 사람들을 하나로 묶어주는 미덕에도 불구하고 종교적 협력은 집단 간 경쟁과 갈등에서 탄생했을 수 있다. 그렇다면 종교적 협력은 다시 그 협력을 위협한다고 보이는 바로 그 갈등—실제의 갈등이든 상상으로 지어낸 것이든—에 다시 기름을 붓는다는 결론이 나온다. 우리는 이 동역학을 통해 큰 신을 가진 종교는 집단 내 협력에 일조하는 동시에 집단 간 갈등에 일조하기도 하는 역설을 이해하고 해결할 수 있다.

집단 간 경쟁은 종교적 협력을 강화한다

집단 간 경쟁, 특히 전쟁은 사회적 복잡성의 큰 동력 중 하나다(Turchin, Currie, Turner, & Gavrilets, 2013). 집단 간 경쟁이 격렬해지고, 전쟁 기술과 인구 규모 같은 다른 요인들이 비슷하다면, 자신의 이익보다 집단의 이익을 좇는 구성원들이 모인 집단—즉, 사회적 결속이 강한 집단—에게 최종 승리가 돌아가는 경향이 있다. 이때 전체 집단이 승리하면 집단에 속한 개인도 승리하는 셈이므로, 이를 통해 집단의 성공을 이끄는 자기희생적 전략이 인간 인구에 확산되는 경위를 설명할 수 있다(Atran & Henrich, 2010). 게다가 이는 '지역주의적(편협한) 이타주의'를 진화시키거나, 또는 경쟁 집단이 우리 집단에 위협이 되는 것처럼 보일 때 우리 집단을 위해 자기희생을 하는 성향과 경쟁 집단에 대한 적대감을 결합하는 성향을 진화시키는 조건이 된다. 지역주의적 이타주의가 인간의 진화에 얼마나 중요한 역할을 했는지에 대해서는 활발한 논쟁이 이루어지고 있다(예를 들어, Bowles, 2008). 하지만 그런 논쟁이 벌어지는 만큼 종교적 협력은 그런 사례의 전형일지 모른다.

예를 들어, 전 세계 97개 지역을 두루 조사한 연구에 따르면, 위협을 받고 있는 집단 중 종교 참여율이 낮은 소수 집단보다 종교 참여율이 높은 소수 집단이 다수 집단을 직접 공격할 확률이 높았다. 위협을 지각하면 이것이 결속을 쌓는 종교의 잠재력을 독소로 변화시켜 집단 간 갈등에 불을 붙인다는 것을 말해준다(Neuberg et al., 2014; 또한 Ginges, Hansen & Norenzayan, 2009). 그렇다면 당연히 종교적 협력이 전 지구로 퍼져나감에 따라 종교적 갈등의 잠재성도 전 지구로 퍼져나갔을 것이다. 종교적 공동체는 '경쟁하기 위해 협력'하는데, 우리는 이런 명령을 민족지학 기록과 비교문화 기록을 양적으로 분석한 데이터에서도 확인할 수 있다. 무엇이 무엇을 유발하는지는 논쟁거리로 남아 있지만, 우리는 만연해 있는 집단 간 갈등과 전쟁, 자원이 풍부한 환경, 큰 집단 규모, 그리고 큰 신을 믿는 종교가 상호 연관되어 있다는 것을 알고 있다(예를 들어, Gelfand, Raver, Nishii, Leslie, & Lun, 2011; Roes & Raymond, 2003).

우리는 무신론자를 불신하나이다

큰 신의 초자연적 감시가 있을 때 종교는 집단의 사회적 결속을 유지하면서 쉽게 확장될 수 있다. 초자연적 감시를 고려하면 종교와 관련된 가장 꾸준하면서도 은폐되어 있는 한 가지 편견을 설명할 수 있다. 바로 무신론자에 대한 불관용이다.[4] 미국

---

4 그와 관련되어 있지만 또 다른, 종교 집단 내에서 발생하는 지각된 위협이 있다. '종교적

(Edgell, Gerteis, & Hartmann, 2006)을 비롯해서 종교를 믿는 사람이 과반을 차지하는 전 세계의 사회들(Gervais & Norenzayan, 2013을 보라)을 대상으로 설문조사를 했을 때, 무신론자들의 사회적 지지율이 가장 낮은 편에 속한다는 결과가 꾸준히 나온다. 종교를 관용한 계몽사상마저도 무신론자에게는 허락되지 않는다. 철학자 존 로크는 『관용에 관한 편지*Letter Concerning Toleration*』에 이렇게 썼다. "신의 존재를 거부하는 이들에게는 어떤 관용도 베풀 수 없다. 약속, 서약, 맹세는 인간 사회의 계약으로, 무신론자에게는 적용되지 않는다."

무신론자에 대한 불관용은 수수께끼와 같다. 종교인이 다수를 차지하는 사회에서 무신론자는 눈에 보이거나, 힘이 있거나, 심지어 통일성 있는 사회집단이 되지 못한다. 무신론 음악, 무신론 요리, 무신론 의복 같은 것은 존재하지 않는다. 왜 신자들은 무신론자를 무시하고 말지 않을까? 편견에 진화적으로 접근하는 방법에 초자연적 감시의 심리학을 곁들이면 이 편견을 탈신비화할 수 있다. 진화심리학의 관점에서, 편견을 일차원적 개념(다른 집단을 향한 '호감' 대 '비호감'으로 나뉘는)으로 다루는 것은 적절하지 않다. 특정한 집단에 대한 편견을 이해하고자 할 때 그 집단이 어떤 구체적인 위협을 가하는 것으로 지각되고 있는지를 알면 도움이 되고, 상상으로 지어냈거나 실제로 존재하는 그 구체적인 위협에 어떤 심리적 반응이 나오고 있는지를 확인하는 데에도 도움이 된다. 이를테면, 폭력의 위협이 공포를 촉발하거나, 오염에 대한 위협이 역겨움을 촉발하는 것이 대표적이다(Kurzban & Leary, 2001; Schaller & Neuberg, 2008). 연구는 무신론자를 향한 불관용이 그런 지각된 위협에 뿌리내리고 있음을 보여주는데, 도덕적 불신의 뿌리는 바로 무임승차의 위협이다(Gervias, Shariff, & Norenzayan, 2011).

나아가 이 분석은 무신론자에 대한 신자들의 불신이 언제 강해지고 언제 약해지는지를 예측한다. 무신론자들을 감시하기가 어렵다는 생각이 이런 불신에 기름을 끼얹는데 세속적인 감시 장치가 종교적인 감시 장치를 대체할 수 있다면 세속적인 감시는 무신론자에 대한 신자들의 불신을 완화할 것이다. 비교문화의 연구결과

위선자', 혹은 종교적인 신앙을 고백하면서 실은 정말 믿지는 않는 사람들이다. 진화적 설명에 대해서는 Henrich, 2009; Norenzayan, 2013, Chapter 6; Scholss, 2008을 보라.

(Norenzayan & Gervias, 인쇄 중)와 실험적 연구결과(Gervais & Norenzayan, 2012b)가 이 예측을 뒷받침한다. 캐나다와 미국(강력한 법치가 이루어지는 국가들)에서 신자들에게 경찰력을 상기시키는 것만으로도 무신론자에 대한 불신이 약해졌지만, 다른 집단에 대한 편견은 그대로였다(Gervais & Norenzayan, 2012b). 이를 통해 우리는 북유럽처럼 사람들이 법의 통치에 기댈 수 있고 폭넓은 사회안전망이 삶의 고난을 완화해주는 곳에서 왜 신자들이 종교를 도덕적 행위에 꼭 필요한 것으로 여기지 않는지를 어느 정도 알 수 있다(Zuckerman, 2008).

큰 신에서 신이 없는 사회로

그런 조건들에 힘입어 세계 일부 지역에서 대규모 협력의 종교적 수단이 세속적 수단으로 이행하는 중요한 사회적 전환이 닻을 올렸다(Norris & Inglehart, 2004). 산업 혁명 이후로 세속적 제도와 전통—법원, 경찰, 계약을 집행하는 문화적 장치들—은 신 없이 대규모 협력이 작동할 수 있는 조건을 창출했다. 이런 제도와 장치는 또한 무작위와 혼란의 공포를 누그러뜨리는 심리적 통제의 새로운 원천이 되기도 한다(Kay, Gaucher, Napier, Callan, & Laurin 2008). 협력 행동을 연구한 결과에 따르면 신자들은 신이 자신의 행동을 감시하고 있다고 생각할 때 가장 훌륭하게 처신한다(Shariff et al., 2015). 하지만 같은 연구에 따르면, 익명의 상호작용을 감시하고 법의 통치를 보증해주는 인위적 제도를 의식할 때도 그처럼 협력과 신용이 촉진되고(Shariff & Norenzayan, 2007), 게다가 지각된 도덕적 행위와 종교의 연결고리를 끊기도 한다(Gervias & Norenzayan, 2012b).

세계의 비신자들이 함께 집단을 이룬다면 그 수는 수억에 이르러서 세계 주요 종교들의 규모와 맞먹을 것이다(Zuckerman, 2007). 이 세속화 과정도 친사회적 종교와 큰 신을 설명하는 그 통찰들을 묶어 이해할 수 있다. 종교적 믿음은 인지 편향, 핵심 동기, 문화적 학습 전략의 공통 산물이기 때문에, 이 심리적 경로들이 제각기 혹은 한꺼번에 대체될 수 있다면 그 결과가 무신론이 될 수 있다(Norenzayan & Gervais, 2013). 복수의 상호작용 경로는 이따금씩 서로 수렴하거나 강화하는데, 그럴 때 북유럽 같은 세속 사회는 문화적 평형에 도달한다. 무신론자가 다수를 차지하는 북유럽 사회들은 세계에서 가장 협력적이고 평화롭고 번영했는데, 종교의 사다리를 딛고 올라간 뒤 그 사다리를 걷어차 버린 셈이다.

결론과 의미

이 분석틀은 종교를 진화적으로 연구하는 분야에서 이론적 종합에 접근하는 한 방법이 될 수 있다. 또한 종교라는 용어가 어째서 규정하려는 시도를 잘도 빠져나가는 미끄러운 개념인지 그 답 하나를 제시해준다. 마지막으로, 미해결 문제와 미래의 방향을 살펴보는 것으로 이 장을 마무리하고자 한다.

진화적 종교 연구의 이론적 종합을 위하여

여기 제시한 이론적 분석틀에는 현재까지 종교에 접근하는 가장 유력한 진화적 방법 두 가지, 즉 **부산물 접근법**과 **적응주의적 접근법**의 중요한 요소들이 통합되어 있다. 두 접근법은 진화적인 종교 연구에 뚜렷하고 중요한 기여를 해왔고, 지금도 계속 경험적 연구를 생산해내고 있다. 하지만 각각의 기여가 종종 이론적으로 단절된 채 남아서 탐구자들에게 종합의 기회를 열어주고 있다(해당 사안을 다룬 논의를 위해서는 Bulbulia et al., 2013; Purzycki, Haque, & Sosis, 2014; Schloss & Murray, 2011; Sosis, 2009를 보라).

지금 제시한 접근법은 그런 종합을 목표로 한다(다른 형태의 결합도 가능하다). 이 종합은 인지적인 부산물 관점에서 거둬들인 통찰들 위에 직접 쌓아올린 것이다. 그런 뒤 유전과 문화적 상속이라는 두 측면을 모두 고려하는 분석틀 안에 그 통찰들을 놓고, 종교에서 반복적으로 나타나는 특징뿐 아니라 문화적·역사적 가변성을 함께 설명한다. 그 과정에서 지금보다 더 많은 관심을 받아 마땅한 다른 현상들과도 씨름한다.

그런 현상들 가운데 하나가 협력적인 종교 공동체에서 삶의 중요한 측면에 해당하는 특별한 신들에 대한 **신앙 내지 헌신**이다. 바로 '제우스 문제Zeus Problem'(Gervias & Henrich, 2010)인데, 과연 어떤 경위로 똑같은 초자연적 존재가 그 개념의 내용은 비슷하게 유지되면서도, 어떤 역사적 시기에는 열정적인 헌신을 불러일으키고 또 다른 시기에는 허구적인 존재로 간주되는지를 따지는 문제다. 달리 말하자면, 신자들은 인지적으로 타당한 모든 초자연적 존재에게 헌신하지는 않는다. 신자들이 헌신하는 대상은 신뢰할 만한 과시행동이 뒷받침하고, 명망 있는 지도자들이 승인하고, 지역 사회의 사람들 대다수가 지지하는 일부 초자연적 존재인 것이다. 문화적 학습의 단서가 바뀌면, 사람들이 헌신하는 구체적인 신에 큰 변화가 발생한다.

인지적 부산물 접근법이 직면하는 또 다른 중요한 현상은 종교의 일부 요소들이 그 협력 효과로 인해 확산되었음을 점점 더 많은 경험적 증거가 입증하고 있다는 것이다. 보마르Baumard와 보이어(2013)는 비례의 원칙과 공정성 같은 진화한 도덕적 직관의 문화적인 반영으로서 세계 종교를 설명하고, 일부 종교가 친사회적 효과로 인해 확산되었다는 생각에 반대한다. 하지만 '오직 부산물일 뿐'이라는 이 설명은 이 장에서 검토했듯이 친사회적 효과를 드러내는 실험적 증거와도 양립하지 않고, 강력한 문화적 선택이 다른 라이벌 종교 집단을 버리고 그런 효과를 가진 종교 집단을 선호했음을 시사하는 비교문화의 증거 및 역사의 증거와도 양립하지 않는다. 지금까지 전개한 분석틀이 예증하듯이, 인지적 부산물 관점에서 거둬들인 중요한 통찰들을 그대로 유지하면서도, 인지적 부산물로 출현한 일부(대부분은 아니지만) 문화적 변이들이 어떻게 하류 효과로서 협력을 발생시킬 수 있는지를 설명하는 것은 분명히 가능하다(해당 사안에 대한 논쟁은 Baumard & Boyer, 2014와 Norenzayan, 2014를 보라).

현재의 분석틀은 또한 두 가지 두드러지는 적응주의적 종교 이론―값비싼 신호 접근법과 초자연적 처벌 가설―이 다루는 중요한 현상들도 설명할 수 있다. 값비싼 신호 접근법은 협력 집단에서 사치스러운 종교적 표현은 무임승차 의혹을 해소하기 위해 개인이 자신의 협력 수준이나 집단을 향한 헌신을 안정적으로 알리는 방편으로서 자연 선택된 유전적 적응의 산물이라 주장한다(Bulbulia, 2004, 2008; Sosis & Alcorta, 2003). 현재의 분석틀은 이 접근법에서 나온 통찰들을 두 가지 면에서 인정하고 통합한다. 우선, 이 접근법은 사치스러운 표현이 만들어내는 문화적 전염성을 설명해주고, 그런 표현을 통해 행위자의 헌신에 관한 어떤 정보가 타인들에게 전달되는지를 해명해준다. 이런 의미에서 CRED와 신호는 양립 가능한 전략이며, 서로를 강화해줄 수 있다. 둘째, 신호 접근법을 문화적 진화의 분석틀에 끼워 넣음으로써(Henrich, 2009) 우리는 왜 종교를 믿는 사람들이 각기 다른 수준으로 헌신하는지를 설명할 수 있다.

초자연적 처벌 가설(SPH) 역시 흥미로운 동시에 종교의 진화적 연구에 크게 기여한 이론이다(예를 들어, Bering, 2011; Johnson, 2009). SPH는 오류 관리 설명(Johnson, Blumstein, Fowler, & Haselton, 2013)의 일종으로, 초자연적 처벌에 대한 공포가 도덕적 자제self-constraint를 위한 유전적 적응으로 자연 선택되었다고 주장한다. 초자연적 처벌을 두려워함으로써 사람들은 사회적 이탈을 삼가고, 배척당하는 데 따른 적합도 비용을 피하는 것이다.

SPH와 문화적 진화 및 인지적 부산물이라는 분석틀은 유사성이 많을 뿐 아니라, 동일한 증거에서 태어났다. 두 접근법은 서로 비슷한 경험적 예측들을 제시하며, 초자연적 위협(채찍)이 초자연적 보상(당근)보다 훨씬 영향력이 크고 강력하다는 가설로 수렴한다. 하지만 둘 사이에는 얼마간 구분이 되는 경험적 주장으로 이어지는 중요한 이론적 차이가 존재해서, 종교 진화에 관한 가설들을 더 세밀하게 검증하고 가다듬을 기회를 제공한다. 문화적 진화에 근거한 설명에서는 초자연적 처벌에 대한 믿음이 개인과 문화적 집단에 미치는 영향에 따라 문화적으로 선택되는 데 반해, SPH는 처벌하는 신에 대한 공포가 사회적 이탈을 억제하는 진화한 심리적 보호 장치라고 주장한다(Johnson, 2009; Johnson & Bering, 2006; Schloss & Murray, 2011). 나는 여기서 개괄한 문화적 진화 시나리오에 부합하는 증거, 즉 특히 식량수집인들의 소규모 사회에서는 신의 전지적인 능력과 도덕성에 대한 관심이 제한적이며, (사회에서 이탈하는 비용이 소규모 사회보다 확실히 작은) 익명성이 큰 사회일수록 신이 더 강하게(약해지지는 않는다) 도덕화하고 간섭한다는 증거를 제시했다. 이 가설의 관찰 결과에 대해서는 현재 더 세밀한 조사가 이뤄지고 있다. (추가적인 논의와 논쟁은 Norenzayan, 2013; Norenzayan, 2014; Schloss & Murray, 2011; 그리고 관련 해설, 특히 Johnson, 2014를 보라.)

문화적 진화-인지적 부산물 분석틀은 '종교' 개념이 왜 그렇게 규정하기 힘든지를 설명한다

이 장에서 여러분도 눈치챘을지 모르지만, 나는 '종교' 개념의 정의 문제를 피했다. 실은 일부러 그런 것이며, 이제 이론적인 분석틀을 구체적으로 설명했으니 이 문제를 다룰 때가 온 듯하다. 종교를 연구하는 학자들은 종교의 정의, 또는 종교가 믿음이나 행동의 일관된 범주를 구성하는지에 합의하지 못하고 있다(Clarke & Byrne, 1993; Stausberg, 2010). 진화적인 종교 연구는 정의에 그리 큰 관심을 두지 않는다. 과학자들은 그 개념의 특정한 측면들을 골라내서 개념을 조작할 수 있게 하지만, 그 개념이 명확한 의미론적 경계를 가질 수 있는지에 대해서는 활발한 논쟁이 벌어지고 있다(Bulbulia et al., 2013). 여기서 개괄한 문화적 진화−인지적 부산물 분석틀은 다음과 같은 내용을 예상한다. 종교라는 덩어리는 예측 가능한 통계적 양상으로, 필요조건이나 충분조건을 갖춘 개념은 아니다. 따라서 문화적으로나 역사적으로 모든 맥락에 통용되는 단 하나의 절대적인 정의나 분명한 의미론적 경계는 예상하지 않는다. '종교'라는 딱지가 붙은 일련의 특성들은 반복적으로 나타나는 요소를 포함하면서 동시에 문화적 돌연변이를 일으켜서 다른 집단과 다른 역사적 시기에 다른 형태를 띤다(Bulbulia et al., 2013; Norenzayan, 2013; 유사하지만 차이점이 있는 설명을 위해서는 Taves, 2009를 보라).

아직 해결되지 않은 질문과 앞으로의 방향

진화적인 종교 연구가 상당히 진전했음도 불구하고, 아직 알려지지 않은 것들과 해결되지 않은 문제가 많이 남아 있다. 어디서, 어떻게 세계 종교의 확산은 대규모 협력의 촉발과 병행할까? 믿음과 의례의 복합체는 어떻게 형성되고, 어떻게 여러 대륙으로 확산될까? 또한 전 세계의 (그리고 역사상의) 신자들이 어떻게 그들의 신을 정신적으로 표상하는지(예를 들어, Purzycki, 2013을 보라), 그리고 그러한 마음 표상이 인간의 심리에 어떤 함의를 갖는지에 대해서 체계적인 탐구가 거의 이루어지지 않은 상태다. 불교와 힌두교의 업보와 숙명 개념(Obeyesekere, 2002) 같은 초자연적 아브라함 계열의 핵심 개념인 지옥과 신의 분노 같은 중요한 믿음처럼 억지 기제로 작용할까? 어떤 형태의 의례가, 어떤 이유에서 효과적으로 느껴질까(Legare & Souza, 2012)? 종교적 불신에 관한 다양한 심리학적 질문들도 아직 답을 찾지 못했다. 어린 아이들은 어떻게 초자연적 존재를 믿게 되고, 어떻게 어떤 존재에 대한 믿음은 버리고 다른 존재에 대한 믿음은 유지하는 것일까? 자신을 무신론자라고 밝힌 이들도 암묵적인 이원론, 환생, 숙명 같은 유신론적 직관을 갖고 있을까(예를 들어, Bering,

2011)? 이론의 차원에서 진화적인 종교 연구는 지금 활기 넘치는 시기를 보내면서 학과의 경계를 무너뜨리고, 새로운 연구결과를 만들어내고 있으며, 점차 통합되는 분석틀에 힘입어 겉보기에는 이질적인 사실들과 이론적 관점들을 단단하게 결합하는 새로운 이론과 관점을 풍부하게 생산하고 있다. 연구가 진행 중이고 많은 논쟁이 벌어지는 와중에도 진화 과학이 종교—인간의 정신적, 문화적 측면 중 대단히 오랫동안 존속하면서 광범위하게 영향을 미치고 있는 측면—와 씨름한 덕분에, 우리는 나무 대신 숲을 보기 시작하고 있다.

참고문헌

Ames, H., & Rosemont, R. T. (2009). *The Chinese classic of family reverence: A philosophical translation of the Xiaojing.* Honolulu: University of Hawai'i Press.

Assmann, J. (2001). *The search for God in ancient Egypt.* Ithaca, NY: Cornell University Press.

Atkinson, Q. D., Latham, A. J., & Watts, J. (2014, July 23). Are Big Gods a big deal in the emergence of big groups? *Religion, Brain and Behavior.* doi:10.1080/215359 9X.2014.928351

Atkinson, Q. D., & Whitehouse, H. (2011). The cultural morphospace of ritual form: Examining modes of religiosity cross-culturally. *Evolution and Human Behavior, 32,* 50–62.

Atran, S., & Ginges, J. (2012). Religious and sacred imperatives in human conflict. *Science, 336,* 855–857.

Atran, S., & Henrich, J. (2010). The evolution of religion: How cognitive by-products, adaptive learning heuristics, ritual displays, and group competition generate deep commitments to prosocial religions. *Biological Theory: Integrating Development, Evolution, and Cognition, 5,* 18–30.

Atran, S., & Norenzayan, A. (2004). Religion's evolutionary landscape: Counterintuition, commitment, compassion, communion. *Behavioral and Brain Sciences, 27,* 713–770.

Axelrod, R. (1984). *The evolution of cooperation.* Cambridge, MA: Basic Books.

Banerjee, K., & Bloom, P. (2013). Would Tarzan believe in God? *Trends in Cognitive Sciences, 17,* 7–8.

Barrett, J. L. (2004). *Why would anyone believe in God?* Walnut Creek, CA: AltaMira Press.

Bateson, M., Nettle, D., & Roberts, G. (2006). Cues of being watched enhance cooperation in a real-world setting. *Biology Letters, 2,* 412–414.

Baumard, N., & Boyer, P. (2013). Explaining moral religions. *Trends in Cognitive Sciences, 17,* 272–280. doi:10.1016/j.tics.2013.04.003

Baumard, N., & Boyer, P. (2014, July 22). Empirical problems with the notion of "Big Gods" and of prosociality in large societies. *Religion, Brain and Behavior.* doi:10.10 80/2153599X.2014.928349

Bellah, R. N. (2011). *Religion in human evolution: From the Paleolithic to the axial age.* Cambridge, MA: Harvard University Press.

Bering, J. (2011). *The belief instinct: The psychology of souls, destiny, and the meaning of life.* New York, NY: W. W. Norton.

Bloom, P. (2007). Religion is natural. *Developmental Science, 10,* 147–151. doi: 10.1111/j.1467–7687.2007.00577.x

Blume, M. (2009). The reproductive benefits of religious affiliation. In E. Voland & W. Schiefenhövel (Eds.), *The biological evolution of religious mind and behavior* (pp. 117–126). Berlin, Germany: Springer-Verlag.

Bowles, S. (2008). Conflict: Altruism's midwife. *Science, 456,* 326–327.

Boyer, P. (2001). *Religion explained.* New York, NY: Basic Books.

Bulbulia, J. (2004). Religious costs as adaptations that signal altruistic intention. *Evolution and Cognition, 10,* 19–38.

Bulbulia, J. (2008). Free love: Religious solidarity on the cheap. In J. Bulbulia, S. Richard, R. Genet, E. Harris, K. Wynan, & C. Genet (Eds.), *The evolution of religion: Studies, theories and critiques* (pp. 153–160). Santa Margarita, CA: Collins Foundation Press.

Bulbulia, J., Geertz, A. W., Atkinson, Q. D., Cohen, E., Evans, N., François, P., ... Wilson, D. S. (2013). The cultural evolution of religion. In P. Richerson & M. Christiansen (Eds.), *Cultural evolution* (pp. 381–404). Cambridge, MA: MIT Press.

Burnham, T., & Johnson, D. D. P. (2005). The evolutionary and biological logic of human cooperation. *Analyse & Kritik, 27,* 113–135.

Chudek, M., & Henrich, J. (2011). Culture-gene coevolution, norm-psychology and the emergence of human prosociality. *Trends in Cognitive Sciences, 15,* 218–226. doi:10.1016/j.tics.2011.03.003

Clarke, P., & Byrne, P. (1993). *Religion defined and explained.* London, England: Macmillan Press.

Clark, K. J., & Winslett, J. T. (2011). The evolutionary psychology of Chinese religion: Pre-Qin high gods as punishers and rewarders. *Journal of the American Academy of Religion, 79,* 928−960.

Dawkins, R. (2006). *The God delusion.* New York, NY: Mariner Books.

de Waal, F. B. M. (2008). Putting the altruism back into altruism: The evolution of empathy. *Annual Review of Psychology, 59,* 279−300.

Diamond, J. (2005). *Guns, germs, and steel: The fates of human societies.* New York, NY: W. W. Norton.

Durkheim, E. (1915). *The elementary forms of the religious life.* New York, NY: Free Press.

Edgell, P., Gerteis, J., & Hartmann, D. (2006). Atheists as "other": Moral boundaries and cultural membership in American society. *American Sociological Review, 71,* 211−234.

Eno, R. (2009). Shang state religion and the pantheon of the Oracle texts. In J. Lagerwey & M. Kalinowski (Eds.), *Early Chinese religion: Part one: Shang through Han (1250 BC-22 AD)* (pp. 41−102). Leiden, The Netherlands: Brill.

Epley, N., & Waytz, A. (2010). Mind perception. In S. T. Fiske, D. T. Gilbert, &G. Lindsay (Eds.), *The handbook of social psychology* (5th ed., pp. 498−541). Hoboken, NJ: Wiley.

Epley, N., Waytz, A., & Cacioppo, J. T. (2007). On seeing human: A three-factor theory of anthropomorphism. *Psychological Review, 114,* 864−886.

Frith, U., & Frith, C. D. (2003). Development and neurophysiology of mentalizing. *Philosophical Transactions of the Royal Society B: Biological Sciences, 358,* 459−473. doi:10.1098/rstb.2002.1218

Gelfand, M. J., Raver, J. L., Nishii, L., Leslie, L. M., & Lun, J. (2011). Differences between tight and loose cultures: A 33-nation study. *Science, 332,* 1100−1104.

Gervais, W. M., & Henrich, J. (2010). The Zeus problem: Why representational content biases cannot explain faith in gods. *Journal of Cognition and Culture, 10,* 383−389.

Gervais,W. M., & Norenzayan, A. (2012a). Like a camera in the sky? Thinking about God increases public self-awareness and socially desirable responding. *Journal of Experimental Social Psychology, 48,* 298−302.

Gervais, W. M., & Norenzayan, A. (2012b). Reminders of secular authority reduce believers' distrust of atheists. *Psychological Science, 23,* 483−491.

Gervais, W. M., & Norenzayan, A. (2013). Religion and the origins of anti-atheist prejudice. In S. Clarke, R. Powell, & J. Sayulescu (Eds.), *Intolerance and conflict: A scientific and conceptual investigation* (pp. 126−145). Oxford, England: Oxford

University Press.

Gervais, W. M., Shariff, A. F., & Norenzayan, A. (2011). Do you believe in atheists? Distrust is central to antiatheist prejudice. *Journal of Personality and Social Psychology, 101*, 1189–1206.

Ginges, J., Hansen, I., & Norenzayan, A. (2009). Religion and support for suicide attacks. *Psychological Science, 20*, 224–230.

Gintis, H., Bowles, S., Boyd, R., & Fehr, E. (2003). Explaining altruistic behavior in humans. *Evolution and Human Behavior, 24*, 153–172.

Graham, J., & Haidt, J. (2010). Beyond beliefs: Religions bind individuals into moral communities. *Personality and Social Psychology Review, 14*, 140–150.

Guthrie, S. (1993). *Faces in the clouds.* New York, NY: Oxford University Press.

Haidt, J. (2012). *The righteous mind: Why good people are divided by politics and religion.* New York, NY: Pantheon Books.

Haley, K. J., & Fessler, D. M. T. (2005). Nobody's watching? Subtle cues affect generosity in an anonymous economic game. *Evolution and Human Behavior, 26*, 245–256.

Hamilton, W. D. (1964). The genetical evolution of social behavior. *Journal of Theoretical Biology, 7*, 1–52.

Hamlin, J. K., Wynn, K., & Bloom, P. (2007). Social evaluation by preverbal infants. *Nature, 450*, 667–559.

Henrich, J. (2009). The evolution of costly displays, cooperation and religion: Credibility enhancing displays and their implications for cultural evolution. *Evolution and Human Behavior, 30*, 244–260. doi:10.1016/j.evolhumbehav.2009.03.005

Henrich, J., Ensminger, J., McElreath, R., Barr, A., Barrett, C., Bolyanatz, A., Cardenas, J., . . . Ziker, J. (2010). Markets, religion, community size, and the evolution of fairness and punishment. *Science, 327*, 1480–1484.

Henrich, J., Heine, S. J., & Norenzayan, A. (2010). The weirdest people in the world? *Behavioral and Brain Sciences, 33*(2–3), 61–83.

Johnson, D. D. P. (2005). God's punishment and public goods—A test of the supernatural punishment hypothesis in 186 world cultures. *Human Nature, 16*, 410–446.

Johnson, D. D. P. (2009). The error of God: error management theory, religion and the evolution of cooperation. In S. A. Levin (Ed.), *Games, groups and the global good* (pp. 169–180). Berlin, Germany: Springer-Verlag.

Johnson, D. D. P. (2014, July 22). *Big Gods*, small wonder: Supernatural punishment strikes back. *Religion, Brain and Behavior.*

398

Johnson, D. D. P., & Bering, J. M. (2006). Hand of God, mind of man: Punishment and cognition in the evolution of cooperation. *Evolutionary Psychology, 4,* 219–233.

Johnson, D. D. P., Blumstein, D. T., Fowler, J. H., & Haselton, M. G. (2013). The evolution of error: Error management, cognitive constraints, and adaptive decision-making biases. *Trends in Ecology and Evolution, 28*(8), 474–481.

Kaufmann, E. (2010). *Shall the religious inherit the earth? Demography and politics in the twenty-first century.* London, England: Profile Books.

Kay, A. C., Gaucher, D., Napier, J. L., Callan, M. J., & Laurin, K. (2008). God and the government: Testing a compensatory control mechanism for the support of external systems. *Journal of Personality and Social Psychology, 95,* 18–35.

Kelemen, D. (2004). Are children "intuitive theists"? Reasoning about purpose and design in nature. *Psychological Science, 15,* 295–301.

Kelly, R. L. (1995). *The foraging spectrum: Diversity in hunter-gatherer lifeways.* Washington, DC: Smithsonian Institution Press.

Kurzban, R., & Leary, M. R. (2001). Evolutionary origins of stigmatization: The functions of social exclusion. *Psychological Bulletin, 127,* 187–208.

Laurin, K., Shariff, A. F., Henrich, J., & Kay, A. C. (2012). Outsourcing punishment to God: Beliefs in divine control reduce earthly punishment. *Proceedings of the Royal Society B: Biological Sciences, 279*(1741), 3272–3281.

Legare, C. H., Evans, E. M., Rosengren, K. S., & Harris, P. L. (2012). The coexistence of natural and supernatural explanations across cultures and development. *Child Development, 83,* 779–793.

Legare, C. H., & Souza, A. L. (2012). Evaluating ritual efficacy: Evidence from the supernatural. *Cognition, 124,* 1–15.

Malhotra, D. (2008). (When) are religious people nicer? Religious salience and the "Sunday effect" on prosocial behavior. *Judgment and Decision Making, 5,* 138–143.

Marcus, J., & Flannery, K. V. (2004). The coevolution of ritual and society: New C–14 dates from ancient Mexico. *Proceedings of the National Academy of Sciences, USA, 101,* 18257–18261.

Marlowe, F. W. (2010). *The Hadza: Hunter-gatherers of Tanzania.* Berkeley: University of California Press. Marshall, L. (1962). !Kung Bushman religious beliefs. *Africa: Journal of the International African Institute, 32,* 221–252.

McCullough, M. E., & Willoughby, B. L. B. (2009). Religion, self-regulation, and self-control: Associations, explanations, and implications. *Psychological Bulletin, 135,* 69–93.

McNamara, R., Norenzayan, A., & Henrich, J. (in press). Which god is watching?

Divine punishment, material insecurity, and in-group favoritism in Yasawa, Fiji. *Religion, Brain and Behaviour.*

McNeill, W. H. (1995). *Keeping together in time.* Cambridge, MA: Harvard University Press.

Mikalson, J. (2010). *Ancient Greek religion.* Chichester, England: Blackwell.

Nesse, R. (1999). Evolution of commitment and the origins of religion. *Science and Spirit, 10,* 32–36.

Neuberg, S. L., Warner, C. M., Mistler, S. A., Berlin, A., Hill, E. D., Johnson, J. D., . . . Schober, J. (2014). Religion and intergroup conflict: Findings from the Global Group Relations Project. *Psychological Science, 25,* 198–206.

Norenzayan, A. (2013). *Big Gods: How religion transformed cooperation and conflict.* Princeton, NJ: Princeton University Press.

Norenzayan, A. (2014). Does religion make people moral? *Behaviour: Special Issue on Evolved Morality, the Biology and Philosophy of Human Conscience, 151,* 229–248.

Norenzayan, A. (2014, July 17). Big questions about Big Gods: Response and discussion. *Religion, Brain and Behavior.* doi:10.1080/2153599X.2014.928359

Norenzayan, A., & Gervais, W. M. (2013). The origins of religious disbelief. *Trends in Cognitive Science, 17,* 20–25.

Norenzayan, A., & Gervais, W. M. (in press). Secular rule of law erodes believer's political intolerance of atheists. *Religion, Brain and Behavior.*

Norenzayan, A., Gervais, W. M., & Trzesniewski, K. (2012). Mentalizing deficits constrain belief in a personal god. *PLoS ONE, 7,* e36880.

Norenzayan, A., Henrich, J., & Slingerland, E. (2013). Religious prosociality: A synthesis. In P. Richerson & M. Christiansen (Eds.), *Cultural evolution* (pp. 365–378). Cambridge, MA: MIT Press.

Norenzayan, A., Shariff, A. F., Gervais, W. M., Willard, A. N., McNamara, R. A., Slingerland, E., & Henrich, J. (in press). The cultural evolution of prosocial religions. *Behavioral and Brain Sciences.*

Norris, P., & Inglehart, R. (2004). *Sacred and secular: Religion and politics worldwide.* New York, NY: Cambridge University Press.

Obeyesekere, G. (2002). *Imagining karma: Ethical transformation in Amerindian, Buddhist, and Greek rebirth.* Berkeley: University of California Press.

Peoples, H. C., & Marlowe, F. W. (2012). Subsistence and the evolution of religion. *Human Nature, 23,* 253–269.

Powell, A., Shennan, S., & Thomas, M. G. (2009). Late Pleistocene demography and the appearance of modern human behavior. *Science, 324,* 1298–1301.

Purzycki, B. G. (2011). Tyvan Cher Eezi and the sociological constraints of supernatural agents' minds. *Religion, Brain & Behavior, 1,* 31–45.

Purzycki, B. G. (2013). The minds of gods: A comparative study of supernatural agency. *Cognition, 129,* 163–179.

Purzycki, B. G., Finkel, D. N., Shaver, J., Wales, N., Cohen, A. B., & Sosis, R. (2012). What does God know? Supernatural agents' access to socially strategic and non-strategic information. *Cognitive Science, 36,* 846–869.

Purzycki, B. G., Haque, O., & Sosis, R. (2014). Extending evolutionary accounts of religion beyond the mind: Religions as adaptive systems. In F. Watts & L. Turner (Eds.), *Evolution, religion, and cognitive science: Critical and constructive essays* (pp. 74–91). Oxford, England: Oxford University Press.

Rauh, N. K. (1993). *The sacred bonds of commerce: Religion, economy, and trade society at Hellenistic Roman Delos, 166-87 B.C.* Amsterdam, The Netherlands: Gieben.

Richerson, P. J., & Boyd, R. (2005). *Not by genes alone: How culture transformed human evolution.* Chicago, IL: University of Chicago Press.

Richerson, P. J., & Christiansen, M. H. (Eds.). (2013). *Cultural evolution: Society, technology, language, and religion.* Strüngmann Forum Reports, Vol. 12 (J. Lupp, Series Ed.). Cambridge, MA: MIT Press.

Rives, J. (2007). *Religion in the Roman empire.* Malden, MA: Blackwell.

Roes, F. L., & Raymond, M. (2003). Belief in moralizing gods. *Evolution and Human Behavior, 24,* 126–135.

Sanderson, S. K., & Roberts, W. W. (2008). The evolutionary forms of the religious life: A cross-cultural, quantitative analysis. *American Anthropologist, 110,* 454–466.

Sarkissian, H. (2014, July 17). Supernatural, social, and self-monitoring in the scaling up of Chinese civilization. *Religion, Brain, & Behavior.* doi:10.1080/215359 9X.2014.928358

Schaller, M., & Neuberg, S. L. (2008). Intergroup prejudices and intergroup conflicts. In C. Crawford & D. L. Krebs (Eds.), *Foundations of evolutionary psychology* (pp. 399–412). Mahwah, NJ: Erlbaum.

Schjoedt, U., Stødkilde-Jørgensen, H., Geertz, A. W., & Roepstorff, A. (2009). Highly religious participants recruit areas of social cognition in personal prayer. *Social Cognitive and Affective Neuroscience, 4,* 199–207.

Schloss, J. P. (2008). He who laughs best: Involuntary religious affect as a solution to recursive cooperative defection. In J. Bulbulia, R. Sosis, C. Genet, R. Genet, E. Harris, & K. Wyman (Eds.), *The evolution of religion: Studies, theories, and critiques* (pp. 197–207). Santa Margarita, CA: Collins Foundation Press.

Schloss, J. P., & Murray, M. J. (2011). Evolutionary accounts of belief in supernatural punishment: A critical review. *Religion, Brain & Behavior, 1,* 46−99. doi:10.1080/2 153599X.2011.558707

Schmidt, K. (2010). Göbekli Tepe—The Stone Age Sanctuaries. New results of ongoing excavations with a special focus on sculptures and high reliefs. *Documenta Praehistorica, XXXVII,* 239−256.

Seabright, P. (2004). *The company of strangers: A natural history of economic life.* Princeton, NJ: Princeton University Press.

Shariff, A. F., & Norenzayan, A. (2007). God is watching you: Priming god concepts increases prosocial behavior in an anonymous economic game. *Psychological Science, 18,* 803−809.

Shariff, A. F., & Norenzayan, A. (2011). Mean gods make good people: Different views of God predict cheating behavior. *International Journal for the Psychology of Religion, 21,* 85−96.

Shariff, A. F., & Rhemtulla, M. (2012). Divergent effects of belief in heaven and hell on national crime rates. *PLoS ONE, 7,* e39048.

Shariff, A. F., Willard, A. K., Andersen, T., & Norenzayan, A. (2015, February 11). Religious priming: Ametaanalysis with a focus on religious prosociality. *Personality and Social Psychology Review.* [Epub ahead of print]

Slingerland, E. (2013). Body and mind in early China: An integrated humanities-science approach. *Journal of the American Academy of Religion, 81,* 6−55.

Snarey, J. (1996). The natural environment's impact upon religious ethics: A cross-cultural study. *Journal for the Scientific Study of Religion, 80,* 85−96.

Sosis, R. (2000). Religion and intra-group cooperation: Preliminary results of a comparative analysis of utopian communities. *Cross-Cultural Research, 34,* 70−87.

Sosis, R. (2009). The adaptationist-byproduct debate on the evolution of religion: Five misunderstandings of the adaptationist program. *Journal of Cognition and Culture, 9,* 315−332.

Sosis, R., & Alcorta, C. (2003). Signaling, solidarity, and the sacred: The evolution of religious behavior. *Evolutionary Anthropology, 12,* 264−274.

Sperber, D. (1996). *Explaining culture: A naturalistic approach.* Oxford, England: Wiley-Blackwell.

Sperber, D., Clément, F., Heintz, C., Mascaro, O., Mercier, H., Origgi, G., & Wilson, D. (2010). Epistemic vigilance. *Mind & Language, 25,* 359−393.

Stausberg, M. (2010). Prospects in theories of religion. *Method & Theory in the Study of Religion, 22,* 223−228.

Taves, A. (2009). *Religious experience reconsidered: A building-block approach to the study of religion and other special things.* Princeton, NJ: Princeton University Press.

Turchin, P., Currie, T. E., Turner, E. A. L., & Gavrilets, S. (2013). War, space, and the evolution of Old World complex societies. *Proceedings of the National Academy of Sciences, USA, 110*(41), 16384−16389.

Watts, J., Greenhill, S., Atkinson, Q., Currie, T., Bulbulia, J., & Gray, R. (2015). Broad supernatural punishment but not moralizing high gods precede the evolution of political complexity in Austronesia. *Proceedings of the Royal Society B: Biological Sciences, 282*(1804), 20142556.

Whitehouse, H., & Hodder, I. (2010). Modes of religiosity at Çatalhöyük. In I. Hodder (Ed.), *Religion in the emergence of civilization: Çatalhöyük as a case study* (pp. 122−145). New York, NY: Cambridge University Press.

Willard, A., & Norenzayan, A. (2013). Cognitive biases explain religious belief, paranormal belief, and belief in life's purpose. *Cognitive Development, 129,* 379−391.

Wilson, D. S. (2002). *Darwin's cathedral.* Chicago, IL: Chicago University Press.

Wiltermuth, S. S., & Heath, C. (2009). Synchrony and cooperation. *Psychological Science, 20,* 1−5.

Wright, R. (2009). *The evolution of God.* New York, NY: Little, Brown.

Xygalatas, D., Mitkidis, P., Fischer, R., Reddish, P., Skewes, J., Geertz, A. W., . . . Bulbulia, J. (2013). Extreme rituals promote prosociality. *Psychological Science, 24,* 1602−1605. doi:10.1177/0956797612472910

Zhong, C. B., Bohns, V. B., & Gino, F. (2010). A good lamp is the best police: Darkness increases dishonesty and self-interested behavior. *Psychological Science, 21,* 311−314.

Zuckerman, P. (2007). Atheism: Contemporary numbers and patterns. In M. Martin (Ed.), *The Cambridge Companion to Atheism* (pp. 47−65). Cambridge, England: Cambridge University Press.

Zuckerman, P. (2008). *Society without God.* New York, NY: New York University Press.

36장

집단 선택의 가짜 매력

스티븐 핑커

　인류는 집단을 이뤄 살고, 자신이 속한 집단의 성쇠에 함께 흔들리며, 때로는 집단의 이익을 위해 희생을 하기도 한다. 자연선택이 인간의 뇌를 자기 자신과 친족의 이익에 손해를 입히는 한이 있더라도 다른 집단과 경쟁하는 자기 집단의 이익을 촉진하게끔 빚었다는 뜻일까? 만일 그렇다면 자연선택 이론은 이론에서 유전자가 맡고 있는 역할과 유사하게 '집단'을 선택의 단위로 삼을 수 있도록 개량되어야 하는 게 아닐까?

　내가 지극히 존경하는 몇몇 과학자도 중요한 자리에서 그런 말을 했다. 그리고 그들은 집단 선택 이론을 이용해서 인간 조건에 대해 눈이 번쩍 뜨이는 주장을 만들어 내는 데까지 나아갔다.[1] 그들은 인간의 도덕성, 특히 이타주의적인 행동을 하려는 우리의 의지를 집단 간 경쟁에 맞아떨어지는 적응을 통해 설명할 수 있다고 주장했다. 윌슨E. O. Wilson은 "이기적인 개인은 이타적인 개인을 물리치지만, 이타주의자 집단은 이기주의자들의 집단을 물리친다"라고 말했다(Wilson, 2012, p. 243). 이들은 초

1　그 예로, Bowles and Gintis(2011); Haidt(2013); Henrich(2004); Richerson, Boyd, and Henrich(2003); Traulsen and Nowak(2006); D. S. Wilson and Wilson(2008); 그리고 E. O. Wilson(2012) 등이 있다.

자연적 존재에 대한 공유된 믿음이 집단의 응집력을 키울 수 있기 때문에, 집단 선택으로 종교의 미스터리를 설명할 수 있다고 주장했다. 이 말은 인간이 진화를 거듭하다 보니 개인에게 유익한 행위가 공동체에게 해를 끼치는 공유지의 비극(단체 행동의 딜레마와 공공재 게임으로도 알려져 있다)을 해결할 수 있는 능력까지 갖추게 되었다는 뜻이다. 공유지의 비극의 익숙한 사례로는 어류의 남획, 고속도로 정체, 탈세, 탄소 배출 등이 있다. 그리고 그들은 이 과학적 믿음에서 규범적인 도덕적·정치적 결론을 이끌어낸다. 예를 들어, 우리가 독실함, 애국심, 청교도 정신 같은 보수적 가치 뒤에 존재하는 지혜를 인정해야 한다든지, '각자 알아서 사는' 개인주의가 아니라 집단을 앞세우는 공동체주의적인 충성과 희생을 사회에 정착시켜야 한다는 것이다.

나는 새로운 집단 선택론자들에게 동의하느냐는 질문을 자주 받는데, 아니라고 대답하면 다들 깜짝 놀란다. 결국, 집단 선택은 진화 이론의 합리적인 연장이자 인간의 사회적 본성에 대한 타당한 설명처럼 들리는 모양이다. 또한 집단 선택론자들은 승리를 선언하면서 이미 선택이 유전자 수준에서만 작동한다는 협소하고 환원주의적인 도그마가 그들의 이론으로 대체되기라도 한 것처럼 글을 쓰는 경향이 있다. 이 에세이에서는 그와 같은 합리성이 왜 환상에 불과한지를 설명하고자 한다. 집단 선택은 신중하게 생각하면 할수록 이치에도 맞지 않고, 인간의 심리적·역사적 사실에도 좀처럼 들어맞지 않는다.

그게 왜 중요할까? 나는 이 문제가 인간의 본성과 생명의 진화를 과학적으로 가장 잘 이해하는 일과 모든 면에서 관련되어 있다는 사실을 분명히 밝힐 것이다. 그리고 이 자리에서 그 논쟁을 도덕적으로나 정치적으로 채색하지는 않겠지만(그에 관해서는 다른 곳에서 논의했다), 그 일은 궁극적으로 우리 종이 마주친 집단 행위 문제를 가장 잘 해결할 수 있는 방법을 찾고 이해하는 데 중요하다.

집단 선택의 첫 번째 큰 문제는 용어 자체가 너무 많은 혼란의 씨앗을 뿌린다는 것이다. 사람들이 집단 선택이란 용어로 다종다양한 현상을 지시하는 바람에, 무관심한 사용자들은 말 그대로 자신이 무슨 말을 하는지도 모르는 듯하다. 나는 '집단 선택'이 집단을 이루고 살아가는 유기체의 진화를 가리키거나, 인간의 전쟁을 비롯해서 온갖 종류의 집단 간 경쟁을 가리키는 허술한 유의어로 활용되는 사례를 보았다. 가끔 이 용어는 어떤 집단 내부의 구성원들이 우연히 공유하게 된 개인적 형질을 지시하는 데 불필요하게 사용되는데, 진화생물학자 조지 윌리엄스가 지적했듯이, '사슴의 재빠른 무리'는 사실 그저 재빠른 사슴의 무리일 뿐이다. 그리고 가끔은 유전자 수준의 자연선택론을 다른 말로 재서술하는 방법으로 사용된다. 유전적으로 관련된 개체들의 부분 집합이나 상호 협력하는 개인들을 '집단'으로 부르고, 시간의 변화에 따른 그들의 유전자 빈도 변화를 '집단 선택'이라 부르는 것이다.[2] 이런 맥락에서 집단 선택이란 용어는 혼란스럽긴 해도 그 혼란은 긍정적이므로, 작가로서는 머릿속에 떠오른 어떤 현상을 그 말로 지칭해도 좋기만 하다는 것이다.

이 장에서 나는 자연선택이 개별 유기체에게 작용하는 것과 동일한 방식, 말하자면 포괄적합도를 극대화하는 방식으로 집단에 작용하는(달리 말해, 자연선택이 이를테면 다음 세대에 나타날 사본의 수를 늘리기 위해 유전자에 작용하는 것과 동일한 방식으로 집단에 작용하는. 나는 두 가지 서술이 똑같다고 생각한다) 자연선택의 한 종류로서의 '집단 선택'의 의미에 집중하고자 한다. 우리 시대의 집단 선택 옹호자들은 선택이 개별 유기체에 작용한다는 사실을 부정하지 않는다. 다만 거기에 한 층을 더 쌓아 올려서 개별 유기체들의 모임, 특히 유기체 집단에 선택이 작용한다고 말하고 싶은 것이다. 그런 이유로 이 이론은 '집단 선택'이 아니라 '다층 선택'이라고 불릴 때도 많다. 이 용어는 절묘하게 통합적이고 비환원주의적으로 들리지만, 내 주장은 다층 선택에도 똑같이 적용된다. 나는 프랙탈 형태로 이루어진 위계의 꼭대기에 유기체의 집단(특히, 인간 사회)이 놓여 있고 가장 밑에는 유전자가 놓여 있는 상태에서 자연선택이 각 단계마다 유사한 방식으로 적용된다는 상상이 말이 된다고는 생각하지 않는다.

우선은 집단 선택이 부족, 종교, 문화, 국가 등 인간 집단의 특성에 통용 가능한 설명이라는 견해를 검토한다. 다음에는 개별 인간의 특성, 즉 사람들이 문화를 학습하고 사회 속에서 공존할 수 있게 만들어주는 직관과 감정(그런 능력의 존재를 부정하는 사람은 없다)을 설명하는 이론으로서 집단 선택을 살펴본다. 마지막으로, 나는 집단 선택이 인간의 이타주의를 설명하기 위해 꼭 필요하다는 점을 보여주는 근거로 주장되어왔던 경험적 현상들을 검토한다.

---

2 폭넓은 논의는 West, Griffin, and Gardner(2007, 2008)를 보라.

집단 특성을 설명하는 개념으로서 집단 선택

자연선택은 과학계의 특별한 설명적 개념으로, 내가 보기에는 대니얼 데닛Daniel Dennett의 말마따나 "사람이 떠올린 단연 최고의 아이디어"라고 불릴 만하다. 이는 자연선택이 과학의 가장 큰 미스터리 중 하나인 자연 세계의 설계라는 환상을 설명해주기 때문이다. 자연선택의 핵심은, 복제자가 등장해서 사본을 만들어낼 때, (a) 이상적인 조건에서는 그 수가 기하급수적으로 증가하고; (b) 한정된 자원을 두고 반드시 경쟁하고; (c) 일부 복제자는 임의적인 복제 오류를 겪고('임의적'이라는 것은 현재의 조건에서 그 효과를 예상하지 못한다는 의미다); (d) 이 오류를 통해 복제율이 상승한다면 그 오류가 어떤 것이든 간에 가계 안에 축적되어 인구 내에서 수적으로 우세해진다는 것이다. 여러 세대에 걸쳐 복제가 일어난 뒤에는 그 복제자가 겉으로는 효과적인 복제를 위해 설계된 것처럼 보일 테지만, 실상은 그저 그 효과를 통해 복제에 성공할 수 있었던 오류가 축적된 것에 불과하다.

자연선택 이론에서 만족스러운 것은 그 과정이 상당히 기계론적이라는 것이다. 복제 오류(돌연변이)는 임의적(더 정확히 말하자면, 그 효과를 알지 못한다)이다. 이 과정이 기대하는 결과는 한정된 인구 내에서 그 사본이 차지하는 수다. 예상치 못한 결과는 여러 세대에 걸친 복제를 통해 축적된 효과의 산물이다. 복제 오류가 임의적이지 않다면(즉, 라마르크Lamarck가 옳아서 유기체의 변화가 필요에 대한 반응으로 발생한다면, 혹은 창조론자들이 옳아서 우월한 지적 존재가 유기체에 이익이 되도록 돌연변이를 일으킨다면), 자연선택은 불필요해진다. 돌연변이 단계에 설계가 이루어질 테기 때문이다. 만일 기대하는 결과가 한정된 인구 내의 사본의 수가 아니라 인간 중심적인 성공의 기준(권력, 탁월함, 영향력, 아름다움)이라면, 자연선택은 기계론적일 수 없을 것이다. 인구 내 변화의 역학을 그 이전 상태를 통해 수학적으로 계산할 수가 없어지기 때문이다. 그리고 만일 자연선택이 단일 세대 내에서 발생한다면, 자연선택은 진부한 내용이 될 것이다. 보통의 물리적 인과율에 더해줄 게 없어지기 때문이다. 강이 흘러 바닥의 무른 암석층을 침식해서 단단한 층만을 남겨놓을 때, 또는 휘발 성분이 많은 석유가 휘발성이 약한 석유보다 더 빨리 휘발할 때, 굳이 자연선택 이론을 들먹일 필요는 없다. 그저 어떤 것이 다른 것보다 더 강하고 더 오래 지속되고 더 안정적이라고 말하면 되는 것이다. 선택이 여러 세대의 복제에 작용하면서, 단 하나의 사건에만 적용되는 인과율을 따라 발생하지 않고 누적된 결과를 만들어낼 때에만 자연선택의 개념은 무엇이든 새로운 것을 더해줄 수 있다.

자연선택 이론은 유전자에 가장 쉽게 적용되는데, 유전자는 선택을 추동할 적절한 요소, 즉 자신의 충실한 사본을 만들어내는 능력을 갖고 있기 때문이다. 그럼에도 개인 수준에서 선택을 말하는 것이 편리한 이유는 인과율의 세계에서 유전자의 운명은 그것을 보유한 개인(과 그들의 친족)의 운명에 의해 결정되기 때문이다. 하지만 세대를 지나서도 복제되는 것은 바로 유전자이며, 선택의 대상과 적응의 궁극적인 수혜자 역시 유전자다. 유성 생식을 하는 유기체는 엄밀히 따져서, 복제되지 않는다. 그들의 자식은 복제물이 아니라 그 유기체와 짝의 결합물이기 때문이다. 유성 생식을 하든 무성 생식을 하든 어떤 유기체도 자신의 생애에 획득한 형질을 통째로 자식에게 전하지 않는다. 개체의 몸이 유전자처럼 다음 세대로 그냥 전해지지 않는 것이다. 스티븐 제이 굴드Stephen J. Gould가 말한 것처럼, "바로 이 의미에서, 그걸 그대로 가지고 갈 순 없다."

자, 그 누구도 자연선택 개념을 '소유'하지 못하고, 그 용법을 감시할 수도 없다. 하지만 그 설명적 힘은 내가 보기에 너무나 탁월하고 중요한 까닭에 은유적이거나 시적이거나 애매하거나 암시적인 확장을 통해 희석해서는 안 된다. 그러면 그 기제의 진정한 의미가 얼마나 심오한지를 모호하게 할 뿐이다.

물론 유전자가 아닌 복제자에게 자연선택을 확장한 사례 중에는 엄밀하고 명료한 것들도 있지만, 이는 그 사례가 복제자 동역학의 본질적 특징을 보존하고 있기 때문이다. 예를 들어, 유전 알고리듬의 비트 코드, 인공 생명 시뮬레이션의 유전자 유비, 그리고 물리학자 리 스몰린Lee Smolin이 옳다면, 우주 전체의 법칙과 상수가 그렇다.

하지만 다른 확장들은 너무나 시적이라서 어떤 현상에 빛을 던져주지 못하고 자연선택의 진정한 힘을 모호하게 만든다. 평범한 인과적 사건을 별 의미도 없이 자연선택을 통해 장황하게 다시 설명할 수 있는 일은 무수히 많다. 도시에 목재보다 석재로 만든 건물이 더 많은 것은 건조물 선택 과정 때문이다. 오늘날 스틸벨트 타이어를 낀 자동차가 많은 것은 타이어 선택 과정에서 스틸벨트 타이어가 고무벨트 타이어를 앞질렀기 때문이다. 버튼식 전화기가 다이얼식 전화기보다 널리 퍼진 것은 전화 선택 과정에서 버튼식이 경쟁의 이점을 갖고 있기 때문이다. 등등. 물론 어떤 것은 다른 것보다 더 오래가거나 경쟁의 결과가 좋기 마련이다. 더 오래가고 더 효과적으로 경쟁할 수 있게 해주는 특성이 있기 때문이다. 하지만 한정된 복제자 풀 안에서 임의적인 오류의 복제가 여러 번 되풀이되면서 그런 특성이 발생하지 않았다면, 일반적인 인과 관계에 자연선택이 더해줄 것은 아무것도 없다.

집단은 어떨까? 다음의 몇 가지 조건에 부합한다면, 집단에 자연선택을 적용해도 틀리진 않을 것이다. 출아budding나 분열fissioning을 통해 집단이 자신의 사본을 만들어내는 경우. 집단에게 돌아갈 비용과 이익에 무심했던 돌연변이를 제외하고 후손 집단이 모집단의 특성(개별 구성원들의 형질로 환원되지 않는 특성)을 충실하게 복제하는 경우. 메타개체군을 대표하기 위해 다른 집단과 경쟁하는 경우. 하지만 이른바 집단 선택에서 벌어지는 일은 그렇지 않다는 점에 모두가 동의한다. 내가 접한 사례들에는 자연선택을 필수불가결하게 만들어주는 세 가지 구성요소가 하나같이 부재한다.

- [집단 선택론자들에게] 성공의 기준은 유한한 인구(이 경우에는 집단들의 메타개체군) 내에서 사본이 차지하는 수가 아니라 규모, 영향력, 부, 권력, 수명, 영역, 탁월함 같은 성공의 유사물이다. 대표적인 예가 유일신교의 '성공'이다. 그들 중 누구도 유일신교가 다신교보다 분열(또는 출아)에 적합하다거나, 그래서 유일신 신앙이 지구상의 수천 가지 신앙 가운데 수적으로 우세하다고 주장하지 않는다. 대신에 유일신교의 '성공'은 유일신 종교의 신자가 더 많고, 영역이 더 넓고, 부와 힘과 영향이 더 큰 것이라고 말한다. 이것이 인간 관찰자에게는 인상적이겠지만, 엄밀히 말하자면 선택이 낳은 결과는 아니다.
- 돌연변이가 무작위적이지 않다. 정복자, 지도자, 엘리트, 선지자, 사회적 기업가, 그 밖의 혁신가들은 원래 대단히 비무작위적인 두뇌를 활용해서 그들이 느낀 필요성(예를 들면, 자신의 집단을 라이벌 집단보다 우세하게 만들어야 한다는 필요성)에 반응하여 전략, 직관, 규범, 믿음을 지적으로 설계해낸다.
- 후손에서 후손으로 이어지는 연쇄의 마지막 집단이 아니라 바로 그 집단에 '성공'의 개념을 적용한다. 고대 세계의 대부분을 정복한 것은 로마 제국이었으며, 로마 제국에서 갈라져 나온 집단이나, 거기서 다시 갈라져 나온 집단, 거기서 또다시 갈라져 나온 집단이 아니라는 것이다. 각각의 아기 로마는 몇 가지 무

작위적인 변경을 제외하고 부모 제국과 거의 똑같고, 그래서 후손 제국들 사이에서도 그들이 최종적으로 다른 제국들을 수적으로 앞선다.

무엇보다 큰 차이는 집단 선택론자들이 설명하고자 하는 집단적 특성이 대부분 유전적이 아니라 문화적이라는 것이다. 가령 개인들의 어떤 유전적 경향 덕분에 집단이 지리적으로 넓게 분포할 수 있거나, 스트레스가 큰 환경을 견디는 개인들의 능력 덕분에 종이 대멸종을 극복하고 살아남는 경우는 유전자의 효과가 위로 퍼져서 집단 전체에 영향을 미치는 것인데, 이 특성은 그런 유전자의 산물이 아니다. 이 특성은 종교적 믿음, 사회적 규범, 정치 조직 형태처럼 문화적으로 전파된다. 현대의 집단 선택론자는 대개 자신들이 이야기하고 있는 것이 문화적 특성이라고 노골적으로 밝히고, 아니면 자신이 말하는 특성이 유전적인 것인지 문화적인 것인지 확실하게 알 수 없다고 밝히기도 한다.

이 모든 것이 의미하는 바는 이른바 집단 선택이, 많은 지지자가 환기하듯이 유전 알고리듬이나 인공 생명 시뮬레이션에서처럼 자연선택과 엄밀하게 관련되어 있지 않다는 것이다. 그 관계는 느슨한 메타포이며, 차라리 타이어나 전화기 같은 상품들의 싸움에 더 가깝다. 이런 이유로 '집단 선택'이라는 용어는 '역사'라고 불리는 것에 뭔가를 더해주지 않는다. 물론 어떤 문화는 더 많은 인구, 큰 힘, 확산을 불러온 특성을 갖고 있다. 가령 팽창주의 사상, 공격적인 개종, 효과적인 군사 전략, 치명적인 무기, 안정적인 정부, 사회적 자본, 법치, 민족적 충성 규범 같은 것이다. 하지만 여기서 어떤 집단이 유리한 특성을 갖고 있을 때 그 집단이 다른 집단보다 인구가 더 많아지거나, 더 부유해지거나, 더 강해지거나, 더 넓은 영역을 차지하게 된다는 역사가들의 일반적인 설명에 '자연선택'이 무엇을 더해준단 말인가?

개인의 형질을 설명하는 개념으로서 집단 선택

이제 개인의 형질로 눈을 돌려보자. 집단 선택은 집단생활에 적응한 심리적 형질, 즉 부족주의, 용기, 자기희생, 외국인 혐오, 종교, 연민, 도덕적 감정 같은 형질의 진화를 설명하는 데 꼭 필요한 개념일까? 이 절에서는 이론을 살펴보고, 다음 절에서는 심리적·역사적 데이터를 들여다보기로 하자.

인간의 번식 성공은 의심의 여지없이 어느 정도는 집단의 운명에 달려 있다. 집단이 소멸하면 집단에 속한 사람들도 유전자와 함께 소멸한다. 집단이 영역, 식량, 짝을 획득하면 집단의 일부 혹은 전체 구성원이 그로부터 이익을 얻는다. 하지만 사슴의 재빠른 무리와 재빠른 사슴의 무리를 떠올려보자. 만일 누군가가 집단의 복지에 기여하고 그 결과로 **자신**의 복지에도 기여하게 하는 내적 형질을 보유하고 있다면, 집단 선택은 불필요하다. 집단생활의 맥락에서 이뤄지는 개인 선택만으로도 충분한 것이다. 개별 인간의 형질은 다른 인간이 포함된 환경에서 진화했는데, 낮–밤 주기, 포식자, 병원체, 과일나무가 포함된 환경에서 진화한 것과 매한가지다.

집단 선택을 다루는 어떤 수학적 모델들은 따지고 보면 집단의 맥락에서 이뤄지는 개별 선택에 지나지 않는다.[3] 이 모델을 설계한 사람들은 집단의 운명에 따라 개인에게 돌아가는 적합도 배당금은 '개별 적합도'에 포함되지 않는다고 자의적으로 규정한다. 하지만 '집단의 이익에 따른 개인 자신의 이익'과 '집단의 나머지에 비용을 부과하는 개인 자신의 이익'의 맞거래는 유전자 수준의 선택에서 발생하는 수많은 맞거래 가운데 하나일 뿐이다. 번식 노력 대 신체적 노력, 짝짓기 대 양육, 현재의 자식 대 미래의 자식 등이 그런 맞거래에 속한다. 굳이 모든 사례에 새로운 '선택의 차원'을 도입해서 자연선택 이론을 복잡하게 만들 필요는 없다.

집단 선택이 무언가를 더해주는 경우는, 인간이 집단에게는 이익이 되는 동시에 자신에게는 **불리한** 형질을 드러낼 때뿐이다. 그리고 이 지점에서 1960년대에 거의 모든 진화생물학자들이 집단 선택이란 개념을 거부하게 만든 친숙한 문제가 다시 고개를 든다.[4] 이론적인 가능성을 제외한다면, 경험적으로 어떤 집단이 구성원이 아기를 낳는 것보다 더 빨리 새로운 집단을 출아할 환경은 있을 법하지 않고, 개인의 포괄적 합도에 결국 손해가 될 일을 목숨을 걸고 하는 유전적 경향은 가차 없이 도태될 것이다. 그런 효과를 가진 신규 돌연변이는 인구에서 우세해질 수 없고, 우세해진다 해도

---

3 이번에도 예로, West, Griffin, and Gardner(2007, 2008)를 보라.
4 고전적인 참고 문헌은 Williams(1966)다. 또한 Dawkins(1976/1989)를 보라.

그 집단을 희생시키고 이득을 보는 이주자나 돌연변이에 의해 이내 퇴출당한다.

구체적인 예로 집단적 공격성을 살펴보자. 개인에게 돌아가는 이익과 집단에게 돌아가는 이익은 종종 일치한다. 전사가 공격자 무리를 겁줘서 쫓아낸다면, 동료 주민들의 목숨과 함께 자신과 가족의 목숨도 구한다. 다른 경우에는 개인의 이익과 집단의 이익이 갈릴 수 있다. 즉, 전사가 전투에서 뒷전에 머무르거나 몰래 빠져나가고 다른 전사들만 싸울 수도 있다. 또 다른 경우에는 결과는 불확실할 수 있지만 선택은 확률을 배신하지 않기 때문에, 전사는 가령 전투에서 살해당할 10분의 1의 확률과 새 아내 몇 명을 납치할 2분의 1의 확률을 놓고 도박을 걸어볼 수 있다. 이런 맞거래를 고려할 때, 선택은 개인의 기대 번식 결과를 극대화하는 형질을 선호할 거라고 우리는 예상할 수 있다.

우리가 발견하리라고 예상하지 **못하는** 것은 개인들이 예측할 수 있는 방식으로 집단의 이익을 위해 자신의 기대 이익을 희생하는 내적 경향이 진화하는 것, 가령 사람들이 기쁜 마음으로 배에 올라 노를 젓는 노예가 되고, 인간 방패가 되고, 총알받이가 되는 일이다. 극단적인 사례로, 자기 집단이 적보다 우세해지게끔 자살 공격을 하게 하는 유전자를 생각해보자. 그런 유전자는 선택될 리가 없다(여기서는 자살 공격자의 친족에게 돌아갈 잠재적 이익은 제쳐두기로 한다)! 그보다는 타인이 자살 공격을 하게끔 조작하는 경향, 그리고 더 일반적으로는 자신을 제외한 모두에게 적용시킬 도덕 규범과 자기희생 규범을 전력을 다해 만들어내는 경향이 진화할 것이다. 만일 누군가가 운이 나빠서 그런 조작이나 강압의 희생자가 된 경우라면, 포식자의 시야에 들었다가 잡아먹히는 동물을 '이타주의'로 설명할 필요가 없듯이 이것도 이타주의라 부를 필요도 없고, 진화적 설명을 찾을 필요도 없다.

이처럼 우리에게는 인간이 자신을 희생하고 집단에 이익을 제공하는 온갖 사례에 반박할 수 있는 강력한 경험적 예측이 잘 구비되어 있다. 만일 인간이 스스로 비용을 감수하고 집단에 이익을 주도록 선택되었다면, 자신을 희생하는 행위는 리비도나, 단 것을 좋아하는 입맛이나, 부모의 사랑 같은 적응처럼 의도적으로, 자발적으로, 아무런 보상 없이 이뤄져야 할 것이다. 하지만 집단생활의 맥락에서 인간이 자신과 친족에게 이익을 주도록(반드시 그래야 하는 것은 아니지만, 어쩌다 자신이 속한 집단에게도 이익을 주도록) 선택되었다면, 자기희생의 온갖 사례는 노예화, 징병, 외부적 혜택, 혹은 심리 조작처럼 타인이 지어낸 조작의 산물일 것이다.

물론 **집단적 특성**, 특히 문화적 특성을 설명하는 개념으로서 집단 선택으로 되돌아간다면, 새로 충원한 구성원들을 강압이나 조작으로 자살 공격을 하게 만든 집단이 다른 집단보다 더 크게 확장되는 모습을 발견하기란 어렵지 않다. 하지만 이는 구성원의 타고난 심리, 이 경우에는 조작당하지 않고 자기를 희생하고자 하는 의지와는 아무 관계가 없을 것이다. 이보다 덜 극단적인 희생도 마찬가지다.

인간은 정말 자신을 희생하고 집단에 이익을 제공하도록 적응했을까

최근에 집단 선택에 관심이 몰린 것은 두 가지 경험적 현상 때문이었다. 한 가지는 벌, 개미, 흰개미 같은 곤충 분류군의 진眞사회성으로, 일꾼이나 병정 계급에 속한 개체들은 자신의 번식을 포기한 채, 벌이 침략자에게 침을 쏘고 죽는 것처럼 동료들의 이익을 위해 자신의 목숨을 희생하기도 한다. E. O. 윌슨은 자기희생 하는 곤충이 군집에 이익을 제공한다고 언급하면서, 진사회성은 반드시 군집 간 선택을 통해 설명되어야 한다고 결론짓는다. 하지만 다른 생물학자들은 대부분 희생자가 이익을 제공하는 것은 번식하며 새로운 군집을 세우는 여왕(희생한 개체의 누이 혹은 어머니)이므로, 자기희생을 촉진하는 유전자는 그 희생을 통해 여왕 안에 존재하는 자신의 사본에 이익을 주기 때문에 선택되었다고 보는 것으로 진사회성을 가장 간단하게 설명할 수 있다고 지적한다.[5] 여러 개체로 구성된 군체 생물이나 세포들로 구성된 신체처럼, 구성원 가운데 선택된 소수만 번식을 하는 다른 유전적 집합체들도 마찬가지다.

두 번째 현상은 전시의 순교, 무임승차자에 대한 값비싼 처벌,[6] 낯선 사람을 향한 관대함 같은 인간 특유의 이타주의와 자기희생이다. 집단 선택론자들은 자주 인간의

---

5 Abbot et al.(2011); Boomsma et al.(2011); Herre and Wcislo(2011); Nowak, Tarnita, and Wilson(2010); Strassmann, Page, Robinson, and Seeley(2011)를 보라.
6 이 절의 후반에 그 내용이 있다(옮긴이).

자기희생을 곤충의 진사회성에 비유하면서 둘 다를 집단 선택으로 설명한다. 인간과 사회적 곤충의 진화적 성공을 내비치는 제목을 붙인 『지구의 사회적 정복The Social Conquest of Earth』에서 윌슨은 이렇게 쓴다(2012, p. 56). "명예, 미덕, 의무 같은 집단 선택의 산물을 한편으로 하고, 이기심, 비겁함, 위선 같은 개체 선택의 산물을 다른 한편으로 하는 피할 수 없는 전쟁이 영원히 존재한다." 조너선 하이트는 『바른 마음 The Righteous Mind』(2012, p. xxii)에서 이에 동의하면서, 권위를 향한 존중, 공동체주의적 충성, 사회적 규범의 순응 같은 도덕적 직관의 진화를 설명하면서 "인간은 90%가 침팬지이고 10%가 벌bee"이라고 말한다.

타고난 미덕, 인간의 도덕적 직관, 집단에 이익을 주는 자기희생, 집단 선택 이론 등으로 이루어진 꾸러미에는 의심할 만한 주장들이 가득하다. 그 가운데 하나인 규범적 도덕 이론은 다른 집단과의 경쟁에서 자기 집단에 이익을 주려는 희생을 미덕과 동일시한다. 미덕이 그런 희생으로 이루어진 것이라면, 궁극적으로 가장 후덕한 사상은 파시즘일 테고, 인권을 위한 헌신은 이기심의 최종 형태일 것이다. 물론, 윌슨이 그런 뜻으로 말한 것은 아니다. 그는 개인의 이기심을 더 이타주의적인 무언가와 대비시키고자 했고, 그러는 중에 마치 사익 추구의 유일한 대안이 집단의 경쟁적 이점에 기여하는 것뿐이라는 식으로 썼을 뿐이다. 하지만 그의 이분법은 다른 가능성을 외면한다. 즉, 자신이 속한 집단의 경쟁력을 향상시키든 아니든 간에 개인은 다른 개체에게(원칙적으로는, 상대가 어떤 인간이든, 혹은 지각을 갖춘 다른 어떤 생물이든) 이익을 제공함으로써 고결해질 수도 있는 것이다.

인간의 이타주의, 곤충의 진사회성, 집단 선택을 묶을 때 또 다른 문제가 발생한다. 윌슨을 제외한 생물학자들 대부분이 말하듯이, 곤충의 진사회성은 집단 선택으로 설명되지 않는다는 점이다. 하지만 경험적 검증을 위해 잠시나마 이 연관을 일부 옳다고 가정해보자. 유전자를 중심에 놓고 진사회성을 설명하는 이론은 불임인 일꾼 및 병정 개체와 유전자를 전할 능력이 있는 소수의 여왕 개체의 근친도에 의존하는데, 당연히 인간 집단에는 그런 번식 체계가 존재하지 않는다. 그럼에도 이 주장에 따르면 인간은 벌과 유사하게 공동체의 복지에 기여한다. 곤충의 진사회성에 대한 유전자 중심 이론은 인간에게 적용할 수 없으므로, 인간과 똑같은 벌을 설명할 필요도 없어진다. 그래서 알뜰하고 살뜰한 이 이론은 집단 선택으로 인간의 이타주의와 곤충의 진사회성을 모두 설명하려 한다.

그렇다면 잠시 이렇게 질문할 수 있다. 인간의 심리는 정말 벌의 심리와 비슷할까? 벌이 목숨을 내놓고 침략자에게 침을 쏘는 것은 분명 일차 동기에서 비롯된 행동이고, 꿀을 빨거나 쾌적한 온도를 찾는 것만큼이나 자연스러운 일일 것이다. 하지만 인간에게서도 집단의 이익을 위한 적응이 선택되었다면, 인간 역시 본능적으로 자원해서 자폭을 하거나 총알을 퍼붓는 기관총을 향해 뛰어들어야 하는 게 아닐까? 내가 읽은 심리학자와 인류학자들의 협력 연구 그리고 역사가와 정치 과학자들의 집단 경쟁 연구들에서는 인간이 사실 벌하고 조금도 비슷하지 않다고 말한다.

인간 협력의 진화를 다룬 방대한 문헌은 진화생물학의 이타주의에 유전자 수준의 두 가지 설명인 혈족주의와 상호성을 적용해서 썩 괜찮은 성과를 올렸는데, 혈족주의와 상호성에는 인간 인지의 복잡성에서 비롯된 교묘한 반전이 숨어 있다.

인간의 혈족주의적 이타심은 자신의 친족일 법한 사람을 향한 다정함, 결속, 관용 같은 감정들로 이루어져 있다. 혈족주의적 이타주의가 진화한 것은 유전적 친척을 향해 그런 감정을 일으키는 유전자가 있으면 상대방이 갖고 있는 자신의 사본에 이익이 될 수 있기 때문이다(이는 흔히들 이해하는 것처럼 사람들이 자신의 유전자를 영속화하려는 무의식적 열망 때문에 친족을 사랑한다는 뜻은 아니다). 인간의 이타주의는 대체로 이렇게 설명이 된다. 친척이 아닌 사람을 대하는 방식과 비교할 때, 사람들은 친족을 먹이고, 양육하고, 친절을 베풀고, 가까이 살고, 위험을 무릅쓰고 보호하고, 해가 되는 행동을 피하고, 싸움에서 한발 물러서고, 그들에게 장기를 기증하고, 유산을 물려줄 가능성이 훨씬 높다.[7]

이때 인지적 반전은 인간의 친족 인지가 의존하는 환경적 단서를 다른 사람들이 조작할 수 있다는 것이다.[8] 그렇게 해서 사람들은 입양된 친족, 전우, 학생 클럽, 직장 동료와 종교적 형제, 범죄 조직, 조국, 모국 등 다양한 허구적 친족에게도 이타적으로 행동한다. 이런 가짜 가족은 메타포, 가족 경험의 모사, 공통 조상이나 공통 육체의 신화, 여타 친족의 환상을 통해 만들어진다. 만일 '집단'이 본능적인 충성을 촉

7 Gaulin and McBurney(2003), Lieberman, Tooby, and Cosmides(2007)를 보라.
8 Daly, Salmon, and Wilson(1997); Fiske(1991); Lieberman et al.,(2007)을 보라.

416

발하는 기본적인 인지적 직관이라면, 이처럼 번거로운 의례나 신화화는 필요치 않을 것이다. 충성은 우리와 유전자를 공유하고 있을 것 같은 사람들에 의해 본능적으로 촉발되고, 다른 사람들에게는 다양한 조작을 통해서 확장된다.

이타주의의 또 다른 대표적 형태는 상호성이다. 어느 한쪽이 착취당하지 않는 한에서 두 행위자가 서로 이익과 호의를 주고받는 관계를 만들고 유지하는 것이다. 다시 한번 이 이론은 인간 협력의 큰 부분을 멋지게 설명해낸다.[9] 사람들은 일상적인 의미에서든 게임이론의 기술적 의미에서든 '친절'해서, 비용이 과하지 않다면 기꺼이 감수하고 타인에게 큰 이익을 제공하는데 이를 통해 서로 유익한 장기적 관계가 수립될 가능성이 있기 때문이다. (흔히 호혜적 이타주의자는 간청을 하거나 호의에 보답하지 않는다면 누구도 돕지 않는다고 오해하지만, 사실 이론에서는 호혜적 이타주의자들이 어려운 사람에게 연민을 느낀다고 예측한다.) 사람들은 다른 사람을 알아보고 그가 자신을 어떻게 대했으며 자신이 그를 어떻게 대했는지를 기억한다. 사람들은 자신을 도와준 사람에게 감사를 느끼고, 착취한 사람에게 노여움을 느끼고, 그들이 착취한 사람에게 미래의 협력을 위해 의존해야 한다면 깊은 후회를 느낀다.

이 공식에도 인지적 반전이 숨어 있다. 인간은 언어를 사용하는 생명체라 상대를 직접 경험해보지 않더라도 여기저기에 평판을 묻고 알아봄으로써 누가 착취하는 사람이고 누가 보답하는 사람인지를 구분할 수 있다는 것이다. 그에 따라 평판(사회심리학자들이 광범위하게 기록해놓은 인간 심리의 한 특징)을 쌓고 과장하는 일과 타인의 그 같은 과장을 꿰뚫어보고자 하는 일에 혜택이 주어진다.[10] 이때 회의주의자의 의심 찬 눈앞에서 이타주의자로서 평판을 쌓는 믿을 만한 방법은, 실제로 이타주의자가 되는 것, 다시 말해 이타주의에(그리고 단기적인 희생을 비용으로 지불하고 장기적으로 돌아올 잠재적인 보상에 간접적으로) 전념하는 것이다.[11] 세 번째 반전은 혈족주의와 달리 상호성은 확실한 지식이 아니라 확률적 단서에 의해 움직인다는 점이다. 즉, 그 상황이 상대와 다시 상호작용할 수도 있는 상황들을 대표한다면, 다시 상호작용

---

9 개괄을 위해서는 Cosmides and Tooby(1992), McCullough(2008)를 보라.
10 Kurzban(2011), Trivers(2011)를 보라.
11 Frank(1988)을 보라.

할 일이 없는 사람에게도 공연히 호의를 베풀 수 있는 것이다.[12] 이런 반전들에 헷갈린 나머지 호혜적 이타주의 이론에는, 관대함은 가식에 불과하며 사람들은 상대에게 무엇을 얻을 수 있는지를 냉소적으로 계산한 뒤에야 서로에게 친절할 수 있다는 의미가 함축되어 있다고 생각한다면 단단히 잘못 생각하는 것이다.

이와 대조적으로 집단 선택 이론은 인간의 이타주의가 도덕적 감정과 평판 관리에 의해 움직일 수 있다고는 예측하지 못하고, 도덕적 감정과 평판 관리로 인해 자신의 평판을 실제 기여도보다 부풀리는 사람이 이익을 얻을 수 있고, 그렇게 되면 집단의 복지에 감산이 발생하리라는 것은 더욱 예측하지 못한다. 또한 개미, 벌, 흰개미에게 연민, 분노, 감사 같은 도덕적 감정이 있거나, 다른 벌들의 평판을 감시하고 자신의 평판을 관리할 동기가 있다고 믿을 만한 근거도 없다. 이들의 집단 복지는 '능력에 따라 일하고 필요에 따라 분배한다'[13]는 규칙에 따라 작동하는 것으로 보인다. 아이러니하게도, 집단 선택론자로 나서기 전에 윌슨도 인간의 이타주의를 개미를 통해 설명할 수 있다는 생각을 거부하면서, 마르크스주의의 강령에 '훌륭한 이론, 엉뚱한 종'(Getlin, 1994)이란 판결을 내렸다. 하이트 역시 최근까지 혈족주의적 이타주의와 호혜적 이타주의의 표준적인 이론으로 도덕적 감정을 설명하는 방식에 만족했다.[14]

집단 선택을 뒷받침하기 위해 직접 제시된 경험적 현상은 단 하나로, 사람들이 집단의 이익을 위해 자신의 이익을 희생하는 것처럼 보이는 일련의 게임 실험이다.[15] 연구실에서 진행된 일종의 공공재 게임에서 참가자들은 일정량의 돈을 받고 거기서 원하는 만큼을 떼어 모금함에 넣으라는 요청을 받는다. 모인 돈은 실험자가 몇 배로 곱해 참가자들에게 똑같이 나눠준다. 집단에게 가장 좋은 전략은 모두가 최대 금액을 내는 것이다. 개인에게 가장 좋은 전략은 무임승차자가 되어서 돈을 아낀 뒤 챙겨둔 돈과 집단 배당금을 모두 갖는 것이다. 게임을 몇 판 되풀이하는 전형적인 실험에서는 무임승차가 주된 전략이 되고 공공 모금액은 0으로 줄어든다.

따라서 이 실험의 자연스러운 결론은 인간에게는 공공선을 위해 희생할 기회가 있

---

12 Delton, Krasnow, Tooby, and Cosmides(2011).
13 마르크스가 제시한 공산주의의 이상(옮긴이).
14 Haidt(2002).
15 Fehr and Gächter(2002).

을 때 그 기회를 이용하도록 집단—선택된 적응이 없다는 것이다. 하지만 의아하게도 사람들은 이 연구를 집단 선택의 증거로 해석해왔다. 실험 절차의 한 변형에서 나온 결과 때문이었다. 참가자들에게 무임승차자를 처벌할 기회가 주어져서 그에게 벌금을 부과할 수 있으면, 무임승차는 감소하고 모두의 이익은 증가한다. 놀라운 일은 아니다. 오히려 놀라운 것은, 사람들이 그 명망의 대가로 돈을 지불해야 하거나, 참가자 전원이 익명으로 남고 파트너를 다시 볼일도 없을 거라고 실험자들이 보증한 경우에도 이따금씩 무임승차자를 처벌했다는 점이다. 이 처벌은 비용이 많이 들고 공공심이 있다는 평판을 통해 보상을 받을 수도 없다는 이유로 이 사례를 '이타주의적'이라고 설명하면서 집단 선택에 따른 자기희생의 증거로 광고해온 것이다.

어찌 됐든, 심리학 실험을 구성하는 한 가지 조건을 통해 나타난 작은 효과가 현대의 진화 이론을 수정할 만한 충분한 근거가 된다고 믿기는 어렵고, 사실 그렇게 믿을 이유도 없다. 이후의 실험은 이전의 게임을 비롯한 비슷한 게임들에서 나타나는 행동의 대부분을 상호성의 기대나 평판의 고려를 통해 설명할 수 있음을 보였다.[16] 사람들은 자신을 이용해먹을 공산이 가장 큰 사람을 처벌하고, 무임승차를 할 가능성이 가장 낮은 사람을 상호작용 상대로 고르며, 평판이 위태로울 때는 더 많이 협력하고, 더 많이 처벌하고, 더 적게 무임승차 한다. 순수한 이타주의가 혹시 남아 있다면, 이는 익명성도 일회적인 조우도 보장되지 않는 세계에서 사람들에게 협력의 직관이 형성되었다는 추정으로 설명할 수 있다. 또한 무임승차자를 처벌해도 집행자가 높은 비용을 치르지 않는 현실의 사회를 고려해보자. 개인이나 소규모 집단은 적은 비용으로도 사회적 기생체에 상처를 입히거나 재산상 손해를 입힐 수 있고, 처벌의 집행자는 그로 인해 곤란을 겪기는커녕 감사, 존중, 자원으로 보상을 받는다. 무엇보다, 경찰, 판사, 교도관은 공짜로 일하지 않는다.

마지막으로, 집단 대 집단 갈등의 역사에서 이타주의가 하는 역할을 살펴보자. 많은 집단 선택론자들이 인간의 무장 갈등은 병정 곤충 계급의 경우처럼 자기희생을 혹독하게 진화시키는 장이었다고 가정한다. 이들은 자살 임무, 가미카제 공격, 죽음

---

16 Delton, Krasnow, Tooby, and Cosmides(2011); Krasnow, Cosmides, Pedersen, and Tooby(2012); Price(2012).

의 입을 향한 돌진, 그 밖의 자발적인 순교가 오랫동안 인간 갈등에서 한 규범이었던 것처럼 쓴다. 하지만 내가 읽은 조직적인 폭력의 역사는 그와는 거리가 멀다.

비국가 사회의 부족 전쟁에서, 일반적으로 사람들은 집단의 선을 위해 높은 사망 위험을 감수하지 않는다. 전투의 절정은 시끄럽고 치열해 보이지만 사상자는 거의 나오지 않고, 진짜 전투는 기습이나 매복처럼 공격자들이 위험 부담을 최소화하는 상황에서 이뤄진다.[17] 공격 시 사망 위험이 높은데 만일 비겁하게 행동하는 사람이 가차 없이 모욕을 당하거나 신체적 처벌을 받지 않는다면, 사람들은 탈영을 하거나 후방에 머무르거나 참전을 피할 구실을 찾는다(예를 들어, 최근 투르카나족의 전쟁을 세심하게 연구한 새라 매튜Sarah Mathew와 로버트 보이드Robert Boyd를 보라).[18]

초기 국가들은 어떨까? 국가와 제국은 대규모 조정 행동을 보여주는 전형적인 예인 만큼, 집단 선택을 입증하는 예로 자주 다뤄진다. 하지만 최초의 복잡한 국가는 자발적인 협력에 기대기보다는 잔인한 강압에 의존했다. 그들은 자주 노예제를 채택하고, 인간을 제물로 바치고, 희생자도 없는 범죄를 가학적으로 처벌하고, 전제적인 리더십을 통해 왕과 황제가 누구를 죽이든 면책을 받았고, 대규모 하렘을 거느리고, 따라서 수학적으로 계산할 때 수많은 남성으로부터 아내와 가족을 빼앗았다고 볼 수밖에 없다.[19]

현대 국가의 경쟁 역시 이타주의적 협력을 촉진하지 못했다. 16세기의 군사 혁명 이전까지 유럽 국가들은 어슬렁거리는 폭력배, 사면된 범죄자, 직업 용병 등으로 군대를 채웠고, 이슬람 국가에는 종종 군사 노예 계급이 있었다.[20] 상설 국민군은 역사상 최근의 현상으로, 점차 관료화된 정부가 힘없는 젊은 남자들을 징집하고, 교화하고, 잔혹하게 단련시키는 능력을 갖춘 덕에 가능했다. 남성이 열정적으로 군 복무를 자원한 역사적 사례(제1차 세계대전처럼)를 살펴봐도, 대체로 낙관적인 환상에 빠져서 전쟁은 빨리 끝날 테고 전사할 위험은 낮을 거라고 예상했다.[21] 손쉽게 승리하리

---

17 Gat(2006).

18 Mathew and Boyd(2011).

19 Betzig(1986); Otterbein(2004).

20 Gat(2006); Levy, Walker, and Edwards(2001).

21 Johson(2004).

라는 환상이 산산조각 나자 병사들은 무정한 지휘관의 명령에 떠밀려 전투에 참가했고, 또 '대열 유지병file closers'(전진하지 않는 전우에게 발포하라는 명령을 받은 병사들)을 비롯해서 수천 명에게 실제로 집행된 탈영병 처형이라는 위협에 시달려야 했다. 어떻게 봐도 집단의 이익을 위해 기꺼이 죽음을 향해 행진하는 병정개미처럼 행동하지 않았다.

물론, 전쟁 기록에는 진짜 영웅담이 다양하게 기록되어 있다. 전우를 구하기 위해 폭발 직전의 수류탄을 몸으로 덮었다는 병사처럼 말이다. 하지만 메타포에 주의해야 한다. 군인의 의무와 관련된 사고방식을 다룬 연구가 보여주는 것은 남자들의 소규모 연합에 존재하는 허구적인 혈연관계와 호혜적 의무의 심리일 뿐, 명목상의 참전 이유인 상위 집단에 대한 충성과는 거리가 멀다. 작가 윌리엄 맨체스터William Manchester는 제2차 세계대전에서 해병으로 복무한 경험을 회고하면서 동료 소대원에게 편지를 썼다. "전열에 선 이들은 내 가족이자, 내 집이었네… 그들은 나를 실망시킨 적이 없었고, 그래서 나도 그들을 실망시킬 수 없었지… 사람들은, 이제 알겠네만, 깃발이나 국가를 위해, 해병대나 그 밖의 어떤 관념적인 영광을 위해 싸우는 게 아니라네. 그들은 서로를 위해 싸우는 거야."(Thayer, 2004, p. 183).

개인적 희생의 끝인 자살 공격은 어떨까? 만일 자살 공격이 쉽게 사용할 수 있는 전략이었다면 군사사는 완전히 다르게 흘러갔을 것이다. 우리 시대의 자살 테러리스트를 다룬 연구에서는 자살 공격에 나서도록 누군가를 설득하기 위해서는 특별한 환경이 조성되어야만 한다는 것이 밝혀졌다. 스콧 애트런Scott Atran, 래리 스기야마 Larry Sugiyama, 발레리 허드슨Valerie Hudson, 제시카 스턴Jessica Stern, 브래들리 세이어 Bradley Thayer의 기록에 따르면, 자살 테러리스트들은 대체로 번식 전망이 어두운 남성들 가운데서 모집되며, 또래 압력, 혈연관계 환상, 혈연에게 돌아갈 물질적 혜택과 평판 관련 혜택, 그리고 사후에 영원한 보상이 기다린다는 이론(그 유명한 72명의 처녀)의 주입을 적절히 조합한 술책에 넘어간 것이다.[22] 집단의 이익 때문에 죽지는 않겠다는 성향이 워낙 강력해서 반드시 이런 조작이 필요하다.

집단적인 전투가 개인의 이타주의를 선택한다는 생각 자체를 더 자세하게 살펴볼

---

22 Atran(2003); Blackwell and Sugiyama(2008); Thayer and Hudson(2010).

필요가 있다면, 집단 대 집단 갈등에서 보상, 강압, 주입이 역사적으로 중요했다는 사실은 전혀 놀랍지 않다. 이타적인 개인들로 이루어진 집단이 이기적인 개인들의 집단을 무찌른다는 윌슨의 금언은, 노예, 농노, 징병제, 용병을 '이타주의적'인 것으로 범주화할 때에만 참이다. 더 정확히 말하자면, **조직화된** 개인들의 집단이 이기적인 개인들의 집단을 무찌르는 것이다. 또한 집단 갈등에 효과적인 조직은 자발적으로 자신을 희생하는 개인들로 구성된다기보다는, 강력한 개인이 집단의 다른 구성원들에게 혜택을 주고 그들을 조작하는 방식으로 구성된 조직이다.

다시 한번 말하지만, 선택의 수준을 바꿔서, 성공한 국가의 규범과 제도에는 사실 집단 선택이 작용한다고 말해봤자 소용없다. 그럴 때 문제는 그 설명을 통해 대규모의 과세 기준, 강력한 정부, 매혹적인 사상, 효과적인 군사력을 갖춘 사회가 이웃 사회들을 제치고 팽창한다는 역사가들의 전형적인 설명에 아무것도 더할 수 없다는 점이다. 이 성공은 그저 평범한 인과관계이고, 인간의 창의성, 경험, 의사소통으로 얻은 결실의 효과일 뿐이다. 충실도 높은 복제, 맹목적인 돌연변이, 인구에 대한 후손의 차등적인 기여, 여러 세대에 걸친 반복 같은 진정한 다윈주의적 기제들은 집단 선택과는 수긍할 만한 유사성이 전혀 없다.

집단 선택 문제 요약

집단 선택이라는 생각은 겉보기에는 호소력이 있다. 인간이 집단생활에 적응했다는 것은 이론의 여지가 없고, 어떤 집단이 다른 집단보다 더 크고, 더 오래 가고, 더 영향력 있기 때문이다. 그런 이유로 자연선택이 유전자에 작용하는 것과 유사한 과정(즉, 집단 선택)이 인간 집단의 속성, 또는 인간 마음의 속성을 만들어냈다고 결론 짓기가 쉽다. 이 매력에도 불구하고, 나는 심리학에서나 사회과학에서 집단 선택은 유용한 역할을 하지 않는다고 주장했다. 집단 선택은 너무 많은 현상을 지시하고, 대개 유전자 수준의 선택 이론을 대신하지 못하고서 그저 집단의 중요성을 막연히 암시하는 데 그친다. 개념을 더 정확히 할 경우에는 딜레마가 발생해서 균열이 일어난다. 성공한 집단의 문화적 특성을 집단 선택으로 설명하고자 할 때에는 관습적인 역사에 무언가를 더해주지 못하고, 자연선택의 실제적인 기제를 정확히 사용하지도 못한다. 반면에 개인의 심리, 특히 비친족 집단의 이익을 위해 무조건 자신을 희생하는 성향을 집단 선택으로 설명하고자 할 때에는, 이론상으로도 의심스럽고(자신과 친족을 보호할 때 돌아오는 확실한 이점을 고려할 때, 그런 성향이 어떻게 진화할 수 있는지가 불분명하므로) 실질적으로도 미덥지 않다(인간에게 그런 형질이 있다는 증거가 없으므로).

이 이야기 중 어느 것도 사회적·도덕적 직관의 진화를 이해하지 못하게 하거나, 개인의 심리를 사회적·역사적 대규모 현상으로 전환하는 인구 및 연결망의 동역학을 이해하는 데 걸림돌이 되지는 않는다. 다만 '집단 선택'의 개념이 깨달음을 주기보다는 혼란을 일으킬 가능성이 훨씬 크다는 얘기다. 집단생활에 맞춰 진화한 적응의 결함을 보충하기 위해 인간의 인지능력이 고안한 발상과 제도를 이해하고자 할 때면 특히 더 그렇다. 나는 간단한 해결책을 제안하고자 한다. 집단생활, 집단 경쟁, 집단 규범, 집단 관습, 사회적 연결망, 문화, 무욕, 친절함, 공감, 이타주의, 도덕성, 배타성, 부족주의, 연합 공격의 느슨한 유의어로서 '집단 선택'이란 용어를 그만 사용하자는 것이다.

참고문헌

Abbot, P., Abe, J., Alcock, J., Alizon, S., Alpedrinha, J. A. C., Andersson, M., . . . Zink, A. (2011). Inclusive fitness theory and eusociality. *Nature, 471*(7339), E1–E4.

Atran, S. (2003). Genesis of suicide terrorism. *Science, 299*(5612), 1534–1539.

Betzig, L. (1986). *Despotism and differential reproduction*. Hawthorne, NY: Aldine de Gruyter.

Blackwell, A. D., & Sugiyama, L. S. (2008, October 18). *When is self-sacrifice adaptive?* Evolutionary Perspectives on War Conference, Eugene, OR.

Boomsma, J. J., Beekman, M., Cornwallis, C. K., Griffin, A. S., Holman, L., Hughes, W. O. H., . . . Ratnieks, F. L. W. (2011). Only full-sibling families evolved eusociality. *Nature, 471*(7339), E4–E5.

Bowles, S., & Gintis, H. (2011). *A cooperative species: Human reciprocity and its evolution*. Princeton, NJ: Princeton University Press.

Cosmides, L., & Tooby, J. (1992). Cognitive adaptations for social exchange. In J. H. Barkow, L. Cosmides, & J. Tooby (Eds.), *The adapted mind: Evolutionary psychology and the generation of culture*. New York, NY: Oxford University Press.

Daly, M., Salmon, C., & Wilson, M. (1997). Kinship: The conceptual hole in psychological studies of social cognition and close relationships. In J. Simpson & D. Kenrick (Eds.), *Evolutionary social psychology*. Mahwah, NJ: Erlbaum.

Dawkins, R. (1989). *The selfish gene*. New York, NY: Oxford University Press. (Original work published 1976).

Delton, A. W., Krasnow, M. M., Tooby, J., & Cosmides, L. (2011). The evolution of direct reciprocity under uncertainty can explain human generosity in one-shot encounters. *Proceedings of the National Academy of Sciences, USA, 108*(44), 13335–13340.

Fehr, E., & Gächter, S. (2002). Altruistic punishment in humans. *Nature, 415,* 137–140.

Fiske, A. P. (1991). *Structures of social life: The four elementary forms of human relations*. New York, NY: Free Press.

Frank, R. H. (1988). *Passions within reason: The strategic role of the emotions*. New York, NY: Norton.

Gat, A. (2006). *War in human civilization*. Oxford, England: Oxford University Press.

Gaulin, S. J. C., & McBurney, D. H. (2003). *Evolutionary psychology*. Englewood Cliffs, NJ: Prentice Hall.

Getlin, J. (1994, October 21). Natural wonder: At heart, Edward Wilson's an ant man. *Los Angeles Times*, p. E1.

Haidt, J. (2002). The moral emotions. In R. J. Davidson, K. R. Scherer, & H. H. Goldsmith (Eds.), *Handbook of affective sciences* (pp. 852–870). New York, NY: Oxford University Press.

Haidt, J. (2012). *The righteous mind: Why good people are divided by politics and religion*. New York, NY: Pantheon.

Henrich, J. (2004). Cultural group selection, coevolutionary processes, and large-scale cooperation. *Journal of Economic Behavior & Organization, 53,* 3–143.

Herre, E. A., & Wcislo, W. T. (2011). In defence of inclusive fitness theory. *Nature, 471*(7339), E8–E9.

Johnson, D. D. P. (2004). *Overconfidence and war: The havoc and glory of positive illusions*. Cambridge, MA: Harvard University Press.

Krasnow, M. M., Cosmides, L., Pedersen, E., & Tooby, J. (2012). What are punishment and reputation for? *PLoS ONE, 7*(9), e45662.

Kurzban, R. (2011). *Why everyone else is a hypocrite*. Princeton, NJ: Princeton University Press.

Levy, J. S., Walker, T. C., & Edwards, M. S. (2001). Continuity and change in the evolution of warfare. In Z. Maoz & A. Gat (Eds.), *War in a changing world* (pp. 15–48). Ann Arbor: University of Michigan Press.

Lieberman, D., Tooby, J., & Cosmides, L. (2007). The architecture of human kin detection. *Nature, 445*, 727–731.

Mathew, S., & Boyd, R. (2011). Punishment sustains large-scale cooperation in prestate warfare. *Proceedings of the National Academy of Sciences, USA, 108*(8), 11375–11380. doi:10.1073/pnas.1105604108

McCullough, M. E. (2008). *Beyond revenge: The evolution of the forgiveness instinct*. San Francisco, CA: Jossey-Bass.

Nowak, M. A., Tarnita, C. E., & Wilson, E. O. (2010). The evolution of eusociality. *Nature, 466*(7310), 1057–1062.

Otterbein, K. F. (2004). *How war began*. College Station: Texas A&M University Press.

Price, M. E. (2012). Group selection theories are now more sophisticated, but are they more predictive? *Evolutionary Psychology, 10*(1), 45–49.

Richerson, P. J., Boyd, R. T., & Henrich, J. (2003). Cultural evolution of human cooperation. In P. Hammerstein (Ed.), *Genetic and cultural evolution of cooperation* (pp. 357–388). Cambridge, MA: MIT Press.

Strassmann, J. E., Page, R. E., Robinson, G. E., & Seeley, T. D. (2011). Kin selection and eusociality. *Nature, 471*(7339), E5–E6.

Thayer, B. A. (2004). *Darwin and international relations: On the evolutionary origins of war and ethnic conflict*. Lexington: University Press of Kentucky.

Thayer, B., & Hudson, V. M. (2010). Sex and the Shaheed: Insights from the life sciences on Islamic suicide terrorism. *International Security, 34*(4), 37–62.

Traulsen, A., & Nowak, M. A. (2006). Evolution of cooperation by multilevel selection. *Proceedings of the National Academy of Sciences, USA, 103*(29), 10952–10955.

Trivers, R. L. (2011). *Deceipt and self-deception*. New York, NY: Penguin.

West, S. A., Griffin, A. S., & Gardner, A. (2007). Social semantics: Altruism, cooperation, mutualism, strong reciprocity and group selection. *Journal of Evolutionary Biology, 20*, 415–432.

West, S. A., Griffin, A. S., & Gardner, A. (2008). Social semantics: How useful has group selection been? *Journal of Evolutionary Biology, 21*, 374–385.

Williams, G. C. (1966). *Adaptation and natural selection: A critique of some current evolutionary thought*. Princeton, NJ: Princeton University Press.

Wilson, D. S., & Wilson, E. O. (2008). Evolution "for the good of the group." *American Scientist, 96* (September-October), 380–389.

Wilson, E. O. (2012). *The social conquest of earth*. New York, NY: Liveright.

7부

전통적인 심리학 분과들과의 접점들

데이비드 M. 버스

역사적으로 심리학 분야는 인지심리학, 사회심리학, 발달심리학, 성격심리학, 임상심리학 같은 하위 분과를 중심으로 조직되어왔다. 진화심리학은 여러 방식으로 이하위 분과들의 경계를 해체한다. 이 『핸드북』의 주제들은 주로 적응 문제와 진화한 심리적 해법을 중심으로 편제되어 있다. 그 결과 심리학의 전통적인 하위 분과 하나하나가 여러 개의 심리적 적응과 관련되어 있다. 예를 들어, 진화한 뱀 공포증을 생각해보자. 이 적응은 기초에 인지적(정보를 처리하는) 구조가 놓여 있고, 발달상 예측가능한 시점에 출현하고, 남들의 공포 반응을 목격할 때 입력되는 사회적 정보에 민감하고, 안정적인 개인차를 보이고, 가끔 기능 장애를 일으키거나 병으로 발전한다. 진화심리학의 렌즈로 조사해볼 때 주류 심리학에서 하위 분과들을 나누는 경계는 다소 자의적인 듯 보인다. 자연을 자연의 이음매에 따라 조각내지 않아서다.

하지만 심리학자들은 대부분 이 전통적인 하위 분과들의 길드와 개념적 틀 안에서 훈련을 받았으므로, 이 하위 분과들의 주요한 질문과 문제에 진화심리학자들이 어떻게 접근할 수 있는지를 본다면 유용할 것이다. 진화심리학은 오래전에 확립된 이 분과들에 무엇을 제공할 수 있을까? 어떤 새로운 통찰이 나올 수 있을까? 7부의 장들에서 우리는 이런 문제를 다루고자 한다.

피터 토드Peter Todd, 랠프 허트위그Ralph Hertwig, 울리히 호프라게Ulrich Hoffrage(37

장)는 인지심리학이라는 분야를 진화심리학적으로 멋지게 분석한다. 그들은 전통적인 주제들—주의, 정보 표상, 기억, 망각, 추론, 판단, 휴리스틱, 편향, 의사결정—을 새롭게 통찰하는 방법이 어떻게 진화적 분석에서 나올 수 있는지를 보여준다. 그리고 마치 답례를 하듯, 인지심리학의 진전이 진화적 분석에 어떻게 큰 도움이 되고 있는지를 보여준다. 저자들은 전통적인 인지심리학도 진화심리학에 줄 것이 많기 때문에 합병의 이익은 양방향으로 흐른다고 강력히 주장한다.

데이비드 비요클런드David Bjorklund, 카를로스 블라시Carlos Blasi, 브루스 엘리스 Bruce Ellis는 진화발달심리학을 주제로 한 장을 완성했다(38장). 저자들은 발달심리학의 전통적인 가정들에 도전하는 중요한 통찰을 제시한다. 예를 들어, 유년기의 심리적 특징은 성년기에 완전해질 형태의 준비 단계에 불과하다는 가정이 있다. 하지만 저자들의 설득력 있는 주장에 따르면, 어떤 적응들은 성년기 형태로 가는 중간 기착지라기보다는, 발달기의 특정 단계를 위해 설계되어서 그 시기에만 제 기능을 한다는 것이다. 그리고 심리학의 중요한 주제들—마음 이론, 아이들의 직관 수학, 아이들의 공격 및 지배 계층구조 같은 사회적 행동 등—을 진화적으로 분석할 때, 발달심리학을 이끌어온 전통적인 개념틀에서는 전혀 나오지 않던 새로운 통찰들이 어떻게 나오는지를 고찰한다.

더글러스 켄릭Douglas Kenrick, 존 메이너Jon Maner, 노먼 리Norman Li도 상호성의 이익을 설득력 있게 주장하는데, 이번에 그 이익은 진화심리학에서 사회심리학으로 흐른 뒤에 다시 진화심리학으로 흘러든다(39장). 저자들은 전통적으로 사회심리학이 상황 특이성을 강조한 것은 영역 특이성을 강조하는 진화심리학의 접근법과 거의 일치한다고 주장한다. 사회심리학자가 그들의 근접 설명에 궁극 설명을 더한다면 이득을 볼 수 있다고 그들은 제안한다. 마지막으로 저자들은 사회적 적응 문제를 매력적으로 분류해서 사회심리학을 정연하게 체계화할 수 있는 틀을 제공한다.

아우렐리오 호세 피구에레도Aurelio José Figueredo, 마이클 우들리Michael Woodley, W. 제이크 제이콥스W. Jake Jacobs(40장)는 이른바 '성격의 일반 요인'에 특별히 초점을 맞추고서 진화성격심리학을 흥미롭게 개진한다. 저자들은 진화심리학에서 상대적으로 등한시하는 영역—안정적인 개인차—에 초점을 맞춘다. 피구에레도와 동료들은 인간 연구과 비인간 연구에서 두루 나온 경험적 증거를 검토하는데, 이 증거들은 성격의 개인차가 자연선택, 성선택, 빈도-의존 선택을 겪어왔다는 주장을 뒷받침한다. 다음으로 저자들은 생활사 전략의 위계 모델을 평가한다. 이 장은 종-전형적 심리 기제를 강조하는 진화심리학 이론틀 안에 개인차가 개념적으로 더 많이 통합되어야 한다고 주장하는 중요한 장이다.

마티 해즐턴Martie Haselton, 대니얼 네틀Daniel Nettle, 대미언 머리Damian Murray는 사회적 상호작용에서 발견되는 인지 편향들의 진화를 이론 및 경험적으로 조사한다(41장). 그와 같이 그들의 장은 역사적으로 분리되어 있던 전통적인 두 분야—인지심리학과 사회심리학—를 잇고 있다. 저자들은 몇 가지 사회적 인지 편향은 사실은 설계되었고 기능적이며 그래서 사회적 신호를 '정확하게' 탐지하는 인지 기제보다 적응적 문제를 더 잘 해결한다고 확실히 논증한다. 그들은 '휴리스틱과 편향' 문헌 전체를 진화적으로 재공식화할 것을 요구한다. 지금까지 그 문헌들은 인간을 비논리적이고 근거 없이 오류를 저지르는 존재로 다루기 때문이다. 이 새로운 연구 계열은 이미 새로운 인지 편향들을 발견했으며, 앞으로 적응적 편향을 더 발견할 수 있으리라는 희망을 한껏 높이고 있다. 또한 인간이 판단과 의사결정을 내릴 때 근본적으로 불합리하고 무기력한 실수를 남발한다고 말해온 지난 수십 년간의 오류를 바로잡을 수 있다.

제롬 웨이크필드Jerome Wakefield는 진화임상심리학 분야의 토대인 기능과 오기능 개념을 날카롭게 분석한다(42장). 그는 역사적으로 임상심리학에 일관된 기능장애 개념이 없었다고 주장한다. 대신에 그 분야는 기능장애와 오기능에 관한 직관적이고, 불일치하고, 대개 분명치 않은 개념들에 의존해왔다. 이 문제는 진화심리학으로 말끔히 해결된다. 웨이크필드는 유일하게 합리적인 장애 개념에는 **설계된 기능의 고장**이 들어가야 한다고 설득력 있게 주장한다. 그렇다면, 심리 기제가 설계된 대로 기능하지 않을 때가 언제인지를 이해하는 필수조건으로 그 기제의 설계된 기능을 알아야 한다는 말이 된다. 저자는 또한 정신장애는 자연이 선택한 조건이라는 주장에 담긴 오류 몇 가지를 들춰내고, DSM 장애 분류법에 영향을 미칠 수 있는 의미들을 도출한다. 임상심리학이 정신장애를 명확히 정의하지 않은 채 수십 년 동안 굴러갔다니 다소 놀라운 일이 아닐 수 없다. 웨이크필드의 장이 그 긴요한 공백을 메워준다.

이 부의 마지막 장(43장)에서 랜돌프 네스Randolph Nesse는 진화심리학과 정신건강을 폭넓게 분석하고, 진화적 분석의 기여를 여덟 가지로 정리한다. 진화적 분석은 우리 인간이 정신장애에 취약한 이유를 밝혀주고, 행동에 대한 기능적 이해를 제시하고, 인간을 더 깊고 넓게 공감하면서 이해하는 태도를 장려하고, 인간관계가 어떻게 돌아가는지를 설명해주고, 발달의 영향을 명확히 이해할 수 있는 방법을 일러주고, 감정과 감정 조절에 기능 수준으로 접근하는 방법을 제공해주고, 과학적 진단 체계에 토대를 마련해주고, 어떤 사람은 정신장애에 걸리고 다른 사람은 그렇지 않은 이유를 여러 가지 요인으로 설명해준다. 네스의 흥미진진한 장은 임상심리학에 속한 모든 이의 필독서가 되어야 한다.

요컨대 7부의 장들에는 심리학 안에서 주요 분과들을 진화시킬 수 있는 개념적 도구가 놓여 있다.

하위 분과들이 지금의 제도적 경계를 관성적으로 유지하는 한에서 이 장들은 가치를 매길 수 없을 정도로 귀중하다. 하지만 궁극적으로는 그 전통적인 경계들이 소멸하는 일에 기여해서 심리학 분야가 통합하는 길을 열 것이다.

37장

진화인지심리학

피터 M. 토드 · 랠프 허트위그 · 울리히 호프라게

서론: 인지 기제에 가해지는 선택압

전통적인 인지심리학, 즉 인간의 생각과 행동의 기초에 놓인 정보처리 기제를 연구하는 분야는 진화론의 관점에서 문제가 있다. 인간은 정보를 처리하게끔 직접 선택되지 않았을 뿐더러, 정보를 저장하고, 학습하고, 표현하고, 심지어는 생각을 하게끔 선택되지도 않았다. 이 모든 능력은 인지심리학의 핵심 주제이지만, 중요한 문제인 생존과 번식의 해결책이 진화하는 과정에서 나온 부산물이다. 게다가 그 두 가지 주된 목표의 하위 목표들—식량 찾기, 체온 유지하기, 짝 고르기, 지위 서열 협상하기, 협력자와 동맹 맺기, 포식자와 동종의 경쟁자 피하기, 자식 키우기 등등—은 정보를 모으고 처리하는 일에 달려 있지만, 각 영역의 도전과제에 응하려면 번번이 **특수한** 정보를 모으고 그 정보를 특수하게 처리해야 했을 것이다. 그렇다면 기억, 주의, 추론 같은 능력을 가장 잘 연구하는 방법은 각각의 능력이 구체적인 기능을 위해 어떻게 사용되는지에 초점을 맞춘 목표-특이적/영역-특이적 접근법일 것이다. 그 접근법이 바로 이 핸드북의 다른 장들에 예시되어 있다.

하지만 인지심리학의 전통적인 접근법은 영역 일반적이거나 영역 불가지론적이어서, 마치 인지능력들이 환경 특이적인 선택압과 완전히 무관하게 진공 속에서 생겨난 것처럼 보인다. 하지만 우리는 인지심리학이 전통적인 영역-불가지론적 접근법으로 마음을 연구할 때에도 유익하다고 믿고, 심지어 진화론의 관점으로 생각과 추론을 연구하는 데에도 도움이 된다고 믿는다. 그 이유는 영역-특이적 기제들을 빚는 선택압 외에도 많은 중요한 선택력selective force들이 여러 영역에 걸쳐 폭넓게 작용하기 때문이다. 가령, 결정 시간과 정보 탐색의 비용이 그런 선택력이다. 우리의 모든 심리 체계들이 저마다 에너지 처리 효율이라는 공통의 압력에 의해 빚어진 것과 마찬가지로, 개개의 심리적 정보처리 체계도 모두 정보처리의 효율성을 위한 다양한 공통의 압력들에 의해 빚어졌을 것이다. 이 폭넓은 압력들의 작용으로 많은 인지 체계—예를 들어, 정보가 거의 없어도 신속하게 선택하는 결정 기제—가 공통된 설계 특징을 가질 수 있다.

　이 장에서 우리는 여러 영역에 작용하는 폭넓은 압력이 어떻게 특수한 인지 체계들의 설계에 영향을 미칠 수 있는지를 보이고자 한다. 구체적으로, 먼저 우리는 정보를 수집하거나 너무 많은 정보를 이용하는 비용이, 극히 한정된 정보에 의존하는 결정 기제에서 어떻게 줄어들 수 있는지를 논할 것이다. 다음으로는, 적절한 정보를 소량만 이용하게 하는 압력으로 인해 어떻게 장기 기억에 특별한 망각 양상이 생기고, 단기 기억에 특별한 용량 제한이 발생했는지를 탐구하고자 한다. 마지막으로 우리는 지난 사건들을 생각하는 능력이 선택됨으로써, 샘플 대 확률처럼 동일한 정보의 다른 표상에서 매우 다른 반응이 나올 수 있음을 입증할 것이다. 이 모든 과정에서 우리는 인지심리학의 중요한 관심사인 세 주제—의사결정, 기억, 정보의 표상—에 초점을 맞출 것이다. 하지만 그와 동시에, 우리가 제시할 세 가지 주요한 논지는 인지를 외적, 환경적 조건에 매이지 않은 계산으로 보는 전통적인 견해에는 다소 낯설게 보일 수도 있다. 우리의 논지는 다음과 같다. 첫째, 단순한 결정 기제는 환경 구조에 들어맞아서 좋은 성과를 낼 수 있다. 둘째, 한정된 기억 체계에는 적응적 이점이 있을 수 있다. 셋째, 경험에 기반한 정보 표상은 의사결정을 향상시킬 수 있다. 그러므로 우리는 인지심리학에서 전형적으로 다루는 많은 주제를 무시하고, 대신에 진화론에 입각한 인지심리학이 탐구해야 한다고 생각되는 기존의 문제 몇 가지를 스케치할 것이다.(진화인지심리학의 다른 견해들을 보고 개인차 같은 더 깊은 주제를 고찰하려면, 다음을 보라. Kenrick et al., 2009; Kenrick, Sadalla, & Keefe, 1998).

의사결정: 정보 이용하기

먼저 결정 기제를 살펴보자. 결정 기제는 지각된 정보와 저장된 정보를 처리해서 결정을 내리고 행동을 하게 한다. 결정 과정은 행동과 거리가 가깝기 때문에, 또한 행동에 작용하는 기능적으로 조직화된 구체적인 선택력과도 거리가 가깝다. 따라서 보다 일반-목적적인 지각 체계와는 대조적으로, 결정 기제는 개인의 선택력에서 강한 영향을 받아서 영역-특이적이 되었을 것이다. 그럼에도 앞에서 말했듯이, 폭넓은 선택압들이 여러 영역에 작용해서 광범위한 결정 기제들을 비슷한 방향으로 빚는다. 가정 먼저, 주어진 영역에서 적절한 결정을 내리게 만드는 선택이 있다. 최선의 결정을 내린다는 뜻이 아니라, 그 결정이 충분히 좋고('만족하기' 선택, 허버트 사이먼 Herbert Simon, 1955) 딸린 비용과 이익을 고려할 때 평균적으로 경쟁자들의 결정보다 더 좋다는 것이다. 충분히 좋은 결정은 정보에 달려 있는데, 그 환경의 구체적인 구조와 함께 기능적 문제의 특수한 필요조건이 어떤 정보가 가장 유용하고(예를 들어, 적응적 선택을 하는 데 효과가 있는지), 가장 쉽게 얻을 수 있는지를 결정할 것이다.

하지만 정보 모으기는 비용이 들고, 선택압을 받는다(Todd, 2001). 추론의 적응적 성격을 연구하는 인지심리학자들은 이 점에 주의해야 한다. 먼저, 정보 모으기 자체가 비용이 든다. 다른 활동에 더 잘 쓸 수도 있는 시간이나 에너지가 그것이다. 환경에서 외부 정보를 탐색할 때뿐 아니라 기억에서 내부 정보를 찾을 때도 그런 비용이 발생한다(Bröder, 2012). 둘째, 너무 많은 정보를 고려하면 실제로 더 나쁜 결정을 내리는 비용이 발생한다. 누구도 정확히 똑같은 상황에 두 번 부딪히지는 않기 때문에 당사자는 과거의 경험에서 새로운 상황으로 일반화해야 한다. 하지만 세계는 본래 불확실해서, 이전 상황의 어떤 특징들은 새로운 상황과 무관한 소음이 된다. 따라서 너무 많은 정보를 고려하면 결정 과정에 소음을 더할 수 있고, 새로운 상황으로 일반화할 때 **과적합**overfit이 발생한다. 다시 말해, 더 적은 정보를 고려할 때보다 더 나쁜 결정을 내리게 되는 것이다(Gigerenzer & Brighton, 2009; Martignon & Hoffrage, 2002).

따라서 두 가지 선택압이 정반대 방향에서 의사결정을 만들어낸다. 좋은 결정을 내려야 할 필요성과 부족한 정보를 사용해야 할 필요성이다. 하지만 정확성과 노력 사이에서 벌어지는 이 명백한 맞거래를 회피할 수 있는 길이 있다. 많은 환경이 부족한 정보로도 충분히 좋은 결정을 내릴 수 있게 구성되어 있어서, '빠르고 간소한fast and frugal' 방식으로 작동하는 결정 기제가 이용 가능한 모든 정보를 처리하려고 애쓰는 기제보다 우수한 성능을 자랑할 수 있다(Gigerenzer, Todd, & the ABC Research Group, 1999; Payne, Bettman, & Johnson, 1993). 이 단순한 휴리스틱이 안정된 정보구조를 이용할 수 있는 구체적인 환경에서 작동할 때면, 마음, 사회, 신체의 환경 구조 간의 중요한 조화를 강조하면서 이른바 '생태적 합리성ecological rationality'에 도달하고, 그 방식은 진화적 관점과 꼭 들어맞는다(Hertwig, Hoffrage, & the ABC Research Group, 2013; Todd & Gigerenzer, 2007; Todd, Gigerenzer, & the ABC Research Group, 2012). 이제는 마음의 '적응 연장통'에 담겨있는 결정 휴리스틱 중 이 선택력들의 교차로에서 실력을 과시하는 몇몇 유형을 간단히 살펴보고자 한다.

인지와 무시를 사용하는 의사결정

최소 정보 이용은 지식의 부족을 결정의 기초로 삼을 때 발생할 수 있다. 자신의 무지를 환경 구조를 반영한 결과로 사용하는 것이다. 예를 들어 어느 과일이 먹기 좋은지를 결정할 때처럼 하나의 기준에서 여러 대안 중 하나를 선택해야 하는데, 그 대안 중 하나만 인지되고 나머지는 인지되지 않는다면, 그때 개인은 '재인再認 휴리스틱recognition heuristic'을 가동해서 인지되지 않은 것을 무시하고 인지된 선택지를 고른다(D. G. Goldstein & Gigerenzer, 1999, 2002). 이 단순한 휴리스틱을 따르는 것은 적응적이고(적응에 도움이 되고) 생태적으로 합리적이며, 특수한 환경에서 무작위 선택을 할 때보다 더 자주 좋은 선택에 이른다. 예를 들어, 선택지에 대한 노출이 그 결정 기준상의 서열과 양의 상관관계가 있는 경우가 대표적이다. 그러므로 음식 선택의 예에서 인식 휴리스틱이 유익한 것은, 환경에서 우리가 인지하지 못하는 것들은 대개 먹을 수 없는 것이기 때문이다. 인간은 먹을 수 있는 과일을 발견해서 우리의 식단에 통합시키는 일을 합리적으로 해왔다(인지가 적응적 결정을 생산하는 환경에 대한 분석으로는 다음을 보라. Pachur, Todd, Gigerenzer, Schooler, & Goldstein, 2012).

극소수 단서를 사용하는 의사결정

고를 수 있는 선택지가 모두 인지될 때, 재인 휴리스틱은 더 이상 쓸 수 없고 그 이상의 단서를 참조해야 한다. 합리적인 의사결정에 도달하는 전통적인 접근법에서는 결정을 내리기 전에 이용 가능한 정보를 모두 모으고, 적절히 가중치를 더하고, 이를 합쳐야 한다고 규정한다. 더 간소한 접근법은, 결정을 내리기에 충분한 정보가 모이면 즉시 정보 탐색을 중단시키는 종료 규칙을 이용하는 것이다. 가장 간단한 버전인 '한 이유one-reason 의사결정' 휴리스틱(Gigerenzer & Goldstein, 1996, 1999)에서는, 고려하고 있는 선택지들의 차이를 알려주는 최초의 단서를 발견하면 즉시 단서 찾기를 종료한다. 한-이유 결정 휴리스틱의 많은 후보 중에서 **최고-취하기**take-the-best는 생태적 타당도(정확한 결정의 비율)의 순서로 단서를 찾는다. **마지막-취하기** take-the-last는 과거의 결정 순서에 따라 단서를 찾고, 그래서 가장 최근의 결정에 사용했던 단서를 다음 결정 시에 가장 먼저 체크한다. **최소주의**minimalist 휴리스틱은 단서 타당도를 기억하거나 알지 못해서, 현재 이용할 수 있는 단서 중에서 그저 무작위로 하나를 고른다.

이런 형태의 한-이유 의사결정을 사용하는 휴리스틱은, 잘 어울리는 환경에서는 정확성과 부족한 정보 사용이라는 선택적 요구를 동시에 훌륭하게 충족할 수 있다. 예를 들어, 최고-취하기는 단서의 중요도가 **비보완적**noncompensatory 분포, 즉 대략 지수적으로 감소하는 분포를 보이는 환경에서 생태적으로 합리적이다. 이 휴리스틱은 나머지를 세계에 맡김으로써 더 단순하고 강건할 수 있다(과적합에 저항한다). 도스Dawes와 코리건Corrigan(1974)도 선형적 모델들의 세계 안에서 비슷한 분석에 착수했다. 그들은 단순성과 강건함이 동전의 양면일 수 있다고 지적했다. 즉, 이용 가능한 정보를 대부분 무시한다는 것은 **부적절한** 정보를 대부분 무시한다는 뜻이고, 그 결과 새로운 상황으로 일반화할 때 결정이 더 강건해진다는 것이다(인지 체계가 적절히 단순화하는 '편향들'을 통해 어떻게 강건함을 획득할 수 있는지를 이론적으로 설명한 문헌은 Gigerenzer & Brighton, 2009를 보라).[1]

---

1 이와 관련하여, Chater(1999; Charter & Vitányi, 2003)는 마음은 원래 마주치는 환경을 가장 단순하게 파악하는 설명을 찾도록 설계되어 있다고 주장했다. 이 원리 역시 지각, 언어

게다가, 사람들은 적절한 단서 구조가 있는 환경(Rieskamp & Otto, 2006), 그리고 정보를 얻기가 값비싸거나 시간이 많이 드는 환경(Bröder, 2012; Newell & Shanks, 2003; Rieskamp & Hoffrage, 1999)에서는 최소 정보를 사용하는 빠르고 간소한 휴리스틱의 적용법을 배우는 것으로 보인다. 사회적·문화적 영향을 받는 의사결정 역시 모방(예를 들어, 음식 선택이나 짝 고르기 모방 시), 규범 따르기, 보호되는 가치에 헌신하기(예를 들어, 타협이 허락되지 않는 규범들, 가령 사람을 죽게 하는 행동을 해서는 안 된다는 규범—Tanner & Medin, 2004를 보라) 등을 통해서 단일한 이유에 근거할 수 있다. 또한 단일한 단서가 독특한 결정을 내리기에 불충분할 때도 사람들은 종종 부족한 정보를 이용하고자 노력하는데, 제거elimination 휴리스틱이 그런 예다(Tversky, 1972). 이 휴리스틱은 극소수의 단서를 사용해서 고려할 선택지를 하나만 남기고 모두 제거한다(이번에도, 음식 선택, 짝 고르기, 서식지 선택 시).

선택지가 순차적일 때의 의사결정

선택지들이 동시에 펼쳐져 있지 않고 시간상으로나 공간상으로 잇따라 나타날 경우에는 다른 유형의 결정 기제가 필요하다. 단일한 선택지를 골라야 할 때는 대안 자체의 탐색을 끝낼 종료 규칙이 있어야 한다. 예를 들어, 장기적인 짝 고르기에는 여러 시점에 잇따라 나타나는 잠재적 후보 가운데, 각자에 대해 수집한 약간의 정보에 기초해서 하나를 선택해야 한다(Saad, Eba, & Sejean, 2009). 고전적인 경제적 탐색 이론에서는 추가 탐색의 비용이 현재의 후보를 버려서 얻을 수 있는 이익을 넘어설 때까지 새 짝(또는 그 밖의 무엇이건)을 찾는다고 말한다. 하지만 현실에서 비용-편익을 합리적으로 분석하는 일은 어렵고 또 필요한 정보 면에서 비싸기도 하다(잠재적 파트너에게 나쁜 인상을 줄 수도 있다). 대신에, 사이먼(1955, 1990)이 고안한 '만족하기' 휴리스틱은 적응적일 수 있다. 사용하고 있는 선택 기준에 열망 수준을 정해놓고, 그 수준을 초과하는 후보를 발견할 때까지 대안을 찾는 것이다. 예를 들어 상호적인 짝 고르기에서, 열망 수준은 짝짓기 시장에서 상호작용이 성공한 후에는 상향 조정되고 실패한 후에는 하향 조정되는 방식으로 정해진다(Beckage, Todd, Penke, &

처리, 고차원 인지를 비롯한 여러 인지 영역에 두루 적용된다.

Asendorpf, 2009; G. F. Miller & Todd, 1998; Todd & Miller, 1999).

다른 환경에서, 개인은 자신이 고른 일련의 선택지에서 이익을 얻는 것이 목표이고, 그에 따라 각각의 선택지를 얼마나 오래 이용한 뒤에 기존의 선택지를 버리고 새로운 탐색에 나설 것인지를 결정해야 한다. 이 이용/탐험 맞거래의 가장 유명한 예는 고갈된 자원 구획을 언제 떠날지를 결정하는 식량 수집이다. 이때, 단순한 구획-떠나기 휴리스틱은 현재의 구획에서 마지막 자원이 발견된 뒤로 너무 많은 시간이 흘렀을 때 새로운 탐험에 나서도록 유발한다(예를 들어, Wilke, Hutchinson, Todd, & Czienskowski, 2009). 하지만 이 탐색 기제는 다른 영역에도 활용되었을 가능성이 있는데, 그 예가 정보 탐색이다(Hills, 2006; Todd, Hills, & Robbins, 2012). 이렇게 사람들은 웹 패치들 사이에서 정보를 탐색할 때나(Pirolli, 2007) 기억에서 개념을 탐색할 때(Hills, Jones, & Todd, 2012), 공간적으로 퍼져 있는 자원을 탐색할 때와 비슷하게, 구획-떠나기 규칙을 이용해서 최적에 가까운 성과를 올리는 것으로 보인다.

생태적 합리성과 진화한 결정 기제

위에서 묘사한 휴리스틱들은 이용 가능한 정보를 대부분 무시하고 고려 사항을 단순하게 처리하는 탓에, 가령 충분한 정보 이용이나 확률과 실익의 완전한 조합 같은 고전적 합리성의 기준에는 대개 미달한다. 게다가, 휴리스틱은 논리적 일관성의 규칙에서 벗어나는 결과를 낳을 수도 있다. 예를 들어, 최고-취하기와 우선성 휴리스틱은 선택지가 셋 이상일 때 일정하게 반직관적인 결과를 낳는다(Brandstatter, Gigerenzer, & Hertwig, 2006; Gigerenzer & Goldstein, 1996). 그러나 고대에든 현재에든 적절하게 조직된 환경에서 사용할 때 이 기제들은 **생태적으로** 합리적일 수 있다. 즉, 제한된 정보와 시간으로 적응적인(평균적으로) 선택을 해야 할 요건을 충족하는 것이다.

게다가, 다른 환경 구조는 다른 휴리스틱에 사용될 수 있고, 그래서 다른 휴리스틱이 필요하다. 하지만 환경 구조와 휴리스틱의 어울림은 새 환경이나 문제에는 반드시 새로운 휴리스틱이 필요하다는 뜻은 아니다. 이 기제들의 단순성은, 비슷한 구조의 여러 영역에서 정보만 달리해서 사용될 수 있다는 뜻이기도 하다. 따라서 진화를 중심으로 연구하는 인지심리학자는 구체적인 적응 문제에 적합한 단순 결정 기제를 폭넓게(영역-일반적 기제까지) 탐구하는 동시에, 그 기제들이 당면한 문제를 효과적으로 해결할 수 있게 하는 영역-특이적 단서를 환경 안에서 찾아야 한다.

기억: 정보 인출과 망각

결정의 토대가 되는 정보는 외부 환경에서 직접 끌어올 수도 있고, 어떤 기억 형식에 저장된 과거의 경험에서 끌어올 수도 있다. 에빙하우스Ebbinghaus(1885/1964)를 비롯한 인지심리학자들은 인간 기억의 세 가지 측면—능력, 정확성, 구조(예를 들어, Koriat, Goldsmith, & Pansky, 2000)—에 주로 초점을 맞춘다. 하지만 선택압에 따라, 그리고 특수한 환경에서 특수한 기능에 사용될 때 발생하는 비용과 이익에 따라 기억이 어떻게 형성되는지에는 관심을 거의 기울이지 않는다. 이 절에서 우리는 기억 연구에 진화적 사고를 적용하는 몇몇 경향을 설명하고자 한다.

기억은 '유기체의 의사결정 체계에 유용하고 시기적절한 정보를 공급할 수 있게끔' 진화했다(Klein, Cosmides, Tooby, & Chance, 2002, p. 306). 이 기능을 위해 기억은 다양한 비용이 드는 배경에서 진화했고, 특수한 기억 체계들의 설계도 그런 배경 아래서 빚어졌다. 듀카스Dukas(1999)는 기억의 광범위한 비용을 다음과 같이 명료하게 밝혔다. (a) 일단 장기 기억에 더해진 항목을 간수하는 것, (d) 미래에 갱신할 수 있는 융통성 있는 형식으로 유지하는 것, (c) 정보 저장에 필요한 뇌 조직을 키우고 양분을 주는 것, (d) 무관한 정보를 가라앉히는 것. 하지만 앞서 개괄한 결정 기제들의 요구사항을 고려할 때, 기억 체계(특히 장기 기억)에 작용하는 주요한 선택압 두 가지는 첫째, 저장된 정보 중 가장 유용한 것을 빨리 생산하는 것, 둘째, 너무 많은 정보를 생산하지 않는 것이다.

우리가 결정 기제에서 초점을 맞췄던 선택압들처럼 이 압력들 역시 넓고 일반적이어서, 다루는 영역에 상관없이 기억 체계에 작용한다. 이 압력에 대처하는 한 가지 방법은 나중에 쓸모 있을 정보만 애초에 저장하는 것이다. 기억 용량을 제한한다면 초기 저장을 이런 방식으로 제한하는 효과가 있을 것이다. 란다우어Landauer(1986)는 장기 기억의 경우에 "기능적으로 학습된 약 10억 비트의 기억 내용을 저장할 수 있다"라고 추산했다(p. 491). 이 용량은 한 시간짜리 음악 CD의 데이터 저장 용량보다 훨씬 작아서, 우리가 경험하는 정보의 흐름 중 아주 적은 양만 저장되고 있음을 알 수 있다. 게다가 우리가 기억하는 소량의 정보마저도 대부분 주어진 결정과 무관해서, 우리의 기억 체계들은 적절한 정보만 인출하고 그 이상은 하지 않도록 설계된 것이 분명하다. 어떻게 이런 일이 가능할까? 애초에 기억의 작동 실패처럼 보이는 과정, 바로 망각을 통해서다.

장기 기억: 망각 곡선과 정보 이용의 통계적 속성

앤더슨Anderson(1990)은 심리 기제를 기능이나 목표에 의거해서 이해하는 수단으로서, 자신이 합리적 행동 분석이라 명명한 접근법을 제시했다. 이 방법은 마Marr(1982)의 계산적 분석 수준에 해당하고, 진화심리학이 초점을 맞춰야 할 수준(Cosmides & Tooby, 1987)과 일치한다. 앤더슨은 진화를 제약조건에 따른 국부적 최적화(또는 언덕 오르기)로 보는 견해를 염두에 두고서, "인지 체계는 항상 유기체의 행동 적응을 최적화하기 위해 작동한다"(1990, p. 28)는 원리의 설명적 힘을 평가하는 작업에 착수했다. 앤더슨과 밀슨Milson(1989)은 이 접근법을 적용해서, 기억이란 저장된 항목들의 데이터베이스가 있고 조회를 하면 그로부터 부분집합이 나오는(가령, 주요 용어 목록) 최적화 정보 인출 체계로 봐야 한다고 주장했다. 이런 종류의 체계는 두 종류의 오류를 범할 수 있다. 원하는 정보를 인출하지 못해서(예를 들어, 자동차의 위치를 까먹은 경우), 유용성의 압력에 대처하지 못한다. 하지만 이 체계가 그런 오류를 최소화하려고 모든 것을 인출하려고 하면, 정반대 오류가 발생한다. 무가치한 정보를 생산해서(그래서 간소함의 압력에 대응하지 못한다), 쓸모없는 것들을 조사하고 퇴짜 놓는 추가 비용이 발생하는 것이다. 이 두 가지 오류의 균형을 맞추고자 기억 체계는 과거 경험에서 뽑아낸 통계를 이용해서, 어떤 기억이 곧 필요할 것 같고 그래서 쉽게 인출할 수 있는 곳에 놓아야 할지를 예측하기 위해 과거 경험에서 뽑아낸 통계를 이용한다고 앤더슨과 밀슨은 주장한다. 결과적으로, 기억 능력은 환경 자극이 어떻게 지금까지 환경에 나타났고 앞으로 다시 나타날지, 그 양상을 반영한다.

이 주장을 예증하는 것이 에빙하우스(1885/1964)가 최초로 설명한 그 유명한 망각 곡선이다. 기억 능력은 시간(또는 간섭하는 사건)에 따라 처음에는 빠르게 쇠퇴하고

(망각 기능이 강해지고), 그 다음에는 시간이 갈수록 더 느리게 감소하면서 멱함수의 특징을 보인다(Wixted, 1990; Wixted & Ebbesen, 1991, 1997). 이 보편적인 망각 기능을 앤더슨의 합리적 분석 틀과 결합하면 다음과 같은 예측이 나온다. 기억이 환경의 규칙성에 반응해서 진화했다면, 기억 능력이 파지 간격[2]과 함수관계를 보이며 감소한다는 사실로 미루어볼 때, 특별한 환경 자극(예를 들어, 어떤 단어)과 조우할 확률도 그 자극과 마지막으로 조우한 뒤 흐른 시간과 멱함수 관계를 보이며 감소할 것이다. 앤더슨과 스쿨러Schooler(1991, 2000)는 환경의 규칙성이 인간 기억에서 발견되는 규칙성과 맞아떨어지는지를 알아내기 위해 실세계 자료를 분석했다. 예를 들어, 그들의 자료 중 어떤 것은 《뉴욕타임스》에 730일 동안 실린 표제의 단어로 구성되어 있었다. 실험자들은 어떤 단어(예를 들어, '카다피')를 읽는다는 것은 그 의미를 인출하는 것을 목표로 인간의 기억 데이터베이스를 조회하는 것이라고 가정했다.

시시각각 기억은 필요해질 것 같은 정도가 달라진다. 합리적 분석틀에 따르면, 기억 체계는 가장 유용할 것처럼 보이는 기억들을 이용할 수 있게 함으로써 정보 인출 과정을 최적화한다. 그 일을 어떻게 할까? 기억 체계는 어떤 기억이 현재 필요할 확률—구체적인 기억 흔적의 필요 확률—을 과거에 이용했던 역사로부터 추정한다. 특히 앤더슨(1990)이 말했듯이, 기억은 그 필요 확률의 순서에 따라 고려되고, 만일 어떤 기억 기록의 필요 확률이 역치 아래로 떨어지면 그 기록은 인출되지 않는다. 환경 규칙성이 인간 기억에 반영되어 있다는 견해와 같은 맥락에서, 앤더슨과 스쿨러(1991)가 발견한 바에 따르면, 한 단어가 어느 시점에든 《뉴욕타임스》의 표제에 나타날 확률은 과거의 발생 빈도 및 최근성과 함수관계를 보인다. 다시 말해서, 어떤 정보를 인출할 필요성은 그 정보가 과거에 얼마나 자주 출현했는지, 그리고 마지막으로 사용된 뒤 얼마나 시간이 흘렀는지에 따라 달라지는 것이다. 이 규칙성은 에빙하우스의 시대 이후로 아주 빈번하게 관찰되고 있는 일반적인 형태의 망각 양상과 유사하다. 이 유사성에 근거해서 앤더슨과 스쿨러는, 인간의 기억은 한동안 사용되지 않았을 때 어떤 정보의 접근성을 질서정연하게 떨어뜨리는 한에서 고도로 기능적이라고 결론지었다. 폭넓은 선택압이 다가오는 상황에 쓸모 있을 듯한 정보에 빠르게

---

2 훈련과 망각 검사 사이의 시간 간격(옮긴이).

접근할(거꾸로 덜 필요할 것 같은 정보에는 접근하지 않을) 준비를 하게 함으로써 이 기능성은 모든 영역에 나타난다.

망각의 기능

『심리학의 원리』(1890)에서 윌리엄 제임스는 "우리가 실생활에서 지성을 사용할 때 망각은 기억만큼이나 중요한 기능을 한다"(p. 679)라고 주장했다. 현대의 심리학자들은 망각의 특별한 적응 기능을 아래와 같이 명시하기 시작했다.

마음을 정돈하기 망각은 가령 앞에서 설명한 인지 휴리스틱처럼, 부분적인 무지를 이용하는 결정 휴리스틱의 성능을 끌어올린다. 무지는 애초에 환경의 어떤 부분을 알지 못하는 데서 나오는 것이 아니라, 전에 마주쳤던 것을 나중에 잊어버리는 데서 나올 수 있다. 인간의 재인 기억이 재인 휴리스틱과 그 가까운 친척인 유창성 fluency 휴리스틱(Hertwig, Herzog, Schooler, & Reimer, 2008)의 효용을 높이기에 적당한 속도로 망각하는지를 조사할 목적으로 스쿨러와 허트위그(2005)는 현존하는 인지 아키텍처, ACT-R(Anderson & Lebiere, 1998) 안에서 이 휴리스틱들을 시행했다. 앞서 언급한 합리적 기억 분석에 기초해서 만들어진 ACT-R은 특별히 환경에서 조우하는 빈도와 최근성에 기초해서 가령 물건, 서식지, 사람의 이름과 관련된 기억 기록을 강화하는 방식으로 학습을 한다. 스쿨러와 허트위그의 시뮬레이션에서 두 휴리스틱은 모두 (중간 수량의) 망각에서 이익을 보았다. 망각에 유익한 결과가 하나 더 있다면 바로 (부분적인) 무지를 이용한 휴리스틱들의 성능을 촉진하는 것임을 알 수 있다.

전략적 정보 차단 자서전의 일부—특히 트라우마 경험—를 망각하는 것도 적응적일 수 있을까? 배신 트라우마 이론(Freyd, 1996; Freyd & Birrell, 2013)에서는, 유년기의 학대에 대한 기억상실증에는 중요한 보호자가 성적 가해자라는 인식으로부터 아이를 보호하는 기능이 있다고 말한다. 생존 때문에 의존하는 사람의 배신행위와 관련된 상황에서는 '인지적 정보 차단'(Sivers, Schooler, & Freyd, 2002, p. 177)이 발생해서 그 사건에 대한 인식을 의식으로부터 고립시킬 수 있다. 배신 트라우마 이론은 이런 망각의 확률을 가장 높게 올려줄 요인들에 대해서 구체적으로 예측할 수 있게 해준다. 예를 들어, 피해자가 가해자에게 더 많이 의존할수록(예를 들어, 부모의 학대 대 부모가 아닌 사람의 학대) 기억상실증의 가능성이 높아진다고 예측한다. 논쟁이 벌어지고는 있지만(DePrince & Freyd, 2004; McNally, Clancy, & Schacter, 2001, and Sivers et al., 2002), 이 이론은 영역-특이적 망각이 어떻게 독특한 적응적 기능을 할 수 있는지를 밝혀준다.

단기 기억: 그 경계에 대한 기능적 설명

전통적인 인지적 구조 안에 있는 기억의 다른 주요 성분은 단기 기억이다(Atkinson & Shiffrin, 1968). 이 일시적인 기억 저장소는 아주 제한적으로 보인다. 고전적인 추산에 따르면 그 용량은 기억 토막 일곱 개에 플러스마이너스 둘이고(G. A. Miller, 1856), 최근의 추산으로는 그보다 훨씬 적다(Cowan, 2011). 정보는 많을수록 좋다는 전통적 관점을 고려해서 많은 인지심리학자가 이렇게 물어왔다. 왜 단기 기억은 그렇게 작을까?

이 질문에 진화적으로 가장 잘 연구해서 얻어낸 대답에서는 아마 클수록 좋다는 전제를 부정할 것이다. 카레예프Kareev(1995a, 1995b, 2000; Kareev, Lieverman, & Lev, 1997)의 주장에 따르면, 제한된 기억 용량이 오히려 환경 안에 있는 두 가지 변수의 공변동(예를 들어, 이 흔적은 포식자가 근처에 있다는 뜻일까?)을 빨리 탐지하게 함으로써 적응에 중요한 인과관계 추론을 향상시켜줄 수 있다고 한다. 공변동의 정도가 가동 중인 (단기) 기억의 정보에서 나오는 한, 한 번에 고려할 수 있는 정보 샘플의 크기에 상한선이 있을 것이다. 밀러Miller의 추산치를 출발점으로 삼아서 카레예프는, 더 많은 수의 관찰 결과를 사용할 때와 비교해서(그리고 모집단상관계수가 0이 아니라고 가정할 때), 동시 발생(또는 그 부재)의 관찰 결과를 일곱 개 정도씩 샘플로 묶어 사용할 때 둘 사이에서 어떤 상관관계를 탐지할 가능성이 높다고 보았다. 특히 모집단 전체를 보고 있을 때보다는 무작위로 뽑은 작은 데이터 샘플들을 보고 있을 때 더 강한 상관관계를 가진 샘플과 마주칠 가능성이 높다(그 이유는 관찰 결과들의 작은 샘플에 기초해서 상관계수의 샘플링 분포가 편중되기 때문이다). 따라서 제한된 작업 기억은 상관관계의 증폭기 같은 역할을 해서, 모집단에 존재하는 상관관계를 더 빨리 탐지할 수 있게 한다. 우발사건을 탐지하는 능력의 이 향상은 인과관계를 발견하는 이익이 틀린 경보의 비용을 상회하는 영역들에서 특히 중요해 보이는데, 샘플 크기가 작아짐에 따라 틀린 경보는 늘어난다(Juslin & Olsson[2005]이 강조한 요점이다. 하지만 더 고려할 사항에 대해서는, Fiedler & Kareev, 2006과 Kareev, 2005를 보라). 그런 영역은 잠재적 위협을 놓칠 때 극도로 비싼 대가를 치르게 된다는 특징이 있다(cf. Haselton & Nettle, 2006).

물론 작은 샘플에 지나치게 의지하면 세계를 체계적으로 오해할 수 있다는 면에서 대가를 치를 수 있다. 하지만 진화인지심리학의 관점에서 던져야 할 중요한 질문은 그 대가가 사용에 따른 이익과 비교해서 얼마나 큰가 하는 것이다. 카레예프의 분석은 세계에 대한 마음 표상이 정직하면 정직할수록 유기체는 더 잘 적응한 것이라는 전제에 도전한다고 해석할 수도 있다. 하지만 실제로 이 결과가 지지하는 생각은, 유기체의 목표는 세계를 설명하는 것이 아니라 그 안에서 생존하고 번식하는 것이므로, 체계적으로 부정확한 심적 모델('편향'을 가진 모델―Gigerenzer & Brighton, 2009)은 유기체에게 기능상 이익을 줄 수 있다는 것이다. 제한된 단기 기억에 기능적 이익이 있다고 주장하는 대표적인 사례로, 작은 샘플은 이익 분배와 관련된 예상 수익의 차이를 증폭하며(예를 들어, 식량 구획) 그래서 선택지들을 더 뚜렷하게 해주고 선택을 용이하게 해준다는 허트위그와 플레스카치Pleskac(2010)의 증명이 있고, 또한 기억 제한은 정보 인출을 빠르게 해준다는 맥그리거MacGregor(1987)의 이론적인 주장도 있다. 구체적인 기억 기제를 기능주의적으로 보는 시각과 비용-편익 분석을 이렇게 조합할 때(진화인지생태학에서 자주 이용하고 있다[Dukas, 1998]) 우리는 인간 기억의 작동 원리를 더 자세히 이해할 수 있다.

정보의 표상: 현대의 관습이 진화적 제약을 만날 때

앞 절에서 우리는 진화의 관점에서 기억을 논의했다. 하지만 애초에 왜 기억이 생겨났을까? 왜 우리는 과거의 표상을 떠올릴 줄 알아야 할까? 어쨌든 우리가 학습한 그 사건의 어떤 측면을 독립적으로 기억하는 능력이 없을지라도, 행동 변화는 학습을 통해서 일어날 수 있는데 말이다. 하지만 과거 사건의 정보를 저장하고 인출할 줄 안다면, 새로운 정보와 경험에 비추어 그 정보를 한 번 더 처리할 수가 있다. 그뿐 아니라 그 정보를 남들에게(그리고 나중에 자기 자신에게) 전달할 수 있고, 남들이 전해주는 정보와 합칠 수 있다. 결국 과거로부터 떠올린 정보 덕분에 우리는 미래를 예상하고 현재의 행동을 조절할 수 있게 된다.[3]

앞 절에서 살펴본 내면의 기억 장치는 진화의 과정에서 과거의 사건을 표상하기 위해 개발한 유일한 혁신이 아니다. 예를 들어, 홍적세에 동굴 벽에 그린 동물 그림은 내적 상태—초기의 예술가들이 동굴 밖에서 경험했던 것들의 기억—를 외면화하는 표상 발전의 한 단계를 보여준다. 문화가 진화하는 동안 표준화되면서 점점 더 높은 추상에 도달한 상징들이 그런 외적 표상을 보완했다(예를 들어, 알파벳과 수 체계—Schmandt-Besserat, 1996). 그 결과 인간 진화의 전 과정에 걸쳐서 판단과 결정의 기초로 사용될 수 있는 정보의 원천이 개인적 경험(우리가 가장 낮은 동물과도 공유할 수 있는 정보원)에서부터, 가족이나 집단 구성원의 보고(사회적 동물이 갖고 있고, 인간이 여러 세대에 걸쳐 대단히 발전된 형태로 유지하는 정보원)를 거쳐, 오늘날의 통계(우리의 문화적 진화 중에 아주 최근에서야 더해진 정보원)로까지 늘어나게 되었다. 개인의 의사결정이란 측면에서, 정보가 그 원천의 결과로서 어떤 형식을 취하는지가 과연 중요할까? 진화적 관점에서 그 대답은 '그렇다'일 것이다. 우리의 인지 체계는 각기 다른 시간 동안 각기 다른 정보 형식과 정보원에 노출되어왔기 때문이다. 특히 가장 최근에 문화 발전과 함께 출현한 형식들 때문에 우리의 정보처리 능력은 인간종이 오랜 시간을 들여 적응했던 과제들보다 더 큰 과제를 안게 되었다. 다음 두 예를 통해 이 문제를 확인해보자.

경험으로부터의 결정 대 서술로부터의 결정

의사결정은 대체로 선택의 불확실한 결과에서 오는 비용과 이익을 저울질하는 행위로 이해할 수 있다. 예를 들어, 단기적 짝짓기에 돌입할지를 결정해야 한다고 생

---

3 개인들로 하여금 서로 또는 각자의 내면에 정보를 공유하게 하는 압력이 인지 체계에 대한 자연 선택의 압력과 맞물려서 어떻게 우리의 정보 표상을 형성하는지에 대한 이론으로는 Freyd(1983, 1990)를 보라.

각해보자. 가벼운 섹스에는 명백한 이점이 있지만(예를 들어, Trivers, 1972), 그로 인해 성매개질환에 걸리거나 질투에 빠진 파트너의 손에 폭행을 당할 수 있다(Buss, 2004). 그 결과는 불확실해서 가벼운 섹스를 하기로 결정하는 것은 주사위를 굴리는 것과 같고, 주사위 각 면에는 선택의 가능한 결과가 하나 또는 그 이상이 적혀 있다.

인생이 도박이라는 은유(W. M. Foldstein & Weber, 1997을 보라)는 의사결정 행동을 연구하는 분야에 강력한 영향을 미쳤고, 그 현상의 한 예로, 실험실 실험에서 돈이 걸린 추첨이 유행하게 되었다. 그런 추첨을 사용하는 연구는 일반적으로 응답자들에게 다음과 같이 상징으로 표현된—대개 문자로 표현된—선택지를 제시한다.

A: 4달러를 받을 확률은 0.8, B: 3달러는 확실히 받는다.
0달러를 받을 확률은 0.2다.

사람들이 그런 추첨에서 어떻게 결정하는지를 가장 걸출하게 설명한 이론이 바로 **전망 이론**prospect theory(Kahneman & Tversky, 1979)이다. 이 이론의 핵심 가정 중 하나는 다음과 같다. 결과가 발생하리라고 예상되는 **정해진 확률**(예를 들어, 위의 선택지 중 0.8과 0.2)을 기준으로 할 때, 사람들은 낮은 확률의 사건이 본래의 가치보다 더 높은 중요성을 갖고 있는 것처럼 선택을 한다. 이 가정은 위의 예에서 A의 예상 가치가 더 높은데도 왜 사람들이 대부분 A보다 B를 선택하는지를 설명해준다. A의 드문 결과인 0달러 받기가 본래 가치보다 더 크게 평가되어, A의 지각된 가치가 감소하는 것이다.

하지만 A와 B 같은 선택지 사이에서 선택하는 것이, 인생이 우리에게 던져주는 도박을 대표할까? 허트위그, 배런Barron, 웨버Weber, 에레브Erev(2004)는 우리가 우리 행동의 가능한 결과와 그 확률을 완벽하게 아는 경우는 거의 없다고 주장한다. 예를 들어, 원나잇스탠드를 할지 말지를 결정할 때 우리는 가능한 결과들과 그 정해진 확률이 적혀 있는 목록을 참조하는 **서술로부터의 결정**을 내리지 않는다. 대신에, 우리가(또는 남들이) 오랫동안 누적해온 경험에 의지한다. 허트위그와 동료들은 이런 종류의 선택을 **경험으로부터의 선택**이라 불렀다. (동물에게는 위험한 전망에 대한 상징적 표상을 처리하는 능력이 없기 때문에, 모든 결정이 경험으로부터의 결정이라는 점에 주의하라―또한 다음을 보라. Weber, Shafir, & Blais, 2004).

경험과는 달리 글로 적혀 있는 서술을 보고 결과와 확률을 알 때 사람들은 다르게 행동할까? 이 점을 밝히기 위해 허트위그 등(2004)은 결정자들이 추첨 쌍들의 결과와 결과적 확률을 모른 채 시작하는 실험을 고안했다. 응답자들은 컴퓨터 화면에 뜬 버튼 두 개를 보고, 각 버튼이 수익 분배(예를 들어, 선택 A와 B)와 관련이 있다는 이야기를 들었다. 응답자들이 버튼 하나를 클릭할 때 결과는 거기에 배정된 구역에서 무작위로 추출되었다(예를 들어, 위의 예에서 B를 선택하면 3달러, A를 선택하면 클릭의 20%는 0달러이고 클릭의 80%는 4달러). 응답자들은 원하는 만큼 여러 번 양쪽 구역에서 샘플을 모을 수 있었다. 샘플 모으기가 끝난 뒤 실험자들은 응답자들에게 어느쪽에서 뽑기를 해서 진짜 수익을 올리고 싶은지를 물었다.

이 경험 기반의 실험에서 나온 선택과, 구조는 동일하지만 보통의 서술 기반 실험에서 나온 선택을 비교하자 놀라운 차이가 나타났다(Hertwig et al., 2004). 여섯 문제에 걸쳐, 예상 가치가 더 높은 선택지(예를 들어, 위에서 A)를 고른 응답자의 비율이 경험 그룹과 서술 그룹에서 36%나 차이가 났다. 게다가 모든 문제 각각에서 이 차이는 서술로부터의 결정에서도 드문 사건(예를 들어, A의 0달러)이 본래 가치보다 더 큰 영향을 미친다는 가정과 일치―전망 이론과 일치―했지만, 경험으로부터의 결정에서 나타난 드문 사건의 영향보다는 작았다.

처음 증명된 이후로 이 **서술―경험 간극**description-experience gap은 수많은 조사와 실험 예에서 확고함을 보여왔다(Hertwig, 근간; Hertwig & Erev, 2009). 여러 요인이 서술―경험 간극에 기여하는 것으로 확인되었는데, 그 예로는 작은 샘플 의존(Hertwig et al., 2004), 최근성(Hertwig et al., 2004), 이익 분배를 탐험할 때 사람들이 적용하는 탐색 방침(Hills & Hertwig, 2010), 사람들의 열망 수준(단기 대 장기 극대화; Wulff, Hills, & Hertwig, 2014), 정해진 결과 및 확률 정보 대 경험으로 얻은 결과 및 확률 정보에 기초해서 이익 분배의 가치를 평가할 때 사용되는 인지 과정들(Gonzalez & Dutt, 2011)이 있다.

확고한 서술―경험 간극이 의미하는 바는 수학적으로 동일한 표상들이라도 심리적으로 다를 수 있는데, 그 원인은 형식의 차이에 있다는 것이다. 게다가 두 종류의 정보는 정보를 적절히 이해하고 처리하는 우리의 인지능력에 진화적 시간상 얼마나 오래 압력을 가했는지에 있어서도 차이가 난다. 인간 진화의 전 기간에 걸쳐 우리는 환경과 상호작용을 하면서 사건들을 경험했지만, 그런 정보를 모으고 통계적 서술의 형식으로 전달하기 시작한 것은 아주 최근에 불과하다.[4] 따라서 위험과 불확실성 속에서 결정을 내리기 위한 우리의 인지 전략은 서술된 확률보다는 경험된 빈도에 더 맞춰져 있으리라고 추정할 수 있다. 베이시안 추론의 영역에서 진행한 연구도 이 주장을 뒷받침한다.

자연의 빈도에 근거한 추론 대 확률 표상에 근거한 추론

홍적세의 사냥꾼은 풀숲에서 이상한 움직임을 포착한 뒤에 구체적인 장소에서 먹잇감을 발견할 기회에 관한 믿음을 어떻게 업데이트해야 할까? 인간은 오랫동안 믿음을 업데이트해야 하는 과제에 직면해온 만큼, 충분한 선택압이 그런 추론을 잘하는 기제도 생산하라고 떠밀었을 것이다. 하지만 얼핏 보기에 경험적(실험과 관찰의) 결과들은 확정적이지 않았다. 다시 말해, 갤리스텔Gallistel(1990)과 리얼Real(1991)의 연구는 다른 동물도 그런 베이시안 추론에 능통할 수 있다(새로운 증거에 비추어 믿음을 업데이트할 수 있다)고 암시하지만, 정작 인간은 이 능력을 발휘하지 못할 때가 많은 것처럼 보인다. "증거를 평가할 때 인간은 분명 보수적인 베이시안이 아닐뿐더러, 아예 베이시안이 아니다"(Kahneman & Tversky, 1972, p. 450). 동물은 정말 인간보다 베이시안 추론을 더 잘할까?

앞 절에서 보았듯이, 그 답은 정보를 표상하는 방식의 차이에 있다. 동물은 환경의 특징과 관련된 통계적 정보를 마주할 때 시행착오, 다시 말해 연속적인 사례의 경험에 기초한다. 인간을 대상으로 사례를 연속적으로 제시하는 실험에서 사람들은 포식자가 있다는 가정하에서 그 특징이 눈에 보일 확률을 곧잘 평가하는 것으로 드러났다(Christensen-Szalanski & Beach, 1982).

반면에 사람이 베이시안 방식으로 추론할 줄 모른다고 결론지은 그 연구들은 참

---

4 다음과 같은 세부적인 문제들이 있다. 사람들은 어떻게 "종종," "가끔," "드물게" 같은 비과학적언 언어(통계학과 반대되는)를 사용해서 주관적 가능성을 전달하는가? 이 말들은 듣는 사람에게 어떻게 이해되는가? 이 문제들은 그 자체로 하나의 중요한 연구 분야를 구성한다. 예를 들어, Dhami and Wallsten(2005), Hertwig and Gigerenzer(1999)를 보라.

가자들에게 확률에 의거해서 작성한 서술을 제시했다. 예를 들어, 에디Eddy(1982, p. 253)는 의사 100명에게 다음과 같은 정보를 제시했다. 정기 검진을 받는 40세 여성이 유방암에 걸릴 확률은 1%다. 만일 여성이 유방암에 걸렸다면, 뢴트겐 조영법 검사에서 양성이 나올 확률은 80%다. 여성이 유방암에 걸리지 않았다면, 뢴트겐 조영법 검사에서 양성이 나올 확률은 9.6%다.

다음으로 연구자들은 의사들에게 이 연령 그룹에서 정기 검진 때 뢴트겐 양성을 받은 여자를 상상하라고 한 뒤, 그 여성이 실제로 유방암에 걸렸을 확률이 얼마나 되는지를 물었다. 100명 중 95명이 약 75%라고 답한 반면에, 일반적으로 정확하다고 인정하는 베이시안 추정치는 약 8%였다.

우리의 진화한 마음이 처리하는 표상의 종류를 고려해서 기거렌처Gigerenzer와 호프라게(1995)는 연속적인 정보 취득과 확률에 의거한 서술을 효과적으로 절충해냈다. 확률을 자연의 빈도로 전환해서 그 서술을 참가자들에게 제시한 것이다. 자연의 빈도는 자연을 샘플링해서 얻었으며(Kleiter, 1994), 특별히 지목한 참조 영역에서 무작위로 사례를 뽑아냈다. 확률 정보를 자연의 빈도로 바꾸자 에디의 과제는 다음과 같이 변했다. 여성 1만 명 중 100명이 유방암에 걸린다. 유방암에 걸린 여성 100명 중 80명이 뢴트겐 조영법에서 양성으로 나온다. 유방암에 걸리지 않은 나머지 9,900명 중 950명은 그래도 뢴트겐 조영법에서 양성으로 나온다.

뢴트겐에서 양성 반응이 나온 여성이 유방암에 걸렸을 확률을 묻는 질문은 이제 이렇게 바뀌었다. "뢴트겐 양성인 여성 중 몇 명이 유방암에 걸린 사람일까?" 이제 그 답은 훨씬 쉬워졌다. 1,030명 중 80명이다.

이와 비슷한 15개 과제에 걸쳐, 확률로 된 정보가 주어졌을 때 참가자들은 베이시안의 방법으로 추론한 비율이 16%에 그쳤지만, 정보가 자연의 빈도로 주어졌을 때는 그 비율이 46%로 올라갔다(Gigerenzer & Hoffrage, 1995). 의사(Hoffrage & Gegerenzer, 1998), 의대생(Hoffrage, Lindsey, Hertwig, & Gigerenzer, 2000), 변호사(Lindsey, Hertwig, & Gigerenzer, 2003)에게서 비슷한 결과가 나왔다.

기거렌처와 호프라게(1995)는 자연적 빈도의 이 촉진 효과를 두 가지 원인, 즉 계산의 단순화와 (자연적) 빈도에 대한 진화적 준비로 설명했다. 이후의 연구들(예를 들어, Brase, 2002)은 계산의 단순화만으로는 자연의 빈도를 이용하는 사람들의 높은 성적이 설명되지 않는다는 점을 입증했다. 이 연구의 전체적인 결론은, 진화사의 대부분 동안 유기체가 정보를 획득해온 방식—즉, 자연환경에서 관찰하고, 자연스럽게 샘플링한(그리고 계산한) 사건을 이용하는 방식—인 자연적 빈도에 의거해서 정보를 제시할 때 추론 성적이 상당히 올라간다는 것이다.

결론: 제한된 인지 체계의 이점

인지심리학자들은 인간의 생각을 제한하는 한계들을 오랫동안 연구해왔는데, 그럴 이유는 충분했다. 햄릿은 우리 인간이 "이성은 고상하고, 능력은 무한하다"라고 훈계했지만(2막 2장), 우리는 학습한 것을 금방 잊고, 결정을 내릴 때 이용 가능한 정보를 대부분 무시하고, 그나마 부족한 정보를 고려할 때도 깊이 있게 처리하지 못하고 어려움을 겪는다. 하지만 이 한계의 부정적 의미에 초점을 맞출 때 인지심리학은 잘못된 해석을 할 수 있다. 제한이 덜 된 인간 마음은 한 치도 양보하지 않는 제약들—예를 들어, 산도에 맞춰 제한된 두개골 크기—과 타협을 해서 이룬 결과에 그치지 않는다. 오히려 인간은 그 한계들 때문에 제약만 제약만 받는 존재가 아니라 기능도 유익하게 살아나게끔 여러 체계들이 신중하게 조율된 결과물이다(Cosmides & Tooby, 1987). 마음이 덜 제한되어 있다면 조직화된 환경이 던져주는 적응 문제에 잘 대처하지 못할 것이다. 길덴스턴이 햄릿에게 던진 대답은 현대 심리학의 계산 중심적 인지 이론들을 이렇게 예언한다. "사실이다뿐입니까. 뇌를 아주 많이 낭비하고 있답니다."[5] 한 과제에 뇌를 덜 낭비하면 마법 같은 일이 일어난다. 많을수록 항상 좋은 것은 결코 아니다(실제로, 최근에 제약업계는 인지 체계의 속성을 향상하려고 시도하고 있지만, 한계의 유익한 효과를 떨어뜨리는 등 엄청나게 해로운 부작용을 낳고 있다—Hertwig & Hills, 근간; Hills & Hertwig, 2011을 보라).

광범위한 선택압 그리고 그에 딸린 비용과 이익이 진화의 과정 내내 우리의 인지

---

5 햄릿 2막 2장에 있는 길덴스턴의 말, "there has been much throwing about of brains"를 문맥에 맞게 직역했다. 원래의 뜻은 "굉장한 언쟁을 했다"이다.(옮긴이)

기제에 작용해왔다는 점을 고려할 때, 한계가 유익한 역할을 하는 이런 놀라운 사례는 어렵지 않게 발견할 수 있다(그리고 그 한계가 제약을 가할 때도 그 기제들의 설계와 기능을 쉽게 이해할 수 있다). 이 장에서 보았듯이, 정보 이용이 제한된 덕분에 단순한 휴리스틱은 새로운 환경에서 더 확고한 일반화를 수행한다. 장기 기억에서 망각이 일어나는 덕분에 회상 능력이 향상되고, 개인은 취약한 시기에 해로운 반응을 하지 않는다. 그리고 제한된 단기 기억은 세계에 널려 있는 중요한 상관관계의 존재를 증폭해준다(한계가 없다면 불가능했을 기능들이 인지적 한계로 인해 어떻게 가능해지는지에 대한 더 자세한 설명은, Hertwig & Todd, 2003을 보라).

인지적 한계의 이 잠재적 혜택은 진화론을 반영한 인지심리학 안에서 다뤄야 할 주요한 주제에 속한다. 우리는 일반적인 선택압—여러 과제 영역에서 발생하는 압력—이 영역 특이적 과제의 필수조건과 환경 구조를 형성하는 것(이 책의 다른 장들에서 다루고 있듯이) 외에도 적응적 인지 기제를 형성할 수 있다고 말했으며, 이 점을 고려하는 것이 왜 중요한지도 객관적으로 설명했다. 하지만 이 그림의 많은 부분이 아직도 붓과 물감을 기다리고 있다. 앞으로 탐구해야 할 문제를 몇 가지만 열거해보자. 적응적 인지 기제의 연장통은 어떻게 채워지는가—즉, 휴리스틱과 그 밖의 전략은 어떤 과정을 통해서 진화하고, 발달하고, 개인적으로 학습되거나 타인에게서 획득될까(Hertwig et al., 2013)? 사람들은 특수한 상황이나 환경에서 특수한 인지 전략을 어떻게 선택할까? 비인지적 요소와 사회적 요소—예를 들어, 사회적 규범과 더불어 수치, 죄책감, 공감 같은 사회적 감정들—는 휴리스틱에서 어떤 역할을 하는가? 그 밖에 주의, 범주화, 계획 등 우리가 건드리지 않은 제한된 인지능력(예를 들어, Hullinger, Kruschke, & Todd, 2014)은 어떤 선택압에 의해 형성될까? 구체적인 인지 전략의 사용은 어떻게 환경 자체를 형성할까(예를 들어, Hutchinson, Fanselow, & Todd, 2012; Todd & Kirby, 2001)? 선택력이 인지 적응에 가한 작용을 연구하고자 할 때 어떤 방법이 가장 적절할까?

진화적 관점을 취하면 인지심리학에 새로운 개념과 가설을 도입하기가 수월해진다. 심리학에 인지적이고 진화적인 접근법을 적용할 때 그 이익은 전자에서 후자로만 흐르지 않는다. 인지심리학 역시 진화심리학자들이 유익하게 사용할 수 있는 접근법이다. 인지심리학은 정보의 중요성을 가리키고, 그럼으로써 거기에 반영된 환경의 중요성을 가리키는데, 환경의 구조는 분명 행동을 진화적으로 설명하는 모든 이야기에 중심이 되는 측면이다. 인지심리학의 실험적 방법론은 인간의 인지와 행동에 관한 진화적 가설을 뒷받침하고 수정하는 중요한 수단이다. 마지막으로 인지심리학은 특수한 알고리듬 기제로 정보를 처리하는 것이 적응적 행동의 생산에 얼마나 중요한 역할을 하는지를 일깨워준다. 행동의 진화에 비심리적으로 접근해서 조사하는 분야에서 이 단계—인지—는 '멸실환'일 때가 많고(Cosmides & Tooby, 1987), 진화심리학 연구(예를 들어, 환경 단서와 행동 결과의 상관관계를 주장하기만 하는 연구)에서도 멸실된 경우가 비일비재하다. 진화심리학과 인지심리학, 이 두 전통이 서로에게 양분을 공급한다면 더 원기 왕성한 혼종 심리학이 태어나서 인간 인지의 기능적 측면들을 엄밀하게 분석할 수 있는 영역이 되어줄 것이다.

참고문헌

Anderson, J. R. (1990). *The adaptive character of thought*. Hillsdale, NJ: Erlbaum.

Anderson, J. R., & Lebiere, C. (1998). *The atomic components of thought*. Mahwah, NJ: Erlbaum.

Anderson, J. R., & Milson, R. (1989). Human memory: An adaptive perspective. *Psychological Review, 96*, 703-719.

Anderson, J. R., & Schooler, L. J. (1991). Reflections of the environment in memory. *Psychological Science, 2*, 396-408.

Anderson, J. R., & Schooler, L. J. (2000). The adaptive nature of memory. In E. Tulving & F. I.M. Craik (Eds.), *The Oxford handbook of memory* (pp. 557-570). New York, NY: Oxford University Press.

Atkinson, R. C., & Shiffrin, R. M. (1968). Human memory: A proposed system and its control processes. In K. W. Spence & J. T. Spence (Eds.), *The psychology of learning and motivation: Advances in research and theory* (Vol. 2, pp. 89-195). New York, NY: Academic Press.

Beckage, N., Todd, P. M., Penke, L., & Asendorpf, J. B. (2009). Testing sequential patterns in human mate choice using speed dating. In N. Taatgen & H. van Rijn (Eds.), *Proceedings of the 2009 Cognitive Science Conference* (pp. 2365-2370). Cognitive Science Society. Retrieved from http://csjarchive.cogsci.rpi.edu/

proceedings/2009/index.html

Bjork, E. L., & Bjork, R. A. (1996). Continuing influences of to-be-forgotten information. *Consciousness and Cognitions, 5*, 176–196.

Brandstätter, E., Gigerenzer, G., & Hertwig, R. (2006). The priority heuristic: Making choices without tradeoffs. *Psychological Review, 113*(2), 409–432.

Brase, G. L. (2002). Which statistical format facilitates what decisions? The perception and influence of different statistical information formats. *Journal of Behavorial Decision Making, 15*, 381–401.

Bröder, A. (2012). The quest for take-the-best: Insights and outlooks from experimental research. In P. M. Todd, G. Gigerenzer, & the ABC Research Group, *Ecological rationality: Intelligence in the world* (pp. 216–240). New York, NY: Oxford University Press.

Buss, D. M. (2004). *Evolutionary psychology: The new science of the mind* (2nd ed.). Boston, MA: Pearson.

Chater, N. (1999). The search for simplicity: A fundamental cognitive principle? *Quarterly Journal of Experimental Psychology, 52A*(2), 273–302.

Chater, N., & Vitányi, P. (2003). Simplicity: A unifying principle in cognitive science? *Trends in Cognitive Sciences, 7*(1), 19–22.

Christensen-Szalanski, J. J. J., & Beach, L. R. (1982). Experience and the base-rate fallacy. *Organizational Behavior and Human Performance, 29*, 270–278.

Cosmides, L., & Tooby, J. (1987). From evolution to behavior: Evolutionary psychology as the missing link. In J. Dupré (Ed.), *The latest on the best: Essays on evolution and optimization* (pp. 277–306). Cambridge, MA: MIT Press/Bradford Books.

Cowan, N. (2001). The magical number 4 in short-term memory: A reconsideration of mental storage capacity. *Behavioral and Brain Science, 24*, 87–185.

Dawes, R. M., & Corrigan, B. (1974). Linear models in decision making. *Psychological Bulletin, 81*, 95–106.

DePrince, A. P., & Freyd, J. J. (2004). Forgetting trauma stimuli. *Psychological Science, 15*, 488–492.

Dhami, M. K., & Wallsten, T. S. (2005). Interpersonal comparison of subjective probabilities: Toward translating linguistic probabilities. *Memory & Cognition, 33*, 1057–1068. Dukas, R. (Ed.). (1998). *Cognitive ecology: The evolutionary ecology of information processing and decision making.* Chicago, IL: The University of Chicago.

Dukas, R. (1999). Costs of memory: Ideas and predictions. *Journal of Theoretical*

Biology, *197*, 41-50.

Ebbinghaus, H. (1964). *Memory: A contribution to experimental psychology*. New York, NY: Dover. (Original work published 1885).

Eddy, D. M. (1982). Probabilistic reasoning in clinical medicine: Problems and opportunities. In D. Kahneman, P. Slovic, & A. Tversky (Eds.), *Judgment under uncertainty: Heuristics and biases* (pp. 249-267). Cambridge, England: Cambridge University Press.

Fiedler, K., & Kareev, Y. (2006). Does decision quality (always) increase with the size of information samples? Some vicissitudes in applying the law of large numbers. *Journal of Experimental Psychology: Learning, Memory, and Cognition, 32*(4), 833-903.

Freyd, J. J. (1983). Shareability: The social psychology of epistemology. *Cognitive Science*, 7, 191-210. Freyd, J. J. (1990). Natural selection or shareability? [Commentary] *Behavioral and Brain Sciences, 13*, 732-734.

Freyd, J. J. (1996). *Betrayal trauma: The logic of forgetting childhood abuse*. Cambridge, MA: Harvard University Press.

Freyd, J. J., & Birrell, P. J. (2013). *Blind to betrayal: Why we fool ourselves we aren't being fooled*. Hoboken, NJ: Wiley.

Gallistel, C. R. (1990). *The organization of learning*. Cambridge MA: MIT Press.

Gigerenzer, G., & Brighton, H. (2009). Homo heuristicus: Why biased minds make better inferences. *Topics in Cognitive Science, 1*, 107-143.

Gigerenzer, G., & Goldstein, D. G. (1996). Reasoning the fast and frugal way: Models of bounded rationality. *Psychological Review, 103*, 650-669.

Gigerenzer, G., & Goldstein, D. G. (1999). Betting on one good reason: Take the best and its relatives. In G. Gigerenzer, P. M. Todd, & the ABC Research Group, *Simple heuristics that make us smart* (pp. 75-95). New York, NY: Oxford University Press.

Gigerenzer, G., & Hoffrage, U. (1995). How to improve Bayesian reasoning without instruction: Frequency formats. *Psychological Review, 102*, 684-704.

Gigerenzer, G., Todd, P. M., & the ABC Research Group. (1999). *Simple heuristics that make us smart*. New York, NY: Oxford University Press.

Goldstein, D. G., & Gigerenzer, G. (1999). The recognition heuristic: How ignorance makes us smart. In G. Gigerenzer, P. M. Todd, & the ABC Research Group, *Simple heuristics that make us smart* (pp. 37-58). New York, NY: Oxford University Press.

Goldstein, D. G., & Gigerenzer, G. (2002). Models of ecological rationality: The recognition heuristic. *Psychological Review, 109,* 75–90.

Goldstein, W. M., & Weber, E. U. (1997). Content and discontent: Indications and implications of domain specificity in preferential decision making. In W. M. Goldstein & R. M. Hogarth (Eds.), *Research on judgment and decision making* (pp. 566–617). Cambridge, England: Cambridge University Press.

Gonzalez, C., & Dutt, V. (2011). Instance-based learning: Integrating sampling and repeated decisions from experience. *Psychological Review, 118*(4), 523–551.

Haselton, M. G., & Nettle, D. (2006). The paranoid optimist: An integrative evolutionary model of cognitive biases. *Personality and Social Psychology Review, 10,* 47–66.

Hertwig, R. (in press). Decisions from experience. In G. Keren & G. Wu (Eds.), *Blackwell handbook of decision making.* Oxford, England: Blackwell.

Hertwig, R., Barron, G., Weber, E., & Erev, I. (2004). Decisions from experience and the effect of rare events in risky choice. *Psychological Science, 15*(8), 534–539.

Hertwig, R., & Erev, I. (2009). The description-experience gap in risky choice. *Trends in Cognitive Sciences, 13*(12), 517–523.

Hertwig, R., & Gigerenzer, G. (1999). The "conjunction fallacy" revisited: Howintelligent inferences look like reasoning errors. *Journal of Behavioral Decision Making, 12,* 275–305.

Hertwig, R., Herzog, S. M., Schooler, L. J., & Reimer, T. (2008). Fluency heuristic: A model of how the mind exploits a by-product of information retrieval. *Journal of Experimental Psychology: Learning, Memory, and Cognition, 34,* 1191–1206.

Hertwig, R., & Hills, T. T. (in press). The evolutionary limits of enhancement. In A. D. Mohamed, R. Ter Meulen, & W. Hall (Eds.), *The neuroscience and ethics of cognitive enhancement: Rethinking cognitive enhancement.* Oxford, England: Oxford University Press.

Hertwig, R., Hoffrage, U., & the ABC Research Group, (2013). *Simple heuristics in a social world.* New York, NY: Oxford University Press.

Hertwig, R., & Pleskac, T. J. (2010). Decisions from experience: Why small samples? *Cognition, 115*(2), 225–237.

Hertwig, R., & Todd, P. M. (2003). More is not always better: The benefits of cognitive limits. In D. Hardman & L. Macchi (Eds.), *Thinking: Psychological perspectives on reasoning, judgment and decision making* (pp. 213–231). West Sussex, England: Wiley.

Hills, T., & Hertwig, R. (2011). Why aren't we smarter already? Evolutionary trade-offs and cognitive enhancements. *Current Directions in Psychological Science, 20,* 373–

377.

Hills, T. T. (2006). Animal foraging and the evolution of goal-directed cognition. *Cognitive Science*, *30*(1), 3−41.

Hills, T. T., & Hertwig, R. (2010). Information search in decisions from experience: Do our patterns of sampling foreshadow our decisions? *Psychological Science*, *21*(12), 1787−1792.

Hills, T. T., Jones, M. N., & Todd, P. M. (2012). Optimal foraging in semantic memory. *Psychological Review*, *119*(2), 431−440.

Hoffrage, U., & Gigerenzer, G. (1998). Using natural frequencies to improve diagnostic inferences. *Academic Medicine*, *73*, 538−540.

Hoffrage, U., Lindsey, S., Hertwig, R. & Gigerenzer, G. (2000). Communicating statistical information. *Science*, *290*, 2261−2262.

Hullinger, R. A., Kruschke, J. K., & Todd, P. M. (2014). An evolutionary analysis of attentional learning. *Cognitive Science*. Online epub ahead of print.

Hutchinson, J. M. C., Fanselow, C., & Todd, P. M. (2012). Car parking as a game between simple heuristics. In P. M. Todd, G. Gigerenzer, & the ABC Research Group, *Ecological rationality: Intelligence in the world* (pp. 454−484). New York, NY: Oxford University Press.

James, W. (1890). *The principles of psychology* (Vol. 1). New York, NY: Dover.

Juslin, P., & Olsson, H. (2005). Capacity limitations and the detection of correlations: Comment on Kareev (2000). *Psychological Review*, *112*, 256−267.

Kahneman, D., & Tversky, A. (1972). Subjective probability: A judgment of representativeness. *Cognitive Psychology*, *3*, 430−454.

Kahneman, D., & Tversky, A. (1979). Prospect theory: An analysis of decision under risk. *Econometrica*, *47*, 263−291.

Kareev, Y. (1995a). Through a narrow window—Working memory capacity and the detection of covariation. *Cognition*, *56*, 263−269.

Kareev, Y. (1995b). Positive bias in the perception of covariation. *Psychological Review*, *102*, 490−502.

Kareev, Y. (2000). Seven (indeed, plus or minus two) and the detection of correlations. *Psychological Review*, *107*, 397−402.

Kareev, Y. (2005). And yet the small-sample effect does hold: Reply to Juslin and Olsson (2005) and Anderson, Doherty, Berg, and Friedrich (2005). *Psychological Review*, *112*, 280−285.

Kareev, Y., Lieberman, I., & Lev, M. (1997). Through a narrow window: Sample size and the perception of correlation. *Journal of Experimental Psychology: General*,

126, 278–287.

Kenrick, D. T., Griskevicius, V., Sundie, J. M., Li, N. P., Li, Y. J., & Neuberg, S. L. (2009). Deep rationality: The evolutionary economics of decision-making. *Social Cognition*, *27*, 764–785.

Kenrick, D. T., Sadalla, E. K., & Keefe, R. C. (1998). Evolutionary cognitive psychology: The missing heart of modern cognitive science. In C. Crawford & D. L. Krebs (Eds.), *Handbook of evolutionary psychology* (pp. 485–514). Hillsdale, NJ: Erlbaum.

Klein, S. B., Cosmides, L., Tooby, J., & Chance, S. (2002). Decisions and the evolution of memory: Multiple systems, multiple functions. *Psychological Review*, *2*, 306–329.

Kleiter, G. D. (1994). Natural sampling: Rationality without base rates. In G. H. Fischer & D. Laming (Eds.), *Contributions to mathematical psychology, psychometrics, and methodology* (pp. 375–388). New York, NY: Springer.

Koriat, A., Goldsmith, M., & Pansky, A. (2000). Toward a psychology of memory accuracy. *Annual Review of Psychology*, *51*, 481–537.

Landauer, T. K. (1986). How much do people remember? Some estimates of the quantity of learned information in long-term memory. *Cognitive Science*, *10*, 477–493.

Lindsey, S., Hertwig, R., & Gigerenzer, G. (2003). Communicating statistical DNA evidence. *Jurimetrics: The Journal of Law, Science, and Technology*, *43*, 147–163.

MacGregor, J. N. (1987). Short-term memory capacity: Limitation or optimization? *Psychological Review*, *94*, 107–108.

Marr, D. (1982). *Vision*. San Francisco, CA: Freeman.

Martignon, L., & Hoffrage, U. (2002). Fast, frugal and fit: Simple heuristics for paired comparison. *Theory and Decision*, *52*, 29–71.

McNally, R. J., Clancy, S. A., & Schacter, D. L. (2001). Directed forgetting of trauma cues in adults reporting repressed or recovered memories of childhood sexual abuse. *Journal of Abnormal Psychology*, *110*, 151–156.

Miller, G. A. (1956). The magical number seven plus or minus two: Some limits on our capacity for processing information. *Psychological Review*, *63*, 81–97.

Miller, G. F., & Todd, P. M. (1998). Mate choice turns cognitive. *Trends in Cognitive Sciences*, *2*, 190–198.

Newell, B. R., & Shanks, D. R. (2003). Take the best or look at the rest? Factors influencing "one-reason" decision-making. *Journal of Experimental Psychology: Learning, Memory, and Cognition*, *29*, 53–65.

Pachur, T., Todd, P. M., Gigerenzer, G., Schooler, L. J., & Goldstein, D. G. (2012). When is the recognition heuristic an adaptive tool? In P. M. Todd, G. Gigerenzer, & the ABC Research Group, *Ecological rationality: Intelligence in the world* (pp. 113–143). New York, NY: Oxford University Press.

Payne, J. W., Bettman, J. R., & Johnson, E. J. (1993). *The adaptive decision maker*. New York, NY: Cambridge University Press.

Pirolli, P. (2007). *Information foraging theory: Adaptive interaction with information*. Oxford, England: Oxford University Press.

Real, L. A. (1991). Animal choice behavior and the evolution of cognitive architecture. *Science, 253*, 980–986.

Rieskamp, J., & Hoffrage, U. (1999). When do people use simple heuristics and how can we tell? In G. Gigerenzer, P. M. Todd, & the ABC Research Group, *Simple heuristics that make us smart* (pp. 141–167). New York, NY: Oxford University Press.

Rieskamp, J., & Otto, P. E. (2006). SSL: A theory of how people learn to select strategies. *Journal of Experimental Psychology: General, 135*, 207–236.

Saad, G., Eba, A., & Sejean, R. (2009). Sex differences when searching for a mate: A process-tracing approach. *Journal of Behavioral Decision Making, 22*, 171–190.

Schacter, D. L. (2001). *The seven sins of memory: How the mind forgets and remembers*. Boston, MA: Houghton Mifflin.

Schmandt-Besserat, D. (1996). *How writing came about*. Austin: University of Texas Press.

Schooler, L. J., & Hertwig, R. (2005). How forgetting aids heuristic inference. *Psychological Review, 112*, 610–628.

Simon, H. A. (1955). A behavioral model of rational choice. *Quarterly Journal of Economics, 69*, 99–118.

Simon, H. A. (1990). Invariants of human behavior. *Annual Review of Psychology, 41*, 1–19.

Sivers, H., Schooler, J., & Freyd, J. J. (2002). Recovered memories. In V. S. Ramachandran (Ed.), *Encyclopedia of the human brain* (Vol. 4, pp. 169–184). San Diego, CA: Academic Press.

Tanner, C., & Medin, D. L. (2004). Protected values: No omission bias and no framing effects. *Psychonomic Bulletin and Review, 11*(1), 185–191.

Todd, P. M. (2000). The ecological rationality of mechanisms evolved to make up minds. *American Behavioral Scientist, 43*(6), 940–956.

Todd, P. M. (2001). Fast and frugal heuristics for environmentally bounded minds. In G.

Gigerenzer & R. Selten (Eds.), *Bounded rationality: The adaptive toolbox* (Dahlem Workshop Report pp. 51−70). Cambridge, MA: MIT Press.

Todd, P. M., & Gigerenzer, G. (2007). Environments that make us smart: Ecological rationality. *Current Directions in Psychological Science, 16*(3), 167−171.

Todd, P. M., Gigerenzer, G., & the ABC Research Group., (2012). *Ecological rationality: Intelligence in the world.* New York, NY: Oxford University Press.

Todd, P. M., Hills, T. T., & Robbins, T. W. (Eds.). (2012). *Cognitive search: Evolution, algorithms, and the brain* (Strüngmann Forum Reports, Vol. 9). Cambridge, MA: MIT Press.

Todd, P. M., & Kirby, S. (2001). I like what I know: How recognition-based decisions can structure the environment. In J. Kelemen and P. Sosík (Eds.), *Advances in Artificial Life: 6th European Conference Proceedings (ECAL 2001),* pp. 166−175. Berlin, Germany: Springer-Verlag.

Todd, P. M., & Miller, G. F. (1999). From pride and prejudice to persuasion: Satisficing in mate search. In G. Gigerenzer, P. M. Todd, & the ABC Research Group, *Simple heuristics that make us smart* (pp. 287−308). New York, NY: Oxford University Press.

Trivers, R. (1972). Parental investment and sexual selection. In B. Campbell (Ed.), *Sexual selection and the descent of man: 1871-1971* (pp. 136−179). Chicago, IL: Aldine.

Tulving, E., & Craik, F. I. M. (Eds.) (2000). *The Oxford handbook of memory.* New York, NY: Oxford University Press.

Tversky, A. (1972). Elimination by aspects: A theory of choice. *Psychological Review, 79*(4), 281−299.

Tversky, A., & Kahneman, D. (1992). Advances in prospect theory: Cumulative representation of uncertainty. *Journal of Risk and Uncertainty, 5,* 297−323.

Weber, E. U., Shafir, S., & Blais, A.-R. (2004). Predicting risk-sensitivity in humans and lower animals: Risk as variance or coefficient of variation. *Psychological Review, 111,* 430−445.

Wilke, A., Hutchinson, J. M. C., Todd, P. M., & Czienskowski, U. (2009). Fishing for the right words: Decision rules for human foraging behavior in internal search tasks. *Cognitive Science, 33,* 497−529.

Wixted, J. T. (1990). Analyzing the empirical course of forgetting. *Journal of Experimental Psychology: Learning, Memory & Cognition, 16,* 927−935.

Wixted, J. T., & Ebbesen, E. B. (1991). On the form of forgetting. *Psychological Science, 2,* 409−415.

Wixted, J. T., & Ebbesen, E. B. (1997). Genuine power curves in forgetting: A quantitative analysis of individual subject forgetting functions. *Memory & Cognition*, *25*, 731-739.

Wulff, D. U., Hills, T. T., & Hertwig, R. (2014). *Long versus short-term aspirations in decisions from experience*. Manuscript submitted for publication.

38장

진화발달심리학

데이비드 F. 비요클런드 · 카를로스 블라시 · 브루스 엘리스

발달심리학은 평생에 걸쳐 일어나는 행동, 감정, 인지의 변화에 주목한다. 우리 조상도 발달을 거쳤으며, 인간의 개체발생 그 자체뿐 아니라 유아기, 아동기, 청소년기, 성년기의 특징들까지도 자연선택의 힘에 의해 형성되었다(Bjorklund & Ellis, 2014). 발달심리학 일각에서는 진화심리학의 관점을 강하게 비판하고 있지만, 많은 발달심리학자들이 진화적 관점을 점점 더 명확히 인식하고 있다(예를 들어, Spencer et al., 2009). 예를 들어, 진화발달심리학의 주제를 집중적으로 다룬 특별호가 여러 저널에서 출간되었다. 『발달심리학*Developmental Psychology*』, 『발달과 정신병리학*Development and Psychopathology*』, 『실험아동심리학저널*Journal of Experimental Child Psychology*』, 『발달리뷰*Developmental Revie*』, 『심리학 연보*Anuario de Psicologia*』, 『시코테마*Psicothema*』, 『아동과 학습*Infancia y Aprendizaje*』, 『진화심리학*Evolutionary Psychology*』이 여기에 해당한다. 그리고 이 주제를 다룬 논문집과 책 한 권 분량의 연구논문이 전문서적(예를 들어, Burgess & MacDonald, 2005; Ellis & Bjorklund, 2005; Tomasello, 2009)과 대중지(예를 들어, Bjorklund, 2007; Principe, 2011)를 통해 소개되었다. 또한 이제 아동발달 교과서들은 대부분 최소한 진화론을 논의하거나, 몇몇은 진화적 관점을 명시적으로 드러내 보인다(Bjorklund & Hernández Blasi, 2012; Smith, Cowie, & Blades, 2011).

발달심리학자 중에는 진화를 발견한 사람이 많은 듯한데, 주류 진화심리학자 중에는 아직 발달을 발견하지 못한 사람이 많은 듯하다. 다윈의 주요 논지는 지역 환경에 적응을 잘하는 개체들이 적응을 못하는 개체들보다 생존과 번식 그리고 '성공'과 관련된 형질들을 자손에게 더 잘 전달한다는 것이었다. 이 관점에서 보면 진화심리학자들이 '인간의 본모습'이 드러나는 성인기의 적응에 초점을 두는 것도 이해할 만하다. 하지만 자연선택이 성인기에만 비장의 카드를 쓴다는 가정은 성숙해지는 데 따르는 갖가지 고난 그리고 생애 초기에 생존 문제를 해결하기 위해 분명히 기여했을 자연선택의 역할을 간과하는 것이다.

이 장에서는 진화의 기본 원리를 적용해서 현대인의 발달을 설명하는 **진화발달심리학** 분야를 살펴볼 것이다. 여기에는 사회적 능력과 인지능력의 보편적 발달의 밑바탕이 되는 유전적 · 환경적 기제와 더불어, 그 능력을 지역 조건에 맞게 적응시키는 진화한 후성적 (유전자−환경 상호작용) 과정에 대한 연구가 포함된다(Bjorklund & Ellis, 2014; Bjorklund & Pellegrini, 2002; Geary & Bjorklund, 2000). 우리는 진화발달심리학의 기본적인 가정들과 함께, 급속도로 성장하는 이 분야의 연구 결과들을 실

표 38.1 진화발달심리학의 몇 가지 가정들

1. 성인의 표현형 형질에 진화적으로 영향을 미친 것은 모두 발달하고, 그러므로 그 형질들이 성인기에 하는 기능뿐 아니라 그 형질들의 **개체발생**도 조사해야 한다.
2. 모든 진화한 형질은 시간의 경과에 따라 역동적으로 나타나는 지속적이고 양방향적인 유전자−환경의 상호작용을 거쳐 발달한다.
3. 유아와 아동은 특정한 정보를 더 쉽게 처리하도록 자연선택에 의해 준비되어 있다.
4. 발달은 유전적, 환경적, 문화적 요인의 제약을 받는다.
5. 유아와 아동은 환경에 대한 고도의 발달 가소성과 적응적 민감도를 보여준다.
6. 긴 아동기는 인간 사회의 복잡성을 배우는 데 필수적이다.
7. 아동기의 여러 측면은 성인기를 위한 준비이자 진화의 과정에서 선택된 결과로, 이를 **지연된 적응**deferred adaptions이라 한다.
8. 유아와 아동의 어떤 형질들은 특정한 발달기에 적응적 기능을 수행하기 위해 선택된 것이지, 성인기를 위한 준비가 아니다. 이를 **개체발생적 적응**ontogenic adaptations이라 한다.

출처: Bjorklund and pellegrini, 2002를 각색함. Hernández Blasi & Bjorklund, 2003.

례로 제시할 것이다. 우리는 "발달이 중요하다"라고 생각하며, 주류 진화심리학이 발달의 관점을 채택하면 이득을 얻을 수 있다고 주장한다. 표 38.1에는 진화발달심리학의 기본 가정들이 있는데, 이 장의 나머지 부분에서도 많은 것들을 논의할 것이다.

자연선택은 발달 초기에 가장 큰 영향을 미친다

진화의 관점에서 아동 발달은 수정과 번식기라는 두 기슭을 이어주는 다리로 묘사할 수 있다. 생존이라는 면에서 그 다리를 건너는 것은 선택이 아니라 필수다. 인간에게 그런 다리는 유난히 길어서 다 건너기까지 약 15년이 걸리고(Poirier & Smith, 1974), 부모 투자 및 내집단 투자 면에서 많은 자원이 필요하며(Hrdy, 2009; Trivers, 1972), 발달 경로가 길지 않은 종에 비해 번식 전 사망률이 높다는 것을 의미한다(우리 조상들의 경우에는 분명히 높았다).

태아 발달기, 유아기, 아동기는 심약한 자들이 겪을 수 있는 게 아니다. 사실, 살아남아야 하는 문제는 수정된 직후에 시작된다. 수정란은 처음 6주 동안에 생존확률이 40%에 불과하고(Wang et al. 2003), 그 이후에는 출산에 도달할 확률이 크게 높아진다. 선진국에서 청소년기 이전에 사망할 확률은 1% 미만이지만, 현존하는 전통 문화권과 그리 멀지 않은 과거의 모든 인류 문화권에서는 사망 확률이 거의 50%에 달했으며, 수렵채집인 사회에서도 최소한 그 정도로 높았다(Volk & Atkinson, 2013). 따라서 어린 동물에게 생존을 향상시켜주는 형질은 강하게 선택된다. 유아기와 아동기의 사망률 병목은 생존과 번식 성공을 끌어올리는 형질들을 유지하는 역할을 하므로, 결국 아동기를 성공적으로 통과시켜주는 적응만 남게 된다.

발달은 생물학적 · 환경적 요인의 제약을 받는다

동물은 종-전형적인 유전체뿐만 아니라 종-전형적인 (적응과 관련된) 환경도 물려받는다. 투비와 코스미디스(1990)가 말했듯이, 이 환경은 "장소나 서식지가 아니고, 어떤 기간도 아니다. 그보다는, 조상 인구의 구성원들이 접하는 환경의 적응-관련 형질들의 혼합이며, 형질의 빈도와 적합도 결과로 산정된다"(pp. 386-387). 이 적응-관련 환경은 수정된 순간에, 수정란의 세포 조직(어미로부터 직접 물려받은 조직)과 함께 시작된다. 이 환경은 태아기에 지속되는데, 가령 포유류는 자궁에서 발달하여 태반을 통해 양분을 얻는다. 출생 후에 지속되는 적응-관련 환경으로는 젖을 먹이는 포유류 어미, 장내 세균, 많은 종에게서 볼 수 있는 자녀 양육이 포함된 사회 구조가 있다. 또한 종-전형적 환경에는 빛, 중력, 공기 같은 물리적 환경의 몇몇 특징이 포함된다.

개체가 자기 조상과 유사한 환경에서 성장하는 한, 발달은 종-전형적 양상을 따를 것이다. 인간을 포함한 대부분의 동물이 좁게 규정된 단일한 환경에서 진화한 것은 아니지만, 적응과 관련된 경험을 어느 정도는 '예상'하게끔 진화해왔다. 인간의 경우에, 안전하게 9개월을 보낼 수 있는 자궁, 젖을 제공하는 애정 어린 어머니(부모 투자의 편차도 적응 환경의 일부지만), 추가 지원을 해주는 친척과 또래집단 등이 그에 해당한다.

종-전형적 유전체와 종-전형적 환경 간 조율의 한 예로, 터커위츠Turkewitz와 케니Kenny(1982)의 주장을 살펴보자. 다양한 감각계의 성숙은 지각 경험과 조화를 이루고, 그래서 초기에 발달하는 체계(예를 들어, 청각)는 나중에 발달하는 체계(예를 들어, 시각)와 뉴런을 놓고 다투지 않는다는 것이다. 이 내용은 이들의 연구에서 훌륭히 입증되어 있는데, 알 속에 있는 조성조早成鳥(오리, 메추라기 등 부화 후에 즉시 활동하는 새)에게서 예상된 감각 자극(예를 들어, 오리가 동종의 발성을 듣지 못하도록 막기, Gottlieb, 1976)을 제거하거나 예상보다 이른 지각 자극(예를 들어, 알 속에 있을 때 양상광 비추기, Lickliter, 1990)을 줘서 지각 경험에 변화를 준 다음, 부화 후 종-전형적 행동에 미치는 영향을 평가했다. 예를 들어, 릭리터Lickliter(1990)는 알이 부화하기 며칠 전에 메추라기 배아의 상부를 덮고 있는 껍질을 제거한 뒤 양상광을 비추었다. 대개 부화하기 전에는 이런 빛을 경험하지 못한다. 이어서 청각 각인을 테스트했을 때, 알 속에 있는 동안 시각 자극에 노출되었던 메추라기들은 어미 메추라기의 부름에 접근하지 않았고, 닭의 부름과 어미의 부름을 구별하지 못했다. 반면에 껍질의 끝부분을 제거했으나 양상광에 노출되지 않은 대조군 메추라기들은 같은 종인 어미 메추라기의 부름에 계속해서 접근했다. 이 연구와 그 밖의 연구들(보고서를 보려면 Bjorklund, 1997을 참고하라)이 입증했듯이, 동물이 종-비정형非定型 자극 양상에 노출되면, 유전자의 영향을 받는 신경 성숙과 지각 경험 간의 안무가 교란되어 전형적인 발달 과정에 지장이 생긴다.

인간은 개체발생 과정을 거칠 때 유기체와 환경 간의 고도로 구조화된 관계 덕분에 다른 정보보다 특정 정보를 더 쉽게 처리하도록(예를 들어, 숫자나 문자보다는 말과 얼굴) '준비'되어 있다. 인간은 세계를 이해하는 방식이 제한되어 있으며, 그 제약 때문에 특정한 정보를 더 쉽게 처리한다(능력을 부여하는 제약enabling constraints, Gelman & Williams, 1998). 그러한 제약은 선택적으로 구조화된 유전자 × 환경 × 발달의 상호작용에서 나온 결과로, 이 상호작용은 각 세대마다 이뤄지고, 출생 이후의 환경뿐 아니라 이전의 환경에도 영향을 받으며, 유전자뿐 아니라 발달 체계의 상속을 반영한다. 이 견해와 일맥상통하는 것이 진화한 확률적 인지 기제evloved probabilistic cognitive mechanisms 개념이다.

[진화한 확률적 인지 기제는] 조상 인구가 반복해서 직면했던 문제를 해결하기 위해 진화한 정보처리 기제다. 그러나 이 기제는 유전에서부터 문화에 이르기까지 모든 층위의 조직화에서 시간의 경과와 함께 진행되는 지속적인 양방향 상호작용에 기초해서, 한 세대 안에서 각각의 개체에게 확률적으로 발현된다. 이 기제는 한 개체가 개체발생 과정에서 종-전형적인 환경을 경험할 때 종-전형적으로 발달한다는 점에서, 보편적이다(Bjorklund, Ellis, & Rosenberg, 2007, p. 22).

진화한 확률적 인지 기제는 지각 협착perceptual narrowing이라는 현상에 반영되어 있다. 예를 들어, 얼굴은 인간의 정보처리에서 단연 우선적이며, 인간의 환경에서 사회적으로 가장 중요한 자극이다. 사실, 성인은 똑바로 선 얼굴과 뒤집힌 얼굴을 다르게 처리하는데, 이는 정보처리의 속도와 뇌 활성화 양상의 차이로 드러난다. 하지만 이 양상은 동일종의 얼굴일 때만 나타난다. 뒤집힌 원숭이 얼굴을 제시했을 때는 정보를 비슷하게 처리해서, 종-특이적 편향을 드러낸다. 성인과 유사한 편향이 9개월 된 유아에게서도 발견된다(Pascalis, de Haan, & Nelson, 2002). 그러나 신생아(Di Giorgio, Leo, Pascalis, & Simion, 2012)와 6개월 된 유아(Pascalis et al., 2002)는 이 편향을 보이지 않고, 동일종과 원숭이 모두의 뒤집힌 얼굴을 다르게 처리한다. 이 양상은 얼굴에 대한 인간의 피질 정보처리가 연령과 경험이 쌓임에 따라 더욱 분화한다는 것을 시사한다. 이 실험 결과와 관련 연구 결과를 바탕으로 파스칼리스Pascalis와 그 외 연구자들은 이렇게 주장했다. "얼굴을 지각하는 능력은 발달과 함께 협착하는데narrowing, 이는 주로 얼굴을 관찰한 경험이 쌓이면서 발생하는 피질 분화 때문이다. 이렇게 볼 때, 동일종의 얼굴 사이에서 개성의 차이를 보는 얼굴 인식 체계의 민감도는 나이에 따라 그리고 동일종의 얼굴 정보를 처리한 경험에 따라 증가한다"라고 주장했다(p. 1321). 이 연구결과는 유아가 지각적 제약을 갖고 태어나고 그로 인한 편향이 경험에 따라 조정된다는 견해와 일맥상통한다.

유아기, 아동기, 청소년기의 적응

인간이 수정과 생식 가능 연령 사이에 놓인 다리를 가로지르도록 자연선택은 유아, 아동, 청소년의 적응들을 빚어냈는데, 일부 적응은 초기 발달기에 한정된다. 이 절에서는 유아, 아동, 청소년의 적응을 크게 두 유형—지연된 적응과 개체발생적 적응—으로 나눠 논의하고자 한다. 세 번째 유형인 조건적 적응은 '발달 가소성과 적응적 개인차'라는 제목 아래서 따로 논의할 것이다.

지연된 적응

발달심리학자들은 대개 유아기와 아동기의 경험이 성인기에 대비하는 것(예를 들어, 사회집단의 관습 배우기)이라고 은연중에 가정한다. 하지만 유아기와 아동기에 이 역할을 하는 어떤 측면들은 진화의 과정에서 선택된 것인데, 이를 **지연된 적응**이라고 한다(Hernández Blasi & Bjorklund, 2003). 그런 적응은 평생에 걸쳐 기능하는 경향이 있는데, 아동으로 하여금 아동의 자리에 적응하게 만들지만 다른 한편으로는 성인으로서 꾸려갈 삶에 대비시켜주기도 한다. 이 적응은 환경이나 사회적 조건이 오랫동안 안정적일 때—예를 들어, 수렵채집인 집단의 아동들이 청소년기와 성인기에도 같은 또래집단과 상호작용을 할 때—발생 가능성이 높아진다.

몇몇 성 차이가 지연된 적응의 좋은 예일 수 있다. 남성과 여성은 각기 다른 이익을 추구하며, 종종 짝짓기와 육아를 중심으로 각기 다른 이익 초점을 둔다. 부모 투자 이론(Trivers, 1972)에 따르면, 대부분의 포유류는 수컷보다 암컷이 자식에게 더 많이 투자하고, 그래서 짝을 선택하고 섹스에 응할 때 수컷보다 더 신중하다. 투자를 적게 하는 쪽인 수컷은 암컷에게 접근하기 위한 경쟁이 그 반대의 경우(암컷이 수컷에게 접근하는 경쟁)보다 더 치열하다. 따라서 남성과 여성의 심리는 다르게 진화했고, 그 차이는 아동기에 발달한다. 아동기의 여러 경험들은 이러한 성 차이(예를 들어, 놀이 유형)를 강화하고 심지어 지나치게 부풀리는 것처럼 보이는데, 남자아이들과 여자아이들은 이를 통해 성인기에 수행할(혹은 진화적 적응 환경에서 수행할) 역할을 준비한다.

놀이의 성차가 대표적이다. 어느 한 성에 국한된 놀이 유형은 존재하지 않아도, 남자아이와 여자아이는 주요한 놀이 유형의 양상과 스타일이 확연히 다른데, 일부 이론가들에 따르면 그런 놀이의 성차는 전통적인 환경에서 아동을 성인의 역할에 준비시키는 기능을 했다고 주장했다(Geary, 2010). 예를 들어, 거친 신체놀이(rough & tumble play, R&T)는 대부분의 포유류에서 발견되고, 보통 포유류가 가진 시간과 에너지 예산의 약 10%를 차지한다(Fagen, 1981). 모든 인류 문화 그리고 대부분의 포유류의 경우에, 남성/수컷은 여성/암컷보다 거친 신체놀이를 더 자주 한다. 어떤 연구자들(Geary, 2010; Smith, 1982)은 거친 신체놀이가 전통적 환경에서는 성인의 싸움 기술을 연마하기 위한 훈련이었기 때문에 남성 청소년에게 지연된 혜택을 제공하는 대표적인 놀이라고 주장했다. 사회적 위계에서 남자아이들의 위치는 여자아이들의 위치와 비교해볼 때 신체적 기술에 기반을 두는 경우가 더 많다(Hawley, 1999). 또한 남자아이들 사이에서 거친 신체놀이의 발생률이 높으면 사회적 신호를 부호화하고 해독하는 능력이 촉진되는데, 이 능력은 삶의 모든 단계에서 중요하다.

가상놀이fantasy play도 성차를 보이는데, 여기서 차이는 가상놀이를 하는 빈도보다는 그 내용에서 더 크게 드러난다. 예를 들어, 6세쯤부터 여자아이들은 남자아이들보다 엄마아빠놀이를 더 많이 한다(Geary를 보라 2010). 이 양상은 미국(Geary, 2010)과 전통 문화권(Eibl-Eibesfeldt, 1989)을 가리지 않고 동일 연령 집단에서 똑같이 나타났고, 따라서 근래 서양의 사회적 규범을 반영하지는 않는다. 유아기부터 여자아이는 남자아이보다 사회적으로 더 높은 반응성을 보이는데(예를 들어, Zahn-Waxler, Radke-Yarrow, Wagner, & Chapman, 1992), 사회적 반응성은 가족의 역할과 관계에 주의를 기울이는 것과 관련이 있다. 여자아이들이 그런 놀이를 거치면서 우리 종의 진화사에서 여성이 담당했던 전통적인 역할(그리고 오늘날에도 대부분의 문화권에서 계속되고 있는 역할)을 수월하게 이어받은 것으로 보인다. 반면에 남자아이들의 가상놀이는 주로 공격성, 권력, 지배성에 초점이 맞춰져 있고, 거친 신체놀이와 뒤섞일 때가 많다. 남자아이들의 놀이에서 인형이 사용되면 대개는 양육자보다는 전투원 역할을 한다. 따라서 남자아이와 여자아이에게서 나타나는 가상놀이의 양상은 나중에 커서 하게 될 역할 또는 조상의 환경에서 성인이 되면 해야 할 역할(예를 들어, 육아 대 남성 간 경쟁)에 대비한 연습이라고 볼 수 있다(Pellegrini & Bjorklund, 2004를 보라).

아동이 청소년으로 자라면 적응의 즉각적 혜택과 지연된 혜택은 구분이 모호해지는데, 이는 청소년이 어른의 행동을 '시도'하기 때문이다. 진화의 관점에서 청소년기의 주요 기능은 번식 지위를 획득하는 것이다. 성적 문란함과 성적 경쟁의 강도는 둘 다 청소년기와 초기 성인기에 정점에 이른다(Weisfeld, 1999). 이 시기에는 대부분이 안정된 파트너를 찾지 못하고, 짝짓기 시장도 최대로 열려 있다. 사실, 자율적으로 구성된 청소년 또래집단의 중요한 기능은 성적으로 활발하게 활동할 수 있는 사회적 상황에 처해보고, 어른들의 감독에서 벗어나고, 또래와의 활동을 강화해보는 것이다(Dishion, Ha, & Véronneau, 2012). 청소년이 중대한 과도기에서 성공할 수 있도록 자연선택은 여러 발달 영역에서 신속하고 급격하게 일어나는 변화들—사춘기—을 선호했는데, 여기에는 새로운 충동과 동기, 폭넓은 사회적·행동적·정서적 변화가 포함된다(표 38.2). 이 사춘기 특유의 과정들은 번식능력을 다지고, 남자아이와 여자아이의 사회적 경쟁 능력을 향상시키는 기능을 한다(Ellis, Del Giudice, et al., 2012).

표 38.2 사춘기 특유의 형태적·생물행동적 변화(나이와 무관함)

1. **성적 발달** 1차 성징과 2차 성징의 성숙. 키와 몸무게의 급성장. 사춘기 발달의 각 단계에서 청소년의 신체적 번식능력이 더 향상된다.

2. **수면** 사춘기 중기가 되면 취침 및 기상 시간이 늦춰지고, 생체주기상 수면시간 선호에 변화가 발생한다. 수면 증가는 수면에 대한 욕구 증가를 의미하는데, 사춘기 후기의 발달과 관련이 있다.

3. **식욕과 식사** 사춘기 발달 단계를 거치는 동안에 총 칼로리 섭취량이 증가한다. 사춘기 전부터 사춘기 말기까지 약 50% 증가한다. 여자아이들은 사춘기 전부터 사춘기 중기까지, 남자아이들은 사춘기 중기부터 말기까지 칼로리 섭취량이 급격히 증가하는데, 이 시기는 여성과 남성이 가장 빠르게 성장하는 기간이다.

4. **성적 동기** 사춘기 발달의 각 단계마다 연애(예를 들어, 데이트)를 하고, 성적으로 활발해지고, 이성에게 성희롱을 하고, '사랑'에 빠질 확률이 높아진다.

5. **감각 추구**(고도의 감각, 고도의 흥분 경험을 바라거나 좋아함) 사춘기 발달의 후반에 남자아이들과 여자아이들은 감각 추구 성향이 강하고 약물 사용을 많이 한다.

6. **감정 반응** 사춘기 발달 후반(사춘기 전과 사춘기 초기 대 사춘기 중기와 말기)에 남자아이들과 여자아이들은 감정적 정보처리에 관여하는 신경행동체계의 반응이 더 강해진다.

7. **공격성/비행** 테너 척도(성성숙도 검사)의 각 단계는 남자아이와 여자아이가 드러내는 공격성 및 비행 증가와 관련이 있다.

8. **사회적 지배성** 사춘기 성숙 시기에 테스토스테론 수치의 상승은 남자아이들의 사회적 지배성이나 정력의 증가와 관계가 있다. 이 관계는 탈선하지 않은 또래들과 어울리는 남자아이들에게서 가장 강하게 나타난다.

9. **부모–자식 갈등** 사춘기 성숙을 거치는 동안 부모–자식 갈등/거리감은 증가하고 부모–자식 친밀함은 감소한다. 갈등/거리감이 사춘기 중기에 최고조에 이르는 것을 곡선관계로 제시한 연구가 있다. 이 효과는 남자아이와 여자아이 모두에게 적용된다.

10. **우울증과 불안** 사춘기의 기본적인 호르몬 변화뿐 아니라 사춘기 후반의 성숙 또한 여자아이들의 우울증 및 불안 증가와 스트레스 지각 증가와 관련이 있다.

출처: Ellis, Del Giudice, et al., 2012를 각색함; 여기에 수록된 인용문을 보라.

성적 욕구가 고조되면, 짝짓기 관계를 추구하고 유혹하고 유지하려는 동기가 상승한다. 감각 추구와 감정 반응이 높아짐에 따라 새로움을 추구하고 탐험하는 활동이 증가하고, 사회적으로 조정된 보상을 더 강하게 추구한다. 높은 수준의 공격성과 사회적 지배성은 섹스, 지위, 사회적 동맹과 관련하여 청소년기에 발생하는 고부담 경쟁을 반영하기도 하고 촉진하기도 한다. 비행과 위험한 행동(예를 들어, 범죄, 싸움, 난폭 운전, 술자리 게임)은 보통 용감함과 강인함을 나타내고, 특히 남성의 경우에는 지배계급에 들어가는 수단으로 작용한다. 여자아이들의 우울증과 불안 수치가 증가하는 것은 동맹을 형성해야 하는 결정적 시기에 부정적인 사회적 평가에 민감하게 반응하는 것을 반영한다.

청소년기에 고위험, 고부담 행동이 가장 많이 발생하는 것은 인간의 진화사에서 이 수명단계가 적합도에 중요한 영향을 미쳤고, 그래서 강한 선택을 겪었음을 암시한다. 엘리스와 델 주디체Del Giudice 등(2012)은 또래에 대한 반응이 높아지는 것을 포함해서 자연선택이 청소년 전환기에 사회적 성공과 실패에 대한 강한 감정적, 행동적 반응을 특히 선호한다는 가설을 세웠다. 이 가설은 fMRI 데이터와도 일치하는데, 이 데이터에 따르면 성인기가 아닌 청소년기에 모의 운전을 수행할 때 또래친구가 등장하면 복측선조체와 안와전두피질 등 보상과 관련된 뇌 영역이 활성화된다(Chein, Albert, O'Brien, Uckert, & Steinberg, 2011). 뇌가 이렇게 활성화되면 운전 중에 위험한 의사결정을 할 확률이 높아진다. 종합해보면, 청소년의 뇌 속의 유인incentive 처리 체계, 또래가 출현한 상황, 위험한 행동 사이에는 진화한 연결고리가 있는 듯하다. 하지만 동시에 청소년기는 발달 궤적을 긍정적인 방향으로 돌려 세울 수 있는 중요한 기회의 시기다. 이 시기에 청소년들은 건강한 습관, 관심사, 기술, 성향을 개발하고 긍정적인 목표를 향해 자신의 동기와 영감을 조율한다.

개체발생적 적응

아동기의 모든 측면이 개체를 성체의 삶에 준비시키는 역할을 하지는 않는다. 유아기와 아동기의 많은 특징들은 예상되는 미래의 환경이 아닌 현재 환경에 개체를 적응시켜준다. 이러한 특징을 개채발생적 적응(Bjorklund, 1997; Oppenheim 1981)이라고 하는데, 포유류와 조류의 일부 태아기 기제에서 쉽게 알아볼 수 있다. 예를 들어, 출생 전 태아 상태의 포유류는 태반을 통해 양분과 산소를 얻지만, 출생과 함께 이 체계들은 즉시 폐기되고 그래서 유아는 스스로 먹고 호흡해야 한다. 이런 체계는 갈수록 성숙한 형태를 갖추어가는 성인 적응의 미성숙한 형태가 아니라 발달의 특정한 시기에 특정한 기능을 수행하다가 더 이상 쓸모가 없어지면 폐기되는 구조나 기제다.

그런 적응은 태아기나 생리적 기능과 관련된 기제에만 국한되는 것이 아니라 유아와 아동의 행동과 인지에서도 발견된다. 예를 들어 비요클런드(1987)는 얼굴 표정(예를 들어, 혀 내밀기)을 모방하는 신생아들의 기질이 개체발생적 적응일 수 있다고 주장했다. 오래전에 멜트조프Meltzoff와 무어Moore(1977)는 그러한 신생아의 모방이 '진짜' 모방이며, 나이가 더 많은 유아에게서 쉽게 볼 수 있는 모방과 동일한 기본 인지 기제가 작동한다고 주장했다. 하지만 가장 많이 연구된 혀 내밀기 모방은 펜이나 작은 공을 불쑥 내보이거나 섬광 자극에 의해서도 유도될 수 있고(Jacobson, 1979; Jones, 1996; Legerstee, 1991), 2개월이 되면 발생 확률이 떨어지며 10개월에서 12개월 무렵이 되면 다시는 발생하지 않는다. 이 감소 추세를 두고 신생아의 모방이 나이가 더 많은 유아의 모방과는 다르게 기능한다는 해석이 있다. 예를 들어, 수유에 도움이 되거나(Jacobson, 1979), 언어 이전기에 의사소통 형태(Legerstee, 1991)로 기능하거나, 유아가 스스로 머리를 잘 가눌 수 없고 사회적 단서에 따라 시선을 돌리지 못하는 시기에 모아의 상호작용을 촉진하는 기능을 한다(Bjorklund, 1987; Byrne, 2005)는 것이다. 번Byrne(2005)은 그런 매칭 행동이 신생아들로 하여금 어머니와 '조화'를 이루게 하고 사회적 상호작용을 증진하고 강화한다고 주장했다. 하이만Heimann(1989)도 이 가설과 마찬가지로, 신생아기에 모방 빈도가 높은 유아가 3개월이 되면 어머니와 사회적 상호작용을 하는 빈도도 높게 나타난다고 보고했다. 이러한 연구결과는 신생아의 모방이 그 시기의 발달 단계에서만 특정한 기능—어머니와 유아의 의사소통 및 사회적 관계를 촉진하는 기능—을 수행하며, 유아가 사회적 행동과 의사 전달 행동을 스스로 잘 통제하게 되면 그 모방은 사라진다는 해석과 일치한다. 신생아의 모방이 나이가 더 많은 유아의 행동에서 나타나는 표면 구조와 유사하기는 하지만, 두 가지 행동 양식은 각각 기능이 다르다(어머니와 유아의 상호작용 및 사회적 학습을 증진). 이는 진화를 거치는 동안 이런 특정 기능을 수행하기 위해 선택된 행동일 것이다.

개체발생적 적응의 또 다른 예는 나이가 더 많은 아동의 행동에서 찾을 수 있다. 예컨대, 우리는 앞서 아동의 놀이 측면이 전통 문화권에서 성인의 역할을 준비하게끔 만든다고 제안했다. 놀이는 이런 준비 역할뿐 아니라 좀 더 직접적인 기능을 하기도 한다. 가령 아이들은 거친 신체놀이를 하면서 과장된 몸짓과 장난기가 담긴 얼굴 표정을 통해 사회적 신호를 학습하고 연습한다(Pellegrini & Smith, 1998). 그런 놀이는 격렬한 운동을 할 기회가 되며 이런 운동은 뼈와 근육 발달에 중요하다(Pellegrini & Smith, 1998).

자연선택은 아동이 임신기와 젊은 성인기를 잇는 다리를 건널 수 있게끔 적절한 적응들을 제공했다. 어떤 적응은 발달기의 특정 시기에만 나타나는데, 어린 유기체가 아동기의 역할에 적응하게끔 해준 뒤, 쓸모없어지면 사라진다. 어떤 적응은 아동이 현재의 환경에 적응하도록 도울 뿐만 아니라 미래의 환경에 대비시키기도 한다. 대부분의 적응이 물리적 세계(예를 들어, 민간물리학; Geary, 2005; Spelke & Kinzler, 2007)에 대한 아동의 이해를 높이는 역할을 하지만, 호모 사피엔스의 진화라는 관점에서 볼 때 가장 중요한 것은 사회적 세계를 헤쳐 나가는 적응이다. 다음 절에서 이 내용을 간단히 다루고자 한다.

인간은 본래 사회적인 동물이다

인간 지능이 진화하는 데 가장 큰 역할을 한 압력에 대해서는 충분히 많은 의견이 제시되었다. 근래에 인기 있는 **사회적 뇌 가설**은 인간과 우리의 조상들이 거주했던 복잡한 사회적 환경에 초점을 맞춰서, 동일종을 상대해야 하는 것이 다른 어떤 힘보다 현대인의 마음이 진화하는 과정에 큰 선택압으로 작용했다고 말한다(Dunbar, 2003). 인간의 사회적 복잡성은 큰 뇌와 긴 청소년기와도 관련이 있는데, 우리는 이 세 가지 요인의 융합에 시너지 효과가 일어나서 인간의 마음이 생성된다고 생각한다(예를 들어, Bjorklund & Pellegrini, 2002). 실제로 몇몇 이론가에 따르면, 인간은 인간만의 새로운 발달 단계, 그중에서도 특히 아동기(약 2세에서 6세)와 청소년기를 진화(혹은 적어도 현격하게 확장)시켰으며(Bogin, 2001), 아동기는 사회적 학습이 진보적인 형식으로 진화하는 데 필수적이었다(Nielsen, 2012). 긴 청소년기 덕분에 인간은 뇌 발달에 더 많은 시간을 쓸 수 있고, 번식기 이전에 사회적 규범과 자기가 속한 집단의 복잡성을 충분히 익힐 수 있다. 동일종과 관련된 문제를 처리하려면 고도의 지능이 필요하며, 사회적 지평을 횡단하는 데 필요한 기술은 온전히 습득하기까지 오랜 시간이 걸린다. 인간의 수명 중 번식기로 접어드는 시기에 자신이 속한 사회집단을 더 잘 통달한 개인은 자원에 대한 접근성과 짝짓기 기회를 더 많이 거머쥔다는 면에서 보상을 얻는다.

인간 유아와 아동은 사회적 자극에 집중하고 그것을 처리하도록 돕는 적응들을 지니고 있다. 다른 동물들과 공유하는 적응도 있고, 인간 고유의 적응 또는 인간에게만 유달리 발달한 듯한 적응도 있다. 이 중 몇 가지 적응들을 살펴보자.

사회적 자극 지향성 그리고 타인을 의도적 행위자로서 보기

인간 유아는 태어날 때부터 사회적 자극을 지향한다. 예를 들어, 신생아는 생물체의 움직임을 묘사하는 빛을 우선적으로 바라보고(Bardi, Regolin, & Simion, 2011), 얼굴처럼 생긴 자극에 선택적으로 집중하며(Mondloch et at., 1999), 다른 여성의 얼굴보다 어머니의 얼굴을 더 오래 바라본다(Bushnell, Sai, & Mullin, 1989). 어린 유아들은 눈, 특히 직접적인 응시에 유달리 집중한다(Farroni, Csibra, Simion, & Johnson 2002).

신생아기를 지난 유아는 더 능숙하게 자신의 움직임을 제어하게 되는데, 이는 신경제어 기능이 피질하 영역에서 피질 영역으로 이동하기 때문이다(Nagy, 2006). 이때 유아는 지속적인 눈 마주침과 사회적인 미소 짓기가 가능한데, 3개월 미만일 때는 드물거나 전혀 하지 않는 행동이다(Reilly, Harrison, & Klima, 1995). 이런 긍정적인 사회적 단서는 보편적인 현상으로, 생태학자인 아이블-아이베스펠트Eibl-Eibesfekdt(1970)는 이것을 '플러팅flirting'이라고 묘사했다. 그런 행동 덕분에 유아는 양육자와 계속해서 사회적 상호작용을 할 수 있고 모아 애착을 강화해서 생존 가능성을 높인다. 이 단서들은 양육자를 강화하는 역할도 하는데, 어머니의 역량을 높임으로써 아이 양육의 질과 양을 향상시키는 것이다(Murray & Trevarthen, 1986을 보라).

유아가 양육자와 사회적 상호작용을 하는 능력이 향상되더라도, 기본적으로 인간의 사회적 작용에는 타인을 **의도적 행위자**—어떤 일들을 야기하고, 목표를 달성하기 위해 행동하는 개인—로 간주하는 능력도 필요하다(Tomasello, 1999). 유아는 태어날 때부터 사회적 자극에 민감하지만, 첫해의 후반이 되면 이 능력은 사라지고 다른 사람들이 의도를 갖고 행동한다는 것을 이해하는 것처럼 보인다. 이는 **공유된 주의**로, 유아, 타인, 사물 간의 3자 상호작용에 주목한다. 가령, 부모가 유아의 주의를 끌려고 물건을 가리킬 때가 여기에 해당한다(Carpenter, Akhtar, & Tomasello, 1998; Tomasello & Carpenter, 2007). 부모가 일찍부터 공유된 주의를 끌더라도 유아는 9개월 무렵이 돼서야 집중하기 시작한다. 이 시기에 유아는 부모가 쳐다보거나 가리키는 방향을 바라보고, 어른 및 사물과 반복적인 주고받기에 몰두하며, 다른 사람이 바라보게끔 사물을 집어 든다(Carpenter et al., 1998). 이 능력은 이듬해에 걸쳐 계속 향상된다(Tomasello, 1999; Tomasello, Carpenter, & Liszkowski, 2007). 양육자의 반응이 유아의 공유된 주의에 영향을 미치기도 하지만(Deák, Walden, Kaiser, & Lewis, 2008), 공유된 주의는 다양한 문화권에서 빈번히 나타나고 발현 방식 또한 유사하다(Callaghan et al., 2011).

표면적으로는 지각적 경험을 공유하는 것이 인지적으로 대단한 성취는 아닌 듯해도, 유인원에게서는 그런 현상을 발견할 수 없다. 예를 들어, 침팬지는 어떤 상황에서는 사물을 가리키기도 하고(Leavens, Hopkins, & Bard, 2005) 어떤 상황에서는 시선을 따라가기도 하지만(Bräuer, Call, & Tomasello, 2005), 인간의 문화에서 아이들처럼 길러진 유인원을 제외하면(이 내용을 살펴보려면 Bjorklund, Causey, & Periss, 2010를 보라) 유인원에게는 공유된 주의가 있다는 증거를 발견할 수 없다는 것이 많은 연구자의 공통된 의견이다(Herrmann, Call, Hernández-Lloreda, Hare, &Tomasello, 2007; Russell, Lyn, Schaeffer, & Hopkins, 2011; 하지만 Leavens et al., 2005도 보라).

사회적 학습

타인을 의도적 행위자로 간주하는 능력은 다른 사람을 학습의 대상으로 삼고 그로부터 배울 때 중요한 역할을 한다. 침팬지와 그 밖의 유인원도 인상 깊게 사회적 학습 능력을 발휘하고 비유전적 정보를 대대로 전달하기는 하지만(Whiten et al., 1999), 인간이 타인을 의도적 행위자로 인식하는 능력을 성취할 때 보여주는 충실도는 동물계에서 독보적이다. 이 충실도는 인간의 사회적 학습 능력이 부여하는 것으로, 번식기 이전에 오랜 시간에 걸쳐 발달한다. 사실, 긴 청소년기는 인간의 사회적 관계와 조직에서 드러나는 복잡성을 이해하는 데 중요할 뿐 아니라 복잡한 인간 문화에서 비롯된 산물들을 숙달하는 데도 필수적이다. 우리 종의 동료를 새롭게 사고하는 방식이 진화할 때마다 개인과 세대 간의 정보를 전달하는 새롭거나 더 효과적인 방식이 그로부터 출현했다. 이 새로운 형태의 사회적 학습이 출현한 뒤로 각 세대는 새롭게 발견하거나 발명할 필요 없이 그저 관찰함으로써 신기술을 배우거나 습득하는 것이 가능해졌다. 문화적 콘텐츠와 그 콘텐츠의 복잡성이 증가함에 따라 각 세대는 물리적·사회적 환경에 대처하기 위해 이전 세대보다 더 많이 배워야 했고, 이 일에 숙달하려면 긴 아동기가 필요했다(Nielsen, 2012).

아동기에 발달하는 사회적 학습 능력에는 여러 측면이 있지만, 진화심리학자들의 관심을 사로잡은 한 측면은 **과잉모방**—모델이 하는 행동의 모든 요소를 따라하는 것으로, 문제를 해결하는 것과 무관한 행동까지도 따라하는 측면—이다. 대부분의 침팬지와 마찬가지로 2세 아동은 대체로 모델의 행동을 흉내 내기만 하거나, 때로는 모델이 입증하지 않은 수단을 사용해서 목표를 이루려고 한다(대리 실행emulation이라 한다). 그러나 아동은 3세부터 모델의 모든 행동을 자주 따라하고, 문제 해결과 전혀 상관이 없는 행동까지도 따라한다(Lyons, Young, & Keil, 2007; Nielsen, 2006). 이런 과잉모방은 서양 문화권에만 국한되지 않는다. 2세부터 6세까지의 칼라하리 부시먼족 아동에게서도 과잉모방이 발견되고(Nielsen & Tomaselli, 2010) 이 행동은 성인기까지 지속된다(McGuigan, Makinson, & Whiten, 2011). 과잉모방이 널리 나타나고 지속되는 현상을 가리켜 일부 연구자들은 진화한 적응이라고 주장해왔다(Csibra & Gergely, 2011; Whiten, McGuigan, Marshall-Pescini, & Hopper, 2009). 아이들은 모델의 행동이 규범적이라고 믿는 듯한데, 가령 작은 인형이 모델의 부적합한 행동을 따라하지 않으면 인형의 행동을 수정한다(Kenward, 2012). 침팬지에게서는 과잉모방의 증거가 나타나지 않는다(Nielson, 2012을 보라).

과잉모방은 수많은 인공물의 사용법을 배워야 하는 인간 아동에게 특히 적응적인 듯하다. 문화적 산물의 사용법을 익히는 경제적인 방법은 그 인공물과 관련된 모든 모델화된 행동이 적절하다고 가정하는 것이다. 그로 인해 부적절한 행동을 습득하기도 하겠지만, 그런 행동은 개인의 학습으로 '걸러낼' 수 있다.

친사회성: 돕기

인간은 사회적 종일뿐 아니라 친사회적 종이어서 다른 집단 구성원들에게 이로운 행동을 한다. 친사회성은 일찍부터 생기는데, 공격성, 매력적인 배우자에 대한 선호, 아기 얼굴을 한 유아를 사랑하는 감정과 마찬가지로 인간의 전형적인 행동이다. 토마셀로Tomasello(2009)는 몇 가지 이유를 들어 친사회성이 인간의 진화한 본성의 일부분이라고 주장했다. 친사회성은 공감에 의해 조정되고, 비교적 발달 초기에 발견되고, 부모의 보상으로 친사회성이 높아지지 않고, 인간의 가장 가까운 친척인 침팬지에게서 친사회적 행동의 조짐이 보인다는 것이 그 이유들이다.

초기에 나타나는 친사회적 행동 중 하나는 도와주기이다. 한 실험에서, 18개월과 24개월 된 아동들이 과제 수행에 어려움을 겪는 성인과 마주 앉았다(Warneken & Tomasello, 2006). '손 뻗기' 과제를 수행할 때 어떤 사람이 실수로 바닥에 물건(예를 들어, 마커)을 떨어뜨리고 나서 그 물건에 손을 뻗지 못했다. 이 경우는 그 사람이 일부러 바닥에 마커를 던진 통제 조건과 대조를 이뤘다. '잘못된 결과' 과제에서는 그 사람이 책을 서가 위에 올려놓으려 하다가 책을 떨어뜨리고, 통제 조건에서는 책을 그 서가 옆에 두었다. 아이들은 10개의 과제 중 6개 과제에서 통제 조건보다 실험 조건일 때 더 많이 어른을 도와주었다(예를 들어, 마커 가져다주기, 책을 서가 상단에 두기). 또 다른 연구에서는 2세 아동들이 누군가를 도와줄 때, 제3자가 누군가를 도와주는 것을 지켜볼 때와 똑같이 공감적 각성을 했다. 아이들이 어릴 때부터 타인의 안녕을 진심으로 염려한다는 것을 알 수 있다(Hepach, Vaish, & Tomasello, 2012).

문화화된(사람이 기른) 침팬지도 이런 상황에서 '도움'을 제공했는데, 단 성인이 물건에 제대로 손을 뻗지 못하는 경우에만 그랬고 다른 과제에서는 도움을 제공하지 않았다(Warneken & Tomasello, 2006). 반半자연 상태에서 문화화되지 않은 채 생활하는 침팬지 무리가 비슷한 방식으로 도움을 준다는 증거가 보고되었다(Warneken, Hare, Melis, Hanus, & Tomasello, 2007). 그에 따라 바르네켄Warneken 등은(2007, p. 1418) 미취학 아동이 일반적으로 침팬지보다 친사회성을 더 많이 드러내는 것은 사실이지만, "인간의 초기 개체발생에서 보이는 이타적 성향은 인간에게 새롭게 진화한 것이 아니며, 인간적 이타심의 뿌리는 지금까지 생각한 것보다 더 깊어서 인간과 침팬지의 마지막 공통 조상으로 거슬러 올라갈 수 있다"라고 결론지었다.

발달 가소성과 적응적 개인차

자연선택은 종–전형적으로 발달하는 적응들 외에도 발달 과정에 개인차를 유지한다. 실제로 진화생물학의 이론과 연구가 인정했듯이, 대부분의 종에서 생존과 번식을 위한 단 하나의 '최고' 전략만 진화할 가능성은 희박하다. 그보다는 세 가지 중요한 변수의 기능에 따라 지역적으로 최적의 전략이 달라진다. 첫째, 상이한 전략의 예상된 비용과 편익은 유기체를 둘러싼 환경의 물리적, 경제적, 사회적 변수(예를 들어, 식량 가용성, 사망률, 부모 투자의 질, 사회적 경쟁)에 달려 있다. 이 맥락 의존성은 특정 환경에서 성공을 촉진하는 전략이 다른 환경에서는 실패로 이어질 수 있음을 의미한다. 둘째, 상이한 전략의 성공과 실패는 개체군 내에서 유기체가 지닌 상대적인 경쟁력(예를 들어, 나이, 신체 크기, 건강, 경쟁 상대와의 전적)에 달려 있다. 셋째, 유기체의 성은 가용 전략의 범위와 그 전략의 비용 및 편익에 중요한 영향을 미친다.

다음 절에서 우리는 유기체의 표현형과 지역의 환경 조건 및 개체의 형질을 매칭함으로써 발달 과정이 어떻게 적응을 높이는지를 논의할 것이다. 먼저 가소성과 조건적 적응에 대한 일반적인 개념들을 살펴볼 것이다. 그런 다음 생활사 이론을 소개하면서 그 이론이 적응적 가소성에 대한 전반적인 체계 그리고 생리, 성장, 행동 발달의 개체별 차이에 대한 통합적 이해를 어떻게 제시하는지 알아볼 것이다.

발달 가소성과 조건적 적응

생존과 번식 전략의 실행 가능성이 환경과 조건에 따라 크게 달라지기 때문에 자연선택은 **적응적 발달 가소성**을 유지하는 경향을 보인다. 적응적 발달 가소성이란 유기체의 내적 조건과 외적 환경에 따라 대안적 표현형(구조, 생리, 행동을 포함)을 안정적으로 유도하는 생물학적 체계다(West-Eberhard, 2003을 보라). 무엇보다 적응적 발달 가소성은 임의로 이루어지는 과정이 아니다. 그보다는 유기체와 환경 간의 구조화된 상호작용에서 나온 결과물이며, 개체가 자신의 내적 조건과 외적 환경을 함께 추적하고 그에 맞게 자신의 표현형 발달을 조절하는 능력과 성향을 높일 수 있도록 자연선택이 그렇게 빚어준 것이다. 발달 가소성은 동물 세계 전반적으로 흔히 나타난다(DeWitt & Scheiner, 2004; West-Eberhard, 2003의 연구를 보라).

유기체가 스트레스에 적응할 수 있으려면 발달 가소성이 결정적으로 중요하다. 스트레스는 인간으로서 피할 수 없는 경험이다. 진화적 발달의 관점에서 볼 때, 스트레스가 많은 양육 조건은 오랜 기간에 걸쳐 유지되어야 하는 지속적인 스트레스 반응을 야기하지만, 이 조건은 신경생물학적 체계를 손상시키기보다는 스트레스가 많은 조건에서 적응적으로 기능할 수 있는 양상을 유도하거나 조절한다(Ellis Et al., 2012; Frankenhuis & de Weerth, 2013을 보라).

발달 가소성은 오래 지속되는 변화를 수반하고, 그래서 본질적으로 미래 지향적이다. 말하자면 미래의 경험을 예측—준비—하는 것이다. 보이스Boyce와 엘리스Ellis(2005)는 조건적 적응이라는 개념을 정의해서 이를 명시적으로 밝혔다. 두 연구자는 조건적 적응이란 "아동기 환경의 일정한 특징들—즉, 아동이 성숙해지면 진입할 사회적·물리적 세계의 성격을 예측할 때 진화적 시간에 걸쳐 믿을 만하다고 입증된 특징들—을 탐지하고 그에 반응하며, 종의 자연선택 역사에서 그 특징들과 안정적으로 일치했던 발달 경로에 동조하는 진화한 기제"라고 정의한다(p. 290). 태아 발달기와 유아기에 환경의 중요한 특징들은 영양분, 대사물질, 호르몬, 성장인자, 그리고 어머니의 현재 및 과거의 경험을 반영하는 면역인자의 형태로 태반과 수유를 통해 아동에게 전달된다(Kuzawa & Quinn, 2009). 아이들은 어머니에게서 분자 신호로 전달받는 것 외에도 본인의 지속적인 경험을 통해 환경의 특징들을 탐지하고 부호화한다.

생활사 전략에서 나타나는 발달의 맞거래

발달 가소성과 개인차의 양상을 설명하는 진화생물학의 주요한 틀은 **생활사 이론**이다(Kaplan & Gangestad, 2005 Stearns, 1992를 보라). 모든 유기체는 자원이 한정된 세계에서 살아간다. 예를 들어, 정해진 시간 동안 환경에서 추출 가능한 에너지는 본질적으로 제한되어 있다. 시간 자체도 한정된 물자다. 짝을 찾는 유기체가 소비하는 시간은 식량을 구하거나 현재의 자식을 돌보는 데 쓸 수 없다. 이런 구조와 한정된 자원 때문에 유기체는 적합도의 모든 요소를 최대한 활용할 수 없고, 그 대신 자원 소모에 우선순위를 매기는 맞거래를 하도록 선택되었다. 그래서 서로 경쟁하는 분야들에 투자하는 대신에 한 영역에 시간 그리고/또는 자원을 더 많이 투자하는 일이 발생한다.

예를 들어, 감염을 이겨내기 위해 염증 반응을 일으킬 때 소비되는 자원은 번식 노력에 쓰일 수 없다. 따라서 염증 반응의 이점은 여성의 저하된 난소 기능 및 남성의 저하된 근골격 기능에 드는 비용과 맞거래되었다(Clancy et al., 2013; Muehlenbein & Bribiescas, 2005). 번식 노력과 건강 간의 맞거래도 서로 반대되는 방향으로 이루어지는데, 번식상 성숙이 빠르면 성인기에 육체적인 건강 문제를 더 많이 겪는다(Allsworth, Weitzen, & Boardman, 2005). 각각의 맞거래는 자원 할당을 결정하는 결정 마디decision node가 되고, 각각의 결정 마디는 일생 동안 끝없이 이어지는 사슬에서 다음 결정 마디(선택지를 시작하기, 다른 선택지를 배제하기)에 영향을 미친다(Ellis, Figueredo, Brumbach, & Schlomer, 2009). 이 자원 할당 결정의 사슬—생리적 · 행동적 형질들이 일관성 있고 통일성 있게 발달하는 과정—이 개체의 생활사 전략을 이룬다.

생활사 전략은 사회적 조건, 물리 법칙, 계통 발생의 역사, 발달 기제들이 부과하는 제약조건 안에서 적합도 맞거래를 수행하는 적응적 해결책이다. 유기체의 생활사 전략은 특정 환경에서 예상 적합도를 극대화하는 방식으로 형태, 생리, 행동을 조절한다(Braendle, Heyland, & Flatt, 2011; Réale et al., 2010). 가장 기본적인 수준에서 유기체의 자원은 신체 노력somatic effort과 번식 노력reproductive effort으로 양분된다. 신체 노력은 다시 성장, 생존, 신체 유지, 발달 활동으로 세분화된다(Geary, 2002). 발달 행동에는 체화된 자산embidied capital—힘, 조정력, 기술, 지식 등—을 구축하고 쌓아 올리는 데 기여하는 놀이, 학습, 연습, 그 밖의 활동들이 있다(Kaplan & Gangestad, 2005). 번식 노력은 짝짓기 노력mating effort(짝을 찾고 유혹하기, 자식을 임신하기), 육아 노력parenting effort(이미 임신한 자식에게 자원을 투자하기), 친족 노력nepotistic effort(예를 들어, 형제자매와 손주 같은 친척에게 투자하기)으로 세분화된다.

생활사 전략과 관련된 결정적인 결정들은 현재의 번식과 미래의 번식, 자식의 질과 양, 짝짓기 노력과 육아 노력 간의 기본적인 맞거래로 요약된다(Ellis et al., 2009; Hill, 1993; Kaplan & Gangestad, 2005를 보라). 번식을 연기하면 유기체는 자원이나 체화된 자산을 축적하고, 그래서 미래에 생길 자식의 질과 적합도를 높일 수 있다. 그렇지만 번식 전에 사망할 위험도 함께 높아진다. 번식을 하게 되면 다수의 질 낮은

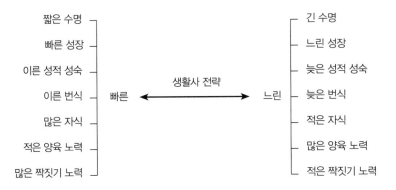

짧은 수명		긴 수명
빠른 성장		느린 성장
이른 성적 성숙		늦은 성적 성숙
이른 번식	빠른 ← 생활사 전략 → 느린	늦은 번식
많은 자식		적은 자식
적은 양육 노력		많은 양육 노력
많은 짝짓기 노력		적은 짝짓기 노력

그림 38.1 생활사 변이의 패스트–슬로 연속체

자식과 소수의 질 높은 자식 사이에 택일을 해야 한다. 집중적인 부모 투자는 자식의 체화된 자산(과 장기적 전망)을 늘리는 강력한 방법이지만, 양육으로 생긴 적합도의 증가는 그에 따른 짝짓기 기회의 감소와 비교해야 한다. 생활사 전략이 달라지면 유기체가 적합도–관련 특징들에 노력을 어떻게 할당하는지가 다르게 결정되고 그에 따라 위의 문제들이 다르게 해결된다.

가장 넓은 분석 수준에서, 생활사 특징은 느린 생활사 전략 대 빠른 생활사 전략의 수준을 따라 공변화한다. 패스트–슬로 연속체상의 변이는 종과 한 종의 개체들 사이에서 모두 발견된다(Ellis et al., 2009; Réale et al., 2010를 보라). 느린 성장과 늦은 번식은 긴 수명, 높은 부모 투자, 수가 적고 질이 우수한 자식, 낮은 초기 생애 사망률과 상관관계가 있다. 반대로, 빠른 성장과 이른 번식은 높은 초기 생애 사망률, 짧은 수명, 더 많은 자식, 축소된 부모 투자와 상관관계가 있다(그림 38.1). 빠른 생활사 전략은 비교적 위험성이 높고, 짝짓기 기회, 더 어린 나이에 번식하기, 더 많은 자식 낳기에 중점을 두며, 그 결과도 훨씬 더 가변적이다.

생활사 전략의 환경적 결정요인

느린 생활사 전략 대 빠른 생활사 전략의 발달 조정은 발달 가소성의 원형적 사례다. 생활사 전략의 발달을 조정하는 환경의 주요 특징으로 에너지 가용성, 외인성 이환률/사망률, 환경 변화의 예측 가능성을 들 수 있다(Ellis et al., 2009; Kuzawa

& Bragg, 2012). 에너지 자원—칼로리 섭취, 에너지 소모, 에너지와 관련된 건강 상태—은 여러 발달 과정에 기준선을 설정한다. 에너지가 부족하면 성장이 둔화하고 성적 성숙과 번식이 늦어져서 '느린' 생활사 전략이 도출된다. 하지만 성장과 발달을 지원하는 생체에너지 자원이 충분하면 일반적으로 외인성 이환/사망과 예측 불가능성에 대한 근접 단서들이 빠른 생활사 전략을 촉진한다.

외인성 이환/사망은 장애 및 사망의 외적 원인을 가리키는데, 이 원인들은 유기체의 적응적 결정에 상대적으로 둔감하다. 높은 외인성 이환률/사망률을 나타내는 환경적 단서들은 개체가 빠른 생활사 전략을 발달하도록 유도한다. 이 상황—미래의 번식 가치를 떨어뜨리는 상황—에서 구사하는 빠른 생활사 전략은 번식에 돌입하기 전에 장애가 생기거나 사망할 위험을 줄이는 기능을 한다. 또한 외인성 이환률/사망률이 높은 조건에서는 양육에 대한 부모 투자의 수익이 급격히 감소하여 축소된 부모 투자가 선호되고, 그래서 자식의 질보다는 양이 선호된다. 따라서 외인성 이환/사망을 가리키는 환경적 단서들(예를 들어, 진화사에서 이환/사망 위험과 믿을 만하게 공변화하는 관찰 가능한 단서들)에 노출되면 생활사 전략은 성숙과 성생활 시작을 앞당기고 그렇게 해서 현재의 번식 쪽으로 방향을 틀 것이다. 인간의 경우에 이 단서들은 지역 생태환경에서 폭력, 가혹한 양육 관습, 다른 개인들의 조기 장애와 사망 등에 노출되는 것이다.

외인성 이환/사망 외에도, 환경의 예측 불가능성—생태환경과 가족환경의 확률론적 변화—이 생활사 전략의 발달을 조정한다(Ellis et al., 2009). 인간의 경우에 예측 불가능성을 나타내는 단서로는 불규칙한 이웃 환경, 잦은 거주 변화, 변동이 심한 경제 상황, 가족 구성의 변화 등이 있다. 예측할 수 없이 변하는 환경에서 느린 생활사 전략의 발달에 장기적으로 투자하면 적합도를 최적화하지 못한다. 만일 개체들이 성숙할 때까지 살게 될 환경이 기대수명이 짧은 환경이라면 미래에 투자한 에너지는 모두 낭비되고 만다. 대신에 개체들은 환경의 예측 불가능성에 대한 신호를 탐지하고, 더 빠른 생활사 전략을 택함으로써 그에 대응해야 한다.

벨스키Belsky, 스타인버그Steinberg, 드레이퍼Draper(1991)는 가혹한 양육, 갈등이 있는 가족 관계, 불안정한 애착을 통해서 우리가 이른 성적 성숙, 성조숙, 불안정한 커플 관계, 충동성, 축소된 협력, 착취적인 대인관계—인간의 빠른 생활사 전략과 상관관계가 있을 만한 것들—를 예측할 수 있다고 최초로 가설화했다. 경험적 연구들이 이 상관관계를 검증했다(『발달심리학*Developmental Psychology*』 특별란을 보라; Ellis & Bjorklund, 2012). 그 밖에도 빠른 생활사 전략을 매개하는 다른 심리적 요인으로는 현재 지향(만족감을 연기하거나 미래에 얻을 더 큰 보상을 기다리지 못하는 것)과 짧은 주관적 기대수명(Belsky, 2012; Del Giudice, 2014를 검토함)이 있다. 성격 형질 수준에서 느린 생활사 전략은 친화성 및 성실성과 강한 상관관계를 보인다(Del Giudice, 2014). 종합해보면, 이 결과들은 광범위한 개인차의 토대에 패스트—슬로 차원이 있음을 강하게 뒷받침한다.

외인성 이환/사망과 예측 불가능성은 뚜렷이 구별되기 때문에, 이 환경적 요인에 발달상 노출되면 그것만으로도 생활사 전략의 변이가 일어날 수 있다(Ellis et al., 2009). 미국 국립청소년건강종단연구National Longitudinal Study of Adolescent Health의 종단 분석, 국립아동보건인간발달연구소NICHD: National Institute of Child Health and Human Development의 아동보육 및 청소년 발달 연구, 위험과 적응에 대한 미네소타 종단 연구MLSRA: Minnesota Longitudinal Study of Risk and Adaptation도 이 예측을 지지한다(Belsky, Schlomer, & Ellis, 2012; Brumbach, Figueredo, & Ellis, 2009; Simpson, Griskevicius, Kuo, Sung, & Collins, 2012). 예를 들어 NICHD와 MLSRA 연구에서는 생애 첫 5년 동안 환경의 예측 불가능성에 노출된 것(예를 들어, 부모의 변화, 주거환경 변화)을 통해서, 아동기 후반의 예측 불가능성의 효과 그리고 외인성 이환/사망 지표와 무관하게 청소년기와 초기 성인기의 빠른 생활사 전략을 예측했다.

표현형의 중요성과 차별적 민감성

모든 발달 과정은 궁극적으로 유기체와 환경 간에 이루어지는 구조화된 상호작용의 산물이다. 발달은 항상 조직화된 표현형에 의해 조절되며, 이 표현형은 원래 부모에게서 접합체 형태로 제공받지만 이후의 개체발생 중에 유전적·환경적 영향에 반응하면서 변화한다.

중요한 생활사 형질인 성적 성숙의 시기를 생각해보자. 성적 성숙은 에너지 조건에 따라 조절되고, 그래서 (평균적으로) 영양이 충분한 개체군의 개체들은 사춘기를 일찍 경험하고 영양이 불충분한 개체군의 개체들은 사춘기를 늦게 경험한다(Ellis,

2004). 하지만 에너지 조건의 효과는 조직화된 표현형에 의해 조절된다. 예를 들어, 식량을 구하는 능력(행동적 표현형), 신진대사의 효율성(생리적 표현형), 체지방 형태의 에너지 저장은 모두 사춘기를 조절하는 데 기여한다. 다시 말해서, 주요한 환경적 요인이 번식축의 성숙과 기능에 미치는 영향을 바로 이 형질들이 조절하는 것이다. 이와 동일한 논리가 유전적 영향에도 적용된다. 유전자는 표현형에 통합될 특정 분자를 생산하는 주형이지만, 그 생산 활동은 그 분자에 대한 표현형의 반응 그리고 필수적인 환경적 기초 재료(유기체 외부의 물질)의 존재에 달려 있다(West-Eberhard, 2003). 유전자, 환경, 표현형의 효과는 계층적으로 조직되어 있다. 즉, 선재하는 표현형이 유전적 정보원과 환경적 정보원을 함께 변환시키는 것이다. 특히 유전적 · 환경적 효과는 표현형이 그 둘을 수용하도록 조직화되어 있는지에 달려 있으며, 변형된 표현형은 발달이 진행되는 동안 그 효과를 유지한다. 이런 의미에서 표현형에는 유전적 · 환경적 효과의 개인사가 구현되어 있다.

환경 조건이 사춘기의 시기와 속도에 미치는 효과를 조절하는 중요한 형질이 있다. 바로, **생물학적 맥락 민감성**biological sensitivity to context인데, 보이스와 엘리스(2005)는 비용을 부과하면서도 이익을 주는 환경적 특징에 대한 신경생물학적 민감성이라고 정의했다. 생물학적 맥락 민감성이 높으면 환경에 대한 발달 수용성이 높아지는데, 신경생물학적으로 민감한 개체들이 환경 조건에 반응해서 발달 변화를 더 많이 겪는 것이다(Ellis, Boyce, Belsky, Bakermans-Kranenburg, & van IJzendoorn, 2011). 보이스와 엘리스(2005)는 생물학적 맥락 민감성을 조작해서 환경적 과제에 대한 강한 자율신경 내지 부신피질 반응성으로 나타냈다(경험적 증거 및 한계에 관한 연구로는, Obradovic, 2012; Sijtsema et al., 2013를 보라). 미취학 아동부터 고등학생까지를 다룬 종단 연구에서는 부모자식 관계의 질이 낮으면 사춘기의 초기 템포가 더 빠르고 사춘기가 일찍 시작한다고 예측했지만, 단지 아동에게서만 교감 신경계나 부신피질이 강하게 반응하는 형태로 생물학적 맥락 민감성이 나타났다(Ellis, Shirtcliff, Boyce, Deardorff, & Essex, 2011). 따라서 개인-환경 상호작용의 양방향성 모델에서와 마찬가지로, 환경이 사춘기 조절에 미치는 영향은 그 영향을 받아들이게끔 조직화된 현재의 표현형에 달려 있으며, 높은 스트레스 반응성이 가족 조건에 대한 아동의 민감성을 높인다.

우리는 인간의 성적 발달 과정에서 이루어지는 유전자-환경의 상호작용을 자세히 알지는 못하지만, 사춘기에 미치는 유전적 효과는 환경의 맥락에 좌우되고 그 역의 경우도 성립한다는 증거가 등장하고 있다. 이 문제를 최초로 조사한 분자유전학 연구자들은 에스트로겐 수용체 유전자 ESR1의 변이에 초점을 두었다(Manuck, Craig, Flory, Halder, & Ferrell, 2011). 과거의 연구에서와 마찬가지로, 서로 데면데면하고 갈등이 심한 가족 안에서 자랐다고 보고한 여성들은 친밀하고 불화가 적은 가족 안에서 자란 여성들보다 대체로 초경을 더 일찍 했다. 하지만 이 효과는 ESR1 변이에 의해 조정되었다. 두 가지 ESR1 다형성 중 마이너 대립유전자에 대해 동형 접합성을 보인 여성들의 경우 질이 낮은 가족 관계로 이루어진 아동기의 역사(−1 SD)는 질이 높은 가족 관계로 이루어진 아동기의 역사(+1 SD)와 비교할 때 초경을 하는 나이가 1년 감소한 반면에, 다른 ESR1 유전자형을 가진 여성들에게서는 그런 효과가 발견되지 않았다. 이 데이터는 조절효과를 입증한다. 즉, 환경이 사춘기 조절에 미치는 영향은 유전자형의 변이에 달려 있는 것이다.

***

조직화된 표현형은 전 생애에 걸쳐 환경과 유전자가 보내는 입력물을 통합하고 생물학적으로 흡수한다. 이 지속적인 과정을 통해서 신체 크기, 에너지 보유량, 신진대사 효율성, 환경적 영향에 대한 민감성, 면역 기능, 생식능력, 배우자 가치, 싸움 능력 같은 중요한 특징들이 개체마다 다르게 나타난다. 이러한 형질의 개인차는 각 생활사 전략의 비용-편익 맞거래에 영향을 미치고, 이 전략들의 발달을 조절하는 과정에 중요한 역할을 한다. 생활사 개념들을 이용하면 생리, 성장, 행동의 개인차 구조에 대해서 그리고 대안적 궤도로 발달을 변화시키는 환경 요인에 대해서 놀라우리만치 정확하게 예측할 수 있다(Del Giudice & Ellis, 인쇄 중). 특히 생활사 이론은 환경적 스트레스와 지원의 기본 차원들—자원 가용성, 이환/사망 위험, 예측 불가능성—을 설명하는데, 이 차원들은 주류 발달정신병리학에서 서술하는 여러 가지 **위험 요인** 및 **보호 요인**의 토대가 된다.

결론

발달은 중요하다. 그렇다면 무엇이 어떻게 유전되는지를 진화심리학자들이 이론화할 때에는 그 중요성을 반영해야 한다. 유아는 빈 서판으로 태어나지 않는다. 진화가 준비시켜준 바에 따라서 유아는 환경의 유형을 '예상'하고 어떤 정보를 다른 이들보다 더 수월하게 처리한다. 하지만 준비는 실행이 아니다(Bjorklund, 2003). 행동이 만들어지려면 조직화된 여러 층위 사이에서 지속적인 양방향 상호작용이 이루어져야 하며, 이 상호작용은 발달 과정에서 변화를 겪는다. 오늘날 진화심리학자들은 '환경'이 유전적 소인과 상호작용을 해서 적응적 행동을 만들어낸다고는 분명히 말하면서도, 이 일이 **어떻게** 일어나는지(즉, 표현형이 어떻게 발달하는지)에 대해서는 거의 언급하지 않는다. 자연선택이 성인기뿐만 아니라 유아기와 아동기에도 인간의 사고와 행동에 영향을 미친다는 새로운 인식과 더불어, 바로 그런 문제의식이 진화심리학에 발달적 관점이 보탤 수 있는 큰 공헌이다. 발달적 관점은 현대 인간의 행동을 설명할 때 유전학의 역할을 축소하는 것이 아니라, 오히려 시간이 지남에 따라 유전자가 어떻게 환경과 상호작용하는지 명확히 하는 데 기여하고, 넓게 보자면 개인차를 포함하여 사고와 행동의 적응적 양상을 제시할 때 유용하다. 그런 관점은 광범위한 분야의 행동과학자들에게 진화적 사고를 전달하기에 더없이 효과적이라고 우리는 믿는다.

도브잔스키Dobzhansky의 말을 패러디해서, 진화의 관점으로 보지 않으면 **발달의** 어느 면도 이해할 수 없다. 인간의 모든 기능을 이해할 때와 마찬가지로 진화의 관점으로 보면 인간의 개체발생을 깊이 이해할 수 있다. 하지만 진화적 관점만으로는 발달을 충분히 '설명'할 수 없고, 대신에 사회역사적 영향이나 현 상황의 영향 같은 여타의 인과적 요인들을 접목해야 한다.

Allsworth, J. E., Weitzen, S., & Boardman, L. A. (2005). Early age at menarche and allostatic load: Data from the third National Health and Nutrition Examination Survey. *Annals of Epidemiology, 15*, 438–444.

Bardi, L., Regolin, L., & Simion, F. (2011). Biological motion preferences in humans at birth: Role of dynamic and configural properties. *Psychological Science, 14*, 353–359.

Belsky, J. (2012). The development of human reproductive strategies: Promises and prospects. *Current Directions in Psychological Science, 21*, 310–316.

Belsky, J., Schlomer, G. L., & Ellis, B. J. (2012). Beyond cumulative risk: Distinguishing harshness and unpredictability as determinants of parenting and early life history strategy. *Developmental Psychology, 48*, 662–673.

Belsky, J., Steinberg, L., & Draper, P. (1991). Childhood experience, interpersonal development, and reproductive strategy: An evolutionary theory of socialization. *Child Development*, 647–670.

Bjorklund, D. F. (1987). A note on neonatal imitation. *Developmental Review, 7*, 86–92.

Bjorklund, D. F. (1997). The role of immaturity in human development. *Psychological Bulletin, 122*, 153–169.

Bjorklund, D. F. (2003). Evolutionary psychology from a developmental systems perspective: Comment on Lickliter and Honeycutt (2003). *Psychological Bulletin, 129*, 836–841.

Bjorklund, D. F. (2007). *Why youth is not wasted on the young: Immaturity in human development.* Oxford, England: Blackwell.

Bjorklund, D. F., Causey, K., & Periss, V. (2010). The evolution and development of human social cognition. In P. Kappeler & J. Silk (Eds.), *Mind the gap: Tracing the origins of human universals* (pp. 351–371). Berlin, Germany: Springer-Verlag.

Bjorklund, D. F., & Ellis, B. J. (2014). Children, childhood, and development in evolutionary perspective. *Developmental Review, 34*(3), 225–264.

Bjorklund, D. F., Ellis, B. J., & Rosenberg, J. S. (2007). Evolved probabilistic cognitive mechanisms: An evolutionary approach to gene-environment-development. In R. V. Kail (Ed.), *Advances in child development and behavior* (Vol. 35, pp. 1–39). Oxford, England: Elsevier.

Bjorklund, D. F., & Hernández Blasi, C. (2012). *Child and adolescent development: An integrative approach.* Belmont, CA: Wadsworth.

Bjorklund, D. F., & Pellegrini, A. D. (2002). *The origins of human nature: Evolutionary developmental psychology*. Washington, DC: American Psychological Association.

Bogin, B. (2001). *The growth of humanity*. New York, NY: Wiley.

Boyce, W. T., & Ellis, B. J. (2005). Biological sensitivity to context: I. An evolutionary-developmental theory of the origins and functions of stress reactivity. *Development and Psychopathology, 17*, 271–301.

Braendle, C., Heyland, F., & Flatt, T. (2011). Integrating mechanistic and evolutionary analysis of life history variation. In T. Flatt & F. Heyland (Eds.), *Mechanisms of life history evolution. The genetics and physiology of life history traits and trade-offs* (pp. 3–10). New York, NY: Oxford University Press.

Bräuer, J., Call, J., & Tomasello, M. (2005). All great ape species follow gaze to distant locations and around barriers. *Journal of Comparative Psychology, 119*, 145–154.

Brumbach, B. H., Figueredo, A. J., & Ellis, B. J. (2009). Effects of harsh and unpredictable environments in adolescence on development of life history strategies: A longitudinal test of an evolutionary model. *Human Nature, 20*, 25–51.

Burgess, R., & MacDonald, K. (Eds.). (2005). *Evolutionary perspectives on human development*. Thousand Oaks, CA: Sage.

Bushnell, I. W. R., Sai, F., & Mullin, J. T. (1989). Neonatal recognition of the mother's face. *British Journal of Developmental Psychology, 7*, 3–15.

Byrne, R. W. (2005). Social cognition: Imitation, imitation, imitation. *Current Biology, 15*, R489–R500.

Callaghan, T., Moll, H., Rakoczy, Warneken, F., Liszkowski, U., Behne, T., & Tomasello, M. (2011). Early social cognition in three cultural contexts. *Monographs of the Society for Research in Child Development, 76*(2), 1–142.

Carpenter, M., Akhtar, N., & Tomasello, M. (1998). 14-through 18-month-old infants differentially imitate intentional and accidental actions. *Infant Behavior & Development, 21*, 315–330.

Chein, J., Albert, D., O'Brien, L., Uckert, K., & Steinberg, L. (2011). Peers increase adolescent risk taking by enhancing activity in the brain's reward circuitry. *Developmental Science, 14*, F1–F10.

Clancy, K. H. B., Klein, L. D., Ziomkiewicz, A., Nenko, I., Jasienska, G., & Bribiescas, R. G. (2013). Relationships between biomarkers of inflammation, ovarian steroids, and age at menarche in a rural polish sample. *American Journal of Human Biology, 25*, 389–398.

Csibra, G., & Gergely, G. (2011). Natural pedagogy as evolutionary adaptation. *Philosophical Transactions of the Royal Society B: Biological Sciences, 366*, 1149–

1157.

Dahl, R. E. (2004). Adolescent brain development: A period of vulnerabilities and opportunities. Keynote address. *Annals of the New York Academy of Sciences, 1021*(1), 1–22.

Deák, G. O., Walden, T. A., Kaiser, M. Y., & Lewis, A. (2008). Driven from distraction: How infants respond to parents' attempts to elicit and re-direct their attention. *Infant Behavior & Development, 31*, 34–50.

Del Giudice, M. (2014). An evolutionary life history framework for psychopathology. *Psychological Inquiry, 25*, 261–300.

Del Giudice, M., & Ellis, B. J. (in press). Evolutionary foundations of developmental psychopathology. In D. Cicchetti (Ed.), *Developmental psychopathology: Vol. 1. Theory and method* (3rd ed.). Hoboken, NJ: Wiley.

DeWitt, T. J., & Scheiner, S. M. (2004). *Phenotypic plasticity: Functional and conceptual approaches*. New York, NY: Oxford University Press.

Di Giorgio, E., Leo, I., Pascalis, O., & Simion, F. (2012). Is the face-perception system human-specific at birth? *Developmental Psychology, 48*, 1083–1090.

Dishion, T. J., Ha, T., & Véronneau, M.-H. (2012). An ecological analysis of the effects of deviant peer clustering on sexual promiscuity, problem behavior, and childbearing from early adolescence to adulthood: An enhancement of the life history framework. *Developmental Psychology, 8*, 703–717.

Dunbar, R. I. M. (2003). The social brain: Mind, language, and society in evolutionary perspective. *Annual Review of Anthropology, 32*, 163–181.

Eibl-Eibesfeldt, I. (1970). *Ethology: The biology of behavior*. New York, NY: Holt, Rhinehart & Winston.

Eibl-Eibesfeldt, I. (1989). *Human ethology*. New York, NY: Aldine de Gruyter.

Ellis, B. J. (2004). Timing of pubertal maturation in girls: An integrated life history approach. *Psychological Bulletin, 130*, 920–958.

Ellis, B. J., & Bjorklund, D. F. (Eds.). (2005). *Origins of the social mind: Evolutionary psychology and child development*. New York, NY: Guilford Press.

Ellis, B. J., & Bjorklund, D. F. (2012). Beyond mental health: An evolutionary analysis of development under risky and supportive environmental conditions: An introduction to the special section. *Developmental Psychology, 48*, 591–597.

Ellis, B. J., Boyce, W. T., Belsky, J., Bakermans-Kranenburg, M. J., &van IJzendoorn, M. H. (2011). Differential susceptibility to the environment: An evolutionary-neurodevelopmental theory. *Development and Psychopathology, 23*, 7–28.

Ellis, B. J., Del Giudice, M., Dishion, T. J., Figueredo, A. J., Gray, P., Griskevicius,

V., . . . Wilson, D. S. (2012). The evolutionary basis of risky adolescent behavior: Implications for science, policy, and practice. *Developmental Psychology, 48,* 598– 623.

Ellis, B. J., Figueredo, A. J., Brumbach, B. H., & Schlomer, G. L. (2009). Fundamental dimensions of environmental risk: The impact of harsh versus unpredictable environments on the evolution and development of life history strategies. *Human Nature, 20,* 204–268.

Ellis, B. J., Shirtcliff, E. A., Boyce, W. T., Deardorff, J., & Essex, M. J. (2011). Quality of early family relationships and the timing and tempo of puberty: Effects depend on biological sensitivity to context. *Development and Psychopathology, 23,* 85–99.

Fagen, R. (1981). *Animal play behavior.* New York, NY: Oxford University Press.

Farroni, T., Csibra, G., Simion, F., & Johnson, M. H. (2002). Eye contact detection in humans from birth. *Proceedings of the National Academy of Sciences, USA, 99,* 9602–9605.

Frankenhuis, W. E., & de Weerth, C. (2013). Does early-life exposure to stress shape or impair cognition? *Current Directions in Psychological Science, 22,* 407–412.

Geary, D. C. (2002). Sexual selection and human life history. In R. Kail (Ed.), *Advances in child development and behavior* (Vol. 30, pp. 41–101). San Diego, CA: Academic Press.

Geary, D. C. (2005). *The origin of mind: Evolution of brain, cognition, and general intelligence.* Washington, DC: American Psychological Association.

Geary, D. C. (2010). *Male, female: The evolution of human sex differences* (2nd ed.). Washington, DC: American Psychological Association.

Geary, D. C., & Bjorklund, D. F. (2000). Evolutionary developmental psychology. *Child Development, 71,* 57–65.

Gelman, R., & Williams, E. M. (1998). Enabling constraints for cognitive development and learning: Domainspecificity and epigenesis. In W. Damon (Series Ed.) & D. Kuhn & R. S. Siegler (Vol. Eds.), *Handbook of child psychology: Vol. 2. Cognition, perception, and language* (5th ed., pp. 575–630). New York, NY: Wiley.

Gottlieb, G. (1976). The roles of experience in the development of behavior and the nervous system. In G. Gottlieb (Ed.), *Neural and behavioral plasticity* (pp. 25–54). New York, NY: Academic Press.

Hawley, P. A. (1999). The ontogenesis of social dominance: A strategy-based evolutionary perspective. *Developmental Review, 19,* 97–132.

Heimann, M. (1989). Neonatal imitation gaze aversion and mother-infant interaction. *Infant Behavior and Development, 12,* 495–505.

Hepach, R., Vaish, A., & Tomasello, M. (2012). Young children are intrinsically motivated to see others helped. *Psychological Science, 23*, 967–972.

Hernández Blasi, C., & Bjorklund, D. F. (2003). Evolutionary developmental psychology: A new tool for better understanding human ontogeny. *Human Development, 46*, 259–281.

Herrmann, E., Call, J., Hernández-Lloreda, M. V., Hare, B., & Tomasello, M. (2007). Humans have evolved specialized skills of social cognition: The cultural intelligence hypothesis. *Science, 317*, 1360–1366.

Hill, K. (1993). Life history theory and evolutionary anthropology. *Evolutionary Anthropology, 2*, 78–88.

Hrdy, S. B. (2009). *Mothers and others: The evolutionary origins of mutual understanding.* Cambridge, MA: Belknap Press.

Jacobson, S. W. (1979). Matching behavior in the young infant. *Child Development, 50*, 425–430.

Jones, S. S. (1996). Imitation or exploration? Young infants' matching of adults' oral gestures. *Child Development, 67*, 1952–1969.

Kaplan, H. S., & Gangestad, S. W. (2005). Life history theory and evolutionary psychology. In D. M. Buss (Ed.), *The handbook of evolutionary psychology* (pp. 68–95). Hoboken, NJ: Wiley.

Kenward, B. (2012). Over-imitating preschoolers believe unnecessary actions are normative and enforce their performance by a third party. *Journal of Experimental Child Psychology, 112*, 195–207.

Kuzawa, C. W., & Bragg, J. M. (2012). Plasticity in human life history strategy: Implications for contemporary human variation and the evolution of genus *Homo*. *Current Anthropology, 53*, S369–S382.

Kuzawa, C. W., & Quinn, E. A. (2009). Developmental origins of adult function and health: Evolutionary hypotheses. *Annual Review of Anthropology, 38*, 131–147.

Leavens, D. A., Hopkins, W. D., & Bard, K. A. (2005). Understanding the point of chimpanzee pointing: Epigenesis and ecological validity. *Current Directions in Psychological Science, 14*, 185–189.

Legerstee, M. (1991). The role of person and object in eliciting early imitation. *Journal of Experimental Child Psychology, 51*, 423–433.

Lickliter, R. (1990). Premature visual stimulation accelerates intersensory functioning in bobwhite quail neonates. *Developmental Psychobiology, 23*, 15–27.

Lyons, D. E., Young, A. G., & Keil, F. C. (2007). The hidden structure of overimitation. *Proceedings of the National Academy of Sciences, USA, 104*, 19751–19756.

Manuck, S. B., Craig, A. E., Flory, J. D., Halder, I., & Ferrell, R. E. (2011). Reported early family environment covaries with menarcheal age as a function of polymorphic variation in estrogen receptor-α. *Development and Psychopathology, 23,* 69–83.

McGuigan, N., Makinson, J., &Whiten, A. (2011). Fromover-imitation to super-copying: Adults imitate causally irrelevant aspects of tool use with higher fidelity than young children. *British Journal of Psychology, 102,* 1–18.

Meltzoff, A. N., & Moore, M. K. (1977). Imitation of facial and manual gestures by human neonates. *Science, 198,* 75–78.

Mondloch,C.J.,Lewis,T.M.,Budreau,D.R.,Maurer,D.,Dannemiller,J.L.,BenjaminR., . . . Kleiner-Gathercoal, K. A. (1999). Face perception during early infancy. *Psychological Science, 10,* 419–422.

Muehlenbein, M. P., & Bribiescas, R. G. (2005). Testosterone-mediated immune functions and male life histories. *American Journal of Human Biology, 17,* 527–558.

Murray, L., & Trevarthen, C. (1986). The infant's role in mother-infant communication. *Journal of Child Language, 13,* 15–29.

Nagy, E. (2006). From imitation to conversation: The first dialogues with human neonates. *Infant and Child Development, 15,* 223–232.

Nielsen, M. (2006). Copying actions and copying outcomes: Social learning through the second year. *Developmental Psychology, 42,* 555–565.

Nielsen, M. (2012). Imitation, pretend play, and childhood: Essential elements in the evolution of human culture? *Journal of Comparative Psychology, 126,* 170–181.

Nielsen, M., & Tomaselli, K. (2010). Over-imitation in the Kalahari Desert and the origins of human cultural cognition. *Psychological Science, 5,* 729–736.

Obradovic, J. (2012). How can the study of physiological reactivity contribute to our understanding of adversity and resilience processes in development? *Development and Psychopathology, 24,* 371–387.

Oppenheim, R. W. (1981). Ontogenetic adaptations and retrogressive processes in the development of the nervous system and behavior. In K. J. Connolly & H. F. R. Prechtl (Eds.), *Maturation and development: Biological and psychological perspectives* (pp. 73–108). Philadelphia, PA: International Medical Publications.

Pascalis, O., de Haan, M., & Nelson, C. A. (2002, May 17). Is face processing species-specific during the first year of life? *Science, 296,* 1321–1323.

Pellegrini, A. D., & Bjorklund, D. F. (2004). The ontogeny and phylogeny of children's object and fantasy play. *Human Nature, 15,* 23–43.

Pellegrini, A. D., & Smith, P. K. (1998). Physical activity play: The nature and function of neglected aspect of play. *Child Development, 69,* 577–598.

Poirier, F. E., & Smith, E. O. (1974). Socializing functions of primate play. *American Zoologist, 14,* 275–287.

Principe, G. (2011). *Your brain on childhood: The unexpected side effects of classrooms, ballparks, family rooms, and the minivan.* Amherst, NY: Prometheus Books.

Réale, D., Garant, D., Humphries,M. M., Bergeron, P., Careau, V., & Montiglio, P.-O. (2010). Personality and the emergence of the pace-of-life syndrome concept at the population level. *Philosophical Transactions of the Royal Society B: Biological Sciences, 365,* 4051–4063.

Reilly, J., Harrison, D., & Klima, E. S. (1995). Emotional talk and talk about emotions. *Genetic Counseling, 6,* 158–159.

Russell, J. L., Lyn, H., Schaeffer, J. A., & Hopkins, W. D. (2011). The role of socio-communicative rearing environments on the development of social and physical cognition in apes. *Developmental Science, 14,* 1459–1470.

Sijtsema, J. J., Nederhof, E., Veenstra, R., Ormel, J., Oldehinkel, A. J., & Ellis, B. J. (2013). Family cohesion, prosocial behavior, and aggressive/delinquent behavior in adolescence: Moderating effects of biological sensitivity to context. The TRAILS Study. *Development and Psychopathology, 25,* 699–712.

Simpson, J. A., Griskevicius, V., Kuo, S. I.-C., Sung, S., & Collins, W. A. (2012). Evolution, stress, and sensitive periods: The influence of unpredictability in early versus late childhood on sex and risky behavior. *Developmental Psychology, 48,* 674–686.

Smith, P. K. (1982). Does play matter? Functional and evolutionary aspects of animal and human play. *Behavioral and Brain Sciences, 5,* 139–184.

Smith, P. K., Cowie, H. & Blades, M. (2011). *Understanding children's development* (5th ed.). London, England: Wiley-Blackwell.

Spelke, E. S., & Kinzler, K. D. (2007). Core knowledge. *Developmental Science, 10,* 89–96.

Spencer, J. P., Blumberg, M. S., McMurray, B., Robinson, S. R., Samuelson, L. K., & Tomblin, J. B. (2009). Short arms and talking eggs: Why we should no longer abide the nativist-empiricist debate. *Child Development Perspectives, 3,* 79–87.

Stearns, S. (1992). *The evolution of life histories.* New York, NY: Oxford University Press.

Tooby, J., & Cosmides, L. (1990). The past explains the present: Emotional adaptations and the structure of ancestral environments. *Ethology and Sociobiology, 11,* 375–424.

Tomasello, M. (1999). *Having intentions, understanding intentions, and understanding communicative intentions*. Mahwah, NJ: Erlbaum.

Tomasello, M. (2009). *Why we cooperate*. Cambridge, MA: MIT Press.

Tomasello, M., & Carpenter, M. (2007). Shared intentionality. *Developmental Science, 10*, 121-125.

Tomasello, M., Carpenter, M., & Liszkowski, U. (2007). A new look at infant pointing. *Child Development, 78*, 705-722.

Trivers, R. (1972). Parental investment and sexual selection. In B. Campbell (Ed.), *Sexual selection and the descent of man* (pp. 136-179). New York, NY: Aldine de Gruyter.

Turkewitz, G., & Kenny, P. (1982). Limitations on input as a basis for neural organization and perceptual development: A preliminary theoretical statement. *Developmental Psychobiology, 15*, 357-368.

Volk, A., & Atkinson, J. (2013). Infant and child death in the human environment of evolutionary adaptation. *Evolution and Human Behavior, 34*, 182-192.

Wang, X., Chen, C., Wang, L., Chen, D., Guang, W., & French, J. (2003). Conception, early pregnancy loss, and time to clinical pregnancy: A population-based prospective study. *Fertility and Sterility, 79*, 577-584.

Warneken, F., Hare, B., Melis, A. P., Hanus, D., & Tomasello, M. (2007). Spontaneous altruism by chimpanzees and young children. *PLoS Biology, 5*, 1414-1420.

Warneken, F., & Tomasello, M. (2006, March 3). Altruistic helping in human infants and young chimpanzees. *Science, 311*, 1301-1303.

Weisfeld, G. E. (1999). *Evolutionary principles of human adolescence*. New York, NY: Basic Books.

West-Eberhard, M. J. (2003). *Developmental plasticity and evolution*. New York, NY: Oxford University Press.

Whiten, A., Goodall, J., McGrew, W. C., Nishida, T., Reynolds, V., Sugiyama, Y., . . . Boesch, C. (1999). Cultures in chimpanzees. *Nature, 399*, 682-685.

Whiten, A., McGuigan, N., Marshall-Pescini, S., & Hopper, L. M. (2009). Emulation, imitation, over-imitation and the scope of culture for child and chimpanzee. *Philosophical Transactions of the Royal Society B: Biological Sciences, 364*, 2417-2428.

Zahn-Waxler, C., Radke-Yarrow, M., Wagner, E., & Chapman, M. (1992). Development of concern for others. *Developmental Psychology, 28*, 126-136.

39장

진화사회심리학

더글러스 T. 켄릭 · 존 K. 메이너 · 노먼 P. 리

사회심리학은 인간의 진화에서 중요한 자리를 차지한다. 실제로 우리가 지금 여기 존재하는 것은 우리 조상들이 사회심리학의 원리에 직관적으로 통달했기 때문이다. 자연선택에 의한 진화를 움직이는 엔진은 차별적 번식이다. 유성생식을 하는 종이 번식을 하려면 결정적인 사회적 상호작용을 적어도 한 가지는 잘 처리해야 한다. 하지만 번식의 성공에 이르기까지는 성교 말고도 많은 난관이 놓여 있다. 번식에 성공하기 위해 우리 조상들은 다양한 사회적 과제들—친구 사귀기, 서열 협상하기, 장기적 관계 유지하기, 아이 돌보기—에 통달해야 했다.

사회심리학의 첫 번째 교과서는 진화적 관점을 분명히 채택했지만(McDougall, 1908), 20세기의 대부분 동안 사회심리학자들은 그 관점을 무시했다(Kenrick, 2011). 하지만 21세기에 사회심리학의 여러 선구자들이 진화적 관점을 연구에 접목하기 시작했다(Kenrick & Cohen, 2012).

적응주의적 추론—인지, 행동, 비교문화, 신경생리학상의 증거로 강화된 추론(Bugental, 2000; Buss, 1999; Fiske, 1992; Kenrick, Li, & Butner, 2003; Panksepp, 1982; Plutchik, 1980)—에서는, 인간 행동은 대부분 비교적 적은 수의 기본 동기를 중심으로 조직되어 있으며, 각각의 동기는 조상 환경이 제기한 주요한 적응적 문제와 연결되어 있다고 말한다. 우리는 이 장에서 사회생활의 일곱 가지 주요 동기 영역—동맹

형성, 자기방어, 질병 회피, 지위, 배우자 선택, 배우자 유지, 부모 양육—을 살펴보고자 한다. 그리고 각 영역에서 사람들에게 기본적인 동기를 실현하게 해주려고 진화한 것으로 보이는 인지적·행동적 결정 규칙들을 다룰 것이다.

연합 형성

인류 역사 전반에 걸쳐 우리 조상은 규모가 작고 매우 독립적인 집단에서 생활했다(Caporael, 1997; Sedikides & Skowronski, 1997). 집단에서 구성원들의 협력이 원활히 이루어지면 개개인은 생존과 번영은 물론이고 결국 번식의 가능성도 높일 수 있었다. 궁핍한 시기(예를 들어, 식량이 부족한 시기)에는 특히 더 그랬다(Hill & Hurtado, 1996).

연합 형성의 근접 혜택

사회심리학자들은 주로 협력 동맹에 참여하는 행동의 근접 기능에 초점을 두었다. 예를 들어, 집단의 구성원들은 나에게 몇몇 가치 있는 사회적 지원을 해준다(Reif & Singer, 2000). 친구와 가족의 정서적 지원은 여러 가지 양의 건강 결과와 관계가 있다. 지원 네트워크가 있는 사람은 질병에 잘 걸리지 않고, 스트레스를 주는 일에 덜 속상해 하고, 더 오래 산다(예를 들어, Buunk & Verhoeven, 1991). 둘째, 집단 구성원들은 정보를 나누는데 이는 불확실하거나 애매한 상황에서 특히 유용하다(Orive, 1988). 셋째, 집단 구성원들은 재화와 자원을 교환한다. 사회심리학자들은 사회적 교환 양상을 일정하게 이끌어내는(예를 들어, Clark & Chrisman, 1994; Fiske, 1992; Kenrick & Griskevicius, 2013) 다양한 교환 규칙(예를 들어, 지분 대 공유)을 파악했다.

협력적인 동맹에는 이익뿐 아니라 비용도 따른다. 다른 사람을 지원하는 데에는 시간과 자원이 들고, 일방적인 교환으로 이용당할 위험도 발생한다. 또한 동맹이라 해도 식량, 사회적 지위, 배우자, 그 밖의 자원을 두고 직접적인 경쟁을 해야 할 때가 있다(Alcock, 2013; Hill & Hurtado, 1996). 진화적 관점에서 볼 때, 유전자를 공유하는 사람 또는 상호 교환의 역사와 그 미래를 공유하는 사람과 동맹을 맺을 수 있다면 (비용–편익의) 맞거래를 하는 편이 더 유리할 것이다.

친족과의 동맹

사회심리학자들은 전통적으로 친족 간 상호작용 대 비친족 간 상호작용의 차이에는 거의 관심을 두지 않았다(Daly, Salmon, & Wilson, 1997). 하지만 전통 사회에서 협력 관계는 대부분 유전적으로 관련이 있는 사람들이 형성했다. 포괄적합도 이론(Hamilton, 1964)의 관점에서 보면 사람들이 왜 친족과 제휴하는지를 쉽게 알 수 있다. 친족에게 나눠주는 이익은 나에게 간접적으로 돌아오는 유전적 이익이고, 친족이 나에게 요구하는 비용은 그 친족에게 간접적으로 돌아가는 비용이기 때문이다(Kenrick, Sundie, & Kurzban, 2008). 이와 마찬가지로, 인간과 그 밖의 종들을 다룬 연구에서도 유전적으로 가까운 이웃일 경우에 다양한 협력 행동의 역치가 더 낮게 나타났다(Burnstein, Crandall, & Kitayama, 1994; Essock-Vitale & McGuire, 1985; Neyer & Lang, 2003; Segal & Hershberger, 1999). 실제로 사람들은 형태적 특징 때문에 외모가 유전적으로 관계가 있는 것처럼 보일 때 그 사람과 더 쉽게 협력한다(DeBruine, 2002; Rushton, 1989).

비친족과의 동맹

혈연관계에 투자하는 에너지의 중요성을 고려할 때 사람들은 왜 비친족과 동맹을 맺는 걸까? 상호 이타주의에 관한 이론들이 한 가지 답을 내놓았다(Axelrod & Hamilton, 1981; Cosmides & Tooby, 1992; Trivers, 1971). 우리 조상은 다른 사람이 호의를 베풀 가능성이 높은 경우에 그 사람과 협력을 해서 이익을 얻었다는 것이다. 이런 식으로 개인들이 상호 교환 관계를 맺으면 장기적인 이익을 수확했다. 실제로 가까운 친족 간의 협력은 상호성의 역사에 따라 결정되는 경우는 드물지만, 점점 먼 개인들 간의 공유는 상호 공유의 역사와 더 긴밀한 상관관계를 갖게 된다(Fiske, 1992; Trivers, 1971).

사람들은 미래를 알 수 없으므로 협력자들은 집단 구성원들이 나중에 보답할 **확률**에 기초해서 그들과 협력한다. 그래서 집단 구성원이 미래에 보답할 가능성이 있는 사람인지, 아니면 보답하기보다는 집단으로부터 자원을 더 많이 가져갈 가능성이 있는 사람인지 나타내는 징후에 관심을 기울인다. 실제로 사람들이 잠재적 속임수와 사기의 증거에 경계를 늦추지 않는다는 증거가 있다(Cosmides &Tooby, 1992; Delton, Cosmides, Robertson, Guemo, & Tooby, 2012; Mealey, Daood, & Krage, 1996). 일반적으로 사람들은 친구를 더 신뢰하며, 특히 여성의 경우에는 보통 친구에게 더 협조적이다(Ackerman, Kenrick, & Schaller, 2007). 하지만 집단 경쟁에 대한 우려가 커질 때는 남성과 집단 구성원 간의 협력이 증가한다(van Vugt, de Cremer, & Jannsen, 2008).

사회적 배제

친족 및 비친족과의 강한 유대감을 유지하는 것이 중요한 만큼, 사람들은 자신의 집단에서 배제될 위험이 있다는 것을 나타내는 단서에 예의주시한다. 추방과 거부를 비롯한 사회적 배제는 상당히 혐오적일 수 있다(Wiiliams & Nida, 2011). 따라서 사회적 배제의 고통은 우울증과 공격적인 행동을 포함하여 다양한 파괴적인 결과를 초래한다(Twenge & Campbell, 2003). 하지만 기회가 주어지면, 거부당했다고 느끼는 사람들도 다른 사람들과 다시 연결되기 위해 열심히 노력하며, 사회적 동맹의 원천으로 삼고자 친사회성을 발휘하고 타인을 긍정적으로 대한다(Maner, DeWall, Baumeister, & Schaller, 2007). 그런 반응은 진화의 논리와도 일맥상통한다. 인류 역사 전반에 걸쳐 집단의 일원이 되는 것은 생존에 필수적이었고, 집단에서 배제당할 위험 때문에 사람들은 다른 사람들과의 결속을 강화하는 일에 많은 관심을 기울였다. 이와 같은 맥락에서, 수렵채집인에 대한 연구에서도 조상의 환경에서 생활하는 사람들은 특히 자신과 협력하는 이들과 동맹을 맺고, 협력하지 않는 이들은 배제하는 경향이 있다고 말한다(Apicella, Marlowe, Fowler, & Christakis, 2012).

자기방어

조상들은 다른 집단 구성원들이 가하는 위협에 자주 직면했고(Baer & McEachron, 1982), 지위와 재화를 얻기 위한 경쟁에서는 집단 내 구성원들의 위협에 맞서기도 했다(Daly & Wilson, 1988). 수십 년에 걸친 사회심리학 연구에서는 사람들이 종종 지각된 위협에 대항하는 수단으로 공격적인 행동을 한다는 것이 입증되었다(berkowitz, 1993). 방어적 귀인[1] 유형—타인을 위협으로 지각하는 경향—의 사람은 대개 다른 사람에게 공격적으로 반응할 가능성이 높다(Dodge, Price, Bachorowski, & Newman, 1990).

위협은 공격적인 행동을 끌어내기도 하지만 친화적 동기를 적응적으로 높여주기도 한다(Mikulincer, Florian, & Hirschberger, 2003; Taylor et al., 2000). 예를 들어, 죽음을 생각하면 친애 경향성이 높아지는데, 이는 위협을 받는 상황에서 친밀해지려는 경향이 적응적 설계에 기반을 두고 있음을 시사한다. 즉, 사람들은 집단을 이룰 때 더 안전하고, 그래서 위협이 가해지면 무리를 이뤄 안전을 도모한다(Wisman & Koole, 2003). 생리적 · 행동적 증거에 따르면, 스트레스에 대한 여성의 일차적인 반응은 '싸우거나 도피하는' 것이 아니라 '보살피고 친해지는' 것이다. 싸움이나 도피는 부양하는 자식이 위험에 빠질 가능성이 높아진다(Taylor et al., 2000). 남성의 경우에도, 위협적인 상황에서 집단 구성원들을 보살피고 친해지려는 성향은 적응과 관련이 있었다(Geary & Flinn, 2002). 앞으로 논의하겠지만, 다른 어떤 친화적 목표보다도 위협으로 유발된 친화적 동기의 사회적 결과가 더 큰 집단을 형성하도록 유도한다(Kenrick et al., 2003).

자기방어적 목표에 이끌려서 사람들은 물리적 위협—특히 남성과 외집단 구성원들이 가할 수 있는 위협—의 신호를 선택적으로 처리한다. 사람들은 화난 표정을 아주 빠르게 탐지하며, 특히 남성의 얼굴에서 그런 신호를 잘 탐지한다(Becker, Kenrick, Neuberg, Blackwell, & Smith, 2007). 그리고 여성보다는 남성을 판단할 경우에, 실제로는 상대방이 화가 나지 않았음에도 화가 났다고 오인할 가능성이 더 높다(Neel, Becker, Neuberg, & Kenrick, 2012). 자기방어적 목표는 또한 외집단 구성원에 대한 인지적 경계심을 유발하기도 한다. 예를 들어, 자기방어적 목표가 있으면 사람들은 다른 상황에서는 감정이 드러나지 않는다고 인식할 만한 외집단 구성원의 얼굴에서 노여움을 발견한다(Maner et al., 2005). 게다가 주위가 어두우면(오래전부터 신체

---

1 defensive attribution. 좋은 결과는 자신의 탓으로 돌리고 나쁜 결과는 외부적 요인 탓으로 돌리는 경향(옮긴이).

적 위해에 대한 높은 취약성과 관련된 상황) 신체적 위험과 발견적으로heuristically 관련되어 있는 집단에 대한 위협-관련 편견을 더 많이 보고한다(Schaller, Park, & Mueller, 2003). 그런 반응이 진화한 것은 특히 위태로운 상황에서 인간을 보호하기 위해서일 것이다.

질병 회피

인류 역사에서 병과 사망의 주된 요인은 질병을 일으키는 병원체에 노출되는 것이었다(Anderson & May, 1991). 결국 질병을 피해야 한다는 압력이 발생해서 감염원을 회피하는 데 도움이 되는 과정들을 진화시켰다(Schaller & Park, 2011). 발달사회심리학 연구에 따르면 인간에게는 질병에 걸리지 않게끔 보호하는 상호의존적인 두 가지 체계가 있다. 인간은 체내에 들어온 병원체를 무력화하게끔 고안된 생리적 면역계 외에도 행동면역계라는 것을 갖고 있는데, 행동면역계는 인간이 애초에 병원체와 접촉하는 것을 피하게 해주는 일종의 심리-행동 체계다(Neuberg, Kenrick, & Schaller, 2011).

점점 더 많은 문헌이, 인간은 질병이 염려스러울 때 질병의 가능성을 알리는 주변의 단서를 극도로 경계한다고 말한다(S. L. Miller & Maner, 2012; Mortensen, Becker, Ackerman, Neuberg, & Kenrick, 2010). 가령, 발진과 병변은 실제로 병이 신체적으로 발현되고 있음을 나타내는 대표적인 단서들이다. 하지만 행동면역계는 경계의 오류를 범하기도 하는데, 질병과 전혀 관련이 없는 특징들(예를 들어, 노령, 비만)을 질병의 단서로 분류하는 것이다. 예를 들어, 노령은 약화된 면역 체계와 관련이 있어서 병을 옮길 가능성을 높이긴 하지만, 노령자의 대다수가 상당히 건강할 정도로 그 상관관계는 약한 편이다. 그럼에도 인간이 질병을 염려할 때는 그런 단서를 주의 깊게 살피고, 그런 단서가 질병과 전혀 관련이 없는 경우에도 편견의 눈으로 바라본다(예를 들어, S. L. Miller & Maner, 2011).

여성의 경우에는 월경주기 중 황체기(배란 직후의 시기)와 임신 중에 질병의 위협이 특히 두드러진다. 이 기간에 여성의 신체는 자라나는 태아를 체내에 침입한 병원체로 오인하지 않도록 자연 면역 반응을 하향 조절한다. 여성은 이 일시적인 면역 억제를 상쇄하기 위해 높은 역겨움 민감성, 잠재적으로 위험한 음식 회피, 이민족 외집단 구성원 회피(Navarrete & Fessler, 2006) 등 많은 적응적 반응을 보인다(Fincher & Thornhill, 2012를 보라).

지위

사회적 지위는 어디에서나 사회적 상호작용을 조절하는 보편적인 장치다(Barkow, 1989; Eibl-Eibesfeldt, 1989). 완전히 낯선 사람들과 대면해서 상호작용할 때에도 극히 제한된 사회적 정보를 토대로 빠르고 자연스럽게 상대적인 지위 차이가 형성된다 (Fisek & Ofshe, 1970). 세계적으로 '지배' 대 '복종'은 사람들이 자신의 집단 구성원을 분류하는 두 가지 수준 중 하나에 해당한다(G. M. White, 1980; Wiggins & Broughton, 1985). 많은 사람들이 타인보다 더 높은 지위에 오르고 또한 그 자리를 유지하는 데 매우 적극적이다(Maner & Mead, 2010).

지위를 추구하는 근접 기능

사회심리학의 관점들은 사람이 가진 지위의 직접적인 결과에 중점을 두었다. 뿐만 아니라 높은 지위는 다방면의 중요한 인지적·감정적 결과와도 관련이 있다 (Keltner, Gruenfeld, & Anderson, 2003). 예를 들어, 지위가 높은 사람은 상대적으로 자존감이 높고(Steele, 1988; Tesser, 1988), 설득력이 뛰어나 남들의 행동에 영향을 잘 미친다(A. G. Miller, Collins, & Brief, 1995). 그들은 친구로 삼고 싶은 대상이며(Nakao, 1987), 존경과 관심뿐 아니라 사회적 혜택과 물적 자원을 상대적으로 많이 누린다 (Cummins, 1998). 또한 지위가 높은 사람은 더 행복하고, 처벌보다 잠재적인 사회적 보상에 관심을 더 많이 기울이며, 자율적 인지 과정을 더 많이 경험하는 경향이 있다(Keltner et al., 2003).

지위 추구를 위한 적합도 맞거래의 성차

진화적 관점에서 보면, 남성은 지위 추구로부터 추가적인 이익들을 얻는다. 여성은 높은 부모 투자 때문에 배우자를 더 까다롭게 선택하고, 그래서 남성의 지위를 배우자 선택의 단서로 볼 수 있기 때문이다(Gould & Gould, 1989; Li, Bailey, Kenrick, & Linsenmeier, 2002; Sadalla, Kenrick, & Vershure, 1987). 지배적인 남성은 상대적으로 자신의 배우자를 더 잘 보호하고 자원 접근성을 높일 수 있는데, 과거에 이 두 요소는 자식을 양육할 때 상당히 유용했다. 그 결과, 여성에 비해 남성은 높은 수준의 사회적 지배성을 추구할 동기가 더 강하고(Hill & Hurtado, 1996), 이웃을 기준으로 지위 상실의 가능성에 더 많은 주의를 기울인다(Daly & Wilson, 1988; Gutierres, Kenrick, & Partch, 1999).

이글리Eagly와 우드Wood(1999)는 남성의 사회적 역할은 권력과 지위에 있고 여성의 사회적 역할은 상대적으로 양육에 있기 때문에 지위 추구에 성차가 나타난다고 주장했다. 이러한 남녀의 역할 분담이 모든 사회에 공통적인 이유는, 근본적인 진화의 차이—여성은 자식을 임신하고 보살피고, 남성은 신체가 더 크다는 것—때문이라고 저자들은 말한다. 그래서 그들은 진화한 기제와 문화적 규범의 발달이 상호작용을 한다고 가정하고, 이런 측면에서 성 역할의 규범을 설명하는 오늘날의 진화심리학적 모델과 정확히 일치한다(Kenrick, 1987; Kenrick, Trost, & Sundie, 2004; Kenrick & Luce, 2000). 그러나 두 저자가 진화적 모델과 갈라지는 지점은, 성별 차이의 원인이 되는 진화 과정이 남녀의 신체적 차이로 끝난다는 견해에서다. 그에 따라 우리는 이글리와 우드의 생물사회학적 모델이 지나치게 제한적이며, 부모의 역할 분담과 사회적 행동의 다양한 성차 사이에 단순한 인과관계 하나만을 가정하는 영역일반론에 머문다고 생각한다(Kenrick & Li, 2000). 이 모델은, 예를 들어 테스토스테론이 다른 종들뿐 아니라 인간의 지배 및 경쟁과도 관련이 있다고 주장하는 비교연구를 참고하지 않는다(Mazur & Booth, 1998).

배우자 고르기

번식의 차이가 자연선택에 중심적이라는 점을 고려할 때, 짝짓기에 관한 결정은 중요한 적응적 결과로 이어진다. 그런 결정은 크게 두 분야―관계 선택과 배우자 선택―로 분류할 수 있다.

관계 선택

모든 사회에서 사람들은 장기적인 유대 관계를 맺는 한편(Daly & Wilson, 1983), 많은 문화권에서 사람들은 책임 없는 성관계를 맺기도 한다(Marshall & Suggs, 1971). 어떤 유형의 관계를 시작할지에 대한 결정은 개인의 성사회적 지향 또는 책임 없는 섹스를 하는 경향에 달려 있다(Gangestad & Simpson, 2000; Simpson & Gangestad, 1991). 대개 남성은 성사회적으로 자유롭고 헌신을 덜 해도 되는 반면에, 여성은 덜 자유롭고 헌신을 더 많이 한다. 사회심리학자들은 남녀별로 사회적 규범이 다른 것을 지적하지만(Eagly & Wood, 1999), 진화론자들은 이 차이가 최소한 의무적인 부모 투자의 차이에서 비롯한다고 말한다(Trivers, 1972). 다른 포유류 암컷과 마찬가지로 여성은 임신을 하면 생물학적으로 남성보다 더 많은 시간과 자원을 투자하게 된다. 따라서 부담 없는 섹스의 비용―편익 비율이 소량의 정액만 투자하는 남성보다는 여성에게 더 높게 나타난다. 결국, 여성보다 남성이 부담 없는 섹스의 기회를 더 열망하도록 진화한 것으로 보인다(Buss & Schmitt, 1993; Kenrick, Groth, Trost, & Sadalla, 1993; Kenrick, Sadalla, Groth, & Trost, 1990; Li & Kenrick, 2006).

그러나 모든 남성이 단기적 관계를 추구하는 것은 아니며, 모든 여성이 장기적 관계를 추구하는 것도 아니다. 성사회성에는 중요한 성 내 변이가 있고, 이 변이는 발달 환경과 배우자 가치를 포함한 많은 요인에 달려 있다. 예를 들어, 여성은 사회적으로 지배적이고(Sadalla et al., 1987) 좌우가 대칭적인 남성에게 성적 매력을 느끼는 편이다(Thornhill & Gangestad, 1994). 그런 남성은 일찍 섹스를 시작하고, 단기적인 섹스 파트너가 많다(Gangestad & Thornhill, 1997; Thornhill & Gangestad, 1994). 여성의 성사회성은 자신의 매력이 아니라 자신의 남성성(Mikach & Bailey, 1999)과 아버지의 부재 같은 요인에 따라 달라지는데, 이 두 요인은 더 자유로운 지향과 관련이 있다.

성사회성에 대해 좀 더 완벽한 설명에 도달하려면 개인들이 어떻게 상호작용하는지를 고려해야 한다(Gangestad & Simpson, 2000). 우리는 개인들의 네트워크를 모의 실험하는 동역학 모델을 세운 뒤, 성사회적 지향성[2](즉, 제약을 할지 말지를 결정하는 규칙의 기준들)에 성차가 비교적 적기만 해도, 실제 세계에서 볼 수 있는 양상, 즉 대다수의 사람들은 장기적 관계를 맺고 소수의 사람들은 자유로운 관계를 맺는 현상을 충분히 설명할 수 있음을 발견했다. 나중에 논의하겠지만, 심리학자들이 동역학 모델을 이용하면 개인 수준의 (진화한) 결정 규칙에 존재하는 작은 변이로부터 다양한 사회적 규범이 어떻게 출현할 수 있는지를 보다 쉽게 이해할 수 있다(Kenrick et al., 2003).

장기적 배우자 선택

결혼 파트너를 고려할 때 여성은 지위와 자원을, 남성은 신체적 매력과 젊음을 더 선호한다(Buss, 1989; Kenrick & Keefe, 1992: Sprecher, Sullivan, & Hatfield, 1994). 사회심리학자들은 사회문화적 모델(Eagly & Wood, 1999)과 사회적 교환 모델(Hatfield, Utne, & Traupmann, 1979; Homans, 1961)로 이 선호를 설명했다. 하지만 배우자 선호의 많은 특징들이 문화적 규범에 의거한 단순한 설명으로는 배우자 선호의 많은 특징들이 이해되지 않는다(Kenrick, Gabrielidis, Keefe, & Cornelius, 1996; Kenrick & Gomez-Jacinto, 2014). 더 궁극적으로 설명하자면, 남녀는 각자 과거에 맞닥뜨렸던 다양한 적응적 문제들을 해결하기 위해 다른 심리 기제를 진화시켰다고 봐야 한다(Buss, 1989; Symons, 1979). 여성의 생식력은 30세 이후에 급속히 떨어지기 때문에 장기적 파트너를 찾는 남성은 성적 성숙도와 젊음을 나타내는 신체적 지표들, 이를테면 도톰한 입술, 매끈한 피부(Symons, 1979), 낮은 허리-엉덩이 비율(Singh, 1993)에 더 끌릴 것이다. 이 추론과 같은 맥락에서, 십대 소년은 상대적으로 연상의 여성을 선호하는 반면에 나이가 많은 남성은 상대적으로 어린 여성을 선호한다(Kenrick & Keefe, 1992; Kenrick et al., 1996). 다른 한편으로, 남성의 장기적 번식 가치는 자

---

2   성적 개방성이라고도 한다(옮긴이).

원을 제공하는 능력에 더 많이 제약된다(Symons, 1979). 그래서 여성은 남성의 지위와 자원 제공 능력을 가리키는 단서에 더 주의를 기울인다(Buss, 1989; Sadalla et al., 1987). 짝짓기 동기가 작동하면 남성은 더 경쟁적이 되고, 경제적 이득에 더 높은 가치를 부여하고, 자신의 창의력과 부를 공개적으로 과시한다(Griskevicius, Cialdini, & Kenrick, 2006; Griskevicius et al., 2009; Li, Kenrick, Griskevicius, & Neuberg, 2012; Sundie et al., 2011).

하지만 배우자 선택과 관련된 진화한 심리 기제는 단순히 신체적 매력과 지위를 선호하는 것보다 훨씬 복잡하다. 장기적 관계를 유지하고 자식을 기르는 일은 복잡한 일이기 때문에, 다양한 개인적 자질, 예를 들어 친절함, 창의력, 에너지 수준 등이 중요하게 작용한다. 그럼에도 진화적 과거에 불임 여성이나 빈털터리 남성은 파트너로 선택되더라도 번식상 막다른 골목에 다달랐을 것이다. 이 적응적 문제를 해결하기 위해 남성은 장기적 배우자를 고를 때 (다른 형질들보다) 적당한 수준의 신체적 매력을 우선시하도록 진화하고, 여성은 적당한 수준의 사회적 지위를 우선시하도록 진화했을 것이다(Li et al., 2002; Li, Valentine, & Patel, 2011). 일단 '필수품'을 손에 넣어야 다른 형질—'사치품'—이 보인다. 실제로 성별에 따른 우선순위의 차이는 사람들이 장기적 배우자 후보를 고려할 때도 선호에 반영되고(Li et al., 2002), 자신을 예비 장기적 배우자라고 여길 때도(Li, 2007) 선호에 반영된다. 게다가 활발한 상호작용을 통해 배우자를 선택하는 상황에서 남성은 신체적 매력이 떨어지는 상대를 더 많이 거절하고, 여성은 사회적 지위가 낮은 상대를 더 많이 거절한다(Li et al., 2013).

단기적 배우자 선택

의도된 관계 기간이 짧을수록, 남성의 자원은 점점 의미가 없어지고 아버지 부재의 위험은 증가한다. 그런 연유로 조상 시대에 자식의 생존은 남성의 유전자 품질에 점점 더 의존하게 되었다(Gangestad& Simpson, 2000). 그렇다면 단기적 관계에서 여성은 유전자 품질을 나타내는 적당한 신체적 매력을 우선시하도록 진화했을 것이다(Li & Kenrick, 2006). 단기적 관계에서 남성에게는 여성의 생식력이 무엇보다 더 중요하다. 그러므로 남성은 장기적 배우자보다는 단기적 배우자를 고를 때 훨씬 더 신체적 매력에 높은 순위를 매기도록 진화했을 것이다.

이 추론과 같은 맥락에서, 신체적 매력이 장기적 관계보다는 단기적 관계에서 더 가치 있게 평가된다는 것이 수많은 연구를 통해 밝혀졌다(Buunk, Dijkstra, Fetchenhauer, & Kenrick, 2002; Regan & Joshi, 2003). 게다가 남녀 모두 가상으로 단기적 배우자 후보를 고려할 때(Li & Kenrick, 2006)뿐만 아니라, 활발한 상호작용이 이루어지는 상황—매력적이지 않은 사람은 남녀 모두에게 기피의 대상이 되는 상황(Li et al., 2013)—에서 실제 배우자를 만나고 선택할 때는 다른 형질보다도 신체적 매력을 우선시한다.

배우자 유지

유아는 힘이 없고 발달이 느리기 때문에 보통 부모의 지속적인 지원이 자식의 생존에 필수적이다(Geary, 1998; Hrdy, 1999). 따라서 남성과 여성의 주요한 적응적 문제는 바람직한 파트너와 짝 결속을 지속하는 것이다(Buss, 1999; Hazan & Diamond, 2000).

관계를 유지하거나 끝내겠다는 결정을 하려면 새로운 정보를 입수해서 역학적으로 고려해야 한다. 그런 정보에는 자식의 존재, 관계 안팎에서 부모 각자가 이용할 수 있는 자원, 동성 침입자의 존재와 질, 짝짓기 풀의 성비가 있다(Dijkstra & Buunk, 1998; Guttentag & Secord, 1983; Kenrick & Trost, 1987). 그렇다면 그런 입력 정보를 처리하고 관계 유지의 비용과 편익을 적응적으로 따져보는 심리 기제가 존재할 수 있다. 예를 들어, 자식을 가지면 관계를 정리하는 역치가 높아진다(Essock-Vitale & McGuire, 1985; Rasmussen, 1981). 반면에 탐나는 대안들이 지역에 있으면 남녀의 결정 역치는 낮아진다(Guttentag & Secord, 1983; Kenrick, Neuberg, Zierk, & Krones, 1994). 또한 파트너가 부정을 저지르면 남녀 모두 관계를 유지하는 비용편익비가 크게 감소할 것이다(Buss, Larsen, Westen, & Semmelroth, 1992).

파트너의 불륜 방지

사람들은 보통 동성의 경쟁자로부터 자신의 장기적 파트너를 지키려는 동기가 매우 강하다(Buss et al., 1992; Maner, Miller, Rouby, & Galliot, 2009). 성 내 경쟁의 위협에 직면하면 강한 질투심이 일어나는데, 질투심은 자신이 파트너보다 둘의 관계에 더 많은 노력을 들인다고 느끼거나(G. L. White, 1981), 자신이 행복을 위해 이 관계에만 의존한다고 느낄 때 더 쉽게 발생한다(Bringle & Buunk, 1986).

질투심의 성차를 입증한 증거에 따르면, 남성은 자신의 파트너가 남들에게 성적으로 매력적으로 보일 때 더 쉽게 질투하는 반면에 여성은 감정적인 불륜에 상대적으로 더 민감하다(Clanton & Smith, 1977). 이 차이는 남성이 여성을 성적으로 통제하고, 여성은 관계의 감정적 질에 더 민감하다는 사회적 규범에서 생겨났다고 보는 견해가 있었다(G. L. White, 1981).

반면에 진화론자들(Buss, 2000; Buss et al., 1992)은 체내 임신, 남녀가 자식에게 제공하는 다른 형태의 자원(암컷은 신체적 자원을, 수컷은 식량과 주거지 같은 간접적 자원을 준다) 등이 그 차이의 원인이라고 생각한다. 암컷은 체내 임신을 하기 때문에 오직 암컷만이 자식에게 자신의 유전자가 있다고 확신할 수 있다. 수컷으로서는 파트너가 바람을 피우면 제 자식이 아닌 아이에게 투자할 위험이 있다. 반면에 번식 경쟁자와 맞닥뜨리는 암컷은 파트너가 가진 자원의 전부 또는 일부를 잃을 위험이 있다. 따라서 질투심은 파트너가 제공하는 주요 번식 자원이 다른 개체에게 새나가지 않게끔 각자 성의 적응적 문제를 해결하도록 진화했을 것이다(Buss et al., 1992). 질투 반응은 제3자가 실제로 관계에 간섭할 때 발생하지만, 불륜을 저지르지 않은 경우에도 발생한다. 전통적인 견해에서는 확실한 증거가 없을 때 그런 반응은 자기 기만적이고 병적이라고 여겼지만, 질투 반응은 종종 은밀한 부정이나 만일의 불륜을 정확히 반영한다는 증거가 있다(Buss, 2000). 따라서 질투심은 현재 진행 중인 불륜을 막을 뿐만 아니라 앞으로 일어날 불륜에 대해 사전에 경고하는 역할을 할 것이다. 사회심리학자들은 이 성차와 관련하여 다양한 방법론적 문제를 제기해왔지만, 최근에 한 메타 분석은 성차가 확실하다고 말한다(Sagarin et al., 2012).

현재의 관계를 유지하기

자신의 방황을 미연에 방지하는 기제도 있을 것이다. 현재 파트너에 대한 긍정적인 편향과 잠재적 파트너에 대한 부정적인 편향이 그런 기제일 수도 있다. 예를 들어, 파트너에게 충실한 사람은 대안적인 짝에 대한 호감을 과소평가하고, 특히 대안적인 짝이 주목을 끌 경우에 그런 행동을 보인다(Johnson & Rusbult, 1989). 연애를 하고 있지 않은 사람들과 비교할 때, 현재 연애 중인 사람들은 대체 가능한 짝을 두고 신체적·성적 매력이 덜하다고 평가하는 편이다(Maner, Gailliot, & Miller, 2009; Simpson, Gangestad, & Lerma, 1990). 실제로, 관계에 충실하고 투자를 잘 하는 사람들은 관계에 충실하지 않고 투자를 하지 않는 사람에 비해 대체 가능한 잠재적 대상에게 관심을 훨씬 적게 기울인다는 증거가 있다(R. S. Miller, 1997).

관계를 유지하려는 욕구는 순수하게 이타적이라기보다는 궁극적인 수준에서 조상의 번식 성공에 기여했을 것이다. 첫째, 조상 시대에 관계를 오랫동안 유지하지 않은 커플은 자식을 낳지 않았거나, 낳았어도 돌보지 못해서 거의 생존하지 못했을 것이다(Geary, 2000). 둘째, 현재 파트너보다 새로운 파트너를 둘러싼 불확실성이 더 크다. 따라서 진화의 관점에서 볼 때, 편향은 자식을 낳고 기르는 데 드는 시간을 합리적으로 설명해주고, 새 출발을 둘러싼 위험을 제거해준다.

부모 양육

이미 말했듯이 부모 양육은 자식의 생존에 결정적이다(Geary, 2000; Hrdy, 1999). 하지만 자식을 양육하는 동기는 상당히 다양하다. 진화론자들은 어느 자식이든 그 자식에 대한 양육의 결정은 부모 투자의 보상을 좌우하는 다양한 요인에 달려 있다고 생각해왔다(Alexander, 1979; Daly & Wilson, 1980; Hrdy, 1999). 다음 절에서는 기본적인 진화의 논리를 간략히 제시하고, 다음의 요인들에 관한 연구 결과를 살펴보고자 한다. 부모 각자가 지각하는 유전적 근연도, 부모 투자를 번식 성공으로 전환하는 능력, 기회비용.

공동의 유전자에 투자하기

자식은 각 부모와 유전자를 50%씩 공유하고 언젠가는 직접 번식을 할 수 있기 때문에, 진화는 자식의 생존과 번식 성공에 도움이 되는 부모 행동을 선택했다. 그렇지만 다음을 생각해보자. 아버지는 어머니보다 자식에게 투자를 덜 하는 편이다. 그리고 외조부모가 친조부모보다 투자를 더 많이 하는 경향이 있다(Laham, Gonsalkorale, & von Hippel, 2005). 생물학적 부모에 비해 양부모는 아이들에게 적게 투자하고, 아이를 학대할 가능성이 40배 더 높으며, 살해할 가능성은 수백 배에 달한다(Daly & Wilson, 1988).

진화적 관점에서 이러한 투자의 차이는 유전적 근연도의 차이를 반영한다. 여성은 자식이 제 아이임을 100% 확신하지만, 남성은 다소 불확실하다고 느낀다. 따라서 아버지의 투자 및 부계를 통한 투자보다는 어머니의 투자 및 모계를 통한 투자가 유전적으로 연관된 개체에게 더 확실히 전달된다. 또한 다른 남성의 자식에게 투자하는 행동이 선택될 리는 없기 때문에, 의붓자식에 대한 양부모의 행동이 생물학적 자식에 대한 부모의 행동과 대등하리라고는 예상하기 어렵다.

더 높은 수익률

부모는 또한 자원을 번식 성공으로 전환할 가능성이 높은 자식에게 투자하기를 선호한다(Alexander, 1979). 정상적으로 발달한 아이들과 비교할 때 심각한 선천성 질환을 앓는 아이들은 배우자를 찾고 번식할 수 있는 가능성이 매우 낮다. 따라서 다운증후군이나 그 밖에 주류 생활을 영위하는 데 심각한 장애를 가진 아이들의 대다수는 시설로 보내지거나, 사실상 버림을 받거나, 가정에서 학대당할 확률이 높다(Daly & Wilson, 1980).

남자아이에게 가는 부모 투자가 여자아이에게 가는 부모 투자보다 모험적일 수 있다(Daly & Wilson, 1988; Trivers & Willard, 1973). 여성과 짝을 맺고자 하는 남성이 부족한 경우는 드물지만, 일반적으로 남성은 짝을 얻으려는 다른 남성들과 경쟁해야 한다. 또한 여성은 더 짧은 번식 수명에 걸쳐서 더 느린 속도로 자식을 보도록 신체적으로 제약되어 있지만, 남성은 체내 임신과 폐경으로 인한 제약에서 자유롭다. 더 정확히 말하면, 남성의 번식 성공은 배우자가 없는 최하위 계급에서부터 수백 명의 자식을 둔 최상위 계급에 이르기까지 차이가 크게 난다(예를 들어, Betzig, 1992; Daly & Wilson, 1988).

위험도와 수익이 이렇게 차이가 나기 때문에 자원이 풍족한 가정은 아들에게 투자

하지만 가난한 가정은 갖고 있는 것을 딸에게 나눠주는 것이 이익이 된다(Trivers & Willard, 1973). 이 추론과 같은 맥락에서, 북아메리카 가정에 대한 어느 연구(Gaulin & Robbins, 1991)에 따르면, 저소득층 어머니는 아들보다 딸에게 모유를 먹일 확률이 상당히 높은 반면에 풍족한 가정의 어머니는 반대의 양상을 보인다고 한다. 또한 저소득층 어머니는 첫아이가 아들이면 곧 다음 아이를 가졌지만, 고소득층 어머니는 첫아이가 딸일 경우에 다음 아이를 가졌다. 이와 마찬가지로, 부유한 가정은 아들에게 더 많은 재산을 물려주지만 가난한 가정은 딸에게 더 많이 물려준다고 말하는 연구도 있다(Smith, Kish, & Crawford, 1987).

마지막으로, 부모 투자는 시간과 자원을 다른 곳에 써도 그보다 더 큰 수익이 나지 않을 때 합리적이다. 예를 들어, 남성은 생리적으로 출산과 수유에서 자유롭기 때문에, 혼외 짝짓기가 실행 가능한 선택지로 남는다. 실제로 아프리카의 아카 피그미족 중에서 지위가 높은 남성은 지위가 낮은 남성보다 아내가 더 많고 양육에 시간을 덜 소비한다(Hewlett, 1991). 또한 사람들은 투자 시간의 범위가 길 때 기존 투자에서 손을 뗄 확률이 높다. 유아 살해 기록을 보면, 여성이 나이가 어리고 아버지임을 인정하는 남성이 없을 때 아이를 살해할 확률이 더 높은 것을 알 수 있다(Daly & Wilson, 1988).

진화 이론들 중에서도 특히 생활사 이론(예를 들어, Ellis, 2004)은 생존하는 자식을 최대한 많이 만들어낼 수 있도록 개체의 번식 시기가 대개 적응적으로 조정된다고 주장한다. 어느 시점이든 인간은 현재의 번식에 투자하는 것(빠른 생활사 전략)과 미래의 번식에 투자하는 것(느린 생활사 전략) 사이에서 맞거래를 해야 한다. 인간이 이 맞거래를 진행하는 데에는 여러 가지 요소가 결정 요인으로 작용한다. 최근의 연구에서는 아동기의 사회경제적 지위(Socioeconomic Status, SES; Griskevicius, Delton, Robertson & Tybur, 2011; Simpson, Griskevicius, Kuo, Sung, & Collins, 2012)를 주된 요인 중 하나로 확인했다.

번식 가능성이 위협받고 있음을 알려주는 상황에 직면하면(예를 들어, 사망 단서나 경제적 불확실성 내지 불안정성의 징후), 사람들은 아동기의 SES가 높은지 낮은지에 따라 다르게 반응한다. 아동기 환경은 장기적 투자와 관련된 맞거래가 불확실하고 예측할 수 없다는 것을 신호로 알려주기 때문에, SES가 낮은 환경에서 자란 사람은 어릴 때부터 번식의 장기적 전망이 좋지 않을 가능성에 민감해진다. 그 결과, SES가 낮은 환경에서 자란 사람은 빠르게 번식할 수 있는 단기적 이득에 초점을 맞추어 여러 위협(예를 들어, 경제적 위협이나 스트레스, 불확실성)에 반응하는 경향을 보인다 (Griskevicius et al., 2011). 반면에 부유한 환경 출신의 사람들은 뚜렷하게 드러나는 번식의 장기적 전망에 민감해지고, 상대적으로 그런 전망이 긍정적이고 예측 가능하다는 것을 알게 된다. 다시 말해, 지금 신체적 자원을 구축하는 데 투자할 여유가 있고, 그렇게 하면 미래에 매력적인 장기적 파트너를 유혹하고 자식을 더 효율적으로 양육할 수 있다는 것을 알게 되는 것이다. 따라서 SES가 높은 환경에서 자란 사람들은 '폭풍우를 견디는' 방식—수명 주기를 거치는 동안 번식의 품질과 자식의 복지를 향상시킬 수 있도록 장기적 투자에 더 집중하는 방식—으로 환경의 위협에 반응하는 경향을 보인다. 문헌을 통해 분명해지고 있는 일반적인 양상에 따르면, 환경의 예측 불가능성이나 불확실성을 뚜렷이 나타내는 징후는 아동기에 SES가 낮았던 성인으로 하여금 번식 시기를 앞당기게 하는 반면에, 아동기에 SES가 높았던 성인의 경우에는 똑같은 징후가 번식 시기를 늦추게 한다.

동역학의 출현: 결정 규칙과 문화적 규범

사실, 진화를 기반으로 한 맥두걸McDougall의 『사회심리학Social Psychology』은 1908년에 그 제목을 달고 나온 유일한 책이 아니었다. 같은 해에 E. A. 로스Ross(1908)도 같은 제목의 책을 발표했다. 하지만 로스는 이론적으로 매우 다른 접근법을 택했다. 로스는 행동의 원천이 개인에게 있는 것이 아니라 사회집단에 있다고 보는 사회학자였다. 사람들은 "군중 속에 확산되는 폭력적인 기운… [혹은] 종교적 감정의 유행" 같은 "사회적 흐름"에 따른다고 그는 주장했다(Ross, 1908, pp. 1-2). 로스는 집단 구성원 개개인의 정신보다는 하나의 전체로서 집단을 관찰했다. 그는 열광과 유행을 "소통하는 개인들의 무리 안에서 관심사, 느낌, 생각, 또는 행동이 비이성적으로 합치된 것이며, 암시와 모방에서 비롯한… 군중 심리"의 산물로 보았다(Ross, 1908, p. 65).

1908년 이후로 사회학을 지향하는 사회심리학자들—사회적 행동의 결정 요인으로서 집단에 초점을 맞춘 학자들—과 심리학에 중점을 둔 사회심리학자들—개인이 갖고 있는 결정 요인에 초점을 맞추는 학자들—이 기본적인 의견 차이를 드러냈다. 최근에 복잡한 동역학계에 관한 이론과 연구가 발전하면서, 전에는 일치하지 않았던 사회학계의 양대 견해가 이어질 가능성이 부상했다(Latané, 1996; Vallacher, Read, & Nowak, 2002). 동역학 모델들이 출현함에 따라 지금까지 베일에 싸여 있던 과정—무작위로 보이는 개개인의 상호작용에서 양상화된 사회적 규범들이 나타나고, 각각의 규범이 근접 요인에 초점을 맞춘 단순한 결정 규칙에 따라 시행되는 과정—이 모습을 드러내기 시작했다.

우리는 다른 곳에서, 정말 포괄적인 행동 모델이라면 진화심리학에서 나온 통찰과 동역학계 이론의 통찰을 통합시킬 필요가 있다고 주장한 바 있다(Kenrick, Li, & Butner, 2003; Kenrick et al., 2002). 진화심리학 연구와 마찬가지로, 동역학적 진화 모델은 인간의 심리 기제를 일련의 조건적 결정 규칙—조상이 직면했던 주요한 문제 영역의 기본 동기에 봉사하도록 설계된 결정 규칙—으로 볼 수 있다고 가정한다. 또한 위에서 주장했듯이, 이 모델은 질적으로 다른 결정 규칙들이 각기 다른 문제 영역과 연결되어 있다고 추측하는데, 표 39.1에 그 내용이 요약되어 있다. 뿐만 아니라 이 모델은 적응적 설계와 무작위 변이의 함수에 따라 개개인의 결정 규칙에 차이가 나타난다고 가정한다. 예를 들어, 남성과 여성은 배우자를 고르는 규칙이 다르고, 각 사람은 유전적 변이, 발달 경험, 지역의 환경 요인(예를 들어, 성비)으로 인해 남녀 구성원들의 '평균'과 차이를 보인다.

동역학계에 관한 연구 및 이론과 마찬가지로 우리의 모델도 개인의 결정 기제는 같은 사회적 네트워크에 있는 다른 개인들의 결정 기제와 역동적으로 상호작용하면서 드러난다고 가정한다. 앞서 말한 바와 같이, 성적으로 자유로운 행동 대 제한된 행동 사이에서 결정을 내리는 규칙은 근처에 있는 다른 남녀들의 결정 규칙과 상호작용하고, 그 결과로 집단 수준의 규범이 출현해서 스스로 유지된다. 각 영역마다 다른 결정 규칙이 작용하고, 그로 인해서 각기 다른 사회공간적 사회기하학[3]들이

---

3 social geometry. 사회학자 도널드 블랙Donald Black이 고안한 사회학적 이론. 다차원적 모델을

표 39.1 인간 집단의 사회생활과 관련된 적응적 문제 영역, 기본 목표, 각 영역과 관련된 진화한 결정 제약 조건들의 가능한 실례

사회적 행동 영역	기본 목표	이 영역과 관련된 진화한 결정 제약
동맹 형성	협력적 동맹을 형성하고 유지하기	협력은 협력 상대가 (a) 가까운 친척이거나 (b) 과거에 자원을 공유한 적이 있는 사람일 경우에 발생 가능성이 높다.
자기 보호	생존이나 번식의 위협으로부터 자신과 동맹 구성원을 보호하기	남성 외집단 구성원은 위협과 발견적으로 관련이 있다. 남성은 집단 내부 및 집단 간 위협 교환에 더 많이 참여한다.
질병 회피	전염병에 감염될 가능성 줄이기	사람들은 (a) 증상이 뚜렷이 드러나는 사람들(기침, 상처)이나 (b) 먼 외국에서 온 사람들과 불필요한 상호작용을 하지 않도록 주의한다. 특히 여성은 질병으로 기형이 발생할 확률이 가장 높은 임신 첫 3개월 동안 낯선 사람들을 피한다.
지위	다른 구성원들의 존경과 그들 위에 군림하는 권력을 얻거나 유지하기	지위 획득의 비용편익비는 남성에게 더 유리한데, 이는 여성이 배우자를 고를 때 남성의 지위를 중요시하기 때문이다.
배우자 선택	자신의 적합도를 향상시켜 줄 파트너(들) 얻기	장기적 관계 대 단기적 관계의 맞거래는 남녀와 성비에 따라 다르다. 장기적인 배우자를 고려할 때 남성과 여성은 다소 다른 특징을 중요시한다.
배우자 유지	매력적인 파트너와 짝 결속 유지하기	남성은 파트너가 성적으로 정절을 지키지 않거나 신체적으로 매력적인 대체자가 있을 때 유대 관계를 깨려는 경향이 있다. 여성은 파트너가 자원을 제공하지 않거나 지위가 높은 대체자가 있을 때 유대 관계를 깨려는 경향이 있다.
부모 양육	자신의 유전자를 가진 개체의 생존과 번식 증진하기	자신의 유전자를 갖고 있고 번식 가치가 상대적으로 높은 개체에게 더 많은 보살핌을 투자한다.

사용해서 사회생활의 행동에 나타나는 변이를 설명한다(옮긴이).

각기 다른 사회적 목표—지위를 얻기 위한 위계적 목표, 자기 보호를 향한 포괄적인 목표, 친구와의 협력을 향한 보다 좁은 목표, 배우자 선택을 향한 훨씬 더 좁은 목표, 부모-자식의 상호작용을 위한 일방적 목표—와 연결된다(Kenrick et al., 2003을 보라).

결론

사회심리학은 흥미로운 시기를 맞이했다. 진화론에서 영감을 받은 현대 이론과 연구의 통찰들은 심리학의 하위 분과들은 물론이고 사회과학 및 생명과학과의 연결 가능성을 열어젖혔다(Kenrick, 2011). 동역학적 관점이 이끌어낸 통찰들은 이기적인 개인의 심리학과 집단적 자아의 사회학을 통합시킬 수 있는 가능성을 열었다. 이제 우리는 발전을 도모할 훨씬 더 좋은 로드맵을 손에 넣었지만, 새로운 지적 영토에서 랜드마크 역할을 할 경험적 연구의 대부분은 아직 발견자를 기다리고 있다.

참고문헌

Ackerman, J. M., Kenrick, D. T., & Schaller, M. (2007). Is friendship akin to kinship? *Evolution & Human Behavior, 28*, 365–374.

Alcock, J. (2013). *Animal behavior: An evolutionary approach* (10th ed). Sunderland, MA: Sinauer.

Alexander, R. D. (1979). *Darwinism and human affairs*. Seattle: University of Washington Press.

Anderson, R., & May, R. (1991). *Infectious disease of humans: Dynamics and control*. Oxford, England: Oxford University Press.

Apicella, C. L., Marlowe, F. W., Fowler, J. H., & Christakis, N. A. (2012). Social networks and cooperation in hunter-gatherers. *Nature, 481*, 497–501.

Axelrod, R., & Hamilton, W. D. (1981). The evolution of cooperation. *Science, 211*, 1390–1396.

Baer, D., & McEachron, D. L. (1982). A review of selected sociobiological principles:

Application to hominid evolution I. The development of group social structures. *Journal of Social and Biological Structures, 5*, 69–90.

Barkow, J. (1989). *Darwin, sex, and status: Biological approaches to mind and culture.* Toronto, Canada: University of Toronto Press.

Becker, D. V., Kenrick, D. T., Neuberg, S. L., Blackwell, K. C., & Smith, D. M. (2007). The confounded nature of angry men and happy women. *Journal of Personality and Social Psychology, 92*, 179–190.

Berkowitz, L. (1993). *Aggression.* New York, NY: McGraw-Hill.

Betzig, L. (1992). Roman polygyny. *Ethology and Sociobiology, 13*, 309–349.

Bringle, R. G., & Buunk, B. (1986). Examining the causes and consequences of jealousy: Some recent findings and issues. In R. Gilmour & S. Duck (Eds.), *The emerging field of personal relationships* (pp. 225–240). Hillsdale, NJ: Erlbaum.

Bugental, D. B. (2000). Acquisition of the algorithms of social life: A domain-based approach. *Psychological Bulletin, 126*, 187–219.

Burnstein, E., Crandall, C., & Kitayama, S. (1994). Some neo-Darwinian decision rules for altruism: Weighing cues for inclusive fitness as a function of the biological importance of the decision. *Journal of Personality and Social Psychology, 67*, 773–389.

Buss, D. M. (1989). Sex differences in human mate preferences: Evolutionary hypothesis tested in 37 cultures. *Behavioral and Brain Sciences, 12*, 1–49.

Buss, D. M. (1999). Evolutionary psychology: A new paradigm for psychological science. In D. H. Rosen & M. C. Luebbert (Eds.), *Evolution of the psyche: Human evolution, behavior and intelligence* (pp. 1–33). Westport, CT: Praeger Publisher/ Greenwood.

Buss, D. M. (2000). *Jealousy: The dangerous passion.* New York, NY: Free Press.

Buss, D. M., Larsen, R. J., Westen, D., & Semmelroth, J. (1992). Sex differences in jealousy: Evolution, physiology, and psychology. *Psychological Science, 2*, 204–232.

Buss, D. M., & Schmitt, D. P. (1993). Sexual strategies theory: An evolutionary perspective on human mating. *Psychological Review, 100*, 204–232.

Buunk, B. P., Dijkstra, P., Fetchenhauer, D., & Kenrick, D. T. (2002). Age and gender differences in mate selection criteria for various involvement levels. *Personal Relationships, 9*(3), 271–278.

Buunk, B. P., & Verhoeven, K. (1991). Companionship and support at work: A microanalysis of the stressreducing features of social interaction. *Basic and Applied Social Psychology, 12*, 243–258.

Caporael, L. R. (1997). The evolution of truly social cognition: The core configurations model. *Personality and Social Psychology Review, 1,* 276–298.

Clanton, G., & Smith, L. G. (Eds.) (1977). *Jealousy.* Oxford, England: Prentice-Hall.

Clark, M. S., & Chrisman, K. (1994). Resource allocation in intimate relationships. In A. H. Weber & J. H. Harvey (Eds.), *Perspectives on close relationships* (pp. 176–192). Boston, MA: Allyn & Bacon.

Cosmides, L., & Tooby, J. (1992). Cognitive adaptations for social exchange. In J. Barkow, L. Cosmides, & J. Tooby (Eds.), *The adapted mind* (pp. 163–228). New York, NY: Oxford University Press.

Cummins, D. D. (1998). Social norms and other minds: The evolutionary roots of higher cognition. In D. D. Cummins & C. Allen (Eds.), *The evolution of mind* (pp. 30–50). New York, NY: Oxford University Press.

Daly, M., Salmon, K., & Wilson, M. (1997). Kinship: The conceptual hole in psychological studies of social cognition and close relationships. In J. A. Simpson & D. T. Kenrick (Eds.), *Evolutionary social psychology* (pp. 265–296). Mahwah, NJ: Erlbaum.

Daly, M., & Wilson, M. (1980). Discriminative parental solicitude: A biological perspective. *Journal of Marriage & Family, 42,* 277–288.

Daly, M., & Wilson, M. (1983). *Sex, evolution, and behavior* (2nd ed.). Belmont, CA: Wadsworth.

Daly, M., & Wilson, M. (1988). *Homicide.* New York, NY: Aldine deGruyter.

DeBruine, L. M. (2002). Facial resemblance enhances trust. *Proceedings of the Royal Society B: Biological Sciences, 269*(1498), 1307–1312.

Delton, A. W., Cosmides, L., Robertson, T. E., Guemo, M., & Tooby, J. (2012). The psychosemantics of free riding: Dissecting the architecture of a moral concept. *Journal of Personality and Social Psychology, 102,* 1252–1270.

Dijkstra, P., &Buunk, B. P. (1998). Jealousy as a function of rival characteristics: An evolutionary perspective. *Personality & Social Psychology Bulletin, 24,* 1158–1166.

Dodge, K. A., Price, J. M., Bachorowski, J. A., & Newman, J. P. (1990). Hostile attributional biases in severely aggressive adolescents. *Journal of Abnormal Psychology, 99,* 385–392.

Eagly, A. H., & Wood, W. (1999). The origins of sex differences in human behavior: Evolved dispositions versus social roles. *American Psychologist, 54,* 408–423.

Eibl-Eibesfeldt, I. (1989). *Human ethology.* New York, NY: Aldine deGruyter.

Ellis, B. J. (2004). Timing of pubertal maturation in girls: An integrated life history approach. *Psychological Bulletin, 130,* 920–958.

Essock-Vitale, S. M., & McGuire, M. T. (1985). Women's lives viewed from an evolutionary perspective. II. Patterns of helping. *Ethology and Sociobiology*, *6*, 155–173.

Fincher, C. L., & Thornhill, R. (2012). Parasite-stress promotes in-group assortative sociality: The cases of strong family ties and heightened religiosity. *Behavioral and Brain Sciences*, *35*(2), 61–79.

Fisek, M. H., & Ofshe, R. (1970). The process of status evolution. *Sociometry*, *33*, 327–346.

Fiske, A. P. (1992). The four elementary forms of sociality: Framework for a unified theory of social relations. *Psychological Review*, *99*, 689–723.

Gangestad, S. W., & Simpson, J. A. (2000). The evolution of human mating: Trade-offs and strategic pluralism. *Behavioral and Brain Sciences*, *23*, 573–644.

Gangestad, S. W., & Thornhill, R. (1997). Human sexual selection and developmental stability. In J. A. Simpson & D. T. Kenrick (Eds.), *Evolutionary social psychology* (pp. 169–196). Hillsdale, NJ: Erlbaum.

Gaulin, S., & Robbins, C. (1991). Trivers-Willard effect in contemporary North American society. *American Journal of Physical Anthropology*, *85*, 61–69.

Geary, D. C. (1998). *Male, female: The evolution of human sex differences*. Washington, DC: American Psychological Association.

Geary, D. C. (2000). Evolution and proximate expression of human paternal investment. *Psychological Bulletin*, *126*, 55–77.

Geary, D. C., & Flinn, M. V. (2002). Sex differences in behavioral and hormonal response to social threat: Commentary on Taylor et al. (2000). *Psychological Review*, *109*, 745–750.

Gould, J. L., & Gould, C. L. (1989). *Sexual selection*. New York, NY: Scientific American Library.

Griskevicius, V., Cialdini, R. B., & Kenrick, D. T. (2006). Peacocks, Picasso, and parental investment: The effects of romantic motives on creativity. *Journal of Personality and Social Psychology*, *91*, 63–76.

Griskevicius, V., Delton, A. W., Robertson, T. E., & Tybur, J. M. (2011). The environmental contingency of life history strategies: Influences of mortality and socioeconomic status on reproductive timing. *Journal of Personality and Social Psychology*, *100*, 241–254.

Griskevicius, V., Tybur, J. M., Gangestad, S. W., Perea, E. F., Shapiro, J. R., & Kenrick, D. T. (2009). Aggress to impress: Hostility as an evolved context-dependent strategy. *Journal of Personality & Social Psychology*, *96*, 980–994.

Gutierres, S. E., Kenrick, D. T., & Partch, J. J. (1999). Beauty, dominance, and the mating game: Contrast effects in self-assessment reflect gender differences in mate selection. *Personality and Social Psychology Bulletin, 25*, 1126–1134.

Guttentag, M., & Secord, P. F. (1983). *Too many women? The sex ratio question.* Beverly Hills, CA: Sage.

Hamilton, W. D. (1964). The genetical evolution of social behavior. *Journal of Theoretical Biology, 7*, 1–52.

Hatfield, E., Utne, M. K., & Traupmann, J. (1979). Equity theory and intimate relationships. In R. L. Burgess & T. L. Huston (Eds.), *Social exchange in developing relationships* (pp. 93–133). New York, NY: Academic Press.

Hazan, C., & Diamond, L. M. (2000). The place of attachment in human mating. *Review of General Psychology, 4*, 186–204.

Hewlett, B. S. (1991). *Intimate fathers: The nature and context of Aka pygmy paternal infant care.* Ann Arbor: University of Michigan Press.

Hill, K., & Hurtado, A. M. (1996). *Ache life history.* Hawthorne, NY: Aldine de Gruyter.

Homans, G. C. (1961). *Social behavior: Its elementary forms.* New York, NY: Harcourt, Brace, & World.

Hrdy, S. H. (1999). *Mother Nature: A history of mothers, infants, and natural selection.* New York, NY: Pantheon.

Johnson, D. J., & Rusbult, C. E. (1989). Resisting temptation: Devaluation of alternative partners as a means of maintaining commitment in close relationships. *Journal of Personality and Social Psychology, 57*, 967–980.

Keltner, D., Gruenfeld, D. H., & Anderson, C. (2003). Power, approach, and inhibition. *Psychological Review, 110*, 265–284.

Kenrick, D. T. (1987). Gender, genes, and the social environment: A biosocial interactionist perspective. In P. Shaver & C. Hendrick (Eds.), *Review of personality and social psychology* (Vol. 7, pp. 14–43). Newbury Park, CA: Sage.

Kenrick, D. T. (2011). *Sex, murder, and the meaning of life: A psychologist investigates how evolution, cognition, and complexity are revolutionizing our view of human nature.* New York, NY: Basic Books.

Kenrick, D. T., & Cohen, A. B. (2012). A history of evolutionary social psychology. In A. Kruglanski & W. Stroebe (Eds.), *Handbook of the history of social psychology* (pp. 101–123). New York, NY: Psychology Press.

Kenrick, D. T., Gabrielidis, C., Keefe, R. C., & Cornelius, J. S. (1996). Adolescents' age preferences for dating partners: Support for an evolutionary model of life history strategies. *Child Development, 67*(4), 1499–1511.

Kenrick, D. T., & Gomez-Jacinto, L. (2014). Economics, sex, and the emergence of society: A dynamic life history model of cultural variation. In M. J. Gelfand, C. Y. Chiu, & Y. Y. Hong (Eds.), *Advances in culture and psychology* (Vol. 3, pp. 78–123). New York, NY: Oxford University Press.

Kenrick, D. T., & Griskevicius, V. (2013). *The rational animal: How evolution made us smarter than we think*. New York, NY: Basic Books.

Kenrick, D. T., Griskevicius, V., Neuberg, S. L., & Schaller, M. (2010). Renovating the pyramid of needs: Contemporary extensions built upon ancient foundations. *Perspectives on Psychological Science, 5*, 292–314.

Kenrick, D. T., Groth, G. R., Trost, M. R., & Sadalla, E. K. (1993). Integrating evolutionary and social exchange perspectives on relationships: Effects of gender, self-appraisal, and involvement level on mate selection criteria. *Journal of Personality & Social Psychology, 64*, 951–969.

Kenrick, D. T., & Keefe, R. C. (1992). Age preferences in mates reflect sex differences in reproductive strategies. *Behavioral and Brain Sciences, 15*, 75–133.

Kenrick, D. T., & Li, N. (2000). The Darwin is in the details. *American Psychologist, 55*, 1060–1061.

Kenrick, D. T., Li, N. P., & Butner, J. (2003). Dynamical evolutionary psychology: Individual decision rules and emergent social norms. *Psychological Review, 110*, 3–28.

Kenrick, D. T., & Luce, C. L. (2000). An evolutionary life-history model of gender differences and similarities. In T. Eckes & H. M. Trautner (Eds.), *The developmental social psychology of gender* (pp. 35–64). Hillsdale, NJ: Erlbaum.

Kenrick, D. T., Maner, J. K., Butner, J., Li, N. P., Becker, D. V., & Schaller, M. (2002). Dynamical evolutionary psychology: Mapping the domains of the new interactionist paradigm. *Personality and Social Psychology Review, 6*, 347–356.

Kenrick, D. T., Neuberg, S. L., Griskevicius, V., Becker, D. V., & Schaller, M. (2010). Goal-driven cognition and functional behavior: The fundamental motives framework. *Current Directions in Psychological Science, 19*, 63–67.

Kenrick, D. T., Neuberg, S. L., Zierk, K., & Krones, J. (1994). Evolution and social cognition: Contrast effects as a function of sex, dominance, and physical attractiveness. *Personality & Social Psychology Bulletin, 20*, 210–217.

Kenrick, D. T., Sadalla, E. K., Groth, G., & Trost, M. R. (1990). Evolution, traits, and the stages of human courtship: Qualifying the parental investment model. *Journal of Personality, 53*, 97–116.

Kenrick, D. T., Sundie, J. M., & Kurzban, R. (2008). Cooperation and conflict between kith, kin, and strangers: Game theory by domains. In C. Crawford & D. Krebs (Eds.), *Foundations of evolutionary psychology* (pp. 353–370). New York, NY: Erlbaum.

Kenrick, D. T., & Trost, M. R. (1987). A biosocial model of relationship formation. In K. Kelley (Ed.), *Females, males and sexuality: Theories and research*. Albany: SUNY Press.

Kenrick, D. T., Trost, M. R., & Sundie, J. M. (2004). Sex-roles as adaptations: An evolutionary perspective on gender differences and similarities. In A. H. Eagly, A. Beall, & R. Sternberg (Eds.), *Psychology of gender* (pp. 65–91). New York, NY: Guilford Press.

Laham, S. M., Gonsalkorale, K., & von Hippel, W. (2005). Darwinian grandparenting: Preferential investment in more certain kin. *Personality and Social Psychology Bulletin, 31*, 63–72.

Latané, B., (1996). Dynamic social impact The creation of culture by communication. *Journal of Communication, 46*, 13–25.

Li, N. P. (2007). Mate preference necessities in long-and short-term mating: People prioritize in themselves what their mates prioritize in them. *Acta Psychologica Sinica, 39*, 528–535.

Li, N. P., Bailey, J. M., Kenrick, D. T., & Linsenmeier, J. A. (2002). The necessities and luxuries of mate preferences: Testing the trade-offs. *Journal of Personality and Social Psychology, 82*, 947–955.

Li, N. P., & Kenrick, D. T. (2006). Sex similarities and differences in preferences for short-term mates: What, whether, and why. *Journal of Personality and Social Psychology, 90*, 468–489.

Li, Y. J., Kenrick, D. T., Griskevicius, V., & Neuberg, S. L. (2012). Economic biases in evolutionary perspective: How mating and self-protection motives alter loss aversion. *Journal of Personality & Social Psychology, 102*, 550–561.

Li, N. P., Valentine, K. A., & Patel, L. (2011). Mate preferences in the U. S. and Singapore: Across-cultural test of the mate preference priority model. *Personality and Individual Differences, 50*, 291–294.

Li, N. P., Yong, J. C., Tov, W., Sng, O., Fletcher, G. J. O., Valentine, K. A., . . . Balliet, D. (2013). Mate preferences do predict attraction and choices in the early stages of mate selection. *Journal of Personality and Social Psychology, 105*, 757–776.

Maner, J. K., DeWall, C. N., Baumeister, R. F., & Schaller, M. (2007). Does social exclusion motivate interpersonal reconnection? Resolving the "porcupine problem." *Journal of Personality and Social Psychology, 92*, 42–55.

Maner, J. K., Gailliot, M. T., & Miller, S. L. (2009). The implicit cognition of relationship maintenance: Inattention to attractive alternatives. *Journal of Experimental Social Psychology, 45,* 174–179.

Maner, J. K., Kenrick, D. T., Becker, D. V., Robertson, T. E., Hofer, B., Neuberg, S. L., Schaller, M. (2005). Functional projection: How fundamental social motives can bias interpersonal perception. *Journal of Personality and Social Psychology, 88,* 63–78.

Maner, J. K., & Mead, N. (2010). The essential tension between leadership and power: When leaders sacrifice group goals for the sake of self-interest. *Journal of Personality and Social Psychology, 99,* 482–497.

Maner, J. K., Miller, S. L., Rouby, D. A., & Gailliot, M. T. (2009). Intrasexual vigilance: The implicit cognition of romantic rivalry. *Journal of Personality and Social Psychology, 97,* 74–87.

Marshall, D. S., & Suggs, R. G. (1971). *Human sexual behavior: Variations in the ethnographic spectrum.* New York, NY: Basic Books.

Mazur, A., & Booth, A. (1998). Testosterone and dominance in men. *Behavioral and Brain Sciences, 21,* 353–397.

McDougall, W. (1908). *Social psychology: An introduction.* London, England: Methuen.

Mealey, L., Daood, C., & Krage, M. (1996). Enhanced memory for faces of cheaters. *Ethology and Sociobiology, 17,* 119–128.

Mikach, S. M., & Bailey, J. M. (1999). What distinguishes women with unusually high numbers of sex partners? *Evolution and Human Behavior, 20*(3), 141–150.

Mikulincer, M., Florian, V., & Hirschberger, G. (2003). The existential function of close relationships: Introducing death into the science of love. *Personality and Social Psychology Review, 7,* 20–40.

Miller, A. G., Collins, B. E., & Brief, D. E. (Eds.). (1995). Perspectives on obedience to authority: The legacy of the Milgram experiments. *Journal of Social Issues, 51*(3), 1–19.

Miller, R. S. (1997). Inattentive and contented: Relationship commitment and attention to alternatives. *Journal of Personality and Social Psychology, 73,* 758–766.

Miller, S. L., & Maner, J. K. (2011). Sick body, vigilant mind: The biological immune system activates the behavioral immune system. *Psychological Science, 22,* 1467–1471.

Miller, S. L., & Maner, J. K. (2012). Overperceiving disease cues: The basic cognition of the behavioral immune system. *Journal of Personality and Social Psychology, 102,* 1198–1213.

Mortensen, C. R., Becker, D. V., Ackerman, J. M., Neuberg, S. L., & Kenrick, D. T.

(2010). Infection breeds reticence: The effects of disease salience on self-perceptions of personality and behavioral avoidance tendencies. *Psychological Science*, *21*(3), 440–447.

Nakao, K. (1987). Analyzing sociometric preferences: An example of Japanese and U.S. business groups. *Journal of Social Behavior and Personality*, *2*, 523–534.

Navarrete, C. D., & Fessler, D. M. T. (2006). Disease avoidance and ethnocentrism: The effects of disease vulnerability and disgust sensitivity on intergroup attitudes. *Evolution and Human Behavior*, *27*(4), 270–282.

Neel, R., Becker, D. V., Neuberg, S. L., & Kenrick, D. T. (2012). Who expressed what emotion? Men grab anger, women grab happiness. *Journal of Experimental Social Psychology*, *48*, 583–586.

Neuberg, S. L., Kenrick, D. T., & Schaller, M. (2011). Human threat management systems: Self-protection and disease avoidance. *Neuroscience & Biobehavioral Reviews*, *35*(4), 1042–1051.

Neyer, F. J., & Lang, F. R. (2003). Blood is thicker than water: Kinship orientation across adulthood. *Journal of Personality & Social Psychology*, *84*, 310–321.

Orive, R. (1988). Social projection and social comparison of opinions. *Journal of Personality and Social Psychology*, *54*, 953–964.

Panksepp, J. (1982). Toward a general psychobiological theory of emotions. *Behavioral & Brain Sciences*, *5*, 407–467.

Plutchik, R. (1980). A general psychoevolutionary theory of emotion. In R. Plutchik & H. Kellerman (Eds.), *Emotions: Theory, research, and experience* (Vol. 1, pp. 3–33). New York, NY: Academic Press.

Rasmussen, D. R. (1981). Pair bond strength and stability and reproductive success. *Psychological Review*, *88*, 274–290.

Regan, P. C., & Joshi, A. (2003). Ideal partner preferences among adolescents. *Social Behavior and Personality: An International Journal*, *31*(1), 13–20.

Reif, C. D., & Singer, B. (2000). Interpersonal flourishing: A positive health agenda for the new millennium. *Personality and Social Psychology Review*, *4*, 30–44.

Ross, E. A. (1908). *Social psychology*. New York, NY: Macmillan.

Rushton, J. P. (1989). Genetic similarity, human altruism, and group selection. *Behavioral and Brain Sciences*, *12*(3), 503–559.

Sadalla, E. K., Kenrick, D. T., & Vershure, B. (1987). Dominance and heterosexual attraction. *Journal of Personality and Social Psychology*, *52*, 730–738.

Sagarin, B. J., Martin, A. L., Coutinho, S. A., Edlund, J. E., Patel, L., Skowronski, J. J., & Zengel, B. (2012). Sexdifferences in jealousy: A meta-analytic examination.

Evolution and Human Behavior, 33, 595–614.

Schaller, M., & Park, J. H. (2011). The behavioral immune system (and why it matters). *Current Directions in Psychological Science, 20*(2), 99–103.

Schaller, M., Park, J. H., & Mueller, A. (2003). Fear of the dark: Interactive effects of beliefs about danger and ambient darkness on ethnic stereotypes. *Personality and Social Psychology Bulletin, 29,* 637–649.

Sedikides, C., & Skowronski, J. J. (1997). The symbolic self in evolutionary context. *Personality and Social Psychology Review, 1,* 80–102.

Segal, N. L., & Hershberger, S. L. (1999). Cooperation and competition in adolescent twins: Findings from a Prisoner's Dilemma game. *Evolution and Human Behavior, 20,* 29–51.

Simpson, J. A., & Gangestad, S. W. (1991). Individual differences in sociosexuality: Evidence for convergent and discriminant validity. *Journal of Personality & Social Psychology, 67,* 870–883.

Simpson, J. A., Gangestad, S. W., & Lerma, M. (1990). Perception of physical attractiveness: Mechanisms involved in the maintenance of romantic relationships. *Journal of Personality and Social Psychology, 59,* 1192–1201.

Simpson, J. A., Griskevicius, V., Kuo, S. I.-C., Sung, S., & Collins, W. A. (2012). Evolution, stress, and sensitive periods: The influence of unpredictability in early versus late childhood on sex and risky behavior. *Developmental Psychology, 48,* 674–686.

Singh, D. (1993). Adaptive significance of waist-to-hip ratio and female attractiveness. *Journal of Personality and Social Psychology, 65,* 293–307.

Smith, M. S., Kish, B. J., & Crawford, C. B. (1987). Inheritance of wealth as human kin investment. *Ethology and Sociobiology, 8*(3), 171–182.

Sprecher, S., Sullivan, Q., & Hatfield, E. (1994). Mate selection preferences: Gender differences examined in a national sample. *Journal of Personality and Social Psychology, 66,* 1074–1080.

Steele, C. M. (1988). The psychology of self-affirmation: Sustaining the integrity of the self. In L. Berkowitz (Ed.), *Advances in experimental social psychology* (Vol. 21, pp. 261–302). New York, NY: Academic Press.

Symons, D. (1979). *The evolution of human sexuality.* New York, NY: Oxford University Press.

Sundie, J. M., Kenrick, D. T., Griskevicius, V., Tybur, J., Vohs, K., & Beal, D. J. (2011). Peacocks, Porsches, and Thorsten Veblen: Conspicuous consumption as a sexual signaling system. *Journal of Personality & Social Psychology, 100,* 664–680.

Taylor, S. E., Klein, L. C., Lewis, B. P., Gruenwald, T. L., Gurung, R. A. R., & Updegraff, J. A. (2000). Biobehavioral responses to stress in females: Tend-and-befriend, not fight-or-flight. *Psychological Review, 107,* 411–429.

Tesser, A. (1988). Toward a self-evaluation maintenance model of social behavior. In L. Berkowitz (Ed.), *Advances in experimental social psychology* (Vol. 21, pp. 181–227). New York, NY: Academic Press.

Thornhill, R., & Gangestad, S. W. (1994). Human fluctuating asymmetry and sexual behavior. *Psychological Science, 5*(5), 297–302.

Trivers, R. L. (1971). The evolution of reciprocal altruism. *Quarterly Review of Biology, 46,* 35–37.

Trivers, R. L. (1972). Parental investment and sexual selection. In B. Campbell (Ed.), *Sexual selection and the descent of man: 1871-1971* (pp. 136–179). Chicago, IL: Aldine.

Trivers, R. L., & Willard, D. E. (1973). Natural selection of parental ability to vary the sex ratio of offspring. *Science, 197,* 90–92.

Twenge, J. M., & Campbell, W. K. (2003). "Isn't it fun to get the respect that we're going to deserve?" Narcissism, social rejection, and aggression. *Personality and Social Psychology Bulletin, 29,* 261–272.

Vallacher, R. R., Read, S. J., & Nowak, A. (2002). The dynamical perspective in personality and social psychology. *Personality & Social Psychology Review, 6,* 264–273.

van Vugt, M., de Cremer, D., & Janssen, D. P. (2007). Gender differences in cooperation and competition: The male-warrior hypothesis. *Psychological Science, 18*(1), 19–23.

White, G. L. (1981). Inducing jealousy: A power perspective. *Personality & Social Psychology Bulletin, 6,* 222–227.

White, G. M. (1980). Conceptual universals in interpersonal language. *American Anthropologist, 82,* 759–781.

Wiggins, J. S., & Broughton, R. (1985). The interpersonal circle: A structural model for the integration of personality research. In R. Hogan & W. H. Jones (Eds.), *Perspectives in personality* (Vol. 1, pp. 1–48). Greenwich, CT: JAI Press.

Williams, K. D., & Nida, S. A. (2011). Ostracism consequences and coping. *Current Directions in Psychological Science, 20*(2), 71–75.

Wisman, A., & Koole, S. L. (2003). Hiding in the crowd: Can mortality salience promote affiliation with others who oppose one's worldviews? *Journal of Personality & Social Psychology, 84,* 511–526.

40장

성격의 일반적 요소
ㅡ위계적 생활사 모델

아우렐리우 호세 피구에레도 · 마이클 A. 우들리 오브 메니 · W. 제이크 제이콥스

이 장에서는 먼저 우리 그룹이 『핸드북』 초판(Buss, 2005)에 기고했던 장의 이론적 방향성, 내용, 결론을 되짚어볼 것이다. 이 장의 초판 버전에는 우리가 진화의 관점에서 성격 이론을 검토할 때 형식과 내용을 제공해준 세 가지 이론적 주제가 실려 있었다. (1) 성격 형질은 적합도와 관련된 생활 결과와 체계적으로 관련되어 있고, 따라서 다양한 선택압을 받는다. (2) 이 선택압 아래서 성격의 개인차가 존속하는 것은 사회성의 조건들하에서 개인의 마이크로ㅡ니치가 분화한 결과로 종내 형질치환이 발생했기 때문이다. (3) 이러한 환경에서 적합도ㅡ관련 생활 결과 그리고 그 결과에 상응하는 성격 형질의 진화적 중요성은 생활사 이론의 틀 안에서 가장 잘 이해할 수 있다.

기본적으로 지난 10여 년 동안 출현한 방대한 문헌을 발판으로 삼아 이제 우리는 그 접근법들을 확장해서, 새롭게 입증된 현상인 **성격의 일반 요인**GFP: General Factor of Personality의 진화적 의의를 고찰하고자 한다. 그리고 그 개념의 역사와 이 주제를 다룬 최근의 경험적 문헌을 두루 살펴보고자 한다. 마지막으로 우리는 최근에 생활사 전략의 위계 모델ㅡ성격의 일반 요인의 동역학을 포함해서 설명하기 위해 고안된 모델ㅡ을 시험해본 몇몇 시도를 검토하고 평가할 것이다.

다시 떠오르는 진화적 성격 이론

『핸드북』초판에서 우리는 성격의 진화와 개인차를 설명하는 세 종류의 이론을 소개했다. 첫 번째인 선택적 중립 이론theories of selective neutrality은 투비와 코스미디스 (1990)로 대표된다. 두 연구자에 따르면, 인간에게는 선천적이면서도 보편적으로 진화한 심리가 있는데, 성격의 개인차는 인간 보편성들이 발현할 때 성격상 무작위적으로 나타나는 개체발생적 변이 때문에 생기고, 반면에 문화적-집단적 차이는 진화적으로 친숙한 도전과제들의 지리적 변이로 인해서 인간 보편성들이 구체화된 결과다(예를 들어, 기생체 부하의 변이에 따라 적응적 반응인 집단주의-개체주의의 수준이 달라진다). 진화적 적응 환경에서 출현한 심리적 적응은 복잡하고, 더 크게 통합된 기능적 설계의 일부로서 다른 적응들과 서로 조율되어 있다. 투비와 코스미디스는 성격의 유전을 입증하는 증거가 이 이론을 뒷받침하고, 그래서 성격의 변이는 환경의 소산이라고 말한다.

두 번째 종류는 적응적 중요성 이론theories of adaptive significance로, 버스(1991)와 G. F. 밀러(2000b)의 이론이 대표적이고 그 밖의 연구자들이 확장한 이론들이 여기 포함된다. 버스(1991)는 성격이 사회적 상호작용과 개인의 성격 차이에 중심적이라고 주장했다. 특히 성격의 5요인 모델FFM: Five-Factor Model은 확실히 구분되는 적응 전략들을 반영한다. G. F. 밀러(2000b)는 버스의 이론을 확장해서 성격의 개인차를 설명하려면 자연선택과 성선택이 둘 다 필요하다고 주장했다. 바이스Weiss, 킹King, 엔스Enns(2002)은 G. F. 밀러(2000b)의 이론을 확장했다. 연구자들은 적합도를 높이는 형질들이 서로 관련되어 있음을 보여주는 연구를 지적하고, 그러한 조합을 공활성covitality이라고 명명한 뒤, 잠재적 배우자들은 적합도-향상 형질 하나를 이용해서 다른 형질들도 있다는 것을 나타낸다고 주장했다. 맥도널드MacDonald(1998)는 성격의 개인차는 '실행 가능한 전략의 연속 분포에 매칭하는 표현형의 연속 분포'를 바탕으로 하고(p. 142), 적합도가 상대적으로 동일하다고 가정할 때 각 개인은 이 차이에 힘입어서 다양한 환경 니치를 점유하게 된다고 말한다.

세 번째 종류는 빈도 의존성 이론theories of frequency dependence으로, 윌슨(1994) 그리고 피구에레도와 킹(2001)이 여기 포함된다. 윌슨(1994)은 두 가지 유형의 개인이 있다고 주장했다. 하나는 다양한 영역에 적당히 적응한 **제너럴리스트**이고, 다른 하나는 특정한 영역에 잘 적응한 **스페셜리스트**이다. 윌슨에 따르면, 니치들이 제공하는 추정상의 적응적 이점에 기초해서 개인들은 그 니치들을 평가하고 선택하며, 개인의 적합도는 (a) 제 영역을 동시에 점유하고 있는 개인의 수와 (b) 그 개인들이 보여주는 형질에 따라 의존한다. 피구에레도와 킹(2001)은 더 나아가 사회적 경쟁이 성격의 개인차를 유발한다고 주장하고, 네 가지 요점을 들어 그것을 설명했다. 첫째, FFM의 다섯 차원 각각에는 적합도가 높아지는 극(예를 들어, 높은 외향성)이 있고, 따라서 방향성 선택을 통해 '이상'을 추구할 수 있다. 하지만 빈도의존성 선택이 이 과정을 방해하는데, 극단에 위치한 이상적인 자리에 개인이 너무 많으면 그 반대쪽 극단에 있는 개체들에게 니치가 만들어지기 때문이다(예를 들어, 낮은 외향성). 둘째, 빈도-의존적 선택압은 구체적인 니치에서 개인들이 드러내는 형질에 따라 달라지고, 그로 인해 성격 변이가 확대된다. 셋째, 개인 내에서 FFM 차원들 간의 상호작용이 일어나면 이것이 관찰 가능한 성격의 개인차로 이어질 수가 있다. 마지막으로, 사회적 상호작용이 조밀한 환경에서는 이 압력이 증폭된다(Figueredo, Sefcek, et al., 2005를 보라).

진화적 성격 이론에서 시도된 경험적 검증

제한적이기는 해도 동물의 성격을 다룬 연구에서는 많은 종이 인간에게서 관찰되는 FFM과 유사한 성격 형질을 가지고 있다고 말한다(예를 들어, Gosling & John, 1999). 뿐만 아니라 몇몇 비교연구(예를 들어, 침팬지와 인간; King & Figueredo, 1997)에서도 성격 요인 구조가 비슷하다는 것을 입증했다. 성격 형질이 시간별 · 상황별로 얼마나 안정적으로 유지되는지는 논쟁 중이지만, 많은 연구(예를 들어, Stevenson-Hinde, Stillwell-Barnes, & Zunz, 1980a, 1980b)에 따르면 성격 형질은 일생 동안 비교적 안정적으로 유지된다고 한다. 마지막으로, 경험적 증거를 보면 지금까지 성격이 기록된 종은 대부분 사회적인데, 이는 종내 형질치환의 **산호초 모델**을 뒷받침한다. 이 모델은 성격의 개체차에 대한 사회 선택과 그로 인한 니치 분할에 기초한다. 이 이론은 피구에레도(1995)가 처음으로 제시했고 이후에 피구에레도와 킹(2001; Figueredo, 이 이론의 양적-생태적 기반을 더 상세히 전개한 연구를 참고하려면, Sefcek, et al., 2005도 보라)이 더욱 자세히 다루었다. 성격과 사회성의 이 연관성은 당시까지 발표된 데이터로 입증된 탓에, 문어를 비롯한 몇몇 두족류 종의 유명한 사례는 제외되었다.

나중에 새로운 데이터에 기초한 연구자가 문어의 성격에 상당한 개인차가 있음을 입증했다. 그는 자원을 두고 사회적 경쟁이 벌어지면 종내 영양 분화가 발생하고, 이 분화가 개체들의 행동에 체계적인 변이를 일으킬 수도 있다고 주장했다(Mather et al., 2012). 제너럴리스트 종(왜문어, 암초문어, 문어 등)이 스페셜리스트 개체들로 이루어진 것처럼 보이는데, 각 개체는 한정된 종류의 먹이에 집중하지만, 개체군 전체로 따지면 다양한 먹이에 걸쳐 생태적으로 넓게 퍼져 있는 것이다. 따라서 두족류의 행동 분화 역시 **경쟁의 면제**competitive release[1]라는 궁극적인 적응적 기능을 수행하고, 그렇게 해서 두족류의 사례는 더 이상 이 이론의 예외가 되지 않는다.

인간의 경우에는 수많은 경험적 연구결과가, 성격은 (a) 다 완료된 실제 **생존자권** (즉, 기대수명)과 (b) 다 완료된 실제 **생식력**(즉, 예상 생식력) 양쪽 모두와 관련이 있다는 추론을 뒷받침한다. 예를 들어, 성실성이 높은 개인은 긴 수명을 경험할 가능성이 더 높은데(예를 들어, Friedman, 2000), 건강을 향상시키는 행동을 할 가능성이 더 높기 때문이다. 또한 그런 문헌을 메타 분석한 연구자들(Friedman & Booth-Kewley)도, 우울증과 불안(높은 신경증적 경향과 관련), 분노와 적개심(낮은 친화성과 관련됨)이 관상동맥 심장질환과 천식을 포함한 여러 가지 건강 문제들이 통계적으로 관련되어 있음을 밝혔다. 성격과 생식력의 관계를 보여주는 사례도 이브스Eaves, 마틴Martin, 히스Heath, 휴이트Hewitt, 닐Neale(1990)에 의해 밝혀졌다. 연구자들은 폐경기 여성 1,000명을 조사해서, 가장 높은 번식 성공은 신경증적 경향이 높은 동시에 외향성이 낮은 경우와 관련이 있거나 외향성이 높은 동시에 신경증적 경향이 낮은 경우와 관련이 있음을 보여주었다. 또한 헬해머Hellhammer, 후버트Hubert, 필Phil, 프라이셈

---

1 경쟁의 면제는 한 자원을 놓고 경쟁하는 두 종 가운데 한 종이 사라지고, 그로 인해 남은 한 종이 그 자원을 더 많이 이용할 수 있을 때 발생한다(옮긴이).

Freischem, 니슐라그Nieschlag(1985)는 자신감, 외향성, 사회적 자기주장의 수준이 높은 것은 남성의 생식력과 음의 상관관계가 있음을 발견했다.

이 밖에도 성선택이 성격의 진화에 영향을 미친다. 성선택은 성 내 경쟁과 배우자 선택으로 나뉜다. 성격과 성 내 경쟁의 관련성에 대해서는 증거가 부족하므로 논의를 이어갈 순 없고, 대신에 우리는 배우자 선택의 증거에 초점을 맞추고자 한다.

배우자 선택과 성격의 관련성을 다룬 접근법은 두 가지다. 첫 번째는 선호를 절대적이고 합의적인 것으로 규정하고, 모든 개체의 선호가 비슷하다고 말한다. 예를 들어, 전 세계에서 남성과 여성은 친절과 이해심(친화성과 관련이 있을 것이다), 지능을 각각 연애 파트너에게서 원하는 첫 번째와 두 번째 형질로 꼽는다(Buss, 1985, 1989). 두 번째 접근법은 배우자를 선택하는 당사자의 성격에 따라 선호가 상대적으로 다르다고 본다. 다시 말해, 자기와 같은 유형의 배우자(긍정적 유형별 짝짓기)를 선호하는 개인과, 자기와 상반되거나 상호보완적인 유형의 배우자(부정적 유형별 짝짓기)를 선호하는 개인으로 나누는 것이다. 긍정적 유형별 짝짓기의 선호 범위에는 정동, 감정 표현, 성격(Gonzaga, Carter, & Buckwalter, 2010)처럼 바람직한 유형으로 여겨지는 특징과 마키아벨리주의(Norgorodoff, 1974)처럼 바람직하지 않은 유형으로 여겨지는 특징이 모두 포함된다. 또한 짝짓기 노력, 부정 지향성, 자기 검열을 선호하는 비유형별 짝짓기의 증거도 발견되었다(Olderbak & Figueredo, 2012). 최근의 한 자연관찰 연구(Figuredo et al., 인쇄중)에서 연구자들은 생활사 전략을 포함하는 번식 관련 형질들을 대상으로 서양문화 네 곳을 조사한 결과, 사회적 파트너와 연애 파트너 사이에서 통계상 유의미하고 전체적으로 동등한 긍정적 유형별 짝짓기의 계수들을 보고했다. 유사한 후속 실험(Olderbac, Wolf, & Figueredo, 2014)에서는 절대적 파트너 선호와 상대적 파트너 선호를 비교해서, 각각이 지각된 관계 만족도를 가리키는 동시 발생적 예측 인자[2]임을 밝혀냈다.

성격 표현형이 성격 형질에 대한 빈도−의존적 선택 모델과 일치하려면 개체군에서의 상대적 빈도와 반비례해서 변해야 하며, 그에 따라 드문 표현형일수록 적합도가 높아진다(Tooby & Cosmides, 1990). 이 현상의 간접적인 증거는, 성격 차이와 번

---

2 simultaneous predictors. 둘 이상의 효과가 동시에 발생하는 것을 말해주는 인자(옮긴이).

식-관련 형질이 서로 관련되어 있는 **동시에** 빈도-의존적 선택을 받는 환경에서 발견할 수 있다. 하지만 빈도-의존적 선택을 입증하려면 성격 형질의 행동 표현으로 생기는 적합도 이득과 손실을 분명히 따져봐야 한다.

자원 분배로서의 성격 형질

생활사 이론은 환경적 상황에 따라 다른 형질이 유리하다고 말한다. 즉, 안정적이고 예측 가능한 환경에서 자란 개인에게는 장기적인 연애, 적은 수의 자식, 장기적 계획 등을 특징으로 하는 느린 생활사 전략이 발달할 가능성이 높은 반면에, 불안정하고 예측할 수 없는 환경에서 자란 개인에게는 여러 번의 단기적인 연애, 다른 파트너들 사이에서 생긴 많은 수의 자식, 단기적 계획 등을 특징으로 하는 빠른 생활사 전략이 발달할 가능성이 높다고 지적한다(예를 들어, Figueredo, Vásquez, et al., 2006). 복수의 연구가 입증했듯이, 성격과 생활사 전략의 관계는 예측할 수 있으며(예를 들어, Figueredo, Sefcek, et al., 2005), 성격 형질에 가해지는 다양한 선택압은 생활사가 진화한 결과로 생겨난 것일 수 있다. 그렇다면 성격 형질이 생활사 전략에 의해서 어떻게 그리고 왜 지배되는가 라는 의문이 즉각 떠오른다.

성격 형질은 그것을 행동으로 표출하는 개인의 입장에서 생물에너지 자원과 물적 자원의 소비를 필요로 한다. 예를 들어, 외향성은 단순히 누군가는 가지고 있고 누군가는 가지고 있지 않은 수동적인 '특성'이 아니다. 외향성은 인식 가능한 행동 양상, 즉 높은 수준의 사회적 언어 및 비언어 행동, 적극적인 사회적 상호작용, 그리고 (적어도 아이젱크Eysenck, 1976에 의하면) 잦은 '연애philandering'를 반영한다. 이 모든 '외향적' 행동은 실행할 때마다 에너지가 든다. 이와 마찬가지로 친화성도 단순히 누군가에게는 있고 누군가에게는 없는 수동적인 '특성'이 아니라 인식 가능한 행동 양상, 즉 사회적으로 이타적인 언어 및 비언어 행동, 그리고 개인 간 참여와 지각을 적극적으로 수행해서 타인의 필요와 욕구를 확인하고 이를 통해 그들을 최대한 '기쁘게' 해주고 그들에게 맞춰주는 쪽으로 이타적인 노력을 전략적으로 분배하는 성향이 수반된다. 이 모든 '친화적' 행동도 실행할 때마다 에너지가 든다. 계속 논의할 수도 있겠지만, 우리의 요점은 그것이다.

생활사 전략은 개인이 쓸 수 있는 생물에너지 자원과 물질적 자원의 분배를 두 차원에서 조절한다. 개인이 사회적으로 쓸 수 있는 전체 노력의 수위를 조절할 뿐 아니라, 경쟁하는 여러 적응적 영역들(FFM을 비롯한 다양한 성격 구조 모델에 따라 분류할수 있는 영역들)에 사회적 투자의 양을 상대적으로 분배하는 **특별 예산**을 조절하는 것이다. 게다가 진화론에 따르면, 그런 자원 분배의 최적화는 결국 적합도의 최대화로 이어진다. 이렇게 이해할 때 성격의 보이지 않는 구조가 생활사 전략의 법칙적 네트워크 안에 굳건히 안착하고, 성격심리학에 오랫동안 유행해온 분류법—이론에 입각하기보다는 주로 경험에 입각한 분류법—을 대신할 수 있는 긴요한 체계가 만들어질수 있다. 또한 이렇게 이해할 때, 구체적인 성격과 일반적인 생활사 전략을 모두 설명하는 **위계적 모델**이 명확히 필요해진다.

브런즈윅-대칭의 원리

고차원과 저차원의 성격 요인이 양쪽 다 계량심리학자들이 **다변량 공통 요인**으로서 조작화하는 **잠재 가설적 구성개념**latent hypothetical construct(조작화되었을 땐 잠재적 변수라고 한다)이라는 점을 떠올려보자. 그러므로 잠재 구성개념은 직접 관찰할 수가없고, 대신에 관찰 가능한 결과들(명시적 지표 또는 관찰 변수라고 하는데, 그 이유는 계량심리학자들이 잠재 가설적 구성개념에서 비롯한 측정 가능한 결과로부터 추정상의 잠재적 기본 원인들을 재구성하기 때문이다)의 공분산 구조를 보고 그 존재를 **추론**해야 한다.

잠재적 구성개념은 이론상으로 존재하기 때문에 개념들 간의 관계가 예로부터 큰논란거리였다. 성격이론가들은 심지어 잠재적 구성개념의 수는 물론이고 그 개념들을 구성하는 데 사용해야 할 데이터 집산의 최적치를 두고 논쟁을 벌였다.

이 난제에 대한 흥미로운 해법 하나가 브런즈윅-대칭의 원리(Brunswik, 1952; Wittmann, 2012)인데, 이 원리는 모든 생물학적 구조들이 깊은 수준에서 위계적으로 조직화되어 있다고 가정한다. 심리 현상이 생물학적 현상의 부분집합으로 간주된다는 점을 감안할 때, 브런즈윅의 위계적 원리는 성격 이론의 필수 요소이다. 예를 들어, 뇌의 해부학적·생리학적 구조는 위계 구조를 확실히 입증한다. 따라서 뇌가 조직하는 행동 출력에도 원래부터 위계적인 이 구조가 반영되어 있다는 것은 놀라운 일이 아니다. 마이어Mayr(1982)가 이 일반 원리를 가장 잘 설명했다.

> 그런 계층에서는 가령 세포 조직들처럼 낮은 수준의 요소들이 단일한 기능과 창발성을 가진 새로운 구성단위(신체 기관)로 통합된다… 각 수준에는 저마다 다른 문제, 제기해야 할 다른 질문, 명확히 해야 할 다른 이론이 존재한다. 각각의 수준은 생물학의 분과를 탄생시켰다. 분자는 분자생물학, 세포는 세포학, 조직은 조직학 등을 만들어 냈으며, 그렇게 해서 결국 생물지리학과 생태계 연구까지 탄생했다. (p. 65)

사실, 위계적 원리는 더 낮은 수준으로도 확장될 수 있는데, 무생물에도 그와 비슷하게 분자, 원자, 아원자, 쿼크, (어쩌면) 끈, (더 용기를 내어) 양자론−상대성 분야로, 그리고 그보다 더 작은 미시적 수준이 있다면 거기까지로도 계속 이어지는 양상이 있기 때문이다.

이렇게 추론할 때 우리는 경험적 데이터의 잠재적 구조에 토대가 되는 성격 요인이 '과연' 몇 개인지를 의심하게 된다. 이에 대한 답은 원하는 데이터 집계의 수준에 달려 있다. 그 구조는 크리스마스트리와 비슷해서, 기둥을 따라 어느 주요 지점에라도 심리측정용 톱을 갖다 댈 수 있기 때문이다. 따라서 '성격 요인의 진짜 개수'를 따지는 것은 무의미한 질문이 되고, 구체적인 용도에 맞는 **최적**의 집계 수준이 무엇인가 하는 질문으로 대체된다. 이 말은, 이렇게 더 적절한 질문으로 대체해도 그 답이 여전히 자의적이거나 변덕스럽다는 뜻이 아니다. 브런즈윅 대칭의 원리는 어떤 문제가 주어지더라도 최적의 데이터 집계 수준을 정확하게 명시할 수 있는 실용적인 전략의 윤곽을 그려주기 때문이다.

간단히 말해서, 어떤 문제에서든 예측 변인(추정상의 원인)과 기준 변인(추정상의 결과)은 그 척도로 나타낸 구성개념을 위해 둘 다 구체적인 집계 수준에 반드시 포함된다. 브런즈윅 대칭의 원리는 어떤 수준의 집계에서든 기준 변인의 집계 수준이 예측 변인의 것과 일치하는 한에서는 그 집계가 예측 변인과 기준 변인의 상관관계를 최적화하리라는 것을 수학적으로 증명한다. 두 변수의 집계 수준에 차이가 생기면 필연적으로 기준 변인과 예측 변인 간의 연관성도 줄어든다. 그러므로 특이한 행동들을 예측하려면 저차원의 성격 구성개념이 최적이고, 더 보편적인 행동 양상을 예측하려면 고차원의 성격 구성개념이 최적이다. 이렇게 이 메타 이론적 원리를 실제로 적용하는 일은 사실 꽤 간단하다.

고차원의 성격 구성개념이 위에서 검토한 저차원의 결과와 다른 결과를 도출할지 아니면 적어도 같은 결과들이 다른 정도로 나타날지를 묻는 것은 합리적이다. 다음 절에서는 추정상의 위계적 성격 구조, 그 개념의 역사적 기원, 고차원 구성개념과 저차원 구성개념의 이론적 · 경험적 관계 그리고 저차원 구성개념들 간의 이론적 · 경험적 관계에서 작동하는 역학에 관한 새로운 견해들을 소개하고자 한다.

형질들의 위계: 성격의 일반 요인

위에서 살펴본 연구는 FFM 같은 전통적인 요인 모델들에 의거한 연구결과를 다루고 있는데, 대체로 인간의 성격 형질을 3–6개의 공통 요인으로 나눈다. 하지만 『핸드북』 초판이 나온 뒤로 새로운 데이터가 축적되면서 이른바 **성격의 일반 요인**GFP: General Factor of Personality이 등장했다. 어떤 이들은 성격의 일반 요인을 일견 달라 보이는 광범위한 성격 척도에서 도출할 수 있는 최초의 비회전 주요인이라고 기술적으로 정의하기도 했다. 성격의 일반 요인들은 25개 이상의 각기 다른 성격 척도로부터 다양한 계측을 통해 분리되었으며, 분산의 약 30%를 설명해준다(Rushton & Irwing, 2011). 많은 연구를 통해 입증되었듯이, 이 방법–독립적인 일반 요인들은 대개 서로 상관관계에 있는데, 이는 구체적인 성격 검사와 관련하여 독립적이거나 특이하지 않다는 것을 가리킨다(Irwing, 2013; Just, 2011).

GFP가 무엇인지에 대하여 여러 가지 추측이 존재한다. 통제되지 않은 사회적 바람직성 편향과 자존감에 대한 인위적 가공물, 심지어 통계적 인공물(경쟁하는 이론들에 관한 면밀한 개관을 보려면 Irwing, 2013을 참조하라)이라는 견해에서부터, 한쪽 끝에는 낮은 사회적 기능과 성격 장애가 있고 반대쪽 끝에는 높은 사회적 기능 또는 높은 사회 · 감정 지능이 있는 연속체(Rushton, Bons, & Hur, 2008)에 해당한다는 견해에 이르기까지 다양한 이론이 있다. 진화적 성격 모델, 예를 들어 생활사 이론에 기초한 모델들은 더 나아가 슈퍼-K라는 더 광범위한 생활사 슈퍼 인자에 GFP를 통합했다. 슈퍼-K는 생활사 전략의 행동적 표현들 그리고 신체적 · 정신적 건강에 대한 세계적 측정치를 포함한다(앞서 언급한 공활성 인자다; Figueredo, Vásquez, Brumbach, & Schneider, 2004, 2007; Figueredo, Sefcek, et al., 2005; Weiss et al., 2002). 생활사 모델은 GFP의 고기능 극단이 친사회성이나 이타적 지향성과 관련이 있다고 가정하는데, 이 성향들은 외인성 이환율과 사망률이 낮은 조건—유기체들에게 환경 수용력이 있고 동종의 밀도가 높은 조건—에서 최적의 적합도를 유지하는 데 필수적이다(Figueredo & Rushton, 2009).

현대의 심리학 문헌에 담긴 비교적 짧은 GFP의 역사를 언급하기에 앞서, GFP의 역사적 선례 몇 가지에 주목하는 것이 가치 있을 듯하다. GFP의 진실과 관련하여 유용한 정보를 줄 수 있기 때문이다.

역사적 관점에서 본 성격의 일반 요인GFP

여기에서는 과거와 현재를 통틀어 성격을 바라보는 네 가지 주요한 사고방식(체액, 어휘, 정신분석, 원형)을 간단히 살펴보고, 그 과정에서 이들 학파의 초기 저서에 담긴 GFP의 증거를 발굴하고자 한다. 그런 뒤 이 연구의 함의에 대해 논의하고, GFP 구성개념의 실체에 대해 생각하는 것으로 이 절을 마무리하고자 한다.

히포크라테스의 체액 접근법

GFP의 역사는 기질과 성격 그 자체에 대한 생각을 기록한 시점으로 거슬러 올라간다. 고대 그리스의 의사였던 히포크라테스(460-370 BC)는 관찰과 자기 성찰에 근거해서 성격의 '4요인' 체액 모델을 제안했다. 여기서 그는 기질 영역을 생물학적으로 조절되는 네 가지 원형으로 구분했다. 화를 내는 기질(담즙질—황담즙과 관련), 쾌활한 기질(다혈질—혈액과 관련), 침착한 기질(금욕—점액과 관련), 우울한 기질(우울질—흑담즙과 관련)이 그것이다. 각 체액 간의 불균형은 기질 장애의 원인으로 여겨졌고, 체액이 서로 균형을 되찾아야 기질 장애가 치유될 수 있었다(Garrison, 1966).

이른바 좋은 기질이 고차원 요인으로 조작화되지 않고, 체액성 기질들 간에 최적의 균형을 이루는 요인으로 조작화되었다. 그럼에도 이 개념화는 GFP가 성격의 외적 표현을 조절하는 인자라고 보는 현대 이론의 전조가 된다는 점에서 주목할 만하다(예를 들어, Rushton et al., 2008).

골턴의 어휘적 접근법

19세기에는 성격과 인지능력 연구의 형질 접근법이라 할 만한 것이 출현했다. 프랜시스 골턴Francis Galton 경이 창시한 이 접근법의 기초에는, 성격과 지능의 변이는 측정 가능한 어휘적 결과(예를 들어, 자연언어)나 생리적 결과와 관련되어 있다는 생각이 자리해 있었다. 골턴은 자신이 '개성character'이라고 명명한 것들의 변이를 조사하기 위해 최초로 어휘 설문지를 개발했다.

> 나는 적당한 사전을 골라 그 안에서 개성을 표현하는 단어의 개수를 세는 방법을 통해서 개성의 특징적 측면이 몇이나 되는지를 알아보고자 노력했다… (Galton, 1884, p. 181)

골턴의 성격 개념화가 얼마나 정교한지 그리고 오늘날 그의 과학적 직관이 얼마나 무시당하고 있는지를 짚어보는 것은 흥미롭다. 같은 책에서 골턴은 '별도의 의미'들에 존재하는 위계 구조를 질적으로 서술하고, GFP와 비슷한 고차원 성격 요인이라 할 수 있는 것을 최초로 명쾌하게 설명한다.

> 나는 전체의 표본으로서 사전의 색인을 여러 페이지에 걸쳐 여기저기 살펴보았고, 개성을 표현하는 단어가 족히 1,000개는 된다고 추산했다. 각 단어에는 별도의 의미가 있는 동시에 그 의미의 큰 부분이 다른 어떤 단어들의 의미와 겹친다. (Galton, 1884, p. 181)

골턴은 사촌인 찰스 다윈의 책, 그중에서도 특히 계통에 따른 변형modification by descent 이론(Darwin, 1859/1968)에 영향을 받았으며, 국민성이 정해진 수량에 맞게 드러나는 것이 결코 아니라 실은 선택에 대응하여 변할 수 있고, 더 나아가 지능 및 활력(일반 건강)과 더불어 문명의 운명을 결정하는 데 중요한 역할을 할 수 있다는 점에 큰 흥미를 느꼈다(Galton, 1869).

이른바 좋은 성격이 고차원 요인으로 공식화되지는 않았지만, '개성'을 묘사하는 어휘에 공유된 '의미'가 많다는 것은 그런 공통 요인이 존재할 수 있고 대인관계에 유용할 수 있음을 의미한다.

프로이트의 정신분석법

골턴에게 자극을 받아 형질−중심적 또는 **차이** 심리학파가 19세기 후반과 20세기 초에 발전한 것은 사실이지만—가장 두드러지는 발전은 요인분석법(Spearman, 1904)의 출현으로, 이 방법을 통해 다양한 실제 형질을 측정할 수 있게 되었다—심리학의 시대정신은 이 경향을 거스르는 방향으로 흘러갔다. 프로이트 심리학의 부상으로 성격이 행동의 원인이라는 견해를 개념적으로 강조하는 형질−중심의 모델은 후퇴하고, 성격 표현은 구체적인 환경의 노출과 다양한 본능 및 '종족 기억race memories'(부모에게서 자식에게로 전달되는 라마르크식 형질; Freud, 1930)의 상호작용에 달려 있다는 견해가 부상했다. 소수의 차이심리학자와 진화심리학자들은 프로이트의 원초적 심리 동기(에로스, 타나토스, 이드, 자아) 및 억제하려는 욕구(초자아) 개념과 전통적인 형질−중심적 성격 모델의 특성을 결합하려고 했지만, 프로이트 접근법은 환경적 제약을 넘어서는 고유한 성격 구조가 존재한다는 생각을 받아들이지 않았다(예를 들어, Brand, 1994; Nesse, 1990). 뿐만 아니라 성격은 행동 변이의 원천이자 측정 가능한 정량적 원인이라는 개념을 부정했다. 프로이트 학파가 보기에 성격의 강한 표현은 대개 이상 성격이고, 기본적인 욕구를 승화시키지 못한 트라우마나 실패한 시도의 산물이며, 개선을 향한 자기성찰의 과정을 거쳐야만 알 수 있는 것들이었다. 하지만 그런 상황에서도, 그리고 프로이트에 공감한 차이심리학자들과 진화심리학자들이 그 발자취를 따라갔음에도, 프로이트의 초자아 개념은 형질 중심의 성격 모델과 유사한 면이 있었다. 초자아 개념을 달리 표현하자면, '기본적인 충동들', 특히 쾌락과 파괴를 향한 동물적이고 단기적인 욕구들로 채워져 있는 이드를 억누르고(Freud, 1930) 그와 동시에 자존감을 비롯해서 감정적으로 만족스러운 마음 상태를 고양시킬 때, 더 훌륭하고 사회적으로 더 바람직한 행동을 하려는 동기가 생겨난다는 개념이기 때문이다(Nesse, 1990).

이번에도 프로이트의 '초자아'가 고차원 요인으로 조작화되진 않았지만, 인간 정신의 이 프로이트적 측면은 GFP와 기본적으로 공명한다. 오늘날의 몇몇 성격 이론과 임상 신경심리학 이론에서, 이 잠재된 능력은 충동성을 조절하는 동시에 사회적으로 바람직하고 효과적인 방식으로 성격을 표출하게 하는 등으로, 행동 표현의 조절자 또는 중앙 관리자 역할을 한다(Rushton et al., 2008).

융의 원형 접근법

융 학파는 차이심리학 전통과 확연히 다른 방향에서 20세기 성격심리학에 지대한 영향을 끼쳤다. 한때 프로이트의 조수였던 칼 구스타브 융Carl Gustav Jung은 새로운 성격 이론에서 심리를 세 가지 영역, 자아, 개인 무의식, 집단 무의식으로 구분했다. 자아는 의식적인 마음과 뜻이 같지만, 개인 무의식은 모든 기억을 포함하고, 집단 무의식은 인류의 집단적인 '종족 기억'이었다. 융은 구체적인 의미 체계가 포함된 원형이나 신호 체계를 사용해서 우리가 세계의 정보를 처리한다고 주장하고, 몇 가지 주요한 원형을 제시했는데, 그 가운데 현재의 논의와 가장 관련이 있는 원형은 자기self로, 여기에는 정신의 여러 요소들이 하나로 통일되고, 성격의 여러 측면들이 개별화된 전체individuated whole로 통합되어 있다(Jung, 1964).

이번에도 융의 '자기 원형'이 고차원의 요인으로 조작화된 것은 아니지만, 그럼에도 흥미로운 점 하나는 짚고 넘어갈 만하다. 이 특별한 원형은 성격 형질들을 통합시킨 자리로서 GFP 개념과 일치할뿐더러, 노력을 요하는 의식적인 조절 체계—성격의 기본적인 요소들을 사회적으로 유효하게 편성하는 체계—로서도 오늘날의 GFP 개념과 일치한다는 것이다(Rushton et al., 2008). 비록 융의 생각은 20세기의 차이심리학과 전혀 다른 방향으로 흘러갔지만, 그런 유사점들은 부인하기 어렵다.

성격의 일반 요인GFP의 직관적 호소력 또는 '안면 타당도'

역사 속의 이 관찰 결과들을 보면, 심지어 각기 다른 접근법을 지지하는 사람들이 기본 개념에 대해서는 서로 맹렬하게 대립할 때에도, 특성, 기질, 성격을 정의하고자 시도할 때마다 현대적인 GFP 개념이 언뜻언뜻 드러났음을 알 수 있다. 이 이론적 선례들은 잠재적으로 GFP의 안면 타당도와 관련이 있다. GFP는 어쩌면 우리의 '내현성격이론implicit personality theory'의 일부분일 수도 있는 직관적 구성개념이며, 우리가 진화한 본성에 따라 성선택과 사회선택에 걸맞은 바람직한 생활사 특성이라고 선천적으로 인식하게 되는 구성개념일 수 있기 때문이다(Figueredo, Sefcek, & Jones, 2006).

현대의 차이심리학, GFP를 구축하다

차이심리학의 전통을 보면 성격을 측정하는 어휘적 접근법은 20세기 전반에 걸쳐 서서히 인기를 얻다가, 코스타Costa와 맥크레이McCrae(1992)가 성격의 5요인 모델을 개발하면서 정점에 이르렀다. 5요인 모델FFM은 성격을 측정하는 여러 대안적인 방식들, 가령 생리학 중심의 3요인인 정신병적 경향성, 외향성, 신경증적 경향성PEN: Psychoticism, Extraversion, Neuroticism 이론—기본적으로 성격 형질이 생리적 과정과 관련이 있다고 보는 이론—과 경쟁을 해야 했다(예를 들어, Eysenck & Eysenck, 1976).

20세기 후반과 21세기의 첫 10년대에는 성격의 '정확한' 구조를 둘러싼 논쟁이 주를 이루었고, 그와 함께 많은 학자들이 성격을 새롭고 대안적인 영역들로 나누는 모델들을 제시했다(예를 들어, 16요인—Cattell, 1946; 7요인—Cloninger & Gilligan, 1987; 6요인—Ashton et al., 2004; Brand, 1994). 디그먼Digman(1997)이 성격을 서로 관련된 고차원 요인 두 가지로 간단하게 정리한 모형을 제시하긴 했지만, 고차원 성격 요인을 두고 논쟁하는 사람들은 성격의 일반 요인에 대해서는 거의 생각하지 않았다(DeYoung, Peterson, & Higgins, 2002).

가장 먼저 GFP를 진지하게 생각한 현대 사상가 중에 러시턴Rushton(1985)이 있었다. 개인차와 집단차에 관한 연구에 생활사 개념을 도입한 논문에서 그는 이렇게 주장한다.

흥미롭지만 재고의 여지가 있는 가능성은, 기본적인 차원 하나—K—가 성격심리학

분야의 큰 토대가 될 수 있다는 것이다. (Rushton, 1985, p. 45)

그 다음 문헌에서 러시턴은 성격 영역들의 이 공통 변량이 성격의 일반 요인이라고 명확히 표현하고, 그런 요인이 진화해서 기본적인 친사회적 성격에 개인차를 유발하기 때문에 개체들이 서로 관용하고 협력적으로 행동하게 된다고 주장했다. 그와 동료들은 GFP를 사회 및 감정 지능에 명시적으로 비유했다(Rushton et al., 2008). 러시턴은 다윈(1871)의 저작이 이 통찰에 영감을 주었다고 밝히면서, 진화의 효과가 집단 수준으로 확산되기 위해서는 이타적인 성격이 개인들의 관계에 조화를 불어넣을 필요가 있다는 사실은 다윈이 처음으로 발견했다고 인정했다(Rushton & Irwing, 2011). 나중에 러시턴은 생활사에 기반한 성격 이론에서 나올 수 있는 중요한 예측을 하나 더 확인했다. 즉, GFP의 저기능 극단이 몇 가지 극단적인 성격 발현과 관련이 있으며, 그런 발현이 임상적 장애로 서서히 변한다는 것이다. 이 예측에는 다양한 성격 장애 평가 척도들이 포함되어 있고, '어두운' 또는 저기능 GFP를 낳는 변량이 모든 척도에 공통으로 들어 있는 것으로 보인다(Rushton & Irwing, 2009).

러시턴의 생각이 발표된 직후에는 GFP의 예측들을 검증하려는 움직임이 거의 없었지만, 1997년에 지능과 성격에 관한 스피어만 심포지엄Spearman Symposium이 열리자 이 자리에서 호프스티Hofstee가 일반 성격 요인 p의 존재를 주장했다. 호프스티는 러시턴와 유사하게 이 요인의 진화적 기능을 언급하면서, 이 요인에는 자신감, 정서적 안정, 현실 지향성 등 사회적으로 바람직한 특성이 포함된다고 주장했다. 무엇보다도, 이 모델의 중심에는 사회적으로 바람직한 반응이 사회적 지각의 인위적 산물이 아니라, 필수적 내지 근원적 요소인 p라는 개념이 놓여 있다(Hofstee, 2001, 2003).

이 구성개념의 본질을 이해하는 측면에 경험적 · 이론적으로 가장 크게 기여한 것은 아마 애리조나 대학교의 동물행동학 & 진화심리학 실험실에서 나온 일련의 논문일 것이다. 이 논문들(Figueredo et al., 2004; Figueredo, Sefcek, et al., 2005; Figueredo, Vásquez, et al., 2007)은 이론과 경험 양 측면에서 몇 가지 중요한 진전을 이뤘다. 첫째, 미국 중년층 조사America at Midlife Survey가 응답자 데이터에 기초해서 GFP를 성공적으로 분리했는데, 연구자들은 미국 중년 인구를 대표하는 대형 표본을 이용했다. 최초의 논문(Figueredo et al., 2004)에서는 이 요인을 고차원 성격 구성개넘이라 명명했다(GFP라는 용어가 만들어지기 전이었다). 둘째, GFP는 실질적으로 유전된다는 것이 밝혀졌다($h^2 = 0.50$; Figueredo et al., 2004). 셋째, 실질적으로 유전 가능한 두 가지 요인—느린 생활사 또는 높은-K 행동(K-인자라고 불리는)을 나타내는 행동 및 태도의 척도들이 포함된 요인과 신체적 · 정신적 건강이 포함된 요인—이 같은 자료에서 추출되었는데, 여기에서는 고차원 **슈퍼-K** 인자가 세 가지 하위 요인 중 분산의 우위를 차지했다. 슈퍼-K 인자 자체도 실질적으로 상속된다($h^2 = .68$). 이후에는 슈퍼-K의 하위 요인과 각 요인의 하위 구성요소 사이의 유전적 상관관계에 대한 분석이 이루어졌다(Figueredo, Vásquez, et al., 2007; Figueredo & Rushton, 2009). 이러한 발전은 단일한 생활사의 핵이 성격을 관통한다는 러시킨(1985)의 개념을 확실히 뒷받침하고, 그 핵은 성격의 영역을 뛰어넘어 정신물리학의 다른 영역들로 확장된다는 점에서 중요하게 고려되어야 한다.

이 중대한 연구에 이어 뮤제크Musek(2007)는 (분명 러시턴, 호프스티, 피구에레도와 동료들의 연구를 알지 못한 채) GFP를 '빅원Big One'이라 명명했다. 뮤제크는 대형 표본 3개로부터 처음으로 GFP를 추출했다. 또한 성격 요인들 간의 위계도 확인했는데, 가소성(5대 성격 요인에서는 개방성과 외향성)과 안정성(5대 성격 요인에서는 성실성, 우호성, 정서적 안정성)이라는 2대 특성이 GFP에 종속되어 있고, 5대 요인은 2대 요인에 종속된다. 그는 또한 '빅원'은 사회적 유효성의 진화 및 유전과도 관련이 있다고 생각했다.

뮤제크(2007)의 논문은 GFP 연구의 수문을 열었다고 봐도 무방하다. 그의 논문이 발표된 뒤로 그 구성개념을 검토하고 서술하는 논문은 물론이고, 생활 결과와 관련된 대규모 법칙적 관계망을 탐구하는 논문까지 수십 편이 쏟아져나왔다(Just, 2011; Rushton & Irwing, 2011). 그리고 2011년에 기념비적인 사건이 일어났다. 국제 개인차 연구 학회International Society for the Study of individual Difference가 GFP만을 위해 따로 심포지엄을 개최한 것이다. 최근에는 영장류의 성격을 조사하는 맥락에서 GFP를 조사하기도 했는데, GFP 같은 것은 거의 없음이 밝혀졌다(Weiss, Adams, & Johnson, 2011). 이는 엄청난 파문을 일으킬 가능성이 있다. 다른 영장류와는 달리 인간의 GFP는 복잡하고 강도 높은 사회성에서 비롯되었을 것이다(물론 영장류도 다른 포유류에 비하면 사회적 그루밍에 더 많은 시간을 할애하고, 더 복잡한 파벌을 형성하기는 하지만).

호미닌을 비롯해서 특히 현대인은 훨씬 더 복잡한 사회성 체계를 가지고 있고, 기능적인 집단 크기가 평균적으로 훨씬 크며, 사회적 상호작용에 시간을 더 효과적으로 사용한다(Dunbar, 2001; Hill & Dunbar, 2003).

GFP 해석에 관한 논란

결국, 다양한 성격 측정에 공통된 분산 요인이 잠재해 있다는 개념만큼이나 심리학에서 큰 논란을 일으킨 것도 없다. 이미 언급했듯이 많은 사람이 그 요인의 심리적 기능에 이의를 제기했다. 그 요인의 존재 자체에 반론을 제기하는 사람도 있었다(Irwing, 2013과 Just, 2011, 이에 대한 개관은 아래에서 더 자세히 다룰 것이다). 이런 상황에서도 마치 불길로 뛰어드는 나방처럼 계량심리학자들은 물론이고 점점 더 많은 진화론자들이 이 간소한 구성개념의 연구에 이끌리고 있다. 앞에서 살펴보았듯이, 저스트(2011)의 광범위하고 체계적인 검토를 보면 이 구성개념에 대한 관심이 2007년 이후에 크게 치솟았음을 알 수 있다. 지난 10년에는 이 구성개념의 행동유전학적 기반과 진화적 기반을 함께 이해하려는 노력이 진척을 보였다. 하지만 그전에 GFP를 다룬 연구논문들은, 저명하고 심지어 아주 오래된 성격 이론들이 GFP를 예고했고 그와 유사한 개념을 독자적인 이론 체계에 통합했다는 생각을 진지하게 고려하지 않았다. 우리는 독자들이 이 글에 기초해서, GFP가 **직관적 타당도** 혹은 **안면타당도**를 드러내고 있으며, 그 진화적 역할이 어쩌면 성선택과 사회 선택에서 개인에게 도움이 되는 기본적인 생활사 전략의 지표일 수 있음을 받아들여야 한다고 주장한다(Figueredo, Sefcek, & Jones, 2006).

또한 GFP를 이론상 유효한 구성개념—측정의 인위적 산물이라기보다는 관찰자의 편향과 무관하게 존재하는 성격 형질을 반영하는 개념—으로 보는 견해에 걸림돌이 되는 가장 큰 어려움은 GFP의 성격 지표들이 모두 '사회적으로 바람직한' 방향을 향해 있다는 관측에서 나오는데(Anusic, Schimmack, Pinkus, & Lockwood, 2009; Ashton, Lee, Goldberg, & de Vries, 2009; Bäckström, Bjorklund, & Larsson, 2009). 이는 분산의 공통 요인이 **특성**의 분산이 아니라 **방법**의 분산일 수 있음을 암시하기 때문이다(Campbell & Fiske, 1959). 하지만 방법론이 제아무리 정교하다고 해도, 이 견해는 진화적으로 무지하다.

근본적인 오해 하나는 자기표현 편향이 설문지 항목에서만 나타나고 실제 행동 양상에는 반영되지 않는다는 생각이다. 설문 항목에 반응한다는 것 자체가 어떤 무형의 행동이 아닌 **언어적** 행동이라는 사실을 차치하더라도, 사회적으로 바람직한 언어적 행동은 사회적으로 바람직한 비언어적 행동과 관련성이 높다는 것이 점점 더 많은 문헌에서 사실로 확인되고 있다. 실제로 이제는 점점 더 많은 심리학자들이 '사회적 바람직성'은 반응 **편향**이 아니라 행동적 **특성**을 나타낸다고 생각한다(예를 들어, Fleming, 2012). 왜냐하면 사회적으로 바람직한 언어적 행동과 사회적으로 바람직한 비언어적 행동은 하나의 기본 동기—다윈(1871)이 '동료들의 승인'이라고 지칭한 것을 획득하고자 하는 동기—에서 나오기 때문이다. 따라서 이 두 가지 행동 표현이 주로 한 개체의 내면에서 동시에 발생한다는 것은 놀라운 일이 아니며, 이 논리를 적용할 때 친사회적 행동에 대한 '편향된' 자기보고는 대체로 진실한 보고일 것이다. 하지만 사회적으로 바람직하지 않은 행동에 대한 자기보고에는 그 논리가 적용되지 않는다. 반사회적인 개인이 자기보고를 할 때, 자신의 친사회적인 행동은 거짓으로 위조할 필요가 없지만, 자신의 반사회적 행동에 대해서는 드러내기를 꺼리기 때문이다(그 이유는 분명하다).

두 번째 오해는 사회적으로 바람직한 행동은 다소 주관적이거나 특이하다는 생각이다. 하지만 무엇이 친사회적 행동인지에 대해서 개인들이나 문화집단들은 세세한 면에 있어서는 자주 차이를 드러내긴 해도 꽤 일치된 견해를 갖고 있다. 세 번째 오해는 두 번째 오해의 직접적인 결과로, 어떤 특성을 선호하는 것과 그 특성을 소유하는 것은 아무 관계가 없다는 생각이다. 하지만 피셔Fisher(1930)가 성선택과 관련해서 처음 제안하고 네스Nesse(2007)가 사회선택으로까지 확장했듯이, 어떤 형질이 개체군에서 선호되면 필연적으로 그 형질을 소유하게 하는 선택압이 조성된다. 게다가 이렇게 선택압이 만들어지면, 사회적·성적으로 바람직한 특성을 선호하는 것과 소유하는 것 사이에 진화적 시간에 걸쳐 **유전적 상관관계**가 자동으로 형성된다. 이 논리가 친사회적 자기보고의 일반적 진실성을 한 번 더 뒷받침한다. 그러므로 GFP의 근간이 되는 공통 요인 변량과 GFP의 원래 개념을 직접 연결하는 모든 증거를 종합하면(Rushton et al., 2008; Figurerdo & Rushton, 2009) 언어적 행동과 비언어적 행동의 영역을 아우르는 단일한 친사회성 수준이 드러난다.

네 번째로, 흔히 '다특성-다방법 분석MTMM: multitrait-multimethod analysis'(예를 들어, Riemann & Kandler, 2010)이라 불리는 것이 GFP를 대체할 수 있다고 증명하는 사례가 갈수록 늘어나고 있다. 적용되는 수학적 방법들은 MTMM 데이터에 똑같이 적용되지만, 모든 사례에 사용된 그 '다방법'은 결국 자기보고 대 동료보고를 비교한다. 하지만 이 평가 '방법'은 완전히 같지도 않고, 완전히 독립된 것도 아니다. 자기보고는 개인의 경험과 자기성찰(자신이 틀릴 수도 있는)에 기초하는 반면에, 그에 상응하는 '동료들'의 묘사는 (정의대로라면) 평가 대상에 대한 정보와 세부 지식이 불완전한 상태에서 이루어지며, 측정 오류가 아닌 경험 이력의 차이에서 비롯된 자체적인 편향을 가질 수밖에 없기 때문이다.

우리가 제시하는 문제를 더 폭넓게 이해한다면 지금까지 살펴본 진화적 성격 이론들이 직접 연결될 것이다. 따라서 다음 절에서는 이 모든 결과와 지금까지 살펴본 성격 구조의 고차원 요인들이 존재한다는 증거를 일치시켜보고자 한다.

인지적, 전략적 분화-통합 이론

최근에 성격 이해에 생활사 이론을 적용하는 분야에서 이루어진 경험적 발전은, 고차원의 GFP 외에도 의욕적 통합conative integration이 빠른 생활사(낮은 K가 선택되는) 개체군과 관련이 있으며, 불안정하고 예측할 수 없는 환경—잘 변하는 사회생태학적 니치들 사이를 조건에 따라 잘 건너뛰는 능력이 적합도를 높이는 곳—에서 그런 통합이 적응적이라는 개념에 주목한다(Figueredo, Woodley, Brown, & Ross, 2013). 반대로 느린 생활사(높은 K요인) 개체군에서는 상당히 분화된 GFP들이 나타나는데, 이는 느린 생활사 전략가들에서 저차원 성격 요인들의 상관관계가 낮게 나타나는 것을 설명해준다. 이에 비해 빠른 생활사(높은 r요인) 개체군에서는 그보다 덜 세분화된 GFP들이 특징적으로 나타나며, 이는 느린 생활사 개체군의 저차원 성격 요인들 사이에 상관성이 높게 나타나는 것을 설명해준다. 이것을 전략적 분화-통합 노력SD-IE:

Strategic Differentiation–Integration Effort 이론이라고 하는데, 그 기초에 놓인 생각은 동일종의 밀도와 개체 간 경쟁 수위가 높고, 성격 분화의 개인 간 변이가 큰 곳에서는 의욕적(사회적 인지 및 심리사회적 행동의) 분화가 있으면 니치 분할의 효과가 높아진다는 것이다.

GFP의 통합 또는 분화에서 나타나는 이 체계적인 개인차는 필시 환경의 적응적 요구에 응한 결과로, 그런 개인차를 관찰하면서부터 진화한 성격의 구조가 완전히 새로운 방식으로 보이기 시작했다. 다시 말해서, 진화한 성격의 구조는 여러 기제—일반적으로 생활사 자원 분배의 연계나 조정을 이루려는 선택압 아래서 정교하게 빚어진 기제—에 의해 통제되며, 구체적인 맥락과 영역들로 구성된 다면적인 적응적 환경에서 생존과 강화의 우발적 성격이 요구한 것이라는 인식이 새롭게 대두했다.

이 이론을 경험적으로 검증하려면 성격의 개인차가 진화하고 발달하는 것과 마찬가지로 성격의 구성개념들(그리고 일반적인 생활사 특성들)이 조건에 따라 분화하고 통합되는 것도, 그와 관련된 진화 이론이 명시하는 바대로 그리고 우리가 제시한 구체적인 기제들을 통해서, 체계적이고 **예측 가능**하며 적응적으로 **전략적**이라는 것을 입증해야 한다. 이제 우리는 이 이론을 결정적으로 검증한 사례에 주목하고자 한다. 갈수록 늘어나고 있는 그 모든 사례가 차이진화심리학의 인지적·의욕적 개인차 요인들의 분화와 통합이 **전략상 조건적**이라는 것을 밝히고 있다.

SD-IE 이론의 경험적 검증

느린 생활사를 보이는 계통은 환경 안정성이 높으면 그에 반응해서 인지적·의욕적 분화를 할 수 있어야 한다는 사실이 밝혀지면서 생활사 연구 분야에 새로운 불꽃이 일었다(Woodley, 2011). 이는 느린 생활사 개체군이 빠른 속도로 증가해서 환경의 수용 능력을 잠식하면 그로 인해 극심한 개체 간 경쟁이 출현하기 때문이다. 인지적·의욕적 분화는 **친사회적 경쟁**, 즉 비좁은 사회문화적 마이크로니치를 점하기 위한 경쟁을 부추긴다. 이렇게 친사회적 경쟁에 불이 붙으면 종내 **형질치환**이 발생해서 모든 개체가 저마다 **비교우위**를 갖게 된다. 비교우위는 다시 높은-K의 스페셜리스트들로 이루어진 다양화된 개체군의 전체 효율을 끌어올리고 그렇게 해서 환경의 수용 능력이 높아진다(성격의 진화와 발달에 관하여 피구에레도와 세프체크Sefcet 외, 2005이 처음 제시한 산호초 모형에서 처음으로 예측했듯이). 반면에, 빠른 생활사를 가진 개인들은 인지적·의욕적 제너럴리스트에 해당한다. 제너럴리스트가 되면 불안정한 환경에 더 잘 대처한다. 다종다양한 사회문화적 마이크로니치 사이에서 **조건에 따라 전환**을 할 수 있기 때문이다. 그렇다 보니 그들은 특정한 때에 단일한 니치 환경에는 거의 투자하지 않고, 오랜 시간에 걸쳐 시공간적 이질성에 대응하면서 많은 영역을 점할 수 있게 된다.

이 이론은 원래 개인차 문헌에 있는 이례적 현상을 해결하기 위해 개발되었다. 다시 말해서, 생활사의 속도가 왜 개체군 수준의 총계를 고려할 때만 일반 지능과 양의 상관관계를 보이고(Rushton, 2004), 개인차의 수준에서 고려할 때는 그런 상관관계를 전혀 보이지 않는지(Woodley, 2011)를 알기 위함이었다. 이 이례적 현상을 '러시턴의 역설'이라 한다(Meisenberg & Woodley, 2013). 이 의문을 풀어줄 만한 개념이 하나 있다. 개체 수준에서는 K요인이 g요인(일반 지능 요인)에 큰 영향을 미치지는 않지만, 그럼에도 발달기에 g요인의 양의 다양체positive manifold를 강화할 만큼의 노력을 통제할 수 있고, 그에 따라서 K가 높은 개인은 K가 낮은 개인보다 더 전문화된 능력 그래프의 윤곽과 더 약한 g를 나타낸다는 것이다. 이 모델에서 g의 수준은 G. F. 밀러(2000a)의 적합도 지표 이론이 말하는 적합도 지표의 역할을 하고, 그래서 K와 유전적으로 무관하다.

이 **인지적 분화─통합 노력**CD-IE: Cognitive Differentiation–Integration Effort 가설은 **연속 매개변수 측정법**CPEM: Continuous Parameter Estimation Method(Gorsuch, 2005)을 통해 검증되었다. 이 측정법은 공통 요인과 구성요소 점수 간의 개인 수준의 외적cross-product을 이용해서 특성 공변화 수준의 개인차를 측정할 수 있다(Woodley, Figueredo, Brown, & Ross, 2013). CD-IE 효과는 총 1만 2,374명에 달하는 개인 수준의 표본 네 개(학생 표본 두 개와 나라를 대표하는 표본 두 개)를 통해서 검증되었다. 네 개의 표본 모두에서 예상했던 음의 방향으로 통계상 유의한 CD-IE 효과가 탐지되어, 잠재된 공통 요인(K)이 높아지면 그에 비례해서 수렴성 지표들 간의 공변화가 약해진다는 것을 보여주었다. **전략적 분화─통합 노력**(SD-IE) 가설은 CD-IE 현상에 대한 연구에서 파생되었다(Woodley et al., 2013). GFP의 역사를 살펴본 절에서 언급했듯이, SD-ID 맞거래는 생활사 자체의 의욕적·행동적 적합도 영역들 사이에서 발생하는데, 느린 생활사 개인들은 더 전문화된 행동 및 성격 윤곽을 나타내고 빠른 생활사 개인들은 정반대 경향을 나타낸다.

브론펜브레너Bronfenbrenner(1979)는 **생태계 이론**ecological systems theory에서, 발달 중인 개인을 둘러싼 사회적 영향력들의 경계를 나타내는 일련의 동심원을 규정했다. 그는 각 동심원의 상대적 계급을 뜻하는 그리스어 접두사를 이용해서, 이 위계적 내포 체계에 포함된 동심원들의 포괄성을 명시했다. **미시체계**microsystem, **중간체계** mesosystem, **외체계**exosystem, **거시체계**macrosystem. 진화심리학자들은 각각의 체계가 생성하는 다양한 선택압을 이해하기 위해 이 기본적인 틀을 적용했는데(Figueredo, Brumbach, et al., 2007), 구체적으로 보자면, (a) 더 진화적인 수준의 사회 조직에 맞게끔 그 이론틀을 채택하고, (b) 그 원리를 일반화해서 발달적 시간에 걸쳐 발생하는 현상에만 적용하지 않고 진화적 시간에 걸쳐 발생하는 현상도 포함시켰다. 생태계 이론을 이렇게 진화적으로 적용한 것과 같은 맥락에서, 위계적으로 내포된 사회 조직의 여러 수준에 걸쳐서 유사하지만 동일하지는 않은 선택압(발달의 영향 포함)이 존재할 경우에 SD-IE 이론이 내놓을 수 있는 예측들도 조직의 다양한 수준에서 경험적 검증을 거쳤다. 위에서 언급한 최초의 CD-IE 결과를 포함하여 이 이론을 경험적으로 검증한 여러 연구결과가 표 40.1에 요약되어 있다.

CD-IE 효과와 마찬가지로, 예측한 SD-IE 효과에 대한 개인 수준의 검증도 총 개체수(n)가 7,749에 달하는 학생 표본 두 개와 나라를 대표하는 표본 두 개를 통해 이루어졌다. 모든 표본에서 SD-IE의 효과 크기는 통계적으로 유의미하고, 규모가 상당했으며, 예측했던 음의 방향으로 나타나서, SD-IE의 존재를 확인시켜주었다. 그리고 생활사 전략의 저차원 수렴성 지표들과 고차원 잠재성 공통 요인에서도 SD-IE가 발견되었는데, 그 효과의 규모는 고차원 요인의 절댓값에서는 상당히 더 컸다. 생활사 특성의 양의 다양체는 SD-IE 효과가 나타나는 자리라고 예측되었는데, 그 현상은 개체들이 구체적인 생활사 영역에 노력을 할당하는 방식의 근본적인 재구성을 수반하기 때문이다. 이 두 건의 대규모 개인차 수준 연구에 대해서 마지막으로 짚어볼 점은 그 효과가 성차와 뒤섞여 있지 않다는 것이다. 성적이형지표를 구성하고 이것을

표 40.1 사회 조직의 위계적 내포 수준이 올라갈 때의 CD-IE 효과와 SD-IE 효과

등급	효과 유형	평균 효과 크기(β)	표본 크기 (N)	참고문헌
개인 수준	CE-IE[1]	-.10	12,374명	Woodley, Figueredo, Brown, and Ross (2013)
	SD-IE(슈퍼-K, 스웨덴)	-.36	쌍태아 1,726명	Woodley of Menie, Figueredo, Cabeza de Baca, Fernandes, Madison, and Black (2015)
	SD-IE(슈퍼-K, 미국)	-.32	7,749명	Figueredo, Woodley, Brown, and Ross (2013)
	SD-IE(K요인, 미국)	-.31		
	SD-IE(GFP, 미국)	-.25		
	SD-IE(공활성, 미국)	-.38		
	성사회적 SD-IE(브라질)	-.25	448명	Fernandes, Woodley, Kruger, and Hutz (2014)
	성사회적 SD-IE(미국)	-.29	318명	
	성사회적 SD-IE(다국적)	-.37	112명	
지역 수준	CD-IE(이탈리아)	-.43	18개 카운티	Armstrong, Fernandes, and Woodley (2014)
	CD-IE(스페인)	-.78	18개 주	
	SD-IE(이탈리아)	-.49	18개 카운티	
	SD-IE(스페인)	-.56	18개 주	
	SD-IE(일본)	-.22	47개 현	Woodley, Fernandes, and Madison (2014)
	SD-IE(미국)	-.44	50개 주	Fernandes and Woodley (2013)
국가 수준	CD-IE	-.23	76개국	Woodley and Fernandes (2014)
	SD-IE	-.43		
대륙 수준	CD-IE[1]	-.17	관찰 107건	Woodley, Figueredo, Brown, and Ross (2013)
종 수준 (유인원)	SD-IE	-.32	120종	Fernandes, Figueredo, and Woodley (2014)

[1]CD-IE 효과는 g/K의 상관관계가 없거나 기존의 상관관계들이 제거된 상태에서 얻은 것이다.

회귀분석에서 조절변수로 사용했기 때문이다. 결과적으로, CD-IE와 SD-IE는 성-보편적인 개인차 요인들로 구성되어 있다.

최근 들어서는 미국의 중년층 조사MIDUS(일란성 쌍둥이 316쌍과 이란성 쌍둥이 274쌍)와 스웨덴의 성인 쌍둥이 코호트 연구STAGE(일란성 쌍둥이 863쌍과 이란성 쌍둥이 475쌍)에서 나온 쌍둥이 데이터를 사용해서 슈퍼-K의 구성요소들에 미치는 SD-IE 효과의 유전 가능성을 추정했다. SD-IE 효과의 유전 가능성은 미국 표본에서는 0.3부터 0.674까지고, 스웨덴 표본에서는 0.55부터 0.61까지로 밝혀졌다. GFP에 미치는 SD-IE 효과의 구체적인 h^2는 미국 표본에서는 0.3, 스웨덴 표본에서는 0.61로 나타났다(Woodley of Menie et al., 2015)

비교문화 연구에서 브라질인(n=448), 미국인(n=318), 다국적(n=112) 표본의 성 전략 지표 사이에서도 개인 수준의 SD-IE 효과가 탐지되었다(Fernandes, Woodley, Kruger, & Hutz, 2014). 성사회적 행동, 애착 불안과 회피, 성교 후 감정의 요인들, 배우자 가치에 대한 점수들은 빠른 생활사를 가진 개인들 사이에서 점수 간 편차가 적게 나타난다. 특정 국가의 표본에 비해 다국적 표본에서는 전략적 분화 및 통합이 훨씬 더 높은 범위에 속했으며, 그 이유 중 하나는 이 표본에서 집단의 계층화가 더 심하기 때문일 것이다. 다국적 표본은 생활사 속도(Rushton, 2000)와 전략적 통합 및 분화(Woodley & Fernandes, 2014)의 총계가 다종다양한 대륙과 민족적·유전적 집단의 개인들로 구성되었다.

각각의 개체군 수준에서 우들리와 페르난데스(2014)가 보여준 잠재적으로 중요한 이론적 혁신은 집단 수준의 형질치환 개념이다. 개체 수준의 형질치환을 선호하는 생태학적 체제는 또한 집단 수준에서도 이 과정을 선호하며, 특히 집단 수준의 경쟁과 개체 수준의 경쟁이 함께 벌어지면 전체적으로 전문화된 집단들 사이에 다층적 선택의 기회가 발생한다고 연구자들은 주장했다.

이렇게 더 확장된 이론을 검증하기 위해 연구자들은 다른 국가의 몇몇 표본에 있는 지역 수준의 데이터 집계를 가지고 집단 수준별 SD-IE의 현상들을 반복 검증했다. 페르난데스와 우들리(2013)는 다섯 가지 생활사 변수에 대한 미국 주州 수준의 데이터를 사용해서 슈퍼K 요인을 구성했다. 미국의 주들에 걸쳐서 통계적으로 유의한 SD-IE 효과, 즉 규모가 상당하고 예상했듯이 음의 방향성을 가진 효과가 탐지되었다. 집단 수준의 SD-IE를 검증한 또 다른 연구에서는 일본의 47개 현을 대상으로 두드러진 여덟 가지 생활사 지표에 따라 수집한 총계 수준의 데이터를 사용했다(Woodley, Fernandes, et al., 2014). 데이터를 분석하자 이 지표들 사이에서 크게 세 갈래로 나뉜 요인 구조가 드러났고 그 기초에는 높은 수준의 분화가 있었는데, 이는 일본이 전체적인 생활사 속도가 가장 느린 나라 중 하나라는 관찰 결과와 일맥상통한다(Woodley & Fernandes, 2014). 따라서 SD-IE의 수량화를 시도한 연구자들은 그 다섯 가지 지표에 초점을 두었는데, 이 지표들은 '주요한 K요인'을 구성한다고 간주되었기 때문에 첫 번째 주축상에 올려져있다. 일본의 47개 현 전체에 걸쳐서 통계적으로 유의한 SD-IE 효과, 즉 규모가 상당하고 예상했듯이 음의 방향성을 가진 효과가 확인되었다.

암스트롱Armstrong, 페르난데스, 우들리(2014)는 스페인과 이탈리아의 지역 수준 데이터를 사용해서 집단 수준의 SD-IE를 마지막으로 검증했다. 이 분석에서 연구자들은 생활사 지표의 총계를 스페인 18개 주에서 6개, 이탈리아 18개 주에서 4개를 모았다. 그리고 각기 다른 인지능력 지표를 이탈리아 표본에서 5개, 스페인 표본에서 4개 수집했다. 스페인의 18개 주와 이탈리아의 18개 주에서 규모가 상당하고 예상했듯이 음의 방향성을 갖는 CD-IE와 SD-IE의 효과가 탐지되었다.

그보다 더 높은 개체군 구조 수준에서, 우들리와 페르난데스(2014)는 구세계 76개 국가의 표본을 사용해서, K 슈퍼-인자를 구성하는 전체 **국가 수준**의 생활사 측정치 10개(Templer, 2008)에 가해진 SD-IE의 영향을 발견했다. 더 높은 **대륙 수준**의 유전적 인구 집단에서는 최근에 또 다른 연구자들이 1960년대에 프로젝트탤런트Project Talent가 수집한 데이터까지 거슬러 올라가는 미국 인구들의 데이터를 사용해서 집단 수준의 SD-IE를 분석했다(Dunkel, Cabeza de Baca, Woodley, & Fernandes, 2014). 연구자들은 이 데이터를 조상이 기원한 지리학적 지역에 기초해서 크게 세 집단—아프리카(n=6,533), 유럽(n=147,355), 아시아—으로 분류했다. 연구자들은 학생 활동 목록에 기초한 성격의 하위 척도 10개를 사용해서 GFP를 구성하고, 인지능력을 측정하는 하위 검사 16개로부터 일반 지능에 관한 데이터를 얻었다.

분자유전학 연구에서 밝혀진 바로는 대륙 수준의 인구 집단들이, 개별 대립유전자의 상대도수(잠재된 대립유전자 다발 또는 전체 일배체형의 상대도수와 대조되는)로 측정된 세계 수준의 유전적 생물다양성의 분산에서 차지하는 비율이 약 10%밖에 되지 않지만, 이 대륙 수준의 인구 집단 세 개는 평균적인 생활사 속도에서 통계적으로 유의한 차이를 나타냈다(예를 들어, Rushton, 1985). 따라서 각 집단 내에서는 개인 간 변이가 우세하다 해도(예를 들어, Figueredo, Vásquez, Brumbach, & Schneider, 2004, 2007) 이 대륙 수준의 분류 집단에 대한 데이터가 다량으로 존재한다면 그 분류 집단을 생활사 총계의 평균차를 대신하는 편리한 **대용물**로 사용할 수 있다. 그야말로 수백만의 개인을 종합했을 때 이 평균차들은 기대하는 수준의 통계적 유의성에 반드시 도달하기 때문이다. 생활사 속도의 평균차를 서로 비교할 때 이 대륙별 인구 집단의 순위는 아프리카 > 유럽 > 아시아 순서로 생활사 속도가 점점 느려진다(Rushton, 2000). 따라서 CD-IE와 SD-IE 이론에 기초할 때, GFP와 g요인 간의 집단 내 상관관계는 세 집단의 전체 생활사 속도 총계에 따라 강도가 달라질 것이라는 가설이 성립했고, 그 결과는 예측과 일치했다.

마지막으로 분류학상 가장 높은 영장류 목의 수준을 보면 SD-IE 이론은 인간 개인과 집단 수준의 개인차를 뛰어넘어 적용되는 것으로 나타나는데, 여섯 가지 생활사 특성을 지닌 여러 영장류 종 사이에서 SD-IE 효과가 탐지되었다(Fernandes, Figueredo, & Woodley, 2014). 영장류 120개 종을 대상으로, 계통발생의 효과—예를 들어 계통발생적 관성(관계가 먼 분기군보다는 관계가 밀접한 분기군 사이에 유사성이 높다; Felsenstein, 1985)과 세대 시간 및 DNA 복구 기제의 차이로 인해 빠른 생활사 종들에게 나타나는 빠른 진화 속도(예를 들어, Bromham, 2009)—를 모두 통제한 뒤에 (계통발생의 효과는 적응의 효과와 별개다; Tinbergen, 1963을 보라), 통계적으로 유의하고 음의 특성을 지닌 SD-IE 효과가 탐지되었다. 중요한 것은, 종들의 두개내 용적으로도 생활사 분화를 예측하는 것이 가능했지만(ß=−0.25), K요인이 그 효과를 충분히 조정했다. 한편 사회성은 통계적으로 유의할 만큼 SD-IE에 직접적인 영향을 미치지는 않았지만, 대신에 두개내 용적에 상당히 큰 영향을 끼침으로써 생활사 분화에 간접적인 영향을 미쳤다(Dunbar, 2010; Fernandes, Woodley, et al., 2014).

비인간 영장류와 생활사가 느린 인간에게서 더 약한 GFP가 똑같이 발견되는 것은 모순처럼 보일 수도 있지만, 생활사가 느린 인간에게 더 약한 GFP가 존재하는 것은 평가 대상이 된 다른 영장류(원숭이가 아니라 주로 다른 유인원들)의 하위 집합에서

GFP가 완전히 부재한 경우와 결코 동일하지 않다. 어떤 경우에는 GFP가 진화하지 않았거나 탐지될 정도로 충분히 진화하지 않았다고 우리는 주장한다. 고릴라와 침팬지 같은 종이 여기에 해당한다. 다른 경우에는 GFP가 정신구조로 존재할 뿐 아니라, 환경 조건에 대응하여 그 구성요소들을 적응적으로 통합하거나 분화하는 기제가 진화했다고 우리는 주장한다. 인간이 이 경우에 해당하고, (지금까지 우리가 아는 바로는) 인간에게만 특유한 듯하다. 이 경우는 단지 그 구조의 존재 여부를 결정하는 것보다 훨씬 더 복잡하고 정교한 심리 기제들, 즉 GFP를 구축하는 발달 프로그램을 갖고 있을 뿐 아니라 그 기능을 수행할 수 있도록 발달 스위치까지 갖춘 후성적 제어 기제를 가리킨다. 흥미롭게도, 유인원의 SD-IE를 입증하는 최근 연구에서 GFP가 출현하기 전에 이런 기제가 생활사 특성을 분화하기 위해 진화했다고 강력히 주장한다. 이 주장은 성격이 우리 호미닌 계통의 생활사 전략 속에 더 완전히 통합되었을 때 SD-IE가 GFP에 영향을 미치기 시작했음을 의미한다.

SD-IE의 경험적 검증에 대한 이론적 해석

이 축적되고 있는 증거에 입각해서 우리는 다음과 같이 주장한다. 성격 구성개념의 분화와 통합 그리고 일반적인 생활사 특성의 분화와 통합은 생활사의 전반적인 속도(패스트–슬로 연속체 또는 'r-K' 연속체)에 따라, 궁극적으로는 진화와 발달의 시간에 걸쳐 그 선택을 지배한다고 알려진 충분히 입증된 생태학적 조건에 따라 **전략적으로 달라진다**. 사실 이 효과는 여러 동식물 종에서 나타난다(더 포괄적인 개괄을 위해서는, Ellis, Figueredo, Brumbach, & Schlomer, 2009를 보라). 생활사 속도를 형성하는 주요한 선택압은 환경의 안정성 그리고 그 환경이 제공하는 바를 **예측**하고 **통제**하는 유기체의 상대적인 능력이다. 여기서 통제 가능성이 특히 중요하다. 나머지 두 차원은 통제 능력의 논리적 전제 조건이기는 하지만, **외인성 이환율/사망률**이 높으면 **빠른(r) 생활사**가 유지되기 때문이다. 다시 말해, 진화가 가능한 생리 기제 또는 심리 기제로 통제할 수 없는 치명적인 질병과 죽음이 높은 수준으로 존재하면 느린 생활사 전략은 도태된다. 반대로, **내인성 이환율/사망률**은 생물학적으로 진화가 가능한 기제에 의해 부분적으로 통제될 수 있는 매개변수로, 내인성 이환율/사망률의 수준이 높으면 느린(K) 생활사 전략이 선택적으로 선호된다.

우리가 위에서 제시한 반론의 명시적 조건에는, 그와 관련된 진화 이론들도 명시했듯이, 성격 구성개념의 조건적 분화와 통합(그리고 일반적인 생활사 특성들의 분화와 통합)은 체계적이고 **예측 가능**하며 적응상 **전략적**이라는 증거들이 포함되었다. 우리는 생활사 이론이 의미 있는 해석틀임을 확인했으며, 그 과정에서 기초로 삼은 우리의 심리측정 연구들은 고차원과 저차원의 성격 구성개념을 모두 포함해서 잠재된 생활사 특성의 위계적 구조를 조사한 것들이었다. 따라서 우리는 중요한 검증 조건들을 적어도 일부는 충족했으며, 거듭되는 거센 반박 속에서도 우리의 통합적 이론은 여전히 유효하다고 주장할 수 있다.

물론 이런 경우에 과학철학은 우리가 이 통합적 이론을 '입증'한 것이 아니라 '뒷받침'했다는 주장밖에 지지하지 못할 것이다. 앞으로의 연구가 이 개념화를 진전시키려면 다른 조건들을 충족해야 한다. 이제 우리는 새로운 검증을 위한 다양한 제안을 살펴보고자 한다.

미래의 성격 연구가 더 확실해지기 위해서는 이른바 **수직적 통합**을 적용할 필요가 있다고 우리는 제안한다. 여기서 말하는 수직적 통합이란 심리학의 토대라고 볼 수 있는 학과들, 특히 생리학, 해부학, 유전학이 성격 이론과 관련하여 제시하는 지식 그리고 심리학에 기초한 학과들, 특히 진화생물학, 진화인류학, 생태학, 동물행동학이 성격 이론과 관련하여 제시하는 지식을 통합하는 것이다. 뿐만 아니라, 이른바 **수평적 통합**으로서 대조실험에서부터 자연관찰에 이르는 복수의 방법을 연구에 활용해야 한다(예를 들어, Jacobs, 1994; Jones, Wenner, & Jacobs, 2005). 이 점이 특히 중요한 것은 성격 연구를 지탱하는 방법들이 저마다 고유한 태생적 결함을 갖고 있기 때문인데, 관찰과 관련하여 발생하는 관찰자 표류drift와 반응성이 대표적이다(Jacobs et al., 1988; Klahr & Simon, 1999; Repp, Nieminen, Olinger, & Brsca, 1988).

인지와 의욕의 개인차 요인들이 전략적으로 조건에 따라 분화하고 통합하는 유기적 실행 혹은 **근접 조정**에 구체적으로 어떤 계통발생 및 개체발생 기제들이 관여하는지는 아직 입증되지 않았다. 예를 들어, 불안정하고 예측할 수 없고 통제할 수 없는 환경에서 생활사 특성들(가령, 성격 구성개념들)은 더 통합적이고, 반면에 안정적이고 예측할 수 있고 통제 가능한 환경에서 생활사 특성들(가령, 성격 구성개념들)은 더 분화한다는 것을 입증하는 것으로는 충분하지 않다. 이러한 것들은 서술에 불과하다. 우리는 또한 분화가 전략상 **조건적**일 뿐 아니라 전략상 **적응적**이라는 것도 보여주어야 한다. 다시 말해서, 상대적으로 증가하고 감소하는 생활사 및 성격 영역들에 대한 자원 분배가 구체적인 환경이 제공하는 적합도 이익 및 손실과 일치해야 한다. 구체적으로 말하자면, 높은 적합도 이익과 관련된 형질—특이적 적응 영역에는 더 많은 자원이 할당되어야 하고, 낮은 적합도 이익과 관련된 형질—특이적 적응 영역에는 더 적은 자원이 할당되어야 한다.

이것을 경험적으로 입증하기 위해서는, 이미 측정된 각기 다른 개인들의 형질에 대해 준실험 설계와 진실험 설계를 혼합해서 연구하고, 그런 뒤 각기 다른 환경(실험실에서 조작할 수 있는 환경들)에서 그들이 행동적 노력을 어떻게 분배할지를 예측하는 것이 효과적일 수도 있다. 그런 뒤에 다양한 개인들을 같은 조건에 노출시키고 행동적 노력의 분배를 관찰해서 그 결과가 예측한 양상과 일치하는지를 볼 수 있다. 이와 비슷한 연구가 있었다. 셔먼Sherman, 피구에레도, 펀더Funder(2013)는 빠른 생활사 개인과 느린 생활사 개인의 행동에 대해 이론적으로 예측한 양상(전문가 패널이 만들어 낸)을, 연구 참가자들이 빠른 생활사 개인과 느린 생활사 개인의 전형적인 특성 평점에 자기 자신을 매칭시킨 자기보고와 비교했다.

이 연구를 수행하려면 관심을 둔 생활사 특성(또는 일반적인 구성개념들)을 미리 테스트해서 혼합—설계 실험의 예상 결과를 가리키는 적당한 브런즈윅 대칭을 구비해야 할 수도 있다. 그런 연구의 이 단계가 반드시 혼합 설계여야 하는 이유는 생활사 속도가 오랜 시간에 걸쳐 꽤 안정적인 데다가 성인이 되면 유전률이 높게 나타나고 (h^2 ca. .65; Figueredo et al., 2004; Figueredo & Rushton, 2009). 그래서 어떤 실험 조작으로도 크게 변하지 않기 때문이다. 더 중요한 것은, 생활사 속도는 임의로 지정할 수 없으며, 이는 진실험 설계의 필요조건이라는 것이다. 하지만 (앞서 언급한 이론을 바탕으로) 우리는 환경적 맥락이 근접 시간 안에 생활사 특성의 행동적 발현에 영향을 미친다고 예측한다. 이른바 인간—상황의 상호작용이 체계적이고 예측가능한 것으로 명시되면(우리 이론이 요구한 대로), 우리는 이론이 예측 하는 차별적이고 맥락—특이적인 행동의 양상을 구체적으로 얻을 것이다.

예를 들어, 참가자들의 생활사 전략이 빠른지 느린지를 (설문지로) 미리 조사한 뒤에 실험실에서 만족지연 과제를 수행하도록 한다면, 우리는 빠른 생활사 전략이 장기적인 적합도 이익보다 단기적인 적합도 이익을 선호하고, 장기적 적합도 이익을 위해 단기적 적합도 손실을 수용하지는(혹은 단기적 이익을 미루지는) 않을 것이라고 예측한다. 반대로, 느린 생활사 전략은 단기적인 적합도 이익보다 장기적인 적합도 이익을 선호하고, 장기적인 적합도 이익을 위해 단기적 적합도상의 손실을 수용하지는(혹은 단기적 적합도 이익을 미루지는) 않을 것이라고 예측한다.

예를 들어, 미셸Mishel과 에베센Ebbesen(1970; 또한 Mischel, Shoda, and Rodriguez, 1989를 보라)은 진실험 설계를 적용해서 이미 유명해진 '마시멜로 실험'으로 아이들의 만족지연을 조사했고, 기꺼이 만족을 지연하는 아이들과 그렇지 않은 아이들을 관찰 가능한 행동에 기초해서 구분할 수 있었다. 미셸은 성격의 특성 이론을 비판한 유명한 연구자답게, 아이들이 이미 갖고 있을지도 모를 선재하는 특성에 아이들의 행동을 매칭해서 차별적인 반응을 예측해보려고는 시도하지 않았다. 이 현상을 재검토하면 기본적으로 생활사 전략에 대한 사전과제 평가에 기초해서 그 차별적인 반응을 예측하게 될 것이다. 이와 마찬가지로, 느린 생활사 전략가보다는 빠른 생활사 전략가들이 죄수의 딜레마 과제에서 '변절할' 가능성이 높다고 우리는 예측한다. 느린 생활사 전략가들이 일반적으로 장기적인 사회적·성적 관계를 유지하는 데 투자를 더많이 한다.

결론

요약하자면, 먼저 우리는 『핸드북』 초판(Buss, 2005)에 실린 동일한 주제의 장에서 전체적인 내용과 결론을 요약하여 재검토했다. 그리고 우리의 추론을 GFP의 진화적 의의로 확장해서, 구성개념으로서의 GFP의 역사와 최근에 GFP의 타당성을 확인한 계량심리학 실험들을 두루 살펴보았다. 우리는 고차원적 성격 요인의 진화뿐 아니라 저차원적 성격 요인의 지속성을 이해할 수 있는 진화적 이론틀을 제시했다. 그런 뒤 그 틀에서 나온 모험적인 예측을 경험적으로 검증하는 실험들을 검토하고 평가했으며, 그 결과가 이론상의 예측과 대체로 일치한다는 것을 발견했다. 이어서 우리는 성격의 다양한 반자율적 구성요소들 사이에 복잡하고 역동적인 관계가 있음을 밝히는 데 도움이 될 수 있는 연구 설계를 제안했다.

이 검토를 바탕으로 우리는 생존과 번식의 요구가 우발적인 것과 마찬가지로 성격이 단일하면서도 다중적이라고 주장한다. 성격은 지속적이고 안정적인 동시에 미세하게 조정되기도 한다. 오래전에 고든 올포트Gordon Allport(1961)가 묘사했듯이, "성격은 개인의 마음속에서 이루어지는 정신물리학적 체계들의 역동적인 조직으로, 개인의 독특한 행동과 생각은 여기서 결정된다(p. 28)." 피구에레도, 콕스Cox, 라인Rhine은 성격이 "(1) 정의할 수 있는 구성개념이고, (2) 끊임없이 변화하고 적응하는 유기체의 유동성을 드러내며, (3) 관찰자에 의해 구성되기보다는 그 개인의 특징을 직접 반영한다(p. 168)"라고 밝혔다. 차별진화심리학자로서 우리가 앞으로 수행해야 할 과제는 이 유기적이고 변화무쌍한 현상의 궁극 원인과 근접 원인을 식별하는 일일 것이다.

참고문헌

Allport, G. (1961). *Pattern and growth in personality*. New York, NY: Holt, Rinehart & Winston.

Anusic, I., Schimmack, U., Pinkus, R., & Lockwood, P. (2009). The nature and structure of correlations among Big Five ratings: The Halo-Alpha-Beta model. *Journal of Personality and Social Psychology, 97*, 1142–1156.

Armstrong, E. L., Fernandes, H. B. F., & Woodley, M. A. (2014). SD-IE and other differentiation effects in Italy and Spain. *Personality and Individual Differences, 68*, 189–194.

Ashton, M. C., Lee, K., Goldberg, L. R., & de Vries, R. E. (2009). Higher-order factors of personality: Do they exist? *Personality and Social Psychology Review, 13*, 79–91.

Ashton, M. C., Lee, K., Perugini, M., Szarota, P., de Vries, R. E., Di Blas, L., . . . De Raad, B. (2004). A sixfactor structure of personality-descriptive adjectives: Solutions from psycholexical studies in seven languages. *Journal of Personality and Social Psychology, 86*, 356–366.

Bäckström, M., Bjorklund, F., & Larsson, M. R. (2009). Five-factor inventories have a major general factor related to social desirability which can be reduced by framing items neutrally. *Journal of Research in Personality, 43,* 335–344.

Brand, C. R. (1994). Open to experience—Closed to intelligence: Why the "Big Five" are really the "Comprehensive Six." *European Journal of Personality, 8,* 299–310.

Bromham, L. (2009). Why do species vary in their rate of molecular evolution? *Biology Letters, 5,* 401–404.

Bronfenbrenner, U. (1979). *The ecology of human development: Experiments by nature and design.* Cambridge, MA: Harvard University Press.

Brunswik, E. (1952). *The conceptual framework of psychology (International Encyclopedia of Unified Science, Vol. 1, No. 10).* Chicago, IL: The University of Chicago Press.

Buss, D. M. (1985). Human mate selection. *American Scientist, 73,* 47–51.

Buss, D. M. (1989). Sex differences in human mate preferences: Evolutionary hypotheses tested in 37 cultures. *Behavioral and Brain Sciences, 12,* 1–49.

Buss, D. M. (1991). Evolutionary personality psychology. *Annual Review of Psychology, 42,* 459–491. Buss, D. M. (Ed.). (2005). *The handbook of evolutionary psychology.* Hoboken, NJ: Wiley.

Campbell, D. T., & Fiske, D. W. (1959). Convergent and discriminant validation by the multitraitmultimethod matrix. *Psychological Bulletin, 56*(2), 81.

Cattell, R. B. (1946). *The description and measurement of personality.* New York, NY: World Book.

Cloninger, C. R., & Gilligan, S. B. (1987). Neurogenetic mechanisms of learning: A phylogenetic perspective. *Journal of Psychiatric Research, 21,* 457–472.

Costa, P. T., Jr. & McCrae, R. R. (1992). *Revised NEO personality inventory (NEO-PI-R) and NEO five-factor inventory (NEO-FFI) manual.* Odessa, FL: Psychological Assessment Resources.

Darwin, C. (1871). *The descent of man, and selection in relation to sex.* London, England: D. Appleton & Co.

Darwin, C. (1968). *On the origin of species by means of natural selection.* New York, NY: Penguin Books. (Original work published 1859).

DeYoung, C. G., Peterson, J. B., & Higgins, D. M. (2002). Higher-order factors of the Big Five predict conformity: Are there neuroses of health? *Personality and Individual Differences, 33,* 53–552.

Digman, J.M. (1997).Higher-order factors of the Big Five. *Journal of Personality and Social Psychology, 73,* 1246–1256.

Dunbar, R. I. (2001). Brains on two legs: Group size and the evolution of intelligence.

In F. B. M. de Waal (Ed.), *Tree of origin: What primate behavior can tell us about human social evolution* (pp. 173–191). Cambridge, MA: Harvard University Press.

Dunbar, R. I. M. (2010). Brain and behaviour in primate evolution. In P. H. Appeler & J. Silk (Eds.), *Mind the gap: Tracing the origins of human universals* (pp. 315–330). Berlin, Germany: Springer.

Dunkel, C. S., Cabeza de Baca, T., Woodley, M. A., & Fernandes, H. B. F. (2014). The general factor of personality and general intelligence: Testing hypotheses from Differential-K, Life History Theory, and Strategic Differentiation-Integration Effort. *Personality & Individual Differences, 61-62*, 13–17.

Eaves, L. J., Martin, N. G., Heath, A. C., Hewitt, J. K., & Neale, M. C. (1990). Personality and reproductive fitness. *Behavior Genetics, 20*(5), 563–568.

Ellis, B. J., Figueredo, A. J., Brumbach, B. H., & Schlomer, G. L. (2009). Fundamental dimensions of environmental risk: The impact of harsh versus unpredictable environments on the evolution and development of life history strategies. *Human Nature, 20*, 204–268.

Eysenck, H. J. (1976). *Sex and personality*. London, England: England Open Books.

Eysenck, H. J., & Eysenck, S. B. G. (1976). *Psychoticism as a dimension of personality*. London, England: Hodder & Stoughton.

Felsenstein, J. (1985). Phylogenies and the comparative method. *American Naturalist, 125*, 1–15.

Fernandes, H. B. F., & Woodley, M. A. (2013). Strategic differentiation and integration among the 50 states of the USA. *Personality & Individual Differences, 55*, 1000–1002.

Fernandes, H. B. F., Figueredo, A. J., & Woodley, M. A. (2014). *The coevolution of ecological specialismgeneralism, life history, brain size and sociality in the primate order*. Manuscript in preparation.

Fernandes, H. B. F., Woodley, M. A., Kruger, D. J., & Hutz, C. S. (2014). *The cross-national pattern in strategic differentiation and integration of sexual strategy indicators*. Manuscript in preparation.

Figueredo, A. J. (1995). The evolution of individual differences. Paper presented at *Jane Goodall Institute ChimpanZoo annual conference, Tucson, Arizona*.

Figueredo, A. J., Brumbach, B. H., Jones, D. N., Sefcek, J. A., Vásquez, G., & Jacobs, W. J. (2007). Ecological constraints on mating tactics. In G. Geher & G. F. Miller (Eds.), *Mating intelligence: Sex, relationships and the mind's reproductive system* (pp. 335–361). Mahwah, NJ: Erlbaum.

Figueredo, A. J., Cox, R. L., & Rhine, R. J. (1995). Generalizability analysis for confirmatory factor modeling with small samples. *EGAD Quarterly*, *1*(1), 6–11.

Figueredo, A. J., & King, J. E. (2001). The evolution of individual differences. In S. D. Gosling & A. Weiss (Chairs), *Evolution and Individual Differences Symposium conducted at the annual meeting of the Human Behavior and Evolution Society*, London, England, United Kingdom.

Figueredo, A. J., &Rushton, J. P. (2009). Evidence for shared genetic dominance between the general factor of personality, mental and physical health, and life history traits. *Twin Research and Human Genetics*, *12*(6), 555–563.

Figueredo, A. J., Sefcek, J. A., & Jones, D. N. (2006). The ideal romantic partner personality. *Personality and Individual Differences*, *41*, 431–441.

Figueredo, A. J., Sefcek, J. A., Vásquez, G., Brumbach, B. H., King, J. E. & Jacobs, W. J. (2005). Evolutionary personality psychology. In D. M. Buss (Ed.), *Handbook of evolutionary psychology* (pp. 851–877). Hoboken, NJ: Wiley.

Figueredo, A. J., Vásquez, G., Brumbach, B. H., & Schneider, S. M. R. (2004). The heritability of life history strategy: The K-factor, covitality, and personality. *Social Biology*, *51*, 121–143.

Figueredo, A. J., Vásquez, G., Brumbach, B. H., & Schneider, S. M. R. (2007). The K-factor, covitality, and personality: A psychometric test of life history theory. *Human Nature*, *18*, 47–73.

Figueredo, A. J., Vásquez, G., Brumbach, B. H., Schneider, S. M., Sefcek, J. A., Tal, I. R., & Jacobs, W. J. (2006). Consilience and life history theory: From genes to brain to reproductive strategy. *Developmental Review*, *26*(2), 243–275.

Figueredo, A. J., Vásquez, G., Brumbach, B. H., Sefcek, J. A., Kirsner, B. R., & Jacobs, W. J. (2005). The K-Factor: Individual differences in life history strategy. *Personality & Individual Differences*, *39*, 1349–1360.

Figueredo, A. J., Wolf, P. S. A., Olderbak, S. G., Sefcek, J. A., Frías-Armenta, M., Vargas-Porras, C., & Egan, V. (in press). Positive assortative pairing in social and romantic partners: A cross-cultural observational field study of naturally occurring pairs. *Personality and Individual Differences*. doi:10.1016/j.paid.2014.12.060

Figueredo, A. J., Woodley, M. A., Brown, S. D., & Ross, K. C. (2013). Multiple successful tests of the strategic differentiation-integration effort (*SD-IE*) hypothesis. *Journal of Social, Evolutionary & Cultural Psychology*, *7*, 361–383.

Fisher, R. A. (1930). *The genetical theory of natural selection*. Oxford, England: Clarendon Press.

Fleming, P. (2012). Social desirability, not what it seems: A review of the implications for self-reports. *The International Journal of Educational and Psychological Assessment*,

11, 3−22.

Freud, S. (1930). *Civilization and its discontents.* Berlin, Germany: Internationaler Psychoanalytischer Verlag Wien.

Friedman, H. S. (2000). Long-term relations of personality and health: Dynamisms, mechanism, tropisms. *Journal of Personality, 68*(6), 1089−1107.

Friedman, H. S., & Booth-Kewley, S. (1987). The "disease-prone personality": A meta-analytic view of the construct. *American Psychologist, 42*, 539−555.

Galton, F. (1869). *Hereditary genius.* London, England: Macmillan Everyman's Library.

Galton, F. (1884). Measurement of character. *Fortnightly Review, 36*, 179−185.

Garrison, F. H. (1966). *History of medicine.* Philadelphia, PA: W.B. Saunders.

Gonzaga, G. C., Carter, S., & Buckwalter, J. G. (2010). Assortative mating, convergence, and satisfaction in married couples. *Personal Relationships, 17*, 634−644. doi: 10.1111/j.1475−6811.2010.01309.x

Gorsuch, R. L. (2005). Continuous parameter estimation model: Expanding the standard 26 statistical paradigm. *Journal of the Science Faculty of Chiang Mai University, 32*, 11−27.

Gosling, S. D., & John, O. P. (1999). Personality dimensions in nonhuman animals: A cross-species review. *Current Directions in Psychological Science, 8*(3), 69−75.

Hellhammer, D. H., Hubert, W., Phil, C., Freischem, C. W., & Nieschlag, E. (1985). Male infertility: Relationships among gonadotropins, sex steroids, seminal parameters, and personality attitudes. *Psychosomatic Medicine, 47*(1), 58−66.

Hill, R. A., & Dunbar, R. I. (2003). Social network size in humans. *Human Nature, 14*, 53−72.

Hofstee, W. K. B. (2001). Intelligence and personality: Do they mix? In J. M. Collis & S. Messick (Eds.), *Intelligence and personality: Bridging the gap in theory and measurement* (pp. 43−60). Mahwah, NJ: Erlbaum.

Hofstee, W. K. B. (2003). Structures of personality traits. In I. B. Weiner (Series Ed.) & T. Millon &M. J. Lerner (Vol. Eds.), *Handbook of psychology: Vol. 5. Personality and social psychology* (pp. 231−254). Hoboken, NJ: Wiley.

Irwing, P. (2013). The general factor of personality: Substance or artefact? *Personality and Individual Differences, 55*, 234−232.

Jacobs, W. J. (1994, February). *Stress-induced characteristics of anxiety, fear, and specific phobias.* Invited colloquium presented to the Psychology Department, University of Southern California, Los Angeles, California.

Jacobs, W. J., Blackburn, J. R., Buttrick, M., Harpur, T. J., Kennedy, D., Mana, M. J., . . . Pfaus, J. G. (1988). Observations. *Psychobiology, 16*, 3−19.

Jones, D. N., Wenner, C., & Jacobs, W. J. (2005, June). *Getting the big picture: Methodological constraints on evolutionary approaches to psychological research using horizontal and vertical integration.* Invited symposium presented to the annual Human Behavior and Evolution Society, Austin, Texas.

Jung, C. G. (1964). *Man and his symbols.* New York, NY: Doubleday.

Just, C. (2011). A review of the literature on the general factor of personality. *Personality and Individual Differences, 50,* 165–771.

King, J. E., & Figueredo, A. J. (1997). The five-factor model plus dominance in chimpanzee personality. *Journal of Research in Personality, 31*(2), 257–271.

Klahr, D., &Simon, H. A. (1999). Studies of scientific discovery: Complementary approaches and convergent findings. *Psychological Bulletin, 125,* 524–543.

MacDonald, K. B. (1998). Evolution, culture, and the five-factor model. *Journal of Cross-Cultural Psychology, 29*(1), 119–149.

Mather,M. E., Frank, H. J., Smith, J. M., Cormier, R. D., Muth, R. M., & Finn, J. T. (2012). Assessing freshwater habitat of adult anadromous alewives using multiple approaches. *Marine and Coastal Fisheries, 4*(1), 188–200.

Mayr, E. (1982). *The growth of biological thought: Diversity, evolution, and inheritance.* Cambridge, MA: Harvard University Press.

Meisenberg, G., & Woodley, M. A. (2013). Global behavioural variation: A test of differential-K. *Personality & Individual Differences. 55,* 273–278.

Miller, G. F. (2000a). Mental traits as fitness indicators. In D. LeCrosy & P. Moller (Eds.), *Evolutionary perspectives on human reproductive behavior* (pp. 62–74). New York, NY: New York Academy of Sciences.

Miller, G. F. (2000b). Sexual selection for indicators of intelligence. In G. R. Bock, J. A. Goode, & K. Webb (Eds.), *The nature of intelligence* (pp. 260–275). Chichester, England: Wiley.

Mischel, W., & Ebbesen, E. B. (1970). Attention in delay of gratification. *Journal of Personality and Social Psychology, 16,* 329–337.

Mischel, W., Shoda, Y., & Rodriguez, M. I. (1989). Delay of gratification in children. *Science, 244*(4907), 933–938.

Musek, J. (2007). A general factor of personality: Evidence for the Big One in the five-factor model. *Journal of Research in Personality, 41,* 1213–1233.

Nesse, R. M. (1990). The evolutionary functions of repression and the ego defense. *Journal of the American Academy of Psychoanalysis, 18,* 260–285.

Nesse, R. M. (2007). Runaway social selection for displays of partner value and altruism. *Biological Theory, 2*(2), 143–155.

Novgorodoff, B. D. (1974). Boy meets girl: Machiavellianism and romantic attraction. *Personality and Social Psychology Bulletin, 1*(1), 307−309.

Olderbak, S., & Figueredo, A. J. (2012). Shared life history strategy as a strong predictor of romantic relationship satisfaction. *Journal of Social, Evolutionary, and Cultural Psychology, 6,* 111−131.

Olderbak, S. G., Wolf, P. S. A., & Figueredo, A. J. (2014). *Positive assortative pairing in social and romantic partners: 2. A quasi-experimental laboratory study of alternative proximate mechanisms.* Manuscript in preparation.

Repp, A. C., Nieminen, G. S., Olinger, E., & Brsca, R. (1988). Direct observation: Factors affecting the accuracy of observers. *Exceptional Children, 55,* 29−36.

Riemann, R., & Kandler, C. (2010). Construct validation using multitrait-multimethod-twin data: The case of a general factor of personality. *European Journal of Personality, 24,* 258−277. doi: 10.1002/per.760

Rushton, J. P. (1985). Differential K theory: The sociobiology of individual and group differences. *Personality and Individual Differences, 6,* 441−452.

Rushton, J. P. (2000). *Race, evolution and behavior: A life history perspective* (3rd ed.). Port Huron, MI: Charles Darwin Research Institute.

Rushton, J. P. (2004). Placing intelligence into an evolutionary framework, or how *g* fits into the r-K matrix of life history traits including longevity. *Intelligence, 32,* 321−328.

Rushton, J. P., Bons, T. A., & Hur, Y.-M. (2008). The genetics and evolution of a general factor of personality. *Journal of Research in Personality, 42,* 1173−1185.

Rushton, J. P., & Irwing, P. (2009). A general factor of personality in the Millon Clinical Multiaxial Inventory-III, the dimensional assessment of personality pathology, and the personality assessment inventory. *Journal of Research in Personality, 43,* 1091−1095.

Rushton, J. P., & Irwing, P. (2011). The general factor of personality: Normal and abnormal. In T. Chamorro-Premuzic, S. von Stumm, & A. Furnham (Eds.), *The Wiley-Blackwell handbook of individual differences* (pp. 134−163). Hoboken, NJ: Wiley.

Sherman, R. A., Figueredo, A. J., & Funder, D. C. (2013). The behavioural correlates of overall and distinctive life history strategy. *Journal of Personality and Social Psychology, 105,* 873−888.

Spearman, C. (1904). "General intelligence," objectively determined and measured. *The American Journal of Psychology, 15*(2), 201−292.

Stevenson-Hinde, J., Stillwell-Barnes, R., & Zunz, M. (1980a). Individual characteristics in young rhesus monkeys: Consistency and change. *Primates, 21,* 498–509.

Stevenson-Hinde, J., Stillwell-Barnes, R., & Zunz, M. (1980b). Subjective assessment of rhesus monkeys over four successive years. *Primates, 21,* 66–82.

Templer, D. I. (2008). Correlational and factor analytic support for Rushton's differential-K life history theory. *Personality and Individual Differences, 45,* 440–444.

Tinbergen, N. (1963). On aims and methods of ethology. *Zeitschrift für Tierpsychologie, 20,* 410–433.

Tooby, J., & Cosmides, S. (1990). On the universality of human nature and the uniqueness of the individual: The role of genetics and adaptation [Special issue: Biological foundations of personality—Evolution, behavioral genetics, and psychophysiology]. *Journal of Personality, 58,* 17–67.

Weiss, A., Adams, M. J., & Johnson, W. (2011). The big none: No evidence for a general factor of personality in chimpanzees, orangutans, or rhesus macaques. *Journal of Research in Personality, 45,* 393–397.

Weiss, A., King, J. E., & Enns, R. M. (2002). Subjective well-being is heritable and genetically correlated with dominance in chimpanzees. *Journal of Personality and Social Psychology, 83,* 1141–1149.

Wilson, D. S. (1994). Adaptive genetic variation and human evolutionary psychology. *Ethology and Sociobiology, 15,* 219–235.

Wittmann, W. W. (2012). Principles of symmetry in evaluation research with implications for offender treatment. In T. Bliesener, A. Beelmann, &M. Stemmler (Eds.), *Antisocial behavior and crime: Contributions of developmental and evaluation research to prevention and intervention* (pp. 357–368). Cambridge, MA: Hogrefe.

Woodley, M. A. (2011). The cognitive differentiation-integration effort hypothesis: A synthesis between the fitness indicator and life history models of human intelligence. *Review of General Psychology, 15,* 228–245.

Woodley, M. A., & Fernandes, H. B. F. (2014). Strategic and cognitive differentiation-integration effort in a study of 76 countries. *Personality & Individual Differences, 57,* 3–7.

Woodley, M. A., Fernandes, H. B. F., & Madison, G. (2014). Strategic differentiation-integration effort amongst the 47 prefectures of Japan. *Personality and Individual Differences, 63,* 64–68.

Woodley, M. A., Figueredo, A. J., Brown, S. D., & Ross, K. C. (2013). Four successful tests of the cognitive differentiation-integration effort hypothesis. *Intelligence, 41,* 832–842.

Woodley of Menie, M. A., Figueredo, A. J., Cabeza de Baca, T., Fernandes, H. B.

F., Madison, G., & Black, C. (2015). Strategic differentiation and integration of genomic-level heritabilities facilitate individual differences in preparedness and plasticity of human life history. *Frontiers in Psychology, 6,* 422.

41장

인지 편향의 진화

마티 G. 해즐턴 · 대니얼 네틀 · 데미언 R. 머리

널리 퍼져 있는 주장과는 반대로, 인간의 정신은 합리적인 수준보다 못하지 않고…
오히려 그보다 나을 때가 많다. —코스미디스와 투비, 1994, p. 329

얼핏 보기에, 진화의 렌즈에 비친 인지 편향은 다소 혼란스럽다. 논리와 정확성
의 기준에서 크게 동떨어져 있는 데다, 공학적 설계의 좋은 예라기보다는 오히려 설
계 결함처럼 보이기 때문이다. 인지적 특성은 다양한 수행 기준—논리적 능력, 정확
성, 처리 속도 등—을 통해 평가할 수 있다. 이때 평가 기준의 가치는 과학자의 질문
이 무엇인지에 달려 있다. 하지만 진화 심리학자의 평가 과제는 인지 특징이 정확하
거나 논리적인지의 여부를 확인하는 것이 아니라, 그 특징이 구체적인 문제를 얼마
나 잘 해결하고, 그 문제의 해결이 조상 시대에 적합도에 얼마나 기여했는지를 확인
하는 것이다. 그렇다면, 어떤 인지 편향이 적합도에 긍정적 영향을 미친다면 그것은
설계 결함이 아니라 설계 특징에 해당한다. 이 장에서는 다양한 편향이 단지 정신
에 내포된 설계에 제약이 가해진 결과나 그 밖의 알 수 없는 비합리성의 결과가 아
니라, 진화의 관점에서 연구하고 더 잘 이해할 수 있는 적응일 가능성을 탐구하고자
한다.

우리가 말하는 인지 편향은, 인간의 인지가 객관적인 현실의 어떤 측면과 비교

할 때 번번이 체계적으로 왜곡된 표상을 만들어내는 경우들을 의미한다. 우리는 관련 문헌에서 **편향**이란 용어가 다양한 방식으로 쓰이고 있음을 잘 알고 있다(예를 들어, Johnson, Blumstein, Fowler, & Haselton, 2013; Marshall, Trimmer, Houston, & McNamara, 2013; Nettle & Bateson, 2012). 하지만 그 정의를 파고들려 하는 것이 아니다. 오히려 우리는 위와 같이 비교적 애매하게 정의된 의미로 편향을 사용할 것이다.

인지 편향의 기초

진화심리학의 관점에서 보면, 마음에는 특수한 목적을 위해 적응한 기능−특이적인 기제들이 구비되어 있는데, 예를 들어 짝짓기 문제를 해결하도록 특수하게 설계된 기제는 식량 선택, 포식자 회피, 사회적 교환의 문제를 해결하는 기제와는 부분적으로나마 구별된다고 예측하게 된다(예를 들어, Kenrick, Neuberg, Griskevicius, Becker, & Schaller, 2010). 인지 편향을 평가할 때, 어떤 것이 특수한 문제를 해결하는 일에 영역−특이성을 갖고 있음이 입증되면 그 형질이 선택을 통해 그런 기능을 하게끔 빚어졌다는 증거가 된다. 일례로, 앞을 보는 것이 눈의 진화한 기능인 이유는, 눈이 그 일을 잘하고(유능함을 보인다), 눈의 특징들이 시각을 용이하게 한다는 하나의 독특한 효과를 일으키고(특이성을 내보인다), 눈의 특징들을 그럴듯하게 설명해줄 다른 가설이 없기 때문이다.

어떤 각도에서는 결함처럼 보이는 설계 특징이 다른 각도에서는 적응으로 보인다. 예를 들어, 선택이 직접적인 번식 성공의 극대화를 선호한다는 것만을 고려한다면, 인간 여성이 사망하기 오래전에 번식능력을 잃어버리는 것은 설계 결함으로 보일 것이다. 하지만 증거에 따르면, 전통 사회에서 여성은 딸의 딸들(손녀들)이 번식 연령에 도달할 즈음에 그 딸들에게 투자를 이전해서 자신의 포괄적합도를 향상시킬 수 있다(Voland & Beise, 2002). 이렇게 볼 때 여성의 폐경은 아주 잘 설계된 것일지 모른다(Hawkes, 2003).

요컨대, **명백한** 설계 결함에도 여러 가지 진화상의 이유가 있을 수 있으며, 면밀히

표 41.1 인지 편향의 진화적 분류

편향의 유형	사례
인공물: 명백한 편향과 오류는 연구 전략에 따른 인 공물이다; 그것들은 부적절한 규범 기준을 적용하거 나 인간을 자연스럽지 않은 환경에 배치한 결과로 발생한다.	통계적 예측에서 기저율을 무시한 일부 사례 확증 편향의 일부 사례
오류 관리 편향: 선택은 비용이 낮은 오류에 이끌리 는 편향을 선호했다. 오류 발생률이 올라가더라도 순비용은 감소한다.	청각적 접근. 외국인 혐오. 남성의 성적 과잉지각. 여성의 헌신의 과소지각.

조사해보면 종종 그런 설계와 그 기능을 빚어낸 진화의 힘들을 꿰뚫어볼 수 있다. 이와 비슷한 논리가 인지 편향을 이해하는 데에도 적용될 수 있다. 우리는 인지 편향이 적어도 세 가지 이유로 발생할 수 있다고 주장한다(표 41.1을 보라).

첫째, 선택은 비록 어떤 규범적 기준에는 미치지 못하지만 대부분의 상황에서 효과를 발휘하는 유용한 지름길을 선호한다(휴리스틱). 둘째, 마음이 그 해결을 위해 설계되지 않은 문제에 부딪힐 때 명백한 편향이 발생할 수 있다(인공물). 셋째, 적응적 문제에 대한 편향된 반응 양상이 편향되지 않은 반응 양상보다 더 적은 오류 비용을 낳을 때 편향이 발생할 수 있다(오류 관리 편향). 편향의 조사는 그 자체로 흥미로울 뿐 아니라, 편향이 해결하도록 설계된 문제를 밝혀냄으로써 진화된 마음의 윤곽을 드러내기도 하다. 다시 말해서, '정확한' 지각은 인지적 설계에 관한 가설을 제약하지 못하는 반면에, 편향을 발견하면 인지적 설계를 밝혀낼 수 있다.

『핸드북』초판이 나온 이후로 오류 관리 편향을 조사한 연구의 양도 급격히 증가했다. 따라서 우리는 휴리스틱과 인공물은 조금만 논의하고, 오류 관리 편향을 다룬 새로운 연구에 초점을 맞추고자 한다(휴리스틱과 인공물에 관한 더 자세한 논의는 Haselton et al., 2009를 보라). 우리는 편향의 세 범주가 모든 편향을 다 포괄하거나 상호 배타적이라고 말하려는 것이 아니라, 다만 인지 편향의 연구를 조직하고 편향이 존재하는 이유를 통찰할 수 있는 유용한 방식으로 세 범주를 제시하고자 하는 것이다.

휴리스틱

편향을 바라보는 가장 흔한 견해는, 처리의 한계로 인해 불가피하게 생긴 부산물이 편향이라는 설명일 것이다. 정보를 처리할 시간과 능력이 제한되어 있으므로, 인간은 어쩔 수 없이 실패하기 쉬운 지름길이나 눈대중을 사용할 수밖에 없다는 것이다. 카네만Kahneman과 트버스키Tversky(1973)는 인간의 판단이 확률 이론이나 단순 논리에 기초한 규범적 기준에서 자주 크게 벗어난다는 점을 입증했다. 예를 들어, 연속으로 동전을 던졌을 때 나올 면의 순서를 판단해보라고 하자 사람들은 앞뒤앞뒤뒤앞의 순서가 앞앞앞뒤뒤뒤나 앞앞앞앞뒤앞의 순서보다 나올 가능성이 더 높다고 평가했다. 트버스키와 카네만(1974)이 지적했듯이, 첫 번째 순서가 어떤 면에서는 전형적이지만 그렇다고 가장 많이 나오진 않을 것이다. 달리 보자면, 바뀜이 너무 많고 연속이 너무 적지 않다. '도박사의 오류'도 이와 유사한 직관을 표현하고 있다. 더 많은 판을 잃을수록 도박사는 이제 이길 차례가 왔다고 느낀다. 각 판의 결과는 이전 판의 결과와 무관한데도 말이다(Tversky & Kahneman, 1974).

트버스키와 카네만은 이와 같은 편향들을 마음의 지름길이 작동한 결과로 봤다. "사람들은 확률을 분석하고 가치를 예측하는 복잡한 과제를 수행할 때, 그 과제를 더 단순한 판단 작업으로 축소해주는 몇 안 되는 발견적 원리heuristic principles에 의존한다"(1974, p. 1124). 도박사의 오류와 연결 오류는 가장 자주 튀어나오는 휴리스틱의 하나인 **대표성**representativeness—A가 B와 비슷하거나 B를 대표하는 것—에 기인한다는 설명이 있다. 이 설명에 따르면, 앞면과 뒷면이 교대로 나오는 것이 어느 한 면만 연속으로 나오는 것보다 무작위성을 더 잘 대표한다는 것이다.

단순화하는 휴리스틱을 사용한 결과가 편향이라는 생각은 논리적으로 호소력이 있다. 아크스Arkes(1991)는 이렇게 표현했다. "더 정교한 전략을 사용하는 데 드는 추가적인 노력은 하나의 비용인데, 정확성을 향상시켜 얻을 잠재적 이익보다 클 때가 많다"(pp. 486-487). 이 비용이 두 가지 차원에서 인지 기제의 진화에 영향을 미칠 수 있다. 우선, 진화의 측면에서 비용이 발생할 수 있다. 특정한 뇌 회로가 발달하려면 개체발생 기간이 늘어나거나 다른 장치가 발달하는 데 쓰일 잠재적 에너지를 가져와야 하기 때문이다. 또한 실시간으로도 비용이 발생할 수도 있는데, 복잡한 알고리듬을 사용한 결정은 단순한 대안을 사용한 결정보다 시간이나 주의력 자원이 더 많이 들기 때문이다. 적응적 결정은 신속하게 이루어져야 할 때가 많으므로, 이런 비용은 당연히 최적일 수 있는 전략에 제약을 가할 것이다. 다양한 출처에서 나온 증거에 따르면, 실제로 사람들은 시간의 압박을 받거나 정확한 결정을 내리게 하는 동기가 약화될 때면 문제를 다르게 해결한다.

동기 효과의 한 예로, 사회적 계층구조에서 더 힘 있는 자리에 있는 개인의 사회적 지각이 더 낮은 자리에 있는 사람의 지각보다 종종 더 부정확하다는 사실을 들 수 있다(Fiske, 1993). 타인을 평가할 때 높은 자리에 있는 사람들은 정확성이 떨어질 텐데도 평가 대상의 개별적이고 특수한 정보에 주의를 기울이기보다는 타인에 대한 고정관념에 더 쉽게 휘둘린다(Goodwin, Gubin, Fiske, & Yzerbyt, 2000). 인턴 지원자들의 이력서를 검토할 때 의사결정권을 더 많이 부여받은 사람은 고정관념에 부합하는 정보에 더 주의를 기울이고, 고정관념과 상반되는 정보에는 더 적게 주의를 기울인다(Goodwin et al., 2000). 마찬가지로, 대학의 지원금을 놓고 경쟁하는 두 학생 그룹을 연구한 자리에서는, 자신이 개인적 권력이 더 크다고 보고한 참가자들이 경쟁자의 태도를 더 부정확하게 판단했다(Ebenbach & Keltner, 1998). 일반적으로 연구자들은 이런 결과들을 다음과 같이 해석한다. 권력이 약한 개인은 더 불확실한 사회적 위치에 있고 그래서 사회적 판단에 더 많은 시간과 에너지를 배분해야 하는 반면에, 권력이 강한 개인은 자신의 인지적 노력을 다른 곳에 배분할 수 있는 여유를 누린다는 것이다(Galinsky, Magee, Inesi, & Gruenfeld, 2006; Keltner, Gruenfeld, & Anderson, 2003).

전체적으로 인간의 인지 편향과 오류를 입증하는 증거는 차고 넘친다. 어떤 편향은 정신적 지름길을 사용해서 효과를 톡톡히 본다. 하지만 '처리 과정에 한계가 있다'는 설명이 완벽하지는 않다는 점을 지적할 필요가 있다. 똑같이 경제적일 수 있는 인지적 지름길 가운데 왜 하필 이 지름길이 선택되었을까? 뒤에 나올 오류 관리 편향에 관한 절에서 우리는 편향의 방향과 내용이 임의적이지 않다고 말할 것이다. 선택은 진화의 시간에 걸쳐서 제한된 연산 능력이 인간의 적합도 이익에 가장 잘 기여할 수 있는 활용 방식들을 빚어냈다.

인공물로서의 편향

고전적인 휴리스틱과 편향 연구를 비판하는 한 가지 견해는(예를 들어, Tversky & Kahneman, 1974), 편향을 확인하고 인지적 수행을 평가하는 전략들이 어딘가 부족하다는 것이다. 만일 실험실에서 다루는 문제들이 인간의 마음이 설계된 이유와 무관하다면, 사람들의 반응이 체계적으로 불합리하게 보여도 우리는 놀라지 않을 것이다.

인공물의 한 유형은 진화적으로 신기한 문제 형식에서 나온다. 기거렌처(1997)는 인간의 통계적 예측을 평가하기 위해 만들어진 과제는 (확률이 아니라) 빈도의 형식으로 정보를 제시해야 한다고 주장한다. 자연에서 더 쉽게 관찰할 수 있는 것은, 이를테면 일정 기간 동안에 한 사건이 발생한 횟수처럼 자연적 빈도이기 때문이다. 반면에, 확률은 (0과 1 사이의 어떤 수라는 의미에서) 감각적 유입 데이터를 넘어서는 수학적 추상물로, 확률을 계산할 때면 발생 기저율에 대한 정보는 사라지게 된다 (Cosmides & Tooby, 1996). 따라서 빈도가 포함된 베이시안 계산은 확률, 상대적 빈도, 백분율 등이 포함된 동등한 계산보다 과정이 더 단순하다. 확률 계산은 기저율에 관한 정보를 다시 불러올 필요가 있는 반면에 빈도 계산은 그렇지 않은데, 그에 해당하는 계산 과정이 이미 빈도 표상 자체로 '완료'되어 있기 때문이다(Hoffrage, Lindsey, Hertwig, & Gigerenzer, 2001).

이 관점에 따르면, 인간에게는 몇 가지 단서가 주어지면 사건의 발생 가능성을 추산할 줄 아는 능력이 있을 것이다. 하지만 만일 이 기술이 인간 추론의 일부라면, 확률 정보가 포함된 과제보다는 자연적 빈도가 포함된 과제에서 그 능력이 잘 드러날 것이다. 실제로, 유명한 '린다 문제Linda problem' 같은 과제를 할 때 참가자들은 빈도 형식에서 더 좋은 수행을 보인다. 확률 형식에서는 응답자의 50%-90%가 접속 규칙을 위반하는 반면, 빈도 형식에서는 오류 발생률이 0%-25%로 감소한다(Fiedler, 1988; Hertwig & Gigerenzer, 1999; Tversky & Kahneman, 1983; 하지만 Mellers, Hertwig, & Kahneman, 2001을 보라). 최근의 한 연구는 확률 형식이 의사들에게 심각한 문제를 일으킨다고 말한다. 조사에 참가한 의사 중 3/4이 '생존율'의 의미와 사용법을 잘못 알고 있었고, 결과를 해석할 때 확률 통계를 잘못 사용한 논문들이 학술지에 실리고 있다는 것이다(Gigerenzer & Wegwarth, 2013).

두 번째 인공물은 **진화적으로 신기한 문제 내용**에서 발생한다. 우리가 설명한 방식으로 인지적 설계를 본다면, 연구자들은 추상적인 논리 규칙이 포함된 과제에서 좋은 수행을 기대하기 어려울 것이다. 인간은 반증에 기초한 논리를 상당히 어려워하므로, 대학은 논리학, 통계학, 연구 설계 수업을 통해 그 논리를 가르쳐보지만, 성공률은 반반이다. 웨이슨Wason(1983)은 조건 규칙(만일 p이면, q이다)의 위반 여부를 판단하는 과제를 이용해서 이를 경험적으로 입증했다. 참가자들은 확증적 증거(p의 존재)가 그 판단에 중요하다는 것은 쉽게 알아보았지만, 규칙의 반증(q의 부재)을 확인하는 데는 자주 실패했다. 웨이슨 과제를 이용한 연구자들이 다양한 방식을 통해서 내용 효과를 확실히 입증했는데(Wason & Shapiro, 1971; Johnson-Laird, Legrenzi, & Legrenzi, 1972), 내용에 따라 수행이 극적으로 향상되었다.

이미 고전 반열에 오른 일련의 실험을 통해서 코스미디스(1989)는 많은 내용 효과들이 사기꾼-탐지 알고리듬에 기인할 수 있다고 입증했다. 조건 규칙의 내용이 사회적 교환과 관련되어 있을 때면(만일 이익을 취하면[p], 비용을 지불해야 한다[q]), 사람들은 부지중에 취해진 이익(p)뿐 아니라 지불되지 않은 비용(q 부정)을 찾는 데 몰두하는데, 이때 수행의 정답률은 25%(Wason, 1983)에서 75%로 껑충 뛰어오른다(Cosmides, 1989; 또한 최근에 이 결과를 재현해서 비평가들의 대안적 설명을 제거하는 데 일조한 업데이트된 연구로는, Cosmides, Barrett, & Tooby, 2010을 보라).

우리가 이 연구들에서 이끌어낼 수 있는 결론은, 인간이 추상적인 논리 규칙을 능숙하게 사용한다는 것이 아니라, 인간은 진화사에서 반복 출현한 문제에 맞춰서 문제-해결 기제를 진화시켰다는 것이다. 문제를 구성할 때 그런 적응적 문제와 일치하는 형태로 만들면(예를 들어, 사회적 계약의 위반), 사람들은 적절한 추론 전략을 이용할 것이다.

오류 관리 편향

휴리스틱을 사용한 결과로 발생하는 편향들처럼 세 번째 유형의 편향—오류 관리 편향—도 진짜 편향이다. 하지만 여기서 편향은 마음의 설계가 지름길로 빠져서 생긴 결과물이 아니다. 이 편향은 그 자체로 진화한 기능을 갖고 있다.

오류 관리 이론

오류 관리 이론(Haselton & Buss, 2000; Haselton & Nettle, 2006; Johnson et al., 2013)에서는 진화한 인지 설계에 관한 예측을 만들어내기 위해서 신호 탐지 이론 (Green & Swets, 1966)의 원칙을 판단 과제에 적용한다. 오류 관리 이론틀은 인지 기제가 '진실 탐색기'(이전에 생각한 것처럼; 예를 들어, Fodor, 2001)라기보다는 적응 실행기(예를 들어, Tooby & Cosmides, 1990)에 가깝다고 본다. 이 이론틀의 핵심 개념은 인지 기제가 일반적으로 두 가지 유형의 오류를 만들어낼 수 있다는 것이다. 위양성 (하지 않는 편이 더 좋았을 행위를 하는 것)과 위음성(하는 편이 더 좋았을 행위를 하지 않는 것)이 그것이다.

최적의 장치라면 어떤 유형의 오류도 만들어내지 않을 것이다. 하지만, 현실 세계에서 이뤄지는 판단 과제는 대부분 확률적이며, 완고한 불확실성이 어쩔 수 없이 포함되어 있다. 예를 들어, 청각적 판단은 배경 소음 때문에 불확실해지고, 그래서 청각적 장치가 제아무리 훌륭하다 해도 얼마간 오류가 반드시 발생한다.

결정적은 것은, 각각의 오류를 저질렀을 때 발생하는 적합도 비용이 다 다르다는 점이다. 포식자가 없는 곳에서 도망을 치면 약간 불편한 비용이 발생하지만, 정말 포식자가 있는 곳에서 도망치지 않았을 때 발생하는 비용보다는 훨씬 적을 것이다. 오류 관리 이론은 최적의 결정 규칙이 총 오류발생률을 최소화하는 것이 아니라, 오류가 적합도에 미치는 순효과net effect를 최소화한다고 예측한다. 어떤 오류가 지속적으로 다른 오류보다 적합도에 큰 해를 가한다면, 오류 관리 이론은 덜 값비싼 오류를 일으키는 편향이 진화하리라고 예측하는데, 전체적으로 오류를 더 많이 저질러도 상대적으로 총 비용이 싸기만 하다면 그 편이 이득이 되기 때문이다. 따라서 종합하자면, 오류 관리 이론에서는 인간의 판단과 평가에는 다음 기준에 모두 부합하는 편향이 진화한다고 예측한다. (a) 어느 정도의 잡음이나 불확실성을 포함한다. (b) 적합도와 번식 성공에 영향을 미친다. (c) 비대칭적인 비용(비대칭이 클수록 편향이 더 커진다)과 꾸준히 관련이 있다. 이 논리의 수학적 형식과 오류 관리 이론의 예측에 관해서는 해즐턴과 네틀(2006) 그리고 존슨 외(Johnson et al., 2013)를 보라. (비슷한 설명으로는, Higgins, 1997을 보라).

이 이론틀 안에서 볼 때 인간의 판단과 평가에 존재하는 많은 표면적인 결함은, 드물게 발생하지만 재앙을 일으키는 오류를 피하는 대신에 자주 일어나지만 비용이 높지 않은 오류를 저지르도록 설계된 기제의 작동 결과일 수 있다(Haselton & Nettle, 2006; Johnson et al., 2013). 이 책의 초판이 나온 뒤로 10년 동안, 다양한 적합도-관련 영역에서 기능적으로 편향된 판단을 입증한 연구들이 쏟아져나와 오류 관리 연구의 범위를 확장시켰다. 다음 절에서 우리는 그 영역들의 핵심적인 사례를 비추고자 한다(추가적인 사례들을 검토한 문헌으로는 다음을 보라. Haselton & Galperin, 2013; Haselton et al., 2009; Haselton & Nettle, 2006; Johnson et al., 2013).

오류 관리 편향은 일반적으로 크게 세 범주로 나눈다. 위협에 대한 판단 편향, 개인 간 관계에 대한 평가 편향, 스스로에 대한 평가 편향(Haselton & Nettle, 2006을 따라). 표 41.2에는 각 범주의 사례들, 한 영역에서 발생한 오류의 가설적 비용, 그리고 각 오류의 예상 결과가 예시되어 있다.

위협-관련 편향

몇 가지 편향은 신체적 안전이나 건강에 대한 위협으로부터 인간을 지켜주는 듯하다. 먼저 신체적 위협과 관련된 편향부터 살펴보자.

청각적 접근 사람들은 강도가 약해지는 소리보다는 같은 거리에서 나더라도 강도가 점점 세지는 소리를 더 가깝고 더 빠르게 접근하는 소리로 판단하는 경향이 있다. 스피커를 케이블에 매달아 움직이게 한 일련의 실험에서, 사람들은 움직이는 음원이 근처에 있다고 편향되게 지각하고, 일반적으로는 음원과의 거리를 실제보다 가깝게 지각하는 경향을 보였다(Neuhoff, 2001). 사람들은 자신에게 접근하는 음원과 멀어져가는 음원이 똑같이 멀리 있을 때에도 전자가 후자보다 가까이에 있다고 판단했다. 이 해석에는 분명한 오류 관리 효과가 있다. 접근하는 물체에 너무 늦게 준비하기보다는 너무 일찍 준비하는 편이 나은 것이다(Neuhoff, 2011).

최근의 연구에서는 신체조건—심박 회복 시간과 신체적 힘을 측정한 수치—이 떨어지는 개인은 신체조건이 더 좋은 개인보다 청각적 접근 편향을 더 강하게 보인다는 사실이 밝혀졌다(Neuhoff, Long, & Worthington, 2012). 오류 관리 이론으로 해석하자면, 운동 능력이 떨어지는 개인은 '안전의 여유분'이 더 많이 필요하기 때문일 것이다. 최근에 다른 연구에서는 아기의 울음에 노출된 사람이 그렇지 않은 사람보다 청각적 접근 편향을 더 강하게 보였다. 그리고 반대로, 아기의 웃음에 노출된 사람이 그렇지 않은 사람보다 청각적 접근 편향을 더 약하게 보였다(Neuhoff, Hamilton, Gittleson, & Mejia, 2014). 여성 참가자들은 아기의 자극에 반응할 때 청각적 접근 편향이 더 크게 변하는 모습을 보였으며, 후속 연구에서도 이 양상이 똑같이 나타났다(Neuhoff et al., 2014). 진화사 전체에 걸쳐 아기들에게는 아버지보다 어머니의 직접적인 보살핌이 필요했기 때문에(가령, 수유 때문에), 이 효과는 청각적 접근 같은 자기-보호 편향이 취약한 자식을 위협하는 것들에 맞춰져 있다는 것을 가리킨다. 더 일반적인 수준에서, 청각적 접근이 적응적으로 양상화된 변화를 보인다는 사실은 오류 관리 편향이 고정되어 있는 것이 아니라 변화된 위협의 단서에도 반응한다는 것을 입증한다.

위협적인 물체의 움직임 시각적 위협의 지각에도 그와 비슷한 현상이 있지 않을까? 최근의 한 연구에서는 참가자들이 접근하는 거미, 무당벌레, 고무공의 속도를 판단했다(Witt & Sugovic, 2013). 모든 물체가 동일한 속도로 움직였음에도 사람들은 거미가 다른 것들보다 더 빠르게 움직인다고 판단했다. 뿐만 아니라 다가오는 거미를 '막는' 과제를 내주자, 사람들은 자신이 큰 주걱을 사용할 때보다 작은 주걱을 사용할 때 거미가 더 빠르게 접근한다고 판단해서, 거미를 피하기가 더 어려울 때 편향이 더 강해진다는 점을 입증했다.

물리적 풍경의 속성 절벽의 높이를 과소평가하거나 어쩌면 그 아래로 뛰어도 안전하겠다고 잘못 판단할 때 당사자가 치를 수 있는 부상의 비용은 절벽의 높이를 과

표 41.1 인지 편향의 진화적 분류

범주와 영역	위양성	위양성의 비용	위음성	위음성의 비용	결과
방어: 접근하는 소리	너무 이른 준비	낮음	음원으로부터의 공격	높음	음원이 도착할 시간을 낮게 잡도록 하는 편향
방어: 음식	실제로는 안전한 음식물을 거부함	낮음	독성 물질이나 병원체 섭취	높음	독성 물질을 가리키는 작은 증거를 영구적으로 기피하게 하는 편향
방어: 질병이 있는 사람	질병이 없는 사람을 회피	대체로 낮음	감염	자주 상당히 높음	전염성이 없더라도 신체적 질환을 앓고 있는 사람을 회피하는 경향
방어: 신체적으로 위험적인 사람	안전한 사람과의 논쟁 회피	대체로 낮음	신체적 부상	자주 높음	잠재적으로 위험적인 사람의 신체적 힘을 과대평가하는 경향
사회: 여성의 성적 관심에 대한 남성의 추론	존재하지 않는 성적 관심을 추론	가끔-상대적으로 낮음	실제로 존재하는 관심을 무관심으로 추론	번식 기회의 상실-높음	남성의 성적 과잉 지각
사회: 한신에 대한 여성의 추론	존재하지 않는 관심을 추론	유기당함-높음	한신 의지가 있는 상대에게 한신 의지가 없는지 추론	번식 시작의 지연-상대적으로 낮음	한신에 대한 여성의 과소 지각
사회: 사회적 교환	무임승차를 시도하고 발각됨	특히 집단주의적인 환경에서 잠재적 주변-높음	무임승차를 할 수 있는 상황에서 협력함	교환 과정에서 불필요한 이익의 포기-상대적으로 낮음	협력에 치중하는 편향
자신과 미래: 미래의 성취에 대한 믿음	할 수 없는 일임에도 성취할 수 있다는 믿음	낮음(실패의 비용이 낮을 경우)	할 수 있는 일임에도 성취할 수 없으리라는 믿음	높음(성공의 이익이 높을 경우)	낙관주의적 편향(성공의 이익이 실패의 비용을 초과할 경우, 과잉 확신 편향)

대평가해서 다른 길을 찾아보는 경우에 비해 비대칭적으로 크다. 이 생각과 같은 맥락에서, 사람들은 수직면의 높이를 아래에서 위를 올려다볼 때보다 위에서 아래를 내려다볼 때 더 높게 판단하는 경향이 있다(Jackson & Cormack, 2007; Stefanucci & Proffitt, 2009).

유사한 예로 언덕 경사도 지각이 있다. 일련의 연구에서 사람들은 실제로 언덕을 볼 때나 컴퓨터 시뮬레이션을 할 때나 일관되게 언덕의 경사도를 과대평가했다(Proffitt, Bhalla, Gossweiler, & Midgett, 1995). 가파른 언덕을 무사히 내려오지 못할 때의 비용은 가파른 언덕을 무사히 오르지 못할 경우의 비용보다 훨씬 크다. 따라서 오류 관리 이론의 관점에서 볼 때, 경사도를 과대평가하게 하는 이 편향은 언덕을 밑에서 위로 올려다볼 때보다는 위에서 아래로 내려다볼 때 더 강할 것으로 예측하고, 연구결과도 정확히 그렇게 나타났다(Proffitt et al., 1995). 상황이 더 위험할수록 편향도 더 커진다. 언덕 꼭대기에서 스케이트보드 위에 서 있는 사람은 땅 위에 서 있는 사람보다 경사도를 더 가파르게 지각한다(Stefanucci, Proffitt, Clore, & Parekh, 2008).

음식 혐오 인간을 비롯한 모든 동물은 단 한 번이라도 어떤 음식을 섭취한 뒤에 병이 나면, 그 음식에 대한 영구적인 혐오감을 안정적으로 습득한다(Garcia, Hankins, & Rusiniak, 1976; Rozin & Kalat, 1971). 한 데이터 포인트(특정한 음식을 한 차례 섭취한 뒤에 발병함)에서 동물의 체계는 그 음식을 마치 항상 질병을 유발하는 것처럼 취급한다. 이번에도 두 가지 오류가 나올 수 있다. 위양성은 불편할 수 있지만, 위음성은 치명적일 것이다. 그 체계는 질병을 피하기 위해 과민 반응하도록 편향된 것으로 보인다.

병자나 부상자 혐오 개인에게 감염성 질병의 위협을 암시하는 표면적 단서가 있을 때 그 개인에 대한 혐오도 같은 논리로 예측할 수 있다. 이에 대한 오류 관리 설명도 음식 혐오에 대한 설명과 유사하다. 위음성(전염병이 있는 사람을 회피하지 못하는 것)의 비용은 상당히 높은 반면에, 위양성(전염병이 없는 사람과의 접촉을 피하는 것)은 약간의 사회적 비용이나 개인 간 비용을 낳을 수는 있어도 적합도 결과를 크게 끌어내리지는 않을 것이다. 감염성 질병이 인간의 역사에 걸쳐 결정적인 선택력을 대표해왔다는 사실을 고려하면(예를 들면, Inhorn & Brown, 1990), 질병 회피 기제는 안전한 개인이나 물체까지도 기피하게끔 편향되어 있으리라고 예측할 수 있다.

이렇게 질병 위협의 단서를 평가할 때 위양성을 일으키는 편향은 사회와 사회적 활동에 광범위한 영향을 미치고, 인종 차별, 연령 차별, 동성애 혐오, 비만에 대한 편견 등 수많은 낙인과 편견의 토대 역할을 한다(예를 들면, Kurzban & Leary, 2001). 질병 위협에 대한 과민증으로 인해 사람들은 실제로는 전파 위험이 전혀 없지만 조상의 질병 위협과 관련된 단서를 가진 개인에게 낙인을 찍거나 그런 개인을 기피한다. 이를테면 눈에 띄는 모반처럼 감염과 무관한 신체적 이상에도 기피 반응이 작동한다(Zebrowitz & Montepare, 2006). 마찬가지로, 비만인처럼(Park, Schaller, & Crandall, 2007) 명백한 비감염성 신체장애가 있는 개인도 질병과 암묵적으로 연결된다(Park, Faulkner, & Schaller, 2003). HIV/에이즈 역시 외부적인 접촉으로는 전염되지 않는다는 사실이 잘 알려져 있지만, 그 증상을 보이는 개인은 감염 질환 위협과 암묵적으로 연결된다. 이런 사람들은 종종 역겨운 사람으로 간주되며(예를 들면, Herek, 1999), 공동체는 물론이고 심지어 가족에게도 자주 배척당한다(Gerbert, Sumser, & Maguire, 1991). 사회적 소외를 부르는 또 다른 비감염성 질환으로는 암(Greene & Banerjee, 2006)과 신체적 기형(Houston & Bull, 1994)이 있다.

이런 암묵적인 연결은 개인이 스스로를 얼마나 감염성 질병에 취약하다고 여기는지를 통해 그 강도를 예측할 수 있다. 질병 위협을 더 많이 염려하는 개인은 비만과 신체적 장애를 감염성 질병과 암묵적으로 더 강하게 연결짓고, 비만인과 신체적 장애가 있는 사람을 더 부정적으로 대한다(Lieberman, Tybur, & Latner, 2012; Park et al., 2003; Park et al., 2007). 게다가 질병 위협을 일시적으로 현저하게 만들면 편향된 인지가 증폭된다(Park et al., 2003; Park et al., 2007). 다른 증거에 따르면, 노인에 대한 편향된 인지는 자신이 만성적으로 질병에 더 취약하다고 느끼는 사람들에게 훨씬 크게 나타난다(Duncan & Schaller, 2009). 또한 질병 취약성에 대한 지각과 평범하지 않은 이상 형태에 대한 과잉지각도 연결되어 있음이 입증되었다. 예를 들어, 질병을 더 우려하는 개인은 타인을 비만으로 분류하는 임계점이 더 낮고, 질병 위협을 상황적으로 촉발시켰을 경우에는 자신이 본 비만인을 더 오래 기억한다(Miller & Maner,

2012).

다른 문화 집단의 구성원도 질병 위협과 암묵적으로 연결될 수 있다. 인간의 면역계는 지역적인 질병 위협에 맞춰져 있다. 과거에는 낯선 외집단 구성원과 접촉하면, 현지에 맞춰져 있는 면역계가 알아보지 못하는 위험한 병원체에 감염될 수 있었다 (Dianmond, 1999). 오류 관리의 관점에서 볼 때, 과거에는 과도한 외집단 회피(예를 들면, 외국인 혐오)의 이익이 그에 따른 비용보다 컸으리라고 예측할 수 있다(Kurzban & Leary, 2001). 실제로 특별히 감염성 질환을 걱정하는 개인은 낯선 민족 집단을 더 부정적으로 대하는 경향이 있고(Faulkner, Schaller, Park & Duncan, 2004), 질병 위협을 일시적으로 현저하게 만들면 낯선 외집단을 받아들이는 이민 정책에 더 많이 반대한다(Faulkner et al., 2004). 자민족중심주의와 외국인 혐오는 면역계가 일시적으로 약해지는 임신 3개월 이하의 여성에게도 높게 나타난다(Navarrete, Fessler, & Eng, 2007). 또한 비교문화적으로 볼 때, 감염성 질환의 발병률이 높은 국가의 개인은 '타인종 사람'이 이웃에 사는 것을 원하지 않는다고 보고하는 경향이 높다(Schaller & Murray, 2010).

잠재적으로 위협적인 사람의 지각 타인이 제기하는 위협은 감염병만이 아니며, 특히 신체적으로 취약한 사람에겐 많은 것이 위협으로 느껴진다. 최근에 일련의 연구들은 위해에 대한 취약성을 조작하거나 평가해서, 취약한 개인은 잠재적으로 위협적인 개인의 강력함을 과대평가한다는 것을 밝혀냈다. 한 연구에서는 사람들이 어떤 남자가 총을 소지하고 있다는 말을 들으면 그가 드릴, 소형 톱, 또는 실리콘 건을 들고 있다는 말을 들었을 때보다 그 남자를 키가 더 크고 더 근육질인 사람으로 지각한다는 결과를 얻었다(Fessler, Holbrook, & Snyder, 2012). 그와 비슷하게, 일시적으로 신체가 무력해진 남성(의자에 묶여 있거나, 흔들리는 균형판 위에 서 있는 평가자)은 분노한 남성의 이미지를 볼 때 이미지 속의 남성을 신체가 자유로운 평가자보다 유의한 차이로 더 키가 크고 더 근육질인 사람으로 추정했다(Fessler & Holbrook, 2013a). 무기의 존재 여부도 성향 판단에 영향을 준다. 비폭력적인 상황에서 사람들은 무해한 도구(물조리개 등)를 들고 찍힌 사진을 봤을 때보다 상대에게 손상을 가할 수 있는 도구(조경 가위 등)를 들고 있는 남성의 사진을 봤을 때 사진 속 주인공이 화를 더 잘 내는 성격이라고 판단했다(Holbrook et al., 2014). 다른 연구에서는 의존적인 자녀를 둔 부모가 그렇지 않은 부모보다 잠재적 위협이 되는 범죄자를 신체적으로 더 강력한 사람으로 지각했다(Fessler, Holbrook, Pollack, & Hahn-Holbrook, 2014).

다른 상황 변수들을 적용하면 잠재적 위협이 되는 개인이 신체적으로 더 약한 사람으로 보일 수도 있다. 혼자 있는 적을 판단하는 과제에서, 일행과 함께 있는 남성들은 혼자서 판단을 내린 남성들보다 그 사람의 키가 더 작고, 근육도 적다고 판단했다(Fessler & Holbrook, 2013b).

개인 간 지각의 편향

오류 관리 편향의 두 번째 범주는 타인의 의도나 기질에 대한 우리의 지각과 관련이 있다.

성적 과잉지각 구애의 의사소통은 모호할 때가 많다. 미소는 그저 친근함을 전달할까, 아니면 더 많은 의미를 전달할까? 오류 관리 이론에서는 잠재적 짝의 성적 관심을 과대평가하는 편향이 남성에게 있다고 예측한다. 다음과 같은 추론이 가능하다. 모든 조건이 동등하다면, 여성의 성적 관심을 과소평가하고 그녀를 포기할 때—그래서 번식 기회를 놓칠 때—발생하는 번식 비용은 무관심한 여성을 따라다닐 때 발생하는 비용보다 훨씬 컸을 것이다(Haselton & Buss, 2000). 훨씬 많은 수의 여성과 성공적으로 짝짓기 한 남성은 다른 남성보다 더 많이 번식하면서 이 가능성 있는 과잉지각 편향을 후손에게 전달했을 것이다.

여성의 경우에는 다른 논리가 적용된다. 여성은 자식을 낳을 때마다 막대한 투자를 해야 하고 그로 인해 출산 간격이 길기 때문에, 더 많은 파트너가 아니라 질 좋은 파트너를 찾는 것이 여성의 번식 성공에 훨씬 큰 영향을 미쳤을 것이다(Buss, 1994; Symons, 1979; Trivers, 1972). 따라서 오류 관리 논리로 보자면 성적 과잉지각 편향은 여성이 아니라 남성의 전유물이다. 수많은 출처에서 나온 증거가 성적 과잉지각 가설을 뒷받침한다(개괄을 위해서는 Haselton & Galperin, 2013, Table 11.1을 보라). 이 현상을 가장 먼저 입증한 연구에서는 서로 모르는 남성과 여성이 실험실에 앉아 대화를 나누고, 한쪽에서만 볼 수 있는 창을 통해 다른 남녀 한 쌍이 그들을 지켜보았다

(Abbey, 1982). 관찰하는 여성과 대화에 참가한 여성보다는 관찰하는 남성과 대화에 참가한 남성이, 대화에 참가하는 여성이 더 많이 추파를 던지고 성적으로 관심을 보인다고 평가했다. 이 연구를 비롯한 후속 연구들에서는 양쪽 남성들의 평가를 여성 평가 대상의 자기 평가와 비교하거나, 그 대화를 지켜본 제3자 여성들의 평가와 비교했다. 남녀의 평가는 확실히 차이가 있었다(Abbey, 1982; Haselton & Buss, 2000).

남성과 여성의 오지각 경험을 조사해도 비슷한 결과가 나타난다. 한 연구에서 미국의 대학생 여성들은 작년 한 해 동안에 남성이 그녀의 성적 관심을 과소평가한 사례보다 과대평가한 사례가 많았다고 보고해서, 실험실이 아닌 자연적인 상황에서도 남성이 여성의 성적 관심을 과잉지각한다는 것을 보여주었다(Haselton, 2003). 같은 연구에서 남성이 보고한 여성의 과잉지각 오류와 과소지각 오류의 사례는 그 수가 거의 비슷해서 여성의 편향은 입증되지 않았다. 이 양상은 노르웨이의 대학생들을 상대로 한 연구에서도 아주 비슷하게 반복 검증되었다. 이 결과가 특히 가치 있는 것은, 문화적으로 노르웨이가 미국보다 성적으로 평등한 곳이기 때문이다(Bendixen, 2014). 이성 친구를 조사한 비슷한 연구들에서는, 여성이 자신의 성적 관심을 보고한 점수보다 남성이 여성의 성적 관심을 추정한 점수가 더 높았다(Bleske-Rechek et al., 2012; Koenig, Kirkpatrick, & Ketelaar, 2007). 마찬가지로, 최근에 스피드 데이트 연구에서도 남성이 여성의 성적 관심을 당사자들보다 높게 판단했다(Perilloux, Easton, & Buss, 2012). 또한 이 연구는 이 명백한 편향의 변이를 평가해서, 단기적 짝짓기를 더 많이 지향하는 남성과 자신의 매력을 더 높게 평가하는 남성이 더 큰 편향을 나타낸다는 결과를 얻었다. 또한, 남성의 명백한 편향은 상대적으로 더 매력적인 여성과 상호작용할 때 더 크게 나타났다. 일부 조류, 곤충, 포유류(Alcock, 1993, Chapter 13; Domjan, Huber-McDonald, & Holloway, 1992)의 수컷은 이따금씩 동종 암컷과 어렴풋이 닮은 물체—맥주병이나 조잡한 암컷 모형—와 교미를 시도하기도 해서 다른 종들에게도 비슷한 행동 편향이 있음을 짐작하게 한다.

헌신 의심 조상 시대에 여성이 남성을 만나서 장기적 관계에 헌신하려는 의도를 추정할 때에는 대칭성이 정반대로 나타났을 것이다(Haselton & Buss, 2000). 장기적으로 헌신할 마음이 없는 남성에게 그런 관심이 있다고 잘못 추론하면 여성은 자녀를 임신한 뒤에 버림받을 수 있었고, 이 값비싼 오류를 저지르면 자식의 생존율이 잠재적으로 크게 감소했을 것이다(예를 들면, Hurtado & Hill, 1992). 남성의 헌신을 과소평가해도 번식의 지연을 포함한 몇 가지 비용이 발생할 수 있었지만, 이 비용은 유기와 관련된 비용보다는 평균적으로 낮았을 것이다(Haselton & Buss, 2000). 따라서 여성에게는 헌신에 대한 남성의 관심을 과소평가하는 편향이 있을 것이다. 이 생각과 같은 맥락에서 몇몇 연구에서는, 선물을 주거나 사랑을 확언하는 등의 다양한 구애 행동을 보고 여성이 남성의 헌신도에 매긴 수치는 남성이 매긴 수치보다 낮게 나타났다(Haselton & Buss, 2000). 반면에, 여성이 그와 동일한 행동을 실연해보일 때에는 남성과 여성이 대체로 동일하게 헌신도를 평가한다(Haselton & Buss, 2000). 최근에 이와 비슷한 연구에 따르면, 폐경기에 이르지 않은 여성에게는 헌신에 대한 명백한 의심이 있고 폐경기가 지난 여성에게는 그런 의심이 없는데, 아마도 번식 연령이 지난 여성은 남성의 헌신도를 과대평가해도 번식 연령에 있는 여성만큼 높은 번식 비용이 발생하지 않기 때문일 것이다(CYrus, Schwarz, & Hassebrauck, 2011).

서로 알지 못하는 남녀의 양자 상호작용을 조사한 연구에서도 여성이 남성의 헌신을 과소지각한다는 증거가 추가로 나왔다(Henningsen & Henningsen, 2010). 양자는 5분간 대화를 나눈 뒤에, 자기 자신과 상대방이 헌신적인 장기적 관계에 대한 관심을 얼마나 느꼈는지를 묻는 설문지에 자신의 생각을 기입했다. 헌신 과소지각 가설과 일관되게, 여성이 남성보다 헌신에 대한 상대의 관심을 낮게 추정했다. 반면에 남성이 추정한 여성의 헌신도는 여성이 보고한 자신의 관심과 크게 다르지 않아서, 여성의 헌신에 대한 남성의 판단에서는 편향의 증거가 나오지 않았다.

부정적인 외집단 고정관념 인간은 경쟁하는 연합(또는 외집단)의 구성원이 자기 집단의 구성원보다 덜 너그럽고 덜 친절하며(Brewer, 1979), 더 위험하고 더 성마르다고(Quillian & Pager, 2001) 추론하는 편향을 갖고 있다. 이 편향은 위에서 제시한 질병 전파의 위협을 뛰어넘어 또 다른 이유로 적응적이었을 것이다. 조상 시대에는 공격자를 평화로운 사람으로 잘못 추정한 비용이 경계심을 높이는 상대적으로 낮은 비용을 상회했을 테고, 개인의 사회적인 무리에 속하지 않는 외집단 구성원을 그렇게 오인할 경우에는 특히 더 그랬을 것이다. 한 연구에서 실험실을 어둡게 해서 참가자에게 높은 부상 위험을 암시하는 단서를 제시하자, 밝은 방에서 과제를 수행한 참가자들보다 폭력과 결부된 인종적·민족적 고정관념을 더 강하게 옹호했다(Schaller, Park, & Mueller, 2003). 어둠은 다른 부정적인 외집단 고정관념(게으름, 무지 등)에는 아무런 영향도 미치지 않았다(Schaller et al., 2003; 이와 비슷한 최근의 연구로는, Stroessner, Scholer, & Marx, 2015를 보라).

사회적 교환 편향 행동경제학자들은 경제적 혜택의 구조상 변절이 유리한 경제 게임에서 사람들이 협력을 한다는 사실에 혼란을 느껴왔다(Camerer & Thaler, 1995; Caporael, Dawes, Orbell, & van der Kragt, 1989; Henrich et al., 2001; Sally, 1994). 가령 일회성 죄수의 딜레마 게임에서는 참가자들이 협력보다는 변절을 하리라고 예상할 수 있다. 만일 B가 변절을 하는데 A가 협력을 한다면, A는 그 자신이 변절한 경우보다 더 큰 손해를 보게 된다. 일회성 게임에서는 상호작용이 반복되지 않으므로 협력의 신호를 보내봐야 아무 혜택이 없는 데다가, 파트너 성향의 단서가 될 만한 평판에 대해서도 사전 정보가 전무하다. 하지만 다른 일회성 경제 과제들과 마찬가지로 이 상황에서도 자주 협력이 이뤄진다.

우선, 일회성 게임에서 협력이 나타나는 것은 사회적 교환의 오류 비용을 관리하는 **사회적 교환 편향**의 결과일 수 있다(Yamahishi, Terai, Kiyonari, Mifune, & Kanazawa, 2007). 이 논리에 따르면, 변절을 하고도 부정적인 사회적 결과를 피할 수 있다고 잘못 믿을 때 발생하는 비용은 안전하게 변절할 수 있는데도 협력을 하는 비용보다 높다. 이 비대칭성은 '불필요한' 협력의 비용이 상대적으로 낮거나(예를 들어, 약간의 돈을 잃거나), 협력을 하지 않는 데 따른 사회적 비용(잠재적 추방)이 높을 때 유지된다. 상호의존성이 특별히 높은 사회적 환경, 즉 협력이 대단히 가치 있게 여겨지거나 없어서는 안 되는 환경에서는 추방의 비용이 더욱 뼈아플 것이다(Yamagishi, Jin, & Kiyonari, 1999). 외부인에게 상대적으로 교환 기회를 허락하지 않는 일본의 집단주의적 표본에서 일회성 실험을 하자, 개인주의적인 미국의 표본에서보다 협력 수준이 더 높게 나타났다(Yamagishi et al., 1999). 또한 사회적 교환 편향 가설과 같은 맥락에서, 게임을 교환 관계로 생각하게끔(즉, 교환 상대의 행동을 예측하게끔) 참가자들을 유도하면, 그렇게 유도하지 않을 때보다 더 많이 협력한다(Yamagishi et al.,

2007; 또한 Savitsky, Epley, & Gilovich, 2001; 또한 비슷한 예측에 대해서는, Williams, Case, & Govan, 2003을 보라). 진화적 모델을 사용해서 이와 비슷한 예측들을 시험할 때에도 일회성 협력이 진화하는데, 그럴 수 있는 이유는 일회성 상호작용을 반복적인 상호작용으로 착각하는 비용에 비해서, 반복적인 상호작용을 일회성 상호작용으로 착각하는 비용이 비대칭적으로 크기 때문이다(Delton, Krasnow, Cosmides, & Tooby, 2011).

이 편향은 사회적 교환 편향 이론에서 설명하는 오류 관리와 현대 생활이라는 인공물의 조합으로 생각할 수 있다. 조상의 환경에서는 어떤 개인과 다시 조우할 확률이 높고 사회적 평판의 효과도 아주 강력했을 테기 때문이다. 따라서 사람들은 설사 객관적으로 그럴 가능성이 낮다고 해도, 비−친사회적 행동을 하면 부정적인 결과가 따른다고 예상하는 성향을 미리 갖추고 있을 수 있다. 친사회성 편향은 그동안 아주 다양한 관점에 기초한 설명법들이 치열하게 경쟁하는 장이었지만(Bowles & Gintis, 2002; Gintis, Bowles, Boyd, & Fehr, 2003; Henrich & Boyd, 2001; Price, Cosmides, & Tooby, 2002), 그 설명들이 반드시 상호배타적이지는 않을 수도 있다.

자기-판단의 편향들

편향의 세 번째 범주는 자기 자신과 개인적 유능함에 대한 판단과 관계가 있다. 여기서는 '긍정적 착각'의 대표적 예를 간단히 살펴보고자 한다(더 완전한 검토에 대해서는, Haselton & Nettle, 2006을 보라).

긍정적 착각과 비현실적 낙관주의 이 두 개념은 자기 자신을 판단하는 과제에서 나온 유명한 결과들이다(Taylor & Brown, 1988). 사람들은 자신의 자질(Alicke, 1985), 미래에 긍정적인 결과를 성취할 가능성(Weinstein, 1980), 환경에서 일어나는 과정들에 대한 통제력(Alloy & Abramson, 1979; Rudski, 2000)을 터무니없이 긍정적으로 평가한다. 두 종류의 진화적 설명이 그런 경향을 설명해왔다. 한 설명에서는 사람들이 관찰자에게 자신의 자질을 최대한 좋은 인상으로 포장해서 전달하는 성향을 갖고 있을 거라고 말한다. 관찰자가 그런 자질을 직접 정확하게 평가할 수 없다면, 사람들은 타인에게 자신의 자질을 전달할 때 더 뛰어나 보이도록 전략적으로 행동할 수 있다(Sedikides, Gaertner, & Toguchi, 2003).

다른 설명은 오류 관리와 관련이 있다. 테일러Taylor와 브라운Brown(1988)이 제기한 긍정적 착각 이론을 토대로 네틀Nettle(2004)이 그 설명을 개괄했다. 앞으로의 행동 방향을 평가할 때 두 가지 오류가 일어날 수 있다. 어떤 행동이 적합도 증진에 전혀 도움도 되지 않는데도(또는 조상 시대에 전혀 도움이 되지 않았을 텐데도) 그 행동이 가치 있는 행동이라고 판단할 수도 있고, 실제로는 적합도를 향상시키는(또는 조상 시대에 향상시킨) 행동인데도 가치 없는 행동이라고 판단할 수도 있다. 전자의 오류(위양성)는 쓸데없는 행동을 낳고, 후자의 오류(위음성)는 수동성을 낳는다. 위양성과 위음성의 비용은 대칭적이지 않을 수 있다. 즉, 시도한 뒤에 실패하는 것은 큰 문제가 안 되지만, 시도 자체를 하지 않으면 값비싼 비용을 치를 수 있고, 경쟁적인 상황에서는 특히 더 그렇다. 따라서 결과가 불확실한 영역들, 즉 성공할 수도 있는데도 시도를 안할 때 발생하는 비용보다 시도했다가 실패하는 비용이 더 낮은 영역들에서, 진화는 긍정적 착각을 하게 하는 기제를 만들어낼 것이다(Nettle, 2004). 최근에 신경과학 연구들은 이 편향에 깊은 인지적 뿌리가 있다고 암시한다. 사람들은 달갑지 않은 정보를 왜곡해서 부호화하는 경향이 있고, 그로 인해 반가운 정보가 상대적으로 강화된다는 것이다(Sharot, Korn, & Dolan, 2011; Sharot, Riccardi, Raio, & Phelps, 2007). 다만 오류 관리 이론이 덮어놓고 낙관주의를 예측하지는 않는다는 점에 주의할 필요가 있다. 낙관주의는 수동성으로 인한 비용보다 적합도 이익이 잠재적으로 높았던 곳에서 유효했다.

또 다른 위양성인 과잉확신에 대해서도 비슷한 주장을 할 수 있다. 과잉확신은 이따금 값비싼 결정과 행동을 낳을 수 있지만, 그 동기적 이익—끈기와 야망—은 그로 인한 비용을 상회할 수 있다. 어떤 상황에서는 개인의 성공 가능성을 편향되게 반영한 표상이 선호될 수 있다는 개념은 진화적 모델과 일치한다(Johnson & Fowler, 2011; 하지만 Johnson & Fowler, 2013, 그리고 Marshall et al., 2013을 보라).

다른 진화적 모델에 따르면, 호전적인 행동을 과잉확신하는 민족 국가는 승리 가능성을 정확하게 평가하거나 과소확신하는 국가보다 성공할 가능성이 더 높다고 한다(Johnson, Weidmann, & Cederman, 2011).

결론

지금까지 인지적·사회적 편향 연구는 휴리스틱의 오작동과 그 암담한 영향이 주를 이뤘다(Krueger & Funder, 2004를 보라). 《뉴스위크Newsweek》지는 휴리스틱과 편향을 설명한 문헌에 따르면, "대부분의 사람들이… 정보를 처리할 때 비참하리만치 갈피를 못 잡고 헤매며, 잘못 선택한 지름길로 들어서서 나쁜 결론에 도달하기 일쑤"라고 요약했다(Gigerenzer, Todd, & the ABC Research Group, 1999, p. 27에 인용). 애런슨Aronson(1999)은 사회심리학의 역사를 돌아보면서, "사회심리학에서 가장 유력한 연구의 핵심 주제는 끔찍한 행동('죄')"(p. 104)이라고 지적했다. 사회심리학, 행동경제학, 사회인지학의 학술지에는 바보처럼 보이는 편향 효과가 그득하다(Haselton et al., 2009; Krueger & Funder, 2004).

진화적 관점을 채택하면 이 상이 온전히 뒤집힌다. 자연선택은 환경과 놀라울 정도로 완벽하게 들어맞는 설계를 정교하게 만들어낸다. 복잡한 시각계는 몇 번에 걸쳐 독립적으로 진화한 끝에 종마다 다른 생태에 꼭 맞는 전문화된 특징을 갖추게 되었다(Goldsmith, 1990). 번식 적응을 구비한 덕분에 동물은 자신의 작은 사본을 복제할 수 있으며, 그 사본들은 발달하는 중에도 온전하고, 나중에 자신들이 번식할 때 쓸 수 있는 적응들을 축소판으로 완벽히 갖추고 있다. 자연선택은 또한 인간의 복잡한 마음을 만든 장본인이다. 자연선택이 만든 체계가 어떻게 실패를 밥 먹듯 하고 예외적인 경우에만 성공하는 한심한 뇌를 가질 수 있겠는가?

이제 개념의 조류가 바뀌었다. 편향이 적응적 기능을 유발한다는 설명이 주를 이루기 시작했고, 단순한 장치(휴리스틱)가 어떤 영역에서는 효과 만점이라는 것이 증명되었다. 이 재개념화로 심리학 이론과 실증적 연구가 새로운 전기를 맞이했다. 편향의 내용 효과—당면한 판단의 내용에 따라 편향 효과가 발생하고, 감소하고, 역행하는 효과—를 조사한 연구에 따르면, 마음에는 각기 다른 계산을 하는 기제들이 실제로 있고, 그 기제들은 각기 다른 영역의 추론을 관장한다. 연구에서 입증되었듯이 어떤 적응적 편향은 논리적으로 한 성에만 있다고 예상할 수 있고, 어떤 방어적인 편향은 조상 시대에 위험했던 자극에 반응하는데(하지만 현대의 위협에 반응할 때는 거의 반응하지 않는다), 이런 연구결과는 영역 특이성에 관한 논쟁에서 결정적인 증거가 된다. 경험적 측면에서 이 새로운 유형의 설명은 증거도 없이 그렇다고 하는 이야기가 절대 아니다. 그 해석에서는 논쟁이 계속되고 있지만, 다양한 관점을 가진 연구자들이 그동안 편향의 고전적인 효과를 두고 서로 경쟁해온 예측들을 다시 시험하고, 그 결과를 통해 심리학의 지식 체계에 공헌하고 있다. 우리가 이 장에서 살펴본 오류 관리 이론—편향이 적응적인 것이라는 설명—도 사람들이 선험적으로 예측하고 있었던 특별한 편향들(헌신에 대한 여성의 의심, 청각적 접근과 방향 탐지 편향, 위협적인 대상의 신체적 건장함에 관한 과대평가 등)에 대한 조사를 촉진했다.

최근에 연구자들은 또한 몇 가지 오류 관리 편향이 어떤 조건들에 의해서 조절되는지를 조사하고 입증하기 시작했다. 예를 들어, 성적 과잉지각을 새롭게 조사한 연구자들은 지각자의 성별로 과잉지각을 예측할 수 있다는 결과(오류 관리 이론의 고전적인 연구 결과)에 더해서, 지각자의 관심도로 훨씬 더 크고 분명한 성적 과잉지각을 예측할 수 있다고 밝혔다(예를 들어, Koenig et al., 2007). 이와 유사하게, 면대면 상호작용에서 과잉지각과 헌신에 대한 의심이 어떻게 나타나는지를 조사한 연구에서는, 상대 여성에게 성적으로 관심이 있는 남성들 사이에서만 성적 과잉지각이 발생한다는 것 그리고 상대 남성에게 성적으로 관심이 있는 여성들 사이에서는 헌신에 대한 의심이 감소하거나 사라진다는 것이 밝혀졌다(Henningsen & Henningsen, 2010). 이와 같은 연구 덕분에 우리는 오류 관리 이론으로 예측할 수 있는 편향들에 대해 한층 더 섬세하게 이해하고 있다.

아직 많은 질문이 남아 있다. 일부 학자들은 **인지 편향**이 사실은 오류 비용 관리에 꼭 필요하지는 않다고 지적했다. **행동 편향**과 완전히 정확한 **인지적 평가**가 짝을 이루면 인지 편향과 똑같이 효과적이거나 그보다 더 나을 수 있다는 것이다(McKay & Dennett, 2009; McKay & Efferson, 2010). 성적 과잉지각을 생각해보자. 남자가 여자에게 접근하기 위해 꼭 그녀가 자신에게 성적으로 관심이 있다고 편향된 믿음을 가질 필요는 없다. 이렇게 생각할 수도 있다. "확률은 낮지만, 한번 찔러보는 것도 나쁠 거 없잖아?"

이 역시 오류 비용을 관리하는 합당한 설계다. 오류 관리 이론이 애초에 인지 편향을 설명하기 위해 발전하기는 했지만, 편향이 반드시 믿음 속에 구축되어 있어야 하는지, 아니면 이후의 연쇄적인 결정 과정 중에 나타나서 더 직접적으로 편향된 행동을 촉발하는지를 예측하는 문제에 대하여 그 이론의 주요 논리는 중립적이다. 오류 관리 문제의 해결책이 편향된 믿음에 뿌리를 둘 때도 있는지를 묻는 질문은 실증적 연구에 근거를 두고 각각의 사례에 관해서만 답을 내릴 수 있는 열려 있는 질문이다(Haselton & Buss, 2009). 하지만 성적 과잉지각 편향, 지각과 관련된 청각적 접근 편향, 방향 탐지 편향, 그 밖의 많은 편향이 보여주듯이 사람의 믿음이 실제로 편향되어 있다는 증거는 풍부하다. 따라서 이론상 오류 관리를 위한 적응에 반드시 편향된 믿음이 포함될 필요가 없다고 주장한다 해서, 진정한 인지 편향이 존재하지 않는다거나 불가능하다고 말하는 것은 아니다. 현재의 증거는 분명 다른 결론을 가리켜 보인다. 여전히 남아 있는 매혹적인 질문은, 왜 인간은 행동적 편향으로 충분할 때에도 종종 편향된 믿음을 품는 것으로 보이는가다. 확실한 것은, 오류 관리 이론에 길잡이 역할을 해온 기능적 사고가, 편향을 일으키는 근접 기제에 대한 이해와 더 긴밀히 통합될 필요가 있다는 것이다(Marshall et al., 2013). 그런 통합이 이루어진다면, 진화한 뇌가 가장 쉽게 또는 가장 효과적으로 행동적 편향을 낳는 길은 인지 편향을 통한 길이라고 밝혀질 수도 있을 것이다(Haselton & Buss, 2009).

요컨대, 인간의 판단에 근본적으로 결함이 있다는 개념은 그 자체에 결함이 있는 개념이었던 듯하다. 적응과 적절히 관련된 환경에서 인간을 관찰할 때에는 불합리한 편향이 없는 판단의 인상적인 설계를 관찰할 수 있다. 오류 비용의 맞거래 때문에 진짜 편향은 사람들이 애초에 생각하는 것보다 더 기능적이라고 입증될 수도 있다. 어떤 인지 편향들은 자연선택이 지혜롭게 설계한 기능적 특징일지 모른다.

참고문헌

Abbey, A. (1982). Sex differences in attributions for friendly behavior: Do males misperceive females' friendliness? *Journal of Personality and Social Psychology, 42*, 830-838.

Alcock, J. (1993). *Animal behavior: An evolutionary approach* (5th ed.). Sunderland, MA: Sinauer.

Alicke, M. D. (1985). Global self-evaluation as defined by the desirability and controllability of trait adjectives. *Journal of Personality and Social Psychology, 49*,

1621–1630.

Alloy, L. B., & Abramson, L. Y. (1979). Judgment of contingency in depressed and non-depressed subjects: Sadder but wiser? *Journal of Experimental Psychology: General*, *108*, 443–479.

Arkes, H. R. (1991). Costs and benefits of judgment errors: Implications for debiasing. *Psychological Bulletin*, *110*, 486–498.

Aronson, E. (1999). Adventures in social psychology: Roots, branches, and sticky new leaves. In A. Rodrigues & O. V. Levine (Eds.), *Reflections on 100 years of social psychology*. New York, NY: Basic Books.

Bendixen, M. (2014) Evidence of systematic bias in sexual over-and underperception of naturally occurring events: Adirect replication of Haselton (2003) in a more gender-equal culture. *Evolutionary Psychology*, *12*, 1004–1021.

Bleske-Rechek, A., Somers, E., Micke, C., Erickson, L., Matteson, L., Stocco, C., . . . Ritchie, L. (2012). Benefit or burden? Attraction in cross-sex friendship. *Journal of Social and Personal Relationships*, *29*, 569–596.

Bowles, S., & Gintis, H. (2002) Homo reciprocans. *Nature*, *415*, 125–128.

Brewer, M. B. (1979). Ingroup bias in the minimal intergroup situation: A cognitive-motivational analysis. *Psychological Bulletin*, *86*, 307–324.

Buss, D. M. (1994). *The evolution of desire: Strategies of human mating*. New York, NY: Basic Books.

Camerer, C., & Thaler, R. (1995). Ultimatums, dictators and manners. *Journal of Economic Perspectives*, *9*, 337–356.

Caporael, L., Dawes, R. M., Orbell, J. M., & van der Kragt, A. J. (1989). Selfishness examined. *Behavioral and Brain Sciences*, *12*, 683–739.

Cosmides, L. (1989). The logic of social exchange: Has natural selection shaped how humans reason? *Cognition*, *31*, 187–276.

Cosmides, L., Barrett, H. C., & Tooby, J. (2010). Adaptive specializations, social exchange, and the evolution of human intelligence. *Proceedings of the National Academy of Sciences, USA*, *107*, 9007–9014.

Cosmides, L., & Tooby, J. (1994). Better than rational: Evolutionary psychology and the invisible hand. *American Economic Review*, *84*, 327–332.

Cosmides, L., & Tooby, J. (1996). Are humans good intuitive statisticians after all? Rethinking some conclusions from the literature on judgment under uncertainty. *Cognition*, *58*, 1–73.

Cyrus, K., Schwarz, S., & Hassebrauck, M. (2011). Systematic cognitive biases in courtship context: Women's commitment-skepticism as a life-history strategy?

Evolution and Human Behavior, 32, 13−20.

Delton, A. W., Krasnow, M. M., Cosmides, L., & Tooby, J. (2011). Evolution of direct reciprocity under uncertainty can explain human generosity in one-shot encounters. *Proceedings of the National Academy of Sciences, USA, 108*, 13335−13340.

Diamond, J. M. (1999). *Guns, germs and steel*. New York, NY: W.W. Norton.

Domjan, M., Huber-McDonald, M., & Holloway, K. S. (1992). Conditioning copulatory behavior to an artificial object: Efficacy of stimulus fading. *Animal Learning & Behavior, 20*, 350−362.

Duncan, L. A., & Schaller, M., (2009). Prejudicial attitudes toward older adults may be exaggerated when people feel vulnerable to infectious disease: Evidence and implications. *Analysis of Social Issues and Public Policy, 9*, 97−115.

Ebenbach, D. H., & Keltner, D. (1998). Power, emotion, and judgmental accuracy in social conflict: Motivating the cognitive miser. *Basic and Applied Social Psychology, 20*, 7−21.

Faulkner, J., Schaller, M., Park, J. H., & Duncan, L. A. (2004). Evolved disease-avoidance mechanisms and contemporary xenophobic attitudes. *Group Processes and Intergroup Behavior, 7*, 333−353.

Fessler, D. M., & Holbrook, C. (2013a). Bound to lose: Physical incapacitation increases the conceptualized size of an antagonist in men. *PLoS ONE, 8*, e71306.

Fessler, D. M., & Holbrook, C. (2013b). Friends shrink foes: The presence of comrades decreases the envisioned physical formidability of an opponent. *Psychological Science, 24*, 797−802.

Fessler, D. M., Holbrook, C., Pollack, J. S., & Hahn-Holbrook, J. (2014). Stranger danger: Parenthood increases the envisioned bodily formidability of menacing men. *Evolution and Human Behavior, 35*, 109−117.

Fessler, D. M., Holbrook, C., & Snyder, J. K. (2012). Weapons make the man (larger): Formidability is represented as size and strength in humans. *PLoS ONE, 7*, e32751.

Fiedler, K. (1988). The dependence of the conjunction fallacy on subtle linguistic factors. *Psychological Research, 50*, 123−129.

Fiske, S. T. (1993). Controlling other people: The impact of power on stereotyping. *American Psychologist, 48*, 621−628.

Fodor, J. A. (2001). *The mind doesn't work that way: The scope and limits of computational psychology*. Cambridge, MA: MIT Press.

Galinsky, A. D., Magee, J. C., Inesi, M. E., & Gruenfeld, D. H. (2006). Power and perspectives not taken. *Psychological Science, 17*, 1068−1074.

Garcia, J., Hankins, W. G., & Rusiniak, K. W. (1976). Flavor aversion studies. *Science*,

192, 265−266.

Gerbert, B., Sumser, J., & Maguire, B. T. (1991). The impact of who you know and where you live on opinions about AIDS and health care. *Social Science and Medicine, 32*, 677−681.

Gigerenzer, G. (1997). Ecological intelligence: An adaptation for frequencies. *Psychologische Beitrage, 39*, 107−129.

Gigerenzer, G., Todd, P. M., & the ABC Research Group. (1999). *Simple heuristics that make us smart*. New York, NY: Oxford University Press.

Gigerenzer, G., & Wegwarth, O. (2013). Five-year survival rates can mislead. *British Medical Journal, 346*, f548.doi: 10.1136/bmj.f548

Gintis, H., Bowles, S., Boyd, R., & Fehr, E. (2003). Explaining altruistic behavior in humans. *Evolution and Human Behavior, 24*, 153−172.

Goldsmith, T. H. (1990). Optimization, constraint and history in the evolution of eyes. *Quarterly Review of Biology, 65*, 281−322.

Goodwin, S. A., Gubin, A. Fiske, S. T., & Yzerbyt, V. T. (2000). Power can bias subordinates by default and by design. *Group Processes & Intergroup Relations, 3*, 227−256.

Green, D. M., & Swets, J. A. (1966). *Signal detection and psychophysics*. New York, NY: Wiley.

Greene, K., & Banerjee, S. C. (2006). Disease-related stigma: Comparing predictors of AIDS and cancer stigma. *Journal of Homosexuality, 50*, 185−209.

Haselton,M.G. (2003). The sexual overperception bias: Evidence of a systematic bias in men from a survey of naturally occurring events. *Journal of Research in Personality, 37*, 43−47.

Haselton, M. G., Bryant, G. A., Wilke, A., Frederick, D. A., Galperin, A., Frankenhuis,W. E., & Moore, T. (2009). Adaptive rationality: An evolutionary perspective on cognitive bias. *Social Cognition, 27*, 733−763.

Haselton, M. G., & Buss, D. M. (2000). Error management theory: A new perspective on biases in cross-sex mind reading. *Journal of Personality and Social Psychology, 78*, 81−91.

Haselton, M. G., & Buss, D. M. (2009). Error management theory and the evolution of misbeliefs. *Behavioral and Brain Sciences, 32*, 522−523.

Haselton, M. G., & Galperin, A. (2013). Error management in relationships. *Handbook of Close Relationships*, 234−254.

Haselton,M. G., & Nettle, D. (2006). The paranoid optimist: An integrative evolutionary model of cognitive biases. *Personality and Social Psychology Review, 10*(1), 47−66.

Hawkes, K. (2003). Grandmothers and the evolution of human longevity. *American Journal of Human Biology, 15,* 380–400.

Henningsen, D. D., & Henningsen, M. L. M. (2010). Testing error management theory: Exploring the commitment skepticism bias and the sexual overperception bias. *Human Communication Research, 36,* 618–634.

Henrich, J., & Boyd, R. (2001). Why people punish defectors: Weak conformist transmission can stabilize costly enforcement of norms in cooperative dilemmas. *Journal of Theoretical Biology 208,* 79–89.

Henrich, J., Boyd, R., Bowles, S., Camerer, C., Fehr, E., Gintis, H., & McElreath, R. (2001). Cooperation, reciprocity and punishment in 15 small-scale societies. *American Economic Review, 91,* 73–78.

Herek, G. M. (1999). AIDS and stigma. *American Behavioral Scientist, 42,* 1106–1116.

Hertwig, R., & Gigerenzer, G. (1999). The "conjunction fallacy" revisited: Howintelligent inferences look like reasoning errors. *Journal of Behavioral Decision Making, 12,* 275–305.

Higgins, E. T. (1997). Beyond pleasure and pain. *American Psychologist, 52,* 1280–1300.

Hoffrage, U., Lindsey, S., Hertwig, R., & Gigerenzer, G. (2001, May 4). Statistics: What seems natural (response to Butterworth). *Science, 292,* 855.

Holbrook, C., Galperin, A., Fessler, D. M., Johnson, K. L., Bryant, G. A., & Haselton, M. G. (2014). If looks could kill: Anger attributions are intensified by affordances for doing harm. *Emotion, 14,* 455–461.

Houston, V., & Bull, R. (1994). Do people avoid sitting next to someone who is facially disfigured? *European Journal of Social Psychology, 24,* 279–284.

Hurtado, A. M., & Hill, K. R. (1992). Paternal effect on offspring survivorship among Ache and Hiwi huntergatherers. In B. S. Hewlett (Ed.), *Father-child relations: Cultural and biosocial contexts* (pp. 31–55). New York, NY: Aldine de Gruyter.

Inhorn, M. C., & Brown, P. J. (1990). The anthropology of infectious disease. *Annual Review of Anthropology, 19,* 89–117.

Jackson, R. E., & Cormack, L. K. (2007). Evolved navigation theory and the descent illusion. *Perception & Psychophysics, 69,* 353–362.

Johnson, D. D. P., Blumstein, D. T., Fowler, J. H., & Haselton, M. G. (2013). The evolution of error: Error management, cognitive constraints, and adaptive decision-making biases. *Trends in Ecology & Evolution, 28,* 474–481.

Johnson, D. D. P., & Fowler, J. H. (2011). The evolution of overconfidence. *Nature, 477,* 317–320.

Johnson, D. D. P., & Fowler, J. H. (2013). Complexity and simplicity in the evolution of decision-making biases. *Trends in Ecology and Evolution, 28,* 446–447.

Johnson, D. D. P., Weidmann, N. B., & Cederman, L.-E. (2011). *Fortune favours the bold: An agent-based model reveals adaptive advantages of overconfidence in war.* PLoS ONE, *6,* e20851.

Johnson-Laird, P., Legrenzi, P., & Legrenzi, M. (1972). Reasoning and a sense of reality. *British Journal of Psychology, 63,* 495–500.

Kahneman, D., & Tversky, A. (1973). On the psychology of prediction. *Psychological Review, 80,* 237–251.

Keltner, D., Gruenfeld, D. H., & Anderson, C. (2003). Power, approach, and inhibition. *Psychological Review, 110,* 265–284.

Kenrick, D. T., Neuberg, S. L., Griskevicius, V., Becker, D. V., & Schaller, M. (2010). Goal-driven cognition and functional behavior: The fundamental-motives framework. *Current Directions in Psychological Science, 19,* 63–67.

Koenig, B. L., Kirkpatrick, L. A., & Ketelaar, T. (2007). Misperception of sexual and romantic interests in opposite-sex friendships: Four hypotheses. *Personal Relationships, 14,* 411–429.

Krueger, J., & Funder, D. C. (2004). Towards a balanced social psychology: Causes, consequences, and cures for the problem-seeking approach to social behavior and cognition. *Behavioral and Brain Sciences, 27,* 313–328.

Kurzban, R., & Leary, M. R. (2001). Evolutionary origins of stigmatization: The functions of social exclusion. *Psychological Bulletin, 123,* 187–208.

Lieberman, D. L., Tybur, J. M., & Latner, J. D. (2012). Disgust sensitivity, obesity stigma, and gender: Contamination psychology predicts weight bias for women, not men. *Obesity, 20,* 1803–1814.

Marshall, J. A. R., Trimmer, P. C., Houston, A. I., & McNamara, J.M. (2013). On evolutionary explanations of cognitive biases. *Trends in Ecology & Evolution, 28,* 469–473.

McKay, R. T., & Dennett, D. C. (2009). The evolution of misbelief. *Behavioral and Brain Sciences, 32,* 493–510.

McKay, R., & Efferson, C. (2010). The subtleties of error management. *Evolution and Human Behavior, 31,* 309–319.

Mellers, B., Hertwig, R., & Kahneman, D. (2001). Do frequency representations eliminate conjunction effects? An exercise in adversarial collaboration. *Psychological Science, 12,* 269–275.

Miller, S. L., & Maner, J. K. (2012). Overperceiving disease cues: The basic cognition of the behavioral immune system. *Journal of Personality and Social Psychology, 102,* 1198–1213.

Navarrete, C. D., Fessler, D. M. T., & Eng, S. J. (2007). Elevated ethnocentrism in the first trimester of pregnancy. *Evolution and Human Behavior, 28,* 60–65.

Nettle, D. (2004). Adaptive illusions: Optimism, control and human rationality. In D. Evans & P. Cruse (Eds.), *Emotion, evolution and rationality* (pp. 193–208). Oxford, England: Oxford University Press.

Nettle, D., & M. Bateson (2012). Evolutionary origins of mood and its disorders. *Current Biology, 22,* 712–721.

Neuhoff, J. G. (2001). An adaptive bias in the perception of looming auditory motion. *Ecological Psychology, 13,* 87–110.

Neuhoff, J. G., Hamilton, G. R., Gittleson, A. L., & Mejia, A. (2014). Babies in traffic: Infant vocalizations and listener sex modulate auditory motion perception. *Journal of Experimental Psychology: Human Perception and Performance, 40,* 775–783.

Neuhoff, J. G., Long, K. L., & Worthington, R. C. (2012). Strength and physical fitness predict the perception of looming sounds. *Evolution and Human Behavior, 33,* 318–322.

Park, J. H., Faulkner, J., & Schaller, M. (2003). Evolved disease-avoidance processes and contemporary antisocial behavior: Prejudicial attitudes and avoidance of people with physical disabilities. *Journal of Nonverbal Behavior, 27,* 65–87.

Park, J. H., Schaller, M., & Crandall, C. S. (2007). Pathogen-avoidance mechanisms and the stigmatization of obese people. *Evolution and Human Behavior, 28,* 410–414.

Perilloux, C., Easton, J. A., & Buss, D. M. (2012). The misperception of sexual interest. *Psychological Science, 23,* 146–151.

Price, M., Cosmides, L., & Tooby, J. (2002). Punitive sentiment as an anti-free rider psychological adaptation. *Evolution and Human Behavior 23,* 203–231.

Proffitt, D. R., Bhalla, M., Gossweiler, R., & Midgett, J. (1995). Perceiving geographical slant. *Psychonomic Bulletin & Review, 2,* 409–428.

Quillian, L., & Pager, D. (2001). Black neighbors, higher crime? The role of racial stereotypes in evaluations of neighborhood crime. *American Journal of Sociology, 107,* 717–767.

Rozin, P., & Kalat, J. W. (1971). Specific hungers and poison avoidances as adaptive specializations of learning. *Psychological Review, 78,* 459–486.

Rudski, J. M. (2000). Illusion of control relative to chance outcomes. *Psychological Reports, 87,* 85–92.

Sally, D. (1995). Conversation and cooperation in social dilemmas:A meta-analysis of experiments from 1958 to 1992. *Rationality and Society, 7,* 58–92.

Savitsky, K., Epley, N., & Gilovich, T. (2001). Do others judge us as harshly as we think? Overestimating the impact of our failures, shortcomings, and mishaps. *Journal of Personality & Social Psychology, 81,* 44–56.

Schaller, M., & Murray, D. R. (2010). Infectious diseases and the evolution of cross-cultural differences. In M. Schaller, A. Norenzayan, S. J. Heine, T. Yamagishi, & T. Kameda (Eds.), *Evolution, culture, and the human mind* (pp. 243–256). New York, NY: Psychology Press.

Schaller, M., Park, J. H., & Mueller, A. (2003). Fear of the dark: Interactive effects of beliefs about danger and ambient darkness on ethnic stereotypes. *Personality and Social Psychology Bulletin, 29,* 637–649.

Sedikides, C., Gaertner, L., & Toguchi, Y. (2003). Pancultural self-enhancement. *Journal of Personality and Social Psychology, 84,* 60–79.

Sharot, T., Korn, C. W., & Dolan, R. J. (2011). How unrealistic optimism is maintained in the face of reality. *Nature Neuroscience, 14,* 1475–1479.

Sharot, T., Riccardi, A. M., Raio, C. M., & Phelps, E. A. (2007). Neural mechanisms mediating optimism bias. *Nature, 450,* 102–105.

Stefanucci, J. K., & Proffitt, D. R. (2009). The roles of altitude and fear in the perception of height. *Journal of Experimental Psychology: Human Perception and Performance, 35,* 424–438.

Stefanucci, J. K., Proffitt, D. R., Clore, G. L., & Parekh, N. (2008). Skating down a steeper slope: Fear influences the perception of geographical slant. *Perception, 37,* 321–323.

Stroessner, S. J., Scholer, A. A., & Marx, D. M. (2015). When threat matters: Self-regulation, threat salience, and stereotyping. *Journal of Experimental Social Psychology, 59,* 77–89.

Symons, D. (1979). *The evolution of human sexuality.* New York, NY: Oxford University Press.

Taylor, S. E., & Brown, J. D. (1988). Illusion and well-being: A social psychological perspective on mental health. *Psychological Bulletin, 103,* 193–201.

Tooby, J., & Cosmides, L. (1990). On the universality of human nature and the uniqueness of the individual: The role of genetics and adaptation. *Journal of Personality, 58,* 17–67.

Trivers, R. L. (1972). Parental investment and sexual selection. In B. Campbell (Ed.), *Sexual selection and the descent of man, 1871-1971* (pp. 136–179). Chicago, IL: Aldine.

Tversky, A., & Kahneman, D. (1974). Judgment under uncertainty: Heuristics and biases. *Science, 185*, 1121–1131.

Tversky, A., & Kahneman, D. (1983). Extensional versus intuitive reasoning: The conjunction fallacy in probability judgment. *Psychological Review, 90*, 293–315.

Voland, E., & Beise, J. (2002). Opposite effects of maternal and paternal grandmothers on infant survival in historical Krummhorn. *Behavioral Ecology and Sociobiology, 52*, 435–443.

Wason, P. C. (1983). Realism and rationality in the selection task. In J. Evans (Ed.), *Thinking and reasoning: Psychological approaches* (pp. 44–75). London, England: Routledge & Kegan Paul.

Wason, P. C., & Shapiro, D. (1971). Natural and contrived experience in a reasoning problem. *Quarterly Journal of Experimental Psychology 23*, 63–71.

Weinstein, N. D. (1980). Unrealistic optimism about future life events. *Journal of Personality and Social Psychology, 39*, 806–820.

Williams, K. D., Case, T. I., & Govan, C. L. (2003). Impact of ostracism on social judgments and decisions: Explicit and implicit responses. In J. Forgas, K. Williams, &W. von Hippel (Eds.), *Responding to the social world: Implicit and explicit processes in social judgments and decisions* (pp. 325–342). New York, NY: Cambridge University Press.

Witt, J. K., & Sugovic, M. (2013). Spiders appear to move faster than non-threatening objects regardless of one's ability to block them. *Acta Psychologica, 143*, 284–291.

Yamagishi, T., Jin, N., & Kiyonari, T. (1999). Bounded generalized reciprocity: Ingroup favoritism and ingroup boasting. *Advances in Group Processes, 16*, 161–197.

Yamagishi, T., Terai, S., Kiyonari, T., Mifune, N., & Kanazawa, S. (2007). The social exchange heuristic: Managing errors in social exchange. *Rationality and Society, 19*, 259–291.

Zebrowitz, L. A., & Montepare, J. (2006). The ecological approach to person perception: Evolutionary roots and contemporary offshoots. In M. Schaller, J. A. Simpson, & D. T. Kenrick (Eds.), *Evolution and social psychology* (pp. 81–113). New York, NY: Psychology Press.

42장

생물학적 기능과 오기능
－진화정신병리학의 개념적 토대

제롬 C. 웨이크필드

아리스토텔레스가 발달을 제어하는 '궁극인'에 의거해서 설계처럼 보이는 유기체의 특성을 설명한 이래로, 기능 개념 그리고 그와 비슷한 '설계', '목적', '적응', '목표' 같은 '목적론적teleological'('목표', '목적'을 뜻하는 그리스어 텔로스telos에서 유래했다) 개념은 생물학 이론에서 중심적인 자리를 차지했다. 탁월한 진화이론가인 조지 윌리엄스가 설명했듯이, "생물학적 수단과 목적 같은 개념의 사용이… 생물학의 본질이다"(1966, p. 11).

하지만 기계적 인과론의 세계에서 그런 용어가 어떤 의미를 지닐 수 있을까? 생물학적 기제에 목적이 있다고 생각하면 어쩔 수 없이 불합리한 지적 설계론의 가정에 암묵적으로 의존하게 될까?

다윈의 자연선택론은 신비주의를 벗은 과학적 관점에 생물학적 목적론의 개념들이 끼어드는 문제를 이해하고자 2,000년 동안 씨름해온 과정의 총결산이라 할 수 있다. 다윈의 자연선택론이 기계적 인과론을 위하여 생물학에서 목적론을 제거한다는 일반적인 주장과는 정반대로, 다윈 자신은 그의 이론이 목적론을 제거하는 것이 아니라 **설명**하는 이론이라고 말하면서(Gotthelf, 1999; Lennox, 1993), 한 편지에 "구조물의 용도를 이해하고자 하는 사람은 목적이란 단어를 피하기가 쉽지 않다"라고 적었다(Buller, 1999, p. 6). 사실, 다윈의 기능 개념은 '아리스토텔레스의 궁극인이 있던 자리에 자연선택이라는 물질적인 원리를' 올려놓는다(Williams, 1966, p. 258).

자연선택이 유기체를 빚는 단 하나의 힘은 아니다. 다른 많은 힘들이 유기체의 본성과 형식에 영향을 미친다. 발달상의 제약과 구조상의 제약, 유전적 부동, 특성들 간의 다양한 연결, 역사적 우연 등이 그것이다(Williams, 1992). 전체적으로 제약과 자연선택이 각각 얼마나 영향을 미치는지의 문제는 논쟁의 대상으로 남아 있다(Orzack & Sober, 1994). 그런 비선택적인 힘이 큰 영향을 미친다고 믿는 사람들은 때때로 그 믿음을 부풀려서 '반적응주의적' 주장을 제기하곤 한다(Lewontin, 1979). 하지만 목적론적 전통만이 적응적이고 설계처럼 보이는 유기체의 놀라운 측면을 다룰 수 있는 것은 아니며, 또한 발달상의 제약, 역사적 조건, 그 밖의 어떤 비선택적인 과정으로만 이 영역을 전부 설명할 수 있는 것도 아니다. 어떤 구체적인 특징에 어떤 설명 방식이 적합한지를 두고 논란이 일면 경험적으로 처리할 수 있겠지만(Buss, Haselton, Shackelford, Bleske, & Wakefield, 1999), 그럼에도 수많은 사례가 목적론적 설명에 의존할 필요가 있다는 사실은 변함이 없다.

하지만 반적응주의는 경험적 근거도 없이 아무나 손쉽게 선택주의 가설을 구성할 수 있는가 라는 방법론적인 우려에 기름을 부었다. 잘 알려져 있듯이 스티븐 J. 굴드는 그런 가설이 "(증거도 없이) 그냥 그렇다고 말하는 이야기just-so story"라며 비판했다(1991; Gould & Lewontin, 1979). 굴드의 비판은 결국 방법론상의 엄격함을 지적하는 데 유용했고(Griffiths, 1996), 근래에 진화심리과학은 경험적 기반을 극적으로 개선했다. 하지만 특정한 목적론적 가설에 대한 반박이 옳다고 할지라도, 어떤 형태의 목적론적 설명은 여전히 대부분의 적응적 형질을 이해하는 데 필수적이다.

목적론적 전통에 다윈이 기여한 바를 제대로 이해하려면, 생물학적 기능—철학 문헌에 따르면 '자연적' 또는 '적절한' 기능—에 관한 논의를 끊임없이 괴롭히는 골치 아픈 개념적 수수께끼로 들어가야 한다. 간단한 예를 살펴보자. 거미줄은 거미가 곤충을 잡을 수 있게 해준다. 그리고 우리는 이 이익이 그저 기분 좋은 우연이 아니라 거미줄의 기능이라고 믿는다. 또한 우리는 거미줄을 만드는 거미의 능력이 기분 좋은 우연이 아니라 거미의 몸과 뇌에 존재하는, 알려지기도 하고 알려지지 않기도 한 여러 기제의 기능이라고 믿는다. 하지만 이렇게 기능을 진술하면, 거미는 체내의 어떤 기제가 있어서 거미줄을 칠 수 있고 거미줄은 곤충을 잡는 데 효과적이라는 사실 묘사 외에 정확히 무엇이 추가되고 있을까? 기능 진술은 반드시 그 이상을 말하고 있는 듯하다. 지붕의 돌출부는 거미줄을 치고 곤충을 잡기에 특별히 유리한 자리지만, 그렇다고 지붕 돌출부의 기능이 거미가 곤충을 잡게 해주는 것이라고는 생각할 수 없기 때문이다.

어떤 특성의 기능을 말할 때 우리가 추가로 말하고 있는 것은 그 특성에 대한 부분적인 **설명**이다. 곤충을 잡는 것이 거미가 줄을 치는 **이유**의 일부라고 말하고 있는 것이다. 이렇게 기능 진술에는 우리가 **기능적 설명**이라 부르는 것이 내포되어 있다. 예를 들어, 혈액 펌프질이라는 심장의 효과(결과)가 심장에 대한 설명의 일부인 것은, 우리가 자연선택 덕분에 "우리에게 왜 심장이 있을까?" 또는 "심장은 왜 존재할까?"라는 질문에, "심장이 피를 펌프질하기 때문"이라고 합당하게 부분적으로 답할 수 있기 때문이다. 그래서 혈액을 펌프질하는 것이 심장의 기능인 것이다.

간혹, 기능 주장의 설명적 차원은 꼭 필요한 것이 아니라거나, 더 큰 유기적 체계가 다양한 능력을 부여받는 과정에서 어떤 특성이 원인적 역할을 한다면 바로 그 역할이 그 특성의 기능일 수 있다는 주장이 나온다(Cummins, 1975). 분명 과학자들이 가끔 이런 식으로 말한다. 하지만 그런 '원인적 역할'의 관점에서는 우연한 결과를 기능으로 간주하는 것도 가능해진다. 이 설명에 따르면 심지어 병증도 유기체에게 분명한 결과와 능력을 부여하니, '기능'을 갖고 있는 셈이다. 따라서 그런 관점은 그 자체로는 우연하지 않은 진화적 의미로서의 생물학적 기능이든, 아무런 생물학적 기능이 없는 병리학적 오기능이든 어느 것도 적절히 개념화하지 못한다. 기능과 오기능을 설명하기 위해서는 원인적 역할에 무언가가 더해져야 한다.

하지만 기능이 설명적이어야 한다고 요구하는 순간 역행 인과라는 고전적인 문제가 발생한다. 곤충을 잡는 것은 거미줄의 결과이고, 따라서 거미줄에 후행하는 사건이라면, 곤충 포획이라는 결과는 어떻게 거미집 짓기라는 그 자신의 원인을 설명하는 동시에 역행 인과를 금지하는 과학적 규칙을 준수하고 아리스토텔레스의 궁극인 개념을 거부할 수 있을까? 생물학적 기능을 적절히 설명하려면 역행 인과에 의존하는 개념을 반드시 떨쳐내야 한다. 뿐만 아니라 전능한 창조주의 존재를 믿지 않는 사람조차 일반적인 상황에서는 곤충 포획이 거미줄의 목적이라고 말하곤 하는데, 도대체 어떻게 기계론적인 우주에서 자연물이 목적을 가질 수 있단 말인가? 따라서 모두가 우려하는 문제는 생물학적 기능에 대한 진술이 어찌됐든 물리적 과정에 인간적 의도를 부여하고 있다는 것이며(Cummins, 1975), 따라서 적절한 설명이라면 실은 그렇지 않다는 것을 분명히 해야 한다.

특히 진화심리학자들은 그런 문제를 피하지 말고 생물학적 기능 개념을 최대한 분명히 할 필요가 있다. 마음이 설계된 방식 그리고 현재 알려져 있거나 가설화된 정신 모듈의 기능은 진화심리학이 심리학에 이바지한 가장 큰 공헌에 해당한다. 그런 기능에 대한 주장은 자주 뜨거운 논쟁을 불러일으키고, 유난히 강도 높은 비판적 검증을 겪는다. 따라서 진화심리학은 기능에 관한 주장이 무엇을 의미하는지, 어떤 증거가 그 주장을 뒷받침하고 반박하는지, 그렇게 주장하는 과정에서 어떤 모호함이나 오해가 발생할 수 있는지를 섬세하게 이해할 필요가 있다. 다행히 이 사안의 중요성이 점점 커지는 상황과 맞물려서 기능 개념을 다룬 철학 문헌이 증가하고 있다. 그 문헌의 양과 범위가 이미 너무 넓고 방대해진 탓에 여기서는 그중 몇 가지만 살펴보고자 한다.

진화심리학이 큰 영향을 미친 영역 가운데 하나가 임상심리학이다. '기능'에 관한 설명은 그 대척점에서 정신병리학 이론의 근거가 되는 '오기능' 또는 '오작동' 개념에 관한 설명을 함축하고 있다. 따라서 기능 이론을 검증하는 주요한 방법 하나는 그 이론이 오기능을 적절히 설명해서 정신병리학 이론에 적절한 진화적·심리학적 토대가 되어줄 수 있는지 확인하는 것이다. 여기에 제시된 기능 분석이 임상심리학의 토대를 어떻게 밝혀주는지는 이 장의 후반부에서 다시 살펴볼 것이다.

이 장에서는 우선 생물학적 기능 개념에 대한 철학적 분석이 최근에 어떻게 발전했는지를 검토하고, 그중 내가 가장 적절하다고 믿는 접근법을 제시하고자 한다. 나는 기능을 무엇보다 자연선택의 효과로 해석하는 '병인학적' 또는 '역사적' 설명에 초점을 맞출 것이다. 장 후반에서는 장애를 '해로운 오기능'으로 분석한 나의 연구(Wakefield, 1992a, 1999a, 1999b)에 의존해서, 정신질환 개념과 정신병리학의 성격을 밝힐 수 있는 오기능 개념이 어떻게 병인학적 기능 분석에서 나올 수 있는지를 예증하고자 한다.

생물학적 기능

1960년대와 1970년대에 진화 이론과 생물철학 문헌에서는 거의 같은 시기에 똑같은 일이 발생했다. 기능 개념 분석이 중대한 전환점들을 맞이한 것이다. 생물학에서는 조지 윌리엄스(1966)가 이렇게 불평했다. "생물학자들은 '이것의 기능은 무엇인가?'라는 질문에 논리적으로 적절하고 일반적으로 수긍할 수 있는 원리와 절차에 따라 답하지 못하고 있다"(p. 252). 윌리엄스는 이 상황을 바로잡기 위해 자연적 기능은 자연이 선택한 효과라는 정의를 포함하여 그 분야의 기초에 대한 중요한 분석을 발표했다. 철학에서는 래리 라이트Larry Wright(1973, 1976)가 '기능'에 대한 병인학적 설명을 확립했다. 그의 저작은 반례에 대응할 목적으로 한 차례 개정된 뒤, 역시 자연 선택에 기초한 설명으로 합류했다.

라이트와 윌리엄스의 분석은 그들이 주장한 설명적 의미의 기능을, 사람들이 종종 기능과 혼동하는 우발적 이익 및 그 밖의 무관한 요인들과 구분하는 것에 초점이 맞춰져 있었다. 철학자 칼 헴펠Carl Hempel(1965)은 기능 설명에 관한 고전적인 글에서 기능을 그렇게 구분하는 것에 이의를 제기했다. 헴펠은 심장에는 혈액을 펌프질하고 가슴에서 소리를 만들어내는 등의 여러 효과가 있다고 보았다. 더구나 두 효과(결과)는 모두 이롭다. 심장이 뛰는 소리는 의학적으로 유용하기 때문이다. 하지만 이 결과들 중에서 심장의 생물학적 기능에 해당하는 것은 일부에 지나지 않는다. 기능 이론의 과제는 어떤 특성의 기능에 해당하는 결과와 그렇지 않은 결과를 어떻게 구분해야 하는지를 설명하는 것이다. 그리고 그 설명을 제약하는 일차적 조건은 기능의 원인을 찾는 것(기능 귀인)이 어떻게 그 기능에 대한 설명이 되는지를 설명해야 한다는 것이다. 다시 말해, 그 분석은 역행 인과나 신의 설계를 끌어오는 일 없이 자연주의적이고 과학적으로 납득할 수 있는 방식으로, 기능에 해당하는 결과가 어떻게 그 결과를 낳은 특성의 존재를 설명할 수 있는지를 밝혀야 한다. 이를테면 그 분석은 "캥거루에겐 왜 주머니가 있을까"라고 물었을 때, "발달 중인 새끼를 보호하기 위해서"라는 대답이 왜 올바른 대답인지를 보여야 한다. 최근에 기능을 연구하는 사람들은 기능과 그 밖의 결과를 구분하는 이 문제를 표준적인 틀로 삼고 있다.

예로부터 기능의 이 설명적 의미는 기능의 '강한' 의미 대 '약한' 의미들로 알려져 있었다. 어떤 특성의 기능을 강한 의미로 기술하는 것은 그 종이 가진 그 특성의 존재, 그리고/또는 구조, 그리고/또는 유지를 부분적으로 설명하는 방법이었다. 유기체의 어떤 특성이 설계처럼 보이면 그것이 우연이 아니라는 점은 늘 명백해 보였다. 예를 들어, 눈이 지금과 같아야 하는 것은 그래야 우리가 앞을 볼 수 있기 때문이다. 문제는 이 사실을 과학적으로 적절히 이해할 수 있는 방법을 찾는 것이었다. 다윈의 자연선택론은 '궁극인'과 유신론적 설명을 밀어내고, 그런 비우발적인 결과가 어떻게 존재할 수 있고 어떻게 그 원인이 되는 특성을 설명할 수 있는지에 대해서 우리가 알고 있는 단 하나의 과학적인 설명을 제시했다. 따라서 말 그대로 그런 결과는 원인을 설명할 때 반드시 언급되어야 한다. 결국 어떤 방식으로든 자연선택에 의존해서 강한 의미의 기능을 분석하는 기능 분석—'병인학적' 또는 '역사적' 분석—은 결과가 그 원인을 설명한다는 전통적인 수수께끼를 가장 잘 풀어준다.

생물학적 기능 개념에 대한 분석은 '기능'이라는 말이 굉장히 다양한 용법으로 사용되고 있고 대부분의 용법이 강한 의미의 생물학적 기능과 무관하면서도 이 개념과 종종 혼동된다는 사실 때문에 부쩍 더 어려워진다. 우리는 뚜렷한 결과나 가치 있는 결과를 만들어내는 원인에 대해 말할 때면 마치 그런 결과를 만들어낸 설계가 존재한다는 듯이 은유적으로 기능의 용법을 확장한다. '심장이 뛰는 소리는 의사에게 의학적 문제를 알리는 기능을 한다'거나 '중력은 태양계를 함께 붙들어놓는 기능을 한다'는 식으로 말이다. 게다가 결혼이나 업무가 잘 기능한다거나 잘 기능하지 않는다는 등, 본래 가치 판단에 해당하는 일상적 용법으로도 다양하게 쓰인다. 그러나 이 가운데 어떤 용법도 설명적인 것이 아니다. 기능을 다루는 저자들 가운데 일부는 이런 확장된 은유를 진짜 기능과 혼동해서 생물학적 기능에 대한 설명을 절망적인 혼란에 빠뜨린다. 여기서 나는 이 모든 용법을 분리하는 데 시간을 쓰기보다는, 위에서 언급한 '강한' 의미의 용법에만 집중할 것이다. 강한 의미는 대개 'X의 기능은 Y'라는 꼴로 표현되고, 약한 의미를 드러낼 때 자주 사용되는 'X는 Y의 기능을 한다'라는 꼴과 대립한다는 점에 주의하자. 따라서 이를테면 '포켓판 성경은 총알을 막는 기능을 한다'는 사실은 '포켓판 성경의 기능은 총알을 막는 것'임을 의미하지 않는다.

라이트의 병인학적 분석

래리 라이트(1973, 1976)의 '병인학적' 분석으로 철학의 기능 분석은 중대한 분기점을 맞았고, 이로부터 다양한 자손들이 태어나 서로 경쟁을 벌였다. 라이트의 분석은 인공적 기능의 효과-설명적 본성에 관해 위에서 언급한 통찰에 기대고 있다. 라이트는 다음 내용이 '기능'의 일반적 설명이라고 주장했다.

X의 기능이 Z라는 것은 다음을 의미한다.
X는 Z를 하기 때문에 존재하고,
Z는 X가 존재하는 결과다(1976, p. 81).

이 설명의 기본적인 생각은, 기능은 설명적 결과를 지시한다는 것, 즉 어떤 존재자가 왜 존재하는지를 설명해주는 그 존재자의 결과를 지시한다는 것이다. 생물학적 기능을 설명하는 접근법으로서 라이트의 분석은 몇 가지 기술적 결함을 갖고 있었다. 장치 X의 구체적인 사례가 존재하는 것이 X가 Z를 하기 때문이라고는 누구도 말할 수 없다. 그 말에는 역행 인과가 함축되어 있기 때문이다. 그보다는, X는 어떤 유형의 장치에 속하는 한 사례이며, X가 존재하는 것은 그 유형의 과거 사례들이 Z를 했기 때문이라고 말해야 한다. 이와 마찬가지로, 어느 누구도 기능 Z가 X가 존재하는 결과라고 말할 수 없다. X가 결함이 있거나, 불완전하거나, 병들어 있을 수 있고, 그래서 오작동하고 있을 수 있기 때문이다. 그보다는, Z는 과거에 존재했던 여러 X들의 결과라고 말해야 한다.

더 근본적인 문제는, 그저 효과-설명만으로도 기능의 존재가 충분히 설명된다는 라이트의 주장이 옳지 않다는 것이었다. 그런 효과-설명은 어디에나 있다. 이를테면, 바위 하나가 다른 바위에 기댄 채로 압력 평형 상태를 이루고 있을 때, 그 바위가 다른 바위에 똑같은 힘으로 압력을 가하는 것이 그 바위의 위치를 설명한다는 얘기나 마찬가지다. 또 다른 흔한 예가 기상 현상에 있다. 어떤 기상 현상에서는 자체적인 효과로 피드백-순환 체계가 만들어져서 유지된다. 예를 들어, 소용돌이와 폭풍 시스템은 종종 물과 공기를 원형으로 움직이게 하는데, 그러면 압력이 형성되어 한 방향으로 안정적인 움직임이 계속된다. 하지만 소용돌이치는 물 운동이나 폭풍의 공기 운동이 그 소용돌이나 폭풍을 유지하는 기능을 하는 것은 아니다.

'생물학적 기능' 분석에 더 문제가 되는 것은, 유기체 안에도 이와 비슷한 예가 있다는 점이다.예를 들어, 심장 판막 근처에서 발생하는 난류성 혈류는 규칙적으로 작은 혈액 소용돌이를 형성하고, 설명이 가능한 그 구조 때문에 안정적인 소용돌이 패턴이 유지된다. 하지만 그런 안정적인 소용돌이의 존재는 적합도에 아무런 영향도 미치지 않는 기계적인 이상 현상에 불과하고, 따라서 아무런 기능도 없다.

생물학적 기능은 자연선택의 결과

라이트의 분석이 실패하자 그에 대한 반응으로 학자들은 그 분석이 충분히 구체적이지 못했으며, 생물학적 기능에는 단지 설명적인 결과뿐만 아니라 적어도 **선택된** 결과가 포함되어야 한다고 결론지었다. 어떤 결과가 설명적일 수 있는 **까닭**은 그 결과가 **선택되었기** 때문이어야 한다. 루스 밀리칸Ruth Millikan(1984)은 이 문제 해결을 위해, 자연선택의 중요한 특징들에 비유한 추상적인 이미지를 '기능' 분석에 포함시켰다.

일반적인 의미로 자연선택은 다음 네 가지 조건이 갖춰져야 발생한다는 것이 중론이다. (1) 번식, 즉 한 과family의 생물들이 존재해서 한 세대가 같은 종류의 다른 세대('자식')를 낳을 수 있는 조건, (2) 인구 구성원들 사이에 형질의 변이가 존재하는 조건, (3) 유전되는 형질이 있어서 자식이 '부모'를 닮을 수 있는 조건, (4) 번식 성공에 차이가 있어서, 서로 다른 변이주들이 서로 다른 수의 자식을 남기게 되는 조건. 또는 헐Hull(1990)이 표현한 바와 같이, 자연선택 과정은 **복제자**replicators, 즉 "자신의 구조를 다음 복제체에게 대체로 온전하게 전달하는 존재"의 활동과, **교류자**interactors, 즉 "응집력 있는 전체로서 자신이 속해 있는 환경과 상호작용을 하는데, 이때 복제에 차이가 생기게끔 상호작용을 하는 존재"(p. 96)의 활동으로 이루어져 있다. 밀리칸(1984)은 이 모든 일반 조건을 재료로 삼아 자신의 분석법을 완성했다. 그녀는 두 가지를 요구한다. (1) 어떤 복제 절차를 통해서 새 구성원들을 생산하는 '번식상으로 확립된 과', (2) 어떤 형질을 가진 덕분에 복제 과정에서 더 성공적으로 번식하고 그 결과 장기적으로 과 안에서 그 형질을 보유한 구성원의 비율이 변하는 것을 설명할 수 있는 선택 과정.

하지만 베도Bedau(1993)는 도킨스(1986)의 예를 차용해서 무기물인 점토 규산염 내부에서 벌어지는 과정을 묘사한다. 거기서 발생하는 화학적 과정은 밀리칸의 분석에 명시된 자연선택의 모든 요소를 쏙 빼닮았지만, 기능 귀인[1]은 어림없다. 게다가, 유기체 내부에도 밀리칸이 말한 의미로 '선택'되기는 했지만 기능은 없어 보이는 수많은 구조가 존재한다. 예를 들어, 기생 DNA는 다른 유전자와 결합해서 그 유전자가 복제할 때 함께 복제하지만, 선택을 통해 기생 DNA의 존재를 설명해주는 결과에도 불구하고 그 결합 구축에는 유기체의 생물학적 기능이 전무하다. 설득력 있는 또 다른 예로 분리 왜곡 유전자를 들 수 있다. 분리 왜곡 유전자의 특별한 기제는 정자와 난자(생식체)를 생산하는 세포분열(감수분열)을 조작해서 유전자가 생식세포의 절반에 해당하는 일반적인 양보다 더 많이 전달되게 한다. 하지만 고프리 스미스Godfrey-Smith(1999b)가 설명했듯이, "감수분열의 교란이 분리 왜곡 유전자가 하는 일이며, 그 일이 그들의 생존을 설명해준다… 뿐만 아니라 이 설명은 생식세포 수준에서는 자연선택에 들어맞는다… (그러나) 일반적으로 감수분열의 방해를 유전자의 기능이라 주장하지는 않는다"(p. 204).

분리 왜곡 유전자는 미래 세대에 나타날 그들의 표본을 늘리고 그렇게 해서 '선택' 되기는 하지만, 그 인과적 경로는 개체의 적합도를 증가시켜주지 않는다. 결과적으로 이 유전자는 개체에게 어떤 생물학적 기능을 하는 것으로 간주되지 않는다. 기능은 유기체의 수준에만 있는 것이 아니어서, 기생 DNA와 분리 왜곡 유전자의 일부 특성도 그 유전자와 관련해서는 우리가 명시할 수 있는 생물학적 기능을 갖고 있다 (예를 들어, 분리 왜곡 유전자의 어떤 특징들은 라이벌 염색체를 지닌 정자를 자폭시켜서 분리 왜곡 유전자의 빈도를 증가시킨다). 하지만 분리 왜곡 유전자 그 자체는 밀리칸의 추상적인 의미에서는 선택된다고 할 수 있지만, 유기체에게는 아무런 생물학적 기능도 하지 않는다. 더 큰 차원인 유기체의 선택적 이점에는 전혀 기여하지 않기 때문이다. 결국 분리 왜곡 유전자의 기제에 문제가 발생해도, 그 자체로는 장애 속성을 낳는다는 의미에서 오기능이 아니다.

따라서 밀리칸의 추상적인 의미로 어떤 특징이 선택되었다는 것은 기능의 조건으

---

1 function attribution, 기능이 있다고 생각하거나 기능을 찾는 것(옮긴이).

로 충분하지 않다. 선택은 반드시 어떤 특징이 유기체의 적합도에 기여하기 때문에 이뤄지는 것이어야 한다(Brandon, 1990; Godfrey-Smith, 1999b). 네안더Neander(1991)는 그 점을 아래와 같이 표현한다.

> 어떤 유기체(O)의 아이템(X)에게 적절한 기능이 있다면 그것은, X 유형이 O의 조상의 포괄적합도에 기여하게끔 한 그 일 그리고 X라는 표현형의 유전자형이 자연선택에 의해 선택될 수 있게 했던 그 일을 하는 것이다(p. 174).

네안더의 분석을 비롯한 병인학적 '기능' 분석은 그저 형질의 적합도를 언급하는 데 그치지 않고, 그 형질이 적합도에 이바지하는 **원인적 기여**를 언급한다는 점에 주목하자. 예를 들어, 북극곰 외피의 무게와 온기처럼 동시 발생하는 특성들은 동일한 적합도 값을 갖고 있지만, 당연히 적합도에 기여하는 것은 외피의 온기이지 무게가 아니다. 여기서 중요한 것은 이제는 고전이 된 소버Sober(1984)의 '선택 목적selection for'과 '선택 결과selection of'의 구분이다. 이를테면, 여러 크기의 공을 다양한 크기의 구멍에 통과시켜서 공을 구분하고, 그중 어느 구멍에도 맞지 않아 남겨진 공을 선택하는 기계를 상상해보자. 크기와 색깔이 서로 관련되어 있다는 전제하에서, 이 기계는 마침 공을 색깔에 따라 구분하고 오직 한 색깔의 공만 남겨둘 수도 있다. 그럴 경우에 기계의 선택은 한 가지 색을 '선택한 결과'로 이어지지만, 그 기계의 과정이 추구하는 '선택 목적'은 공의 크기다. 후자의 속성이 그 선택 과정에 원인적 영향을 미치기 때문이다. 또한 결과적으로는 외피의 무게도 선택되었지만, 북극곰 외피가 선택된 것은 온기를 위해서다. 기능에 대한 병인학적 설명에 적합한 것은, 선택의 목적이 되고 그래서 원인적 영향을 미치는 특징뿐이다.

유지의 중요성: 윌리엄스 대 굴드의 기능론

어떤 형질은 그 기능 때문에 '자연선택에 의해 선택'된다는 네안더의 표현은, 그 형질이 맨 처음 개체군에서 확산되고 안정화되는 과정에서 이뤄지는 **최초의 선택**을 가리키는 것으로 보인다. 하지만 자연선택은 일단 선택된 특성을 유지하기도 한다. 선택력이 계속 작동해서 그 특성을 보존하고 대안을 제거하지 않는다면, 결국 그 특성은 개체군 내에서 감퇴한다. 선택력은 큰 변화 없이 이어지므로, 최초의 선택력은 이후에 유지하는 힘과 거의 비슷할 것이다. 하지만 최근에 발전한 진화 이론, 특히 기능적 추론에 대한 유력한 비판에서 굴드는 자연이 어떤 특성을 선택한 역사가 복잡할 수 있음을 강조하고, 최초의 선택과 유지하는 선택이 다를 수 있다는 점에 주목했다.

기능 설명에서 유지를 해결할 때 모습을 드러내는 문제들은 적어도 윌리엄스 (1966)의 획기적인 분석으로 거슬러 올라간다. 윌리엄스는 병인학적 분석을 이용해서 기제의 기능과 기제의 다른 결과를 구분했다. "어떤 것을 특정한 **목표**나 **기능**이나 **목적**을 위한 **수단** 또는 **기제**라고 지칭하는 것은, 그 장치가 그 목표 때문에 선택에 의해 빚어졌다는 뜻을 함축한다. 그런 관계가 존재한다고 믿을 수 없을 때 나는 그런 용어들을 피하고, 대신 **원인**과 **결과**처럼 우연한 관계에 적합한 단어를 사용할 것이다"(p. 9). 윌리엄스는 설계의 목적과 구체적으로 일치하지 않는 모든 이익을 '기능' 범주에서 제외시키고자 했다. "어떤 효과가 우연이 아니라 설계에 의해 생겨났다는 것을 입증할 수 없다면, 그 효과를 기능인 것처럼 말해서는 된다"(Williams, 1966, p. 261). 윌리엄스의 표현("그 장치가 그 목표 때문에 선택에 의해 빚어졌다", "설계에 의해 생겨났다" 등)은 어떤 특성에 대한 최초의 선택을 가리키는 것으로 해석하는 편이 가장 타당하다. 기능을 찾을 때 개체군 안에서 처음 눈에 띄는 것은, 설계처럼 보이는 선택된 특성들이 현재 유지되고 있는 모습이고, 그래서 선택을 설명한 뒤에 해야 할 "다음 과제는 왜 문제의 기제가 그 종의 정상적인 특징으로 유지되면서 퇴화하지 않는지를 설명하는 것"임을 윌리엄스는 잘 알고 있었다(1966, p. 259). 그럼에도 그가 정의한 기능은 최초의 선택력과 그것을 유지하는 선택력이 기능 귀인을 하면 똑같다고 전제하는 것처럼 보인다. 그렇게 전제하지 않고서는 현재 특성이 유지되는 상태로부터 애초에 그 특성이 형성된 이유를 추론할 수 없기 때문이다.

굴드(1991; Gould & Vrba, 1982)는 어떤 특성의 새로운 효과, 즉 적합도를 높여주고 그래서 그 특성을 유지시켜주지만 그 특성이 애초에 선택된 것과는 상관이 없는 효과를 가리키는 말로 '굴절적응exaptation'이란 용어를 고안했다. 윌리엄스의 분석에 있는 결함을 이용해서 굴드는, 문제의 특징은 애초에 현재의 목적을 위해 형성된 것이 아니기 때문에 굴절적응은 기능도 아니고, 자연선택으로 설명할 수도 없다고 주장했다. 이와 같이 굴드는 윌리엄스의 정의를 엄격하게 따르면서 자연선택 설명에 대한 비판의 틀을 제공했다. 실제로 윌리엄스의 정의는 굴절적응과 기능에 관한 굴드의 주장을 정당화하는 개념으로 꾸준히 언급되고 있다. "관습(그 간략한 역사를 확인하기 위해서는 Williams[1966]을 보라)에 따라 '기능'이란 용어는 **양성 선택을 통한 특성의 개조를 설명해주는 이로운 효과에 적용되는데, 굴드와 브르바**Vrba(1982)는 이 용법을 그대로 차용했다"(Andrews, Gangestad, & Matthews, 2002, p. 539; 강조는 원저자).

이렇게 윌리엄스는 '기능'의 정의를 명확히 하려다가 무심결에 진화적인 기능 설명을 공격할 수 있는 탄약을 제공하고 말았다. 이후에 눈덩이처럼 불어난 혼란은 개념적 주제를 명확히 해야 하는 이유를 가리키는 교훈적인 이야기가 된다. 윌리엄스(개인적 대화, 1995)는 자신의 정의를 수정해서 유지 개념을 포함시킬 필요가 있다는 데 동의했고, 만년에는 기능의 정의에 유지를 포함시킬 필요가 있다고 강조했다(Randolph Nesse, 개인적 대화, 2002).

어떤 특성의 이익이 시간에 따라 변할 수 있다는 점에서는 굴드가 옳다. 즉, 어떤 특성이 자연적으로 선택될 당시의 최초 이익과 그 특성의 현재 이익이 동일하다고 태평하게 여겨서는 안 된다. 예를 들어, 펭귄의 날개는 조상 펭귄의 비행을 가능케 하는 기능 때문에 선택되었고 당시에는 수중생활과 무관했지만, 펭귄이 나중에 진화한 역사에서 날개는 하늘을 날기 위해서가 아니라 물속에서 앞으로 나아가고 방향을 잡는 등 오직 헤엄치기 위한 기관으로만 유지되어왔으므로, 어느덧 날개의 적합도 향상 효과가 변한 셈이다. 하지만 윌리엄스의 정의나 굴드의 관점과 반대로, '기능' 귀인은 기능이라고 제시된 것이 반드시 최초의 선택과 연결되어 있어야 한다고 요구하지는 않는다. 기능 귀인에 필요한 것은 선택압뿐이며, 그 선택압이 최초의 형성을 위한 것인지, 유지를 위한 것인지는 중요하지 않다. 유지를 위한 선택이 존재한다면, 자연선택과 기능은 항상 존재한다. 유지를 위한 선택이, 선택된 효과를 통해서 그 특성의 존재를 인과적으로 적절하게 설명해주기 때문이다. 결국, 펭귄 날개의 기능은 비행이 아니라 헤엄이다. 유지를 위한 선택도 최초의 선택 못지않게 유효한 '자연선택'이다. 따라서, 이른바 굴절적응 또한 그저 자연적으로 선택된 기능의 한 종류인 것이다.

예를 들어 색깔이 하얀 어느 나방 종을 생각해보자. 애초에 이 색깔이 선택된 것은 하얀 나무껍질 위에서 보호색 효과를 냈기 때문이다. 이 나방이 서식지가 파괴되는 바람에 나무껍질의 색이 짙은 다른 숲으로 이주를 한다고 해보자. 그런데 나방의 하얀색이 새로운 환경에 적합한 새로운 선택적 이점 때문에 여러 세대가 지나도 그대로 유지된다. 그 숲에 사는 어떤 흰나방 종이 강한 독성을 가진 덕분에 포식자를 효과적으로 피하는데, 그로 인해 모방 효과를 본 것이다. 새로운 서식지로 이주한 1세대 나방에게 하얀 몸 색깔이 모방이라는 새로운 이익을 가져다준 것은 우연한 행운이었다. 하지만 보호색의 유지 대신 모방의 유지가 선택된 채로 몇 세대가 지난 뒤라면, 모방이 그 나방 색깔이 자연선택된 기능이 아니라고 할 수 있을까? 특성의 변화를 만들어낸 애초의 선택은 자연선택이나 기능의 필요조건이 아니다. 결과적으로 굴드가 사용한 굴절적응 개념은 선택압의 변화 그리고 그로 인한 기능의 변화를 가리키는 표지일 뿐, 그 외에는 유용성이 의심스럽다(Wakefield, 1999b).

시간선 문제

자연선택에 의한 기능 설명이 넘어서야 할 또 다른 문제는, 현재의 기능을 보장한 자연선택이 언제 일어났어야 하는가 하는 것이다. 얼마나 일시적이었는지, 얼마나 먼 과거에 일어났는지와 무관하게 모든 선택이 적격인 것은 아니다. 분명 특성이 처음 설계된 그대로 지금까지 동일한 효과를 유지하고 있는 원형적인 사례에서는 시간선 문제가 발생하지 않는다. 하지만 특히 굴드의 주장에 비추어볼 때, 진화적으로 사고하는 이들은 하나의 특성에 작용하는 선택압이 시간에 따라 변하는 것에 민감해져 있다. 진화적 시간선에 관한 질문은 무엇이 정상적이고 무엇이 병리적인지에 관한 논쟁을 촉발할 수 있고, 그래서 순수하게 이론적인 문제가 아니다.

기능이 되기 위해서는, 특성이 적합도에 미치는 결과를 통해서 결과가 그 특성의 현존재current presence를 설명해야 한다는 점을 기억해야 한다. 특성의 현존재를 설명할 때 우리는 반드시 이전에 작동해서 지금의 존재를 낳은 힘을 언급해야 한다. 최초의 형성만으로나 현재의 선택압만으로는 그런 설명이 될 수 없다. 현재의 압력만으로 충분하지 않은 이유는, 이를테면 사회적 환경의 변화(예를 들면, 소수자에 대한 억압)로 인해 선택압에 갑작스러운 변화가 발생할 때, 그 선택압이 너무 짧아서 뚜렷한 특징의 존재 유무에 영향을 주지 않는다면 기능과는 무관할 수 있기 때문이다.

기능을 생각할 때 우리는 최초의 압력이나 현재의 압력과 무관하게 최근에 한동안 그 기능의 이유가 되는 선택압이 존재했으며, 그 선택압이 현재의 특성을 설명해준다고 가정하고 있어야 한다.

그렇다면 그 특성의 역사에 걸쳐서 계속 변화한 선택압이 어떻게 현재의 기능에 영향을 미치는 것일까? 최근의 주장에 따르면 중요한 것은 현재까지 이어지고 있는, 유의미한 선택이 발생했거나 발생할 수 있었던 비교적 최근의 진화적 기간이라고 말한다. 이 분석은 이제 '현대사'적인 병인학적 관점으로 알려져 있다(Godfrey-Smith, 1999a; Griffiths, 1999). 그에 따르면, X의 기능이 Y가 되려면, 반드시 Y의 선택이 최근 과거에 X가 유지되는 원인이었어야 한다(이 문제와 다른 시간선 문제에 관한 논의는 Kitcher, 1999를 보라).

분명 이렇게 하면 '최근'이 정확히 무엇인지가 미결로 남게 된다. 그리피스Griffiths (1999)는 '최근'을 퇴행적 진화가 일어나리라고 예상할 수 있는 시간대로 정의한다.

> 특성 T에게 진화적으로 유의미한 시간대란, T를 통제하는 좌위의 돌연변이율과 T가 나타나는 개체군 규모를 감안할 때, 만일 특성 T가 적합도에 기여를 못 하고 있을 경우에 T에 퇴행 진화가 유의미하게 일어날 만큼 T의 변이체가 충분히 존재하는 기간을 뜻한다. 어떤 특성이 진화적으로 유의미한 기간 동안 기능 F를 수행하면서도 적합도에 기여하지 않고 있다면, 그 특성은 과거의 기능 F와 관련된 흔적이다(p. 155).

이 정의의 흥미로운 특징은, 진화적으로 유의미한 기간 동안에 다양한 이유로 특성의 실질적인 변이와 실질적인 선택 과정이 일어나지 않을 수도 있음을 인정한다는 것이다. 이 분석에서는, 만일 어떤 특성이 진화적으로 의미 있는 기간 동안 충분히 변이했다고 할 때 일어났으리라고 믿을 수 있는('예상할 수 있는') 바에 근거해서 기능을 판단할 수 있다. 이 분석은 원칙적으로 모든 특성이 과거에 변이했을 수 있고, 또한 현재 해당 특성과 연결되어 있는 다른 특성들과 무관하게 변이했을 수 있다고 가정하는데, 이 가정은 실제 선택이 일어나지 않은 사례에서 기능을 판단할 때도 적용할 수 있는 이상화된 가정이다. 예를 들어, 어떤 유전자가 두 가지 중요한 효과를 갖고 있다면, 우리는 두 효과 모두를 그 유전자의 기능으로 판단할 것이다. 하지만 그

중 한 역할은 발생 초기에 일어났을 수 있고, 그래서 발생상 뒤늦게 나타난 똑같이 중요한 두 번째 역할 때문이 아니라 발생상 먼저 나타난 중요한 역할이 사라졌기 때문에 그 유전자의 실제 변이가 언제든 도태될 수 있는 경우가 있을 수 있다. 그저 변이가 해당 유기체에게, 뒤늦게 나타난 표현형 변이에 기초해서 그 유전자가 도태되는 시점까지 발달할 기회를 주지 않았기 때문에 말이다. 이런 사례가 있을 때 우리는 원칙상 모든 역할이 독립적으로 통제될 수 있는 동시에 그런 변이들이 적당한 시간대에 걸쳐 일어날 것이라고 보는 이상적 가정에 근거해서, 실질적인 자연선택 과정이 없다 할지라도 두 번째 역할이 기능이라고 판단할 수 있다.

기능의 블랙박스 본질주의 개념

윌리엄스(1966)는 어떤 특정 이론과도 무관하게, 또 유기체의 역사를 참조하지 않고서도, 설계처럼 보이는 적응적 자질을 세심하게 관찰한다면 자신 있게 기능 귀인을 할 수 있다고 말했다. 관찰자가 다원주의자든 라마르크주의자든 창조주의자든 아리스토텔레스주의자든 이 판단은 똑같을 테고, 그래서 진화론과 전적으로 무관하다.

여기서 윌리엄스는 사실상 기능의 두 가지 개념을 제시한다. 설계 같은 측면을 직접 관찰해서 정의한 일반적이고 직관적인 개념과, 자연선택론에 의해 정의한 개념이 그것이다. 첫 번째 개념은 아득한 옛날부터 존재해왔다. 예를 들어, 하비Harvey는 진화를 전혀 모른 채 그저 직관적 기능 개념만 가지고서 심장의 기능이 혈액 펌프질이란 것을 발견했다. 생물학적 기능 개념을 보면 인간이 설계한 인공물을 이해할 때 작동하는 어떤 기본 원리가 생물학의 영역으로 이전되고 있지만, 두 영역이 공유하는 어떤 특징 때문에 그런 개념 구조의 이전이 가능한지에 대해서는 아무런 설명이 없는데, 이는 아주 초기부터 많은 이론가들이 생물학적 특징과 기능의 지적 설계자를 가정하지 않았기 때문이다. 아마도 인공물에 대한 설명과 생물학적 설명이 공유하는 그 기본 개념은, 어떤 효과를 가진 특징이 왜 존재하는지를 설명할 때는 그 특징의 효과에 호소해야 한다는 점일 것이다. 인공물의 기능 설명과 생물학적 기능 설명은 이 독특한 설명 구조를 공유한다.

두 번째 개념은 기능의 본질적 성격에 대한 현대 과학의 설명을 대변한다. 일례로, 예로부터 '물'의 직관적 의미는 '강과 호수를 채우고 있는 물질'이지만, 이제 우리는 그 물질, 즉 H_2O라는 분자구조의 본질적인 성격을 과학적으로 알고 있다. 사실, 분명히 하자면 다윈주의적 설명을 기능 **개념**이라고 부르기보다는, (직관적인 의미의) 생물학적 기능이 본질적으로 무엇이고, 그런 기능이 어떻게 존재하게 되었는지를 다루는 **이론**이라고 하는 편이 훨씬 낫다. 만일 '기능'의 **의미**가 '어떤 특성의 자연선택에 원인이 되는 결과'라면, 다윈주의적 설명은 생물학적 특성의 기능이란 자연이 선택한 결과라고 말하는 공허한 동어반복이 될 것이다. 하지만 특성이 왜 전통적 의미의 기능을 갖고 있는지를 자연선택이 설명해준다는 다윈의 발견은 중대한 과학적 발견이지, 동어반복이 아니다.

그렇다면 다윈주의자와 비다윈주의자가 공유하고 다윈의 분석 대상이 되는 생물학적 기능의 직관적 개념은 무엇일까? 이 개념 구성은 명백한 사실에서부터 시작된다. 유기체는 그 특징들이 복잡하게 관련되어 있고, 위계적으로 조직되어 있으며, 생존과 번식에 대단히 유익하고, 전체적으로 지속성이 있는 생활 양상을 만들어낸다는 점에서 독특하다. 다른 자연의 맥락에서는 인과적 과정이 그처럼 경이롭게 맞물려 있는 사례를 찾아보기 어렵다. 태풍이나 소용돌이가 우연히 생겨난 뒤 인과적인 피드백 과정을 통해 안정적으로 유지되는 경위를 우리는 어렵지 않게 상상할 수 있다. 반면에 유기체의 설계처럼 보이는 특성이 어떻게 생겨났는지를 상상하기란 그보다 훨씬 어렵고, 그래서 설명을 절실히 필요로 한다. 하지만 그 과정의 구체적인 성격은 오랫동안 베일에 싸여 있었다. 다시 말해서, '생물학적 기능'이란 개념은 기능처럼 보이는 것을 설명하는 독특한 종류의 가설화된 생물학적 과정을 가리키는 일종의 플레이스홀더[2]였다.

본질 플레이스홀더에 대한 심리학자들의 통찰(Medin & Ortony, 1989)과 더불어 자연종 개념에 대한 철학자들의 통찰(Putnam, 1975; Searle, 1983)에 기초해서 나는 이런 종류의 개념을 **블랙박스 본질주의 개념**이라 부른다(Wakefield, 1999a, 2000a, 2004). 이런 개념은 최초의 원형적 현상을 설명해주는 숨겨진 미지의 '본질'—즉, 토대가 되는 이론적 과정이나 구조—을 상정하고 그에 관해 얘기할 수 있게 해준다. 이 개념

---

2 빠져 있는 다른 것을 대신하는 기호나 텍스트(옮긴이).

은 토대가 되는 본질의 구체적인 정체에 대해서는 과학적 연구가 답을 내기 전까지는 불가지론의 입장을 취한다. '기능'의 경우에, 전형적인 사례는 눈은 보고, 손은 쥐고, 발은 걷고, 치아는 씹고, 두려움은 위험을 피하고, 갈증은 부족한 수분을 원하는 등의 명쾌한 설명적 효과를 가진 기능들일 것이다.

블랙박스─본질주의─접근법에 따르면, 초기의 생물학자들은 전형적인 생물학적 기능들이 그 원인인 기제의 존재를 설명해주는 효과들과 명백히 관련되어 있음을 관찰하면서도 그런 일이 어떻게 가능한지를 이해하지 못하고서, 특성이 보이는 어떤 효과라도 무원칙하게 기능으로 규정했다. 기능의 전형적인 사례들은 하나의 기본적인 과정을 통해서 그 효과의 원천인 특성을 설명한다. 하지만 이론가들은 설계와 비슷하게 생긴 그 명백한 사례들이 어떤 기본적인 과정으로 설명될 수 있는지에 대해서 큰 견해 차이를 보였다. 그 가운데 꼭 필요한 설명을 성공적으로 제시하고, 그렇게 해서 과학적인 기능 이론을 제공한 것은 자연선택에 의거한 다윈의 설명이었다.

진화정신병리학의 개념적 토대: 장애는 설계된 기능의 실패다

진화정신병리학은 성장하고 있는 하위 분과이며 그 밑에서 다시 여러 갈래로 나뉜다. 첫째, 진화정신병리학자는 자연선택된 마음 모듈과 그 정상적인 기능에 대해서 구체적인 진화적 가설을 제시하고, 구체적인 정신질환의 기저에 있을 수 있는 마음 모듈의 오기능에 관한 이론을 제시한다. 예를 들어, 진화적 가설은 정상적인 감정 반응이 오작동을 일으켜서 공황발작(Klein, 1993; McNally, 1994)이나 병적인 우울증(Nesse, 1991)이 발생하게 되는 경위를 제시한다. 둘째, 진화정신병리학자는 장애가 선택압의 직간접적인 결과일 수 있음을 드러냄으로써, 구체적인 쇠약성 정신질환이 불리한 선택압을 견디며 개체군 안에 계속 존재해온 경위를 설명한다. 예를 들어, 어떤 성격 장애들은 차원적 특성dimensional traits의 비선택 극단에서 유래할 수 있다. 셋째, 진화이론가들은 진화적 틀을 사용해서 정신질환과 정신건강 전문가들이 치료할 수 있는 문제들을 구분한다(Cosmides & Tooby, 1999). 고열이 날 때나 슬픔에 빠져 있을 때 과도하게 나타나는 방어 반응이나, 자연 선택된 기제와 현재 환경 간의 불일치(음식이 풍족한 우리의 환경에서 지방과 설탕을 좋아하는 입맛 등)가 그런 예다.

이 절에서는 더 깊고 근본적인 임상심리학의 주제, 즉 정신질환의 개념을 명확히 하는 문제에 초점을 맞추고자 한다. 정신질환은 마음 기제의 장애일 수 있고, 그래서 다른 유형에 속한 기제들의 장애와 개념상 비슷하다. 그렇다면 문제는, 의학계에서 일반적으로 사용하는 의미의 '장애'를 정의하고, 그런 다음 그 정의를 마음 기제의 영역에 적용하는 것이다. 바로 여기, 임상심리학의 토대에서 진화정신병리학은 중대한 역할을 한다. 정신질환을 연구할 때 진화적으로 고려해야 할 사항들이 무엇인지를 알려주는 의제를 결정하는 것이다.

장애는 해로운 오기능이다

여기서 살펴볼 견해는 정신질환 개념에 대한 해로운 오기능HD: harmful dysfunction 분석이다(Wakefield, 1992a, 1992b, 1993, 1996, 1997, 1999b, 2000b, 2006; Wakefield & First, 2003). 이 견해는 몸이나 마음의 장애는 반드시 (a) 유해하고(즉, 사회적 가치를 기준으로 판단할 때 부정적이고), (b) 오기능, 즉 위에서 분석한 '생물학적 기능'이란 의미에서 제 기능을 하지 못하는 심리 기제의 고장 때문에 발생한다고 주장한다. 분명, 장애 대 비장애에 대한 정신의학적인 판단과 비전문적인 판단의 근저에는 이 개념이 공통으로 자리하고 있다. 이런 의미의 기능과 오기능은 진화에 의거할 때 이론적으로 가장 잘 이해할 수 있고, 이런 점에서 원칙상 사실에 기반한 과학적 개념이다. 따라서 의학적 의미로서 장애는 가치와 사실의 혼성 개념이다. 해로운 오기능(HD) 분석에 따르면 오기능은 장애의 필요조건이기 때문에, 이 분석은 DSM-5(미국정신의학회American Psychiatric Association[APA], 2013)의 표준 진단 기준이 진짜 장애가 아닌 생활의 문제에 적용될 때 그 기준을 비판할 수 있는 방법이 될 수 있고, 그러면서도 정신질환이 진정한 의학적 질환이라는 진실을 받아들이고 그에 따라 정신질환은 존재하지 않는다는 반정신의학적인 주장을 거부할 수 있다(Szasz, 1974). 이제부터는 진화적 오기능 요소에 초점을 맞추고자 한다.

장애 개념이 어찌 됐든 오기능과 관련이 있다는 견해는, 그 점 외에는 견해를 달리하는 많은 저자의 발언에 놀라우리만치 일관되게 등장한다(예를 들어, Ausubel, 1971; Boorse, 1975; Kendell, 1975, 1986; Klein, 1978). 스피처Spitzer와 엔디콧

Endicott(1978)은 '장애'를 이해하기 위해 '오기능'을 사용하는 것이 필요해 보이고 실제로도 보편적이라고 지적한다. "우리의 접근법은 질환이나 장애에 관한 모든 논의의 기저에 깔려 있는 가정, 즉, 유기체의 오기능 개념을 명시적으로 표방한다"(p. 37). DSM-5(2013)에서도 장애는 기저의 오기능으로 인한 증상이 있을 때에만 존재한다고 규정한다. "정신질환은 개인의 인지, 감정 조절, 행동에 발생한 임상적으로 중대한 교란을 특징으로 하는 증후군으로, 그 교란은 정신 기능의 토대가 되는 심리적·생물학적·발달적 과정의 오기능을 반영한다"(p. 20). '장애'를 이해하려면, '기능'과 '오기능'을 적절히 분석할 필요가 있다.

장애가 오기능이라면, 대체 오기능이란 무엇일까? 오기능은 불충분한 기능, 즉 유기체의 어떤 기제가 제 기능을 하지 못하는 것을 의미한다. 하지만 '기능'과 '오기능'의 모든 용법이 장애 판단과 관련된 것은 아니다. '오기능'의 의학적인 용법은 개인이 사회적 역할이나 주어진 환경에서 어려움을 겪는다는 뜻의 일상적인 용법과는 분명히 다르다. "우리 사이는 엉망이야dysfunctional", "위계 구조를 불편하게 느끼면 직장 생활이 힘들어진다dysfunctional". 이런 문제는 장애일 필요가 없다. 또한 우리가 논의하고 있는 종류의 기능은 마음이나 몸의 한 부분을 특정한 방식으로 사용하겠다고 내린 사회적 결정이나 개인적 결정의 결과가 아니다. 예를 들어, 코는 안경을 받치는 기능을 하고, 심장의 소리는 의학적인 진단에 유용한 기능을 한다. 하지만 어떤 사람의 코 형태가 안경을 지지하기에 부적절하다고 해서 코에 장애가 있는 것은 아니고, 누군가의 심장 소리가 진단에 유용할 만큼 분명하게 들리지 않는다고 해서 그의 심장에 장애가 있는 것도 아니다. 장애는 사회나 개인이 선호하는 방식대로 기능하지 못하는 것과는 다르다. 오기능은 어떤 특징이 자연적으로(즉, 인간의 의도와 무관하게) 설계된 기능을 수행하지 못할 때에만 존재하기 때문이다. 따라서 장애 귀인과 관련된 기능은 앞서 분석한 '자연적' 또는 '생물학적' 기능이다.

이와 같이 장애는 오기능을 포함하며, 오기능은 유기체의 기제가 생물학적으로 설계된 기능을 수행하지 못하는 것이다. 보다 엄밀하게 따져서, 정상적인 유기체가 환경 때문에 제 기능을 수행하지 못하는 (대개 장애로 간주되지 않는) 경우와 같은 반례의 가능성을 제거하려면, 오기능은 기제가 제 기능을 다하도록 설계되었던 바로 그 환경에서 기능의 수행에 실패해야 한다. 이 견해에 따르면, 생물학적으로 설계된

'질서order'의 교란이 '장애disorder'의 원인이다.

누군가는 이의를 제기하고 싶을지 모르겠다. 독서 장애처럼, 잘못된 것이 자연 선택의 범주와 무관한 사회적 기능일 때도 있다고 말이다. 하지만 우리가 생물학적으로 문자를 읽도록 설계된 것은 아니라 해도, 글을 읽지 못하는 것은 그 원인이 자연적인 기능을 수행하는 어떤 뇌 기제의 고장이라고 밝혀진 한에서만 장애로 간주된다.

DSM-5의 장애 목록을 훑어보면, 설계된 것처럼 보이는 마음의 특징에 문제가 발생한 듯한 다양한 사례로 채워져 있다. 대략, 정신병적 장애에는 설계된 대로 작동하지 못하는 사고 과정들의 고장이 포함되어 있고, 불안 장애에는 불안과 공포를 생성하는 기제들의 고장이, 우울 장애에는 슬픔과 상실-반응 제어 기제들의 고장이, 아이들의 파괴적 행동 장애에는 사회화 과정과 양심 및 사회적 협력의 기저에서 작동하는 과정들의 고장이, 수면 장애는 수면 제어 기제들의 고장이, 성적 기능부전에은 성적인 동기 부여와 성적 반응에 관여하는 다양한 기제들의 고장이, 섭식 장애는 식욕을 일으키는 기제들의 고장이 포함되어 있다. DSM-5에는 말이 안 되는 내용이 꽤 많다. 하지만 대부분의 범주가 비전문가들도 설계된 기능이 고장난 것이라고 정확히 알아볼 수 있는 상태에 따라 만들어졌다는 점에서 충분히 수긍할 만하다.

정상적인 슬픔과 병적인 우울증을 구분할 때, 정상적인 비행 행동과 품행 장애를 구분할 때, 정상인의 범죄 행위와 반사회적 인격 장애를 구분할 때, 문맹과 독서 장애를 구분할 때, 자신이 속한 집단의 적을 향한 정상적인 공감의 결여와 모든 사람에 대한 사회병질적인 공감 결여를 구분할 때, 혹은 정상적인 유년기의 난폭함과 주의력-결핍/과잉행동 장애를 구분할 때, 우리는 암묵적으로 '설계된 기능의 고장'이란 기준을 적용한다. 이 기준에서 보면, 왜 어떤 상태는 장애로 간주되고, 그와 상당히 비슷하고 똑같이 부정적으로 평가되는 다른 조건은 왜 그렇지 않은지를 알게 된다.

장애는 진화적 오기능이다

HD 분석은 '장애'의 직관적 개념에는 오기능이 필요하고, 오기능은 마음의 기제가 자연적인 기능을 수행할 수 없을 때(혹은 기능이 손상됐을 때) 발생한다고 주장한다. HD 분석이 이 점을 지적하기 이전까지 자연적 기능이라는 표현은 엄밀한 진화적 의미에서가 아니라, 수천 년을 존재해온 직관적인 블랙박스 본질주의의 의미로 사용되었다. 이제 '기능'의 사례에 적용됐던 진화론의 주장은 '오기능'에도 적용된다. 진화 이론이 자연적 기능을 설명한다는 것을 고려할 때, 장애는 기제가 자연의 선택을 받게 해준 자신의 기능을 수행하지 못하고 해로운 결과를 낳는 고장을 의미한다.

따라서, 진화심리학과 정신병리학 분야는 한 곳으로 수렴한다. 실제로 진화정신병리학은 정신병리학과 일치한다. DSM-5는, 자연이 선택한 정신 기제가 일단 제기능을 하지 못한다고 보이는 사례들을 모아, 각각 사고, 감정, 성적 기능, 수면 기능, 사회화, 도덕성 발달 등의 범주로 구분한 목록이라고 볼 수 있다.

HD 분석은 사회가 정신장애를 분류한 범주에는 두 가지 정보가 담겨 있다고 말해준다. 먼저, 그 범주들은 사회가 부정적이거나 유해하다고 여기는 상태에 대한 가치 판단을 암시한다. 둘째, 그 범주들은 유해성은 마음이 설계된 대로 작동하지 못해서 생긴 것이라는 사실적 주장을 펼친다. 이 두 번째 주장은 옳을 수도 있고 틀릴 수도 있다. 가치 요소가 진화적 요소로 환원될 수 없는 것은 자연선택이 궁극적으로 사람이 아니라 유전자의 차원에서 작동하기 때문이고, 유전자 복제에 도움이 되는 것과 문화가 개인에게 도움이 된다고 간주하는 것이 늘 일치하는 것도 아니며, 어떤 기능 고장은 장애로 구분할 만큼 심각하지 않기 때문이다. 인간의 자연적 기능과 좋은 삶에 대한 인간의 비전이 꼭 일치하는 것은 아니다. 게다가 화재 경보기가 생선 그릴에서 나오는 무해한 연기에 종종 반응하는 것처럼, 인간의 정상적인 방어 반응도 잠재적인 위협 신호에 생물학적으로 과잉반응을 하도록 설계되어 있어서 불필요하지만 정상적인 고통을 안겨주는데, 이는 진짜 위험을 놓쳤을 때의 비용이 가짜 신호에 불필요하게 반응했을 때의 비용보다 훨씬 크기 때문이다.

HD 분석은 장애라고 간주되는 상태가, DSM-5가 말하는 것과는 달리 사실은 자연이 선택한 변이이고 그래서 장애가 아니라는 주장의 이론틀이다(Nesse & Stein, 2012). 예를 들어, 정상적인 슬픔이 강렬하면 우울 장애로 쉽게 오인될 수 있고 (Horwitz & Wakefield, 2007; Wakefield, 2013), 진화의 산물인 두려움에 수반되는 강렬한 불안은 불안 장애로(Horwitz & Wakefield, 2012; Stein & Nesse, 2011), 사춘기의 난폭한 행동은 품행 장애로(Wakefield, Pottick, & Kirk, 2002) 오인될 수 있다는 것이다.

진단 상태가 장애인지 비장애인지를 둘러싼 논쟁에서 HD 분석은 많은 진단 범주에 적용되어왔다. 대표적인 예로, 청소년애(십대를 향한 성적 욕망; Rind & Yuill, 2012), 정신병질(정상적인 변이라는 주장이 있다; Krupp, Sewall, Lalumiere, Sheriff, & Harris, 2012), 물질 의존증[3](Martin, Chung, & Langenbucher, 2008; Vergés, Steinley, Trull, & Sher, 2010; Wakefield & Schmitz, 2014) 등이 있다.

정신장애가 자연이 선택한 상태라는 주장의 함정

HD 분석은 진화정신병리학 안에서 명백한 장애(조현병, 주우울증 등)를 자연이 선택한 것으로 보는 주장들과 긴장 관계에 있다. HD 분석은 장애가 자연적으로 선택된 것이라는 그와 같은 주장들이 단순히 틀리기만 한 것이 아니라 앞뒤가 맞지 않는다고 암시한다. HD 분석에 따르면 장애는 자연적 기능에 발생한 고장이고, 그래서 본래 자연이 선택한 특성의 기능일 수가 없다. 장애가 자연에 의해 선택되었다는 설명은 혼란을 유발할 수 있다. 현재의 장애 범주들이 정상성에 대한 진화적 이해에 적절히 근거해 있지 않고(Nesse & Stein, 2012), 그래서 정상적인 고통과 진짜 병리에 두루 걸쳐 있다는 오해를 부를 수 있다.

자연선택으로 장애를 설명하는 이들은 대개 심신을 쇠약케 하는 장애도 자연이 선택한 것이라는 명백한 역설을 다음 두 가지 방법으로 제거하려 한다. 그 장애에는 적합도 이익이 숨겨져 있어서 불이익처럼 보이는 것을 상쇄한다고 보거나, 장애가 과거의 환경에서는 적합도를 향상시켰지만 현재의 환경에서는 문젯거리가 되었다고 보는 것이다. 하지만 어떤 상태의 부정적인 효과가 그 상태의 긍정적 효과를 위한 진화적 대가라면, 그 상태를 장애로 구분해서는 안 된다. 예를 들어, 출산은 명백하게 설계된 과정이기 때문에 출산에 따르는 큰 고통은 장애로 판단되지 않는다. 마찬가지로, 인간 본성과 변화하는 사회적 환경의 불일치도 장애로 볼 필요가 없다. 예를 들어, 배우자가 아닌 사람을 향한 성적 욕구, 설탕과 지방에 대한 욕구는 일부일처제 사회와 음식이 풍부한 환경과 어울리지 않는 인간 본성의 측면이고, 그래서 종종 유해하긴 하지만, 장애는 아니다.

---

3 물질substance은 술, 약물, 마약 등을 가리킴(옮긴이).

장애처럼 보이는 것이 왜 자연이 선택한 결과물인지를 설명할 때 진화심리학자들은 기층에 있는 기제가 오작동을 해서 결코 선택된 적 없는 상태를 만들어내고 있다는 더 그럴듯한 가설을 자주 외면한다. 장애가 자연적으로 선택된 것이라는 주장을 펼칠 때, 많은 함정이 길 잃은 이론가를 유혹한다.

먼저, 표준적인 DSM-5(APA, 2013) 기준의 개념적 타당성을 독립적으로 평가하지 않고서 그 진단 범주와 진단 기준을 분석의 시금석으로 믿는 진화심리학자가 있을지 모른다. 그러면 자연선택의 결과로서 장애를 설명했다는 내용이 사실은 비장애에 대한 설명이 될 수도 있다. 많은 증거가 가리키듯이, DSM-5의 기준 때문에 많은 사람들이 종종 비장애를 장애로 잘못 진단한다. 예를 들어, 증상에 기반한 DSM-5의 기준은 정상 범위에 드는 슬픔과 불안 상태도 장애로 분류한다(Horwitz & Wakefield, 2007, 2012). 사실 정상적인 슬픔은 가령, 위협이 닥친 동안에 은둔하는 것이라고 진화적으로 설명할 수 있는데, 그것이 우울 장애의 이유는 아닐 것이다. 하지만 만성적으로 심신을 쇠약케 하는 진짜 우울 장애는 이런 적합도 향상으로는 설명할 수 없고, 슬픔-생성 기제의 오작동으로 설명하는 것이 더 적절하다. DSM-5 진단 기준의 타당성 결여 때문에 이론가는 진짜 장애에 해당하는 사례를, 형태만 같을 뿐 적응적일 수 있고 상대적으로 경미한 사례와 제대로 구분하지 못할 수 있다.

두 번째로, DSM-5 기준과 상관없이 진화심리학자가 깊이 숙고하지 않고서, 치료됐거나 치료될 수 있는 해로운 상태를 무조건 장애로 간주하는 일이 있을 수 있다. 이럴 때에도 이론가는 장애가 아닌 것에 장애 딱지를 붙이고 진화적으로 설명하는 경우가 발생할 수 있다. 우리 삶에는 치료가 필요하지만 장애는 아닌 문제가 무수히 많다. 예를 들어, 때로는 정상적인 작은 키를 성장 호르몬으로 키울 수도 있고, 정상적인 슬픔을 항우울제로 제거할 수도 있으며, 정상적인 번식 상태를 피임약과 중절수술로 조절할 수도 있다.

세 번째로, 진화심리학자가 한편으로는 분명히 장애에 해당하는 상태가 자연선택되었다는 설명은 받아들이면서, 다른 한편으로는 그 상태가 개체군 안에서 유지되는 이유를 말해주는 더 타당하고 간접적인 진화적 설명(가령, 이형접합 상태의 선택적 이점 덕분에 겸상적혈구빈혈증 같은 동형접합 상태가 보존되는 것)을 외면하는 경우가 나올 수 있다. 그런데, 간접적인 설명에 따르면 유기체의 수준에서는 그 상태가 아무런 기능도 하지 않을 수 있다.

마지막으로, 진화적 분석이 현재 장애로 분류된 어떤 상태를 새롭게 설명했음에도, 이론가는 그 설명이 그 상태에 대한 분류에는 영향을 미치지 못한다고 잘못 가정할 수가 있다. 다시 말해, 어떤 상태가 인간 설계의 일부임이 입증되면, 불가피하게 그 상태를 장애로 판단한 분류도 흔들릴 수밖에 없으며 결국 그 상태는 정상으로 다시 분류된다는 점을 이론가가 제대로 이해하지 못할 수 있다. 이를테면, 고열을 둘러싸고 벌어진 사례가 대표적이다. 한때 고열은 체온 조절의 실패라는 병리적 현상으로 보였지만, 실은 회복을 돕기 위해 설계된 고도의 과정이라고 밝혀진 이후에는 정상적인 상태로 재분류되었다. 회복에 이 문제적인 방어법이 필요하지 않을 때도 있기 때문에 사람들은 여전히 고열 증상을 치료하곤 하지만, 일부러 열을 내린 탓에 부정적인 결과가 나타날 가능성이 완전히 사라진 것은 아니다(Earn, Andrews, & Bolker, 2014). 이 같은 방어적 반응은 일단 그 실체가 밝혀진 뒤에는 장애라는 꼬리표를 떼게 된다.

결론

개념적 분석을 따라가다 보면 '기능', '오기능', '장애'의 근저에는 설계된 기능의 설계와 고장이라는 개념들이 놓여 있다는 결론에 이르게 된다. 다시, 그 개념들의 기초에는 그런 것들을 만들어내는 기제가 왜 존재하는지를 설명해주는 효과 개념이 있으며, '오기능'의 경우에는 그런 기제가 고장이 나서 그와 같은 설명적 효과를 만들어내지 못한다는 개념이 놓여 있다. 다윈의 과학적 발견으로, 그런 설명적 효과를 생물학적으로 이해할 수 있는 단 하나의 타당한 방법은 자연선택을 통하는 것임이 밝혀졌다. 결국 심리적 정상과 장애에 대한 판단은 사실 진화의 설계에 대한 판단이다. 임상의와 연구자들이 매일 사용하는 DSM-5의 진단 기준이 과연 타당한지 그리고 어떻게 하면 그 기준을 더 타당하게 만들 수 있는지는 우리가 인간의 마음 설계를 얼마나 이해하는지 그리고 진화심리학이 얼마나 발전하는지에 달려 있다.

다행히, 진화의 역사를 알지 못해도 설계 같은 속성에 대한 직접적인 증거에 기초하면, 설계와 설계의 고장에 관해서 종종 타당한 판단을 내릴 수 있다. 현재의 DSM-5 범주들도 몇 가지 장애 범주를 합리적으로 잘 집어냄으로써 그 사실을 증명하고 있다. 그러니 임상심리학은 진화심리학의 발전을 기다리면서 멈춰 있을 필요는 없다. 하지만 길게 보았을 때 DSM-5는 오기능의 증거에 주의를 기울이고, 마음 기제의 기능을 이해하는 방향으로 나아가야 한다(First & Wakefield, 2013; Nesse & Stein, 2012). 정신의학 분야가 정신장애의 병인학, 진단, 치료를 이해하는 측면에서 과학적 발전을 이룬다면 이는 진화심리학의 발전에 얼마간이라도 의존한 결과일 것이다.

하지만 인간 본성의 정의를 다루는 문제로서, 기능 판단을 둘러싼 격렬한 논쟁이 정치화될 가능성도 존재한다. 게다가 오기능과 장애에 대한 판단은 어떤 상태가 병리적인 범주에 속한다고 주장하는 입장과 정상적인 범주에 속한다고 주장하는 입장의 이해가 걸려 있는 문제이기 때문에 늘 치열한 논쟁을 불러일으킨다. 격한 논쟁이 벌어지는 이 두 영역의 교차 덕분에 이 분야에 몸담은 이들은 계속 흥미로운 시기를 살게 것이다.

참고문헌

American Psychiatric Association. (2013). *Diagnostic and statistical manual of mental disorders* (5th ed.). Washington, DC: Author.

Andrews, P. W., Gangestad, S. W., & Matthews, D. (2002). Adaptationism, exaptationism, and evolutionary behavioral science. *Behavior and Brain Sciences*, *25*, 534-547.

Ausubel, D. P. (1971). Personality disorder is disease. *American Psychologist*, *16*, 59-74.

Bedau, M. (1993). Naturalism and teleology. In S. J., Wagner & R., Warner, (Eds.), *Naturalism: A critical appraisal* (pp. 23-52). Notre Dame, IN: University of Notre Dame Press.

Boorse, C. (1975). On the distinction between disease and illness. *Philosophy and Public Affairs*, *5*, 49-68.

Brandon, R. N. (1990). *Adaptation and environment*. Princeton, NJ: Princeton University Press.

Buller, D. J. (1999). Introduction: Natural teleology. In D. Buller (Ed.), *Function, selection, and design* (pp. 1–27). Albany: SUNY Press.

Buss, D. M., Haselton, M. M. G., Shackelford, T. K., Bleske, A., & Wakefield, J. C. (1999). Interactionism, flexibility, and inferences about the past. *American Psychologist, 54,* 443–445.

Cosmides, L., & Tooby, J. (1999). Toward an evolutionary taxonomy of treatable conditions. *Journal of Abnormal Psychology, 108,* 453–464.

Cummins, R. (1975). Functional analysis. *The Journal of Philosophy, 72*(20), 741–765.

Dawkins, R. (1986). *The blind watchmaker.* London, England: Longman.

Earn, D. J. D., Andrews, P. W., & Bolker, B. M. (2014). Population-level effects of suppressing fever. *Proceedings of the Royal Society B: Biological Sciences, 281,* 20132570. doi:10.1098/rspb.2013.2570

First, M. B. & Wakefield, J. C. (2013). Diagnostic criteria as dysfunction indicators: Bridging the chasm between the definition of mental disorder and diagnostic criteria for specific disorders. *Canadian Journal of Psychiatry, 58*(12), 663–669.

Godfrey-Smith, P. (1999a). Functions: Consensus without unity. In D. Buller (Ed.), *Function, selection, and design* (pp. 185–197). Albany: SUNY Press. (Reprinted from *Pacific Philosophical Quarterly, 74,* 1993, pp. 196–208.)

Godfrey-Smith, P. (1999b). A modern history theory of functions. In D. Buller (Ed.), *Function, selection, and design* (pp. 199–220). Albany: SUNY Press. (Reprinted from *Nous, 28,* 1994, pp. 344–362.)

Gotthelf, A. (1999). Darwin on Aristotle. *Journal of the History of Biology, 32,* 3–30.

Gould, S. J. (1991). Exaptation: A crucial tool for evolutionary analysis. *Journal of Social Issues, 47,* 43–65.

Gould, S. J., & Lewontin, R. C. (1979). The Spandrels of San Marcos and the Panglossian paradigm: A critique of the adaptationist programme. *Proceedings of the Royal Society B: Biological Sciences, 205,* 581–598.

Gould, S. J., & Vrba, E. S. (1982). Exaptation—A missing term in the science of form. *Paleobiology, 8,* 4–15.

Griffiths, P. E. (1996). The historical turn in he study of adaptation. *British Journal for Philosophy of Science, 47,* 511–532.

Griffiths, P. E. (1999). Functional analysis and proper functions. In D. Buller (Ed.), *Function, selection, and design* (pp. 143–158). Albany: SUNY Press.

Hempel, C. G. (1965). The logic of functional analysis. In C. G. Hempel, *Aspects of scientific explanation and other essays in the philosophy of science* (pp. 297–330). New York, NY: Free Press.

Horwitz, A. V., & Wakefield, J. C. (2007). *The loss of sadness: How psychiatry transformed normal sorrow into depressive disorder*. New York, NY: Oxford University Press.

Horwitz, A. V., & Wakefield, J. C. (2012). *All we have to fear: Psychiatry's transformation of natural anxieties into mental disorders*. New York, NY: Oxford University Press.

Hull, D. L. (1990). *The metaphysics of evolution*. Albany: SUNY Press.

Kendell, R. E. (1975). The concept of disease and its implications for psychiatry. *British Journal of Psychiatry, 127*, 305–315.

Kendell, R. E. (1986). What are mental disorders? In A. M. Freedman, R. Brotman, I. Silverman, & D. Hutson (Eds.), *Issues in psychiatric classification: Science, practice and social policy* (pp. 23–45). New York, NY: Human Sciences Press.

Kitcher, P. (1999). Function and design. In D. Buller (Ed.), *Function, selection, and design* (pp. 159–183). Albany: SUNY Press. (Reprinted from *Midwest Studies in Philosophy, 18*, 1993, pp. 379–397.)

Klein, D. F. (1978). A proposed definition of mental illness. In R. L. Spitzer & D. F. Klein (Eds.), *Critical issues in psychiatric diagnosis* (pp. 41–71). New York, NY: Raven Press.

Klein, D. F. (1993). False suffocation alarms, spontaneous panics, and related conditions: An integrative hypothesis. *Archives of General Psychiatry, 50*, 306–317.

Krupp, D. B., Sewall, L. A., Lalumiere, M. L. Sheriff, C., & Harris, G. T. (2012). Nepotistic patterns of violent psychopathy: evidence for adaptation? *Frontiers of Psychology, 3*(305). doi:10. 3389/fpsyg. 2012.00305

Lennox, J. G. (1993). Darwin was a teleologist. *Biology and Philosophy, 8*, 409–421.

Lewontin, R. C. (1979). Sociobiology as an adaptationist program. *Behavioral Sciences, 24*, 5–14.

Martin, C. S., Chung, T., & Langenbucher, J. W. (2008). How should we revise diagnostic criteria for substance use disorders in the DSM-V? *Journal of Abnormal Psychology, 117*(3), 561–575.

McNally, R. J. (1994). *Panic disorder: A conceptual analysis*. New York, NY: Guilford Press.

Medin, D., & Ortony, A. (1989). Psychological essentialism. In S. Vosniadou & A. Ortony (Eds.), *Similarity and analogical reasoning* (pp. 179–195). New York, NY: Cambridge University Press.

Millikan, R. G. (1984). *Language, thought, and other biological categories*. Cambridge, MA: MIT Press.

Neander, K. (1991). Functions as selected effects: The conceptual analyst's defense.

Philosophy of Science, 58, 168–184.

Nesse, R. M. (1991). What good is feeling bad? *The Sciences, 31,* 30–37.

Nesse, R. M., & Stein, D. J. (2012). Towards a genuinely medical model for psychiatric nosology. *BMC Medicine, 10*(5), 1–9.

Orzack, S. E., & Sober, E. (1994). Optimality models and the test of adaptationism. *American Naturalist, 143,* 361–380.

Putnam, H. (1975). The meaning of meaning. In H. Putnam, *Mind, language, and reality: Philosophical papers* (Vol 2, pp. 215–271). Cambridge, England: Cambridge University Press.

Rind, B., & Yuill, R. (2012). Hebephilia as mental disorder? A historical, cross-cultural, sociological, crossspecies, non-clinical empirical, and evolutionary review. *Archives of Sexual Behavior, 41*(4), 797–829.

Searle, J. R. (1983). *Intentionality: An essay in philosophy of mind.* Cambridge, England: Cambridge University Press.

Sober, E. (1984). *The nature of selection.* Cambridge, MA: MIT Press.

Spitzer, R. L., & Endicott, J. (1978). Medical and mental disorder: Proposed definition and criteria. In R. L. Spitzer & D. F. Klein (Eds.), *Critical issues in psychiatric diagnosis* (pp. 15–39). New York, NY: Raven Press.

Stein, D. J., & Nesse, R. M. (2011). Threat detection, precautionary responses, and anxiety disorders. *Neuroscience and Biobehavioral Reviews, 35,* 1075–1079.

Szasz, T. S. (1974). *The myth of mental illness: Foundations of a theory of personal conduct* (Rev. ed.). New York, NY: Harper & Row.

Vergés, A., Steinley, D., Trull, T. J., & Sher, K. J. (2010). It's the algorithm! Why differential rates of chronicity and comorbidity are not evidence for the validity of the abuse-dependence distinction. *Journal of Abnormal Psychology, 119*(4), 650–661.

Wakefield, J. C. (1992a). The concept of mental disorder: On the boundary between biological facts and social values. *American Psychologist, 47,* 373–388.

Wakefield, J. C. (1992b). Disorder as harmful dysfunction: A conceptual critique of DSM-III-R's definition of mental disorder. *Psychological Review, 99,* 232–247.

Wakefield, J. C. (1993). Limits of operationalization: A critique of Spitzer and Endicott's (1978) proposed operational criteria for mental disorder. *Journal of Abnormal Psychology, 102,* 160–172.

Wakefield, J. C. (1996). DSM-IV: Are we making diagnostic progress? *Contemporary Psychology, 41,* 646–652.

Wakefield, J. C. (1997). Diagnosing DSM, Part 1: DSM and the concept of mental disorder. *Behavior Research and Therapy, 35*, 633−650.

Wakefield, J. C. (1999a). Disorder as a black box essentialist concept. *Journal of Abnormal Psychology, 108*, 465−472.

Wakefield, J. C. (1999b). Evolutionary versus prototype analyses of the concept of disorder. *Journal of Abnormal Psychology, 108*, 374−399.

Wakefield, J. C. (2000a). Aristotle as sociobiologist: The "function of a human being" argument, black box essentialism, and the concept of mental disorder. *Philosophy, Psychiatry, and Psychology, 7*, 17−44.

Wakefield, J. C. (2000b). Spandrels, vestigial organs, and such: Reply to Murphy and Woolfolk's "The harmful dysfunction analysis of mental disorder." *Philosophy, Psychiatry, and Psychology, 7*, 253−270.

Wakefield, J. C. (2004). The myth of open concepts: Meehl's analysis of construct meaning versus black box essentialism. *Applied & Preventive Psychology, 11*, 77−82.

Wakefield, J. C. (2006). The concept of mental disorder: Diagnostic implications of the harmful dysfunction analysis. *World Psychiatry, 6*, 149−156.

Wakefield, J. C. (2013). The DSM−5 debate over the bereavement exclusion: Psychiatric diagnosis and the future of empirically supported practice. *Clinical Psychology Review, 33*, 825−845.

Wakefield, J. C., & First, M. (2003). Clarifying the distinction between disorder and non-disorder: Confronting the overdiagnosis ("false positives") problem in DSM-V. In K. A. Phillips, M. B. First, & H. A. Pincus (Eds.), *Advancing DSM: Dilemmas in psychiatric diagnosis* (pp. 23−55). Washington, DC: American Psychiatric Press.

Wakefield, J. C., Pottick K. J., &Kirk, S. A. (2002). Should the DSM-IV diagnostic criteria for conduct disorder consider social context? *American Journal of Psychiatry, 159*, 380−386.

Wakefield, J. C., & Schmitz, M. F. (2014). How many people have alcohol use disorders? Using the harmful dysfunction analysis to reconcile prevalence estimates in two community surveys. *Frontiers in Psychiatry: Addictive Disorders and Behavioral Self-Control, 5*(10). doi:10.3389/fpsyt.2014.00010

Williams, G. C. (1966). *Adaptation and natural selection.* Princeton, NJ: Princeton University Press.

Williams, G. C. (1992). *Natural selection: Domains, levels, and challenges.* New York, NY: Oxford University Press.

Wright, L. (1973). Functions. *Philosophical Review, 82*, 139−168.

Wright, L. (1976). *Teleological explanations.* Berkeley: University of California Press.

43장

진화심리학과 정신 건강

란돌프 M. 네스

정신 건강 연구는 위기에 빠져 있다(Brüne et al., 2012). 지배적인 이론틀은 다발성 경화증과 마찬가지로 정신장애도 뇌에 구체적인 원인이 있다고 가정해왔다. 하지만 후원금을 수십억 달러나 받는 수천 명의 환원주의적 연구자들은 어떤 주요 정신 장애에 대해서도 구체적인 원인은 물론이고 믿을 만한 생물지표조차 발견하지 못했다. 한 세대 전에 동물 행동에 대한 이해에 혁명을 일으킨 진화적 관점(Alcock, 2001)이 그동안의 탐구가 성공하지 못한 이유를 밝히는 데 도움을 주고, 나아가 새로운 접근법을 가리킨다.

그 혁명의 중심에는 어떤 생물학적 특성을 충분히 설명하기 위해서는 그 기제뿐 아니라 진화의 역사도 서술해야 한다는 인식이 놓여 있다(Nesse, 2013; Tinbergen, 1963). 예를 들어, 질병을 완전히 이해하기 위해서는 병에 걸린 이유를 알아야 할 뿐 아니라, 그 종의 구성원 전체가 그렇게 고장이 잘 나는 특성을 왜 갖고 있는지를 알아야 한다(Nesse, 2005b; Nesse & Williams, 1994; Williams & Nesse, 1991). 그 설명을 찾는 과정에서 진화의학이 급격히 발전했다(Nesse et al., 2010; Stearns, 2012). 진화의학은 이제 정신의학에 적용될 준비가 되었다.

진화의학의 핵심적 통찰은, 진화의 관점에서 보면 대부분의 특성이 왜 그렇게 잘 작동하는지를 알 수 있을 뿐 아니라, 그렇게 많은 특성이 왜 고장에 취약한지도 알

627

수 있다는 것이다. 마음이 취약한 이유를 설명하려는 시도는 어제오늘 일이 아니다. 새로운 것은 이제 그런 질문을 진지하게 받아들이면서 대안이 될 만한 진화적 가설을 제시하고 검증하고 있다는 점이다. 이번 장에서는 최근에 이루어진 발전과 더불어, 정신장애를 진화적으로 설명하고자 할 때 부딪히게 되는 주요한 도전 과제들을 요약하고자 한다.

진화의 기여

정신장애에 동물행동학을 적용한 초기의 연구(McGuire & Fairbanks, 1977)로부터 더 구체적이고 포괄적인 진화적 접근법들이 탄생했다(McGuire & Troisi, 1998; Nesse, 1984; Wenegrat, 1990). 어떤 책들은 구체적인 상태를 다룬다(Baron-Cohen, 1997; Gilbert, 1992; Horwitz & Wakefield, 2007, 2012; Wenegrat, 1995). 마침내 이 분야에도 교과서(Brüne, 2008)가 생겨서 이전의 주요한 치료법(McGuire & Troisi, 1998)을 보강하고 있다. 많은 논문이 구체적인 정신 장애를 다루고, 어떤 논문은 장애의 범주를 새롭게 정의할 수 있는 토대를 제공한다(Cosmides & Tooby, 1999; Nesse & Stein, 2012; Wakefield, 1992). 이 『핸드북』의 몇몇 장과 진화심리학에 관한 많은 일반 서적은 구체적인 장애와 씨름한다.

이 출처들에는 다양한 생각이 담겨 있지만, 진화적 관점이 정신의학과 임상심리학에 기여하는 근본적인 측면 여덟 가지로 요약된다(표 43.1을 보라). 각 측면을 간략히 요약한 도표는 구체적인 정신 장애들을 고찰하는 기회가 될 수 있다.

정신 장애 취약성에 대한 설명

왜 모든 인간이 정신 장애에 취약한지를 설명하는 과제는 왜 우리가 다른 질병에 취약한지를 설명하는 과제와 다를 것이 없다. 두 사례 모두, 취약성의 원인을 자연선택의 능력이 부족한 탓으로 보는 경향이 일반적이다. 어떤 질병의 경우에는 그런 부족이 중요한 이유에 해당하지만, 몸과 마음이 더 잘 설계되지 못한 이유로 그 외에도 몇 가지 가능한 원인이 있다(Nesse, 2005b; Nesse & Williams, 1994; Williams &

표 43.1 정신 장애에 관한 진화적 관점의 여덟 가지 기여

1. 인간이 왜 정신 장애에 취약한지를 설명해준다.
2. 행동에 대한 기능적인 이해를 제시한다.
3. 더 깊고 넓은 공감을 가지고 인간을 이해할 수 있게 한다.
4. 관계가 어떻게 작동하는지를 설명해준다.
5. 발달의 영향을 명확히 이해할 수 있는 길을 제공한다.
6. 감정과 감정 조절에 기능 수준으로 접근하는 방법을 제공한다.
7. 과학적 진단 체계에 토대를 마련해준다.
8. 누구는 정신 장애에 걸리고 누구는 그렇지 않은지를 여러 가지 요인으로 설명해준다.

표 43.2 취약성을 설명하는 여섯 가지 진화적 요인

1. 제약된 자연선택
2. 현대 환경과의 부조화
3. 빠르게 진화하는 유기체와의 공진화
4. 맞거래
5. 건강에 손해를 끼치는 대립 유전자의 이점
6. 유용한 방어책

Nesse, 1991)(표 43.2를 보라). 각각의 요인을 요약하면 그 설명이 정신 장애에 어떻게 적용되는지를 미리 가늠해볼 수 있다.

제약　자연선택을 거쳐도 돌연변이는 발생하고 해로운 돌연변이가 지속될 수 있다. 또한, 신체적 설계에 산뜻한 새 출발이란 있을 수 없고, 그래서 표준 이하의 측면이 넘쳐난다. 하지만 이것이 질병 취약성을 설명하는 주된 요인은 아니다.

부조화　흔한 만성 질환은 대부분 새로운 환경적 요인 때문에 발생한다(Gluckman & Hanson, 2006). 예를 들어, 최근 아테로마성 동맥경화증과 유방암이 만연하는 것은 우리의 몸이 현대 환경에서 살아가기에 그리 적합하지 않기 때문이다. 반면에 현

대 환경이 정신 장애 비율을 높이는 요인인지는 확실치 않다. 국제적으로 14개국에서 7만 2,000회의 인터뷰를 통해 정신 장애의 유병률 데이터를 수집한 조사(Kessler & Ustun, 2000)는 도시와 시골 농경 지역을 대상으로 한 것이다. 수렵채집 인구를 대상으로 장애 발생률을 추산한 연구 중에는 그에 비견할 만한 대규모 연구가 존재하지 않는다. 기술적인 어려움을 감안하면 이해할 수 있지만, 그럼에도 안타까운 것은 그런 연구가 다음 세대에는 불가능할지 모르기 때문이다.

현대의 환경은 정신 장애의 주범으로 지목된다(Stevens & Price, 1996). 어느 정도는 부정할 수 없는 사실이지만, 실제로 어떤 장애가 더 흔해졌는지를 판별하기는 쉽지가 않다. 회고적 데이터에 따르면 우울증 발생률은 각 세대에 급격히 증가해왔다고 한다(Cross-National Collaborative Group, 1992). 하지만 지난 수십 년 동안 동일한 인구에서 일관된 질문을 활용해서 수집한 데이터에서는 그런 증가세가 나타나지 않았다(J. M. Murphy, Laird, Monson, Sobol, & Leighton, 2000).

감염과 공진화　자연선택이 감염에 대한 취약성을 제거할 수 없는 이유는 우리가 진화하는 속도보다 병원체가 더 빠르게 진화하기 때문이다(Ewald, 1994). 게다가 우리를 보호하는 방어책, 그중에서도 특히 면역 반응은 그 자체로 문제가 되기도 한다. 일부 정신 장애는 병원체와 그로 인한 자가면역 후유증이 벌이는 군비 경쟁의 결과일 수 있다. 예를 들어, 강박 장애의 일부 사례는 연쇄구균으로 인한 자가면역 기능 때문에 미상핵이 손상된 결과일 수 있다(Swedo, Leonard, & Kiessling, 1994). 태아기에 감염에 노출되면 조현병에 취약해질 수 있다(Ledgerwood, Ewald, & Cochran, 2003). 감염은 특히 정동 장애(Ewald, 2000)를 비롯한 광범위한 정신 장애의 원인으로 지목되어왔으며, 염증이 우울증의 원인이라는 것도 점차 더 많이 인지되고 있다(Raison & Miller, 2013).

맞거래　자연적인 특성이든 인위적인 특성이든 모든 특성은 설계의 맞거래 때문에 불완전하다. 우리가 지금보다 덜 불안해하면, 그 대가로 부상 위험이나 사망 위험이 증가한다. 우리가 타인을 더 신뢰하면, 그 대가로 더 쉽게 착취당한다.

선택의 목적은 건강이 아니라 번식 성공이다 어떤 유전자가 번식 성공율(RS)을 향상시키기만 하면, 건강, 수명, 행복을 저해한다 하더라도 결국 선택이 된다. 치열한 경쟁, 시기, 탐욕, 억제할 수 없는 성적 욕망, 질투 등 우리가 가장 낮게 평가하는 많은 특성이 그런 유전자의 결과일 수 있다(Buss, 2000). 성차가 발생하는 것은 성별로 다른 번식 전략이 다른 특성을 빚어내기 때문인데, 이 전략들은 각자의 성공을 위해서라면 수명과 개인의 행복을 포기하는 것도 불사한다(Cronin, 1991; Daly & Wilson, 1983; Geary, 1998; Kruger & Nesse, 2004).

방어책 앞서 언급했듯이 통증, 기침, 고열을 비롯한 보호 반응들은 불쾌하긴 하지만 위험과 손실로부터 우리를 보호하는 유용한 반응이다. 이런 방어책을 질병이나 결함과 혼동하는 일반적인 경향을 '임상의의 착각The Clinician's Illusion'이라고 한다(Nesse & Williams, 1994). 대부분의 의사는 기침과 염증이 적응이라는 것을 알고 있다. 하지만 고열, 설사, 불안의 효용은 그만큼 널리 알려져 있지 않다. 안일한 관점에서 보면, 부정적 감정에 대한 인간의 취약성은 서툰 설계의 사례인 것처럼 보인다. 하지만 자연선택은 우리의 행복 따위는 신경 쓰지 않는다. 자연선택은 번식 성공률을 높일 수만 있다면 다른 점은 전혀 고려하지 않은 채 어떤 감정적 경향이든 가리지 않고 만들어낸다(Ness, 1991a; Tooby & Cosmides, 1990). (나중에 논의할) 화재 경보기 원리를 살펴보면 우리에게 과도하거나 불필요한 부정적 감정이 왜 그렇게 많은지를 알 수 있다(Nesse, 2005c).

진화의학이 마주한 도전 정신 장애를 설명하는 일부 진화적 접근법들은 여섯 가지 가능한 설명 가운데 어느 하나만 강조하고 나머지는 배제하려고 한다. 예를 들어 어떤 저자들은 현대 생활이 미치는 효과를 강조한다(Glantz & Pearce, 1989; Stevens & Price, 1996). 또 어떤 이들은 감염을 강조하고(Raison & Miller, 2013), 어떤 이는 제약, 맞거래, 혹은 경로의존성을 강조한다(Crow, 1997; Horrobin, 1998). 다른 저자들은 조현병이든(J. S. Allen & Sarich, 1988; Shaner, Miller, & Mintz, 2004), 양극성 장애든(Wilson, 1998), 자살이든(deCatanzaro, 1980) 정신 장애가 지속되는 이유는 그런 상태조차도 적합도 이익이 있기 때문이라고 주장한다. 하지만 한 가지 원인을 강조하고 다른 원인을 배제하는 일은 상당한 혼란을 일으킨다.

이는 질병에 대한 진화적 설명을 모색하는 과정에서 저지르기 쉬운 열 가지 실수 중 하나에 불과하다. 아래의 텍스트 상자에 그 목록을 나열했다. 진화의학 프로젝트를 추진할 때 다음 열 가지 질문에 체계적으로 접근한다면 실수를 막는 데 유용할 것이다(Nesse, 2011).

진화적 설명을 모색하는 과정에서 저지르기 쉬운 열 가지 실수

1. 질병에 대한 취약성을 설명하려 하지 않고 질병을 설명하려 한다.
2. 집단 선택에 근거해서 설명을 제시한다.
3. 희귀한 유전적 질환의 적응적 기능을 제시한다.
4. 근접 설명과 진화적 설명을 혼동한다.
5. 학습을 진화적 설명의 대안으로 설정한다.
6. 특성의 환경적 차이나 문화적 차이를 증거로 삼아 진화의 영향을 반박한다.
7. 유전적 설명을 진화적 진화적 설명의 대안으로 제시한다.
8. 모든 대안적 가설을 고려하지 않는다.
9. 한 가설에 유리한 증거는 다른 가설에 불리한 증거라고 가정한다.
10. 모든 가설에 유리한 증거와 불리한 증거를 모두 고려하지 않고, 좋아하는 가설에 유리한 증거와 그렇지 않은 가설에 불리한 증거를 제시한다.

인간의 행동과 감정을 이해하기 위한 진화적 해석틀

환자가 기침이나 신장 부전으로 일반 병원에 방문할 때 의사들은 기침이 하나의 보호 반응이며, 신장은 소금과 물의 균형을 조절한다는 사실을 알고 있다. 그와 달리, 환자가 공포증으로 정신과를 방문할 때면 불안의 효용은 고려되지 않는다. 누군가 질투 때문에 병원을 찾을 때, 질투의 정상적인 기능을 고려하는 의사는 거의 없을 것이다. 정신 건강 전문가들은 생리학이 일반 의학에 제공하는 지식에 비견할 만큼, 감정의 기능에 관한 지식은 넉넉하지가 않다. 진화심리학이 그 부족한 지식을 제공하기 시작했다. 이『핸드북』의 여러 장들 그리고 동기 부여(French, Kamil, & Leger, 2000), 감정(Nesse, 1990a; Plutchik, 2003), 애도 같은 구체적인 주제(Archer,

1999; Nesse, 2005a)에 관한 진화적 관점이 그 예다.

개인의 삶에 대한 이해

진화심리학은 개인의 독특한 가치관, 목표, 삶의 상황에 대한 정보를 과학적으로 분석한다. 이를테면 존John을 생각해보자. 존은 우울증이 있는 20세의 남성으로, 지역의 상점 두 곳에서 일을 하며 장애가 있는 어머니를 부양한다. 그가 14세일 때, 죽어가던 아버지는 그에게 어머니를 보살피겠다는 약속을 받아냈다. 그 이후로 그는 항상 그 약속을 지키며 살아왔지만, 분노와 우울도 점점 커졌다. 이 세 문장을 본 사람은 10여 가지 인구학적 변수와 뇌 스캔을 본 사람보다 그의 우울증을 더 잘 이해할 것이다. 동기를 진화적으로 이해하는 덕분에 우리는 동기와 관련된 정보를 행동생태학의 생활사 범주—신체, 번식, 사회 등—에 기초한 과학적 이론틀로 분석할 수 있다.

관계

우리가 관계를 더 깊이 이해하게 된 것이 진화심리학의 가장 큰 공헌일 것이다. 예를 들어, 애착의 진화적 기능(Bowlby, 1969)을 꿰뚫어본 볼비Bowlby의 통찰에 이어, 집착에 가까운 유아의 애착이 어려운 상황에서 어머니로부터 자원을 얻어내려는 아기의 전략을 대표한다는 견해(Belsky, 1999; Chisholm, 1996)와 일반적인 수준에서 여성의 번식 전략을 정확히 설명한 이론(Hrdy, 1999)이 나왔다. 서로에게 이익이 되는 상호적 교환을 분석한 연구는 경제 게임(Fehr & Fischbacher, 2003)에 대한 광범위한 연구를 낳았고, 이를 통해서 사회적 감정의 기원(Fessler & Haley, 2003; Fiske, 1992)이 밝혀졌다. 하지만 모든 인간관계를 계산된 교환으로 해석하면 우리의 도덕적 행동 능력이나 자부심과 죄책감의 감정(Katz, 2000)처럼 정신 장애를 이해하는 데 꼭 필요한 삶의 측면들을 간과하게 된다. 선택은 때로는 합리적인 계산보다 헌신 능력을 더 우선시했다(Frank, 1988; Gintis, 2000; Nesse, 2001a). 사람들은 주변에서 최고의 파트너를 고른다. 이런 이기적인 결정이 강력한 선택력을 만들어내고, 그 선택력으로부터 이타주의와 도덕적 감수성을 비롯한 친사회적 능력들이 자라나온다(Nesse, 2010; Noë & Hammerstein, 1995).

정신역동 프로이트의 이론이 조롱당하는 이유는 틀린 이론도 있거니와 정신분석 치료의 효과가 불안정하기 때문이다. 하지만 그의 억압 개념은 진화적으로 설명할 필요가 있는 인간 본성의 근원적 사실이다(Badcock, 1988; Nesse, 1990b; Sulloway, 1985). 트리버스와 알렉산더는 각자 자기기만이 남을 기만하기 위한 전략이라고 말했지만(Alexander, 1975; Trivers, 1976, 2011), 사람들은 또한 소중한 관계를 지키기 위해 타인이 죄를 짓지 않도록 억압할 수도 있다(Nesse, 1990b).

이와 상당히 비슷한 트리버스의 통찰에 따르면, 억압은 자식이 부모를 조작해서 그들이 더 어리거나 아플 때에나 받을 수 있는 자원을 내놓게 하는 전략이 될 수 있다(Trivers, 1974). 트리버스는 부모-자녀 갈등에 관한 더 일반적인 이론을 내놓았는데, 이 이론은 많은 유년기 장애를 이해하는 토대가 될 수 있었지만 제대로 주목받지 못했다(Trivers, 1974). 정신역동론에 진화적 기초를 제공하려는 시도는 계속 발전하고 있지만(Badcock, 1988; Nesse & Lloyd, 1992; Slavin & Kriegman, 1992; Sulloway, 1985), 여전히 정신 분석가들에게는 상대적으로 널리 인정받지 못하고 있다. 아마 억압을 약화하는 것이 반드시 도움이 되지는 않는다는 회의주의를 진화적 관점이 조장할 수 있기 때문인지 모른다(Slavin & Kriegman, 1990).

발달

오늘날 발달심리학은 유아가 삶의 여러 단계에서 어떤 행동을 하고, 그 현상이 문화별로 어떻게 다른지에 대한 광범위한 데이터를 정교하게 분석하고 그 결과를 제시한다. 발달심리학은 갈수록 진화를 더 많이 고려한다(P. P. G. Bateson & Martin, 2000; Geary & Bjorklund, 2000; Rutter & Rutter, 1993). 조건발현적으로 발달하는 기제와 그 기제의 진화적 역할(Hall, 1998; West-Eberhard, 2003)에 대한 관심이 정점에 이르렀을 때, 진화심리학자들은 환경의 정보를 이용해서 발달 경로를 조정하는 기제를 찾기 시작했다(Del Guidice, Ellis, & Cicchetti, 인쇄 중).

정신 장애와 각별히 관련된 적응의 후보로, 초기의 스트레스에 반응해서 시상하부-뇌하수체-부신피질 축의 크기가 변하는 적응이 있고, 모체가 태아의 뇌 발달에 미치는 영향을 통해 그 감수성이 여러 세대에 걸쳐 전달되는 적응이 있다(Ellis & Del Guidice, 2014; Essex, Klein, Eunsuk, & Kalin, 2002; Teicher et al., 2003).

아동 발달의 여러 측면에 진화적 사고를 적용하는 사례가 빠르게 증가하면서 정신병리학에 기여해왔다(Bjorklund & Pellegrini, 2002; Del Guidice et al., 인쇄 중; Frankenhuis & Del Guidice, 2012; Navaez, Panksepp, Schore, & Gleason, 2012). 특히, 유전체 각인을 통해서 스트레스 반응성에 영향을 미치는 발달 초기의 작용은 물론이고 심지어 태아기의 작용에까지 주목하는 연구가 집중적으로 이루어지고 있다(Bateson et al., 2004; B. J. Ellis, Jackson, & Boyce, 2006; Gluckman et al., 2009; Meaney, 2010). 또한 미래 세대의 적합도를 높여주는 정보를 감지하고 전달하는 조건발현적 적응을 부수적인 현상과 구분하는 방법에 대해서 중요한 논쟁이 진행되고 있다.

감정과 정서장애

대부분의 정신장애는 정서장애다. 사람들은 불안, 우울, 노여움, 질투 등을 경험하기 때문에 치료를 받는다. 많은 이들이 그런 부정적인 감정은 정상이 아니라고 생각하는 것이다. 하지만 그 감정은 적어도 우리의 유전자에게는 유용하다. 우울과 불안에 시달리는 사람은 너무나 명백한 결함으로 고생하기 때문에, 그런 감정이 어떻게 유용한지를 알기란 쉽지 않다. 하지만 신호 탐지 이론의 원리들을 알고 나면, 감정 조절 장치가 정상적이지만 쓸모없는 고통을 자주 불러일으키도록 만들어진 이유를 이해하게 된다. 화재 경보기의 원리와 같은 것이다(Nesse, 2005c). 감정이 진화적 시간에 걸쳐 반복 출현한 중요한 상황에서 적합도를 높일 수 있도록 선택이 빚어낸 특별한 상태라는 사실은 이제 많은 사람이 알고 있지만(Ekman, 1992; Nesse, 1990a; Nesse & Ellsworth, 2009; Plutchik, 2003; Tooby & Cosmides, 1990), 정서장애를 연구하는 분야에서는 이 근본적인 원칙을 아직 완전히 받아들이지 못하고 있다.

진단

감정은 언제 비정상일까? 정신의학의 진단 기준은 맥락을 고려하지 않고 증상의 강도, 지속 기간, 증상으로 인한 무능력 상태를 근거로 삼는다(American Psychiatric Association, 2013). 극단적인 상태는 분명히 비정상적이지만, 감정의 기능을 알지 못한다면 정상과 비정상을 나누는 선은 계속 주관적이 된다(D. Murphy & Stich, 2000;

Nesse, 2001b; Nesse & Stein, 2012; Troisi & McGuire, 2002; Wakefield, 1992). 진화적 토대가 결여되어 있을 때 심각한 오류—연속된 감정을 서로 다른 범주로 기술하거나, 지나치게 긍정적인 감정 또는 결함이 있는 부정적인 감정이 주를 이루는 비정상적 상태를 방치하는 오류—가 발생한다. 만일 일반 의학이 정신의학의 진단처럼 맥락을 무시한다면, 원인은 고려하지 않고 기침의 빈도와 강도에만 의존해서 '비정상적 기침 장애'를 진단하는 꼴이 될 것이다. DSM 시스템은 결코 비이론적이지는 않지만, 기제만 고려하고 생물학의 나머지 절반은 외면하는 조야한 관점을 조장한다(Horwitz, 2002).

웨이크필드(1992)는 '해로운 오기능' 개념을 사용해서 무엇이 장애이고 무엇이 아닌지를 분명히 하면서 DSM을 강하게 비판한다. 정신의학적 진단을 진화적으로 정교하게 분석한 이 이론에서 웨이크필드는 신체장애뿐 아니라 정신장애에서도 정상적인 현상과 비정상적인 현상을 구분해야 하며, 이를 구분할 때에는 그 현상이 유해한지 아닌지 그리고 그 원인이 오기능인지 아닌지의 여부에 근거해야 한다고 주장한다(Wakefield, 이 책, 42장).

개인차

정신의학 연구는 주로 개인차를 설명한다. 왜 어떤 사람은 아프고, 어떤 사람은 괜찮을까? 유전자-환경의 상호작용이 중요하다는 것은 모두가 동의하는 사실이지만(Kendler, Kuhn, & Prescott, 2004; Ridley, 2003; Rutter & Rutter, 1993), 여전히 전문가들은 제각기 다른 원인(유전적, 환경적, 상황적 요인 등)을 강조한다. 진화적 관점은 유전적 차이를 강조하지 않고 반대로 모든 요인과 그 강도의 관련성을 조명하는 틀을 제공한다. 더불어 진화적 관점은 몇 가지 단순한 실수를 피하는 전략에도 도움이 된다.

많은 오해를 낳고 있는 것이 특성의 존재를 설명하려는 시도와 특성의 변이를 설명하려는 시도를 혼동하는 것이다. 리처드 르원틴이 강조했듯이, 직사각형의 면적에 가로가 더 큰 원인인지 세로가 더 큰 원인인지를 묻는 것은 무의미하다. 직사각형들의 변이는 가로나 세로의 차이에서만 발생하기 때문이다. 마찬가지로, 모든 특성은 유전자가 환경과 상호작용한 결과이지만, 개인들의 변이는 유전자의 차이, 환경의 차이, 그리고 유전자×환경의 상호작용에서만 발생한다. 변이가 각 구성요소에 몇 퍼센트 기인하는지는 물론 고정되어 있지 않지만, 그래도 그 변이는 구체적인 환경과 유전자형의 범위에 달려 있다. 한동안 본성 대 양육에 집착하느라 우리는 장애에 이르는 다양한 경로를 보지 못했다. 이 상황에서 진화적 접근법을 채택한다면 특성의 개인차를 설명해줄 여러 요인을 동시다발적으로 고려할 수 있다(또한 Arslan & Penke, 이 책, 45장을 보라).

개인차를 설명하는 과제를 여러 요인 중 한 요인이 상대적으로 중요하다는 주장으로 환원해서는 안 된다. 그 과제는 구체적인 특성의 개인차에 각 요인이 어떻게 기여하는지, 그리고 구체적인 특성에 대한 요인의 기여가 가족, 인구, 문화 사이에서뿐 아니라 개인들 사이에서도 어떻게 달라지는지를 밝히는 보람 있는 도전이다. 원인이 되는 요인이 어떤 개인은 주로 유전적일 수 있고, 다른 개인은 주로 환경적일 수 있다. 한 사람에게는 관계의 실패가 우울증을 촉발하고, 다른 사람에게는 염증이 우울증을 촉발할 수도 있다. 이는 정신건강 연구에 실질적인 의미를 던진다. 이를테면, 우울증의 '원인'을 찾는 연구는 성공하기 어려울 것이다.

구체적인 장애들

진화생물학의 근본적인 원리들은 구체적인 정신 장애에 적용될 때 그 효용이 입증된다. 전통적인 구분법을 따르면 그 원리들은 정서장애, 행동 장애, 인지 장애에 적용된다.

정서장애

정신장애는 대부분 정서장애다. 하지만 진단법과 치료법의 기초에는 아직도 감정의 진화적 기원과 그 기능에 대한 지식이 부족하다. 대신에 부정적 감정이 강도가 세거나 오래 지속되면 그 상황과 무관하게 비정상으로 간주되며, 부정적 감정이 없거나 긍정적 감정이 과하면 장애로 인정되지 않는다. 앞으로 발전하려면 이 근본적인 오류를 바로잡을 필요가 있다.

불안 장애 불안은 유용할 때도 있지만, 많은 사람 앞에 설 때마다 입이 마르고 몸이 떨리는 증상은 없느니만 못하다. 마찬가지로 공황 증상도 사자에게서 달아날 때는 도움이 될지 모르지만 식료품 가게에서는 도움이 안 된다. 이제 우리는 사회적 불안이나 공황의 원인이 되는 뇌 기제에 대해서 방대한 지식을 갖고 있지만, 그 기원과 효용에 대해서는 그리 잘 알지 못한다(Nesse, 1987). 그와 유사하게, 수백 건의 연구가 과도한 불안 상태의 모든 측면을 낱낱이 기록하고는 있지만, 불안의 결핍, 즉 무공포증을 고찰하는 연구는 한 줌에 지나지 않는다(Marks & Ness, 1994). 한 연구에서는 고소공포증이 종종 생애 초기에 경험한 심각한 추락에서 비롯한다는 점을 확증하고자 노력했다. 연구자들은 대조군의 18%에서 성인 고소공포증을 발견했지만, 생애 초기에 추락을 경험했던 이들 중에 그 비율은 3%에 불과했다. 생애 초기에 무공포증을 보인 이들은 수십 년이 지난 뒤에도 여전히 불안 결핍을 안고 있었다(Poulton, Davies, Menzies, Langley, & Silva, 1998).

불안은 체내 조절 기제의 다양성을 보여주기도 한다. 매와 닭은 그림자를 보면 몸을 숨기는 닭의 경우처럼 고정된 단서에 확실하게 반응하는 방어 행동은 단서와 처음 마주친 순간에 정확하게 반응하는 것이 결정적인 경우에는 유용하지만, 대신에 수많은 허위 경보를 울릴 수 있고 새로운 위험은 잘 막아내지 못한다. 유연한 학습 장치는 새로운 위험은 잘 막을 수는 있지만, 결정적인 최초의 노출 시에는 대응에 실패할 수 있고, 결국 공포증으로 이어지기 쉽다. 사회적 학습이 또 다른 해결책이다. 새끼 붉은털원숭이는 선천적인 뱀 공포를 보이지 않는다. 하지만 다른 원숭이가 뱀을 보고 겁에 질리는 모습을 단 한 번만 관찰해도, 그 새끼에게는 지속적인 뱀 기피증이 형성된다. 물론 다른 원숭이가 꽃을 보고 겁에 질리는 모습을 목격할 때는 꽃에 대한 공포가 형성되지 않는다(Mineka, Keir & Price, 1980).

노출 치료는 공포증 치료에 효과적이지만, 이미 학습된 공포 반응을 되돌리지는 않는다. 대신에 새로운 피질 처리 과정이 공포 반응을 억누른다(Quirk, 2002). 위험에 노출되면 이 억제가 파기된다. 그런 이유로 모스크바에 홍수가 나서 실험실이 물에 잠겼을 때 파블로프의 개들에게 이전에 소거되었던 공포가 되살아났던 것이다. 이 현상은 경로-의존적인 기제에 어떤 제약이 있음을 가리키는지 모른다. 학습을 손쉽게 되돌리기는 불가능한 듯하다.

다른 공포들도 쉽게 소거되지 않는다. 예를 들어, 외상 후 스트레스 장애(PTSD)는 가장 강력한 일회성 학습의 위력을 분명하게 보여준다. 근접 과학은 이 증후군을 설명해줄 기제들을 꾸준히 찾아내고 있지만, PTSD의 잠재적 효용에 관한 진화적 가설은 이제 막 첫걸음을 내딛고 있다(Cantor, 2005). 죽을 수도 있는 상황은 적합도에 막대한 영향을 미치기 때문에, 단 한 번의 경험에 반응해서 심각한 증후군을 유발하는 학습 기제에도 이점이 있을 수 있다.

공포에는 하위 유형들이 있는데, 영역-특이적인 도전에 대처하기 위해 일반적인 불안에서 분화된 것들처럼 보인다(Marks & Nesse, 1994). 예를 들어, 공황에 빠져 허겁지겁 달아나는 것은 포식자로부터 벗어나는 최선의 방법이겠지만, 절벽에 매달려 있는 경우라면 얼어붙은 듯 꼼짝 못 하는 것이 더 좋은 결과를 낼 수 있다. 사회적 불안은 대부분의 사람에게 존재하는데(Gilbert, 2001; Leary & Kowalski, 1995), 이 불안이 없는 사람은 비록 정신의학적 진단에서는 자유롭지만, 견디기 힘든 사람일 때가 많다. 규모가 작은 수렵채집인 집단이라면 그런 사람이 어떻게 살아남을지가 의문이다.

화재 경보기 원리는 불안과 그 밖의 방어책을 조절하는 기제의 뚜렷한 특징들을 설명하는 데 도움이 된다(Nesse, 2005c). 대개 불안 반응은 비용이 저렴한 데다 막대한 잠재적 피해를 막아주기 때문에 최적의 시스템은 많은 경보를 울리게 마련인데, 설사 그중 불필요한 경우가 있다 하더라도 그 경보는 완전히 정상이다. 이는 방어책을 아예 차단하는 약물 사용이 대부분은 안전하겠지만, 어떤 상황에서는 치명적일 수 있다는 얘기다. 정교한 형식수학적 치료법을 도입하면 이 연구 영역의 발전에 도움이 될 수 있다(M. Bateson, Brilot, & Nettle, 2011). 한 주요 저작은 진화적 관점을 통해서 언제 불안이 해로운 오기능이 되는지를 설명하고(Horwitz & Wakefield, 2012), 그렇게 해서 정신의학 연구자들이 불안의 효용을 인지하기가 왜 그렇게 어려운지를 알려준다.

기분 장애　슬픔과 우울의 효용은 불안만큼 뚜렷하지 않지만, 오래전에 비브링 Bibring은 리비도가 보상을 제공하지 않는 목표와 계속 연결되어 있을 때, 그 연결을 깰 필요가 있음을 알려주는 것이 우울이라고 주장했다(Bibring, 1953). 함부르크

Hamburg(Hamburg, Hamburg, & Barchas, 1975)와 클링어Klinger(Klinger, 1975)는 더 일반적으로 감정이 목표 추구를 어떻게 제어하는지를 기술했다. 목표 달성에 필요한 능력이 부족한 상황에서는 우선 가장 큰 장애물을 극복하려는 공격적인 시도가 튀어나오고, 그 다음에는 침울한 기분이 이어져 목표로부터 이탈하게 해준다. 그럼에도 목표를 포기하지 않는다면, 정상적인 침울함이 **우울증**으로 확대된다. 이미 수많은 연구(Brickman, 1987; Carver & Scheier, 1990; Carver & Scheier, 1998; Emmons & King, 1988; Janoff-Bulman & Brickman, 1982; Little, 1999; Wrosch, Scheier, & Miller, 2003)를 통해 확증된 이 원칙은, 성공 가능성의 정도에 비례해서 노력을 배분하는 장치가 바로 기분이라는 더 일반적인 접근법(Nesse, 1991b, 2000, 2009)의 토대가 되어준다. 보상이 큰 경우에는 긍정적인 기분이 들어 진취성과 위험 감수의 수준이 높아진다. 위험이 크거나 헛수고가 되기 쉬운 일일 때면, 침울한 기분이 투자를 차단한다. 이 관점에서 보면, 일상적인 슬픔과 침울함은 행동 전략을 바꾸게 하는 기능을 한다(Watson & Andrews, 2002). 만일 다른 대안을 찾을 수 없고 목표가 더 없이 중요한 것이라면, 그 상태가 지속되어 우울증으로 이어질 수 있다(Klinger, 1975; Wrosch, Scheier, & Carver, 2003).

닭과 원숭이가 계층구조 내에서 지위를 잃은 경우를 관찰한 연구에서, 우울증은 계속되는 공격을 막기 위한 '비자발적인 굴복'이라는 견해가 출현했다(Gilbert, 1992; Sloman, Price, Gilbert, & Gardner, 1994). 이 결과와 일치하는 데이터가 있다. 스트레스가 많은 사건이 굴욕적이고/이거나 불가능한 것을 어쩔 수 없이 추구할 때, 그로부터 우울증이 생긴다는 것이다(Brown, Harris, & Hepworth, 1995; Kendler, Hettema, Butera, Gardner, & Prescott, 2003). 또한 지위와 자원을 놓고 투쟁하는 성이 주로 남성이라는 사실 때문에 우울증의 성차가 발생할 수 있다. 여성은 선택지가 더 적기 때문에 많은 여성이 우울증에 취약한 것이다(Gilbert, 1992; Wenegrat, 1995). 패배와 진퇴양난 상황이 우울증의 한 요인이라는 생각은 프라이스(Price, Sloman, Gardner, Gilbert, & Rohde, 1994)로부터 영감을 받아, 동물 연구(Blanchard, Litvin, Pentkowski-Blanchard, 2009) 그리고 브라운의 인간 연구(Brown et al., 1995)에서 확인되었고, 길버트Gilbert(2006)의 연구를 통해 더욱 확장되었다. 이제는 방대한 문헌이 일반적인 스트레스보다는 패배나 진퇴양난의 상황이 더 강력하게 우울증을 유발한다는 것을 확증하는 데 초점을 맞추고 있다(Talyor, Gooding, Wood, & Tarrier, 2011).

그리고 우울증을 사회적 조작으로 보는 견해가 있다(Hagen, 2002; Watson & Andrews, 2002). 하겐Hagen은 산후 우울증이 아기를 유기하겠다는 '협박성 위협'이라고 간주하지만, 산후 우울증과 빈약한 자원 및 관계의 연관성은 다른 이론으로도 설명할 수 있다. 왓슨과 앤드루스Andrews는 하겐과 비슷하지만 더 일반적인 관점을 제시한다. 우울증이 현재의 전략이 실패하고 있으며 새로운 방향을 설정할 필요가 있다는 신호를 보냄으로써 '사회적 길찾기'를 용이하게 한다는 것이다(Watson & Andrews, 2002). 이 접근법은 생산적인 우울증과 비생산적인 우울증을 나눈 정신분석가 에미 거트Emmy Gut의 연구(Gut, 1989)와 맥락을 같이한다. 반면에 네틀Nettle(2004)은 사회적 길찾기 가설이 부적절하다고 지적하는 동시에, 신경증에 적응적 가치가 있을 가능성을 강조한다.

최근에 한 논문(Andrews & Thomson, 2009)은 사회적 딜레마를 해결하는 반추의 역할을 조명해서 널리 주목받았지만, 이를 비판하는 연구자들(Nolen-Hoeksema & Morrow, 1993)은 반추의 효용을 입증할 증거는 거의 없으며, 오히려 반추 경향이 우울증 위험을 증가시킨다고 주장한다. 그보다 앞선 시기에 이루어진 거트의 연구는 그런 반추가 상황에 따라 생산적일 수도 있고 비생산적일 수도 있다고 보고 그 가능성을 고찰한다(Gut, 1989).

데카탄차로DeCatanzaro는 만일 개인에게 더 이상 번식 기회는 없지만 자원 사용을 중단하고 자신이 쓸 자원을 친족에게 넘겨줘서 친족의 번식을 늘려줄 수 있다면, 자살도 적응적일 수 있다고 주장했다(deCatanzaro, 1980). 자살이 나이든 사람과 병든 사람에게 더 흔히 발생한다는 데이터도 이와 일치한다. 하지만 다른 설명도 있다. 친족과 떨어져 있다고 해서 자살이 줄어드는 것은 아니고, 동물의 사례가 존재하지 않는다는 것이다. 집단의 역할은 앨런Allen과 배드콕Badcock의 모델에서도 중요한 위치를 차지한다. 이 모델에 따르면 사람들은 소속 집단에서 자신이 무엇에 기여할 수 있는지를 세심하게 관찰한다(N. Allen & Badcock, 2003). 사람들은 자신이 집단에 기여할 수 있는 것이 거의 없다는 점을 깨달으면 우울증 속으로 도피하는데, 이는 적극적인 추방을 방지하기 위해서라는 가설이 가능하다.

이런 접근법은 우울증이 뇌의 장애라는 일반적인 관점과 큰 차이가 있다. 기분을 조절하는 뇌의 기제는 당연히 잘못될 수도 있지만, 두 가지 질문을 고려할 필요가 있다. 먼저, 침울함은 기침처럼 유용한 반응일까, 아니면 간질 발작처럼 방어책과 무관한 비정상적인 상태일까? 두 번째로, 우울증에 대한 취약성의 개인차는 무엇보다 뇌의 차이에서 비롯되는 걸까, 아니면 사회적 경험이 조절하는 뇌의 변화 때문일까? 이 물음들은 서로 배타적이지 않으며, 우울증은 대부분 유전자×환경의 상호작용의 결과로 볼 때 가장 잘 이해할 수 있다(Caspi et al., 2003). 또한 우울증에 이르는 경로는 여러 가지로, 그중 일부는 환경과 무관하고, 다른 일부는 주로 생활환경, 특히 도달할 수 없는 목표를 추구하는 상황에서 발생한다. 그렇다면 당연히, 우울증의 원인은 사람마다 다르고, 심지어 한 사람이라도 시기에 따라 다를 수 있다.

그 밖의 정서장애 우리는 주로 불안과 우울증에 주목하지만, 모든 감정에는 최소한 두 종류의 장애, 즉 과잉과 결핍이 있다. 예를 들어, 병적인 질투는 흔히 발생하지만 임상의 중에서 질투가 왜 존재하는지를 아는 사람은 드물다(Buss, Larsen, Westen, & Semmelroth, 1992). 질투는 타당한 이유에서 발생할 수도 있고(Buss et al., 1999), 망상에서 발생할 수도 있다. 일부 남성은 자신이 부족하다는 느낌에 사로잡힌 나머지 파트너가 다른 사람을 더 좋아할 수도 있다고 생각하고, 심하면 파트너가 정말로 다른 사람을 좋아한다고 생각한다. 우울증 치료는 종종 병적인 질투를 완화해준다(Stein, Hollander, & Josephson, 1994). 질투심이 병적으로 부족한 증후군은 아직 기술된 적이 없다.

행동 장애

이 밖에도 행동을 통제하지 못하는 장애가 있다. 가장 명백한 사례는 중독을 비롯한 습관성 행동들이지만, 그 밖에도 행동 조절 문제는 섭식 장애에서부터 폭력에 이르기까지 다양하다.

중독 중독으로 인한 희생자의 수가 큰 것은 중독의 효과가 본인뿐만 아니라 타인에게도 해를 끼치기 때문이다. 《중독*Addiction*》은 특별호를 통해서 진화적 접근법(Hill & Newlin, 2002)을 다뤘고, 특히 중독의 적응적 의미(Sullivan & Hagen, 2002), 생활사 이론(Hill & Chow, 2002) 사회적 동요의 의미(Dudley, 2002)를 중점적으로 다뤘다. 진화적 통찰은 단순하다. 학습은 화학적으로 조절되며, 따라서 외인성 물질이 보상기제를 자극하면 중독이 유발될 수 있다는 것이다(Nesse, 1994; Nesse & Berridge, 1997). 주관적인 감각이 즐거워지고, 그와 관련된 강화로 약물 사용의 빈도가 증가한다. 금단 증상이 더 많은 약물을 사용하게 한다. 그러다 시간이 지나면 주관적인 '좋음'은 약해지고, 금단 효과는 더 강해지며, '욕구'의 습관적 강도는 증가해서, 설령 삶의 가장 소중한 것이 잠식될지라도 중독자는 더 이상 즐거움을 느끼지 못하는 중독의 악순환에 빠져든다.

우리가 물질 남용에 취약한 것은 새로운 환경 때문이다. 순수한 화학물질이 안정적으로 조달되고 투여 방법이 편리해지면 약물 사용률이 증가한다. 담배의 기술적 발달로 흡연은 가장 광범위하고 유해한 습관이 되었고, 알코올 중독이 그 뒤를 바짝 쫓고 있다. 암페타민과 코카인 같은 이른바 중독성 약물은 상행 도파민 신경로에 훨씬 더 직접적으로 작용해서 심한 중독에 빠트린다. 인간은 보상 기제를 탈취하는 약물에 보편적으로 취약하다. 그런데 최근에 발표된 몇몇 논문은 이 모델에 이의를 제기하면서, 인간은 약물을 생성하는 식물과 오랫동안 공진화해왔으며 그 과정에서 의료적인 이익이나 에너지와 능력의 강화를 통해 이로움을 주는 약물을 찾고 사용하도록 빚어졌다고 주장한다(Hagen et al., 2009; Sullivan, Hagen, & Hammerstein, 2008). 이 흥미로운 가능성은 약물 남용이 새로운 환경 때문이라는 관점을 보완하는 것처럼 보인다.

섭식 장애 현재 미국인의 절반은 과체중이고, 3분의 1은 임상적으로 비만이다. 미국인들은 다이어트 책과 치료법에 수십 억 달러를 쓰지만, 어느 것도 별로 효과가 없다. 과학자들은 방대한 연구를 통해 이 무거운 절반에게 무엇이 잘못됐는지를 이해하려고 애써왔다. 진화적 접근법은 다른 질문을 제기한다. 왜 우리는 모두 비만에 취약할까? 답은 간단하다. 우리의 행동−조절 기제가 지금과는 아주 다른 아프리카 사바나와 같은 환경에서 빚어졌기 때문이다. 그런 환경에서 음식을 너무 적게 섭취할 때 치러야 할 대가는 빠르고 치명적이었다. 심지어 식량이 풍부할 때에도 비만은 드물었는데, 선택지가 한정적이었던 데다 식량을 구하기 위해 하루 동안 태우는 열량이 오늘날 에어로빅 강사가 소모하는 열량에 버금갔기 때문이다(Eaton, Shostak, & Konner, 1988).

의지만으로 체중을 조절하려다 보면 다른 섭식 장애에 발목이 잡힌다. 신경성 식욕부진증과 식욕항진증이다. 어떤 연구자들은 식욕부진증을 적응적인 짝짓기 전략으로 설명했다(Surbey, 1987; Voland & Voland, 1989). 하지만 더 간단한 견해는 상대에게 매력적인 짝으로 보이고자 극심한 다이어트를 감행하는 것이 그 출발점이라는 것이다. 물론 이것은 남성보다는 여성에게 더 중요한 전략이었다. 그런 다이어트는 식욕항진증의 특징인 폭식을 유발하지만, 기근 중에는 인명을 구해준다. 폭식은 수치심, 통제력이 없다는 느낌, 비만에 대한 더 격렬한 공포, 새로운 다이어트 결심으로 이어지는 악순환―식욕부진증과 식욕항진증이 점차 강화되는 과정―을 촉진한다. 섭식 장애는 또한 대규모 사회집단에서 벌어지는 치열한 짝짓기 경쟁을 통해 조장되고, 현실적인 신체를 부적절하게 비추는 미디어의 이미지를 통해 강화된다. 짝짓기 경쟁이 만연해 있는 현실에 비추어볼 때 이 견해는 완벽히 논리적이다(Buss, 1988, 1994).

성적 장애 섹스는 중요하므로 선택은 섹스를 아주 단순하게 만들었을 거라고 생각하기 쉽다. 하지만 섹스는 둘 이상의 강한 선택력으로 빚어진 특성이 얼마나 취약한지를 예증하는 사례다(Troisi, 2003). 예를 들어, 남성은 너무 이른 오르가슴이 불만인 반면에 여성은 오르가슴을 느끼지 못해서 불만이다. 왜일까? 남녀의 뇌 기제가 다르고, 자극에 대한 해부학적 근접성이 다르기 때문일까? 맞다. 하지만 그런 설명은 근접 설명에 불과하다. 왜 이 체계는 양쪽 모두가 만족하기 어렵게 설계된 것일까? 선택은 원래 상호 만족을 바라고 기제를 만들진 않기 때문이다. 너무 일찍 오르가슴을 느낀 여성은 자식을 적게 낳았을 테고, 너무 늦게 오르가슴을 느껴서 중간에 중단할 수도 있는 남성 역시 많은 자식을 남기지 못했을 것이다(Nesse & Williams, 1994). 이 설명은 조루가 주로 젊은 남성이나 걱정이 많은 남성의 문제라는 견해와 일치한다.

인지 장애와 그 밖의 장애

모든 장애가 전통적 범주에 딱 맞아떨어지지는 않는다. 조현병과 자폐증 같은 심각한 장애가 특히 그렇다. 여기서 우리의 초점은 장애도 적응일 수 있다는 점에 맞춰져 있기보다는 시스템이 쉽게 고장날 수밖에 없는 진화적 이유에 맞춰져 있다.

조현병   조현병은 성인에게 흔히 나타나는 가장 심각한 정신 장애로, 유병률은 모든 문화에서 일관되게 1% 정도로 확인되고 있다(Jablensky, Satorius, & Ernberg, 1992). 문화별로 유병률이 약간 다르다는 새로운 보고가 있긴 하지만(van Dongen & Roomsma, 2013), 일관된 유병율에 비추어볼 때 새로운 환경이 정신질환의 원인이라는 생각은 설득력을 잃는다. 또한 조현병의 평균 발생률은 남성이 0.3 이하, 여성이 0.5 이하로, 위의 수치보다 훨씬 낮다는 강력한 증거가 있다(Pulver et al., 2004). 이 데이터는 조현병 환자의 가까운 친척에게 적합도가 증가하는 경향을 보여주지 않고, 결과적으로 혈연선택을 통해 선택상 이익이 발생할 것이라는 견해를 반박한다. 이미 언급했듯이, 감염도 관련이 있을 수 있다. 적합도가 떨어지면 조현병 취약성을 높이는 대립유전자가 불리한 선택을 받기 마련인데, 그럼에도 그 대립유전자가 지속되고 있다는 것은 조현병 유전자의 역설을 야기한다. 최근에는 이에 대한 가능한 설명을 모두 포괄해서 검토한 결과가 발표되었다(van Dongen & Boomsma, 2013).

만일 해로운 돌연변이가 충분히 자주 발생해서 선택과 균형을 이룰 정도라면 선택은 그 돌연변이를 몰아내기에 역부족일지 모른다. 실제로 그럴 가능성이 점점 높아지고 있다. 조현병에 대한 취약성을 1% 정도라도 설명할 수 있는 공통의 대립유전자가 아직도 발견되지 않은 반면에, 희귀한 대립유전자와 복제수 변이의 영향을 입증하는 증거는 점점 늘어나고 있기 때문이다. 최근에 한 연구는 아버지가 40세가 넘어 수정된 유아들에게 조현병 발생률이 극적으로 높다는 점을 확증해서, 새로운 돌연변이의 역할을 재차 뒷받침했다(Malaspina et al., 2002). 어머니에게서 전달된 유전자는 세대당 고작 24배로 분열하는 데 반해서, 나이가 많은 아버지의 정자에 있는 DNA는 800번이나 세포 분열한다는 사실은 조현병의 많은 사례가 새로운 돌연변이에서 발생한다는 것을 시사한다.

또 다른 가능성이 있다. 조현병에는 너무나 많은 유전자가 관련되어 있기 때문에 선택은 미약한 수준으로만 유전자에 작용할 수 있고, 그래서 선택이 질환을 정상화시킨다 해도 극단적으로 협소한 구역에 작용하는 설계 매개변수까지는 빚어낼 수 없으며, 어떤 사람들은 순기능의 범위를 넘어서서 작동하는 매개변수를 갖고 있을지 모른다는 것이다(Keller & Miller, 2006). 비록 한 특성에 기여하는 유전자의 수가 엄청나게 많으면 그 특성이 더 취약해지기보다는 덜 취약해지지만, 이 일반적 개념은 조현병의 이익을 가정하는 이론에 중요한 해독제가 될 수 있다.

조현병 유전자는 상당히 이로운 유전자와 연결되어 있는 경우에도 확산될 수 있지만(Burns, 2005), 그보다 중요한 것은 다형질발현의 효과다. 낭떠러지 효과가 그런 가능성을 보여준다. 경주마는 품종을 개량한 결과 다리뼈가 더 길어지고 더 가늘어져, 속도는 빨라진 대신 골절 위험이 높아졌다. 만일 어떤 정신적 특성이 적합도를 계속 증가시킨 끝에 다른 정신적 특성에 끔찍한 고장을 일으킬 수 있다면, 그런 낭떠러지 효과가 조현병과 조울병에서 관찰되는 유전적 양상을 설명해줄 수 있다(Burns, 2007; Nessse, 2004).

자폐증

조현병처럼 100명 중 한 명꼴로 발생하는 심각한 정신 장애인 자폐증에도 비슷한 추론을 적용할 수 있다. 배런−코언Baron-Cohen은 자폐증의 징후가 남성적인 인지 양식의 병리적 극단을 잘 보여주는 예라고 주장한다(Baron-Cohen, 2002). 이 견해는 높은 IQ와 함께 나타나는 자폐증이 여성보다 남성에게 4:1로 더 많이 나타나는 현상을 설명해준다.

진화적 정신질환 연구에서 더 중요한 계통에 속한 연구 중 하나로, 크레스피Crespi와 동료들은 조현병과 자폐증이 마치 동전의 양면처럼 부계 유전체 대 모계 유전체에게 이익이 되는 유전적 각인에 의해 좌우되는 장애일 가능성을 조사한다(Badcock & Crespi, 2006; Crespi, Summers, & Dorus, 2007). 이 생각은 두 개의 원천에서 파생했다. 첫째, 부계와 모계 유전체에서 유래한 대립유전자는 서로 이해관계가 상충할 수 있다는 트리버스의 인식(Burt & Trivers, 1998)이다. 둘째, 태아가 어머니로부터 어떤 자원을 얼마만큼 추출하는지를 조절하는 유전자 각인에 차이가 있음을 보여주는 헤이그의 연구(Haig, 2010)가 있는데, 부계의 대립유전자는 태아가 모체로부터 더 많은 자원을 추출할 때 이점을 얻고, 모계의 대립유전자는 이 조작을 통제할 때 이점을 얻는다는 것이다. 크레스피의 이론을 뒷받침하는 새로운 증거로는, 증상들의 주성분을 분석해서 조현병과 자폐증을 한 축으로 나타낸 것(Dinsdale, Hurd, Wakabayashi, Elliot, & Crespi, 2013)이 있고, 자폐증과 조현병은 대립적인 장애로 볼 때 가장 잘 설명된다는 것을 보여주는 유전적 증거(Crespi, Stead, & Elliot, 2010)가 있다.

주의력 장애

주의력 결핍/과잉행동 장애ADHD의 진화적 기원에 초점을 맞춘 몇몇 논문들은 이 장애의 가능한 기능을 제시하거나(Baird, Stevenson, & Williams, 2000; Brody, 2001; Jensen et al., 1997; Shelley-Tremblay & Rosen, 1996), 이 장애가 특정한 환경에 대한 조건발현적 적응이라고 말한다(Jensen et al., 1997). 성비가 5:1이 넘을 정도로 남성에게 크게 편향되어 있다는 사실로 보아, 자폐증에 관한 최근의 주장(Baron-Cohen, 2002)과 비슷하게 ADHD도 단지 남성이 여성보다 높은 곳에 표시되는 연속체의 한 극단일 수 있음을 짐작할 수 있다. 조상의 환경에서 식량을 수집할 때, 현재의 노력이 비생산적이면 새로운 활동으로 빨리 바꾸는 경향은 채집을 하는 여성보다는 사냥을 하는 남성에게 더 큰 보상을 안겨주었을 것이다. 실내에 자리를 잡고 앉아 몇 시간씩 지루한 책을 붙잡고 있는 능력이 있다 해도 이런 능력은 어떤 자연적 환경에서도 필요하지 않기 때문에, 누군가 그런 일을 할 수 있다는 게 놀라운 따름이다!

아동 학대 아동 학대는 정신건강의 예방과 치료를 위해 초점을 맞춰온 주요한 주제 중 하나다. 애착의 진화적 기원과 기능을 이해하게 되자, 아이들이 도발을 해도 대부분의 부모는 자녀를 학대하지 않는 이유를 더 잘 이해하게 되었다(Bowlby, 1984). 진화적 관점에 기초해서 두 명의 행동생태학자가 던진 질문은 이제 그 답이 명백하다. 아동 학대는 의붓부모가 있는 가정에서 더 흔하게 발생할까? 그전까지 수십 년의 연구에서는 제대로 밝혀지지 않았던 놀라운 결과가 나왔다. 가정에 의붓부모가 있으면 그렇지 않은 가정보다 부모에 의한 살인이 80배나 더 많다는 것이다(Daly & Wilson, 1988). 일반적으로 이 결과는 수컷이 암컷들로 이루어진 짝짓기 집단을 차지한 직후에 이유기가 되지 않은 새끼들을 살해하는 많은 종들의 경향과 같은 맥락에서 제시된다. 하지만 인간의 짝짓기 양상에서 아이를 기르는 다수의 여성 집단을 차지하려고 남성이 싸움을 벌이는 일은 흔치 않으므로, 이 유추는 정확하지 않다. 그보다는, 폭력으로부터 아기를 보호하는 기제가 친부모 가정보다는 재구성된 가정에서 더 쉽게 고장 난다는 설명이 적절해 보인다(Gelles & Lancaster, 1987).

함의

진화정신의학에 대해서 흔히 제기되는 질문이 있다. "그렇다면 다른 방법으로는 치료할 수 없는 질환 중 어느 질환을 치료할 수 있는가?" 만일 진화정신의학이 그저 다른 백여 가지 치료법과 다름없는 또 하나의 치료법이라면 이 질문도 공정하다 할 수 있다. 하지만 진화가 정신의학에 제시하는 것은 새로운 치료법의 주장에서 두 걸음쯤 물러나 있는 훨씬 근원적인 무엇이다. 진화정신의학은 새로운 치료법을 제시하고자 하는 것이 아니라 정신 장애를 설명하고자 하는 분야다. 또 왜 어떤 개인은 병에 걸리고 어떤 개인은 그러지 않는지를 설명하기보다, 왜 우리는 모두 정신 장애에 취약한 마음을 가지고 있는지 그리고 왜 자연선택은 누군가에게 질병을 일으키는 유전적 변이를 제거하지 않았는지를 설명하는 것이다.

진화정신의학이 가장 크게 기여한 점은, 식량 구하기와 생존에서부터 지위 경쟁, 짝 찾기, 자녀 보호에 이르기까지, 서로 충돌하는 다양한 삶의 과제를 성취할 수 있도록 그 많은 행동이 어떻게 조절되는지를 이해할 수 있는 든든한 틀을 제공했다는 것이다. 진화정신의학은 어떤 유형의 삶은 정상으로 보고 다른 유형의 삶은 일탈로 보는 대신에, 관계에서 발생할 수밖에 없는 갈등을 보고, 집단 안에서 진행되고 있는 투쟁을 보고, 경합하는 수많은 요구들에 노력을 배분하는 과정에서 모두가 마주하는 딜레마를 본다. 진화적 관점은 엄격하고 냉정한 관점이 결코 아니라, 우리 모두가 마주하는 도전에 더 깊이 공감하는 태도를 조장하고, 무수히 많은 사람이 저마다 사랑하는 관계와 의미 있는 일을 찾고, 잡다한 의무들을 기분 좋게 심지어 기쁘게 저글링하듯 해낼 줄 안다는 사실에 더 큰 놀라움을 느끼게 한다.

이것으로 새로운 정신치료법의 등장을 예고할 수 있을까? 분명 정신치료(Gilbert & Bailey, 2000)나 정신분석(Slavin & Kriegman, 1992)에 중대한 함의를 갖기도 하고, 어떤 이들은 지금 당장 적용해야 한다고 요청하기도 하지만(Gilbert & Bailey, 2000; McGuire & Troisi, 2006; Troisi, 2012), 중요한 것은 진화적 접근법을 그저 북적거리는 임상의학 시장에 나온 또 하나의 이론으로 환원시키지 않는 것이다. 진화과학은 그 보다 넓고 깊다. 모든 임상의는 선택이 어떻게 행동을 조형하는지를 이해해야 하고, 모든 종류의 치료법은 진화적 원리를 활용해야 한다.

마지막으로, 정신 장애를 진화적으로 보는 관점은 어떤 식으로든 인간 조건의 고통과 고난을 받아들이라고 말하지 않는다. 오히려 대부분의 고통은 설사 정상적인 것이라도 쓸모가 없다고 말한다. 이 진화적 관점은 고통을 안전하게 줄일 수만 있다면 약물 치료나 그 밖의 치료법을 지지하고, 부정적 감정의 기능에 대한 지식을 제공하며, 현명한 개인 맞춤식 결정에 꼭 필요한 화재 경보기의 원리도 알려준다. 무엇보다 이 관점은 인간의 곤경을 더 깊이 공감하게 해준다.

참고문헌

Alcock, J. (2001). *The triumph of sociobiology*. New York, NY: Oxford University Press.

Alexander, R. D. (1975). The search for a general theory of behavior. *Behavioral Science, 20*, 77-100.

Allen, J. S., & Sarich, V. M. (1988). Schizophrenia in an evolutionary perspective. *Perspectives in Biology and Medicine, 32*(1), 132-153.

Allen, N. B., & Badcock, P. B. T. (2003). The social risk hypothesis of depressed mood: Evolutionary, psychosocial and neurobiological perspectives. *Psychological Bulletin, 129*(6), 887-913.

American Psychiatric Association (2013). *Diagnostic and statistical manual of mental disorders* (5th ed.) Washington, DC: Author.

Andrews, P. W., & Thomson, J. A. Jr. (2009). The bright side of being blue: Depression as an adaptation for analyzing complex problems. *Psychological Review, 116*(3), 620-654.

Archer, J. (1999). *The nature of grief*. New York, NY: Oxford University Press.

Badcock, C. R. (1988). *Essential Freud*. Oxford, England: Basil Blackwell.

Badcock, C. R., & Crespi, B. (2006). Imbalanced genomic imprinting in brain development: An evolutionary basis for the aetiology of autism. *Journal of Evolutionary Biology, 19*(4), 1007–1032.

Baird, J., Stevenson, J. C., & Williams, D. C. (2000). The evolution of ADHD: A disorder of communication? *Quarterly Review of Biology, 75*(1), 17–35.

Baron-Cohen, S. (2002). The extreme male brain theory of autism. *Trends in Cognitive Science, 6*(6), 248–254.

Baron-Cohen, S. (Ed.). (1997). *The maladapted mind*. East Sussex, England: Psychology Press, Erlbaum.

Bateson, M., Brilot, B., &Nettle, D. (2011). Anxiety: An evolutionary approach. *Canadian Journal of Psychiatry/Revue Canadienne de Psychiatrie, 56*(12), 707–715.

Bateson, P., Barker, D., Clutton-Brock, T., Deb, D., D'Udine, B., Foley, R. A., . . . Sultan, S. E. (2004). Developmental plasticity and human health. *Nature, 430*(6998), 419–421.

Bateson, P. P. G., & Martin, P. R. (2000). *Design for a life: How behavior and personality develop*. New York, NY: Simon & Schuster.

Belsky, J. (1999). Modern evolutionary theory and patterns of attachment. In J. Cassidy & P. R. Shaver (Eds.), *Handbook of attachment: Theory, research, and clinical applications* (pp. 141–161).NewYork, NY: GuilfordPress.

Bibring, E. (1953). The mechanisms of depression. In P. Greenacre (Ed.), *Affective disorders* (pp. 13–48). New York, NY: International Universities Press.

Bjorklund, D. F., & Pellegrini, A. D. (2002). *The origins of human nature: Evolutionary developmental psychology*. Washington, DC: American Psychological Association.

Blanchard, D. C., Litvin, Y., Pentkowski, N. S., & Blanchard, R. J. (2009). Defense and aggression. In G. G. Berntson & J. T. Cacioppo (Eds.), *Handbook of neuroscience for the behavioral sciences* (pp. 958–974). Hoboken, NJ: Wiley.

Bowlby, J. (1969). *Attachment and loss: Vol 1. Attachment*. New York, NY: Basic Books.

Bowlby, J. (1984). Violence in the family as a disorder of the attachment and caregiving systems. *American Journal of Psychoanalysis, 44*(1) 9–27, 29–31.

Brickman, P. (1987). *Commitment, conflict, and caring*. Englewood Cliffs, NJ: Prentice-Hall.

Brody, J. F. (2001). Evolutionary recasting: ADHD, mania and its variants. *Journal of Affective Disorders, 65*(2), 197–215.

Brown, G. W., Harris, T. O., & Hepworth, C. (1995). Loss, humiliation and entrapment

650

among women developing depression: A patient and non-patient comparison. *Psychological Medicine, 25*(1), 7–21.

Brüne, M. (2008). *Textbook of evolutionary psychiatry: The origins of psychopathology.* Oxford, England: Oxford University Press.

Brüne, M., Belsky, J., FaBrega, H., Feierman, H. R., Gilbert, P., Glantz, K., . . . Sullivan, R. (2012). The crisis of psychiatry—Insights and prospects from evolutionary theory. *World Psychiatry, 11*(1), 55–57.

Burns, J. K. (2005). An evolutionary theory of schizophrenia: Cortical connectivity, metarepresentation, and the social brain. *Behavioral and Brain Sciences, 27*(06), 831–855.

Burns, J. K. (2007). *The descent of madness: Evolutionary origins of psychosis and the social brain.* New York, NY: Routledge.

Burt, A., & Trivers, R. L. (1998). Genetic conflicts in genomic imprinting. *Proceedings of the Royal Society B: Biological Sciences, 265*, 2393–2397.

Buss, D. M. (1988). The evolution of human intrasexual competition: Tactics of mate attraction. *Journal of Personality and Social Psychology, 54*(4), 616–628.

Buss, D. M. (1994). *The evolution of desire.* New York, NY: Basic Books.

Buss, D. M. (2000). The evolution of happiness. *American Psychologist, 55*(1), 15–23.

Buss, D. M., Larsen, R. J., Westen, D., & Semmelroth, J. (1992). Sex differences in jealousy: Evolution, physiology, and psychology. *Psychological Science, 3*, 251–255.

Buss, D. M., Shackelford, T. K., Kirkpatrick, L. A., Choe, J., Hasegawa, M., Hasegawa, T., & Bennett, K. (1999). Jealousy and beliefs about infidelity: Tests of competing hypotheses in the United States, Korea, and Japan. *Personal Relationships, 6*, 125–150.

Cantor, C. (2005). *Evolution and posttraumatic stress: Disorders of vigilance and defence.* Hove, East Sussex, England: Brunner-Routledge.

Carver, C. S., & Scheier, M. F. (1990). Origins and functions of positive and negative affect: A control-process view. *Psychological Review, 97*(1), 19–35.

Carver, C. S., & Scheier, M. (1998). *On the self-regulation of behavior.* Cambridge, England: Cambridge University Press.

Caspi, A., Sugden, K., Moffitt, T. E., Taylor, A., Craig, I. W., Harrington, H., . . . Poulton, R. (2003). Influence of life stress on depression: Moderation by a polymorphism in the 5–HTT gene. *Science, 301*(5631), 386–389.

Chisholm, J. (1996). The evolutionary ecology of human attachment organization. *Human Nature, 7*(1), 1–38.

Cosmides, L., & Tooby, J. (1999). Toward an evolutionary taxonomy of treatable conditions. *Journal of Abnormal Psychology, 108*(3), 453–464.

Crespi, B., Stead, P., & Elliot, M. (2010). Evolution in health and medicine Sackler colloquium: Comparative genomics of autism and schizophrenia. *Proceedings of the National Academy of Sciences, USA, 107*(Suppl. 1), 1736–1741.

Crespi, B., Summers, K., & Dorus, S. (2007). Adaptive evolution of genes underlying schizophrenia. *Proceedings of the Royal Society B: Biological Sciences, 274*(1627), 2801–2810.

Cronin, H. (1991). *The ant and the peacock: Altruism and sexual selection from Darwin to today.* New York, NY: Cambridge University Press.

Cross-National Collaborative Group. (1992). The changing rate of major depression. Cross-national comparisons. *Journal of the American Medical Association, 268*(21), 3098–3105.

Crow, T. J. (1997). Is schizophrenia the price that Homo sapiens pays for language? *Schizophrenia Research, 28*(2–3) 127–141.

Daly, M., & Wilson, M. (1983). *Sex, evolution, and behavior* (2nd ed.). Boston, MA: Willard Grant Press.

Daly, M., & Wilson, M. (1988). Evolutionary social psychology and family homicide. *Science, 242*(4878), 519–524.

deCatanzaro, D. (1980). Human suicide: A biological perspective. *Behavioral and Brain Sciences, 3,* 265–290.

Del Giudice, M., Ellis, B. J., & Cicchetti, D. (in press). Evolutionary foundations of developmental psychopathology. In D. Cicchetti (Ed.), *Developmental psychopathology* (3rd ed., Vol. 1).

Dinsdale, N. L., Hurd, P. L., Wakabayashi, A., Elliot, M., & Crespi, B. J. (2013). How are autism and schizotypy related? Evidence from a non-clinical population. *PLoS ONE, 8*(5), e63316.

Dudley, R. (2002). Fermenting fruit and the historical ecology of ethanol ingestion: Is alcoholism in modern humans an evolutionary hangover? *Addiction, 97*(4), 381–388.

Eaton, S. B., Shostak, M., & Konner, M. (1988). *The Paleolithic prescription.* New York, NY: Harper & Row.

Ekman, P. (1992). An argument for basic emotions. *Cognition and Emotion, 6*(3/4) 169–200.

Ellis, B. J., Jackson, J. J., & Boyce, W. T. (2006). The stress response systems: Universality and adaptive individual differences. *Developmental Review, 26*(2), 175–

212.

Ellis, B. J., & Del Giudice, M. (2014). Beyond allostatic load: Rethinking the role of stress in regulating human development. *Development and Psychopathology, 26*(01), 1-20.

Emmons, R. A., & King, L. A. (1988). Conflict among personal strivings: Immediate and long-term implications for psychological and physical well-being. *Journal of Personality and Social Psychology, 54*(6), 1040-1048.

Essex, M., Klein, M., Eunsuk, C., & Kalin, N. (2002). Maternal stress beginning in infancy may sensitize children to later stress exposure: Effects on cortisol and behavior. *Biological Psychiatry, 52*, 776-786.

Ewald, P. (1994). *Evolution of infectious disease.* New York, NY: Oxford University Press.

Ewald, P. W. (2000). *Plague time: How stealth infections cause cancers, heart disease, and other deadly ailments.* New York, NY: Free Press.

Fehr, E., & Fischbacher, U. (2003). The nature of human altruism. *Nature, 425*(6960), 785-791.

Fessler, D. M. T., & Haley, K. J. (2003). The strategy of affect: Emotions in human cooperation. In P. Hammerstein (Ed.), *The genetic and cultural evolution of cooperation* (pp. 7-36). Cambridge, MA: MIT Press.

Fiske, A. P. (1992). The four elementary forms of sociality: Framework for a unified theory of social relations. *Psychological Review, 99*(4), 689-723.

Frank, R. H. (1988). *Passions within reason: The strategic role of the emotions.* New York, NY: W.W. Norton.

Frankenhuis, W. E., & Del Giudice, M. (2012). When do adaptive developmental mechanisms yield maladaptive outcomes? *Developmental Psychology, 48*(3), 628-642.

French, J. A., Kamil, A. C., & Leger, D. W. (Eds.). (2000). *Evolutionary psychology and motivation* (Vol. 48). Lincoln: University of Nebraska Press.

Geary, D. C. (1998). *Male, female: The evolution of human sex differences.* Washington, DC: American Psychological Association.

Geary, D. C., & Bjorklund, D. F. (2000). Evolutionary developmental psychology. *Child Development, 71*(1), 57-65.

Gelles, R. J., & Lancaster, J. B. (1987). *Child abuse and neglect: Biosocial dimensions.* New York, NY: Aldine de Gruyter.

Gilbert, P. (1992). *Depression: The evolution of powerlessness.* New York, NY: Guilford Press.

Gilbert, P. (2001). Evolution and social anxiety. The role of attraction, social competition, and social hierarchies. *Psychiatric Clinics of North America*, *24*(4), 723–751.

Gilbert, P. (2006). Evolution and depression: Issues and implications. *Psychological Medicine*, *36*(03), 287–297.

Gilbert, P., & Bailey, K. G. (2000). *Genes on the couch: Explorations in evolutionary psychotherapy*. Philadelphia, PA: Taylor & Francis.

Gintis, H. (2000). Strong reciprocity and human sociality. *Journal of Theoretical Biology*, *206*, 169–179.

Glantz, K., & Pearce, J. (1989). *Exiles from Eden*. New York, NY: W. W. Norton.

Gluckman, P. D., & Hanson, M. A. (2006). *Mismatch: Why our world no longer fits our bodies*. New York, NY: Oxford University Press.

Gluckman, P. D., Hanson, M. A., Bateson, P., Beedle, A. S., Law, C. M., Bhutta, Z. A., . . . West-Eberhard, M. J. (2009). Towards a new developmental synthesis: Adaptive developmental plasticity and human disease. *Lancet*, *373*(9675), 1654–1657.

Gut, E. (1989). *Productive and unproductive depression*. New York, NY: Basic Books.

Hagen, E. H. (2002).Depression as bargaining: The case postpartum. *Evolution& Human Behavior*, *23*(5), 323–336.

Hagen, E. H., Sullivan, R. J., Schmidt, R., Morris, G., Kempter, R., & Hammerstein, P. (2009). Ecology and neurobiology of toxin avoidance and the paradox of drug reward. *Neuroscience*, *160*(1), 69–84.

Haig, D. (2010). Transfers and transitions: Parent-offspring conflict, genomic imprinting, and the evolution of human life history. *Proceedings of the National Academy of Sciences, USA*, *107*(Suppl. 1), 1731–1735.

Hall, B. K. (1998). *Evolutionary developmental biology* (2nd ed.) London, England: Chapman & Hall.

Hamburg, D. A., Hamburg, B. A., & Barchas, J. D. (1975). Anger and depression in perspective of behavioral biology. In L. Levi (Ed.), *Emotions: Their parameters and measurement* (pp. 235–278) New York, NY: Raven Press.

Hill, E. M., & Chow, K. (2002). Life-history theory and risky drinking. *Addiction*, *97*(4), 401–413.

Hill, E. M., & Newlin, D. B. (2002). Evolutionary approaches to addiction. *Addiction*, *97*(4), 375–379.

Horrobin, D. F. (1998). Schizophrenia: The illness that made us human. *Medical Hypotheses*, *50*(4), 269–288.

Horwitz, A. V. (2002). *Creating mental illness*. Chicago, IL: University of Chicago Press.

Horwitz, A. V., & Wakefield, J. C. (2007). *The loss of sadness: How psychiatry transformed normal sorrow into depressive disorder*. New York, NY: Oxford University Press.

Horwitz, A. V., & Wakefield, J. C. (2012). *All we have to fear: Psychiatry's transformation of natural anxieties into mental disorders*. New York, NY: Oxford University Press.

Hrdy, S. B. (1977). Infanticide as a primate reproductive strategy. *American Scientist, 65*, 40–49.

Hrdy, S. B. (1999). *Mother Nature: A history of mothers, infants, and natural selection* (1st ed.). New York, NY: Pantheon Books.

Jablensky, S. N., Satorius, N., & Ernberg, G. (1992). Schizophrenia: Manifestations, incidence and course in different cultures. A World Health Organization ten country study. *Psychological Medicine Monograph Supplement, 20*, 1–97.

Janoff-Bulman, R., & Brickman, P. (1982). Expectations and what people learn from failure. In N. T. Feather (Ed.), *Expectations and action* (pp. 207–237). Hillsdale, NJ: Erlbaum.

Jensen, P. S., Mrazek, D., Knapp, P. K., Steinberg, L., Pfeffer, C., Schowalter, J., & Shapiro, T. (1997). Evolution and revolution in child psychiatry: ADHD as a disorder of adaptation. *Journal of the American Academy of Child & Adolescent Psychiatry, 36*(12), 1672–1679.

Katz, L. (2000). *Evolutionary origins of morality: Cross disciplinary perspectives*. Devon, England: Imprint Academic.

Keller, M. C., & Miller, G. (2006). Resolving the paradox of common, harmful, heritable mental disorders: Which evolutionary genetic models work best? *Behavioral and Brain Sciences, 29*(4), 385–404.

Kendler, K. S., Hettema, J. M., Butera, F., Gardner, C. O., & Prescott, C. A. (2003). Life event dimensions of loss, humiliation, entrapment, and danger in the prediction of onsets of major depression and generalized anxiety. *Archives of General Psychiatry, 60*(8), 789–796.

Kendler, K. S., Kuhn, J., & Prescott, C. A. (2004). The interrelationship of neuroticism, sex, and stressful life events in the prediction of episodes of major depression. *American Journal of Psychiatry, 161*(4), 631–636.

Kessler, R. C., & Ustun, T. B. (2000). The World Health Organization World Mental Health 2000 Initiative. *Hospital Management International*, 195–196.

Klinger, E. (1975). Consequences of commitment to and disengagement from incentives. *Psychological Review, 82*, 1–25.

Kruger, D. J., & Nesse, R. M. (2004). Sexual selection and the male:female mortality ratio. *Evolutionary Psychology, 2,* 66–85.

Leary, M. R., & Kowalski, M. (1995). *Social anxiety.* New York, NY: Guilford Press.

Ledgerwood, L. G., Ewald, P. W., & Cochran, G. M. (2003). Genes, germs, and schizophrenia: An evolutionary perspective. *Perspectives in Biology and Medicine, 46*(3), 317–348.

Little, B. R. (1999). Personality and motivation: Personal action and the conative evolution. In L. A. Pervin & O. P. Johns (Eds.), *Handbook of personality: Theory and research* (2nd ed., pp. 502–524). New York, NY: Guilford Press.

Malaspina, D., Corcoran, C., Fahim, C., Berman, A., Harkavy-Friedman, J., Yale, S., ... Gorman, J. (2002). Paternal age and sporadic schizophrenia: Evidence for de novo mutations. *American Journal of Clinical Genetics, 114*(3), 299–303.

Marks, I. M., & Nesse, R. M. (1994). Fear and fitness: An evolutionary analysis of anxiety disorders. *Ethology and Sociobiology, 15*(5–6), 247–261.

McGuire, M. T., & Fairbanks, L. A. (1977). *Ethological psychiatry: Psychopathology in the context of evolutionary biology* (M. Greenblatt, Ed.) New York, NY: Grune and Stratton.

McGuire, M. T., & Troisi, A. (1998). *Darwinian psychiatry.* Cambridge, MA: Harvard University Press.

McGuire, M. T., & Troisi, A. (2006). Steps toward an evolutionary-based theory of psychotherapy-I. *Clinical Neuropsychiatry, 3,* 162–169.

Meaney, M. J. (2010). Epigenetics and the biological definition of gene × environment interactions. *Child Development, 81*(1), 41–79.

Mineka, S., Keir, R., & Price, V. (1980). Fear of snakes in wild-and laboratory-reared rhesus monkeys (*Macaca mulatta*). *Animal Learning and Behavior, 8*(4), 653–663.

Murphy, D., & Stich, S. (2000). Darwin in the madhouse: Evolutionary psychology and the classification of mental disorders. In P. Carruthers & A. Chamberlain (Eds.), *Evolution and the human mind: Modularity, language and meta-cognition* (pp. 62–92). Cambridge, England: Cambridge University Press.

Murphy, J. M., Laird, N. M., Monson, R. R., Sobol, A. M., & Leighton, A. H. (2000). A 40-year perspective on the prevalence of depression: The Stirling County Study. *Archives of General Psychiatry, 57*(3), 209–215.

Narvaez, D., Panksepp, J., Schore, A. N., & Gleason, T. R. (Eds.). (2012). *Evolution, early experience and human development: From research to practice and policy.* New York, NY: Oxford University Press.

Nesse, R. M. (1984). An evolutionary perspective on psychiatry. *Comprehensive Psychiatry, 25*(6), 575–580.

Nesse, R. M. (1987). An evolutionary perspective on panic disorder and agoraphobia. *Ethology and Sociobiology, 8,* 73S–83S.

Nesse, R. M. (1990a). Evolutionary explanations of emotions. *Human Nature, 1*(3), 261–289.

Nesse, R. M. (1990b). The evolutionary functions of repression and the ego defenses. *Journal of the American Academy of Psychoanalysis, 18*(2), 260–285.

Nesse, R. M. (1991a). What good is feeling bad? The Sciences (November/December), 30–37.

Nesse, R. M. (1991b). What is mood for? *Psycholoquy, 2*(9.2).

Nesse, R. M. (1994). An evolutionary perspective on substance abuse. *Ethology and Sociobiology, 15*(5–6), 339–348.

Nesse, R. M. (2000). Is depression an adaptation? *Archives of General Psychiatry, 57,* 14–20.

Nesse, R. M. (2001a). *Evolution and the capacity for commitment.* New York, NY: Russell Sage Foundation.

Nesse, R. M. (2001b). On the difficulty of defining disease: A Darwinian perspective. *Medical Health Care and Philosophy, 4*(1), 37–46.

Nesse, R. M. (2004). Cliff-edged fitness functions and the persistence of schizophrenia (commentary). *Behavioral and Brain Sciences, 27*(6), 862–863.

Nesse, R. M. (2005a). An evolutionary framework for understanding grief. In D. Carr, R. Nesse, & C. B.

Wortman (Eds.), *Late life widowhood in the United States* (pp. 195–226). New York, NY: Springer.

Nesse, R. M. (2005b). Maladaptation and natural selection. *Quarterly Review of Biology, 80*(1), 62–70.

Nesse, R. M. (2005c). Natural selection and the regulation of defenses: A signal detection analysis of the smoke detector principle. *Evolution and Human Behavior, 26,* 88–105.

Nesse, R. M. (2009). Explaining depression: Neuroscience is not enough, evolution is essential. In C. M. Pariante, R. M. Nesse, D. Nutt, & L. Wolpert (Eds.), *Understanding depression: A translational approach* (pp. 17–35). New York, NY: Oxford University Press.

Nesse, R. M. (2010). Social selection and the origins of culture. In M. Schaller, S. J. Heine, A. Norenzayan, T. Yamagishi, & T. Kameda (Eds.), *Evolution, culture, and the human mind* (pp. 137–150). Philadelphia, PA: Psychology Press.

Nesse, R. M. (2011). Ten questions for evolutionary studies of disease vulnerability.

Evolutionary Applications, 4(2), 264−277.

Nesse, R. M. (2013). Tinbergen's four questions, organized: A response to Bateson and Laland. *Trends in Ecology & Evolution, 28*(12), 681−682.

Nesse, R. M., Bergstrom, C. T., Ellison, P. T., Flier, J. S., Gluckman, P., Govindaraju, D. R., . . . Valle, D. (2010). Making evolutionary biology a basic science for medicine. *Proceedings of the National Academy of Sciences, USA, 107*(Suppl. 1), 1800−1807.

Nesse, R. M., & Berridge, K. C. (1997). Psychoactive drug use in evolutionary perspective. *Science, 278*, 63−66.

Nesse, R. M., & Ellsworth, P. C. (2009). Evolution, emotions, and emotional disorders. *American Psychologist, 64*(2), 129−139.

Nesse, R. M., & Lloyd, A. T. (1992). The evolution of psychodynamic mechanisms. In J. H. Barkow, L. Cosmides, & J. Tooby (Eds.), *The adapted mind: Evolutionary psychology and the generation of culture* (pp. 601−624). New York, NY: Oxford University Press.

Nesse, R. M., & Stein, D. J. (2012). Towards a genuinely medical model for psychiatric nosology. *BMC Medicine, 10*(1), 5.

Nesse, R. M., & Williams, G. C. (1994). *Why we get sick—The new science of Darwinian medicine.* New York, NY: Vintage Books.

Noë, R., & Hammerstein, P. (1995). Biological markets. *Trends in Ecology and Evolution, 10*(8), 336−339.

Nolen-Hoeksema, S., & Morrow, J. (1993). Effects of rumination and distraction on naturally occurring depressed mood. *Cognition & Emotion, 7*(6), 561−570.

Plutchik, R. (2003). *Emotions and life: Perspectives from psychology, biology, and evolution.* Washington, DC: American Psychological Association.

Poulton, R., Davies, S., Menzies, R. G., Langley, J. D., & Silva, P. A. (1998). Evidence for a non-associative model of the acquisition of a fear of heights. *Behavioural Research and Therapy, 36*(5), 537−544.

Price, J., Sloman, L., Gardner, R., Gilbert, P., & Rohde, P. (1994). The social competition hypothesis of depression. *British Journal of Psychiatry, 164*, 309−315.

Pulver, A. E., McGrath, J. A., Liang, K. Y., Lasseter, V. K., Nestadt, G., & Wolyniec, P. S. (2004). An indirect test of the new mutation hypothesis associating advanced paternal age with the etiology of schizophrenia. *American Journal of Clinical Genetics, 124B*(1), 6−9.

Quirk, G. J. (2002). Memory for extinction of conditioned fear is long-lasting and persists following spontaneous recovery. *Learning and Memory, 9*(6), 402−407.

Raison, C. L., & Miller, A. H. (2013). Malaise, melancholia and madness: The evolutionary legacy of an inflammatory bias. *Brain, Behavior, and Immunity, 31,* 1–8.

Ridley, M. (2003). *Nature via nurture: Genes, experience, and what makes us human.* New York, NY: HarperCollins.

Rutter, M., & Rutter, M. (1993). *Developing minds: Challenge and continuity across the life span.* New York, NY: Basic Books.

Shaner, A., Miller, G., & Mintz, J. (2004). Schizophrenia as one extreme of a sexually selected fitness indicator. *Schizophrenia Research, 70*(1), 101–109.

Shelley-Tremblay, J. F., & Rosen, L. A. (1996). Attention deficit hyperactivity disorder: An evolutionary perspective. *Journal of Genetics and Psychology, 157*(4), 443–453.

Slavin, M. O., & Kriegman, D. (1990). Toward a new paradigm for psychoanalysis: An evolutionary biological perspective on the classical-relational dialectic. *Psychoanalytic Psychology, 7*(Suppl.) 5–31.

Slavin, M. O., & Kriegman, D. (1992). *The adaptive design of the human psyche: Psychoanalysis, evolutionary biology, and the therapeutic process.* New York, NY: Guilford Press.

Sloman, L., Price, J., Gilbert, P., & Gardner, R. (1994). Adaptive function of depression: Psychotherapeutic implications. *American Journal of Psychotherapy, 48,* 1–16.

Stearns, S. C. (2012). Evolutionary medicine: Its scope, interest and potential. *Proceedings of the Royal Society B: Biological Sciences, 279*(1746), 4305–4321.

Stein, D. J., Hollander, E., & Josephson, S. C. (1994). Serotonin reuptake blockers for the treatment of obsessional jealousy. *Journal of Clinical Psychiatry, 55*(1), 30–33.

Stevens, A., & Price, J. (1996). *Evolutionary psychiatry: A new beginning.* London, England: Routledge.

Sullivan, R. J., & Hagen, E. H. (2002). Psychotropic substance-seeking: Evolutionary pathology or adaptation? *Addiction, 97*(4), 389–400.

Sullivan, R. J., Hagen, E. H., & Hammerstein, P. (2008). Revealing the paradox of drug reward in human evolution. *Proceedings of the Royal Society B: Biological Sciences, 275*(1640), 1231–1241.

Sulloway, F. J. (1985). *Freud, biologist of the mind.* New York, NY: Basic Books.

Surbey, M. K. (1987). Anorexia nervosa, amenorrhea, and adaptation. *Ethology & Sociobiology, 8*(3), 47–61.

Swedo, S. E., Leonard, H. L., & Kiessling, L. S. (1994). Speculations on antineuronal antibody-mediated neuropsychiatric disorders of childhood. *Pediatrics, 93*(2), 323–326.

Taylor, P. J., Gooding, P., Wood, A. M., & Tarrier, N. (2011). The role of defeat and entrapment in depression, anxiety, and suicide. *Psychological Bulletin, 137*(3), 391.

Teicher, M. H., Andersen, S. L., Polcari, A., Anderson, C. M., Navalta, C. P., & Kim, D. M. (2003). The neurobiological consequences of early stress and childhood maltreatment. *Neuroscience & Biobehavioral Reviews, 27*(1–2), 33–44.

Tinbergen, N. (1963). On aims and methods of ethology. *Zeitschrift fur Tierpsychologie, 20,* 410–433.

Tooby, J., & Cosmides, L. (1990). The past explains the present: Emotional adaptations and the structure of ancestral environments. *Ethology and Sociobiology, 11*(4/5), 375–424.

Trivers, R. L. (1974). Parent-offspring conflict. *American Zoologist, 14,* 249–264.

Trivers, R. L. (1976). Foreword. In Richard Dawkins, *The selfish gene* (pp. vii-ix). New York, NY: Oxford University Press.

Trivers, R. L. (2011). *The folly of fools: The logic of deceit and self-deception in human life.* New York, NY: Basic Books.

Troisi, A. (2003). Sexual disorders in the context of Darwinian psychiatry. *Journal of Endocrinological Investigation, 26*(Suppl. 3), 54–57.

Troisi, A. (2012). Mental health and well-being: Clinical applications of Darwinian psychiatry. *Applied Evolutionary Psychology, 276.*

Troisi, A., & McGuire, Michael T. (2002). Darwinian psychiatry and the concept of mental disorder. *Neuroendocrinology Letters, 23*(Suppl. 4), 31–38.

van Dongen, J., & Boomsma, D. I. (2013). The evolutionary paradox and the missing heritability of schizophrenia. *American Journal of Medical Genetics Part B: Neuropsychiatric Genetics, 162*(2), 122–136.

Voland, E., & Voland, R. (1989). Evolutionary biology and psychiatry: The case of anorexia nervosa. *Ethology and Sociobiology, 10,* 223–240.

Wakefield, J. C. (1992). Disorder as harmful dysfunction: A conceptual critique of DSM-III-R's definition of mental disorder. *Psychological Review, 99*(2), 232–247.

Watson, P. J., & Andrews, P. W. (2002). Toward a revised evolutionary adaptationist analysis of depression: The social navigation hypothesis. *Journal of Affective Disorders, 72*(1), 1–14.

Wenegrat, B. (1990). *Sociobiological psychiatry: A new conceptual framework.* Lexington, MS: Lexington Press.

Wenegrat, B. (1995). *Illness and power.* New York, NY: New York University Press.

West-Eberhard, M. J. (2003). *Developmental plasticity and evolution.* New York, NY: Oxford University Press.

Williams, G. C., & Nesse, R. M. (1991). The dawn of Darwinian medicine. *Quarterly*

Review of Biology, 66(1), 1–22.

Wilson, D. R. (1998). Evolutionary epidemiology and manic depression. *British Journal of Medical Psychology, 71*(4), 375–395.

Wrosch, C., Scheier, M. F., & Carver, C. S. (2003). The importance of goal disengagement in adaptive selfregulation: When giving up is beneficial. *Self & Identity, 2*(1), 1–20.

Wrosch, C., Scheier, M. F., & Miller, G. E. (2003). Adaptive self-regulation of unattainable goals: Goal disengagement, goal reengagement, and subjective well-being. *Personality and Social Psychology Bulletin, 29*(12), 1494–1508.

8부

전통적 학과와의 접점

데이비드 M. 버스

이제 8부에서는 진화과학과 무관해 보일 수도 있는 여러 학과에 진화심리학이 활력을 불어넣고 있는 현상을 고찰하고자 한다. 다섯 개의 장 중 네 개 장은 완전히 새로운 내용으로, 각 장은 진화심리학이 인접 학과들에 얼마나 멀리, 얼마나 깊이 영향을 미치고 있는지를 반영한다.

먼저, 댄 페슬러Dan Fessler, 제이슨 클라크Jason Clark, 에드워드 클린트Edward Clint는 **진화인류학**에 초점을 맞춘다. 저자들은 진화인류학이 진화심리학을 어떻게 일깨우고 보완해줄 수 있고, 그 보답으로 진화심리학은 진화인류학을 어떻게 일깨우고 보완해줄 수 있는지를 밝힌다. 그들은 다음과 같은 도구의 중요성을 강조한다. 계통발생 분석, 영장류 비교 이용, 작은 전통 사회 연구, 정량적으로 분석할 수 있는 인류학적 데이터 뱅크를 민족지학에서 사용하는 것, 유전학에서 출현하고 있는 현대적 기술의 이용, 적응의 '엉성하고kludge-like' 부적절한 성격. 이 흥미진진한 장은 진화심리학자와 진화인류학자의 다학제적 공동 연구를 조장할 것이다. 그들은 각자 길드 같은 연합의 패러다임 안에서 일하고 있지만, 실은 서로에게 건네줄 것이 많은 분야다.

두 번째에 소개하는 새로운 장에서 루벤 아슬란Reuben Arslan과 라스 펜케Lars Penke는 10년 전에는 사실상 존재하지도 않았던 생소한 분야, **진화유전학**을 다룬다. 진화유전학은 형질에 유전적 변이가 존재하고 유지되는 이유를 설명해주는 기제를 집중 연구한다. 몇십 년 전만 해도 자연선택이 유전적 변이를 고갈시킨다고 믿었다. 생물학자와 유전학자들은 설명해야 할 유전적 변이—명백한 개인차를 낳는 차이—가 산더미 같다는 사실에 갈수록 놀라고 있다. 저자들은 종 안에서 유전적 변이를 생성하고 유지시키는 진화적 힘들의 후보를 검토한다. 진화유전학의 연장통은 진화심리학의 몇몇 가설을 엄밀하게 테스트할 수 있는 일련의 수단을 진화심리학자에게 공급한다. 진화유전학은 진화심리학을 비옥하게 한다. 진화유전학은 개인차와 최근의 진화를 통합할 수 있는 이론적 틀을 제공해서, 우리가 왜 현재의 모습을 하고 있는지 그리고 우리를 이렇게 만든 인과적 과정은 무엇인지를 더욱 깊이 해명해준다.

　제임스 로니James Roney 훌륭한 장을 써서 처음 소개하는 **진화내분비학**도 진화심리학에 쓸모 가득한 과학적 연장통이다. 저자는 진화한 심리적 적응을 완전히 이해하지 못한다면 '틴버겐의 네 가지 질문Tinbergen's Four', 즉 계통발생, 개체발생, 적응적 기능, 신경생물학적 실행을 깊이 이해할 수 없다고 지적한다. 진화내분비학이 제공하는 도구들은 네 가지 설명적 차원을 모두 비춰준다. 로니는 짝짓기—선택에 의한 진화의 '엔진'인 차별적 번식과 매우 가깝다는 것을 고려할 때, 선택의 특히 적절한 표적—의 진화내분비학에 대해 알려져 있는 것들을 개괄함으로써 자신의 주장을 입증한다. 저자는 다음과 같은 말로 적절히 마무리한다. "이 화학 전령들의 기능적 역할을 명확히 이해하지 못한다면 인간 본성의 어떤 모델도 완전하지 못할 것이다."

　진화심리학은 정치과학에 활력을 불어넣기 시작했는데, 이 책에서 마이클 방 피터슨Michael Bang Petersen이 더 깊고 풍부한 통합의 로드맵을 제공한다. 인간은 '정치적 동물'이라 불릴 이유가 충분하다. 정치는 이해관계가 충돌하는 경기자들이 '누가, 언제, 어떻게, 무엇에 대한 권리를 쥘 것인지'를 결정하느라 서로 밀고 당기는 '게임'이다. 피터슨은 "**진화한 정치적 심리는 소규모 집단들 내부와 사이에서 적응적으로 작동하도록 설계되어 있다**"라는 말로 시작해서 진화정치심리학의 기본 전제를 개괄한다. 그런 뒤 그는 정보조작 전략과 대응 전략의 공진화에 대해 논의한다. 저자는 소규모 집단생활에서 정치에 맞춰진 적응들이 대규모 인구가 모여 사는 현대의 환경에서 어떻게 모습을 드러내는지를 보여준다. 그 과정에서 그는 정치에 맞게 진화한 심리적 적응들을 밝혀내는데, 그 예로, 지위 협상, 평판, 권력, 연합적 동맹, 정치적 리더십과 추종, 설득, 도덕화, 정보조작의 적응이 있다. 페테르센의 장은 최종 결론이 아니라 정치과학이 따라야 할 로드맵의 개요를 처음 제시함으로써 정치과학자들에게 한 줄기 빛이 될 것이다.

마지막 장에서 조지프 캐럴Joseph Carroll은 **진화심리학과 문학**을 논한다. 전통적으로 과학과 인문학(특히 예술)은 별개의 노력으로 여겨져 왔다. 개념적 종합을 이룬 에세이에서 캐럴은 융합/통섭—과학과 인문학이 하나로 융합된 인과적 이해—을 주장한다. 저자는 진화적으로 문학에 접근해서 분석하는 방법을 다양하게 검토한다. 가령, 인간 본성의 중요한 주제들이 문학에 어떻게 반영되어 있는지, 또는 문학과 그 선조인 구비문학이 적응에서 태어났을 가능성이 있는지를 조사하는 것이다. 문학과 예술에 대한 진화적 분석이 푸릇한 빛을 띠기 시작하고 있는 시점에서, 캐럴의 탁월한 에세이는 이 흥미로운 사업이 얼마나 컸고, 앞으로 어떻게 커나갈지를 찬찬히 살펴본다.

진화심리학은 여러 학과를 관통했지만, 지면이 한정된 탓에 안타깝게도 모든 학과를 소개할 순 없었다. 이 글을 쓰고 있는 지금도 진화경제학, 진화조직행동학, 진화사회학, 진화역사분석 같은 새로운 혼종 학과들이 빠르게 출현하고 있다. 이 모든 것을 고려할 때 결국, 모든 인간 행동—경제적 행동, 법적 행동, 예술 행동, 조직화 행동—은 진화한 심리 기제와 그 기제가 작동하는 환경의 산물이다. 나는 가까운 미래에 다양하고 겉으로 무관해 보이는 이 분야들이 새로운 진화적 토대 위에 놓일 것이라고 예언한다.

44장

진화심리학과 진화인류학

데니얼 M. T. 페슬러 · 제이슨 A. 클라크 · 에드워드 K. 클린트

서론

진화심리학은 학과가 아니라 패러다임이며, 처음부터 다양한 학과의 종사자들에게 의존하고 영향을 미쳤다. 이 책에 실린 많은 장이 진화인류학이 진화심리학에 기여했음을 입증하고 있다. 여기서 우리는 과거의 상호작용을 나열하는 대신에, 진화인류학과 진화심리학이 서로에게 어떤 긍정적 행동을 유발하고 있는지를 강조하고자 한다.

진화인류학에서 무엇을 배워야 하는지에 관심이 있는 진화심리학자라면, 아래와 같이 요약된 접근법과 연구 결과를 만나게 된다.

- 멸종한 호미니드의 생물학과 행동 그리고 그들과 호모사피엔스의 기원과의 관계
- 멸종한 영장류 연구 그리고 그들과 현대의 종들과의 관계
- 앞선 호미니드와 인간에서 진행된 기술의 진화
- 인간의 생물학과 현존하는 영장류의 생물학
- 다른 종들의 행동, 인지, 정동에 관한 연구, 상사analogy나 상동homology 관계에 있는 인간 능력의 진화를 보는 창으로서.

- 유전학의 렌즈를 통해서 바라본 인간의 진화와 인구 역사
- 특히 소규모 사회를 포함하여 현존하는 사회에서의 행동, 마음, 번식, 건강

진화인류학이 다루는 주제의 범위를 고려할 때, 하나의 장 안에서 진화심리학과의 접촉면이나 접촉면의 가능성을 모두 다루기는 불가능하다. 우리는 그 주제들 가운데 일부분만 다루었을 뿐, 진화심리학의 전 범위를 논할 수는 없었다. 대신에 우리는 가장 흥미롭고 유망한 영역들로 보이는 것에 초점을 맞췄고, 여기에는 우리의 관심이 명백히 반영되어 있다. 인간 행동에 대한 연구를 진전시킬 기회를 개괄하는 동안, 우리는 진화심리학의 관점과 진화인류학의 기본 지식 및 방법이 교차함으로써 기존의 어떤 접근법들이 어떻게 도전받는지를 예시하고자 한다.

고인류학의 교훈

먼저, 화석 유물과 고고학적 자료를 통해 호미니드 진화를 살펴보는 연구로 시작해보자. 구체적인 고인류학적 발견들을 구체적인 진화심리학 연구와 관련시키는 데에는 종종 진화심리학 전반을 발전시킬 목적이 있지만, 가장 중요한 몇 가지 관련성은 그런 특수성을 초월한다.

화석 기록에는 골격 특징이 잘 보존되어 있다. 골격 적응은 자연선택의 현저한 특징인 형질의 변화를 볼 수 있는 이상적인 사례연구의 소재가 된다. 예를 들어, 고인류학자들은 두 발 보행이 진화하는 과정에서 엉덩이, 골반, 무릎, 척추에 일어난 변형을 자세히 기록해왔다(예를 들어, Lovejoy, 2005). 우리 종 특유의 이동 형태는 진화심리학자들에게 독특한 의문을 불러일으켰다. 예를 들어, 유아를 달래는 진동의 주파수(Vrugt & Pederson, 1973)와 인간 보행의 운율(MacDougall & Moore)의 일치, 안고 다녀야 하는 아기가 멀미를 하지 않는 현상(Gordon & Shupak, 1999), 유아에게 시각 절벽 반응이 발달하는 데 필요한 운동 경험의 성격(Witherington, Campos, Anderson, Lejeune, & Seah, 2005) 등이다. 하지만 전문가들의 흥미와는 별개로, 이런 주제들은 인간이 두 발로 보행한다는 사실하고만 관계가 있을 뿐, 두 발 보행이 진화한 구체

적인 과정과는 무관하다. 반면에, 이동에 관심이 있든 없든 간에 모든 진화심리학자는 두 발 보행이 진화한 구체적인 과정에 관심을 갖는다. 그 이유는 구체적인 과정만이, 자연선택에서 경로 의존성이 갖는 중요성, 자연선택이 구축한 적응의 엉성한 성격, 여러 적응 사이에 일어날 수 있는 충돌과 그 결과로 진화할 수 있는 고차원의 적응을 밝혀주기 때문이다. 예를 들어, 인간 척추의 S자 곡선은 네 발 포유동물의 대들보 역할을 했던 원래 기능의 영향이 결정적으로 반영되어 있고, 하중을 지탱하는 지금의 기둥 역할은 안중에 없다. 수평적 자세에서는 원래의 설계가 효과적으로 기능했던 반면에, 두 발 보행으로 넘어가자 골반 위로 체중을 떠받치느라 척추에 굴곡이 생긴 것이다(Lovejoy, 2005). 그런 형태로 인해 인간은 허리 부상에 취약한데, 이 예는 경로 의존성이 어떻게 엉성한 설계를 끌어들이고, 설계의 최적성을 구속하는지를 잘 보여준다. 게다가 큰 뇌를 선호하는 압력과 두 발 보행이 맞물리면, 이동의 생체역학(좁은 골반을 선호하는 역학)과 분만 시 유아의 큰 두개골을 통과시킬 필요성이 더 심하게 충돌한다. 이 때문에 릴랙신—임신기에 골반뼈들이 분리될 수 있도록 인대를 느슨하게 하는 호르몬—같은 고차 적응이 더욱 중요해진다.

여기서 얻어야 할 교훈은, 인간의 마음을 이해해야 비로소 우리의 이동 형태를 이해할 수 있다는 것이 아니라, 두 발 보행—관련 증거가 많은 보행법—의 진화에 비추어볼 때 다음과 같은 요점들이 분명하게 보인다는 것이다. (a) 현존하는 형질을 이해하는 데에 계통발생의 역사가 갖는 중요성, (b) 많은 적응에서 볼 수 있는 임시방편 성격, (c) 최적성이 구속될 수 있는 정도, (d) 적응은 대부분 개별 과제에 대한 고립된 반응이 아니라 수많은 진화적 경향(충돌하기도 하고 상호 의존하기도 하는)이 합류한 결과이며, 그중 많은 경향이 최종 기능과 무관하다는 사실, (e) 계통발생적으로 적합한 연구의 필요성, (f) 적응이 고차 적응을 낳는 방식. 이 중 진화심리학에 새로운 것은 없다. 하지만 현실에서 진화심리학자들은 최적성 전제를 채택할 때 이 관찰 결과들을 간과한다. 그 결과 그들은 최종 형태를 빚을 때 큰 역할을 하는 제약과 행동유도성을 배제한 채 형질의 최종 기능이라고 가정한 것에만 어울리는 선택압에 초점을 맞춘다. 진화인류학자들(예를 들어, Nunn, 2011을 보라)과 비교할 때, 다른 학과에서 진화심리학 패러다임을 사용하는 학자들은 비교 연구의 중요성을 가치 절하하거나 인간의 계통수와 무관하고 그래서 상동보다는 (기껏해야) 상사를 반영하는 비교 증거를 더 많이 사용한다. 이것을 구체적으로 입증하는 사실이 있다. 특히 미국에서 진화심리학과 비교심리학이 원칙상으로는 아니지만 실질상으로 학과와 개념의 측면 모두에서 분리되어 있다는 것이다. 위에서 언급한 점들에 무관심할 때 진화한 심리를 연구하는 노력의 범위, 풍부함, 복잡성은 어쩔 수 없이 줄어든다.

감정에 계통발생적 · 비교적 관점을 적용하는 문제

감정은 고인류학에 특히 중요하고 진화인류학에도 전반적으로 중요한 계통발생적 · 비교적 관점으로 마음을 연구해볼 기회를 제공한다(Fessler & Gervais, 2010). 예를 들어, 동물행동학, 비교문화, 종간 연구의 분석들을 보면, 인간 특유의 감정인 수치심과 자부심은 모든 영장류의 위계적 상호작용에서 지배성과 종속성을 조절하는 오래된 감정들에서 유래했음을 짐작할 수 있다. 게다가 현대인에게 이 감정의 오래된 형태와 파생된 형태가 공존한다는 사실을 통해 우리는, 형질이 복제될 때 복제본과 원본이 모두 그 유기체에게 남아 있어서 한쪽이나 양쪽 모두가 파생된 형질에 흡수될 수 있게 되는 과정인 연속상동serial homology이 마음 연구에 중요하다는 것을 알게 된다(Clark, 2010a, 2010b). 이렇게 생물학에 기초해서 계통발생적으로 심리적 적응을 분석할 필요가 있음을 더욱 분명하게 하는 것이 **역겨움**의 사례다. 역겨움은 형태가 다양하며, 병원체 회피, 성, 도덕성 같은 개별 영역에서 각각의 형태가 작동한다(cf. Fessler & Navarrete, 2003; Haidt, MaCauley, & Rozin, 1994; Tybur, Lieberman, Kurzban, & DeScioli, 2013). 인간이 진화하는 과정에서 어떻게 역겨움이라는 하나의 감정이 그렇게 다양한 적응 과제를 다루게 되었는지를 이해하는 일에는 진전이 있었지만(예를 들어, Kelly, 2011을 보라), 아직도 많은 부분이 밝혀지지 않은 채로 남아 있다. 또한 이와 관련하여, 역겨움의 한 형태인 병원체 역겨움은 부분적으로 3차 적응의 역할을 하는데, 이 일은 임신과 착상 준비—이 변화 자체가 어머니의 면역 기능과 반半이물질인 수태산물[1]의 갈등을 처리하는 2차 적응이다—에 수반하여 병원체에 대한 취약성이 증가할 때 이를 상쇄하도록 질병회피 반응을 상향 조절하는 과정에서 일어난다(Fessler, Eng, & Navarrete, 2005; Fleischman & Fessler, 2011; Jone et al.,

---

1 태아와 태아막 따위(옮긴이).

2005). 요컨대, 고인류학자들의 형태적 진화 연구에서 나온 이 모델은 심리적 진화의 유사한 측면들을 통찰할 수 있는 풍부한 원천이 될 것이다.

진화적 적응 환경EEA에 대한 이해

특성상 고인류학은 어떤 종이 분명히 나타내는 특수한 형질과 그 환경의 특수한 성질 간의 관련성에 주목한다. 고인류학자들은(더 광범위하게 보자면, 진화생물학자까지도) 진화적 적응 환경EEA이란 개념을 사용하지 않고서도 그런 관련성을 생산력 있게 탐구하지만, 본래 이 개념은 방금 말한 사업과 불일치하지 않는다. 진화적 적응 개념을 제시한 진화심리학자들은 그 개념이 특별한 시간이나 공간이 아니라 주어진 형질을 설명해주는 일련의 선택압이라는 점을 세심하게 강조해왔다(Symons, 1995; Tooby & Cosmides, 1990). 어떤 인간 형질을 위해 진화적 적응 환경을 재구성할 때 고인류학이 할 수 있는 역할을 감안할 때, 이 강조는 고인류학으로 쉽게 연장된다. 진화적 적응 환경 개념을 주창한 사람들이 앞서 말한 것처럼 노력했음에도 불구하고, 진화심리학자들은 그것을 통합된 환경으로 개념화하고 싶은 유혹을 강하게 느낀다. 예를 들어 카나자와Kanazawa가 그 개념을 어떻게 설명하는지 들어보자. "수렵채집을 하는 친족들이 50명가량 무리를 이뤄 살았던 아프리카 사바나, 바로 이 환경을 진화적 적응 환경EEA이라 한다"(2004, p. 42). 이런 구체화는 치명적인 오류다. 사실, '통합'과는 반대로 많은 EEA가 있으며, 문제의 형질이 무엇이냐에 따라 달라지기 때문이다(Buss, Haselton, Shackelford, Bleske, & Wakefield, 1998). 예를 들어, 배란 전후에 칼로리 섭취가 감소하는 것은 식량 수집과 짝 찾기의 갈등에서 후자에 시간을 더 분배하는 적응 기제의 산물인 것이 분명하고, 인간을 비롯한 포유동물에게서 광범위하게 발견된다(Fessler, 2003). 이 적응을 위한 EEA의 중요한 특징은 가치 있는 파트너를 찾고 유혹하는 일에 시간과 주의가 필요한 상황에서, 시간과 주의를 들여야 생산할 수 있는 식량원과 짝 후보자들에게 가야 할 사회적/공간적 자원 분배가 조합되어 있다는 것이다. 이런 특징은 많은 포유동물의 환경에서 발생하는데, 오랫동안 이어졌던 호미니드 종들도 예외는 아닐 것이다. 따라서 인간이 구석기 중기에 아프리카 사바나에서 했던 수렵채집 생활에는 이 형질에 적합한 EEA가 유지되고 있었지만, 그것만으로는 EEA를 정의하지 못한다.

역겨움의 EEA 재구성: 시간 깊이time depth의 문제

진화인류학 문헌을 주의 깊게 읽는 것은 주어진 형질의 EEA를 적절히 재구성하는 일의 기본이 될 때가 많고, 이렇게 재구성해야 기능과 계통발생을 묶어 제대로 평가할 수 있다. 다시 역겨움을 생각해보자. 역겨움은 원래 입에 집중되어 있었던 것이 분명하다. 오염된 물질의 구강 함입oral incoporation은 일차적인 역겨움 유도인자이고, 구강 거부 반응과 메스꺼움/구토는 섭취할 수 있는 것과 없는 것이 두루 포함된 폭넓은 유도인자에 특징적으로 나오는 반응이기 때문이다(Rozin & Fallon, 1987). 구강 함입에 그토록 집중되어 있는 감정이 어떻게 주요한 작동 영역 중 하나로서 병원체가 있다는 단서와 접촉(입으로든 무엇으로든)하지 않게 하는 기능을 하게 되었을까? 이에 대해 켈리Kelly(2011)는 육식이 역겨움의 진화에 중심 역할을 했다고 가정한다. 음식 선호와 회피의 궁극적 기능을 다룬 이전의 연구에 기초해서 켈리는 고기가 영양분의 풍부한 원천인 동시에 병원체의 일차적 원천이라고 추론한다. 이어, 서로 다른 두 가지 기제, 즉 구강 함입을 조절하는 기제와 구강과 상관없는 병원체(예를 들어, 체외기생충 등)의 존재에 집중하는 기제가 '뒤얽히게' 되었고, 인간의 경우에는 하나의 적응으로 합쳐지게 되었다고 주장한다. 켈리의 주장에 따르면, 그런 일이 발생한 것은 우리 조상이 너무 빨리 육식을 채택하는 바람에 보다 인습적인 생리적 방어 체계가 오랜 시간을 두고 진화하지 못했기 때문이라고 한다. 육식을 중심으로 설명하는 켈리의 논리는 설득력이 있고, 고기가 인간에게 자원이자 위협이 되는 독특한 현상을 뒷받침하는 다른 증거와도 일치하지만, 그럼에도 그의 설명은 당면한 적응의 EEA를 사실적으로 재구성하는 작업과 충돌한다. 고인류학에는 육식이 적어도 300만 년에 걸쳐 진화했음을 가리키는 증거가 풍부하기 때문에(McPherron et al., 2010), 켈리의 속도전 식 설명은 옳다고 보기 어렵다. 이 형질의 EEA는 단지 인간의 육식 환경이 아니라 오랫동안 이어진 호미니드 종의 육식 환경이었기 때문이다(Clark & Fessler, 연대 미상). 이 문제가 중요한 것은, 만일 우리가 켈리의 설명의 이 측면을 포기한다면 이 형질을 위한 EEA의 다른 측면으로 관심을 돌려야 하기 때문이다. 그 가운데 두드러진 측면으로는, 호미니드의 오랜 사회성과 그에 상응하는 대뇌화의 점진적 증가가 있는데, 이 특징은 생리적 적응과 비교해서 뇌에 기반한(즉, 계통발생적) 적응의 비용을 상당히 낮춰준다(Clark & Fessler, 연대 미상). 이 양상은 진화한 인간 심리의 여러 측면을 설명하는 데 중요할 것이다.

EEA를 재구성할 때 중요한 현대의 소규모 사회

위의 사례에서 볼 수 있듯이, 고인류학은 EEA의 재구성에 필수 불가결한 시간 깊이를 제공한다. 그럼에도 과거의 행동은 관찰할 수 있는 것이 아니라 추론될 수밖에 없다는 점에서 고인류학은 과거의 초상을 제한적으로밖에 제공하지 못한다. 따라서 고인류학은 마음의 여러 특징에 EEA 개념을 적용할 때 필요한 두 개의 기둥 중 하나를 제공하며, 다른 기둥 하나는 현존하는 소규모 사회에 대한 인류학자의 관찰인데, 인간 조상의 생태적 · 사회적 조건에 최대한 근접하는 참조점들은 여기서 나온다. 전통적으로 소규모 사회 연구는 인류학의 심장이자 영혼이었고, 핵심 역할을 한 사람들은 문화인류학자들이었다. 지난 40년에 걸쳐 문화인류학자들은 점점 대규모 사회로 초점을 이동했고, 그러면서 이따금 진화심리학과 관련된 결과를 낳을 가능성이 가장 높은 객관적 방법—그리고 과학적 객관성—을 피해왔다. 하지만, 문화인류학이 소규모 사회 연구에서 한발 물러난 바로 그 시기에, 진화인류학자들이 갈수록 소규모 집단을 중요한 연구 대상으로 삼아왔다. 이렇게 인류학자들—진화인류학자만이 아니라 어떤 인류학자든—은 진화심리학에 긍정적인 행동유도성을 제공하는 자료를 풍부하게 생산한다. 구체적인 진화심리학 가설을 탐구할 때 일반적인 소규모 사회는 물론이고 특히 현존하는 수렵채집 집단에서 사람들의 삶을 관찰한 결과를 이용하면 EEA 개념을 훨씬 더 효과적으로 운용할 수 있다. 널리 유포되고 있는 문헌을 통해 많은 사람이 토론하는 두 가지 주제가 그 중요성을 입증한다. (1) 협력의 진화, (2) 질병 회피와 사회적 태도의 관계.

사례연구: 협력의 진화

첫째, 다른 종의 대다수와 비교할 때 인간은 혈연이 아닌 개인들이 대규모 집단을 이루고 살면서 협력을 해나가는 수준이 독보적이다. 인간의 역사를 설명할 때에는 이 특징을 반드시 고려해야 한다(Chudek, Muthukrishna, & Henrich, 이 책 30장; Norenzyan, 이 책 35장). 그런 협력의 재능이 발생하게 된 과정에 대해서는 의견이 분분해서, 학자들은 다음과 같이 다양한 입장을 가정한다. 다양한 형태의 생물학적 집단 선택(예를 들어, Sober & Wilson, 1999; Wilson, 2012), 생물학적 집단 선택과 문화적 집단 선택의 조합(예를 들어, Bowles, 2006), 유전자−문화 공진화(예를 들어, Boyd & Richerson, 2009; Chudek, Zhao, & Henrich, 2013), 현대 사회의 사회생활에 진화적 신기성이 증가해서 두 사람 간 상호작용에서 작동하는 기제 및 과정의 규모가 확대됨(예를 들어, Burnham & Johnson, 2005; Hagen & Hammerstein, 2006). 최근의 연구들이 현존하는 수렵채집인에 대한 다양한 연구를 종합해서 제시한 바에 따르면, 그런 사회의 특징은 혈연이 아닌 많은 개인이 공동 거주하는 현상(Hill et al., 2011)과 다른 무리의 구성원들과 높은 비율로 접촉하는 현상(Hill, Wood, Baggio, Hertado, & Boyd, 2014)—단기적 상호작용(Chudeck et al., 2013) 포함—의 결합이다. 요컨대, 결국 협력 진화의 EEA에 적합한 사회적 차원들을 주의 깊게 들여다볼 때, 인간의 대규모 협력을 지배하는 진화한 심리적 기제들이 주로 혈연선택과 호혜적 이타주의에서 유래한다는 이론은 의심스러워진다. 그런 입장은 집단 내에서 근연도가 높고, 사회적 네트워크가 더 제한적이고, 단기적 상호작용이 적은 EEA에 더 적합하다(Brown & Richerson, 2014에서 검토함).

사례연구: 기생체 스트레스 이론

둘째, 진화인류학의 연구 결과는 인류의 역사와 그 너머로까지 우리 종의 특징일 수 있는 생태환경과 사회 구조에 광범위한 변이가 존재한다는 사실을 강조한다(Foley, 1995). 흥미로운 많은 형질과 관련하여, 그 형질과 관련된 환경적 특징들이 항상 가변적이었음을 이해하는 것은 필수적이다. 그 변이의 성격에 따라 두 종류의 적응 가운데 하나가 진화했을 테기 때문이다. (1) 국지적 환경 단서에 비추어 출력물을 조건부로 수정하는 적응, 또는 (2) 문화적 습득을 하게 하는 적응. 이 점을 예증하듯, 빠르게 팽창하는 한 연구 분야가 병원체 확산과 사회적 태도의 관계에 관심을 기울이고 있다. 핀처Fincher, 손힐Thornhill, 샬러, 머리, 동료들은 일련의 유력한 논문을 통해서, 병원체 확산은 다음 현상들의 정도를 예측하게 해준다고 주장해왔다. 개인주의 대 집산주의(Fincher, Thornhill, Murray, & Schaller, 2008), 문화별 순응주의(Murray, Trudeau, & Schaller, 2011), 내집단 동질성과 외집단 회피(Fincher & Thornhill, 2008), 그로 인해 문화적 진화에서 발생하는 종분화(Fincher & Thornhill, 2008), 성격의 민족 간 차이(Schaller & Murray, 2008; Thornhill, Fincher, Murray, & Schaller, 2010), 관련된 광범위한 사회적 현상(Thornhill & Fincher, 2014). 그 핵심 이론인 기생체 스트레스 이론PST: parasite-stress theory에 따르면, 마음에는 질병 회피를 최적화하도록 사회적 행동을 조절하는 적응들이 담겨 있다고 한다(Schaller, 이 책 1권 7장을 보라). 다음으로 기생체 스트레스 이론은, 관련된 진화적 적응 환경에서 외집단 구성원은 낯선—따라서 위험한—병원체의 중요한 원천이었다고 주장한다. 하지만 병원체가 가하는 위협의 정도는 조상 인구가 거주했던 생태환경에 따라 달랐다. 그 결과, 선택이 만들어낸 심리적 기제는 국지적 생태환경에 사회적으로 전파되는 병원체의 밀도와 유독성이 얼마나 되는지를 가리키는 단서에 따라서, 개인이 내집단 구성원들과 교제하기를 바라는 선호, 외집단 구성원을 회피하고 적대시하는 선호가 조정된다. 한 사회 전체를 합쳤을 때 이 기제의 결과물로부터 사회문화적 부수물이 광범위하게 생겨나는데, 예를 들어 정치 성향과 종교성 같은 다양한 현상이 거기에 포함된다.

기생체 스트레스 이론은 생태환경의 변이를 해당 EEA의 핵심 특징으로 놓은 덕분에 국지적 환경과 조건부 조정이 하나로 통합되는 적응 개념을 멋지게 전개한다. 저자들은 세련된 이론으로 박수갈채를 받아 마땅하고, 빠르게 늘어나는 그들의 연구 결과는 이 분야에 우리가 설명해야 할 중요한 현상들이 있음을 가리키지만, 그들이 가정한 적응의 진화적 적응 환경을 더 완전하게 재구성해서 조사해보면, 그 이론의 가장 엄격한 형태마저도 의문을 자극하는 요인이 많다는 것을 알 수 있다.

첫째, 기생체 스트레스 이론은 해당 기제의 진화적 적응 환경이 다음과 같았다고 가정한다. (a) 이웃한 집단들의 상호작용이 드물고, (b) 그런 집단들은 각 집단에 별개의 병원체가 진화할 정도로 지리적 생태적으로 거리가 먼 탓에, 접촉했을 때 한쪽 집단의 구성원들은 그 변종에 노출된 전력—따라서 면역력—이 없다. 하지만 앞에서 논의했듯이, 현존하는 수렵채집인들에 대한 연구에서는 무리 간 접촉이 빈번하다고 말한다. 기생체 스트레스 이론은 경계가 분명한 별개의 문화적 정체성을 가진 집단들(인류학에서 에트니ethnie라 부르는 종족 집단)의 관계에 관심을 기울이고, 그래서 두 무리가 한 에트니에 속해 있더라도 그들 간의 빈번한 상호작용은 부적절해 보일 것이다. 하지만 유행병학의 관점에서 볼 때, 무리 간 빈도가 높으면 수렵채집인 에트니의 전 구성원이 한 집단으로 통합된다. 한 무리의 구성원들이 전염병에 걸렸을 때 다른 무리로 빠르게 퍼지기 때문이다. 실제로, 고고학의 기록을 보면 구석기 시대에 장거리 무역을 했다는 증거가 광범위하게 존재하는데(Blades, 2001; Chalmin et al., 2007; d'Errico et al., 2009), 이는 에트니 내의 접촉과 에트니 간의 접촉이 모두 어느 정도는 빈번했음을 가리킨다. 한 집단의 다양한 구성원의 이해관계라는 측면에서 볼 때, 집단 간 접촉의 비용과 이익은 불균등하게 분배된다. 다른 집단 구성원들(에트니가 같든 다르든 간에)과 교류하기로 결심한 개인은 거래의 이익은 물론이고, 영토 자원에 대한 접근성, 짝짓기 기회, 지식 이전 등으로 이익을 거둬들이게 된다. 그와 동시에 그런 개인은 질병의 매개자가 될 수 있고, 공격이나 착취를 당할 위험에도 노출된다. 특히 집단 간 상호작용의 이익과 공격 및 착취의 위험은 둘 다 기본적으로 외부인과 교류하기로 결심한 사람들에게 국한되지만, 질병 전파의 위험은 그렇지 않다. 최소한의 위생, 질병 전파에 대한 지식 부족, 광범위한 식량 공유, 친밀한 신체적 근접을 특징으로 하는 세계에서 한 무리의 개인이 감염병에 걸리면 그 집단의 모든 구성원이 위험에 노출되고, 무리들이 수시로 교류하고 집단 구성이 유동적이라면 에트니 전체도 위험에 노출된다. 그 결과 기생체 스트레스 이론의 관점에서는 보이지 않는 진화적 역동성이 발생한다. 전염성이 높은 질병(기생체 스트레스 이론이 가정하는 바로 그 종류)의 경우에, 개인 A는 외집단들과 교류하고 그래서 적합도 이익을 수확하는 동시에 병원체 감염 비용을 떠안고, 개인 B는 외집단을 피하지만 A의 내집단 감염으로 그와 똑같은 비용을 떠안는다면, 적합도는 A가 더 높을 것이다. 어떤 형질의 EEA를 재구성할 때는 현재와 과거의 행동과 관련하여 진화인류학이 발견한 것들을 적용해야 하지만, 이 원칙을 따를 때 민족지학적, 고고학적 원천으로부터 구성한 조상 세계의 초상은 그 EEA와 불일치하는 것처럼 보인다. 그 EEA는 병원체 유행과 함수관계를 보이면서 내집단과 외집단에 대한 태도를 조건부로 조정할 수 있는 적응의 진화에 적합하다.

EEA를 재구성할 때는 관련 자료를 모두 이용해야 한다. 역사적, 고고학적 증거는 식민지 시대 초기에 전염병이 신세계를 초토화했다고 말한다. 이 사건은 기생체 스트레스 이론이 요구하는 EEA와 일치할까? 그렇지 않다. 멀리 떨어져 있던 집단들이 광범위하게 직접 접촉한 일은 진화적으로 늦은 시기에 대양을 항해하는 기술이 발달한 뒤에야 일어났다. 구석기 시대에 도보로 이동하던 수렵채집 집단들은 이웃 집단과 비슷한 생태환경에서 살았고 교역을 통해 그들과 연결되어 있었으므로 전염성 풍토병과 공진화했을 테고, 따라서 역사 시기에 기록된 그런 황폐한 결과는 아예 불가능했을 것이다(R. Thornton, 개인적 대화). 실제로 유럽의 질병이 아메리칸 원주민 부족들을 절멸시킨 것은 유럽인과의 접촉이 빈번했음을 말해주며(Thornton, Miller, & Warren, 1991), 그 규모 또한 인구 수준의 네트워크로 밝혀졌기 때문에 병원체 유형에 집단 간 변이가 상당했다거나, 자민족중심주의와 외국인 혐오가 질병 예방 수단으로 기능했을 가능성은 사전에 차단된다.

많은 심리학자가 인간 마음은 구석기 시대 이후로 거의 변하지 않았다고 생각한다(예를 들어, Tooby & Cosmides, 1989). 이 생각은 조리 있는 휴리스틱이지만 휴리스틱은 신성한 법칙이 아니다. 실제로 진화인류학에서는 동식물이 순화/가축화된 이후로 유전적 진화가 빠르게 일어났다는 증거가 나오고 있고(Hawks, Wang, Cochran, Harpending, & Moyzis, 2007), 그중에는 병원체 방어와 관련된 유전자도 있다(Laland, Odling-Smee, & Myles, 2010을 보라). 그렇다면 신석기 시대의 생활은 기생체 스트레스 이론이 요구하는 EEA의 조건과 일치할까? 농업, 가축화, 인구밀도의 증가에서 새로운 질병과 대규모 유행병이 생겨난 것은 사실이지만(R. Barrett, Kuzawa, McDade, & Armelagos, 1998), 위험 관리를 위해 멀리 떨어진 파트너에게 덜 의존함에 따라 네트워크의 규모는 감소했을 것이다. 하지만 교역은 극적으로 증가했다(예를 들어, Bradley & Edmonds, 2005; Hirth, 1978; Robb & Farr, 2005). 고밀도 숙주 집단을 이용하게끔 진화한 병원체의 특징은 높은 전염력과 유독성인데, 이 두 특징이 결합하고부터(Ewald, 1994), 교역의 증가—그리고 그로부터 거둬들일 이익의 증가—는 외집단과 교류하는 사람들의 적합도 이익을 더욱 높여주었을 것이다. 따라서 우리는 어떤 형질에 해당하면서 비교적 최근에 나타났을 EEA의 가능성을 숙고하는 것은 바람직하다고 보며, 이 경우에 구석기 시대나 신석기 시대에서는 기생체 스트레스 이론이 가정하는 적응의 EEA에 필수적인 특징들이 나오지 않는다고 생각한다.

앞에서 우리는 비교·계통발생 분석의 중요성을 강조했다. 진화심리학 전반에 비해서 기생체 스트레스 이론의 옹호자들은 필요한 사회적·유행병학적 동역학은 다른 동물들에게 선구 형태로 존재한다고 주장하면서 이 분석법을 더 많이 사용하고자 노력해왔다. 하지만 여기서도 디테일이 중요하다. 앞에서 우리는 비교연구의 증거를 평가할 때 연구자들은 계통발생적 거리를 고려해야 한다고 지적했다. 기생체 스트레스 이론의 옹호자들이 인용한 많은 종이 계통발생상 인간과 동떨어져 있어서, 그 유사성은 상동보다는 상사로 설명이 된다. 상사는 적응의 확률 공간을 밝혀주지만, 어떤 형질의 역사를 재구성하는 데는 도움이 되지 않는다. 기생체 스트레스 이론의 옹호자들은 영장류에게 선구 형태가 있을 수 있다고 말하고, 가령 프릴랜드 Freeland(예를 들어, 1976)는 병원체가 영장류 행동과 집단 구조에 미쳤을 영향의 증거를 맨 처음 제시했다. 하지만 프릴랜드의 가설은 아직까지 검증되지 않았고, 그 증거는 불확실하다. 가장 가까운 영장류에게서 발견되는 외국인 혐오 및 자민족중심주의의 상관 현상은 텃세지만, 텃세는 기본적으로 질병 회피보다는 자원 보호 기능을 하는 것으로 보이며, 오히려 병원체 스트레스를 증가시킬 수 있다(Nunn & Altizer, 2006)을 보라.

그렇다면 우리는 기생체 스트레스 옹호자들이 쌓아올린 증거를 어떻게 설명할 수 있을까? 문화적 차이의 중요한 양상 하나를 분명히 반영하고 있는 그 증거들을? 이 상관관계들은 우리가 가정하고 있는 적응과 무관한 요인들, 예를 들어 정치 제도의 효율성(Hruschka & Henrich, 2013a)과 다른 생활사 궤적의 폭넓은 영향(Hackman & Hruschka) 같은 것을 반영하는 듯하다. 연구와 토론은 계속되고 있고(다음을 보라. Cashdan & Steele, 2013; Hackman & Hruschka, 2013b; Hruschka & Henrich, 2013b; Pollet, Tybur, Frankenhuis, & Richard, 근간; Thornhill & Fincher, 2014; van Leeuwen,

Koenig, Graham, & Park, 근간). 배심원들은 아직 협의 중이다. 하지만 이 토론에서 밀려난 가능성이 하나 있는데, 문제의 상관관계들에는 개인 수준에서 진화한 질병 회피 적응과 집단 수준의 문화적 진화의 상호작용이 반영되어 있을지 모른다는 것이다.

진화한 심리와 문화적 진화

협력성이 남다르다는 것 외에도 인간은 적응적 과제에 대처할 때 사회적으로 전달되는 정보에 의존한다는 특징이 있다. 다양한 적응이 이 능력을 지탱하는 것으로 보이지만, 특히 한 종류가 우리의 주제와 관계가 있다. 한 중요한 과제가 역사적으로 인간이 거주했던 모든 환경에 존재하면서도 환경에 따라 중요한 속성들이 다를 때마다, 우리는 자연선택이 영역-특이적인 문화습득 기제를 빚은 것이라고 생각할 수 있다(Fessler, 2006; Fessler & Machery, 2012). 예를 들어, 위험한 동물에 관한 H. C. 배릿의 글(이 책, 1권, 9장)을 생각해보자. 인간이 점유한 모든 환경에는 위험한 동물이 있다. 꾸불꾸불하고 다리가 없는 몸, 돌출한 이빨, 큰 몸집 같은 특징은 대부분의 환경에서 그 동물이 위험하다는 것을 안정적으로 알려주는 예측 인자이며, 따라서 자연선택은 그런 단서에 대한 민감성을 이용해서 이 문제에 대처하는 기제를 만들 수 있다. 하지만 위험한 동물 중에 그런 특징이 없는 것도 많다(예를 들어, 전갈). 문화적 진화는 지역적인 정보를 점증적으로 부풀리고 다듬는다(Chudek, Muthukrishna, & Henrich, 이 책, 30장). 위험한 동물은 큰 위협이 되고, 따라서 모든 문화는 그 지방에 특유한 위험한 종들을 피하거나 다루는 정보를 관리한다. 자연선택은 이 믿을 만한 문화적 특징을 활용해서, 위험한 동물에 대한 문화적 정보를 조기에, 빨리 습득하도록 자극하고 지원하는 기제들을 만들었다. 중요한 점은, 같은 이유로 선택은 다른 많은 영역에서도 문화 습득 기제를 빚었다고 생각할 수 있다는 것이다.

진화한 심리와 문화적 진화: 질병 회피의 사례
역겨움 및 그와 비슷한 질병-회피 동기 요인은 기생체 스트레스 이론의 일부 문헌에서 두드러진 역할을 한다. 두 가지 다른 종류의 자극이 그런 반응을 유발한다. 첫째, 모든 생태환경에서 병원체의 존재를 변함없이 연상시키는 단서들이 역겨움을 불러일으킨다. 예를 들어 배설물, 구토물, 부패한 냄새는 질병 위험을 가리키는 안정적인 지표이고, 그래서 뇌에 내장되어 있거나 우선적으로 학습되는 것으로 보인다(Curtis & Biran, 2001). 둘째, 전적으로 문화에서 유래한 정보 역시 역겨움을 불러일으킨다. 예를 들어, 부패했거나 발효된 물질이 역겹게 보이는지 즐겁게 보이는지는 얼마간 문화적 틀에 달려 있다(Rozin & Fallon, 1987). 처리되지 않은 물을 마시거나 콘돔을 사용하지 않고 섹스를 하는 행위 등에서 질병 위험을 지각하는 경우도 마찬가지다. 이 현상을 이해할 수 있으려면 질병 전파의 몇몇 경로가 지방적이라는 사실과 문화가 그 지역의 기술을 이용해서 독창적인 대응책들을 고안한다는 사실을 고려할 필요가 있다. 따라서 인간에게 진화한 질병-회피 기제에는 중요한 문화 습득 요소가 포함되어 있다. 이 특징은 많은 사례에서 기능적이지만, 또한 문화적 진화가 다른 목적에 이 체계를 빌려 쓸 수 있는 기회를 제공해준다.

문화적 진화는 여러 면에서 생물학적 진화와 비슷하지만, 반드시 개인의 적합도를 최대화하지 않고, 대신에 특정한 생각들의 전파를 최대화한다는 점에서 중요한 차이가 있다. 문화적 진화는 종종 해당 문화를 가진 집단의 크기를 확대시켜 그런 최대화를 이루어내는데, 이 과정은 개인적 적합도의 극대화와 때로는 나란한 방향으로, 때로는 직교하는 방향(또는 반대 방향)으로 진행된다(Chudek, Muthukrishna, & Henrich, 이 책, 30장). 타 집단과의 관계는 종종 문화적 집단의 크기를 결정하는 중요한 요소다. 즉, 다른 모든 조건이 동일할 때, 어떤 믿음 체계가 그 보유자들을 자극해서 내집단 구성원과 협력하게 하고 외집단 구성원을 착취하게 한다면, 자민족중심주의가 그보다 약한 믿음 체계들은 경쟁에서 밀릴 것이다(Bowles & Gintis, 2011; Neuberg & DeScioli, 이 책, 28장). 표적이 된 개인을 회피하는 행동과 그를 추방하고 싶은 욕구는 질병을 전파할 위험이 있는 개인에 대한 적응적 반응이다. 따라서 문화적 진화는 집단 수준의 기능을 하는(그러나 개인적으로는 비용이 들 수도 있는) 내집단 편파성과 외집단 적대감을 조성하는 방법으로, 외집단 구성원을 질병 위험이 있는 것처럼 묘사할 수가 있다(외집단을 비하하는 '바퀴벌레', '쥐새끼', '인간쓰레기', '버러지' 같은 말을 생각해보라).

앞에서 우리는 맞거래에 주목하는 것이 중요하다고 강조했다. 질병 회피는 공짜가 아니다. 시간, 에너지, 주의력이 들고, 식단의 효율과 사회적 교환을 잃는다. 우리는 이미 이 행동을 지배하는 기제들이 개인적 취약성의 변화에 민감하다는 것을 보았다. 이렇게 효율성을 고려한다면, (기생체 스트레스 이론이 가정하듯이) 이 기제들은 질병 이환률에 비추어 조정될 것이다(Schaller, 이 책, 1권, 7장). 만일 그것이 사실이고, 또 이 기제가 상향 조절될 때 그에 수반하여 질병의 사회적 전파에 관한 정보에 더 많이 주목하고 거기에 중요성을 부여한다면, 병원체 유행이 높은 환경에 거주하는 개인은 외집단 구성원이 질병의 위협이 된다면서 외국인 혐오와 자민족중심주의를 조장하는 거짓 메시지에 특히 취약할 것이다. 그러면 기생체 스트레스 이론의 옹호자들이 기록한 상관관계 양상이 나온다. 비록 그 상관관계만으로는 원래의 기생체 스트레스 이론과 그 대안인 우리의 공식 중 어느 것이 옳은지 판정할 수 없지만, 그것을 할 수 있는 실험적 방법은 존재한다. 적응적 과제를 헤쳐나갈 때 문화적 정보의 힘을 이용할 수 있으려면 개인은 귀가 얇아야 한다. 문화적 관습의 이론적 근거는 대개 없거나 불투명하기 때문이다(Legare & Watson-Jones, 이 책, 34장). 반면에 개인의 시행착오 비용은 가끔 비싸고, 특히 그 정보가 위험과 관련된 것일 때는 더욱 비싸다(Boyd & Richerson, 2006; Boyd & Richerson, 2009). 하지만 쉽사리 믿는 사람은 조작하는 행위자의 밥이 될 수 있고, 우리가 주장하듯이 부정확한 정보의 희생자가 될 수도 있다(Kurzban, 2007). 따라서 우리는 비용과 이익을 예상하고 그에 비추어 맹신을 조정하는 기제들을 선택이 빚었을 것이라고 예상할 수 있다(Fessler, Pisor, & Navarrete, 2014). 그러므로 특정한 위험이 유행할 수 있다고 말하는 단서는 그 영역에서 저울눈을 이동시켜 맹신의 양을 늘릴 것이다. 구체적으로 말해서 우리의 예측에 따르면, 병원체가 많은 환경에서 사는(또는, 자란) 개인은 질병 회피에 관한 문화적 정보를 더 쉽게 맹신할 것이다. 이 예측은 검증이 가능하다.

우리 주장이 옳든 그르든 간에, 이 논의는 진화심리학과 진화인류학이 교차하는 중요한 지점들을 밝혀준다. 그중 첫 번째는 환기된 문화와 전달된 문화의 구별과 관계가 있다. 인류학에서 '문화'는 집단으로부터 학습해서 얻은 정보로 정의하지만, 어떤 행동적, 심리적 특징이 집단 내에서는 똑같지만 집단 간에서는 다를 때—그런 양상이 사회적으로 전달된 정보에서 나왔다는 증거가 있든 없든 간에—이를 가리키는 말로 자주 사용된다. 투비와 코스미디스(1992)는 그런 공통성이 그런 정보의 산물일 필요는 없으며 대신에 똑같은 환경 정보에 반응하는 공통의 적응에서 나온 결과일 수도 있다고 지적한 뒤, 그런 양상을 **전달된 문화**와 대비해서 **환기된 문화**라고 명명했다. 그에 따라 기생체 스트레스 이론에서는 병원체 유행의 차이와 상관관계에 있는 집단 간의 양상화된 차이는 환기된 문화에 속하며, 생물학적으로 진화한 질병-회피 기제에서 나온 개인적 산물의 총계라고 주장한다. 이와 대조적으로 우리가 제시하는 대안적 설명에서는, 개인이 그런 믿음과 태도를 습득하려면 집단의 다른 구성원들에게 배워야 하므로 그런 양상화된 차이는 전달된 문화라고 가정한다. 그러나 두 모델 모두 생물학적으로 진화한 심리적 적응들과 문화적 진화의 과정들을 제시해야 한다는 점에 주의하라.

기생체 스트레스 이론에서는 심리적 적응이 내집단 구성원 대 외집단 구성원, 전통적 관습 대 새로운 관습 등에 대한 태도를 생성한다고 보지만, 그런 적응은 구체적인 믿음이나 관습을 만들어내지 않는다. 구체적인 믿음이나 관습은 문화적 산물임이 분명하다. 예를 들어, 종교적 근본주의는 전 세계에서 공통의 특징을 보일 수 있고, 고병원체 환경에서 개인들에게 특별한 매력을 지닐 수 있지만, 신들의 정체성, 그들에게 바치는 의례 등은 반드시 전달된 문화의 산물일 수밖에 없다. 또한 기생충 스트레스 이론은 왜 어떤 믿음이 주어진 환경에서 다른 믿음보다 더 매력적인지를 설명하려 하지만, 그것으로는 진화한 기제가 믿음의 세부적인 내용을 지정한다는 (지지할 수 없는) 개념에 조금도 힘이 실리지 않는다. 문화적 진화가 질병-회피 심리 기제를 이용해서 집단 내 연대를 촉진한다는 우리의 주장은 빈 서판 같은 마음을 가정하는 것이 아니라, 특수한 영역에서 문화적 정보를 획득하고자 특수하게 존재하는 적응이 궁극적인 기능과 무관한 영역으로 붙잡혀 와서 작동할 수 있다는 것이다.

더 넓게 볼 때, 두 주장 모두에서 심리적 적응은 흡인력attractor을 만들어내는데, 그 힘으로 특정한 생각이 다른 생각보다 더 잘 주목받고, 잘 습득되고, 잘 유지되어서 생각의 시장에서 어떤 가능성이 성공하고 어떤 가능성이 실패하는지가 결정된다(Chudek, Muthukrishna, & Henrich, 이 책, 30장을 보라). 따라서 이 사례가 예증하듯이, 본성 대 양육에 의거해서 환기된 문화와 전달된 문화의 이분법을 해석하는 것은 매력적이지만, 막상 그렇게 하면 큰 실수를 범하게 된다. 환기된 문화만으로 인간의 풍부한 믿음과 관습을 설명할 수 있는 경우는 거의 없고, 그와 동시에 전달된 문화의 가장 순수한 사례처럼 보이는 것도 그 기초에는 진화한 적응이 깔려 있기 때문이다. 게다가 위의 사례에서 우리는 관련된 적응들이 정보 습득에 초점을 맞춘다고 주장했지만, 문화적 진화는 종종 다양한 적응들이 만든 환기된 선호와 생각을 이용하거나 띄우기bootstrap 때문에, 있음직한 가능성은 그보다 훨씬 많다. 예를 들어 군사사를 보면, 군인을 징집하고 훈련시키고 배치하는 절차가 점점 더 세련되게 변한 과정은 곧 소규모 집단의 협력을 위해 진화한 기제들을 사용하는 기술이 정교해진 과정임을 알 수 있다(Richerson & Boyd, 1999). 마찬가지로 근친상간 금기 그리고 더 일반적으로 혼인 규칙(소규모 사회의 중요한 사회구조적 요소들)은 진화한 근친교배 회피기제가 특별한 감정들을 만들어낸다고 추론할 수 있는 근거가 된다. 그 밖에도 많은 가능성이 열려 있다.

비교문화적 변이와 비교문화적 획일성에 대한 해석

위에서 설명한 복잡성과 일치하는 사실로서, 비교문화적 변이나 비교문화적 획일성은 관찰된 양상을 낳는 과정에 특징적인 표지가 되지 못한다. 변이는 다양한 사회에서 다른 경로로 작동하는 문화적 변이를 반영할 수도 있고, 다양한 물리적 또는 사회적 생태환경이 만든 가지각색의 환기된 문화를 반영할 수도 있다. 획일성은 모든 생태환경을 망라한 모든 인간의 획일적 기능을 반영할 수도 있고, 수렴하는 문화적 진화를 반영할 수도 있다. 이 가능성을 탐구할 때, 그와 관련된 EEA의 문제가 다시금 중요해진다. 관련된 환경 특징의 변이가 문제의 적응에 필요한 EEA의 성격을 규정할까? 만일 그렇다면, 당연히 선택은 조건부 조정을 위해 기제를 빚었을 테고, 그 경우에 비교문화적 변이에는 환기된 문화가 중요한 역할을 할 것이다. 예를 들어, 조상의 인구들이 점유했던 환경은 생태환경과 집단 간 경쟁의 강도가 저마다 다른 탓에 외인성 사망률과 자원의 신뢰성이 달랐을 것이다. 그런 변이는 적합도와 직접 연결되어 있고, 그래서 미래의 성향, 위험 감수, 짝짓기 전략, 부모 투자, 협력성, 공격을 지역 환경에 비추어 조정하는 적응을 선호했을 것이다. 이 주제는 진화심리학에서, 종종 진화인류학자들이 생산적으로 탐구해왔다(Del Giudice, Gangerstad, & Kaplan, 이 책, 1권, 2장; Mace, 이 책, 1권, 22장). 사회적 차원에서 봤을 때, 거기서 나온 환기된 문화는 이 차원에서뿐 아니라 관련된 여러 차원에서 연구자들이 관찰한 변이에 큰 영향력을 미칠 것이다. 이와 대조적으로 신석기 혁명은 거의 새로운 사회 조직의 형태와 그와 관련된 적응적 과제를 만들어냈다. 이 급격한 출발로 인해 문화적 변이의 두 축에는 환기된 문화에 비해 전달된 문화의 비율이 높게 나타날 것이다. 예를 들어, 수렵채집인 집단마다 자원을 도둑맞지 않도록 지켜야 정도나 현재의 노동이 먼 미래의 수익으로 돌아오는 정도는 다르지만, 이 차이는 목축 사회 대 농업 사회에서 훨씬 더 확대된다. 따라서 이 생활방식과 지역에서 기능하는 가치 및 사회적 방향성이 일치하는 것(Edgerton & Goldschmidt, 1971)은 문화적 진화로 가장 잘 설명된다(틀림없이 진화한 기제를 띄우긴bootstrap 해도). 마찬가지로, 문화적 진화는 각각 쌀농사와 밀농사를 짓는 인접한 지역의 경우에도 적용될 수 있다. 즉, 두 작물은 다른 수준의 상호의존성을 필요로 하고, 각각에 대한 의존성은 그에 대응하는 사회적 지향의 차이와 매치된다(Talhelm et al., 2014). 마지막으로, 여기서는 해당 문화의 역사에 달린 문제이긴 하지만, 다시 한번 계통발생이 중요하다. 문화적 계통발생의 관성(제도와 가치의 자기 강화적 성격이 만들어내는 힘)이 각자의 선택압이 사라진 뒤에도 집단 사이에 잔존하는 차이를 낳을 수 있기 때문이다(예를 들어, 미국의 하위문화 중 과거에 목축을 했던 문화와 농사를 지었던 문화의 차이―Nisbett & Cohen, 1996).

위의 예들이 입증하듯이, 생물학적 진화와 문화적 진화의 관계는 복잡하고 이 때문에 연구자의 과제는 더욱 어려워지지만, 가능성의 범위를 볼 때 행동의 어떤 영역에서든 탐구할 주제가 많은 것은 분명하다. 우리는 그 모든 것이 진화심리학의 시야 안에 있다고 본다. 최소한, 지역 표본에 의존하면 보편성을 잘못 가정할 위험이 있다는 점을 감안할 때, 문화적 변이, 획일성, 그 원인의 문제는 항상 고려해야 한다(Henrich, Heine, & Norenzayan, 2010). 실제로 가장 강력한 진화심리학 연구 중 어떤 것들은 오래전부터 비교문화적 요소를 충실히 포함하고 있었다(예를 들어, Buss, 1989).

진화심리학을 진화인류학에 적용하는 문제

이 책의 주요한 독자를 고려할 때 위의 논의는 진화인류학이 어떻게 진화심리학을 강화할 수 있는지에 초점이 맞춰져 있다. 하지만 진화심리학이 진화인류학을 어떻게 강화할 수 있는지를 고찰하지 않는다면 이 장은 불완전할 것이다.

진화인류학이 유전자—문화 공진화(Chudek, Muthukrishna, & Henrich, 이 책, 30장)를 연구할 때에는 성공한 개인을 모방하는 것이 언제 유리하고 다수를 모방하는 것이 언제 유리한지—이 선택이 다양한 사회 현상들에 부차적으로 낳은 결과로서—에 초점을 맞추는 것이 중요하다. 이 선택은 행동으로 환산해서 정의되지만, 본래 심리적 과정이고 따라서 진화심리학이 해명할 수 있다. 연구자들은 그런 모방에서 제 역할을 하는 단서들을 탐구하기 시작했지만(예를 들어, Chudek, Heller, Birch, & Henrich, 2012; Chudek, Juthukrishna, & Henrich, 이 책, 30장), 기본적인 심리 기제는 거의 연구되지 않은 채로 남아 있다. 앞에서 우리는 감정이 행동의 진화한 추진력으로서 중요하다고 강조했지만, 문화 모방의 심리학은 정동의 심리학과 거의 분리되어 있는 실정이다. 이와 마찬가지로 우리는 적응을 계통발생의 색채가 묻어 있는 엉성한 기제로 봐야 한다고 강조했지만, 인간과 원숭이의 학습 편향을 비교하는 (칭찬할 만한) 노력(Haun, Rekers, & Tomasello, 2012)을 제외하고는 학습 기제들의 구조가 그들의 진화를 어떻게 반영하는지에 대한 연구는 나오지 않았다. 마지막으로, 영역—특이적인 문화 습득 기제의 성격과 부차적 영향도 거의 불모지로 남아 있다. 이렇게 진화심리학은 미래에 유전자—문화 공진화의 진화인류학을 여러 갈래 길로 계속 연구할 수 있다.

유전자—문화 공진화 연구에 진화심리학이 늦게 도입된 데에는 진화심리학 분야에서 인구 수준의 모델이 차지하는 중요성이 반영되어 있다. 반면에 진화심리학은 개인의 행동에 초점을 맞춘다는 점에서 인간행동생태학(HBE)과 비슷하다. 하지만 인간행동생태학은 대개 기제(심리적 기제든 어떤 기제든)를 탐구하기보다는, 최적성 예측에 사용되는 측정값을 생산하는 쪽에 치중한다. 인간행동생태학의 제안자들과 진화심리학의 옹호자들은 개인적 행동에 똑같이 초점을 맞춘 덕분에 조화를 이루기는커녕 날 선 논쟁을 벌였다(Smith, Borgerhoff Mulder, & Hill, 2001). 논쟁의 중심에는, 행동이 적합도를 최대화한다는 인간행동생태학의 가정—이른바, 행동적 갬빗behavioral gambit—은 가변성이 높은 현대 환경에서는 비현실적이라고 하는 진화심리학자들의 비판이 있었다. 진화심리학 옹호자들의 주장에 따르면, 적응이 영역-특이적이라는 점 그리고 최근에 사회-생태가 변해온 빠른 속도에 비해 적응의 진화는 느리다는 점(즉, 진화적 불균형 또는 적응 지체)을 감안할 때 행동적 갬빗은 문제가 있다는 것이다. 한편 인간행동생태학자들은 진화심리학자들이 우리 종의 역사의 특징적인 환경 변이의 범위와 그에 부수한 적응의 가소성을 과소평가한다고 비판했다. 진화심리학의 옹호자들은 현대의 많은 행동이 명백히 부적응적이라고 지적했고, 인간행동생태학의 지지자들은 적합도 결과가 그저 추정된 것만은 아니라고 반격했으며, 그 뒤로도 논쟁은 계속되었다.

결과 측정은 지금도 인간행동생태학의 대들보지만, 행동생태학자들은 기제에 주목해야 할 필요성을 점점 더 인정하고 있다. (a) 기제는 최적성에 대해서 행동적 갬빗이 무시해온 맞거래와 그 밖의 제약들을 밝혀주고(Managhan, 2014), (b) 문화적 진화는 지역적 구성의 구체적인 형태를 (문화적 계통발생을 통해) 설명해주고, 개인 수준에서는 부적응적이지만 집단 수준에서는 적응적일 수 있는 행동을 설명해주며(Brown, 2013), 문화적 진화 자체에서 발생하는 적응 지체를 고려할 때, 개인 수준과 집단 수준 양쪽에서 부적응적일 수 있는 행동을 설명해준다(Mace, 2014).

이런 상황을 배경으로, 네틀, 깁슨Gibson, 로슨Lawson, 시어(2013)는 최근에 인간행동생태학에서 행동적 갬빗을 주어진 사례에 적용한 뒤 실패했을 때에만 기제를 조사하는 방법을 옹호했다. 인간행동생태학에 대한 그들의 처방은 옹호할 만하지만, 인간행동생태학에서 다루는 현상의 범위를 불필요하게 제한한다. 인간행동생태학은 현실 세계의 행동 그리고 그 행동과 몸의 상관관계를 세련되게 평가하는 방법과 전략을 보여주는데, 오늘날 사회가 직면하고 있는 많은 과제를 연구할 때 이 수단을 배치하면 생산적일 수 있다. 알코올, 담배, 약물 남용 같은 중독의 유행 또는 (몇 가지만 예로 들자면) 비만, 골관절염, 심혈관 질환의 확산은 적합도를 떨어뜨리는 행동이자 인간행동생태학의 신중한 방법을 절실히 필요로 하는 문제들이다. 다행스럽게도 이 몇몇 인간행동생태학자가 결정적으로 진화심리학적인 각도에서 그런 문제를 연구하기 시작했고(cf. Pepper & Nettle, 2014), 예를 들어 사망 위험에 비추어 미래의 할인율을 조정하는 진화한 기제의 단서가 진화적으로 새로운 환경에서 어떻게 나오는지를 조사하고 있다(Nettle, Coyne, & Colléony, 2012). 따라서 분명하게 인정을 하든 안 하든 간에 인간행동생태학은 진화심리학을 통합해서 자신의 범위와 영향력을 넓히기 시작했다. 바람직한 경향이다.

진화인류학을 진화심리학에 적용하기 위한 로드맵

진화심리학이 진화인류학에 이로울 수 있는 영역을 살펴봤으므로, 다시 이 장의 취지로 돌아가자. 우리는 진화심리학 분야에서 진화인류학을 활용해 연구의 질을 높이는 비인류학자들을 격려하고자 노력했다. 호소는 로드맵과 함께 내놓을 때 가장 효과적이다. 이제 이 목표에 다가갈 수 있는 구체적인 단계들을 논의하고 이 장을 마무리하고자 한다.

첫째, 우리는 어느 학과에서든 EEA를 믿을 만하게 재구성하는 것이 중요하다고 강조했다. 진화심리학자들은 이 중요성을 기억해서 고인류학과 비교심리학(특히 영장류학)의 풍부한 문헌을 최대한 활용하고, 그와 함께 현대의 소규모 사회 일반, 특히 수렵채집인 사회에 관한 민족지학과 행동생태학의 묘사를 이용해야 한다. 물론 조상 세계의 삶에 관한 몇 가지 믿을 만한 가정(예를 들어, 아기는 무기력하고 보살핌이 필요했다거나, 부성을 확실히 판정할 수 없었다 등등)은 일상의 관찰에 근거해서도 충분히 세울 수 있다. 하지만 의미 있는 사실은 대부분 그렇게 쉽게 추론되지 않는다. 그렇다면, 진화심리학의 과학적 근면함에는 기존의 문헌을 성실하게 활용해서 관련된 EEA와 믿을 만한 계통발생을 재구성하는 노력이 함께 해야 한다. 이 원리는 학과에 상관없이 편집하고 검토하는 사람도 실천해야 한다.

둘째, 이상과 관련하여 진화심리학자들이 가장 쉽게 접근할 수 있으면서도 가장 적게 활용하는 중요한 학문적 원천이 있다. 모든 인간 사회를 망라해서 디지털화된 민족지학을 집대성한 전자인간관계영역파일eHRAF: Electronic Human Relations Area Files이 그것이다. 이 놀라운 문서 덕분에, EEA를 재구성하고자 할 때(예를 들어, Wrangham & Glowacki, 2012)는 물론이고, 그 밖에도 특정한 심리적 적응에서 발생한다고 예측되는 문화적 양상을 검증하거나(예를 들어, Fessler et al., 2014), 대규모 현상과 관련된 가설을 조사하거나(예를 들어, Kline & Boyd, 2010), EEA의 문제에서 멀리 벗어난 비슷한 목표를 추구하고자 할 때도 유의미한 내용을 찾아 비교할 수 있게 되었다.

셋째, 전자인간관계영역파일에는 매우 다양한 이유로 수집한 정보가 담겨 있기 때문에 광범위한 가설을 검증할 수 있는 귀중한 수단이지만, 연구자들은 행동에 대한 직접적인 측정은 무엇으로도 대신할 수 없다는 사실을 자주 깨닫게 될 것이다. 중요한 것은, 우리가 이 장을 통해 전달하고자 했듯이, 인간의 생활방식에서 일어난 문화에 기반한 변화는 진화적으로 최근에 급속히 일어난 만큼 진화심리학자들에게는 힘든 과제이자 기회라는 점이다. 소규모 사회에서는 국가가 행동을 최소한으로 규제하고, 혈연관계와 장기적인 사회적 결속이 사회 구조의 주축이며, 경제 활동이 생계와 밀접하게 연결되어 있고, 의료 혜택—피임을 포함—은 제한적이며, 삶이 세계적인 전자 미디어의 홍수에 이토록 휩쓸리지 않기 때문에, 과학기술이 발전한 대규모 사회에서 수행하는 연구에 중요한 대조점들을 제공해준다. 소규모 사회를 연구하는 진화인류학자들은 갈수록 진화심리학의 패러다임을 그들의 연구에 통합해서, 다른 문화들에서 양상화된 차이나 유사성을 예측하는 가설들—예를 들어, 부모 투자에 비추어 성적, 감정적 질투가 조건부로 조정된다는 가설(Buss, Larsen, Westen, & Semmelroth, 1992)—을 검증하고자 노력하고 있다(예를 들어, Scelza, 2014). 그런 노력은 대개 공동 연구라서, 다른 학과들의 전문성이 서로를 보완한다(예를 들어, Bryant & Barrett, 2007). 실제로 이 책, 『진화심리학 핸드북』 2판을 구성할 때 명백히 드러났듯이, 다학제적 공동 연구와 교환은 갈수록 진화와 행동의 과학에서 비옥한 융합적 패러다임을 생성해내고 있다. 진화심리학과 진화인류학의 관계도 밝은 미래를 눈앞에 두고 있다.

Barrett, R., Kuzawa, C. W., McDade, T., & Armelagos, G. J. (1998). Emerging and re-emerging infectious diseases: The third epidemiologic transition. *Annual Review of Anthropology*, 247–271.

Blades, B. S. (2001). *Aurignacian lithic economy: Ecological perspectives from southwestern France*. New York, NY: Kluwer/Plenum.

Bowles, S. (2006). Group competition, reproductive leveling, and the evolution of human altruism. *Science, 314*, 1569–1572.

Bowles, S., & Gintis, H. (2011). *A cooperative species: Human reciprocity and its evolution*. Princeton, NJ: Princeton University Press.

Boyd, R., & Richerson, P. J. (2006). Culture and the evolution of the human social instincts. In S. Levinson & N. Enfield (Eds.), *Roots of human sociality* (pp. 453–477). Oxford, England: Berg.

Boyd, R., & Richerson, P. J. (2009). Culture and the evolution of human cooperation. *Philosophical Transactions of the Royal Society of London B, 364*, 3281–3288.

Bradley, R., & Edmonds, M. (2005). *Interpreting the axe trade: Production and exchange in Neolithic Britain*. New York, NY: Cambridge University Press.

Brown, G. R. (2013). Why mechanisms shouldn't be ignored—commentary on Nettle by Brown. *Behavioral Ecology, 24*(5), 1041–1042.

Brown, G. R., & Richerson, P. J. (2014). Applying evolutionary theory to human behaviour: Past differences and current debates. *Journal of Bioeconomics, 16*(2), 105–128.

Bryant, G. A., & Barrett, H. C. (2007). Recognizing intentions in infant-directed speech evidence for universals. *Psychological Science, 18*(8), 746–751.

Burnham, T. C., & Johnson, D. D. P. (2005). The biological and evolutionary logic of human cooperation. *Analyse & Kritik, 27*(1), 113–135.

Buss, D. M. (1989). Sex differences in human mate preferences: Evolutionary hypotheses tested in 37 cultures. *Behavioral & Brain Sciences, 12*(1), 1–49.

Buss, D. M., Haselton, M. G., Shackelford, T. K., Bleske, A. L., & Wakefield, J. C. (1998). Adaptations, exaptations, and spandrels. *American Psychologist, 53*(5), 533–548.

Buss, D. M., Larsen, R. J., Westen, D., & Semmelroth, J. (1992). Sex differences in jealousy: Evolution, physiology, and psychology. *Psychological Science, 3*(4), 251–255.

Cashdan, E., & Steele, M. (2013). Pathogen prevalence, group bias, and collectivism in the standard crosscultural sample. *Human Nature, 24*(1), 59–75.

Chalmin, E., Farges, F., Vignaud, C., Susini, J., Menu, M., & Brown, G. E., Jr. (2007). Discovery of unusual minerals in Paleolithic black pigments from Lascaux (France) and Ekain (Spain). *X-Ray Absorption Fine Structure—XAFS 13, 882*, 220–222.

Chudek, M., Heller, S., Birch, S., & Henrich, J. (2012). Prestige-biased cultural learning: Bystander's differential attention to potential models influences children's learning. *Evolution and Human Behavior, 33*(1), 46–56.

Chudek, M., Zhao, W., & Henrich, J. (2013). Culture-gene coevolution, large-scale cooperation, and the shaping of human social psychology. In K. Sterelny, R. Joyce, B. Calcott, & B. Fraser (Eds.), *Cooperation and its evolution* (pp. 425–458). Cambridge, MA: MIT Press.

Clark, J. A. (2010a). Hubristic and authentic pride as serial homologues: The same but different. *Emotion Review, 2*(4), 397–398.

Clark, J. A. (2010b). Relations of homology between higher cognitive emotions and basic emotions. *Biology & Philosophy, 25*(1), 75–94.

Clark, J. A., & Fessler, D. M. T. (n.d.). *The messy evolution of disgust.* Manuscript in preparation.

Curtis, V., & Biran, A. (2001). Dirt, disgust, and disease: Is hygiene in our genes? *Perspectives in Biology and Medicine, 44*(1), 17–31.

d'Errico, F., Vanhaeren, M., Barton, N., Bouzouggar, A., Mienis, H., Richter, D., . . . Lozouet, P. (2009). Additional evidence on the use of personal ornaments in the Middle Paleolithic of North Africa. *Proceedings of the National Academy of Sciences, USA, 106*(38), 16051–16056.

Edgerton, R. B., & Goldschmidt, W. (1971). *The individual in cultural adaptation: A study of four East African peoples.* Berkeley: University of California Press.

Ewald, P. W. (1994). *Evolution of infectious disease.* New York, NY: Oxford University Press.

Fessler, D. M. T. (1999). Toward an understanding of the universality of second order emotions. In A. L. Hinton (Ed.), *Biocultural approaches to the emotions* (pp. 75–116). New York, NY: Cambridge University Press.

Fessler, D. M. T. (2003). No time to eat: An adaptationist account of periovulatory behavioral changes. *Quarterly Review of Biology, 78*(1), 3–21.

Fessler, D. M. T. (2006). Steps toward the evolutionary psychology of a culture-dependent species. In P. Carruthers, S. Laurence, & S. Stich (Eds.), *The innate mind: Culture and cognition* (Vol. II, pp. 91–117). New York, NY: Oxford

University Press.

Fessler, D. M. T. (2007). From appeasement to conformity: Evolutionary and cultural perspectives on shame, competition, and cooperation. In J. L. Tracy, R. W. Robins, & J. P. Tangney (Eds.), *The self-conscious emotions: Theory and research* (pp. 174–193). New York, NY: Guilford Press.

Fessler, D. M. T., Eng, S. J., & Navarrete, C. D. (2005). Elevated disgust sensitivity in the first trimester of pregnancy: Evidence supporting the compensatory prophylaxis hypothesis. *Evolution & Human Behavior, 26*(4), 344–351.

Fessler, D. M. T., & Gervais, M. (2010). From whence the captains of our lives: Ultimate and phylogenetic perspectives on emotions in humans and other primates. In P. Kappeler & J. B. Silk (Eds.), *Mind the gap: The origins of human universals* (pp. 261–280). New York, NY: Springer.

Fessler, D. M. T., & Machery, E. (2012). Culture and cognition. In E. Margolis, R. Samuels, & S. Stich (Eds.), *The Oxford handbook of philosophy of cognitive science* (pp. 503–527). New York, NY: Oxford University Press.

Fessler, D. M. T., & Navarrete, C. D. (2003). Domain-specific variation in disgust sensitivity across the menstrual cycle. *Evolution and Human Behavior, 24*(6), 406–417.

Fessler, D. M. T., Pisor, A. C., & Navarrete, C. D. (2014). Negatively-biased credulity and the cultural evolution of beliefs. *PLoS ONE, 9*(4), e95167.

Fincher, C. L., & Thornhill, R. (2008). Assortative sociality, limited dispersal, infectious disease and the genesis of the global pattern of religion diversity. *Proceedings of the Royal Society B: Biological Sciences, 275*(1651), 2587–2594.

Fincher, C. L., & Thornhill, R. (2012). Parasite-stress promotes in-group assortative sociality: The cases of strong family ties and heightened religiosity. *Behavioral and Brain Sciences, 35*(2), 61–79.

Fincher, C. L., Thornhill, R., Murray, D. R., & Schaller, M. (2008). Pathogen prevalence predicts human crosscultural variability in individualism/collectivism. *Proceedings of the Royal Society B: Biological Sciences, 275*(1640), 1279–1285.

Fleischman, D. S., & Fessler, D. M. T. (2011). Progesterone's effects on the psychology of disease avoidance: Support for the compensatory behavioral prophylaxis hypothesis. *Hormones and Behavior, 59*(2), 271–275.

Foley, R. (1995). The adaptive legacy of human evolution: A search for the environment of evolutionary adaptedness. *Evolutionary Anthropology, 4*(6), 194–203.

Freeland, W. J. (1976). Pathogens and the evolution of primate sociality. *Biotropica, 8*(1), 12–24.

Gordon, C. R., & Shupak, A. (1999). Prevention and treatment of motion sickness in children. *CNS Drugs, 12*(5), 369–381.

Hackman, J., & Hruschka, D. (2013a). Fast life histories, not pathogens, account for state-level variation in homicide, child maltreatment, and family ties in the US. *Evolution and Human Behavior, 34*(2), 118–124.

Hackman, J., & Hruschka, D. (2013b). Reply to Thornhill and Fincher. *Evolution and Human Behavior, 34*(4), 315–316.

Hagen, E. H., & Hammerstein, P. (2006). Game theory and human evolution: A critique of some recent interpretations of experimental games. *Theoretical Population Biology, 69*(3), 339–348.

Haidt, J., McCauley, C., & Rozin, P. (1994). Individual differences in sensitivity to disgust: A scale sampling seven domains of disgust elicitors. *Personality & Individual Differences, 16*(5), 701–713.

Haun, D., Rekers, Y., & Tomasello, M. (2012). Majority-biased transmission in chimpanzees and human children, but not orangutans. *Current Biology, 22*(8), 727–731.

Hawks, J., Wang, E. T., Cochran, G. M., Harpending, H. C., & Moyzis, R. K. (2007). Recent acceleration of human adaptive evolution. *Proceedings of the National Academy of Sciences, 104*(52), 20753–20758.

Henrich, J., Heine, S. J., & Norenzayan, A. (2010). The weirdest people in the world? *Behavioral and Brain Sciences, 33* (2–3), 61–83.

Hill, K. R., Walker, R. S., Božičević, M., Eder, J., Headland, T., Hewlett, B., . . . Wood, B. (2011). Co-residence patterns in hunter-gatherer societies show unique human social structure. *Science, 331*(6022), 1286.

Hill, K. R., Wood, B. M., Baggio, J., Hurtado, A. M., & Boyd, R. T. (2014). Hunter-gatherer inter-band interaction rates: Implications for cumulative culture. *PLoS ONE, 9*(7), e102806.

Hirth, K. G. (1978). Interregional trade and the formation of prehistoric gateway communities. *American Antiquity, 43*(1), 35–45.

Hruschka, D. J., & Henrich, J. (2013a). Economic and evolutionary hypotheses for cross-population variation in parochialism. *Frontiers in Human Neuroscience, 7*, 559.

Hruschka, D. J., & Henrich, J. (2013b). Institutions, parasites and the persistence of in-group preferences. *PLoS ONE, 8*(5), e63642.

Jones, B. C., Perrett, D. I., Little, A. C., Boothroyd, L., Cornwell, R. E., Feinberg, D. R., . . . Moore, F. R. (2005). Menstrual cycle, pregnancy and oral contraceptive use alter attraction to apparent health in faces. *Proceedings of the Royal Society B:*

Biological Sciences, 5(272), 347–354.

Kanazawa, S. (2004). The savanna principle. *Managerial and Decision Economics, 25*(1), 41–54.

Kelly, D. R. (2011). *Yuck! The nature and moral significance of disgust.* Cambridge, MA: MIT Press.

Kline, M. A., & Boyd, R. (2010). Population size predicts technological complexity in Oceania. *Proceedings of the Royal Society B: Biological Sciences, 277*(1693), 2559–2564.

Kurzban, R. (2007). Representational epidemiology: Skepticism and gullibility. In S. W. Gangestad & J. A. Simpson (Eds.), *The evolution of mind: Fundamental questions and controversies* (pp. 357–362). New York, NY: Guilford Press.

Laland, K. N., Odling-Smee, J., & Myles, S. (2010). How culture shaped the human genome: Bringing genetics and the human sciences together. *Nature Reviews Genetics, 11*(2), 137–148.

Lovejoy, C. O. (2005). The natural history of human gait and posture. Part 2. Hip and thigh. *Gait & Posture, 21*(1), 113–124.

MacDougall, H. G., & Moore, S. T. (2005). Marching to the beat of the same drummer: The spontaneous tempo of human locomotion. *Journal of Applied Physiology, 99*(3), 1164–1173.

Mace, R. (2014). Human behavioral ecology and its evil twin. *Behavioral Ecology, 25*(3), 443–449.

McPherron, S. P., Alemseged, Z., Marean, C. W., Wynn, J. G., Reed, D., Geraads, D., . . . Béarat, H. A. (2010). Evidence for stone-tool-assisted consumption of animal tissues before 3.39 million years ago at Dikika, Ethiopia. *Nature, 466*(7308), 857–860.

Monaghan, P. (2014). Behavioral ecology and the successful integration of function and mechanism. *Behavioral Ecology, 24*(5), 1019–1021.

Murray, D. R., Trudeau, R., & Schaller, M. (2011). On the origins of cultural differences in conformity: Four tests of the pathogen prevalence hypothesis. *Personality and Social Psychology Bulletin, 37*(3), 318–329.

Nettle, D., Coyne, R., & Colléony, A. (2012). No country for old men. *Human Nature, 23*(4), 375–385.

Nettle, D., Gibson, M. A., Lawson, D. W., & Sear, R. (2013). Human behavioral ecology: Current research and future prospects. *Behavioral Ecology, 24*(5), 1031–1040.

Nisbett, R. E., & Cohen, D. (1996). *Culture of honor: The psychology of violence in the*

South. Boulder, CO: Westview Press.

Nunn, C. L. (2011). *The comparative approach in evolutionary anthropology and biology*. Chicago, IL: University of Chicago Press.

Nunn, C. L., & Altizer, S. (2006). *Infectious diseases in primates: Behavior, ecology and evolution*. New York, NY: Oxford University Press.

Pepper, G. V., & Nettle, D. (2014). Socioeconomic disparities in health behaviour: An evolutionary perspective. In M. A. Gibson & D. W. Lawson (Eds.), *Applied evolutionary anthropology* (pp. 225–243). New York, NY: Springer.

Pollet, T. V., Tybur, J. M., Frankenhuis, W. E., & Rickard, I. J. (in press). What can cross-cultural correlations teach us about human nature? *Human Nature*.

Richerson, P. J., & Boyd, R. (1999). Complex societies: The evolutionary origins of a crude super organism. *Human Nature, 10*(3), 253–289.

Robb, J. E., & Farr, R. H. (2005). Substances in motion: Neolithic Mediterranean "trade." In E. Blake & A. B. Knapp (Eds.), *The archaeology of Mediterranean prehistory* (pp. 24–46). Malden, MA: Blackwell.

Rozin, P., & Fallon, A. E. (1987). A perspective on disgust. *Psychological Review, 94*(1), 23–41.

Scelza, B. A. (2014). Jealousy in a small-scale, natural fertility population: The roles of paternity, investment and love in jealous response. *Evolution and Human Behavior, 35*(2), 103–108.

Schaller, M., & Murray, D. R. (2008). Pathogens, personality, and culture: Disease prevalence predicts worldwide variability in sociosexuality, extraversion, and openness to experience. *Journal of Personality and Social Psychology, 95*(1), 212.

Smith, E. A., Borgerhoff Mulder, M., & Hill, K. (2001). Controversies in the evolutionary social sciences: A guide for the perplexed. *Trends in Ecology & Evolution, 16*(3), 128–135.

Sober, E., & Wilson, D. S. (1999). *Unto others: The evolution and psychology of unselfish behavior*. Cambridge, MA: Harvard University Press.

Sperber, D. (1996). *Explaining culture: A naturalistic approach*. Cambridge, MA: Blackwell.

Symons, D. (1995). Beauty is in the adaptations of the beholder: The evolutionary psychology of human female sexual attractiveness. In P. R. Abramson & S. D. Pinkerton (Eds.), *Sexual nature/sexual culture* (pp. 80–118). Chicago, IL: University of Chicago Press.

Talhelm, T., Zhang, X., Oishi, S., Shimin, C., Duan, D., Lan, X., & Kitayama, S. (2014). Large-scale psychological differences within China explained by rice versus wheat agriculture. *Science, 344*(6184), 603–608.

Thornhill, R., & Fincher, C. L. (2014). *The parasite-stress theory of values.* New York, NY: Springer.

Thornhill, R., Fincher, C. L., Murray, D. R., & Schaller, M. (2010). Zoonotic and non-zoonotic diseases in relation to human personality and societal values: Support for the parasite-stress model. *Evolutionary Psychology, 8*(2), 151–169.

Thornton, R., Miller, T., & Warren, J. (1991). American Indian population recovery following smallpox epidemics. *American Anthropologist, 93*(1), 28–45.

Tooby, J., & Cosmides, L. (1989). Evolutionary psychology and the generation of culture, part I: Theoretical considerations. *Ethology and Sociobiology, 10*(1), 29–49.

Tooby, J., & Cosmides, L. (1990). The past explains the present: Emotional adaptations and the structure of ancestral environments. *Ethology and Sociobiology, 11*(4), 375–424.

Tooby, J., & Cosmides, L. (1992). The psychological foundations of culture. In J. H. Barkow, L. Cosmides, & J. Tooby (Eds.) *The adapted mind* (pp. 19–136). New York, NY: Oxford University Press.

Tybur, J. M., Lieberman, D., Kurzban, R., & DeScioli, P. (2013). Disgust: Evolved function and structure. *Psychological Review, 120*(1), 65.

van Leeuwen, F., Koenig, B. L., Graham, J., & Park, J. H. (in press). Moral concerns across the United States: Associations with life-history variables, pathogen prevalence, urbanization, cognitive ability, and social class. *Evolution and Human Behavior.*

Vrugt, D. T., & Pederson, D. R. (1973). The effects of vertical rocking frequencies on the arousal level in twomonth-old infants. *Child Development,* 205–209.

Weisfeld, G. (1999). Darwinian analysis of the emotion of pride/shame. In J. M. G. Van Der Dennen, D. Smillie, & D. R. Wilson(Eds.) *The Darwinian heritage and sociobiology* (pp. 319–333). Westport, CT: Praeger.

Wilson, E. O. (2012). *The social conquest of Earth.* New York, NY: W. W. Norton.

Witherington, D. C., Campos, J. J., Anderson,D. I., Lejeune, L., & Seah, E. (2005). Avoidance of heights on the visual cliff in newly walking infants. *Infancy, 7*(3), 285–298.

Wrangham, R. W., & Glowacki, L. (2012). Intergroup aggression in chimpanzees and war in nomadic huntergatherers. *Human Nature, 23*(1), 5–29.

45장

진화인류학

루벤 C. 아슬란 · 라스 펜케

서론

찰스 다윈은 진화론을 전개할 때만 해도 유전학이란 것을 전혀 몰랐다. 따라서 진화론의 가장 큰 약점 중 하나는, 유전에 관한 조잡한 개념들에 기초할 수밖에 없었다는 점이다. 비슷한 시기에 그레고르 멘델Gregor Mendel이 유전의 법칙을 발견했지만, 처음에 과학계는 그 중요성을 알아보지 못했다. 1930년대가 돼서야 도브잔스키, 피셔, 할데인Haldane, 라이트, 마이어 등이 유전학과 진화론을 통합해서 '근대적 종합'을 이뤄냈다. 그럼에도 근대적 종합은 유전학을 기초적으로밖에 이해하지 못하고서 유전자를 입자성 유전 정보로만 취급했다. DNA의 구조 같은 분자유전학의 기본 원리들은 1950년대 말에야 발견되었다. 1980년대 말에 동물행동학과 사회생물학에서 출현한 현대적인 진화심리학은 인간의 보편성을 힘주어 강조했는데, 그 배경에는 첫째, 복잡한 적응은 동형(혹은 성적 이형)이어서 적어도 모든 인간의 마지막 공통 조상으로 거슬러 올라가야 한다고 하는 가정, 둘째, 개인차를 통계적 잡음으로 다루곤 하는 실험적 인지심리학과 방법론적으로 유사하다는 사실이 놓여 있었다. 결과적으로 진화심리학은 사람들 사이의 유전적 차이를 과소평가했다 (Tooby & Cosmides, 1990) 진화심리학과 행동유전학은 10여 년 동안 거의 독립적으로 발전했다. 행동유전학은 사실상 모든 심리적 또는 행동적 차이에 유전적 변이가 보인다는 것(Turkheimer, 2000)과 거의 모든 유전성 형질의 분자유전학적 기초는 근대적 종합에서 가정했던 것보다 훨씬 더 복잡하다는 것을 발견했다. 그러는 사이에 진화심리학자들도 매력도와 지능 같은 유전자 품질의 정직한 신호에 대한 성 선택 모델(Gangestad & Sompson, 2000)이나 생활사 형질의 유전적 변이 모델(Miller & Penke, 2007을 보라)에서 유전적 변이가 중요하다는 사실을 더욱 분명히 깨닫게 되었다. 지난 10년 동안 진화유전학은 진화심리학자들 사이에서 점점 더 폭넓게 인정받고 있지만(Buss & Hawley, 2011; Gangestad & Yeo, 1997; Buss & Penke, 2014; Penke, Denissen, & Miller, 2007), 아직도 대부분은 유전학의 관점을 충분히 흡수하지 않고 있다(Miller, 2011).

진화유전학의 관심사는 형질에 유전적 변이가 존재하고 유지되게끔 하는 기제다. 다른 모든 조건이 동일하다면, 선택의 작용으로 결국 적합도와 관련된 유전 형질에서 유전적 변이는 고갈될 것이다(Penke et al., 2007). 하지만 그런 유전적 변이는 어디에나 편재하고, 그래서 문제의 형질이 무엇이든 간에 다음과 같이 다양한 심리학 이론에서 두드러진 역할을 하는 안정적인 개인차의 기초가 된다. 성 간 선택의 형질 이론(예를 들어, 매력, 친화성, 지능; Buss, 1989), 성 내 선택의 형질(남성성, 공격성; Puts, Bailey, & Reno, 이 책, 1권, 13장), 생활사 형질, 재조정 이론의 위압성(Sell, Tooby, & Cosmides, 2009), 사회관계측정sociometer의 민감성(Denissen & Penke, 2008), 행동면역계의 감염 취약성 지각(Schaller & Park, 2011), 애착 안정(Rholes & Simpson, 2006), 협력 시 강한 호혜를 보이는 성향(Fehr, Fischbacher, & Gächter, 2002). 이 이론들은 적응적 역할을 개인차에 돌리고 명시적으로든 암묵적으로든 개인차를 적합도와 연결시키면서도, 개인차의 유전적 변이는 대개 당연한 것으로 취급한다.

진화유전학은 진화심리학자들이 인간의 인지능력 뒤에 놓인 궁극적 이유의 단서를 발굴할 때 도움이 될 수 있는데, 그런 이유는 고생물학과 고고학을 통해 거둬들일 수 있는 범위 바깥에 있기 때문이다(Enard, Messer, & Petrov, 2014). 이런 정보는 현실적으로도 매우 중요하다. 예를 들어, 사회적 관습이나 정책을 바꿔서 자연선택과 성선택을 변화시키려 할 때 이 선택이 특정한 형질에 어떤 영향을 미칠지를 이해하는 데 도움이 될 수 있다.

따라서 이 장의 한 목표는 진화유전학 연구자들이 사용할 수 있는 도구를 소개하는 데 있다. 이 전에 우리는 진화의 힘들을 개관하고, 그 상호작용으로 유전적 변이가 어떻게 유지될 수 있는지를 살펴보고자 한다. 진화가 개인차를 유지해나가는 다양한 방식을 예시하기 위해 우리는 적절하고 교훈적으로 유용한 예처럼 보이는 몇몇 형질을 구체적으로 인용할 것이다. 하지만 일반적인 접근법은 진화심리학 이론과 관련된 형질을 포함한 모든 종류의 형질에 적용될 것이다. 가능한 모든 설명을 문헌상으로 명료하게 평가하기는 거의 불가능했으므로, 우리는 확실한 진술을 삼가고자 노력했다. 이 한계를 염두에 두고서도 우리는 진화심리학자들이 진화유전학에서 나온 풍부한 틀을 이용하고자 할 때 우리의 실례들이 도움이 되리라고 확신한다.

유전적 구조

분자유전학에서 어떤 연구자는 형질의 유전적 구조genetic architecture를 규명할 목적으로 수행했으며, 이 구조를 때로는 유전자형-표현형 지도라고 부른다(Mackay, 2001). 한 형질의 유전적 구조는 그 형질이 진화해온 역사와 함께 그 형질에 유전적 변이를 유지시키는 기제에 대해 중요한 단서들을 제공한다(Penke et al., 2007). 어떤 수량적 형질의 유전적 구조를 규명하다 보면 이상적인 경우에는 돌연변이에 대한 그 형질의 **강건성**robustness(수로화canalization)뿐 아니라 **진화 능력**evolvability도 알게 된다. 이는 또한 **다형질발현**pleiotropy(관련된 유전자들이 동시에 다른 효과를 만들어내는지)의 정도와 **비상가적 유전적 변이**inadditive genetic variation(상위epistasis와 우위, 다음 세대에 동일한 표현형이 나타나지 않는 변이)의 중요성도 측정할 수 있다는 뜻이 된다. 애석하게도 유전적 구조에 대한 많은 설명이 관련된 유전적 변이체들의 수와 효과 크기를 추정하는 수준에 머물러 있다. 그런 조사의 목표는 종종 어떤 분자유전학 연구가 유전자 사냥에 성공해서 생물학적 경로와 약물 표적에 가 닿을지를 예측하는 것이지, 형질의 유전적 변이에 대한 궁극적인 진화적 설명을 찾는 것이 아니다. 이 장에서 우리는 후자의 목표에 접근하는 개념적 방법을 제안하고자 한다.

원인이 되는 유전적 변이를 확인하는 일에서 한 발짝 후퇴하는 듯 느껴지기도 하지만, 우리는 유전자 사냥이 성공하려면 무엇이 필요한지에 대한 흥미로운 예상(Chabris et al., 2013)과 우리가 그 일에 어떻게 성공할 수 있을지에 대한 다양한 생각

(Graur et al., 2013; Mitchell, 2012)을 접어두고, 대신에 공통의 이론적 기반을 찾는 일에 초점을 맞추는 것이 현명하다고 생각한다.

연구자들은 분자 수준에서 확인된 유전적 변이로는 설명되지 않는 관찰 가능한 유전적 변이, 즉 '손실된 유전 가능성missing heritability'(Mitchell, 2012)을, 혹 설명할 수 있다면 어떻게 설명할 수 있을지에 의견이 엇갈린다. 현재 사용할 수 있는 도구는 한계가 있어서 가끔 우리의 시야를 가리고, 그래서 이론적으로 믿을 만해 보이는 유전적 구조들이 우리의 맹점과 겹치곤 한다. 다행히, 분자유전학에서 빠르게 발전하고 있는 기술과 통계로 우리의 도구가 늘고 있어서 우리의 시야를 흐리게 하는 맹점이 줄어들고 있다. 하지만 유전체 서열을 형질과 관련시킬 때 마주치는 매개변수의 폭발적 증가 같은 중요한 문제를 고려할 때, 아직은 겸손함을 유지해야 한다(그러나 Ma, Clark, & Keinan, 2012를 보라).

또한 우리의 핵심 형질들이 유전적 차원에 반영될 것이라는 결론으로 너무 조급하게 비약해서도 안 된다. 예를 들어, 미첼(2012)은 정신질환을 연속적인 나열하는 임계치 모델에 반대하면서, 정신질환은 정말로 다양하고 우리는 이제 막 임의로 대충 분류하기 시작했다고 말했다. 성격과 지능 같은 심리 특성의 구조에도 그와 비슷한 주장을 할 수 있다.

게다가 사용할 수 있는 증거가 가리키는 유전적 구조에 대해서도 미해결 문제가 종종 발목을 붙잡는다. 예를 들어, 연구자들은 선택이 변이를 고정시켜서 적합도 형질의 유전적 변이를 감소시킬 것으로 믿었다. 유전 계수가 낮을 때는 옳은 것 같았다. 하지만 연구자들이 적합도 형질들이 돌연변이의 거대한 표적이 된다는 것을 알았을 때(Merilä & Sheldon, 1999), 같은 유전 가능성 데이터를 평균−표준화된 변이 계수로 나타내서(절대 측정) 다시 조사한 끝에, 유전 가능성 변이의 높은 값을 얻어냈다. 전체 변이 중의 비율로 표현된 유전 가능성(상대 측정)은 큰 환경적 변이에 비해 작고 왜소하게만 보였다(Miller & Penke, 2007). 적합도 형질의 개념화가 변이에 대한 더 적절한 통계를 통해 역전된 것이다.

진화의 힘들이 형질의 유전적 구조를 어떻게 빚어내는지에 대한 우리의 이해는 계속 진화할 것이다. 따라서, 원인이 되는 유전적 변이를 확인하는 방법을 논하기에 앞서, 먼저 유전적 변이를 잠재적으로 유지시키는 기제들로 시작해보자.

진화의 힘들

먼저 개체군 안에서 유전적 변이에 영향을 미치는 네 가지 기본적인 힘을 소개하고자 한다.

돌연변이

존재하는 모든 유전적 변이는 과거에 돌연변이로 생겨난 것들이다. 인간의 유전체 서열을 이루고 있는 염기쌍 64만 개에 비하면 돌연변이는 드문 사건이다. 모든 돌연변이 가운데 유익한 돌연변이가 가장 드물고, 대다수는 적합도에 중립적이며, 해로운 돌연변이가 나머지를 차지한다. 중립적 돌연변이 개념은 선택보다는 그 돌연변이의 운명에 더 중요한 우연(또는 부동drift)으로 환원될 수 있기 때문에, 어떤 돌연변이를 중립적이라 부르는 것은 그 효과 크기만이 아니라 평범성(흔함)에도 달려 있다. 유익한 효과를 작게 나타내는 돌연변이는 드문 동시에, 대개 우연에 따라 그 운명이 결정된다. 우연한 사건들로 모든 사본이 제거될 수 있기 때문이다. 일단 빈도가 증가하고 더 큰 개체군에서 발생하면, 상대적으로 우연이 덜 중요해지고, 그 돌연변이는 선택의 지배를 더 많이 받게 된다(Lanfear, Kokko, % Eyre-Walker, 2014).

인간에게 가장 흔히 발생하는 돌연변이 사건은 단일 염기쌍(DNA의 철자들)의 변화지만, 복수의 염기쌍이나 훨씬 더 긴 DNA 부위(DNA 복제수 변이)에 결실, 중복, 삽입이 일어나기도 한다. 가령 다운증후군을 일으키는 21번 염색체 중복 같은 염색체 이수성(염색체 수적 이상)은 드물지만 방대하며, 출산 때마다 일어나는 염기쌍 변화의 대부분을 차지한다. 이수성은 산모의 나이가 많을수록 기하급수적으로 증가한다고 알려져 있는데, 이수성을 제외하고 모든 종류의 돌연변이는 부계 쪽에서 더 자주 발생하고, 임신할 때 아버지의 나이가 많을수록 기하급수적으로 증가한다(Campbell & Eichler, 2013). 대략 추정하고 있는 이유는 부계 쪽 생식계열에서 세포분열이 계속 일어나고 모계 쪽에서는 그렇지 않다는 것(Kong et al., 2012)이지만, 베이트먼의 원리(각각의 자식에 대한 남성의 투자가 더 적다) 같은 궁극적(거리가 먼) 설명들도 염두에 둘 필요가 있다(Stearns, 2005).

선택

선택은 유전되는 적합도 변이가 있을 때 일어난다. 자연선택은 종종 다수의 하위 범주로 나뉜다. 한 구분법에서는 양성, 방향성 선택(증가를 선호한다), 분단성 선택(양 극단을 선호한다), 안정화 선택(어떤 형질에서 변이의 감소를 선호한다)으로 나눈다. 또 다른 구분법에서는 생존 선택과 성선택을 분리해서 생각한다. 때로는 이것을 '선택의 에피소드'로 더 세밀하게 구분한다. 예를 들어, 생존 선택은 배란기에 난자가 배출될 확률, 정자가 난자를 수정시킬 확률, 접합자가 착상할 확률, 임신이 주기를 다 채울 확률(Stearns, 2005), 죽지 않고 출산할 확률, 생식 연령까지 살 확률 등으로 나눌 수 있다. 성선택은 짝을 만나 마음을 사로잡을 확률, 동성의 경쟁자들을 물리칠 확률, 짝의 수, 짝당 자식의 수, 다음 몇 세대에 걸친 자손의 적합도와 수로 나눌 수 있다. 인간에게 선택이 감소했다는 잘못된 인상은 자세히 들여다보면 주산기와 출산 후 생존 선택에 영향을 미치는 요인들에만 해당되며, 성선택의 요소는 거의 주의를 기울이지 않은 결과다.

상관 선택, 유전적 편승, 다형질발현 유전적 변이는 독립적으로 선택되지 않는다. '유전적 편승'이란 말이 생생하게 암시하듯이, 대립유전자는 선택되고 있거나 도태되고 있는 이웃한 대립유전자의 코트 뒷자락을 잡고 일배체형haplotype에 편승할 수 있다. 우리는 유전자를 덩어리로 물려받기 때문에, 한쪽 부모에게서 특정한 유전자를 물려받을 가능성은 그 이웃들의 가능성과 별개가 아니다. 여러 세대에 걸쳐 재조합이 일어나면 일배체형이 깨진다. 깨지지 않은 긴 일배체형은 최근에 새로운 돌연변이가 강하게 선택되었음을 말해준다. 유익한 돌연변이에 인접한 대립유전자들이 그 뒷자락에 함께 '쓸려swept' 왔고, 아직 재조합에 의해 깨지지 않기 때문이다('단단한 스윕hard sweep'이라고 한다). 깨지지 않았지만 그보다 짧은 일배체형은 지속적인(기존의) 유전자 변이가 선택되었음을 말해준다('부드러운 스윕soft sweep'; Pritchard, Pickrell, & Coop, 2010). 보통 동시 발생하고('연관 불균형[연관 비평형linkage disequilibrium]' 상태에 있고) 그럼으로써 일배체형을 이루는 둘 또는 그 이상의 대립유전자는 적합도에 다른 효과를 미칠 수 있고, 심지어 정반대 효과를 미칠 수도 있다. 재조합으로 깨질 때까지 그 대립유전자들은 따로 선택될 수가 없다.

대립유전자는 상관 선택을 겪는데, 단지 인접해 있어서만은 아니다. 단일 유전자좌에 있는 변이라 해도 각기 다른 표현형 결과를 통해 적합도에 복수의 **다형질발현** 효과를 나타낸다. 대립유전자의 적합도 효과를 선택의 여러 에피소드로 구분하는 것도 타당할 수 있다. 예를 들어, 어떤 돌연변이는 감수분열 이전에 고환을 위해 선택되지만, 나중에 에이퍼트 증후군을 야기할 수 있다(Choi, Yoon, Calabrese, & Arnheim, 2008).

유전적 부동drift, 浮動

수가 적을 땐 운이 주역으로 나선다. 유전자 변이가 제아무리 유익해도 그 보유자의 수가 적다면 무작위 사건에 의해 전부 제거될 수 있다. 마찬가지로, 해로운 변이가 우연히 고정될 수도 있고, 유익한 희귀 변이가 재조합 과정에서 사라질 수도 있다. 유익하든 해롭든 유전자 변이는 표류하다 고정되기도 하고, 그저 우연에 휩쓸려 멸종하기도 한다. 한 유전자좌의 변이가 모두 흔하다면(어떤 단일 변이도 드물지 않고, 개체군이 크기 때문에) 대수의 법칙law of large numbers에 따라서 어느 하나가 고정되기까지는 오랜 시간이 걸릴 것이다. 인간의 경우에 유전적 다양성이 극히 낮은 경우는 유전적 **병목**이 부동의 중요한 사건이었음을 가리킨다(Gazave, Chang, Clark, & Keinan, 2013). 병목은 이주로 인해 발생할 수 있다. 북아메리카에 건국자 인구가 이주했을 때나, 가뭄, 유행병, 빙하기 같은 혹독한 조건 때문에 인구 규모가 극적으로 감소했을 때가 그런 예다. 인구가 줄어들어 다양성을 잃었다면(예를 들어, 단일 씨족), 부모 집단에서 아무리 유익한 대립유전자를 물려받았어도 부동에 휩쓸려 사라졌을 수 있다.

유전자 유동gene flow(또는 유전자 이주)

어떤 대립유전자를 보유한 개인들이 한 집단에서 다른 집단으로 이동할 때 각 집단의 대립유전자 빈도는 변화를 겪는다. 이 과정은 비체계적인 유전자 부동과 구분된다. 관련된 유전자 변이가 양쪽 집단과 환경에서 이주 성향과 성공에 다른 영향을 미칠 수 있기 때문이다.

유지 기제

어떤 형질에 방향성 또는 안정화 선택이 장시간 일어나면 그 형질의 유전적 분산이 고갈된다. 한 형질에 유전성 변이를 유지시키는 기제는 대립유전자 빈도를 변화시키는 진화적 힘들 간의 평형equilibrium 또는 맞거래로 이해할 수 있다. 어떤 경우는 마치 진화를 통해 맞거래가 더 적은 유전적 구조가 새로 출현한 것처럼 보일 수도 있다. 최적의 해결책이 그저 적당하기만 한 해결책을 누르고 항상 선택될 정도로 좋은 것은 아니라는 점에 주의하자. 우리 눈에 맹점이 있는 것도 그 때문이다.

돌연변이-선택 균형MSB

돌연변이는 계속 출현한다. 돌연변이가 완전히 중립적이라면 선택의 눈에 띄지 않고 부동하거나 편승하고, 사라지거나 고정될 것이다. 하지만 해로운 돌연변이라면 선택이 가만 놔두지 않을 것이다. 우성 치사돌연변이라는 말은 좀처럼 듣기 어렵다. 한 세대 안에 제거되기 때문이다. 헌팅턴병은 생식 연령 이후에 발병하는 탓에 드문 예외가 될 수 있다.

진화심리학자가 흥미를 느끼는 형질이 대부분 그렇듯이 어떤 형질이 유전적으로 복잡하다면, 많은 유전자가 관련되어 있어도 모든 유전자가 중요한 역할을 하지는 않을 것이다. 따라서 해로운 유전자 중 일부는 도태되는 정도가 약하고, 그래서 몇 세대 동안 남아서 서성거릴 것이다. 만일 어떤 형질의 돌연변이 표적 크기(관련된 유전자좌의 수)가 크다면, 그 형질에 영향을 미치는 돌연변이가 축적되고, 그래서 개인은 돌연변이 하중을 지니게 된다. 이렇게 한 형질(예를 들어 신체적 매력)의 변이는 방향성 선택을 받아도 계속 유지될 수 있다. 자폐 스펙트럼 장애의 유전적 특질을 조사하면 새로운 돌연변이가 환자의 15%를 설명하는 것으로 보이는데(Devlin & Scherer, 2012), 다만 이것을 돌연변이-선택 균형이 자폐에 미치는 영향과 동일시해서는 안 된다. 당연히, 더 오래되고 유전된 돌연변이 하중이 더 많이 관여할 테기 때문이다. 논란의 중심에는, 어떤 형질에 관여할 것 같은 유전자의 수가 얼마나 되는지, 그리고 그런 유전자들을 분열시키는 것이 드물고 새로운 돌연변이인지 아니면 흔하고 오래된 돌연변이인지의 문제가 있다(Gazave et al., 2013).

안정화 선택 대 방향성 선택과 돌연변이의 균형 돌연변이−선택 균형MSB하에 있는 형질은 더 자세히 분류해도 의미가 있다. 어떤 형질의 증가가 적합도의 증가와 연결된다면(방향성 선택), 새로운 돌연변이는 대개 그 형질의 감소를 야기할 것이다. 대개 MSB 연구에서는 암묵적으로 그렇게 가정한다.

대신에 어떤 형질의 적합도가 일정한 최적도와 관련되어 있다면, 그 형질은 안정화 선택 아래 있다고 말한다. 안정화 선택은 예를 들어 유전자 과잉을 증가시켜서 해로운 돌연변이에 대한 강건성을 높여준다. 우리처럼 유성생식으로 재조합을 하는 종들은 돌연변이 강건성이 증가해도 형질의 진화 능력(선택에 반응하는 잠재력)이 감소한다고 볼 필요는 없다는 주장이 있다. 즉, 유전자 과잉이 개별 변이에 대한 선택압을 감소시켜서 변이가 백업 사본에 축적되고 유전적 혁신의 놀이터가 만들어진다. 이 경우에 새로운 돌연변이는 그 최적도로부터 상대적으로 더 작은 일탈을 야기하고, 그로 인해 방향성 감소에 초점을 맞춘 사람에게는 유전적 관련성이 보이지 않을 수 있다. 최적도는 적어도 최근에 환경 변화를 겪은 형질이 아니라면, 해당 형질의 평균이라고 볼 수 있다. 시력은 여기서 예외일 것이다. 근시가 원시보다 흔하지만, 근시가 원시보다 우세한 것은 우리의 환경에서 일어난 변화, 즉 근거리 노동이 흔해지고 야외에서 보내는 시간이 감소했기 때문이다(Mingroni, 2004). 심리적 형질의 최적도가 즉시 보이지 않을 때 그 최적도를 결정하는 방법으로 연구자는 형질의 수준을 생존 및 짝 선호와 관련시켜 이를 적합도 결과의 대리물로 이용할 수 있다.

균형화 선택balancing selection

이제 우리는 균형유지 기제를 소개하고자 한다. 모든 기제에서, 한 선택압은 그와 다른 장소, 시간, 발달 단계, 사회적 환경, 개인 내 유전적 환경에 있는 다른 선택압의 방해를 받는다.

공간·환경의 이질성의 균형화(이주−선택 균형) 인간은 다른 환경에서 다른 선택압을 겪을 수 있다. 장소에 의한 선택은 가령 태양광 강도의 차이(Norton et al., 2007), 고도(Simonson et al., 2010) 같은 선택압에 국한될 필요가 없다. 가장 두드러진 두 압력 말고도 무진장하기 때문이다.

성격은 여행을 좋아하는 성향에 영향을 미치기 때문에, 이주는 공간적 균형화 선택을 뒷받침하는 요인이 된다. 만일 세상을 보고 싶어 하는 사람들이 태어난 섬을 떠나 뭍으로 나간다면, 남아 있는 섬사람들은 결국 평균적으로 경험에 대한 개방성이 낮을 것이다(Ciani & Capiluppi, 2011). 또한 만일 정주하는 섬사람들이 뭍에서 온 사람들과 가끔씩 이종교배를 하지 않는다면, 선택이 개방성의 변이를 감소시킬 것이다. 마찬가지로 사회성은 시골에서 도시지역으로 이주하는 경향을 지원한다(Jokela, Elovainio, Kivimäki, & Keltikangas-Järvinen, 2008). 이런 시나리오에서는 한 인구 안에서 사람들이 자신에게 가장 잘 맞는 환경으로 이주하는 쪽을 선택하기 때문에 유전자 변이가 유지된다. 그런 니치 고르기(다른 말로는, 유전자-환경의 적극적 상관관계)는 인간에게 유전자 변이를 유지시키는 강한 힘이 될 수 있다(Penke, 2010). 한 인구 전체에서는 어떤 형질이나 기본적인 유전자 변이도 눈에 띄게 선호되지 않으며, 그에 따라 선택압은 균형을 이룰 것이다.

문화적 설명을 비롯한 환경적 설명은 유전자에 기초한 심리의 인구별 차이와 분리하기 어렵기 때문에, 우리는 논란이 있는 이 주제에 신중하게 접근하는 방식을 옹호한다. 어떤 사람들은 박약한 증거—예를 들어, 상당히 높은 집단 내 유전 가능성 계수—에 기초해서 주요한 유전적 차이나 심지어 우월성에 대해 성급한 결론을 내리지만, 증거를 균형 있게 보면 집단 간 차이를 유전적으로 설명하기가 얼마나 어려운지를 알 수 있다(Berg & Coop, 2014).

인간은 생태환경을 지배하고, 필요에 맞게 환경을 개조(틈새환경 조성)할 줄 알기 때문에, 펜케와 동료들(2007; Penke, 2010)은 인간이 적응해야 하는 변동의 가장 중요한 측면은 자신의 사회적 환경이라고 주장했다.

사회적 환경의 균형화(음성 빈도-의존적 선택) 측면얼룩도마뱀Uta stansburiana 수컷은 세 가지 형이 있으며, 멘델리안Mendelian이라는 한 유전자좌에 있는 대립유전자 세 개가 목의 색과 그에 따른 행동을 지배한다. 목이 파란 수컷은 하나의 짝과 하나의 영토를 지킨다. 그래서 더 크고, 공격적이고, 주황색 목을 가진 수컷들에게 짝을 빼앗기곤 한다. 주황색 수컷은 넓은 영토와 여러 마리의 짝을 거느린다. 이 녀석들은 짝을 잘 지킬 줄 모르기 때문에 노란색 목을 가진 수컷이 짝을 훔쳐도 속수무책이다. 노란색 수컷은 암컷인 척하고 몰래 접근한다. 이 물고 물리는nontransitive 짝짓기 게임은 가위바위보에 비유되며(Sinervo & Lively, 1996), 게임이 그리는 진동에 따라 가장 희귀한 형이 다음 세대에 더 흔해진다.

인간에게 생물학적 성은 그런 음성 빈도−의존적 선택NFDS을 겪는 가장 친숙한 형태일 것이다. 더 드문 성이 더 탐이 나고, 그래서 짝짓기 시장의 원리에 따라 번식의 이점을 누린다(Del Giudice, 2012). 또한 NFDS를 이용하면 기본적인 사이코패스(Mealey, 1995), 성격 형질(Penke et al., 2007), 그리고 가장 생산적인 주제로, 기생체에 대한 면역성(Sutton, Nakagawa, Robertson, & Jamieson, 2011)을 설명할 수 있다.

만일 사이코패스가 빈도−의존적 선택을 겪는다면, 우리는 정책 변화로 몇 세대 안에 사이코패스의 평형 빈도를 낮출 수 있다(Mealey, 1995).

시간에 걸친 균형화(세대) 시간에 걸친 선택의 진동이 대립유전자가 고정되거나 소거되는 데 필요한 시간대보다 더 빠르게 반복된다면, 그 진폭 안에서 변이는 유지될 수 있다. 예를 들어, 인구 내에서 성비가 시간에 따라 자연스럽게 진동할 때, 한 쪽 성의 짝짓기 결과를 높여주는 성격 형질의 유전자 변이는 균형화 선택에 의해 유지될 수 있다(Del Giudce, 2012). 만일 그 진동을 예측할 수 있다면, 선택은 그 대신에 유전적으로 고정된 조건발현적 전략을 출현시킬 것이며, 이 문제는 생활사 이론의 값진 주제가 될 것이다(Nettle, Frankenhuis, & Rickard, 2013; Penke, 2009, 2010).

시간에 걸친 균형화(개체발생의 발달 단계) 앞에서 우리는 고환에서 분열, 증식하지만 나중에 병을 일으키는 대립유전자에 대해 언급했다(Choi et al., 2008). 발달 단계에 걸쳐 음의 상관관계를 보이는 선택은 양적 형질들에 대해서도 유효하다. 예를 들어 큰 머리는 나중에 인지능력을 지원할 수 있지만, 출산을 까다롭게 한다(Miller & Penke, 2007). 선택은 그런 맞거래를 하지 않아도 되는 형질을 선호하지만, 특히 발달 단계에 걸친 적합도 효과의 변동과 맞물려서는 그와 같이 변이가 유지될 수 있다.

다른 유전자좌에 있는 유전자 변이의 균형화 어떤 대립유전자는 다른 유전자 변이가 있거나 없을 때만 유익한 또는 해로운 효과를 나타낸다. 인간의 유전체에서 이미 다수가 된 변이들과 맞물려서 벌어지는 상호작용을 모두 고려하기는 너무 복잡한 탓에 어떤 사람들은 어떤 형질에서는 진화가 주로 부가적 변이나 심지어 모듈화된 변이를 낳았다고 주장해왔다(W. G. Hill, Goddard, & Visscher, 2008). 하지만 통계적 검증력이 부족해서 상위epistasis를 놓친 것일 수도 있다.

같은 유전자좌에 있는 유전자 변이의 균형화(초우성, 이형접합자 이익, 선택-부동 균형) 다형성polymorphism, 그중에서 겸상적혈구빈혈증을 생각해보자. 그 다형성의 사본이 두 개면 산소 분압이 낮은 조건에서 혈구를 낫 모양으로 만들고, 보통 조기 사망을 유발한다. 반면에 사본이 한 개일 때(이형접합성)는 말라리아 내성이 커진다. 과거에 말라리아가 강한 선택압으로 작용했던 지역의 개인들은 겸상적혈구 다형성을 보유하고 있는 경우가 많다. 이형접합자는 어느 한 대립유전자를 가진 동형접합자보다 선택의 이점이 있고, 그래서 겸상적혈구 대립유전자가 평형 빈도의 인구 내에서 존속할 수 있다.

이런 평형은 안정적이지 않다. 즉, 이익만 있고 불이익은 없는 대립유전자는 경쟁자를 빠르게 제거한다. 우리는 초우성이 특히 최근에 강한 선택—예를 들어, 유행병으로 초래된 선택—하에 있었던 사례를 기대하고 있다.

돌연변이-부동 균형(선택/조상 중립성)

만일 중립적 형질에 영향을 미치는 돌연변이가 아주 빈번하게 발생해서, 그 일부가 표류하다 사라지기 전까지 오래도록 머무른다면, 이 형질의 유전적 변이도 함께 머무를 것이다. 유전적 부동의 성격 때문에, 현재 존재하는 완전히 중립적인 다형성은 대규모 인구 안에 더 오래 머무를 것이다. 인간의 DNA는 대부분 비기능적인 정크라서 선택을 통해 제거되지 않고 보존되기 때문에 돌연변이는 대부분 중립적이다(Graur et al., 2013). 그렇다면 가장 먼저 스치는 직관은, 인간의 개인차는 대부분 선택적으로 중립이거나 '진화의 잡음'이라는 것이다(Tooby & Cosmides, 1990). 하지만 표현형이 선택의 시야에 들어오는 가변적인 형질은 그렇게까지 완전히 중립적이진 않을 것이다. 우리가 형질에 관심을 기울이는 이유는 거기에 번식 성공 같은 중요한 생애 결과나, 그에 따른 진화적 적합도에 대한 예측치가 있기 때문이다. 게다가 오늘날에는 인구가 더 커졌기 때문에 선택이 더 유효해졌고, 부동보다 더 강할 때가 더 많을 것이다(Penke et al., 2007).

인간은 문화와 환경이 빠르게 변하고, 인구 크기가 빠르게 증가하기 때문에(Gazave et al., 2013), 우리는 선택적으로 중립이었거나 거의 중립적이었지만 더 이상 그렇지 않은 특별한 형질에 특히 주목하고 싶어진다. 바로, 자연선택이 유전적 변이를 빠르게 제거할 것이라고 예상할 수 있는 형질들이다. 돌연변이─부동 균형하에 있는 형질들은 지속적인 변이의 저장고이기 때문에, 그리고 선택이 부동보다 더 강하기 때문에, 전에는 유지되었던 변이가 감소할 수 있다.

조상 시대에 중립적이었던 심리적 형질의 유력한 후보가 있다. 바로, 일찍 일어나는지 늦게 일어나는지에 대한 선호다. 우리의 일주기 리듬(24시간 주기 리듬)은 인공광이 거의 없고 실내에서 거의 생활하지 않았던 시절에 보편적이었던 광원, 태양에 맞춰져 있다. 인공광이 많아질수록 사람들의 일주기 리듬은 더 가변적이 되고(Wright et al., 2013), 이 차이는 적당히 유전된다(Barclay, Eley, Buysse, Archer, & Gregory, 2010). 어쩌면 여기서 우리는 인공광 밑에서만 모습을 드러내는 신비한 유전적 변이를 보고 있는지 모른다. 인공광이 없었을 때는 인구 안에서 모든 사람이 빛에 똑같이 노출되는 탓에 유전적 차이가 드러날 기회가 없었을 것이다. 하지만 인공광에 노출될 때 영향력을 드러낼 심리적 차이는 이미 존재하고 있었다.

한 번에 둘 이상의 형질에 관여하는 기제

이 절에서는, 형질에 유전적 가변성이 있다는 인상을 주지만 사실은 다른 기제 및 형질과 함께 묶을 때 가장 잘 이해할 수 있는 기제를 살펴보고자 한다.

다형질발현 및 편승과 관련이 있는 기제 유전자가 다형질발현(복수의 형질에 영향을 미친다)하거나, 연관linkage(염색체상 근접해 있는 다른 유전자와 연관)되어 있을 때, 형질들 간에 유전적 상관이 나타날 수 있다. 유전적 상관을 발견하고, 상관된 복수의 형질에 현대의 선택이 있었는지를 분석하는 방법들은 있지만(Stearns, Byars, Govindaraju, & Ewabank, 2010), 인간의 진화사에 그 일을 시도한 연구는 거의 없다.

적대적 다형질발현antagonistic pleiotropy의 가장 대표적인 예들은 생물학적 성과 맞물려 발생한다. 얼굴의 남성성 같은 형질들은 한 성보다 다른 성에 있을 때 더 적응적이지만, 각각의 대립유전자는 한쪽 성에서 생의 절반을 보낸다(A. J. Lee at al., 2014). 또 다른 중요한 다형질발현 상호작용은 몸의 제한된 에너지 예산을 통해, 특히 면역, 뇌, 장기 기능에 쓰일 수 있는 에너지 예산을 통해 발생한다. 결과적으로 선택은 어느 한 형질을 최적화할 수 없고, 결국 똑같이 적합한 형질 조합들을 일렬로 인구 안에 유지시킨다.

반응성 유전 가능성 유전되는 개인차의 형질이라고 해서 다 균형화 기제에 매일 필요는 없다. 대신에, 다른 유전 형질에 따라 조정될 수도 있다(Tooby & Cosmides, 1990). 예를 들어, 루카제브스키Lukaszewski와 로니(2011)의 가정에 따르자면, 외향성은 개인의 신체적 매력과 체력에 따라 조정될 수 있다. 따라서 우리는 외향성을 따로 연구할 때 돌연변이-선택 균형의 특징을 발견할 수 있지만, 외향적 행동이 개인의 상대적인 체력과 매력에 맞춰 발달적·상황적으로 조정되는 과정을 조사할 때에는 다른 결론에 이를 수 있다.

만일 태어날 때 이미 고정되어 있는 것이 아니라면, 신체적 형질이 제일이라고 가정해서는 안 된다. 예를 들어, 근시는 어린이가 야외에서 보낸 시간과 연관되어 있는 것으로 보이지만(Sherwin et al., 2012), 일부 연구자들은 최근에 근시가 증가한 사건을 환경으로만 설명하기 어려울 정도로 유전 가능성 추정치가 상당하다고 말한다(Mignroni, 2004). 하지만 만일 근시의 유전 가능성이 야외 놀이를 좋아하는 아이의 유전된 성향에 얼마간 반응한 것이고 어떤 아이들은 최근에 야외에서 시간을 적게 보낸다면(충분히 그럴듯한 가정이다), 두 발견은 조화를 이룰 수 있다.

진화유전학의 연장통

이 절에서는 진화유전학자들에게 점점 많은 도구를 제공하고 있는 연장통을 소개하고자 한다. 그 연장들은 진화심리학뿐 아니라 양적유전학과 분자유전학에서도 나온 것들이다. 우리는 이 도구들이 어디에 쓰이는지, 그리고 가끔 어떻게 잘못 쓰이는지를 살펴볼 것이다. 하지만 우리는 모든 도구가 나름의 기여를 한다고 생각한다.

쌍둥이 연구와 가족 연구

쌍둥이 연구는 진화유전학자들이 사용할 수 있는 가장 오래된 도구 중 하나로, 시간의 검증을 충분히 거쳤다(Conley, Rauscher, Dawes, Magnusson, & Siegal, 2013). 쌍둥이 연구는 일란성 쌍둥이와 이란성 쌍둥이의 차이에 의존한다. 일란성 쌍둥이는 모든 유전자를 공유하고, 이란성 쌍둥이는 부모 사이에서 가변적이었던 유전자의 절반을 공유한다. 쌍둥이 및 가족 연구에서 나오는 주요한 결과는 대개 유전 가능성 추정치지만, 풍부한 데이터는 다른 많은 문제에도 해답을 제시할 수 있다. 특히 동식물 육종학에서 그 개념을 환영하는데, 인위 선택에 대한 반응을 예측하는 데 유용하기 때문이다.

쌍둥이 연구에서 파생된 유전 가능성 추정치는 다른 가족 관계(예를 들어, 부모, 형제, 이복·이부 형제half-siblings, 입양형제)를 이용해서 재검토할 때에도 대단히 유효하고, 정자 기증자의 자식이 가끔 엄청나게 많이 집계되는 경우 같은 새로운 데이터에도 쉽게 연장된다. 선택이 꽤 명백한 경우에, 유전 가능성 추정치는 선택에 대한 반응을 예측할 수 있는 인자로서 유용성을 입증해왔다. 예를 들어, 정자 기증자의 자식들은 기증자의 신장에 대한 어머니의 선택과 일치했다(J. C. Lee, 2013).

세상일은 그리 딱 맞아떨어지지 않는다. 쌍둥이 연구에서 나온 유전적 추정치에는 상가적 변이, 즉 다음 세대에 '동일한 표현형이 나타나지breed true' 않는 변이가 자주 포함된다. 게다가 환경과 뒤섞이는 것도 선택의 효과를 고립시키기 어렵게 한다. 예를 들어 스코틀랜드 정신건강조사Scottish Mental Survey의 창시자들은 차별생식력을 통해 지능의 감소를 입증하려다 오히려 증가를 발견했다(Ramsden, 2007). 인간은 밭에서 자라는 작물이나 축사에서 사는 소처럼 행동하지 않는다. 인간은 짝을 적극적으로 찾고, 주변 환경을 선택하고 개조한다. 그럴 때 유전 가능성 추정값이 감소해서, 관찰 가능한 표현형 변이에 유전적 차이가 영향을 미친다는 증거 이상이 된다(Johnson, Penke, & Spinath, 2011).

쌍둥이 연구에서 높은 유전 가능성이 나오는 것을 보고 사람들은 종종 형질은 바뛸 수 없다고 잘못 이해한다. 그와 정반대로, 예를 들어 다리가 둘임two-leggedness 같은 종-전형적인 보편성은 기초가 되는 유전자가 거의 변하지 않기 때문에, 유전 가능성이 사실상 0이다. 반면에 몇몇 유전자-환경 상호작용은 관련 환경이 변한 뒤에야 분명해졌다. 예를 들어, 지적 장애를 일으키는 페닐케톤뇨증은 일부 개인에게 그 손상 효과가 나타나기 전까지 우리 식단에 널리 포함되었던 페닐알라닌을 섭취했을 때 발병한다.

연관 연구

연관 연구는 가계 안에서 질병 상태에 따라 구별되는 더 큰 유전자 조각을 확인하는 분야로, 지금까지는 주로 단일 유전자 때문에 발생하는 '단순한' 멘델유전질환을 확인하는 유용한 수단이었다. 하지만 우리가 표현형이 비슷하고 현재 복합정신질환이라고 분류되는 질병을 구분할 줄 알게 된다면 거기에도 도움이 될 수 있다(Mitchell, 2012). 심리적 변이에 대한 연관 연구는 대개 실망스러웠다. 그럼에도 연관 연구는 유전적 구조를 배제했다. 만일 앞에서 본 측면얼룩도마뱀의 비열한 전략 같은 인간의 사이코패스(즉, 착취하는 사회적 전략)를 유발하는 단일 유전자좌가 있다면, 연관 양상을 통해 확인되었을지 모른다.

후보유전자 연구

후보유전자 연구는 구체적인 유전자좌와 관심 있는 특성의 연관성을 찾는 분야다. 어느 좌위가 **선험적으로** 관련되어 있을지를 가정하는 방법으로 연구자들은 다중비교를 위한 보정을 피하고, 그렇게 해서 비슷하지만 예비적인 성격을 띠는 전장 유전체 연관 분석보다 더 작은 표본을 사용할 수 있다. 후보유전자 연구는 연관성이 반복 검증되지 않고, 후보유전자를 예측할 수 있는 이론이 충분한지를 많은 사람이 의심하기 때문에 집중적인 비판을 받게 되었다(Ioannidis, Trikalinos, Ntzani, & Contopoulos-Ioannidis, 2003).

그러나 최근에 몇몇 연구에서 성공적으로 사용한 후보유전자 접근법들은 후보유전자 세트들을 가리켰고, 분명히 이전보다 더 강한 이론에 기초했다. 예를 들어, W. D. 힐Hill 등(2014)은 인지 기능과 연결되어왔던 시냅스후부 밀도 복합체 중 하나와 관련된 유전자들의 변이와 지능의 연관성을 보고하고 반복 검증했다. 후보유전자를 예비 등록한다면 연구자들은 그들의 연구가 확정적 조사로 불릴 가치가 있는지에 대한 논쟁과 불신을 끝내고, 더 나아가 오발견율FDR: false discovery rate을 완화하게 될 것이다. 애석하게도 아직은 그렇게 되지 않고 있다.

전장 유전체 연관 연구

전장 유전체 연관 연구GWAS: Genome-Wide Association Studies는 유전체 전체에 걸쳐 인구 안에서 흔히 변하는 약 100만 개의 유전자좌의 개인적 상태를 평가한다. GWAS는 이런 식으로 인간 유전체 중 약 0.033%를 직접 평가하는데, 연관 비평형 때문에 평가된 변이는 흔한 유전적 변이의 거의 총망라된 표지가 되고, 이것이 관심을 둔 변이의 형질과 연관된다. GWAS는 큰 표본이 필요해서, 수많은 다중비교를 설명하기 위해 가혹한 유의 수준을 먼저 채택해야 했다(Ioannidis et al., 2003).

GWAS는 색소 형성, 몇몇 질병, 키에 중요하고 최근에는 조현병에도 중요한 유전자 중 일부를 성공적으로 확인했다(Schizophrenia Working Group of the Psychiatric Genomins Consortium, 2014). 하지만 심리적 형질의 대부분, 특히 정상 변이에 대해서는 반복 검증되는 연관성을 거의 확인하지 못했다(Chabris et al., 2012, 2013). 그래서 종종 부정적인 평가를 받고 있지만, GWAS는 지금까지 이런 식으로 연구된 모든 심리적 형질에 대하여 효과가 중간 크기부터 대규모에 이르는 흔한 변이와 관련해서 효과적으로 배제한 유전적 구조가 거의 없었다. 어떤 연구자들은 효과 크기가 개인적이고 아주 작은 유전자 변이들의 거대한 집합을 확인할 수 있으려면 표본이 훨씬 더 커야 한다고 주장하지만, 다른 연구자들은 그 이론은 실용적 관련성이 의심스러운 효과들만 예측할 뿐이며, 가족에 기반한 설계가 더 적합하다고 주장한다(Mitchell, 2012).

연관성 연구에서 진유전체와 유전체 염기서열 분석을 이용하는 방법

염기서열 분석은 GWAS처럼 흔한 다형성 유전자좌 몇 개를 확인하는 것이 아니라, 개인의 유전체에 있는 모든 단일 염기쌍을 분석하는 것을 말한다. 염기서열 분석이 단백질 부호화 유전자(유전체의 약 1%-2%)에 국한될 때, 이 부분집합을 진유전체exome라고 한다. 진유전체는 데이터의 양이 더 다루기 쉽고, 그래서 임상적 변이에 희망적이라고 여겨져 왔다. 그러나 그 대부분은 종 간에 보존되어 있고, 최근의 많은 선택이 진유전체 바깥에 있는 프로모터에 작용해왔으며(Enard et al., 2014; The 1000 Genomes Project Consortium, 2012). 이 때문에 진유전체 변이는 정상 범위에 있는 심리적 형질의 유전적 구조에 기여할 후보로서 가능성이 반감되었다(Marioni et al., 2014).

유전체 염기서열 분석이 낳는 데이터의 양을 감안할 때, 우연한 발견을 걸러내는 데 필요한 표본의 크기로 인해 전체적인 예비 조사는 유용하지 않을 것이다. 가령 뇌에서 최근에 선택되거나 발현된 조짐이 있는 부위들에 주석을 달거나(Ma et al., 2013), 희귀 변이의 개요 인덱스에 의존해서 돌연변이 하중을 직접 조작하는 식으로(Marioni et al., 2014) 사전 지식을 통합한다면, 그런 데이터는 관리가 가능할 것이다.

유전체 예측과 전장유전체 복잡형질 분석

과거에는 기본적으로 가축의 육종가breeding value를 예측하는 데 쓰였던 방법이 최근 들어 유전체 예측과 전장유전체 복잡형질 분석GCTA: Genome-Wide Complex Trait Analysis라는 이름으로 인간 유전학에 유행하게 되었다(Yang et al., 2011). 일반적인 방법은 GWAS가 제공하는 것처럼 흔한 유전자 변이에 기초해서 인구 내 개인들의 먼 근연도(10촌 이내)를 계산한다. GWAS와 달리 이 방법은 개인의 중요한 좌위들을 확인하지는 않는다. 대신에 먼 근연도가 쓰이는 경우는 쌍둥이 연구에서 나온다고 알려진 것과 비슷한 유전 가능성 점수를, 그러나 분자생물학적 데이터에만 기초해서 추론할 때다. 많은 GWAS 연구가 심리적 형질과 관련된 유전자좌를 확인하지 못하고 실패하자, 유전자형 데이터가 실제로 유익하다는 것을 입증하는 수단으로 GCTA가 떠올랐다. 즉, GCTA는 유전 가능성 추정치를 확인하고 표지 활용 육종을 할 수 있게 한다(인간에게는 적용할 수 없지만). 다만, 원인 유전자를 확인하지는 못하고, 따라서 생물학적 경로를 발견하는 데 발판이 되어주지 못한다. 자주 제기되는 반론에 따르면, GCTA 유전 가능성 추정치는 겉으로만 그럴듯한데, 그 이유는 유전적으로 관계가 먼 개인들이 비유전적인 이유(가령, 공통의 조상과 이주의 역사에 기인한 환경 유사성)로 닮은 것에 의존한 추정치기 때문이라는 것이다. GCTA를 연구하는 사람들은 그런 혼동을 인정하고 있으며, 논의는 대개 그에 대한 수정이 충분한지를 중심으로 이뤄지고 있다(Conley et al., 2014; Yang et al., 2011).

또한 어떤 연구자들은 높은 GCTA 유전 가능성을 발견했다고 해서, 특히 숙고하고 있는 장애가 연구 중에 있을 때, 효과가 작은 수많은 일반 변이의 극미한 모델이 적합하다고 볼 수 있는지에 의문을 제기한다(Mitchell, 2012). 이 장에서 열거한 균형 잡힌 힘들을 인정하고서 유전적 구조의 특징을 충분히 기술하는 쪽으로 방향을 바꾼다면 아마 더 많은 동의를 끌어낼 것이다.

아버지 연령 효과

콩Kong 등(2012)은 부모와 자식 양쪽 모두의 유전체 서열을 분석하고 비교해서, 자식에게 새로 발생한 단일뉴클리오티드 변이의 수는 임신했을 때 아버지의 나이로 거의 완전히 설명할 수 있음을 믿을 만하게 증명했다. 따라서 아버지 연령은 새로운 돌연변이의 효과를 추론할 대리변수로 쓰일 수 있다. 이 효과를 고립시키려면, 인간의 생식 시기가 우연에 지배되지 않는다는 사실이 통계적 제어를 거쳐야 한다. 정상 범위에서 아버지의 나이와 지능에 음의 연관성이 있다고 처음 보고한 연구(Malaspina et al., 2005)는 그 뒤로 반복 검증이 되지 않고 있다. 생식 시기의 중요한 예측 인자인 아버지의 지능을 제어하면 관찰된 효과의 비균질성을 어느 정도 설명할 수 있다(Arslan, Penke, Johnson, Iacono, & McGue, 2014). 형제 비교 설계를 이용했을 때에도 아버지 연령이 지능에 미치는 효과는 사라진 반면에, 주의력결핍 과다행동장애와의 강한 연관성은 형제 대조군에서만 나타났다(D'Onofrio et al., 2014).

적절하게 고립시켰을 때 아버지 연령 효과는 돌연변이-선택 균형하에 있는 형질의 증거가 될 수 있다. 더 나아가 산업화된 세계에서 갈수록 늦어지고 있는 생식이 평균적으로 돌연변이 하중에 미치는 효과를 예측할 때도 유용하다(Sartorius & Neischlag, 2010).

유전체와 진유전체 3인조와 4인조

부모-자식 3인조triplet의 진유전체 전체나 유전체의 서열을 분석하면 새로운 돌연변이, 즉 부모에게는 없는 대립유전자를 셀 수 있게 된다. 한 돌연변이가 어느 일배체형 위에 있는지를 평가하면, 어느 부모에게서 온 것인지도 확인할 수 있다. 그렇다면 우리는 돌연변이 집계로, 예를 들어 지적 장애를 예측할 수 있고(Rauch et al., 2012), 반복되는 유전자를 이용해서 원인 유전자를 겨냥할 수 있다.

진유전체 4인조quad(양친과 두 자식)는 자폐증 유전자 연구에 이용되고 있다. 이오시포프Iossifov 등(2012)은 유전체 주석화annotation를 이용해서 어느 돌연변이가 유전자를 방해하는지를 추정했다. 또한 연구자들은 부모의 공통 유전자풀에서 유전체가 재결합한 멀쩡한 형제들의 서열을 분석해서, 망가진 유전자가 더 많을 때의 효과를 고립시킬 수 있었다. 자폐증 유전자에 대한 연구는 자폐증 가족력이 없는 가족들만을 고려하거나 형제 비교를 통해서 새로운 돌연변이의 효과를 동류교배와 분리하고자 했다. 이 분자유전학 연구에는 아버지 연령과 함께 증가하는 자폐증에 대한 이전의 결과들이 통합되어 있다.

근친교배 약세와 이종교배 향상

근친교배 약세inbreeding depression란 혈족 결합으로 태어난 자식의 적합도 감소를 말한다. 혈족이 같은 부모(6촌 이내)와 그들의 자식은 점유율이 감소할 것으로 예측되어왔음에도 세계 인구의 약 10%를 차지한다(Bittles & Black, 2009). 프란센Franssen(2009)은 자식의 지적 능력과 8촌에서부터 근친상간에 이르는 근친혼이 음의 일차 관계식을 그린다고 보고했다. 그런 연관성에는 관측되지 않은 많은 공통 원인이 섞여 있다. 예를 들어, 부모의 교육수준이 낮으면 이동성이 낮아져서 친척과 결혼할 가능성이 높아지고, 근교약세의 추산치도 올라간다. 근친혼의 가족사와 문화적 유행(예를 들어, 씨족과 카스트에서)도 근친교배 계수에 영향을 미치고, 그래서 단 두 세대에 기초한 추산은 정확하지 않을 수 있다(Bittle, 2010).

이종교배 향상outbreeding elevation은 잡종 강세hybrid vigor or heterosis라고도 하는데, 유전적으로 더 먼 부모의 자식에게서 표현형 품질이 더 높게 나타나는 것을 말한다. 동식물 육종가들은 이 현상을 익히 알고 있다. 노새가 가장 상징적인 잡종이고, 잡종 옥수수는 옥수수 중 가장 많이 소비된다. 강세라고 해서 반드시 진화적 적합도로 해석할 수 있는 것은 아니다. 노새는 소중한 가축이지만 생식력이 없을 때가 많다. 그 이유는 부모 간 유전적 관계가 너무 멀어서 재조합 도중에 상호적응 유전자 복합체가 깨질 수 있고, 그렇게 되면 생식력 같은 극히 중요한 기능이 망가지기 때문이다. 현대인과 네안데르탈인이 이종교배했을 때도 이런 일이 약간은 일어났을 것이다(Sankararaman et al., 2014). 잡종 강세는 동종번식을 중단할 때에도 일어난다. 잡종견은 대부분 순종견보다 기대수명이 높다(O'Neill, Chruch, McGreevy, Thomson, & Brodbelt, 2013). 도시화의 증가와 정착문화의 감소로 근친교배가 줄었으며 산업화된 나라에서 최근에 키와 지능이 증가한 것도 어느 정도는 같은 이유 때문이라고 민그로니Mingroni(2004)는 주장했다.

동형접합 길이

GCTA에서는 쌍둥이 연구로 유전 가능성 추산치를 확정할 때 DNA에 기반한 미세한 근연도를 이용하는데, 그와 비슷하게 동형접합 길이ROH: runs of homozygosity는 분자 수준에서 일어난 미세한 근친교배를 기술한다. 만일 긴 이배체 유전체 조각이 동형접합, 즉 염색체상에 동일한 변이가 있으면, 우리는 근연도가 가까운 개체들이 번식했다고 추론한다. 만일 여러 개의 짧은 조각이 동형접합이면 우리는 먼 과거의 근연도를 판단한다(Kirin et al., 2010). 이 유전체 접근법은 몇 세대에 걸친 번식을 규명할 수 있다는 이점이 있지만, 동족 결혼, 창시자 효과, 인구 병목의 역사에 관한 지식으로 이를 보완하는 것이 중요하다. 동형접합은 낭포성섬유증 같이 잘 규명된 퇴행성질환뿐 아니라 성격 같은 형질에도 큰 역할을 하는 것으로 보인다(Verweij et al., 2012, 2014). 파워Power 등(2013)은 ROH 하중과 지능 사이에서 0부터 근소한 양에 이르는 연관성을 발견했으며, 이 연관성은 동종교배 효과를 가계에 기초해서 추정한(아마도 더 편향된) 값과 충돌한다(Franssen, 2009).

적합도(생애 번식 성공) 및 짝 선호와의 관계

지금까지 우리가, 형질이 적합도 측정값에 미치는 명백한 효과를 무시해온 것처럼 보일지 모른다. 이는 몇 가지 예(예를 들어, 전반적 발달장애)를 제외하고, 그 연관성이 진화적 시간 동안에 존속했으며 그에 따라 그 연관성이 기본적으로 어떤 형질에서 변이를 지탱한 균형화 기제의 표지가 된다는 점을 입증하기가 어렵기 때문이다. 우리는 심리적 형질에 관한 역사적 데이터가 부족하고, 그래서 오늘날 추정하는 정상 변이와 적합도 간의 연관성은 대부분 변덕스러울 수가 있다. 현대의 선택이 인간의 개인차에 어떤 영향을 미쳤는지는 그 자체로는 흥미롭지만(Stearns et al., 2010), 우리는 많은 학과 중에서도 진화유전학이 "왜 인간은 이렇게 진화했을까?"라는 질문에 답해주기를 기대한다.

피임법이 광범위하게 효과를 나타내고 있는 시대에, (성선택과) 번식 성공의 상관관계보다는 짝 선호 및 선택이 성선택이 더 잘 보존된 지표라고 주장할 수 있다. 짝 선호는 생애 번식 성공보다 더 직접 평가할 수 있는 것 외에도, 총 생식력과 달리 문화적 불변성이 상대적으로 크다고 입증되었다(Buss, 1989). 위생, 현대적인 의료, 유아 사망 감소, 유아와 산모의 사망 감소 등이 시작된 이래로 분만 전후와 출산 이후의 생존 선택은 강도가 약해졌다. 그럼에도 많은 임신이 주기를 다 채우지 못하는데, 중증장애처럼 과거에는 치명적이었던 많은 쇠약성 유전병이 오늘날에는 짝짓기 시장에서 매력이 떨어진다는 이유로 성적 도태를 겪고 있을지 모른다.

발달 안정성 지표와의 상관성

몸의 좌우 변동 비대칭FA: fluctuating asymmetry은 발달 안정성의 지표로 추정되며, 돌연변이가 없고 상태가 좋은 유기체일수록 더 대칭적이라는 가정하에서 효력을 발한다(Polak, 2003). 따라서 FA와의 상관관계는 형질과 돌연변이 하중의 연관성을 간접적으로 타진하는 방법이라고 볼 수 있다. 이 개념은 진화심리학에 널리 퍼져 있으며, 여기에는 출판 편향도 한몫하고 있다(Van Dongen & Gangestad, 2011). 거의 어떤 연구도 분자생물학이나 인구유전학적으로 인간의 변동 비대칭에 접근하지 않고 있다. FA와의 상관성이 '좋은 유전자'를 타진하는 유효한 대리 지표로 인정받으려면, 미래의 연구에서는 발달 안정성 지표와 희귀 유전자 변이 하중, 아버지 연령 또는 혈족관계과의 연관성을 더 직접 조사해야 한다. 연구를 예비 등록한다면 특히 유전학 같은 인접 분야에서 과학자들의 신뢰가 높아질 것이다.

결론과 전망

유전되는 변이가 인구 안에서 적합도 차이를 만들어내는 한에서 자연선택에 의한 진화는 발생한다. 이 두 항의 증거는 심지어 오늘날에도 어디에나 존재하고, 왜 그렇게 많은 유전 변이가 존속했는가 하는 의문을 불러일으킨다. 유전적 분산은 돌연변이, 선택, 부동, 이주로부터 영향을 받으며, 이 넷의 조합이 균형 잡힌 상태를 만들어 그 분산을 유지시킨다. 이 사실은 일찍이 1930년대에 근대적 종합이 출현하면서부터 알려지게 되었지만, 그 후로 우리는 이 과정의 토대인 분자유전학에 대한 이해를 급격히 넓혀왔다. 우리는 심리적 형질의 토대인 유전적 구조를 갈수록 정확히 알아내고 있다. 비록 우리가 보게 될 그림은 연구자들이 몇 년 전에 생각했던 것만큼 단순하지는 않겠지만, 결국에는 진화의 역사 그리고 현재 이 형질들에 작용하고 있는 선택압에 관한 통찰들이 꽃을 피울 것이다(Penke et al., 2007).

진화유전학의 연장통에는 분자, 행동 유전학과 고전적인 진화심리학에서 나온 상호보완적인 도구들이 담겨 있다. 이용할 수 있는 도구 하나하나에 아주 많은 단서가 붙어 있어서, 수렴하는 증거가 있을 때만 확고한 이론들을 가려낼 수 있다. 애석하게도 현재로서는 가까운 인접 학과들도 도구와 통찰을 서로 빌려주지 않는다. 예를 들어, 정신병리학의 순수한 생활사 모델(Del Giudice, Klimczuk, Traficonte, & Maestripieri, 2014)은 돌연변이 하중이 자폐증과 조현병 스펙트럼에 큰 역할을 한다는 누적되고 있는 증거(Andreassen et al., 2014)와 일치하지 않는다. 동형접합 길이와 돌연변이 하중을 조사하면 변동 비대칭 연구의 기본적인 가정들을 검증할 수 있다. 우리는 우리가 좋아하는 진화적 설명을 자신의 분야 바깥에서 나온 도구로 시험해볼 필요가 있다. 각 학과는 다른 분야의 결과를 제대로 평가하고 신뢰하기가 어렵다고 느낄 수 있으며, 출판 편향이 있다면 특히나 그럴 것이다. 예를 들어 지능이나 근친상간은 과학이 도덕적 판단과 쉽게 뒤섞이는 주제라서 이 분야의 연구자들은 익히 알겠지만, 연구를 위해 동원한 데이터와 논의에 이데올로기적 선입견과 편향이 있을 수 있다(Ramsden, 2007). 하지만 우리는 편향에 물든 영역들(예를 들어, 후보유전자 연구와 변동 비대칭 연구)에서 예비 등록, 반복 검증, 컨소시엄을 통한 공동 연구, 더 높은 투명성을 통해 신뢰를 회복할 수 있다. 이런 품질 표시는 우리가 정확하고 세부적으로 할 수 없더라도 어렵지 않게 인정할 수 있다(Miller, 2011). 이와 같은 우수한 과학적 표준을 수용할 때 우리는 '그저 그런 이야기'라는 공격에서 우리의 이론들을 지켜낼 수 있다.

하지만 이 모든 접근법에 공통의 메타 진화론이 있어서, 다양한 도구로 얻은 지식을 통합하고 공통의 이해를 쌓아 올릴 수 있다는 것은 참으로 고무적이다. 이 장 전체에서 우리는 긍정적인 사례를 수도 없이 언급했다. 상호원조와 이해가 형성된다면, 유전되는 개인차의 존재뿐 아니라 그 개인차를 유지하는 **기제**들에 대해서도 합의가 이루어질 것이다. 중요한 원인 유전자를 탐지하기 어렵게 만드는 유전적 구조(예를 들어, 작은 효과를 나타내는 원전 유전자의 극미한 크기, 유전적 이질성, 상위)를 확인하는 곳에서도, 기제 유지를 이해함으로써 거둬들일 수 있는 결실이 많다. 이 기제들은 한가한 이론이 아니라 현실에 응용된다. 이미 정책과 사회적 관습이 인구변동, 생식 시기, 선택압에 영향을 미치고 있다. 사람들이 늦게 번식하면 자폐증 발병률이 어떻게 될지를 예측하는 일에 반드시 구체적인 유전자 변이를 알 필요는 없고, 온라인으로 데이트하는 시대에 선택혼과 근친혼의 역할을 따질 필요도 없으며, 오래전부터 상존했으나 갑자기 신기술에 지배받게 된 선택력의 영향을 이해할 필요도 없다.

유전적 구조를 통해 원인 유전자를 확인할 수 있는 형질들을 확인한다면, 많은 문이 열려서 생물학과 신경과학에 수직적 통합이 일어날 것이다(Y. W. Lee, Gould, & Stinchcombe, 2014). 다시 말해 우리는 경로를 연구하고, 약물과 유전자 스크리닝을 개별하고, 선택의 분자지표와 인구변동의 역사를 조사하고(Enard et al., 2013), 멘델 무작위화 분석법을 이용해서(Smith & Ebrahim, 2004) 고칠 수 있는 질병의 원인을 확인하고, 공통의 다형성에 근거해서 앞선 호미니드의 심리적 형질을 추론하게 될 것이다.

다윈은 진화의 토대가 되는 유전학에 대해 까맣게 몰랐지만, 세부적인 이해가 끊임없이 쌓인 덕분에 우리는 진화론과 유전학이 하나가 될 가능성을 충분히 수용하고 있다. 진화유전학은 개인차와 최근의 진화를 통합하는 이론 틀과 도구를 제공하고(Penke, 2010), 종국에는 우리가 왜 지금과 같은지 그리고 어떻게 이렇게 되었는지에 대한 이해를 제공해서 진화심리학의 자양분이 될 것이다.

참고문헌

Andreassen, O. A., Harbo, H. F., Wang, Y., Thompson, W. K., Schork, A. J., Mattingsdal, M., . . . Dale, A. M. (2014). Genetic pleiotropy between multiple sclerosis and schizophrenia but not bipolar disorder: Differential involvement of immune-related gene loci. *Molecular Psychiatry, 1-8*. Advance online publication.

Arslan, R. C., Penke, L., Johnson, W., Iacono, W. G., & McGue, M. (2014). The effect of paternal age on offspring intelligence and personality when controlling for paternal trait level. *PLoS ONE, 9*, e90097.

Barclay, N. L., Eley, T. C., Buysse, D. J., Archer, S. N., & Gregory, A. M. (2010). Diurnal preference and sleep quality: Same genes? A study of young adult twins. *Chronobiology International, 27*, 278−296.

Berg, J. J., & Coop, G. (2014). A population genetic signal of polygenic adaptation. *PLoS Genetics, 10*, e1004412.

Bittles, A. H. (2010). Consanguinity, genetic drift, and genetic diseases in populations with reduced numbers of founders. In M. R. Speicher, A. G. Motulsky, & S. E. Antonarakis (Eds.), *Vogel and Motulsky's human genetics* (pp. 507−528). Berlin, Germany: Springer.

Bittles, A. H., & Black, M. L. (2009). Consanguinity, human evolution, and complex diseases. *Proceedings of the National Academy of Sciences, USA, 107*, 1779−1786.

Buss, D. M. (1989). Sex differences in human mate preferences: Evolutionary hypotheses tested in 37 cultures. *Behavioral and Brain Sciences, 12*, 1−49.

Buss, D. M., & Hawley, P. H. (2011). *The evolution of personality and individual differences*. New York, NY: Oxford University Press.

Buss, D. M., & Penke, L. (2014). Evolutionary personality psychology. In M. Mikulincer&P. R. Shaver (Series Eds.) & L. Cooper & R. Larsen (Vol. Eds.), *APA handbook of personality and psychology: Vol. 4. Personality processes and individual differences* (pp. 3−29). Washington, DC: American Psychological Association.

Campbell, C. D., & Eichler, E. E. (2013). Properties and rates of germline mutations in humans. *Trends in Genetics, 1−10*.

Chabris, C. F., Hebert, B. M., Benjamin, D. J., Beauchamp, J., Cesarini, D., van der Loos, M., . . . Laibson, D. (2012). Most reported genetic associations with general intelligence are probably false positives. *Psychological Science, 23*, 1314−1323.

Chabris, C. F., Lee, J. J., Benjamin, D. J., Beauchamp, J. P., Glaeser, E. L., Borst, G., . . . Laibson, D. I. (2013). Why it is hard to find genes associated with social science traits: Theoretical and empirical considerations. *American Journal of Public Health,*

103, S152–S166.

Choi, S.-K., Yoon, S.-R., Calabrese, P., & Arnheim, N. (2008). A germ-line-selective advantage rather than an increased mutation rate can explain some unexpectedly common human disease mutations. *Proceedings of the National Academy of Sciences, USA, 105*, 10143–10148.

Ciani, A. C., & Capiluppi, C. (2011). Gene flow by selective emigration as a possible cause for personality differences between small islands and mainland populations. *European Journal of Personality, 25*, 53–64.

Conley, D., Rauscher, E., Dawes, C., Magnusson, P. K. E., & Siegal, M. L. (2013). Heritability and the equal environments assumption: Evidence from multiple samples of misclassified twins. *Behavior Genetics, 43*, 415–426.

Conley, D., Siegal, M. L., Domingue, B. W., Mullan Harris, K., McQueen, M. B., & Boardman, J. D. (2014). Testing the key assumption of heritability estimates based on genome-wide genetic relatedness. *Journal of Human Genetics, 59*, 342–345.

D'Onofrio, B. M., Rickert, M. E., Frans, E., Kuja-Halkola, R., Almqvist, C., Sjölander, A., . . . Lichtenstein, P. (2014). Paternal age at childbearing and offspring psychiatric and academic morbidity. *JAMA Psychiatry.* doi:10.1001/jamapsychiatry.2013.4525

Del Giudice, M. (2012). Sex ratio dynamics and fluctuating selection on personality. *Journal of Theoretical Biology, 297*, 48–60.

Del Giudice, M., Klimczuk, A. C. E., Traficonte, D. M., & Maestripieri, D. (2014). Autistic-like and schizotypal traits in a life history perspective: Diametrical associations with impulsivity, sensation seeking, and sociosexual behavior. *Evolution and Human Behavior, 35*, 415–424.

Denissen, J. J. A., & Penke, L. (2008). Motivational individual reaction norms underlying the Five-Factor model of personality: First steps towards a theory-based conceptual framework. *Journal of Research in Personality, 42*, 1285–1302.

Devlin, B., & Scherer, S. W. (2012). Genetic architecture in autism spectrum disorder. *Current Opinion in Genetics & Development, 22*, 229–237.

Enard, D., Messer, P. W., & Petrov, D. A. (2014). Genome-wide signals of positive selection in human evolution. *Genome Research, 24*, 885–895.

Fehr, E., Fischbacher, U., & Gächter, S. (2002). Strong reciprocity, human cooperation, and the enforcement of social norms. *Human Nature, 13*, 1–25.

Franssen, D. (2009). *Is there a linear relationship between inbreeding and mental ability? A meta-analysis.* Retrieved from http://dare.uva.nl/document/152307

Gangestad, S. W., & Simpson, J. A. (2000). The evolution of human mating: Trade-offs and strategic pluralism. *Behavioral and Brain Sciences, 23*, 573–587.

Gangestad, S. W., & Yeo, R. A. (1997). Behavioral genetic variation, adaptation and maladaptation: An evolutionary perspective. *Trends in Cognitive Sciences, 1,* 103–108.

Gazave, E., Chang, D., Clark, A. G., & Keinan, A. (2013). Population growth inflates the per-individual number of deleterious mutations and reduces their mean effect. *Genetics, 195,* 969–978.

Graur, D., Zheng, Y., Price, N., Azevedo, R. B. R., Zufall, R. A., & Elhaik, E. (2013). On the immortality of television sets: "Function" in the human genome according to the evolution-free gospel of ENCODE. *Genome Biology and Evolution, 5,* 578–590.

Hill, W. D., Davies, G., van de Lagemaat, L. N., Christoforou, A., Marioni, R. E., Fernandes, C. P. D., . . . Deary, I. J. (2014). Human cognitive ability is influenced by genetic variation in components of postsynaptic signalling complexes assembled by NMDA receptors and MAGUK proteins. *Translational Psychiatry, 4,* e341.

Hill, W. G., Goddard, M. E., & Visscher, P. M. (2008). Data and theory point to mainly additive genetic variance for complex traits. *PLoS Genetics, 4,* e1000008.

Ioannidis, J. P., Trikalinos, T. A., Ntzani, E. E., & Contopoulos-Ioannidis, D. G. (2003). Genetic associations in large versus small studies: An empirical assessment. *The Lancet, 361,* 567–571.

Iossifov, I., Ronemus, M., Levy, D., Wang, Z., Hakker, I., Rosenbaum, J., . . . Wigler, M. (2012). De novo gene disruptions in children on the autistic spectrum. *Neuron, 74,* 285–299.

Johnson, W., Penke, L., & Spinath, F. M. (2011). Heritability in the era of molecular genetics: Some thoughts for understanding genetic influences on behavioural traits. *European Journal of Personality, 25,* 254–266.

Jokela, M., Elovainio, M., Kivimäki, M., & Keltikangas-Järvinen, L. (2008). Temperament and migration patterns in Finland. *Psychological Science, 19,* 831–837.

Kirin, M., McQuillan, R., Franklin, C. S., Campbell, H., McKeigue, P. M., & Wilson, J. F. (2010). Genomic runs of homozygosity record population history and consanguinity. *PLoS ONE, 5,* e13996.

Kong, A., Frigge, M. L., Masson, G., Besenbacher, S., Sulem, P., Magnusson, G., . . . Stefansson, K. (2012). Rate of de novo mutations and the importance of father's age to disease risk. *Nature, 488,* 471–475.

Lanfear, R., Kokko, H., & Eyre-Walker, A. (2014). Population size and the rate of evolution. *Trends in Ecology & Evolution, 29,* 33–41.

Lee, A. J., Mitchem, D. G., Wright, M. J., Martin, N. G., Keller, M. C., & Zietsch, B. P. (2014). Genetic factors that increase male facial masculinity decrease facial attractiveness of female relatives. *Psychological Science, 25*, 476–484.

Lee, J. C. (2013). *Quantitative genetics in the postmodern family of the donor sibling registry*. Retrieved from https://www.donorsiblingregistry.com/sites/default/files/files/dissertation(1).pdf

Lee, Y. W., Gould, B. A., & Stinchcombe, J. R. (2014). Identifying the genes underlying quantitative traits: A rationale for the QTN programme. *AoB Plants*, plu004.

Lukaszewski, A. W., & Roney, J. R. (2011). The origins of extraversion: Joint effects of facultative calibration and genetic polymorphism. *Personality & Social Psychology Bulletin, 37*, 409–421.

Ma, L., Clark, A. G., & Keinan, A. (2013). Gene-based testing of interactions in association studies of quantitative traits. *PLoS Genet, 9*, e1003321.

Mackay, T. F. C. (2001). The genetic architecture of quantitative traits. *Annual Review of Genetics, 35*, 303–339.

Malaspina, D., Reichenberg, A., Weiser, M., Fennig, S., Davidson, M., Harlap, S., ... Knobler, H. Y. (2005). Paternal age and intelligence: Implications for age-related genomic changes in male germ cells. *Psychiatric Genetics, 15*, 117–125.

Marioni, R. E., Penke, L., Davies, G., Huffman, J. E., Hayward, C., & Deary, I. J. (2014). The total burden of rare, non-synonymous exome genetic variants is not associated with childhood or late-life cognitive ability. *Proceedings of the Royal Society B: Biological Sciences, 281*, 20140117.

Mealey, L. (1995). The sociobiology of sociopathy: An integrated evolutionary model. *Behavioral and Brain Sciences, 18*, 523–541.

Merilä, J., & Sheldon, B. C. (1999). Genetic architecture of fitness and nonfitness traits: Empirical patterns and development of ideas. *Heredity, 83*, 103–109.

Miller, G. F. (2011). Are pleiotropic mutations and Holocene selective sweeps the only evolutionary-genetic processes left for explaining heritable variation in human psychological traits? In D. M. Buss & P. H. Hawley (Eds.), *The evolution of personality and individual differences* (p. 376). New York, NY: Oxford University Press.

Miller, G. F., & Penke, L. (2007). The evolution of human intelligence and the coefficient of additive genetic variance in human brain size. *Intelligence, 35*, 97–114.

Mingroni, M. A. (2004). The secular rise in IQ: Giving heterosis a closer look. *Intelligence, 32*, 65–83.

Mitchell, K. J. (2012). What is complex about complex disorders? *Genome Biology, 13*, 237.

Nettle, D., Frankenhuis, W. E., & Rickard, I. J. (2013). The evolution of predictive adaptive responses in human life history. *Proceedings of the Royal Society B: Biological Sciences, 280,* 20131343.

Norton, H. L., Kittles, R. A., Parra, E., McKeigue, P., Mao, X., Cheng, K., . . . Shriver, M. D. (2007). Genetic evidence for the convergent evolution of light skin in Europeans and East Asians. *Molecular Biology and Evolution, 24,* 710−722.

O'Neill, D. G., Church, D. B., McGreevy, P. D., Thomson, P. C., & Brodbelt, D. C. (2013). Longevity and mortality of owned dogs in England. *The Veterinary Journal, 198,* 638−643.

Penke, L. (2009). Adaptive developmental plasticity might not contribute much to the adaptiveness of reproductive strategies. *Behavioral and Brain Sciences, 32,* 38−39.

Penke, L. (2010). Bridging the gap between modern evolutionary psychology and the study of individual differences. In D. M. Buss & P. H. Hawley (Eds.), *The evolution of personality and individual differences* (pp. 243−279). New York, NY: Oxford University Press.

Penke, L., Denissen, J. J. A., & Miller, G. F. (2007). The evolutionary genetics of personality. *European Journal of Personality, 21,* 549−587.

Polak, M. (2003). *Developmental instability: causes and Consequences.* New York, NY: Oxford University Press.

Power, R. A., Nagoshi, C., DeFries, J. C., Donnelly, P., Barroso, I., Blackwell, J. M., . . . Plomin, R. (2013). Genome-wide estimates of inbreeding in unrelated individuals and their association with cognitive ability. *European Journal of Human Genetics.* doi:10.1038/ejhg.2013.155

Pritchard, J. K., Pickrell, J. K., & Coop, G. (2010). The genetics of human adaptation: Hard sweeps, soft sweeps, and polygenic adaptation. *Current Biology, 20,* R208−R215.

Ramsden, E. (2007). A differential paradox: The controversy surrounding the Scottish mental surveys of intelligence and family size. *Journal of the History of the Behavioral Sciences, 43,* 109−134.

Rauch, A., Wieczorek, D., Graf, E., Wieland, T., Endele, S., Schwarzmayr, T., . . . Strom, T. M. (2012). Range of genetic mutations associated with severe non-syndromic sporadic intellectual disability: An exome sequencing study. *Lancet, 380,* 1674−1682.

Rholes, W. S., & Simpson, J. A. (2006). *Adult attachment: Theory, research, and clinical implications.* New York, NY: Guilford Press.

Sankararaman, S., Mallick, S., Dannemann, M., Prüfer, K., Kelso, J., Pääbo, S., . . .

Reich, D. (2014). The genomic landscape of Neanderthal ancestry in present-day humans. *Nature, 507*, 354–357.

Sartorius, G. A., & Nieschlag, E. (2010). Paternal age and reproduction. *Human Reproduction Update, 16*, 65–79.

Schaller, M., & Park, J. H. (2011). The behavioral immune system (and why it matters). *Current Directions in Psychological Science, 20*, 99–103.

Schizophrenia Working Group of the Psychiatric Genomics Consortium. (2014). Biological insights from 108 schizophrenia-associated genetic loci. *Nature, 511*, 421–427.

Sell, A., Tooby, J., & Cosmides, L. (2009). Formidability and the logic of human anger. *Proceedings of the National Academy of Sciences, USA, 106*, 15073–15078.

Sherwin, J. C., Reacher, M. H., Keogh, R. H., Khawaja, A. P., Mackey, D. A., & Foster, P. J. (2012). The association between time spent outdoors and myopia in children and adolescents: A systematic review and meta-analysis. *Ophthalmology, 119*, 2141–2151.

Simonson, T. S., Yang, Y., Huff, C. D., Yun, H., Qin, G., Witherspoon, D. J., . . . Ge, R. (2010). Genetic evidence for high-altitude adaptation in Tibet. *Science, 329*, 72–75.

Sinervo, B., & Lively, C. M. (1996). The rock-paper-scissors game and the evolution of alternative male strategies. *Nature, 380*, 240–243.

Smith, G. D., & Ebrahim, S. (2004). Mendelian randomization: Prospects, potentials, and limitations. *International Journal of Epidemiology, 33*, 30–42.

Stearns, S. C. (2005). Issues in evolutionary medicine. *American Journal of Human Biology, 17*, 131–140.

Stearns, S. C., Byars, S. G., Govindaraju, D. R., & Ewbank, D. (2010). Measuring selection in contemporary human populations. *Nature Reviews Genetics, 11*, 611–622.

Sutton, J. T., Nakagawa, S., Robertson, B. C., & Jamieson, I. G. (2011). Disentangling the roles of natural selection and genetic drift in shaping variation at MHC immunity genes. *Molecular Ecology, 20*, 4408–4420.

The 1000 Genomes Project Consortium. (2012). An integrated map of genetic variation from 1,092 human genomes. *Nature, 491*, 56–65.

Tooby, J., & Cosmides, L. (1990). On the universality of human nature and the uniqueness of the individual: The role of genetics and adaptation. *Journal of Personality, 58*, 17–67.

Turkheimer, E. (2000). Three laws of behavior genetics and what they mean. *Current*

Directions in Psychological Science, 9, 160−164.

Van Dongen, S., & Gangestad, S.W. (2011). Human fluctuating asymmetry in relation to health and quality: A meta-analysis. *Evolution and Human Behavior, 32,* 380−398.

Verweij, K. J. H., Abdellaoui, A., Veijola, J., Sebert, S., Koiranen, M., Keller, M. C., . . . Zietsch, B. P. (2014). The association of genotype-based inbreeding coefficient with a range of physical and psychological human traits. *PLoS ONE, 9,* e103102.

Verweij, K. J. H., Yang, J., Lahti, J., Veijola, J., Hintsanen, M., Pulkki-Råback, L., . . . Zietsch, B. P. (2012). Maintenance of genetic variation in human personality: Testing evolutionary models by estimating heritability due to common causal variants and investigating the effect of distant inbreeding. *Evolution, 66,* 3238−3251.

Wright, K. P., McHill, A. W., Birks, B. R., Griffin, B. R., Rusterholz, T., & Chinoy, E. D. (2013). Entrainment of the human circadian clock to the natural light-dark cycle. *Current Biology, 23,* 1554−1558.

Yang, J., Manolio, T. A., Pasquale, L. R., Boerwinkle, E., Caporaso, N., Cunningham, J. M., . . . Hayes, M. G. (2011). Genome partitioning of genetic variation for complex traits using common SNPs. *Nature Genetics, 43,* 519−525.

46장

진화심리학과 내분비학*

제임스 R. 로니

개관: 인간 진화심리학에서 내분비학이 하는 역할

진화심리학에서는 기본 설계상 인간의 마음은 예를 들어, 짝 고르기, 음식 선택, 사회적 교환, 육아 같은 구체적인 적응적 문제를 다루도록 자연이 선택한 전문화된 처리 기제들로 이루어져 있다고 가정한다(Buss, 2012; Tooby & Cosmides, 1992; 이 책의 장들). 이 관점을 채택한 심리과학이 기본적으로 해야 할 프로젝트는 이 특화된 기제들의 기능적인 정보처리에 각기 어떤 특징이 있는지를 경험적으로 발견하고 기술하는 작업이다. 자연선택은 기본적으로 입력되는 자극과 출력되는 행동 사이의 매핑mapping이 얼마나 기능적인지에 따라 이루어지기 때문에 정보처리(또는 '인지적') 차원의 설명에 특별한 지위가 주어지지만, 인간의 심리를 완전히 이해하기 위해서는 각 기제의 존재론, 계통발생적 기원, 신경생물학적 구현을 경험적으로 규명해야 한다(Tinbergen, 1963을 보라). 각 기제에 대해 이 네 차원의 설명을 체계적으로 대응

* 이 장의 초고를 읽고 유익한 비평을 해준 데이비드 버스와 댄 콘로이-빔에게 감사드린다. 또한 이 장의 주제들과 연관된 여러 연구를 공동으로 진행하여 도움을 준 아론 루카제브스키와 잭 시먼스에게 감사드린다. 본 문건은 국립과학재단으로부터 그랜트넘버 BCS-1329023 지원을 받았다.

mapping해나간다면, 갈수록 완전한 인간 본성의 모델을 누적적으로 구축하게 될 것이다.

내분비 신호를 조사하는 연구는 심리적 적응들의 포괄적인 매핑을 특히 생산적으로 촉진할 수 있으며, 그 이유는 기본적으로 두 가지다. 첫째, 내분비 기제에 대한 지식은 생물학적 형질에 대한 네 종류의 설명을 관통하고, 그래서 호르몬 신호의 기능적 역할을 규명하면 구체적인 심리적 적응들을 전에 없이 완전하게 설명할 수 있는 가능성이 열린다. 내분비 신호는 구체적인 뇌 구조물들이 생성하고 수신한다고 알려져 있는데, 그 계통발생과 개체발생은 대체로 잘 규명되어 있다. 그래서 호르몬 신호가 상황 맥락과 행동 출력 간의 기능적 연관을 생산할 수 있다는 것을 입증하는 연구는 종종 그 기제의 신경생물학, 개체발생, 계통발생에 중요한 의미를 지닌다.

둘째, 내분비 신호는 마음이 모듈로 조직된 결과로 발생하는 기제 협응이라는 적응적 문제를 해결하는 데 특히 중요한 역할을 할 수 있다. 각기 다른 유형의 적응적 문제들을 해결하는 일에 전문화된 기제들이 모여 있으면, 현재 어느 문제가 가장 시급한지를 결정하는 문제가 발생한다. 당면한 문제를 가장 잘 해결하는 기제의 알고리듬을 처리하는 동시에 그 해결책을 망칠 수 있는 기제를 억제하도록 우선순위를 배정하기 위해서다(Cosmides & Tooby, 2000). 호르몬 신호는 대개 분비된 뒤 온몸을 순환하고 그럼으로써 뇌와 몸 전체에 분포해 있는 기제들에 정보를 널리 퍼뜨리기 때문에, 이상적이라면 기제 협응에 도움이 되게끔 맞춰져 있다. 실제로 내분비 신호는 특정한 적응적 문제가 현재 중요하다고 공표하고, 인간이 진화해온 동안에 그 문제를 대체로 잘 해결한 환경이 되도록 몸 전체의 기제들을 조율한다.

이 장에서 나는 내분비 신호가 어떻게 구체적인 상황과 구체적인 기제 배치를 기능적으로 연결하는지를 구체적인 예로 설명하고자 한다. 내가 제시할 예는 개인이 잠재적인 짝과 마주쳤을 때 발생하는 일련의 생리적·심리적 변화와 깊은 관련이 있다. 이 장의 목적은 인간의 내분비에 관한 연구를 전반적으로 검토하는 것이 아니라, 이 분야의 연구가 인간의 심리적 적응들을 매핑하는 경험적 프로젝트에 도움이 될 수 있다는 예를 하나 제시하는 것이다.

내분비 신호와 짝 찾기

감정과 기제 협응 문제

코스미디스와 투비(2000)는 감정은 기제 협응이라는 적응적 문제를 처리하는 상위 프로그램이라고 그 기능을 설명했다. 이 프로그램은 조상 시대에 적합도와 관련된 문제를 반복적으로 가리켰던 단서를 탐지하고, 체내 신호 체계를 통해 이런 문제가 있음을 공표하며, 이 소통을 통해 문제 해결과의 관련도에 따라 각기 다른 기제들을 자극하고 억제한다. 그런 이유로 감정은 예로부터 사람들이 언어로 표현해온 항목보다 훨씬 많고 구체적일 수 있는데, 가령 '포식자에게 스토킹 당한다'와 같이 먼 조상 시대에 반복되었던 적응적 문제를 처리하도록 설계된 감정이 그런 예일 것이다. 이렇게 스토킹을 당할 때, 다른 적응적 문제들과 관련된 수많은 기제는 억제되는 반면에(예를 들어, 음식, 짝 찾기, 수면, 소화 등과 관련된 기제들), 특별한 프로그램들과 하위 프로그램들이 주의력, 동기 부여, 행동 역치, 생리적 양상을 조정해서, 평균적으로 이런 위험한 상황을 쉽게 벗어나게 해준 환경으로 설정할 것이다.

'짝짓기 기회'는 코스미디스와 투비(2000)가 제안한 위와 같은 의미로서 감정이 될 수 있다. 유성생식을 하는 종에서, 잠재적 짝짓기 파트너가 접근해도 좋다거나 관심이 있다는 신호를 보내는 것은 적합도와 깊이 관련된 동시에 자주 되풀이되는 상황이었을 것이다. 짝 찾기에 성공하면 적합도 이익을 누릴 수 있으므로 이 상황에서 유기체가 주의, 동기, 행동의 우선순위를 다른 적응적 문제들에서 떼어내 짝 획득에 맞추는 것이 필시 기능적이었다. 그 감정 프로그램은 구체적인 기회(예를 들어, 저 잠재적 파트너의 짝 가치는 얼마나 될까?), 당사자의 내적 상태(예를 들어, 내 신체적 건강이 짝 경쟁을 하기에 적합한가?), 사회적 맥락의 다른 측면들(예를 들어, 짝을 매혹하려는 노력을 방해할 수 있는 경쟁자가 주변에 있는가?)과 관련된 입력 단서에 기초해서, 특별한 기제 환경을 가동해야 할지, 한다면 얼마나 강하게 할지를 정하기 위해 결정 규칙을 실행해야 한다. 사실상 이 결정 규칙에 따라 뇌와 몸 전체의 기제들로 가는 체내 신호의 강도가 조정되고, 그렇게 해서 유기체가 짝 찾기를 위한 배치 설정에 전념하는 강도가 결정된다.

많은 감정 프로그램이 호르몬을 중요한 체내 신호로 사용해서, 적응적 문제에 대한 탐지 결과를 유기체 전반에서 당면한 문제를 처리하도록 설계된 기제 환경들의 전체적인 협응과 연결 짓는다. 이 개념은 짝 유인의 문제에 특히 잘 맞는 것으로 보인다. 예비 짝의 단서에 대한 구체적인 호르몬 반응이 수많은 척추동물 종에서 입증되었기 때문이다. 다음 절에서는 먼저 비인간 종들이 이렇게 반응한다는 증거를 검토하고, 호르몬 증가가 짝짓기 기회를 행동으로 추구하는 일에 관여하는 결정 규칙을 어떻게 지시하는지를 비중 있게 다루고자 한다. 비인간을 연구한 문헌은 인간의 기제에 있을 수 있는 설계의 모델이 될 수 있다. 따라서 나는 동물과 비슷한 내분비 신호를 사용해서 짝 획득의 문제에 집중하도록 일련의 기제를 활성화하는 상동 관계의 감정 프로그램이 인간에게도 발현된다는 증거를 검토할 것이다.

비인간 종의 내분비 신호와 짝 찾기

수컷 인간을 제외한 수많은 척추동물에서 수컷은 암컷 또는 암컷의 자극에 반응하여 테스토스테론과 코티코스테론의 농도가 변하고, 이를 통해 현재 짝짓기가 적응적 문제로서 중요하다는 것을 (체내에) 알리는 듯하다(개괄을 위해서는 Meisel & Sachs, 1994를 보라). 이 효과는 신속하지만 일시적이어서, 암컷의 자극에 노출된 뒤로 10분에서 60분 이내에 최초로 측정되지만(대개 30분경에 정점에 도달한다), 1시간에서 2시간 이내에 원래 농도로 돌아간다. 이 반응은 투명한 막 뒤에 있는 암컷과 근접해 있을 때도 유도되고(예를 들어, Amstislavskaya & Popova, 2004; Batty, 1978; Bonilla-Jaime, Vazquez-Palacios, Artega-Silva, & Retana-Marquez, 2006; Popova & Amstislavskaya, 2002; Purvis & Haynes, 1974), 어떤 경우에는 소변이나 질 분비액 같은 화학 감각적 자극에도 유발되므로(예를 들어, Cerda-Molina et al., 2006; Pfeiffer & Johnston, 1994; Ziegler, Schultz-Darken, Scott, Snowdon, & Ferris, 2005), 신체 접촉이 필요 없다. 마지막으로 이 반응은 동일종 수컷에 비슷하게 노출된 뒤에는 사라지는데(예를 들어, Amstislavskaya & Popova, 2004; Macrides, Bartke, & Dalterio, 1975; Pfeiffer & Johnston, 1992), 이는 그런 반응이 짝짓기와 관련된 자극에 기능적으로 민감하다는 주장으로 이어진다.

암컷에 대한 수컷의 행동 반응과 호르몬 반응은 계통발생적으로 보존된 변연계−

시상하부 경로가 조절한다(검토를 위해서는 다음을 보라, Meisel & Sachs, 1994; Paredes & Baum, 1997). 이 경로 안에 있는 주요 구조—가령, 내측편도체나 특히 내측시색전부—가 손상되면 암컷에 대한 수컷의 성적 반응(Paredes & Baum, 1997), 구애 반응(예를 들어, Lloyd & Dixson, 1988; McGinnis & Kahn, 1997; Riters & Ball, 1999), 호르몬 반응(Kamel & Frankel, 1978)이 사라지거나 큰 폭으로 감소한다. 이 구조물들에는 뇌의 어느 부위보다 남성호르몬 수용체의 밀도가 높은데(Pfaff, 1981), 이 경로의 신호 속성을 조절하는 것은 테스토스테론 같은 남성호르몬들임이 분명하다. 즉, 거세를 하면(그래서 테스토스테론을 제거하면) 동일종 암컷에 대한 수컷의 구애 반응이 사라지거나 현격히 줄어들지만, 내측시색전부 같은 경로의 구조물에 테스토스테론을 선택적으로 주입하면 거세한 수컷에게서 구애 행동이 정상 수준으로 돌아온다(예를 들어, Matochik, Sipos, Nyby, & Barfield, 1994; Nyby, Wysocki, Whitney, & Dizinno, 1977; Sipos & Nyby, 1996). 요약하자면, 보존(된) 변연계–시상하부 경로는 동조화 기제 gating mechanism 같은 역할을 하면서 결정 규칙을 실행하고 그에 따라 암컷의 단서가 수컷에게 협응된 행동 및 호르몬 반응을 유발하는 정도가 정해진다. 이 동조화 기제는 남성호르몬들이 남성호르몬 수용체를 통해 조절하고, 그 결과 테스토스테론 농도가 아주 낮게 떨어지거나 경로에 분포한 남성호르몬 수용체가 적을 때 수컷은 암컷의 자극에 덜 반응한다.

변연계–시상하부 동조화 기제의 신호 속성은 자연의 조건 아래서 암컷에 대한 수컷의 반응을 조정한다. 계절 번식을 하는 종들은 일종의 가역성 거세를 경험한다. 가령, 비번식기에는 테스토스테론이 거세 수준으로 떨어지고(광주기 감소 같은 단서에 반응하여), 그와 함께 암컷에 대한 수컷의 행동 및 호르몬 반응이 사라지거나 감소하는 것이다(예를 들어, Anand, Losee-Olson, Turek, & Horton, 2002; Riters et al., 2000). 이와 마찬가지로 잦은 사정을 통해 성적 포만 상태에 이른 설치류 수컷은 새로운 암컷에게 행동으로나 호르몬으로나 반응하지 않으며(Bonilla-Jaime et al., 2006; Bronson & Desjardins, 1982), 이 포만의 행동적 효과는 변연계–시상하부 경로에 분포한 남성호르몬 수용체의 밀도 변화와 강한 상관성을 보인다. 수용체 밀도는 포만이 시작되면 줄어들지만, 수컷이 암컷에게 성적으로 반응하기 시작하면 원래대로 돌아온다(Fernandez-Guasti, Swaab, & Rodriguez-Manzo, 2003; Romano-Torres, Phillips-Farfan,

Chavira, Rodriguez-Manzo, & Fernandez-Guasti, 2007). 이런 양상으로 보아 이 감정 프로그램의 결정 규칙은 다음과 같이 기능한다고 생각할 수 있다. 짝 찾기가 덜 기능적인 조건에서는—즉, 비번식기에 암컷이 생식능력이 없을 때나 성적으로 탈진해서 정자가 고갈되었을 때에는—이 경로가 하향 조절되어 암컷의 단서가 더 이상 수컷의 행동 및 호르몬 반응과 연관되지 않는다.

또한 다양한 사회적 조건도 암컷의 단서에 대한 수컷의 반응을 조정한다. 예를 들어, 게잡이마카크cynomolgus macaque 수컷 집단에게 발정 난 암컷을 20분 동안 소개했더니 지배적인 개체는 테스토스테론과 코르티솔이 증가하고 하위 개체들은 그렇지 않았다. 하지만 그 집단에서 지배적인 개체를 제거한 실험 조건에서는 하위 개체들도 암컷에게 호르몬 반응을 보였다(Click, 1984; 장기적으로 다람쥐원숭이에게 비슷한 효과를 실험한 사례로는, Mendoza, Coe, Lowe, & Levine, 1979를 보라). 짝 결속을 형성하고 아버지도 자식을 돌보는 마모셋 수컷에게 새로운 암컷의 질 분비액을 소개하자 자식과 짝이 없는 수컷에게는 테스토스테론이 증가했지만, 현재 어린 자식을 돌보고 있는 수컷에게는 호르몬 반응이 일어나지 않았다(Ziegler et al., 2005). 아버지 수컷은 새로운 암컷에게 종종 공격적으로 반응하며, 게다가 수컷이 암컷을 잠재적인 짝짓기 파트너로 다루지 않을 때는 테스토스테론 반응이 아예 나타나지 않는다.

종합하자면 다음과 같다. 척추동물 수컷의 호르몬이 예비 짝에 대해 어떻게 반응하는지를 다룬 문헌에 따르면, 일종의 호르몬 부호가 짝 획득을 지향하는 동기적 상태를 지시한다. 수컷이 암컷에게 구애와 성행동으로 반응할 때는 대개 테스토스테론과 글루코코르티코이드 농도가 일시적으로 빠르게 증가한다. 이 호르몬 반응은 수컷이 짝짓기 기회를 추구하지 않는 상황, 즉 테스토스테론 기저치가 매우 낮은 비번식기나, 지배적인 수컷이 있어서 하위 개체가 짝짓기를 시도하면 공격당할 수 있을 때나, 자식 양육이 한창일 때는 감소하거나 아예 나타나지 않는다. 다른 신호들도 이 동기적 상태에 관여하는 것으로 보이지만, 테스토스테론과 코르티코스테론이 많은 종에서 짝에 대한 반응을 유발하는 불변의 요소로 보이고, 따라서 계통발생적으로 보존된 체내 신호체계로서 현재 짝짓기 기회를 추구하고 있다는 정보를 (체내에) 널리 알리는 역할을 한다고 볼 수 있다.

반응성 호르몬 증가는 광범위한 하류효과에도 관여하는데, 이 효과들은 위에서 말했듯이 몸 전체의 기제 환경들을 조정하는 역할과 모순되지 않는다. 예를 들어, 실험자가 테스토스테론을 주입해서 반응 증가를 유도하자 몇 가지 빠른 효과가 나타났다(검토를 위해서는 다음을 보라. Gleason, Fuxjager, Oyegbile, & Marler, 2009; Nyby, 2008). 생쥐 수컷은 테스토스테론을 주입하자 주입 후 30분 만에, 대조군 수컷들보다 빨리 암컷에게 올라탔는데, 이 시간은 암컷을 처음 만나고부터 교접을 시작하는 시점까지의 시간 지체와 비슷하다(James & Nyby, 2002). 이와 마찬가지로 테스토스테론을 주입하면 수컷은 그 장소를 선호하고(예를 들어, Alexander, Packard, & Hines, 1994), 수컷의 위험회피가 빠르게 감소하고(Aikey, Nyby, Anmuth, & James, 2002), 다른 수컷을 공격할 확률이 높아진다(Gleason, et al., 2009). 뇌 기제를 통해 중재되는 이런 행동적 효과 외에도, 테스토스테론은 음경 반사(Nyby, 2008에서 검토함)와 근육 세포의 포도당 흡수(Tsai & Sapolsky, 1996)를 촉진하는데, 이런 효과는 호르몬을 투여한 지 1분에서 10분 사이에 나타난다.

간단한 예를 살펴보면 비인간 수컷에게 호르몬 반응이 어떤 기능을 하는지를 명확히 알 수 있다. 설치류는 포식자 회피 전략으로 대개 트인 공간을 싫어한다. 암컷의 소변에 노출되면 수컷 생쥐의 반응성 테스토스테론과 공터 탐험이 증가하는데, 테스토스테론을 주입하기만 해도 그런 탐험이 재현된다(Aikey et al., 2002). 사실상 테스토스테론 증가는 짝 찾기 감정 프로그램을 가동하는 체내 신호의 역할을 해서, 짝짓기 기회의 단서가 탐구 행동의 비용−편익 윤곽을 변경할 때 포식자 위험회피를 감소시킨다. 행동 결과가 서로 양립하지 않는 기제들(예를 들어, 공터 회피 대 탐험)에 걸쳐서 이렇게 상대적 우선순위를 매기는 것이 감정 프로그램들의 일반적 기능이다. 위에서 살펴봤듯이, 반응성 테스토스테론 증거의 모든 하류효과는 짝짓기 기회를 효과적으로 추구할 수 있게 해주는 기제에 이렇게 우선권을 배정하는 것과 조화를 이루는 것으로 보인다.

암컷 짝짓기 행동과 관련된 감정 프로그램들은 많은 척추동물의 수컷과 암컷에서 다르게 활성화된다. 암컷의 프로그램은 잠재적인 짝이 보내는 자극을 단서로 삼기보다는, 배란과 관련이 있고 그래서 현재의 가임력과 관련이 있는 체내 신호에 일차적으로 반응하는 듯하다. 몇몇 종(예를 들어, 토끼, 흰족제비, 고양이)은 수컷이나 그 자극과 상호작용하는 것으로 배란이 근접 유발된다(그런 사례에 대한 개괄을 위해서는, Bakker & Baum, 2000을 보라). 하지만 포유동물의 대다수에서 암컷은 내인성 신호 주기에 따라 배란하고, 성 수용성과 교태성은 에스트로겐 상승을 특징으로 하는 가임기에만 나타난다(검토에 대해서는 다음을 보라. Blaustein, 2008; Carter, 1992).

대부분의 척추동물, 특히 포유동물 종에서 특정 시기에 배란이 일어날 가능성은 에너지 변수와 함수관계에 있다. 포유동물의 임신과 수유는 에너지 비용이 높기 때문에, 에너지 이용가능도가 임신 기간을 잘 넘기는 데 필요한 기준치보다 낮은 조건에서는 배란(그와 함께, 가임력)을 억제하는 기제가 진화했다(검토에 대해서는, Wade & Jones, 2004를 보라). 수유기나 빈궁기 중에는 에너지 이용 가능도가 낮은 조건이 수시로 발생하기 때문에, 그런 시기에 암컷은 양육, 식량 수집, 체온조절 같은 문제를 처리하는 기제에 우선권을 배정하는 것이 확실히 기능적이다. 암컷의 짝짓기 프로그램을 전체적으로 꿰는 인과적 사슬은 에너지 가용도에서 출발해서 배란 및 배란과 관련된 호르몬 분비로 이어지고, 그 호르몬들에 반응해서 짝짓기 기제에 우선권을 부여하는 순으로 연결된다.

수컷의 짝짓기 프로그램에서 테스토스테론이 하는 작용과 비슷하게, 암컷의 짝짓기 프로그램에서는 난소 호르몬이 체내 신호 기능을 한다. 증거에 따르면 수컷의 경로와 비슷한 변연계–시상하부 회로가 예비 짝에 대한 암컷의 반응을 조절하고, 시상하부의 복내측핵 같은 구요 구조물이 에스트라디올의 영향 아래서 수용성의 행동적 지표(가령, 척추전만 자세)에 직접적인 영향을 미친다(검토에 대해서는, Pfaff & Schwartz-Giblin, 1998을 보라). 에스트라디올은 광범위한 척추동물 종에 걸쳐서 암컷의 성적 동기에 긍정적 효과를 미치는 것으로 밝혀졌다(Blaustein, 2008; Carter, 1992). 하지만 일부 종에서 나온 증거는 테스토스테론의 긍정적 효과를 뒷받침하는데, 특히 교태 행동을 하거나(Fernandez-Guasti, Vega-Matuszczyk, & Larsson, 1991) 파트너 선호 실험에서 생식샘이 온전한 수컷을 선호하는 행동에 그 효과가 두드러진다(예를 들어, Xiao, Kondo, & Sakuma, 2004). 이 개념과 조화를 이뤄서, 발정주기 중 가임기에 성적 동기가 증가하는 현상은 다른 행동들의 동기가 감소하는 현상과 짝을 이루어 나타난다. 예를 들어, 배란 근처에서 성적 수용성이 최고조에 이를 때면 식량 수집과 섭식 행동이 크게 감소한다(개괄을 위해서는 다음을 보라. Fessler, 2003;

Schneider, Wise, Bentn, Brozek, & Keen-Rhinehart, 2013).

수컷들처럼 예비 짝과 상호작용을 할 때 신속하게 나타나는 호르몬 반응은 비인간 암컷에게서는 거의 확인되지 않고 있다. 그 이유는 잘 알려져 있듯이 호르몬들의 내인성 변화가 암컷의 성적 동기에 미치는 영향 때문일 것이다. 하지만 인간은 보통 혼인 관계에서 장기적인 짝 결속을 형성하기 때문에 월경주기 중의 시기와 무관하게 짝 획득 프로그램을 활성화하는 수단으로 빠른 호르몬 반응이 선택되었다. 가임기만이 아니라 어느 때나 장기적인 짝을 만날 수 있다는 점을 고려할 때, 반응성으로 증가하는 호르몬 덕분에 여성은 매력 있는 짝으로 보이는 남성을 만났을 때 가임기 바깥에서도 계통발생적으로 보존된 뇌 구조물들이 난소 호르몬에 반응해서 활성화되는 이점을 누렸을 것이다. 이 논리에 기초해서 예측할 수 있는 사실은, 남성과 여성은 모두 예비 짝에 대해서 호르몬 반응을 보이고, 이 체내 신호는 짝짓기 기회 감정 프로그램과 관련된 기제 환경을 조정한다는 것이다.

인간의 내분비 신호와 짝 찾기

남성 예비 짝에 대한 호르몬 및 행동 반응을 조절하는 변연계−시상하부 구조들은 척추동물 전반에 걸쳐 신경해부학적 · 기능적 상동을 보인다(예를 들어, Baum, 1992). 그렇다면 남성도 짝짓기 기회 감정 프로그램에서 조절 역할을 하는 상동 구조물을 물려받았을 가능성이 떠오른다. 만일 남성이 상동 기제를 발현한다면 두 가지 광범위한 경험적 양상을 예상할 수 있다. 첫째, 남성은 예비 짝에 대해 비인간 척추동물 수컷들과 비슷한 호르몬 반응을 보일 것이다. 둘째, 반응성 호르몬 증가로 발생한 전체적인 하류효과는 짝 찾기를 촉진하는 방향과 일치할 것이다. 증거는 이 두 가지 양상을 모두 뒷받침한다.

예비 짝에 대한 호르몬 반응을 연구하는 과학자들이 통제된 실험실 실험으로 밝혀냈듯이, 젊은 남성은 여성들과 잠시 사회적 상호작용을 한 뒤에는 타액 테스토스테론(Roney, Lukaszewski, & Simmons, 2007; Roney, Mahler, & Maestripieri, 2003; Roney, Simmons, & Lukaszewski, 2010; van der Meij, Buunk, van de Sande, & Salvador, 2008)과 코르티솔(Roney et al., 2007, 2010; van der Meij, Buunk, & Salvador, 2010)의 농도

가 함께 증가했다. 남성들과 그런 상호작용을 한 뒤에는 그런 반응이 나타나지 않았다. 더 사실적인 생태환경에서 이루어진 현장 연구에서도 여성과 접했을 때나 사회적 상호작용을 한 뒤에는 반응성 테스토스테론이 증가했다. 즉, 파트너 없이 춤 동작을 했을 때와 달리 여성과 춤을 춘 뒤(Murcia, Bongard, & Kreutz, 2009), 젊은 남자가 아니라 젊은 여자 앞에서 스케이트보드 기술을 선보인 뒤(Roney & von Hippel, 2010), 남성의 비율보다 여성의 비율이 더 높은 그룹에서 스포츠 활동을 한 뒤(Miller, Maner, & McNulty, 2012), 도미니카 공화국의 시골 마을에서 젊은 여자와 자연스럽게 사회적 상호작용을 한 뒤(Flinn, Ponzi, & Muehlenbein, 2012)에 그런 증가가 나타났다. 마지막으로 남성의 테스토스테론(Cerda-Molina, Hernandez-Lopez, de la O, chavira-Ramirez, & Mondragon-Ceballos, 2013; Miller & Maner, 2010; cf. Roney & Simmons, 2012)과 코르티솔(Cerda-Molina et al., 2013) 농도는 다양한 종류의 대조군 냄새에 노출된 때보다 여성이 배란할 때쯤에 채집한 후각 자극에 노출되었을 때 더 긍정적으로 변했다.

남성의 호르몬 반응은 비인간 종에게서 밝혀진 반응과 여러 가지로 비슷하다. 양쪽 다 짧은 시간에—평균적으로 약 15분에서 30분 사이에—반응이 나타나고, 테스토스테론과 코르티솔(비인간 종에서는, 코르티코스테론)이 함께 분비되고, 다른 남성/수컷에게 똑같이 노출된 뒤에는 반응이 일어나지 않는다. 한 연구에서는 여성과 대화한 뒤 테스토스테론 반응이 더 크게 나타났다. 안드로겐 수용체가 더 민감해졌는데, 이는 안드로겐 수용체 유전자에서 CAG 코돈의 반복 길이가 더 짧아진 것으로 표시되었다(Roney et al., 2010). 이는 비인간 종에서 변연계-시상하부 구조물들이 호르몬 반응을 조절하는 것—즉, 설치류 수컷들 사이에 암컷이 있을 때 수컷의 안드로겐 수용체가 이 뇌 경로의 단서 반응성을 조절하는 것—과 일치한다. 종합하자면, 이 반응의 유사성은 인간과 비인간 종 사이에 동일한 기본 체계가 계통발생적으로 보존되어 있음을 강하게 뒷받침한다.

두 번째 증거에 따르면, 잠재적 짝에 대해 남성의 호르몬이 보이는 반응의 확률과 크기는 다른 변수들에 따라 기능적으로 조절되며, 비인간 종들과 마찬가지로 호르몬 증가는 일종의 내분비계 부호로서 짝 찾기에 어울리는 동기적 상태를 지시한다. 예를 들어, 플린Flinn 등(2012)은 남성이 친구의 짝인 젊은 여자와 상호작용을 한 뒤에는 반응성 테스토스테론 증가가 나타나지 않는다고 입증했는데, 이를 통해 우리는 짝짓기 기회를 행동으로 실현할 수 없는 조건에서는 호르몬 반응이 일어나지 않는다는 것을 알 수 있다. 마찬가지로, 자기 보고 형식으로 지배성을 더 높게 드러낸 남성이 젊은 여성과 상호작용을 한 뒤에 테스토스테론 반응을 더 크게 보인 것도(van der Meij et al., 2008), 지배적인 수컷들의 반응이 더 크다고 보고한 비인간 영장류 연구 결과와 유사하고(예를 들어, Glick, 1984; Mendoza et al., 1979), 성 내 경쟁의 상대적 수준이 짝짓기 노력을 조절한다는 결과와 일치한다. 그런 조절에 비추어볼 때 구애 노력을 결정하는 결정 규칙은 짝짓기 기회 추구의 이익만이 아니라 잠재적 비용에도 민감하다는 것을 알 수 있다.

그런 비용 민감성과 일치하는 듯한 결과가 있다. 로니 등(2010)은 코르티솔 농도의 기준치가 높으면 젊은 여성과 상호작용을 할 때 테스토스테론이 약하게 반응할 수 있음을 발견했다. 코르티솔의 기준치를 끌어올리는 많은 조건(예를 들어, 에너지 부족, 면역계 활성화, 심리사회적 스트레스. Dickerson & Kemeny, 2004; Peters at al., 2004를 보라)에서는 짝 경쟁이 잠시 유익하지 않고, 그래서 코르티솔 기준치가 높을 때는 짝 찾기 감정 프로그램이 상대적으로 억제되는 것으로 보인다. 요약하자면, (계통발생적으로) 보존된 뇌 구조들은 구체적인 기회의 다양한 비용과 이익에 기초해서 짝 찾기와 관련된 결정 규칙을 실행하고, 결정이 긍정적일 때 그 결정의 체내 신호인 호르몬 농도가 반응성 증가를 나타낸다.

반응성 호르몬 증가가 인간에게 정확히 어떤 기능을 하는지는 아직 명확히 확인되지 않았지만, 몇몇 증거에 비추어볼 때 그 증가로 발생하는 광범위한 하류효과는 구애와 짝 경쟁을 향한 유기체 전반의 방향성과 일치한다는 것을 알 수 있다. 코르티솔 증거는 단기적으로 글루코스 이용 가능도를 높이고(검토로, Peters et al., 2004를 보라), 동기적으로 중요한 사건에 반응해서 주의력 향상, 집중력, 기억 공고화를 촉진한다(검토로, Erickson, Drevets, & Schulkin, 2003을 보라). 따라서 잠재적 짝과 상호작용할 때 코르티솔이 증가하는 것은 에너지를 신속하게 공급해서 구애 노력을 지원하는 역할을 한다. 하지만 코르티솔의 기준치가 높은 것은 에너지가 부족한 기간에 짝 경쟁에 쓸 수 있는 여분의 코르티솔이 부족하다는 뜻일 수 있다. 따라서 코르티솔 기준치는 당장 짝짓기 노력에 쓸 수 있는 에너지 자원을 부정적으로 지시하는 반면에, 예비 짝에 반응해서 코르티솔이 증가하는 것은 여분의 에너지 자원이 그 노력에 투입된다는 것을 의미한다.

인간의 반응성 테스토스테론 증가와 관련이 있다고 여겨져 온 다양한 노력은 짝짓기 기회를 놓고 경쟁하고자 하는 의지 및 능력과 논리적으로 관련되어 있다. 반 홍크van Honk와 동료들은 일련의 실험을 통해 여성에게 외인성 호르몬을 투입해서 테스토스테론을 큰 폭으로 끌어올린 뒤, 몇 시간 동안 심리와 행동의 결과를 측정했다. 그 결과, 대조약에 비해 테스토스테론을 투입한 경우에는 두려움 반응이 감소하고(Hermans, Putnam, Baas, Koppeschaar, & van Honk, 2006; Hermans et al., 2007; van Honk, Peper, & Schutter, 2005), 타인의 감정 표정에 대한 공감과 민감성이 감소하고(Hermans, Putnam, & van Honk, 2006; van Honk & Schutter, 2007), 위험 감수와 보상 민감성이 증가했다(van Honk et al., 2004). 그런 효과를 어느 선까지 남성에게 일반화할 수 있는지는 미지수지만, 그 모든 결과는 대담성과 경쟁성이 높아지는 일반적인 방향성과 일치한다. 더 나아가 몇몇 연구에서는 실험적으로 조작한 자극에 남성의 테스토스테론이 보이는 반응의 크기와 호르몬 반응 직후에 수행한 행동의 크기를 재서 상관관계를 테스트했다. 그 결과, 경쟁적인 과제에 대한 호르몬 반응의 크기는 다음 세 가지 사항과 양의 함수관계를 보였다. 자기 보고를 통해 다시 경쟁을 하겠다고 밝힌 의지(Carre & McCormick, 2008; Mehta & Josephs, 2006), 다른 참가자에 대한 공격적 행동의 크기(Carre & Campbell, Lozoya, Goetz, & Welker, 2013; Carre, Putnam, & McCormick, 2009; 또한 Klinesmith, Kasser, 7 McAndrew, 2006), 젊은 여성에 대한 구애 같은 행동의 크기(van der Meij, Amela, Buunk, Fawcett, & Salvador, 2012). 마지막으로 최근의 한 연구에서는 역도 선수들에게 에로틱한 장면이 포함된 짤막한 필름들을 보여주고 나서 역기를 들게 했을 때 테스토스테론 반응의 크기로 그 성적을 예측할 수 있었다고 보고했다(Cook & Crewther, 2012). 비인간 종들과 마찬가지로 인간도 일시적으로 호르몬이 증가하면 행동 경향의 조정에서부터 체력 증가에 이르기까지 유기체 전반에 변화가 일어난다는 점이 증거를 통해 입증된 것이다.

요약하자면, 이제 인간 남성에게 짝짓기 기회 감정 프로그램이 발현된다는 증거는 상당히 강력하다. 잠재적 짝의 자극에 노출되자 남성은 비인간 척추동물 수컷과 대단히 흡사하게 반응성 호르몬이 증가하는데, 이 사실은 그 과정이 상동의 뇌 구조들에 의해 조절된다는 것을 강하게 입증한다. 이 호르몬 증가는 다른 신호들과 맞물려 있을 가능성이 있으며, 짝 찾기가 적응적 문제로서 현재 중요하다는 것을 체내에 알리는 내분비계 부호 역할을 하는 것으로 보인다. 이것과 조화를 이루어, 반응성 호르몬 증가는 구애 노력과 성 내 짝 경쟁을 촉진하는 일련의 하류효과—경쟁성, 대담성, 공격성, 체력, 젊은 여성에 대한 구애 행동 표현의 증가 등—와 관련이 있다고 여겨져 왔다. 이 감정 프로그램의 많은 세부사항은 아직 밝혀지지 않았지만, 현재까지 나온 증거에 따르면 내분비 신호가 핵심 역할을 하는 적응적인 심리 체계를 연구자들이 상당히 완벽하게 기술할 것이라고 긍정적으로 전망할 수 있다.

여성 예비 짝에게 노출된 뒤 여성의 호르몬에도 반응성 변화가 나타난다고 주장한 연구는 거의 없다. 대신에 대부분의 연구는 여성의 성 심리와 행동의 구체적인 측면에 월경주기가 영향을 미친다고 주장해왔다. 중요한 예외가 있는데, 로페즈Lopez, 헤이Hay, 콘클린Conklin(2009)은 신체와 행동의 매력을 겸비한 남성이 여성에게 구애 행동을 하고 있는 비디오를 보여준 뒤(지시에 따라 피험자들은 자기가 구애받는 여성이라고 상상했다) 여성의 타액 테스토스테론과 코르티솔 농도가 반응성으로 증가하는지를 테스트하고 그 증거를 찾아냈다. 그 효과는 비디오를 시작한 지 30분 만에 탐지되었으며, 자연 다큐멘터리, 매력적인 여성이 나오는 비디오, 매력이 없는 남성이 나오는 비디오를 본 대조군 여성에게는 나타나지 않았다. 게다가 한 남자가 나오는 비디오를 본 여성들 사이에서, 테스토스테론과 코르티솔 변화의 크기는 그 남성의 매력도, 그 남자와 섹스를 하고 싶은 욕구, 그 남자와 사귀고 싶은 욕구에 대한 평점과 유의한 양의 상관관계가 있었다.

로페즈 등(2009)의 연구 결과에 의하면, 남성에게 짝짓기 기회 감정 프로그램의 체내 신호로 기능하는 것과 똑같은 호르몬들이 여성에게도 그와 비슷한 역할을 한다. 테스토스테론과 코르티솔의 증가는 매력적인 짝짓기 기회가 있음을 알리고, 짝을 유혹하려는 노력에 평균적으로 효과가 좋았던 기제 환경이 되게끔 하류효과를 일으킨다. 실험 조작으로 여성에게 테스토스테론 펄스를 일으킨 연구에서는 특히, 테스토스테론이 반응성으로 증가하면 두려움 반응이 감소하고(Hermans, Putnam, Baas, et al., 2006; Hermans et al., 2007; van Honk et al., 2005) 위험 감수와 보상 민감성이 증가한다(van Honk et al., 2004). 이 모든 반응은 장래의 파트너에게 수용성과 교태성을 강하게 알리는 역할을 할 수 있지만, 미래에 호르몬 변화와 잠재적 짝을 향한 행동의 관련성을 구체적으로 테스트하는 연구가 더 필요하다. 테스토스테론(그리고 어떤 경우에는, 코르티솔) 농도의 기준치도 여성의 공격적·경쟁적 행동과 연관되어 왔는데(예를 들어, Cashdan, 2003; Denson, Mehta, & Tan, 2013), 이 호르몬들이 반응성으로 증가하면 아주 바람직한 잠재적 파트너를 유혹하기 위한 성 내 경쟁에 뛰어들 준비가 된다. 요컨대, 로페즈 등(2009)의 연구는 여성이 예비 짝에 대해 호르몬 반응을 겪는다는 중요한 증거를 제시하지만, 그런 종류의 연구로는 유일하기 때문에 미래의 연구에서는 실제적인 사회적 상호작용에서 그 효과를 반복 검증하는 동시에 그 반응성 호르몬 변화의 하류효과를 시험할 필요가 있다.

짝 고르기 및 짝 찾기와 관련된 감정 프로그램들은 여성의 주기단계별 생리와 관련된 난소 호르몬의 내인성 변화에 따라 조정되고, 그에 더해서 매력적인 예비 짝을 접할 때 유발되는 것으로 보인다. 월경주기의 다른 단계에 비해 가임기에 여성을 테스트하면, 남성에게 유전되는 것으로 추정되는 적합도 표지—예를 들어, 남성성이나 좌우대칭성—에 더 강하게 끌리는 경향이 있고(개괄을 위해서는 다음을 보라. Gildersleeve, Haselton, & Fales, 2014; Jones et al., 2008; Thornhill & Gangestad, 2008), 강한 성적 욕구를 보이고 성행동을 먼저 시작하며(개괄을 위해서는, Wallen, 2001을 보라), 더 매력적이고 노출된 옷을 선택해서 교태성을 높이는 경향을 보인다(개괄을 위해서는 다음을 보라. Durante, Li, & Haselton, 2008; Haselton, Mortezaie, Pillsworth, Bleske-Rechet, & Frederick, 2007). 그런 변화를 조절하는 것으로 보이는 내분비 신호에 대해서는 연구가 많이 이루어지지 않았지만, 몇몇 연구에서는 높은 테스토스테론은 여성이 더 남성적인 얼굴을 선호하리라고 예측할 수 있는 인자라는 것(Bobst, Sauter, Fopp, & Lobmaier, 2014; Welling et al., 2007). 높은 에스트라디올은 테스토스테론이 더 많이 순환하고 있음을 가리키는 남성의 단서를 여성이 더 선호하리라고 예측할 수 있는 인자라는 것(Roney & Simmons, 2008; Roney, Simmons, & Gray, 2011), 높은 에스트라디올과 낮은 프로게스테론의 조합은 주기 안에서 주관적인 성적 욕구가 증가했음을 가리키는 예측 인자라는 것(Roney & Simmons, 2013)이 밝혀졌다. 이 주기 위상의 변화로 수행되는 기능은 다른 곳에서 자세히 다뤄졌다(예를 들어, Gangestad, Thornhill, & Garver-Apgar, 이 책 1권 14장; Thornhill & Gangestad, 2008; cf. Roney, 2009). 우리의 요점은 다음과 같다. 배란 시기와 관련된 내분비 신호는 짝짓기와 관련된 감정 프로그램들에게 체내 신호 역할을 하는 내인성 호르몬 변화와 일치한다. 본질상 현재의 가임력과 관련이 있는 내분비 신호는 짝짓기가 현재 적응적인 문제로서 중요하다는 것을 짝짓기와 관련된 감정 프로그램들에 널리 알려서 결과적으로 특정 단서에 대한 선호가 민감해지고, 매력을 과시하려는 행동 성향이 증가하며, 짝과 접촉하려는 동기가 강해진다.

미래의 연구가 나아갈 흥미로운 방향 하나는, 주기 위상의 동역학과 관련하여 내인성으로 생성되는 호르몬 신호가 어떻게 예비 짝에 대한 그 이상의 일시적인 호르몬 반응에 영향을 미치고, 그 반응과 상호작용하는지를 조사하는 것이다. 현재의 높은 가임력과 관련된 호르몬 변화가 짝 찾기와 짝 평가를 지향하는 동기적 상태의 기준치를 형성해주면, 이 기준치 위에서 실제의 잠재적인 짝에게 호르몬 반응이 일어나면 목표한 특정 파트너를 추구할 수 있도록 더 구체적인 감정 프로그램(또는 하위 프로그램)이 유발될 것이다. 매력적인 예비 짝에 대한 호르몬 반응이 호르몬 농도 기준치에 따라 더 자주 발생하는지 아니면 크기가 증가하는지는 아직 거의 알려지지 않았다. 로페즈 등(2009)의 연구는 이 문제를 다루기에는 역부족이었다. 하지만 호르몬 피임제를 복용하는 여성들은 매력적인 남성 비디오를 보고도 테스토스테론 반응을 보이지 않았는데, 이 사실은 우성 난포가 성숙하지 않아서 호르몬 기준치가 낮아졌을 때 예비 짝에 대한 호르몬 반응이 억제되는 것과 일치한다고 그들은 보고했다. 난소호르몬 농도 기준치의 하락이 짝 찾기 감정 프로그램을 활성화하는 역치의 상승과 관련이 있다면, 자연조건에 따라 가임력이 억제된 동안—예를 들어, 수유 무월경 기간이나 폐경 이후—에는 짝 유인이 아닌 다른 적응적 문제에 더 큰 우선권을 배정하도록 진화했을 것이다(Roney, 2015를 보라). 미래의 연구에서는 예비 짝에 대한 반응성 호르몬 반응이 무배란 자연 주기와 반대되는 배란주기에 더 크게 일어나는지 아니면 더 쉽게 일어나는지를 직접 판단할 수 있을 테고, 이런 연구는 예비 짝에 대한 여성의 반응에서 내분비 신호가 어떤 역할을 하는지를 설명하고자 할 때 더 적합하고 완전한 모델을 테스트하는 첫걸음이 될 것이다.

진화내분비학 연구의 미래

위에서 짝 찾기의 예들을 제시한 것은 코스미디스와 투비(2000)가 설명했듯이 내분비 신호를 진화한 감정 프로그램의 중요한 요소로 다루는 휴리스틱에 잠재적 가치가 있음을 입증하려는 의도에서였다. 사실 이 개념 틀은 호르몬의 일반적 기능을 이해할 수 있는 열쇠가 될지도 모른다. 다른 내분비 신호들도 성호르몬과 똑같이 온몸을 순환하고, 그럼으로써 유기체 전반의 매개변수 환경을 조정해서 구체적인 적응적 문제의 현재의 중요도에 기초해서 다양한 기제의 상대적 우선권을 결정한다. 그렇다면 다른 호르몬 신호들—가령, 옥시토신, 바소프레신, 프롤락틴—도 다양한 감정 프로그램에서 이상적인 메신저로서 체내 신호의 역할을 하게 된다. 따라서 그런 신호를 사용하는 감정 프로그램의 이론들을 발달적·경험적으로 테스트하는 일은 인간 호르몬의 진화한 기능을 밝히는 최고의 수단일 것이다. 거꾸로, 뇌와 몸 전체에서 여러 기제를 동시에 활성화하고 억제하는 호르몬만의 독특한 능력은 적응적 감정 프로그램에서 종종 중요한 역할을 하므로, 내분비학의 지식은 인간의 많은 심리적 적응의 설계를 충분히 이해하는 일에 결정적일 수 있다.

하지만 감정 프로그램이라는 개념 틀은 인간의 호르몬에 관한 지금까지의 문헌에 상당히 한정적이고, 주로 내분비 신호의 기능을 어느 서술이 가장 간명하게 설명하는지에 초점이 맞춰져 있었다. 예를 들어, 역사적으로 다양한 시기에 테스토스테론은 지위, 지배성, 또는 공격성 호르몬으로 제시되어왔고, 어느 기술이 그 효과와 잠재적 호소력을 가장 간명한 원리로 잘 설명하고 있는지를 두고 논쟁이 이어지는 가운데, 가장 포괄적인 기술이 과학적으로 더 우수하다고 인정받았다. 옥시토신에 관한 문헌에도 이와 비슷한 논쟁이 존재해서, 옥시토신을 결속 형성이나 신뢰감 형성 호르몬으로 보는 일반적인 서술이 높은 대접을 받았다.

호르몬은 감정 프로그램에서 체내 신호와 같은 중요한 역할을 한다는 주장은 호르몬에 대한 이 일반적인 기술들이 절대적으로 틀렸다는 것이 아니라, 다수의 기제 환경을 동시에 조정하는 그 기능에 비추어볼 때 그런 기술이 불완전할 수도 있음을 의미한다. 예를 들어, 테스토스테론은 행동 경향들을 조정하는 것 외에도 생리적인 영향을 광범위하게 미치는데, 예를 들어 면역 기능, 지방 분해대사, 혈액 헤모글로

빈, 근육 동화작용과 혈당 흡수, 정자 발생률 같은 것들이다(개괄을 위해서는 다음을 보라. Ellison, 2001; Ellison & Gray, 2009; Muehlenbein & Bribiescas, 2005). 이 다종다양한 영향은 지위나 공격성 같은 큰 범주로 간단히 환원되지 않으며, 기능적으로 볼 때 구체적인 상황에서 활성화되는 감정 프로그램들의 협응 요소들이라고 이해할 수 있다. 이 점들을 고려할 때 바람직한 연구 방향은 구체적인 호르몬의 영향들을 가장 일반적으로 기술하는 법을 찾는 노력에서 벗어나, 조상 시대에 반복적으로 발생했던 적응적 문제들에 반응하여 활성화되고 그 과정에서 호르몬을 신호로 사용하는 감정 프로그램들을 체계적으로 매핑하는 일에 더 큰 노력을 기울이는 것이다. 이 이동이 이루어진다면 인간 내분비 연구와 인간 진화심리학의 적응-매핑 프로젝트가 이음매 없이 매끄럽게 통합될 것이다.

흥미로운 문제는, 내분비학과 진화심리학이 얼마나 큰 폭으로 통합될 것인지다. 호르몬은 분명 짝짓기 적응들과 관련된 체내 신호로서 중요한 역할을 하지만, 다른 많은 적응적 문제에서도 그와 같은 역할을 할까? 이론상 호르몬은 조상 시대에 되풀이되었던 구체적인 문제 영역들의 단서에 적응적 반응이 필요할 때마다 여러 기제가 폭넓게 협응할 수 있도록 신호 역할을 한다고 생각할 수 있다. 그런 협응은 예를 들어 출산 같은 사건에 분명히 중요하고, 실제로 연구자들은 이런 사건의 지각과 다양한 심리적·행동적 반응을 매개하는 인자라는 관점에서 다양한 호르몬을 연구해 왔다(개괄을 위해서는 다음을 보라. Fleming & Gonzalez, 2009; Rilling, 2013; Saltzman & Maestripieri, 2011). 따라서 육아 적응은 감정 프로그램 접근법이 진화심리학과 내분비학을 생산적으로 통합할 수 있는 또 하나의 예가 될 수 있다.

주로 행동내분비학 연구와 연관되곤 하는 큰 동기 범주들(예를 들어, 짝짓기, 육아, 수유, 공격성) 외에도, 내분비 신호는 많은 심리적 적응들을 구체적으로 조정하는 역할을 할 수 있다. 예를 하나만 들자면, 사회적 교환에서 교환 파트너가 당신을 속였거나 이익을 줬다고 말하는 정보는 그 파트너와 당신의 관계뿐 아니라 당신이 사회 집단 내에서 차지하는 더 포괄적인 위치에도 직간접적으로 영향을 미친다. 그런 영향에 적응적으로 반응하기 위해서는 경계 수준, 위험 감수의 성향, 사회성의 수준, 공격성의 역치 등과 관련된 여러 기제 환경을 조정해야 한다. 내분비 신호가 그런 조정을 가능하게 한다는 증거로, 신경경제학 실험에서 피험자에게 신뢰의 표현을 짤

막하게 전하자 혈청 옥시토신이 빠르게 증가했다(Zak, Kurzban, & Matzner, 2005). 미래의 연구에서는 우리의 심리적 적응들에 내분비 신호가 실제로 얼마나 광범위하게 존재하는지를 밝혀야 하겠지만, 호르몬으로 전달되는 메시지들이 워낙 장황하고 산만하다는 사실을 고려할 때 호르몬은 기능과 관련된 환경적 단서에 반응해서 다양한 기제 환경을 재조정하는 공동의 장치일 수도 있다.

구체적인 호르몬 신호는 복수의 감정 프로그램에 작용할 수 있으므로, 감정 프로그램들이 어떻게 서로 상호작용하는지 또는 어떻게 서로 구별되는지를 밝히는 것도 진화내분비학의 경험적 과제로 떠오른다. 잠재적인 짝과 상호작용한 뒤에 나타나는 테스토스테론 반응의 유형들은 인간과 비인간 종 모두에서 공격적이고 경쟁적인 상호작용이 벌어진 뒤에도 나타난 것으로 보아(개괄을 위해서는 다음을 보라. Archer, 2006; Gleason et al., 2009; Mazur & Booth, 1998). 복수의 감정 프로그램이 같은 체내 신호를 사용한다고 추론할 수 있다. 이것을 설명할 수 있는 한 방법은, 예비 짝에게 노출되었을 때와 경쟁에서의 승리 같은 사건을 겪은 뒤에는 비슷한 하류 기제 환경이 기능적이라고 보는 것이다. 경쟁에서의 승리는 높은 매력에 버금가는 짝짓기 동기들을 촉발하고, 짝짓기 기회는 가치 있는 번식 자원을 지킬 수 있도록 높은 경쟁력을 촉발하는 것이다(Ainsworth & Maner, 2012; Gleason et al., 2009). 그렇다고 해서 짝 찾기와 경쟁적 상호작용의 감정 프로그램이 동일하다는 뜻은 아니다. 두 감정 프로그램은 필시 구체적인 기제 환경을 조성하도록 체내 신호를 발할 때 다른 단서로 활성화되고 다른 결정 규칙을 시행할 것이다. 하지만 그 하류 환경의 일부가 실제로 중복되고 있을 수 있다. 게다가 호르몬이 감정 프로그램이 사용하는 유일한 신호는 아닐 것이다. 호르몬이 중재하는 소통은 신경전달물질이 중재하는 대부분의 소통에 비해 느린 편인데, 감정 프로그램들은 대부분 아주 빠른 효과를 필요로 한다(Cosmides & Tooby, 2000을 보라). 따라서 짝 찾기와 경쟁적 상호작용 프로그램은 신경전달물질에 기초한 신호를 통해 별도의 신경망을 빠르게 활성화하고, 테스토스테론 반응을 통해 기제 환경을 조절하는 과정은 더 긴 시간에 걸쳐 똑같은 하류효과를 낸다고 볼 수 있다. 하지만 다른 가능성이 있다. 호르몬 반응의 여러 조합이 사실상 내분비 부호 역할을 하면서 구체적인 감정 프로그램들을 구분할 수도 있다. 예를 들어, 만일 짝과의 조우가 옥시토신 증가와는 연관되지만 경쟁적인 상호작용과는 연관되지 않거나, 테스토스테론에 수반되는 카테콜아민이 어떤 경우에는 분비되고 다른 경우에는 분비되지 않는다면, 하류의 기제 환경이 반응성 테스토스테론의 증가와 연관되더라도 그 환경은 두 감정 프로그램 사이에서 미묘한 차이를 보일지 모른다. 미래의 연구에서는 이런 주제가 매력적인 경험적 문제로 부상할 것이다.

감정 프로그램 개념을 통해 호르몬을 이해하고자 할 때 미래의 진화내분비학 연구는 반드시 공동 연구나 학제 간 연구를 도모해야 한다. 예를 들어, 유기체 전체에서 기제 환경이 조정되는 과정을 이해하려면, 다양한 유형의 심리 기제 및 생리 기제에 전문 지식을 갖춘 학자들이 협력하거나 아니면 개별 연구자들이 굉장히 광범위한 학제 간 훈련을 받아야 한다. 이 분야에서 미래의 연구자들이 힘을 합쳐 다양한 감정 프로그램을 매핑하고 이를 통해서 함께 구축해야 할 모델은 구체적인 활성화 단서를 지정하고, 그 단서에 대한 반응으로 내분비 신호를 통해 촉발되는 동시에 결국에는 구체적인 적응 문제의 해결을 지향하는 하류 기제 환경에까지 반응하는 모델일 것이다.

결론적으로, 내분비 신호는 인간 진화심리학이라는 급성장하는 분야에서 막중한 설명적 역할을 할 수 있다. 전문화된 처리 기제들이 분자적 형태로 모여 있는 집합체에게는 구체적인 기제들이 활성화되거나 억제될 때를 조정하는 기능적 수단이 필요한데, 호르몬 신호는 그런 조정의 메신저 역할을 하기에 이상적이다. 사실상 호르몬은 기제 활성화와 억제를 실시간으로 조율하는 교향곡의 지휘자다. 물론 그의 악보에는 어떤 행동 양상들과 인간이 진화하는 동안 그렇게 행동하는 것이 가장 기능적이었던 특수한 환경이 결부되어 있다. 이 화학적 메신저의 기능적 역할을 명확히 이해하지 않고서는 인간 본성의 어떤 모델도 완전하지 못할 것이다.

참고문헌

Aikey, J. L., Nyby, J. G., Anmuth, D. M., & James, P. J. (2002). Testosterone rapidly reduces anxiety in male house mice (*Mus musculus*). *Hormones and Behavior, 42,* 448–460.

Ainsworth, S. E., & Maner, J. K. (2012). Sex begets violence: Mating motives, social dominance, and physical aggression in men. *Journal of Personality and Social Psychology, 103,* 819–829.

Alexander, G. M., Packard, M. G., & Hines, M. (1994). Testosterone has rewarding affective properties in male rats: Implications for the biological bases of sexual motivation. *Behavioral Neuroscience, 108,* 424–428.

Amstislavskaya, T. G., & Popova, N. K. (2004). Female-induced sexual arousal in male mice and rats: Behavioral and testosterone response. *Hormones and Behavior, 46,* 544–550.

Anand, S., Losee-Olson, S., Turek, F. W., & Horton, T. H. (2002). Differential regulation of luteinizing hormone and follicle-stimulating hormone in male Siberian hamsters by exposure to females and photoperiod. *Endocrinology, 143,* 2178–2188.

Archer, J. (2006). Testosterone and human aggression: An evaluation of the challenge hypothesis. *Neuroscience and Biobehavioral Reviews, 30,* 319–345.

Bakker, J., & Baum, M. J. (2000). Neuroendocrine regulation of GnRH release in induced ovulators. *Frontiers in Neuroendocrinology, 21,* 220–262.

Batty, J. (1978). Acute changes in plasma testosterone levels and their relation to measures of sexual behavior in the male house mouse (*Mus musculus*). *Animal Behaviour, 26,* 349–357.

Baum, M. J. (1992). Neuroendocrinology of sexual behavior in the male. In J. B. Becker, S. M. Breedlove, & D. Crews (Eds.), *Behavioral endocrinology* (pp. 97–130). Cambridge, MA: MIT Press.

Blaustein, J. D. (2008). Neuroendocrine regulation of feminine sexual behavior: Lessons from rodent models and thoughts about humans. *Annual Review of Psychology 59,* 93–118.

Bobst, C., Sauter, S., Fopp, A., & Lobmaier, J. S. (2014). Early follicular testosterone level predicts preference for masculinity in male faces—But not for women taking hormonal contraceptives. *Psychoneuroendocrinology, 41,* 142–150.

Bonilla-Jaime, H., Vazquez-Palacios, M., Artega-Silva, M., & Retana-Marquez, S. (2006). Hormonal responses to different sexually related conditions in male rats. *Hormones and Behavior, 49,* 376–382.

Bronson, F. H., & Desjardins, C. (1982). Endocrine responses to sexual arousal in the male. *Endocrinology, 111,* 1286–1291.

Buss, D. M. (2012). *Evolutionary psychology: The new science of the mind.* Boston, MA: Pearson Allyn & Bacon.

Carre, J. M., Campbell, J. A., Lozoya, E., Goetz, S. M. M., & Welker, K. M. (2013). Changes in testosterone mediate the effect of winning on subsequent aggressive behavior. *Psychoneuroendocrinology, 38*, 2034−2041.

Carre, J. M., & McCormick, C. M. (2008). Aggressive behavior and change in salivary testosterone concentrations predict willingness to compete in a competitive task. *Hormones and Behavior, 54*, 403−409.

Carre, J. M., Putnam, S. K., & McCormick, C. M. (2009). Testosterone responses to competition predict future aggressive behaviour at a cost of reward in men. *Psychoneuroendocrinology, 34*, 561−570.

Carter, C. S. (1992). Neuroendocrinology of sexual behavior in the female. In J. B. Becker, S. M. Breedlove, & D. Crews (Eds.), *Behavioral endocrinology* (pp. 71−95). Cambridge, MA: MIT Press.

Cashdan, E. (2003). Hormones and competitive aggression in women. *Aggressive Behavior, 29*, 107−115.

Cerda-Molina, A. L., Hernández-L pez, L., Chavira, R., Cárdenas, M., Paez-Ponce, D., Cervantes-De la Luz, H., & Mondrag n-Ceballos, R. (2006). Endocrine changes in stumptailed macaques (*Macaca arctoides*) as a response to odor stimulation with vaginal secretions. *Hormones and Behavior, 49*, 81−87.

Cerda-Molina, A. L., Hernández-L pez, L., de la O, C. E., Chavira-Ramirez, R., & Mondrag n-Ceballos, R. (2013). Changes in men's salivary testosterone and cortisol levels, and in sexual desire after smelling female axillary and vulvar scents. *Frontiers in Endocrinology, 4*, 1−9.

Cook, C. J., & Crewther, B. T. (2012). Changes in salivary testosterone concentrations and subsequent voluntary squat performance following the presentation of short video clips. *Hormones and Behavior, 61*, 17−22.

Cosmides, L., & Tooby, J. (2000). Evolutionary psychology and the emotions. In M. Lewis & J. M. Haviland-Jones (Eds.), *Handbook of emotions* (pp. 91−115). New York, NY: Guilford Press.

Denson, T. F., Mehta, P. H., & Tan, D. H. (2013). Endogenous testosterone and cortisol jointly influence reactive aggression in women. *Psychoneuroendocrinology, 38*, 416−424.

Dickerson, S. S., & Kemeny, M. E. (2004). Acute stressors and cortisol responses: A theoretical integration and synthesis of laboratory research. *Psychological Bulletin, 130*, 355−391.

Durante, K. M., Li, N. P., & Haselton, M. G. (2008). Changes in women's choice of dress across the ovulatory cycle: Naturalistic and laboratory task-based evidence. *Personality and Social Psychology Bulletin, 34*, 1451−1460.

Ellison, P. T. (2001). *On fertile ground*. Cambridge, MA: Harvard University Press.

Ellison, P. T., & Gray, P. B. (2009). *Endocrinology of social relationships*. Cambridge, MA: Harvard University Press.

Erickson, K., Drevets, W., & Schulkin, J. (2003). Glucocorticoid regulation of diverse cognitive functions in normal and pathological states. *Neuroscience and Biobehavioral Reviews*, *27*, 233–246.

Fernandez-Guasti, A., Swaab, D., & Rodriguez-Manzo, G. (2003). Sexual behavior reduces hypothalamic androgen receptor immunoreactivity. *Psychoneuroendocrinology*, *28*, 501–512.

Fernandez-Guasti, A., Vega-Matuszczyk, J., & Larsson, K. (1991). Synergistic action of estradiol, progesterone and testosterone on rat proceptive behavior. *Physiology & Behavior*, *50*, 1007–1011.

Fessler, D. M. T. (2003). No time to eat: An adaptationist account of periovulatory behavioral changes. *Quarterly Review of Biology*, *78*, 3–21.

Fleming, A. S., & Gonzalez, A. (2009). Neurobiology of human maternal care. In P. T. Ellison & P. B. Gray (Eds.), *Endocrinology of social relationships* (pp. 294–318). Cambridge, MA: Harvard University Press.

Flinn, M. V., Ponzi, D., & Muehlenbein, M. P. (2012). Hormonal mechanisms for regulation of aggression in human coalitions. *Human Nature*, *23*, 68–88.

Gildersleeve, K., Haselton, M. G., & Fales, M. R. (2014). Do women's mate preferences change across the ovulatory cycle? A meta-analytic review. *Psychological Bulletin*, *140*, 1205–1259.

Gleason, E. D., Fuxjager, M. J., Oyegbile, T. O., & Marler, C. A. (2009). Testosterone release and social context: When it occurs and why. *Frontiers in Neuroendocrinology*, *30*, 460–469.

Glick, B. B. (1984). Male endocrine responses to females: Effect of social cues in cynomolgus macaques. *American Journal of Primatology*, *6*, 229–239.

Harding, S. M., & McGinnis, M. Y. (2004). Androgen receptor blockade in the MPOA or VMN: Effects on male sociosexual behaviors. *Physiology & Behavior*, *81*, 671–680.

Haselton, M. G., Mortezaie, M., Pillsworth, E. G., Bleske-Rechek, A., & Frederick, D. A. (2007). Ovulatory shifts in human female ornamentation: Near ovulation, women dress to impress. *Hormones and Behavior*, *51*, 40–45.

Hermans, E. J., Putnam, P., Baas, J. M., Gecks, N. M., Kenemans, J. L., & van Honk, J. (2007). Exogenous testosterone attenuates the integrated central stress response in healthy young women. *Psychoneuroendocrinology*, *32*, 1052–1061.

Hermans, E. J., Putnam, P., Baas, J. M., Koppeschaar, H. P., & van Honk, J. (2006). A single administration of testosterone reduces fear-potentiated startle in humans.

Biological Psychiatry, *59*, 872–874.

Hermans, E. J., Putnam, P., & van Honk, J. (2006). Testosterone administration reduces empathetic behavior: A facial mimicry study. *Psychoneuroendocrinology*, *31*, 859–866.

James, P. J., & Nyby, J. G. (2002). Testosterone rapidly affects the expression of male-typical copulatory behavior in house mice (*Mus musculus*). *Physiology & Behavior*, *75*, 287–294.

Jones, B. C., DeBruine, L. M., Perrett, D. I., Little, A. C., Feinberg, D. R., & Law Smith, M. J. (2008). Effects of menstrual phase on face preferences. *Archives of Sexual Behavior*, *37*, 78–84.

Kamel, F., & Frankel, A. I. (1978). The effect of medial preoptic area lesions on sexually stimulated hormone release in the male rat. *Hormones and Behavior*, *10*, 10–21.

Klinesmith, J., Kasser, T., & McAndrew, F. T. (2006). Guns, testosterone, and aggression: An experimental test of a meditational hypothesis. *Psychological Science*, *17*, 568–571.

Lloyd, S. A., & Dixson, A. F. (1988). Effects of hypothalamic lesions upon the sexual and social behaviour of the male common marmoset (*Callithrix jacchus*). *Brain Research*, *829*, 55–68.

Lopez, H. H., Hay, A. C., & Conklin, P. H. (2009). Attractive men induce testosterone and cortisol release in women. *Hormones and Behavior*, *56*, 84–92.

Macrides, F., Bartke, A., & Dalterio, S. (1975). Strange females increase plasma testosterone levels in male mice. *Science*, *189*, 1104–1105.

Matochik, J. A., Sipos, M. L., Nyby, J. G., & Barfield, R. J. (1994). Intracranial androgenic activation of maletypical behaviors in house mice: Motivation versus performance. *Behavioural Brain Research*, *60*, 141–149.

Mazur, A., & Booth, A. (1998). Testosterone and dominance in men. *Behavioral and Brain Sciences*, *21*, 353–363.

McGinnis, M. Y., & Kahn, D. F. (1997). Inhibition of male sexual behavior by intracranial implants of the protein synthesis inhibitor anisomycin into the medial preoptic area of the rat. *Hormone and Behavior*, *31*, 15–23.

Mehta, P. H., & Josephs, R. A. (2006). Testosterone change after losing predicts the decision to compete again. *Hormones and Behavior*, *50*, 684–692.

Meisel, R. L., & Sachs, B. D. (1994). The physiology of male sexual behavior. In E. Knobil & J. D. Neill (Eds.), *The physiology of reproduction* (pp. 3–105). New York, NY: Raven.

Mendoza, S. P., Coe, C. L., Lowe, E. L., & Levine, S. (1979). The physiological response to group formation in adult male squirrel monkeys. *Psychoneuroendocrinology*, *3*, 221–229.

Miller, S. L., & Maner, J. K. (2010). Scent of a woman: Men's testosterone responses to olfactory ovulation cues. *Psychological Science*, *21*, 276–283.

Miller, S. L., Maner, J. K., & McNulty, J. K. (2012). Adaptive attunement to the sex of individuals at a competition: The ratio of opposite-to same-sex individuals correlates with changes in competitors' testosterone levels. *Evolution and Human Behavior*, *33*, 57–63.

Muehlenbein, M. P., & Bribiescas, R. G. (2005). Testosterone-mediated immune functions and male life histories. *American Journal of Human Biology*, *17*, 527–558.

Murcia, C. Q., Bongard, S., & Kreutz, G. (2009). Emotional and neurohormonal responses to dancing Tango Argentino: The effects of music and partner. *Music and Medicine*, *1*, 14–21.

Nyby, J., Wysocki, C. J., Whitney, G., & Dizinno, G. (1977). Pheromonal regulation of male mouse ultrasonic courtship (*Mus musculus*). *Animal Behaviour*, *25*, 333–341.

Nyby, J. G. (2008). Reflexive testosterone release: A model system for studying the non-genomic effects of testosterone upon male behavior. *Frontiers in Neuroendocrinology*, *29*, 199–210.

Paredes, R. G., & Baum, M. J. (1997). Role of the medial preoptic area/anterior hypothalamus in the control of masculine sexual behavior. *Annual Review of Sex Research*, *8*, 68–101.

Peters, A., Schweiger, U., Pellerin, L., Hubold, C., Oltmanns, K. M., Conrad, M., . . . Fehm, H. L. (2004). The selfish brain: Competition for energy resources. *Neuroscience and Biobehavioral Reviews*, *28*, 143–180.

Pfaff, D. W. (1981). Theoretical issues regarding hypothalamic control of reproductive behavior. In P. J. Morgane & J. Panksepp (Eds.), *Behavioral studies of the hypothalamus* (pp. 241–258). New York, NY: Marcel Dekker.

Pfaff, D. W., & Schwartz-Giblin, S. (1988). Cellular mechanisms of female reproductive behaviors. In E. Knobil & J. D. Neill (Eds.), *The physiology of reproduction* (pp. 1487–1568). New York, NY: Raven.

Pfeiffer, C. A., & Johnston, R. E. (1992). Socially stimulated androgen surges in male hamsters: the roles of vaginal secretions, behavioral interactions, and housing conditions. *Hormones and Behavior*, *26*, 283–293.

Pfeiffer, C. A., & Johnston, R. E. (1994). Hormonal and behavioral responses of male hamsters to females and female odors: Roles of olfaction, the vomeronasal system, and sexual experience. *Physiology & Behavior, 55*, 129−138.

Popova, N. K., & Amstislavskaya, T. G. (2002). Involvement of the 5−HT1a and 5−HT1b serotonergic receptor subtypes in sexual arousal in male mice. *Psychoneuroendocrinology, 27*, 609−618.

Purvis,K., & Haynes, N. B. (1974). Short-termeffects of copulation, human chorionic gonadotropin injection and non-tactile association with a female on testosterone levels in the rat. *Journal of Endocrinology, 60*, 429−439.

Raskin, K., de Gendt, K., Duittoz, A., Liere, P., Verhoeven, G., Tronche, F., & Mhaouty-Kodja, S. (2009). Conditional inactivation of androgen receptor gene in the nervous system: Effects on male behavioral and neuroendocrine responses. *Journal of Neuroscience, 29*, 4461−4470.

Rilling, J. K. (2013). The neural and hormonal bases of human paternal care. *Neuropsychologia, 51*, 731−747.

Riters, L. V., & Ball, G. F. (1999). Lesions to the medial preoptic area affect singing in the male European starling (*Sturnus vulgaris*). *Hormones and Behavior, 36*, 276−286.

Riters, L. V., Eens, M., Pinxten, R., Duffy, D. L., Balthazart, J., & Ball, G. F. (2000). Seasonal changes in courtship song and the medial preoptic area in male European starlings (*Sturnus vulgaris*). *Hormones and Behavior, 38*, 250−261.

Romano-Torres, M., Phillips-Farfan, B. V., Chavira, R., Rodriguez-Manzo, G., & Fernandez-Guasti, A. (2007). Relationship between sexual satiety and brain androgen receptors. *Neuroendocrinology, 85*, 16−26.

Ronay, R., & von Hippel, W. (2010). The presence of an attractive young woman elevates testosterone and risk-taking in young men. *Social Psychological and Personality Science, 1*, 57−64.

Roney, J. R. (2009). The role of sex hormones in the initiation of human mating relationships. In P. T. Ellison & P. B. Gray (Eds.), *Endocrinology of social relationships* (pp. 246−269). Cambridge, MA: Harvard University Press.

Roney, J. R. (2015). An evolutionary functional analysis of the hormonal predictors of women's sexual motivation. In T. K. Shackelford & R. D. Hansen (Eds.), *The evolution of sexuality* (pp. 99−121). Cham: Springer International Publishing Switzerland.

Roney, J. R., Lukaszewski, A. W., & Simmons, Z. L. (2007). Rapid endocrine responses of young men to social interactions with young women. *Hormones and Behavior, 52*, 326−333.

Roney, J. R., Mahler, S. V., & Maestripieri, D. (2003). Behavioral and hormonal responses of men to brief interactions with women. *Evolution and Human Behavior, 24,* 365–375.

Roney, J. R., & Simmons, Z. L. (2008). Women's estradiol predicts preference for facial cues of men's testosterone. *Hormones and Behavior, 53,* 14–19.

Roney, J. R., & Simmons, Z. L. (2012). Men smelling women: Null effects of exposure to ovulatory sweat on men's testosterone. *Evolutionary Psychology, 10,* 703–713.

Roney, J. R., & Simmons, Z. L. (2013). Hormonal predictors of sexual motivation in natural menstrual cycles. *Hormones and Behavior, 63,* 636–645.

Roney, J. R., Simmons, Z. L., & Gray, P. B. (2011). Changes in estradiol predict within-women shifts in attraction to facial cues of men's testosterone. *Psychoneuroendocrinology, 36,* 742–749.

Roney, J. R., Simmons, Z. L., & Lukaszewski, A. W. (2010). Androgen receptor gene sequence and basal cortisol concentrations predict men's hormonal responses to potential mates. *Proceedings of the Royal Society B: Biological Sciences, 277,* 57–63.

Saltzman, W., & Maestripieri, D. (2011). The neuroendocrinology of primate maternal behavior. *Progress in Neuro-Pharmacology and Biological Psychiatry, 35,* 1192–1204.

Schneider, J. E., Wise, J. D., Benton, N. A., Brozek, J. M., & Keen-Rhinehart, E. (2013). When do we eat? Ingestive behavior, survival, and reproductive success. *Hormones and Behavior, 64,* 702–728.

Sipos, M. L., & Nyby, J. G. (1996). Concurrent androgenic stimulation of the ventral tegmental area and medial preoptic area: Synergistic effects on male-typical reproductive behaviors in house mice. *Brain Research, 729,* 29–44.

Thornhill, R., & Gangestad, S. W. (2008). *The evolutionary biology of human female sexuality.* New York, NY: Oxford University Press.

Tinbergen, N. (1963). On aims and methods of ethology. *Zeitschrift fur Tierpsychologie, 20,* 410–433.

Tooby, J., & Cosmides, L. (1992). The psychological foundations of culture. In J. Barkow, L. Cosmides, & J. Tooby (Eds.), *The adapted mind* (pp. 19–136). New York, NY: Oxford University Press.

Tsai, L. W., & Sapolsky, R. M. (1996). Rapid stimulatory effects of testosterone upon myotubule metabolism and sugar transport, as assessed by silicon microphysiometry. *Aggressive Behavior, 22,* 357–364.

van der Meij, L., Almela, M., Buunk, A. P., Fawcett, T. W., & Salvador, A. (2012). Men with elevated testosterone levels show more affiliative behaviors during interactions with women. *Proceedings of the Royal Society B: Biological Sciences, 279,* 202–208.

van der Meij, L., Buunk, A. P., & Salvador, A. (2010). Contact with attractive women affects the release of cortisol in men. *Hormones and Behavior, 58,* 501−505.

van der Meij, L., Buunk, A. P., van de Sande, J. P., & Salvador, A. (2008). The presence of a woman increases testosterone in aggressive dominant men. *Hormones and Behavior, 54,* 640−644.

van Honk, J., Peper, J. S., & Schutter, D. J. L. G. (2005). Testosterone reduces unconscious fear but not consciously experienced anxiety: Implications for the disorders of fear and anxiety. *Biological Psychiatry, 58,* 218−225.

van Honk, J., & Schutter, D. J. L. G. (2007). Testosterone reduces conscious detection of signals serving social correction. *Psychological Science, 18,* 663−667.

van Honk, J., Schutter, D. J. L. G., Hermans, E. J., Putnam, P., Tuiten, A., & Koppeschaar, H. (2004). Testosterone shifts the balance between sensitivity for punishment and reward in healthy young women. *Psychoneuroendocrinology, 29,* 937−943.

Wade, G. N., & Jones, J. E. (2004). Neuroendocrinology of nutritional infertility. *American Journal of Physiology: Regulatory Integrative and Comparative Physiology, 287,* R1277−R1296.

Wallen, K. (2001). Sex and context: Hormones and primate sexual motivation. *Hormones and Behavior, 40,* 339−357.

Welling, L. L. M., Jones, B. C., DeBruine, L. M., Conway, C. A., Law Smith, M. J., Little, A. C., . . . Al-Dujaili, E. A. (2007). Raised salivary testosterone in women is associated with increased attraction to masculine faces. *Hormones and Behavior, 52,* 156−161.

Xiao, K., Kondo, Y., & Sakuma, Y. (2004). Sex-specific effects of gonadal steroids on conspecific odor preference in the rat. *Hormones and Behavior, 46,* 356−361.

Zak, P. J., Kurzban, R., & Matzner, W. T. (2005). Oxytocin is associated with human trustworthiness. *Hormones and Behavior, 48,* 522−527.

Ziegler, T. E., Schultz-Darken, N. J., Scott, J. J., Snowdon, C. T., & Ferris, C. F. (2005). Neuroendocrine response to female ovulatory odors depends upon social condition in male common marmosets, *Callithrix jacchus. Hormones and Behavior, 47,* 56−64.

47장

진화정치심리학

마이클 방 피터슨

사회생활—자기 자신의 유전자를 증식하도록 설계된 유기체들이 서로 의존하게 되었을 때—에는 갈등이 불가피하다. 개인은 저마다 이해관계가 다르고, 그로 인해 우선순위를 두고 갈등을 빚는다. 정치는 이 우선순위를 결정하는 과정이다. 인간의 조상은 수백만 년 동안 집단을 이루고 살았으며, 정치는 분명 호모속genus Homo이 진화하는 내내 반복 출현한 현상이었다. 인간은 그저 사회적 동물이 아니다. 인간은 정치적 동물이다.

진화정치심리학은 정치와 인간이라는 정치적 동물의 본성을 연구하는 일에 진화심리학을 적용하는 분야다. 요즘 진화정치심리학 안에서 경험적 연구가 빠른 속도로 축적되고 있다. 이 장에서는 그런 연구들을 검토하고자 한다. 하지만 진화정치심리학은 아주 최근에 생긴 분야라 사용할 수 있는 이론에 비해 사용할 수 있는 데이터가 턱없이 부족하다. 따라서 이 장에서는 또한 앞으로의 연구 방향을 서술하고, 차후에 검증되어야 할 진화적 가설들을 두루 살펴보고자 한다.

정치 연구는 예로부터 정치과학 분야의 주제이고, 진화정치심리학은 정치과학 안에서 제기된 질문에 진화심리학이 제공하는 분석 도구를 사용해서 답하고자 하는 학제적 노력이다. 이 노력은 진화심리학에도 중요한 과제들을 던진다. 인간은 소규모 사회집단에서 진화했고, 진화심리학자들은 짝짓기, 협력, 사회적 갈등처럼 소규모 집단에서 일어나는 현대적 행동을 주로 분석해왔다. 하지만 오늘날의 정치는 익명의 개인 수백만 명이 상호작용하면서 정치적 결과를 빚어내는 대규모 사회에서 펼쳐진다. 밑에서 검토하겠지만, 그에 따라 진화정치심리학은 2단계 접근법을 사용해야 한다. 첫째, 이해 갈등을 일으키고 있는 적응적 문제를 해부하고, 그에 해당하는 적응들의 구조에 기초하여 정치적 행동을 검증 가능한 형태로 예측해야 한다. 둘째, 이 적응들이 대중 정치라는 진화적으로 새로운 조건 아래서 어떻게 작동하는지를 분석해야 한다.

정치란 무엇인가

사회생활을 게임으로 간주한다면, 정치적 행동은 그 게임의 규칙—무엇을, 언제, 어떻게 획득할 권리를 누구에게 줄 것인가?—을 협상하고자 하는 행동이다(Lasswell, 1950). 본래 정치적 행동은 권리 부여entitlement에 관한 기대의 일치를 목표로 한다(Easton, 1981). 예를 들어, 한 사냥꾼이 혼자 사냥하면서 고기를 획득하고 먹을 때, 이 행위는 그 사냥꾼이 그의 이익을 추구하는 것이지만, 이 고기를 먹는 것은 정치적 행위가 아니다. 사냥꾼의 행위는 남의 눈에 띄지 않았고, 남들의 눈에는 그 규칙을 위반하지 않았다. 정치는 다른 개인이 다가와서 그 고기에 대한 권리를 주장할 때(예를 들어, 그 고기를 가져야겠다거나 다른 구성원들과 나눠야겠다고 주장할 때) 작동하기 시작한다. 만일 그 사냥꾼이 그 동물은 혼자 잡았으니 그만의 것이라고 주장하면서 거부한다면, 그의 행위는 정치적이 된다. 남의 눈에 띄지 않는 규칙 위반이 아니라, 권리에 대한 남들의 기대에 이의를 제기하는 것이기 때문이다.

정치는 집단생활에서 출현하는 조정 문제를 해결하도록 설계된 적응들의 산물이다. 집단 내부와 집단들 사이에서 삶을 조직하는 방식은 하나가 아니다. 사회생활의 규칙에 대하여 합의된 기대가 없다면, 싸움의 비용이나 끝없는 협상의 비용 같은 거래비용이 발생한다. 이로부터 선택압이 형성되어, 기대(de Waal, 1996의 표현에 따르면, '사회적 규칙성의 감각')를 조정하게끔 설계된 적응들이 진화한다. 하지만 잠재적 규칙은 저마다 다른 개인에게 다른 비용과 이익을 부여한다(DeScioli & Kurzban,

2013). 여기에서 또 다른 선택압이 생겨나서, 조정된 규칙의 내용을 자신의 이익에 맞게 변경하도록 설계된 적응이 진화한다. 정치는 이런 적응들의 산물이다.

민간에서 '정치' 개념은 대개 전문적인 정치인들이 하는 일만을 가리키지만, 진화심리학은 모든 수준의 집단에 적용할 수 있는 개념을 제시한다. 조상 시대에 정치는 가족, 무리, 부족의 내부와 사이에서 펼쳐졌다. 오늘날 정치는 훨씬 더 많은 수준에서 펼쳐진다. 여기에는 가족, 직장, 지역사회 같은 국소 집단도 포함되지만, 지방자치체, 국가, 세계 같은 거대 차원도 포함된다.

진화정치심리학의 원리

진화정치심리학은 모든 수준의 정치적 행동을 분석한다. 그와 동시에, 권력이 공식적으로 집중화된 덕분에 대중적 차원은 특별히 흥미로워졌고, 그에 따라 정치과학자들은 주로 이 차원에 초점을 맞춰왔다. 이 절에서 나는 일반적인 정치 연구, 그중에서도 특히 대중 정치에 대한 연구에 진화적으로 접근할 수 있는 주요 원리들을 검토하고자 한다.

원리 1. 진화한 정치심리는 소규모 집단 내부와 사이에서 적응적으로 작동하도록 설계되었다. 많은 영토 안에서 대중사회는 과거 500년 이내에 출현했는데(Diamond, 1998), 이 영역을 전담하는 적응이 진화하기에는 너무 짧은 시간이다. 따라서 인간 정치심리의 모든 종-전형적 특징을 설계한 것은 진화적으로 반복 출현한 25~200명의 집단 내에서 작용한 선택압이다(Kelly, 1995). 그렇다면, 이 심리는 조상 시대의 소규모 상황에서 고려할 때 적응적이었던 요인들에 주목한다고 예측하는 것이 합리적이다. 이와 마찬가지로, 정치심리는 그런 상황에서 효과적이었던 해결책들을 추구하게 한다. 다시 말해서, 오늘날 개인들이 형사 재판, 사회복지, 이민 같은 대중 정치의 쟁점을 논할 때, 그들은 조상 시대에 소규모 집단생활에서 반착취, 사기꾼 탐지, 새로온 사람 같은 적응적 문제를 처리하도록 설계된 심리 기제들을 사용해서 생각하고 있는 것이다.

원리 2. 진화한 정치심리는 대중 정치의 '기본default' 구조가 된다. 인간의 진화한 보편적 정치심리는 현대의 대중사회에서 정치 과정과 제도에 기본 구조를 제공할 것이다. 진화한 심리와 맞아떨어지거나 공명하는 제도가 더 쉽게 출현할 것이다. 따라서 모든 사회에서 정치는 주요한 공통점을 띠고, 비슷한 문제들을 해결하고자 할 것이다(Boyer & Petersen, 2012). 그렇다고 해서 진화심리학적으로 접근할 때 모든 사회의 정치 제도가 똑같아진다는 뜻은 아니다. 첫째, 적응적 반응은 맥락-의존적 반응이다. 인간의 심리는 개인과 상황의 우연에 유연하게 반응하도록 설계되었고, 그 덕에 인간이 진화하는 내내 적합도를 향상시켰을 것이다. 모든 곳에서 사회복지 제도의 기본 구조는 도움주기를 조절하고 사기꾼을 막도록 설계된 보편적인 심리에서 탄생했지만, 구체적인 사회에서 사람들이 주변에 사기꾼이 많다고 느끼는지 적다고 느끼는지에 따라 이 제도의 관대함은 극적으로 달라질 것이다(Anrøe & Petersen, 2014). 둘째, 진화한 심리는 '고무 케이지'로 보는 것이 가장 정확하다(Boyer & Petersen, 2012). 즉흥적인 지능이 진화한 덕분에 인간은 이 심리가 재촉하는 즉각적인 해결을 후순위화하고, 새로운 환경적 우연에 비추어 그 동기를 성취하기에 적합한 대안을 꾀하는 일에 인지적 노력을 기울일 수 있다. 그렇다면 연구자는 진화한 정치심리의 구조를 기초 값으로 삼아서 정치적 과정과 제도가 어떻게 조직되는지를 예측할 수 있다. 많은 (기초 값으로부터의) 발산이 출현해서 설명을 요하는 중요한 대상이 된다. 이 발산이 요구하는 인지적 노력은 어떻게 완화되었고, 사람들은 어떤 인센티브로 그 요구를 충족했을까? 어떤 문화적 전달 과정이 이 과정과 제도를 탄생시켰는가? 대중사회라는 것도 그런 제도적 발산의 일례다.

원리 3. 정치는 정보의 군비경쟁이고, 진화한 정치심리는 정보적 전략과 대응 전략의 공진화를 반영한다. 정치적 행동은 누가 어떤 자격이 있는지에 대한 사람들의 의식을 겨냥한다. 결과적으로 정치의 심리적 적응들을 선택한 환경의 핵심은 다른 사람들의 심리였다. 선택압의 용어로 설명하자면, 정치는 다른 사람들이 자격이 있다고 느끼는 정도를 하향 조절하게끔 설계된 전략(심리적 적응들이 시행한다)과 비적응적인 하향 조절을 회피하게끔 설계된 대응 전략 간의 진화적 군비경쟁을 만들어냈다. 사람들의 상대적 자격을 결정하는 주요 매개변수는 대부분 판단하기가 극히 어렵다. 다음이 그러한 예다. '내가 경쟁자보다 더 강한가?', '우리 집단이 경쟁 집단보다 수적으로 우세한가?', '우리 집단의 구성원이 경쟁자들보다 더 헌신적이고 충성스러운

가?', '우리가 경쟁자보다 더 훌륭한 지도부를 갖고 있는가?' 그런 매개변수를 정확히 설정하려면 정보에 집중적으로 의존해야 하는데, 여기에는 다른 사람들의 신호가 포함된다. 따라서 정치의 공격 전략과 방어 전략은 정보 전략이다. 정치의 주된 목표 중 하나는 이 매개변수들이 유리하게 설정된 정보를 퍼뜨리는 것이다. 일례로, 내집단 구성원들이 공동의 대의에 깊이 헌신한다고 신호하는 것(그렇게 해서 외집단을 저지하고 내집단의 헌신을 북돋우는 것)이다. 대응 전략의 목표는 이 정보를 평가하고, 정확하다고 평가되었을 때 그것을 단지 의사결정 매개변수 중에 통합하는 것이다. 현대 정치에서 정보를 전략적으로 사용하는 경향은 군대 열병(우월한 힘을 신호하는 것)에서부터 라이벌 정당의 지도자를 폄훼하기(우월한 지도력을 신호하는 것)에 이르기까지 모든 면에서 명백히 드러난다. 진화정치심리학자에게 상징, 열병, 정치적 논쟁은 합리적 선택 이론가들이 주장하듯이 그저 '연극'이나 '의미 없는 얘기'가 아니다. 그런 수단은 정치적 이익을 추구하기 위한 필수 전략으로, 인간의 심리를 이용해서 지지를 끌어내거나 무력화하도록 설계된 것들이다.

원리 4. 대중 정치에서, 진화한 정치심리가 사건과 집단에 대응하는 방식은 직접 경험을 통해서가 아니라 타인의 정보에 의지한 심적 시뮬레이션에 기초해서다. 정보는 소규모 정치보다 대규모 정치에서 훨씬 더 중요하다. 오늘날 사람들은 직접 경험을 하지 못한 상태에서 사람, 사건, 집단을 판단한다. 예를 들어 작은 집단에서 범죄가 발생했다면 사람들은 대개 여러 해 동안 범죄자와 그의 가족을 대하며 살았을 것이다. 오늘날 사람들은 정치 엘리트, 미디어, 사회 연결망에서 나온 상충하는 정보로부터 동기, 배경 등을 꿰어맞춰서 범죄를 판단한다. (정치를 전담하는 적응을 포함하여) 마음의 기제들이 정보처리 기제라는 것을 고려할 때, 진화한 정치심리가 촉발될지 그리고 어떻게 촉발될지는 이 정보의 내용에 결정적으로 달려 있다. 정치적 이슈는 거의 항상 다면적이고(Chong & Druckman, 2007), 복수의 적응적 문제와 관련이 있다. 진화정치심리학은 정치적 판단과 행동에 관여하는 적응의 구조를 해부하고, 더 나아가 엘리트의 논쟁과 사회 관계망에서 흘러나오는 정보 그리고 그 흐름이 어떤 적응을 활성화하고 어떤 적응을 억제하는지를 분석하고자 노력한다. 가끔은 제공된 정보가 어떤 추론 기제도 활성화하지 못한다. 그럴 때 인간이라는 정치적 동물은 대중 정치에 한없이 무지하고 무관심하다(Petersen & Aarøe, 2012).

정치적 판단에 필요한 적응들

행위자가 정치적 행동에 돌입하기 위해서는 두 가지 중요한 적응적 문제를 해결할 줄 알아야 한다. 하나는 평가 문제다. 정치적 행동에는 자원 분배와 그 규칙에 대해 판단을 내리는 능력이 필요하다. 둘째는 행동의 문제다. 정치적 행동에는 자신의 평가에 맞게끔 그 규칙을 변화시킬 힘이 필요하다. 이 두 문제를 고찰해보자.

가장 일반적인 수준에서 진화적 접근법에는 특별한 예측이 필요하다. 바로, 조상의 상황에서 개인의 정치적 판단은 개인적 · 상황적 특성을 고려해서 그 분배 규칙이 본인의 적합도 이익이나 비용에 영향을 미칠지 아닐지를 추적한다는 예측이다. 그 이유는 인간—또는 다른 유기체—이 적합도를 최대한 확대하려고 의식적으로 노력하게끔 설계되어 있어서가 아니라, 인간의 심리적 적응들이 조상의 환경에서 적합도를 높여주었던 입력물과 출력물을 이용하고 생산할 수 있게끔 자연선택이 조각했기 때문이다(Tooby & Cosmides, 1990).

적합도 이익은 사실상 모든 진화 이론의 핵심이다. 따라서 정치적 판단을 연구할 때는 중간 범위의 이용 가능한 진화 이론(혈연 선택, 호혜, 연합, 생활사, 부모–자식 갈등 등)이 구체적인 정치 문제와 관련하게 된다. 그에 상응하여, 정치적 판단의 개인차가 여러 발달 경로를 통해 발생하는데, 대표적인 것이 유전 가능성이다(Hibbing, Smith, & Alford, 2013). 이 절에서는 그런 여러 원인을 두루 살펴보면서, 정치적 판단을 형성시키는 일반 요인들—규칙이 나에게 어떻게 영향을 미치는가, 규칙이 나에게 소중한 사람들에게 어떻게 영향을 미치는가, 연합한 동맹자들이 그 규칙을 어떻게 판단하는가—을 검토하고자 한다.

이 규칙이 나에게 어떤 영향을 미치는가

진화적 접근법에서는 개인은 자신에게 유리한 정책을 선호한다고 예측한다. 조상 시대에 사람들이 선호한 자원은 예를 들어, 식량, 도움, 짝짓기 기회 등이었을 것이다. 현대의 정치에서 사람들이 선호하는 자원은 돈(방금 나열한 자원으로 쉽게 전환된다)이고, 따라서 경제적 이해의 차이가 정치적 갈등을 일으키는 원천이다. 어떤 경제 정책의 최종 수혜자는 그 정책을 좋아한다. 정치과학의 고전적인 입장에서는 이기심의 역할에 반대하지만(Sears, Lau, Tyler, & Alletn, 1980), 경제적 이기심은 실제로 정치적 판단에 상당한 영향을 미친다(Weeden & Kurzban, 2014).

진화적 접근법은 이기심 개념을 경제적 영역 너머로 확장한다. 인간의 심리는 조상의 환경에서 적합도를 높여준 모든 자원에 가치가 있다고 추정할 것이고, 이에 따라 진화심리학 연구는 이기적인 정치적 갈등의 원인을 다수 기록해왔다. 번식을 조절하는 규칙에 관한 사람들의 입장은 짝짓기 전략을 추적해서, 헌신적인 관계를 찾는 개인들은 성을 제한하는 규칙을 대체로 선호하고, 반면에 단기적인 여러 파트너를 추구하는 개인들은 그런 규칙에 반대한다는 것이 밝혀졌다(Kurzban, Dukes, & Weeden, 2010). 또한 병원체를 피할 의욕이 높은 사람은 가령 먼 나라에서 온 외집단 구성원처럼 병원체를 보유하고 있을지 모를 사람들과 접촉하게끔 하는 정책에 반대하는 경향이 더 강하다(Faulkber, Schaller, Park, & Duncan, 2004). 마지막으로, 음식에 대한 걱정도 정치적 판단을 구체화한다고 입증되었다. 현대의 많은 민주주의 나라에서 기아는 자취를 감추었다. 그럼에도 굶주림의 단기적 변동에 따라 민주 정치에 대한 사람들의 생각은 크게 요동친다. 배가 고플 때 사람들은 부유층에서 빈민층으로 자원을 이전하는 재분배 정책을 훨씬 더 많이 지지한다(Aarøe & Petersen, 2013). 그 이유를 따져 보면, 배고픈 사람들이 그들 자신의 자원을 남과 공유하고 싶어서가 아니라 남들에게서 자원을 가져오고 싶어 하기 때문이다.

이 규칙이 나에게 소중한 사람들에게 어떤 영향을 미치는가

정치적 판단을 위한 기제들은 규칙이 남들에게 어떤 영향을 미치는지도 처리해야 한다. 인간은 타인에게 절대적으로 의존하는 사회적 동물이다. 특정한 타인들의 자원 상태는 자신의 적합도에 간접적으로 중요한데, 인간의 심리는 이 점을 정치적 판단에 포함하도록 설계되었다.

다른 사람들이 나에게 얼마나 소중한지는 유전적 근연도에 따른다. 적합도의 관점에서 친족은 우리에게 본래 소중하므로, 정치적 판단의 기제들은 친족에게 이익이 되는 규칙을 더 강하게 지지하도록 직관적으로 눈금을 상향 조절할 것이다. 이것을 보여주는 흥미로운 사례가 있다. 법원의 판결을 조사한 연구자들은 딸을 둔 판사들이 여성에게 유리하게 판결하는 경향이 상대적으로 더 크다는 것을 입증했다(Glynn

& Sen, 2014).

　인간이 진화하는 동안 친척이 아닌 사람들도 인간에게 적합도 이익을 안겨주었다. 일반적으로 예상하기에, 사람들은 조상 시대에 나에게 더 가치 있게 보였을 특징을 드러내는 사람들에게 이익이 되는 규칙을 더 지지할 것이다. 일련의 연구는 형사 재판에 대한 정치적 태도에 초점을 맞춰왔다. 소규모 사회에서는 협력 파트너를 구하기가 더 어렵고, 그래서 잠재적으로 가치 있는 사람을 죽이거나 추방하면 적합도 비용이 든다. 이 소규모 사회의 계산법을 반영해서 사람들은 범죄의 심각성과 무관하게, 생산적이라고 느껴지는 범죄자를 재활시키고자 하는 동기를 갖게 된다(Petersen, Sell, Tooby, & Cosmides, 2012). 또한 모든 문화에는 범죄의 적합도 결과를 상당히 깊이 추적해서 무엇이 범죄이고 각각의 범죄가 얼마나 심각한지를 정한 전반적인 합의가 존재한다(Robinson, Kurzban, & Jones, 2007).

　어떤 연구는 정치적 판단이 어떻게 사회적 교환의 심리로부터 빚어지는지를 탐구했다(Petersen, 2015). 사회적 교환의 진화에는 호혜와 관련된 선택압이 주로 작용한다. 적합도를 높여주는 교환은 호혜적이라서 인간의 심리에는 사기꾼(즉, 보답을 하지 않는 사람)을 탐지하는 정교한 기제들이 담겨 있다(Cosmides & Tooby, 1992). 이 심리는 오늘날 가장 정교한 전全집단 수준의 교환 체계—즉, 복지 국가—에 대한 견해를 강력히 주조하는 것으로 밝혀졌다. 전 세계에서 사람들은 가난한 사람이 직업을 찾고 사회에 기여하고자 하면 복지를 지지하는 반면에 그럴 마음이 없는 사람에게 가는 복지에는 반대한다(예를 들어 Petersen, 2012를 보라. 개관으로는 Petersen, 2015를 보라). 기본적으로, 복지 제도를 지배하는 규칙에 사람들이 찬성하는지 반대하는지는, 호혜적으로 도움을 교환할 수 있는 파트너를 검색하도록 설계된 심리가 조절한다.

　친족이 아닌 사람들에게 갖는 적응적 관심으로부터 정치적 판단이 형성된다는 것을 보여주는 마지막 예증은 연합 심리에 관한 연구에서 나온다. 연합은 반복, 지연, 호혜의 성격을 유지하면서 도움과 자원을 교환하는 개인들의 집단이다(Tooby & Cosmides, 2010). 선택압에 따라 개인은 자신이 속한 교환 체계로 자원을 돌리고 싶어 하기 때문에, 연합 심리는 집단의 동료 구성원이라고 묘사된 사람들에게로 자원을 돌리게끔 진화했다(Yamagishi & Kiyonari, 2000). 이 심리가 정치적 판단을 주조하는 탓에, 사람들은 어떤 규칙과 제도(예를 들어, 형사 재판이나 사회복지)가 주로 다른 인종이나 민족 같은 외집단 구성원들에게 이익이 될 때 그에 대해 더 부정적으로 판단한다(예를 들어, Gilens, 1996). 이 사실은 국가들 사이에 나타나는 정치 제도의 변이를 설명해주기도 한다. 국가에 존재하는 민족적·인종적 이질성은 복지 국가의 크기를 결정하는 주요 원인이다(Alesina & Glaeser, 2004).

남들은 이 규칙을 어떻게 판단하는가

정치적 판단에 대한 연합 심리의 중요성은 내집단 구성원에게 유리한 규칙을 지지하고자 하는 마음에 그치지 않는다. 복수의 연합이 존재하는 사회에서, 다른 구성원들의 이익이 걸려 있을 때 개인이 그들을 지지하는 것은 자신의 이익이 걸려 있을 수도 있는 미래에 도움을 받기 위해서다. 따라서 연합 행동의 중요한 부분은 우리 연합 구성원의 판단을 채택하고 증진하면서, 라이벌 연합 구성원의 판단에 반대하는 것이다. 이 전략은 대중 정치로 연장된다. 새로운 정책에 대한 견해를 형성할 때 사람들은 정책의 내용과 무관하게 단순히 자신이 좋아하는 정당의 입장을 채택하고 반대하는 정당의 입장을 거부하는 경향이 있다(예를 들어, Cohen, 2003).

따라서 정치적 판단에는 최소한 크게 보아 두 종류의 진화한 기제가 작동한다. 첫째는 규칙의 내용이 자신에게(어느 정도는 소중한 사람에게 돌아갈 효과를 통해 우회적으로) 가져다줄 적합도 결과를 판단하도록 설계된 적응이고, 둘째는 규칙의 내용과 무관하게 연합의 다른 구성원들과 판단을 조정하도록 설계된 적응이다. 연합 구성원들의 이익이 완벽하게 조율되기는 어렵기 때문에 이 적응들에서 나온 입력물은 서로 다른 결론을 낳을 수 있고, 그래서 맞거래가 필요할 수 있다. 예를 들어, 정당이 어떤 쟁점에 대해서 입장을 바꿀 때, 그 지지자들도 입장을 바꾸는 경향이 있다. 하지만 중요한 것은, 그 이슈를 중요하지 않게 생각하는 지지자들 사이에서만 그런 일이 일어난다는 것이다. 해당 이슈를 중요하게 여기는 사람들은 그 이슈에 대한 입장이 아니라 정당 선호를 바꾸는 동향을 보인다(Carsey & Layman, 2006).

정치적 행동을 위한 적응: 신체적 우위

적응적 문제 가운데 하나는 자신의 정치적 이익 그리고 그 이익이 사회의 규칙과 어떻게 관련되는지에 대한 적응적 표상을 형성하는 것이다. 또 다른 문제는 공통의 규칙과 기대를 변화시켜 자신의 정치적 이익과 일치하게끔 정치적 행동을 하는 것이다. 이 절에서는 신체적 우위, 연합, 설득과 관련된 적응들이 정치권력의 획득이라는 이 적응적 문제를 해결하는 데 어떻게 일조해왔는지를 검토하고자 한다.

지위로서의 정치권력

동물 종들의 사회에서 자원 접근성에 대한 기대를 만들어내는 가장 근본적인 특징 가운데 하나는 위계 구조다(Sidanius & Pratto, 2001). 많은 동물이 어떤 개체는 지위가 높고 음식과 짝 같은 자원에 먼저 접근할 자격이 있다고 인정한다. 인간의 경우에는 여기에 자원 접근에 관한 규칙을 직접 결정하는 특권이 포함된다.

지위를 이해하는 일반적인 틀은 비대칭 소모전 모델에서 나오는데, 갈등 상황에서 경쟁자들이 상대적으로 비대칭일 때 여기서 비롯하는 적응적 문제를 설명하고자 고안한 모델이다(Hammerstein & Parker, 1982). 이 모델의 예측에 따르면, 싸움 능력이 높은(즉, 체격이 크거나 힘이 센) 개체는 갈등을 점차 확대하고 그렇지 못한 개체는 물러난다고 한다. 싸움 능력은 이길 가능성을 결정하기 때문에, 여기서 형성된 선택압은 단지 상대적인 싸움 능력을 평가하는 것으로도 갈등 행동을 조절하게끔 설계된 적응을 선호한다. 그런 적응들이 있으면 어쨌거나 자원을 뺏길 확률이 높은 비싼 싸움을 회피할 수 있으니, 적합도 향상에 도움이 된다. 이 적응들로부터 우열의 위계 dominance hierarchy가 싹튼다. 우세한 개체와 마주쳤을 때 열세인 개체는 싸우지 않고 자원을 넘기고자 하는 동기를 갖게 된다(Cummins, 1996). 그렇다면, 지배의 뒷면인 복종을 얻어내려는 적응이 정치 행동에 중요한 것처럼, 지배가 불가능할 때에는 우위 획득이라는 적응적 문제를 해결하도록 설계된 적응이 정치 행동에 중요해진다.

신체적 우위와 지위

우위는 유기체의 신체적 능력과 관계가 있다. 인간의 경우에는 상체의 힘이 특히 중요하고(Puts, Bailey, & Reno, 이 책, 1권, 13장; Sell, Hone, & Pound, 2012), 남성이 정치적으로 자기 이익을 추구할 때에는 힘으로 한다는 것이 밝혀졌다. 더 강한 남성이 국제적인 이해 갈등을 해결하는 수단으로 전쟁을 더 많이 옹호하고(Sell, Tooby, & Cosmides, 2009). 다른 집단보다 그들 자신의 집단에게 유리한 정책을 더 많이 옹호하며(Price, Kang, Dunn, & Hopkins, 2011), 자신의 경제적 이익과 일치하는 정책을 더 많이 지지한다. 가난한 남성은 힘이 셀수록 자원을 부유층에서 자기 쪽으로 이전할 수 있는 재분배 정책을 더 강하게 지지하고, 부유한 남성은 힘이 셀수록 그런 정책을 더 강하게 반대한다(Petersen, Sznycer, Sell. Cosmides, & Tooby, 2013). 신체적 힘과 정치권력의 연관성이 진화적으로 반복 출현한 것과 같은 맥락에서, 자신의 집단이 다른 집단보다 우위에 서는 것을 바라는 욕구가 크면 클수록 남성성을 더 키우고자 하는 욕구도 커진다는 것이 밝혀졌다(Swami et al., 2013). 자신의 이익을 남에게 강요하고자 하는 사람들은 강한 싸움 능력을 인식하고 열망한다.

정치적 행동을 위한 적응들: 연합 심리

지위에는 특별한 제로섬 특성이 있다. A가 더 많이 가지면, B는 더 적게 갖게 된다. 따라서 지위 추구에는 자신의 지위를 끌어올리고 경쟁자의 지위를 낮추려는 경쟁이 반드시 포함된다. 인간에게 신체적 힘은 지위 경쟁의 주된 도구가 아니다(von Rueden, Gurven, & Kaplan, 2008). 정치권력을 얻는 핵심 도구는 타인들과 연합하고 함께 움직이는 것이다. 수적 우위로 그런 힘을 성취하기 위해 인간은 정교한 연합 심리를 진화시켰다(Tooby & Cosmides, 2010).

연합 경쟁

오늘날 정치에는 세계적인 차원에서부터 국제 동맹, 국가, 정당, 정당 안의 파벌 등에 이르기까지 다양한 연합체가 겹겹이 퍼져 있다. 국제 정치에서는 국가 형태의 연합체들이 주요 행위자다(Lopez, McDermott, & Petersen, 2011). 국내 정치에서는 정당 형태의 연합체들이 그와 비슷하게 정치적 결과를 결정하는 주된 역할을 한다. 연합은 전문적인 정치의 바깥에서도 아주 두드러진 역할을 한다. 많은 사람에게 투표로 연합을 지지하는 것은 정치적 행위의 주된 형태이며, 특정한 후보에게 투표할 가능성을 결정하는 가장 중요한 기준은 그 후보자가 '우리' 당의 일원인지이다(Miller, 1991). 연합의 관점과 같은 맥락에서, 그런 당파 관계는 다른 중요한 연합적 정체성(가령, 인종)과 관련된 심리 기제를 통해서 표현된다(Peitraszewski, Curry, Petersen, Cosmides, & Tooby, 2015).

개인 간 우열의 위계가 비용을 부과하는 개인의 능력에 따라 정해지듯이, 연합체 간 위계도 그와 비슷한 집단적 능력에 따라 정해진다. 따라서 연합체들은 상대적인 연합의 위압성을 신호하는 다양한 전략을 활용해서 경쟁한다. 집단 폭력은 그런 신호를 가장 직접적이고 솔직하게 표현하는 방식이며, 제시된 증거에 따르면 인간은 폭력적인 집단 행위를 사용하도록 적응했다고 한다(Wrangham & Glowacki, 2012). 하지만 연합의 우위는 다른 수단으로도 획득할 수 있다. 지위는 평가를 거쳤지만 아직 활용하지 않은 싸움 능력에서 생겨나기 때문에, 지위 투쟁은 물리적 폭력에 호소하지 않고도 자주 발생한다. 폭력 대신 적절한 정보를 발해서 자신의 연합에 유리하게 관계를 변경하는 방식을 이용할 수 있기 때문이다. 대중 정치에서 연합 경쟁에 사용되는 그런 정보전은 이른바 네거티브 선거운동의 형태로 매일 일어난다. 정치 캠페인에서 후보자들은 상대 후보의 능력에 관한 정보를 퍼뜨리는 일에 많은 자원을 쓴다. 유능한 지도부가 없는 연합은 약한 연합이며, 그런 정보가 돌면 내집단, 외집단, 무당파가 보기에 지금까지 평가된 당의 지위가 하향 조절된다.

네거티브 선거운동에 관한 문헌을 보면 또한 정보의 가치를 가늠하는 대응 전략이 중요한 역할을 하는 정보전에는 복잡한 문제가 걸려 있음을 알 수 있다. 사람들은 (필시) 네거티브 선거운동이 전략적 동기에서 나온 것임을 알고 있기 때문에, 그 운동은 부분적으로밖에 효과를 발휘하지 못한다. 정보 공격은 공격당한 후보자를 지지하는 사람들의 반발을 불러일으켜서 분노한 집회를 유발하기도 한다(Ansolabehere & Iyengar, 1995).

연합 가입

연합을 조직하는 일은 복잡한 조정 사업이다. 생각이 같은 개인들을 찾아내고, 공동의 관심과 신뢰를 창출해야 한다. 이 적응적 문제가 선택한 심리적 적응은, 개인으로 하여금 갈등의 존재와 무관하게 연합에 가입해서 갈등이 생겼을 때 이 연합을 신속히 활성화할 수 있게끔 설계되었다(Tooby & Cosmides, 2010).

연합에 가입하는 적응은 두 가지 매개변수를 판단하고 맞거래해야 한다. 첫째, 가입할 수 있는 연합체 중 어느 것이 가장 위압적인가? 연합 경쟁은 가입 규모에 영향을 미친다. 상대적인 위압성을 알리는 정보가 연합 가입의 적응에 입력 데이터로 쓰이기 때문이다.

둘째, 어느 연합체가 나와 가장 가까운 의제를 갖고 있는가? 연합에 오래 참여하는 것은 좁은 의제—가령, 구체적인 규칙 하나를 바꾸는 것—에 공통의 관심을 갖기 때문이 아니라, 폭넓은 의제에 대해 관심이 비슷할 때 가능한 일이다. 그럴 때 그 연합은 다양하고 넓은 프로젝트에 걸쳐 다발적으로 활성화된다. 따라서 연합 심리에는 다른 사람들로부터 더 폭넓은 의제의 단서를 확인하는 기제 그리고 자신의 좁은 이익과 일치하는 규칙과 제도를 어느 연합의 의제가 지지하는지를 판단하는 기제가 포함되어 있을 것이다. 연합의 정치적 의제와 개인 자신의 일치성을 판단하는 능력이 존재한다는 증거를 우리는 투표에 관한 문헌에서 볼 수 있다. 많은 투표자들이 정치적 지식은 부족해도, '정확히 투표하기'에는 놀라울 정도로 능통하다. 자신의 가치관 및 이슈에 대한 입장과 가장 잘 어울리는 정당이나 후보자에게 투표하는 것이다(Lau & Redlawsk, 1997).

현대 정치에서 연합 가입에 관한 의사결정에 주로 활용되는 포괄적 의제는 정치 이데올로기다. 이데올로기가 연합을 분류하는 기제로 잘 쓰이는 이유는, 개인과 정당 간에 퍼져 있는 작은 이슈에 대한 입장들을 예측할 수 있고, 개인의 기본적인 성격 구성뿐 아니라(Hibbing et al., 2013), 심지어 협력과 짝짓기 전략도 예측할 수 있기 때문이다(Weeden & Kurzban, 2014). 이 차원에서 연합 구성원들에게 공통점이 있다면, 수많은 구체적인 사례에서 서로의 이해가 일치할 것이다.

연합 소속감 신호

연합 안에서 중요한 적응적 문제는 도움이 필요할 때 동료 구성원들에게 분명히 도움을 받을 수 있어야 한다는 것이다. 어느 연합체에서든 이해의 완벽한 조율이란 없기 때문에, 연합은 일종의 교환 체계이며 여기서 교환되는 자원은 연합의 지지라고 생각하는 것이 가장 정확하다. 즉, 다른 구성원들의 중요한 이해가 걸려 있을 때, 개인은 자신의 중요한 이해가 걸려 있을 언젠가에 돌려받기를 기대하고 그들에게 도움을 주는 것이다.

이런 선택압 아래서 설계된 적응은, 연합의 교환 체계에 헌신한다는 신호를 발하는 동시에 다른 사람들이 발하는 그 같은 신호에 주목할 것이다. 연합에 헌신한다는 진솔한 신호는 개인이 연합 안에서 도움을 교환하겠다는 정보가 되고, 이 정보에 따라 다른 구성원들도 그에게 도움을 제공할 마음을 갖게 된다. 인간이 진화하는 동안 연합에 충성한다는 신호는 옷, 문신, 얼굴 페인팅, 집단 의례 참여 등의 형태를 취했다(예를 들어, Legare & Watson-Jones, 이 책, 34장). 연합 구성원들은 정치적 판단을 공유하기 때문에(포괄적인 의제와 직접적인 조율 덕분에), 또 다른 형태의 연합 신호가 가능해진다. 바로 판단의 신호다. 기본적으로 사람들은 연합 안에서 지위 경쟁을 벌일 때, 어떤 견해를 표현하지 않으면 자신이 어느 편인지를 표현할 수가 없다.

이로부터 몇 가지 결과가 발생한다. 첫째, 사람들은 새로운 관계를 맺고 싶은데 다른 사람들이 어느 연합에 소속되어 있는지를 잘 모를 때, 정치적 판단을 조심스럽게 표현한다. 배우자들은 정치적 견해—연합의 관점과 일치하는 견해—를 폭넓게 공유하지만, 단기적으로 데이트하는 상황에서 사람들은 당파적 성향을 감추거나 자신을 중도파라고 소개하는 경향이 매우 높다(Klofstad, McDermott, & Hatemi, 2012). 둘째, 경쟁하는 연합체의 구성원들 입장에서는 단지 차이를 드러낼 목적으로 '나는 거기 소속이 아니다'라고 말하면서 정반대 입장을 취할 동기를 갖게 된다. 사람들은 소속 정당이 밀면 내용에 상관없이 정책을 지지하고, 반대하는 당이 밀면 정책에 반대하는 경향이 있다(예를 들어, Cohen, 2003). 한 정당 사람들이 같은 이데올로기를 공유하고 있다는 것은 예를 들어 협력과 짝짓기 전략 같은 문제에서 더 세부적인 공통점을 갖고 있다는 뜻일 뿐 아니라, 연합체의 신호들이 조정된 결과이기도 하다. 충성을 표해야 한다는 것이 너무 민감해 보일 수도 있지만, 조상 시대에 소규모 사회에서 그런 신호는 중요했을 것이다. 충성의 신호는 국외자들과 적에게 연합의 수적 힘을 알리는 정보이며, 조상의 조건에서 한두 사람의 충성이 변하면 결과가 달라질 수도 있었다(Wrangham & Glowacki, 2012).

이 결과로 발생하는 동기들은 현대 정치의 동역학을 이해하는 데 중요하다. 먼저, 각기 다른 정당의 후보자들이 쟁점에 동의를 표하기가 왜 그렇게 어려운지, 왜 사람들이 정치적 신뢰를 연합체들의 이기적인 전략의 반영으로 해석하면서 그런 신뢰를 강력하게 반대하는 정치인에게 그렇게 쉽게 반응하는지(Mutz & Reeves, 2005)를 설명해준다. 또한 왜 정치에 몰입한 사람들이 열심히 정치 뉴스에 주목하는지도 설명해준다. 연합 신호는 역동적이고, 새로운 이슈가 출현하면 쉽게 변한다. 연합 신호의 게임을 따라잡기 위해서는 연합 지도자들이 발하는 신호에 끊임없이 주목할 필요가 있다. 진화한 마음에 뉴스 프로는 패션쇼와 같다. 자신의 정체성을 어떻게 드러내야 할지를 알려주는 정보가 줄줄이 나오기 때문이다.

연합의 지도자와 추종자

연합의 의제는 포괄적이기 때문에 구성원들의 이해가 완전히 일치하는 경우는 거의 없다. 이로부터 형성된 선택압은 많은 이해 중 어느 것을 집단적으로 추구하고 어떻게 추구할지를 조정하는 데 도움이 되는 해결책을 선호한다. 연합 내부에 형성되는 위계 구조는 진화한 조정 장치로서 중요하다. 인간 사회에서 위계 구조는 진화를 거듭하면서 지도자와 추종자 간의 복잡한 교환 관계로 발전했다(Price & van Vugt, 2014). 인간 지도자는 권력과 특별한 접근권 같은 혜택을 누린다. 그 대가로 지도자는 연합체들의 집단적 문제를 조정하고 해결해야 한다.

이 지도자–추종자 관계가 진화할 수 있는 전제조건이 바로 인간의 정교한 연합 심리다. 인간은 쉽게 연합을 형성하고 연합 행동을 할 수 있기 때문에, 조상 시대에 어떤 개인도 한 무리의 인간을 완전히 지배하긴 어려웠을 것이다. 계급이 높은 개인이 착취 행동을 한다고 해도, 계급이 낮은 개인들이 언제든 연합을 형성할 수 있으므로 그런 행동은 자연히 억제된다. 이 때문에 인간의 연합 심리는 대응지배 counterdominance 심리와 공진했다(Boehm, 2000). 이 심리는 지도자가 연합을 이용해서 사리사욕을 추구할 수 있는 상한선을 강하게 제한한다. 지도자는 추종자들의 이익에 호응할 필요가 있다. 그렇지 않으면 전복된다.

대응지배 심리는 현대 정치를 다방면으로 조직한다. 첫째, 인간은 지도자 위치를 두고 경쟁하는 사람들 사이에서 편을 들고 이 편들기를 통해 지도부에 영향력을 행사하게끔 적응했다. 이는 민주적 선거의 주요한 특징들이 진화한 직관과 일치한다는 것을 의미한다. 예를 들어 투표는 기본적으로 연합 행위이고, 경쟁에서 편들기에 해당한다. 이 관점은 정치를 후보자들 간의 전략적 경주로 묘사하는 뉴스를 사람들이 왜 좋아하는지도 설명해준다(Iyengar, Norpoth, & Hahn, 2004를 보라).

둘째, 인간은 지도자와 추종자의 노동분업을 직관적으로 알아본다. 인간이 정치적 권위를 수용한다는 증거는 압도적이다(Tyler, 2006). 이 직관은 대의민주주의의 대표적 측면과 잘 어울린다. 이 직관은 또한 제한된 정치 참여에 찬성하는 심리적 기초가 된다. 집단의 일상적인 결정을 유능한 지도자에게 맡기고 중요한 이해가 걸려 있을 때만 참여하고 싶은 동기를 자극하기 때문이다(Hibbing & Theiss-Morse, 2002를 보라).

셋째, 대응지배 심리에 따라 추종자는 지도자가 추종자의 이익을 추구하는 한에서만 그의 정치적 권위가 정당하다고 인정한다. 우리는 지도자를 감시하고 그들에게 책임을 지우도록 진화한 것이다(Bøggild & Petersen, 근간). 이는 민주주의가 전 세계로 퍼져나갔다는 사실에 잘 반영되어 있다. 안정적인 민주주의는 자원이 풍부하고 민족적 이질성이 낮은 나라에서 출현할 가능성이 높으며(Jensen & Skaaning, 2012), 이 결과는 사람들이 기본적으로 그들 자신의 민족연합체에 이익이 되는 정치권력을 인정한다는 것을 가리킨다. 그러나 사람들은 내집단 지도자의 동기를 날카롭게 주시하고, 의사결정자가 이기적일 때는 지지를 철회하기도 한다(Tyler, 2006). 이런 동기를 잘 반영하는 사례가 바로 정치적 추문에 대중이 관심을 기울이는 현상이다. 정치인의 개인적 선택이 그들의 정치적 입장에서 어긋날 때—그 자신은 빼고 다른 사람들의 행위만 제약하려고 하는 이기적인 시도가 엿보일 때—대중은 분노한다.

추종자들은 지도자에게 명망을 부여한 대가로 봉사를 기대하기 때문에(Price & van Vugt, 2014), 특별한 내집단 지도자에게 자신을 동조시키는 심리에는 지도자의 문제 해결 능력이 핵심적으로 입력되어야 한다. 정치 후보자들의 능력을 어떻게 인식하고 있는지는 오늘날 선거에서 유권자의 마음을 비춰주는 가장 강력한 예측 인자다(Kinder, Peters, Abelson, & Fiske, 1980). 게다가 현대의 투표자들은 인간이 진화하는 동안 조상들이 그런 능력을 판단할 때 반복해서 사용했을 일련의 신체적 단서—예를 들어, 후보자의 얼굴 특징과 목소리 특징들—를 활용한다(Todorov,

Mandisodza, Goren, & Hall, 2005). 예를 들어, 사람들은 대개 저음의 목소리를 신체적 용맹과 힘의 표시로 지각하고(Puts, 2010; Puts, Bailey, & Reno, 이 책, 1권, 13장), 이 때문에 선거를 할 때 투표자들은 목소리가 굵은 후보자를 선호한다(Tigue, Borak, O'Connor, Schandl, & Feinberg, 2012). 중요한 것은, 신체적 특질에 대한 선호들이 상황적 요인들과 적응적으로 조정된 것들이라는 점이다. 사람들이 선호하는 특징에는 조상 시대에 연합체가 직면한 문제를 해결하는 지도자의 능력이 반영되어 있다(Laustsen & Petersen, 2015). 전시에 사람들은 지배성과 관련이 있고 남성적인 신체적 형질들을 선호한다. 평화 시에 그런 특성이 있으면 착취 가능성이 높을 수 있어서, 사람들은 유능해 보이고 여성적인 사람을 더 선호한다(예를 들어, Little, Burriss, Jones, & Roberts, 2007).

정치적 행동의 적응들: 설득과 정보 경계

또 다른 적응들이 정치적 행동에 맞게 설계된 덕분에 인간은 자신의 이해와 일치하는 다른 사람들을 설득해서 자신의 이해를 추구할 수 있다. 정치과학이 제시해 온 많은 증거에 따르면, 오늘날 정치인들은 상시로 설득 전략을 이용해서 자신의 정책을 추진하고, 미디어와 정치 엘리트가 퍼뜨린 정보는 여론의 변화를 이끌어낸다(Chong & Druckman, 2007).

설득 전략은 수신자(들)에게 두 가지 유형의 정보를 전달한다(예를 들어, Griskevicius et al., 2009를 보라). 첫째, 특정한 심리 기제에 입력 데이터 역할을 하는 정보를 전달한다. 이 심리 기제는 전달자가 홍보하고자 하는 정치적 규칙에 어울리는 동기적 목표를 활성화한다. 예를 들어, 만일 전달자가 관대한 사회복지에 반대하는 여론을 조성하고자 한다면, 복지 수혜자들은 게으르고 감사할 줄 모르는 외집단 구성원(즉, 보답하는 사람이 아니라 사기꾼)이라는 정보가 포함된다. 둘째, 좋아하는 규칙이 그 동기적 목표의 성취를 어떻게 지원하는지를 밝히는 정보가 전달된다. 만일 전달자가 복지 혜택의 자격 요건을 강화하는 정책을 추진하고자 한다면, 그런 정책이 사기꾼을 막고 상호 호혜를 장려한다는 정보를 제공해야 한다. 결과적으로 정치 커뮤니케이션이 성공하려면 진화한 인간 심리 구조의 제약을 충족시켜야 한다. 심리 기제에 입력된 조건과 커뮤니케이션의 궁합에 따라, 해당 정보가 적절한 동기적 목표를 활성화할지가 결정된다. 그리고 그 기제의 출력물과 커뮤니케이션의 궁합에 따라, 전달자가 홍보하고자 하는 규칙을 지지하게끔 그 동기가 적절히 전환될지가 결정된다(Arceneaux, 2012).

설득 전략

설득 전략은 한둘이 아니다. 예를 들어, 지지를 받고 있는 다른 규칙들로부터 특정한 규칙을 논리적으로 연역해내거나, 해당 규칙의 영역에 대한 전문성을 드러내는 것도 설득 전략에 속한다. 다음에서는 구체적인 전략 두 가지—프레임화framing와 도덕화—를 살펴보고자 한다. 둘 다 수신자의 관련된 동기를 활성화하도록 설계된 것들이다.

정치적 결정은 대부분 복잡하다. 다시 말해서, 관련된 특징을 모두 작업 기억(단기 기억)에 띄워놓기는 쉽지가 않고, 결정은 대부분 맞거래를 수반한다(Chong & Druckman, 2007). 프레이밍은 어떤 결정 상황의 다른 특징들을 버리고 특정한 특징들을 강조하는 방법으로, 홍보하는 규칙에 유리한 특징들로 수신자의 작업 기억을 점령하는 전략이다. 예를 들어, 전달자는 사회복지의 많은 수혜자가 사기꾼이라고 암시하는 정보를 강조하고 그와 반대되는 정보를 경시하는 방법으로, 사기꾼-탐지 기제를 이용해서 복지 수혜자에게 비용을 부과하는 정책을 지지하게 만든다(경험적인 입증으로는 Slothuus, 2007을 보라). 마찬가지로, 전쟁에 군대를 동원하고자 할 때 전달자는 종종 과거의 원한을 강조하고 상대 집단과의 협력 관계를 무시해서 양자의 관계를 제로섬 경쟁으로 묘사한다(Lopez et al., 2011을 보라). 세르비아와 (무슬림이 지배하는) 코소보 간에 발칸전쟁이 일어나기까지 세르비아 지도자들은 세르비아 군대와 오스만 군대가 벌인 블랙버드필드전투Battle of Blackbird Field—700년 전에 일어난 전투—의 쓰라린 교훈을 끊임없이 언급했다.

다음으로 도덕화 전략이 있다. 도덕성은 판단을 조율하도록 설계된 적응의 산물이다(DeScioli & Kurzban, 2013). 갈등 상황에서 인간은 공동체 안에서 '도덕적'이라고 인정하는 규칙을 위반하고 있는 사람 편에 서지 않게끔 적응했다. 공동체 전체에 편들기가 이렇게 조정되어 있으면 갈등이 파벌 같은 선을 따라 단계적으로 확산되는 것을 막을 수 있다. 하지만 도덕성의 동기적 힘(규칙을 준수하고 폭력에 분노하도록 자극하는 힘; Fiske & Tetlock, 1997)이 강력한 탓에, 도덕 심리는 설득 전략의 명백한 표적이 된다. 사회에서 '도덕적'이라고 간주하는 규칙은 원칙상 광범위하기 때문에(전 세계 사회의 도덕 규칙들이 보이는 변이가 엄청나게 크다는 사실이 입증하듯이) 이 규칙의 내용은 정적이지 않고, 따라서 사람들은 선호하는 정치적 규칙을 도덕 규칙에 포함시키는 데 유리한 정보를 전략적으로 널리 퍼뜨리고자 할 수 있다(DeScioli & Kurzban, 2013; Petersen, 2013). 전달자는 편협한 이익에 매여 어떤 규칙을 장려하고 싶을 수도 있지만, 도덕화를 할 때 지켜야 할 과제는 자신의 논법에서 그 사리사욕을 제거하고 그 규칙을 집단 전체의 이익과 어울리게 하는 정보를 퍼뜨리는 것이다. 이때 흔히 사용하는 방책은 해당 규칙을 모든 사람에게 이익이 되거나 적어도 다수에게 이익이 되는 형태로 개조하는 것이다. 예를 들어 정치권이나 그 바깥에서 흡연을 도덕화할 수 있었던 것은 간접흡연의 부정적 효과를 알린 덕분이었다(Rozin & Singh, 1999). 또 다른 방책으로는 해당 규칙을 더 일반적인 도덕적 금기와 결부시켜 규칙을 도덕적으로 개조하는 것이다('낙태는 생명을 존중하지 않는 행위다', '사형은 생명을 존중하지 않는 행위다', '동성애는 신이 보기에 죄악이다' 등)(Fiske & Tetlock, 1997).

대응 전략: 정보 경계

설득은 거짓 정보를 퍼뜨릴 수 있다. 결과적으로 설득 전략이 존재하는 모든 곳에 선택압이 형성되어, 정보 경계Informational Vigilance를 통해 대응조작countermanipulation을 하는 방어 기제가 진화했다.

인간에게는 도덕적 수사 뒤에 감춰진 이기적인 동기를 간파하고, 그런 위선을 탐지하는 순간 노여움을 분출하는 신속한 기제가 있는 듯하다(Monin & Merritt, 2012). 그런 기제를 효과적으로 만드는 설계상의 특징은 이기적인 동기가 존재하리라고 미리 가정한다는 것이다(Ybarra, 2002). 현대 정치에 이 기제들이 작동하고 있다는 증거로, 사람들은 각 정당이 옹호하는 각각의 이해관계를 아주 명확하게 인지한다(Stubager & Slothuus, 2013).

인간은 또한 동기화된 추론을 한다. 자신이 현재 찬성하고 있는 입장에 반하는 정보(사실, 주장 등)를 경시하는 것인데(Kunda, 1990), 이 또한 현대 정치에서 볼 수 있는 현상이다(Taber & Lodge, 2006). 자신의 원래 입장이 정당하다는 가정하에서 작동하는 탓에 동기화된 추론은 설득의 시도가 내 입장을 변화시키기 위해 충족해야 하는 역치를 끌어올린다. 따라서 동기화된 추론은 인간의 불완전한 추론으로 묘사될 때가 많은 반면에, 진화적 관점에서 보면 조작을 효과적으로 막아내는 것이 그 추론의 중요한 적응적 기능일 수 있다(또한 Mercier & Sperber, 2011을 보라).

진화한 마음에 대중 정치는 낯설면서도 익숙한 영역이다

위에서 검토한 심리 기제들은 진화상 반복 출현한 상황에서 정치적 판단과 행동을 적응적으로 끌어올리게끔 진화했다. 최근에 소규모 사회에서 대규모 사회로 이동한 것을 고려할 때, 오늘날의 대중 정치에서는 이 기제들이 매번 적응적으로 작동하지는 않을 것이다. 진화한 마음에 대중 정치는 익숙하면서도 낯선 현상이다. 친숙한 이유는 대중 정치가 우리가 이미 적응해서 잘 해결하고 있는 중요한 문제를 다루기 때문이고, 낯선 이유는 오늘날에는 그 문제들을 근본적으로 다른 상황에서 해결해야 하기 때문이다.

유권자는 (비)이성적이라는 신화

조상 시대의 정치와 현대 정치의 중요한 차이 가운데 하나는 어떤 요인을 고려하는 것이 합리적인지에 있다. 예를 들어, 개인 간 상호작용이 주를 이루던 조상의 환경에서는 상체 힘의 차이가 중요했다. 오늘날 대중 정치의 환경에서 상체 힘의 차이는 여전히 남성의 정치적 판단에 영향을 미치는 요인이지만, 군사력에 기초해서 생각하거나(Sell et al., 2009), 개인의 힘에 기초해서 재분배 혜택을 정하는 것(Petersen et al., 2013)은 대단히 비합리적이다. 조상 시대에 의미 있었던 요인들이 현대 정치에 계속 미치는 영향에는 정치적 마음의 설계와 현대 정치에서도 이용할 수 있는 단서들의 구조가 반영되어 있다. 인간의 마음은 조상 시대에 평균적으로 적응적 문제가 있다는 것을 잘 예측해서 그 문제를 온라인에 띄워놓고 해결하는 데 적합한 적응을 자동적으로 불러낸 적응 실행자adaptation-executor다(Tooby & Cosmides, 1990). 오늘날 대중 정치를 둘러싼 단서들은 진화적으로 반복 출현했던 단서들과 아주 비슷할 때가 많고, 그 결과 후속 처리를 실행하고야 마는 진화한 정치심리를 활성화한다. 예를 들어 현대의 복지 국가는 법률적으로 복잡다단하지만, 복지에 관한 정치적 논쟁은 항상 빈민층과 원조 요청을 중심으로 되풀이되면서 우리의 진화한 자선 심리와 사기꾼 탐지 기제를 일깨운다(Petersen, 2012). 조상 시대와 비슷해 보이지 않는 새로운 문제가 대중 정치에 출현할 때, 우리의 진화한 심리는 아무 단서나 잡아서 마치 조상 시대에 위기를 맞은 것처럼 그 새로운 문제를 해석한다. 예를 들어, 현대 정치에 유전자 변형 식품이라는 새로운 이슈가 등장했다. 하지만 식품 조작의 고유한 단서들 때문에 그에 대한 판단은 병원체 회피를 위한 적응들이 처리해서(Prokop, Ozel, Usak, & Senay, 2013), 오염되었으니 위험하다는 직관을 불러일으킨다.

소규모 정치를 위해 설계된 적응들이 활성화되는 탓에 현대의 정치적 판단은 현대에 합리적일 수 있는 요인들을 무시하고 조상 시대에 합리적이었던 요인들을 우선시하곤 한다. 이렇게 해서 정치과학 연구에서 진화정치심리학은 크게 두 갈래로 나뉜다. 한 갈래에서는 사람들이 대중적인 정치 토론을 접해서 '박식'해졌고, 따라서 사람들의 정치적 의사결정 기제는 대중 정치와 잘 맞는다고 주장한다(예를 들어, Lau & Redlawsk, 1997). 다른 갈래에서는 사람들은 조리 없이 생각하고, 일관된 정치적 사고를 할 줄 모른다고 주장한다(예를 들어, Converse, 1964). 이런 주장과는 반대로 진화적 관점에서는 인간의 정치심리가 **생태적으로 합리적**이라고 본다. 상체 힘이나 단기적 기아 같은 요인들이 오늘날 정치적 태도에 영향을 미칠 때, 이것은 인간이 비합리적이라서가 아니라 우리의 정치심리가 조상들이 소규모로 생활하던 생태에 효율적으로 작동하도록 진화했기 때문이다. 소규모 정치와 대규모 정치가 요구하는 인지적 과제가 다를 때 대중 정치의 환경에서는 편향된 판단과 비합리적으로 보이는 반응이 발생하기 마련이다. 이것이 완전히 나쁜 것은 아니다. 예를 들어, 높은 투표 참여율은 바람직한 규범으로 인식되지만, 한 표의 영향력이 너무 작기 때문에 투표는 종종 불합리해 보인다. 그러나 어찌 됐든 자신의 정당을 지지하고자 하는 연합 동기에 힘입어 많은 사람이 투표에 참여하는 바람직한 현상이 일어나는데(Smirnov, Dawes, Fowler, Johnson, & McElreath, 2010), 이 동기는 사람들 하나하나의 지지가 연합의 성공에 꼭 필요했던 소규모 환경에 적응한 결과물이다.

생태적으로 타당한 자극의 부족

조상 시대의 정치와 대중 정치의 또 다른 중요한 차이는 정보의 맥락과 관계가 있다. 조상 시대에 정치를 위한 적응들은 (대체로) 직접 상호작용할 수 있는 친숙하고 구체적인 개인의 정보를 처리했을 것이다. 오늘날 정치 논쟁은 대부분 당사자가 빠진 개인, 집단, 사건에 초점을 맞추고, 더 나아가 구체적인 타인이 아니라 추상적·사회적 범주('범죄자', '복지 수혜자', '이민자')에 초점을 맞춘다. 따라서 오늘날 대중 정치에서 정치적 적응들에 입력되는 정보는 경험과 분리된 심리적 시뮬레이션에서 나온다(Petersen & Aarøe, 2013). 게다가 이 분리된 시뮬레이션은 직접 경험한 단서보다는 남들(정치 엘리트, 사회 연결망, 매스미디어)이 제공한 정보에 기초해서 형성된다.

이런 상황에서는 사람들이 개인적 경험에 비추어 그 주장들을 일상적으로 조사할 수가 없고, 이에 비례해서 설득 전략과 정보전의 영역이 점점 더 커진다. 그리고 이 때문에 갈등의 가능성이 커진다. 이제 대중의 정치적 판단에 토대가 되는 심적 표상들은 (a) 공통의 직접 경험으로부터 제약을 더 적게 받고, (b) 내적으로 생성된 표상에 더 많이 의지한다. 따라서 세계에 대한 기본적인 기대에 영향을 미치는 심리적 차이가 이 표상에 영향을 미치고 갈등의 토대가 된다. 정치적 갈등은 대개 추상적인 논쟁으로 존재하고, 구체적인 사례들과는 그만큼 무관해진다(예를 들어, Peffley, Hurwitz, & Sniderman, 1997; Petersen, Slothuus, Stubager, & Togeby, 2011). 예를 들어, 리버럴과 보수주의자는 일반적인 복지 정책에 대해서 의견이 대립한다. 하지만 진화적으로 반복 출현한 단서들을 이용할 수 있을 때, 구체적인 복지 수혜자들을 둘러싼 논쟁에서 그런 이견이 크게 줄어든다. 진보주의자와 보수주의자는 똑같이 보답을 하는 자에 대한 복지 제공에 찬성하고, 똑같이 사기꾼에 대한 복지 제공에 반대한다(Petersen et al., 2011). 양측은 복지 수혜자의 대부분이 보답을 하는 자인지 사기꾼인지와 관련하여 (경험과) 분리된 전형이 다를 뿐이다(Aarøe & Petersen, 2014).

대중 정치에는 (오늘날 많은 쟁점의 법률적·기술적 복잡성 외에도) 직접적이고 생태적으로 타당한 정보가 없기 때문에, 대중 정치의 쟁점이 적절한 심리 기제를 활성화하지 못하는 경우가 발생하며(Petersen & Aarøe, 2013), 대중의 무지와 무관심이 광범위하다는 사실을 인정하는 것도 중요한 일이다(Carpini & Keeter, 1996). 따라서 대중 정치의 쟁점에 대한 정치적 판단을 형성하는 일은 그 기초에 놓인 적응들이 대중 정치의 차원을 벗어나지 않는 한에서만 흥미롭고 자연스러운 일이 된다.

맥락 요인과 개인적 요인은 둘 다 사람들이 대중 정치를 생각할 때 진화한 정치 심리를 활용할 수 있는지에 영향을 미친다. 그중 한 요인이 발달의 맥락이다. 정치에 참여하는 부모 밑에서 자라면—그에 따라 당파성과 정치적 판단이 연합의 표지로서 중요하다는 단서에 노출되면—정치적 관심과 지식이 높다는 것이 밝혀졌다(Jennings, Stoker, & Bowers, 2009). 또 다른 맥락 요인은 유행하는 매스미디어 프레이밍이다. 미디어와 정치 엘리트가 진화한 심리 기제에 들어맞는 포맷으로 정보를 전달할 때—추상적이지만 객관적으로 더 밀접한 통계적 정보가 아니라, 사례를 생생한 이야기로 묘사할 때—사람들은 당면한 쟁점에 더 감정적으로 몰입하게 된다(예를 들어, Aarøe, 2011).

중요한 개인차 중 하나로, 분리된 인식을 하는 능력이 있다. 상상력이 풍부해서 눈앞에 없는 사건과 집단을 생생하고 매력적인 심적 표상으로 그려낼 줄 아는 사람은 극단적인 정치적 견해를 형성하고, 감정적인 태도를 취하고, 특히 견해를 형성할 때 진화적으로 유의미한 단서(예를 들어, 사회복지에 대해서 사기꾼 탐지와 관련된 단서)를 활용할 가능성이 더 높다. 이는 생생한 분리 표상이 연료가 되어 기초에 놓인 심리적 적응을 더 강하게 활성화한다는 것을 의미한다(Petersen & Aarøe, 2013). 그러므로 대중 정치의 맥락에서 연구자는 단지 정치적 적응의 구조만을 고려해서는 정치적 판단의 형성을 이해하지 못한다. 또한 연구자들은 생태적으로 타당한 정보를 그 적응에 전달하는(또는 전달하지 못하는) 경로들—예를 들어, 심정 시뮬레이션, 미디어의 스토리, 정치 캠페인—을 해부할 필요가 있다.

결론

인간은 정치적 동물로, 자연선택의 설계를 통해 진화하는 내내 모든 곳에서 마주친 이해 갈등을 그럭저럭 조정해왔다. 정치는 사회생활의 규칙을 협상해서 그런 갈등을 해결하는 과정이다. 지금까지 검토한 바에 따르면, 정치적 적응 문제가 선택한 정치심리는 첫째, 자연 접근성에 관한 규칙이 진화적으로 반복 출현한 적합도 이익과 어떻게 일치하는지를 판단하고, 둘째, 지배성(우위), 연합 형성, 설득을 통해 그 이해와 조화를 이루도록 규칙을 변경하게끔 설계되었다.

진화한 정치심리는 일상생활의 정치(가족, 지역 사회 등등)와 대중 정치의 차원 모두에서 갈등 행동을 지배한다. 인간의 정치심리는 조상 시대의 소규모 집단 안에서 작동하게끔 진화했다. 일상 정치의 환경은 이 사회 생태와 비슷하므로, 그런 환경에서 인간은 최고 연봉을 받는 정치홍보 전문가spin doctor 못지않게 뛰어난 능력을 발휘할 것이다. 반면에 대규모 정치의 환경은 완전히 달라서, 진화한 정치심리가 활성화되려면 진화적으로 반복 출현한 단서들이 정치 엘리트로부터 흘러나와야 한다.

참고문헌

Aarøe, L. (2011). Investigating frame strength: The case of episodic and thematic frames. *Political Communication*, *28*(2), 207−226.

Aarøe, L., & Petersen, M. B. (2013). Hunger games: Fluctuations in blood glucose levels influence support for social welfare. *Psychological Science*, *24*(12), 2550−2556.

Aarøe, L., & Petersen, M. B. (2014). Crowding out culture: Scandinavians and Americans agree on social welfare in the face of deservingness cues. *The Journal of Politics*, *76*(3), 684−697.

Alesina, A., & Glaeser, E. L. (2004). *Fighting poverty in the US and Europe: A world of difference* (Vol. 26). Oxford, England: Oxford University Press.

Ansolabehere, S., & Iyengar, S. (1995). *Going negative: How attack ads shrink and polarize the electorate*. New York, NY: Free Press.

Arceneaux, K. (2012). Cognitive biases and the strength of political arguments. *American Journal of Political Science*, *56*(2), 271−285.

Boehm, C. (2000). Conflict and the evolution of social control. *Journal of Consciousness Studies*, *7*(1−2), 1−2.

Boyer, P., & Petersen, M. B. (2012). The naturalness of (many) social institutions: Evolved cognition as their foundation. *Journal of Institutional Economics*, *8*(01), 1−25.

Bøggild, T., & Petersen, M. B. (in press). The evolved functions of procedural fairness: An adaptation for politics. In T. Shackelford & R. Hansen (Eds.), *The evolution of morality*. New York, NY: Springer.

Carpini, M. D., & Keeter, S. (1996). *What Americans know about politics and why it matters*. New Haven, CT: Yale University Press.

Carsey, T. M., & Layman, G. C. (2006). Changing sides or changing minds? Party identification and policy preferences in the American electorate. *American Journal of Political Science, 50*(2), 464–477.

Chong, D., & Druckman, J. N. (2007). Framing theory. *Annual Review of Political Science, 10*, 103–126.

Cohen, G. L. (2003). Party over policy: The dominating impact of group influence on political beliefs. *Journal of Personality and Social Psychology, 85*(5), 808.

Converse, P. E. (1964). The nature of belief systems in mass publics. In D. E. Apter (Ed.), *Ideology and discontent* (pp. 206–261). New York, NY: Free Press.

Cosmides, L., & Tooby, J. (1992). Cognitive adaptations for social exchange. In J. Barkow, L. Cosmides, & J. Tooby (Eds.), *The adapted mind: Evolutionary psychology and the generation of culture* (pp. 163–228). New York, NY: Oxford University Press.

Cosmides, L., & Tooby, J. (2002). Unraveling the enigma of human intelligence: Evolutionary psychology and the multimodular mind. In R. J. Sternberg & J. Kaufman (Eds.), *The evolution of intelligence* (pp. 145–198). Hillsdale, NJ: Erlbaum.

Cummins, D. D. (1996). Dominance hierarchies and the evolution of human reasoning. *Minds and Machines, 6*(4), 463–480.

de Waal, F. B. M. (1996). *Good natured*. Cambridge, MA: Harvard University Press.

DeScioli, P., & Kurzban, R. (2013). A solution to the mysteries of morality. *Psychological Bulletin, 139*(2), 477.

Diamond, J. M. (1998). *Guns, germs and steel: A short history of everybody for the last 13,000 years*. New York, NY: Random House.

Easton, D. (1981). *The political system: An inquiry into the state of political science*. Chicago, IL: University of Chicago Press.

Faulkner, J., Schaller, M., Park, J. H., & Duncan, L. A. (2004). Evolved disease-avoidance mechanisms and contemporary xenophobic attitudes. *Group Processes & Intergroup Relations, 7*(4), 333–353.

Fiske, A. P., & Tetlock, P. E. (1997). Taboo trade-offs: Reactions to transactions that transgress the spheres of justice. *Political Psychology, 18*(2), 255–297.

Gilens, M. (1996). "Race coding" and White opposition to welfare. *American Political Science Review*, *90*(3), 593–604.

Glynn, A. N., & Sen, M. (2014). Identifying judicial empathy: Does having daughters cause judges to rule for women's issues? *American Journal of Political Science*, *59*(1), 37–54.

Griskevicius, V., Goldstein, N. J., Mortensen, C. R., Sundie, J. M., Cialdini, R. B., & Kenrick, D. T. (2009). Fear and loving in Las Vegas: Evolution, emotion, and persuasion. *Journal of Marketing Research*, *46*(3), 384–395.

Hammerstein, P., & Parker, G. A. (1982). The asymmetric war of attrition. *Journal of Theoretical Biology*, *96*(4), 647–682.

Hibbing, J. R., Smith, K. B., & Alford, J. R. (2013). *Predisposed: Liberals, conservatives, and the biology of political differences*. New York, NY: Routledge.

Hibbing, J. R., & Theiss-Morse, E. (2002). *Stealth democracy: Americans' beliefs about how government should work*. Cambridge, England: Cambridge University Press.

Iyengar, S., Norpoth, H., & Hahn, K. S. (2004). Consumer demand for election news: The horserace sells. *Journal of Politics*, *66*(1), 157–175.

Jennings, M. K., Stoker, L., & Bowers, J. (2009). Politics across generations: Family transmission reexamined. *The Journal of Politics*, *71*(3), 782–799.

Jensen, C., & Skaaning, S. E. (2012). Modernization, ethnic fractionalization, and democracy. *Democratization*, *19*(6), 1117–1137.

Kelly, R. L. (1995). *The foraging spectrum: Diversity in hunter-gatherer lifeways*. Washington, DC: Smithsonian Institution Press.

Kinder, D. R., Peters, M. D., Abelson, R. P., & Fiske, S. T. (1980). Presidential prototypes. *Political Behavior*, *2*(4), 315–337.

Klofstad, C. A., McDermott, R., & Hatemi, P. K. (2012). Do bedroom eyes wear political glasses? The role of politics in human mate attraction. *Evolution and Human Behavior*, *33*(2), 100–108.

Kunda, Z. (1990). The case for motivated reasoning. *Psychological Bulletin*, *108*(3), 480.

Kurzban, R., Dukes, A., & Weeden, J. (2010). Sex, drugs and moral goals: Reproductive strategies and views about recreational drugs. *Proceedings of the Royal Society B: Biological Sciences*, *277*(1699), 3501–3508.

Lasswell, H. D. (1950). *Politics: Who gets what, when, how*. New York, NY: P. Smith.

Lau, R. R., & Redlawsk, D. P. (1997). Voting correctly. *American Political Science Review*, 585–598.

Laustsen, L., & Petersen, M. B. (2015). Does a competent leader make a good friend? Conflict, ideology and the psychologies of friendship and followership. *Evolution and Human Behavior, 36*(4), 286−293.

Little, A. C., Burriss, R. P., Jones, B. C., & Roberts, S. C. (2007). Facial appearance affects voting decisions. *Evolution and Human Behavior, 28*(1), 18−27.

Lopez, A. C., McDermott, R., & Petersen, M. B. (2011). States in mind: Evolution, coalitional psychology, and international politics. *International Security, 36*(2), 48−83.

Mercier, H., & Sperber, D. (2011). Why do humans reason? Arguments for an argumentative theory. *Behavioral and Brain Sciences, 34*(2), 57−74.

Miller, W. E. (1991). Party identification, realignment, and party voting: Back to the basics. *The American Political Science Review*, 557−568.

Monin, B., & Merritt, A. (2012). Moral hypocrisy, moral inconsistency, and the struggle for moral integrity. In M. Mikulincer & P. Shaver (Eds.), *The social psychology of morality: Exploring the causes of good and evil* (pp. 167−184). Washington, DC: American Psychological Association.

Mutz, D. C., & Reeves, B. (2005). The new videomalaise: Effects of televised incivility on political trust. *American Political Science Review, 99*(1), 1−15.

Peffley, M., Hurwitz, J., & Sniderman, P. M. (1997). Racial stereotypes and Whites' political views of Blacks in the context of welfare and crime. *American Journal of Political Science*, 30−60.

Petersen, M. B. (2012). Social welfare as small-scale help: Evolutionary psychology and the deservingness heuristic. *American Journal of Political Science, 56*(1), 1−16.

Petersen, M. B. (2013). Moralization as protection against exploitation: Do individuals without allies moralize more? *Evolution and Human Behavior, 34*(2), 78−85.

Petersen, M. B. (2015). Evolutionary political psychology: On the origin and structure of heuristics and biases in politics. *Political Psychology, 36*(S1), 45−78.

Petersen, M. B., & Aarøe, L. (2012). Is the political animal politically ignorant? Applying evolutionary psychology to the study of political attitudes. *Evolutionary Psychology, 10*(5), 802−817.

Petersen, M. B., & Aarøe, L. (2013). Politics in the mind's eye: Imagination as a link between social and political cognition. *American Political Science Review, 107*(02), 275−293.

Petersen, M. B., Sell, A., Tooby, J., & Cosmides, L. (2012). To punish or repair? Evolutionary psychology and lay intuitions about modern criminal justice. *Evolution and Human Behavior, 33*(6), 682−695.

Petersen, M. B., Slothuus, R., Stubager, R., & Togeby, L. (2011). Deservingness versus values in public opinion on welfare: The automaticity of the deservingness heuristic.

European Journal of Political Research, *50*(1), 24–52.

Petersen, M. B., Sznycer, D., Sell, A., Cosmides, L., & Tooby, J. (2013). The ancestral logic of politics upperbody strength regulates men's assertion of self-interest over economic redistribution. *Psychological Science*, *24*(7), 1098–1103.

Pietraszewski, D., Curry, O. S., Petersen, M. B., Cosmides, L., & Tooby, J. (2015). Constituents of political cognition: Race, party politics, and the alliance detection system. *Cognition*, *140*, 24–39.

Price, M. E., Kang, J., Dunn, J., & Hopkins, S. (2011). Muscularity and attractiveness as predictors of human egalitarianism. *Personality and Individual Differences*, *50*(5), 636–640.

Price, M. E., & van Vugt, M. (2014). The evolution of leader-follower reciprocity: The theory of service-forprestige. *Frontiers in Human Neuroscience*, *8*, 363.

Prokop, P., Ozel, M., Usak, M., & Senay, I. (2013). Disease-threat model explains acceptance of genetically modified products. *Psihologija*, *46*(3), 229–243.

Puts, D. A. (2010). Beauty and the beast: Mechanisms of sexual selection in humans. *Evolution and Human Behavior*, *31*(3), 157–175.

Robinson, P. H., Kurzban, R., & Jones, O. D. (2007). The origins of shared intuitions of justice. *Vanderbilt Law Review*, *60*, 1633.

Rozin, P., & Singh, L. (1999). The moralization of cigarette smoking in the United States. *Journal of Consumer Psychology*, *8*(3), 321–337.

Sears, D. O., Lau, R. R., Tyler, T. R., & Allen H. M. Jr. (1980). Self-interest vs. symbolic politics in policy attitudes and presidential voting. *The American Political Science Review*, 670–684.

Sell, A., Hone, L. S., & Pound, N. (2012). The importance of physical strength to human males. *Human Nature*, *23*(1), 30–44.

Sell, A., Tooby, J., & Cosmides, L. (2009). Formidability and the logic of human anger. *Proceedings of the National Academy of Sciences, USA*, *106*(35), 15073–15078.

Sidanius, J., & Pratto, F. (2001). *Social dominance: An intergroup theory of social hierarchy and oppression*. Cambridge, England: Cambridge University Press.

Slothuus, R. (2007). Framing deservingness to win support for welfare state retrenchment. *Scandinavian Political Studies*, *30*(3), 323–344.

Smirnov, O., Dawes, C. T., Fowler, J. H., Johnson, T., & McElreath, R. (2010). The behavioral logic of collective action: Partisans cooperate and punish more than nonpartisans. *Political Psychology*, *31*(4), 595–616.

Stubager, R., & Slothuus, R. (2013). What are the sources of political parties' issue ownership? Testing four explanations at the individual level. *Political Behavior*,

35(3), 567−588.

Swami, V., Neofytou, R. V., Jablonska, J., Thirlwell, H., Taylor, D., & McCreary, D. R. (2013). Social dominance orientation predicts drive for muscularity among British men. *Body Image, 10*(4), 653−656.

Taber, C. S., & Lodge, M. (2006). Motivated skepticism in the evaluation of political beliefs. *American Journal of Political Science, 50*(3), 755−769.

Tigue, C. C., Borak, D. J., O'Connor, J. J., Schandl, C., & Feinberg, D. R. (2012). Voice pitch influences voting behavior. *Evolution and Human Behavior, 33*(3), 210−216.

Todorov, A., Mandisodza, A. N., Goren, A., & Hall, C.C. (2005). Inferences of competence from faces predict election outcomes. *Science, 308*(5728), 1623−1626.

Tooby, J., & Cosmides, L. (1990). The past explains the present: Emotional adaptations and the structure of ancestral environments. *Ethology and Sociobiology, 11*(4), 375−424.

Tooby, J., & Cosmides, L. (2010). Groups in mind: The coalitional roots of war and morality. In H. Høgh-Olesen (Ed.), *Human morality and sociality: Evolutionary and comparative perspectives* (pp. 91−234). New York, NY: Palgrave Macmillan.

Tyler, T. R. (2006). Psychological perspectives on legitimacy and legitimation. *Annual Review of Psychology, 57*, 375−400.

von Rueden, C., Gurven, M., & Kaplan, H. (2008). The multiple dimensions of male social status in an Amazonian society. *Evolution and Human Behavior, 29*(6), 402−415.

Weeden, J., & Kurzban, R. (2014). *The hidden agenda of the political mind: How we adopt self-interested positions and why we won't admit it.* Princeton, NJ: Princeton University Press.

Wrangham, R. W., & Glowacki, L. (2012). Intergroup aggression in chimpanzees and war in nomadic huntergatherers. *Human Nature, 23*(1), 5−29.

Yamagishi, T., & Kiyonari, T. (2000). The group as the container of generalized reciprocity. *Social Psychology Quarterly*, 116−132.

Ybarra, O. (2002). Naïve causal understanding of valenced behaviors and its implication for social information processing. *Psychological Bulletin, 128*, 421−441.

48장

진화문예비평

조지프 캐럴

서론

진화문예학은 불과 20년 전쯤에 출현했고, 그 연구자들은 문예학의 변방에 비교적 작은 집단을 이루고 모여 있다. 문예학은 후기구조주의를 지향하고, 그래서 인간 본성이라는 개념과 과학 지식의 객관성을 모두 거부한다(Carroll, 1995; Carroll, Gottschall, Johnson, & Kruger, 2012, pp. 1-6; Culler, 2011). 하지만 진화문예학자는 '통섭' 개념을 수용하고, 진화론의 타당성을 긍정하고, 진화적 사회과학의 발견을 흡수한다. 진화문예학자는 세계는 단일한 인과적 질서로 통일되어 있으며, 지식은 물리과학, 사회과학, 인문학을 포괄하는 단일한 분야로 통합된다고 하는 E. O. 윌슨의 생각에 동의한다(Carroll, McAdams, & Wilson, 근간; Slingerland & Collard, 2012; E. O. Wilson, 1998). 진화문예학자는 인간의 정신 활동과 문화 활동은 모든 생물학적 활동을 규정하는 원리에 묶여 있고, 생명은 자연선택이라는 수단으로 적응 과정을 통해 진화했으며, 생명체의 복잡한 기능적 구조는 적응에 의해 탄생했음을 인정한다. 진화문예학자는 문학은 적응한 마음의 산물이고, 그래서 적응한 마음의 구조와 성격을 반영한다고 주장한다.

1990년대와 2000년대 초에 진화문예학에서 이루어진 연구는 거의 다 논쟁적이고 강령적이었다. 학자들은 학계의 문예학을 주도하는 문화구조주의를 공격하고, 적응주의 프로그램의 기본 논리를 시연하고, 진화적 개념들과 연결될 수 있는 해석 원리를 탐구해서 공식화하고자 노력했다(B. Boyd, 1998; Carroll, 1995, 2004; Cooke, 2002; Cooke & Turner, 1999, Easterlin, 2000, 2001, 2004; Gottschall, 2001, 2003a, 2003b; Gottschall, Martin, Quish, & Rea, 2004; Headlam Wells, 2005; Jobling, 2001; Love, 1999a, 1999b, 2003; Scalise Sugiyama, 1996, 2001a, 2001b, 2001c; Storey, 1996; Thiessen & Umezawa, 1998). 지난 10년 동안 논쟁적이고 강령적인 시연은 줄어들고 문학 이론과 해석적 문예비평이 무르익었다(Anderson & Anderson, 2005; B. Boyd, 2008, 2009; B. Boyd, Carroll, & Gottschall 2010b; Carroll, 2011b, 2012b, 2012c, 2013a, 2013c, 2013e, 2013f; Clasen, 2010, 2012a, 2012b, 2012c, 근간; Duncan, 2010; Dutton, 2009; Easterlin, 2012; Gansel & Vanderbeke, 2012; Gottschall, 2008b, 2012; Gottschall & Wilson, 2005; Headlam Wells, 2011; Jonsson, 2012, 2013; Keener, 2010; Martindale, Locher, & Petrov, 2007; Nordlund, 2007; Saunders, 2007, 2009, 2012a, 2012b; Swirski, 2006, 2010, 2011; Vermeule, 2010).

진화문예학은 여전히 인문학의 특징인 추론적·사변적인 방법을 사용한다. 하지만 몇몇 문예학자가 사회과학으로부터 경험적 방법을 흡수했을 뿐더러, 진화사회과학자 중에서도 몇 사람이 문학을 소재로 연구하고 있다(Carroll, Gottschall, et al., 2012; Carroll, Johnson, Gottschall, & Kruger, 2012; Gottschall, 2008a; Johnson, Carroll, Gottschall, & Kruger, 2008, 2011; Kruger, Fisher, & Jobling, 2003; Mar, 2004; Mar & Oatley, 2008; Mar, Oatley, Djikic, & Mullin, 2011; Mar, Peskin, & Fong, 2011; Miall & Dissanayake, 2003; Oatley, Mar, & Djikic, 2012; Whissel, 1996).

인간 본성, 문화적 규범, 예술

지난 수십 년에 걸쳐 진화적 인간과학은 점차 효과적인 인간 본성 모델을 개발해 왔다. 번식 성공을 강조한 초기의 사회생물학적 방법은 '근접한' 또는 중간 수준의 동기를 주장하는 진화심리학자들에 의해 수정되었다(Laland & Brown, 2002). 진화심리학자들은 '모듈', 즉 타고난 인지적 장치를 강조하다가 이따금 '일반 지능'을 놓치곤 했지만, 인간의 인지 구조라는 더 큰 개념으로 그 실수를 바로잡았다(Chiappe & MacDonald, 2005; Geary, 2005; Geary & Huffman, 2002; MacDonald, 1991; MacDonald & Hershberger, 2005; Mithen, 1996). 초기의 사회생물학자들은 인간의 사회적 상호작용을 주로 친족과 호의의 교환에 국한했지만, 진화생물학자들과 사회과학자들은 집단적 차원의 협력이라는 인간 특유의 능력을 더 완전하고 충분하게 설명하고 있다(Boehm, 1999, 2012, 근간; Buckholtz & Marois, 2012; Carroll, 2015; Chudek & Henrich, 2011; Fukuyama, 2011, pp. 339-440; Gintis, 2003, 2011; Gintis & Van Schaik, 2012; Haidt, 2012; Henrich et al., 2010; Hill, 2007; Nowak, 2006; Nowak & Highfield, 2011; Nowak, Tarnita, & Antal, 2010; Simpson, 2011). 인문학에서 진화론자들은 창조적 문화의 형식들—예술, 종교, 이데올로기—이 인간의 적응 레퍼토리에 반드시 포함된다는 주장을 갈수록 더 유효하게 다듬고 있다(B. Boyd, 2005; Carroll, 2008a, 2012a; Dissanayake, 2000). 그 주장들은 현재 빠르게 발전하고 있는 '유전자-문화 공진화' 이론—인간은 유전적으로 문화를 생성하는 경향이 있고, 진화의 시간에 걸쳐 문화는 인간의 유전체를 개조한다는 개념—으로 수렴하고 있다(Carroll, 2011a; Chudek & Henrich, 2011; Chudek, Zhao, & Henrich, in press; Cochran & Harpending, 2009; Gintis, 2003; Irons, 2009; Lumsden & Wilson, 1983, 2005; Richerson & Boyd, 2005). 초기의 진화심리학은 중간 수준 또는 '근접한' 동기들을 개방형 목록으로 묶었다(Carroll,1999). 이제 그 목록들은 '인간 생활사 이론', 즉 인간 본성의 모든 요소를 체계적으로 조직화한 개념으로 대체되고 있다(Burkart, Hrdy, & Van Schaik, 2009; Burkart & van Schaik, 2010; Carroll, 2011a; Foley & Gamble, 2009; Gintis & Van Schaik, 2012; Hill, Barton, & Hurtado, 2009; Hrdy, 2005, 2009; H. Kaplan, Gurven, & Winking, 2009; H. S. Kaplan, Gurven, & Lancaster, 2007; H. S. Kaplan, Hooper, & Gurven, 2009; Klein, 2009; Lancaster & Kaplan, 2007; Muehlenbein & Flinn, 2011; Wade, 2006; Wrangham, 2009; Wrangham & Peterson, 1996). 그 체계를 들추고 세부적인 곳을 들여다보면 모든 종의 생활사는 저마다 독특한 번식 주기를 그린다. 인간 종의 경우에 부모의 양육이 성공하면 자식은 성인이 되었을 때 짝 결속을 형성하고, 공동체에 필요한 구성원이 되고, 자신의 아이를 돌볼 줄 아는 사람이 된다. 따라서

인간 생활사 이론에는 사회생물학자들의 '궁극적인' 인과적 설명—번식 성공—에, 짝짓기, 육아, 사회적 지위 확보 같은 직접적 동기에 초점을 맞춘 진화심리학자들의 중간 수준 설명이 통합되어 있다.

문학에서나 일상의 대화에서나 '인간 본성'이란 말을 쓸 때 사람들은 보통 인간의 기본적인 동기—생존, 짝짓기, 육아, 친족 편애, 사회적 집단의 구성원으로서 행동하기—를 염두에 둔다(Carroll, 2012e). 인간 본성이 허구에도 중요한 이유는, 대부분의 이야기가 인간의 기본적인 동기와 감정으로 이루어져 있기 때문이다. 이야기들은 살아남기 위해 투쟁하고, 낭만적인 사랑을 추구하고, 가족 관계를 유지하고, 야망을 이루고, 친구를 사귀고, 연합을 형성하고, 적과 싸우는 내용을 다룬다.

인간 본성을 드러내는 기본적인 동기는 구체적인 문화적 규범으로 흘러나간다(Buckholtz & Marois, 2012; Carroll, 2015; Chudek & Henrich, 2011; Haidt, 2012; Sripada & Stich, 2005; Tomasello, 2009). 그 규범들은 신화, 전설, 의례, 상징, 노래, 이야기를 통해 창조적인 가상의 형식으로 모습을 드러낸다. 인간은 누구나 믿음과 가치를 예술적으로 묘사해서 생생하게—허구적 이야기, 극적 재현, 영화, 시적인 가사 등으로—전달하면 그 믿음과 가치에 따라 행동을 조절한다.

문학은 문자 이전의 문화에서 보편적으로 볼 수 있는 구술 행위—가상의 행위를 말로 재현하는 행위—가 문자로 전환된 형태다. 이 장에서 '문학'이 나올 때마다 그 단어는 '문학 또는 문학에 선행한 구술 형태'라는 더 큰 개념을 가리킬 수 있다.

창조적인 가상 세계와 예술의 적응적 기능

우리는 모두 언제나 상상의 세계에 거주한다. 상상의 세계는 자기 자신과 자신이 거주하는 세계를 감정적으로, 심미적으로 변조한 환상이다(Carroll, 2012e; McAdams, 2006, 2008, 2009, 2011, 근간; McAdams & Olson, 2010). 감정적 변조에는 역겨움, 기쁨, 슬픔 같은 기본적인 감정이 관여한다(Ekman, 1999). 심미적 변조에는 조잡한, 섬세한, 추한, 아름다운 느낌 같은 지각적 울림이 관여한다(Carroll, 2013b; Davies, 2012; Dutton, 2009). 상상의 세계는 과거와 미래가 포함된 시간적 연속체 안에 현재가 들어 있다. 과거는 단지 개인의 과거가 아니라 역사적 또는 신화적 과거다. 미래는 단지 개인의 미래가 아니라 세계의 미래다. 그 속에는 영원한 처벌이나 영원한 행복, 또는 희미한 중간지대에서 계속 아련하게 하늘거리는 반존재semi-existence가 들어 있다. 상상의 세계에는 이런저런 공동체—당사자와 같은 믿음, 가치, 경험을 공유하는 모든 사람—가 들어 있다.

우리가 거주하는 상상의 세계는 여러 세대 혹은 여러 세기에 걸쳐 예술가의 노력이나 한 집단의 문화적 노력이 창조한 상상의 세계와 부분적으로 중복된다. 창조적인 가상 세계는 우리의 상상의 세계로 흘러들어와, 우리가 우리 자신의 실제적 삶을 상상하는 방식에 근본적인 영향을 미친다. 예를 들어, 성경의 창조 신화는 많은 사람에게 그들이 거주하는 상상의 세계를 부분적으로 형성해준다. 이슬람교, 힌두교 그리고 불과 2-30년 전까지 전 세계의 절반을 차지했던 공산주의 세계의 환상도 마찬가지고, 사람들의 인생을 근본적으로 개조해서 때로는 집단 자살까지 유도하는 사이비 종교도 마찬가지다. 더 국지적인 수준에서, 소설을 읽거나, 영화를 보거나, 대중음악을 듣거나, 오페라를 감상하는 사람들은 개인적·사회적 정체성이 그려진 이미지를 흡수해서 자신의 자아감에 통합한다(Carroll, Gottschall, et al., 2012; Dissanayake, 2000; Gottschall, 2012; McAdams, 2011; Tooby & Cosmides, 2001).

많은 예술 형식이 복수의 예술을 하나로 결합해서 창조적인 가상 세계를 지어낸다. 오페라와 뮤지컬은 극적 묘사, 음악, 의상, 배경을 통합한다. 영화에는 극적 묘사, 음악, 카메라 워크의 시각적 특성, 조명, 편집이 통합되어 있다. 노래에는 기악에 서정시나 이야기 시가 통합되어 있다. 교회는 초자연적인 행위자, 불멸의 영혼, 신화적인 세계 창조, 마지막 심판의 날, 영원한 행복과 고통 등이 포함된 공통의 가상 세계를 공식적인 공간에 모시고자 해서 만든 기관이다. 교회는 건축, 조상彫像, 그림, 색유리, 기악, 합창, 의례화된 동작, 구두 발언, 의상, 심지어 향기로운 연기를 이용해서 감각적 분위기를 창조하고 그렇게 해서 교리와 신화로 구현된 그 믿음에 구체적인 미적 형식을 부여한다. 또한 많은 사회에서 의례에는 춤과 읊조림이 포함된다(Dissanayake, 1992, 2000).

우리가 항상 소설을 읽거나, 오페라를 관람하거나, 영화를 보거나, 교회에 앉아 있거나, 박물관에서 그림을 보거나, 음악을 감상하는 것은 아니다. 하지만 우리 자신과 우리가 거주하는 세계를 감정적으로 미적으로 변조한 이미지는 우리의 의식 속에 항상 존재한다(McAdams, 2011). 우리는 기분, 느낌, 믿음, 가치, 기억, 연상, 심상, 목표, 자아상, 세계관 같은 용어로 그런 의식을 표시한다. 노래를 부르거나, 그림을 그리거나, 악기를 연주하거나, 춤을 출 때 우리는 그 행위를 통해 우리의 일상생활에 충만해 있는 주관적 감각을 표현한다. 우리가 거주하는 상상의 세계에는 우리가 경험한 음악, 그림, 건축, 춤, 연극, 이야기 문학, 시, 영화가 깊이 배어들어 있다.

예술의 적응적 기능에 대한 합의 수준

스티븐 핑커에 따르면 예술은 오락성 약물이나 포르노그래피와 다름이 없는 쾌락 기술pleasure technology이다. 예술과 무관한 적응적 기능 때문에 진화한 뇌 기제들을 일깨우기 위해 우리가 예술을 이용한다는 것이다(Carroll, 2012a; Carroll, Johnson, et al., 2012, 5장; Pinker, 1997, 2007). 제프리 밀러는 예술은 성적 과시의 형식—주요한 적응적 기능이 없는 값비싼 신호—이라고 주장한다(2000). 다른 이론가들의 가설은 한 지점으로 수렴한다. 문학과 예술은 인지와 감정에 영향을 주고, 동기를 좌우하고, 행동 조절에 일조한다는 것이다(B. Boyd, 2009; Carroll, 2008a, 2008b, 2012a; Carroll, Gottschall, Johnson, & Kruger, 2010; Carroll, Gottschall, et al., 2012; Deacon, 1997; Dissanayake, 1992, 2011; Dutton, 2009; Easterlin, 2012, 2013; Gottschall, 2012; Mar & Oatley, 2008; Panksepp & Panksepp, 2000; Salmon & Symons, 2004; Tooby & Cosmides, 2001; E. O. Wilson, 1998, 10장). 많은 생문화biocultural 이론가들이 인간의 기본적 동기들은 일정한 문화적 규범들로 흘러들고, 일정한 문화적 규범들은 신화, 전설, 의례, 이미지, 노래, 이야기 등으로 창조적인 형식을 취한다는 점에 동의할 것이다. 또한 인간은 누구나 예술을 통해 생생하게 제시된 믿음과 가치에 따라 자신의 행동을 조절한다는 점에도 동의할 것이다. 이 두 합의점을 묶으면 '창조적 가상 세계imaginative virtual worlds'가 될 것이다. 창조적 가상 세계 이론에는 다음과 같은 구체적인 개념들이 포함된다. 예술은 현실적으로 유용한 정보를 제공할 수 있고(Scalise

Sugiyama, 1996, 2001a, 2001b, 2004, 2006), 잠재적인 적응 문제를 연습할 수 있도록 게임플랜 시나리오를 제공하고(Pinker, 1997), 성적 과시의 수단이 되어주고(Dutton, 2009; Miller, 2000), 양상 인식을 향상시키고 창의성을 자극하며(B. Boyd, 2009), 사회적 정체성을 공유하는 매개가 되어준다(B. Boyd, 2009; Carroll, Gottschall, et al., 2012; Dissanayake, 2000).

창조적 가상 세계에 거주하는 인간 성향은 유전자−문화 공진화를 통해 진화했다. 유전자−문화 공진화 이론은 럼스덴Lumsden과 윌슨이 30여 년 전에 처음 제시했지만, 10년 전에야 비로소 강건하고 통합적인 이론으로 부상하기 시작했다(R. Boyd, Richerson, & Henrich, 2011; Carroll, 2011a, 2012a; Carroll et al., 2010; Chudek & Henrich, 2011; Chudeket al.,inpress;Cochran &Harpending, 2009; Lumsden & Wilson,1981, 1983; Richerson & Christiansen, 2013; E. O. Wilson, 1998, 10장). 사회과학의 진화론자들이 유전자−문화 공진화 이론을 계속 발전시킨다면, 예술이 인간의 고유한 적응 레퍼토리에 반드시 포함된다는 점을 갈수록 많은 사람이 인식할 것이다. 인문학의 진화론자들은 유전자−문화 공진화 연구에서 나온 결과에 의존할 수도 있고, 그 연구에 직접 기여할 수도 있다.

생문화 연구의 목표

20년 전만 해도 우리는 인간 진화의 궤적에 대해, 그중에서도 특히 인간의 고유한 생문화적 성격에 대해 지금보다 아는 것이 훨씬 적었다. 진화적 인간과학과 진화적 인문학의 많은 연구자들이 유전자−문화 공진화에 대한 가장 진보한 사고를 아직 따라잡지 못하고 있으며, 공진화에 관한 사고 자체도 아직 초기 단계에 있다. 미래에 연구해야 할 중요한 과제는 역사 속의 구체적인 시기를 연구하는 것이다. 그럴 때 연구자는 생문화적 사고의 여러 측면, 즉 생태, 번식, 사회, 종교, 이데올로기, 경제, 정치, 문학, 예술을 통합해서 연구할 수 있다. 몇몇 학자가 이미 그런 통합적 연구에 필요한 중요한 요소들을 제공하기 시작했다(Carroll, Gottschall, et al., 2012; Fukuyama, 2011; Gat, 2008; Gottschall, 2008b, 2012; Oakley, 2007; Pinker, 2011;

Turchin, 2006; D. S. Wilson, 2002). 문화적 상상은 사회 체제의 물질적 조건 및 형식과 인과적으로 상호작용한다. 그 결과, 구체적인 시대의 사회적·문화적 동역학에 관한 연구 결과는 진화적 사회 이론을 제약하고 자극할 것이다. 진화적 사회이론가, 역사가, 문학자, 예술학자들이 공동의 목표를 위해 협력한다면 각 학과의 경계 안에서 낼 수 있는 것보다 더 만족스러운 결실을 낼 것이다.

통합적인 생문화 연구의 주된 목표는 모든 구체적인 문화—특수한 생태환경에 놓여 있고, 특수한 사회경제적 정치적 구조에 따라 조직되어 있으며, 특수한 종교, 이데올로기, 미적 전통이 지배하는 모든 사회—를 다룰 수 있는 설명의 망을 만드는 것이다. 그 망은 두 방향으로 확장될 것이다. 궁극인을 설명하고자 할 때, 그 망은 생물학과 진화심리학의 기본적, 보편적 원리 쪽으로 확장될 것이다. 정반대로 특정한 문화 안에서 개인이 환기한 경험의 주관적 구체성을 이해하고자 할 때, 그 망은 미세하고 미묘한 세부사항 쪽으로 뻗어 나갈 것이다. 따라서 역사 속의 구체적인 문화를 분석하는 일은 보편적인 인과적 설명, 과학의 목표, 그리고 인문학의 주된 활동인 특수주의적인 주관적 환기에 대한 분석을 잇는 중요한 연결축을 이뤄낼 것이다. 그 설명적 연속체는 단절된 부분이 없을 것이다. 지식과 상상적 경험이 합쳐져서 이음매 없는 하나의 지식 망을 형성할 것이다.

문학적 표상의 의미 분석

인간의 실제 경험과 묘사된 행위는 공통적으로 세 가지 주요한 성분으로 이루어져 있다. 개인(등장인물), 주위 세계(배경), 진화적으로 유의미한 관심사를 통해 연속적으로 이어진 사건(줄거리)이다. 저자는 평범한 사람들이 일상의 조건에 매여 활동하는 물리적·사회적 세계를 구체적이고 세밀하게 그려서 실제적 경험이 어떠한지를 정확하고 충실하게 이야기할 수 있다. 우리는 이런 문학을 '사실주의'라고 부른다. 또한 저자는 가상적 상황을 묘사하고 그 속에서 등장인물들을 통해 기본적인 경험과 추상적 개념을 예시할 수 있다. 이 경우에는 그 배경이 경험의 감정과 상상의 중요한 측면을 예시하고, 줄거리가 평범한 물리적 조건에서 비교적 자유로운 어떤 감정적 또는 상상적 과정의 내적 논리를 구현한다. 우리는 이런 문학을 '상징주의'라 부른다. 신화와 동화가 그 예다. 사실주의와 상징주의는 상호 배타적인 대안이 아니라 단일한 연속체의 양극과 같으며, 모든 문학에는 사실주의와 상징주의가 모두 어느 정도씩 포함되어 있다(Carroll, 1955, 3장). 예를 들어 디킨스Dickens는 빅토리아 시대의 도시 생활을 현실적으로 묘사하면서도, 동시에 단순한 사실주의 소설보다는 신화나 동화에 더 가까운 등장인물과 줄거리를 창조했다.

모든 저자는 문화에 따라 조정된 정체성, 특이한 기질, 독특한 개인적 경험을 갖고 있다(Bauer & McAdams, 2004; Carroll, 근간; Habermas & Bluck, 2000; McAdams, 2001, 2006, 2009, 2011, 근간; McAdams & Bowman, 2001; McAdams, Josselson, & Lieblich, 2001, 2006; McAdams & Olson, 2010). 저자는 묘사하는 사건들을 그 자신의 세계관으로부터 상상할 수밖에 없다. 독자는 묘사된 사건에 반응하고, 저자의 개성과 방식에 반응한다. 저자와 독자의 이 상호작용은 총체적인 문학 경험의 근본이 되는 부분이자, 문학을 해석할 때 고려해야 할 필수적인 부분이다(Carroll, Gottschall, et al., 2012; Gibbs, 2013; Gottschall, 2012; Mar & Oatley, 2008; Oatley, 1999).

해석적 비평은 주제에 대한 작가 자신의 생각(주제), 작품이 표현하고 환기하는 조직화된 감정(어조), 작품을 이루고 있는 언어적 요소들의 구성(형식과 문체)을 기술한다. 해석적 비평의 이 세 가지 범주는 인간 본성이라는 진화적 개념 안에 놓일 수 있다. 문학은 인간의 동기와 행동을 다룬다. 인간 생활사 이론과 진화적 사회심리학은 삶의 주요 국면과 관심사를 알아보고, 그럼으로써 문학의 주요 국면과 관심사를 알아본다(Carroll, 2012e; Figueredo & Wolf, 2009; H. Kaplan et al., 2009; Lancaster & Kaplan, 2007; Muehlenbein & Flinn, 2011). 조직화된 감정은 보편적 감정과 정동 신경과학에 호소할 때 가장 잘 이해할 수 있다(Carroll, Gottschall, et al., 2012; Carroll, Johnson, et al., 2012; Ekman, 2007; Panksepp, 2011; Panksepp & Biven, 2012; Plutchik, 2003). 형식적 구조는 우리의 진화한 인지 구조의 속성에서 파생하고 그 속성을 반영한다. '인지적 수사학자'들은 형식적 구성으로 들어갈 수 있는 길을 몇 가지 제시했지만, 형식 분석을 더 큰 인간 본성의 모델과 연결짓지 못하고 중단했다(Hogan, 2003; Turner, 1991, 1996; Zunshine, 2006, 2008, 2010). 브라이언 보이드Brian Boyd는 진화적 형식 분석을 주제로 활발히 연구하고 있다(B. Boyd, 2009, 근간).

주제, 어조, 형식 비평은 어느 문학작품이든 그 내적 구조를 전부 포괄한다. 문학 작품을 깊이 이해하려면 내적 구조에 대한 분석을 더 큰 맥락—저자와 독자의 상호 작용 그리고 그 상호작용이 일어나는 문화적 맥락—에 놓아야 한다. 구조와 맥락에 의거한 비평이 최고 수준에 이르면 문학에 관한 어떤 명확한 이론의 용어들로 제시될 것이다(Bordwell, 2008, p. 46; Carroll, Gottschall, et al., 2012, pp. 59-69; Hirsch, 1967). 그런 이론에는 인간의 심리, 언어, 표상에 대한 생각이 포함되고, 표현된 행위와 사회적 소통이 전개되는 그 세계의 기본적인 원인력에 관한 생각도 반드시 포함될 것이다.

이론상, 어떤 문학작품에 대한 진화적 비평은 먼저 주제, 어조, 형식적 구성을 분석하고, 그 작품을 문화적 맥락에 위치시키고, 문화적 맥락을 인간 본성의 요소들이 구체적인 환경 조건(문화적 전통 포함) 안에서 특수하게 조직된 결과로 보면서 설명하고, 독자의 반응을 기록하고, 그 작품의 사회문화적, 정치적, 심리적 기능을 묘사하고, 그 기능을 진화한 인간 본성의 필요와 관련시키고, 인간 본성의 포괄적인 모델에서 나온 주제, 형식적 요소, 감정적 요소, 기능의 분류표를 이용하여 그 작품을 다른 예술작품들과 비교하고 연결 지을 것이다.

저자와 비평가의 세계관

문학이론가와 비평가들은 궁극적으로 작품에 묘사된 사건을 축소해서, 심리적·사회적 과정들에 관한 그들 자신의 믿음이 반영된 주제 구조로 단순화한다. 그 점에 있어서 진화적 비평가들은 다른 어느 학파의 비평가—마르크스주의자, 프로이트 학파, 해체주의자, 페미니스트, 푸코 학파—와 똑같다. 다른 점은, 진화적 비평가들은 진화적 사회과학을 일반적인 틀로 삼고 그 안에서 묘사된 행위들의 관념적 질서를 평가한다는 것이다(Carroll, 2013a, 2013c; Gottschall, 2008b; Saunders, 2009, 2010, 2012a).

저자들은 대부분 인간 본성을 직관적으로 깊이 이해한다. 사실 그 이해는 작가가 되는 선행조건이다. 진화적 비평가는 작가의 직관적 이해가 그의 세계관과 어떻게 합치하는지를 분석한다. 인간 행동을 묘사할 때 작가는 어떤 개인의 편향이나 종교적, 이데올로기적, 이론적 선입관이 그 개인의 직관적 이해와 어떻게 상호작용하는지를 묘사하기도 한다. 그런 상호작용은 진화적인 해석적 분석에도 재료가 된다 (Carroll, 2013a).

진화론자들은 저자가 진화적 관점을 갖고 있다고 가정하는 순진한 실수를 범해선 안 된다. 역사적으로, 『종의 기원』이 나오기 전에 글을 쓴 저자들에게 그것은 애당초 불가능했다. 진화적 비평가는 결국 진화론의 틀 안에서 모든 세계관을 설명할 수 있다고 가정한다. 기독교도, 힌두교도, 무슬림, 불교도, 마르크스주의자, 사이언톨로지스트, 부두교도가 모두 세계관을 갖고 있으며, 그 세계관들은 모두 적응한 마음 안에서 작용하는 인과력으로 설명할 수 있다.

미래

기존 문예학의 변방에서 출현한 문학 다윈주의자들은 야간에 잠자는 공룡의 발 사이로 기어 다니던 작은 초기 포유동물처럼 생존해왔다. 이 비유에서 공룡은 두 종류의 인구 집단으로 이루어져 있다. 그중 하나는 한물간 인본주의적 비평가 가운데 (대개 우울하고, 엄격하고, 허약한) 마지막으로 남아 있는 그룹이다. 이들은 순문학을 추구하고, 기록 보관을 중시하며, 진보적인 경험적 지식이 우세한 현대 세계에서 길과 방향을 잃어버린 지식이다(Abrams, 1989, 1997; Carroll, 2004, pp. 29-39; Carroll, Boyd, & Deresiewicz, 2009; Carroll, Gottschall, et al., 2012, pp. 171-173; Crews, 1986, 2006, 2008; Deresiewicz, 2009; Goodheart, 2007, 2009; Patai, 2005; Pigliucci, 근간). 다른 하나는 더 이상 혁명적이지 않고 오히려 학문적 권위 속에 거북이처럼 안주해버린 포스트모더니즘 그룹이다(B. Boyd, 2006; B. Boyd, Carroll, & Gottschall, 2010a; Crews, 2001; Culler, 2011; Headlam Wells, 2005; Menand, 2005). 이 집단은 광활한 구역을 정복하고 약탈한 뒤 그 땅을 관리할 자원이 없어 폐허로 남겨둔 침략군에 비유할 수 있다. 포스트모더니즘에 생명을 불어넣은 순수한 이론적 충동이 제1차 침략군인 해체주의자들에게 영감을 주었지만, 이 물결은 1980년대 말에 완전히 물러나고,

정치적 색깔이 훨씬 더 강한 푸코 이론가들이 그 자리를 대신했으며 성, 포스트식민주의, 인종 비평가들이 여기에 합세했다. 제2차 정치적 물결이 운동력을 소진함에 따라 문학계는 정체와 피로의 시대에 들어섰으며, 진보적인 경험과학뿐 아니라 교양 있는 대중의 관심과 취미에서도 멀어지고 말았다(Bérubé & Nelson, 1995; Carroll, Gottschall, et al., 2012, pp. 1-9; Feal, 2005). 현재 논픽션 부문 베스트셀러 목록에 오르는 지적인 작품은 알튀세르 풍의 마르크스주의자, 라캉 유의 정신분석학자, 크리스테바 유의 페미니스트의 책이 아니다. 지금 이들을 대신하고 있는 저자는 프란스 드발과 리처드 랭엄 같은 영장류학자들, 데이비드 버스, 스티븐 핑커, 조너선 하이트, 대니얼 골먼 같은 진화심리학자들이다.

미래에 문예비평은 세 가지 길 중 하나로 나아갈 것이다. 첫째, 진화문예비평이 학계의 변방에 머물면서 계속 무시당하거나 거부당할 수 있다(Carroll, 2012d; Carroll et al., 2009; Carroll & Gottschall, 2008; Crews, 2008; Dawson, 2006; Deresiewicz, 2009; Goodheart, 2007, 2009; Kramnick, 2011; Menand, 2005; Peterson, 2008; Spolsky, 2008). 둘째, 진화비평이 수많은 문예이론 '학파' 중 하나로 통합되고(B. Boyd, 2013; Gottschall, 2013), 어느 학파도 우선권을 주장하지 않을 것이다. 만일 학계의 문예비평이 이 길을 간다면, 비평 사례집에는 다원주의 비평이 마르크스주의 비평, 프로이트식 비평, 페미니즘 비평, 푸코식 비평과 나란히 자리할 것이다. 셋째, 기본적으로 진화적 인간 과학이 모든 문예비평을 변화시키고 포괄할 것이다(Carroll, 2011b, pp. 71-87; 2013d).

어느 길이 가장 유망할까? 만일 진화적 연구가 현재 인문학에서 차지하고 있는 지위에 근거한다면, 첫 번째나 두 번째 길이 유망해 보일 것이다. 만일 발전하는 지식의 본질적인 힘에 의거한다면 세 번째 길이 유망해 보일 것이다. 현재 활기를 보이는 다른 어떤 이론도 인간의 마음을 생물학적으로 보는 눈을 채택하지 않고 있다. 따라서 다른 어떤 이론도 진화생물학과 진화사회과학에서 쏟아져 나오고 있는 지식을 문예비평과 통합하지 못한다. 만일 경험에 기초한 지식과 일치하는 것이 우리가 문학 이론의 타당성을 평가하는 기준이라면, 현재 진화문예비평의 대안이라 할 수 있는 이론들은 자진해서 물러날 것이다. 진화적 이해와 무관한 어떤 문학비평도 광범위한 과학 지식에 발맞춰 문예 연구를 점증적으로 발전시키지 못할 것이다.

인간 행동에 대한 지식은 진화론과 통합하는 길로 확실히 들어섰다(Carroll, 근간; E. O. Wilson, 1998). 인간 행동 연구가 현실의 본래적 구조를 반영하는 모양새를 갖춤에 따라 고등교육의 학과 편제도 지식의 실질적 형태에 자신을 맞출 필요가 있다. 학과들이 분리된 지금의 구조는 더 유동적이고 유연해져야 한다. 진화 인간 과학을 이끌고 있는 연구자들은 이미 학과의 경계를 수시로 넘나들면서 영장류학, 진화인류학, 진화심리학, 행동생태학, 비교동물행동학, 인지 및 감정 신경과학, 행동유전학, 성격심리학, 사회심리학, 기타 여러 학과의 지식을 통합하고 있다. 진화인문주의자들은 이 모든 정보에 의존하고 있으며, 자신들이 연구하는 제재—창조적 문화의 산물들—의 진화적 중요성을 끈덕지게 강조하고 있다.

진화사회과학자로 말하자면, 사회과학 내부에서 제도가 수정된다고 해도 외관상 크게 바뀔 것은 전혀 없다. 주제의 범위, 방법, 타당성의 기준은 조금도 바뀌지 않을 것이다. 인간 행동에 대한 지식의 완전한 통합을 가로막는 가장 큰 방해물은 여전히 사회과학과 인문학의 간극이다. 많은 인문학자가 과학을 위협으로 여기거나, 과학이 본질상 인문학의 주제에는 맞지 않는다고 생각한다. 또한 많은 과학자가 암암리에 인문학의 주제를 사소하게 여기거나, 그런 주제는 과학적 방법으로 다루기에 부적합하다고 생각한다. 이 모든 편견이 변해야 한다.

인문학과 사회과학을 가르는 제도적 구조를 대규모로 변화시키려면, 그 목적에 맞게 구체적으로 프로그램을 설계하는 것이 유용할 것이다. 이미 모범적 사례가 존재한다. D. S. 윌슨이 빙엄턴뉴욕주립대학에서 시작했고 다른 많은 대학에서 모방하고 있는 진화적 연구 프로그램이 그것이다Evos(http://evostudies.org/). 비슷한 맥락으로, 덴마크 오르후스대학의 생문화역사센터Center for Biocultural History에서 얼마 전에 만든 프로그램은 선사시대부터 현재에 이르기까지 덴마크의 생문화사에 초점을 맞춘다(http://bioculture.au.dk/). EvoS 프로그램은 학부와 대학원 수준에서 수료증을 발급하지만, 그들은 현행 학과 구조 안에서 프로그램을 운용하고, 학생들에게 학과 안에서부터 강좌를 선택하게 한다. 대개 종합적인 연구는 학생 본인에게 맡긴다. 더 급진적인 방법이 되려면, 통합적으로 생문화를 연구할 수 있는 구체적인 프로그램을 설계하고 확립할 필요가 있다.

미래의 생문화 연구기관을 그려보자면, 학생들은 진화적 관점에서 인간의 삶에 중요한 주요 영역들과 나란하게 설계된 강좌들을 선택해야 한다. 그런 과목의 주제에는 다음과 같은 강좌가 포함될 것이다. 기본적인 진화 이론, 인류 진화사 과목, 인간 생활사 이론, 수렵채집인 생태학, 진화행동심리학, 인지 및 감정 신경과학, 인간사회성 진화, 생문화적 미학·문학 이론, 구체적인 역사 시대의 생문화 강좌. 학생들은 통계학과 경험적 방법의 개론 과목을 1년 동안 수료하거나 평가받아야 한다. 생물학이나 사회과학을 공부하고 들어온 학생들은 이미 그 배경을 갖고 있을 테니, 필요에 따라 더 수준 높은 통계학 강좌를 선택해서 들을 수 있다.

이 프로그램을 위해 교육적 결과를 상상해볼 때, 그 결과는 양극단에 낀 영역을 남김없이 뒤덮을 것이다. 이 스펙트럼의 한쪽 끝에는 순전히 경험적으로 문학 연구를 지향하는 사회과학—현재 레이먼드 마와 키스 오틀리 같은 연구자들이 하고 있는 연구들—이 자리하고, 반대쪽 끝에는 요즘 다원주의 문학가의 대부분이 내놓는 것과 같은, 순전히 추론적이고 비형식적인 논평이 자리할 것이다. 추론적인 논평에 몰두하는 학생이라도 실제로 참가하는 경험적 강좌를 들을 수 있고, 그렇게 해서 적어도 경험적 연구의 결과를 평가하고 경험적 연구자들과 공동으로 연구할 수 있는 기본적인 전문성을 갖추게 된다. 그런 생문화 기관에서 이루어진 연구는 대부분 양극단 사이에 들어갈 것이다.

데이비드 슬론 윌슨은 한 조사에서, 《행동 및 뇌 과학*Behavioral and Brain Sciences*》의 기고자들에게 진화적 개념들이 대학원 과정에 중요했는지를 물었다(2007, pp. 6-7). 응답자의 다수가 아니라고 대답했다. 그들은 기존의 학과에서 졸업장을 받았고, 기성학자가 된 다음에 자신의 연구에 진화적 사고를 통합했다. 물론, 지금은 많은 나라의 주요 대학에서 진화심리학과 진화인류학의 견실한 프로그램을 운영하고 있다. 심리학과와 인류학과의 대학원생들은 특별히 진화적인 사고방식을 훈련하고, 나중에 종신 재직권을 얻고, 직접 대학원생을 가르친다.

진화사회과학자 1세대는 그들 자신의 학과 안에서부터 완강한 저항에 부딪혔다 (Kenrick, 2011; Segerstråle, 2000). 인문학에서 진화론 학자들은 훨씬 더 완강하고 뿌리 깊은 반대에 부딪히고 있다. 2-3세대에 걸쳐 있는 후기구조주의자들은 대학원 입학자를 걸러내는 방법을 통해 자신의 지위를 영속화해왔다. 현재 진화심리학에 너무 큰 목소리로 공감하는 문학도들은 거의 모든 대학원 과정에 들어가지 못한다

(Carroll, 2013e; Gottschall & Wilson, 2005, pp. xvii-xxvi; Kean, 2011). 그 결과, 단기적으로는 문학계 내부로부터 나올 수 있는 운동은 매우 제한적일 수밖에 없다고 예상할 수 있다. 생문화 연구로 박사 과정을 밟을 수 있게 특별히 설계된 대학원이 생긴다면 날카로운 쐐기 날이 되어서 종국에는 인문학의 성격을 변화시킬 것이다.

사회과학에 일어난 다윈주의 혁명은 틀림없이 진화적 인문학자들에게 길을 터줄 것이다. 사회과학이 표준사회과학모델을 따를 때(Tooby & Cosmides, 1992) 인문학자들은 생물학과 관계없이 문화가 인간 정신의 모든 내용을 지어내고, 인간의 행동을 지배하는 유일한 인과력이라고 쉽게 가정했다. 이제 인문학을 품고 있는 더 큰 지적 환경이 근본적으로 변했다. 인문학은 대학 안에서 다른 분야들과 멀어지고, 교양 있는 대중과도 갈수록 멀어져 왔다. 인문학의 제도적 관성은 인문학 바깥에서 거대하게 밀려오는 진지한 지성인들의 창조적인 에너지와 팽팽하게 대치하고 있다. 정체, 고립, 퇴보를 계속할 것인가? 아니면 대책 없이 계속되는 지적 헌신의 퇴행을 끊어낼 것인가? 그 대답은 창조적인 문화를 연구할 수 있는 재능과 열정을 겸비한 젊은 학생들에게 더없이 중요하다. 아니, 인간 본성을 깊이 있고 완전하게 이해하고자 하는 모든 학자에게 대단히 중요하다.

참고문헌

Abrams, M. H. (1989). *Doing things with texts: Essays in criticism and critical theory*. New York, NY: Norton.

Abrams, M. H. (1997). The transformation of English studies: 1930-1995. *Dædalus: Journal of the American Academy of Arts and Sciences, 126*(1), 105-131.

Anderson, J., & Anderson, B. F. (2005). *Moving image theory: Ecological considerations*. Carbondale: Southern Illinois University Press.

Bauer, J. J., & McAdams, D. P. (2004). Personal growth in adults' stories of life transitions. *Journal of Personality, 72*(3), 573-602.

Bérubé, M., & Nelson, C. (1995). *Higher education under fire: Politics, economics, and the crisis of the humanities*. New York, NY: Routledge.

Boehm, C. (1999). *Hierarchy in the forest: The evolution of egalitarian behavior*. Cambridge, MA: Harvard University Press.

Boehm, C. (2012). *Moral origins: The evolution of virtue, altruism, and shame.* New York, NY: Basic Books. Boehm, C. (in press). Bullies: Redefining the human free-rider problem. In J. Carroll, D. P. McAdams, & E. O. Wilson (Eds.), *Darwin's bridge: Uniting the humanities and sciences.* New York, NY: Oxford University Press.

Bordwell, D. (2008). *Poetics of cinema.* New York, NY: Routledge.

Boyd, B. (1998). Jane, meet Charles: Literature, evolution, and human nature. *Philosophy and Literature, 22*(1), 1–30.

Boyd, B. (2005). Evolutionary theories of art. In J. Gottschall & D. S. Wilson (Eds.), *The literary animal: Evolution and the nature of narrative* (pp. 147–176). Evanston, IL: Northwestern University Press.

Boyd, B. (2006). Getting it all wrong: Bioculture critiques cultural critique. *American Scholar, 75*(4), 18–30.

Boyd, B. (2008). Art and evolution: Spiegelman's *The Narrative Corpse. Philosophy and Literature, 32*(1), 31–57.

Boyd, B. (2009). *On the origin of stories: Evolution, cognition, and fiction.* Cambridge, MA: Harvard University Press.

Boyd, B. (2013). What's your problem? And how might we deepen it? *Scientific Study of Literature, 3*(1), 3–7. doi:10.1075/ssol.3.1.02boy

Boyd, B. (in press). Experiments with experience: Consilient multilevel explanations of art and literature. In J. Carroll & D. P. McAdams (Eds.), *Darwin's bridge: Uniting the humanities and sciences.* New York, NY: Oxford University Press.

Boyd, B., Carroll, J., & Gottschall, J. (2010a). Introduction. In B. Boyd, J. Carroll, & J. Gottschall (Eds.), *Evolution, literature, and film: A reader* (pp. 1–17). New York, NY: Columbia University Press.

Boyd, B., Carroll, J., & Gottschall, J. (Eds.). (2010b). *Evolution, literature, and film: A reader.* New York, NY: Columbia University Press.

Boyd, R., Richerson, P. J., & Henrich, J. (2011). The cultural niche: Why social learning is essential for human adaptation. *Proceedings of the National Academy of Sciences, USA, 108,* 10918–10925. doi:10.2307/27978711

Buckholtz, J. W., & Marois, R. (2012). The roots of modern justice: Cognitive and neural foundations of social norms and their enforcement. *Nature Neuroscience, 15*(5), 655–661.

Burkart, J. M., Hrdy, S. B., & Van Schaik, C. P. (2009). Cooperative breeding and human cognitive evolution. *Evolutionary Anthropology: Issues, News, and Reviews, 18*(5), 175–186.

Burkart, J. M., & van Schaik, C. P. (2010). Cognitive consequences of cooperative breeding in primates? *Animal Cognition, 13*(1), 1−19.

Carroll, J. (1995). *Evolution and literary theory*. Columbia: University of Missouri Press.

Carroll, J. (1999). The deep structure of literary representations. *Evolution and Human Behavior, 20*(3), 159−173.

Carroll, J. (2004). *Literary Darwinism: Evolution, human nature, and literature*. New York, NY: Routledge.

Carroll, J. (2008a). An evolutionary paradigm for literary study. *Style, 42*(2−3), 103−135.

Carroll, J. (2008b). Rejoinder to the responses. *Style, 42*(2−3), 308−411.

Carroll, J. (2011a). Human life history and gene-culture co-evolution: An emerging paradigm. *Evolutionary Review: Art, Science, Culture, 2*, 23−37.

Carroll, J. (2011b). *Reading human nature: Literary Darwinism in theory and practice*. Albany: State University of New York Press.

Carroll, J. (2012a). The adaptive function of the arts: Alternative evolutionary hypotheses. In C. Gansel & D. Vanderbeke (Eds.), *Telling stories: Literature and evolution* (pp. 50−63). Berlin, Germany: De Gruyter.

Carroll, J. (2012b). The extremes of conflict in literature: Violence, homicide, and war. In T. K. Shackelford & V. Weekes-Shackelford (Eds.), *The Oxford handbook of evolutionary perspectives on violence, homicide, and war* (pp. 413−434). New York, NY: Oxford University Press.

Carroll, J. (2012c). Meaning and effect in fiction: An evolutionary model of interpretation illustrated with a reading of "Occurrence at Owl Creek Bridge." *Style, 26*(3), 297−316.

Carroll, J. (2012d). An open letter to Jonathan Kramnick. *Critical Inquiry, 38*(2), 405−410.

Carroll, J. (2012e). The truth about fiction: Biological reality and imaginary lives. *Style, 46*(2), 129−160.

Carroll, J. (2013a). Correcting for the corrections: A Darwinian critique of a Foucauldian novel. *Style, 47*(1), 87−118.

Carroll, J. (2013b). Dutton, Davies, and imaginative virtual worlds: The current state of evolutionary aesthetics. *Aisthesis, 6*(2), 81−93.

Carroll, J. (2013c). An evolutionary approach to Shakespeare's King Lear. In J. Knapp (Ed.), *Family* (pp. 206−238). Ipswich, MA: EBSCO.

Carroll, J. (2013d). A rationale for evolutionary studies of literature. *Scientific Study of Literature, 3*(1), 8−15.

Carroll, J. (2013e). Teaching literary Darwinism. *Style, 47*(2), 206−238.

Carroll, J. (2013f). Violence in literature: An evolutionary perspective. In T. K. Shackelford & R. D. Hansen (Eds.), *Evolution of violence* (pp. 33–52). New York, NY: Springer.

Carroll, J. (2015). Evolved human sociality and literature. In R. Malachek, J. Turner, & A. Maryanski (Eds.), *Handbook on evolution and society: Toward an evolutionary social science* (pp. 572–608). Boulder, CO: Paradigm.

Carroll, J. (in press). Introduction. In J. Carroll, D. P. McAdams, & E. O. Wilson (Eds.), *Darwin's bridge: Uniting the humanities and sciences*. New York, NY: Oxford University Press.

Carroll, J., Boyd, B., & Deresiewicz, W. (2009). Exchange. *Nation, 289*(2), 2p.

Carroll, J., & Gottschall, J. A. (2008). The evolution of scholarship on literature. *Chronicle of Higher Education, 55*, B21.

Carroll, J., Gottschall, J., Johnson, J. A., & Kruger, D. J. (2010). Imagining human nature. In B. Boyd, J.

Carroll, & J. Gottschall (Eds.), *Evolution, literature, and film: A reader* (pp. 211–218). New York, NY: Columbia University Press.

Carroll, J., Gottschall, J., Johnson, J. A., & Kruger, D. J. (2012). *Graphing Jane Austen: The evolutionary basis of literary meaning*. New York, NY: Palgrave Macmillan.

Carroll, J., Johnson, J. A., Gottschall, J., & Kruger, D. J. (2012). Graphing Jane Austen: Agonistic structure in British novels of the nineteenth century. *Scientific study of literature, 2*(1), 1–24.

Carroll, J., McAdams, D. P., & Wilson, E. O. (Eds.). (in press). *Darwin's bridge: Uniting the humanities and sciences*. New York, NY: Oxford University Press.

Chiappe, D., & MacDonald, K. (2005). The evolution of domain-general mechanisms in intelligence and learning. *Journal of General Psychology, 132*(1), 5–40.

Chudek, M., & Henrich, J. (2011). Culture-gene coevolution, norm-psychology and the emergence of human prosociality. *Trends in Cognitive Sciences, 15*(5), 218–226.

Chudek, M., Zhao, W., & Henrich, J. (in press). Culture-gene coevolution, large-scale cooperation, and the shaping of human social psychology. In B. Calcott, R. Joyce, & K. Sterelny (Eds.), *Signaling, commitment, and emotion* (pp. 425–457). Cambridge, MA: MIT Press.

Clasen, M. (2010). Vampire apocalypse: A biocultural critique of Richard Matheson's *I am legend. Philosophy and Literature, 34*(2), 313–328.

Clasen, M. (2012a). Attention, predation, counterintuition: Why Dracula won't die. *Style, 43*(3), 396–416.

Clasen, M. (2012b). *Monsters and horror stories: A biocultural approach*. Aarhus,

Denmark: Aarhus University.

Clasen, M. (2012c). Monsters evolve: A biocultural approach to horror stories. *Review of General Psychology*, *16*(2), 222–229. doi:10.1037/a0027918

Clasen, M. (in press). Terrifying monsters, malevolent ghosts, and evolved danger-management architecture: Aconsilient approach to horror fiction. In J. Carroll, D. P. McAdams, & E. O. Wilson (Eds.), *Darwin's bridge: Uniting the humanities and sciences*. New York, NY: Oxford University Press.

Cochran, G., & Harpending, H. (2009). *The 10,000 year explosion: How civilization accelerated human evolution*. New York, NY: Basic Books.

Cooke, B. (2002). *Human nature in utopia: Zamyatin's We*. Evanston, IL: Northwestern University Press.

Cooke, B., & Turner, F. (Eds.). (1999). *Biopoetics: Evolutionary explorations in the arts*. Lexington, KY: ICUS.

Crews, F. C. (1986). *Skeptical engagements*. New York, NY: Oxford University Press.

Crews, F. C. (2001). *Postmodern Pooh*. New York, NY: North Point Press.

Crews, F. C. (2006). *Follies of the wise: Dissenting essays*. Emeryville, CA: Shoemaker and Hoard.

Crews, F. C. (2008). Apriorism for empiricists. *Style*, *42*(2–3), 155–160.

Culler, J.D. (2011). *Literary theory: Avery short introduction* (2nd ed.). Oxford, England: Oxford University Press.

Davies, S. (2012). *The artful species: Aesthetics, art, and evolution*. Oxford, England: Oxford University Press.

Dawson, G. (2006). Literature and science under the microscope. *Journal of Victorian Culture*, *11*(2), 301–315.

Deacon, T. W. (1997). *The symbolic species: The co-evolution of language and the brain*. New York, NY: Norton.

Deresiewicz, W. (2009, June 8). Adaptation: On literary Darwinism. *Nation*, 26–31.

Dissanayake, E. (1992). *Homo aestheticus: Where art comes from and why*. New York, NY: Free Press.

Dissanayake, E. (2000). *Art and intimacy: How the arts began*. Seattle: University of Washington Press.

Dissanayake, E. (2011). In the beginning, evolution created religion and the arts. *Evolutionary Review: Art, Science, Culture*, *2*, 64–81.

Duncan, C. (2010). Darkly Darwinian parables: Ian McEwan and the comfort of strangers. *Evolutionary Review: Art, Science, Culture*, *1*, 120–124.

Dutton, D. (2009). *The art instinct: Beauty, pleasure, and human evolution*. New York,

NY: Bloomsbury Press.

Easterlin, N. (2000). Psychoanalysis and "The discipline of love." *Philosophy and Literature, 24*(2), 261–279.

Easterlin, N. (2001). Hans Christian Andersen's fish out of water. *Philosophy and Literature, 25*(2), 251–277.

Easterlin, N. (2004). "Loving ourselves best of all": Ecocriticism and the adapted mind. *Mosaic, 37*(3), 1–18.

Easterlin, N. (2012). *A biocultural approach to literary theory and interpretation.* Baltimore, MD: Johns Hopkins University Press.

Easterlin, N. (2013). The functions of literature and the evolution of extended mind. *New Literary History, 44*(4), 661–682.

Ekman, P. (1999). Basic emotions. In M. J. Power (Ed.), *Handbook of cognition and emotion* (pp. 45–60). Chichester, England: Wiley.

Ekman, P. (2007). *Emotions revealed: Recognizing faces and feelings to improve communication and emotional life* (2nd ed.). New York, NY: Owl Books.

Feal, R. G. (Ed.). (2005). *Profession 2005.* New York, NY: The Modern Language Association of America.

Figueredo, A. J., & Wolf, P. S. A. (2009). Assortativepairingandlifehistorystrategy. *HumanNature, 20*(3), 317–330.

Foley, R., & Gamble, C. (2009). The ecology of social transitions in human evolution. *Philosophical Transactions of the Royal Society B: Biological Sciences, 364*(1533), 3267–3279.

Fukuyama, F. (2011). *The origins of political order: From prehuman times to the French Revolution.* New York, NY: Farrar, Straus and Giroux.

Gansel, C., & Vanderbeke, D. (2012). *Telling stories: Literature and evolution.* Berlin, Germany: De Gruyter.

Gat, A. (2008). *War in human civilization.* Oxford, England: Oxford University Press.

Geary, D. C. (2005). *The origin of mind: Evolution of brain, cognition, and general intelligence.* Washington, DC: American Psychological Association.

Geary, D. C., & Huffman, K. J. (2002). Brain and cognitive evolution: Forms of modularity and functions of mind. *Psychological Bulletin, 128,* 667–698.

Gibbs, R. W. Jr. (2013). Artistic understanding as embodied simulation. *Behavioral and Brain Sciences, 36*(2), 143–144. doi:10.1017/S0140525X1200163X

Gintis, H. (2003). The hitchhiker's guide to altruism: Gene-culture coevolution, and the internalization of norms. *Journal of Theoretical Biology, 220*(4), 407–418.

Gintis, H. (2011). Gene-culture coevolution and the nature of human sociality.

Philosophical Transactions of the Royal Society B: Biological Sciences, 366(1566), 878–888. doi:10.1098/rstb.2010.0310

Gintis, H., & Van Schaik, C. P. (2012). Zoon politicon: The evolutionary roots roots of human sociopolitical systems. In P. J. Richerson & M. H. Christiansen (Eds.), *Cultural evolution* (pp. 25–44). Cambridge, MA: MIT Press.

Goodheart, E. (2007). *Darwinian misadventures in the humanities.* New Brunswick, NJ: Transaction.

Goodheart, E. (2009). Do we need literary Darwinism? *Style, 42*(2–3), 181–185.

Gottschall, J. (2001). Homer's human animal: Ritual combat in the *Iliad. Philosophy and Literature, 25*(2), 278–294.

Gottschall, J. (2003a). Patterns of characterization in folk tales across geographic regions and levels of cultural complexity: Literature as a neglected source of quantitative data. *Human Nature, 14*(4), 365–382.

Gottschall, J. (2003b). The tree of knowledge and Darwinian literary study. *Philosophy and Literature, 27*(2), 255–268.

Gottschall, J. (2008a). *Literature, science, and a new humanities.* New York, NY: Palgrave Macmillan.

Gottschall, J. (2008b). *The rape of Troy: Evolution, violence, and the world of Homer.* Cambridge, England: Cambridge University Press.

Gottschall, J. (2012). *The storytelling animal: Howstories make us human.* Boston, MA: Houghton Mifflin Harcourt.

Gottschall, J. (2013). Toward consilience, not literary Darwinism. *Scientific Study of Literature, 3*(1), 16–18. doi:10.1075/ssol.3.1.04got

Gottschall, J., Martin, J., Quish, H., & Rea, J. (2004). Sex differences in mate choice criteria are reflected in folktales from around the world and in historical European literature. *Evolution and Human Behavior, 25*(2), 102–112.

Gottschall, J., & Wilson, D. S. (Eds.). (2005). *The literary animal: Evolution and the nature of narrative.* Evanston, IL: Northwestern University Press.

Habermas, T., & Bluck, S. (2000). Getting a life: The emergence of the life story in adolescence. *Psychological Bulletin, 126*(5), 748–769. doi:10.1037/0033-2909.126.5.748

Haidt, J. (2012). *The righteous mind: Why good people are divided by politics and religion.* New York, NY: Pantheon Books.

Headlam Wells, R. (2005). *Shakespeare's humanism.* Cambridge, England: Cambridge University Press.

Headlam Wells, R. (2011). Why we should read the Bible: Sacred texts, human nature, and the just society. *Evolutionary Review: Art, Science, Culture, 2*, 82–93.

Henrich, J., Ensminger, J., McElreath, R., Barr, A., Barrett, C., Bolyanatz, A., . . . Henrich, N. (2010). Markets, religion, community size, and the evolution of fairness and punishment. *Science, 327*(5972), 1480–1484.

Hill, K. (2007). Evolutionary biology, cognitive adaptations, and human culture. In S. W. Gangestad & J. A. Simpson (Eds.), *The evolution of mind: Fundamental questions and controversies* (pp. 348–356). New York, NY: Guilford Press.

Hill, K., Barton, M., & Hurtado, A. M. (2009). The emergence of human uniqueness: Characters underlying behavioral modernity. *Evolutionary Anthropology: Issues, News, and Reviews, 18*(5), 187–200.

Hirsch, E. D. (1967). *Validity in interpretation.* New Haven, CT: Yale University Press.

Hogan, P. C. (2003). *Cognitive science, literature, and the arts: A guide for humanists.* New York, NY: Routledge.

Hrdy, S. B. (2005). On why it takes a village: Cooperative breeders, infant vocalization and the evolution of language. In R. L. Burgess & K. MacDonald (Eds.), *Evolutionary perspectives on human development* (2nd ed., pp. 167–188). Thousand Oaks, CA: Sage.

Hrdy, S. B. (2009). *Mothers and others: The evolutionary origins of mutual understanding.* Cambridge, MA: Harvard University Press.

Irons, W. (2009). The intertwined roles of genes and culture in human evolution. *Zygon: Journal of Religion and Science, 44*(2), 347–354. doi:10.1111/j.1467-9744.2009.01003.x

Jobling, I. (2001). Personal justice and homicide in Scott's *Ivanhoe*: An evolutionary psychological perspective. *Interdisciplinary Literary Studies, 2*(2), 29–43.

Johnson, J. A., Carroll, J., Gottschall, J., & Kruger, D. J. (2008). Hierarchy in the library: Egalitarian dynamics in Victorian novels. *Evolutionary Psychology, 6*(4), 715–738.

Johnson, J. A., Carroll, J., Gottschall, J., & Kruger, D. J. (2011). Portrayal of personality in Victorian novels reflects modern research findings but amplifies the significance of agreeableness. *Journal of Research in Personality, 45*(1), 50–58. doi:10.1016/j.jrp.2010.11.011

Jonsson, E. (2012). "Man is the measure": Forster's evolutionary conundrum. *Style, 46*(2), 161–176.

Jonsson, E. (2013). The human species and the good gripping dreams of H. G. Wells. *Style, 47*(3), 295–314.

Kaplan, H., Gurven, M., & Winking, J. (2009). An evolutionary theory of human life span: Embodied capital and the human adaptive complex. In V. L. Bengston, D. Gans, N. M. Pulney, & M. Silverstein (Eds.), *Handbook of theories of aging* (2nd ed., pp. 39–60). New York, NY: Springer.

Kaplan, H. S., Gurven, M., & Lancaster, J. B. (2007). Brain evolution and the human adaptive complex: An ecological and social theory. In S. W. Gangestad & J. A. Simpson (Eds.), *The evolution of mind: Fundamental questions and controversies* (pp. 269–279). New York, NY: Guilford Press.

Kaplan, H. S., Hooper, P. L., & Gurven, M. (2009). The evolutionary and ecological roots of human social organization. *Philosophical Transactions of the Royal Society B: Biological Sciences, 364*(1533), 3289–3299.

Kean, S. (2011). Red in tooth and claw among the literati. *Science, 332*(6030), 654–656.

Keener, J. (2010). Romeo and Juliet are animals: An interdisciplinary reading of Shakespeare. *Soundings, 93*. (3–4).

Kenrick, D. T. (2011). *Sex, murder, and the meaning of life: A psychologist investigates how evolution, cognition, and complexity are revolutionizing our view of human nature.* New York, NY: Basic Books.

Klein, R. G. (2009). *The human career: Human biological and cultural origins* (3rd ed.). Chicago, IL: The University of Chicago Press.

Kramnick, J. (2011). Against literary Darwinism. *Critical Inquiry, 37*(2), 315–347.

Kruger, D., Fisher, M., & Jobling, I. (2003). Proper and dark heroes as dads and cads: Alternative mating strategies in British and romantic literature. *Human Nature, 14*(3), 305–317.

Laland, K. N., & Brown, G. R. (2002). *Sense and nonsense: Evolutionary perspectives on human behaviour.* New York, NY: Oxford University Press.

Lancaster, J. B., & Kaplan, H. S. (2007). Chimpanzee and human intelligence: Life history, diet, and the mind. In S. W. Gangestad & J. A. Simpson (Eds.), *The evolution of mind: Fundamental questions and controversies* (pp. 111–118). New York, NY: Guilford Press.

Love, G. A. (1999a). Ecocriticism and science: Toward consilience? *New Literary History, 30*(3), 561–576.

Love, G. A. (1999b). Science, anti-science, and ecocriticism. *Interdisciplinary Studies in Literature and the Environment, 6*(1), 65–81.

Love, G. A. (2003). *Practical ecocriticism: Literature, biology, and the environment.* Charlottesville, VA: University of Virginia Press.

Lumsden, C. J., & Wilson, E. O. (1981). *Genes, mind, and culture: The coevolutionary process.* Cambridge, MA: Harvard University Press.

Lumsden, C. J., & Wilson, E. O. (1983). *Promethean fire: Reflections on the origin of mind.* Cambridge, MA: Harvard University Press.

Lumsden, C. J., & Wilson, E. O. (2005). *Genes, mind, and culture: The coevolutionary process* (25th anniversary ed.). Hackensack, NJ: World Scientific.

MacDonald, K. (1991). A perspective on Darwinian psychology: The importance of domain-general mechanisms, plasticity, and individual differences. *Ethology and Sociobiology, 12*(6), 449–480. doi: 10.1016/0162–3095(91)90025–1

MacDonald, K., & Hershberger, S. L. (2005). Theoretical issues in the study of evolution and development. *Evolutionary Perspectives on Human Development, 2,* 21–72.

Mar, R. A. (2004). The neuropsychology of narrative: Story comprehension, story production and their interrelation. *Neuropsychologia, 42*(10), 1414–1434.

Mar, R. A., & Oatley, K. (2008). The function of fiction is the abstraction and simulation of social experience. *Perspectives on Psychological Science, 3*(3), 173–192.

Mar, R. A., Oatley, K., Djikic, M., & Mullin, J. (2011). Emotion andnarrativefiction: Interactive influences before, during, and after reading. *Cognition & Emotion, 25*(5), 818–833. doi:10.1080/02699931.2010.515151

Mar, R. A., Peskin, J., & Fong, K. (2011). Literary arts and the development of the life story. *New Directions for Child and Adolescent Development, 2011*(131), 73–84. doi:10.1002/cd.290

Martindale, C., Locher, P., & Petrov, V. M. (Eds.). (2007). *Evolutionary and neurocognitive approaches to aesthetics, creativity, and the arts.* Amityville, NY: Baywood.

McAdams, D. P. (2001). The psychology of life stories. *Review of General Psychology, 5*(2), 100–122.

McAdams, D. P. (2006). *The redemptive self: Stories Americans live by.* Oxford, England: Oxford University Press.

McAdams, D. P. (2008). Personal narratives and the life story. In O. P. John, R. W. Robins, & L. A. Pervin (Eds.), *Handbook of personality: Theory and research* (3rd ed., pp. 242–262). New York, NY: Guilford Press.

McAdams, D. P. (2009). *The person: An introduction to the science of personality psychology* (5th ed.). Hoboken, NJ: Wiley.

McAdams, D. P. (2011). Life narratives. In K. L. Fingerman, C. A. Berg, J. Smith, & T. C. Antonucci (Eds.), *Handbook of life-span development* (pp. 509–610). New York, NY: Springer.

McAdams, D. P. (in press). From actor to agent to author: Human evolution and the development of personality. In J. Carroll, D. P. McAdams, & E. O. Wilson (Eds.),

Darwin's bridge: Uniting the humanities and sciences. New York, NY: Oxford University Press.

McAdams, D. P., & Bowman, P. J. (2001). Narrating life's turning points: Redemption and contamination. In D. P. McAdams, R. Josselson, & A. Lieblich (Eds.), *Turns in the road: Narrative studies of lives in transition* (pp. 3–34). Washington, DC: American Psychological Association.

McAdams, D. P., Josselson, R., & Lieblich, A. (2001). *Turns in the road: Narrative studies of lives in transition*. Washington, DC: American Psychological Association.

McAdams, D. P., Josselson, R., & Lieblich, A. (Eds.). (2006). *Identity and story: Creating self in narrative*. Washington, DC: American Psychological Association.

McAdams, D. P., & Olson, B. D. (2010). Personality development: Continuity and change over the life course. *Annual Review of Psychology*, *61*, 517–542. doi:10.1146/annurev.psych.093008.100507

Menand, L. (2005). Dangers within and without. In R. G. Feal (Ed.), *Profession 2005* (pp. 10–17). New York, NY: Modern Language Association of America.

Miall, D. S., & Dissanayake, E. (2003). The poetics of babytalk. *Human Nature*, *14*(4), 337–364.

Miller, G. F. (2000). *The mating mind: How sexual choice shaped the evolution of human nature*. New York, NY: Doubleday.

Mithen, S. J. (1996). *The prehistory of the mind: A search for the origins of art, religion, and science*. London, England: Thames and Hudson.

Muehlenbein, M. P., & Flinn, M. V. (2011). Patterns and processes of human life history evolution. In T. Flatt & A. Heyland (Eds.), *Mechanisms of life history evolution: The genetics and physiology of life history traits and trade-offs* (pp. 153–168). Oxford, England: Oxford University Press.

Nordlund, M. (2007). *Shakespeare and the nature of love: Literature, culture, evolution*. Evanston, IL: Northwestern University Press.

Nowak, M. A. (2006). Five rules for the evolution of cooperation. *Science*, *314*(5805), 1560–1563. doi:10.2307/20032978

Nowak, M. A., & Highfield, R. (2011). *SuperCooperators: Altruism, evolution, and why we need each other to succeed* New York, NY: Free Press.

Nowak, M. A., Tarnita, C. E., & Antal, T. (2010). Evolutionary dynamics in structured populations. *Philosophical Transactions of the Royal Society B: Biological Sciences*, *365*(1537), 19–30.

Oakley, B. A. (2007). *Evil genes: Why Rome fell, Hitler rose, Enron failed and my sister stole my mother's boyfriend*. Amherst, NY: Prometheus Books.

Oatley, K. (1999). Why fiction may be twice as true as fact: Fiction as cognitive and emotional simulation. *Review of General Psychology*, *3*(2), 101.

Oatley, K., Mar, R. A., & Djikic, M. (2012). The psychology of fiction: Present and future. In I. Jaén & J. Simon (Eds.), *Cognitive literary studies: Current themes and new directions* (pp. 235–249). Austin: University of Texas Press.

Panksepp, J. (2011). BrainMind, mirror neurons, empathy, and morality: What to believe about the evolution of the social mind. *Evolutionary Review: Art, Science, Culture*, *2*, 38–49.

Panksepp, J., & Biven, L. (2012). *The archaeology of mind: Neuroevolutionary origins of human emotions*. New York, NY: Norton.

Panksepp, J., & Panksepp, J. B. (2000). The seven sins of evolutionary psychology. *Evolution and Cognition*, *6*(2), 108–131.

Patai, D. (2005). *Theory's empire: An anthology of dissent*. New York, NY: Columbia University Press.

Peterson, B. (2008, August 1). Darwin to the rescue. *Chronicle of Higher Education*, *54*, B7–B9.

Pigliucci, M. (in press). The limits of consilience and the problem of scientism. In J. Carroll, D. P. McAdams, & E. O. Wilson (Eds.), *Darwin's bridge: Uniting the humanities and sciences*. New York, NY: Oxford University Press.

Pinker, S. (1997). *How the mind works*. New York, NY: Norton.

Pinker, S. (2007). Toward a consilient study of literature. *Philosophy and Literature*, *31*(1), 162–178.

Pinker, S. (2011). *The better angels of our nature: Why violence has declined*. New York, NY: Viking.

Plutchik, R. (2003). *Emotions and life: Perspectives from psychology, biology, and evolution*. Washington, DC: American Psychological Association.

Richerson, P. J., & Boyd, R. (2005). *Not by genes alone: How culture transformed human evolution*. Chicago, IL: University of Chicago Press.

Richerson, P. J., & Christiansen, M. H. (Eds.). (2013). *Cultural evolution: Society, technology, language, and religion*. Cambridge, MA: MIT Press.

Salmon, C., & Symons, D. (2004). Slash fiction and human mating psychology. *Journal of Sex Research*, *41*(1), 94–100.

Saunders, J. P. (2007). Male reproductive strategies in Sherwood Anderson's "The untold lie." *Philosophy and Literature*, *31*(2), 311–322.

Saunders, J. P. (2009). *Reading Edith Wharton through a Darwinian lens: Evolutionary biological issues in her fiction*. Jefferson, NC: McFarland.

Saunders, J. P. (2010). Paternal confidence in Hurston's "The gilded six-bits." In B. Boyd, J. Carroll, & J. Gottschall (Eds.), *Evolution, literature, and film: A reader* (pp. 392–408). New York, NY: Columbia University Press.

Saunders, J. P. (2012a). Female mate-guarding in Lawrence's "Wintry peacock": An evolutionary perspective. *College Literature, 39*, 69–83.

Saunders, J. P. (2012b). Hawthorne's theory of mind: An evolutionary psychological approach to "The minister's black veil." *Style, 46*(3), 377–395.

Scalise Sugiyama, M. (1996). On the origins of narrative. *Human Nature, 7*(4), 403–425.

Scalise Sugiyama, M. (2001a). Food, foragers, and folklore: The role of narrative in human subsistence. *Evolution and Human Behavior, 22*(4), 221–240.

Scalise Sugiyama, M. (2001b). Narrative theory and function: Why evolution matters. *Philosophy and Literature, 25*(2), 233–250.

Scalise Sugiyama, M. (2001c). New science, old myth: An evolutionary critique of the Oedipal paradigm. *Mosaic, 34*(1), 121–136.

Scalise Sugiyama, M. (2004). Predation, narration, and adaptation: "Little Red Riding Hood" revisited. *Interdisciplinary Literary Studies, 5*(2), 110–129.

Scalise Sugiyama, M. (2006). Lions and tigers and bears: Predators as a folklore universal. In H.-E. Friedrich, F. Jannidis, U. Klein, K. Mellmann, S. Metzger, & M. Willems (Eds.), *Anthropology and social history: Heuristics in the study of literature* (pp. 319–331). Paderborn, Germany: Mentis.

Segerstråle, U. C. O. (2000). *Defenders of the truth: The battle for science in the sociobiology debate and beyond.* Oxford, England: Oxford University Press.

Simpson, C. (2011). How many levels are there? How insights from evolutionary transitions in individuality help measure the hierarchical complexity of life. In B. Calcott & K. Sterelny (Eds.), *The major transitions in evolution revisited* (pp. 199–225). Cambridge, MA: MIT Press.

Slingerland, E. G., & Collard, M. (2012). *Creating consilience: Integrating the sciences and the humanities.* New York, NY: Oxford University Press.

Spolsky, E. (2008). The centrality of the exceptional in literary study. *Style, 42*(2–3), 285–289.

Sripada, C. S., & Stich, S. (2005). A framework for the psychology of norms. In P. Carruthers, S. Laurence, & S. Stich (Eds.), *The innate mind: Vol. 2. Culture and cognition* (pp. 280–301). Oxford, England: Oxford University Press.

Storey, R. F. (1996). *Mimesis and the human animal: On the biogenetic foundations of literary representation.* Evanston, IL: Northwestern University Press.

Swirski, P. (2006). *Of literature and knowledge: Explorations in narrative thought experiments, evolution, and game theory*. Abingdon, England: Routledge.

Swirski, P. (2010). When biological evolution and social revolution clash: Skinner's behaviorist utopia. *Evolutionary Review: Art, Science, Culture, 1,* 18–23.

Swirski, P. (2011). *American utopia and social engineering in literature, social thought, and political history*. New York, NY: Routledge.

Thiessen, D., & Umezawa, Y. (1998). The sociobiology of everyday life: A new look at a very old novel. *Human Nature, 9*(3), 293–320.

Tomasello, M. (2009). *Why we cooperate*. Cambridge, MA: MIT Press.

Tooby, J., & Cosmides, L. (1992). The psychological foundations of culture. In J. H. Barkow, L. Cosmides, & J. Tooby (Eds.), *The adapted mind: Evolutionary psychology and the generation of culture* (pp. 19–136). New York, NY: Oxford University Press.

Tooby, J., & Cosmides, L. (2001). Does beauty build adapted minds? Toward an evolutionary theory of aesthetics, fiction and the arts. *Substance: A Review of Theory and Literary Criticism, 30*(1/2), 6–27.

Turchin, P. (2006). *War and peace and war: The life cycles of imperial nations*. New York, NY: Pi.

Turner, M. (1991). *Reading minds: The study of English in the age of cognitive science*. Princeton, NJ: Princeton University Press.

Turner, M. (1996). *The literary mind*. New York, NY: Oxford University Press.

Vermeule, B. (2010). *Why do we care about literary characters?* Baltimore, MD: Johns Hopkins University Press.

Wade, N. (2006). *Before the dawn: Recovering the lost history of our ancestors*. New York, NY: Penguin.

Whissel, C. (1996). Mate selection in popular women's fiction. *Human Nature, 7*(4), 427–447.

Wilson, D. S. (2002). *Darwin's cathedral: Evolution, religion, and the nature of society*. Chicago, IL: University of Chicago Press.

Wilson, D. S. (2007). *Evolution for everyone: How Darwin's theory can change the way we think about our lives*. New York, NY: Delacorte.

Wilson, E. O. (1998). *Consilience: The unity of knowledge*. New York, NY: Knopf.

Wrangham, R. W. (2009). *Catching fire: How cooking made us human*. New York, NY: Basic Books.

Wrangham, R. W., & Peterson, D. (1996). *Demonic males: Apes and the origins of human violence*. Boston, MA: Houghton Mifflin.

Zunshine, L. (2006). *Why we read fiction: Theory of mind and the novel*. Columbus:

Ohio State University Press.

Zunshine, L. (2008). *Strange concepts and the stories they make possible: Cognition, culture, narrative*. Baltimore, MD: Johns Hopkins University Press.

Zunshine, L. (2010). *Introduction to cognitive cultural studies*. Baltimore, MD: Johns Hopkins University Press.

9부

진화심리학의 현실적 응용

데이비드 M. 버스

　진화심리학은 기초적인 과학 연구에 활기를 불어넣은 것 외에도, 업계에서부터 공공 정책과 법정에 이르기까지 다양한 분야에서 갈수록 폭넓게 응용되고 있다.『핸드북』의 마지막 부에서는 이 새로운 동향을 네 개 장―공공 정책, 소비자 행동, 조직 행동, 법률적 쟁점―으로 나눠 살펴보고자 한다. 세 개 장은 완전히 새로운 내용이고, 네 번째 장은『핸드북』초판을 업데이트한 것이다.

　니콜라 보마르Nicolas Baumard는 **진화심리학과 공공 정책**에 관한 탁월한 장으로 이 파트를 시작한다. 공공 정책의 근저에는 인간 본성에 대한 전제(암묵적인 혹은 명시적인)가 깔려 있다. 보마르는 공공 정책의 전통적인 전제와 진화심리학의 전제를 대비시킨다. 그는 이런 전제가 대단히 중요하다고 강조하고, 더 환경친화적인 행동을 채택하도록(이 경우에는 사회적 규범에 호소해서) 부드럽게 호소하는 효과적인 수단을 과학자들이 어떻게 연구해왔는지를 밝힌다. 요약하자면, 공공 정책은 인간 본성의 정확한 모델이 있을 때 더 잘 돌아간다는 것으로, 보마르의 장은 진화심리학을 응용한 이 중요한 분야에서 현존하는 최초의 로드맵이 될 것이다.

　개드 사드Gad Saad는 **인간의 소비자 행동에 진화심리학을 적용**하는 분야의 선두주자로, 마케팅의 세계에 진화심리학을 적용한 그의 장은 실로 흥미진진하다. 그의 주장에 따르면, 생존, 짝짓기, 호혜, 혈연관계의 적응들을 이해하는 것이, 수많은 상품이 우리의 관심을 놓고 경쟁하는 세계에서 효과적으로 마케팅하는 일에 결정적으로 중요하다고 한다. 경영대학원은 예로부터 진화심리학을 현실적으로 응용하는 일에 느리고 무관심했지만, 이 장에 요약된 사드의 선구적인 노력은 나중에 돌이켜보면 우리에게 귀중한 빛과 길이었음을 모두가 인정할 것이다.

나이젤 니컬슨Nigel Nicholson은 조직 리더십에 특별히 초점을 맞추고서 **진화적 조직 분석**을 확장한다. 그의 장은 다음과 같은 문제를 다룬다. 우리 종의 역사는 리더십의 본질에 대해 우리에게 무엇을 가르쳐주는가? 우리는 진화적 접근법으로 지식의 어떤 간극들을 메울 수 있을까? 리더십이 출현하고, 효과를 발하고, 실패하게 되는 주요 과정들을 진화적 접근법이 어떻게 밝혀낼 수 있을까? 전 세계에 있는 조직의 지도자들이 그들 자신과 조직의 행동을 향상하고자 한다면 니컬슨의 이 중요한 장을 읽고 진화한 인간 심리에 대한 깊은 이해를 활용해야 할 것이다.

마지막 장에서 법학 교수인 오언 존스Owen Jones는 날카로운 통찰력으로 **법을 진화적으로 분석**한다. 그에 따르면, 법률 제도는 인간의 행동에 특정한 방식으로 영향을 미치도록—가령 절도, 강간, 살인 같은 특정한 행동을 저지하도록—설계되었고, 동시에 다른 형태의 행동—가령 공공의 목표에 기여하는 행동—을 장려하도록 설계되었다. 법률 제도가 진화심리학의 통찰을 이용한다면 이 목표를 더 효과적으로 이룰 수 있다. 그러기 위해서는 무엇보다도 조절이 가능한 행동 양상을 찾아내고, 정책 갈등을 밝혀내고, 법률 속에 있는 부적절한 전제를 폭로하고, 법률 구조에 있는 깊은 양상을 드러내고, 법률적 전략의 유효성을 비교 평가할 필요가 있다고 존스는 주장한다. 존스의 세심하고, 명민하고, 신중한 분석은 법률 제도를 혁신적으로 변화시키기에 충분하다. 실제로 존스의 장을 읽고 나면 우리의 진화한 심리 기제를 모른 채 법률 제도가 어떻게 자신의 목표를 이룰 수 있을지 상상하기가 어려워진다.

9부의 네 개의 장은 진화심리학을 현실에 응용할 때 실제 세계에 파급할 효과를 알려준다. 공공 정책이 효과를 극대화하려면 어떤 형식이 필요할까? 정보가 폭발적으로 늘어나고 있는 세계에서 어떻게 소비자 마케팅을 해야 할까? 조직을 더 효과적으로 이끄는 방법은 무엇인가? 인간 행동을 움직이는 효과적인 지렛대로서 법을 어떻게 고안해야 할까?

49장

진화심리학과 공공 정책

니콜라 보마르

서론

인간은 공학의 묘기인 동시에 기술적으로 형편없는 실패작이다. 사람들은 몇 년 전에 만난 사람의 얼굴을 알아보지만, 항상 사용하는 신용카드의 CVC 3자리 번호는 기억하지 못한다. 가끔 사람들은 천사처럼 관대해져서 허리케인이 지나간 후에 수십억 달러를 모으거나, 수입에서 큰 부분을 떼어 공공재에 조달한다. 하지만 다른 때에는 이기적으로 자기 자신의 삶, 가족, 친구에게만 집중하고 다른 사람들에게는 전혀 공감하지 않는다. 사람들은 참을성이 많아서 여러 해 뒤에야 빛을 발할 수 있는 훈련에 수천 시간을 투자한다. 하지만 같은 사람들이 정크 푸드와 충동구매의 유혹을 이기지 못하고 몇 년 뒤 과체중이 되거나 무일푼으로 노년을 맞는다.

우리는 이 역설을 어떻게 이해해야 할까? 인간 본성이 결함투성이라거나, 인간은 그냥 '영리하지 않다'거나 '썩 관대하지 않다'고 결론짓는 것으로는 부족하다. 인간은 때론 놀라울 정도로 영리하거나 대단히 관대하고, 때론 믿을 수 없으리만치 멍청하거나 지독하게 탐욕스럽다. 더 중요한 것은—행동경제학의 유명한 프레젠테이션을 차용하자면—인간은 **예상대로** 영리하고 **예상대로** 멍청하며, **예상대로** 이타적이고 **예상대로** 이기적이라는 것이다. 인간의 성취와 실패는 어떤 양상을 따르며, 그 양상은 인간에게 특유하다. 이 양상 뒤에 놓은 논리를 밝혀낸다면 우리는 더 좋은 정책, 인간 본성의 타고난 제약(근시안, 탐욕, 인지 편향)을 설명하는 정책을 설계할 수 있는 동시에, 그 핵심적 특징(관대함, 인내, 타고난 사회적 전문성)을 지렛대로 이용한다면 표준적인 접근법으로는 성취할 수 없는 목표를 이룰 수 있다.

인간 행동의 모순을 넘어: 진화적 과제와 심리 기제

이 장은 인간 행동의 논리는 그 행동을 낳는 심리 기제에 있다는 기본 개념에서 출발한다(Cosmides & Tooby, 1997; Pinker, 1997). 간단히 말해서, 우리의 본성을 이루고 있는 기제들과 진화가 그런 기제들을 선택한 이유를 이해한다면 우리는 모순처럼 보이는 인간 행동을 이해하게 될 것이다.

이 접근법은 종래의 경제적 접근법과 확연히 다르다. 고전적인 접근법은 행동경제학자가 그린 사실주의적인 초상에 기초하기보다는 인간 행동을 이상화한 관념적인 견해에 기초해 있다. 하지만 이 심리적·진화적 접근법은 **또한** 행동경제학의 표준적인 접근법하고도 다르다. 행동경제학은 호모사피엔스의 행동이 어떻게 호모에코노미쿠스의 행동과 갈라지는지를 탐구한다. 반면에 심리적·진화적 접근법의 목표는 현대인이 왜 '경제적 인간'과 다른지를 이해하는 데 있다. 왜 현대인은 고전 경제학으로 생각할 수 있는 것보다 더 훌륭한 동시에 멍청하고, 더 근본적으로는 왜 때로는 친절하고 때로는 쩨쩨하며, 때로는 영리하고 때로는 멍청한가?

진화심리학자들이 보기에 현대인은 영리하지도, 멍청하지도 않다. 현대인은 그저 그들이 진화한 환경에서 반복적으로 도전 과제를 던져주었던 상황들(전문적인 용어로 '진화적 적응 환경'이며, 중요한 점은 심리 기제에 따라 진화적 적응 환경이 다르다는 것이다)에 적응했을 뿐이다. 이 관점에서 볼 때 인간이 '효율적으로' 행동하지 못하는 까닭은 타고난 능력이 약해서가 아니라, 진화한 뇌로 처리해야 하는 상황과 오늘날 실제로 부딪히는 구체적인 상황이 불일치하기 때문이다. 조상들이 해결했던 문제와 더 비슷한 상황에 놓일 때 현대인은 극히 뛰어난 능력을 발휘할 것이다. [1]

호모에코노미쿠스에서 호모사피엔스로: 이론적, 실제적 함의

인간의 두 모습, 호모에코노미쿠스와 호미사피엔스를 비교하는 일은 상당히 이론적인 작업처럼 보일지 모른다. 하지만 이 장을 통해 우리는 그런 이론적 차이에서 중요한 실제적 결과가 나온다는 것을 확인할 것이다(그림 49.1을 보라). 예를 들어, 진화적·심리적 접근법은 행동적 접근법과 마찬가지로 인간은 고전적인 모델에서 생각하는 것보다 '더 멍청하다'는 데 동의하지만, 진화적 접근법에서는 인간이 일반적으로 더 멍청하다고 생각하지는 않는다. 대신에 인간은 환경이 던져준 도전 과제들을 해결하기 위해 특수한 기제들을 진화시켰다고 생각한다. 물론 인간은 때로는 멍청해 보이지만, 그것은 그들의 능력이 원래 약해서가 아니다. 인간이 가끔 멍청해보이는 이유는 그들의 뇌가 특정한 문제들―소규모 사회에서 상호작용하거나, 열량이 높은 음식을 선택하거나, 국가나 금융시장의 도움을 받지 않고 미래를 위해 아끼는 문제―을 해결하도록 배선되어는 있지만, 현대 산업사회에서 사람들이 보통 직면하는 문제―예를 들어, 은퇴에 대비해서 저축을 하거나, 의학 통계를 이해하거나, 기름진 음식을 너무 많이 먹는 문제―를 모두 해결하게끔 배선되어 있지는 않기 때문이다.

진화의 관점에서 볼 때 이 문제들은 제각기 다르고, 제각기 다른 해결책을 요구한다. 어떤 문제든 다 해결하는 슈퍼컴퓨터를 만들면 비용이 엄청날 테고, 아마 효율성도 훨씬 낮을 것이다. 구체적인 과제(먹기, 짝짓기, 위험 탐지하고 등)에 전문화된 작은 장치를 여러 개 만드는 것이 더 효율적이다. 그런 전략의 불리한 점은 때때로, 특히 환경이 빠르게 변할 때, 개인에게 던져진 문제에 그 장치들이 잘 적응하지 못한다는 것이다. 진화적·심리적 관점이 해야 할 일은 그런 상황을 더 잘 이해하게 해주는 것이다.

그렇다면 우리는 왜 사람 얼굴은 잘 기억하고, 신용카드 CVC 번호는 기억하지 못할까? 우리가 비이성적이라서 그럴까? 우리 뇌가 최적이 아니라서? 그렇다기보다

---

1 적응들이 선택된 것은 적응적 문제들을 당시에 존재한 다른 설계들보다 평균적으로 더 잘 해결했기 때문이라는 점에 주의하라. 진화했던 상황과 거의 비슷한 상황에서 제대로 기능을 하는 적응이 실패하는 경우가 허다하다.

접근 유형	연구 대상	개인을 보는 시각	정책을 요하는 문제
고전적 접근법	호모에코노미쿠스	인간은 이기적이고 합리적이다	시장 실패 제도 실패
행동적 접근법 인간 행동	인간 행동	인간은 '더 훌륭하고 더 멍청하다'	제안적 합리성 의지 박약
진화적 접근법	진화의 압력이 선택한 심리 기제	인간은 상황의 진화적 관련성에 따라 더 훌륭하고 더 멍청하다	진화적 적응 환경(EEA)과 현 상황의 간극

그림 49.1 이론적 차이와 그 결과

는, 우리 뇌가 개별 과제들을 처리하도록 설계되었기 때문이다. 우리는 눈앞의 과제가 우리 조상들이 직면한 것과 비슷할 때는 정말 영리하고, 과제가 그런 진화적 문제와 일치하지 않을 때(가령, 글 읽기)는 정말 멍청하다. 진화심리학적으로 이 주제에 접근한다면, 구체적인 맥락에서 정책을 선택할 때 어떤 인지적 제약을 고려해야 하는지를 잘 이해할 수 있다. 정책의 목표가 인간이 진화적으로 적응한 문제와 동떨어진 것일수록, 그 정책을 잘 시행하기는 더 어려울 것이다.

하지만 구체적인 과제에 전문화된 뇌를 가지고 있다는 것이 불행한 제약으로 작용하는 것만은 아니다. 우리는 아주 잘 설계된 적응들을 이용해서 새로운 '비결'을 만들어낼 수도 있다. 예를 들어 읽기를 배우는 과정은 어렵고 지겹고 더디지만, 스마일리(스마일 상像 이모티콘) 를 사용하는 법은 몇 초 안에 터득한다. 스마일리는 얼굴을 처리하는 기술을 활용하기 때문이다. 문자와 대조적으로 우리는 수십 개의 스마일리를 자유자재로 사용하고 기억한다. 더 일반적으로 말하자면, 마케팅 연구에서는 단어보다 이미지를 이용하는 것이 훨씬 더 효과적인 소통 전략임을 입증했다. 글자보다는 얼굴, 사물, 색채가 인간에게 더 매력적이고 자연스럽기 때문이다.

왜 어떨 때는 관대하고 어떨 때는 탐욕스러울까

인간 본성의 희한한 특징 중에는 협력하는 경향이 대단히 가변적이라는 특징이 있다. 한편으로 인간은 다른 동물들보다 훨씬 더 관대한 모습을 보인다. 다른 한편으로 인간은 종종 이기심으로 똘똘 뭉친 존재처럼 보인다. 여기서 정책 설계에 중요한 문제가 발생한다. 인간 본성의 이 대조적인 면들 때문에 정반대되는 정책이 필요한 듯 보이기 때문이다. 만일 사람들이 탐욕스럽다면, 협력을 요청하거나 공공재를 설계할 때에는 언제나 아주 값비싼 시행 기제를 동원해야 할 것이다. 반대로 사람들이 정말 너그럽다면, 불성실한 행동을 감시하기보다는 관대함을 자극하는 쪽에 정책의 초점을 맞출 것이다.

인간 협력에 존재하는 명백한 불일치를 우리는 어떻게 이해해야 할까? 다시 한번, 그 해법은 인간이 조상의 환경에서 직면했던 진화적 과제를 이해하는 데서 나온다. 역사의 대부분 동안 인간은 제도와 법치가 없는 환경에서 살았다(Diamond, 2012; Hoebel, 1954). 국가도, 경찰도, 법원도 없었다. 따라서 사기꾼들이 협력적인 상황을 이용할 수 있었다. 그들을 감방에 가두거나 벌금을 매길 방도가 없었기 때문에 정직한 협력자들은 이용당할 위험을 감수해야만 했다. 다시 말해, 협력자들은 협력의 비용을 치르지만, 파트너들이 그 이익을 가져가기만 하고 보답은 하지 않는 것이다.

표면상 이런 조건은 협력에 대단히 해로울 듯 보인다. 사기를 치고도 처벌을 면할 수 있다면 최고의 전략은 최대한 자주 변절하는 것이다. 그 유명한 죄수의 딜레마처럼 말이다. 그리고 고전적인 경제학 모델들은 실제로 그렇게 예측한다. 다행히 인간은 죄수의 딜레마보다 더 복잡한 환경에서 살았다. 인간은 파트너를 선택할 수 있다. 만일 누군가가 속이면 우리는 언제든 그놈을 버리고 더 좋은 협력자를 선택할 수 있다(Aktipis, 2004; Baumard, 2010; Kaplan & Gurven, 2005).[2]

파트너 선택이 가능할 때, 좋은 태도는 이익이 된다. 우리는 협력을 통해 자신이 좋은 협력자라는 신호를 다른 사람들에게 보내고, 좋은 파트너를 끌어당긴다. 파트

---

2 또 다른 가능성은 사람들이 친족, 친구, 연합에 의존해서 갈등을 피하고 사기를 방지하는 것이다.

너를 선택할 수 있고 그 결과 파트너로 선택되기 위해 서로 경쟁을 벌일 수 있는 상황에서는 협력이 출현한다(Roberts, 1998; Baumard, André, & Sperber, 2013). 사기꾼을 처벌하는 외부 기관은 없었지만, 결국 그들은 제 손으로 제 무덤을 팠다. 시간이 지날수록 협력할 사람이 줄어들기 때문이다.

이 진화적 접근법은 인간 협력의 모순을 설명해준다. 실제로 사람들은 변덕스러운 협력자가 아니다. 인간은 **조건적 협력자다**(Trivers, 1971). 그들의 전략은 다음과 같다.

- 다른 사람이 협력하면, 나도 협력한다(그렇지 않으면 사기꾼으로 보일 위험이 있다).
- 다른 사람이 협력하지 않으면, 나도 협력하지 않는다(그렇지 않으면 사기꾼에게 이용당할 위험이 있다).

이 결론은 정책 설계에 큰 영향을 미친다. 결국, 다른 사람의 행동이 결정적이다. 즉, 사람은 다른 사람들이 사회적 규범을 준수한다고 믿으면 자신도 기꺼이 그 규범을 준수한다. 정반대로 사람은 규범을 준수하는 사람이 자기 혼자뿐이라고 생각하면, 더 이상 그 규범을 존중하지 않는다. 마찬가지로 이 결론에는 신뢰가 무엇보다 중요하다. 즉, 사람은 남들이 정직한 협력자라고 생각하면, 자진해서 열심히 협력한다. 반면에 남들이 부정직하거나 게으르다고 생각하면, 더 이상 공공선에 공헌하지 않는다. 이 결론의 세 번째 영향은 평판이 사람들을 협력으로 이끄는 강력한 동기라는 것이다. 마지막으로 진화적 접근법은, 공평함이 사람들에게 왜 그토록 중요한지, 그리고 수많은 경험적 연구가 보여주듯이 어느 공공 정책에서나 왜 공평함이 선행조건인지를 설명해준다.

사회적 규범의 중요성

협력을 촉진하거나 방해할 때 다른 사람들의 행동이 중요하다는 사실이 두 가지 실험을 통해 입증되었다. 첫 번째로 과학자들은 호텔에서 손님들에게 타월을 재사용해달라고 두 가지 방식으로 요청하고 결과를 비교했다. 객실 절반에는 다음과 같은 카드를 남겨두었다.

환경을 보호합시다

머무르시는 동안 타월을 재사용해서,

자연을 아끼고 환경을 소중히 하는 마음을 보여주세요.

나머지 객실 절반에는 다음과 같은 카드를 남겨두었다.

다른 손님들과 함께 자연 보호에 동참합시다

우리가 새로운 자원 절약 프로그램에 참여해달라고 부탁한 손님 중

75%에 가까운 손님이 타월을 2회 이상 재사용하고 있습니다.

손님께서도 다른 손님들과 함께 이 프로그램에 동참하셔서

머무르시는 동안 환경 보호를 위해 타월을 재사용해주신다면

감사하겠습니다.

그 결과 두 번째 카드를 본 손님들이 타월을 25% 더 많이 재사용했다(Goldstein, Cialdini, & Griskevicius, 2008).

두 번째 실험에서는 캘리포니아주 샌마커스에 있는 한 중산층 동네의 모든 문에 메시지를 붙이고 그 효과를 연구했다. 모두 사람들에게 에어컨 대신 선풍기를 사용해달라고 요청하는 메시지였지만, 적혀 있는 이유는 달랐다. 한 종류에는 선풍기를 사용하면 전기료를 한 달에 54달러 절약할 수 있다는 이유가 적혀 있었고, 다른 종류에는 배출되는 온실가스를 100kg 이상 줄일 수 있다는 이유가 적혀 있었다. 세 번째 종류에는 선풍기를 사용하는 것이 사회적으로 가장 책임감 있는 선택이라고 적혀 있었고, 네 번째 종류에는 이 동네 사람 중 77%가 에어컨이 아닌 선풍기를 사용하고 있으며, 따라서 선풍기가 '지역 사회의 선택'이라고 적혀 있었다. 그런 다음 계량기를 검침했더니 처음 세 조건은 사람들의 행동에 별 영향을 주지 못했지만, 마지막 조건은 전기 소비량을 10% 끌어내렸다(Nolan, Schultz, Cialdini, Goldstein, & Griskevicius, 2008). 다시 말해서, 사람은 다른 사람들도 똑같이 하고 있다고 생각하

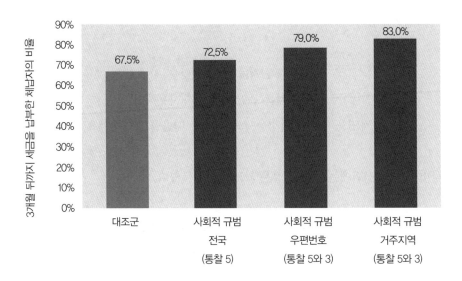

그림 49.2 3개월 뒤까지 세금을 납부한 체납자의 비율

면 기꺼이 환경을 보호한다!

이 결과는 정책 설계에 명백한 의미가 있다. 예를 들어, 영국 정부의 행동통찰팀 BIT: Behavioural Insights Team은 각기 다른 메시지에 사람들의 납세 동기가 어떻게 움직이는지, 그 유효성을 조사하고 있다. BIT는 납세자 14만 명에게 편지를 보냈다. 주민들은 대조군 편지(다른 사람들의 행동에 관한 정보가 빠져 있는 편지)나 다른 사람의 행동에 관한 정보가 들어 있는 다양한 메시지 중 하나를 수신했다.

사회적 규범을 언급한 모든 편지에는 "영국 사람 10명 중 9명이 제때 세금을 납부한다"라는 문장이 들어 있었지만, 어떤 메시지에는 수신자가 사는 지역이나 그 우편번호를 쓰는 지역의 주민이 대부분 세금을 완납했다는 사실도 들어 있었다.

결과는 대조군 편지보다 납세율이 15% 높게 나타났다(그림 49.2를 보라). 게다가 정보가 더 국지적일수록 납세자의 마음을 더 크게 흔들었다. 영국 세무 당국은 이 절차를 전국적으로 확대해서 반복 시행한다면 그 효과로 시행 6주 만에 체납 세금 중 약 1억 6,000만 파운드를 거둬들일 수 있다고 추산했다(Behavioural Insight Team, 2012). 이 사례가 보여주듯이, 인간 협력의 조건적 논리를 이해한다면 유력한 수단으로 국가재정 정책을 향상할 수 있다.

신뢰의 중요성

협력의 조건적 논리는 사회적 상호작용에서 신뢰가 무엇보다 중요하다고 말한다. 사람들은 사기꾼으로 보이길 원치 않는 것(그래서 다른 사람들이 협력하고 있다는 생각이 들면 자신도 협력하는 것)처럼, 누군가에게 사기를 당하고 싶어 하지도 않는다(그래서 다른 사람들이 협력하지 않고 있다는 생각이 들면 자신도 협력하지 않는다). 이 생각과 같은 맥락에서 경험적 데이터에 따르면 신뢰는 경제 발전과 관대함에 중대한 영향을 미친다(Putnam, 2000; Uslaner, 2002). 사람들이 서로 신뢰하지 않을 때 경제적 교환은 더 어렵고 위험해지며, 그 결과 신뢰도가 낮은 나라는 GDP가 낮은 경향이 있다(Fukuyama, 1995). 마찬가지로, 이웃들이 보답을 잘 안 한다고 믿으면서도 그들을 돕는 것은 불합리하고, 그 결과 신뢰도가 낮은 나라에서는 남을 잘 돕지 않는다(Willinger, Keser, Lohmann, & Usunier, 2003).

신뢰는 경제적 교환과 일상적인 상호작용에 중요할뿐더러 공공 정책에 큰 영향을 미친다(Algan & Cahuc, 2006). 실제로 어떤 정책이든 무임승차자들에게 민감한 경향이 있다. 예를 들어, 많은 복지 수당이 부부로 함께 살고 있는지, 실업급여 말고 다른 수입이 있는지, 어떤 병을 앓고 있는지와 같이 쉽게 관찰할 수 없는 행동들을 따진다. 혼인 관계, 암거래, 건강은 정책 관료가 쉽게 관찰할 수 없는 탓에 속이기가 비교적 수월하고, 그래서 정책은 사람들이 속이기를 자제해야 원활히 작동한다(Bjørnskov & Svendsen, 2012). 결과적으로, 사람은 조건적 협력자이기 때문에, 다른 사람들이 법을 존중할 것이라 믿을 때만 복지 정책에 찬성한다.

이와 마찬가지로, 신뢰도는 나라별로 복지 국가에 대한 의견이 다른 것을 잘 설명해준다. 예를 들어, 미국과 유럽은 국가가 제공하는 사회보장 혜택이 크게 다르다. 이 차이는 국가의 역할을 생각하는 문화적 태도와 관계가 있다고 많이들 생각한다. 하지만 더 깊이 분석한 바에 따르면, 미국인 역시 복지 국가가 중요한 역할을 한다고 생각한다. 미국인의 71%는 직업을 원하는 모든 국민에게 직업을 갖게 할 '기본적인' 또는 '중요한' 책임이 정부에 있다고 생각하고, 78%는 의료 혜택을 제공하는 것이 정부의 '기본적인' 또는 '중요한' 책임이라고 생각하며, 81%는 정부가 국민에게 적절한 주택을 공급해야 한다고 생각한다(Alesina & Glaeser, 2004).

진정한 문화적 차이는 도덕적 차원(정부가 그 사람들을 도와야 하는가?)이 아니라 신뢰 차원에서 발생한다. 사실, 유럽인들처럼 미국인(그리고 모든 나라의 사람들)도 조건적 협력자다. 그들은 남들이 좋은 협력자인 한에서만 그들을 돕는 것에 동의한다. 현대 국가에서 이는 다른 사람들이 직업을 찾고 공익에 기여하려고 열심히 노력할 때만 사람들은 그들을 돕고자 한다는 뜻이다. 하지만 유럽인과 달리 미국인은 가난한 사람들을 부정적으로 본다. 유럽인은 60%가 빈민층은 가난의 덫에 걸렸다고 생각하는 반면에, 미국인은 29%만이 그렇게 생각한다. 같은 맥락에서 유럽인은 54%가 운이 소득을 결정한다고 생각하는 데 비해서 미국인은 30%가 그렇게 생각한다. 그리고 유럽인은 26%만이 가난한 사람은 게으르다고 생각하는 반면에 미국인은 60%가 그렇게 생각하다. 다시 말해, 미국인과 유럽인 모두 가난한 사람이 도움을 받을 자격이 있다고 생각할 때 정부의 복지 정책에 찬성한다. 하지만 그들이 그런 자격이 있다고 믿는지에서는 큰 차이를 보인다.

통계 분석에 따르자면, 국가가 가난을 구제하는 복지 프로그램에 돈을 쓸 능력이 있는지에는 이 신뢰의 부족이 큰 영향을 미친다. 실제로 미국의 주들과 유럽의 국가들 사이에서 운이 소득을 결정한다는 믿음은 사회복지 수준과 상관관계를 보인다. 게다가 대서양 양쪽의 사회적 이동 수준이 아주 비슷하다는 사실을 고려할 때 이 현격한 차이는 더욱 놀랍다(더구나 이동성은 미국보다 유럽이 약간 더 높다). 미국 빈민은 유럽 빈민보다 더 게으르지 않다. 따라서 미국의 공공 정책을 방해하는 진짜 요인은 많은 국민이 정부 개입을 반대하는 것이 아니라, 타인(그리고 특히 가난한 사람과 소수자)은 신뢰할 수 없다고 생각하는 문화적인 믿음이다. 결국 이런 불신의 국가에서는 공공 정책에 수조 달러를 들이기가 불가능하고, 효과적인 정책으로 가난을 구제하기도 어려워진다.

요약하자면, 신뢰는 모든 정책의 핵심이 되는 요소다. 인간은 조건적 협력자기 때문에 다른 사람들이 좋은 의도를 갖고 있지 않다고 생각하면 협력하거나 공익에 기여하길 꺼린다.

평판의 중요성

　인간의 성향은 조건적 협력에 또 다른 영향을 미친다. 바로 평판의 중요성이다. 제도가 전무한 환경에서 평판은 파트너를 협력에 끌어들이는 중요한 보증서다. 만일 어떤 사람이 파트너를 속이면 그는 좋은 파트너로서의 명성을 잃고, 그래서 그들 차례가 되었을 때 좋은 파트너를 찾을 기회를 날려버린다. 그렇다면 왜 사람들이 뒷담화를 하면서 많은 시간을 보내고, 남들에 대한 이야기와 전략적 정보를 주고받는지가 분명해진다. 평판은 개인의 일생에서 가장 중요한 자원 중 하나다. 좋은 평판은 성공을 낳고, 나쁜 평판은 실패를 낳는다.

　공공 정책은 평판을 지키려는 사람들의 욕구를 쉽게 이용할 수 있다. 예를 들어 심리학자들이 관찰한 결과에 따르면, 사람들은 회사에서 보낸 편지보다는 그 회사에서 일하는 개인이 이름을 밝히고 보낸 편지에 더 잘 응답한다. 미국의 한 연구에서는 포스트잇과 손글씨가 사람들이 설문조사에 끝까지 응할 가능성에 미치는 영향을 테스트했다(Garner, 2005). 끝까지 답해달라고 손글씨로 쓴 포스트잇 쪽지가 설문지에 붙어 있으면 수신자의 4분의 3이 조사를 완료했고, 표지에 손글씨로 직접 메시지를 적은 경우에는 절반이 완료했으며, 손글씨가 없고 설문지만 있는 경우에는 3분의 1만 완료했다. 게다가 손글씨 포스트잇 쪽지에 반응한 사람들이 설문지를 더 빨리 돌려보내고, 더 자세히 대답했다. 실험자가 자신의 서명과 '감사합니다'를 추가했더니 응답률이 훨씬 더 많이 올라갔다(그림 49.3을 보라).

　협력을 증진하는 또 다른 방법은 사람들을 몰입하게 하는 것이다. 사람들은 어떤 일을 하겠다고 밝힌 문서에 서명을 하면 몰랐다고 발뺌하기가 더 어렵기 때문에 자신의 평판을 걸고 그 일을 한다(Cialdini, 1993). 이 생각의 연장선상에서 심리학자들은 서명란을 서식의 끝에서 앞으로 이동시킬수록 사람들이 더 정직하게 답한다는 사실을 발견했다. 다시 한번 우리는 심리적·진화적 접근법을 통해 불합리해 보이는 행동을 꿰뚫어 보게 된다. 포스트잇을 붙이거나 서명란을 편지 앞쪽에 놓으면 왜 협력이 증가할까? 표준적인 경제학의 관점에서는 아무것도 변하지 않았다. 개인은 여전히 큰 기관과 상호작용하고, 유인책도 동일하다(예를 들어, 늦게 응답할 때 비용 부담). 하지만 심리적·진화적 접근법에서 볼 때 인간은 편지를 보낸 사람에게 관심을 쓰기 마련이다. 인간은 개인적인 관계가 생존을 좌우하는 환경에서 진화했다. 인간

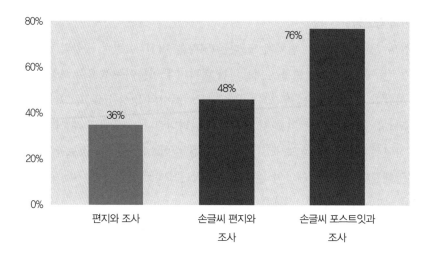

그림 49.3 손글씨 메시지를 테스트했을 때 조사 응답률

은 평판의 문제를 전문적으로 처리하는 심리 기제들을 구비했다. 그래서 인간은 평판이 심각하게 걸려 있는 모든 일에 대처한다(Barclay, 이 책, 33장). 사회적 신호를 고려하지 않으면 자신의 평판이 떨어지고 평판과 관련된 사회적 혜택이 줄어들 수 있다.

인간은 타인의 눈을 의식하도록 설계되었다. 남들이 무엇을 원하는지, 남들이 어떤 생각을 하는지, 남들이 나를 지켜보고 있는지. 한 유명한 실험에서, 그레고리 베이트슨과 동료들은 이런 일이 대개 자동적이고 무의식적으로 일어난다는 것을 입증했다(Bateson, Nettle, & Roberts, 2006). 실험자들은 사람들이 무인 커피머신 앞에서 우윳값으로 상자에 넣는 돈의 액수를 측정했다. 1주일마다 실험자들은 상자 위 벽에 걸린 그림—한 쌍의 눈과 꽃 그림—을 번갈아 교체했다. 사람들은 그 벽에 꽃 그림보다 눈 그림이 걸려 있을 때 더 많은 돈을 투입했다. 이는 사람들이 좋은 자아상을 투사하고 싶어 한다는 사실, 얼굴에 대단히 민감하고 특히 눈에 더욱 민감하다는 사실과 전적으로 일치한다. 벽에 눈 그림이 걸려 있으면 평판을 관리하는 기제가 활성화된다. 사람이 방 안에 혼자 있을 때도 뇌의 부분들(평판 관리를 전담하는 기제들)은 누군가 지켜보고 있고 거기에 자신의 평판이 걸려 있다고 '믿는다'(또한 다음을 보라. Ernest-Jones, Nettle, & Bateson, 2011; Haley & Fessler, 2005).

왜 어떨 때는 인내하고 어떨 때는 조급할까

표준적인 경제학 모델에서 합리성의 목표는 선호를 최대한 충족하는 것이다. 그래도 선호는 주어진 것으로 남는다. 즉, 선호가 이성적이거나 비이성적일 수는 없다. 하지만 많은 인간 행동이 선호들 간의 불일치를 드러낸다. 아이스크림을 좋아하지만 살찌는 건 싫어하고, 고급 의류를 사고 싶지만 노후를 위해 돈을 아끼고 싶고, 오래 살고 싶지만 담배를 피우고, 술을 마시고, 운동을 게을리한다.

이런 행동을 어떻게 이해해야 할까? 많은 경제학자들이 인간은 의지가 약해서 그런다고 주장해왔다. 하지만 이 생각은 인간이 가령 구애, 육아, 스포츠 훈련을 할 때처럼 놀라운 자제심을 발휘하는 여러 상황과 불일치한다. 우리는 왜 어떨 때는 단기적인 비용을 극복하고 장기적인 계획을 거뜬히 수행하는 반면에 다른 때에는 그런 능력을 전혀 발휘하지 못하는 걸까?

다시 한번 우리는 진화적 관점을 통해서 모순적으로 보이는 양상을 이해하게 된다. 진화적 관점에서는 모든 목표가 똑같이 타당하지는 않다(Cosmides & Tooby, 2013). 예를 들어 자녀 양육, 사회적 지위 추구, 단 음식 먹기 같은 어떤 목표들은 진화적으로 타당하다(과거에 이런 목표를 가진 사람들은 자식을 잘 키우고, 높은 지위에 올라 더 많은 자원에 접근할 수 있었으며, 에너지가 많이 함유된 음식을 먹었다). 이런 '취미'가 부여된 사람들은 평균적으로 그러지 못한 사람들보다 여러 세대에 걸쳐 더 잘 생존했다.

반면에 노후에 대비해서 돈을 모으거나 공과금을 납부하는 등의 목표는 우리 조상이 직면했던 상황들과는 거의 무관하며, 사람들이 힘들거나 따분하다고 경험한다. 그 진화적 이유는 명백하다. 인간은 역사의 대부분 동안 규모가 작은 수렵채집인 집단에서 살았다. 이 소규모 사회에는 제도나 시장이나 사회보장 등이 없었다. 따라서 미래를 위해 자원을 아끼는 가장 좋은 방법은 그 자원을 은행 계좌에 넣거나 창고에 쌓아두는 것이 아니라(대부분 잘 썩었다), 그들이 아프거나 위험하거나 가난해졌을 때 쉽게 도와줄 수 있는 친구와 동맹자로 사회 연결망을 강하게 짜는 것이었다(Kaplan, Hooper, Gurven, 2009). 스티븐 핑커는 이렇게 말한다.

> 내가 몇 주 동안 운이 좋아서 먹을 수 있는 양보다 더 많은 음식을 수집하지만 다음 몇 주 동안은 운이 없어서 굶어죽을 위험에 처한다고 가정해보자. 배부른 몇 주 동안에 남는 음식을 어떻게 저장해야 배고픈 시절을 견딜 수 있을까? 냉장은 선택이 불가능하다. 나는 음식을 닥치는 대로 먹어서 몸속에 지방으로 저장할 수도 있지만, 이 방법은 한계가 분명하다. 하루 동안 양껏 먹는다고 해서 한 달의 허기를 피할 수는 없기 때문이다. 하지만 나는 남는 음식을 다른 사람들의 몸과 마음속에 저장할 수 있으며, 그렇게 하면 기억의 형태로 저장되어서 입장이 바뀌었을 때 내 관대함에 보답해야 한다는 의무감을 자극할 수 있다(Pinker, 1997, p. 505).

동일한 맥락에서 사람들은 엄청난 시간을 써가며 친구를 찾고, 우정을 다지고, 친구들 흉을 본다. 우리는 이런 일에서 큰 보람을 느낀다. 수많은 세대에 걸쳐 친구 사귀기를 좋아한 사람들이 그렇지 않은 사람들보다 더 잘 생존했기 때문이다. 반면에 현대 생활의 많은 측면(노후를 위해 저축하고, 공과금을 제때 내고, 병원 치료를 받는 것)이 삶에 엄청나게 중요함에도 불구하고 부담스럽게만 느껴지고, 자주 잊히거나 간과된다(Burnham & Phelan, 2012).

진화적·심리적 접근법 덕분에 우리는 언제 인간이 장기적인 프로젝트를 끝까지 잘 해내는지(언제 그 일이 진화와 관련이 있고 그래서 사람들에게 적절한 동기가 구비되어 있는지) 그리고 언제 실패하는지(언제 그 일이 진화와 관련이 없고 그래서 사람들에게 동기가 없는지)를 알 수가 있다. 얼핏 보기에 이 분석은 나쁜 뉴스처럼 들린다. 어떤 공공 정책은 성공하기가 엄청나게 어렵고 그래서 사람들을 은밀히 유도[3]해야만 할 테니 말이다. 그렇지만 우리는 인간 심리의 이 측면을 고려할 필요가 있다. 최근에 많은 정부 기관이 새로운 기술을 이용해서 그런 유도를 배치하기 시작했다. 일례로,

---

3 너지nudge는 '타인의 선택을 유도하는 부드러운 개입'이라는 뜻의 행동경제학 용어다.

어떤 기관은 사람들 휴대전화에 문자메시지를 보내 공과금 납부 기일을 알려준다 (Datta & Mullainathan, 2012). 사람들에게 매력적인 파트너와 데이트하거나 아이들을 픽업해야 한다는 사실을 상기시킬 필요는 없지만, 행정상의 의무(진화와 관련이 없는 목표)를 알려줄 필요는 분명하다.

마찬가지로 사람들 머릿속에는 세금 신고서를 작성할 동기가 없기 때문에, 정부 기관들은 그 부담을 덜어주기 위해 모든 항목을 미리 채워놓기 시작했다. 연방무료학자금보조신청Free Application for Federal Student Aid을 조사한 미국 연구팀은 기관이 알고 있는 정보를 신청서에 미리 기입하고 서식을 완료하는 데 필요한 과정을 간소화하자 장학금 신청률과 대학 진학률이 상당히 높아진 것을 발견했다(Bettinger, Long, Oreopoulos, & Sanbonmatsu, 2012). 학생들은 분명 그 서식을 다 작성하는 일에 이해관계가 달려 있다는 점을 고려할 때, 이 결과는 더욱 흥미롭다. 하지만 서식을 끝까지 작성하는 일은 인간 본성을 빚어냈던 상황들과 심리적으로 무관하기 때문에 작은 도움은 어쩔 수 없이 필요하다.

요컨대, 진화적 관점은 전통적인 공공 정책의 한계와 서식 구성(행정 서류에 기본적인 선택 사항을 적절히 배치하는 것)의 힘을 이해하는 데 도움이 된다. 전통적인 공공 정책에서는 사람들이 합리적이며, 나쁜 선택을 하는 유일한 이유는 잘못 알고 있거나 자극이 부족해서라고 가정한다. 사실, 큰돈보다 적은 돈을 좋아할 이유가 어디 있을까? 하지만 진실은 아주 다르다. 인간은 잔고를 최대한 늘리거나 전기 요금을 최대한 낮추도록 진화하지 않았기 때문이다. 그 결과 은퇴 계획을 생각하거나 공과금을 제때 납부하는 일에는 관심이 없는데, 합리적 선택이라는 표준적인 관점에서는 말이 안 되는 행동이다. 인간의 인지 그리고 그 인지가 진화한 맥락을 이해한다면 효과적인 정책을 설계하는 데 도움이 될 것이다. 그런 정책은 인간 행동이 비합리적이지 않고 단지 현대 사회에 잘 적응하지 못했다는 사실, 그리고 은퇴 계획에 기본적인 선택 사항을 줄여주는 방법으로 사람들을 유도하면 그들의 결심을 자극하거나 더 많은 정보를 제공하는 것보다 더 효과적이라는 사실을 고려할 것이다. 일례로, 최근에 덴마크 퇴직관리제도를 연구한 사람들은 기본적인 선택 항목에 변화를 주는 것만으로도 사람들에게 돈을 주는 것보다 더 큰 효과가 나올 수 있음을 입증했다(Chetty, Friedman, Leth-Petersen, Nielsen, & Olsen, 2013). 사람들이 은퇴 계획을 별로 신경 쓰지 않는 마당에 돈은 결코 좋은 수단이 되지 못한다. 그럴 땐 너지의 힘을 이용하는 게 더 좋다!

패스트-슬로 연속체

진화적 관점에서 인간은 의지박약이나 인내심 부족으로 고생하는 존재가 아니다. 어떨 땐 인내심이 놀랍고, 어떨 땐 조급하기 이를 데 없다. 이 명백한 불일치는 인간이 진화한 역사와 그 과정에서 자연이 선택해준 심리 기제 때문이다. 따라서 인간은 사회 연결망에 투자하거나 짝을 찾거나 아이를 기르는 일은 아주 잘하고, 은퇴에 대비해서 돈을 아끼거나 기름진 음식을 자제하거나 운동을 해서 잉여 칼로리를 태우는 일에는 젬병이다.

인간 선호의 진화적·심리적 기초를 이해하는 것은 결정적으로 중요하다. 다양한 행동과 관련된 구체적인 상황을 들여다보지 않고 일반적인 설명에 만족한다면 잘못된 결론에 빠지기 십상이다. 예를 들어, 일상생활에서 드러나는 인간의 의지박약한 모습을 볼 때 우리는 장기 프로젝트와 관련해서는 인간을 신뢰할 수 없다고 생각하게 된다. 하지만 진화적 사고를 도입해서 변덕처럼 보이는 이런 행동의 조건에 초점을 맞출 때(그런 변덕이 삶의 몇몇 영역에 어떻게 존재하게 되었는지를 볼 때), 진화만이 이 변덕스러움의 기본 논리를 해명해줄 수 있음을 깨닫게 된다.

또한 진화적 관점을 채택할 때 우리는 명백한 역설을 하나 더 설명할 수 있다. 사람들은 왜 사회적 배경이 다르면 선호까지 다를까? 경제적 관점에서는 사회경제적 지위가 낮은 사람이 절약에 각별히 신경 써야 하고, 교육에 많이 투자해서 더 좋은 기회를 잡아야 하고, 전체적으로 모험을 적게 해야 할 것처럼 보인다. 하지만 실제로는 불리한 위치에 있는 사람들이 절약을 더 안 하고, 교육에 투자를 적게 하고, 모험을 더 많이 한다(Nettle, 2010a).

이 역설은 인간에게 한정되지 않는다. 모든 유기체가 부족한 자원을 어떻게 배분할지를 결정할 때 기본적으로 맞거래에 직면한다. 예를 들어, 모든 다세포 유기체는 지금 번식할지 나중에 번식할지, 자녀 몇 명에게 투자할지 대가족을 이룰지, 작은 위험을 감수할지(그래서 소량의 자원을 얻을지) 큰 위험을 감수할지(그래서 많은 자원을 얻거나, 아무것도 얻지 못하거나, 더 나쁜 결과에 이르거나 할지)의 갈림길에서 선택을 해야 한다.

진화생물학의 한 갈래인 '생활사 이론'에서는 유기체가 어떻게 제한된 자원을 배분해서 적합도를 최대화하는지를 연구한다(Roff, 2002; Stearns, 1992). 생활사 이론은 투자와 건강에서부터 교육과 성행동에 이르기까지 아주 다양한 영역에서 사람들이 어떤 양상으로 맞거래를 결정하는지를 이해할 수 있는 틀이 된다(Ellis, Figueredo, Brumbach, & Schlomer, 2009; Griskevicius et al., 2013; Nettle, 2010b). 특히 생활사 이론은 그 전략들을 패스트-슬로의 연속체 위에 놓고 설명한다(Chisholm et al., 1993; Griskevicius et al., 2013; Nettle, 2010b)(그림 49.4를 보라). 생리적 차원에서는 빠른 전략과 느린 전략이 각각 이르거나 늦은 생리적 발달 및 성 성숙과 관련이 있다. 심리적 차원에서는 빠른 전략이 장기적 결과를 거의 고려하지 않고 즉시 이득을 취하는 단기적인 기회주의와 관련이 있고, 반면에 느린 전략은 미래의 보상을 높이기 위해 만족을 유예하는 장기적인 계획과 관련이 있다.

경험적 연구에 따르면, 표준적인 경제학의 관점에서 예측했던 것과 반대로 환경이 더 가혹하고 빈약할수록 사람들은 빠른 전략을 채택해서 생리적 발달과 성 성숙의 시기를 앞당긴다. 가혹한 환경은 본래 더 위험하다. 그래서 유기체는 더 안전하고 풍요로운 환경에서처럼 오래 사는 것을 기대하지 못한다. 적합도를 높이려 한다면 더 단기적인 투자를 하는 것이 낫다. 투자 이득을 회수할 전망이 상대적으로 어둡기 때문이다. 또한 오래 기다릴수록 죽거나 다치거나 너무 가난해져서 번식할 수 없는 위험이 커지기 때문에, 최대한 빨리 번식하는 것이 유리하다. 가혹한 환경에서는 예측이 더 어렵기 때문에 가장 좋은 전략은 더 큰 위험을 감수하면서 더 일찍, 더 많은 자식을 낳는 것이다. 반면에 더 잘 예측할 수 있는 환경에서는 번식을 늦추고 미래의 결과에 투자하는 느린 전략이 적응적이 된다. 생활사 이론에 호응하듯, 교차 문화 연구에 따르면 사망률이 높은 환경에서 사람들은 더 이른 나이에 첫 아이를 갖는 경향이 있다. 또한 더 일찍 성숙하고, 더 많은 위험을 감수하고, 더 충동적이다(Griskevicius et al., 2013; Nettle, 2010a).

진화적 관점에서 볼 때, 가혹한 조건에서 사는 사람들이 빠른 전략을 채택하는 것이 비합리적이지 않다. 오히려, 그런 환경에서는 완전히 합리적이다. 이 행동 전략의 기능은 사망, 부상, 사고의 위험이 높더라도 번식에 성공할 가능성을 높이는 것

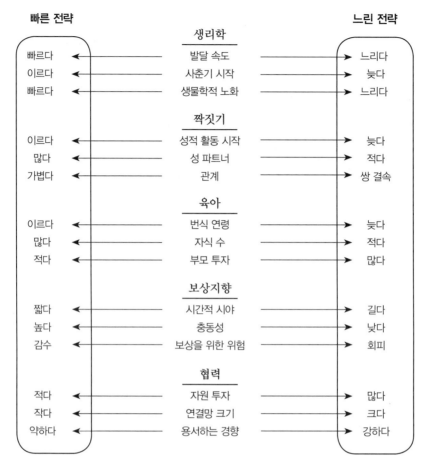

빠른 전략		느린 전략
	생리학	
빠르다	발달 속도	느리다
이르다	사춘기 시작	늦다
빠르다	생물학적 노화	느리다
	짝짓기	
이르다	성적 활동 시작	늦다
많다	성 파트너	적다
가볍다	관계	쌍 결속
	육아	
이르다	번식 연령	늦다
많다	자식 수	적다
적다	부모 투자	많다
	보상지향	
짧다	시간적 시야	길다
높다	충동성	낮다
감수	보상을 위한 위험	회피
	협력	
적다	자원 투자	많다
작다	연결망 크기	크다
약하다	용서하는 경향	강하다

그림 49.4 빠른 생활사 전략과 느린 생활사 전략의 상관관계 도표

이다. 물론 그렇다고 해서 이 기제들이 항상 적응적이란 말은 아니다. 다시 한번 말하지만, 이 기제들은 구체적인 환경에서 진화했고, 거기에는 수준 높은 교육, 직업 시장, 은행 계좌, 경찰이 없었다. 아마 오늘날과 같다면 사람들은 그런 기제들에 이끌려서 가혹한 환경에 과잉 반응을 할지 모른다. 우리가 넘쳐나는 지방과 설탕에 과잉 반응을 하는 것처럼. 그렇다면, 가난한 사람들은 너무 많은 위험을 감수하고, 부적절하게 투자하고, 그 자신의 관심사나 자식들의 관심사를 만족시킬 수 있는 나이보다 더 이른 시기에 번식할지 모른다. 하지만 우리가 이해해야 할 요점은, 그들의

결정이 인지적 한계나 의지박약 때문이 아니라는 것이다. 오히려 그들의 결정은 맥락에 민감한, 강렬한 감정들의 결과로, 그 감정에는 주어진 환경에서 가장 유리하게 맞거래를 하게 하는 진화적 · 심리적 적응이 반영되어 있다.

정책의 관점에서 이 차이는 거의 결정적이다. 사회경제적 지위가 낮은 사람들에게 필요한 것은 더 많은 **정보**(가령, 절약하거나 건강 센터에 다니면 왜 좋은지)가 아닐지 모른다. 예를 들어, 사람들의 시간적 시야를 늘려준다면 그들의 믿음을 변화시킬 필요 없이 그들의 선호에 철저하고 장기적인 변화를 일으킬 수 있다.

개발 정책의 목표에 미치는 영향

진화심리학은 왜 어떤 정책은 인간의 심리와 조화를 이루고 다른 정책은 부조화하는지를 설명하는 데 그치지 않고, 우리가 어떤 정책을 추진해야 하는지를 통찰하게 한다. 다시 말해서, 진화심리학은 개발 정책을 추진할 **수단**뿐 아니라 그 **목표**와도 관련이 있다. 우리가 이 장 전체에서 살펴봤듯이, 실제로 인간 심리—그 인지 체계, 휴리스틱, 보상 체계—는 고열량 음식을 섭취하고, 병원체를 피하고, 사회적 지위를 손에 넣고, 친구와 짝을 사귀는 등의 특정한 목표를 성취하게끔 설계되어 있다. 바로 그 때문에 인간은 누구나 설탕과 지방을 좋아하고, 섹스와 육아와 교우를 즐기고, 사회적 지위와 물질적 자원을 추구한다.

이 진화적 관점은 개발 정책에 근본적으로 중요하다. 정책 입안자는 주로 고전적인 경제 모델을 믿는데, 이 모델에서는 소득을 늘리는 것이 좋은 삶을 촉진하는 가장 효과적인 방법이라고 주장한다. 사람들이 이 '빈 서판' 접근법을 선호하는 이유는 종종 그것이 도덕적으로 중립적이기 때문이다. 다시 말해서 이 사고방식에 따르자면, 행복해지는 길은 많기 때문에 자기 선호와 가장 잘 맞는 길을 선택하게 놔둬야 한다는 것이다. 하지만 '최대 GDP'는 사실 중립적인 기준이 아니다. 그 이면에는 사람들은 다른 무엇보다 돈을 항상 선호한다는 전제가 놓여 있지만, 진화적 관점에서 이 전제는 유효하지 않다. 첫째, 돈—더 일반적으로 말하자면, 캐시 경제—은 출현한 지 몇천 년밖에 되지 않은 최신 발명품이다. 둘째, 우리는 돈으로 한 종류의 적합도-관련 목표를 성취할 수 있지만, 진화적 관점에서 볼 때 자녀, 친구, 자율성, 존엄, 안전 같은 다른 많은 목표들 역시 중요하다. 하지만 대개 돈으로는 친구, 자식, 안전을 살 수 없으며, GDP를 최대화하는 것이 이런 목표 달성에 실제로 방해가 되는 경우도 많다. 일례로, 일하는 시간을 늘리고 성공에 초점을 맞추면 친구나 가족과 보낼 시간이 줄어들고 스트레스가 많아진다.

최대 GDP 정책의 한계는 가난한 나라보다 개발국들에 더 타당해 보일 수도 있지만, 중국 같은 신흥 개발국들에 대한 연구는 그런 사회에서도 개발 정책을 펼 때 이 효과를 고려해야 한다고 암시한다. 지난 20년 동안 중국의 GDP는 엄청나게 증가했다. 하지만 이 증가는 인구 이동, 가족 붕괴, 높은 실업률, 연대감 부족, 불평등 증가를 수반했다. 심리학의 이론적·경험적 연구가 말해주듯이, GDP가 이렇게 증가할 때는 그와 함께 인구 대다수의 좋은 삶(웰빙)이 감소한다. 사회경제적 계층구조의 상단부가 다소 증가하긴 했지만 말이다.

따라서 이 경험적 연구는 중요한 질문을 제기한다. 만일 높은 소득의 혜택을 누리기 위해 직무 스트레스가 많아지고, 가족이나 친구와 보낼 수 있는 시간이 줄어들고, 불평등 심화로 자존감이 위축되는 비용을 치러야 한다면 경제 개발이 무슨 의미가 있을까?

이제 마지막 절에서 나는 경제 개발 정책이 저평가하거나 무시하는 몇 가지 매개변수를 살펴보고, 진화적 관점에서 볼 때 왜 그런 변수가 좋은 삶에 중요한지를 설명하고자 한다. 기본적으로, 우리의 행복은 진화적 적응 환경에서 중요했던 목표를 성취할 수 있는 조건들에 달려 있다.

절대 소득과 상대 소득

우선 보기에는 GDP를 극대화하는 것이 가장 합리적인 해법인 것 같다. 모두가 잘 알고 있듯이 돈으로는 모든 것을 살 수 있기 때문에, 사람들이 무엇을 원하든 GDP가 높으면 더 풍족하게 살 수 있다. 하지만 이 생각은 인간이 특별한 종이라는 사실을 망각하고 있다. 인간은 집단을 이루고 살았고, 인생의 성공은 사람이 그 사회에서 어떤 위치에 있느냐에 달려 있다. (고대와 현대를 통틀어, 수렵채집인 사회처럼 가장 평등한 사회들을 포함해서) 인류 역사의 대부분 동안 지위가 높으면 그 지위를 많은 자원, 많은 친구, 많은 짝, 많은 자식, 좋은 건강 등으로 바꿀 수 있었다. 다시 말해서 적합도는 지위와 긴밀한 상관성이 있다. 그런 이유로 사람들은 자신의 지위에 촉각을 곤두세우고, 사회 속에서 자신이 얼마나 잘 지내고 있는지에 신경을 많이 쓴다. 지위는 더 좋은 삶으로 가는 길을 열어주기 때문에 성공의 신호일 뿐 아니라 그 자체로 목표가 된다.

지위는 그 자체로 가치이기 때문에 인간은 자신의 지위를 평가하고 그 자체를 보상으로 여기는 심리 기제를 진화시켰다. 뇌 영상 연구가 입증한 바에 따르면, 사회적 비교를 수행할 때 보상과 관련된 뇌 영역들(예를 들어, 선조체)이 활성화된다고 한다. 남들보다 잘한다는 것은 인간에게 본래 뿌듯한 일이다. 반대로 남들보다 못한다는 것은 본래 괴롭다.

사회적 지위의 중요성은 아무리 높이 평가해도 과하지 않을 정도로 인간은 사회적 비교에 몹시도 집착한다. 많은 연구가 보여주듯이, 어느 정도 부유해지면 그 다음부터 인간은 자원의 절대적 수준보다는 사회적 비교에 더 신경을 쓴다(Frank, 1985, 2007). 유명한 실험(Solnick & Hemenway, 1998)에서 참가자들은 A 사회와 B 사회 중 한 곳에서 사는 것을 선택해야 했다.

A 사회: 당신은 현재 1년에 5만 달러를 벌고, 다른 사람들은 2만 5,000달러를 번다.
B 사회: 당신은 현재 1년에 10만 달러를 벌고, 다른 사람들은 20만 달러를 번다.

실험자들은 물가는 지금 수준이고, 따라서 화폐 구매력은 두 사회에서 똑같다고 참가자들에게 말했다. 두 사회의 소득 차이가 100%나 됐지만, 많은 참가자가 A 사회에서 살고 싶다고 말했다. 남들보다 더 잘 사는 시나리오를 선택한 것이다.

사회적 지위의 중요성은 사회 조직에 근본적인 영향을 미친다. 사회적 지위가 중요하다는 것은 다른 모든 조건이 같을 때 더 평등한 사회에서 사는 편이 좋다는 것을 의미한다(Frank, 2007; Wilkinson & Pickett, 2008). 평균적으로, 사회적 지위는 제로섬 게임이므로 사회가 불평등하면 그에 비례해서 사람들이 더 불행해진다. 사회의 최상위층도 예외가 아니라는 점에 주목하자. 사람들은 자신을 가까운 사람들과 비교하기 때문이다. 그래서 사회가 더 불평등할수록, 심지어 수입이 가장 많은 사람들

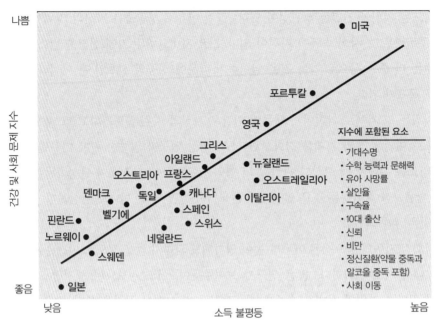

불평등한 나라일수록 건강과 사회 문제가 심각하다

그림 49.5 개발국에서 불평등(하단)이 건강과 사회 문제에 미치는 영향. 소득 불평등은 각 나라에서 하위 20% 대비 상위 20%의 비율로 측정했다. 출처: Wilkinson and Pickett, 2008.

사이에서도 간격이 커진다.

이 생각과 같은 맥락에서 유행병학 연구들이 밝혀낸 바에 따르면 불평등은 신뢰, 정신질환, 기대수명, 유아 사망률, 비만, 교육 성취도, 10대 출산, 살인율 등 인간의 광범위한 영역에 악영향을 끼친다고 한다(그림 49.5를 보라). 흥미로운 점은, 절대 소득으로는 이 효과를 설명할 수 없다는 것이다. 개발국 사이에서 절대 소득은 사회 문제와 건강 문제를 예방하는 효과가 거의 없는 듯하다. 미국을 비롯한 부자 나라들이 살인율, 10대 임신, 비만에 특별히 면역성이 있어 보이지 않는다. 또한 그리스, 뉴질랜드, 스페인 같은 가난한 나라가 그런 문제로 특별히 시달리는 것 같지도 않다. 비만, 10대 임신, 살인율의 주된 지표는 그 사회의 불평등 수준이다.

미국의 주 사이에서도 비슷한 효과를 발견할 수 있다는 점에 주목할 필요가 있다 (Wilkinson & Pickett, 2008). 여기서도 절대 소득은 중요한 역할을 하지 않는다. 반면에 불평등이 심한 주일수록 비만, 살인, 10대 임신의 비율이 높아진다.

진화적·심리적 관점에서 볼 때 건강 및 사회 문제와 불평등의 상관성은 확실하다. 실제로 비인간 영장류들뿐 아니라 인간에게도 사회적 지위는 생존에 결정적이다. 따라서 인간은 지위 문제를 다루는 특수한 기제를 진화시켰다. 여기서 발생하는 맞거래는 느린-빠른 전략의 맞거래와 동일하다. 장기적인 투자의 낮은 위험성을 추구하는 느린 전략을 선택할 수도 있고, 단기적인 투자와 높은 위험성을 추구하는 빠른 전략을 선택할 수도 있다(Daly & Wilson, 2001). 지위가 낮을 때 개인은 경쟁에서 제거당할 위험(자식을 키울 자원을 충분히 확보하지 못하거나, 짝을 찾지 못하는 등)에 직면한다. 이 상황에서는 모험적인 전략으로 가는 편이 낫다.

실생활에서 모험적인 전략은 진화한 특정 행동으로 나타난다. 남성의 경우에는 자신의 지위를 보호하고 남들에게서 존경을 얻으려고 폭력을 선택하는 경우가 빈번하다. 여성의 경우에는 더 일찍 번식하고 아이를 더 많이 낳게 된다(Daly & Wilson, 2001; Nettle, 2010a, 2010b). 이 진화적 논리와 맥을 같이 하여 유행병학 연구가 입증한 바에 따르면, 폭력은 사회경제적 지위가 낮고 지위와 존경에 가장 목말라 하는 젊은 남성들 사이에서 주로 발생하고, 불평등과 강하게 관련되어 있다(Daly & Wilson, 2001). 미국의 주에서 자살률은 불평등이 심할수록 높고, 이런 사정은 캐나다의 주와 OECD 국가들도 마찬가지다.

표준 경제학의 모델로는 이 상관관계가 충분히 이해되지 않는다. 순전히 합리적인 관점에서 볼 때, 현대 사회에서 지위가 낮으면 더 열심히 일하고, 교육에 투자하고, 번식을 늦추는 것이 바람직하다. 위와 같은 효과가 타당해지는 것은 진화적 관점에서 볼 때뿐이다. 폭력이 빈발하고 교육수준이 낮은 진화적 적응 환경에서는 폭력과 10대 임신이 실제로 지위가 낮은 개인에게는 성공적인 전략이었다. 이 전략을 쓰면 일찍 죽거나 자식을 잃을 가능성이 높았지만, 평균적으로 사회적 사다리를 타고 올라갈 가능성도 높아졌다.

진화 이론은 불평등의 다른 효과도 설명해준다. 비만을 예로 들어보자. 우리는 당연히 먹으면 기운이 나고 특히 아이스크림이나 피자처럼 고열량 음식을 먹으면 더욱 그렇지만, 이 행동은 설명이 필요하다. 왜 스트레스를 받으면 더 많이 먹게 되는 것일까? 이 질문의 답도 우리의 미각이 진화한 특별한 환경에 있다. 위에서 설명했듯이, 인간은 역사의 대부분 동안 자원이 부족한 환경에서 살았다. 스트레스는 상황이 나빠진다는 것을 알려주는 신호이기 때문에 유기체는 음식에 더 높은 순위를 매긴다. 과거의 경험에 비추어볼 때 상황이 나빠진다는 것은 대개 음식이 부족해진다는 것을 의미하기 때문이다(Nesse & Young, 2000). 스트레스가 발생하면 우리의 선호가 변하고, 우리의 생리도 변한다. 예컨대, 스트레스가 높아지면 유기체는 칼로리를 복부 지방으로 더 많이 전환한다. 몸이 스스로 어려운 시절에 대비하는 것이다.

같은 맥락에서 개발국의 비만율은 불평등과 밀접한 상관관계를 보인다(Wilkinson & Pickett, 2008). 음식과 열량이 풍족하고 저렴한 개발국에서 칼로리를 비축하려고 과식하는 행동은 불합리해진 지 오래됐다. 하지만 우리가 진화했던 과거에는 합리적이었기 때문에, 사람들은 여전히 먹는 것으로 스트레스에 대처한다. 그 결과, 불평등이 심해서 스트레스가 높은 나라는 비만율 역시 높은 경향이 있다.

기름진 음식을 먹고 복부에 칼로리를 비축하는 것은 코르티솔 같은 호르몬이 조절하는 일반적인 스트레스 체계의 일환으로, 이 체계는 당장 시급하지 않은 필요를 희생하고 유기체가 (가령 두려움 체계에) 쓸 수 있는 자원의 양을 높여준다. 예를 들어 면역계가 덜 활성화되는데, 바로 이 때문에 스트레스를 받는 사람은 병에 잘 걸린다. 따라서 유기체가 스트레스를 받으면 가용 자원이 많아지기 때문에, 단기적으로는 능률이나 경계심 또는 인내심이 높아진다. 하지만 장기적으로는 유기체에게 대단히 해롭다. 이 때문에 불평등과 스트레스는 동맥경화나 심혈관 질환 같은 수많은 건강 문제와 관련이 있다(Nesse & Young, 2000).

요컨대, 진화적 · 심리적 접근법을 채택하면 불평등이 왜 인간에게 그토록 해로운지를 이해할 수 있다. 인간은 사회적 동물이기 때문에 지위에 신경을 많이 쓰고, 그래서 불평등한 사회에서 살면 덜 행복하고, 문제 행동을 많이 하게 된다. 다시 한번 전통적인 경제학의 관점으로는 이런 결과에 도달할 수 없다. 사람들의 선호, 특히 높은 사회적 지위에 대한 선호를 가정하지 않기 때문이다. 이 결과는 공공 정책의 토대가 되어야 한다. 평등을 중시하는 주장들은 대개 사회 정의를 고려한 개념에 기초한다. 진화적 · 심리적 접근법에서는 새롭고 더 중립적인 주장으로 평등을 옹호한다. 이 접근법에서는 부유하든 가난하든 사람은 대부분 더 평등하고 스트레스가 적은 사회에서 사는 것이 더 좋다고 주장한다.

GDP 중심 정책의 고비용

사회적 지지는 인간에게 기본적으로 중요하며, 경쟁이 스트레스를 안기는 것처럼 지지가 없는 것도 괴로움을 안긴다. 최근에 뇌 영상으로 밝혀졌듯이(Eisenberger, Lieberman, & Williams, 2003), 사회적 배제를 당하면 똑같은 신경망이 활성화되는데도 신체적 통증이 느껴진다. 진화적 관점에서는 이 결과가 타당하다. 신체적 통증이 유기체에게 신체적 위협이 닥쳤음을 알려주는 것과 마찬가지로, 사회적 고통은 유기체에게 사회적 위협이 닥쳤음을 알려준다. 대부분의 동물에게 혼자 있다는 것은 아주 불길한 뉴스다. 포식자에게 잡아먹힐 위험은 크고, 식량을 발견할 가능성은 낮기 때문이다. 하지만 그 뉴스가 인간에게 특히 나쁜 이유는 사회적 협력과 지지 없이 인간이 생존하기는 하늘의 별 따기이기 때문이다.

이 생각의 연장선에서, 사회적 지지가 감소하면 스트레스가 급증한다는 사실이 밝혀졌다(개괄을 위해서는 다음을 보라. Diener & Seligman, 2004; Layard, 2006). 또한 남자든 여자든 친구가 많은 사람이 적은 사람보다 정신적 스트레스 수준이 낮다. 정신적 문제는 미혼자, 한부모, 독신자 사이에서 가장 많이 발생한다. 마지막으로, 사회적 결속이 끈끈한 사람이 오랫동안 혼자 지내게 되면 괴로워한다. 예를 들어, 잠수함에서 근무하는 남자의 아내들은 배우자가 없는 기간에 정신질환과 우울증에 더 많이 시달린다. 여기서도 스트레스는 인간 심리가 사회적 지지의 결핍을 생존의 위협으로 취급한다는 것을 분명히 입증한다. 앞에서 보았듯이 그런 상황에서는 결국 몸과 마음의 병이 더 자주 발생한다.

이 경험적 결과는 공공 정책에 대단히 중요하다. 사실, 이 결과들은 인간의 좋은 삶에 친구와 가족이 결정적이라고 강조한다. 사회적 지지가 없으면 인간은 절대 행복할 수 없다. 지난 20년 동안 많은 데이터가 입증한 바에 따르면, 평균적으로 말해서 매우 행복한 사람은 친한 친구가 많고, 가족의 결속과 낭만적인 관계가 강한 사람들이다(Diener & Seligman, 2002로부터).

마찬가지로 사람의 사회적 관계가 그들의 좋은 삶에 미치는 영향은 경제적 상황보다 크진 않아도 그에 못지않다. 예를 들어, 수입이 3분의 1 줄면 행복이 2점 감소하는 반면에, 남편을 잃거나, 이혼하거나, 별거하면 행복이 각각 4점, 5점, 8점 감소한다(Layard, 2006).

이 관점에서 볼 때 사회적 관계의 질이나 양을 떨어뜨리면서까지 소득을 높이는 것은 좋은 정책이 아니다. 사람들이 보수가 더 많은 일자리를 얻고 재화와 용역을 더 많이 살 수는 있겠지만, 그것으로는 가족이나 친구와 멀어지는 역효과가 상쇄되지 않는다. 물론 이것도 맞거래지만, 정책 입안자는 사회적 유대관계가 결정적으로 중요하다는 사실을 인식할 필요가 있다. 디너Diener와 셀리그먼Seligman은 이렇게 말했다. "군대와 기업은 고용인들과 그 가족을 꼭 필요하거나 본인이 요구할 때만 이주시켜야 한다. 몇 년마다 기계적으로 이동하면 지역 사회의 연대가 사라지고, 몇 안 남은 친구도 조만간 위기를 맞게 된다"(Diener & Seligman, 2004, p. 20). 더 일반적인 수준에서, 일자리를 얻느라 사람들이 전국이나 세계 각지로 이주해야 할 때 나타날 잠재적 효과는 반드시 이 관점을 통해서 고려해야 한다. 사람들은 추방자가 되어서 지속적인 사회 연결망으로부터 먼 곳에 좌초된 신세가 되느니, 적은 돈을 벌면서 가족과 함께 사는 것이 더 나을지 모른다.

GDP만 중시하는 정책에 희생되는 인간의 선호는 사회적 지지만이 아니다. 이미 심리학 연구로 밝혀졌듯이, 안전도 좋은 삶에 매우 중요한 요소다(개괄을 위해서는, Layard, 2006을 보라). 예측할 수 없는 환경에서, 예를 들어 언제 해고당할지 모른 채로 살면 극심한 스트레스를 받는다. 심리적 관점에서 보면, 그보다는 보수가 적더라도 더 안전한 직업을 갖는 편이 나을지 모른다. 또한 자율성도 좋은 삶에 매우 중요한 요소다. 사람은 자신의 삶을 통제할 수 없다고 느끼면 극심한 스트레스를 받는다. 작은 회사나 상점에서 일하는 것이 보수는 적어도 훨씬 좋을 수 있다. 큰 회사에서는 개인이 자신의 성공에 크게 기여하지 못하고, 자신의 직업을 통제하기가 더 어렵기 때문이다.

결론

표준적인 경제학이 인간 개발에 접근할 때는, 거의 모든 문제가 잘못된 제도에 기인한다고 가정한다. 어느 정도는 맞는 말이다. 하지만 인간의 행동이 개발 정책의 목표와 충돌한다는 사실에서도 많은 문제가 발생한다. 사람들은 노후에 대비해서 돈을 모으지 못하고, 의사가 그렇게 권유해도 건강에 나쁜 식사를 계속하고, 서로를 믿지 못하고 협력하기를 거부한다. 그런 이유로 사람들에게는 가끔 공공 정책의 너지가 필요하다.

하지만 **언제** 필요할까? 표준적인 행동주의 접근법에서는 사람들이 복잡한 문제에 부딪히거나, 피드백이 잘 돌아오지 않거나, 비용은 지금 지불해야 하는데 이득은 나중에 발생할 때 너지가 필요하다고 말한다(Thaler & Sunstein, 2008). 하지만 심리적 관점에서 볼 때 이 견해는 부족하다. 태어난 지 2년 만에 두 발로 걷거나 단어 수천 개를 배우는 일은 상당히 복잡하고, 그 이득은 주로 먼 미래에 발생한다. 그렇지만 인간은 그 일을 쉽고 매끄럽게 해낸다. 어떤 음식이 태아에게 해로운지를 결정하기는 매우 어렵다. 개인으로서는 한 음식과 그 효과의 인과관계를 확실히 알 수가 없기 때문이다. 하지만 여성에게는 임신했을 때 어느 음식을 먹어야 하는지를 알려주는 아주 효과적이고 박식한 직관이 있다. 마지막으로, 육아에는 엄청난 자원이 들고 그 이득은 여러 해가 지났을 때야 돌아온다. 하지만 인간은 자식을 돌보는 일에 여가와 에너지를 희생하고도 아무런 문제를 느끼지 않는다.

그렇다면 사람들에겐 **정말로** 너지가 필요할 때는 언제일까? 심리학은 이렇게 답한다. 사람들의 관심사가 그들의 진화한 심리와 맞아떨어지지 않을 때, 다시 말해서 조상의 환경과 현재의 환경 사이에 간극이 있을 때라고. 그렇다면 어떤 너지가 좋은 너지일까? 좋은 너지는 인간 심리를 제약 조건으로 인정하고, 그 한계를 인정하고, 인간 본성을 부풀려 기대하지 않는 너지다. 좋은 너지는 인간 심리가 작동하는 방식을 이용하고, 그 기제들을 공공 정책의 효과를 높이는 지렛대로 활용한다.

참고문헌

Aktipis, C. A. (2004). Know when to walk away: Contingent movement and the evolution of cooperation. *Journal of Theoretical Biology*, *231*(2), 249–260.

Alesina, A., & Glaeser, E. (2004). *Fighting poverty in the US and Europe: A world of difference*. Oxford, England: Oxford University Press.

Algan, Y., & Cahuc, P. (2006, January). *Civic attitudes and the design of labor market institutions: Which countries can implement the Danish flexicurity model?* IZA

Discussion Paper No. 1928.

Bateson, M., Nettle, D., & Roberts, G. (2006). Cues of being watched enhance cooperation in a real-world setting. *Biology Letters, 2*(3), 412–414.

Baumard, N. (2010). Has punishment played a role in the evolution of cooperation? A critical review. *Mind and Society, 9*, 171–192.

Baumard, N., André, J.-B., & Sperber, D. (2013). A mutualistic approach to morality: The evolution of fairness by partner-choice. *Behavioral and Brain Sciences, 36*(1), 59–78.

Behavioural Insight Team. (2012). *Applying behavioural insights to reduce fraud, error and debt.* London, England: Cabinet Office.

Bettinger, E. P., Long, B. T., Oreopoulos, P., & Sanbonmatsu, L. (2012). The role of application assistance and information in college decisions: Results from the H&R Block FAFSA Experiment. *The Quarterly Journal of Economics, 127*(3), 1205–1242.

Bjørnskov, C., & Svendsen, G. T. (2012). Does social trust determine the size of the welfare state? Evidence using historical identification. *Public Choice,* 1–18.

Burnham, T., & Phelan, J. (2012). *Mean genes: From sex to money to food: Taming our primal instincts.* New York, NY: Basic Books.

Chetty, R., Friedman, J. N., Leth-Petersen, S., Nielsen, T. H., & Olsen, T. (2013, March). *Subsidies vs. nudges: Which policies increase saving the most?* Issue Brief 13–3. Boston, MA: Center for Retirement Research at Boston College.

Chisholm, J. S., Ellison, P. T., Evans, J., Lee, P. C., Lieberman, L. S., Pavlik, Z., Worthman, C. M. (1993). Death, hope, and sex: Life-history theory and the development of reproductive strategies [and comments and reply]. *Current Anthropology, 34*(1), 1–24.

Cialdini, R. B. (1993). *Influence: The psychology of persuasion.* New York, NY: Morrow.

Cosmides, L., & Tooby, J. (1997). *Evolutionary psychology: A primer.* Santa Barbara: Center for Evolutionary Psychology, University of California. Retrieved from http://www.cep.ucsb.edu/primer.html

Cosmides, L., & Tooby, J. (2013). Evolutionary psychology: New perspectives on cognition and motivation. *Annual Review of Psychology, 64*, 201–229.

Daly, M., & Wilson, M. (2001). Risk-taking, intrasexual competition, and homicide. In J. A. French, A. C. Kamil, & D. W. Leger (Eds.), *Nebraska symposium on motivation: Vol. 47. Evolutionary psychology and motivation* (pp. 1–36). Lincoln: University of Nebraska Press.

Datta, S., & Mullainathan, S. (2012). *Behavioral design: A new approach to development policy.* CDG Policy Paper No. 16, Center for Global Development, Washington, DC.

Diamond, J. (2012). *The world until yesterday: What can we learn from traditional societies?* New York, NY: Penguin.

Diener, E., & Seligman, M. E. P. (2002). Very happy people. *Psychological Science, 13*(1), 81.

Diener, E., & Seligman, M. E. P. (2004). Beyond money. *Psychological Science in the Public Interest, 5*(1), 1–31.

Eisenberger, N. I., Lieberman, M. D., & Williams, K. D. (2003). Does rejection hurt? An fMRI study of social exclusion. *Science, 302*(5643), 290–292.

Ellis, B. J., Figueredo, A. J., Brumbach, B. H., & Schlomer, G. L. (2009). Fundamental dimensions of environmental risk. *Human Nature, 20*(2), 204–268.

Ernest-Jones, M., Nettle, D., & Bateson, M. (2011). Effects of eye images on everyday cooperative behavior: A field experiment. *Evolution and Human Behavior, 32*(3), 172–178.

Frank, R. H. (1985). *Choosing the right pond: Human behavior and the quest for status.* New York, NY: Oxford University Press.

Frank, R. H. (2007). *Falling behind: How rising inequality harms the middle class* (Vol. 4). Berkeley: University of California Press.

Fukuyama, F. (1995). *Trust: The social virtues and the creation of prosperity.* New York, NY: Free Press.

Garner, R. (2005). Post-It® note persuasion: A sticky influence. *Journal of Consumer Psychology, 15*(3), 230–237.

Goldstein, N. J., Cialdini, R. B., & Griskevicius, V. (2008). A room with a viewpoint: Using social norms to motivate environmental conservation in hotels. *Journal of Consumer Research, 35*(3), 472–482.

Griskevicius, V., Ackerman, J. M., Cantú, S. M., Delton, A. W., Robertson, T. E., Simpson, J. A., & Tybur, J. M. (2013). When the economy falters, do people spend or save? Responses to resource scarcity depend on childhood environments. *Psychological Science, 24*(2), 197–205.

Haley, K., & Fessler, D. (2005). Nobody's watching? Subtle cues affect generosity in an anonymous economic game. *Evolution and Human Behavior, 26*(3), 245–256.

Hoebel, E. A. (1954). *The law of primitive man: A study in comparative legal dynamics.* Cambridge, MA: Harvard University Press.

Kaplan, H., & Gurven, M. (2005). The natural history of human food sharing and cooperation: A review and a new multi-individual approach to the negotiation of norms. In H. Gintis (Ed.), *Moral sentiments and material interests: The foundations of cooperation in economic life* (Vol. 6, pp. 75–113). Cambridge, MA: MIT Press.

Kaplan, H. S., Hooper, P. L., & Gurven, M. (2009). The evolutionary and ecological roots of human social organization. *Philosophical Transactions of the Royal Society B: Biological Sciences, 364*(1533), 3289–3299. doi:10.1098/rstb.2009.0115

Layard, R. (2006). *Happiness: Lessons from a new science.* New York, NY: Penguin.

Nesse, R. M., & Young, E. A. (2000). Evolutionary origins and functions of the stress response. *Encyclopedia of Stress, 2,* 79–84.

Nettle, D. (2010a). Dying young and living fast: Variation in life history across English neighborhoods. *Behavioral Ecology, 21*(2), 387–395.

Nettle, D. (2010b). Social class through the evolutionary lens—Daniel Nettle takes a look. *Psychologist, 22*(11), 934.

Nolan, J. M., Schultz, P. W., Cialdini, R. B., Goldstein, N. J., & Griskevicius, V. (2008). Normative social influence is underdetected. *Personality and Social Psychology Bulletin, 34*(7), 913–923.

Pinker, S. (1997). *How the mind works.* New York, NY: Norton.

Putnam, R. D. (2000). *Bowling alone: The collapse and revival of American community.* New York, NY: Simon & Schuster.

Roberts, G. (1998). Competitive altruism: From reciprocity to the handicap principle. *Proceedings of the Royal Society B: Biological Sciences, 265,* 427–431.

Roff, D. A. (2002). *Life history evolution* (Vol. 7). Sunderland, MA: Sinauer.

Solnick, S. J., & Hemenway, D. (1998). Is more always better? A survey on positional concerns. *Journal of Economic Behavior & Organization, 37*(3), 373–383.

Stearns, S. C. (1992). *The evolution of life histories.* New York, NY: Oxford University Press.

Thaler, R. H., & Sunstein, C. R. (2008). *Nudge: Improving decisions about health, wealth, and happiness.* New Haven, CT: Yale University Press.

Trivers, R. (1971). Evolution of reciprocal altruism. *Quarterly Review of Biology, 46,* 35–57.

Uslaner, E. M. (2002). *The moral foundations of trust.* Cambridge, England: Cambridge University Press.

Wilkinson, R., & Pickett, K. (2008). *The spirit level.* New York, NY: Allen Lane/Penguin Press.

Willinger, M., Keser, C., Lohmann, C., & Usunier, J. (2003). A comparison of trust and reciprocity between France and Germany: Experimental investigation based on the investment game. *Journal of Economic Psychology, 24*(4), 447–466.

50장

진화와 소비자심리학

개드 사드

서문

소비자 행동은 진화적 원칙을 인간에게 적용할 때 어떤 결과가 나오는지를 연구할 수 있는 이상적인 맥락이다(Colarelli & Dettman, 2003; Griskevicius & Kenrick, 2013; G. Miller, 2009; Saad, 2006a, 2007a, 2008a, 2011, 2013; Saad & Gill, 2000). 우리는 우리의 진화한 미뢰와 일치하는 음식을 좋아한다. 우리는 살고, 일하고, 노는 공간이 우리의 생명애 본능과 일치할 때 더 안락한 기분을 느낀다. 우리는 짝짓기 시장에서 성적 신호를 강화해줄 상품을 구입한다(예를 들면, 남성은 호화로운 스포츠카, 여성은 화장품). 우리는 혈연관계를 형성하고, 유지하고, 강화할 수단으로 선물을 하는데, 혈연이 아닌 친구나 동맹자에게도 그렇게 한다. 연애 소설, 영화의 주제, 노래 가사, 종교적 서사 같은 문화적 산물이 우리를 감동시키는 것은 거기에 우리의 보편적인 인간 본성의 근본적인 측면이 포착되어 있기 때문이다. 간략히 말하자면, 소비자 행동을 연구하는 일은 우리의 진화한 선호, 선택, 행동에 확대경을 갖다 대는 일이다.

소비자는 생물학적 존재이며 진화의 힘들을 통해 조형된 정신과 신체로 이루어졌다는 점을 고려할 때, 아주 최근부터 소비자 행동에 진화심리학을 응용했다는 사실은 다소 놀라울 수 있다. 2013년 12월 25일에 구글 학술 검색Google Scholar에서 '진화심리학'과 '소비자 행동'이라는 두 단어를 조합해서 검색했더니, 1988년부터 2013년까지의 검색 건수는 1988-1999년에는 22건, 2000-2005년에는 133건, 2006-2010년에는 347건, 2011-2013년에는 394건이었다. 소비자심리학의 관심 주제와 주요 이론을 다룬 『소비자심리학 편람Handbook of Consumer Psychology』(Haugtvedt, Herr, & Kardes, 2008)의 본문 1,273쪽을 검색했을 때도, '진화심리학'은 단 한 번도 나오지 않았다. 소비자 행동 교과서들을 분석해도 이 분야에 진화적 이론을 세우는 작업이 부족하다는 사실을 분명히 확인할 수 있다. 그 내용은 상당히 표준화되어 있는 편이며, 다음과 같은 장들로 이루어져 있다. 지각, 학습과 기억, 태도 형성과 태도 변화, 의사결정과 정보처리, 동기와 감정, 성격, 문화. 각각의 영역을 떠받치는 이론적 틀들은 서로 분리되어 있는데, 하나로 합치면 소비자 마음에 대한 모순된 견해가 생겨날 것이다. 뿐만 아니라 인간의 정신이 내용-독립적, 영역-일반적 계산 시스템들(예를 들어, 고전적·조작적 조건형성, 정교화 가능성 모델, 합리적 행동 이론, 합리적 선택 이론)로 이루어져 있다는 (주로 암묵적인) 가정이 깔려 있다.

내가 소비자 행동이란 분야에 다윈주의를 도입하겠다는 생각을 처음 하게 된 것은 코넬 대학에서 박사과정 첫 학기를 보내던 1990년 가을에, 마틴 데일리Martin Daly와 마고 윌슨Margo Wilson의 『살인Homicide』을 읽은 뒤였다. 장대한 프로젝트를 시작하고 처음 10년 동안, 진화심리학과 소비자 행동을 결합해서 연구하는 마케팅학 교수는 나 혼자였다. 그러나 지난 몇 년 사이에 주로 (진화심리학의 두 주요 개척자인) 데이비드 M. 버스와 더글러스 T. 켄릭을 사사한 많은 마케팅학자들이 새롭게 이 분야에 들어와서 방대한 연구를 축적하고 있다. 하지만 재능 있는 진화소비자심리학자들이 이렇게 임계량을 채우고 있는 상황에서도 마케팅학자의 대다수는 여전히 진화적 이론화에 적대감까지는 아니어도 신중한 태도를 취하고 있는데 그 이유는 어느 정도, 인간의 마음을 빈 서판으로 보는 관점에 충성하기 때문이다.

마케팅학자의 대부분은 소비자 선택이 대체로 사회화에 이끌려 이루어진다고 해석한다. 장난감 선호가 그런 사회구성주의적 관점을 전형적으로 보여준다. 이 주장에 따르면 젠더 역할은 어찌 보면 성차별적일 수도 있는 사회가 임의로 부과한 것이며, 그 과정은 이른 나이에 부모가 자녀에게 강요하는 장난감 선호를 통해 시작된다. 어린 밥은 파란 트럭과 군대를 주제로 한 장난감을 갖고 놀고 난장판을 벌이는 법을 배우는 반면에, 어린 베르나뎃은 분홍색 드레스를 입은 인형을 갖고 놀도록 교육받는다. '새로운 시대'의 일부 부모들은 이런 관점을 의식해서, '성차별적인' 젠더 귀속의 덫을 피하려고 자녀에게 이른바 젠더-중립적 장난감을 갖다 준다. 하지만 독립적인 여러 연구가 입증하듯이, 요즘 유행하는 이 전제는 경험적 연구결과에 잘 들어맞지 않는다. 예를 들어, 사회화가 가능한 인지적 발달 단계에 이르지 않은 유아들도 전통적인 성별-특이적 장난감 선호를 나타낸다(Alexander, Wilcox, & Woods, 2009; Jadva, Hines, & Golombok, 2010). 또한 버벳원숭이와 붉은털원숭이 새끼들에게도 인간 아기와 비슷한 성별-특이적 장난감 선호가 있다(Alexander & Hines, 2002; Hassett, Siebert, & Wallen, 2008). 어린 여자아이들이 내분비 장애 때문에 형태적 특징과 행동적 양상에 남성화가 일어나는 선천성 부신피질 과형성을 앓고 있으면, 장애가 없는 여자아이들에 비해 더 소년에 가까운 장난감을 선호한다(Berenbaum & Hines, 1992). 호르몬과 관련해서는 라민메키Lamminmäki 등(2012)이 유아의 테스토스테론 수치를 (소변 표본을 통해) 생애 첫 6개월 동안 측정해서, 그 수치와 취학 전 아동 활동 일람PSAI: Pre-School Activities Inventory(행동의 성별화 수준 측정법) 및 성별화된 장난감 선택(기차 대 아기 인형)에 상관관계가 있음을 입증했다. 남자아이의 경우, 테스토스테론 수치는 PSAI 점수와 양의 상관관계가 있었고, 인형 놀이와는 음의 상관관계가 있었다. 여자아이의 경우, 테스토스테론 수치는 기차를 갖고 노는 시간과 양의 상관관계가 있었다. 안드로겐에 노출된 정도를 대리 측정한 결과를 활용했을 때에도 비슷한 상관관계가 나타났다. 예를 들어, 왼손 손가락 길이 비율(자궁에서 안드로겐에 노출된 정도를 보여주는 지표)이 더 남성화된 남자아이는 PSAI에서 더 남성적인 것으로 보는 놀이 행동에 더 많이 참여한다(Hönekopp & Thierfelder, 2009). 마지막으로, 연구자들은 장난감의 구체적인 디자인 특징을 진화적 렌즈를 통해 분석했다. 예를 들어, 아기 얼굴에 대한 선천적인 선호 성향을 살펴보자. 이 선천적인 선호는 자동차 앞면(Miesler, Leder, & Herrmann, 2011)과 테디베어를 비롯한 다양한 제품을 통해 입증되었다. 구체적으로, 대다수의 6세 아동과 8세 아동은 아기처럼 생긴 테디베어를 선호한다(Morris, Reddy, & Bunting, 1995). 진화적 관점에서 살펴본 장난감 선호 연구를 검토한 문헌으로는 알렉산더Alexander(2003)를 보라.

모든 소비자의 선호와 선택이 진화적 현실에 뿌리를 내리고 있는 것은 아니지만, 많은 사례를 생존, 번식, 혈연선택, 상호 이타주의, 이 네 가지 다원주의적 범주로 분류할 수 있다(Saad, 2006a, 2007a, 2011, 2013; Saad & Gill, 2003). 신경마케팅과 관광업 연구에 이 네 주제를 적용한 연구에 대해서는 각각 가르시아Garcia & 사드(2008) 그리고 크라우치Crouch(2013)를 보라. 결국, 수많은 소비자 현상이 그런 기본적인 진화적 요인에 뿌리를 두고 있다. 이 장에서 나는 네 가지 다원주의적 범주 안에서 이 진실을 입증하는 예들을 제시하고자 한다. 결론에서는 소비자 연구 분야에 진화적 이론화를 결합하여 거둔 몇 가지 이점을 논의할 것이다.

생존

음식은 가장 기본적인 생존 과제에 속한 많은 도전에서 중심적인 위치를 점유한다. 여기에는 필수 일일 열량을 섭취하는 경우(식량 수집)와 다른 존재가 섭취하는 열량이 되지 않는 경우(포식자 회피)가 포함된다. 이 기본적인 충동은 소비자 영역의 무수히 많은 방면에서 모습을 드러낸다. 인간은 열량 결핍이 일상적인 현실이었던 조상의 환경과 관련하여 미각 선호를 진화시켰다. 그러니 소비자가 고열량의 맛있는 음식을 보편적으로 선호하더라도 놀랄 일은 아니다(Drewnowski, 1997; Drewnowski & Almiron-Roig, 2010). 이런 선호는 실질적인 소비자 선택에서 어떻게 제 모습을 드러낼까? 미국을 대상으로 하든 세계를 분석 대상으로 하든, 식당 체인점 순위는 동일한 기업들이 목록의 윗단을 차지하는데, 항상 맥도날드, KFC, 웬디스, 피자헛, 버거킹이 최상위에 포진해 있다. 이 기업들이 국제적으로 성공한 이유는 우리의 진화한 미각 선호에 잘 맞는 상품을 팔기 때문이다. 구체적인 메뉴는 문화-특이적인 요구에 맞춰 변경될 수 있지만(예를 들어, 맥도날드는 인도에서 힌두교의 규칙을 따라 쇠고기를 취급하지 않는다), 보편적인 공통성은 음식 품목의 열량과 지방량이 상당히 높다는 점이다.

마케팅학자들은 진화심리학자들이 유독 비교 문화적 유사성(인간의 보편성)에만 주목한다고 잘못 가정한다. 마케팅학자들은 실행 가능한 마케팅 전략이라면 대개 개인적 차원에서든 문화적 차원에서든 소비자의 이질성을 이해할 필요가 있다고 생각한다. 물론 이 생각은 잘못된 전제의 결과물이다. 진화 이론은 많은 비교문화적 차이가 적응적 과정에 근거해 있다는 점을 충분히 알고 있으며, 메타-이론의 견지에서도 그렇기 때문이다(예를 들면, Gangestad, Haselton, & Buss, 2006). 요리 방식의 비교문화적 차이를 생각해보자. 왜 어떤 요리법은 고기를 주로 사용하고, 다른 요리법에는 고기가 거의 들어가지 않을까? 왜 어떤 미식 전통은 다른 전통에 비해 향신료, 절임, 훈연 방식을 더 많이 사용할까? 왜 소금 소비량은 문화적 배경에 따라 다른 걸까? 이를테면 국지적 생태환경 안에서 병원체 밀도가 그 지역 기후의 대기 온도와 관련되어 있듯이(항균 가설), 요리 전통도 아주 현실적인 생물학적 문제에 적응한 결과라고 몇몇 연구자들이 입증했다. 더운 기후(지리 그리고/또는 계절성으로 인한)일수록 음식 유해균이 더 많고, 그래서 사람들은 병원체 위협을 억누를 수 있는 요리 방식(예를 들어, 향신료의 현저한 사용)을 채택할 것이다(Billing & Sherman, 1998; Ohtsubio, 2009; Sherman & Billing, 1999; Sherman & Hash, 2001). 흥미로운 연구가 하나 있는데, 주Zhu 등(2013)은 중국 전역의 요리 전통들이 지리적 근접성에 기초한 복제-돌연변이 기제를 따른다고 입증했다.

연구자들은 문화적으로나 종교적으로 부과된 음식 금기도 진화적 관점에서 탐구해왔다. 문화인류학자들은 대개 여러 문화에 존재하는 다양한 음식 금기를 기록하는 것에 만족하지만, 진화적으로 사고하는 학자들은 그런 금기가 생물학적 현실에 근거한 것인지를 조사한다. 예를 들어, 헨릭과 헨릭(2010)은 피지에서 음식 금기가 어패독에 중독되는 것을 막아주는 적절한 예방책임을 입증했다. 사드(2011)도 코셔(유대인의 금기)의 어패류 금지에 대해서 그와 비슷한 적응적 논지를 전개했다. 그 밖에 다른 환경적 우연들도 사람들의 음식 행동을 변화시킨다. 라랑Laran과 살레르노Salerno(2013)는 생활사의 관점을 활용해서, 환경의 가혹함을 알리는 단서에 참가자를 노출시키면 음식을 고를 때 열량이 높고 포만감이 들 것처럼 보이는 음식을 더 잘 선택한다는 결과를 얻었다. 달리 말해서, 사람들을 가혹한 환경의 단서로 점화시키면 열량을 축적하는 장치가 작동한다.

그 외에도 소비자학자들이 중요하게 생각하는 음식 관련 항목에는 진화한 생물학적 기제와 관련된 것들이 헤아릴 수 없이 많다. 다음이 대표적인 것들이다. 음식 선호가 어머니에게서 태아에게 또는 수유 과정을 통해 자녀에게 전달되는 과정 (Beauchamp & Mennella, 2009; Mennella, Jagnow, & Beauchamp, 2001), 임신기 여성의 음식 갈망과 기피(Sherman & Flaxman, 2001 참조), 여성의 음식 행동 및 선호와 월경주기의 관계(Fessler, 2001; Saad & Stenstrom, 2012), 심지어 객관적으로 맛이나 향이 완전히 똑같은 음식들에까지 적용되는 음식 다양성 애호(예를 들면, M&M 초콜릿의 다양한 색, 파스타 모양의 다양성; Kahn & Wansink, 2004; Rolls, Rowe, & Rolls, 1982), 일시적인 배고픔과 음식 관련 태도 및 구매의 긍정적 관련성(Lozano, Crites, & Aikman, 1999; Nisbett & Kanouse, 1969), 고열량 식품이 있는 위치를 사람들이 잘 떠올리는 적응적 방식(Allan & Allan, 2013; New, Krasnow, Truxaw, & Gaulin, 2007).

음식은 생존에 중요하기도 하지만, 다른 한편으로는 인간을 비롯한 광범위한 종들의 짝짓기 의식에서도 중요한 역할을 한다. 어떤 경우에는 결혼 선물로 식량을 제공하는데, 그럴 때는 암묵적인 계약이 분명히 존재한다. 즉, 식량과 섹스를 교환하는 것이다. 이런 섹스 교환의 경제를 가장 잘 보여주는 사례가 성적 동족포식(예를 들면, 일부 거미와 사마귀 종; Buskirk, Frohlich, & Ross, 1984)이다. 인간의 경우에는 구애 의식이 대개 음식 중심으로 이뤄지며(예를 들어, 첫 번째 데이트, 밸런타인데이의 저녁 식사, 결혼식 만찬 등), 연애 관계의 친밀함은 어느 정도는 두 개인이 서로 음식을 공유하는 정도로 알아볼 수 있다(Alley, Brubaker, & Fox, 2013; L. Miller, Rozin, & Fiske, 1998). 현재의 연애 파트너가 전 애인과 점심이나 저녁을 먹으며 데이트하는 상황을 떠올릴 때, 사람들은 음식이 빠진 비슷한 만남을 떠올릴 때보다 질투를 더 크게 느낀다(Kniffin & Wansink, 2012).

음식 외에도 뇌 지도상 생존 클러스터cluster(다발)와 일치하는 소비자 관련 현상이 있는데, 일례로 특수한 환경(가령, 자연 풍경, 인위적 공간)에 대한 개인의 선천적인 선호가 그런 현상에 속한다. 진화적 이론틀에 근거한 것은 아니지만, 많은 마케팅학자가 상업적인 분위기(예를 들어, 쇼핑몰의 배경음악이나 소매점 공간에 배어 있는 냄새)가 소비자 결과에 어떤 영향을 미치는지를 탐구해왔다(관련된 개괄을 위해서는 다음을 보라. Krishna, 2012; Turley & Milliman, 2000). 이 문헌에 기여할 수 있는 진화적 이론틀이 적어도 둘이 있는데, 조망-피신 이론(Orians & Heerwagen, 1992)과 생명애 가설(Wilson, 1984)이다. 전자는 인간이 몸을 숨길 수 있으면서 넓은 시각적 조망을 확보

할 수 있는 자연적 지형을 선천적으로 선호한다고 주장한다(Falk & Balling, 2010). 바로 그런 지형이 포식자와 그 밖의 환경적 위험(예를 들면, 적대적인 외집단 구성원)을 막아주기 때문이다. 이런 본능적인 공간 선호는 소매점(Joye, Poels, & Willems, 2011)과 실내공간(Scott, 1993)을 비롯한 수많은 인공 환경을 어떻게 디자인하면 좋을지 말해준다. 생명애 본능이 가리키는 것은 자연과 교감하고자 하는 우리의 선천적인 욕망으로, 이는 우리가 자연 세계와 상호작용을 할 때 심리적, 정서적, 물질적으로 막대한 이익을 얻을 수 있다는 사실로 입증된다(Maller, Townsend, Pryor, Brown, & St Leger, 2006). 건축, 도시, 실내 설계의 성공은 어느 정도 그 설계가 우리의 생명애 본능을 얼마나 충족시키는지를 통해 결정된다. 소비자/사업 환경에 이런 진화적 원칙을 적용한 몇 안 되는 연구의 예로, 친환경 광고에 자연 풍경을 포함시킬 때 얻을 수 있는 이익에 관한 연구(Hartmann & Apaolaza-Ibáñez, 2010), 나무를 활용해서 최적의 사업 지구를 설계하는 방법에 관한 연구(Wolf, 2005), 맑은 물에 대한 인간의 선천적인 욕구를 보여주는 예로서 반짝이는 아이템과 제품에 대한 선호를 다룬 연구(Meert, Pandelaere, & Patrick, 2013), 그리고 자연 풍경을 찍은 사진을 보거나 숲속을 산책한 뒤에 나타나는 미래 할인의 감소(즉, 만족 유예의 의지 증가)에 관한 연구가 있다(van der Wal, Schade, Krabbendam, &van Vugt, 2013).

짝짓기

짝짓기와 관련된 문제가 소비자 환경에서 모습을 드러내는 방식은 여러 가지다. 우선, 문화 상품(포르노 영화, 광고 등)의 내용을 분석해서 일반적으로는 인간 본성의 진화한 측면들을, 구체적으로는 인간의 성을 조명해볼 수 있다(Saad, 2004, 2012). 파운드Pound(2002)는 남성이 감상하고 쾌락을 느끼도록 제작한 포르노 자료(영화와 사진)의 내용을 분석해서, 일처다부제식 성행위를 묘사한 경우가 일부다처제식 성행위를 묘사한 경우보다 훨씬 더 많다는 결과를 얻었다. 파운드는 정자 경쟁과 관련된 흥분성 시각 단서가 이런 결과를 만들어낸다고 이론화했다. 킬갤런Kilgallon과 시몬스Simmons(2005)는 남성에게 일처다부제식(여성 한 명과 남성 두 명) 묘사가 담긴 포르노 사진과 다른 상황(여성 세 명)을 묘사한 사진을 보고 자위를 하게 해서 파운드의 전제를 뒷받침했다. 이들은 일처다부제식 이미지를 통해 얻은 정액 표본의 운동 정자율(운동성은 생식력과 양의 상관관계가 있다)이 훨씬 높다는 결과를 얻었다. 포르노 DVD의 판매 순위는 DVD 표지에 그려진 일처다부제식 이미지의 빈도와 상관관계가 있다(McKibbin, Pham, & Shackelford, 2013). 진화와 연관된 자극은 판매에 직접적인 영향을 미칠 뿐 아니라 광고의 효능에도 영향을 미친다. 빙케Vyncke(2011)는 진화와 관련된 광고모델의 특징(얼굴의 대칭성, 허리─엉덩이 비율, 피부의 질 등)을 조정해서 광고가 불러일으키는 호감을 증대할 수 있는지 조사했다. 그는 적합도─향상 광고 단서를 포함시켰을 때의 효과를 측정하기 위해 참가자들에게 80가지로 짝지어진 광고(중립적인 광고와 조정된 광고)를 보여줬다. 그 결과, 80쌍의 광고 가운데 69쌍에서 진화적 예측에 부합하는 결과가 나왔고, 7쌍에서 진화적 예측과 반대되는 결과가 나왔으며, 4쌍에서는 아무런 효과도 나타나지 않았다. 다시 말해서, 성공적인 광고는 정확히 우리의 진화적 선호를 충족시켜주는 광고다.

문화 상품을 분석해서 짝짓기와 관련된 내용을 찾는 것 외에도, 소비자가 어떻게 상품을 성적 신호로 사용하는지를 조사해볼 수 있다. 과시적 소비가 고전적인 예다. 과시적 소비를 연구한 마케팅학자들은 대부분 그런 행동이 성적 신호(Saad, 2007a)라는 점을 인지하지 못한 채 그 주제를 연구했다. 하지만 최근에 몇몇 연구에서는 겉멋에 치중하는 소비자 표현을 생물학의 영역에 끌어들였다. 사드와 봉가스Vongas(2009)는 집단 내 변량을 측정하는 현장 실험을 통해서, 과시적 소비가 남성의 테스토스테론 수치에 미치는 영향을 조사했다. 참가자들은 사람이 많은 환경(몬트리올 시내)과 사람들이 적은 상황(거의 버려지다시피 한 고속도로)에서 2006년형 포르셰와 1990년형 토요타를 운전했다. 참가자들은 네 가지 조건별로 운전을 했고, 연구자들은 그들의 타액을 분석하고 이를 기준치와 비교해서 사회적 지위 단서가 남성의 테스토스테론 수치에 어떤 변화를 일으키는지를 측정했다. 그 결과, 높은 지위를 암시하는 비싼 차 운전은 사회적 입지의 강력한 신호로 작용해서 남성의 T 수치를 증가시켰다(사람이 많은 조건과 그렇지 않은 조건 양쪽 다에서). 중요한 것은, 남성이 스포츠카 사진을 보기만 해도 타액이 더 많이 분비됐지만, 이 효과는 피험자를 짝짓기와 관련해서 자극했을 때만 나타났다(Gal, 2012).

과시적 소비 연구에서 생물학적 기층을 활용하는 일은 꽤 드물지만, 점화priming는 이 영역에서 가장 자주 사용하는 실험방법이다. 그리스케비키우스Griskevicius와 동료들(2007)이 짝짓기와 연관된 자극(예를 들어, 섹시한 여성의 사진)을 통해 남성을 점화시키자, 피험자들은 과시적 소비의 성향을 더 강하게 진술했다. 선디Sundie와 동료들(2011)은 이 연구를 확장해서, 단기적 짝짓기를 추구하는 남성들이 과시적 소비를 더 많이 활용한다는 점을 입증했다. 게다가 여성들도 그런 과시적 행동을 하는 남성에게 끌리지만, 그 남성을 단기적 파트너로 보는 경우에 한정된다(결혼 상대로는 끌리지 않는다). 같은 맥락에서 얀센스Janssens와 동료들(2011)은 미혼 남성이 옷을 약간만 걸친 여성의 사진을 보고 점화되면, 동일한 여성이지만 평범한 옷차림을 한 사진을 본 미혼 남성에 비해 지위를 드러내는 상품을 더 잘 기억했다. 이렇게 짝짓기 단서를 통해 남성이 점화되면 여성에게 구애할 때 성적 신호로 사용할 수 있는 상품에 특별히 주목하는 것처럼 보인다. 대부분의 연구가 남성 기반의 성적 신호로서 과시적 소비를 사용했지만, 최근에 왕Wang과 그리스케비키우스(2014)는 여성이 동성의 경쟁자들을 물리치는 데 이 전략을 어떻게 사용하는지 조사하기도 했다.

과시적 소비를 하는 남성이 얻을 수 있는 이익은 수없이 많다. 최근에 게겡Guéguen과 라미Lamy(2012)는 남성이 운전하는 차의 상태와 짝짓기 시장에서의 성공 가능성이 연결되어 있음을 입증했다. 연구자들은 여성이 연락처를 알려달라는 요청에 응할 확률이, 상대 남성이 타고 있는 차의 상태에 따라 달라진다는 것을 입증했다. 요청을 수락한 비율은 고급 차, 중간 차, 싼 차일 때, 각각 23.3%, 12.%, 7.8%였다. 던Dunn과 설Searle(2010)은 남성과 여성에게 값비싼 벤틀리나 저렴한 포드 피에스타에 타고 있는 이성의 신체적 매력을 평가해달라고 요청했다. 그 결과, 여성에 대한 남성의 평가는 대상이 타고 있는 차에 영향을 받지 않았지만, 여성의 경우에는 똑같은 남성이 포드와 조합되어 있을 때보다 벤틀리와 조합되어 있을 때 평가가 더 좋았다. 즉, 벤틀리가 내뿜는 '지위의 광채'가 남성의 형태적 특징에까지 흘러들어간 셈이다. 던과 힐Hill(2014)은 호화로운 아파트와 소박한 아파트에 남성과 여성이 있는 사진을 이용해서도 비슷한 결과를 얻었다. 참가자들은 이성의 신체적 매력을 평가해달라는 요청을 받았다. 그 결과, 남성이 내린 평가에는 아파트의 차이가 영향을 미치지 않았지만, 여성의 평가는 사진 속의 남성이 어떤 아파트에 있느냐에 따라 아주 크게 달라졌다. 물론, 호화로운 아파트가 매력 점수를 끌어냈다. 사드와 길Gill(2014a)은 한 남성의 온라인 데이트 프로필을 두 종류로 만들면서, 그 남성이 가장 좋아하는 소유물(물건의 사진으로)을 프로필에 포함시켰다. 연구자들은 한쪽 프로필에는 명품 브랜드를, 반대쪽 프로필에는 저렴한 물건을 배치했다(포르셰 대기아, 롤렉스 대 카시오). 실험자들의 목표는 사진 속 인물에 대한 참가자들의 인상과거기에 조합된 물건의 함수관계를 측정하는 것이었다. 한편 사진 속 인물의 상대적인(참가자 자신과 비교한) 키는 참가자의 성별에 따라 꽤 다르게 지각되었다. 남성 참가자는 동성 라이벌 관계로 인해 인물의 키를 더 작게 지각했고(지위 축소 효과status contraction effect), 여성은 그의 신장을 더 크게 지각했다(지위 신장 효과status elongation effect). 이 지각 편향은 동성 간 폄하와 이성 간 구애를 조절하는 진화적 계산법에 뿌리를 두고 있다.

　남성의 옷 상태는 짝짓기 시장에서 지각되는 그의 매력에 또 다른 결정 요인이 된다. 타운센드Townsend와 레비Levy(1990)는 옷을 통해(버거킹 유니폼, 새하얀 셔츠, 비싼옷에 롤렉스 시계) 남녀 대상의 지위를 조정해놓고 이성 참가자들에게 대상의 신체적인 매력뿐 아니라 그와 관계할 수 있는 다음 여섯 가지 유형에 대해 의향이 느껴지는 정도를 평가해달라고 요청했다. 커피와 대화 / 데이트 / 섹스만 / 진지한 만남과 결혼 가능성 / 섹스를 포함한 진지한 만남과 결혼 가능성 / 결혼. 모든 유형의 관계에서 옷차림 상태의 효과는 여성 참가자에게 더 크게 나타났고, 여성이 아닌 남성의 신체적매력에만 옷차림이 영향을 미쳤다. 다시 말해, 짝짓기 시장에서 개인의 옷차림은 (여성을 판단하는) 남성보다 (남성을 판단하는) 여성에게 더 높은 가중치를 지닌다. 즉각적인 보상과 지연된 금전적 보상 중 하나를 선택할 때(시점 간 선택)에는, 양성 모두옷에 근거한 성적 점화에 영향을 받지만 작동하는 감각은 서로 다르다. 남성의 경우 시각적으로, 즉 옷을 많이 걸치지 않은 여성(예를 들면, 비키니나 란제리를 입은 여성)에게 노출되어 점화가 일어날 때 즉각적인 보상을 더 크게 바란다(van den Bergh, Dewitte, & Warlop, 2008). 여성의 경우, 작동하는 감각이 촉각적인 단서일 때(예를 들어, 남성의 팬티를 만진 후에) 즉각적인 보상을 더 크게 바란다(Festjens, Bruyneel, & Dewitte, 2013). 연구자들은 옷 이외에도 미용과 관련된 다양한 주제를 진화적 관점으로 탐구했다. 하이힐(Morris, White, Morrison, & Fisher, 2013), 화장품(Etcoff, Stock, haley, Vickery, & House, 2011), 향수(Milinski & Wedekind, 2001; Roberts, & Havlicek, 2012), 헤어스타일(Hinsz, Matz, & Patience, 2001; Mesko & Bereczkei, 2004), 머리색 선호(Hinsz, Stoesser, & Matz, 2013), 남성의 수염(Dixson & Brooks, 2013) 등이다. 일 반적인 차원에서, 이런 연구들은 다양한 제품이나 용역이 어떻게 진화된 성별-특이 적 선호를 충족시켜주는지를 입증한다(예를 들면, 하이힐을 신으면 엉덩이가 최소 20도 이상 높아져서 몸매가 더 젊어진다. Smith, 1999와 수록된 관련 참조문헌을 보라; 화장품은 얼굴의 성적 이형성을 강조한다. Russell, 2009).

미용의 어떤 요소는 보편적으로 작동하지만(예를 들면, 얼굴 대칭성에 대한 선호), 다른 요소들은 진화적으로 연관된 상황적 요인에 영향을 받는다. 진화적으로 사고하는 몇몇 학자는 여성의 패션 스타일(예를 들어, 치마끝선)과 미용 제품 구입비가 경제의 조건과 성비 같은 환경적 우연에 좌우된다는 점을 입증했다(Barber, 1999; R. A. Hill, Donovan, & Koyama, 2005; S. E. Hill, Rodeheffer, Griskevicius, Durante, & White, 2012). 따라서, 요리 전통이 지역의 니치에 문화적으로 적응한 결과이듯이(예를 들어, 향신료를 사용하는 정도는 병원체의 밀도와 함수관계에 있다), 유행 주기와 미용 제품 소비는 적응적인 행동 가소성의 표현이다. 이 연구들은 흔히들 하는 오해, 즉 진화심리학이 경직되고 조정이 불가능한 결정론적 과정에 기초해 있다는 생각을 불식시킨다(Confer et al., 2010). 짝짓기 영역에서 작동하는 모든 상황적 변수 가운데 아마도 가장 많이 연구된 주제는 월경주기일 것이다. 사드와 길(2000)은 진화심리학이 마케팅 분야에 무엇을, 어떻게 알려줄 수 있는지를 다룬 논문에서, 소비자 환경에 월경주기 효과가 널리 퍼져 있으리라 주장했다. 그 이래로 수많은 연구자들이 정확한 연관성을 탐구했다. 파라지-라드Faraji-Rad, 모에이니-야자니Moeini-Jazani, 월로프Warlop(2013)는 여성이 수정 확률이 가장 높은 시기에 음식과 짝짓기 영역에서 평소보다 훨씬 다양하게 보상을 추구한다는 결과를 얻었다. 파인Pine과 플레처Fletcher(2011)는 월경주기의 세 기간에 걸쳐 여성의 최근지출저축척도RSSS: Recent Spending and Saving Scale 점수를 조사했다. RSSS 점수는 난포기보다 황체기에 높았는데, 다시 말하자면, 여성의 소비 행동은 월경 전기에 더 충동적이고 덜 통제되었다(자기통제 능력의 저하). 하지만 그 가운데 가장 많이 기록된 현상은 아마도, 생식력이 가장 높은 시기에 여성이 적극적으로 신호할(예를 들면 섹시한 옷을 입는 등의) 가능성이 가장 커지는 현상일 것이다(Durante, Griskevicius, Hill, Perilloux, & Li, 2011; Saad & Stenstrom, 2012 참조). 여성의 성적 유인 능력이 생계와 연결되어 있는 상황에서, G. 밀러G. Miller, 타이버Tybur, 조던Jordan(2007)은 스트리퍼가 월경주기 중 배란기에 있을 때 팁을 더 많이 받는다는 결과를 얻었다. 또한 빨간색은 남성의 눈에 지각되는 여성의 매력과 성적 바람직성을 강화하는 것으로 나타났다(Elliot & Niesta, 2008). 빨간색의 이 효과는 생식 연령에 있는 여성에게만 해당하고(Schwarz & Singer, 2013), 부르키나파소Burkina Faso 같은 고립된 사회를 포함하여 수많은 문화에서 입증된 보편적인 흥분 단서임이 확인되었다(Elliot, Tracy, Pazda, & Beall, 2012). 그렇다면 여성이 월경주기 중 생식력이 가장 높은 기간에 빨간색과 핑크색 옷을 더 많이 입는 것도 놀라운 일은 아닐 것이다(Beall & Tracy, 2013).

배란기 여성은 생식력이 가장 높을 때 성적 신호가 증가하는 것 외에도, 남성 기반 성적 신호에 편중된 지각 편향을 드러낸다. 지위를 나타내는 제품과 기능적인 제품을 모두 보여주자 여성은 생식력이 높은 시기일 때 지위를 나타내는 제품(과시적이고 비싼 제품)을 훨씬 더 많이 기억하고, 더 빨리 기억해냈다(Lens, Driesmans, Pandelaere, & Janssens, 2012). 대부분의 월경 효과가 이성 간 신호에 초점이 맞춰져 있지만, 어떤 효과는 동성 간 라이벌 관계에 따르기도 한다. 예를 들어, 여성의 경제적 결정(예를 들어, 독재자 게임을 할 때 제시하는 금액)은 동성 간 경쟁에 의해 추동될 수 있는데, 단 월경주기 중 배란기에만 그렇게 추동된다(Durante, Griskevicius, Cantú, & Simpson, 2014).

선물 증여: 짝짓기, 친족 이타주의, 상호 이타주의

혈연 선택(Hamilton, 1964)과 상호 이타주의(Trivers, 1971)는 인간의 사회성을 형성하는 다윈주의적 장치로서 가장 근본적이다. 둘 다 선물 증여라는 보편적인 의례로 모습을 드러낸다. 생체 장기의 기증으로 알 수 있듯이, 아마 어떤 선물도 생명이라는 소문난 선물보다는 강력하지 않을 것이다. 하지만 당연히 그런 선물을 주는 사람은 거의 항상 친족이며, 아주 가끔 가까운 비친족(예를 들면, 친구)이 있을 뿐 낯선 사람은 어림도 없다(이와 관련된 참고문헌으로는, Saad, 2011, p. 311, 미주 17-19를 보라). 자신의 신장을 완전히 낯선 사람에게 선물하는 행위(사마리아인의 기증으로 알려진)는 너무나 반직관적이고 드물기 때문에, 그런 사례는 마치 그 이타주의자의 정신이 불안정하다는 징표인 양 눈살을 찌푸리게 한다(Kranenburg et al., 2008). 분명 선물은 부분적으로 유전적 근연도를 따지는 진화적 계산법에 따라 할당된다. 소비자 환경에서 선물 교환은 광범위한 진화적 동기를 탐구할 수 있는 멋진 장소다. 사드와 길(2013)은 연애 파트너에게 선물을 하는 이유를 남녀 참가자들에게 물었다. 연구진이 제시한 동기는 전략적 동기(자신이 가진 재정적 자원을 드러내기 위해, 좋은 인상을 주기 위해, 유혹의 수단으로, 애정을 보여주려고, 장기적인 관심을 표현하기 위해, 관대함을 표현하기 위해)와 상황적 동기(특별한 날이어서, 싸운 뒤 화해하기 위해, 상대의 선물에 보답하려고)로 나뉘어 있었다. 진화적 관점으로 예측할 수 있듯이, 전략적 동기 여섯 개 항목 중 다섯 개 항목에서 남성이 더 높은 점수를 기록했고(성차가 나타나지 않은 유일한 항목은 '관대함의 표현'이었다), 상황적 동기 세 개 항목에서는 성 간 차이가 나타나지 않았다. 남성은 낭만적 선물 증여를 구애 의식의 필수적·전략적 요소로 활용한다. 크롱크Cronk와 던햄Dunham(2007)은 남성이 예비 신부에게 건네는 약혼반지—짝짓기와 관련한 모든 선물 증여 가운데 가장 큰 선물—를 조사했다. 반지의 가격은 신부의 나이와 음의 상관관계가 있었다(여성의 낮은 연령은 높은 번식 가치와 연결된다).

사드와 길은 앞서와 동일한 전략적 동기 여섯 가지와 상황적 동기 세 가지를 활용해서 참가자들에게 왜 상대가 선물을 줬다고 생각하는지 물었다. 질문의 목적은 남녀가 낭만적인 선물 증여의 동기를 서로 다르게 이해하도록 조정되어 있는지를 알아내는 것이었다. 그 결과 상황적 동기에서는 두 성별에서 아무런 차이도 나타나지 않았던 반면, 전략적 동기에서는 성차가 크게 나타났다. 남성은 전략적 동기 중 오직 하나에서만 그들의 동기가 여성의 동기와 동일하다고 생각했다. 반면에, 여성은 여섯 개의 전략적 동기 중 하나를 제외하고, 남성이 그 동기로 선물할 가능성을 실제보다 높게 인지했다. 즉, 낭만적인 선물 증여에 내재한 신호를 이해하는 데 있어 여성은 대단히 정확하고, 남성은 심히 부정확한 셈이다. 진화적 관점에서 선물 증여 신호를 오독하면 여성에게 훨씬 더 큰 비용이 발생한다는 점에서 이 결과는 완벽하게 타당하고, 가령 미소 같은 행동에서 성적 의도를 파악할 때 드러나는 성차와도 다르지 않은데, 두 경우 모두 오류관리 이론의 논리에 따른다(Haselton & Buss, 2000).

선물 증여가 짝짓기 무대에만 출연하는 것은 아니다. 선물 증여는 보편적인 의례로, 친족과 비친족을 망라하고 모든 협력 관계에서 결속을 형성하고, 강화하고, 심화하는 데 필요하다. 또한 선물의 비용은 어느 정도는 증여자와 수혜자의 관계가 얼마나 강한지를 통해 결정되리라고 예상할 수 있다. 사드와 길(2003)은 선물의 증여자와 수혜자의 유전적 근연도가 선물에 쓴 돈의 액수와 관계가 있음을 증명했다. 더 나아가, 사람들은 모든 가능한 수혜자 가운데 자신의 짝에게 가장 많은 금액을 쓰기로 마음을 먹었고(106.43 달러), 유전적으로 가까운 사람(r=0.50, 73.12달러), 가까운 친구(46.34달러), 적당히 가까운 친족(r=0.25, 19.03달러), 먼 친족(r=0.125; 18.56달러)이 그 뒤를 이었다. 의붓가족과 타인에게 줄 선물의 평균 가치는 각각 평균 19.37달러와 27.03달러였다.

사드와 길은 미래의 선물에 쓸 추정액에 대해서 데이터를 수집한 반면에, 티퍼렛Tifferet, 사드, 메이리Meiri, 이도Ido(2014)는 이스라엘의 결혼식에서 오가는 부조금을 조사했다. 가까운 친족(r=0.50, r=0.25)인 하객이 먼 친족(r=0.125, r=0.0625)보다 신랑과 신부에게 더 많은 금액을 부조하는 것으로 나타나, 앞선 유전적 근연도의 효과가 반복 확인되었다. 나아가, 유전적으로 관련된 하객은 비친족 하객에 비해 더 큰 금액을 부조했다. 하지만 친족 기반 투자는 유전적 근연도에 따라서만 이루어지지 않으며, 유전적 확신(즉, 유전적 연관의 확실성)에도 영향을 받는다는 점에 유의해야 한다. 모계 관계는 유전적으로 확신할 수 있는 반면에(예를 들면, 외할머니와 손자의 관계), 부계 관계는 부성 불확실성으로 가득하다(예를 들어, 친할아버지와 손자의 관계에는 잠재적 간통의 원천이 두 군데 존재한다). 진화적으로 사고하는 많은 학자들은 조부모, 삼촌, 사촌에 대한 투자에 이 유전적 확신 효과가 영향을 미친다는 것을 확인했다(Euler, 2011; Euler & Weitzel, 1996; Jeon & Buss, 2007; Júnior, Dunbar, & Brito, 2014; Pashos & McBurney, 2008). 티퍼렛 등(2014)은 이 진화적 원칙을 활용해서 신혼부부의 모계 쪽이 부계 쪽보다 더 큰 돈을 부조한다는 사실을 밝혀냈다. 진화의 렌즈가 없었더라면, 이 결과를 밝혀내는 일은 물론이고 예측하기조차 어려웠을 것이다.

소비하는 인간Homo Consumericus: 이론적, 인식론적, 방법론적 이익

최근까지 소비자심리학회장을 역임한 미셸 팸Michel Pham은 소비자 연구 분야의 문제를 일곱 가지로 정리해서 그 분야에서 손꼽히는 학술지에 발표했는데, 예를 들어 다음과 같은 문제들이다. "(1) 소비자 행동 연구 범위에 대한 협소한 개념, (2) 협소한 이론적 렌즈 채택, (3) 소비자 연구의 협소한 인식론 고수"(Pham, 2013, p. 411). 나는 만일 소비자 행동 연구자들이 진화심리학을 메타–분석틀로 차용한다면 그가 제기한 일곱 가지 문제를 완화할 수 있다고 확신한다(또한 Kenrick, Saad, & Griskevicius, 2013을 보라). 두 권의 책(Saad, 2007a, 2011)에서 나는 진화로부터 영감을 얻어 소비자 행동을 포괄적으로 정의한 개념을 제안했는데, 나의 정의는 소비자 학자들이 다루는 표준적인 범위를 훌쩍 넘어선다. 진화심리학이 제공하는 메타–이론적 틀은 중간 수준의 이론적 접근법들을 광범위하게 아우르고(Buss, 1995; Ketelaar & Ellis, 2000), 그 모든 접근법을 일관성 있는 지식의 나무로 통합한다. 더 나아가, 진화심리학은 생물학적 존재와 관련된 어떤 현상에 대해서든 근접 설명과 궁극 설명의 중요성을 모두 인식해서 소비자 연구의 인식론적 영역을 크게 확장시킨다. 데이튼Deighton, 매키니스MacInnis, 맥길McGill, 쉬브Shiv(2010)는 《소비자연구저널Journal of Consumer Research》의 한 사설을 통해, 소비자학자들에게 연구 범위를 몇 가지 방식 중 하나로 넓힐 것을 제안했다. 저자들이 언급한 방식에는, "소비자 행동의 중요한 측면들을 새롭게 사고하는 방법을 제시"할 것, "과거의 발견을 수용하는 동시에 변칙적인 현상을 해명할 수 있는, 정밀하고 더 고차원적이며 간결한 관점을 발전"(p. vi)시킬 것 등이 들어 있다. 진화심리학은 소비자 현상을 새로운 방식으로(예를 들어, 궁극적 차원에서) 탐구할 수 있는 인식론적 기반이 된다는 점에서, 그리고 지금까지는 대체로 일관성 없이 분해되어 있는 이 학과를 통섭/융합할 수 있는 탁월한 통합적 분석틀(Wilson, 1998)이 되어준다는 점에서 일거양득을 부를 것이다(2004년 11월; Saad, 2007a, Ch. 7; Saad, 2008a; Saad, 2011, Ch. 11; Saad, 2013).

많은 소비자심리학자들이 '깔끔한' 실험실 연구에 방법론적 초점(Sternberg & Grigorenko, 2001)을 맞추는 바람에, 내가 **인식론적 이분화 조급증**epistemological dichotomania이라고 부르는 증상을 겪고 있다. 요컨대, 그들은 셀 수 없이 많은 인지적 과정이 이분법적이고 대개 상호 배타적인 형태(예를 들어, 휴리스틱 대 체계적인 정보처리 과정, 암시적 범주화 대 명시적 범주화, 설득의 중추 경로 대 말초 경로, 자기조절의 방어 초점 대 촉진 초점)로 존재한다는 개념을 따르고 있다. 광고 카피 같은 마케팅의 특수한 하위 분야에서조차 일방적 메시지 대 쌍방향 메시지, 이성적 호소 대 정서적 호소, 단순한 메시지 대 복잡한 메시지, 표면적인 광고 변화 대 실질적인 광고 변화 등, 이분화된 현실의 프리즘을 통해 세계를 본다. 이런 인식론적 경향은 소비자 연구자들이 2×2 요인설계라는 좁고 답답한 렌즈를 통해 자연 세계를 바라볼 수밖에 없게 만든다. 진화행동과학에 특유한 방법론적 다원주의를 감안할 때, 소비자심리학자가 진화적 지식을 갖춘다면 그렇게 협소한 초점을 가지고 세계를 볼 가능성은 훨씬 낮아진다. 일례로, 거의 모든 남성이 허리—엉덩이 비율이 0.70인 여성을 선호한다는 사실을 살펴보자. 진화심리학자들은 현란하리만치 다양한 방법론적 접근법과 종속적인 측정법을 활용해서 이 전제의 정확성을 입증했다. 예를 들자면, 드로잉 그림이나 성형수술 전후에 여성의 신체를 촬영한 실제 사진을 통해 비교문화적으로 선호를 확인하는 방법(Singh, Dixson, Jessop, Morgan, & Dixson, 2010과 수록된 참고문헌을 보라), 인도, 아프리카, 그리스, 이집트 사람들이 수천 년에 걸쳐 표현한 미술의 내용을 분석하는 방법(Singh, 2002), 48개국의 온라인에 나타난 여성 접대 광고를 분석하는 방법(Saad, 2008b), 뇌영상 및 시선 추적 연구(Dixson, Grimshaw, Linklater, & Dixson, 2011; Platek & Singh, 2010), 촉각을 통해 선천적 시각장애 남성의 선호를 확인하는 방법(Karremans, Frankenhuis, & Arons, 2010) 등이다. 이 사례는 진화심리학에서 나올 수 있는 방법론적 다원주의를 분명히 입증할 뿐 아니라, 진화심리학에 대한 공격—진화심리학 분야는 그렇기 때문에 그런 것이라는 식의 기만적인 서술로 이루어져 있다는 주장—이 비록 널리 유행하고는 있지만 대체로 오류에 근거하고 있다는 사실을 강하게 뒷받침한다(Confer et al., 2010). 진화행동과학자들은 대개 그들의 이론을 검증할 때 전형적인 사회 과학에 비해 놀랄 만큼 높은 증거 기준을 적용한다.

매키니스와 폭스Folkes(2010)는 소비자행동학의 학문적 지위를 분석한 끝에, 이 분야는 독립된 연구 분야도 아니고(그보다는 마케팅 분과에 속해 있는 쪽에 가깝다), 학제적인 분야도 아니라고 결론지었다. 주요 소비자 학술지(《소비자연구저널Journal of Consumer Research》, 《소비자심리학저널Journal of Consumer Psychology》, 《마케팅연구저널*Journal of Marketing Research*》 등)에 논문을 발표하는 학자들은 압도적으로 마케팅 분과에 몸담고 있다. 뿐만 아니라, 소비자 연구 분야의 최고 학회(소비자연구학회 Association for Consumer Research)는 거의 다 마케팅학자들로 이루어져 있다. 이 사실은 주요 진화심리학학회(인간행동진화학회Human Behavior and Evolution Society)의 구성원들이 자연과학, 사회과학, 인문학의 30여 학과를 대표하는 인물들로 이루어져 있다는 사실과 극명하게 대비된다. 가르시아Garcia와 동료들(2011)은 두 종의 주요 진화심리학 학술지(《진화와 인간행동*Evolution and Human Behavior*》과 《진화심리학*Evolutionary Psychology*》)에 발표된 논문과 다른 여덟 종의 주요 심리학 학술지(신경과학, 인지심리학, 학습/행동주의, 정신역동심리학이라는 네 개의 일반적 범주에서 각각 두 종씩)에 발표된 논문의 대표 저자들이 어느 학과에 속해 있는지를 조사해서 비교했다. 그들이 분석한 논문은 총 1,000편(학술지 10종에서 각 100편씩)이었다. 진화심리학 학술지에 게재된 논문은 대표 저자가 심리학이 아닌 다른 분과에 몸담고 있는 경우가 훨씬 큰 비중을 차지했으며, 수많은 분야에서 파생된 연구로 이루어져 있었다. 진화심리학 분야에서 학제 연구가 활발한 이유는 아주 단순하다. 진화심리학이 메타-분석틀로서 다양한 지적 지형에 매끄럽게 적용할 수 있는 인식론적 열쇠이기 때문이다. 바로 그 덕분에 나도 그동안 진화를 토대로 상당히 이질적이고 다종다양한 주제들을 연구하고 발표할 수 있었다. 대표적인 예로, 소비자 동조성과 혁신 채택에 대한 견해에 출생 순서가 미치는 효과(Saad, Gill, & Nataraajan, 2005), 선탠에 대한 견해에 출생 순서가 미치는 효과(Saad & Peng, 2006), 장래의 짝을 평가할 때의 프레이밍 효과(Saad & Gill, 2014b), 순차적 배우자 선택의 성차(Saad, Eba, & Sejean, 2009), 최후통첩 게임과 독재자 게임 수행의 성차(Saad & Gill, 2001a, 2001b), 재정적 위험 감수와 병적 도박(Stenstrom & Saad, 2011), 그리고 강박 장애(Saad, 2006b), 자살(Saad, 2007b), 문하우젠 증후군(Saad, 2010) 같은 여러 정신질환에 대한 연구들이 있다.

급진적인 과학 혁신은 몇 가지 방식을 통해 일어난다. 가끔 새로운 연구의 흐름이 적절한 방법론적 수단(전자 현미경, 망원경, 뇌 영상, 염기서열 분석 등)이 발달하기 전까지 수면 아래에 묻혀 있다. 또 다른 경우에는 새로운 인식론적 렌즈가 나타나서 새로운 발견들을 끌어낸다. 궁극적인 설명 그리고 그와 관련된 적응적인 근접 기제로 얻을 수 있는 인식론상의 이익을 인지할 때 소비자학자들은 이제까지 봉인되어 있던 새로운 질문을 발견하고 새로운 연구결과에 도달한다(Saad & Gill, 2000; Saad, 2007a). 예를 들어, 여성은 경기 후퇴를 생각하도록 점화될 때 미용 제품을 더 많이 구입한다는 연구결과(S. E. Hill et al., 2012)를 생각해보자. 얼핏 보기에 이 결과는 직관에 반한다. 일반적으로 경제가 힘든 시기에는 (처분 가능한 소득이 줄어들 테기 때문에) 그런 제품이 잘 안 팔릴 것으로 예상하기 때문이다. 하지만 진화의 렌즈를 활용해서 힐Hill과 동료들은 경제가 어려운 시기에는 자원을 가진 남성을 찾기가 더 힘들기 때문에 여성은 더 활발하게 성적 신호를 보낸다(가령, 미용을 더 많이 해서)고 추론했다. 이와 함께 이 장에서 다룬 다른 많은 사례를 통해 우리는 진화의 렌즈를 통해 얻을 수 있는 진화 이론만의 설명적인 힘을 느낄 수 있다. 소비자학자들은 진화심리학을, 그들이 수행하는 기존의 연구 프로그램을 차지하기 위해 덤비고 위협하는 해석틀로 이해해서는 안 된다. 오히려 소비자학자들이 관심을 기울이는 대부분의 영역에서 진화적 관점이 제공하는 연장통에는 기존의 설명에 깊이와 풍부함을 더해줄 쓸모 있는 구성 원리들이 담겨 있을 것이다.

결론

나는 15년 넘게 소비자 행동 분야에 다윈주의를 이식하면서 다양한 비판과 공격을 받아왔다. 그 가운데 어떤 것들은 진화심리학 전반에 해당하는 내용이었고, 어떤 것들은 소비자 행동 분야에 국한된 내용이었다(Saad, 2008a; Saad, 2011, pp. 22-32 참조). 어떤 이들은 진화소비자심리학 분야에서 나온 결과들이 비난받을 만한 현실을 정당화하는 일에 '잘못 쓰일' 수 있어 위험하다고 생각한다. 토론토 대학의 한 사서는 사드와 스텐스트롬Stenstrom(2012)이 발표한 결과—여성은 월경주기 중 생식력이 가장 높은 시기에 더 도발적인 옷차림을 한다—를 읽은 뒤 내게 이런 편지를 보냈다. "이 내용이 특히 지금도 강간범들을 변호하는 데에 이용되고 있는 상당히 문제적인 주장이라는 점을 당신은 모르고 있는 것 같습니다." 다른 이들은 동물 행동을 설명하는 것과 똑같은 진화의 작동원리가 소비자 행동을 설명하는 데도 유효할 수 있다는 사실에 불편함을 느낀다. 다음은 내가 소비자와 우리의 동물 사촌들 사이에서 이끌어낸 행동적 상동과 유비 관계를 어느 임상심리학자가 반박한 내용이다 (http://modernpsychologist.ca/delusions-of-a-consuming-instinct/에서 인용함).

여기서 우리가 할 일은 간단하다. 처음부터 사드는 우리를 원숭이와 비교할 생각이었으며, 일상적인 인간 행동의 궁극적 원인을 그렇게 설명할 수 있다고 믿으면서 우리의 타고난 동물적 본성을 강조하고 있다는 사실을 지적하기만 하면 된다…

사드는 우리가 동물처럼 '쌓아두고 먹어대는' '본능'을 갖고 있지만, 가령 벌새와는 대사율이 다르기 때문에 요즘 미국에서와 같이 비만 문제와 그 밖의 '끔찍한 질병들'을 얻게 되었다고 주장한다. 사드가 우리를 원숭이와 (그리고 원숭이를 우리와) 비교하다가, 어느덧 벌새와의 비교로 얼마나 빠르게 옮겨갔는지에 주목하자. 나는 그런 비교가 더 불편하지만, 지금은 이 문제를 논하지 않겠다. 나중에 다시 이 주제를 다룰 테니까.

그의 인용문은 많은 소비자심리학자의 반응을 상징적으로 드러낸다. 예를 들어, 2007년에 내 학술서(Saad, 2007a)가 나온 뒤에 나는 세계에서 손꼽히는 마케팅학과들의 초청을 받아 나의 진화적인 소비자 연구에 대해 논의했다. 그곳에서 나는 내 말을 적대적으로 가로막는 두서없는 이야기를 끝없이 마주했다. 그중 지금 다루고 있는 문제와 관계가 있는 것으로 이런 질문이 있었다. "저자께선 우리[소비자]가 동물이라고 주장하는 겁니까?" 노골적인 역겨움은 아니었지만 적어도 강한 혐오가 배어 나오는 질문이었다. 이 모든 것에도 불구하고 물결의 방향은 바뀌고 있다. 그 증거로, 2011년도에 소비자심리학회 총회에서 의장을 맡았던 비키 모위츠Vicky Morwitz는 최근에 소비자의 마음을 더 잘 이해하는 데 동물 인지 연구가 어떻게 활용될 수 있는지를 명확히 보여주었다(Morwitz, 2014).

어떤 이들은 소비자가 진화를 통해 몸과 마음이 설계된 생물학적 존재라는 개념을 여전히 거부하고 있지만, 그런 비난의 목소리는 장대한 다원주의 논쟁에서 점차 힘을 잃고 있다. 소비자 행동은 생물학의 영역 안에 존재하지, 진화가 더 이상 중요하지 않게 된 어떤 평행 우주에 존재하는 것이 아니다. 인간이 그려내는 풍속화를 풍성하게 하는 온갖 민족적, 문화적, 종교적, 언어적, 인종적 차이에도 불구하고, 소비하는 인간Homo consumericus이라는 특징은 모든 인간이 공유하고 있는 생물학적 유산을 통해 우리를 하나로 묶는다.

참고문헌

Alexander, G. M. (2003). An evolutionary perspective of sex-typed toy preferences: Pink, blue, and the brain. *Archives of Sexual Behavior*, *32*, 7−14.

Alexander, G. M., & Hines, M. (2002). Sex differences in response to children's toys in nonhuman primates (*Cercopithecus aethiops sabaeus*). *Evolution and Human Behavior*, *23*, 467−479.

Alexander, G. M., Wilcox, T., & Woods, R. (2009). Sex differences in infants' visual interest in toys. *Archives of Sexual Behavior*, *38*, 427−433.

Allan, K., & Allan, J. L. (2013). An obesogenic bias in women's spatial memory for high calorie snack foods. *Appetite*, *67*, 99−104.

Alley, T. R., Brubaker, L. W., & Fox, O. M. (2013). Courtship feeding in humans? The effects of feeding versus providing food on perceived attraction and intimacy. *Human Nature*, *24*, 430−443.

Barber, N. (1999). Women's dress fashions as a function of reproductive strategy. *Sex Roles*, *40*, 459−471.

Beall, A. T., & Tracy, J. L. (2013). Women are more likely to wear red or pink at peak fertility. *Psychological Science*, *24*, 1837−1841.

Beauchamp, G. K., & Mennella, J. A. (2009). Early flavor learning and its impact on later feeding behavior. *Journal of Pediatric Gastroenterology and Nutrition*, *48*(Suppl. 1), S25−S30.

Berenbaum, S. A., & Hines, M. (1992). Early androgens are related to childhood sex-typed toy preferences.*Psychological Science*, *3*, 203−206.

Billing, J., & Sherman, P. W. (1998). Antimicrobial functions of spices: Why some like it hot. *Quarterly Review of Biology*, *73*, 3−49.

Buskirk, R. E., Frohlich, C., & Ross, K. G. (1984). The natural selection of sexual cannibalism. *American Naturalist*, *123*, 612−625.

Buss, D. M. (1995). Evolutionary psychology: A new paradigm for psychological science. *Psychological Inquiry*, *6*, 1−30.

Colarelli, S. M., & Dettman, J. R. (2003). Intuitive evolutionary perspectives in marketing practices. *Psychology & Marketing, 20,* 837–865.

Confer, J. C., Easton, J. A., Fleischman, D. S., Goetz, C. D., Lewis, D. M. G., Perilloux, C., & Buss, D. M. (2010). Evolutionary psychology: Controversies, questions, prospects, and limitations. *American Psychologist, 65,* 110–126.

Cronk, L., & Dunham, B. (2007). Amounts spent on engagement rings reflect aspects of male and female mate quality. *Human Nature, 18,* 329–333.

Crouch, G. I. (2013). Homo sapiens on vacation: What can we learn from Darwin? *Journal of Travel Research, 52,* 575–590.

Deighton, J., MacInnis, D., McGill, A., & Shiv, B. (2010). Broadening the scope of consumer research. *Journal of Consumer Research, 36,* v-vii.

Dixson, B. J., & Brooks, R. C. (2013). The role of facial hair in women's perceptions of men's attractiveness, health, masculinity and parenting abilities. *Evolution and Human Behavior, 34,* 236–241.

Dixson, B. J., Grimshaw, G. M., Linklater, W. L., & Dixson, A. F. (2011). Eye-tracking of men's preferences for waist-to-hip ratio and breast size of women. *Archives of Sexual Behavior, 40,* 43–50.

Drewnowski, A. (1997). Why do we like fat? *Journal of the American Dietetic Association, 97,* S58–S62.

Drewnowski, A., & Almiron-Roig, E. (2010). Human perceptions and preferences for fat-rich foods. In J.-P. Montmayeur & J. le Coutre (Eds.), *Fat detection: Taste, texture, and post ingestive effects* (pp. 265–291). Boca Raton, FL: CRC Press.

Dunn, M. J., & Hill, A. (2014). Manipulated luxury-apartment ownership enhances opposite-sex attraction in females but not males. *Journal of Evolutionary Psychology, 12,* 1–17.

Dunn, M. J., & Searle, R. (2010). Effect of manipulated prestige-car ownership on both sex attractiveness ratings. *British Journal of Psychology, 101,* 69–80.

Durante, K. M., Griskevicius, V., Cantú, S. M., & Simpson, J. A. (2014). Money, status, and the ovulatory cycle. *Journal of Marketing Research, 51,* 27–39.

Durante, K. M., Griskevicius, V., Hill, S. E., Perilloux, C., & Li, N. P. (2011) Ovulation, female competition, and product choice: Hormonal influences on consumer behavior. *Journal of Consumer Research, 37,* 921–934.

Elliot, A. J., & Niesta, D. (2008). Romantic red: Red enhances men's attraction to women. *Journal of Personality and Social Psychology, 95,* 1150–1164.

Elliot, A. J., Tracy, J. L., Pazda, A. D., & Beall, A. T. (2012). Red enhances women's attractiveness to men: First evidence suggesting universality. *Journal of Experimental Social Psychology, 49,* 165–168.

Etcoff, N. L., Stock, S., Haley, L. E., Vickery, S. A., & House, D. M. (2011). Cosmetics as a feature of the extended human phenotype: Modulation of the perception of biologically important facial signals. *PLoS ONE*, *6*, e25656. doi:10.1371/journal.pone.0025656

Euler, H. A. (2011). Grandparents and extended kin. In C. A. Salmon & T. K. Shackelford (Eds.), *The Oxford handbook of evolutionary family psychology* (pp. 181–207). New York, NY: Oxford University Press.

Euler, H. A., & Weitzel, B. (1996). Discriminative grandparental solicitude as reproductive strategy. *Human Nature*, *7*, 39–59.

Falk, J. H., & Balling, J. D. (2010). Evolutionary influence on human landscape preference. *Environment and Behavior*, *42*, 479–493.

Faraji-Rad, A., Moeini-Jazani, M., & Warlop, L. (2013). Women seek more variety in rewards when closer to ovulation. *Journal of Consumer Psychology*, *23*, 503–508.

Fessler, D. M. T. (2001). Luteal phase immunosuppression and meat eating. *Rivista di Biologia/Biology Forum*, *94*, 403–426.

Festjens, A., Bruyneel, S., & Dewitte, S. (2013). What a feeling! Touching sexually laden stimuli makes women seek rewards. *Journal of Consumer Psychology*, *24*, 387–393.

Gal, D. (2012). A mouth-watering prospect: Salivation to material reward. *Journal of Consumer Research*, *38*, 1022–1029.

Gangestad, S. W., Haselton, M. G., & Buss, D. M. (2006). Evolutionary foundations of cultural variation: Evoked culture and mate preferences. *Psychological Inquiry*, *17*, 75–95.

Garcia, J. R., Geher, G., Crosier, B., Saad, G., Gambacorta, D., Johnsen, L., & Pranckitas, E. (2011). The interdisciplinarity of evolutionary approaches to human behavior: A key to survival in the ivory archipelago. *Futures*, *43*, 749–761.

Garcia, J., & Saad, G. (2008). Evolutionary neuromarketing: Darwinizing the neuroimaging paradigm for consumer behavior. *Journal of Consumer Behaviour*, *7*, 397–414.

Griskevicius, V., & Kenrick, D. T. (2013). Fundamental motives: How evolutionary needs influence consumer behavior. *Journal of Consumer Psychology*, *23*, 372–386.

Griskevicius, V., Tybur, J. M., Sundie, J. M., Cialdini, R. B., Miller, G. F., & Kenrick, D. T. (2007). Blatant benevolence and conspicuous consumption: When romantic motives elicit strategic costly signals. *Journal of Personality and Social Psychology*, *93*, 85–102.

Guéguen, N., & Lamy, L. (2012). Men's social status and attractiveness: Women's receptivity to men's date requests. *Swiss Journal of Psychology*, *71*, 157–160.

Hamilton, W. D. (1964). The genetical evolution of social behaviour (I and II). *Journal of Theoretical Biology*, *7*, 1—52.

Hartmann, P., & Apaolaza-Ibáñez, V. (2010). Beyond savanna: An evolutionary and environmental psychology approach to behavioral effects of nature scenery in green advertising. *Journal of Environmental Psychology*, *30*, 119—128.

Haselton, M. G., & Buss, D. M. (2000). Error management theory: A new perspective on biases in cross-sex mind reading. *Journal of Personality and Social Psychology*, *78*, 81—91.

Hassett, J. M., Siebert, E. R., & Wallen, K. (2008). Sex differences in rhesus monkey toy preferences parallel those of children. *Hormones and Behavior*, *54*, 359—364.

Haugtvedt, C. P., Herr, P., & Kardes, F. R. (Eds.) (2008). *Handbook of consumer psychology*. Mahwah, NJ: Erlbaum.

Henrich, J., & Henrich, N. (2010). The evolution of cultural adaptations: Fijian food taboos protect against dangerous marine toxins. *Proceedings of the Royal Society B: Biological Sciences*, *1701*, 3715—3724.

Hill, R. A., Donovan, S., & Koyama, N. F. (2005). Female sexual advertisement reflects resource availability in twentieth-century UK society. *Human Nature*, *16*, 266—277.

Hill, S. E., Rodeheffer, C. D., Griskevicius, V., Durante, K., & White, A. E. (2012). Boosting beauty in an economic decline: Mating, spending, and the lipstick effect. *Journal of Personality and Social Psychology*, *103*, 275—291.

Hinsz, V. B., Matz, D. C., & Patience, R. A. (2001). Does women's hair signal reproductive potential? *Journal of Experimental Social Psychology*, *37*, 166—172.

Hinsz, V. B., Stoesser, C. J., & Matz, D. C. (2013). The intermingling of social and evolutionary influences on hair color preferences. *Current Psychology*, *32*, 136—149.

Hönekopp, J., & Thierfelder, C. (2009). Relationships between digit ratio (2D:4D) and sex-typed play behavior in pre-school children. *Personality and Individual Differences 47*, 706—710.

Jadva, V., Hines, M., & Golombok, S. (2010). Infants' preferences for toys, colors, and shapes: Sex differences and similarities. *Archives of Sexual Behavior*, *39*, 1261—1273.

Janssens, K., Pandelaere, M., van den Bergh, B., Millet, K., Lens, I., & Roe, K. (2011). Can buy me love: Mate attraction goals lead to perceptual readiness for status products. *Journal of Experimental Social Psychology*, *47*, 254—258.

Jeon, J., & Buss, D. M. (2007). Altruism towards cousins. *Proceedings of the Royal Society B: Biological Sciences*, *274*, 1181—1187.

Joye, Y., Poels, K., & Willems, K. (2011). "Evolutionary store atmospherics"—Designing with evolution in mind. In G. Saad (Ed.), *Evolutionary psychology in the business sciences* (pp. 289–318). Heidelberg, Germany: Springer.

Júnior, M. S., Dunbar, R., & Brito, R. (2014). Emotional closeness to maternal versus paternal lineages. *Evolutionary Behavioral Sciences, 8*, 44–58.

Kahn, B. E., & Wansink, B. (2004). The influence of assortment structure on perceived variety and consumption quantities. *Journal of Consumer Research, 30*, 519–533.

Karremans, J. C., Frankenhuis, W. E., & Arons, S. (2010). Blind men prefer a low waist-to-hip ratio. *Evolution and Human Behavior, 31*, 182–186.

Kenrick, D., Saad, G., & Griskevicius, V. (2013). Evolutionary consumer psychology: Ask not what you can do for biology, but. *Journal of Consumer Psychology, 23*, 404–409.

Ketelaar, T., & Ellis, B. J. (2000). Are evolutionary explanations unfalsifiable? Evolutionary psychology and the Lakatosian philosophy of science. *Psychological Inquiry, 11*, 1–21.

Kilgallon, S. J., & Simmons, L. W. (2005). Image content influences men's semen quality. *Biology Letters, 1*, 253–255.

Kniffin, K. M., & Wansink, B. (2012). It's not just lunch: Extra-pair commensality can trigger sexual jealousy. *PLoS ONE, 7*, e40445. doi:10.1371/journal.pone.0040445

Kranenburg, L., Zuidema, W., Erdman, R., Weimar, W., Passchier, J., & Busschbach, J. (2008). The psychological evaluation of Samaritan kidney donors: A systematic review. *Psychological Medicine, 38*, 177–185.

Krishna, A. (2012). An integrative review of sensory marketing: Engaging the senses to affect perception, judgment, and behavior. *Journal of Consumer Psychology, 22*, 332–351.

Lamminmäki, A., Hines, M., Kuiri-Hänninen, T., Kilpeläinen, L., Dunkel, L., & Sankilampi, U. (2012). Testosterone measured in infancy predicts subsequent sex-typed behavior in boys and in girls. *Hormones and Behavior, 61*, 611–616.

Laran, J., & Salerno, A. (2013). Life-history strategy, food choice, and caloric consumption. *Psychological Science, 24*, 167–173.

Lens, I., Driesmans, K., Pandelaere, M., & Janssens, K. (2012). Would male consumption capture the female eye? Menstrual cycle effects on women's attention to status products. *Journal of Experimental Social Psychology, 48*, 346–349.

Lozano, D. I., Crites, S. L., & Aikman, S. N. (1999). Changes in food attitudes as a function of hunger. *Appetite, 32*, 207–218.

MacInnis, D. J., & Folkes, V. S. (2010). The disciplinary status of consumer behavior: A sociology of science perspective on key controversies. *Journal of Consumer*

Research, 36, 899–914.Maller, C., Townsend, M., Pryor, A., Brown, P., & St Leger, L. (2006). Healthy nature, healthy people: "Contact with nature" as an upstream health promotion intervention for populations. *Health Promotion International, 21,* 45–54.

McKibbin, W. F., Pham, M. N., & Shackelford, T. K. (2013). Human sperm competition in postindustrial ecologies: Sperm competition cues predict adult DVD sales. *Behavioral Ecology, 24,* 819–823.

Meert, K., Pandelaere, M., & Patrick, V. M. (2013). Taking a shine to it: How the preference for glossy stems from an innate need for water. *Journal of Consumer Psychology, 24,* 195–206.

Mennella, J. A., Jagnow, C. P., & Beauchamp, G. K. (2001). Prenatal and postnatal flavor learning by human infants. *Pediatrics, 107,* e88.

Mesko, N., & Bereczkei, T. (2004). Hairstyle as an adaptive means of displaying phenotypic quality. *Human Nature, 15,* 251–270.

Miesler, L., Leder, H., & Herrmann, A. (2011). Isn't it cute: An evolutionary perspective of baby-schema effects in visual product designs. *International Journal of Design, 5,* 17–30.

Milinski, M., & Wedekind, C. (2001). Evidence for MHC-correlated perfume preferences in humans. *Behavioral Ecology, 12,* 140–149.

Miller, G. (2009). *Spent: Sex, evolution, and consumer behavior.* New York, NY: Viking Adult.

Miller, G., Tybur, J. M., & Jordan, B. D. (2007). Ovulatory cycle effects on tip earnings by lap dancers: Economic evidence for human estrus? *Evolution and Human Behavior, 28,* 375–381.

Miller, L., Rozin, P., & Fiske, A. P. (1998). Food sharing and feeding another person suggest intimacy; two studies of American college students. *European Journal of Social Psychology, 28,* 423–436.

Morris, P. H., Reddy, V., & Bunting, R. C. (1995). The survival of the cutest: Who's responsible for the evolution of the teddy bear? *Animal Behaviour, 50,* 1697–1700.

Morris, P. H., White, J., Morrison, E. R., & Fisher, K. (2013). High heels as supernormal stimuli: How wearing high heels affects judgments of female attractiveness. *Evolution and Human Behavior, 34,* 176–181.

Morwitz, V. G. (2014). Insights from the animal kingdom. *Journal of Consumer Psychology, 24,* 572–585.

New, J., Krasnow, M. M., Truxaw, D., & Gaulin, S. J. C. (2007). Spatial adaptations for plant foraging: Women excel and calories count. *Proceedings of the Royal Society B:*

Biological Sciences, 274, 2679–2684.

Nisbett, R. E., & Kanouse, D. E. (1969). Obesity, food deprivation, and supermarket shopping behavior. *Journal of Personality and Social Psychology, 12,* 289–294.

November, P. (2004). Seven reasons why marketing practitioners should ignore marketing academic research. *Australasian Marketing Journal, 12,* 39–50.

Ohtsubo, Y. (2009). Adaptive ingredients against food spoilage in Japanese cuisine. *International Journal of Food Sciences and Nutrition, 60,* 677–687.

Orians, G. H., & Heerwagen, J. H. (1992). Evolved responses to landscapes. In J. H. Barkow, L. Cosmides, & J. Tooby (Eds.), *The adapted mind: Evolutionary psychology and the generation of culture* (pp. 555–580). New York, NY: Oxford University Press.

Pashos, A., & McBurney, D. H. (2008). Kin relationships and the caregiving biases of grandparents, aunts, and uncles: A two-generational questionnaire study. *Human Nature, 19,* 311–330.

Pham, M. T. (2013). The seven sins of consumer psychology. *Journal of Consumer Psychology, 23,* 411–423.

Pine, K. J., & Fletcher, B. C. (2011). Women's spending behaviour is menstrual-cycle sensitive. *Personality and Individual Differences, 50,* 74–78.

Platek, S. M., & Singh, D. (2010). Optimal waist-to-hip ratios in women activate neural reward centers in men. *PLoS ONE, 5,* e9042. doi:10.1371/journal.pone.0009042

Pound, N. (2002). Male interest in visual cues of sperm competition risk. *Evolution and Human Behavior, 23,* 443–466.

Roberts, S. C., & Havlicek, J. (2012). Evolutionary psychology and perfume design. In S. C. Roberts (Ed.), *Applied evolutionary psychology* (pp. 330–348). New York, NY: Oxford University Press.

Rolls, B. J., Rowe, E. A., & Rolls, E. T. (1982). How sensory properties of foods affect human feeding behavior. *Physiology & Behavior, 29,* 409–417.

Russell, R. (2009). A sex difference in facial contrast and its exaggeration by cosmetics. *Perception, 38,* 1211–1219.

Saad, G. (2004). Applying evolutionary psychology in understanding the representation of women in advertisements. *Psychology & Marketing, 21,* 593–612.

Saad, G. (2006a). Applying evolutionary psychology in understanding the Darwinian roots of consumption phenomena. *Managerial and Decision Economics, 27,* 189–201.

Saad, G. (2006b). Sex differences in OCD symptomatology: An evolutionary perspective. *Medical Hypotheses, 67,* 1455–1459.

Saad, G. (2007a). *The evolutionary bases of consumption*. Mahwah, NJ: Erlbaum.

Saad, G. (2007b). Suicide triggers as sex-specific threats in domains of evolutionary import: Negative correlation between global male-to-female suicide ratios and average per capita gross national income. *Medical Hypotheses, 68*, 692–696.

Saad, G. (2008a). The collective amnesia of marketing scholars regarding consumers' biological and evolutionary roots. *Marketing Theory, 8*, 425–448.

Saad, G. (2008b). Advertised waist-to-hip ratios of online female escorts: An evolutionary perspective. *International Journal of e-Collaboration, 4*, 40–50.

Saad, G. (2010). Munchausen by proxy: The dark side of parental investment theory? *Medical Hypotheses, 75*, 479–481.

Saad, G. (2011). *The consuming instinct: What juicy burgers, Ferraris, pornography, and gift giving reveal about human nature*. Amherst, NY: Prometheus Books.

Saad, G. (2012). Nothing in popular culture makes sense except in the light of evolution. *Review of General Psychology, 16*, 109–120.

Saad, G. (2013). Evolutionary consumption. *Journal of Consumer Psychology, 23*, 351–371.

Saad, G., Eba, A., & Sejean, R. (2009). Sex differences when searching for a mate: A process-tracing approach. *Journal of Behavioral Decision Making, 22*, 171–190.

Saad, G., & Gill, T. (2000). Applications of evolutionary psychology in marketing. *Psychology & Marketing, 17*, 1005–1034.

Saad, G., & Gill, T. (2001a). The effects of a recipient's gender in the modified dictator game. *Applied Economics Letters, 8*, 463–466.

Saad, G., & Gill, T. (2001b). Sex differences in the ultimatumgame: An evolutionary psychology perspective. *Journal of Bioeconomics, 3*, 171–193.

Saad, G., & Gill, T. (2003). An evolutionary psychology perspective on gift giving among young adults. *Psychology & Marketing, 20*, 765–784.

Saad, G., & Gill, T. (2014a). *You drive a Porsche: You must be a tall philanderer*. (Working paper). Concordia University, Montreal, Canada.

Saad, G., & Gill, T. (2014b). The framing effect when evaluating prospective mates: An adaptationist perspective. *Evolution and Human Behavior, 35*, 184–192.

Saad, G., Gill, T., & Nataraajan, R. (2005). Are laterborns more innovative and non-conforming consumers than firstborns? A Darwinian perspective. *Journal of Business Research, 58*, 902–909.

Saad, G. & Peng, A. (2006). Applying Darwinian principles in designing effective intervention strategies: The case of sun tanning. *Psychology & Marketing, 23*, 617–638.

Saad, G., & Stenstrom, E. (2012). Calories, beauty, and ovulation: The effects of the menstrual cycle on food and appearance-related consumption. *Journal of Consumer Psychology, 22*, 102–113.

Saad, G., & Vongas, J. G. (2009). The effect of conspicuous consumption on men's testosterone levels. *Organizational Behavior and Human Decision Processes, 110*, 80–92.

Schwarz, S., & Singer, M. (2013). Romantic red revisited: Red enhances men's attraction to young, but not menopausal women. *Journal of Experimental Social Psychology, 49*, 161–164.

Scott, S. C. (1993). Visual attributes related to preference in interior environments. *Journal of Interior Design, 18*, 7–16.

Sherman, P. W., & Billing, J. (1999). Darwinian gastronomy: Why we use spices. *BioScience, 49*, 453–463.

Sherman, P. W., & Flaxman, S. M. (2001). Protecting ourselves from food: Spices and morning sickness may shield us from toxins and microorganisms in the diet. *American Scientist, 89*, 142–151.

Sherman, P. W., & Hash, G. A. (2001). Why vegetable recipes are not very spicy. *Evolution and Human Behavior, 22*, 147–163.

Singh, D. (2002). Female mate value at a glance: Relationship of waist-to-hip ratio to health, fecundity and attractiveness. *Neuroendocrinology Letters, 23*, 81–91.

Singh, D., Dixson, B. J., Jessop, T. S., Morgan, B., & Dixson, A. F. (2010). Cross-cultural consensus for waist-hip ratio and women's attractiveness. *Evolution and Human Behavior, 31*, 176–181.

Smith, E. O. (1999). High heels and evolution: Natural selection, sexual selection and high heels. *Psychology, Evolution & Gender, 1*, 245–277.

Stenstrom, E., & Saad, G. (2011). Testosterone, financial risk-taking, and pathological gambling. *Journal of Neuroscience, Psychology, and Economics, 4*, 254–266.

Sternberg, R. J., & Grigorenko, E. L. (2001). Unified psychology. *American Psychologist, 56*, 1069–1079.

Sundie, J. M., Kenrick, D. T., Griskevicius, V., Tybur J. M., Vohs, K. D., & Beal, D. J. (2011). Peacocks, Porsches, and Thorstein Veblen: Conspicuous consumption as a sexual signaling system. *Journal of Personality and Social Psychology, 100*, 664–680.

Tifferet, S., Saad, G., Meiri, M., & Ido, N. (2014). *Gift giving at Israeli weddings as a function of genetic relatedness and kinship certainty*. Submitted for publication.

Townsend, J. M., & Levy, G. D. (1990). Effects of potential partners' costume and

876

physical attractiveness on sexuality and partner selection. *Journal of Psychology*, *124*, 371–389.

Trivers, R. L. (1971). The evolution of reciprocal altruism. *Quarterly Review of Biology*, *46*, 35–57.

Turley, L. W., & Milliman, R. E. (2000). Atmospheric effects on shopping behavior: A review of the experimental evidence. *Journal of Business Research*, *49*, 193–211.

van den Bergh, B., Dewitte, S., & Warlop, L. (2008). Bikinis instigate generalized impatience in intertemporal choice. *Journal of Consumer Research*, *35*, 85–97.

van der Wal, A. J., Schade, H. M., Krabbendam, L., & van Vugt, M. (2013). Do natural landscapes reduce future discounting in humans? *Proceedings of the Royal Society B: Biological Sciences*, *280*, 20132295.

Vyncke, P. (2011). Cue management: Using fitness cues to enhance advertising effectiveness. In G. Saad (Ed.), *Evolutionary psychology in the business sciences* (pp. 257–288). Heidelberg, Germany: Springer.

Wang, Y., & Griskevicius, V. (2014). Conspicuous consumption, relationships, and rivals: Women's luxury products as signals to other women. *Journal of Consumer Research*, *40*, 834–854.

Wilson, E. O. (1984). *Biophilia*. Cambridge, MA: Harvard University Press.

Wilson, E. O. (1998). *Consilience: The unity of knowledge*. London, England: Abacus.

Wolf, K. L. (2005). Business district streetscapes, trees, and consumer response. *Journal of Forestry*, *103*, 396–400.

Zhu, Y.-X., Huang, J., Zhang, Z.-K., Zhang, Q.-M., Zhou, T., & Ahn, Y.-Y. (2013). Geography and similarity of regional cuisines in China. *PLoS ONE*, *8*(11), e79161. doi:10.1371/journal.pone.0079161

51장

진화와 조직 리더십

나이젤 니컬슨

리더십은 경영학 문헌에 등장하는 다른 어떤 주제보다 더 많은 잉크를 소비했지만, 통일된 합의와는 거리가 먼 방식으로 누적되어온 탓에 리더십이란 무엇이며, 지도자는 무엇을 하고, 왜 출현하고, 무엇이 성공과 실패를 결정하고, 어떤 영향을 미치는지는 아직도 불투명하기만 하다(Bennis, 2007; Drath et al., 2008).

나는 진화심리학이 그런 통일된 견해의 틀을 제공해준다고 주장하겠지만, 그러기 위해서는 영감과 감정이 소용돌이치는 이 분야에서 학자들이 우상과 신성한 소로 모셔지고 있는 자신들의 수많은 논문에서 한 발 뒤로 물러날 필요가 있다.

왜 이 분야가 그렇게 용광로 같은 특징을 보이는지는 그 자체가 생물종으로서 우리의 진화한 정체성 때문에 빚어진 문제다. 어느 각도에서 보더라도 리더십은 인간에게 '특유한' 특성이기 때문이다.

이 장에서 나는 위의 문제를 포함해서 몇 가지 질문에 대한 답을 찾고자 한다.

- 리더십이란 무엇인가? 인간의 리더십은 자연계의 도처에 존재하는 비슷한 기능들과 어떤 관계가 있는가? 우리 종의 역사는 리더십의 본질에 대해 우리에게 무엇을 가르쳐주는가?
- 리더십에 관한 학술 문헌에서 우리는 무엇을 건져 올릴 수 있는가? 진화적 접

근법은 리더십의 출현, 효율성, 실패 같은 핵심 과정들을 어떻게 비춰줄 수 있는가?

- 리더십은 어떻게 변하고 있는가? 가령 성 문제와 새로운 리더십 모델과 같이 현대의 환경에서 중요해진 문제는 무엇인가?

먼저, 진화적 관점에서 리더십을 본다는 것이 어떤 의미가 있는지를 살펴보자. 진화적 관점에서는 리더십을 동일종—종의 다른 구성원들—의 노력을 조정하고 지휘하는 일련의 기능으로 간주한다(van Vugt, Hogan, & Kaiser, 2008). 리더십은 사회적 포유동물 사이에서 다양한 형태로 나타나지만 인간 사회에서 나타나는 정교함과 다양함은 타의 추종을 불허한다. 이 형태를 설명하려면 다층적 선택 모델이 필요하다. 즉, 리더십은 이끄는 사람과 따르는 사람의 이익을 함께 증진하고, 그 과정에서 집단의 적합도를 높여준다. 집단 적합도는 맥락 의존적이다(Sober & Wilson, 1998). 리더십이 취하는 형태—예를 들어, 공유형 대 하향식—는 구성원들이 집단 구성에 얼마나 적합한지(예를 들어, 성숙한 구성원 대 의존적인 구성원), 그리고 집단이 어떤 환경적 과제에 직면해 있는지(예를 들어, 평화 대 전쟁)에 따라 선택된다.

학자들은 의지가 강하고 능력이 있는 지도자의 자질이 부호화되어 있는 유전자형을 찾았지만 아직까지는 별다른 성공을 거두지 못하고 있다(Judge & Long, 2012). 그 이유는 모든 형태(자연, 성, 혈연)의 선택은 표현형 수준에서 작동하고, 표현형의 적합도-관련 자질은 집단의 생태환경과 더 넓은 환경에 의해 규정되기 때문이다. 다층적 선택을 받아들일 때 우리는 상호작용하는 동역학을 분석해서, 인간 집단에서 나타나는 리더십의 출현, 실행, 결과를 이해할 수 있다.

적응 체계와 리더십

가장 간단한 자동화 기계, 로봇 진공청소기를 뜯어보자. 로봇청소기는 이리저리 돌아다니다가 장애물이나 낭떠러지를 만날 때마다 방향을 틀면서 먼지를 빨아들이는 방식으로, 어디에 갖다 놔도 체계적으로 청소하게끔 프로그램화되어 있다. 로봇

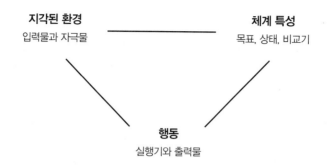

그림 51.1 적응적 제어 체계: 기초 요소들

청소기에는 그런 명령어들이 내장되어 있고, 튀어나온 곳과 깎아지른 곳을 탐지하는 센서 그리고 운동과 방향 전환에 필요한 모든 장치가 갖춰져 있다. 생물도 별 차이가 없다. 빛을 싫어하는 간단한 벌레는 닥치는 대로 유기물을 먹으면서 어두운 구석으로 기어들어 가는데, 비교 측정기 같은 것이 지금 있는 곳과 목표하는 곳의 차이를 알려주는 덕분이다. 그림 51.1의 기본적인 모델은 그런 적응 체계에 입력요소와 출력요소가 어떻게 연결되어 있는지를 보여준다.

그런 체계를 움직이는 루틴을 심리학에서는 티오티이TOTE, 즉 Test-Operate-Test-Exit 루틴이라고 한다(Miller, Galanter, & Pribram, 1980). 여기서 유기체는 목표 상태와 경험된 상태의 차이를 시험하고 그 차이를 줄이는 행동을 거듭 실행하면서 두 상태의 불일치를 줄여나가다가, 결국에는 종료exit에 도달한다(즉, 평형상태에 도달해서 쉴 수 있게 된다). TOTE 모델은 목적이 있는 체계를 설명하는 방법으로 인정받았으며, 계획이 유기체의 목표에 도움이 되는 진화의 맥락에서 상당한 효과를 발휘하는 분석틀이다. 그림 51.2는 개인(2a)과 사회집단(2b)이 부딪히는 적응적 과제에서 이 모델이 어떻게 돌아가는지를 보여주는데, 두 경우 모두 시각seeing(센서), 상태 being(목표와 역량), 실행doing(행동 레퍼토리와 출력)의 적응적 순환에 의거해서 설명할 수 있다.

이 도전 과제를 확장해서 분석한 곳은 다른 분야로(Bicholson, 2011, 2013), 그 취지는 적응이 특히 인간에게는 단지 반응성 과정이 아니라는 것이다. 어떤 존재자—

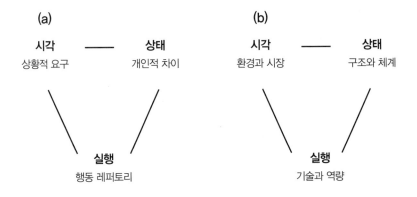

<table>
<tr><td colspan="2">(a)</td><td colspan="2">(b)</td></tr>
</table>

(a)		(b)	
시각 상황적 요구	───	**상태** 개인적 차이	

그림 51.2 (a) 개인 모델과 (b) 조직 모델

단체나 개인—가 변화된 상황의 요구에 응하기 위해 자신의 레퍼토리에서 행동을 선택할 때는 그 일이 값비싸거나, 비실용적이거나, 불가능할 수 있다. 다른 두 가지 적응 전략이 가능하다. 하나는 너무 힘든 환경을 포기하고, 이전 환경과 비슷한 특징들이 있어서 행동을 바꾸지 않고도 익숙한 평형상태로 되돌아갈 수 있는 환경을 새로 찾는 것, 이른바 '서식지 추적하기habitat tracking'다(Eldredge, 1995). 더 근본적인 적응 전략은 진화이론가들이 점점 더 관심을 기울이고 있는, '니치 조성niche construction'(Laland, Odling-Smee, & Feldman)—종이 가진 레퍼토리의 적합도 관련성을 높이기 위해 환경을 적극적으로 만드는 전략—이다. 비버, 잎꾼개미, 침팬지, 그 밖의 사회적 동물들은 모두 그들의 국지적 생태환경을 더 좋게 바꿔서 이득을 거둬들인다. 특히 침팬지의 경우에는 이 전략에 주목할 만한 지역적 변이가 있는데, 지역 생태에 적응한 물질적 하위 문화인 셈이다(McGrue, 1992).

인간은 니치를 조성하는 하위 문화를 유례없이 정교하고 다양한 수준으로 끌어올렸다. 농업이 '발명'되면서 이 문화에 가장 근본적인 변화가 일어났고, 그 이후로 사회적·문화적 규범이 급격히 늘어나 지구 전체를 뒤덮었다. 다층적 선택 이론은 문화가 진화해서 어떻게 인간 본성과 환경의 힘을 중재하고, 각각의 문화적 니치가 개인, 집단, 제도의 적합도 기준을 어떻게 재설정하는지를 보여준다(McElreach & Henrich, 2007). 이 장의 핵심 주장은 이 공진화 과정, 특히 니치를 조성하는 적응

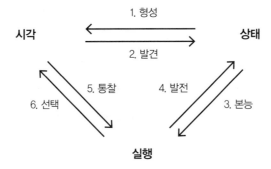

그림 51.3 여섯 가지 적응적 경로

전략에 지도자가 결정적 행위자라는 것이다(Spisak, O'Brien, Nicholson, & van Vugt, 2015).

지도자의 출현과 성공은 내가 '리더십 공식'이라 부르는 것—적절한 사람이 적절한 시간과 장소에서 적절한 일을 하는 것—을 이행하는 정도에 달려 있다(Nicholson, 2013). 물론 '적절함'은 주변 환경에 잘 적응한 것을 가리키는 불확실한 가치로, 적절한 지도 방법은 하나가 아니다. 여러 유형의 지도자가 선택되어서 국지적 환경에 대처하는 것이다. 이 관점은 상황situations, 과정processes, 자질qualities(SPQ)로 이루어져 있으며, 세 요소는 각각 리더십 배경(그리고 그 리더십에 대한 지각), 리더십 전략과 행동, 지도자 자질(공유 리더십 포함)을 의미한다. 이 단순한 틀에서 많은 가지가 뻗어 나와서, 자연계와 인간의 역사에 널리 존재하는 리더십의 다양성을 설명해준다. 이 모델의 논리는, 적응에는 여섯 가지 경로가 있다는 것이다. 나는 이제부터 이 논리를 사용해서 주제를 분석하고자 한다.

첫 번째 경로(경로 1: 형성)는 니치 조성의 토대에 해당한다. 의지력과 목적의식을 겸비한 지도자는 리더십 상황과 리더십에 대한 지각을 구체적으로 형성한다. 두 번째 경로(경로 2: 발견)는 어떤 상황에 몰입할 때 지도자의 잠재적 자질이 드러나거나 깨어나는 과정이다. 세 번째 경로(경로 3: 본능)는 성향의 결정력—지도자의 자질이, 지도자가 스스로 제어하지 않는 한에서, 지도자가 좋아하는 행동, 루틴, 습관으로 바뀌어 실행되는 것—이다. 강한 지도자는 종종 자신의 본능을 실행한 대가로, 실패하기 전까지는 보상을 받는다. 실패 회피에는 학습—자기 자신에 대한 통찰(경로 2: 발견)—이 필요하지만, 또한 변화에 대한 적응적 반응의 논리도 필요한데, 그런 적응적 반응은 나머지 세 경로로 이루어진다. 지도자는 경험을 통해 성장하고 발전하지만, 이 성장과 발전은 새로운 루틴과 행동을 실천하고 마음에 깊이 새길 때만 가능하다(경로 4: 발전). 그런 훈련의 선결 조건은 세계가 변했음을 인식하거나, 사람들이 세계를 새롭고 더 깊이 이해하게 되었음을 깨닫는 것이다(경로 5: 통찰). 이렇게 새로운 행동을 선택해야 하고 새롭게 평가한 상황의 요구에 따라 새로운 행동을 실행해야 한다는 인식, 이것이 적응적 리더십이라는 성배의 열쇠다(경로 6: 선택).

이 모델의 마지막 요점은, 중요한 것은 **지각된** 세계라는 사실—유기체의 감각 기관이 어디에 맞춰져 있는가—을 재차 강조하는 데 있다(Powers, 1973). 인간의 경우에 이 지각된 세계가 관념 세계이기도 하다. 지도자의 적응 전략은 이데올로기와 믿음의 영역, 이른바 사회적으로 조성된 현실을 포괄해야 한다. 이 영역을 분석하기 위해 먼저 더 기본적인 모델들을 살펴보자.

자연계의 리더십

리더십 개념은 사회 체계와 관련해서만 유효하다(van Vugt et al., 2008). 리더십 문헌에는 수많은 정의가 있지만, 대부분 현대의 인간적 목적(예를 들어, 어떤 결과를 위해 영향력을 행사하는 것)에 집중되어 있다(Northouse, 2012). 나는 그런 전제를 피하고 더 자연주의적인 관점을 채택하고 싶다. 진화에 기초한 기능적인 견해에 따르면, 리더십은 개인과 비개인, 공유형과 단독형을 포괄하는 다양한 형태를 취할 수 있다. 이렇게 본다면, 한쪽 끝에는 명령하거나 통제하는 전략이 있고 반대쪽 끝에는 촉진하거나 조정하는 전략이 있는 다양한 전략의 연속체가 형성된다. 따라서 우리는 다음과 같은 실용적인 정의에 도달한다. 리더십은 사회집단의 구성원들이 어떤 목표로 나아가게끔 방향을 지시하거나 조정하는 것이다.

자연계에는 곤충, 새, 일부 파충류, 여러 포유동물 등 수많은 사회적 생물종이 존재한다. 통합력이 가장 강한 종은 '진사회성eusocial' 곤충 군체로, 모든 개체가 집단에 복종하고, 노동분업과 성 역할이 엄격하며, 유전적 동일성이 매우 강해서(자식들이 50% 이상의 유전자를 공유함) 사실상 '초유기체superorganism'처럼 행동한다(Willson,

1971). 이때 리더십은 집단행동을 지탱하는 부호화된 본능에서 나온다. '여왕'이 있더라도 군주제라 보기에는 거리가 멀다. 그 군집의 번식 적합도 중 일정하게 할당된 역할—자동화된 리더십 기능들을 발산하는 중심체 역할—만 하기 때문이다.

새와 많은 유제 동물은 습관이 더 독립적이지만, 안전, 식량 공유, 번식을 위해 떼를 짓는다. 진사회적 종처럼 유전적 동일성이 강하지 않기 때문에, 사회 조직은 대개 지배적인 수컷, 여러 마리의 암컷, 그 자식들로 구성된 가족 중심으로 돌아간다. 여기서 리더십은 육아와 같고, 지배와 번식 기회를 두고 겨루는 수컷들의 경쟁에 의해 중단이 되지만, 무리 전체가 이동할 때는 '지도자'보다는 공유하고 있는 본능이 리더십을 더 많이 지배한다(Gueron, Levin, & Rubenstein, 1996). 사회적 종들의 우위 경쟁은 대개 신체적 적합도 표지—큰 뿔, 묵직한 꼬리 깃털, 싸우는 힘, 노래의 품질—에 달려 있다. 처음 두 요인은 고전적인 '핸디캡' 표지라는 점에 주목하라. 개체의 적합도를 표시하는 것 말고는 어떤 목적에도 기여하지 않고 부담만 되는 것이다 (Zahavi, 1975).

이보다 더 복잡한 사회 조직은 무리 동물과 고등 포유류 사이에서 발견할 수 있다. 개, 해양 포유류, 영장류에게는 더 복잡한 계층구조가 있어서 신체 능력이 아닌 다른 기준—가령, 집단 내에서 신뢰와 지능을 끌어모으는 능력—이 지배권을 결정한다.

인간에게는 이 모든 형태의 조정이 확실하게 존재한다. 인격화된 지도자에게 의존하지 않는 형태로는 다음과 같은 것들이 있다.

- 비개인적 조정: 동시에 행동하는 사람들은, 가령 한 줄 서기처럼 자발적으로 자신들을 조직화한다.
- 군중 행동: 사람들은 스포츠 경기, 가두 시위, 금융시장에서 짐승 무리처럼 함께 행동한다. 이때 사람들은 남들을 모방하고 관찰해서 행동을 조정한다.
- 협력 기제: 거의 항상 사람들은 지도자가 무엇을 하라고 명령하기를 기다리지 않고서 루틴, 결정 규칙, 운영 절차를 따른다(Tooby, Cosmides, & Price, 2006).
- 자기 조직화: 인간(그리고 높은 지능을 가진 사회적 포유동물들)은 수많은 상황에서 자신의 집단적 행동, 생각, 감정에 대한 책임을 비공식적으로 공유하면서

함께 행동한다. 자기 경영하는 팀들이 운영하는 기업체가 그런 예다(Purser & Cabaner, 1998).

따라서 리더십은 공유할 수 있는 체계적 기능이다(Pearce & Conger, 2003). 하지만 리더십에 관한 많은 저작은 리더십을 이렇게 기능적으로 보지 않는다. 거기서는 더 인격화된 '낭만적인' 개념이 우세하고, 영웅적인 후광까지 더해진 경우도 빈번하다 (Meindl, Ehrlich, & Dukerich, 1985).

이 이미지는 아주 끈질겨서, 우리는 관상학을 인간 본성의 일부로 인정한다. 심지어 '리더십의 대안'에 호소할 때도(Kerr & Jermier, 1978) 우리는 비인격적 과정(규칙과 절차 등)보다는 인격적 과정이 주도하는 형식을 선택하는 듯하다. 이 선호의 뿌리는 인간의 자의식—매일 '마음 읽기'와 상호주관적 인식을 하게 하는 진화한 능력—에 수반되는 목적적 행위 의식에 있는 것으로 보인다(Leary & Buttermore, 2003; Nicholson, 2011).

리더십은 인간에게 특유한, 상징적인 속성으로, 대중매체뿐 아니라 리더십을 연구하는 학문 분야에서도 다음과 같이 막강한 힘을 발휘하는 많은 주제의 원천이다.

역사의 가르침

가장 먼저 들여다봐야 할 주제는 인간의 리더십이 문화, 경제, 사회가 변하는 중요한 시기에 대단히 유용한 효과를 발휘한다는 점이다. 지도자는 중요하며(Kaiser, Hogan, & Craig, 2008), 또한 역사의 가르침에 따르면 리더십은 아주 다양한 형태를 띨 수 있다.

인류 역사의 95% 동안 우리의 생활방식을 규정한 전형적인 형태는 씨족을 이룬 수렵채집인의 반유목 생활이었다. 현대의 인류학적, 고생물학적 증거를 들여다볼 때 우리는 이 기간 내내 조직과 리더십의 일반적인 모델에서는 높은 수준의 유동성, 즉 끝없이 이동하는 생활과 변덕스러운 환경에 대처하기 위해 사회적 역할들을 계속 조정하는 변형 과정이 나타났음을 짐작할 수 있다(Boehm, 1999; Erdal & Whiten,

1996). 수렵채집인 사회에서 리더십은 지역의 조건과 요구에 따라 손에서 손으로 건네지는 기능이다. 보엠이 부족민들을 자세히 연구해서 밝혀냈듯이, 보존할 수 있는 부가 거의 혹은 전혀 없는 곳—자원을 통해서는 권력과 지위를 저장하거나 전달할 수 없고, 그래서 권력 관계가 평등하고, 공공적이고, 유동적인 곳—에서는 이 모델이 일반적이다. 부족원들은 보엠이 '벼락출세upstartism'라 부른 것을 방지하기 위해 비공식적으로 다양한 제제를 활용한다. 그런 사회에서는 지도자가 일시적이고 잠정적인 권력 기간을 초과하기 어렵다.

1만 년 전쯤에 급격한 기후변화로 인구압이 출현해서 농업과 가축화가 발명되고 비교적 큰 인구가 조직을 이루며 정착하는 과정이 빠르게 진행되었다(Diamond, 1997). 이 새로운 세계에서 처음으로 부가 축적되고 사회적 지위가 다음 세대로 전달되었고, 그 결과 권력, 왕위, 노예 국가, 극심한 권위주의적 리더십이 하나로 합쳐졌고(Betzig, 1993; Padilla, Hogan, & Kaiser, 2007). 그와 함께 권위와 예속을 지정하는 지위들이 광범위하게 그 리더십을 떠받들었다. 이 모델과 나란히 공존한 모델이 있다. 반유목 목축형 부족이 채택한 거버넌스governance로, 사회 구조가 성과 계급에 따라 엄격히 나뉘어 있고, 평의회 원로들이 합의해서 내리는 의사결정에 최종 권위를 부여하는 형태다. 비교연구에 따르면 그들의 리더십은 다음 세 가지 주된 상황적 도전 과제에 따라 결정된다. 사냥터와 야영지 결정, 식량 공유, 공격적인 남성 통제(Nicholson, 2005).

부족 사회에는 빅맨Big Man이라는 모델이 널리 퍼져 있다(van Vugt et al., 2008). 최고의 사냥꾼이나 낚시꾼은 자신의 몫을 적당히 챙기고 남은 부분을 사람들에게 아낌없이 나눠준다. 이렇게 해서 빅맨은 그의 사람들에게 하인 역을 연기하는데(Coon, 1979; Harris, 1979), 그 목적은 그 상황에서 필요한 일을 할 능력이 있음을 증명해서 사람들에게 자원을 획득하고 공평하게 분배할 수 있는 보호자로서 신뢰를 얻는 것이다. 빅맨 모델은 많은 개발도상국의 정치적 리더십에 상당히 왜곡된 형태로 출현한다. 지도자는 모든 종류의 민주화 운동을 억압하고, 엄청난 부를 축적하고, 그런 뒤 추종자들에게 선택적으로 나눠주면서 군사, 경제, 정치 제도를 통해 통치를 영속화한다(van Vugt & Ahuja, 2010). 그런 성공을 뒷받침하는 조건으로, 가난하고 무지한 추종자 집단이 존재하고, 그들의 문화에 보호에 대한 역사적인 신앙이 결합되어 있으며, 추장의 증여에 의존하는 전통이 부족 정신에 통합되어 있는 것을 지적할 수 있다.

최근의 역사—즉, 지난 몇백 년의 역사—를 보면, 지도자를 억누르거나 제거할 수 있는 교양, 자원, 권력을 가진 추종자들이 존재할 때 우리가 합의적 리더십이라 부를 수 있는 모델이 발전한다는 것을 알 수 있다.

앞에서 언급했듯이, 다층적 선택은 문화와 리더십의 공진화를 설명해준다.

지도자는 문화적 변화의 원인이자 결과로서 이 공진화 논리의 중심에 위치한다. 제도 건설을 통해 잠재적으로 혁신가일 수 있지만, 그와 동시에 구체적인 목적을 수행하도록 선택되고 사회화된 문화적 제도의 산물인 것이다.

제어 루프 SPQ 가이딩control loop SPQ guiding을 적용해서 이 적응 동역학을 평가할 때, 역사가 일러주는 교훈은 다음과 같다.

- 지도자는 언젠가는 실패한다! 지도자는 적절한 사람으로서, 적절한 장소와 시간에, 적절한 일을 해야 한다. 즉, 상황의 요구에 응할 수 있는 특징을 갖춘 개인이 적응적 평형에 도달해야 한다. 지도자가 실패하는 이유는, 대개 변화하는 상황에 적응하지 못한 탓에 그들의 제어 사이클이 일치에서 불일치로 넘어가기 때문이다(Hogan, Hogan, & Kaiser, 2010).
- 적절한 리더십 모델은 하나가 아니다. 시대의 요구에 응하기 위해서는 여러 종류의 대응이 필요하기 때문에, 대개 다양한 부류의 지도자가 출현해서 시대적 요구를 충족시킨다. 예를 들어, 판 퓌흐트와 스피사크Spisak(2008)는 남성적인 지도자와 여성적인 지도자의 자질이 전시와 평화시에 각각 어떻게 선호되는지에 주목했다.
- 지도자는 주변 환경에 그의 스타일, 목표, 이미지와 일치하도록 명령할 수 있는 한(일종의 니치 조성)에서 성공할 수 있다. 이는 물론 지도자가 추종자들의 현실을 사회적으로 조성할 수 있는 한에서 가능하다(Conger & Kanungo, 1988; Nicholson, 2013). 하지만 역사의 교훈, 특히 스탈린과 히틀러 같은 강력한 독재자의 교훈은, 지도자가 추종자들이 경험하는 현실에서 멀어지면 사회적 구성이 유지되지 못한다는 것이다(Lord & Maher, 1991).

리더십 이론: 진화적 비평

　돌이켜 보면, 지금까지 나온 리더십 연구와 문헌 가운데 엄청난 양이, 인정할 만한 지도자를 찾고자 하는 우리의 욕구를 정형화된 방법으로 해결하고자 하는 것들이었다. 지금도 이 장르의 대부분은 영웅적인 삶의 이야기에 비굴하게 속박되어 있다 (Meindl et al., 1985).

　그 문헌의 진화 과정을 개관할 때, 우리는 그 주제와 초점들이 공진화 루프 속에서(즉, 원인이자 결과로서) 어떻게 이동하면서 당대의 조건과 필요를 반영하고 충족했는지를 볼 수 있다. 그것은 또한 자원에 기반한다. 리더십 이론과 연구는 주로 미국에 본부를 둔 컨설턴트업체와 경영대학원에서 나온 것이기 때문이다. 이 분야의 무게중심은 세계 다른 지역의 모델들에 적합한 가족 중심, 비영리, 정부 조직 등이 아니라 20세기에 미국의 사업부제 기업이 직면했던 문제들과 가까이에 있다.

리더십 개념, 고대에서 현대까지

　아리스토텔레스에서부터 키케로에 이르는 고대 정치철학자들은 국가의 제도들을 통해서 이성적·도덕적 질서를 창조하는 일에 관심을 쏟았다. 그들이 그린 지도자는 고결한 국가에 걸맞은 도덕적 청렴을 스스로 체현하고, 언제나 의연하게 비열한 충동을 억누를 줄 아는 지도자였다. 지도자를 자기희생적인 숭고함의 본보기로 보는 개념은 중세에 들어 니콜라이 마키아벨리Nicolai Machavelli의 사상에 전복되었다. 마키아벨리는 지도자가 직면하는 상황적 문제에 기초하긴 했지만, 훨씬 더 비관적이고 살벌한 현실 정치적 관점으로 리더십을 생각했다.

　20세기에 개인주의와 '심리주의psychogism'가 도래하자 사람을 사회적 역할과 강하게 동일시하는 경향이 퇴조하고 개인의 차이에 따라 역할 수행이 결정되는 경향이 부상했다. 또한 사회적 역할의 이동성과 유동성이 증가한 시기에 성격심리학이라는 분야가 꽃을 피우기 시작했다. 사람들이 의무적으로 권위에 복종하기보다는 자유재량으로 책임을 수행하는 시대가 되었다. '위대한' 지도자들의 지속적, 중심적, 공통적 요소를 확인하고자 하는 문헌이 쏟아져 나왔다. 위인의 그래프 윤곽 찾기는 결국 실패했다. 늘어나는 자질의 목록이 리더십의 성공을 경험적으로 예측할 수 있는 인자들보다는 문화적 전형의 가치들을 더 많이 반영했기 때문이다(Northouse, 2012).

이렇게 예측이 실패하자 사람들은 두 가지 주요 개념에 근거해서 다시금 상황에 관심을 돌렸다. 우선, 지도자는 제한된 범위 안에서 행동을 하거나 성과를 결정한 다—즉, 지도자는 상황의 제약이 약할 때 비로소 영향력을 발휘한다—는 인식이었다(Mischel & Shoda, 1995). 다른 하나는 추종자들, 특히 그들의 수행 의지와 능력이 중요하다는 개념이었다(Hollander, 1992). 초기의 우연성(상황) 이론은 목표 성취 대 인간 관계(때로는 과제 대 배려라고도 한다)에 지도자가 부여해야 할 상대적 중요성—추종자들의 특징과 지도자의 자질에 의존하는 균형—을 추적했다(Fiedler, 1978; Hersey & Blanchard, 1969). 이런 개념들은 리더십 '스타일'이란 개념에 초점을 맞추고 있었고, 지도자는 변화하는 요구에 적응적으로 반응할 줄 알아야 한다는 전제가 기초에 놓여 있었다. 진화적 접근법이라면, 사람들은 행동을 수정해서 변화하는 요구에 대응할 줄 안다는 생각에 반대하지 않겠지만, 다양한 상황에 맞춰 스스로 선택하거나 선택될 가능성이 더 높다는 점에 주목할 것이다. 실제로 '역사의 가르침'도 그러하다.

향상된 측정법과 더 세련된 예측 모델과 함께 성격을 연구하는 분야가 되살아나면서 성격을 통한 접근법은 이전보다 훨씬 더 정교해졌다. 성격의 5대 요인 모델FFM: Five Factor Model을 중심으로 형성된 합의는 리더십 연구에 큰 자극이 되었다(Judge, Bono, Ilies, & Gerhardt, 2002). 학자들은 전적으로 경험적 근거에 따라, 사후적으로 FFM을 생각하고 구성했지만, 진화이론가들은 그 범주의 적합도 관련성을 뒷받침하는 믿을 만한 이론적 주장을 전개해왔다(MacDonald, 1994).

이로부터, 만일 성격 유형에 적합도 관련성이 있다면 왜 애초에 변이가 존재하는가라는 문제가 발생한다. 그 대답에는 빈도 의존적 선택(남들과 다른 윤곽을 갖고 있다는 것의 비교 이점)이 있다는 추측 그리고 성격이 비가산적 유전자 조합 속에 부호화되어 있을 가능성이 있다(무작위로 또는 다른 생물학적 표지와 관련되어 변할 수 있다)는 추측이 다양하게 혼재하고 있다(Jang, Livesley, & Vernon, 2006; Nettle, 2006). 분명, 행동유전학이 보여준 바에 따르면 성격은 유전 가능성이 높지만 가족을 따라 전해지지는 않는다(독특한 유전자 조합들로 부호화되어 있기 때문이다)(Lykken, McGue, Tellegen, & Bouchard, 1992). 또한 연구를 통해 밝혀졌듯이, 리더십 출현의 유전

가능성은 하한선이 17%지만, 이는 어떤 보편적인 리더십 형질(특성)이 있기 때문이라기보다는 지배와 우월성을 바라는 일반화된 충동 탓일 가능성이 더 높다(De Neve, Mikhaylov, Dawes, Christakis, & Fowler, 2013; Henrich & Gil-White, 2001; Ilies, Gerhardt, & Lee, 2004).

스타일이라는 우연한 조건에 초점을 맞춘 연구는, 리더십에 훨씬 더 행동적으로 접근해서 구체적인 행동들의 조합을 확인하는 쪽으로 초점이 이동하리라고 예고했다(Yukl, Gordon, & Taber, 2002). 이 주장의 토대가 되면서 공진화하고 있는 추진력은, 잘 훈련된 경영자의 부족에 자극받아 경영이 갈수록 전문화되고 있는 현상과 예비 지도자들에게 툴킷을 제공하는 컨설턴트업체와 경영대학원이 부상하고 있는 현상이다.

사회적 교환 이론 그리고 독립된 학과로서 갈수록 커지고 있는 사회심리학의 힘 덕분에, 리더십 연구는 행동을 한층 더 깊이 연구하면서 지도자-추종자 상호작용을 세밀하게 관찰하는 쪽으로 이동했다. 그 계기가 된 지도자-구성원-교환LMX: leader-member-exchange 연구는 양자의 상호작용을, 그 참여자들과 독립되어 있지만 그들의 통제하에 있는 하나의 실체로 간주한다(Graen & Uhl-Bien, 1995). 이와 함께 현실에 기반해서 일어난 것이 코칭 운동의 성장이다. 지도자가 증가하는 역할 요구의 부담을 견디는 데 필요한 여러 수준의 지지대를 확인하는 움직임으로, 전문직 종사자들이 '코치로서의 지도자'에 대해 쓴 문헌에서 강조하는 내용과 유사하다(Ely et al., 2010).

변혁적 리더십과 카리스마의 귀환

1980년대에 경영학 문헌은 두 갈래로 나뉘었다. 하나는 영웅적인 리더십 개념으로 귀환하는 흐름이었고, 다른 하나는 리더십의 현상학을 보다 더 사회학적으로 비평하자는 흐름이었다. 첫 번째 흐름은 경영학 바깥에 있던 사람—제임스 맥그리거 번스James McGregor Burns(1978)—이 물꼬를 텄다. 정치과학자이자 대통령 전기작가인 번스는 리더십에 관한 논문 하나로 '위인great man' 리더십 개념의 영웅적 개인주의를 소환하는 신호탄을 쏘아올렸다. 하지만 이번에는 변혁적 과정에 근거해 있었다. 번스와 함께 그런 사고방식을 추구한 작가들(Bass & Avolio, 1994; Hunt, 1999)은 지도자가 시행 과정에서 추종자들을 동원하는 변혁적 리더십 그리고 추종자들의 열망과 성취를 더 높은 차원으로 끌어올리는 이상화를 한쪽에 놓고, 거래적 리더십, 즉 의무를 계산적으로 교환해서 유인하는 방식에 기초한 수단적이고 과제 중심적인 행동 방향을 반대편에 놓고 둘을 대비했다. 다시 한번 우리는 이 구성개념에서 20세기 말의 시대정신을 감지할 수 있다. '거래적' 지도자라는 어구는 경영을 바라보는 시각이 모욕적일 수도 있다는 점에서 애매하다. 하지만 전체적으로 이 모델은 기업의 리더십에 대한 내적 우연성 모델이며, 기업의 위계 구조에서 '리더십'의 성격은 수준별로 확연히 달라진다는 인식에 이른다(Katz & Kahn, 1978).

조직의 상층부는 지도자들이 더 신중한 판단력을 사용하는 곳으로, 유인 행동이 물질적이라기보다는 가치의 조율, 권력의 공유, 전략적 목표의 전달을 중심으로 이루어진다. 하층부에서는 심리적 접촉이 도덕적이라기보다는 수단적인 접촉이며, 필요한 기술, 성격, 지도자의 목표가 상당히 다르다—즉, 오류 감소, 보상과 통제, 실행의 효율성을 다룬다(Etzioni, 1975).

몽상적 열정이 분위기를 지배한 그 시대에, 더 오래되고 논쟁적인 주제인 '카리스마'가 부활했다. 애초에 이 '신의 선물'의 위험성을 지적한 사람은 사회학자인 막스 베버Max Weber였다. 개인의 변덕스러운 리더십은 힘센 지도자가 약자들을 먹이로 삼고 종속 상태를 유발할 수 있으므로 그보다는 관료제가 더 안전한 구조적 대안이라고 베버는 주장했다. 카리스마를 구해낸 것은 심리학자들과 경영학자들이었다. 그들은 카리스마의 어두운 개념을 뒤집어서, 통찰력 있는 지도자가 추종자들의 자아 개념을 끌어올리는—추종자들의 권리를 빼앗는 것이 아니라 그들을 고무시키는—개념으로 만들었다(Conger & Kanungo, 1988; House, 1977). 이때 학자들은 서로 대체할 수 있는 개념으로서 변혁적인 지도자와 카리스마 있는 지도자를 언급하기 시작하고 (House & Shamir, 1993), 심리학자들의 전통적 경로인 심리측정학을 통해 그 존재를 구체화했다. 그런 자질을 측정하는 척도는 그 분야에서 가장 일반적이고 매력 있는 도구가 되어 그 개념의 영속성을 비준하고 보강해주었다(Avolio, Bass, & Jung, 1995).

이 문제는 한걸음 물러나 문화적 맥락에서 다시 볼 필요가 있다. 맥애덤스McAdams 가 미국 문화의 '구속적redemptive' 동향이라 명명한 끈질긴 흐름에는 일시적인 변덕 이상의 생명력이 있다. 이 흐름은 사람들이 희망을 찾는 새로운 변경(McAdams,

2013), 특히 추종자들에게 집단적인 변혁과 부활의 행동을 일깨우고 고취할 지도자들로부터 시작되기 때문이다. 우리는 이 낭만적인 견해 속에서 원시적인 열망을 알아볼 수 있는데, 다름 아닌 부모 모델이 문화적으로 각인되어 있다는 것이다(Keller, 1999). 하지만 카리스마적인 지도자의 '어두운 면', 예를 들어 나르시시즘, 권한을 빼앗는 관계, 후계자를 공백으로 남겨두는 경향 등에 점점 더 주목하게 된 것은 아마도 지도자에 대한 불신과 환멸이 커지고 있다는 인식에서일 것이다(Padilla et al., 2007).

리더십의 이미지와 사회적 조성을 중심으로 가장 최근에 구체화된 리더십 이론들은 '리더십의 낭만'에 대한 마인들Meindl의 비평을 뒤따라서(Mein이 et al., 1985), '암묵적 리더십 이론'이라 불리는 형식으로 출현했다(Ayman & Korabik, 2010; Lord & Maher, 1991). 이 이론은 지도자에게 투사된 기대가 지도자의 출현, 지도자 선택과 평가에 영향을 미친다는 개념을 제시한다. 이 개념은, 리더십은 사람들의 필요를 반영하는 식으로 개념화된다는 우리의 공진화적 주장과 전적으로 일치한다. 이때 사람들의 필요는 인간의 이야기에 담긴 멀고, 더 깊고, 더 무시간적인 주제에 의존하면서도 지역적으로 문화화된 근접한 형태를 띤다.

보편적 지도자: 진화적 관점

판 퓌흐트와 동료들이 지적했듯이(van Vugt et al., 2008), 리더십이 존재하는 것은 종 구성원들이 되풀이하여 맞닥뜨리는 적응적 도전 과제를 해결하기 위해서다. 신중한 관찰자들이 지적하듯이, 우리의 영장류 사촌들이 거주하는 세계에서 그런 해결에는 무차별적인 힘, 연합 정치, 배려, 호혜 행위가 뒤섞여 있는데, 다름 아닌 식량 공급, 짝짓기 기회, 자녀 양육, 갈등 해결 같은 목표를 이루기 위해서다(de Waal, 1989). 사실, 인간과 별로 다르지 않다! 하지만 보편적인 리더십 자질이란 것이 있다면, 더 자세히 명시할 필요가 있다. 판 퓌흐트와 아후자Ahuja(2010)가 본 그 자질은 (a) 자원 발견, (b) 갈등 관리, (c) 전쟁, (d) 동맹 조성, (e) 자원 분배, (f) 교육이다.

우리의 주제인 적응적 리더십 모델로 되돌아오자. 인류의 전 역사에서 볼 수 있듯이 그런 자질에 대한 강조는 몹시도 변덕스럽다. 그래서 우리는 전쟁보다는 교육에 훨씬 더 많은 자원을 쏟아붓지만, 그리 멀지 않은 과거에는 그 반대가 사실이었다(Pinker, 2011). 우리의 공진화적 견해를 말하자면, 이런 과제는 대단히 조건적이다. 드라스Drath와 동료들은 최근에 이 분야에서 가장 포괄적이라 할 수 있는 검토 연구를 통해, 리더십의 핵심 과제는 세 가지—지휘direction, 정렬alignment, 헌신commitment—이라고 결론지었다. 이 결론은 우리의 제어 모델의 세 요점과 일치한다. 상황—시각=지휘, 자질—상태=정렬, 과정—실행=헌신.

지휘

리더십은 지정된 지도자, 위원회, 팀, 일련의 운영 규칙 등 어느 존재에게 구현되어 있다 해도, 가장 중요한 필요 사항을 충족해야 한다. 바로, 목표에 관한 결정을 내리는 일—어떤 종류의 전략적 의도가 집단이 직면해 있는 가장 중요한 도전에 응할 수 있는가—이다. 앞에서 보았듯이 이 일에는 변화된 상황에 맞게 적응하는 반응과, 상황을 제어하고 형성하는 노력이라는 이원성(니치 조성의 두 원천)이 얽혀 있다. 유명한 예로, 자동차 산업 전체가 추구해야 할 의제를 정한 헨리 포드Henry Ford가 있고, 최근에는 디지털 산업과 그 산업이 거주하는 시장에 대한 디지털 세계의 매개변수를 규정한 스티브 잡스Steve Jobs가 있다. 둘 다 개인이 자신의 일생보다 오래가는 공진화 과정에 주파수 역할을 한 분명한 사례다. 우리는 이런 일을 할 줄 아는 사람에게서 그 재능을 찾아 열거할 수는 있지만, 그와 일치하는 보편적인 자질은 여전히 정의하기가 쉽지 않다.

어떤 시나리오는 쉽게 상상할 수 있다. 가령 전통의 노예처럼 사는 부족 집단, 또는 날씨나 적대적인 이웃이 외부에서 부과하는 무자비한 사건을 따라가면서 사는 집단처럼, 지도자 그룹이 우리의 비전, 방향, 목적을 제시할 필요가 거의 없는 시나리오다.

보편적 자질을 찾아 나서야 할 다른 길은, 판 퓌흐트와 그 밖의 학자들이 해온 것처럼 인간 집단들이 반복해서 직면하는 도전 과제들을 명시하고, 그 과제들이 지도자에게 요구하는 것이 무엇인지를 규정하는 방법이다. 하지만, 니치 조성과 생태환경의 변화 때문에 요구와 반응의 균형점은 이동한다(Spisak et al., 2015). 리더십 문헌에 계속 되풀이되는 한 요소는 '비전'이지만 어떤 형질과도 뚜렷하게 관련짓기 어렵다(House, Dorfman, Javidan, & Hanges, 2013).

여기에 제시된 적응적 틀 안에서, '비전'이란 요소는 당면한 환경을 이해하고, 그 환경에서 직면한 문제의 이미지를 창조하고, 그 도전에 응할 수 있는 전략적 접근법을 제시할 때 반드시 필요한, 지도자나 지도자 그룹의 결정적인 역할이다(Conger & Kanungo, 1988). 예를 들어, 재직자가 아닌 어떤 사람이 그 전략을 수행하기에 더 적합하다고 결론짓는 것은 충분히 상상할 수 있는 일이다. 현명한 지도자라면 심지어 자신이 직접 그런 결론에 도달할 수 있다.

따라서 보편적 자질은 SPQ 모델이 설명하듯이, '시각'의 적응적 이동으로, 여기에는 필요한 반응을 동원할 수 있는 사람과 과정을 포섭하여 현실의 조성을 널리 확산시키는 능력이 포함된다. 다른 사람의 시야보다 멀리 보는 것은 리더십의 첫째가는 기능이며, 이를 위해서는 새롭거나 남들이 무시하는 출처에서 데이터를 모으고, 전제에 도전하고, 능력과 시행 체계를 비판적으로 평가할 줄 알아야 한다. 실제로 많은 기업과 그 지도자들이 실패하는 것은, '상태'(핵심 자질)나 '실행'(능력)에 결손이 있다기보다는 '시각'에 결손—그 환경에 존재하거나 발생하려고 하는 변화에 대한 무감각—이 있기 때문이다.

정렬

'추종자' 집단의 정체성은 무엇인가? 그들의 기술, 능력, 믿음, 가치관, 장점과 약점은 무엇인가? 그들은 어떻게 조직되어 있는가? 어떤 문화적인 명령이나 기술의 제약 때문에 그들은 서로 그런 특별한 방식으로 관계할 수밖에 없는가? 다시 한번 우리는 변증법적 관점을 취해서, 인간을 반응하는 적응자이자 주도적인 행위자로 볼 필요가 있다. 정체성—개인의 정체성과 조직의 정체성 모두—에는 분명 목적에 맞게 빚을 수 있는 측면이 있는가 하면, 유전적으로 주어져서 조종하거나 조율하기가 불가능한 측면도 있다. 전자의 증거는 재직자들이 그들의 역할을 어떻게 구체화하는지를 보여주는 직업 설계 그리고 직업 이동자들이 자신의 역할을 어떻게 바꾸는지를 보여주는 이직 분야에 관한 연구에서 나온다(Nicholson, 2010). 사회학자들은 지도자와 그 밖의 사람들이 제도적 구조를 창출할 때 발휘하는 행위자적agentic 능력을 가리키는 말로 '구조화structuration'라는 용어를 만들었다(Jarzabowski, 2008), 또한 '니치 조성'도 변혁적 리더십의 도구다(Spisak et al., 2015).

개인의 정체성 수준에서 이것은 자신의 성격 형질을 조종하고 적절한 '스타일'을 만들어내는 지도자의 능력으로 볼 수 있다. 리더십 문헌에서는 이것을 두 가지 방식으로, 즉 한편으로는 마치 스타일이 선택의 문제인 것처럼 다루고, 다른 한편으로는 지도자가 자신의 특성에 무기력하게 조종되는 것처럼 다룬다. 진실은 양극단 사이에 있는 자기조절 영역에 있다(Karoly, 1993). 이 영역은 적극적으로 조성된다. 다시 말해서, 행위자가 자기 자신의 심적 상태와 충동을 알고, 환경과 그 위기에 대한 자신의 생각과 인식을 조절하고, 그런 뒤 그 요소들과 거기에 귀결된 행동을, 종종 자기 자신의 개인적 이야기를 통해 어느 정도는 스스로 통제한다는 뜻이다(Nicholson, 2011; Van Knippenberg, de Cremer, Hogg, & Van Knippenberg, 2005).

이것은 개인적 차원의 정렬이다. 이를테면 우리는 지도자를 출범시키는 선택 과정에서 키 같은 몇 가지 신체적 속성이 선호된다는 사실(Judge & Cable, 2004)을 알고 있지만, 지도자가 되겠다는 동기에 이끌려 많은 단신 지도자들이 자신의 강력한 이야기를 통해 선택의 불이익을 모두 극복한다는 것도 알고 있다.

개인의 정체성을 바꾸기보다는 기관의 정체성을 바꾸는 것이 더 쉽다. 하지만 기업의 정체성 변화는, 기업이 새로운 기술을 도입하거나, 구조를 변경하거나, 다른 회사와 합병할 때 기업의 적응 전략의 핵심 요소가 될 수 있다. 지도자는 그런 변혁에 중심적인 역할을 한다(Kaiser et al., 2008).

하지만 조직 설계가 항상 순전히 합리적─경제적 선택의 문제일 수는 없다. 목적, 다시 말해 환경의 요구에 들어맞는 구조를 창조하는 일만은 아닌 것이다. 물론 앞에서 논의했듯이, 인간의 여정은 아주 다양한 사회적 형태를 가로질러왔고, 그 형태 하나하나가 환경의 도전과 압박에 대응하기 위해 인간의 노력을 어떻게 정렬해야 하는지를 실험하는 과정이었다. 그럼에도 진화적 관점에서 우리는 인간이 선천적으로 조직화를 선호했는지를 더 깊이 들여다봐야 한다.

조직화를 지배하는 원칙은 세 가지다. 위계적 계층화, 그룹화, 중앙 집권화. 위계는 하향식 통제를 가능하게 하고, 그룹화는 효율적인 노동분업을 조장하고, 집권화는 통합을 촉진한다. 여기까지는 아주 합리적이다. 하지만 고려해야 할 문제가 있다. 인간의 연장통 안에는 평판의 순위 매기기와 지배성이라는 강력한 특징이 있어서(Henrich & Gil-White, 2001), 조직이 필요 이상으로 위계적이 될 수 있다. 부족적 본능―이집단성利集團性, groupishness―은 효율적인 분업을 방해하고, 그럴 땐 던바의 숫자인 150명 이내에서 자기 위주의 '배타적인clannish' 네트워크가 형성된다. 지도자는 또한 권력 기반을 세우고 다지고자 하는 욕망에 사로잡혀서 조직을 지나치게 집권화하기도 한다.

헌신

지금껏 보았듯이 리더십 문헌에는 추종자를 끌어들이고, 동원하고, 고취하고, 감화시키는 지도자의 기능이 지배적이었고, 보편적 기술들을 찾는 노력은 거의 실패하거나, 긴 목록을 남기는 데 그쳤다. 이제 공진화적 사고에 따르면, 구체적인 행동은 거의 예외 없이―심지어 무활동조차도―주어진 상황에 대한 적응적 반응일 수 있다. 하지만 또한 우리 종에게는 심리적 욕구와 관심을 묶어주는 공통된 기반이 있으며 집단 내에서 지도자에게 반응할 때 그 기반으로 인해 공통의 경향이 드러난다는 점도 생각해야 한다.

우리 주장의 논리에 따라 적응적 리더십에 발을 들이기 위해서는 먼저 경영학 초기의 저자, 메리 파커 폴렛Mary Parker Follett이 '상황의 법칙The Law of the Situation'이라 부른 것을 이해해야 한다(Urwick, 1987). 여기에는 인식의 기술―탐험, 조사, 질문 같은 행동들―과, 현실 형성 또는 도전, 정의, 구축의 기술이 동시에 필요하다. 거꾸로, 리더십이 실패하는 많은 경우가 이른바 '제한된 인식bounded awareness'(Bazerman, 2014)과 어려운 진실에 도전할 용기의 부족이 맞물려서 발생한다. 최근에 정서 지능이 리더십에 필요하다는 점을 강조하는 저자들은 자기 인식을 갖고 자기조절을 훈련할 필요성, 그리고 그와 함께 타인의 감정을 읽고 움직일 필요성을 지적한다(Goleman, Bouatzis, & McKee, 2002). 지도자―구성원 교환 연구는 또한 지도자가 영향력을 충분히 행사하는 과정에 대인관계의 호혜가 중요하다고 말한다(Graen & Uhl Bein, 1995). 앞에서 언급했듯이, 이런저런 형태로 행동에 영향을 미치는 것은 리더십 레퍼토리에 불가결한 부분인 것 같지만, 추종자를 동원하는 어떤 수단도 추종자들의 마음 상태나 그 밖의 조건과 무관하지 않다는 점을 기억해야 한다(Hollander,

1992; Tjosvold, Andrews, & Struthers, 1993). 사람들이 비조직화, 극심한 궁핍, 위협에 처해 있다면 지도자는 의지력, 미래의 비전, 자신감—이 논문에서 카리스마라고 부른 것—을 조합해서 그들을 동원할 것이다. 지도자가 사회적 복잡성, 정치적 다양성, 개념적 도전의 조건하에 있다면 더 조건적인 영향 모델이 필요할 것이다.

이 분야에서 가장 설득력 있는 보편성들은 특성에 기반하지 않는다. 바로 이것이 로버트 하우스Robert House가 이끄는 세계적 규모의 GLOBE 프로젝트에서 나온 가장 놀라운 결론일 것이다(House, Hanges, Javidan, Dorfman & Gupta, 2004). 오히려 특성과 스타일은 문화—특이적인 반면에, 보편성에는 비전(위에서 설명한 '시각'), 그리고 신뢰와 성실 같은 관계 자질이 포함된다. 그렇다면 리더십은 모든 인간 사회에 존재하는 도덕적 감수성과 관련된 사회 계약일 것이다(Brown & Trevino, 2006).

리더십의 미래: 진화적 관점

방대하고 다양한 문헌이 지도자의 마음 상태와 능력을 계발할 수 있는 수많은 아이디어를 제시하고, 그에 더해서 지도자, 그들의 팀, 그들의 의사결정을 측정하고, 발전시키고, 지원하는 엄청난 양의 인적자원 관리법을 제시한다. 하지만 목표가 없는 리더십은 방향타 없는 배와 같다. 우리는 어떤 종류의 세계를 그리면서 지도자를 선택하고 준비시킬까? 선택지는 무한해 보이지만, 그 속에서 두 가지 추세가 점점 부상하고 있다. 하나는 규모가 사실상 지구적이고 다양하게 퍼져 있는 팀들을 이끄는 문제이고, 다른 하나는 갈수록 복잡해지는 기술과 과정을 통합하는 문제다. 지도자가 필요했던 많은 일이 이제는 자동화되었다. 노동자의 교육과 지적 능력이 향상됨에 따라 전통적인 통제 기능이 약해지고 새로운 리더십 모델이 부상하고 있다. 경제의 많은 분야에서 리더십은 혁신, 정보, 실행 전략, 연결망, 경영 변화로 인해 더 조건적이 되고 있으며, 그 배경에는 기대 상승, 규제 증가, 공공의 감시가 있다.

이 추세들은 우리가 지도자를 어떻게 개발하고 지원해야 하는지에 대한 세 가지 중요한 의미가 있다.

공유 리더십

지도자 역할을 갈망할 수도 있는 사람이 리더십의 부담 때문에 위축되고 초라해지거나, 리더십의 요구 조건 때문에 지도자 역할에 반드시 다가갈 필요가 있는 사람이 소외될 정도로 그 부담이 크고 번거로워서는 안 된다. 리더십 역할들을 어떻게 정하느냐는 우리가 제도적으로 설계해서 직접 결정할 수 있는 일임을 잘 기억할 필요가 있다. 이 문제는 특히, 오늘날 시장과 기술의 속도, 복잡성, 변동성을 관리하기 위해서는 눈, 손, 뇌가 한 쌍 이상 필요하다는 사실, 그래서 리더십이 '외로운 지도자' 모델에서 벗어날 필요가 있다는 사실과 관련이 있다(O'Toole, Galbraith, Lawler, 2002; Pearce & Conger, 2003). 진정한 공유 리더십은 형식적으로 짝지어진 지도자 역할로는 성취하기 어렵고, 현재 많은 지도자들이 비공식적인 공유를 통해서 재무이사, 최고운영책임자, 신뢰받는 외부 고문 같은 특별한 개인들과 파트너십을 맺는다(Hambrick & Cannella, 2004). 이런 형태를 '비평형 지도자 관계Critical Leader Relationships'라 부를 수 있다(Nicholson, 2013).

제어 모델의 관점에서 볼 때 그런 파트너십의 가치는 제어 모델의 세 가지 요점 모두에 기여한다. 시각: 권력 주변으로 항상 모여드는 배타적 집단을 벗어나 멀리 보고, 또한 현 상태를 반대자의 관점에서 볼 수 있는 통찰이 필요하다. 이 통찰은 적응의 요구가 빠르게 변하는 곳에서 특히 중요하다. 실행: 복잡성과 불확실성의 증가에 대응하려면 지도자는 보완적 기술을 가진 사람들의 조언과 도움이 필요하다. 손 한 쌍으로는 부족하다. 상태: 지도자는 반성적인 훈련이 필요하다. 자신 있고 용감하게 요구와 기대를 헤쳐나가기 위해서는 건설적인 피드백과 정서적 지지에 기댈 필요가 있다(Alvarez & Svejenova, 2005).

이런 관계가 꽃을 피우려면 동료 간 경쟁을 덜 강조하는 지원 구조와 문화가 필요하고, 이런 실질적 가치를 실현해줄 공동 코칭을 관행으로 만들어야 한다(Nicholson, 2013). 다음 절에서 보겠지만, 리더십의 여성화가 이런 방향으로 나아가는 데 도움이 될 것이다.

여성 리더십

일부 페미니스트는 리더십의 사회 구조에 성 편향이 있어서 리더십 역할을 열망할 수도 있는 여성들이 암암리에 차별을 당한다고 주장한다. 이 주장은 과학이 밝혀낸 능력과 선호의 성 차이와 불일치하는 것으로 보인다(Buss, 1995; Geary, 1998). 정당한 근거에 따르자면, 우리 시대에 출현하고 있는 다중다수의 세계multiplex world는 여성이 갖고 있는 더 협력적이고 평등주의적인 지향성에 매우 호의적이라고 말할 수 있다. 이런 성격 묘사는 진부해 보일 수 있는데(Carli & Eagly, 2012), 생물학적 차이에 근거해서 권한을 성별로 분업화할 수 있는가라는 질문이 나오기 때문이다. 또한 여성이 리더십 자리에서 쫓겨난다고 말할 정도로 그 페미니스트들의 믿음에 특별한 힘을 부여하는 것도 이상하다.

일부 작가에 따르면, 차별적인 가정과 기대의 혼합을 통해 '조직의 젠더화'가 깊고 널리 퍼져 있다고 한다(Acker, 1990; Britton, 2000). 그러나 만일 근본적으로 진화 때문에 남성과 여성이 다른 종류의 사회 질서를 선호한다면 어떻게 될까? 남성은 경쟁적인 과시를 마음껏 할 수 있는 위계구조를 선호하고, 여성은 포용과 협력의 네트워크를 선호한다면? 그렇다면 대안이 될 수 있는 이론은, 남성의 지배성 위계, 지배성 시합은 믿을 만한 적합도 신호를 추구하는 남성의 진화적 욕구를 충족시킨다는 것이다. 반면에 여성은 족외혼(친정을 떠나 일족 바깥에서 짝짓기를 하고서 지위를 얻는 것) 때문에 대인 기술과 협력 기술 같은 특징을 선호한다. 여성이 낯선 씨족 안에서 인정을 받고 유지하는 데에는 그런 특징이 요긴했다(Ridley, 1993).

그렇다면 여성이 리더십 역할에 소수인 것을 다르게 설명할 수 있다. 즉, 여성은 전통적인 위계구조 안에서 성공과 경력을 놓고 벌여야 하는 그 게임을 좋아하지 않는다는 것이다. 미발표된 부분적 테스트는 이 가설과 같은 방향을 강하게 가리킨다(Nicholson & Lee, 2014). 그 데이터에 따르면, 젠더화된 조직이 존재하는 것은 다음 두 경우뿐이다. 여성이 분권화된 비계층적 · 협력적 조직 구조 안에서 여성들과 합류하고, 여성을 지도하고, 여성의 지도에 따르는 것을 강하게 선호하는 경우와, 남성이 전통적인 위계구조 안에서 남성들과 합류하고, 남성을 지도하고, 남성의 지도에 따르는 것을 강하게 선호하는 경우.

그런 데이터에 의하면, 젠더화된 조직은 구조적 현상이다. 고전적인 기업 위계구조는 이성적—경제적 이익 때문이 아니라 남성이 선호하는 형태로 존속한다. 다시 말해서, 그 구조를 지배하는 사람들과 그 밑에서 성공하는 사람들의 필요와 기술을 충족해주는 것이다. 따라서 여성 지도자가 적은 이유 중 하나는 리더십의 구성과 그에 이르는 경로가 많은 여성에게 매력이 없고, 호의적이지 않고, 이용할 수 없기 때문이다.

남성은 경쟁이 심한 환경에서 성공하기를 바라는—번식 적합도를 높이려는—욕구가 여성보다 강하고, 그로 인해 위계구조 안에서 남들보다 앞서기 위해 스트레스, 위험, 굴욕을 더 많이 경험하는데, 이 역시 우리가 물려받은 진화적 유산의 일부분이다(G. F. Miller, 2000). 그 영향으로 심지어 '여성화된' 환경에서조차 선임 역할에는 남성이 더 많다.

그렇다면 이로부터 어떤 인과적 결과를 예상할 수도 있지 않을까? 경영 환경은 혁신, 서비스, 품질을 높이기 위해 더 평평하고 더 협동적인 구조를 요구하며, 이 구조에서는 더 많은 여성이 흥미를 느끼고 여성이 더 빨리 리더십 위치에 오른다. 이렇게 짐작할 수는 있지만, 진화의 논리에 따르면 그렇지 않을 수도 있다. 가장 평평한 구조에서도 남성은 높은 자리에 오르고자 더 열심히 노력할 테고, 가능한 경우에는 위계적인 형태를 재현하고 싶어 할 것이다.

지도자의 자기조절

내가 이 글에 제시한 분석의 의미는 미래에 지도자 개발이 나아갈 두 방향을 가리킨다. 첫째는 폴렛의 '상황의 법칙'(Urwick, 1987), 즉 '상태'에서 '시각'으로 관심이 이동해야 한다는 개념이다. '보편적인' 지도자를 찾고 선택하기보다는, 남성이든 여성이든 조직을 지도할 사람에게 통찰력 있는 조사의 도구를 구비하게 하는 편이 나을 것이다. 그런 도구가 있을 때 지도자는 국지적인 문화, 권력, 정보원, 이해 관계자들로 구성된 배타적 집단을 벗어나 더 멀리 바라볼 수 있다. 그로 인해 발생하는 '상태'의 도전 과제는 지도자가 지각, 믿음, 의도를 다시 조율해서 통찰의 문제에 대응하고자 할 때 어떤 도움을 받을 수 있는가 하는 것이다.

지도자 개발의 두 번째 방향이 그 뒤를 잇는다. 문헌에서 자기조절이라 부르는 경향이다(Karoly, 1993). 많은 심리학 문헌이 자기조절을 성취 지향과 안정 지향 같은 정보 처리(Higgins, 2002)와 기분 자기조절(John & Gross, 2004)의 이분법으로 축소하지만, 윌리엄 제임스가 100여 년 전에 처음 언급했듯이(James, 1890/1950), 이 문제는 훨씬 더 포괄적이다. 제임스는 자아를 반성적 제어라는 궁극의 속성을 지닌 적응적 기관으로 보았다. 이 속성은 자유의지와 대단히 비슷하게 느껴지지만, 같지는 않다. 나를 비롯한 모든 사람을 미래의 결과를 제어하고 계획하는 능력을 가진 자발적 행위자로 의식하면서 자기를 조절하는 특별한 능력은 모든 종 가운데 유일하게 인간만 갖고 있다(Bandura, 2008).

반성적 자의식은 진화적 사고에 근본적인 문제 하나를 제기한다. 어떤 이들은 자아를 부수 현상이나 망상으로 취급하지만(Dennett, 1995; Kurzban, 2010), 다른 이들은 자아가 없으면 인간의 행동을 완벽하게 설명하기가 불가능하다고 인정한다(Leary & Buttermore, 2003; Nicholson, 2011). 자서전적 이야기는 리더십 과정과 니치 조성의 중요한 일부분이다. 진화 과학은 리더십과 그 결과를 관찰하는 일에서 초연한 구경꾼으로 남을 필요가 없다. 진화 과학도 이 일에 적극적으로 나서서, 권력과 반응의 효과적인 배치를 생각하는 좋은 방법, 그리고 사회와 그 구성원들에게서 가장 좋은 모습을 이끌어낼 제도, 경영 시스템, 하위 문화가 과연 무엇인지를 통찰하는 유용한 수단을 제공할 수 있다.

리더십의 법칙과 보편성은 결국 지역적 한계에 매여 있을뿐더러 우리의 은밀하고 원시적인 '낭만적' 열망에 좌우되기 때문에, 그런 법칙과 보편성을 계속 찾기보다는 더 체계적이고 개념화된 관점을 수용할 필요가 있다. 적응적 기능으로서 리더십이 실패하는 이유는 주로 관념적이고 진부한 단순화를 끌어들이기 때문이다. 이 연구분야의 미래는 이 기능이 어떻게 시간, 장소, 거주자의 필요에 따라 다르게 작동하는지, 그리고 우리가 지도자와 그 조직의 적응적 능력을 관리할 때 어떻게 이익을 거둬들일 수 있는지를 이해하는 일에 달려 있다.

참고문헌

Acker, D. M. (1990). Hierarchies, jobs, bodies: A theory of gendered organizations. *Gender and Society, 4*, 139-158.

Alvarez, J. L., & Svejenova, S. (2005). *Sharing executive power*. Cambridge, England: Cambridge University Press.

Avolio, B. J., Bass, B. M., & Jung, D. J. (1995). *MLQ Multifactor Leadership Questionnaire: Technical report*. Redwood City, CA: Mindgarden.

Ayman, R., & Korabik, K. (2010). Leadership: Why gender and culture matter. *American Psychologist, 65,* 157−170.

Bandura, A. (2008). The reconstrual of "free will" from the agentic perspective of social cognitive theory. In J. Baer, J. E. Kaufman, & R. F. Baumeister (Eds.), *Are we free? Psychology and the free will* (pp. 86−127). Oxford, England: Oxford University Press.

Bass, B. M., & Avolio, B. J. (Eds.) (1994). *Improving organizational effectiveness through transformational leadership*. Thousand Oaks, CA: Sage.

Bazerman, M. J. (2014). *The power of noticing: What the best leaders see*. New York, NY: Simon & Schuster.

Bennis, W. (2007). The challenges of leadership in the modern world: Introduction to the special issue. *American Psychologist, 62,* 2−5.

Betzig, L. (1993). Sex, succession and stratification in the first six civilizations: How powerful men reproduced, passed power on to their sons, and used power to defend their wealth, women and children. In L. Ellis (Ed.), *Social stratification and socioeconomic inequality* (Vol. 1, pp. 37−74). Westport, CT: Praeger.

Boehm, C. (1999). *Hierarchy in the forest: The evolution of egalitarian behavior*. Cambridge, MA: Harvard University Press.

Britton, D. M. (2000). The epistemology of the gendered organization. *Gender and Society, 14,* 418−434.

Brown, M. E., & Trevino, L. K. (2006). Ethical leadership: A review and future directions. *The Leadership Quarterly, 17,* 595−616.

Burns, J. M. (1978). *Leadership*. New York, NY: Harper & Row.

Buss, D. M. (1995). Psychological sex differences: Origins through sexual selection. *American Psychologist, 50,* 164−168.

Carli, L. L., & Eagly, A. H. (2012). Leadership and gender. In J. Antonakis & D. Day (Eds.), *The nature of leadership* (2nd ed., pp. 417−476). Thousand Oaks, CA: Sage.

Chan, K. Y., & Drasgow, F. (2001). Toward a theory of individual differences and leadership: Understanding the motivation to lead. *Journal of Applied Psychology, 86,* 481−498.

Conger, J. A., & Kanungo, R. N. (1988). *Charismatic leadership: The elusive factor in organizational effectiveness*. San Francisco, CA: Jossey Bass.

Coon, C. S. (1979). *The hunting peoples*. New York, NY: Penguin.

De Neve, J., Mikhaylov, S., Dawes, C. T., Christakis, N. A., & Fowler, J. H. (2013). Born to lead?Atwin design and genetic association study of leadership role occupancy. *The Leadership Quarterly*, *24*, 45–60.

Dennett, D. C. (1995). *Darwin's dangerous idea: Evolution and the meanings of life*. New York, NY: Simon & Schuster.

Diamond, J. (1997). *Guns, germs and steel*. New York: Random House.

de Waal, F. B. M. (1989). *Chimpanzee politics: Power and sex among apes*. Baltimore, MD: Johns Hopkins University Press.

Drath, W. H., McCauley, C. D., Palus, C. J., Van Velsor, E., O'Connor, P. M. G., & McGuire, J. B. (2008). Direction, alignment, commitment: Towards a more integrative ontology of leadership. *The Leadership Quarterly*, *19*, 635–653.

Eldredge, N. (1995). *Reinventing Darwin: The great evolutionary debate*. New York, NY: Wiley.

Ely, K., Boyce, L. A., Nelson, J. K., Zaccaro, S. J., Hernez-Broome, G., & Whyman, W. (2010). Evaluating leadership coaching: A review and integrated framework. *The Leadership Quarterly*, *21*, 585–599.

Erdal, D., & Whiten, A. (1996). Egalitarianism and Machiavellian intelligence in human evolution. In P. Mellars & K. Gibson (Eds.), *Modelling the early human mind* (pp. 139–150). Cambridge, England: McDonald Institute for Archaeological Research.

Etzioni, A. (1975). *Comparative analysis of complex organizations*. Glencoe, MI: Free Press.

Fiedler, F. E. (1978). The contingency model and the dynamics of the leadership process. In L. Berkowitz (Ed.), *Advances in experimental social psychology* (Vol. 11, pp. 59–112). New York, NY: Academic Press.

Geary, D. C. (1998). *Male, female*. Washington DC: American Psychological Association.

Gueron, S., Levin, S. A., & Rubenstein, D. I. (1996). The dynamics of herds: From individuals to aggregations. *Journal of Theoretical Biology*, *182*, 85–98.

Goleman, D., Boyatzis, R. E., & McKee, A. (2002). *Primal leadership: Realizing the power of emotional intelligence*. Boston, MA: Harvard University Press.

Graen, G. B., & Uhl-Bien, M. (1995). Relationship-based approach to leadership: Development of leadermember exchange (LMX) theory of leadership over 25 years: Applying a multi-level multi-domain perspective. *The Leadership Quarterly*, *6*, 219–247.

Hambrick, D. C., & Cannella, A. A. (2004). CEOs who have COOs: Contingency analysis of an unexplored structural form. *Strategic Management Journal, 25,* 959–979.

Hamel, G. (2008). *The future of management.* Cambridge, MA: Harvard University Press.

Harris, M. (1979). *Cannibals and kings.* Glasgow, Scotland: William Collins.

Henrich, J., &Gil-White, F. J. (2001). The evolution of prestige: Freely conferred deference as a mechanism for enhancing the benefits of cultural transmission. *Evolution and Human Behavior, 22,* 165–196.

Hersey, P., & Blanchard, K. (1969). The life cycle theory of leadership. *Training and Development Journal, 23,* 26–34.

Higgins, E. T. (2002). How self-regulation creates distinctive values: The case of promotion and prevention decision-making. *Journal of Consumer Psychology, 12,* 177–191.

Hogan, J., Hogan, R., & Kaiser, R. B. (2010). Management derailment: Personal assessment and mitigation. In S. Zedeck (Ed.), *American Psychological Association handbook of industrial and organizational psychology* (Vol. 3, pp. 555–575). Washington, DC: American Psychological Society.

Hollander, E. P. (1992). Leadership, followership, self, and others. *The Leadership Quarterly, 3,* 43–54.

House, R. J. (1977). A 1976 theory of charismatic leadership. In J. G. Hunt&L. L. Larson (Eds.), *Leadership: The cutting edge* (pp. 189–207). Carbondale, IL: Southern Illinois University Press.

House, R. J., Dorfman, P. W., Javidan, M., & Hanges, P. J. (2013). *Strategic leadership across cultures: GLOBE study of CEO leadership behavior and effectiveness in 24 countries.* Thousand Oaks, CA: Sage.

House, R. J., Hanges, P. J., Javidan, M., Dorfman, P. W., & Gupta, V. (2004). *Culture, leadership, and organizations: The GLOBE study of 62 societies.* Thousand Oaks, CA: Sage.

House, R. J., & Shamir, B. (1993). Toward the integration of transformational, charismatic, and visionary theories. In M. M. Chemers & R. Ayman (Eds.), *Leadership theory and research: Perspectives and directions* (pp. 81–107). San Diego, CA: Academic Press.

Hunt, J. M. (1999). Transformational/charismatic leadership's transformation of the field: An historical essay. *The Leadership Quarterly, 10,* 129–144.

Ilies, R., Gerhardt, M. W., & Lee, H. (2004). Individual differences in leadership emergence: Integrating metaanalytic findings and behavioral genetics estimates. *International Journal of Selection & Assessment, 12,* 207–219.

James, W. (1950). *The principles of psychology* (Vol. 1). Mineola, NY: Dover. (Original work published 1890)

Jang, K. L., Livesley, W. J., & Vernon, P. A. (2006). Heritability of the Big Five personality dimensions and their facets: A twin study. *Journal of Personality, 64,* 577–592.

Jarzabowski, P. (2008). Shaping strategy as a structuration process. *Academy of Management Journal, 51,* 621–650.

John, O. P., & Gross, J. J. (2004). Healthy and unhealthy emotion regulation: Personality processes, individual differences and life span development. *Journal of Personality, 72,* 1303–1333.

Judge, T. A., Bono, J. E., Ilies, R., & Gerhardt, M. W. (2002). Personality and leadership: A qualitative and quantitative review. *Journal of Applied Psychology, 87,* 765–780.

Judge, T. A., & Cable, D. M. (2004). The effect of physical height on workplace success and income. *Journal of Applied Psychology, 89,* 428–441.

Judge, T. A., & Long, D. M. (2012). Individual differences in leadership. In D. V. Day & J. Antonakis (Eds.), *The nature of leadership* (2nd ed., pp. 179–217). Los Angeles, CA: Sage.

Kaiser, R. B., Hogan, R., & Craig, S. B. (2008). Leadership and the fate of organizations. *American Psychologist, 63,* 96–110.

Karoly, P. (1993). Mechanisms of self-regulation: A systems view. *Annual Review of Psychology, 44,* 23–52.

Katz, D., & Kahn, R. L. (1978). *The social psychology of organizations* (2nd ed.). New York, NY: Wiley.

Keller, T. (1999). Images of the familiar: Individual differences and implicit leadership theories. *The Leadership Quarterly, 10,* 589–607.

Kerr, S., & Jermier, J. M. (1978). Substitutes for leadership: Their meaning and measurement. *Organizational Behavior and Human Performance, 22,* 375–403.

Kurzban, R. (2010). *Why everyone (else) is a hypocrite: Evolution and the modular mind.* Princeton, NJ: Princeton University Press.

Laland, K. N., Odling-Smee, F. J., & Feldman, M. W. (2001). Cultural niche construction and human evolution. *Journal of Evolutionary Biology, 14,* 22–33.

Leary, M. R., & Buttermore, N. R. (2003). The evolution of the human self: Tracing the natural history of selfawareness. *Journal for the Theory of Social Behavior, 33,* 365–404.

Lord, R. G., & Maher, K. J. (1991). *Leadership and Information processing: Linking perceptions and* performance. Boston, MA: Routledge.

Lykken, D. T., McGue, M., Tellegen, A., & Bouchard, T. J. (1992). Emergenesis: Genetic traits that may not run in families. American Psychologist, 47, 1565–1577.

MacDonald, K. (1994). Evolution, the five-factor model, and levels of personality. Journal of Personality, 63, 525–567.

McAdams, D. P. (2013). The redemptive self: Stories Americans live by. Oxford, England: Oxford University Press.

McElreath, R., & Henrich, J. (2007). Dual inheritance theory: The evolution of human cultural capacities and cultural evolution. In R. I. M. Dunbar & L. Barrett (Eds.), Oxford handbook of evolutionary psychology (pp. 555–570). Oxford, England: Oxford University Press.

McGrue, W. C. (1992). Chimpanzee material culture: Implications for human evolution. Cambridge, England: Cambridge University Press.

Meindl, J., Ehrlich, S. B., & Dukerich, J. M. (1985). The romance of leadership. Administrative Science Quarterly, 30, 78–102.

Miller, G. E., Galanter, E., & Pribram, K. H. (1960). *Plans and the structure of behavior*. New York, NY: Holt, Rhinehart, & Winston.

Miller, G. F. (2000). *The mating mind: How sexual choice shaped the evolution of human nature*. London, England: Heinemann.

Mischel, W., & Shoda, Y. (1995). A cognitive-affective system theory of personality: Reconceptualizing situations, dispositions, dynamics, and invariance in personality structure. *Psychological Review, 102*, 246–286.

Nettle, D. (2006). The evolution of personality variation in humans and other animals. *American Psychologist, 61*, 622–631.

Nicholson, N. (2005). Meeting the Maasai: Messages for management. *Journal of Management Inquiry, 14*, 255–267.

Nicholson, N. (2010). The design of work: An evolutionary perspective. *Journal of Organizational Behavior, 31*, 422–431.

Nicholson, N. (2011). The evolved self, coevolutionary processes and the self-regulation of leadership. *Biological Theory, 6*, 12–44.

Nicholson, N. (2013). *The "I" of leadership: Strategies for seeing, being and doing*. San Francisco, CA: Jossey-Bass.

Nicholson, N., & Lee, S. (2014). *The gendered organization*. Working paper, London Business School.

Northouse, P. G. (2012). *Leadership* (6th ed.). Thousand Oaks, CA: Sage.

O'Toole, J., Galbraith, J., & Lawler, E. E. (2002). When two (or more) heads are better than one: The promise and pitfalls of shared leadership. *California Management*

Review, 44, 65–83.

Padilla, A., Hogan, R., & Kaiser, R. B. (2007). The toxic triangle: Destructive leaders, vulnerable followers, and conducive environments. *The Leadership Quarterly*, *18*, 176–194.

Pearce, C. L., & Conger, J. A. (2003). *Shared leadership: Reframing the hows and whys of leadership*. Thousand Oaks, CA: Sage.

Pinker, S. (2011). *The better angels of our nature*. New York, NY: Viking.

Powers, W. T. (1973). *Behavior: The control of perception*. Chicago, IL: Aldine.

Purser, R. E., & Cabaner, S. (1998). *The self-managing organization: How leading companies are transforming the work of teams for real impact*. New York, NY: Free Press.

Ridley, M. (1993). *The Red Queen: Sex and the evolution of human nature*. New York, NY: Viking.

Sober, E., & Wilson, D. S. (1998). *Unto others: The evolution and psychology of unselfish behavior*. Cambridge, MA: Harvard University Press.

Spisak, B. R., O'Brien, M. J., Nicholson, N., & van Vugt, M. (2015). Niche construction and the evolution of leadership: Toward a unified theory. *Academy of Management Review*, *40*, 291–306.

Tjosvold, D., Andrews, I. R., & Struthers, J. T. (1993). Leadership influence: Goal interdependence and power. *The Journal of Social Psychology*, *132*, 39–50.

Tooby, J. L., Cosmides, L., & Price, M. E. (2006). Cognitive adaptations for n-person exchange: The evolutionary roots of organizational behavior. *Managerial and Decision Economics*, *27*, 103–129.

Urwick, L. (1987). The essentials of leadership. In *Freedom and coordination: Lectures in business and organization by Mary Parker Follett*. London, England: Management Publications Trust.

Van Knippenberg, B., de Cremer, D., Hogg, M. A., & Van Knippenberg, D. (2005). Leadership, self, and identity: A review and research agenda. *The Leadership Quarterly*, *15*, 825–856.

van Vugt, M., & Ahuja, A. (2010). *Selected: Why some people lead, why others follow, and why it matters*. London, England: Profile Books.

van Vugt, M., Hogan, R., & Kaiser, R. B. (2008). Leadership, followership, and evolution: Some lessons from the past. *American Psychologist*, *63*, 182–196.

van Vugt, M., & Spisak, B. R. (2008). Sex differences in the emergence of leadership during competitions within and between groups. *Psychological Science*, *19*, 854–858.

908

Wilson, E. O. (1971). *The insect societies*. Cambridge, MA: Belknap Press.

Yukl, G., Gordon, A., & Taber, T. (2002). A hierarchical taxonomy of leadership behavior: Integrating a half century of behavioral research. *Journal of Leadership & Organizational Studies, 9,* 13-32.

Zahavi, A. (1975). Mate selection: A selection for handicap. *Journal of Theoretical Biology, 53,* 205-214.

52장

진화심리학과 법

오언 D. 존스

범인의 흔적, 속도위반 고지서, 경미한 부상으로 큰 보상을 챙기려는 고소인과 변호사는 잊어버리자. 이혼전문 변호사, 가운을 걸친 판사, 마약 금지법도 잊어버리자. 부주의한 사람들의 정신을 산란하게 하는 것들에 불과하니까. 그런 사람들은 법을 이해하는 데 있어 가장 중요한 핵심을 놓치곤 한다. 법은 인간이라는 동물이 스스로의 장치에만 맡겨졌을 때와는 딴판으로 행동하게끔 하는 수단이다. 냉정하게 말하자면, 법체계는 인간의 행동을 수정할 목적으로 그 환경의 특징을 수정한다. 이렇게 볼 때, 법이 진화생물학과 진화심리학의 관점을 포함해서 진화의 관점으로 행동을 볼 필요가 있다는 점이 명백해진다. 행동을 더 잘 이해하면, 행동을 변화시키고자 하는 사회의 노력에 도움이 된다.

법체계가 장려할 때 사람들은 공공 목표를 진전시키는 방향으로 행동한다. 공공 목표는 명백히 다양하다. 그 범위는 예를 들어, 오염을 방지하는 것에서부터 빈민층에게 최저 소득을 보장해주는 것, 경제 성장을 촉진하는 것, 재산을 도둑맞지 않게 지켜주는 것, 식품과 약물의 안전성과 효과를 보장하고, 중요한 논쟁이 공정하고 원칙에 입각한 방식으로 폭력 없이 해결되게 하는 것에 이른다.

물론 달성되었을 때 한 사회의 모든 개인에게 똑같이 이익이 될 수 있는 공공 목표는 거의 없다. 개인들의 이해관계는 좀처럼 똑같지 않으며, 민주주의 사회에서 공공 목표란 충분한 수의 개인이 다른 개인들을 대표해서 공공의 목표라고 지정한 것을 말한다. 하지만 결국 법률 정책 입안자도 이 다양한 공공 목표를 요청하고, 구성하고, 표현하고, 마지막으로 명확히 하는 과정의 주요 행위자에 속한다. 정책 입안자는 어떤 목표에 우선권을 부여할지에 영향을 미칠 뿐 아니라, 그 목표에 이를 수단을 선택하는 일에도 힘을 보탠다.

수단은 상당히 다양하지만, 대략 두 가지 일반 범주로 나뉜다. 한 범주는 사람들을 주어진 방식으로 행동하게끔(또는 행동하지 않게끔) 물리적으로 강제하는 수단들이다. 예를 들어, 투옥은 범죄자의 재범 가능성을 물리적으로 차단한다. 다른 범주는 그보다 덜 직접적으로, 다시 말해서 세금, 벌금, 보상, 다양한 위협으로 동기를 변화시켜서 행동에 영향을 미치는 수단들이다.

일반적으로 자극을 변화시켜서 행동 변화를 이끌어내고자 하는 노력은 수많은 가정에 의존하고, 그 가정들은 인간의 행동이 어디에서 나오고, 무엇으로부터, 어떻게 영향을 받는지를 명시적으로나 암묵적으로 말하는 행동 모델로 이루어져 있다. 그러나 간혹 두드러진 예외는 있었지만, 지금까지 법률 정책 입안자들은 자신이 행동 모델에 얼마나 의존하는지를 까맣게 모르거나, 아니면 이미 좋은 모델을 잘 사용하고 있다고 믿으면서 스스로 만족한다.

어느 경우든, 인간 행동에 대한 진화적 관점들을 통합한다면 도움이 될 것이다 (Jones & Goldsmith, 2005). 그에 따라 이 장(원래 이 책의 초판에 실린 것이며, 말미에 지난 10년의 발전상을 다루면서 내용을 업데이트했다)은 '진화적 법률 분석'(Jones, 1997)이 그 쓸모를 입증할 수 있는 몇 가지 구체적인 맥락을 탐구하고 설명한다.

효율성을 높인다

가장 일반적인 차원에서, 진화적으로 법을 분석하면 효율성을 끌어올릴 수 있다. 인간 행동에 변화를 일으켜서 법의 목표를 달성하고자 할 때 법률적 수단의 효율성은 강건한 행동 모델에 달려 있다. 이런 면에서 그리고 그림 52.1에 나와 있듯이, 법의 효율성은 정확한 행동 모델에 달려 있다. 지렛대의 효율성이 그 받침점의 단단함

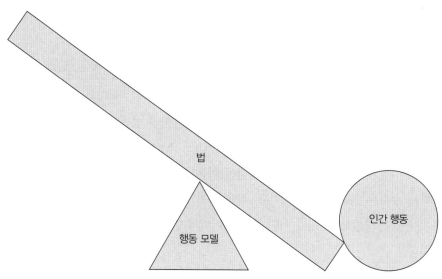

그림 52.1 법은 튼튼한 행동 모델에 의존한다

에 달려 있는 것과 같다.

부드러운 받침점은 나쁜 받침점이다. 부정확한 행동 모델은 법이란 지렛대에 효율적인 받침점이 되어주지 못한다. 게다가 진화적 관점이 빠진 행동 모델은 실질적으로 부정확할 때가 빈번하다. 따라서 진화적 과정이 인간의 행동적 성향에 영향을 미치는 한에서, 강건한 행동 모델에는 진화적 관점이 통합되어야 한다. 구체적으로 말해서, 행동 모델을 개선하면 더 효과적인 법률적 수단이 나올 수 있으며, 인간 행동이 진화적 과정의 영향을 받는다면 진화적 과정이 인간 행동에 미치는 영향을 더 많이 알 때 인간 행동을 조절하는 법의 힘은 그만큼 향상될 것이다.

조절 가능한 행동에서 유용한 양상을 발견한다

데이터는 제 스스로 모이거나 스스로를 조직하지 않기 때문에, 데이터에서 양상을 발견하기 위해서는 어떤 데이터를 모아야 하고 데이터의 어떤 측면을 상호 상관시켜야 하는지를 알려주는 이론이 종종 필요하다. 진화적 분석은 가끔 이론의 한 원천이 되어서 데이터를 모으고, 법과 관련된 양상을 드러내는 형태로 그 데이터를 정렬할 수 있게 해준다.

예를 들어, 동물 행동에 관한 문헌 중 방대한 양이 영아 살해를 다룬다(Hausfater & Hrdy, 1984; Jones, 1997, 개관이 포함되어 있다). 자연선택은 어미와 짝짓기를 할 위치에 있는 비친족 수컷을 시켜서 젖을 떼지 않은 유아를 선택적으로 제거한다. 수유에는 피임 효과가 있으므로(출산 간격을 적응적으로 조절하는 기능이다), 유아가 죽으면 어미는 수정할 수 있는 상태로 더 빨리 돌아온다. 이 때문에 선택적으로 영아를 살해하는 수컷은 실질적 이익을 얻고, 젖을 떼지 않은 유아에게 닥치는 큰 위험은 이유기에 맞춰 증발한다. 이때 어린 자식은 어미의 임신 능력에 덜 직접적으로 영향을 미친다.

다른 종들의 이 양상을 진화적으로 분석한 두 심리학자, 데일리와 윌슨(1988)은 인간 개체군에서도 그와 비슷한 양상이 발생할 수 있다고 생각했다. 사실이었다. 데일리와 윌슨의 발견에 따르면, 인간은 수유의 피임 효과는 다소 떨어지지만, 비친족 수컷이 있을 때 젖을 떼지 않은 유아의 사망 위험은 극단적으로 높고(약 100배), 이유기에 접어들면 위험은 급격히 줄어든다. 중요한 사실이 있다. 과거에도 위험이 증가한다는 일반적인 가정이 있긴 했지만, 그 위험의 크기나 이유기에 위험도가 갑자기 변하는 이유는 밝혀지지 않았고, 그 이유는 주로 관련된 변수(예를 들어, 유전적 근연도가 있거나 없음)의 데이터를 모으기가 힘들었기 때문이다.

여기서 요점은 죽은 유아의 계부가 무죄로 입증되기 전까지는 그를 범인으로 봐야 한다는 것이 아니다. 우리의 요점은, 비록 정치적 과정을 통해서이긴 하겠지만 법체계도 힘을 합쳐서 현재 아동 학대와 영아 살해를 조사하고 예방하는 방법을 개선해야 한다는 것이다. 이 일을 할 수 있으려면 우선 한정된 자원의 일부를 아동보호기관에 돌리고, 데이터 수집 업무에 자금을 지원하고, 심각한 상해에 이를 수 있는 학대 이야기를 중요시하고 조사하는 효과적인 절차를 만들어야 한다.

결국 계부가 영아를 살해할 가능성이 유전적 아버지의 약 100배라는 사실을 발견할 수 있도록 데이터 수집에 영향을 미친 것이 어떤 이론이었다면, 그 이론은 예방 효과를 최대치로 끌어올리는 데 극히 유용할 것이다. 이 밖에도 법과 관련된 다른 많은 양상이 진화적 분석을 통해 드러날 것이다. 그런 양상은 몇 가지 예를 들자면,

배우자 학대, 살인, 결혼 양상, 가족 규모와 구성 양상, 합리적 선택 이론으로부터의 편차 등과 같은 맥락에서 모습을 드러낼 것이다.

정책 갈등을 드러낸다

진화적 관점만으로는 법이 어떻게 해야 한다고 주장할 수가 없다. 예를 들어, 의붓부모가 친부모보다 훨씬 더 높은 비율로 의붓자식을 죽이고 학대한다는 사실로는, 법이 의붓부모의 지위를 어떤 방식으로든 고려해야 한다고(예를 들어, 아동보호기관의 조사 절차를 명시하고 조사할 자원을 지원해야 한다고) 말하기 어렵다.

그럼에도 진화적 분석을 이용하면 지금까지 잘 알아보지 못한 정책 갈등을 확인할 수 있다. 예를 들어, 외관상 무관해 보이는 목표들, 즉 의붓부모의 사회적 낙인을 제거하는 목표와 영아 사망률을 낮추는 목표를 생각해보자. 진화적 분석은 이 두 목표 중 어느 것에 더 높은 우선순위를 둬야 하는지와는 아무 관련이 없다. 하지만 어느 한 목표를 달성하기 위해서는 다른 하나와 중요한 맞거래가 이루어져야 한다고 말해줄 수는 있다. 법에 그런 맞거래들이 있음을 드러낸다면 문제를 줄이려는 노력에 도움이 될 것이다. 잠재적 정책 갈등을 확인하는 것은 그 해결의 첫걸음이기 때문이다.

비용 편익 분석을 날카롭게 한다

의회가 터널 건설 자금을 배정하지 않거나 위험한 도로에서 속도를 제한하지 않으면 사람들이 죽는다고 우리는 알고 있다. 하지만 우리는 비용과 이익을 대비해서 고려한다. 비용-편익 분석이 어느 맥락에서 유용할 수 있는지에 대해서는 많은 논란이 있지만, 한 가지는 분명하다. 부정확한 계산은 결과를 부적절하게 왜곡한다.

진화적 분석을 통해 정책의 숨겨진 맥락이 드러난다면, 그런 분석은 충돌하는 두 개의 법률적 목표를 동시에 추구할 때 부상할 맞거래를 명확히 하고 정량화해준다는 점에서 부수적인 이익도 제공한다. 예를 들어 진화적 분석이 가리키는 바에 따르면, 영아 살해와 아동 학대를 공격적으로 줄이는 정책은 극소수의 행동을 빌미로 모든 의붓부모에게 부수적으로 낙인을 찍는 비용을 불러올 수 있다. 따라서 그런 낙인 찍기로부터 의붓부모를 보호하는 비용에는 다른 방법으로 막을 수 있는 영아 사망이나 아동 상해의 건수가 포함될 것이다.

인과관계를 명료하게 한다

데이터만으로는 인과관계를 추론할 수 없기 때문에, 우리는 설명이 없이 상관관계에만 기초해서 법률 정책을 세우고 싶어 하지 않는다. 그래서 진화적 법률 분석은 상관된 현상들 사이에 이해 가능한 경로가 있는지를 추적할 수 있는 적합한 인과론을 적용하고 지지한다.

예를 들어, 우리는 친부모보다 의붓부모가 일인당 의붓자식 학대율이 더 높지 않을까 의심한다 해도, 그런 의심에 따라 행동하지 말아야 할 분명한 이유가 있다. 우리의 관찰은 편견에 따라 왜곡될 수 있다. 아이들을 돕고자 하는 우리의 정당한 열정은 비난에 취약한 사람들을 희생양으로 만드는 결과를 낳을 수 있다. 복잡한 현상을 과잉 일반화해온 인간 집단의 역사를 되돌아보면서 우리는 적당한 곳에서 멈춰야 한다. 세상에는 복잡하고 혼란한 문제도 있을 수 있다.

하지만 진화적 분석이 하는 두 가지 일을 생각해보자. 첫째, 남성에게는 잠재적인 짝의 젖먹이 자식을 치명적으로 학대할 수 있는 조건-의존적 행동 성향이 있는데, 진화적 분석은 이 성향이 자연선택에 의해 선호될 수 있는 경로를 자세히 설명해준다. 둘째, 진화적 분석은 인간과 비인간의 영아 살해에 관한 경험적 데이터를 연결짓는다. 그런 경우는 물론이고 심지어 진화적 분석을 통해 새로운 양상이 발견되지 않을 때에도, 상관관계를 견실하게 설명하는 그 힘은 법률 정책에 대단히 중요할 수 있다. 유효하고 타당한 법률 정책을 세울 때 중요한 선결조건이 되는 논리적 토대를 제공할 수 있기 때문이다.

이론적 토대와 잠재적 예측력을 제공한다

진화적 분석은 가끔 통일성이 부족한 기존의 행동 데이터에 이론적 토대를 제공하고, 그렇게 해서 아직 발견되지 않은 인간 행동의 양상을 예측할 수 있게 해준다(Jones, 2001d). 예를 들어, 《행동법경제학Behavioral Law and Economics(BLE)》이라는 방대한 문헌을 생각해보자. 행동법경제학자들은 전통적인 법과 경제학 접근법을 피하고, 인지심리학에서 나온 통찰(가령, 트버스키와 카네만의 휴리스틱과 편향; Tversky & Kahneman)을 받아들이고 있다. 그들의 목표는 신고전주의적 경제학의 합리성 예측에서 명백히 벗어나는 인간 행동의 사례들을 이해하는 것이다. 아래에서 예들을 소개하겠지만, 그 요점은 인간은 상당히 비합리적으로 보이는 행동을 할 때가 많고, 행동법경제학자들은 법으로 그런 일탈을 설명하고자 한다는 것이다. 법은 일반적으로—특히 규칙의 효율 특성을 추정할 때—사람들이 자신의 실익을 최대화하려 할 때에는 판에 박힌 실수를 하지 않는다고 가정한다. 만일 이 가정이 틀린다면, 거기에 기초한 법도 하자가 있을 것이다.

한편으로 행동법경제학 운동은 현실의 사람들이 이론 속의 사람들과 다르게 행동하는 방식에 주목하게 한다는 점에서 유익하다. 그리고 이것은 정책 입안자들에게 명백히 유익하다. 다른 한편으로, 이제 행동법경제학자들은 사람들이 다양한 합리적 선택론의 예측과 다른 방식으로 행동한다는 **사실**은 자세히 설명하면서도, 사람들이 **왜** 그렇게 행동하는지에 대해서는 훨씬 어설프게 설명한다. 그런데 바로 그 **왜**가 발견되지 않은 양상을 예측하게 해줄 견실한 이론적 토대의 핵심이다. 실례를 통해서, 비합리적으로 보이는 세 가지 편향과 그것이 법에 제기하는 문제들을 살펴보자.

합리적 선택 이론가들은 사람들이 미래를 평가할 때 적절한 '할인율'을 합리적으로 적용한다고 가정한다. 예를 들어, 지금으로부터 5년 후에 받을 1달러는 합리적으로 예상한 인플레이션을 반영해서 오늘 당장 받을 수 있는 1달러보다 낮은 가치로 평가되어야 한다. 하지만 사람들은 종종 터무니없이 높은 할인율을 적용한다. 예를 들어, 집에 단열재를 대면 에너지 절감으로 짧은 시간 안에 비용을 회수할 수 있지만, 사람들은 좀처럼 그렇게 하지 않는다(Ulen, 1994). 즉, 앞으로 몇 년 동안 인플레이션이 아주 높고(에너지 절감형 가전제품이 주제일 때, 몇몇 계산에 따르면, 45%에서

300%; Ulen, 1994). 그래서 미래에 에너지 효율로 저축할 수 있는 큰돈이 현재 단열재를 적게 구입해서 저축할 수 있는 적은 돈보다 가치가 낮을 것처럼 행동한다. 지나치게 높은 할인율의 존재는 법률상 중요한 의미가 있다. 예를 들어, 불필요한 환경오염을 억제하거나, 은퇴에 대비한 저축을 장려하는 등의 다양한 문제와 관계가 있다.

합리적 선택 이론가들은 또한 사람들이 사실적인 확률 평가에 기초해서 선택을 한다고 가정한다. 하지만 사람들은 확률을 평가할 때 수시로 엄청난 오류를 저지른다. 예를 들어, 사람들은 사망위험률이 0.7에 달하는 활동이 참가자 10명 중 6명이 죽는 활동보다 더 위험하다는 것을 인지하지 못할 때가 많다(Slovic, Fischhoff, & Lichtenstein, 1982). 이 오류는 위험조절과 관련된 법률 정책에 상당히 중요하다.

합리적 선택 이론가들은 사람들이 분별 있고 일관성 있게 재산을 평가한다고 가정한다. 예를 들어, 어떤 물건이나 법적 권리를 구입하려는 사람이 자발적으로 지불할 최대 금액과 자발적으로 그것을 팔려는 사람이 요구할 최소 보상액의 차이는 거의 없다고 봐야 한다. 하지만 그렇지 않을 때가 많다. 실험으로 드러난 바에 따르면, 사람들은 방금 받은 물건의 가치를 그들이 자발적으로 지불했을 법한 가격보다 더 높게 매긴다(E. Hoffman & Spitzer, 1993). **소유 효과**endowment effect라고도 하는 이 현상은 법적인 권리 분배에 중요한 영향을 미친다. 예를 들어, 그리고 상품의 경우와 마찬가지로, 다양한 법률적 권리의 최종 분배는 최초 분배에 영향을 받지 않아야 한다 (적어도 정보 비용과 거래 비용이 낮을 때에는). 그 권리를 더 높게 평가하는 쪽이 그 권리를 낮게 평가하는 쪽에게서 단순히 그것을 구입하고(Jones & Brosnan, 2008), 법체계가 애초에 그 권리를 누구에게 줬는지와는 무관하게 최종 결과는 경제적으로 효율적이 될 수 있기 때문이다. 하지만 소유 효과가 존재한다는 것은, 그와는 정반대로 최초의 권리 분배가 '끈끈하다'는 것을 가리킨다. 처음에 그 권리를 받은 사람이, 애초에 그 대가로 지불했을 가치보다 더 높은 가치를 매기고, 그래서 최종 결과가 비효율적이 될 수 있기 때문이다.

법과 관련된 이 비합리성이나 그와 비슷한 다른 비합리성의 원천은, **제한된 합리성** bound rationality과 (자주 사용되는 용어들로) 인지적 오류, 노화, 결함, 에러, 기벽, 한계, 불완전의 독특한 조합이다(Jones, 2001b). 제한된 합리성 개념은 합리적 선택의 예측에서 벗어난 행동을, (a) 완전한 정보를 수집할 시간과 에너지에 제약이 있고, (b) 뇌의 정보 능력, 배선, 계산 속도에 제약이 있어서 발생하는 것으로 설명한다(Simon, 1990).

하지만 잠깐만 생각해봐도 이 접근법은 불만족스럽다. 불합리성의 양상을 설명하고, 양상을 함께 연결하고, 새로운 방향을 가리키는 이론적 틀이 없다. 예를 들어, 사람들은 왜 미래의 가치를 적게 떨어뜨리거나 무작위로 떨어뜨리지 않고 과도하게 떨어뜨릴까? 왜 사람들은 물건의 가치를 낮게 매기거나 무작위로 매기지 않고 과도하게 매기는 것일까?

많은 사람이 이런 현상들을 진화적 시각에서 탐구했다. 적어도 세 가지 접근법이 있다. 기거렌처(1991, 1998; Gegerenger, Todd, & The ABC Research Group, 1999)는 '생태적 합리성'이란 개념을 제시하고, 비합리성처럼 보이는 것들이 사실은 실험자가 설계한 인공물이라고 본다. 예를 들어, 잘못된 확률 평가는 자연스러운 빈도 분포의 포맷이 아니라 현대 통계학의 포맷으로 제시된 위험 정보의 결과일 수 있다. 해즐턴과 버스(2000, 2003)는 '오류관리 이론'을 제시하고, 오류를 낳는 편향들은 진화의 산물로, 타인의 의도를 추론하고자 할 때 위양성이나 위음성의 지나친 비용에 대응하고자 하는 진화적 과정에서 그런 편향이 진화할 수 있다고 보았다. 예를 들어, 자식에게 들어가는 최소 투자량과 평생 낳을 수 있는 자식 수의 최대치는 양성이 다르기 때문에, 남성은 여성의 성적 관심을 높게 지각하고 여성은 남성의 헌신을 낮게 지각한다. 나(Jones, 1999a, 2001b, 2001b)는 '시간차 합리성time-shifted rationality'이란 개념을 제시했다. 이 개념은 **제한된 합리성**과 **인지적 기벽**의 우산 아래 묶이는 것들은 대부분 현대의 특징(예를 들어, 법률적으로 시행할 수 있는 자원 이용 권한에 관한 대단히 추상적인 개념들)이 없는 조상 환경에는 잘 맞게 조율되어 있지만 현대 환경에서는 불합리해져버린 인지적 적응들을 반영한다고 본다. 예를 들어, 조상 환경의 맥락에서 볼 때, 소유 효과에는, 더 가치 있는 물품과 교환하자는 제안을 위험을 무릅쓰고 불확실하게 수행하느니, 덜 좋아하지만 확실한 자원을 계속 소유하겠다는 적응적 편향이 반영되어 있을 것이다.

이 진화적 접근법 세 가지—생태적 합리성에 대한 집중, 오류 관리, 시간차 합리성—는 다양한 인지적 퍼즐의 다른 측면들을 강조하지만, 그럼에도 모순을 일으키지 않는다. 함께 묶든 따로따로 사용하든 간에, 이 세 가지 접근법이 제시하는 관점으로 인간의 비합리성을 본다면 법학 분야에서 기존의 변칙적 양상에 이론적 토대를 제공하고, 발견되지 않은 양상을 예측하는 데에도 도움이 될 것이다.

법률 전략들의 상대적인 효과를 평가할 수 있다

시간차 합리성—비록 새로운 현재 환경에서는 불합리하거나 역효과를 낳지만, 조상 환경에서는 적응적이었던 행동을 하려는 성향—은 또한 사람들의 행동을 변화시키는 다양한 법률적 접근법들이 각각 어느 정도의 확률적 효과가 있는지를 비교할 수 있게 해준다.

몇몇 예외는 있지만 어떤 물건에 대한 수요는 그 물건의 가격이 올라갈수록 떨어지는 경향이 있다. 가격 변화와 수요 변화의 일반적인 관계는 대개 '수요곡선'으로 생생하게 표현된다(단순하게 나타나기 위해 주로 일직선으로 표현한다. 수직축이 가격이다. 그림 52.2를 보라).

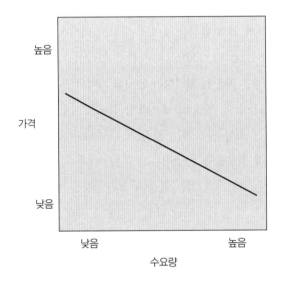

그림 52.2 행동 발생률과 그 행동 비용의 관계에 대한 일반적 가정

또한 행동에도 그 자체로 수요곡선이 있다. 가령, 벌금이나 형량을 높여서 어떤 행동에 드는 '가격'을 높이면 대개 그 행동의 발생률이 떨어진다(범법자가 발각, 체포, 유죄 판결을 받을 확률이 일정하게 유지된다면).

문제는, 시행착오와 직관을 제외하고는 가격의 상승과 행동 발생률의 하락의 정확한 관계를 알 길이 없다는 점이다. 강제력은 그 자체로 관리자에게 비용이 들기 때문에, 제재에 대한 투자 수익률을 사전에 얼마간 알 수 있다면 이익이 될 것이다. 구체적으로, 우리는 형벌의 단계를 올렸을 때 탐탁지 못한 행동의 감소를 얼마큼 구입할 수 있을까?

그림 52.3은 요점을 더욱 생생하게 보여준다. 한쪽 극단에 있는 행동은 제재의 증가에 크게 반응하고, 그래서 가격이 비교적 조금만 올라도 행동이 크게 감소한다. 그런 행동의 수요곡선은 수평에 더 가까운 곡선 A처럼 보일 것이다. 반대쪽 극단에 있는 행동은 제재를 높여도 비교적 무덤덤하고, 그래서 행동을 적당히 감소시키기 위해서는 제재를 큰 폭으로 올려야 한다. 그런 행동의 수요곡선은 수직에 더 가까운 곡선 B로 나타날 것이다.[1] 탐지, 체포, 형벌의 확률을 일정하게 놓을 때, 가령 무단 횡단 같은 행동의 곡선은 A와 더 비슷해 보일 것이다. 반면에 배우자의 간통에 폭력적으로 반응하는 행동은 곡선 B에 더 가까울 것이다.

진화적 관점을 채택하면, 법률 사상가들이 법률적 도구를 가지고 실행하는 유인책들이 변할 때 다양한 행동들이 그 변화에 상대적으로 얼마나 민감한지를 일반적 조건들로 예측할 수 있는 원칙을 끌어낼 수 있다. 그 원칙을 알면 각기 다른 행동을 나타내고 그래서 행동의 상대적 민감성까지 나타내는 수요곡선의 상대적 기울기의 차이를 이해할 수 있을 뿐 아니라 예측도 할 수 있다.

나는 그 원칙을 법의 지레 작용에 관한 법칙law of law's leverage이라고 부른다(Jones

---

1 이 논의는 일반적인 관례에 따라 변화량의 크기를 기울기로 나타내서(예를 들어, 탄력성이 적은 수요는 기울기가 가파른 수요곡선으로 표현해서), 전문용어로 '탄력성elasticities'이라는 것의 변화량을 표현하고 있다. 수요곡선의 기울기는 수요에 따른 가격의 변화율이다. 그 변화율은 곡선상의 주어진 점의 기울기를 알면 계산할 수 있다. 비선형적 수요곡선으로 표현된 다른 활동들과 비교할 때는 곡선의 구간을 동일하게 잡아야 기울기를 비교할 수 있다.

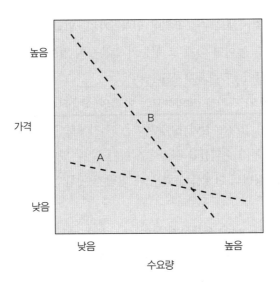

그림 52.3 비용 증가에 따른 행동 반응성의 변화

1999a, 2000, 2001b, 2001d). 이 법칙은 다음과 같은 것들을 예측한다.

어떤 인간 행동의 발생률을 낮추거나 높이는 데 필요한 법률적 개입의 크기는 그 행동에 기여하는 성향이 과거 환경에서 그 보유자에게 평균적으로 적응적이었던 정도와 양의 상관관계 또는 음의 상관관계를 이룬다.

여기에 쓰인 용어의 의미는 다음과 같다.

"법률적 개입의 크기"는 대개 비용이 든다는 것을 말한다. 변화에 더 크게 저항하면 변화를 이끌어내는 비용이 늘 것이다. 어떤 행동에 기여하는 성향이 그 보유자에게 적응적이었던 "정도"란, 종의 구성원들이 다종다양한 적응을 공유하지만 어떤 적응(예를 들어, 굶주림)은 다른 적응(예를 들어, 공감 능력)보다 상대적으로 더 중요하다는 사실을 강조한다. "성향"이란 행동을 어떤 방향으로 치우치게 하는 심리적 형질이며, 그 알고리듬은 뇌의 신경 구조 안에 나타나 있다. 행동 성향이 "적응적"이기 위해서는, 그 성향을 보유한 개인이 같은 시기에 인구 안에서 다른 대안을 가진 개인들보다 적합도 이익을 더 많이 얻고, 그럼으로써 자연선택에 의해 그 성향을 계속

922

유지해야 한다. 유전적 적합도는 혈족관계의 정도를 고려한 포괄적합도(단지 자식이 아니라)로 측정된다. 법의 지레 작용에 관한 법칙에서 "평균적으로"라는 말은 어떤 적응을 보유한 모든 유기체에 걸쳐 그 적응의 누적된 효과로 포괄적합도의 증가분이 감소분보다 얼마나 컸는지를 가리킨다. 즉, 평균적으로 그 형질이 보유자의 번식성 공률을 얼마나 끌어올렸는지를 가리킨다. "과거 환경"은 진화적 적응 환경EEA을 말한다. EEA는 특성에 따라 다르다.

따라서 더 상세하고 더 정확한(그래서 더 번거로운) 말로 법의 지레 작용에 관한 법칙을 표현하자면 다음과 같다. 어떤 인간 행동의 발생률을 낮추거나 높이는 데 필요한 법률적 개입의 크기는, 그 행동의 토대로 작용하면서 정보를 처리하고 행동을 치우치게 하는 어떤 성향이 (a) 그 보유자의 포괄적합도를 평균적으로 감소분보다 더 많이 증가시킨 정도 그리고 (b) 그 성향을 보유한 유기체의 포괄적합도를 같은 기간에 유기체가 진화한 환경에 존재했던 다른 대안적 성향보다 평균적으로 더 많이 증가시킨 정도와 각각 양의 상관관계나 음의 상관관계를 이룬다.

우리는 법의 지레 작용에 관한 법칙으로 다음과 같은 점을 예측할 수 있다. 조상 환경에서 번식 성공(포괄적용도로 측정한 수치)을 높여준 방식으로 어떤 행동을 변화시키는 것은 같은 환경에서 번식 성공을 낮춘 방식으로 변화시키는 것보다 비용이 적게 된다. 다시 말해서, 한때 적응적이었지만 지금은 바람직하지 않다고들 여기는 어떤 행동의 수요곡선 기울기는 조상 환경에서 상대적으로 덜 적응적이었던 행동의 수요곡선 기울기보다 훨씬 더 가파를 것이다(가격 민감성이 낮은 만큼). 이 규칙은 심지어 개인이 과거에 적응적이었던 방식으로 행동할 때 실제로나 예견상으로 초래하는 비용이, 현재 예측할 수 있는 그 행동의 이익을 엄청나게 초과하는 경우에도 적용되는 경향이 있다.

따라서 법의 지레 작용에 관한 법칙이 예측하는 바에 따르면, 형법, 가족법, 가해 행위, 소유권 등에서 다음 사항과 관련된 행동은 난이도가 중간 정도인 행동보다 교정하기가 더 어려울 것이다. 짝짓기, 공평함, 살인, 자녀 양육, 지위 추구, 재산과 영토, 자원 축적, 성(간통과 질투 포함), 언어, 사생활, 공감, 치정범죄, 도덕적 공격성, 위험 평가와 위험 감수, 협력적/이타적 행동, 남성의 짝 보호, 기타 등등.

아래에 몇 가지 예가 있다(주로 Jones, 2001d에서 발췌함).

- 진화적 분석은 간통 행위(대부분의 성행동과 같이)의 수요곡선 기울기는 상대적으로 가파르고(Buss 1999a, 1999b, 2000), 따라서 법률적 금지에 상대적으로 둔감하다고 예측하고, 그 이유를 설명해준다.

- 진화적 분석은 결혼, 별거, 이혼, 재혼 행동이 다른 많은 행동보다 법률적 변화에 더 둔감하다고 예측하고, 그 이유를 밝히는 데도 도움이 된다(Ellman & Lohr, 1998; Fisher, 1994).

- 우리도 알고 있듯이 자연선택은 가까운 친척 간의 근친 교배를 싫어하기 때문에(Goldsmith, 1994; Goldsmith & Zimmerman, 2000), 진화적 분석은 다음과 같이 예측할 수 있다. 부모와 친자식 간이나 함께 자란 형제들 간의 일인당 근친상간 발생률을 주어진 수치까지 낮게 끌어내리는 것은 의붓부모와 의붓자식 간이나 의붓자녀들 간의 일인당 근친상간 발생률을 같은 수치로 끌어내리는 것이 훨씬 적은 비용이 들 것이다.

- 자연선택은 부모의 무차별적인 배려보다는 차별적인 배려를 선호한다(즉, 일반적으로 남의 자식보다는 내 자식에게 자원을 치우치게 하는 심리 기제를 선호한다; Daly & Wilson, 1995). 따라서 법원으로부터 자녀 양육비를 지급하라는 명령을 받은 남자는 그 아이가 친자식이 아니라는 것을 알고 있거나 아닐 것이라고 의심하고 있다면 평균적으로 그 명령에 따를 확률이 생물학적 아버지보다 낮을 것이라고 예측할 수 있다(Willson, 1987).

- 진화의 전 기간에 걸쳐 사회집단 안에서 지위를 위협받으면 특별히 큰 비용이 발생하기 때문에(Daly & Wilson, 1988; Buss & Shackelford, 1997), 지위 위협에 따른 폭력의 수요곡선 기울기는 금지할 수 있는 행동의 대부분보다 더 가파르고, 남들이 보는 앞에서는 특히 가파를 것이라 예측할 수 있다.

- 체내 수정을 하는 종은 파트너가 제3자와 섹스를 한 결과에 불균형이 존재하고 그로 인해 선택은 여성보다 남성의 성적 소유권을 더 강하게 선호했기 때문에(남성만 추정상의 자식과의 유전적 관계를 불신할 수 있기 때문에), 질투로 인한 폭력(경쟁자나 바람 핀 파트너에게 가하는 폭력)의 수요곡선 기울기는 평균적으로 여성보다 남성 쪽이 더 가파를 것이다(Buss, 2000).

물론, 법의 지레 작용에 관한 법칙은 법과 관련된 행동의 수요곡선을 정확히 예측할 수 없고, 개인별로 곡선을 부여할 수도 없다. 더구나 상대적인 총비용에 관한 진술들이 비용 효과에 관한 결론으로 적절하게 전환되지도 않는다. 그럼에도 불구하고 법의 지레 작용에 관한 법칙은 문제의 행동에 따라 법과 행동이 어떻게 다르게 상호작용하는지를 통찰할 수 있는 폭넓고, 새롭고, 유용한 수단이 될 수 있다. 뇌는 진화적 적응 환경에서 마주쳤던 문제들을 적응적으로 해결할 수 있었던 방식으로 정보를 처리하는 경향이 있기 때문에, 행동 성향은 법률적 수단이 다르면 그 수단의 영향력에 다른 민감도로 반응한다. 우리가 이 원리를 이해한다면 수요곡선의 상대적 기울기를 예측하는 지적 힘이 지금보다 더 강해질 수 있다. 거기서 나온 새로운 정보는 여러 종류의 행동을 변화시키고자 할 때 사회가 부담해야 하는 상대적 비용의 계산에 유용할 것이다. 이 원리는 또한 법체계의 기존 구조와 미래의 구조를 설명하고 예측할 때에도 새롭고 강력한 수단이 되어줄 것이다. 이것이 다음 절의 주제다.

법률 구조의 깊은 양상을 드러낸다

일반적으로는 인간 문화, 구체적으로는 법률 문화가 왜 지역마다 다른지에 대해서 예전부터 많은 말들이 있었다. 하지만 전통적으로 법률 문화가 같으리라고 기대할 수 있는 맥락(예를 들어, 무엇을 처벌하거나 장려하고, 그것을 어떻게 하는지)이나 우리가 왜 유사성을 기대해야 하는지에 관한 포괄적인 이론은 찾아볼 수 없었다. 진화적 분석은 그런 이론을 세울 수 있는 하나의 틀이 될 수 있다.

그 논리는 다음과 같이 진행된다. 모든 인간은 진화한 종−전형적 신경 구조를 공유하고, 그 결과로 감정과 행동 성향의 종−전형적인 레퍼토리를 공유한다(Barkow, Cosmides, & Tooby, 1992; Buss, 1996b; Goldsmith, 1994; Goldsmith & Zimmerman, 2000; Pinker, 2002). 법체계가 피지배 인구의 감정과 행동 성향에 얼마간이라도 민감하다면, 모든 시대와 전 세계 문화에 존재하는 법체계들은 다양한 주요 특징에 유사성이 있을 것이다. 다시 말해서 법체계는 인간 행동의 측면인 동시에 그 행동에 대한 사회적 반응이고, 진화적 과정은 인간 행동에 영향을 미치기 때문에, 법체계에는 분명 진화적 과정의 숨길 수 없는 결과물들이 있을 것이다.

물론 차이도 있을 것이다. 하지만 인간이 이룬 법체계의 구조는 그런 차이에도 불구하고, 진화적 과정이 인간의 뇌 속에 빚은 결과들을 반영한다. 비버의 댐들(Dawkins, 1989에서 예를 인용하자면)이 이런저런 차이에도 불구하고, 진화적 과정이 비버의 뇌에 미친 영향을 반영하듯이 말이다.

많은 학자들이 이 방향으로 흥미진진한 첫걸음을 내디뎠다(Alexander, 1979, 1987; Beckstrom, 1989; Gruter, 1977; Gruter & Bohannan, 1983; Wilson, 1987). 나는 그 사유에 기초해서 **생물법 역사**biolegal history라 명명한 것의 토대가 될 수 있는 개념을 설명했다(Jones, 2001c). 또한 지난 10년 동안에 지나치기 힘들 정도로 흥미로운 연구들이 새로 출현했다(이 장의 말미에 업데이트된 내용을 보라). 그와 동시에 일반적인 관점에서 이 흐름을 바라보는 방법으로는, 법체계의 주된 설계 특징들을 네 가지 변수—주제, 내용, 도구, 노력—로 어떻게 설명할 수 있는지를 고찰하는 방법이 있다.

간략히 말하자면, 주제는 법체계가 다루는 일반적인 문제들이다(성 행동, 자원 접근권 등). 내용은 정책을 좌우하는 위치에 있는 사람들이 그런 주제에 대해서 갖고 있는 특수한 규범적 선호를 말한다(예를 들어, 미성년자는 성인들의 성에서 보호되어야 한다, 개인은 정당한 이유 없이 다른 개인의 자원을 뺏어서는 안 된다). **도구**는 법체계가 현실을 규범적 선호에 맞추기 위해 사용할 수 있는 모든 수단을 포함한다(감금, 벌금 등). **노력**은 구체적인 수단을 사용해서 그런 변화를 일으키기가 얼마나 어려운지—매우 쉽다에서부터 말할 수 없이 어렵다에 이르기까지—를 드러내는 잠재적 변이를 말한다.

각 체계를 구성하는 구체적인 주제, 내용, 도구, 수단의 윤곽을 함께 나타내면 법체계들의 상부 구조에 개략적으로 접근할 수 있다. 진화적 과정이 도덕성(주제와 내용; Alenxander, 1987; Jones, 1999b, 2000)에 미치는 영향 그리고 법이 어떤 수단을 통해 어떤 행동을 움직일 때 겪게 되는 상대적 난이도(도구와 노력)에 진화적 과정이 미치는 영향을 포함하여 법체계를 진화적으로 분석하면, 법체계의 상부 구조적 양상은 문화에 따라 무작위로 변하지 않는다는 사실을 분명히 알 수 있다.

인간 행동을 조사하는 다른 많은 맥락에서와 마찬가지로, 변이가 존재한다는 사실은 차이가 유사성보다 크다는 초기 결론을 조장할 수 있다. 나는 우리가 전 세계 여러 문화에 산재해 있는 다양한 법체계를 많이 알면 알수록 그런 결론이 더 유행하지 않을까 생각한다. 하지만 법체계는 서로 비교해야 할 뿐 아니라(종종 차이를 강조하는 기법), 전체적인 설계 공간에서 나올 수 있는 법 구조와도 비교하는 것이—법체계의 특징이 비교적 무작위로 분포되어 있을 경우에는—이상적이다.

진화적 분석의 예측에 따르면, 이렇게 더 멀리서 보면 법체계들은 전체적인 설계 공간의 어느 작은 구역에 상당히 뭉쳐 있을 것이다. 다시 말해서, 하나의 법률 구조는 흔히들 가정하는 것처럼 단지 문화—특이적 규범, 문화—특이적 종교, 문화—특이적 도덕, 문화—특이적 정치, 일반적인 경제 효율성의 혼합물이 아니라고 진화적 분석은 말한다. 진화적 관점에서 볼 때 다양한 법체계에 구조적 요소들이 있을 사전 확률이 크게 달라진다.

최근에 상황이 변하기 시작했지만, 전 세계의 많은 사회에서 규칙, 법, 그 밖의 법률적 행동을 통해 자신과 타인을 지배하는 경향이 어떻게, 얼마나 비슷한지에 대해서는 알려진 바가 거의 없다. 두드러진 공통성(예를 들어, 인간의 생명을 부당하게 빼앗는 행위에 대한 금지; Brown, 1991)이 몇 가지 있기는 해도, 다수의 인간 사회를 대상으로 법률 문화를 체계적으로 비교한 연구는 최근까지도(아래를 보라) 거의 없는 편이다. 어떤 문화들은 명백히, 매우 형식적인 법률 구조 안에 방대하고도 세밀한 법령뿐 아니라 광범위한 사법부와 헌신적인 학계를 갖추고 있다. 다른 문화들은 비교적 규모가 작은 집단 안에서 더 비공식적이지만 상당히 중요한 사회적 통제—가령, 추방—를 운용해서 행동을 조절한다. 하지만 이 모든 경우에 진화론자는 적절한 행동의 규범을 확립할 필요성과 그런 규범을 집행할 필요성에는 인간의 뇌에 구현된 진화한 특징들이 반영되어 있으며, 그런 요구가 충족되는 양상도 함께 반영되어 있다고 예상할 것이다. 따라서 법적 행동을 진화의 관점에서 볼 때 우리는 모든 인간 문화에 존재하는 법체계의 심층구조를 더 풍부하고 일관되게 이해할 수 있다.

부당한 전제를 드러낸다

진화적 사고는 대니얼 데닛(1995)의 '보편산universal acid'[2]을 뿜어내서 부실한 생각들을 녹여버린다. 이 기능은 다른 모든 분야에서처럼 법에서도 중요한 일을 한다. 어떤 행동의 원인을 잘못 가정하면 틀린 생각이 나오는데 진화적 분석으로 이런 문제를 드러낼 수 있다면 우리는 잘못된 법률적 접근법의 효과를 최소화할 수 있고, 새로운 노력을 기울여 더 효과적인 접근법을 추구할 수 있다.

성폭행을 억제하는 다양한 방법이 좋은 예가 될 수 있다. 그보다 더 큰 노력이 투입된 문제도 드물다. 하지만 성폭행의 원인을 제각기 다르게 보는 이론들 때문에 법률적 접근법은 중구난방식이었다. 초기의 정신의학 이론은 강간범을 미친 사람으로 보는 개념에 근거한 사법 제도 개념을 낳았다. 그에 따라 사회학은, 강간범은 사회문화적 환경에 의해 그렇게 조건화된 것이라는 개념에 기초한 제도를 강조했다. 다음으로 등장한 페미니즘 이론의 영향으로, 이성 간 강간은 성적 혐오 범죄일 뿐이라는 가정이 반영된 반성폭력 법령이 등장했다. 인종 간 린치는 인종 혐오 범죄라는 생각과 같은 논리에서였다.

강간은 중요하고 민감한 주제인 만큼, 나는 다른 곳에서 자세히 탐구했다(예를 들어, Jones, 1999c). 강간은 그 존재만으로도 공격적인 폭력을 막지 못하면 두려움이 발생하고, 여성의 자율성이 무너지고, 여성의 신체, 목숨, 기회가 파괴될 수 있는지를 상기시킨다. 하지만 다양한 법적 수단으로 우리가 강간을 제거하지 못하고 있다는 것은 이 현상에 대한 우리의 이해가 불완전하다는 사실을 강하게 암시한다.

아마 단 하나의 원리에서는 그 현상의 완벽한 모델이 나오지 않을 것이다. 하지만 많은 학자들이 인간을 포함해서 성폭행이 발생하는 많은 종(예를 들어, Jones, 1999c, 부록 A를 보라)의 성폭행 양상을 진화적으로 그리고 비진화적으로 연구해왔는데, 이들의 지식을 종합해보면 적어도 한 가지는 지적으로 근거가 부실하다. 성적 욕구가 성폭행과 전적으로 무관하다고 가정하는 것—요즘 사람들이 선호와 사실을 혼동할

---

2 부식성이 아주 강해서 모든 것을 녹이고 심지어 용기까지 녹이는 가상의 산. 다윈의 생각을 가리킨다.

정도로 아주 빈번하게 등장하는 가정—은 옳지 않다.

구체적으로 얘기해보자. 성폭행이 발생하는 다른 많은 종과 성폭행에서 볼 수 있는 여러 명백한 양상들에 대해 지금까지 제시된 가설과 증거를 자세히, 철저하게 분석한 연구에 따르면, 진화적 과정은 인간의 다른 갈등 양상들에 영향을 미친 것과 아주 똑같이 성폭행 양상에도 중요한 영향을 끼쳤다. 다른 종들의 성폭행 양상은 너무나 많고, 너무나 일치하고, 너무나 명백하다. 그리고 그 양상과 인간의 성폭행 데이터는 관련된 모든 측면에서 놀라울 정도로 비슷하다(Jones, 1999c).

하지만 지금 요점은 진화적 분석만으로 강간이라는 현상의 유용한 관점이 될 수 있다는 것이 아니다. 우리의 요점은 인간 행동을 완전히 묘사하는 데 진화적 분석이 종종 필수적이라는 것이다. 개인이 성폭행을 범하는 원인은 다양할 수 있지만, 진화적 과정이 성적 욕구의 생물학에 미친 결과가 인간의 성폭행 양상과 무관하다고 가정하는 것은 명백히 비논리적이다. 우리가 최소한의 설비라도 갖추고 행동생물학을 연구한다면, 그런 전제는 물론이고 다른 많은 법률적 배경에 존재하는 그와 비슷한 전제들 때문에 법 정책이 좋은 의도와는 달리 자꾸 부적절하고 비효율적인 방향으로 엇나가는 이유를 밝힐 수 있다.

복합적인 원인을 풀어헤친다

진화적으로 법을 분석하면 두 차원의 인과관계(근접 원인과 궁극 원인)의 차이와 그 기본적인 상호보완성을 강조할 수 있다. 예를 들어, 성폭행의 맥락에 진화적 분석을 적용할 때 우리는 잘못된 이분법적 사고를 용감하게 뛰어넘을 수 있고, 성폭행의 확률에 영향을 미치는 환경 요인이 명백히 존재한다 해도 그 환경 요인을 성폭행에 특유한 행동 레퍼토리와 연결 짓는 진화적 과정의 역할은 조금도 줄어들지 않는다는 사실을 인정할 수 있다.

정확성을 높인다

일반적으로, 정확한 것이 부정확한 것보다 낫다. 진화적 관점을 법적 사고에 통합하면 많은 경우에 정확성을 높일 수 있다.

법률적 사고가 부정확한 전제를 반영하는 방식은 크게 두 가지다. 하나는 완전히 잘못된 전제를 반영하는 것이다. 일례로, 과거에 폭행 발생률을 낮추기 위해 법적 접근법을 개발한 담당자들은 인간의 공격성은 전적으로 사회문화에 의해 결정된다고 가정했다. 우리가 아는 한에서 그 가정은 완전히 틀렸다. 반증을 압도하는 산더미 같은 증거와 견실한 이론으로 진화의 효과가 공격성 양상에 남긴 깊은 흔적이 명백히 드러났다.

부정확성의 또 다른 원천은 불완전함이다. 불완전함은 종종 엉뚱한 강조를 통해 부정확성을 낳는다. 예를 들어, 과거에 폭행 발생률을 낮추고자 했던 담당자들은 인간의 공격성 양상에 진화가 영향을 미쳤다는 사실 자체를 몰랐고, 결국 그들의 접근법은 사회문화가 공격성 양상에 미친 영향에만 초점을 맞췄다. 다시 한번 압도적인 증거가 말해주듯이, 공격성은 환경으로부터 입력된 내용과 뇌라는 신체 기관이 진화해온 방식, 이 두 가지 경로에 의해 형성된다. 우리의 뇌는 환경에서 정보가 입력되면 그 양상을 감지해서 공격성을 높이거나 낮추는 심리상태와 연결 짓도록 진화했다. 이것을 몰랐을 때 법률적 접근법은 불완전함을 통해 부정확한 결과를 낳았다.

물론, 나는 과거를 반성하고 진화 과학에 모든 것을 맡겨야 한다고 주장하는 것이 아니다. 우선 어떤 과학적 원리도 합당한 도전을 외면할 권리가 없다. 그리고 더욱 중요한 것은, 정확성을 높이는 비용(시간, 돈, 오해, 오용)이 이득보다 훨씬 커지는 순간이 올 수 있다는 것이다(Jones, 2004; Ulen, 2001). 법체계는 진리를 추구하는 일만은 아니기 때문이다(그런 일일 때가 많기는 하지만). 종종 법체계는 가장 적은 돈으로 가장 큰 효과—바람직한 행동 변화로 측정되는 효과—를 내야 하는데, 돈은 무진장한 자원이 아니기 때문이다. 그 결과, 예를 들어 80% 정확한 전제에 기초한 정책이 70% 효과적이라면, 98% 정확하고, 98% 효과적이고, 6배 더 비싼 정책보다 오히려 더 나을 수도 있다.

따라서 행동 모델이 조금 부정확해도 일부러 그 모델을 선택하는 것이 정당할 수도 있다. 하지만 우리의 요점은, 확고하고 정당한 결정도 없이 고의로 허구에 집착한다면, 결함이 있는 접근법에 부적절한 특권을 부여하게 된다는 것이다.

법과 인간의 관계를 더 잘 이해할 수 있다

인간의 행동을 움직이고자 하는 법체계의 접근법에 진화적 통찰이 어우러질 때 정책 수준에서 많은 이득이 발생하지만, 이 혜택 외에도 진화적 사고는 치열한 현실의 많은 상황에서 비공식적인 가치를 발휘한다. 일례로, 좋은 변호사는 인간을 이해한다. 그들은 인간의 동기를 잘 꿰뚫어 보고, 그 동기가 법체계와 관련된 행동—예를 들어, 법을 준수하거나 위반하는 것, 소송을 걸거나 합의하는 일 등등—으로 어떻게 전환되는지를 잘 파악한다.

진화적 관점은 다음과 같은 맥락에서 종종 쓸모가 있다. 법정 소송을 생각해보자. 전통적인 경제 이론에서는, 고소인이 소송을 하는 것은 승소했을 때의 만회분에 성공 확률을 곱한 값이 예상되는 소송 비용을 초과하는 한에서라고 예측한다. 하지만 실제로 사람들은 이렇게 행동하지 않는다. 소송 행동은 대부분 약간의 비용이 들더라도 상대에게 더 큰 비용을 부과하기 위해 제기된다.

진화의 렌즈를 가진 사람에게 이 행동은 놀랍지 않다. 우리의 뇌는 단지 일시적으로 비용–편익을 극대화하기만 하는 기계로 진화하지 않았다. 그렇게 비용이 들지만 비용을 부과하는 행동이 진화할 수 있었던 것은 최소 두 가지 경로를 통해서였다.

첫째, 그런 악의적인 응보는 협동을 장려하고 이탈자를 처벌해서 이득을 수확하는 복잡하고, 진화적으로 안정된 전략의 요소일 수 있다. 심지어 악의적인 행동이 현재의 평판 효과와 맞물려서 미래의 상호작용에 보상 이익을 가져오지 못할 때에도 (Frank, 1988), 우리는 진화한 행동 성향에 이끌려서, 즉 조상 환경에서 지역적 평판에 적응적 효과가 있었기 때문에, 악의적인 행동을 하게 된다. 둘째, 경쟁자에게 자신보다 더 큰 비용을 부과하는 행동은 보복 성향이 없는 경우에도 자체적으로 진화할 수 있다. 절대적인 지위나 조건이 낮아져도 상대적인 지위나 조건이 상승한다면 진화적 이득이 발생하기 때문이다.

변호사가 인간의 감정에 무지하면 좋은 변호사가 되기 어려운 것처럼, 진화적 과정이 인간 심리에 미친 효과를 모르는 변호사 역시 많은 상황에서 유능하게 일을 풀어나가지 못한다. 진화적 관점은 인간 심리를 새롭고 유용하게 통찰하는 힘을 부여한다는 점에서 중요하고도 유익하다.

새로운 연구 과제를 산출한다

잘 알려져 있듯이, 진화 과학과 법학의 이와 같은 이종교배는 단일 방향성으로 이루어질 필요가 없다. 법적 사고가 진화학자로부터 진화적 과정에 대해 더 많이 배울 때 많은 이점을 누릴 수 있듯이, 진화학자가 법을 더 많이 알게 될 때에도 최소한 세 가지 이점이 발생한다.

첫 번째 이점은 응용 진화 분석이라는 분야에서 법이 발휘하는 힘에서 나온다. 지식 생성은 그 자체로 가치 있는 목표지만, 인간 행동을 진화적으로 바라보는 관점의 유용성에 대해서는 지금까지 상대적으로 관심이 거의 없었다. 다윈주의 의학(Nesse & Williams, 1996)이 진화적 지식을 보건에 적용한 유용한 사례인 것처럼, 진화적 법률 분석도 얼마든지 법 환경에 진화적 지식을 적용할 기회가 될 수 있다. 그럴 때 진화학자들에게는 다음과 같은 이점이 발생한다. 진화학자들은 법률 사상가들이 알면 유용할 수 있는 다양하고 광범위한 것들을 제시해서 중요한 연구 과제를 산출하는 일에 일조하고, 미개척지를 활짝 열어 새로운 연구 영역을 찾을 수 있다.

벡스트롬Beckstrom(1989)이 처음으로 명시한 두 번째 이점은, 법 데이터베이스에는 보고된 사례가 1,000만 건 이상(불린 검색으로 온라인에서 찾은 완전한 텍스트로) 담겨 있으며, 이 모든 자료가 진화적 가설을 테스트할 수 있는 훌륭한 관찰 데이터가 된다는 것이다. 게다가 50개 주에 걸친 법률 환경의 변이는 50개의 자연 연구소에서 만들어진 자연 그대로의 데이터를 제공해준다.

세 번째 이점은 진화의 틀 안에서 법 행위자 본인들의 행동을 분석할 수 있다는 것이다. 법은 인간 행동을 다룰 뿐더러, 그 자체로 인간 행동이다. 판사, 입법자, 변호사, 경찰 등의 행동은 진화적 관점에서 체계적으로 조사된 적이 없다. 예를 들어,

영향력을 가진 사람들이 실제로 그 영향력을 법에 행사하는 방식에는 상대적인 권력과 지위에 민감한 조건-의존적 성향이 반영되어 있다. 그런 성향이 그들의 목표와 행동에 영향을 미치기 때문이다.

결론

간략하게 되짚어보자. 법률적 사고에 다윈주의적 통찰을 접목하면, 법률 정책 입안자들과 다윈주의자 모두 다음과 같은 이점을 누릴 수 있다.

- 효율성을 높일 수 있다.
- 조절 가능한 행동에서 유용한 양상을 발견할 수 있다.
- 정책 갈등을 드러낼 수 있다.
- 비용-편익 분석을 날카롭게 할 수 있다.
- 인과관계를 명료하게 할 수 있다.
- 이론적 토대와 잠재적 예측력을 제공할 수 있다.
- 법률 전략들의 상대적인 효과를 평가할 수 있다.
- 법률 구조의 깊은 양상을 드러낼 수 있다.
- 부당한 전제를 드러낼 수 있다.
- 복합적인 원인을 풀어헤칠 수 있다.
- 정확성을 높일 수 있다.
- 인간과 법의 관계를 더 잘 이해할 수 있다.
- 새로운 연구 과제를 산출할 수 있다.

진화적 분석이 법에 어떤 쓸모가 있는지를 말하는 이상의 예들은 하나하나 놓고 볼 때도, 견실한 법률적 사고에 꼭 필요한 행동 모델이 진화 과학과 통합되어야 하는 이유를 말해준다. 하지만 모두 합치면 훨씬 더 강력하고 입체적으로 견고한 근거가 된다(Jones & Goldsmith, 2005). 그렇다면 왜 지체되고 있을까?

몇 가지 장애물이 있다. 예를 들어, 견실한 과학적 배경이나 관심을 가진 법률 사상가가 거의 없고, 그래서 능력과 열정이 대체로 부족하다. 생물학의 근접 원인과 궁극 원인의 차이를 이해하는 사람이 거의 없다(특히 근접 원인이라는 용어는 법학과 생물학에서 다른 의미로 쓰인다). 그 결과로 사회적 영향과 생물학적 영향의 잘못된 이분법이 널리 퍼져 있다. 조건 의존성과 알고리듬적 성향의 진화는 생소하기만 하고, 그래서 더 미묘하고, 환경적으로 민감한 행동생물학적 수준들은 쉽게 간과된다.

이 모든 요인의 작용으로, 다른 오해들(Jones, 1999c, 2001a에서 설명하고 있다)도 있지만 무엇보다, 걸핏하면 유전적 결정론의 관점으로 돌리고, 의미 있는 인간 행동과 다른 모든 종의 행동 사이에 범주적 경계가 있다는 가정을 옹호하고, 진화한 행동 성향의 법칙을 논의하는 것은 범죄자 형질을 유전적으로 옹호하는 맥락에서만 유용하다고 가정한다. 뒤의 두 경향은 진화적인 법률 분석을 주장하는 사람들은 설명을 변호로 이용하려 할 것이라는 두려움을 반영하고, 다음으로 그 두려움을 강화한다.

물론 이 가정은 대부분 엉터리다. 이 가정은 건강한 회의주의와 무관하고, 심지어 생물행동에 관한 모든 연구가 주목하는 적절하고 건설적인 인과관계와도 무관하다. 사실 이 인과관계는 정치와 법 양쪽에서 생물을 잘못 사용한 역사로 거슬러 올라가지만 말이다(예를 들어, Buck v. Bell 판결, 1927). 그 잘못된 가정의 원천은 주로, 과학자와 비과학자의 문화적 간극, 대학 내에서 인간종과 비인간종을 지나치게 나누는 진부한 이분법, 그리고 일반적으로는 과학 분야에서 발전이 이루어지는 시점과 법 분야에서 그 발전을 인정하고 이해하는 시점의 차이에 있다.

많은 사람이 (방식은 다르지만) 진화적 관점이 법에 잠재적 가치가 있다고 주장해왔다. 처음 25년 동안 이루어진 연구를 소개하자면 다음과 같다(연대순이다). Gruter,1979; Gruter & Bohannan, 1983; Beckstrom, 1985; Gruter & Masters, 1986; Stake, 1990; Rodgers, 1993; Fikentscher & McGuire, 1994; Browne, 1995; Frolik, 1996; Ruhl, 1996; Jones, 1997; Grady & McGuire, 1997; McGinnis, 1997; Coletta, 1998; Monahan, 2000; Goodenough, 2001; Gruter & Morhenn, 2001; Elliott, 2001; O'Hara & Yarn, 2002; Jones & Goldsmith, 2005. 이후의 연구들은 다음 절에서 거론하고자 한다. 이 모든 연구는 매우 다양한 프로그램, 학회, 발의, 강좌, 출판, 단체를 통해 지금까지 드러난 폭넓은 관심사들을 예증한다.

예를 들어, 그루터 법 행동 연구소Gruter Institute of Law and Behavioral Research(www.gruterinstitute.org)는 오래전부터 학회와 출판물을 통해 법률 사상가와 진화론 사상가에게 두 학과의 교차점에서 만날 수 있는 연구 과제에 대해 교육하고 있다. 진화적 법 분석 학회SEAL: Society for Evolutionary Analysis in Law(www.sealsite.ort)는 30여 개 나라의 학제적 회원 수백 명으로 이루어진 네트워크를 통해 참여와 연구를 장려하고 있다. 따라서 높지만 넘을 수 있는 많은 방해물에도 불구하고, 진화적 통찰이 법에 융합될 가망은 밝아 보인다.

법의 범위는 광대하다. 자원의 흐름, 시민 보호, 위험 규제, 과학 연구에 대한 자금 지원, 사상 보호, 성, 짝짓기, 번식 행동에 대한 규제, 빈민 지원, 약속 이행, 권리와 의무 배정, 분쟁 해결, 징수된 세금의 지출, 그리고 이 밖에도 수많은 일들이 모두 광범위한 법체계 망과 깊이 뒤엉켜 있다.

하지만 이 망 전체에서 법과 행동의 근본적인 관계는 우리가 인식하지 못하는 순간에도 항상 상수로 존재한다. 사회는 법이란 수단을 이용해서 인간 행동을 조화로운 방향으로 움직인다. 그리고 법에 진화적 분석이 필요하다는 사실은 그 실제적 사용에서 가장 분명히 드러난다. 법체계에서 효과를 최대치로 짜내고자 할 때 적절한 인간 행동 모델은 필수 불가결하다. 그리고 많은 경우에 진화적 관점은 법의 인간 행동 모델을 강화해준다. 이 장에서 살펴본 많은 사례는 진화적 분석을 법에 적용할 수 있는 수많은 가능성 중 극히 일부만을 대표한다.

지난 10년의 연구: 업데이트

진화심리학 분야에서 경험적·이론적 연구가 빠르게 성장한 지난 10년 동안, 이미 그 분야에 있던 학자들이 법에 대한 진화적 분석을 확장했을 뿐 아니라, 중요한 신개념을 가진 많은 학자들이 새롭고 중요한 개념을 가지고 대거 합류했다.

새로운 경험적 연구는 법/진화의 교차점에서 이론적 연구의 토대를 강화하고 측면을 지원했다. 또한 학자들은 다수의 새로운 법 영역에서 진화적 분석을 전개하고 적용했다. 여기에 할애된 공간에서 새로운 연구를 낱낱이 언급할 수는 없지만(자세한 내용으로는 내가 www.sealsite.org에 편집해놓은 참고문헌을 보라), 나는 아래에서 개관, 그 분야의 양상에 관한 관찰 결과, 미래의 방향에 관한 짧은 소견을 소개하고자 한다.

최근에 많은 연구가 다음과 같이 다양한 이름으로 법의 진화적 토대에 초점을 맞춰왔다. '생물법 역사biolegal history'(Jones, 2001d; Jones & Goldsmith, 2005), '법률 본능'(Stake, 2004; Guttentag, 2009), '법의 심층구조'(Kar, 2006), '도덕 문법'(Mikhail, 2007), '보편 도덕'(Kuklin, 2009), '정의의 기원'(Robinson, Kurzban, & Jones, 2007), 기타(Arruñada, 2008). 그 핵심 개념은, 법체계는 인간의 뇌에만 있는 진화한 특징을 반영한다는 것이다. 예를 들어, 카Kar는 진화적 통찰을 이용해서 법과 관련된 사회적 행동의 복잡하고도 미묘한 범주들—의무감의 원천은 무엇인가, 법체계는 어떻게 출현하고 정착하는가, 인권과 국제법을 존중하는 더 보편적인 의식을 어떻게 장려해야 하는가와 같은 범주들—을 찾아냈다(2006, 2012a, 2012b, 2012c, 2013). 구텐탁Guttentag(2009)은 법 같은 구조들을 만들어내는 성향이 그 자체로 진화한 적응이며, 일례로 사회적 활동을 조직하기 위해 법체계에 의존하는 것이 인간의 필수적 본능이라고 주장한다. 미하일Mikhail(2011)은 철학, 언어학, 인지과학에 의존해서 법의 양상들을 찾아내고 설명한다. 이 밖에도 많은 학자들이 비교법학 분야에 미치는 영향을 탐구해왔다(De Coninck, 2010; Du Laing, 2011; Du Laing & De Coninck, 2011; Gommer, 2011a; Goodenough, 2011; Mikhail, 2009; Wangenheim, 2010).

법의 진화적 토대에 대한 많은 관심이 특별히 범죄심리학에 집중되어 있다. 예를 들어, 로빈슨Robinson, 커즈번, 존스(2007)는 많은 사람이 공유하고 있는 정의에 대한 직관이 어디에서 기원하는지를 설명하기 위해 진화한 적응에 기초해서 이론적 토대를 마련했다. 호프먼Hoffman과 골드스미스Goldsmith는 책 한 권과 다수의 논문 시리즈에서 처벌의 생물학적 근원과 생물학이 재판에 미치는 영향을 자세히 분석했다(예를 들어, M. Hoffman, 2011, 2014; M. Hoffman & Goldsmith, 2004). 그리고 진화적 분석을 판결(DeScioli & Kurzban, 2009, 2013; DeScioli, Gilbert, & Kurzban, 2012), 복수(McCullough, Kurzban, & Tabak, 2013), 화해(McCullough et al., 2013; Petersen, 2013; Petersen, Sell, Tooby, & Cosmides, 2010; Petersen, Sell, Tooby, & Cosmides, 2012)에 적용한 문헌이 급격히 증가하고 있다.

법학의 이 네 가지 핵심 주제 외에도 가족법 분야가 특별히 꾸준한 활동을 보인다 (개관은 Carbone & Cahn, 2009a). 예를 들어 데이비드 헤링David Herring은 일련의 중요한 논문(2006, 2007, 2008, 2012, 2014 등)을 통해 아동법 맥락을 진화적으로 분석해서, 각기 다른 유형의 친족이 부모 투자를 일정하게 제공한다고 가정했을 때 아동 학대를 막거나 양육 방법을 개선하는 최선의 방법이 무엇인지와 같은 흥미로운 질문을 제기한다. 또한 진화한 성차가 자원 배당에 미치는 효과와 관련하여 저지Judge와 허디Hrdy가 개척한 맥락에서도 친족 간의 사회적 친화력, 자원 배당 등의 생물학이 새롭게 주목받고 있다(Segal & Marelich, 2011).

또한 많은 학자들이 근로계약법의 여러 맥락에 진화적 통찰을 활발히 적용하고 있다. 예를 들면, 배상의 성별 격차, 직종 분리, 성희롱(Browne, 2008, 2013; Seaman, 2005, 2007; Urias, 2004); 헌법(Almeida, 2014; Dodson, 2008); 기업(BeecherMonas, 2007; Geu, 2009; Hill & O'Hara, 2006); 지적재산권(Gommer, 2011b; Goodenough & Decker, 2009); 국제법(Kar, 2013); 환경법(Richardson, 2011); 독점금지법(Horton, 2012, 2013); 법과 감정 영역(Patrick, 근간)이 있다.

법률적 절차와 관련해서도 진화적 관점에 대한 관심이 증가해왔다. 학자들은 조정, 화해, 협상, 합의(Goldman, 2008; Yarn & Jones, 2009), 법률적인 설득의 일반적 기술들(Ridgway, 2011; Vaughn, 2011) 등을 진화적으로 조망하고 있다. 또한 법과 관련된 체계들의 맥락에서 진화적 과정(예를 들어, 복잡한 적응 체계)에 호소하는 경우도 계속 증가하고 있다(Arruñada & Andonova, 2008; Cotter, 2005; Ruhl, 2008; Seto, 2005).

법과 관련된 인간의 의사결정 모델과 관련하여 학자들은 인간의 의사결정을 바라보는 진화적 관점과 경제학적 관점의 유사성과 차이에 많은 관심을 집중해왔다 (Carbone & Cahn, 2009b; Deakin, 2011; Epstein, 2009; Horton, 2011; Jones, in press; Jones, O'Hara O'Connor, & Stake, 2011; Wangenheim, 2010).

이 기간에 나온 몇몇 비평 중에서 하나는 읽을 가치가 있다. 에이미 왁스Amy Wax(2004)는 풍부한 정보와 깊은 사고로 이 분야를 다루면서, 성선택과 다층적 선택을 깊이 이해할수록 인간사에 대한 진화적 분석의 예측력은 제한될 것이라고 주장한다. 따라서 그녀는 진화적 통찰에 의존해서 구체적인 법률적 개입을 시도하는 것은 위험하다고 경고하고, 진화적 과정이 법과 관련된 인간 행동에 영향을 미치는 복잡하고 미묘한 방식을 알아야 한다고 충고한다.

진화적 법률 분석의 흐름 중에서 몇 가지 추세가 부상하고 있다. 그중 하나는 법학 내에서 경험적 연구가 급격하고도 반갑게 부상하는 현상이다(DeSciolietal., 2012; Herring, Shook, Goodkind, & Kim, 2009; Mikhail, 2009; Petersen et al., 2012 등). 예를 들어, 새러 브로스넌Sarah Brosnan, 그녀의 동료들, 나는 인지 편향에 대한 '시간차 합리성' 이론을 통해서 새롭고 정밀한 예측 몇 가지를 제시하고 검증했으며, 그 과정에서 두 종류의 목표를 위해 소유 효과의 변이를 예측했을 뿐 아니라, 동일한 목표를 위해 그 효과를 켜고 끌 수 있다는 것도 입증했다(Brosnan et al., 2007; Brosnan et al., 2012; Jones, 근간; Jones & Brosnan, 2008).

급격히 성장하는 뇌 영상 기술과 맞물려 부상하고 있는 또 다른 추세로, 진화적 법률 분석과 신경과학이 점점 더 많이 겹치고 있다(Alces, 근간; Blumoff, 2010; Chen, 2008; Freeman & Goodenough, 2009; Goodenough & Tucker, 2010; Jones, Marois, Farah, & Greely, 2013; Jones, Schall, & Shen, 2014; O'Hara, 2004; Platek, Keenan, & Shackelford, 2006; Zeki & Goodenough, 2006). 예를 들어, 요즘 수많은 연구가 처벌 결정의 기초를 이루는 뇌 활성에 주목하고 있다(Buckholtz et al., 2008; Krueger, Hoffman, Walter, & Grafman, 2013; Treadway et al., 2014). 이와 병행하여, 다소 오래되었지만 진화, 법, 유전학의 교집합도 계속 커지고 있다(Beecher-Monas & Garcia-Rill, 2006; Jones, 2006).

관심이 계속 늘고 있는 그 밖의 추세로는, 다층 선택(Almeida, 2014; Wax, 2004), 공진화 과정(Du Laing, 2011; Richerson & Boyd, 2005), 협력, 공격성 등을 지향하는 진화한 성향의 대칭점으로서 양심, 협력, 신뢰의 진화적 토대(Almeida, 2014; DuLaing, 2011; Hill & O'Hara, 2006; Kar, 2006; Parekh, 2004; Stout, 2011; Wax, 2004) 등이 있다.

마지막으로 내가 한 가지 예측을 할 수 있다면—또는 적어도 이 분야에 바라는 한 가지를 말할 수 있다면—지금으로부터 10~20년 안에 법과 관련된 인간 행동의 연구 방법이 다학제적 융합이 이루어지는 방향으로 계속 뻗어 나갈 거라고 말하고 싶다(Jones, 근간에서 이 주장을 더 자세히 전개할 것이다). 인간 행동의 다양한 현상은 이런

저런 단일한 학과의 배타적인 관심에 맞게끔 말쑥한 꾸러미를 이루지 않기 때문에, 우리는 완전히 다른 갈래의 연구와 지식들을 계속 통합해 나가야 한다. 그럴 때만 우리는 궁극 원인과 근접 원인을—둘 다 역사적인 과정이자 기계적인 과정이다—바라보는 상호보완적 관점들을 하나로 결합해서 인간 행동을 더욱 정확하고 쓸모 있게 설명할 수 있다.

참고문헌

Alces, P. (2011). *A theory of contract law.* New York, NY: Oxford University Press.

Alces, P. (in press). *The moral intersection of law and neuroscience.* Chicago, IL: University of Chicago Press.

Alexander, R. D. (1979). *Darwinism and human affairs.* Seattle: University of Washington Press.

Alexander, R. D. (1987). *The biology of moral systems.* New York, NY: Aldine de Gruyter.

Almeida, F. (2014). The emergence of constitutionalism as an evolutionary biocultural adaptation. *Cardozo Public Law, Policy & Ethics Journal, 13,* 1–41.

Arruñada, B. (2008). Human nature and institutions. In E. Brousseau & J. Glachant (Eds.), *New institutional economics: A guidebook* (pp. 81–99). Cambridge, England: Cambridge University Press.

Arruñada, B., & Andonova, V. (2008). Common law and civil law as pro-market adaptations. *Washington University Journal of Law and Policy, 26,* 81–130.

Barkow, J., Cosmides, L., & Tooby, J. (1992). *The adapted mind: Evolutionary psychology and the generation of culture.* New York, NY: Oxford University Press.

Beckstrom, J. (1985). *Sociobiology and the law.* Urbana: University of Illinois Press.

Beckstrom, J. (1989). *Evolutionary jurisprudence.* Urbana: University of Illinois Press.

Beecher-Monas, E. (2007). Marrying diversity and independence in the boardroom. *Oregon Law Review, 86,* 373–411.

Beecher-Monas, E., & Garcia-Rill, E. (2006). Genetic predictions of future dangerousness. *Law and Contemporary Problems, 69,* 301–341.

Benforado, A. (2010). The geography of criminal law. *Cardozo Law Review, 31,* 823–904.

Blumoff, T. (2010). The neuropsychology of justifications and excuses. *Jurimetrics, 50,*

391–424.

Blumoff, T. (2014). *When nature and nurture collide*. Durham, NC: Carolina Academic Press.

Brosnan, S., Jones, O., Gardner, M., Lambeth, S., & Schapiro, S. (2012). Evolution and the expression of biases: Situational value changes the endowment effect in chimpanzees. *Evolution and Human Behavior, 33*, 378–386.

Brosnan, S., Jones, O., Lambeth, S., Mareno, M., Richardson, A., & Schapiro, S. (2007). Endowment effects in chimpanzees. *Current Biology, 17*, 1704–1707.

Broussard, D. (2012). Principles for passion killing. *Emory Law Journal, 62*, 179–215.

Brown, D. (1991). *Human universals*. New York, NY: McGraw-Hill.

Browne, K. (1995). Sex and temperament in modern society. *Arizona Law Review, 37*, 971–1106.

Browne, K. (2008). The evolutionary psychology of sexual harassment. In T. Shackleford & J. Duntley (Eds.), *Evolutionary forensic psychology* (pp. 81–100). New York, NY: Oxford University Press.

Browne, K. (2013). The selective concern over statistical sex disparities. *Florida International University Law Review, 8*, 271–285.

Buck v. Bell , 274 U.S. 200 (1927).

Buckholtz, J., Asplund, C., Dux, P., Zald, D., Gore, J., Jones, O., & Marois, R. (2008). The neural correlates of third-party punishment. *Neuron, 60*, 930–940.

Buss, D. (1999a). *Evolutionary psychology: The new science of the mind*. Needham Heights, MA: Allyn & Bacon.

Buss, D. (1999b). *The evolution of desire: Strategies of human mating*. New York, NY: Basic Books.

Buss, D. (2000). *The dangerous passion: Why jealousy is as necessary as love and sex*. New York, NY: Free Press.

Buss, D. (2005). *The murderer next door: Why the mind is designed to kill*. New York, NY: Penguin Press.

Buss, D. (2012). The evolutionary psychology of crime. *Journal of Theoretical and Philosophical Criminology, 1*, 90–98.

Buss, D., & Shackelford, T. (1997). Human aggression in evolutionary psychological perspective. *Clinical Psychology Review, 17*, 605–619.

Carbone, J., & Cahn, N. (2009a). Examining the biological bases of family law: Lessons to be learned for the evolutionary analysis of law. In M. Freeman & O. Goodenough (Eds.), *Law, mind and brain* (pp. 323–344). Surrey, England: Ashgate.

Carbone, J., & Cahn, N. (2009b). Behavioral biology, the rational actor model, and the new feminist agenda. In D. Gold (Ed.), *Law and economics: Toward social justice* (pp. 189–198). Bingley, England: Emerald Group.

Chen, J. (2008). Biolaw: Cracking the code. *Kansas Law Review, 56,* 1029–1044.

Coletta, R. (1998). The measuring stick of regulatory takings: A biological and cultural analysis. *University of Pennsylvania Journal of Constitutional Law, 1,* 20–84.

Cotter, T. (2005). Memes and copyright. *Tulane Law Review, 80,* 331–409.

Daly, M., & Wilson, M. (1988). *Homicide.* New York, NY: Aldine de Gruyter.

Daly, M., & Wilson, M. (1995). Discriminative parental solicitude and the relevance of evolutionary models to the analysis of motivational systems. In M. S. Gazzaniga (Ed.), *The cognitive neurosciences* (pp. 1269–1286). Cambridge, MA: MIT Press.

Dawkins, R. (1989). *The extended phenotype.* New York, NY: Oxford University Press.

Deakin, S. (2011). Legal evolution. *Review of Law & Economics, 7,* 659–683.

De Coninck, J. (2010). Reinvigorating comparative law through behavioral economics? A cautiously optimistic view. *Review of Law & Economics, 7,* 711–736.

Dennett, D. (1995). *Darwin's dangerous idea: Evolution and the meanings of life.* New York, NY: Touchstone Books.

DeScioli, P., Gilbert, S., & Kurzban, R. (2012). Indelible victims and persistent punishers in moral cognition. *Psychological Inquiry, 23,* 143–149.

DeScioli, P., & Kurzban, R. (2009). Mysteries of morality. *Cognition, 112,* 281–299.

DeScioli, P., & Kurzban, R. (2013).Asolution to the mysteries of morality. *Psychological Bulletin, 139,* 477–496.

Dodson, S. (2008). Darwinist view of the living constitution. *Vanderbilt Law Review, 61,* 1319–1347.

Du Laing, B. (2011). Bio-legal history, dual inheritance theory and naturalistic comparative law: On content and context biases in legal evolution. *Review of Law & Economics, 7,* 685–709.

Du Laing, B., & De Coninck, J. (2011). Introduction: Symposium on evolutionary approaches to (comparative) law. *Review of Law & Economics, 7,* 653–658.

Duntley, J., & Shackelford, T. (2006). Toward an evolutionary forensic psychology. *Social Biology, 51,* 161–165.

Duntley, J., & Shackelford, T. (2008). Darwinian foundations of crime and law. *Aggression and Violent Behavior, 13,* 373–382.

Elliott, E. (2001). The tragi-comedy of the commons: Evolutionary biology, economics and environmental law. *Virginia Environmental Law Journal, 20,* 17–31.

Ellman, I., & Lohr, S. (1998). Dissolving the relationship between divorce laws and divorce rates. *International Review of Law and Economics, 18,* 341–359.

Epstein, R. (2009). Happiness and revealed preferences in evolutionary perspective. *Vermont Law Review, 33*, 559–583.

Fikentscher, W., & McGuire, M. (1994). A four-function theory of biology for law. *Rechtstheorie, 25*, 291–310.

Fisher, H. (1994). *Anatomy of love.* New York, NY: Norton.

Flemming, T., Jones, O., Mayo, L., Stoinski, T., & Brosnan, S. (2012). The endowment effect in orangutans. *International Journal of Comparative Psychology, 25*, 285–298.

Frank, R. (1988). *Passions within reason.* New York, NY: Norton.

Freeman, M., & Goodenough, O. (2009). *Law, mind and brain.* Surrey, England: Ashgate.

Frolik, L. (1996). The biological roots of the undue influence doctrine. *University of Pittsburgh Law Review, 57*, 841–882.

Fruehwald, S. (2009). Reciprocal altruism as the basis for contract. *University of Louisville Law Review, 47*, 489–530.

Geu, T. (2009). A single theory of limited liability companies: An evolutionary analysis. *Suffolk University Law Review, 42*, 507–551.

Gigerenzer, G. (1991). How to make cognitive illusions disappear. *European Review of Social Psychology, 2*, 83–115.

Gigerenzer, G. (1998). Ecological intelligence. In D. Cummins & C. Allen (Eds.), *The evolution of mind* (pp. 9–29). New York, NY: Oxford University Press.

Gigerenzer, G., Todd, P., & The ABC Research Group. (1999). *Simple heuristics that make us smart.* New York, NY: Oxford University Press.

Goldman, B. (2008). *Science of settlement: Ideas for negotiator.* Philadelphia, PA: American Law Institute/American Bar Association.

Goldsmith, T. (1994). *Biological roots of human nature.* New York, NY: Oxford University Press.

Goldsmith, T., & Zimmerman, W. (2000). *Biology, evolution, and human nature.* New York, NY: Wiley.

Goldstein, M. (2002). The biological roots of heat-of-passion crimes and honor killings. *Politics and the Life Sciences, 21*, 28–37.

Gommer, H. (2011a). *A biological theory of law: Natural law theory revisited.* Seattle, WA: CreateSpace/Amazon.

Gommer, H. (2011b). Thou shalt not share? *Biological notions in intellectual property law. Berichten Industriële Eigendom*, 160–166.

Goodenough, O. (2001). Law and the biology of commitment. In R. M. Nesse (Ed.), *Evolution and the capacity for commitment* (pp. 262–291). New York, NY: Russell

Sage Foundation.

Goodenough, O. (2011). When "stuff happens" isn't enough: How an evolutionary theory of doctrinal and legal system development can enrich comparative legal studies. *Review of Law & Economics, 7,* 805–820.

Goodenough, O., & Decker, G. (2009). Why do good people steal intellectual property? In M. Freeman & O. Goodenough (Eds.), *Law, mind, and brain* (pp. 345–372). Burlington, VT: Ashgate.

Goodenough, O., & Tucker, M. (2010). Law and cognitive neuroscience. *Annual Review of Law and Social Science, 6,* 61–92.

Grady, M., & McGuire, M. (1997). A theory of the origin of natural law. *Journal of Contemporary Legal Issues, 8,* 87–129.

Gruter, M. (1977). Law in sociobiological perspective. *Florida State University Law Review, 5,* 181–218.

Gruter, M. (1979). The origins of legal behavior. *Journal of Social and Biological Structures, 2,* 43–51.

Gruter, M., & Bohannan, P. (1983). *Law, biology and culture: The evolution of law.* Santa Barbara, CA: Ross-Erikson.

Gruter, M., & Masters, R. (1986). Ostracism as a social and biological phenomenon. *Ethology and Sociobiology, 7,* 149–158.

Gruter, M., & Morhenn, M. (2001). The evolution of law and biology. In S. Peterson & A. Somit (Eds.), *Evolutionary approaches in the behavioral sciences: Toward a better understanding of human nature* (pp. 119–134). Greenwich, CT: JAI Press.

Guttentag, M. (2009). Is there a law instinct? *Washington Law Review, 87,* 269–328.

Haselton, M., & Buss, D. (2000). Error management theory: A new perspective on biases in cross-sex mind reading. *Journal of Personality and Social Psychology, 78,* 81–91.

Haselton, M., & Buss, D. (2003). Biases in social judgment: Design flaws or design features? In J. Forgas, K. Williams, & B. von Hippel (Eds.), *Social judgments: Implicit and explicit processes* (pp. 23–43). Cambridge, England: Cambridge University Press.

Hausfater, G., & Hrdy, S. (1984). *Infanticide: Comparative and evolutionary perspectives.* New York, NY: Aldine.

Herring, D. (2006). Foster care safety and the kinship cue of attitude similarity. *Minnesota Journal of Law, Science & Technology, 7,* 355–392.

Herring, D. (2007). The multiethnic placement act: Threat to foster child safety and wellbeing? *Michigan Journal of Law Reform, 41,* 89–120.

Herring, D. (2008). Kinship foster care: Implications of behavioral biology research. *Buffalo Law Review, 56*, 495–556.

Herring, D. (2012). Evolutionary theory and behavioral biology research: Implications for law. In S. Roberts (Ed.), *Applied evolutionary psychology* (pp. 239–255). New York, NY: Oxford University Press.

Herring, D. (2014). Evolutionary perspectives on child welfare law. In T. Shackelford and R. Hansen (Eds.), *The evolution of violence* (pp. 53–72). New York, NY: Springer Science.

Herring, D., Shook, J., Goodkind, S., & Kim, K. (2009). Evolutionary theory and kinship foster care: an initial test of two hypotheses. *Capital University Law Review, 38*, 291–318.

Hill, C., & O'Hara, E. (2006). A cognitive theory of trust. *Washington University Law Review, 84*, 1717–1796.

Hoffman, E., & Spitzer, M. (1993). Willingness to pay vs. willingness to accept. *Washington University Law Quarterly, 71*, 114.

Hoffman, M. (2011). Ten legal dissonances. *Mercer Law Review, 62*, 989–1010.

Hoffman, M. (2014). *The punisher's brain.* Cambridge, England: Cambridge University Press.

Hoffman, M., & Goldsmith, T. (2004). The biological roots of punishment. Ohio State *Journal of Criminal Law, 1*, 627–641.

Horton, T. (2011). The coming extinction of *Homo economicus* and the eclipse of the Chicago school of antitrust. *Loyola University Chicago Law Journal, 42*, 469–522.

Horton, T. (2012). Unraveling the Chicago/Harvard antitrust double helix. *University of Baltimore Law Review, 41*, 615–670.

Horton, T. (2013). Fairness and antitrust reconsidered: An evolutionary perspective. *McGeorge Law Review, 44*, 823–864.

Jones, O. (1997). Evolutionary analysis in law: An introduction and application to child abuse. *North Carolina Law Review, 75*, 1117–1242.

Jones, O. (1999a). *Law, behavioral economics, and evolution.* Paper presented at Olin Conference on Evolution and Legal Theory, Georgetown University Law Center, April 16, 1999.

Jones, O. (1999b). Law, emotions, and behavioral biology. *Jurimetrics Journal, 39*, 283–289.

Jones, O. (1999c). Sex, culture, and the biology of rape. *California Law Review, 87*, 827–942.

Jones, O. (2000). On the nature of norms. *Michigan Law Review, 98*, 2072–2103.

Jones, O. (2001a). Evolutionary analysis in law: Some objections considered. *Brooklyn Law Review, 67,* 207-232.

Jones, O. (2001b). The evolution of irrationality. *Jurimetrics Journal, 41,* 289-318.

Jones, O. (2001c). Prioprioception, non-law, and biolegal history. *Florida Law Review, 53,* 831-874.

Jones, O. (2001d). Time-shifted rationality and the law of law's leverage: Behavioral economics meets behavioral biology. *Northwestern University Law Review, 95,* 1141-1206.

Jones, O. (2004). Law, evolution, and the brain. *Philosophical Transactions: Biological Sciences, 359,* 1697-1707.

Jones, O. (2006). Behavioral genetics and criminal law, in context. *Law and Contemporary Problems, 69,* 81-100.

Jones, O. (in press). Why behavioral economics isn't better, and how it could be. In J. Teitelbaum & K. Zeiler (Eds.), *Research handbook on behavioral law and economics.* Northampton, MA: Edward Elgar.

Jones, O., & Brosnan, S. (2008). Law, biology, and property: A new theory of the endowment effect. *William & Mary Law Review, 49,* 1935-1990.

Jones, O., & Goldsmith, T. (2005). Law and behavioral biology. *Columbia Law Review, 105,* 405-502.

Jones, O., Marois, R., Farah, M., & Greely, H. (2013). Law and neuroscience. *The Journal of Neuroscience, 33,* 17624-17630.

Jones, O., O'Hara O'Connor, E., & Stake, J. (2011). Economics, behavioral biology, and law. *Supreme Court Economic Review, 19,* 103-141.

Jones, O., Schall, J., & Shen, F. (2014). *Law and neuroscience.* New York, NY: Aspen Publishers.

Judge, D., & Hrdy, S. (1992). Allocation of accumulated resources among close kin: Inheritance in Sacramento, California, 1890-1984. *Ethology and Sociobiology, 13,* 496-522.

Kanazawa, S. (2008). Evolutionary psychology and crime. In A. Walsh & K. M. Beaver (Eds.), *Contemporary biosocial criminology: New directions in theory and research* (pp. 90-110). New York, NY: Taylor & Francis.

Kar, R. B. (2006). The deep structure of law and morality. *Texas Law Review, 84,* 877-942.

Kar, R. (2012a). Outcasting, globalization, and the emergence of international law. *Yale Law Journal On-Line, 121,* 413-477.

Kar, R. (2012b). The two faces of morality: How evolutionary theory can both vindicate and debunk morality (with a special nod to the growing importance of law). In J. Fleming & S. Levinson (Eds.), *Evolution and morality: NOMOS* (pp. 31–99). New York, NY: NYU Press.

Kar, R. (2012c). Western legal prehistory. *University of Illinois Law Review, 2012,* 1499–1702.

Kar, R. (2013). The psychological foundations of human rights. In D. Shelton (Ed.), *The Oxford handbook of international human rights law* (pp. 104–143). New York, NY: Oxford University Press.

Krier, J. (2009). Evolutionary theory and the origins of property rights. *Cornell Law Review, 95,* 139–159.

Krueger, F., Hoffman, M., Walter, H., & Grafman, J. (2013). An fMRI investigation of the effects of belief in free will on third-party punishment. *Social Cognitive and Affective Neuroscience, 9,* 1143–1149.

Kuklin, B. (2006). Peril invites rescue: An evolutionary perspective. *Hofstra Law Review, 35,* 171–216.

Kuklin, B. (2008). The morality of evolutionarily self-interested rescues. *Arizona State Law Review, 40,* 453–526.

Kuklin, B. (2009). The natures of universal moralities. *Brooklyn Law Review, 75,* 463–496.

McCullough, M., Kurzban, R., & Tabak, B. (2013). Cognitive systems for revenge and forgiveness. *Behavioral and Brain Science, 36,* 1–15.

McGinnis, J. (1997). The human constitution and constitutive law. *Journal of Contemporary Legal Issues, 8,* 211–239.

Mikhail, J. (2007). Universal moral grammar. *TRENDS in Cognitive Sciences, 11,* 143–152.

Mikhail, J. (2009). Is the prohibition of homicide universal? *Brooklyn Law Review, 75,* 497–515.

Mikhail, J. (2011). *Elements of moral cognition.* New York, NY: Cambridge University Press.

Monahan, J. (2000). Could "law and evolution" be the next "law and economics"? *Virginia Journal of Social Policy and the Law, 8,* 123–128.

Nesse, N., & Williams, G. (1996). *Why we get sick.* New York, NY: Vintage Books.

O'Hara, E. (2004). How neuroscience might advance the law. *Philosophical Transactions of the Royal Society B: Biological Sciences, 359,* 1677–1684.

O'Hara, E., & Yarn, D. (2002). On apology and consilience. *Washington Law Review, 77,* 1121–1192.

Parekh, N. (2004). When nice guys finish first: the evolution of cooperation, the study of law, and the ordering of legal regimes. *University of Michigan Journal of Law Reform, 37,* 909–953.

Patrick, C. (in press). A new synthesis for law and emotions: Insights from the behavioral sciences. *Arizona State Law Journal, 47.*

Petersen, M. (2013). Adaptationism and intuitions about modern criminal justice. *Behavioral and Brain Sciences, 36,* 31–32.

Petersen, M., Sell, A., Tooby, J., & Cosmides, L. (2010). Evolutionary psychology and criminal justice: A recalibrational theory of punishment and reconciliation. In H. Høgh-Olesen (Ed.), *Human morality & sociality: Evolutionary & comparative perspectives* (pp. 72–131). London, England: Palgrave Macmillan.

Petersen, M., Sell, A., Tooby, J., & Cosmides, L. (2012). To punish or repair? Evolutionary psychology and lay intuitions about modern criminal justice. *Evolution and Human Behavior, 33,* 682–695.

Pinker, S. (2002). *The blank slate.* New York, NY: Viking Press.

Platek, S., Keenan, J., & Shackelford, T. (2006). *Evolutionary cognitive neuroscience.* Cambridge, MA: MIT Press.

Richardson, B. (2011). A damp squib: Environmental law from a human evolutionary perspective. *Osgoode CLPE Research Paper Series, 7,* 2–42.

Richerson, P., & Boyd, R. (2005). *Not by genes alone.* Chicago, IL: The University of Chicago Press.

Ridgway, J. (2011). Patternicity and persuasion. *Southern Illinois University Law Journal, 35,* 269–308.

Robinson, P., Kurzban, R., & Jones, O. (2007). The origins of shared intuitions of justice. *Vanderbilt Law Review, 60,* 1633–1688.

Rodgers, W. (1993). Where environmental law and biology meet. *University of Colorado Law Review, 65,* 25–75.

Ruhl, J. (1996). The fitness of law. *Vanderbilt Law Review, 49,* 1406–1490.

Ruhl, J. (2008). Law's complexity—A primer. *Georgia State University Law Review, 24,* 885–911.

Seaman, J. (2005). Form and (dys)function in sexual harassment law: Biology, culture, and the spandrels of Title VII. *Arizona State University Law Review, 37,* 321–433.

Seaman, J. (2007). The peahen's tale, or dressing our parts at work. *Duke Journal of Gender Law & Policy, 14,* 423–466.

Segal, N., & Marelich, W. (2011). Social closeness and gift giving by twin parents toward nieces and nephews: An update. *Personality and Individual Differences, 50,* 101–

105.

Seto, T. (2005). Originalism vs. precedent: An evolutionary perspective. *Loyola of Los Angeles Law Review, 38,* 2001–2026.

Simon, H. (1990). Invariants of human behavior. *Annual Review of Psychology, 41,* 1–20.

Slovic, P., Fischhoff, B. & Lichtenstein, S. (1982). Facts versus fears: Understanding perceived risk. In D. Kahneman, P. Slovic, & A. Tversky (Eds.), *Judgment under uncertainty* (pp. 463–492). Cambridge, MA: Cambridge University Press.

Stake, J. (1990). Darwin, donations, and the illusion of dead hand control. *Tulane Law Review, 64,* 705–781.

Stake, J. (2004). The property "instinct." *Philosophical Transactions of the Royal Society B: Biological Sciences, 359,* 1763–1774.

Stake, J. (2009). Just (and efficient?) compensation for governmental expropriations. In M. Freeman & O. Goodenough (Eds.), *Law, mind, and brain* (pp. 299–321). Surrey, England: Ashgate.

Stout, L. (2011). *Cultivating conscience: How good laws make good people.* Princeton, NJ: Princeton University Press.

Thomson, J. (2008). Did the victim deserve to die? Darwin goes to court. In J. Duntley&T. Shackelford (Eds.), *Evolutionary forensic psychology* (pp. 268–287). New York, NY: Oxford University Press.

Treadway, M., Buckholtz, J., Martin, J., Jan, K., Asplund, C., Ginther, M., Jones, O., & Marois, R. (2014). Corticolimbic gating of emotion-driven punishment. *Nature Neuroscience, 17,* 1270–1275.

Tversky, A., & Kahneman, D. (1982). Judgment under uncertainty. In D. Kahneman, P. Slovic, & A. Tversky (Eds.), *Judgment under uncertainty* (pp. 3–20). Cambridge, MA: Cambridge University Press.

Ulen, T. (1994). Rational choice and the economic analysis of law. *Law and Social Inquiry, 19,* 487–522.

Ulen, T. (2001). Evolution, human behavior, and law. *Florida Law Review, 53,* 931–946.

Urias, A. (2004). The politics of biology: Evolutionary biology and the exclusion of women from combat. *Southern California Review of Law and Women's Studies, 14,* 83–135.

Vaughn, L. (2011). Feeling at home: Law, cognitive science, and narrative. *McGeorge Law Review, 43,* 999–1030.

Walsh, A. (2006). Evolutionary psychology and criminal behavior. In J. H. Barkow (Ed.),

Missing the revolution: Darwinism for social scientists (pp. 234–277). New York, NY: Oxford University Press.

Wangenheim, G. (2010). Evolutionary theories in law and economics and their use for comparative legal theory. *Review of Law & Economics, 7,* 737–765.

Wax, A. (2004). Evolution and the bounds of human nature. *Law and Philosophy, 23,* 527–591.

Wilson, M. (1987). Impact of the uncertainty of paternity on family law. *University of Toronto Faculty of Law Review, 45,* 216–242.

Wilson, M. (2005). An evolutionary perspective on male domestic violence. *American Journal of Criminal Law, 32,* 291–323.

Yarn, D., & Jones, G. (2009). A biological approach to understanding resistance to apology, forgiveness, and reconciliation in group conflict. *Law and Contemporary Problems, 72,* 63–81.

Yelpaala, K. (2008). Legal consciousness and contractual obligations. *McGeorge Law Review, 39,* 193–266.

Zeki, S., & Goodenough, O. (2006). *Law and the brain.* New York, NY: Oxford University Press.

후기

리처드 도킨스

이런 개론서—『적응한 마음*The Adapted Mind*』(Barkow, Cosmides, & Tooby, 1992)이 남긴 23년간의 유산을 계승한 책이자『진화심리학 핸드북』초판(Buss, 2005)을 10년 후에 잇는 책—를 마감하는 후기에 할 말이 뭐가 남아 있을까? 52개 장을 모두 요약해볼까? 중복되어 지루할 것이다. '진화심리학은 어디로 갈지'를 예언해볼까? 주제 넘는 일이다. 색다른 경구를 지어내서 독자로 하여금 이 책 전체를 다시 한번, 그러나 다른 각도로 되돌아보게 할까? 다소 힘겨울 테지만, 한번 해볼 만하다. 현장을 공감하며 지켜본 사람으로서 반성적 숙고를 해볼까? 글쎄, 그것도 시도해보고 어떻게 될지 지켜볼 만하다.

우선, 고백을 하나 해야겠다. 현장을 공감하며 지켜본 사람으로서 나는 시력이 썩 좋지 못했다. 나는 '진화심리학'이 '사회생물학'을 완곡하게 개조한 이름이라고 잘못 생각한 무리에 속해 있었다. 나에게 그 이름은 ('행동생태학'처럼) '민중을 위한 과학' 계에서 요란하게 짖어대는 비판자들과 그 이후에 형성된 그 지지자들에게 물리지 않으려고 선택한 위장 도구처럼 보였다. 이제 와 생각해보니 그건 반쪽 진실도 아니고 기껏해야 반의 반쪽 진실밖에 안 되는 형편없는 오해였다. 우선 코스미디스와 투비를 비롯한 이 책의 탁월한 저자들, 우리의 지적 영웅들은 위장할 필요가 없다. 하지만 이조차도 요점이 아니다. 나의 요점은, 진화심리학은 정말 다르다는 것이다. 진화심리학은 심리학이며, 심리학은 단 한 줄도 사회생활, 성, 공격성, 부모자식 관계에 관한 학문이 아니다. 진화심리학은 그보다는 훨씬 더 진화에 관한 학문, 즉 지각 편향, 언어, 정보처리의 오류 밝히기에 관한 학문이다. 심지어 사회행동학이라는 좁은 분야 안에서도 진화심리학은 자연선택과 행동 그 자체의 심리학적, 정보처리적 관계를 강조해서 그 자신을 차별화한다.

하지만 진화심리학과 사회생물학에는 공통의 골칫거리가 하나 있다. 둘 다 온건한 이성은 물론이고 그 흔한 예의조차 내비치지 않는 무자비한 적대 행위에 시달린다. E. O. 윌슨은 좌파 이념가들의 손에 사회생물학이 갈가리 찢기고 있는 현실을 어떻게든 이해해보려고 하면서, 한스 큉Hans Küng이 다른 맥락에서 '신학자들의 분노'라 불렀던 현상과 연결 지었다(Wilson, 2000). 내가 아는 어떤 철학자들은 다른 어떤 주제에 대해서는 친근하고 건설적인 대화를 나눌 수 있을 만큼 친절하고 이성적이면서도, 진화심리학이나 그 주요 학자들의 이름을 입에 담는 순간 태도가 돌변해서 불같이 화를 내고 고함을 친다. 여기서 이 기이한 현상을 자세히 탐구할 마음은 없다. 그 주제에 대해서는 이 책에 글을 기고한 사람들을 포함해서 많은 진화심리학자들, 특히 울리카 세거스트라일Ullica Segerstråle이 『진리의 옹호자들Defenders of the Truth』(2000)에서 충분히 다뤘다. 나는 이 부정적 태도에 대해서 한 마디만 덧붙이고 나중에 다시 돌아올 것이다. 하지만 우선 내가 의도하는 더 긍정적인 맥락에서, 경구에 가까운 접근법으로 이 책에 실린 자료를 낯선 각도에서 약간 삐딱하게 비춰보고자 한다.

가끔 과학은 실험이나 관찰이 아니라 관점의 변화를 통해서 일을 진행한다. 익숙한 사실을 낯선 관점에서 보는 방법으로 말이다. 이 역할을 할 수 있는 두 후보로, '사자의 유전서The Genetic Book of the Dead'와 '계속 업데이트되는 가상현실Continuously Updated Virtual Reality'을 소개한다. 나는 이 두 후보를 짧게 요약하고, 그런 뒤 내가 경솔하게 약속한 그 삐딱한 각도에서 그 둘을 한데 묶어볼 것이다(더 충분한 설명으로는 각각 Dawkins, 1999, 10장과 11장, 그리고 곧 출간될 나의 자서전, 2015, 『나의 과학 인생 Brief Candle in the Dark』을 보라).

사자의 유전서라는 개념은, 동물은 환경에 잘 적응했기 때문에 사실은 그 환경에 대한 서술description로 볼 수 있다는 것이다. 지식이 풍부하고 명민한 동물학자가 어느 알려지지 않은 종의 표본을 조사하고 분석할 수 있다면 분명 그 생활방식과 서식지를 재구성해낼 것이다. 엄밀히 말해서, 그 재구성은 그 동물의 조상이 살았던 서식지와 생활환경의 평균치―진화심리학의 전문용어로, EEA―일 것이다.

이 개념을 유전학 용어로 표현할 수도 있다. 우리는 지금 보고 있는 동물을 그 종의 유전자 풀에서 표본을 추출해 구성할 수 있다. 유전자 풀이란 수많은 세대의 여과―자연선택의 필터―를 성공적으로 통과한 그 종의 유전자를 말한다. 이 유전자에는 그 EEA에서 생존하는 데 필요했던 것이 들어 있다. 그것들은 자물쇠에 맞는 열쇠처럼 그 EEA에 잘 들어맞고, 열쇠처럼 그 자물쇠의 일종의 음화라고 할 수 있다. 그러므로 유전자는 DNA의 언어로 적힌, 그 EEA에 관한 서술이고, 그래서 사자의 유전서라고 말할 수 있다.

계속 업데이트되는 가상현실이란, 모든 뇌는 저마다 그 동물이 움직이고 있는 세계의 가상현실 모델을 구성한다는 개념이다. 가상현실 소프트웨어는 이론상으로는 어떤 환상적인 장면(마치 꿈에 나오는 듯한 장면)이라도 시뮬레이션할 수 있지만, 실제로는 감각 기관에서 들어오는 데이터 흐름에 제약된다는 의미에서, 계속 업데이트된다. 동물이 지각하는 것은 실제 세계의 사물들을 연출하는 가상현실이다.

네커 입방체를 비롯한 지각 전환 형태들이 이 조건으로 가장 잘 이해된다. 망막이 뇌로 보낸 데이터는 한 입방체의 가상 모델 두 개와 일치한다. 둘 중 하나를 선택할 근거가 없기 때문에 뇌는 왔다갔다할 수 있다.

우리 뇌가 구성하는 가상현실은 분명 다람쥐, 들쥐, 고래의 가상현실과 아주 다를 것이다. 각각의 종은 자신의 특수한 생활방식에 유용한 가상현실을 구축한다. 칼새와 박쥐는 빠른 속도로 3차원 공간을 이동하면서 공중에서 곤충을 잡는다. 따라서 비록 칼새는 낮에 눈으로 사냥을 하고 박쥐는 밤에 귀로 사냥을 하지만, 둘 다 같은 종류의 가상 모델이 필요하다. 칼새가 색과 연관 짓는 퀄리아(감각질)는 칼새의 가상현실 소프트웨어가 축조한 구조물이다. 내 추측을 검증하기는 절대 불가능하겠지만, 나는 박쥐가 '색을 귀로 들을지' 모른다고 생각한다. 박쥐의 가상현실 소프트웨어가 사용하는 퀄리아는 칼새가 빛의 여러 파장을 가릴 때 사용하는 것과 동일하지만 박쥐가 사는 청각적 세계의 두드러진 특징들을 알려준다. 칼새에게는 색이 중요하듯이 박쥐에게는 표면의 결이 중요한데, 나방의 북슬북슬한 가죽, 청파리의 윤기 있는 피부, 벼랑의 거친 돌에서는 각기 다른 메아리가 울릴 것이다. 그래서 박쥐의 가상현실 소프트웨어는, 내 생각에는 아마도, 똑같은 감각질—빨강, 파랑, 초록 등—을, 여러 청각적 결을 나타내는 내적 꼬리표로 채택한 것으로 보인다. 빨강과 파랑은 뇌의 가상현실 소프트웨어의 구조물이며, 자연선택은 그런 감각질이 각각의 동물의 생존에 정말로 중요한 것—칼새 같은 시각적 동물에게는 색, 박쥐에게는 결—을 나타내는 꼬리표로 사용되도록 조처했을 것이다.

나의 박쥐 제언은 계속 업데이트되는 가상현실의 개념으로 어떻게 동물 심리에 대한 우리의 견해가 바뀌는지를 보여주는 예에 불과했다. 이제 나는 그것을 사자의 유전서 개념과 합치고자 한다. 만일 어떤 지식이 풍부한 동물학자가 어느 종의 해부학과 생리학 데이터를 이용해서 그 종의 EEA를 재구성할 수 있다면, 지식이 풍부한 심리학자는 정신세계에 대해서 그와 비슷한 일을 할 수 있지 않을까? 물론 다람쥐의 정신세계는 혹 우리가 들여다볼 수 있다면, 숲의 세계, 즉 나무줄기와 가지, 잔가지와 이파리로 이루어진 3차원의 미로일 것이다. 들쥐의 정신세계는 어둡고 축축하고 온갖 냄새로 가득하다. 그 뇌를 구축한 유전자들은 그렇게 어둡고 축축한 조상 세계에서 오랜 세월을 보내며 생존해왔기 때문이다. 각 종의 가상현실 소프트웨어를 역설계하면 자연선택이 그 소프트웨어를 만들어낸 환경을 재구성할 수 있다. 위에서와 같은 추론에 의하면, 그런 재구성은 EEA 서술과 동등하다.

요즘 우리는 은유가 아닌 실질적인 의미로 이렇게 말하곤 한다. 한 종의 모든 유전자는 물리적 세계와 사회적 세계가 모두 포함된 일련의 기나긴 조상 세계에서 살아남은 생존자들이라고. 지금 내가 제시하는 생각은, 우리의 유전자는 일련의 기나긴 조상 세계에서 생존해왔고 그 세계는 우리 조상의 뇌가 구축한 가상 세계를 포함하고 있다는 것이다. 진짜 유전자는—다시 한번, 비유가 아닌 실제에 가까운 의미로—조상의 뇌가 구축한 가상의 EEA에서 생존하도록 선택되었다.

이 이야기는 이쯤에서 접기로 하자. 나는 위에서 진화심리학이 어느 집단에게 받아온 적대적인 취급을 다시 언급하겠노라고 말했다. 이를 통해 나는 방법론적 정당성을 입증하고자 한다. 내가 내고 싶은 소리는 용기를 키우는 북소리다.

초자연적인 주장을 회의적으로 조사하는 사람들이 자주 인용하는 금언이 있다. 특별한 주장에는 특별한 증거가 필요하다는 말이다. 이를테면 각자 방음실에 갇혀 있는 두 사람이 텔레파시로 충분히 소통할 수 있다는 주장을 입증하겠다고 한다면, 우리는 기준을 아주 높게 정할 것이다. 우리는 혹독하리만치 엄격하게 통제된 이중 맹검법으로 여러 번 반복한 검증을 요구할 테고, 전문적인 마술사에게 회의적인 소견을 구할 테며, 통계적 유의확률을 10억분의 1보다 낮게 잡을 것이다. 반면에 알코올이 몸의 반사 작용을 늦춘다고 말하는 실험적 증명은 더 생각할 것도 없이 바로 받아들일 것이다.

부실한 설계나 조잡한 통계에는 아무도 찬성하지 않겠지만, 우리는 비상한 노력을 기울여 알코올 실험을 깐깐하게 조사한 뒤 비로소 그 결론을 받아들이지는 않을 것이다. 이 경우는 별로 걸리적거리지도 않을 만큼 문턱이 낮을 것이다. 이 두 극단의 중간에는 선험적인 회의를 불러일으킬 수 있는 과학적 주장들이 스펙트럼을 이루고 존재한다. 기이하게도 많은 비판자들이 진화심리학을 그 스펙트럼의 한쪽 끝에 텔레파시와 나란히 있는 황당무계한 주제로 보는 것 같다. 성마른 황소를 자극하는 빨간 헝겊으로.

사회생물학을 둘러싼 과거의 논쟁도 사정이 비슷했다. 필립 키처Philip Kitcher의 『솟구치는 야심Vaulting Ambition』(1985)은 인간의 사회생물학을 결정적으로 비판했다고 많은 사람이 선전하는 책이다. 하지만 그 책은 구체적인 연구들의 방법론적 결함을 그러모은 카탈로그에 가깝다. 키처가 지적한 문제들은 작은 과오에서부터 위조에 이르기까지 다양하지만, 원칙상으로는 같은 부류의 연구를 새롭게 개선하면 얼마든지 해결될 수 있는 것들이었다. 키처의 사회생물학 비판, 또는 그 뒤에 데일리와 윌슨의 의붓부모 학대 연구, 코스미디스와 투비의 사회적 교환 연구, 버스의 성적 질투심 연구에 대한 비판이 유독 강한 것은, 비판자들이 마치 특별한 증거를 요구하는 특별한 주장인 양 그 가설을 취급한다는 것 말고는 다른 이유가 없다. 비판자들은 진화심리학이 높은 문턱 너머—스펙트럼상 텔레파시가 있는 위치—에 있다고 보는 반면에, 진화심리학자들은 알코올과 반사 작용이 있는 쪽에 위치해 있다고 본다. 누가 옳을까?

의심할 여지없이 이 문제는 진화심리학자들이 옳다. 그들이 제기하는 주장의 핵심은 특별한 것이 아니다. 마음의 토대는 몸의 토대와 같으며, 둘 다 다윈주의의 자연선택과 관련이 있다는 소박한 주장이다. 발, 간, 귀, 날개, 등딱지, 눈, 볏, 인대,

더듬이, 심장, 깃털은 자연선택이 그 종에게 특수한 생태 적소에서 생존과 번식의 도구로 쓰라고 빚어준 것들이다. 그렇다면 뇌, 마음, 심리가 그런 것이 되지 말아야 할 이유는 대체 무엇인가? 그렇게 볼 때 진화심리학의 핵심 주제는 스펙트럼의 반대쪽 끝으로 즉시 이동한다. 하지만 비판자들은 여생을 지배하는 다윈주의적 명령에서 진화심리학만 특별히 열외라고 생각한다. 이건 완전히 정신 나간 주장은 아니어도, 정말 터무니없는 주장이라서 진지하게 생각해야 할 이유가 출현하기 전까지는 특별한 증거가 꼭 필요하다는 것이다. 어쩌면 그 생각이 옳을 수도 있다. 하지만 요즘은 모든 사람이 다윈주의자라는 사실을 감안할 때, 증명의 의무는 진화심리학의 핵심 논제를 부정하는 사람들에게 있다. 스펙트럼의 '텔레파시' 쪽에 더 가까운 사람은 그 비판자들이다.

혹시 비판자들의 목에 걸린 가시가 '모듈성'인 건 아닐까? 그럴 수도 있다. 어쩌면 그들이 옳을지도 모른다. 어쨌든 일부 진화심리학자들은 다른 이들처럼 모듈성에 홀딱 반해 있지는 않으니까. 하지만 이번에도 모듈성은 특별한 주장이 아니다. 우리의 모듈성은 특별한 증거를 제시할 의무가 있는 모듈성의 대안이다. 모듈성은 정치, 군사, 사회 제도는 물론이고 공학, 소프트웨어, 생물학에서도 널리 인정받는 좋은 설계 원리다. 분업 단위들(전문가, 신체 기관, 부위, 서브루틴, 세포)의 노동분업은 어떤 복잡한 작업이라도 거뜬히 해낼 수 있는 방식이므로, 마음은 새로운 대안이 나오지 않는 한 틀림없이 모듈로 이루어져 있다고 우리는 자신 있게 예상한다. 그리고 이 문제에 대해서도, 자세한 주장은 이 책 속에 있다. 여기서는 단지, 증명의 의무는 진화심리학을 반대하는 사람들의 몫이라고 한 번 더 힘주어 말하고자 한다.

물론, 일부 진화심리학자들은 그들의 방법론적 우행을 청산할 필요가 있다. 하지만 그런 과학자는 어느 분야에나 존재한다. 진화심리학자라고 해서 특별히 회의주의와 선험적 적대감을 무겁게 짊어져야 할 이유는 어디에도 없다. 오히려 진화심리학자들은 머리를 높이 들고 당당하게 일해야 한다. 그들이 전념하고 있는 사업이 신다원주의의 패러다임 안에서 정상 과학을 활짝 꽃피우고 있지 않은가!

참고문헌

Barkow, J. H., Cosmides, L. E., & Tooby, J. E. (1992). *The adapted mind: Evolutionary psychology and the generation of culture.* New York, NY: Oxford University Press.

Buss, D. M. (Ed.). (2005). *The handbook of evolutionary psychology.* Hoboken, NJ: Wiley.

Dawkins, R. (1999). *The extended phenotype: The long reach of the gene.* New York, NY: Oxford University Press.

Dawkins, R. (2015). *Brief candle in the dark: My life in science.* New York, NY: Ecco Press.

Kitcher, P. (1985). *Vaulting ambition: Sociobiology and the quest for human nature.* Cambridge, MA: MIT Press.

Segerstråle, U. (2000). *Defenders of the truth: The battle for science in the sociobiology debate and beyond.* New York, NY: Oxford University Press.

Wilson, E. O. (2000). *Sociobiology.* Cambridge, MA: Harvard University Press.

966

마인들 Meindl, J. 886, 889
마인들 Meindl, R. S. 114
마일 Miall, D. S. 788
마일스 Myles, S. 209, 677
마주르 Mazur, A. 168, 177, 184, 186, 281, 285, 286, 502, 746
마주르 Mazur, J. 285
마츠모토 Matsumoto, D. 326
마커스 Marcus, G. 57
마커스 Marcus, J. 381
마크먼 Markman, E. 61
마크스 Marks, I. 58
마크스 Marks, I. M. 638, 639
마크슨 Markson, L. 356
마키에조프스키 Maciejovsky, B. 322
마토스 Matos, R. J. 313
마토치크 Matochik, J. A. 733
마티그넌 Martignon, L. 433
마틴 Martin, C. S. 618
마틴 Martin, J. 788
마틴 Martin, N. G. 528
마틴 Martin, P. R. 634
마틴데일 Martindale, C. 788
마하파트라 Mahapatra, M. 242
마허 Maher, K. J. 888, 893
만디소드자 Mandisodza, A. N. 773
말 Malle, B. F. 291
말라스피나 Malaspina, D. 645, 715
말러 Mahler, S. V. 737
말러 Maller, C. 855
말러 Marler, C. A. 735
말로 Marlowe, F. W. 380, 381, 498
말론 Malone, P. S. 181
말리노브스키 Malinowski, B. 12, 353
말코비치 Maljkovic, V. 33
말호트라 Malhotra, D. 385

매과이어 Maguire, B. T. 577
매기 Magee, J. C. 275, 295, 569
매너크 Manuck, S. B. 111, 484
매더 Mather, M. E. 528
매든 Madden, T. E. 106
매디슨 Madison, G. 547
매리엇 Marriott, A. 312
매스터스 Masters, R. 934
매츠 Matz, D. C. 869
매츠너 Matzner, W. T. 746
매커리 Machery, E. 679
매컬리스 McElreath, R. 208, 217, 231, 346, 777
매크리디스 Macrides, F. 732
매크리스 Macris, D. M. 357
매키니스 MacInnis, D. J. 863
매키치론 McEachron, D. L. 498
매킨슨 Makinson, J. 475
매튜 Mathew, S. 345
매튜 Matthews, D. 608
맥과이어 McGuire, M. 934
맥과이어 McGuire, M. T. 283, 497, 628, 636, 649
맥귀건 McGuigan, N. 357, 475
맥그로 McGraw, W. S. 344
맥그루 McGrue, W. C. 882
맥그루 McGue, M. 715, 980
맥그리거 MacGregor, J. N. 443
맥그리거 McGregor, A. A. 104
맥그리거 McGregor, P. K. 309, 311, 312, 325
맥그리비 McGreevy, P. D. 717
맥기니스 McGinnis, J. 934
맥기니스 McGinnis, M. Y. 733
맥길 McGill, A. 863
맥나마라 McNamara, J. M. 284, 321, 323,

566

맥나마라 McNamara, R. 383

맥낼리 McNally, L. 345

맥낼리 McNally, R. J. 442, 613

맥너슨 Magnuson, D. 117

맥널티 McNulty, J. K. 738

맥닐 McNeill, W. H. 386

맥더모트 McDermott, R. 177, 180, 182, 183, 767, 770

맥데이드 McDade, T. 677

맥도널드 MacDonald, K. 461, 789

맥도널드 MacDonald, K. B. 890

맥도널드 McDonald, M. M. 139, 149, 291

맥두걸 MacDougall, H. G. 668

맥두걸 McDougall, W. 495

맥버니 McBurney, D. H. 862

맥아더 McArthur, L. Z. 137

맥애덤스 McAdams, D. P. 787, 790~792, 795, 892

맥앤드류 McAndrew, F. T. 740

맥카티 McCarty, C. 346

맥칸 McCann, S. J. H. 186, 285

맥컬럼 McCollum, M. A. 114

맥컬로 McCullough, J. M. 83, 87

맥컬로 McCullough, M. 936

맥컬로 McCullough, M. E. 249, 260, 322, 387

맥컬리 McCauley, C. 262

맥컬리 McCauley, R. N. 359

맥케나 McKenna, P. 33

맥케이 MacKay, N. J. 174, 187, 191

맥케이 Mackay, T. F. C. 699

맥케이 McKay, R. 354, 586

맥케이브 McCabe, K. 43, 55, 56

맥코믹 McCormick, C. M. 740

맥콜 McCaul, K. D. 281

맥콤 McComb, K. 169

맥크레이 McCrae, R. R. 538

맥클러랜드 McClelland, J. 53

맥클로스키 McCloskey, M. S. 110

맥클루어 McClure, E. B. 108

맥키 Mackie, D. M. 143

맥키 McKee, A. 897

맥키빈 McKibbin, W. F. 856

맥페론 McPherron, S. P. 672

맨스테드 Manstead, A. S. R. 105, 106

맨슨 Manson, J. 170, 174, 188, 191

맹크텔로 Manktelow, K. 21, 26, 35, 40, 44, 46, 58~60

머독 Murdock, G. P. 175

머리 Murray, D. R. 578, 675

머리 Murray, G. R. 285

머리 Murray, L. 473

머리 Murray, M. J. 391, 393

머스토우 Mustoe, A. C. 103

머시 Mercy, J. A. 91

머츠 Mutz, D. C. 771

머치 Much, N. C. 245

머피 Murphy, D. 635

머피 Murphy, J. M. 630

먼슨 Munson, D. J. 106

멀린 Mullin, J. 788

멀린 Mullin, J. T. 473

멀린스 Mullins, C. W. 116, 120

메기트 Meggitt, M. 173

메넌드 Menand, L. 797

메넬라 Mennella, J. A. 854

메딘 Medin, D. 612

메딘 Medin, D. L. 221, 436

메르시에 Mercier, H. 776

메리칸가스 Merikangas, K. R. 144

메리트 Merritt, A. 775

미드 Mead, N. 501
미든 Mithen, S. J. 789
미로브스키 Mirowsky, J. 105
미셸 Mischel, W. 554, 890
미슬러 Miesler, L. 851
미어스 Meeus, M. T. 218
미어트 Meert, K. 855
미제트 Midgett, J. 576
미첼 Mitchell, J. P. 222
미첼 Mitchell, K. J. 700, 712, 713, 715
미첼-커넌 Mitchell-Kernan, C. 118
미카흐 Mikach, S. M. 503
미콜슨 Mikalson, J. 382
미쿨린서 Mikulincer, M. 499
미하일 Mikhail, J. 246, 256, 258, 936, 938
미하일로프 Mikhaylov, S. 891
미후네 Mifune, N. 328, 582
민그로니 Mingroni, M. A. 705
민츠 Mintz, J. 631
밀러 Miller, A. G. 501
밀러 Miller, A. H. 630, 631
밀러 Miller, D. C. 107
밀러 Miller, G. 631, 646, 849, 860
밀러 Miller, G. A. 442
밀러 Miller, G. E. 640
밀러 Miller, G. F. 437, 557, 698, 700, 709, 720, 793, 901
밀러 Miller, J. 116, 120
밀러 Miller, J. G. 242
밀러 Miller, L. 854
밀러 Miller, M. 47
밀러 Miller, N. 107
밀러 Miller, R. S. 508
밀러 Miller, S. L. 144, 500, 507, 577, 738
밀러 Miller, T. 677
밀러 Miller, W. E. 768

밀렌 Millen, A. E. 214
밀로프체비치 Milovchevich, D. 105
밀리 Mealey, L. 498, 707
밀리칸 Millikan, R. G. 604
밀린스키 Milinski, M. 317~319, 327, 859
밀먼 Milliman, R. E. 854
밀슨 Milson, R. 439
밀하우젠 Milhausen, R. R. 117

ㅂ
바가바툴라 Bhagavatula, J. 251
바그 Bargh, J. A. 154, 354, 355
바기오 Baggio, J. 674
바나지 Banaji, M. R. 155, 216, 217, 356
바너지 Banerjee, K. 377
바너지 Banerjee, S. C. 577
바레 Baare, W. 47
바르네켄 Warneken, F. 356, 476
바르디 Bardi, L. 473
바르타 Barta, Z. 324
바버 Barber, N. 859
바비아크 Babiak, P. 295
바소 Basso, G. 110
바스 Baas, J. M. 106, 740, 741
바스케스 Vasquez, G. 530, 534, 539, 540, 550
바스케스-팔라치오스 Vazquez-Palacios, M. 732
바스티안 Bastian, B. 350
바실레스쿠 Vasilescu, V. 226
바우마이스터 Baumeister, R. F. 114, 184, 498
바우어 Bauer, J. J. 795
바우어 Bower, J. 313, 326
바움 Baum, M. J. 733, 736, 737
바워스 Bowers, J. 779

바이드만 Weidmann, N. B. 184, 584

바이런 Biran, A. 262, 680

바이스 Weiss, A. 534, 540

바이스펠트 Weisfeld, G. E. 468

바이시 Buysse, D. J. 709

바이아르전 Baillargeon, R. 358

바이어스 Byars, S. G. 709

바이첸 Weitzen, S. 479

바커 Bakker, J. 736

바커 Bakker, T. C. M. 317

바커 Barker, J. 324, 327

바커스 Barchas, J. D. 640

바케르만스-크라넨부르크 Bakermans-Kranenburg, M. J. 483

바코로브스키 Bachorowski, J. A. 499

바코우 Barkow, J. H. 501, 925, 951,

바클레이 Barclay, N. L. 709

바클레이 Barclay, P. 314~316, 318, 320, 322~324, 327~331

바-탈 Bar-Tal, D. 181, 182

바턴 Barton, E. Y. 83

바턴 Barton, M. 789

바트케 Bartke, A. 732

바필드 Barfield, R. J. 733

박 Park, J. H. 139, 144, 500, 577, 578, 582, 679, 698, 763

박 Park, L. 245

반 더 데넨 van der Dennen, J. M. G. 190

반 더 메이지 van der Meij, L. 737, 739, 740

반 더 발 van der Wal, A. J. 855

반 더 크라흐트 van der Kragt, A. J. 582

반 덴 베르그 van den Bergh, B. 858

반 동겐 van Dongen, J. 645

반 동겐 Van Dongen, S. 718

반 리우웬 van Leeuwen, F. 678

반 부엘 Van Buel, E. M. 123

반 비아넨 van Vianen, A. 105

반 빌렌 van Veelen, M. 345

반 빙겐 van Wingen, G. A. 109, 111

반 샤이크 van Schaik, C. P. 102, 215, 231, 296, 345, 789

반 에브라 Van Evera, S. 183

반 이젠도른 van IJzendoorn, M. H. 483

반 크니펜버그 Van Knippenberg, B. 896

반 크니펜버그 Van Knippenberg, D. 896

반 크레벨드 van Creveld, M. 173, 178, 180

반 클리프 van Kleef, G. A. 287

반 홍크 van Honk, J. 105, 106, 109, 111, 740, 742

반 휼레 Van Hulle, C. A. 106

반더베케 Vanderbeke, D. 788

반더빌트 Vanderbilt, K. E. 216

반두라 Bandura, A. 902

발라 Bala, N. 244

발라 Bhalla, M. 576

발렌타인 Valentine, K. A. 505

밥스트 Bobst, C. 742

방겐하임 Wangenheim, G. 936, 937

배드콕 Badcock, C. R. 634, 646

배드콕 Badcock, P. B. T. 641

배들리 Baddeley, A. 33

배런 Baron, A. S. 356

배런 Baron, J. 247

배런 Baron, R. M. 137

배런 Barron, G. 445

배런-코언 Baron-Cohen, S. 77, 628, 646, 647

배릭 Barrick, M. R. 287

배릿 Barrett, C. 221

배릿 Barrett, H. C. 8, 40, 43, 221, 233, 571, 688

배릿 Barrett, J. L. 377

스튜어트 Stewart, G. L. 287

스트라스만 Strassmann, J. E. 414

스트라우스 Straus, M. A. 79, 83

스트람 Strahm, S. 140

스트러서스 Struthers, J. T. 898

스트로스너 Stroessner, S. J. 582

스트림링 Strimling, P. 222

스티글리츠 Stieglitz, J. 113

스티븐스 Stephens, D. 16

스티븐스 Stevens, A. 630, 631

스티븐스 Stevens, J. 16

스티븐스 Stevens, J. S. 108, 111

스티븐슨 Stevenson, J. C. 647

스티븐슨 Stevenson, R. J. 139

스티븐슨-하인드 Stevenson-Hinde, J. 527

스티치 Stich, S. 635, 790

스틴치콤 Stinchcombe, J. R. 720

스틸 Steele, C. M. 501

스틸 Steele, F. 104

스틸 Steele, M. 678

스틸웰-반즈 Stillwell-Barnes, R. 527

스팍스 Sparks, A. 328, 330

스팜피나토 Spampinato, M. 47

스퍼버 Sperber, D. 33, 46, 48, 249, 351, 378, 776, 824

스페지오 Spezio, M. 108

스펜서 Spencer, S. J. 155

스펜처 Spencer, J. P. 461

스펠크 Spelke, E. S. 149, 216, 217, 346, 356, 472

스폴스키 Spolsky, E. 798

스푸어 Spoor, J. R. 354

스프란카 Spranca, M. 247

스프레처 Sprecher, S. 504

스피나스 Spinath, F. M. 711

스피사크 Spisak, B. R. 185, 186, 286, 886, 894, 896

스피어맨 Spearman, C. 536

스피처 Spitzer, M. 918

스피처 Spitzer, R. L. 614

슬라빈 Slavin, M. O. 634, 649

슬로먼 Sloman, L. 640

슬로먼 Sloman, S. 45

슬로비치 Slovic, P. 918

슬로투스 Slothuus, R. 774, 775, 778

슬리 Slee, P. 116

슬링거랜드 Slingerland, E. 382, 384

슬링거랜드 Slingerland, E. G. 787

승 Sng, O. 139, 140, 150, 151

시갈라타스 Xygalatas, D. 348, 386

시걸 Segal, N. 937

시걸 Segal, N. L. 497

시걸 Siegal, M. L. 711

시겔만 Sigelman, J. D. 105

시네르보 Sinervo, B. 707

시노바츠 Szinovacz, M. E. 79

시노트-암스트롱 Sinnott-Armstrong, W. 246

시다니우스 Sidanius, J. 139, 148, 149, 152, 183, 291, 766

시더먼 Cederman, L. E. 184, 584

시디키 Siddiqi, M. F. 152

시먼 Seaman, J. 937

시먼스 Simmons, L. W. 279, 855

시먼스 Simmons, Z. L. 737, 738, 742, 753

시모마 Shimoma, E. 139

시몬스 Symons, D. 119, 504, 505, 579, 671, 792

시몬슨 Simonson, T. S. 705

시미온 Simion, F. 466, 473, 486

시버스 Sivers, H. 441, 442

시버트 Siebert, E. R. 851

시브라이트 Seabright, P. 374

저스트 Just, C. 533, 540, 541

저슬린 Juslin, P. 443

저지 Judge, D. 937

저지 Judge, T. A. 285, 295, 880, 896

저필리 Joffily, M. 318

전샤인 Zunshine, L. 795

정 Chung, T. 618

정 Jung, C. G. 537

정 Jung, D. J. 892

제니언스 Jennions, M. D. 112

제닝스 Jennings, M. K. 779

제멜로트 Semmelroth, J. 506, 642, 688

제브로비츠 Zebrowitz, L. A. 137, 139, 577

제숍 Jessop, T. S. 864

제온 Jeon, J. 862

제이노 Jagnow, C. P. 854

제이미슨 Jamieson, I. G. 707

제이콥스 Jacobs, W. J. 428, 552

제이콥슨 Jacobson, S. W. 471

제임스 James, B. 91

제임스 James, P. J. 735

제임스 James, W. 902

제키 Zeki, S. 938

제튼 Jetten, J. 350

제프리스 Jefferis, V. 355

젠슨 Janssen, D. 291

젠슨 Jensen, C. 772

젠슨 Jensen, P. S. 647

젠킨스 Jenkins, C. L. 113

젠킨스 Jenkins, M. 107

젤레스 Gelles, R. J. 83, 648

젭슨 Jepson, S. 295

조던 Jordan, A. H. 262

조던 Jordan, B. D. 860

조던 Jordan, F. M. 345

조시 Joshi, A. 506

조이 Joye, Y. 855

조젤슨 Josselson, R. 795

조지 George, A. 180

조지프스 Josephs, R. A. 282, 740

조지프슨 Josephson, S. C. 642

조콜릴로 Zoccolillo, M. 106

존 John, O. P. 286, 527, 902

존스 Jones, B. C. 78, 97, 144, 222, 742, 764

존스 Jones, D. N. 538, 541, 552

존스 Jones, E. E. 287

존스 Jones, G. 937

존스 Jones, J. E. 736

존스 Jones, M. N. 437

존스 Jones, N. 105, 120

존스 Jones, O. 912, 914, 917~919, 921, 923, 926, 928~930, 933, 934, 936~938

존스 Jones, O. D. 773

존스 Jones, S. S. 471

존스턴 Johnston, R. E. 732

존스턴 Johnston, V. S. 292

존스톤 Johnstone, R. A. 325, 326

존슨 Johnsen, E. 346

존슨 Johnson, D. D. P. 168, 174, 177, 178, 180, 181, 183, 184, 187, 191, 192, 375, 381, 393, 566, 572, 573, 674

존슨 Johnson, D. J. 508

존슨 Johnson, E. J. 434

존슨 Johnson, H. 89

존슨 Johnson, J. A. 284, 293, 787, 792, 795

존슨 Johnson, M. H. 473

존슨 Johnson, R. C. 87, 90, 91

존슨 Johnson, S. B. 86, 87

존슨 Johnson, T. 777

존슨 Johnson, W. 711, 715

존슨 Jonsson, E. 788

존슨-레어드 Johnson-Laird, P. 21, 48, 571

클라이터 Kleiter, G. D. 448

클라인 Klein, D. F. 613, 614

클라인 Klein, M. 634

클라인 Klein, R. G. 789

클라인 Klein, S. B. 438

클라인 Kline, M. A. 222, 225, 688

클라인스미스 Klinesmith, J. 740

클라크 Clark, A. G. 700, 703

클라크 Clark, D. L. 284

클라크 Clark, J. A. 663, 670, 672, 673

클라크 Clark, K. J. 382

클라크 Clark, M. S. 496

클라크 Clarke, P. 394

클랜시 Clancy, K. H. B. 479

클랜시 Clancy, S. A. 442

클랜턴 Clanton, G. 507

클러턴-브록 Clutton-Brock, T. H. 101, 103, 112

클레그 Clegg, J. M. 344

클레디에르 Claidiere, N. 358

클레어 Clare, L. 33

클로닝저 Cloninger, C. R. 538

클로어 Clore, G. L. 262, 576

클롭스태드 Klofstad, C. A. 770

클리마 Klima, E. S. 473

클린크하머 Klinkhamer, P. 76

클린트 Clint, E. K. 667

클림추크 Klimczuk, A. C. E. 719

클링 Cling, B. J. 152

클링거 Klinger, E. 640

키너 Keener, J. 788

키넌 Keenan, J. 938

키르슈 Kirsch, P. 110

키린 Kirin, M. 717

키비마키 Kivimaki, M. 706

키스키넨 Kiiskinen, U. 285

키슬링 Kiessling, L. S. 630

키시 Kish, B. J. 510

키얼 Kiehl, K. 47

키처 Kitcher, P. 610, 955

키터 Keeter, S. 779

키팅 Keating, C. 285

키프 Keefe, R. C. 116, 423, 504

키흘러 Kirchler, E. 322

킨 Kean, S. 801

킨더 Kinder, D. R. 772

킨-라인하트 Keen-Rhinehart, E. 737

킨즐러 Kinzler, K. D. 215, 217, 346, 356, 472

킬갤런 Kilgallon, S. J. 855

킬더프 Kilduff, G. J. 294

킬렌 Killen, M. 355, 356

킬리 Keeley, L. H. 174

킬워스 Killworth, P. D. 346

킬컬렌 Kilcullen, D. 192

킴 Kim, G. 214, 216

킴 Kim, K. 938

킵니스 Kipnis, D. 295

킹 King, A. J. 168, 169, 293, 294

킹 King, J. E. 527

킹 King, L. A. 640

킹스톤 Kingstone, A. 186

ㅌ

타나카 Tanaka, M. M. 227

타넨바움 Tannenbaum, D. 322

타니다 Tanida, S. 139

타니타 Tarnita, C. E. 789

타르 Tarr, M. J. 53

타박 Tabak, B. 936

타박 Tabak, B. A. 249, 260, 322

타베스 Taves, A. 394

핸슨 Hanson, M. A. 629

핸슨 Hasson, O. 284

핸지스 Hanges, P. J. 295, 895, 898

핸킨스 Hankins, W. G. 576

핼디 Haldy, M. E. 106

핼리 Haley, K. 831

핼리 Haley, K. J. 328, 384, 633

핼리 Haley, L. E. 859

햄린 Hamlin, J. K. 376

햄브릭 Hambrick, D. C. 899

허 Hur, Y. M. 533

허그 Hug, K. 18, 25, 26, 29, 32, 42

허드 Hurd, P. L. 647

허드슨 Hudson, V. M. 421

허디 Hrdy, S. 914

허디 Hrdy, S. B. 215, 463, 633, 789

허디 Hrdy, S. H. 506, 508

허디 Huddy, L. 180

허먼스 Hermans, E. 105

허먼스 Hermans, E. J. 106, 109, 111, 740, 741, 742

허멋 Hummert, M. L. 140

허스 Hirth, K. G. 677

허시 Hersey, P. 890

허시 Hersh, M. A. 245

허시버거 Hershberger, S. L. 497, 789

허위츠 Hurwitz, J. 778

허처슨 Hutcherson, C. A. 260

허츠 Hutz, C. S. 547, 548

허친슨 Hutchinson, J. M. C. 437, 450

허트위그 Hertwig, R. 427, 434, 437, 441, 446~450, 570

허프먼 Huffman, K. J. 789

헌트 Hunt, J. 279

헌트 Hunt, J. M. 891

헐 Hull, D. L. 604

헐링거 Hullinger, R. A. 450

험프리 Humphrey, C. 341, 343, 359

험프리 Humphrey, N. 187

헤닝센 Henningsen, D. D. 581, 586

헤닝센 Henningsen, M. L. M. 581, 586

헤들람 웰스 Headlam Wells, R. 788, 797

헤럴드 Herold, E. S. 117

헤렉 Herek, G. M. 577

헤르 Herr, P. 850

헤르 Herre, E. A. 414

헤르만 Herrmann, A. 851

헤르만 Herrmann, E. 231, 474

헤르만 Herrmann, P. A. 344, 355~359

헤르조그 Herzog, S. M. 441

헤링 Herring, D. 938

헤먼웨이 Hemenway, D. 839

헤스 Hess, N. C. 249

헤스 Hess, N. H. 297, 314

헤어 Hare, B. 231, 328, 345, 474, 476

헤어 Hare, R. D. 295

헤이 Hay, A. C. 741

헤이그 Haig, D. 646

헤이먼 Heyman, G. D. 216, 356

헤이스 Heyes, C. 355, 356

헤이어 Heyer, E. 104

헤이즌 Hazan, C. 506

헤인즈 Haynes, N. B. 732

헤일런드 Heyland, F. 479

헤테마 Hettema, J. M. 640

헤파치 Hepach, R. 476

헨릭 Henrich, J. 56, 101, 115, 172, 184, 186, 207~210, 213~217, 219, 220~231, 275, 288, 344~346, 349, 352, 358, 359, 374, 376, 379, 383, 384, 386, 388, 389, 391, 392, 405, 582, 583, 674, 678~680, 682, 684, 685, 789, 790, 793, 882, 891,

▌편집

데이비드 M. 버스 (David M. Buss)

미국 버클리 대학교와 하버드 대학교, 미시간 대학교를 거쳐 현재 텍사스 대학교 심리학과 교수로 있다. 오늘날 가장 저명한 심리학자이자 진화심리학 분야의 창시자 가운데 한 명으로 손꼽히며 『욕망의 진화 *The Evolution of Desire: Strategies of Human Mating*』와 『진화심리학 *Evolutionary Psychology: The New Science of the Mind*』 등 주목할 만한 저서를 펴냈다.

미국을 비롯해 전 세계적으로 활발한 강의를 펼치고 있으며 인간의 짝짓기 전략 전문가로서 과학 다큐멘터리 등 여러 프로그램에 출현했다. 그의 가장 유명한 연구 주제는 짝 선택, 짝 매력, 간통, 짝 유지 전술, 짝 가로채기 전술, 질투, 욕구, 사랑 등의 짝짓기 감정이다. 최근에는 양성 갈등, 질투, 스토킹, 친밀한 파트너 폭력, 살인 등 인간 본성의 어두운 측면을 집중 연구하고 있다.

▌옮긴이

김한영

서울대 미학과를 졸업하고 서울예대에서 문예창작을 공부했다. 오랫동안 전업 번역을 하며 예술과 문학의 곁자리를 지키고 있다. 옮긴 책으로 『미를 욕보이다』, 『무엇이 예술인가』, 『알랭 드 보통의 영혼의 미술관』, 『빈 서판』, 『언어본능』, 『갈리아 전쟁기』, 『나라 없는 사람』, 『끌리는 박물관』 등이 있다. 제45회 한국백상출판문화상 번역 부문을 수상했다.

인사이트총서 02

진화심리학 핸드북 **2** 통합

1판 1쇄 펴냄 2019년 12월 6일
1판 2쇄 펴냄 2020년 10월 5일

편집   데이비드 M. 버스
옮긴이   김한영
펴낸이   김정호
펴낸곳   아카넷
출판등록   2000년 1월 24일(제406-2000-000012호)
주소   10881 경기도 파주시 회동길 445-3 2층
전화   031-955-9511(편집)·031-955-9514(주문)
팩스   031-955-9519
www.acanet.co.kr
한국어판 © 아카넷, 2019

Printed in Paju, Korea.

ISBN 978-89-5733-661-8 94180
      978-89-5733-659-5(세트)

도서의 국립중앙도서관 출판예정도서목록(CIP)은 서지정보유통지원시스템 홈페이지(http://seoji.nl.go.kr)와
국가자료공동목록시스템(http://www.nl.go.kr/kolisnet)에서 이용하실 수 있습니다.
(CIP제어번호:CIP2019044855)

『진화심리학 핸드북』은 대우재단의 지원을 받아 아카넷이 기획하고 제작했습니다.